Guia de aprendizagem e desenvolvimento social da criança

Dados Internacionais de Catalogação na Publicação (CIP)
(Câmara Brasileira do Livro, SP, Brasil)

Guia de aprendizagem e desenvolvimento social da criança / Marjorie J. Kostelnik...[et al.] ; tradução All Tasks ; revisão técnica Maévi Anabel Nono. -- São Paulo : Cengage Learning, 2016.

Outros autores: Kara Murphy Gregory, Anne K. Soderman, Alice Phipps Whiren

Título original: Guiding children's social development and learning.

1. reimpr. da 1. ed. de 2012.

"Tradução da 7ª edição norte-americana".

Bibliografia

ISBN 978-85-221-1166-4

1. Crianças - Desenvolvimento 2. Habilidades sociais em crianças 3. Psicologia social 4. Relações interpessoais em crianças 5. Socialização I. Kostelnik, Marjorie J. II. Gregory, Kara Murphy III. Soderman, Anne K. IV. Whiren, Alice Phipps.

12-10490 CDD-302.14083

Índice para catálogo sistemático:

1. Habilidades sociais na infância : Psicologia social 302.14083

Guia de aprendizagem e desenvolvimento social da criança

Tradução da 7ª edição norte-americana

Marjorie J. Kostelnik, Ph.D.
University of Nebraska-Lincoln

Kara Murphy Gregory, Ph.D.
Michigan State University

Anne K. Soderman, Ph.D.
Michigan State University

Alice Phipps Whiren, Ph.D.
Michigan State University

Tradução
All Tasks

Revisão técnica
Maévi Anabel Nono
Graduada em Pedagogia. Mestre e doutora em Educação pela UFSCar. Docente do Departamento de Educação do Campus de São José do Rio Preto da Unesp.

CENGAGE Learning

Austrália • Brasil • Japão • Coreia • México • Cingapura • Espanha • Reino Unido • Estados Unidos

CENGAGE Learning

Guia de aprendizagem e desenvolvimento social da criança
Marjorie J. Kostelnik, Kara Murphy Gregory, Anne K. Soderman e Alice Phipps Whiren

Gerente Editorial: Patricia La Rosa

Supervisora Editorial: Noelma Brocanelli

Supervisora de Produção Editorial: Fabiana Alencar Albuquerque

Editor de Desenvolvimento: Fábio Gonçalves

Título Original: Guiding Children's Social Development and Learning
ISBN-13: 978-1-111-35195-3
ISBN-10: 1-111-35195-3

Tradução: All Tasks

Revisão Técnica: Maévi Anabel Nono

Copidesque: Carlos Villarruel

Revisão: Olivia Frade Zambone e Maria Alice da Costa

Editora de direitos de aquisição e iconografia: Vivian Rosa

Assistente de direitos de aquisição e iconografia: Milene Uara

Pesquisa iconográfica: Josiane Camacho

Diagramação: Cia. Editorial

Capa: Alê Gustavo

© 2012, 2009 Wadsworth, parte da Cengage Learning

© 2013 Cengage Learning Edições Ltda.

Todos os direitos reservados. Nenhuma parte deste livro poderá ser reproduzida, sejam quais forem os meios empregados, sem a permissão, por escrito, da Editora. Aos infratores aplicam-se as sanções previstas nos artigos 102, 104, 106 e 107 da Lei nº 9.610, de 19 de fevereiro de 1998.

Esta editora empenhou-se em contatar os responsáveis pelos direitos autorais de todas as imagens e de outros materiais utilizados neste livro. Se porventura for constatada a omissão involuntária na identificação de algum deles, dispomo-nos a efetuar, futuramente, os possíveis acertos.

> Para informações sobre nossos produtos, entre em contato pelo telefone **0800 11 19 39**
>
> Para permissão de uso de material desta obra, envie seu pedido
> para **direitosautorais@cengage.com**

© 2013 Cengage Learning. Todos os direitos reservados.

ISBN-13: 978-85-221-1166-4
ISBN-10: 85-221-1166-9

Cengage Learning
Condomínio E-Business Park
Rua Werner Siemens, 111 – Prédio 20 – Espaço 04
Lapa de Baixo – CEP 05069-900
São Paulo – SP
Tel.: (11) 3665-9900 – Fax: (11) 3665-9901
SAC: 0800 11 19 39

Para suas soluções de curso e aprendizado, visite
www.cengage.com.br

Impresso no Brasil.
Printed in Brazil.
1 2 3 4 5 6 7   13 12 11 10 09

Sumário

Prefácio IX

Capítulo 1
Fazer diferença na vida das crianças 1

As crianças no mundo social 2
As habilidades e o conhecimento social das crianças 2
Competência social 2
Desenvolvimento e competência social 6
Aprendizagem e competência social 9
O ambiente social 11
Seu papel na promoção da competência social da criança 17
Práticas adequadas ao desenvolvimento e à competência social 20
Uma estrutura para a orientação da aprendizagem e do desenvolvimento social das crianças 22
Estrutura dos capítulos 24
Resumo 25
Palavras-chave 25
Questões para discussão 26
Tarefas de campo 26

Capítulo 2
Estabelecer relações positivas com crianças de 0 a 3 anos 27

Empenhar-se em relações positivas com crianças de 0 a 3 anos 28
Os sinais que as crianças de 0 a 3 anos enviam 31
Individualização e socialização 37
O surgimento da competência em comunicação 42
Proezas sociais das crianças de 0 a 3 anos 45
Crianças com necessidades especiais 47
Habilidades para estabelecer relações sociais positivas com crianças de 0 a 3 anos 48
Evite as armadilhas 54
Resumo 55
Palavras-chave 56
Questões para discussão 56
Tarefas de campo 56

Capítulo 3
Construir relações positivas por meio da comunicação não verbal 59

Funções da comunicação não verbal 60
Canais da comunicação não verbal 62
Fortalecer as relações não verbais 72
Comunicar autoridade e segurança por meio do comportamento não verbal 75
O impacto negativo das mensagens mistas 76
Enfrentar os desafios não verbais 77
Como as crianças adquirem habilidades não verbais 77
O papel dos adultos na promoção da competência social das crianças por meio do comportamento não verbal 79
Habilidades para desenvolver relações positivas com as crianças de modo não verbal 79
Evite as armadilhas 83
Resumo 84

Palavras-chave 84
Questões para discussão 84
Tarefas de campo 85

Capítulo 4
Como as crianças desenvolvem uma noção positiva do *self* por meio da comunicação verbal 87

O *self* emergente 88
Como os adultos podem ajudar as crianças a ter uma noção positiva do *self* 95
Estabelecimento de um ambiente verbal positivo 98
Habilidades para promoção da autoconscientização e autoestima das crianças por meio da comunicação verbal 110
Evite as armadilhas 113
Resumo 116
Palavras-chave 117
Questões para discussão 117
Tarefas de campo 118

Capítulo 5
Apoio ao desenvolvimento e à aprendizagem emocional da criança 119

De onde vêm as emoções? 120
Por que as emoções são importantes 120
Desenvolvimento emocional das crianças 121
Desafios que as crianças enfrentam ao lidarem com as emoções 134
Formas adequadas de responder às emoções das crianças 136
Habilidades para apoiar a aprendizagem e desenvolvimento emocional das crianças 139
Evite as armadilhas 145
Resumo 146
Palavras-chave 146
Questões para discussão 147
Tarefas de campo 147

Capítulo 6
Construir resiliência em crianças 149

Definição de resiliência 150
Como são as crianças resilientes? 150
A influência do estresse, dos fatores de risco e da adversidade sobre a resiliência 151
Desastres naturais, guerra, terrorismo e violência 160
Como desenvolver a resistência ao estresse e a resiliência em crianças 162
Trabalhar em parceria com as famílias no desenvolvimento da resiliência 170

Habilidades para desenvolver resistência ao estresse e resiliência nas crianças 171
Evite as armadilhas 174
Resumo 177
Palavras-chave 177
Questões para discussão 177
Tarefas de campo 178

Capítulo 7
Brincar: um contexto para o desenvolvimento e a aprendizagem social 179

A natureza do brincar 180
Tipos de brincar 184
Habilidades para apoiar, promover e ampliar o brincar das crianças 201
Evite as armadilhas 207
Resumo 209
Palavras-chave 209
Questões para discussão 210
Tarefas de campo 210

Capítulo 8
Apoio necessário às relações de amizades das crianças 211

Relações e interações 212
Variáveis que influenciam as amizades das crianças 214
As ideias das crianças sobre a amizade 217
As preocupações do adulto em relação à amizade 223
Estágios da amizade 226
As estratégias dos adultos para dar apoio e incrementar as relações de amizade das crianças 228
Habilidades para dar apoio às relações de amizade das crianças 233
Evite as armadilhas 239
Resumo 240
Palavras-chave 241
Questões para discussão 241
Tarefas de campo 241

Capítulo 9
Como estruturar o ambiente físico: um meio para influenciar o desenvolvimento social das crianças 243

Como estruturar espaço e materiais 244
A estruturação do tempo 257
Habilidades para influenciar o desenvolvimento social das crianças por meio da estruturação do ambiente físico 263
Evite as armadilhas 269

Resumo 270
Palavras-chave 271
Questões para discussão 271
Tarefas de campo 271

Capítulo 10
Promoção da autodisciplina nas crianças: comunicar expectativas e regras 273

O que é autodisciplina? 274
Processos de desenvolvimento que influenciam a autodisciplina 277
Como o estilo disciplinar do adulto afeta a conduta das crianças 284
Exponha suas expectativas 289
Habilidades para expressar expectativas e regras para as crianças 299
Evite as armadilhas 302
Como combinar mensagens pessoais com outras habilidades que aprendeu 304
Resumo 305
Palavras-chave 305
Questões para discussão 305
Tarefas de campo 306

Capítulo 11
Autodisciplina em crianças: implementação de soluções e consequências 307

Uso de consequências para promover a competência social 308
Problemas de comportamento e suas possíveis soluções 308
Consequências 310
Combinação de advertência e seguimento com a mensagem pessoal 318
Onde as consequências se encaixam em seu repertório diário de estratégias de orientação 321
Necessidade de intervenção intensiva individualizada 322
Adaptação de regras e consequências para crianças com necessidades especiais 326
Habilidades para implementar consequências 328
Evite as armadilhas 332
Resumo 334
Palavras-chave 334
Questões para discussão 334
Tarefas de campo 335

Capítulo 12
Como lidar com o comportamento agressivo das crianças 337

Definição de agressão 338
Por que as crianças são agressivas 339
Surgimento da agressão 341
Estratégias ineficazes que os adultos utilizam para lidar com o comportamento agressivo das crianças 343
Como abordar com eficácia a agressão na infância 346
Modelo para mediação de conflito 351
Quando a agressão se transforma em *bullying* 355
Habilidades para lidar com comportamento agressivo 359
Evite as armadilhas 363
Resumo 365
Palavras-chave 366
Questões para discussão 366
Tarefas de campo 366

Capítulo 13
Promoção do comportamento pró-social 367

Comportamento pró-social e crianças 368
Influências sobre o comportamento pró-social das crianças 372
Habilidades para promover o comportamento pró-social em crianças 379
Evite as armadilhas 385
Resumo 387
Palavras-chave 387
Questões para discussão 387
Tarefas de campo 388

Capítulo 14
Incentivar atitudes saudáveis relacionadas à sexualidade e à diversidade 389

Desenvolvimento psicossexual das crianças 390
Identidade étnica, preferências e atitudes das crianças 395
Inclusão das crianças com necessidades especiais 398
Habilidades para incentivar atitudes saudáveis quanto à sexualidade e à diversidade 410
Evite as armadilhas 415
Resumo 416
Palavras-chave 417

Questões para discussão 417
Tarefas de campo 418

Capítulo 15
Julgamentos e decisões éticos 419
Variáveis que afetam o julgamento ético 422
Julgamentos sobre comportamento ético 425
Considerações éticas sobre os comportamentos
  extremos das crianças 426
Julgamentos éticos relativos a abuso e negligência
  infantil 431
Dimensões éticas do trabalho com as famílias 436
Habilidades para fazer julgamentos éticos 440

Evite as armadilhas 445
Resumo 447
Palavras-chave 447
Questões para discussão 447
Tarefas de campo 448

Apêndice
Código de Conduta Ética e Declaração de Compromisso 449

Glossário 459

Referências bibliográficas 469

Índice 499

Prefácio

Muitas coisas mudaram desde a primeira edição deste livro. O mundo tornou-se digital e as pessoas vivem em ritmo mais acelerado. A ideia que temos sobre o que constitui nosso ambiente social expandiu-se de um modo que seria difícil imaginar há vinte anos. Mas algumas coisas permanecem iguais. As pessoas ainda precisam de relações humanas estreitas para que possam se sentir completas e precisam dominar elementos de competência social para atingir o sucesso definitivo na vida. Já que aspira a trabalhar profissionalmente com crianças menores, é aqui que você entra nessa história.

Todos os dias, as crianças que participam de programas destinados à primeira infância interagem com colegas e com profissionais, e aprendem coisas valiosas sobre as questões emocionais e sociais relacionadas a elas e às pessoas com quem convivem. Tudo o que você diz e faz tem um impacto enorme sobre as crianças, para o bem e para o mal. Ao mesmo tempo, elas lhe ensinam coisas novas sobre você mesmo, sobre o desenvolvimento infantil, a vida familiar e a aprendizagem social nos primeiros anos da infância. A sétima edição do *Guia de aprendizagem e desenvolvimento social da criança* ajudará você a aproveitar ao máximo essas oportunidades de aprendizagem.

Os professores e cuidadores profissionais têm papel fundamental em razão do apoio emocional e da orientação que dão às crianças com quem trabalham. Eles as ajudam a desenvolver sentimentos positivos em relação a si mesmas, incrementam suas habilidades de interagir eficazmente com os outros e ensinam-lhes comportamentos socialmente aceitáveis. Essa aprendizagem é facilitada quando as crianças veem o profissional, ou seja, você, como fonte de conforto, incentivo e orientação comportamental. A competência para exercer esses papéis dependerá do conhecimento que você tem sobre o desenvolvimento infantil, da habilidade em estabelecer relações positivas com as crianças e da compreensão dos princípios relacionados à gestão do comportamento.

Infelizmente, tanto na literatura quanto na prática, existe quase sempre uma dicotomia entre a potencialização da relação e a gestão do comportamento. Por exemplo, as abordagens que se concentram na potencialização da relação ensinam aos estudantes como demonstrar afetuosidade, respeito, aceitação e empatia, mas deixa-os entregues a si mesmos para imaginar de que modo lidar com comportamentos típicos da infância, tais como cuspir, bater, provocar e fazer amizades. Já as abordagens que se concentram no controle do comportamento abordam, sim, esses últimos, mas quase sempre deixam de ensinar o modo de construir uma relação com a criança, ajudá-la a desenvolver estratégias de enfrentamento e compreender melhor a si mesma e aos outros.

Neste livro, abordamos todas essas questões com base em pesquisas, informações e habilidades associadas tanto à potencialização da relação quanto à gestão do comportamento. Reunimos, em uma combinação única, a teoria desenvolvimental e a comportamental, além da prática que estabelece um terreno comum a ambas, mantendo, porém, a integridade de cada. Dessa forma, demonstramos que existe um conhecimento factual básico que pode ser usado para sustentar o modo como os aspirantes a profissionais pensam sobre o desenvolvimento social das crianças e como respondem a ele.

Frequentemente, encontramos estudantes e profissionais cujas interações com as crianças são totalmente intuitivas. Confiam em respostas "instintivas" e adotam princípios implícitos e incompreensíveis. Abordam a orientação infantil como uma variedade de truques que utilizam indiscriminadamente para atingir objetivos de curto prazo, como conseguir que uma criança pare de interromper alguma atividade. Não adotam um conjunto de estratégias integradas ou dotadas de objetivos de longo prazo, como ensinar uma criança a atrasar a gratificação. Já outros conhecem os princípios gerais que regem a construção de relações e a gestão do comportamento, mas têm dificuldade de integrá-los em um plano de ação sistemático e consistente. Mais angustiante ainda para nós são aqueles que, por falta de treinamento, concluem que os comportamentos normais que as crianças apresentam, como parte do processo de socialização, possam ser de algum modo anômalos ou mal-intencionados. Tais indivíduos, além disso, quase nunca conseguem reconhecer o impacto de seu próprio comportamento sobre as crianças. O resultado é que, quando as crianças não satisfazem suas expectativas, pensam que a punição, e não o ensino, seja adequada à situação. Este livro foi escrito para preencher essas lacunas. Esperamos eliminar boa parte das suposições e das frustrações vividas pelos profissionais do campo e melhorar as condições sob as quais as crianças são socializadas nos ambientes formalizados de grupo. Para conseguir isso, oferecemos fundamentos sólidos extraídos das atuais pesquisas sobre comportamento infantil. Traduzimos essas pesquisas para a vida real, conectamos esses dados a habilidades que comprovadamente funcionam e ajudamos os estudantes a pôr em prática tanto o conhecimento quanto as habilidades práticas, para que apoiem efetivamente o desenvolvimento e a aprendizagem social das crianças.

■ O que há de novo nesta edição

A sétima edição de *Guia de aprendizagem e desenvolvimento social da criança* foi profundamente atualizada. A seguir, apresentamos as mudanças principais que você encontrará em *todos* os capítulos deste livro:

- No Capítulo 1, introduzimos a pirâmide de apoio social para descrever as quatro fases de orientação do comportamento social da criança: (1) estabelecer relações positivas com as crianças, (2) criar ambientes que dão apoio, (3) ensinar e treinar, e (4) empenhar-se em intervenções individualizadas intensivas com crianças que apresentam comportamentos desafiadores persistentes. Essa pirâmide aparece em todos os capítulos para ressaltar de que modo as habilidades trabalhadas em cada um encaixam-se no programa global de apoio social e intervenção.
- Substituímos mais de um terço das referências anteriores por materiais novos baseados em pesquisas realizadas entre 2006 e 2011.
- Todos os capítulos contêm figuras que destacam os pontos principais.
- Os exemplos constituídos por desenhos de crianças são usados com a finalidade de incluir "vozes jovens" no livro.
- Em todos os capítulos, introduzimos uma seção que se concentra nos comportamentos desafiadores que algumas crianças apresentam. Descrevemos um comportamento desafiador típico (como rejeição crônica por parte dos colegas ou o hábito de choramingar), e, em seguida, os leitores são orientados a encontrar "soluções" com base nas habilidades abordadas no capítulo.
- Os quadros explicativos de todos os capítulos foram simplificados para que seja mais fácil lê-los e compreendê-los.

A seguir, apresentamos resumidamente as modificações relativas a cada capítulo:

- O Capítulo 1 traz um material novo sobre as diferenças culturais na competência social, exemplos de padrões de estados socioemocionais e uma explicação elaborada sobre a pirâmide de apoio social. As dimensões de ação e facilitação das edições anteriores foram abandonadas em prol dessa orientação de apoio social.
- O Capítulo 2 foi completamente reorganizado e reformulado, e, nesta edição, enfatiza os bebês e as crianças de até 3 anos. Nesse capítulo, destaca-se a importância de aspectos relacionados a afetuosidade, aceitação, genuinidade, empatia e respeito (AAGER). Foram acrescentadas figuras autorreflexivas sobre a

força das relações, métodos de acalmar os bebês e criação de uma rotina de despedida.
- O Capítulo 3 estabelece uma forte ligação entre os elementos de uma relação positiva (AAGER) e os relativos comportamentos não verbais que os adultos apresentam. Foram acrescentadas explicações mais profundas sobre os componentes não verbais de aceitação e respeito.
- O Capítulo 4 amplia a discussão sobre o *self* e os outros, enfatiza o trio da autoestima (valor, competência e controle) e discute como esses elementos se relacionam para criar um ambiente verbal positivo. Duas habilidades – narrativas compartilhadas e conversação – são apresentadas e descritas em detalhes.
- No Capítulo 5, há uma seção sobre o analfabetismo emocional.
- O Capítulo 6 aborda a resiliência e o modo de promover essa qualidade das crianças.
- O Capítulo 7 concentra-se totalmente no papel que tem o brincar no desenvolvimento emocional. Essa abordagem é evidente em todos os aspectos do capítulo: teoria, figuras e habilidades. Neste capítulo, enfatiza-se a importância do adulto no brincar infantil.
- No Capítulo 8, descrevem-se os conceitos de amizade. Destacam-se as etapas que devem ser adotadas para ajudar as crianças no processo de estreitar amizades e o modo de realizar esquetes relativos ao tema.
- No Capítulo 9, usamos figuras e quadros para evidenciar a ligação entre os comportamentos de competência social das crianças e o ambiente físico. O capítulo apresenta uma breve discussão da densidade e seu efeito sobre a interação social. Há também os critérios para uma programação diária e as estratégias para avaliar o espaço da sala de aula, de modo a facilitar a interação social.
- O Capítulo 10 apresenta uma seção sobre a combinação de mensagens pessoais com outras técnicas autoritárias de ensino.
- O Capítulo 11 contém vasto material sobre as estratégias das intervenções individualizadas intensivas para abordar os comportamentos desafiadores. Discutimos a criação de uma equipe de apoio ao comportamento, a avaliação funcional, hipóteses de desenvolvimento de comportamentos, planejamento de um plano de apoio para o comportamento e a implementação e o monitoramento desse plano.
- O Capítulo 12 aborda questões relacionadas à agressão instrumental e hostil, além de apresentar estratégias e habilidades para lidar com esse tipo de comportamento.
- O Capítulo 13 apresenta as habilidades pró-sociais.
- A orientação do Capítulo 14 foi revista em função de literatura mais recente sobre como as crianças desenvolvem atitudes saudáveis em relação à sexualidade e à diversidade (a própria e a dos outros). Entre as novas habilidades está a de ser um membro produtivo da equipe no desenvolvimento dos programas de serviços individualizados para famílias e programas de educação individualizada.
- Uma novidade do Capítulo 15 é o modo de incluir profissionais externos nas intervenções individualizadas intensivas quando as crianças apresentam comportamentos extremos. O capítulo fornece, além disso, estatísticas de casos comprovados de abuso infantil e negligência, além de outros exemplos de crianças desafiadoras.

■ Apresentação

Os capítulos deste livro, juntos, compõem uma imagem completa das crianças, do ponto de vista social e das práticas que os profissionais utilizam na sala de aula para potencializar o desenvolvimento e a aprendizagem social das crianças. Abordamos as áreas de estudo tradicionais como autoestima, agressão, tomada de decisões, regras e consequências. E abordamos também temas mais atuais como comunicação de bebês e crianças de até 3 anos, autorregulação, resiliência, amizade, *bullying* e apoio ao comportamento positivo. Cada capítulo, considerado separadamente, oferece uma revisão profunda da literatura baseada em dados de pesquisa em diversos campos (psicologia, fisiologia, educação, medicina, sociologia, ciências do consumo, *design* de interiores). A sequência dos capítulos foi cuidadosamente planejada de modo que cada um funcione como embasamento para o seguinte – conceitos e/ou habilidades simples precedem os mais complexos; os capítulos que se concentram na potencialização das relações antecedem a discussão da gestão do comportamento.

Em todo o livro, utilizamos um estilo de linguagem direto para tornar a leitura mais fácil e atraente. Embora citemos muitos dados de pesquisas, usamos intencionalmente a notação entre parênteses, em vez de nos referirmos constantemente aos pesquisadores pelo nome. Queremos que os estudantes se lembrem dos conceitos que os dados representam e não simplesmente de nomes e datas. Além disso, para ajudá-los a estabelecer as conexões entre o que leem e as crianças de "carne e osso", usamos livremente exemplos da vida real para ilustrar os conceitos e as relativas habilidades.

O âmbito do estudo compreende o desenvolvimento social de crianças desde o nascimento até os 12 anos, com ênfase particular nas crianças de até 8 anos. Chamamos esse período de infância. Os alicerces para a socialização são lançados durante esses anos de formação. As habilidades ensinadas foram especialmente planejadas de modo que levassem em conta as estruturas cognitivas e habilidades sociais peculiares das crianças dessa idade. Uma vez que as crianças vivem e se desenvolvem dentro do contexto da família, da comunidade, do país e do mundo, elas são constantemente influenciadas por esses contextos que, por sua vez, afetam as pessoas e os eventos que estão a sua volta. Nossa perspectiva é, portanto, ecológica: as crianças são vistas como seres dinâmicos, em constante mudança dentro de um meio igualmente dinâmico e em constante mudança. Além disso, a experiência nos ensinou que os estudantes aprendem melhor os comportamentos profissionais quando recebem orientações claras e sucintas sobre como realizar um procedimento. Definir um procedimento, dar exemplos e fornecer uma fundamentação para o seu uso é necessário, mas não suficiente. Assim, nossa abordagem para treinar habilidades é indicar ao estudante as estratégias baseadas nas pesquisas que se relacionam ao conteúdo do capítulo. Desmembramos essas estratégias em uma série de habilidades discretas e observáveis que os estudantes podem pôr em prática. Ao articularmos os passos específicos envolvidos, fomos diretos e não circunspectos. Esse modo direto e sem rodeios não implica que as orientações estejam gravadas na pedra ou que não haja espaço para que os estudantes usem criativamente suas habilidades. Prevemos, em vez disso, que, após aprenderem as habilidades, os estudantes as internalizem e modifiquem, de acordo com suas necessidades, personalidade, estilo de interação e circunstâncias. Além do mais, reconhecemos que um dos componentes importantes do uso correto das habilidades é determinar, com base na inteira gama disponível, quais alternativas são mais adequadas para determinada situação. Saber o momento correto de usar e o momento correto de evitar é uma habilidade específica tão importante quanto a de saber usar. Por esse motivo, discutimos essas questões ao longo de cada capítulo, tanto no corpo do texto quanto na seção "Evite as armadilhas". Também incorporamos ao livro orientações específicas sobre como adaptar as habilidades em relação às diferentes idades e diferentes níveis de capacidade das crianças.

■ Assistência à aprendizagem

Este livro incorpora diversas características que potencializam a aprendizagem dos estudantes: todos os capítulos são introduzidos por uma *lista de objetivos*, que mostra o que terão aprendido ao final de cada segmento. Os objetivos destacam o foco do capítulo. Todos os capítulos começam com uma *discussão da teoria e da pesquisa* relacionadas ao tema de desenvolvimento social específico, e descrevem também as implicações da pesquisa tanto para os adultos quanto para as crianças. A parte principal de cada capítulo apresenta as *habilidades profissionais* relevantes em relação ao tema em discussão. Cada habilidade é desmembrada em uma série de comportamentos observáveis que os estudantes podem aprender, e os instrutores, avaliar diretamente. Essa seção apresenta diversos exemplos para ilustrar ainda melhor as habilidades em questão. Na parte final do capítulo, descrevemos os erros comuns (ou *armadilhas*) que os estudantes cometem quando começam a aprender as habilidades, e apresentamos sugestões para evitá-los. Todos os capítulos contêm um *resumo* que dá uma visão geral do material apresentado e pode ser útil quando se deseja rever os conceitos importantes. Os capítulos incluem ainda uma lista de temas para *discussão*: são perguntas que estimulam a reflexão e visam ajudar os estudantes a sintetizar e aplicar o que leram, por meio de atividades com os colegas. Os capítulos terminam com a sugestão de algumas *tarefas de campo* que os estudantes podem realizar para praticar e aperfeiçoar as habilidades estudadas. Essas tarefas podem ser conduzidas de modo independente ou sob a orientação de um instrutor.

■ Ao aluno

Este livro oferece a você o conhecimento e as habilidades necessárias para orientar o desenvolvimento e a aprendizagem social das crianças em sua prática profissional. Esperamos que ele seja útil para ampliar seu entusiasmo pelo campo e para estimular sua confiança no trabalho com crianças e famílias. Embora possa não conter tudo o que precisará conhecer ao longo de sua vida profissional, esta obra lhe fornecerá base segura para que possa desenvolver seu próprio estilo profissional. Apresenta informações e estratégias que, de outro modo, exigiriam anos de experiência.

As autoras desta obra têm vasta experiência no trabalho com crianças, empenhadas em pesquisas e em ensinar esse conteúdo a alunos. Por isso, temos consciência das questões relacionadas ao desenvolvimento social das crianças que são importantes para os estudantes e é nelas que nos concentramos. Tentamos também nos antecipar às perguntas que farão e a algumas das dificuldades que encontrarão ao trabalhar com este material.

■ Sugestões para utilizar o material

1. Leia cada capítulo cuidadosamente e mais de uma vez. Use a primeira leitura para obter uma visão ampla do assunto e, então, leia uma segunda vez para identificar os principais conceitos relativos ao comportamento do adulto e concentre-se nos procedimentos concretos relativos a cada habilidade.
2. Faça anotações e sublinhe os pontos que deseja lembrar.
3. Faça mais que simplesmente memorizar a terminologia. Identifique os conceitos que está estudando nos comportamentos reais das crianças e verifique de que modo pode aplicar esse conhecimento em suas interações com elas.
4. Faça perguntas. Compartilhe suas experiências, ao usar o material, com os colegas e com o professor. Participe plenamente das discussões de classe e dos exercícios de desempenho de papéis.
5. Experimente o que está aprendendo com as crianças. Caso esteja em uma atividade de campo, como voluntário ou empregado de um programa, aproveite essa oportunidade. Não hesite em praticar as habilidades apenas porque são novas para você. Persista, apesar das dificuldades e dos erros, e tome nota do que precisa melhorar. Concentre-se em seu sucesso para aperfeiçoar a habilidade e não apenas no que não saiu perfeito.

■ Agradecimentos

Agradecemos às seguintes pessoas as contribuições ao nosso trabalho: Louise F. Guerney, professor emérito da Pennsylvania State University, e Steven J. Danish, da Commonwealth University of Virginia, que foram as fontes originais das informações relativas à filosofia e às habilidades aqui apresentadas. Laura C. Stein, coautora e professora de crianças e jovens na Michigan State University, trabalhou lado a lado conosco para desenvolver a primeira edição deste livro e as diversas outras que se seguiram. Devemos-lhe muito por suas iluminações e por ajudar que nossas ideias adquirissem vida sobre o papel.

Os revisores mencionados a seguir forneceram um valioso *feedback* no processo de revisão desta edição: Jeanne W. Barker (Tallahasse Community College), Kay Bradford (Utah State University), Tamara B. Calhoun (Schenectady County Community College), Pamela Chibucos (Owens Community College), Kathryn Summers Clark (Meredith College) e Kathrin B. Hollar (Catawba Valley Community College).

Para encerrar, trabalhamos ao longo dos anos com muitos estudantes e profissionais cujo entusiasmo e estímulo nos revigoraram. Ao mesmo tempo, tivemos o privilégio de conhecer centenas de crianças durante os anos de formação. Delas, ganhamos a possibilidade de compreender e a motivação para levar adiante este projeto. É a elas que dedicamos este livro.

Capítulo 1

Fazer diferença na vida das crianças

Objetivos

Ao final deste capítulo, você será capaz de descrever:

- Competência social e como esse aspecto afeta a vida das crianças.
- Como o desenvolvimento e a aprendizagem influenciam a competência social das crianças.
- Os contextos em que as crianças se desenvolvem socialmente.
- As diferenças entre leigos e profissionais da primeira infância na promoção da competência social das crianças.
- Seu papel na promoção da competência social das crianças.

Pense nos aspectos do cotidiano que são mais importantes para você: a vida familiar, o convívio com os amigos, a escola, o trabalho e o divertimento. Tudo isso envolve relações humanas. As pessoas são seres sociais. Toda a nossa vida, desde o nascimento, se desenrola com outras pessoas. As interações sociais proporcionam laços de amizade e estímulo, nos dão o senso de pertencer e permitem conhecer a nós mesmos e como o mundo funciona. Desenvolvemos habilidades pessoais e interpessoais e nos familiarizamos com as expectativas e valores da sociedade em que vivemos. Esse é um aspecto tão crucial da experiência humana que grande parte da atenção das crianças, nos primeiros anos, concentra-se em como funcionar eficazmente no ambiente social.

■ As crianças no mundo social

O ambiente social é complicado. Há muito a conhecer e a fazer para funcionar com sucesso na sociedade. Pense no simples ato de cumprimentar alguém que encontramos. Para interagir com eficácia, é preciso conhecer uma grande variedade de modos de cumprimentar, além de saber quais atitudes físicas serão interpretadas pelos outros como amistosas. É preciso avaliar o que é educado e o que não é, com base no que conhecemos da pessoa, de seu papel, do nosso, da época, do lugar e da cultura em que estamos. Em função de tudo isso, é provável que tratemos uma pessoa que conhecemos bem de modo diferente daquela que encontramos pela primeira vez. Da mesma maneira, o modo como cumprimentamos uma pessoa em um jogo de futebol é diferente do modo como fazemos isso em um funeral. Embora essas variações façam parte do senso comum para os adultos, as crianças são novas no mundo e muitas das concepções e dos comportamentos sociais que são óbvios para nós ainda precisam ser aprendidos por elas.

■ As habilidades e o conhecimento social das crianças

Imagine que trabalha com crianças em uma escola de educação infantil ou no primeiro ano do ensino fundamental. Você observa, em seus alunos de 6 anos, Dennis, Rosalie e Sarah Jo, os seguintes comportamentos:

Dennis é uma criança ativa. Apresenta fortes reações em relação a pessoas e coisas a seu redor. Tem muita imaginação e muitas ideias sobre como brincar. Ele se esforça em traduzir as ideias em ações e, para isso, gasta muito tempo explicando às outras crianças o que fazer e o que dizer. Quando os colegas sugerem brincadeiras ou estratégias diferentes, Dennis tende a resistir às ideias e grita para fazer as coisas do jeito dele. Quando as outras crianças pedem para brincar com algo que ele está usando, o menino, em geral, responde "Não". Se insistem, não é raro que ele as empurre ou bata nelas para ficar com as coisas para si.

Rosalie é uma criança sossegada que raramente se comporta mal. Em geral, passa de uma atividade a outra sem conversar com as outras crianças. Responde quando falam com ela, mas raramente toma a iniciativa de uma interação social com colegas ou adultos. Não consegue indicar ninguém do grupo que seja seu amigo e nenhuma criança a identifica como melhor amiga. Embora as crianças não a rejeitem ativamente, passaram a ignorá-la e quase sempre a excluem de suas atividades. Na maioria dos dias, Rosalie é uma figura solitária na classe.

Sarah Jo está profundamente interessada nas outras crianças e convida-as com frequência a interagir com ela. Está quase sempre disposta a experimentar brincadeiras novas ou brincar do modo proposto pelos colegas, e ela mesma costuma expressar suas ideias. Sarah Jo compartilha as coisas com facilidade e consegue encontrar o modo de fazer que a brincadeira tenha continuidade. Embora tenha seus altos e baixos, é, em geral, alegre. As outras crianças buscam sua companhia e notam quando está ausente do grupo.

Como você pode ver, cada uma dessas crianças apresenta uma grande variedade de comportamentos sociais. Infelizmente, Dennis e Rosalie apresentam padrões de interação que não funcionam bem para eles. De fato, se mantiverem esses padrões ao longo do tempo, suas perspectivas de sucesso na vida se enfraquecerão (Goleman, 2007). Já as habilidades de Sarah Jo permitem prever um futuro positivo.

Como profissional da primeira infância, poderia ajudar Dennis e Rosalie a desenvolver maneiras melhores de conviver com os outros. Poderia também ajudar Sarah Jo a expandir suas habilidades. Ao fazer isso, você contribuiria para que as crianças adquirissem competência social. Para promovê-la, é preciso, antes de tudo, saber no que ela consiste, além de conhecer os comportamentos que caracterizam as crianças socialmente competentes.

■ Competência social

A **competência social** compreende todo o conhecimento social, emocional e cognitivo, além das habilidades de que as crianças precisam para atingir seus objetivos e ter interações efetivas com os outros (Davidson, Welsh & Bierman, 2006; Rose-Krasnor & Denham, 2009).

Entre as categorias de comportamento geralmente associadas à competência social estão:

- Valores sociais.
- Identidade pessoal.
- Inteligência emocional.
- Habilidades interpessoais.
- Autocontrole.
- Planejamento, organização e tomada de decisões.
- Competência cultural.

A variedade de comportamentos está detalhadamente representada na Figura 1.1. Como se pode ver na figura, a competência social integra ampla gama de valores, atitudes, conhecimento e habilidades que envolvem tanto a própria pessoa quanto os outros.

Nos Estados Unidos e em muitas sociedades por todo o mundo, as pessoas tendem a ver como socialmente competentes as crianças responsáveis mais que as irresponsáveis, as amigáveis e não as hostis, as que cooperam e não as que se opõem, as determinadas mais que aquelas sem propósitos, e as que têm autocontrole mais que as impulsivas (Hastings et al., 2006; Denham, Bassett & Wyatt, 2008). Com base nessa perspectiva, Art, que notou que Gary está infeliz e tenta consolá-lo, é mais competente que Ralph, que passa por Gary sem notar sua tristeza. Dinah, que quase sempre diz imediatamente tudo o que lhe vem à mente, é menos competente socialmente que seria se fosse capaz de esperar, sem interromper os outros. Quando Chip usa um raciocínio verbal para convencer os amigos a deixá-lo brincar com um jogo eletrônico, demonstra competência social maior que o colega que resmunga ou que usa a força física para conseguir o que quer. Diane McClellan & Lilian Katz (2001) elaboraram o perfil da criança socialmente competente. O Quadro 1.1 apresenta esse perfil e permite compreender de que modo a competência social se exprime nos atributos e comportamentos das crianças.

É importante notar que as expressões *em geral, com frequência* e *às vezes* são as que melhor descrevem os comportamentos infantis socialmente competentes. As crianças não estão sempre de bom humor e nem serão sempre bem-sucedidas em afirmar adequadamente seus direitos. "Qualquer criança pode ter ocasionalmente alguma dificuldade social [...] para a maioria delas, essas dificuldades duram pouco e constituem oportunidades para aprender e praticar novas habilidades" (Hastings et al., 2006, p. 4). Crianças que tiram vantagem dessas oportunidades (em vez de se tornarem hostis ou desistirem) passam a ser cada vez mais bem-sucedidas em suas interações sociais e na realização de seus objetivos.

Todas as crianças têm competência social na mesma medida?

Considere os seguintes atributos pessoais:

- Gentileza.
- Honestidade.
- Timidez.
- Generosidade.
- Amabilidade.
- Assertividade.

Quais desses atributos estão associados à competência social?

Se comparar suas respostas com as de outros leitores, descobrirá que fizeram muitas escolhas em comum, mas, provavelmente, não todas. Isso se deve ao fato de que as definições de competência social são bastante semelhantes em todo o mundo e incorporam a maioria das categorias identificadas na Figura 1.1 (Hamond & Haccou, 2006). Entretanto, alguns comportamentos definidos como socialmente competentes em determinada cultura não são considerados do mesmo modo em outras culturas. A Tabela 1.1, por exemplo, apresenta os resultados de um estudo sobre as qualidades que as pessoas no Canadá, na China, na Suécia e nos Estados Unidos descrevem como competentes socialmente (Ladd, 2005). Pode-se notar que os países apresentam diversas qualidades em comum, mas não todas. Para complicar ainda mais as coisas, o mesmo valor social pode ser demonstrado por meio de comportamentos diferentes, conforme o grupo. Por exemplo, embora muitas sociedades valorizem o respeito, a combinação de palavras e atos considerados respeitosos em uma família ou cultura pode não coincidir com o que outra cultura ou família considera respeitoso (por exemplo, em algumas famílias, é respeitoso tirar os sapatos antes de entrar em casa; em outras, isso não é esperado).

Variações como essas contribuem para diferenciar as definições de competência social entre diferentes culturas e dentro de uma mesma cultura. No entanto, a despeito de quais comportamentos são equiparados à competência social em determinado grupo, todas as crianças por fim desenvolvem padrões de comportamento que podem ser descritos como mais ou menos competentes socialmente de acordo com a sociedade em que vivem.

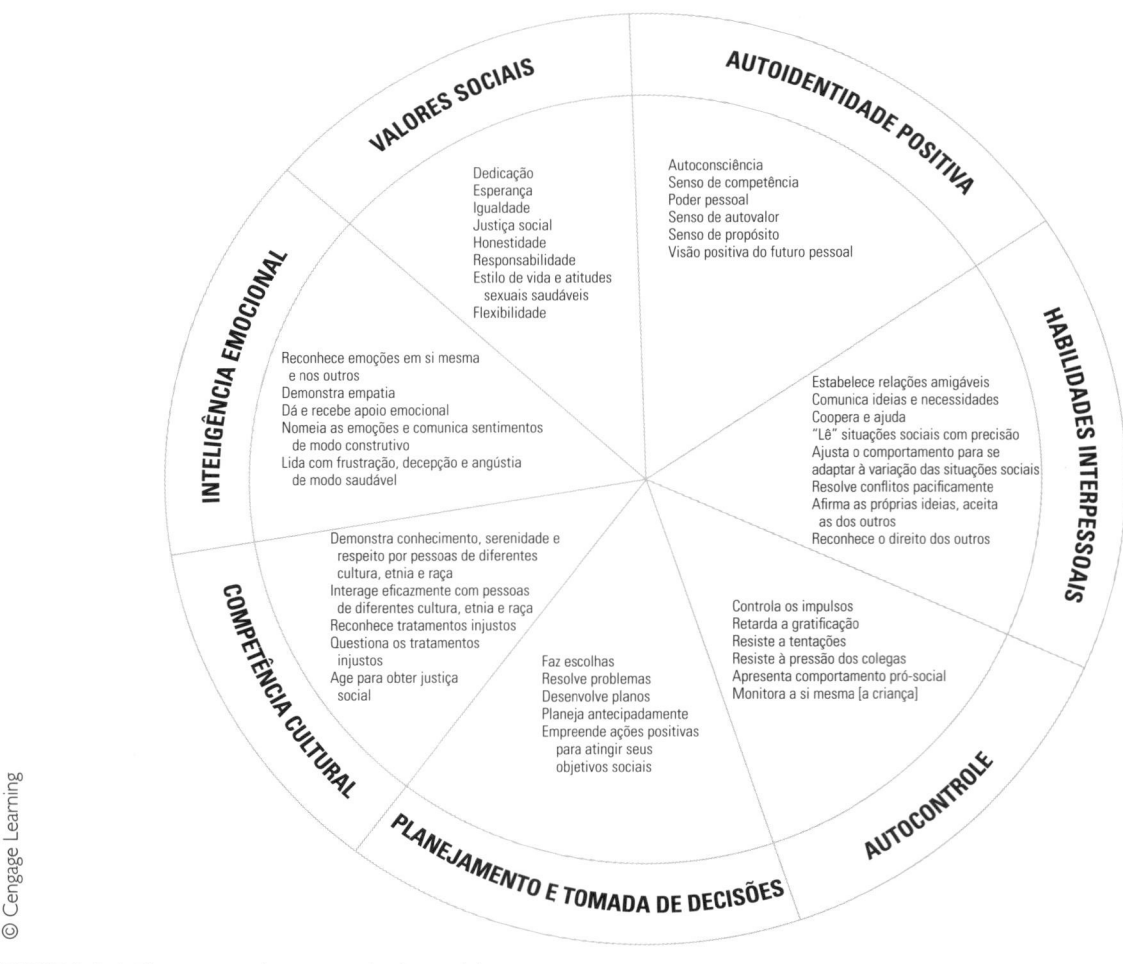

FIGURA 1.1 Elementos da competência social.

Os benefícios de ser socialmente competente

> [...] o melhor previsor, na infância, da adaptação na idade adulta não é o QI nem as notas obtidas na escola, mas a adequação da criança às pessoas com quem convive.
> As crianças que, em geral, não são apreciadas, que são agressivas e disruptivas, incapazes de manter relações estreitas com outros [...] são seriamente "de risco".
> **Willard Hartup (pesquisador da primeira infância)**

A competência social não é um luxo: faz enorme diferença em como as crianças se sentem consigo mesmas e em como os outros as percebem. As pesquisas relatam que as crianças competentes socialmente são mais felizes que seus pares menos competentes. São mais bem-sucedidas em suas interações pessoais, mais populares e mais satisfeitas com a vida. Além disso, as relações sociais das crianças têm sido associadas ao desempenho escolar: as habilidades sociais positivas estão associadas a um êxito escolar superior (Epstein, 2009) – ver Quadro 1.2.

Como consequência desses resultados favoráveis, as crianças socialmente competentes tendem a ver-se como seres humanos de valor que podem fazer diferença no mundo.

Outras pessoas percebem-nas como companheiras desejáveis e membros competentes da sociedade. O mesmo não pode ser dito de crianças cuja competência social é fraca. Crianças incapazes de funcionar de modo bem-sucedido no mundo social experimentam, com frequência, angústia e solidão, mesmo nos primeiros anos. São muitas vezes rejeitadas pelos colegas e têm autoestima baixa e desempenho escolar mais fraco (Miles & Stipek, 2006). Para piorar as coisas, as crianças incompetentes socialmente correm o risco que seus padrões de comportamento problemáticos prossigam na idade adulta (Ladd, 2008).

QUADRO 1.1 Comportamentos observáveis de crianças socialmente competentes

Atributos individuais	**Habilidades sociais**	**Relações com pares**
A criança	A criança em geral	A criança é
1. está, em geral, de bom humor. 2. não depende excessivamente da professora. 3. chega, em geral, bem-disposta. 4. lida, em geral, bem com as negações. 5. mostra capacidade de empatia. 6. tem relações positivas com um ou mais colegas, mostra capacidade de dedicar-se realmente a eles e sente a falta deles quando ausentes. 7. apresenta capacidade de humor. 8. não parece muito solitária.	1. aborda os outros de modo positivo. 2. expressa desejos e preferências com clareza; dá razões para atos e posicionamentos. 3. afirma seus próprios direitos e necessidades adequadamente. 4. não é facilmente intimidada por *bullying*. 5. expressa frustração e raiva de modo efetivo, sem intensificar os desacordos nem prejudicar os outros. 6. tem acesso a grupos que já estão brincando ou trabalhando. 7. entra em discussões que estão em andamento e faz contribuições relevantes para atividades em curso. 8. aceita muito bem esperar pela própria vez. 9. mostra interesse pelos outros, troca informações e também as solicita adequadamente. 10. negocia e se compromete com os outros de forma adequada. 11. não chama a atenção para si mesma inadequadamente nem interrompe a brincadeira ou o trabalho dos outros. 12. aceita os pares e adultos de grupos étnicos diferentes do seu e gosta deles. 13. interage não verbalmente com outras crianças por meio de sorrisos, acenos, movimentos da cabeça etc.	1. em geral aceita e não rejeitada pelas outras crianças. 2. às vezes convidada pelas outras crianças a juntar-se a elas para brincar, fazer amizade e trabalhar. 3. citada pelas outras crianças como uma amiga ou como alguém com quem gostariam de brincar e trabalhar.

FONTE: Reproduzido com autorização de D. McClellan e L. Katz. *Assessing Young Children's Social Competence*, 2001, ERIC Clearinghouse on Elementary and Early Childhood Education, Champaign, IL. (ERIC Document Reproduction Service nº ED450953).

TABELA 1.1 Semelhanças e diferenças na competência social em diferentes culturas

	Canadá	China	Suécia	Estados Unidos
As crianças tendem a ser mais competentes socialmente quando são:	Generosas	Generosas	Generosas	Generosas
	Amistosas	Amistosas	Amistosas	Amistosas
	Gentis	Gentis	Gentis	Gentis
	Prestativas	Prestativas	Prestativas	Prestativas
	Boas solucionadoras de problemas	Boas solucionadoras de problemas	Boas solucionadoras de problemas	Boas solucionadoras de problemas
	Não agressivas	Não agressivas	Não agressivas	Não agressivas
	Não tímidas	Tímidas	Não tímidas	Não tímidas

QUADRO 1.2 "Aprender é um processo social"

O bom êxito acadêmico nos primeiros anos de escola baseia-se nas habilidades sociais e emocionais. As crianças pequenas não conseguem aprender a ler, fazer somas ou resolver problemas de ciências se têm dificuldade em conviver com os outros e controlar suas emoções, se são impulsivas e se não têm ideia de como considerar suas opções, realizar projetos ou conseguir ajuda.

Os estudantes que demonstram habilidades sociais e emocionais fortes

- têm maior motivação escolar.
- têm atitudes mais positivas em relação à escola.
- faltam menos.
- participam mais em sala de aula.
- apresentam melhor desempenho em matemática.
- possuem melhor desempenho em estudos sociais.
- recebem notas mais altas.
- recebem menos suspensões.
- não abandonam a escola no ensino médio.

FONTE: Zins, J. et al. (2004). The scientific base linking social and emotional learning to school success. In: Zins, J. et al. (Eds.) *Building academic success on social and emotional learning*: what does the research say? Nova York: Teachers College Press, Columbia University. p. 1-22; Ladd, G. W. Social competence and peer relations. Significance for Young children and their service providers. *Early Childhood Services*, v. 2, n. 3, p. 129-48, 2008.

O fato de as crianças se tornarem, afinal, mais socialmente competentes, ou menos, é influenciado por diversos fatores, como o desenvolvimento infantil, a aprendizagem infantil e os contextos em que elas funcionam. Você precisará conhecer melhor esses fatores para dar apoio às crianças em sua jornada em direção à competência social.

■ Desenvolvimento e competência social

Katie e Sandra, duas crianças de 5 anos, estão ninando suas bonecas no canto [no espaço] de tarefas domésticas.
Katie: Somos amigas, né?
Sandra: Sim. Você tem um bebê e eu também.
Katie: Nossos bebês não podem ser amigos. Não conseguem falar nem fazer nada.
Sandra: Os bebês não conseguem fazer jogos ou brincar de balanço.
Katie: Ainda não!
Sandra: Não como nós!
Katie: É isso aí!

Katie e Sandra estão felizes por serem amigas e orgulhosas das habilidades sociais que possuem aos 5 anos, as quais "seus bebês" ainda não desenvolveram. À medida que as crianças crescem, ocorrem, gradualmente, as modificações em seu desenvolvimento que alimentam suas capacidades sociais. Tais modificações são regidas por determinados princípios desenvolvimentais que ajudam a reconhecer os pontos comuns das crianças e as características típicas de cada faixa etária (Copple & Bredekamp, 2009). Esses princípios fazem lembrar que o desenvolvimento social infantil é complexo e requer o apoio de adultos bem informados que apreciem as qualidades únicas das crianças com quem trabalham.

Todos os aspectos do desenvolvimento estão relacionados

Todos os aspectos do desenvolvimento (social, emocional, cognitivo, de linguagem e físico) estão entrelaçados e existem simultaneamente. Nenhum aspecto do desenvolvimento é mais importante que outro e nenhum deles existe independentemente dos demais. A verdade desse princípio é ilustrada pelas crianças, quando tentam fazer amizades. Suas habilidades de estabelecer relações com os pares dependem de uma série de competências e compreensões.

- **Social:** negociar os papéis em um jogo, esperar a própria vez e decidir quem será o primeiro.
- **Emocional:** ter confiança para abordar outra criança, responder com entusiasmo quando é convidada para brincar por um colega e exprimir empatia em relação a outra criança.

- **Cognitivo:** lembrar o nome da outra criança, desenvolver estratégias alternativas para resolver os conflitos que surgem e conhecer quais formas de atuação se encaixam melhor às situações sociais.
- **Linguagem:** usar palavras para cumprimentar ou explicar como se joga determinado jogo e responder com comentários adequados às perguntas de um amigo potencial.
- **Físico:** criar espaço para um novo jogador e ter as habilidades motoras necessárias para jogar videogame ou brincar de pegador com um amigo potencial.

Reconhecer que todo o desenvolvimento está entrelaçado permite apreciar melhor os diversos comportamentos sociais que as crianças estão se esforçando para aprender. Ajuda também a identificar as oportunidades de orientar o desenvolvimento e a aprendizagem social ao longo do dia. Tais oportunidades acontecem enquanto as crianças brincam de supermercado, discutem as regras para construir com blocos, perfazem os passos de um experimento científico ou resolvem um problema de matemática em grupo. Essas oportunidades ocorrem também dentro de casa, ao ar livre ou durante uma visita. O desenvolvimento social acontece o tempo todo e em todos os lugares em que as crianças estão.

O desenvolvimento social ocorre em uma sequência ordenada

Tente pôr os marcos do desenvolvimento relacionados à autoconsciência na ordem em que tendem a aparecer durante a infância:

- As crianças se definem quando se comparam com outras ("Ando de bicicleta melhor que Susan", "Sou menor que Marc").
- As crianças se definem de acordo com traços de sua personalidade ("Sou honesto", "Sou divertido").
- As crianças se definem com base em seu aspecto ("Sou um menino", "Tenho olhos castanhos").

O que você acha? Na ordem correta, esses pontos de referência ilustram o princípio da sequência do desenvolvimento.

O desenvolvimento social ocorre por etapas e é relativamente previsível. Por todo o mundo, os cientistas identificaram sequências típicas de comportamento ou de compreensão relacionadas aos vários aspectos do desenvolvimento social e das competências sociais (Berk, 2009). Por exemplo, as crianças desenvolvem o conceito de si mesmas ao longo de muitos anos.

Aqueles em idade pré-escolar concentram-se principalmente nos traços físicos. À medida que crescem, incorporam, gradualmente, comparações na definição de si mesmas. Lá pelos 8 ou 9 anos, tornam-se mais conscientes das características internas de sua personalidade. Embora passem tempos diferentes em cada etapa, e às vezes pulem totalmente algumas delas, a autoconsciência parece progredir aproximadamente na mesma ordem em todas as crianças.

Existem sequências desenvolvimentais para muitos aspectos da competência social – autocontrole, empatia, comportamento pró-social, compreensão moral, ideias sobre a amizade etc. Se conhecer essas sequências, saberá o que acontece em primeiro, em segundo e em terceiro lugares, no processo de maturação social. Esse conhecimento ajudará a determinar expectativas razoáveis em relação a cada criança e a decidir quais novas compreensões e comportamentos podem logicamente ampliar o nível corrente de funcionamento da criança. Se souber, por exemplo, que uma criança de 3 ou 4 anos concentra-se nos traços físicos que a caracteriza, poderá planejar atividades em classe como fazer autorretratos ou traçar o perfil do corpo para aumentar a autoconsciência. Você pode ainda pedir a crianças dos primeiros anos da escola de ensino fundamental, cujo senso físico está mais consolidado, que contem ou escrevam histórias baseadas nas qualidades pessoais que valorizam em si mesmas, como honestidade ou o fato de ser um bom amigo.

As taxas de desenvolvimento variam entre as crianças

Darlene e Emma têm 4 anos. Darlene já conseguia, aos 2 anos, usar frases inteiras para descrever o que sentia. Tem várias estratégias para conseguir o que deseja, como revezar-se e planejar a ordem em que as crianças usarão o brinquedo preferido. Já Emma só começou a usar frases compostas por diversas palavras por volta dos 3 anos. A abordagem que usa para obter o que quer é pedir à criança que está com o brinquedo que ela quer se pode ser a próxima a brincar ou conseguir que a professora a ajude a encontrar um brinquedo igual. Darlene e Emma são, em muitos aspectos, parecidas, mas também diferentes. Ambas estão se desenvolvendo de um modo típico.

Como o caso de Darlene e Emma evidencia, todas as crianças se desenvolvem de acordo com seus próprios tempos. Não há duas crianças exatamente iguais. Embora o princípio das sequências ordenadas se aplique, o ritmo em que cada indivíduo passa por elas pode variar.

Isso explica por que Darlene podia expressar seus sentimentos em palavras já aos 2 anos e Emma adquiriu a mesma habilidade apenas vários meses mais tarde. Ambas apresentam o desenvolvimento habitual, mas os tempos são diferentes.

Com base nesse princípio das taxas variáveis de desenvolvimento, pode-se presumir que crianças da mesma idade apresentem ampla variedade de habilidades sociais. Enquanto algumas estão nas fases iniciais de desenvolvimento, outras, da mesma idade, estão em fases mais adiantadas. Essas variações não significam melhor ou pior, bom ou ruim; são simplesmente diferenças comuns no desenvolvimento social das crianças. Compreender isso pode ajudá-lo a ser mais paciente com elas e ter expectativas mais realistas.

Existem períodos ideais no desenvolvimento social

Há certos momentos na infância em que as portas se abrem e deixam o futuro entrar.
Graham Greene (romancista)

Determinados momentos na vida das pessoas proporcionam os fundamentos cruciais para o desenvolvimento futuro (Brophy-Herb, Schiffman & Fitzgerald, 2007). Durante esses períodos, as crianças estão prontas para adquirir novas compreensões e habilidades. Entretanto, se, durante essa fase, não tiverem oportunidade de vivenciar algumas experiências, certamente terão dificuldade para adquirir determinadas habilidades mais tarde. Esse é o princípio dos períodos ideais de desenvolvimento.

Entre o nascimento e os 12 anos, as crianças são aprendizes sociais insaciáveis e motivados. Querem conectar-se e empenhar-se socialmente. Ao mesmo tempo, os padrões negativos de comportamento não estão ainda arraigados a ponto de não poderem ser mudados. Isso faz que a infância seja o momento ideal para potencializar muitas atitudes e comportamentos essenciais relacionados à competência social. Alguns deles abrangem os seguintes aspectos:

- Confiança.
- Autoconsciência e autoestima.
- Habilidades de comunicação interpessoal.
- Atitudes e comportamentos pró-sociais.
- Inclinação e habilidades para a amizade.
- Estratégias de solução de problemas.
- Habilidades de imitação.
- Função executiva (tomada de decisões, organização e planejamento).
- Autocontrole.

Se esses aspectos do desenvolvimento forem ignorados, será mais difícil que as crianças se tornem socialmente aptas quando forem adolescentes ou adultos. O princípio dos períodos ideais faz que nos concentremos no desenvolvimento social das crianças, desde o início, quando ainda são bebês, até durante toda a segunda década de vida.

O desenvolvimento social é cumulativo e tem efeitos retardatários

Determinada experiência poderá provocar um efeito mínimo sobre o desenvolvimento da criança se ocorrer apenas de vez em quando, mas poderá ter uma influência prejudicial se ocorrer repetidamente por longo período (Katz & Chard, 2000). Esse é o princípio dos efeitos cumulativos. Por exemplo, ser objeto de críticas ocasionais provavelmente não causa danos irreversíveis à autoestima da criança; entretanto, aquelas que são constantemente cobradas por suas falhas têm probabilidade de desenvolver sentimentos de inferioridade e pessimismo duradouros (Seligman, 2007). Raciocinar com a criança apenas uma vez não terá um impacto duradouro sobre ela. No entanto, os adultos que têm por hábito raciocinar com as crianças verão que elas se tornarão gradualmente cada vez mais hábeis em raciocínio.

Além desses efeitos cumulativos, os resultados desenvolvimentais podem ser retardatários. Algumas experiências precoces influenciam o funcionamento das crianças de modo que aparecerá apenas muito mais tarde na vida. Por exemplo, o desenvolvimento do autocontrole leva anos para ser adquirido. A natureza demorada desse processo pode levar os adultos a se perguntar se os esforços iniciais que fizeram para raciocinar com as crianças chegarão um dia a produzir resultados positivos. Entretanto, as pesquisas mostram que, quando os adultos explicam de modo consistente seu ponto de vista e consideram, ao mesmo tempo, a perspectiva das crianças, estas se tornarão, ao final, mais capazes de monitorar seu próprio comportamento sem supervisão constante (Shaffer & Kipp, 2010). Essas estratégias precisam ser usadas por muito tempo antes que as crianças consigam raciocinar por conta própria.

Conhecer o princípio dos efeitos cumulativos e retardatários ajudará você a considerar as implicações de longo alcance de seus esforços para orientar o comportamento e o desenvolvimento social das crianças. Como resultado, haverá momentos em que rejeitará uma solução rápida, pois ela pode prejudicar seus objetivos de longo prazo. Por exemplo, embora seja mais rápido dizer "Não" às desobedientes, se você quiser que elas desenvolvam autocontrole, deverá dedicar algum tempo para conversar com elas sobre seus atos. Ao fazer isso, tantos os efeitos cumulativos quanto os retardatários da argumentação darão apoio ao desenvolvimento da competência social das crianças.

Como se pode ver, o desenvolvimento desempenha papel significativo à medida que as crianças adquirem competências sociais. Entender os princípios desenvolvimentais influenciará o modo como você interpreta o comportamento da criança e as práticas educacionais adotadas. A aprendizagem infantil é outro fator que precisa ser considerado.

■ Aprendizagem e competência social

Cooperação, generosidade, lealdade e honestidade não são inatas. Precisam ser transmitidas às crianças pelos adultos, pelos pais e por outras crianças.
Urie Bronfenbrenner (ecologista humano)

Entre as aprendizagens sociais que transmitimos às crianças está o dizer "Desculpe" quando esbarram em alguém, atravessar as ruas nas faixas e sentir prazer em conviver com outras crianças. Comunicamos esses ensinamentos por meio de palavras e atos. Quanto elas aprendem desses ensinamentos depende de diversos princípios de aprendizagem que influenciam a competência social.

As crianças são aprendizes sociais ativos

Considere o seguinte provérbio chinês:

Ouço e esqueço,
Vejo e lembro,
Faço e entendo.

Esse provérbio captura a verdade central da aprendizagem infantil: as crianças são fazedoras. Não esperam passivamente que outros lhe deem informações. Têm corpos e mentes ativos que usam para dar sentido às experiências sociais onde quer que estejam. Fazem isso observando, agindo sobre objetos e interagindo com outras pessoas (Copple & Bredekamp, 2009). Como resultado dessas experiências, formulam hipóteses sobre o funcionamento do mundo social (por exemplo, Cory pode pensar: "Se eu pedir 'por favor', Mohammed me dará imediatamente a tesoura"). Às vezes, as ideias das crianças são confirmadas (Mohammed diz: "Ok"). Às vezes, encontram evidências que contrariam o que pensam (Mohammed diz "Não" porque ainda está usando a tesoura). Ao observarem, experimentarem e refletirem sobre o que acontece, as crianças gradualmente corrigem seu próprio pensamento (Cory resolve: "Vou ter de esperar pela tesoura, mas depois ele vai me dar"). Por meio de centenas de experiências como essa, elas constroem ideias sobre os códigos de comportamento a serem seguidos e sobre as estratégias adotadas (Piaget, 1962; Vygotsky, 1978).

Por serem aprendizes ativos, as crianças precisam de muitas oportunidades de experienciar o mundo social diretamente. Por exemplo, elas se tornam mais capazes de compartilhar quando praticam nas atividades diárias e não quando simplesmente escutam ou falam sobre isso. Descobrir como dividir os biscoitos no lanche, como duas pessoas podem usar o computador ao mesmo tempo e como colocar mais uma pessoa no jogo são problemas tangíveis que a criança pode resolver por conta própria ou com ajuda. Essas oportunidades naturais de aprendizagem social tornam-se momentos oportunos de ensinamento, nos quais as crianças estão motivadas para aprender novas estratégias. Um momento típico que pode ser usado para ensinar acontece quando Célia quer pular corda com um grupo de crianças que já está pulando. A professora usa essa oportunidade para ajudar Célia a descobrir palavras que ela pode usar para abordar as outras crianças. Miniensinamentos *in loco*, como esse, são poderosos. As crianças têm oportunidade imediata de praticar habilidades novas relevantes e de receber *feedback* para as estratégias que usam. Enquanto orienta o comportamento e o desenvolvimento social das crianças, você precisa buscar momentos como esse e aproveitar as oportunidades de aprendizagem que oferecem.

As crianças podem conhecer o mundo social de diversos modos

Embora todas as crianças sejam aprendizes ativos, elas podem perceber, agir e processar informações sociais de diversos modos. Considere os seguintes exemplos:

Gary tem um talento verdadeiro para a música e a usa como meio para expressar seus sentimentos. Quando surge um problema, gosta de resolvê-lo por conta própria.

Samantha tem jeito com as palavras. É fácil para ela comunicar verbalmente aos outros suas necessidades e sentimentos. Em situações problemáticas, prefere contar com uma amiga.

Gary e Samantha demonstram diferentes combinações de conhecimento e aprendizagem. Howard Gardner (2003) cunhou a expressão **inteligências múltiplas** para descrever essas diversas capacidades de aprendizagem. As pesquisas de Gardner sugerem que existem pelo menos oito modos de aprender:

Intrapessoal: as crianças aprendem por conta própria, mediante atividades que seguem o próprio ritmo.

Interpessoal: aprendem por meio do relacionamento com os outros e da colaboração.

Cinestésico: aprendem por meio do toque e do movimento.

Linguístico: aprendem vendo, dizendo e usando a linguagem.

Lógico-matemático: aprendem observando padrões e relações entre objetos e eventos.

Musical: aprendem por meio do ritmo e da melodia.

Naturalista: aprendem por meio de observações e interações com plantas e animais.

Espacial: aprendem visualizando algo na mente e traduzindo o que veem em algo tangível.

As crianças possuem todas essas inteligências, mas cada uma dessas se desenvolve de modo diferente entre elas. Assim, as crianças aprendem melhor quando têm acesso a oportunidades de aprendizagem que coincidem com os modos de aprendizagem que combinam melhor com elas. Visto que não é possível saber sempre qual modo de aprendizado é o mais adequado para cada criança, é proveitosa a combinação de vários modos diferentes nos ensinamentos sociais. Por exemplo, vamos imaginar que queira ensinar às crianças algo sobre colaboração. Algumas acharão útil:

- Fazer um trabalho por conta própria na classe ou ler individualmente sobre pessoas colaborativas (intrapessoal).
- Interagir com outra criança para fazer a tarefa de classe (interpessoal).
- Ensaiar um ato de colaboração antes de testá-lo de verdade (cinestésico).
- Falar sobre ações de colaboração que observaram ou fizeram (linguístico).
- Considerar os padrões que caracterizam o comportamento de colaboração (lógico-matemático).
- Cantar ou compor uma música cativante sobre ajudar (musical).
- Ajudar a cuidar de um animal na sala de aula (naturalista).
- Refletir sobre um ato de colaboração que viram ou de que ouviram falar (espacial).

A maioria das crianças combina as diferentes experiências, extraindo informações importantes daquelas que coincidem com seu modo preferido de aprender. Ao orientar o desenvolvimento do comportamento social, você precisará ser sensível a esses diferentes estilos de aprendizagem e usar estratégias para direcionar cada uma.

A competência social envolve desafio e domínio de habilidades contínuos

As crianças gostam do desafio de aprender aquilo que já quase conseguem compreender, mas ainda não fazem perfeitamente, e de tentar fazer coisas que quase conseguem, mas ainda não fazem totalmente por conta própria. Isso significa que é proveitoso para elas enfrentar conceitos e habilidades que estão ligeiramente acima de suas capacidades atuais e trabalhar nisso até que atinjam um nível superior de competência (Bodrova & Leong, 2007). Ao mesmo tempo, as pesquisas mostram que as crianças precisam negociar de modo bem-sucedido as tarefas de aprendizagem, na maior parte do tempo, para continuarem motivadas a aprender. As que estiverem sobrecarregadas não serão bem-sucedidas. E se o insucesso se tornar rotineiro, a maioria das crianças simplesmente desistirá de tentar (Copple & Bredekamp, 2009). Assim, a aprendizagem social positiva tem maior probabilidade de ocorrer quando as crianças se sentem tanto estimuladas quanto bem-sucedidas. Sabendo disso, seu papel é monitorar as situações sociais, desafiar as crianças a ampliar sua compreensão, apoiá-las quando tentam adquirir habilidades sociais novas e ajudá-las a descobrir abordagens de sucesso. Às vezes, podem ser os pares que dão apoio. À medida que as crianças se tornam mais capazes, você deverá se retirar gradualmente de cena, permitindo que levem em frente, elas mesmas, as próprias habilidades.

Callie tem 2 anos e quer comer mais na hora do lanche, mas não sabe como pedir – esse exemplo pode ser usado para ilustrar o processo de desafio e domínio de habilidades. Para facilitar a aprendizagem de Callie, você ou um coleguinha dela já mais habilidoso podem lhe dar uma instrução, que pode consistir em uma simples sugestão sobre o que dizer para que os colegas lhe passem o cestinho com biscoitos. Se as palavras forem muito complexas ou abstratas, Callie não absorverá o ensinamento. Mas, se forem apenas um pouco mais elaboradas que as que costuma usar, é possível que ela amplie o pensamento para englobar as novas palavras. É provável que Callie não aprenda a expressão nova em um único episódio, mas essa interação pode lhe dar condições de experimentá-la em muitas situações e de praticar até finalmente adquirir a habilidade e não precisar da ajuda de mais ninguém. Ao fazer isso, ela estará realmente passando para um nível mais alto de aprendizagem social.

A aprendizagem social leva tempo

A vida é mais que simplesmente aumentar a velocidade.
Mahatma Gandhi (líder político e espiritual)

A aprendizagem social é um processo gradual. Embora já ao nascer sejam seres sociais, as crianças não nascem socialmente hábeis. Nem atingem níveis maduros de competências rapidamente (Shaffer & Kipp, 2010). Assim, quando chegam à escola de educação infantil, e mesmo ao sexto ano, ainda não estão maduras do ponto de vista social. Ao longo da pré-escola e dos anos do iniciais do ensino fundamental, elas gastam muito tempo explorando ideias sociais, experimentando várias estratégias e buscando indicações sobre o que funciona e o que não funciona no mundo social. Essa aprendizagem social não pode ser indevidamente apressada. As crianças precisam de diversas oportunidades de envolvimento em interações sociais para aperfeiçoar seus conceitos e suas habilidades. Isso vale tanto para aquelas com desenvolvimento típico quanto para as que têm necessidades especiais. Todas as crianças menores precisam de tempo e de orientação para desenvolver habilidades sociais, e algumas precisam de ajuda extra. Considere isso quando pensar em Patrick, descrito a seguir.

Como profissional da primeira infância, você tem a responsabilidade de garantir que as crianças, incluindo aquelas como Patrick, tenham tempo e oportunidades suficientes para desenvolver suas habilidades sociais. Em sintonia com essa tarefa, precisará ser paciente e dar apoio enquanto as crianças praticam as novas técnicas. Essa prática ocorrerá em diversos contextos sociais, incluindo o ambiente da primeira infância. Os professores, entretanto, não são os únicos a ensinar habilidades sociais.

> **Comportamento desafiador**
>
> **Conheça Patrick**
>
> Patrick tem 4 anos e participa do Head Start.[1] Gosta de fazer construções com blocos, criar coisas na mesa dedicada aos trabalhos de arte, andar de triciclo no parque e pular na cama elástica em casa. É uma criança de muita energia e tem um sorriso cativante. É também muito curioso. Sua atenção, entretanto, passa de uma coisa a outra rapidamente e ele se distrai com facilidade. É difícil para ele escutar uma história do começo ao fim, prestar atenção enquanto um adulto dá instruções, ficar sentado quando toma lanche ou acompanhar alguém que está explicando o que acontecerá a seguir. Embora a maioria das crianças fique irrequieta e se contorça às vezes, Patrick está em perpétua movimentação, na maior parte do tempo. Sua impulsividade é muito alta e sua habilidade de lidar com frustração é extremamente baixa. Esses comportamentos contribuem para que suas relações sociais com os pares sejam ruins. Recentemente os pais de Patrick, as pessoas que cuidam dele e o pediatra têm cogitado que ele tenha TDAH (transtorno de déficit de atenção e hiperatividade).
>
> As crianças que apresentam TDAH reagem a tudo o que veem e ouvem. Isso leva à impulsividade e à incapacidade de prestar atenção em uma única coisa por muito tempo. Esses comportamentos estão presentes em níveis muito mais altos que o esperado para o estágio de desenvolvimento em que se encontra a criança e interferem realmente em seu funcionamento diário. O TDAH afeta aproximadamente de 3% a 7% da população dos Estados Unidos e é diagnosticado três vezes mais em meninos que em meninas (CDC, 2006).[2] Em razão de sua natureza distraída e impulsiva, as crianças que apresentam TDAH precisam de assistência constante de adultos dedicados para desenvolver competência social maior.

Há muitas outras pessoas envolvidas nesse processo. Isso exige que você leve em conta todos os ambientes nos quais as crianças adquirem competência social.

■ O ambiente social

Alguns dos ambientes em que as crianças formam ideias e comportamentos associados à competência social são a própria casa, a casa dos avós, a escola, o *playground*, o grupo pares, a igreja e a vizinhança. As coisas que acontecem em alguns desses lugares ou em todos eles afetam as

---

[1] Programa do Ministério da Saúde, Educação e Assistência Social dos Estados Unidos que fornece vários serviços a crianças. (NT)
[2] No Brasil: "A prevalência nacional de TDHA obtida no estudo foi de 4,1%, sendo significativamente mais frequente em meninos (7,7% *vs*. 2,1% em meninas), em crianças das classes C (4,9%), D e E (7,4%) do que nas de classe A e B (3,8%)" (Marco Antônio Arruda). Artigo publicado no site "Comunidade Aprender Criança", em http://www.aprendercrianca.com.br/noticias/ultimas/tdah-no-brasil-o-que-a-folha-de-sp-nao-mostrou. Acesso em jun. 2012. (NE)

crianças de várias maneiras e influenciam substancialmente o grau de competência social que atingem. Para orientar o comportamento e o desenvolvimento social das crianças com eficácia, você deve considerar de que modo essas formas se combinam para afetar as vidas das crianças (Bronfenbrenner, 1993; Arnett, 2008).

Para começar, imagine os contextos em que as crianças vivem como uma série de anéis concêntricos e a criança no centro deles. A Figura 1.2 mostra quatro sistemas sociais distintos: microssistema, mesossistema, exossistema e macrossistema. Partindo da criança no centro e deslocando-se para fora, os microssistemas estão inseridos nos mesossistemas, os mesossistemas estão contidos nos exossistemas e os exossistemas funcionam dentro de macrossistemas. Vamos considerar cada sistema separadamente e, em seguida, ver como funcionam juntos.

Microssistemas

O sistema social mais básico é o **microssistema**, que inclui pessoas, materiais, atividades e relações interpessoais que as crianças experienciam diretamente em casa ou na escola. Em vários momentos da vida, as crianças participam de alguns ou de todos os seguintes microssistemas:

- Ambiente familiar imediato ou estendido.
- Programa de cuidados infantis ou centro Head Start.
- Escola.
- Grupos 4-H, Boys & Girls Club,[3] escoteiros.
- Ambiente religioso.
- Consultório médico.
- Programas esportivos da comunidade.
- Aulas de dança, ginástica ou caratê.

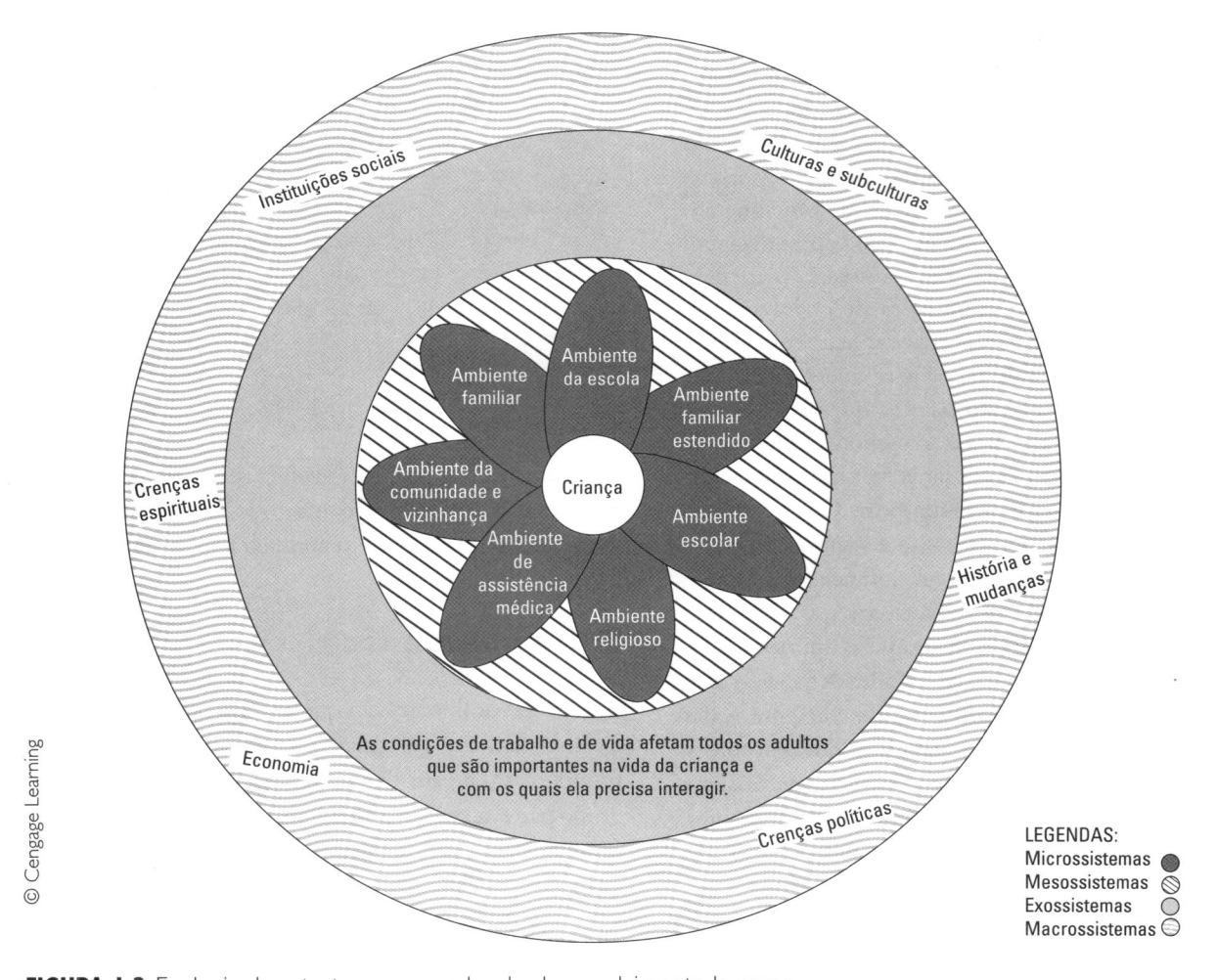

FIGURA 1.2 Ecologia de estruturas agrupadas do desenvolvimento humano.

---
[3] Trata-se de organizações juvenis norte-americanas. (NT)

Cada microssistema é o próprio ambiente social no qual as crianças obtêm experiência social por meio de interações com pessoas e coisas. Três microssistemas são especialmente importantes para as crianças nos primeiros anos de vida: família, grupo de coetâneos e ambientes de primeira infância.

Influências familiares

Em todo o mundo, as famílias têm a responsabilidade principal de atender às necessidades físicas das crianças, alimentá-las e ensinar-lhes habilidades sociais (Turnbull et al., 2006). Os membros da família possuem vínculos de longo prazo com as crianças e proporcionam os vínculos com o passado e as visões de futuro (Gonzalez-Mena & Eyer, 2009). Pais e, às vezes, avós, tios, tias, irmãos e irmãs são os primeiros professores das crianças. Proporcionam a elas as primeiras relações sociais, modelos de comportamentos e papéis, uma estrutura de valores e crenças e estimulação intelectual. As primeiras atitudes que as crianças encontram em relação a outras pessoas, educação, trabalho e sociedade estão na família. Essas funções ocorrem por meio de ensinamento direto ou indireto, de modos construtivos e destrutivos, de modo bem ou malsucedido. Além disso, a maioria das influências ambientais é canalizada por meio da família. Por exemplo, é pela família que as crianças têm acesso aos recursos econômicos e aprendem os costumes de seus grupos culturais. Os membros da família providenciam a assistência infantil e matriculam as crianças pela primeira vez na escola. Além disso, são eles que promovem ou inibem oportunidades de interação das crianças com os pares e com a comunidade mais ampla, organizando contatos informais entre as crianças como as dos grupos 4-H ou dos escoteiros (Grusec & Davidov, 2008). Por meio de atos e escolhas, as famílias exercem o papel principal na transmissão às crianças de maneiras, pontos de vista, crenças e ideias aceitas e mantidas pela sociedade em que vivem. Finalmente, porém, os mundos sociais infantis se expandem e passam a incluir microssistemas além da casa e da família estendida. Nesses ambientes, pares, professores e outros adultos proporcionam oportunidades adicionais para a aprendizagem social.

Influência do grupo de pares

À medida que as crianças interagem com os pares no ambiente das escolas e na vizinhança, ocorre uma significativa quantidade de aprendizagens socioculturais. Nas relações com seus pares, as crianças aprendem conceitos de reciprocidade e justiça, por meio do dar e receber que ocorre entre iguais. A negociação social, a discussão e o conflito ajudam as crianças a aprender a compreender o pensamento dos outros, as emoções, os motivos e as intenções. Essa compreensão as capacita a pensar sobre as consequências de seu comportamento, tanto para elas mesmas quanto para os outros (Doll, Zucker & Brehm, 2004). Assim, à medida que recebem *feedback* dos pares, começam a avaliar a adequação de seus atos e a modificar seus comportamentos com base nisso (Santrock, 2010). Consequentemente, as relações com os pares proporcionam contextos cruciais para a cognição social (por exemplo, pensar sobre os fenômenos sociais) e para a ação social. Tais pensamentos e ações podem ter resultados sociais positivos ou negativos. Esse processo pode ser ilustrado por Marvin, de 7 anos, que tem um "ataque" sempre que comete um erro no jogo de *t-ball*. Nas primeiras vezes, os colegas não dizem nada, mas, depois de vários ataques, pedem que Marvin pare e lamentam o fato de o amigo agir como um bebê. Marvin finalmente para de protestar tão alto quando erra. Deseja que as outras crianças o aceitem e percebe que toleram melhor que ele erre a batida que seu ataque de birra. É possível que você consiga pensar em muitos outros exemplos de como o grupo de pares proporciona importante contexto para a aprendizagem social.

Influências do professor e de quem cuida da criança

As pessoas que cuidam das crianças e os professores exercem papéis importantes na promoção das competências sociais das crianças (Wentzel & Looney, 2008; Ladd, 2008). Isso acontece ao se empenharem em ampla variedade de comportamentos sociais:

- Formam relacionamentos com as crianças.
- Comunicam valores a elas.
- Instruem-nas.
- Fornecem modelos de comportamentos e atitudes sociais.
- Planejam atividades que enfatizam habilidades e permitem que as crianças pratiquem habilidades e conhecimentos relevantes.
- Planejam o ambiente físico.
- Elaboram as rotinas.
- Comunicam regras às crianças.

- Estabelecem consequências positivas ou corretivas para ajudar as crianças a respeitar as expectativas sociais.

A competência social é tão importante que foi delineada no âmbito dos padrões de aprendizagem formal estabelecidos para o Head Star, nos programas para a primeira infância patrocinados pelo Estado e nos programas norte-americanos de educação. Esses padrões descrevem o que as crianças devem saber e ser capazes de fazer no programa. Embora cada Estado tenha seus próprios padrões, todos eles estabelecem a competência social de algum modo. A Tabela 1.2 apresenta alguns exemplos.

Agora que já exploramos os três principais microssistemas nos quais a maioria das crianças pequenas funciona, é hora de examinar seu impacto conjunto.

TABELA 1.2 Padrões de aprendizagem precoce relacionados à competência social

Estado	Nível	Expectativas	Referências/resultados da aprendizagem
Geórgia	Pré-escola, 4-5 anos	Aumenta a capacidade de autocontrole das crianças. As crianças desenvolvem confiança e autoconsciência positiva.	• A criança ajuda a estabelecer as regras e a rotina da sala de aula. • A criança segue as regras e rotinas dentro de ambiente de aprendizagem. • A criança usa os materiais da sala de aula com propósitos e respeito. • A criança expressa sentimentos por meio de gestos, ações e linguagem adequados. • A criança demonstra conhecimento de informações pessoais. • A criança se reconhece como indivíduo único e se torna consciente da singularidade dos outros. • A criança demonstra confiança na própria gama de habilidades pessoais e manifesta orgulho pelas realizações. • A criança desenvolve preferências pessoais.
Arizona	Pré-escola, 3-5 anos	As crianças reconhecem seus direitos e propriedades e os dos outros.	• A criança pede permissão para usar coisas que pertencem a outros. • A criança defende seus próprios direitos e os dos outros. • A criança usa palavras e ações amáveis. • A criança participa da limpeza do ambiente de aprendizagem.
Illinois	Início do primeiro cilclo do ensino fundamental Final do primeiro cilclo do ensino fundamental	As crianças aplicam as habilidades de tomada de decisões para lidar responsavelmente com as situações cotidianas escolares e sociais.	• A criança identifica a gama de decisões que as crianças tomam na escola. • A criança faz escolhas positivas quando interage com os colegas. • A criança identifica e aplica as etapas da tomada de decisão sistemática. • A criança elabora soluções alternativas e avalia as consequências para ampla gama de situações sociais e escolares.
New Jersey	Da esducação infantil ao quinto ano do ensino fundamental	As crianças demonstram comunicação interpessoal efetiva.	• A criança usa habilidades sociais positivas. • A criança usa linguagem adequada à situação. • A criança pratica as etapas adequadas da solução de conflitos efetiva. • A criança trabalha com outras de modo cooperativo para realizar uma tarefa.

FONTES: *Georgia's Pre-K Program Content Standards*. Atlanta: Georgia Department of Early Care and Learning, 2007; *Arizona Early Learning Standards*. Phoenix: Arizona Department of Education, 2005; *Illinois Learning Standards*. Springfield: Illinois State Board of Education, 2006; *Academic and Professional Standards*. Trenton: State of New Jersey Department of Education, 2006.

Mesossistemas

Todos os diferentes microssistemas dos quais as crianças participam combinam-se para formar o **mesossistema**. Rachel pode estar envolvida em um mesossistema que inclui a casa, a escola, o grupo de amigos, o programa após o período escolar, a igreja e o apartamento da tia Judy. O mesossistema de Jason pode incluir alguns dos mesmos elementos e como outros microssistemas específicos a sua vida. À medida que os mesossistemas da vida das crianças se expandem, as influências de cada ambiente também afetam os outros. Assim, o ambiente de casa afeta a aprendizagem social das crianças na escola e vice-versa.

Exossistemas

Os **exossistemas** representam ambientes e relações que as pessoas não experimentam diretamente, mas que definitivamente as afetam. Por exemplo, as crianças não participam dos conselhos municipais, mas as políticas feitas por estes influenciam as experiências das crianças em casa e na educação e aquelas relacionadas à recreação.

Outro exossistema comum para as crianças é o local de trabalho dos pais. O que acontece à mãe ou ao pai, no trabalho, afeta também as crianças. O humor do pai, o nível de estresse, a renda e o tempo disponível para o lazer são fatores relacionados ao exossistema que influenciam as crianças. Por sua vez, o grupo de escoteiros, a classe da escola e a aula de balé funcionam como um exossistema para os pais cujos filhos participam desses ambientes. No devido tempo, o que acontece nesses lugares chegará em casa com a criança. E, no final, todos esses elementos têm impacto sobre o desenvolvimento social e o comportamento da criança.

Macrossistemas

O contexto mais amplo no qual os demais sistemas operam é o macrossistema. Os **macrossistemas** são dominados pelas influências culturais e definidos não pelos ambientes físicos, mas por valores, crenças, leis e tradições compartilhados por grupos sociais. Como resultado, as pessoas podem compartilhar determinados valores, tradições e crenças porque:

- Falam a mesma língua.
- Têm determinadas experiências históricas em comum.
- Os antepassados são do mesmo país ou região.
- Compartilham uma mesma religião.
- Vivem no mesmo lugar.
- Consideram-se membros de uma geração particular.
- Entendem que fazem parte de determinada classe socioeconômica.

As crenças dos macrossistemas variam de uma sociedade para outra e entre as várias subculturas. O Quadro 1.3 retrata alguns exemplos de variações típicas entre grupos.

As crenças dos macrossistemas são transmitidas de geração em geração. As crianças aprendem-nas explicitamente por meio de ensinamentos diretos e implicitamente por meio dos comportamentos daqueles que estão à volta dela (Copple & Bredekamp, 2009).

QUADRO 1-3 Variações culturais

Há variações pessoais quanto a crenças, valores e comportamentos em relação aos seguintes aspectos:
- Como os seres humanos se relacionam entre si.
- Como as pessoas pensam sobre o tempo e o espaço pessoal.
- Os traços de personalidade são altamente valorizados.
- As noções fundamentais quanto ao fato de os seres humanos serem naturalmente bons ou maus.
- Formas de demonstrar respeito.
- Mecanismos de interação com pessoas conhecidas e com aquelas que acabou de conhecer.
- Modo de vestir.
- O que comer e quando.
- Formas de expressar sentimentos positivos e negativos.
- Quando, como e com quem o afeto, a raiva, a resistência e outros sentimentos são adequados ou inadequados.
- O que deve ser compartilhado e em que medida.
- Como os indivíduos podem tocar-se.
- O que pode e não pode ser comunicado diretamente.
- Como ser praticante.
- Como reagir às transições da vida e às celebrações.

FONTES: Cole & Tan (2008), Copple & Bredekamp (2009), Rogoff et al. (2008) e Rothbaum & Trommsdorff (2008).

Como resultado do modo como os diferentes grupos abordam essas questões, as crianças aprendem coisas diferentes. Por exemplo, em algumas sociedades, aprendem que a competição é boa; em outras, a valorizar mais a cooperação. Em um grupo, o tempo pode ser tratado como um bem finito que não deve ser desperdiçado; em outro, como mais fluido e menos premente. Desse modo, os macrossistemas estabelecem como as pessoas devem tratar as crianças e quais comportamentos e atitudes representam a competência social (Berns, 2009).

Fique atento ao quadro mais amplo!

Microssistemas, mesossistemas, exossistemas e macrossistemas combinam-se para formar um contexto social total dentro do qual a criança se desenvolve e aprende. Nenhum desses sistemas existe isoladamente. Por exemplo, embora os elementos do macrossistema estejam representados como a região mais periférica da Figura 1.2, sua influência não permanece nas beiradas das experiências das pessoas. Eventualmente o impacto de crenças sociais, leis, condições econômicas, preocupações religiosas e posições políticas é filtrado até o nível do microssistema. Isso acontece, por exemplo, quando a tolerância da sociedade em relação à violência na mídia abre caminho até a sala de aula por meio da imitação que as crianças fazem das ações violentas que veem na TV, como fingir que atiram uns nos outros. As influências do microssistema também podem ser sentidas no macrossistema. Isso acontece, por exemplo, quando as famílias requisitam determinados serviços a empresas ou estruturas comunitárias para que deem apoio às suas necessidades, que estão mudando. Uma vez que todos esses sistemas interagem e influenciam uns aos outros, vale a pena ter em mente as seguintes ideias quando se trabalha com crianças, famílias e colegas:

- **Os programas destinados às crianças complementam a tarefa das famílias de incrementar a competência social das crianças, mas não substituem o núcleo familiar.** Os profissionais da primeira infância tratam as famílias como parceiras no processo de socialização. Essa parceria é valorizada quando você estabelece relações de respeito com as famílias e quando reconhece que os membros da família podem ter ideias valiosas que farão você aprender e o beneficiarão.

- **Muitos fatores influenciam o comportamento social da criança.** Por exemplo, quando Gordon bate em outra criança, pode estar zangado, doente ou inseguro sobre como entrar no jogo. Pode ter presenciado alguém que usava a força física para atingir um objetivo e está imitando o que viu. Pode simplesmente ter esgotado as estratégias a serem tentadas. O modo como você reagirá efetivamente a Gordon será influenciado por sua habilidade em considerar todas essas coisas e resolver esses fatores.

- **A competência social das crianças é incrementada quando os ambientes que constituem o mesossistema se comunicam entre si (os membros da família conversam com os professores, os professores conversam com as pessoas que cuidam das crianças etc.).** Essa comunicação ajuda os pais e os profissionais da primeira infância a ter uma compreensão mais abrangente da criança e a coordenar seus esforços, de modo que a criança vivencie expectativas e abordagens semelhantes em todos os ambientes. Quando isso acontece, a criança é beneficiada. No entanto, quando não há comunicação, os adultos podem operar sem informações completas ou com propósitos conflitantes. Nenhuma das circunstâncias é benéfica para o desenvolvimento da criança. Por isso, é importante que você se comunique com as pessoas fundamentais na vida da criança, fornecendo-lhes informações relevantes e convidando-as a oferecer suas perspectivas sobre as experiências sociais das crianças.

- **As influências do sistema são diferentes para cada criança.** Um grupo, como um todo, pode compartilhar alguns conhecimentos (por exemplo, todos os alunos da classe das crianças de 4 anos sabem que a cobaia morreu). Já o contexto social de cada criança é diferente de outras (por exemplo, Stanley nunca antes havia tido experiência com a morte; Ramona viu seu cachorro ser morto na rua, em frente à sua casa). Compreender essas variações aumentará sua sensibilidade para forças, necessidades e interesses individuais que cada criança traz para a sala de aula, o *playground* ou o grupo 4-H.

- **Os programas para a primeira infância podem atenuar algumas das circunstâncias negativas que as crianças vivenciam em outros contextos sociais.** Em 2004, por exemplo, as crianças de Martin County, na Flórida, vivenciaram o caos do furacão Francis. Os edifícios foram danificados, três foram derrubados, e a atividade cotidiana ficou totalmente interrompida por meses. Os profissionais da área rapidamente enfrentaram o desafio e restabeleceram os programas que acolhiam as crianças, enquanto os membros da comunidade tentavam recuperar condições de vida razoáveis. Os programas se concentraram em ajudar as crianças a sentirem-se seguras, fornecendo-lhes ambientes seguros e rotinas previsíveis, condições que contrastavam muito com a turbulência que as crianças vivenciavam em suas comunidades naquele momento.

Os adultos, nos ambientes de assistência infantil, podem reduzir de várias formas o impacto das condições negativas que as crianças vivenciam em outro lugar do sistema social. A Tabela 1.3 mostra alguns exemplos.

Como se pode ver, os contextos sociais desempenham um papel significativo na aprendizagem e no desenvolvimento social das crianças. Vamos agora considerar mais especificamente o papel que se exerce nessa rede de influências.

■ Seu papel na promoção da competência social da criança

O que você responderia se lhe perguntassem, em uma entrevista de emprego, por que deseja trabalhar com crianças?

É possível que, a despeito de tudo o mais que possa dizer, seus sonhos para o futuro incluam o fato de que você quer fazer diferença positiva na vida das crianças. Em nenhum outro aspecto, essa diferença será mais sentida que no campo social e emocional. Todos os dias, você enfrentará situações em que terá de avaliar o modo de dar apoio e orientar as crianças sob seus cuidados.

São tarefas desafiadoras. Em cada ocasião, você pode imaginar o seguinte:

Devo pegar no colo o bebê que está chorando ou deixá-lo chorar?

O que devo fazer em relação à criança que costuma morder as outras?

Quando é razoável esperar que as crianças saibam compartilhar?

Como as crianças podem aprender os modos melhores de resolver suas diferenças?

A quem devo me dirigir se suspeitar que uma criança sofre abusos sexuais?

As respostas a essas e as ações estabelecidas determinarão se você será mais ou menos útil para as crianças e suas famílias. Algumas respostas podem ser até prejudiciais. Por exemplo, seus atos podem elevar os sentimentos de autoestima da criança ou diminuí-los. Podem aumentar suas habilidades interpessoais ou deixá-las perdidas sobre como interagir efetivamente. Sua resposta pode promover ou inibir o desenvolvimento de autocontrole da criança.

Embora não exista uma resposta correta para nenhuma situação, tudo o que você disser ou fizer fará uma diferença real nas vidas das crianças. Assim, a quais recursos vai recorrer para formular as respostas efetivas?

Como pessoa dedicada e interessada em apoiar o desenvolvimento e a aprendizagem das crianças, você poderia recorrer às suas experiências passadas, às informações que leu, aos conselhos dados por colegas e a sua

TABELA 1.3 Condições do programa que compensam as pressões do sistema

Se as crianças/famílias vivenciam...	Você pode proporcionar...
Rejeição.	Aceitação.
Sentimentos de isolamento.	Apoio e conexões.
Incertezas em razão de divórcio, morte, mudança nas relações familiares.	Relações consistentes, informação sobre essas questões para os membros da família.
Caos no ambiente.	Ambientes previsíveis e rotinas.
Medo, raiva, vergonha.	Segurança, empatia, aceitação.
Estresse e pressão.	Calma, interações pacientes; tempo para explorar e pensar, estratégias para enfrentar o estresse e lidar com ele de modo mais efetivo.
Pobreza.	Acesso a recursos humanos e oportunidades de aprendizagem
Desabrigo.	Senso de garantia, segurança, estabilidade e de pertencimento à comunidade da sala de aula.
Violência em casa, na comunidade, na mídia.	Sala de aula não violenta, estratégias pacíficas para lidar com os conflitos.
Abuso ou negligência.	Proteção, cuidados e compaixão.
Preconceito e discriminação.	Tratamento igualitário, apoio ao desenvolvimento de autoidentidade positiva, consciência dos outros e comportamentos não tendenciosos.

intuição sobre o que é melhor. Essas fontes, de fato, podem fornecer ideias valiosas. Entretanto, nenhuma delas é suficiente para ajudar a formular uma resposta profissional a tais situações. Por isso, você precisará de uma gama mais ampla de conhecimento e habilidades que aqueles com base apenas nas experiências de vida. Embora algumas pessoas tenham alguns traços de personalidade e experiência prévias que aumentem suas habilidades de orientar o desenvolvimento social e o comportamento das crianças, esse *background* precisa ser complementado por conhecimentos e competências adicionais para completar a jornada que levará do novato talentoso ao profissional confiável.

Trabalhar profissionalmente com crianças

Pense nas qualidades que um adulto precisa ter para se relacionar bem com crianças pequenas. Talvez você imagine que ele precise:

- Ser paciente.
- Ser dedicado.
- Ser respeitoso.
- Ter mente aberta.
- Ter senso de humor e ser divertido.

Uma pessoa pode ter essas qualidades, mas, ainda assim, não ser um profissional. Se você é qualificado como professor, cuidador, conselheiro, líder de grupo, assistente social ou especialista infantil, algumas outras características o distinguirão como profissional, como conhecimento especializado, competência demonstrada, padrões formalizados da prática, educação permanente e adoção de códigos éticos de conduta.

Conhecimento especializado. Os profissionais têm acesso a um corpo de conhecimento que vai além do que um leigo médio pode conhecer. Essa base de conhecimento deriva da combinação de teorias e pesquisas que os profissionais passam a conhecer por meio de leitura, reflexão, observação e experiência. Inclui termos, fatos, princípios e conceitos que ajudam a compreender por que as crianças se comportam de determinada forma. Fornece também orientação quanto às estratégias de intervenção que podem ser usadas e sobre as que não podem. A aquisição de um conteúdo relevante acontece como resultado de uma educação prolongada e de treinamento especializado (Cooper, 2010; Horowitz, Darling-Hammond & Bransford, 2005). A American Association of Colleges of Teacher Education (AACTE), a Association of Childhood Education International (Acei) e a National Association for the Education of Young Children (Naeyc)[4] divulgam recomendações para o treinamento de profissionais em diversos campos que envolvem crianças. Recomendam uma base de conhecimento que abrange estudos gerais (ciências humanas, matemática, tecnologia, ciências sociais, ciências biológicas e físicas, artes, saúde física e educação física), desenvolvimento infantil, ensino e aprendizagem, relações familiares e comunitárias, avaliação, documentação e verificação, além de experiências de campo com crianças pequenas sob supervisão adequada. Outros grupos profissionais como o Child Life Specialist Association (CLSA) defendem o mesmo conteúdo, acrescentando informações específicas sobre ambientes de assistência sanitária.

Competência demonstrada. Outro modo de distinguir os profissionais dos leigos é que os primeiros têm de demonstrar competências relacionadas a seu campo para que possam entrar na profissão. A comprovação mais formal de habilidades é fornecida por licenças e certificações, em geral regidas por normas estaduais ou nacionais. Há também controles menos formais que ocorrem quando os aspirantes à profissão fazem testes e cursos e demonstram práticas efetivas tanto em ambientes de estágio quanto de trabalho. As experiências acontecem sob a supervisão de membros qualificados da profissão.

A despeito de como a competência é avaliada, ser profissional vai além da simples memorização de fatos para um teste; exige que se traduza o conhecimento de base em práticas e habilidades efetivas. As **habilidades** consistem em ações observáveis que, quando usadas de modo combinado, representam o domínio de determinadas estratégias. Podem ser observadas, aprendidas e avaliadas (Gazda et al., 2005). Por exemplo, de acordo com as pesquisas, uma estratégia efetiva para incrementar o desenvolvimento emocional das crianças é nomear as emoções delas em uma variedade de situações (Denham, Bassett & Wyatt, 2008). Embora isso pareça fácil, exige que os adultos usem amplo vocabulário de palavras relativas aos sentimentos, que interpretem com precisão os humores das crianças, não façam afirmações de valor sobre elas e determinem quando e onde utilizar as es-

---

[4] No Brasil, diretrizes para a formação de professores são instituídas pelo Conselho Nacional de Educação (CNE). O Ministério da Educação (MEC) divulga recomendações para a formação dos professores da Educação Básica que trabalham com crianças. (NRT)

tratégias do melhor modo. Essas ações encaixam-se na definição de uma habilidade. Em primeiro lugar, são todas observáveis. Você pode ver e ouvir em que extensão as pessoas usam palavras diferentes relativas aos sentimentos e se suas afirmações são objetivas. Em segundo lugar, se os indivíduos têm vocabulário limitado, podem aprender novas palavras relativas aos sentimentos; se falam com as crianças de modo a julgá-las, podem aprender a ser mais objetivos. Em terceiro lugar, um observador qualificado pode avaliar o uso que a pessoa faz da habilidade e fornecer *feedbacks* que podem contribuir para incrementar o desempenho.

Apenas quando uma pessoa adotar corretamente todas as combinações de estratégias pode-se dizer que ela tem habilidade. A maioria dos aspirantes à profissão considera que isso exige tempo e prática.

Algumas habilidades são fáceis de entender e aprender; outras são mais complexas e difíceis. Em todos os casos, o domínio da habilidade exige que se saiba o que fazer, por que fazer e como fazer. Mesmo depois de tudo isso, o domínio verdadeiro só é atingido quando são postas em prática as estratégias no ambiente ao qual se destinam. Não é suficiente entender a importância das emoções das crianças ou mesmo usar palavras relativas aos sentimentos em situações de desempenho de papéis na classe ou em *workshops*. É preciso, além disso, nomear as emoções das crianças com precisão no centro de atendimento, no *playground* e na sala de aula. Essa transferência do treinamento das situações de exercício para vida real é a demonstração, por excelência, da competência profissional.

Padrões da prática. Os profissionais exercem suas funções observando os padrões das práticas geralmente aceitas no campo (Business Roundtable, 2004). Tais padrões surgem das pesquisas e do discurso profissional. São implementados por intermédio de controles dentro da profissão, bem como por meio de normas governamentais. Para a educação infantil, por exemplo, determinaram-se: as práticas que dão suporte e assistência, e apoiam o desenvolvimento social, emocional, cognitivo, de linguagem e físico das crianças – algumas incluem medidas sanitárias e de segurança que garantem o bem-estar delas; a proporção entre o número de membros da equipe e o número de crianças que permite que haja interações pessoais frequentes entre a criança e os membros da equipe; a necessidade de adultos treinados especificamente em desenvolvimento e educação infantil; equipes estáveis para que as crianças tenham a oportunidade de desenvolver relações de confiança com os adultos; programação apropriada para os níveis de desenvolvimento e interesse das crianças (Naeyc, 2009). Os profissionais que se empenham para manter esses padrões têm maior probabilidade de fornecer programas de alta qualidade para as crianças que estão sob seus cuidados. Qualquer desvio em relação a esses padrões é prejudicial. Conhecer os padrões profissionais que regulamentam o campo fornece uma medida por meio da qual os praticantes avaliam seu próprio desempenho, bem como a qualidade geral dos serviços que oferecem às crianças e famílias.

Educação permanente. Para manterem-se atualizados em relação aos padrões nesse campo, os profissionais empreendem uma educação permanente ao longo da carreira (Naeyc, 2009). Atualizam constantemente seus conhecimentos e suas habilidades quando participam de *workshops*, conversam com colegas, participam de congressos, leem publicações profissionais e dedicam-se a estudos acadêmicos suplementares. Assim, os profissionais tratam a aprendizagem como um processo que dura a vida toda.

Adotar um código de ética. Todos os profissionais têm um código de ética que orienta o comportamento no trabalho. Esses códigos compreendem declarações sobre os valores profissionais, bem como normas de conduta que ajudam as pessoas a distinguir o bom do ruim, o certo do errado e o adequado do inadequado no âmbito profissional (Cooper, 2010). Tais códigos complementam a moral pessoal que as pessoas levam para a profissão.

Embora ter um caráter moral forte seja um trunfo importante para o desenvolvimento profissional, distinguir o certo do errado requer, do ponto de vista profissional, mais que julgamento pessoal (Feeney, 2010). Trata-se de conhecer as normas estabelecidas para esse campo. Assim, o profissionalismo exige que se adote um código de ética de conduta formalmente aprovado pelos membros da profissão. O Apêndice apresenta um código desse tipo, elaborado pela Naeyc.

Um código de ética fornece orientação para a tomada de decisões e um padrão a partir do qual pode-se julgar a adequação de seus atos em diferentes circunstâncias. Dá a você um instrumento para falar sobre os dilemas éticos com os outros e acesso ao saber coletivo de nossos colegas, mesmo quando ninguém está disponível pessoalmente. Os leigos não têm acesso a esses suportes éticos.

Considere, por um momento, como esses cinco elementos do profissionalismo influenciam sua resposta à questão: "O que devo fazer em relação à criança que costuma morder as outras?". A Tabela 1.4 mostra, por meio de exemplos, como os profissionais pensam, sabem e fazem em relação a cada elemento. Como se pode perceber, os profissionais têm um rico *background* de conhecimento, habilidades e padrões ao qual recorrem para incrementar o desenvolvimento social das crianças. As evidências indicam que os praticantes que dispõem desse tipo de *background* têm mais probabilidade de servir-se de práticas mais efetivas para aumentar a competência social das crianças (Gestwicki, 2011; McCay & Keyes, 2002). Essas práticas são descritas frequentemente como adequadas do ponto de vista do desenvolvimento.

■ Práticas adequadas ao desenvolvimento e à competência social

As **práticas adequadas ao desenvolvimento – PAD** (*developmentally appropriate practices* – DAP) estão associadas tanto ao profissionalismo dos praticantes quanto aos programas infantis de alta qualidade (Horowitz, Darling-Hammond & Bransford, 2005). Para adotar as práticas adequadas ao desenvolvimento, você deverá tomar decisões com base nas seguintes informações (Copple & Bredekamp, 2009):

- Conhecimento sobre o desenvolvimento e a aprendizagem de todas as crianças.
- Conhecimento sobre forças, necessidades e interesses de cada criança.
- Conhecimento sobre o contexto social e cultural em que as crianças vivem.

Esses três critérios ajudam a assegurar que sua abordagem, ao orientar o desenvolvimento e a aprendizagem social das crianças, é adequada à idade, a cada indivíduo, além de ser adequada social e culturalmente.

Práticas adequadas à idade

Jack tem 3 anos e Amy, 10. Ambos querem brincar com um jogo. Você escolheria o mesmo jogo para ambos? Imaginaria que ambos têm habilidades sociais semelhantes e o mesmo nível de compreensão sobre como jogar?

TABELA 1-4 Elementos do profissionalismo

O que devo fazer em relação à criança que costuma morder as outras?	
Elementos de profissionalismo	**Coisas para pensar, conhecer e fazer**
Conhecimento especializado	Consciência das características das crianças ligadas à idade. Explicações teóricas sobre por que as crianças mordem. Pesquisas relacionadas a várias estratégias cuja finalidade é reduzir o comportamento de morder entre as crianças.
Competência demonstrada	Intervir em relação a crianças que mordem, usando redirecionamento, substituição, consequências lógicas e/ou estratégias de redução do estresse. Abordar as necessidades das vítimas por meio de restituição, autoconversa (*self-talk*) e/ou estratégias de assertividade. Usar estratégias de mediação de conflitos para reduzir a agressão. Usar estratégias de prevenção e assertividade com observadores. Demonstrar habilidades efetivas de comunicação, trabalhando com as famílias das crianças que mordem e suas vítimas.
Padrões da prática	Requisitos de licença do Estado. Critérios de acreditação e procedimentos dos programas da Naeyc. Critérios de acreditação para as casas de grupo familiares (*family group homes*). Práticas adequadas ao desenvolvimento nos programas para a primeira infância. Normas de acreditação da NCTE. Diretrizes governamentais para a certificação de professores. Critérios associados ao desenvolvimento infantil. Políticas disciplinares de toda a escola.
Educação permanente	Apreender as últimas informações sobre o autocontrole emocional. Familiarizar-se com as pesquisas recentes sobre mordidas entre crianças pequenas.
Código ético de conduta	Agir com base nas diretrizes éticas quanto à segurança, à confidencialidade e à responsabilidade, em relação às famílias.

Como alguém familiarizado com o desenvolvimento infantil, você responderia, sem dúvida, "Não", pois tem consciência de que a idade faz muita diferença quanto àquilo que as crianças conhecem e sabem fazer. Consequentemente, para escolher jogos que sejam divertidos e viáveis para Jack e Amy, você precisa levar em conta a adequação para a idade dos diferentes jogos disponíveis. Por exemplo, um jogo simples como fazer uma construção e depois derrubá-la pode agradar Jack, mas, rapidamente, entediar Amy. Entretanto, Amy pode se envolver entusiasticamente em um jogo ativo ao ar livre com outras crianças que Jack teria muita dificuldade de acompanhar.

Em ambos os casos, a sua ideia do que seria um jogo ou uma brincadeira adequados é influenciada pelo conhecimento que você tem das habilidades motoras, cognitivas, de linguagem e sociais de Jack e Amy (como a habilidade de esperar, seguir regras, esperar a própria vez, aceitar as necessidades dos outros e compartilhar). Embora a idade cronológica não seja um indicador infalível dos pensamentos e das habilidades das crianças, é uma medida útil, pois permite supor o que pode ser seguro, interessante, factível e desafiador para as crianças nos diferentes momentos da vida (Copple & Bredekamp, 2009). Assim, pode-se reconhecer melhor que as competências sociais das crianças são influenciadas por variáveis relacionadas à idade e que crianças de diferentes idades demonstram níveis de compreensão e habilidades diferentes.

Práticas individualmente adequadas

As crianças estão visitando uma fazenda. Walter corre até a cerca gritando: "Aqui, cavalinho, vem aqui!". Margaret se afasta do grupo, sem saber direito se quer que aquelas criaturas grandes e peludas se aproximem. Carlos se aproxima da cerca com a Sra. Lopez. Está feliz de olhar, desde que ela esteja por perto.
Três crianças diferentes apresentam três reações diferentes. Cada uma delas precisa de uma resposta individualizada.

Cada criança que vem ao mundo é um ser único que resulta da combinação de dezenas de milhares de genes herdados dos pais. Cada criança tem seu tom de voz único, sua impressão digital, labial e sua pegada e até mesmo seu cheiro natural, singular o bastante para que um cão de caça possa farejá-la. Até mesmo o tamanho, a forma e o funcionamento do cérebro de uma criança são ligeiramente diferentes das outras. Os temperamentos são tão diferentes já ao nascerem que os membros da família costumam fazem comentários como: "Lucida é assim desde que era bebê". Essas diferenças biológicas são complementadas pelos fatores da experiência que diferenciam ainda mais uma criança da outra. Cada criança, em qualquer grupo, traz uma bagagem de experiências e compreensões que influenciam a competência social. Uma criança que tem poucas experiências de grupo terá necessidades diferentes daquela que esteve em um grupo de assistência desde que nasceu. Da mesma forma, as crianças que têm determinado jogo em casa serão mais capazes de explicar as regras aos outros que aquelas que nunca usaram o jogo. Os tipos de experiência das crianças, a quantidade de experiência adquirida, a qualidade desta e o êxito combinam-se para produzir um resultado diferente em cada criança.

Pensar nas crianças como indivíduos permite adaptar adequadamente programas e estratégias e responder às variações existentes entre as crianças de um mesmo grupo (Copple e Bredekamp, 2009). Pode-se notar a importância, no trabalho, das práticas individualmente adequadas em uma situação como a da visita à fazenda.

Um adulto sobe na cerca com Walter, compartilha o prazer do menino em relação aos cavalos e o ajuda a controlar o impulso de passar a mão pela cerca para acariciar os animais. Outro adulto fica mais afastado com Margaret e Carlos, dando apoio emocional para que observem os animais de uma distância confortável. Essas respostas individualizadas levam em conta as diferentes reações e necessidades das crianças. Pedir a todas as crianças que fiquem afastadas negaria a Walter a oportunidade de examinar os cavalos de perto, e estimulá-las a se aproximar da cerca forçaria Carlos e Margaret a entrar na situação que temem. Assim, tratar todas as crianças exatamente do mesmo modo seria inadequado nessas circunstâncias. O conceito de práticas individualmente adequadas nos lembra que tratar as crianças com igualdade exige tratá-las como indivíduos, de acordo com suas necessidades.

Práticas adequadas do ponto de vista social e cultural

Além da idade e individualidade, é preciso considerar as crianças no contexto familiar, social e cultural, para poder apoiar efetivamente seu desenvolvimento e competência social. Considere as seguintes situações de sala de aula:

Situação 1

A Sra. Hayes nota que duas crianças estão brigando por causa de uma boneca, na área do faz de conta. Ela as separa cuidadosamente e começa a conversar com elas sobre a desavença. Juanita olha para o chão. A Sra. Hayes diz: "Agora, Juanita, quero que você ouça atentamente. Olhe para mim enquanto falo com você".

Juanita continua a olhar para o chão. A Sra. Hayes gentilmente levanta o queixo da garota e insiste que ela a olhe nos olhos para mostrar que está ouvindo o que está sendo dito.

Situação 2

A Sra. Freelander nota duas crianças discutindo sobre a escavadeira, na área dos blocos de construção. Separa cuidadosamente as crianças e começa a conversar com elas sobre a desavença. Carlos olha para o chão. A Sra. Freelander continua a conversar com as crianças. Finalmente concordam em procurar outro carrinho para que possam brincar.

Em ambos os casos, os adultos tentavam ajudar as crianças a resolver suas diferenças no contexto de uma desavença típica de sala de aula. Ambas as professoras confiaram na argumentação para apoiar os esforços das crianças para resolver o problema. Esses padrões são aceitos dentro da profissão. Mas a Sra. Hayes insistiu que Juanita olhasse para ela, mostrando que prestava atenção, e a Sra. Freelander não pediu isso a Carlos. Desse modo, a Sra. Freelander utilizou as práticas adequadas do ponto de vista cultural, e a Sra. Hayes não. O que a primeira percebeu e a segunda não é que, nas famílias de Carlos e Juanita, ensina-se às crianças a abaixar os olhos na presença de adultos, principalmente quando são repreendidas. Comportar-se de outro modo demonstra falta de respeito (Trawick-Smith, 2009).

Sem se dar conta, a Sra. Hayes ignorou o contexto social em que Juanita vive. Presumiu erroneamente que, como ela mesma foi educada a olhar diretamente para alguém como sinal de atenção, as crianças de seu grupo foram educadas da mesma forma.

Quando ignoramos os aspectos culturais da vida das crianças, perdemos o acesso ao rico *background* que trazem de casa (Arnett, 2008). Para evitar esse problema, temos de fazer um esforço especial para aprender sobre os *backgrounds* culturais das crianças que estão sob nosso cuidado. Quando a interação com crianças e famílias se baseia em apreciação e interesse, é possível aprender mais sobre o que interpretam como significativo e respeitoso. Descobriremos que as famílias têm expectativas em relação ao desenvolvimento social dos filhos. Descobriremos melhor o que acontece na vida da criança em casa. Compreender esses aspectos será muito útil para interpretar os comportamentos, as emoções e as necessidades das crianças de modo mais exato e respeitoso.

Ter em mente as práticas adequadas ao desenvolvimento permite considerar uma estrutura de intervenção social que ajuda os profissionais a determinar quais práticas usar, quando e com quem.

■ Uma estrutura para a orientação da aprendizagem e do desenvolvimento social das crianças

No início deste capítulo, sugerimos o seguinte: imagine que você trabalha com três crianças de 6 anos que frequentam uma escola de educação infantil ou primeiro ano de uma escola de ensino fundamental:

Dennis   (descrito como ativo, dotado de imaginação, resistente às ideias de outras crianças e agressivo em algumas situações – costuma machucar os colegas para conseguir o que quer)

Rosalie   (descrita como sossegada, ignorada pelos colegas, solitária na classe)

Sarah Jo   (descrita como alegre, dotada de habilidades sociais, procurada por outras crianças)

Existem literalmente dezenas de modos de ajudar essas crianças a aumentar a competência social. Que estratégias você escolheria? Como descobriria o que deve fazer e quando? Como começaria?

FIGURA 1.3 Pirâmide de apoio social: um *continuum* progressivo na orientação do comportamento e do desenvolvimento social das crianças.

FONTE: Adaptada de Fox et al. (2009).

Felizmente, você não precisa confiar na intuição ou na adivinhação para avaliar o ponto de partida ou descobrir como prosseguir a partir dali. Existe uma progressão de desenvolvimento na forma de melhor orientar a competência social das crianças. A Figura 1.3 mostra essa progressão, descrita em detalhes a seguir. A partir de agora vamos chamá-la de **pirâmide de apoio social**. Trata-se de uma variação do modelo da pirâmide de ensino desenvolvida por educadores especiais para apoiar a aprendizagem e o desenvolvimento social das crianças (Fox et al., 2009). De fato, a pirâmide de apoio social é um modo efetivo de pensar na orientação da aprendizagem e do desenvolvimento social de todas as crianças.

Estabelecer relações positivas com as crianças

> *As crianças desabrocham em uma sala de aula quando sentem que o professor se interessa profundamente por elas – como pessoas, com o que aprendem e com as habilidades que desenvolvem.*
> *Claudia Eliason e Loa Jenkins (educadoras infantis)*

O primeiro e mais importante passo para promover a competência social em crianças é estabelecer relações de dedicação com elas (Hemmeter, Ostrosky & Fox, 2006). As relações positivas fornecem a base sobre a qual se constroem as demais intervenções e, portanto, constituem a fase mais ampla da pirâmide de apoio social.

A razão disso é que as crianças precisam sentir-se psicologicamente garantidas e seguras para aprender e tirar proveito do que aprendem (Goleman, 2006). A segurança deriva de relações de confiança com os adultos. As crianças que sabem que seus erros serão tolerados, e seus esforços para aprender, apoiados e encorajados, estão abertas para aprender coisas novas, como expressar emoções em palavras, aprender a esperar e tratar os outros com gentileza. As que estão assustadas e desconfiadas têm menos probabilidade de absorver esses ensinamentos. O mesmo vale para crianças que se sentem rejeitadas ou ineptas. Como consequência, aquelas que têm com os adultos uma relação afetuosa tendem a aumentar as habilidades sociais e a adequação do comportamento positivo ao longo do tempo (Denham, Bassett & Wyatt, 2008). As crianças que não vivenciam esse tipo de relação estão mais propensas a apresentar problemas de comportamento, ter baixa tolerância à frustração e desenvolver habilidades sociais mais fracas que os pares.

Criar ambientes de apoio

A segunda fase da pirâmide de apoio social consiste na criação de ambientes de apoio físico e verbal. O ambiente físico tem força poderosa. Afeta o modo como nos sentimos e o que fazemos, determina o modo como interagimos com os outros e faz toda a diferença quanto ao sucesso que teremos ao atingirmos nossos objetivos (Weinstein & Mignano, 2007). Isso ocorre com as pessoas, mas especialmente com as crianças. O comportamento social das crianças é afetado por elementos ambientais como cor, luz, materiais, disposição da sala, sons e rotinas. Na fase inicial de aprendizagem, um ambiente bem planejado permitirá que as crianças interajam confortavelmente e se comportem de modo socialmente aceitável, e lhes dará a oportunidade de praticar habilidades associadas ao autocontrole (Kostelnik & Grady, 2009).

A maneira como os adultos falam com as crianças, o modo como escutam o que elas têm a dizer, o grau utilizado para alinhar a comunicação não verbal com a verbal e a extensão da linguagem para ampliar a compreensão social influenciam significativamente o comportamento social das crianças. No processo de ensino e aprendizagem, a postura e o tom são tão importantes, se não mais, que as palavras proferidas (Nabobo-Baba & Tiko, 2009). As palavras podem ferir, curar, apoiar ou prejudicar o senso de bem-estar e a confiança das crianças. As estratégias não verbais e verbais ligadas a essa fase da pirâmide de apoio social promovem a autoconsciência, bem como a linguagem e o desenvolvimento da comunicação.

Ensinar e treinar

A terceira fase da pirâmide de apoio social promove a habilidade de aprender das crianças e o desenvolvimento social. As práticas do adulto ampliam o repertório de estratégias sociais e emocionais das crianças e ajudam-nas a manter os comportamentos desejáveis ou a modificar os inadequados para alternativas mais aceitáveis. Atitudes como lembrar às crianças que devem "andar e não correr" ou orientá-las na solução de um conflito verbal são exemplos de ensinar e treinar (Epstein, 2007). Em situações como essas, os adultos ajudam as crianças a atingir padrões desejáveis de comportamento, mais que puni-las por uma atitude inadequada. As estratégias mais comuns de ensinar e treinar compreendem discutir, apresentar modelos, instruir *in loco*, redirecionar, lembrar, reforçar, implementar consequências e acompanhar. Essas estratégias beneficiarão todas as crianças em algum momento. Entretanto, que estratégias adotar, como usá-las, quando e quais variações, dependerão da criança e das circunstâncias.

Intervenções individualizadas intensivas

A maioria das crianças desenvolve maior competência social em resposta às práticas descritas nas três fases da pirâmide de apoio social. De fato, se as estratégias delineadas anteriormente forem aplicadas de modo consistente e adequado durante toda a primeira infância, uma porcentagem significativa de crianças entrará na escola já de posse das habilidades básicas de que precisam para interagir de modo positivo (não perfeito) com seus pares (e adultos) (veja Figura 1.4). Essas habilidades precoces fornecem uma forte base para o desenvolvimento das habilidades sociais no ensino fundamental.

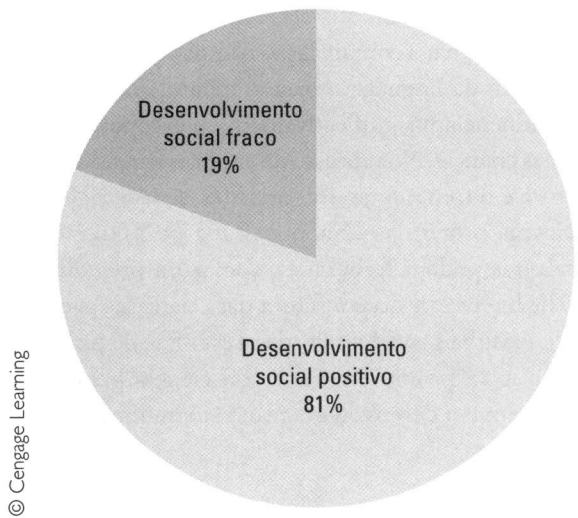

FIGURA 1.4 Porcentagem de crianças que entram na escola apresentando comportamentos sociais positivos na interação com os pares.

No entanto, algumas crianças (aproximadamente de 3% a 15%) apresentam comportamentos desafiadores persistentes que não respondem às fases 1, 2 e 3 apenas. Essas crianças requerem intervenções intensivas adicionais para resolver problemas de comportamento e desenvolver novas habilidades (Hemmeter, Ostrosky & Fox, 2006; Kaiser & Rasminsky, 2007). Em geral, as equipes de profissionais e os membros da família desenvolvem esse nível de intervenção em conjunto e, então, aplicam-no sistematicamente nos diferentes ambientes sociais. Tais intervenções aparecem no topo da pirâmide de apoio social porque são aplicadas apenas depois de se tentar usar as medidas preventivas e apenas com um pequeno número de crianças.

Preparar a pirâmide

Ninguém marcha como um soldado ao longo das fases representadas na Figura 1.3, nem se concentra em apenas uma fase por vez. Em vez disso, os profissionais da primeira infância entendem quando e como usar cada componente da pirâmide de apoio social e são capazes de implementar efetivamente as práticas que correspondem a cada fase. É isso que você vai aprender nos próximos capítulos.

■ Estrutura dos capítulos

Este livro foi planejado para ajudá-lo a adquirir o conhecimento, as habilidades e as atitudes necessários para agir como um profissional que trabalha com crianças. Portanto, cada capítulo está estruturado em torno de cinco elementos de profissionalismo.

Conhecimento especializado

O **enunciado dos objetivos** abre cada capítulo, para orientá-lo na leitura e aprendizagem. A base de conhecimento de cada capítulo começa com uma **abordagem sobre as últimas descobertas empíricas e pesquisas** relativas a determinado tópico, como o desenvolvimento emocional da criança ou jogos. Além disso, cada capítulo apresenta as definições dos **termos-chave**.

Competência demonstrada

Em seguida, vem **a seção que delineia as habilidades específicas** relacionadas às pesquisas abordadas no capítulo. Essas habilidades são aplicáveis diretamente em seu trabalho e representam as competências profissionais que promovem a aprendizagem e o desenvolvimento social das crianças. As habilidades para comunicação com os membros da família também estão incluídas para incrementar as conexões entre casa e programa. Todos os capítulos compreendem habilidades relacionadas às primeiras três fases da pirâmide de apoio social representada pela Figura 1.3. Os capítulos oferecem informações específicas sobre as habilidades de intervenção intensiva quando esse conteúdo é o mais adequado.

Cada habilidade é apresentada como uma série de atos observáveis para que você os leia e incorpore-os a seu próprio comportamento profissional. De acordo com os estudantes, as habilidades "parecem senso comum". Entretanto, elas oferecem muita prática e devem ser usadas com eficácia na vida real. As seções de habilidades são diferenciadas por cores, para que seja mais fácil fazer referência a elas.

Para incrementar o desenvolvimento de sua habilidade, descrevemos algumas armadilhas que pode vivenciar à medida que começa a incorporar novos comportamentos em sua interação com as crianças e as famílias. As armadilhas são planejadas para ajudá-lo a reconhecer os erros comuns cometidos por principiantes e para avaliar seu progresso no uso de habilidades específicas.

Padrões da prática

As habilidades delineadas em cada capítulo correspondem aos padrões da prática comumente aceitos no campo. Baseiam-se nas práticas adequadas ao desenvolvimento e podem ser usadas para abordar todas as fases do *continuum* de intervenção social delineado na Figura 1.3.

Educação permanente

Todos os capítulos encerram-se com um **resumo** que fornece uma síntese do tópico abordado. Há, em seguida, **questões para discussão**, para ajudá-lo a avaliar sua compreensão do material. As **tarefas de campo** permitem que você aplique o que aprendeu com crianças reais, em programas para a primeira infância. Essas seções foram planejadas para ajudá-lo a generalizar o que aprendeu para além da sala de aula e para fornecer uma base para futuras práticas. À medida que estiver mais envolvido com o campo, vai atualizar o aprendizado por meio de jornais, conferências e recursos suplementares de educação permanente.

Código de ética

Cada capítulo leva em conta a ética associada ao tópico abordado. Por tratar-se de componente fundamental do profissionalismo, há, em cada capítulo, **questões para discussão relacionadas à ética**. Embora não haja uma única resposta correta para nenhuma das questões, conversar sobre elas com os colegas e supervisores vai aperfeiçoar seus juízos éticos.

Ao longo de todo o livro, cada aspecto do Código de Conduta Ética Naeyc será abordado. Nossa expectativa é que você estará profundamente familiarizado com todo o código quando terminar o Capítulo 15.

--- **Resumo** ---

A competência social refere-se à habilidade de uma pessoa de atingir objetivos pessoais de forma condizente com a sociedade em que vive. A aquisição de competência social começa na infância e ocorre como resultado tanto do desenvolvimento quanto da aprendizagem.

As crianças adquirem competência social dentro de uma rede de sistemas interdependentes — microssistema, mesossistema, exossistema e macrossistema. Considerar o modo como esses sistemas se combinam para afetar a vida das crianças implica adotar uma perspectiva contextual.

Manter essa perspectiva capacita-o a ver as crianças de modo holístico, verificar de que forma os vários sistemas afetam a vida delas e comunicar-se, com melhor êxito, com outras pessoas dos microssistemas dos quais as crianças fazem parte. O microssistema mais básico é a família. À medida que as crianças amadurecem, outros microssistemas, como o grupo de pares, a escola ou o ambiente educacional, exercem papéis cada vez mais importantes na vida delas. Conforme se envolvem nesses ambientes, entram quase sempre em contato com profissionais do campo. Os profissionais demonstram cinco características que os diferenciam dos leigos: conhecimento especializado, competência demonstrada, padrões de desempenho, educação permanente e código de ética.

Os profissionais que trabalham com crianças recorrem à pirâmide de apoio social para orientar sua prática profissional. A pirâmide compreende quatro fases de intervenção: estabelecer relações positivas com as crianças, criar ambientes de apoio, ensinar e treinar, e desenvolver intervenções individualizadas intensivas quando necessário. À medida que efetivamente aprender a pôr em ação as práticas representadas na pirâmide de apoio social, você estará no caminho certo para fazer uma diferença positiva na vida das crianças.

--- **Palavras-chave** ---

Competência social; exossistemas; habilidades; inteligências múltiplas; macrossistemas; mesossistema; microssistema; pirâmide de apoio social; práticas adequadas ao desenvolvimento; profissionais.

Questões para discussão

1. Considere a Figura 1.1. Defina competência social. Selecione aleatoriamente um dos elementos da competência social para discutir. Apresente exemplos de comportamentos que ilustrem conhecimento, habilidades e valores englobados por esse elemento.
2. Um estudo recente feito com pais e mães russos e profissionais da primeira infância revelou que os seguintes elementos da competência social eram particularmente valorizados por eles:
   - Gentileza.
   - Boas maneiras.
   - Respeito pelas diferenças individuais.
   - Pensamento e ações independentes.
   - Autoconfiança.
   - Autodirecionamento.
   - Espontaneidade.
   - Felicidade.

   Discuta como esses comportamentos/valores podem ser comparados com os elementos de competência social descritos em relação às crianças nos Estados Unidos e identificados neste capítulo.
3. Há evidências de que aproximadamente 75% dos estudantes com deficiências de aprendizagem manifestam habilidades sociais deficitárias durante os anos iniciais. Além disso, as crianças com retardo mental têm muito mais probabilidade de vivenciar problemas de socialização e comunicação do que os colegas que não apresentam essa deficiência (McCay & Keyes, 2002). Discuta as implicações que isso tem para famílias e profissionais da primeira infância que trabalham com crianças.
4. Alguns cientistas dizem o seguinte: "Lembrem-se de que crianças são pessoas inteiras com seus próprios direitos, e não adultos deficientes". Com base em seu conhecimento sobre o desenvolvimento e a aprendizagem infantil, e no conteúdo deste capítulo, que significado isso tem em relação ao desenvolvimento da competência social das crianças?
5. Usando a Figura 1.2 como referência, desenhe um quadro dos sistemas sociais de sua vida. Nomeie os elementos contidos em cada um dos sistemas que o influenciam.
6. Suponha que você tenha sido convidado para falar a um grupo de famílias cujos filhos acabam de ser matriculados em seu programa. Quais são as três coisas principais que você gostaria de comunicar a eles sobre a competência social das crianças e sobre o modo como seu programa apoia o desenvolvimento da competência social em crianças?
7. Considere as cinco características de um profissional – conhecimento especializado, competência demonstrada, padrões de prática, educação permanente e código de ética. Faça uma lista em uma folha de papel e discuta como um profissional pode adquirir tais características.
8. Considere o Código de Conduta Ética Naeyc delineado no Apêndice. Leia a seção I: "Responsabilidades éticas em relação às crianças". Identifique os princípios e conceitos descritos neste capítulo que apoiam os ideais e princípios abrangidos por essa seção do código.
9. Nem todas as crianças se desenvolvem de modo típico. Algumas experimentam desafios ou atrasos em seu desenvolvimento e aprendizagem. Discuta como você adaptaria a noção de prática adequada ao desenvolvimento para levar isso em conta.
10. Descreva brevemente as quatro fases da pirâmide de apoio social representada na Figura 1.3. Apresente exemplos de comportamento adulto que corresponderiam a essas quatro fases.

Tarefas de campo

1. Elabore um diagrama da classe ou de outro ambiente infantil em que praticará suas habilidades este semestre. Certifique-se de incluir os detalhes relativos a portas, janelas e móveis. Faça um registro diário para o ambiente do grupo formal do qual você participará e identifique seu papel a cada momento do dia. Nomeie pelo menos três adultos com quem interagirá e descreva brevemente o papel de cada pessoa no programa. Nomeie pelo menos dez crianças do ambiente. Quais são os dois objetivos relacionados à competência social que o supervisor deve ter em relação às crianças no ambiente e que evidência você usou para determinar isso?
2. Selecione um princípio da aprendizagem ou do desenvolvimento social descrito neste capítulo. Nomeie-o e dê um exemplo de crianças que demonstram esse princípio em seu trabalho de campo ou local de estágio. Lembre-se de escrever de modo objetivo, concentrando-se em comportamentos observáveis.
3. Considere a Tabela 1.3. Faça uma cópia dela e compartilhe-a com um profissional infantil. Pergunte-lhe quais elementos da tabela podem representar seu programa. Peça-lhe que apresente exemplos de como o programa fornece às crianças condições que compensem as pressões do sistema.
4. Observe um ambiente de primeira infância. Escreva exemplos de práticas adequadas à idade e ao indivíduo, e pertinentes ao ponto de vista social e cultural observado no ambiente.
5. Considere as quatro fases da pirâmide de apoio social representada na Figura 1.3. Observe um programa infantil e dê exemplos de comportamentos dos adultos que demonstram cada uma das três fases. Verifique se existe um plano que corresponda à fase 4 de intervenções individualizadas intensivas.

Capítulo 2
Estabelecer relações positivas com crianças de 0 a 3 anos[1]

Objetivos

Ao final deste capítulo, você será capaz de descrever:
- Por que as relações positivas entre o adulto e a criança de 0 a 3 anos são cruciais para o desenvolvimento social infantil.
- Os elementos fundamentais das relações positivas nesta faixa etária.
- Como o desenvolvimento infantil influencia as primeiras relações sociais.
- Como as crianças, de 0 a 3 anos, se tornam "elas mesmas" por meio da individuação e da separação.
- O que os adultos fazem para incrementar suas relações com as crianças que estão nesta faixa etária.
- O melhor modo de apoiar a aprendizagem e o desenvolvimento social das crianças com 0 a 3 anos.
- As estratégias de comunicação para interagir com as famílias das crianças.
- As armadilhas que devem ser evitadas na interação com as crianças e suas famílias.

---

[1] A primeira infância corresponde ao período entre o nascimento e os 6 anos. Os termos *infants* e *toddlers* foram traduzidos como "crianças na primeira infância", "bebês e crianças pequenas" ou apenas "crianças", já que o capítulo trata apenas dessa faixa etária. (NT)

Para desenvolver-se normalmente, a criança precisa do envolvimento duradouro e irracional de um ou mais adultos [...] em suma, de alguém que seja louco por ela.
Urie Bronfenbrenner (psicólogo e ecologista)

Em nenhum outro momento da vida, essa "loucura pela criança" é mais importante que nos primeiros três anos. As relações que se estabelecem desde o nascimento até aproximadamente os 3 anos constituem os alicerces sobre os quais se construirá o desenvolvimento social da criança. Como deve se lembrar do Capítulo 1, estabelecer relações positivas com as crianças é o primeiro e mais importante nível da pirâmide de apoio social (veja Figura 2.1). Neste capítulo, exploraremos os elementos que contribuem para o processo de construção das relações. Discutiremos, em seguida, as necessidades específicas que as crianças apresentam durante a jornada do desenvolvimento social.

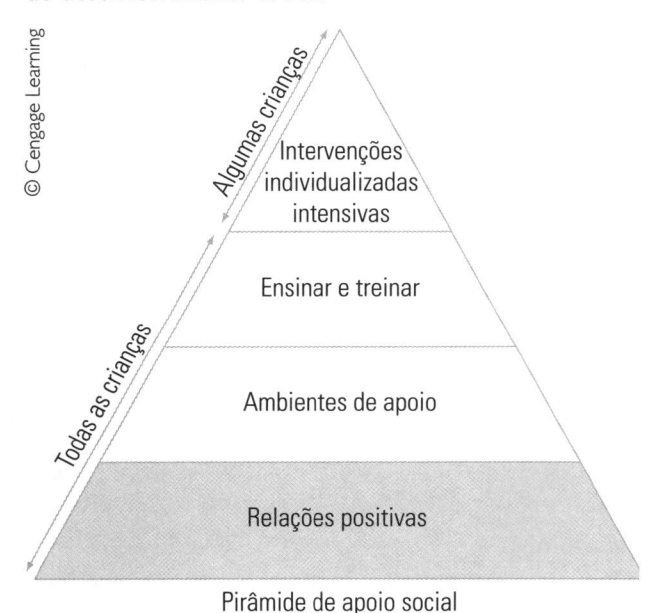

FIGURA 2.1 As relações positivas são os alicerces.

■ Empenhar-se em relações positivas com crianças de 0 a 3 anos

Para as crianças que estão nesta faixa etária, é essencial ter uma relação positiva com um ou mais adultos de maneira que possam crescer e se desenvolver do melhor modo possível. As associações adulto-criança proporcionam um contexto seguro para o início do desenvolvimento (Raikes & Edwards, 2009). As relações que as crianças vivenciam nos primeiros três anos têm diversas influências (veja Figura 2.2). Um dos resultados, por exemplo, das ligações positivas precoces é que as crianças experimentam interações mais afetuosas. Tornam-se mais abertas em relação aos sinais sociais e aos convites dos outros, o que as leva a envolver-se mais e melhor com os amigos e ter amizades mais positivas (Labile & Thompson, 2008). Tornam-se também mais cooperativas com os adultos (Thompson & Goodman, 2009). Assim, quando o relacionamento entre adultos e crianças é estreito, as crianças desabrocham (Labile & Thompson, 2008).

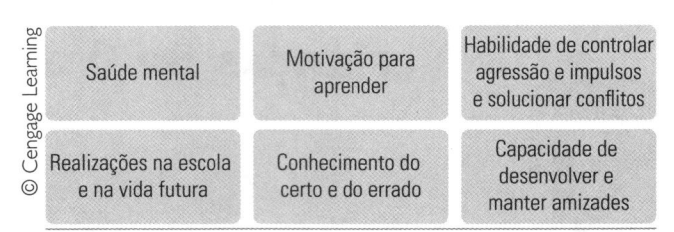

FONTE: National Scientific Council on the Developing Child (2004).

FIGURA 2.2 Nos primeiros três anos de vida, as relações positivas com adultos beneficiam as crianças no presente e no futuro.

Os elementos essenciais das relações positivas: AAGER

Há cinco elementos essenciais que contribuem para as relações positivas: afetuosidade, aceitação, genuinidade, empatia e respeito (AAGER). Pense em AAGER como uma estratégia segura para estabelecer relações positivas (veja Figura 2.3).

Afetuosidade. Mostrar interesse pelas crianças, ser amigável com elas e ser receptivo são características da **afetuosidade** (Berk & Winsler, 1995). Os adultos ajudam as crianças a se sentir confortáveis, apoiadas e valorizadas, por meio de sorrisos, dando um delicado tapinha na criança, acenando para elas e usando um tom de voz agradável, bem como por meio de comportamentos verbais que promovam a harmonia da relação. A Sra. Hamouz demonstra afetuosidade quando cumprimenta Sarah, de 2 anos, abaixando-se até o nível de seus olhos, olhando-a no rosto, sorrindo e tocando seu ombro delicadamente, enquanto a menina lhe conta como foi a noite anterior. Do mesmo modo, a Sra. Hsu paparica o bebê Jacob, cantando baixinho e olhando para seu rosto sonolento, enquanto demonstra sua afetuosidade de modo que ele possa entender.

Aceitação. Aceitar totalmente uma criança significa valorizá-la incondicionalmente, ou seja, interessar-se por ela independentemente de seus atributos pessoais, do *background* familiar e do comportamento (Remland, 2009). Os adultos acolhedores interessam-se por bebês e crianças mesmo que estejam sujos e malcheirosos ou sejam chatos, e não apenas quando estão agradáveis, sorridentes e alegres. Aceitam-nos "de qualquer jeito" e acreditam que todas as crianças merecem ser aceitas simplesmente por serem o que são. Assim, "a aceitação não julga" (Egan, 2007). As crianças precisam dessa confirmação dos outros. Sem aceitação, o desenvolvimento social construtivo é impossível.

FIGURA 2.3 Relações fortalecedoras com AAGER.

Aceitação não significa aprovar qualquer comportamento. Como descobrirá ao longo deste livro, é possível comunicar dedicação e aceitação às crianças e, ao mesmo tempo, orientá-las a adotar comportamentos mais adequados. Esse duplo compromisso é ilustrado pela Sra. Chigubu: ela se aproxima rapidamente de duas crianças que estão jogando areia para o alto, dentro da caixa de areia. Uma criança está se divertindo e rindo, enquanto a outra está zangada. A Sra. Chibugu comunica aceitação ao reconhecer as emoções das duas crianças. Ao mesmo tempo, deixa claro que não é permitido jogar areia para o alto por razões de segurança e ajuda as crianças a brincar de cavar a areia, em vez de arremessá-la.

Genuinidade. As relações positivas adulto-criança caracterizam-se também pela **genuinidade** (Curry & Johnson, 1990). Os adultos autênticos são verdadeiros com as crianças. Ou seja, o que dizem a elas é confiável, razoável e encorajador. Suas palavras coincidem com o comportamento não verbal. Como resultado, as crianças recebem *feedbacks* equilibrados, informativos e úteis. A Sra. Olsen disse a James – que estava triste – que a mãe dele iria realmente buscá-lo no fim do dia e, ao mesmo tempo, envolveu-o em um jogo. Ela nunca fizera falsas promessas no passado, e, assim, James aprendera a confiar nela e sabia que a mãe realmente logo voltaria para buscá-lo.

Empatia. A manifestação mais importante da dedicação é a **empatia** (Carkhuff, 2000; Goleman, 1995). Ela é o ato de reconhecer e compreender a perspectiva de outra pessoa, mesmo quando tal perspectiva é diferente. Uma pessoa empática responde ao estado afetivo e emocional do outro, experienciando um pouco da mesma emoção. A empatia, portanto, envolve o processo cognitivo de examinar e conhecer, bem como o processo afetivo de sentir. Essa ideia está contida em frases muito conhecidas, como "Colocar-se na pele do outro" e "Ver o mundo com os olhos do outro". Quando Tula escorregou na escada e caiu, o Sr. Jones fez uma careta de dor e disse com sinceridade: "Puxa, você caiu feio. Deve estar doendo. Deixe-me ajudá-la". Ela olhou para ele em lágrimas e estendeu os braços, aceitando a assistência empática oferecida.

Respeito. **Respeito** implica acreditar que as crianças são capazes de aprender e de agir de modo competente em relação à idade. Os adultos demonstram respeito quando permitem que as crianças explorem e funcionem de modo independente, pensem por elas mesmas, tomem decisões, trabalhem em suas próprias decisões e comuniquem ideias (Morrison, 2009). A falta de respeito é evidente quando os adultos fazem coisas para as crianças que elas podem fazer por si próprias, quando lhes dizem o que pensar e o que sentir, quando ignoram seu ponto de vista ou privam-nas de oportunidades genuínas de crescer e aprender. O desrespeito é flagrante quando os adultos acreditam que as crianças não podem aprender por causa da idade, do gênero, da cultura ou do *background* socioeconômico. A Sra. Longabaugh mostrou respeito por Carl ao esperar pacientemente que ele calçasse as botas. Ela sorriu e acenou para ele quando Carl olhou para cima, satisfeito consigo mesmo.

Afetuosidade, aceitação, genuinidade, empatia e respeito (AAGER) são fundamentais para as relações positivas entre o adulto e a criança. Se você mantiver AAGER em mente, é provável que cuide das crianças de modo sensível e receptivo. Crianças de todas as idades que experimentam esses elementos em suas relações com os adultos, durante a vida, demonstram, em geral, competência social e adequação de comportamento positivo mais fortes (Labile & Thompson, 2008). Quando as relações adulto-criança não têm AAGER, a probabilidade de que as crianças apresentem problemas de comportamento é mais alta; além disso, a tolerância à frustração é mais baixa, e as habilidades sociais em relação aos colegas, mais fracas. É por tais motivos que estabelecer relações positivas com as crianças deve ser uma prioridade para os adultos.

Demonstrar sensibilidade e receptividade às crianças de 0 a 3 anos

"É importante que haja uma comunidade para criar uma criança."

Nada é mais verdade do que isso quando se consideram as necessidades, exigências, solicitações e conquistas das crianças de 0 a 3 anos. A partir do momento em que nascem, elas se tornam imediatamente um membro do grupo social: uma família, que vive em uma comunidade, a qual está contida em uma cultura mais ampla. Assim, desde os primeiros dias, as crianças se apegam às pessoas importantes de sua vida.

Apego

Nem todas as relações são criadas do mesmo modo. Quando há afeto mútuo e conexão positiva entre o bebê (ou criança pequena) e um adulto especial, o **apego** existe. Essa conexão especial entre adulto e criança exerce uma função importante ao proporcionar contexto seguro no qual as crianças exploram, aprendem e praticam a autorregulação. As relações positivas seguras precoces permitem prever resultados sociais positivos no futuro (Thompson, 2006).

A mãe que proporciona cuidados consistentes e receptivos é quase sempre a pessoa a quem a criança se apega inicialmente. Entretanto, essa pessoa pode ser o pai, um dos avós, um irmão ou ainda outra pessoa que tenha contato regular com a criança. O adulto (ou os adultos) que atender às necessidades do bebê, estiver disponível e for receptivo aos sinais dados por ele vai se tornar sua pessoa preferida. Referimo-nos, em geral, a essa pessoa como a principal cuidadora. As crianças se apegam a inúmeras figuras, mas é essencial que se apeguem a, pelo menos, uma. Os comportamentos de apego do bebê estimulam os cuidados do adulto. A função do apego precoce é manter um adulto próximo que atenda às necessidades que as crianças, de 0 a 3 anos, têm de alimento, proteção, conforto e segurança (Hinde, 2006). **Cuidar de modo sensível** é o que produz os comportamentos de apego na criança.

Nesta faixa etária, as crianças que não estão com os pais o tempo todo precisam, para sentirem-se seguras, de uma pessoa confiável no ambiente da escola com a qual tenham uma forte ligação. É dentro de relações estreitas com os cuidadores que as crianças, nessa fase, ganham confiança em si mesmas (são dignas de atenção e amor) e confiança nos outros (acreditam que alguém está lá para atender às suas necessidades) (Riley et al., 2008). A partir dessas primeiras relações, as crianças desenvolvem o conceito de "relação" e a expectativa para futuras relações (Ziv, Oppenheim & Sagi-Schwartz, 2004). Por meio dessas interações estreitas, aprendem também a gerir as emoções (Trevarthen, 2001).

O apego se mantém por meio de cuidados sensíveis. Além de pôr em prática os comportamentos fortalecedores associados ao AAGER, você precisa identificar, o mais rápido possível, se a criança está confortável, alimentada, repousada ou entediada e, então, se for preciso, agir rapidamente para cuidar dela. Por meio das muitas interações que satisfazem as necessidades da criança e respondendo com calma e de modo previsível, os adultos ajudam os pequenos a desenvolver um senso positivo de si mesmos no mundo.

Quando Janelle foi levada, pela manhã, à escola, a mãe da menina tirou-lhe o casaco enquanto a criança olhava toda a sala. Ao avistar a Sra. Alice, Janelle abriu um grande sorriso. Olhou para a mãe e disse: "Tchau". Olhou, então, para a Sra. Alice que estava se aproximando e acenou: "Oi!". A mulher acenou também e disse: "Oi!". Cumprimentou, então, a mãe de Janelle gentilmente e perguntou como a garota havia dormido e como havia sido a rotina matinal. Enquanto a Sra. Alice se despedia da mãe, Janelle apontou para sua mochila e disse: "Leite". "Já vou dar", afirmou a mulher.

Os profissionais da primeira infância também apoiam a ligação de apego entre pais e filhos, fornecendo modelos e informações. Quando os cuidadores[2] compartilham informações sobre o desenvolvimento da criança, ajudam as famílias a compreender melhor a progressão natural do desenvolvimento e a ter expectativas adequadas em relação ao comportamento. Informar as famílias sobre as experiências cotidianas faz que elas sintam que fazem parte do mundo da criança. Se o cuidador e a família se comunicam a respeito dos acontecimentos diários, ambos, criança e familiares, sentem-se conectados de modo mais seguro (Riley et al., 2008). Isso é ilustrado pela seguinte

---

[2] No Brasil, as crianças de 0 a 3 anos são atendidas nas escolas de educação infantil por professores. (NRT)

situação: a Sra. Murphy chega para buscar a filha Jacqui na escola.

> *A Sra. Allison cumprimenta a mãe de Jacqui e diz: "Jacqui teve um dia maravilhoso. Ela gostou muito de desenhar. Fez muitos desenhos e, em todos, vocês estão juntas. Aqui estão eles. Lembro-me muito bem do que ela disse enquanto desenhava: 'Olhe, esta sou eu. Tenho cabelos cacheados e braços. Esta é minha mãe. Ela também tem cabelos cacheados. Estamos de mãos dadas porque nos amamos!'. Que tesouro vocês duas têm!". Os olhos da Sra. Murphy brilhavam enquanto olhava os desenhos da filha.*

"Jacqui e sua mãe"

O apego não acontece por acaso. Determinados comportamentos do adulto e da criança contribuem para esse processo. Muitos deles estão delineados no Quadro 2.1.

QUADRO 2.1 Quão forte é sua relação com os bebês e crianças pequenas de quem cuida?

O apego que você desenvolve com cada criança é único e especial. Por mais que tente, seus padrões de interação não serão exatamente iguais com crianças diferentes. Você baseará sua relação em padrões que experimentou no passado, em sua cultura, em seu temperamento, bem como nas habilidades que está aprendendo neste livro. É importante refletir continuamente sobre seus atos para assegurar-se de que está formando laços fortes com todas as crianças sob seus cuidados. Observe, a seguir, as perguntas que podem ser usadas para a sua autoavaliação.

- Vocês procuram, ambos, manter contato visual um com o outro?
- Vocês se iluminam quando se veem?
- Vocês adaptam as respostas de acordo as características de cada um?
- A criança relaxa quando você a pega no colo ou está fisicamente nas proximidades?
- Sua presença acalma a criança?
- A criança brinca à vontade quando você está por perto?
- Ela olha em sua direção para verificar onde está?

Se as crianças o virem como previsível – como alguém que responde aos sinais que elas enviam e atende às suas necessidades com atenção, comunicação e gentileza –, elas explorarão o mundo delas, usando você como base segura à qual voltar.

FONTE: Adaptado de Riley et al. (2008).

As crianças, de 0 a 3 anos, dão sinais sobre como se sentem em várias situações. Vamos examinar mais de perto alguns desses sinais. Você precisa ser sensível a eles.

■ Os sinais que as crianças de 0 a 3 anos enviam

Os período em que as crianças são bebês, ou ainda muito pequenas, é marcado por grandes mudanças no desenvolvimento. É um desafio, para você, manter um conhecimento atualizado sobre o que elas gostam ou desgostam e sobre o amadurecimento das habilidades. Uma razão comum para que os adultos não tenham bom êxito com as crianças pequenas é que continuam a usar técnicas que funcionaram em momento anterior do desenvolvimento, mas deixaram de ser úteis.

> *Quando Jerome, de 6 meses, chorava, seu cuidador, Joe, imediatamente o pegava e o segurava com o rosto na sua direção. Jerome fazia uma pausa e depois chorava mais alto. Joe talvez não soubesse que, enquanto um bebê de 5 meses se sente feliz de ficar no colo olhando para o cuidador, os bebês de 6 meses preferem ver o mundo e olhar para fora. Depois que Joe o girava, Jerome parava de chorar e gostava do que via.*

Como as crianças, nessa fase, mudam rapidamente, os adultos precisam adaptar-se continuamente para incentivar relações positivas e atender às necessidades delas. Por sorte, bebês e crianças pequenas sinalizam suas necessidades – se soubermos o que procurar. Vamos examinar alguns sinais possíveis. Temperamento, estados comportamentais e movimentos do corpo fornecem sinais importantes para o observador adulto.

Sinais sob a forma de temperamento

Todos nós temos uma personalidade e um temperamento únicos que afetam o desenvolvimento ao longo da vida (Bates & Pettit, 2008; Rothbart & Bates, 2006). O **temperamento** descreve o grau ou a intensidade do comportamento emocional, além do momento de ocorrência e duração da resposta da pessoa. O grau em que a criança concentra (ou não) sua atenção do estímulo, a quantidade de reação emocional e os tipos de comportamentos físicos ocorrem conforme a interação entre os padrões interiores do indivíduo e o ambiente (Rothbart & Bates, 2006). Por exemplo, rumor alto no escuro pode paralisar de medo uma criança, enquanto outra responderá pondo-se a correr e uma terceira talvez simplesmente não preste atenção ao barulho e o ignore.

O temperamento com o qual nasce é o "ponto de partida" para todas as informações que as crianças recebem sobre elas mesmas, os outros e o ambiente. Além disso, as características do temperamento sutilmente facilitam ou inibem as interações sociais. O temperamento funciona como um filtro através do qual as crianças formam ideias e modelam sua visão do mundo e do lugar que nele ocupam (Caspi & Shiner, 2006). Ao aceitar plenamente as crianças como são, incluindo o temperamento e tudo o mais, você se dispõe a compreender e acolhe o estilo único de cada criança.

Alguns conjuntos de características de temperamento são desafiadores para os cuidadores e influenciarão a qualidade das experiências sociais que mantêm com as crianças, bem como a adaptação da criança ao grupo (Coplan, Bowker & Cooper, 2003). Entretanto, mesmo o temperamento mais desafiador que uma criança possa apresentar pode ter atributos positivos (veja Tabela 2.1 para mais detalhes). Quando os adultos são capazes de reconhecer os pontos fortes entre os desafios, podem ajudar a criança a equilibrar suas reações e tornar-se mais regulada (Wittmer, 2008). Assim, reconhecer o temperamento individual dos bebês e das crianças de 0 a 3 anos leva a interações mais positivas.

Embora os temperamentos possam ser descritos de diversos modos, discutiremos três deles: fácil, aquecimento lento e difícil (Thomas & Chess, 1986). A criança *fácil* está geralmente feliz, é amistosa, previsível e adaptável, e tem humor equilibrado. A criança de *aquecimento lento* é moderadamente **receptiva** do ponto de vista afetivo, previsível em situações programadas, mas hesitante em situações novas. Essa criança só se envolverá com pessoas novas ou em situações novas depois de repetidas exposições. A criança *difícil* tem probabilidade de rir alto e por muito tempo ou ter um acesso de birra. A intensidade afetiva é forte. Tem um padrão de sono e vigília irregular e imprevisível, e é, muitas vezes, irritadiça e, em geral, muito ativa. É claro que nem todas as crianças se encaixam precisamente em um dos três tipos, e seus temperamentos são, quase sempre, combinações dos traços de todas as categorias. Se não prestarmos muita atenção em nossas reações ao temperamento das crianças, é possível que, inconscientemente, tenhamos reações diferentes em relação a crianças diferentes, simplesmente porque nos sentimos à vontade, ou não, com seus temperamentos.

Por exemplo, duas crianças com temperamentos profundamente diferentes podem provocar respostas diferentes nos adultos.

TABELA 2.1 Pontos fortes e desafios do temperamento

Traços de temperamento	Pontos fortes	Desafios
Afeto positivo: cooperativa, feliz, sorridente e diverte-se facilmente.	As trocas sociais com adultos e colegas são agradáveis.	Vulnerável aos estranhos. Pode ser excessivamente confiante em todas as situações.
Distresse irritadiço: exigente, infeliz, facilmente frustrável, irritadiça e zangada.	Precisa ser notada e atendida.	Precisa de assistência e "tradução" tanto nas interações sociais quanto para desenvolver empatia com os outros.
Distresse de medo: dificuldade em se adaptar a novas situações.	Permanece nas proximidades do cuidador e tem mais experiências de linguagem com os cuidadores e mais assistência.	Precisa ser tranquilizada e receber assistência nas mudanças, e necessita, com frequência, de um tempo extra de atenção e apoio nas transições.
Extremamente ativa	Descobre mais estímulos (objetos e pessoas) no ambiente.	Requer assistência para concentrar-se e terminar as atividades. Exige supervisão estreita quanto à segurança e limites mais definidos.
Atenção concentrada/elevada persistência	Atém-se à atividade por muito tempo.	Requer encorajamento para explorar mais o ambiente e tentar novas oportunidades.
Padrões altamente previsíveis de comportamento	Aprecia ritmos e rotinas, aprende-os facilmente e gosta de segui-los.	Pode requerer ajuda nas mudanças quando a nova rotina ou padrão não corresponder às suas expectativas.

Mike se move lentamente, observa o que está acontecendo, raramente chora e brinca em seu berço, com satisfação, por muito tempo depois de acordar. Quanto a Todd, qualquer movimento ou barulho o distrai. Ele passa rapidamente de uma parte para outra da sala, parece estar sempre no meio do caminho; chora forte, longamente e com frequência; e raramente fica satisfeito em brincar no berço depois de acordar. Os dois meninos têm 8 meses. O Sr. McKinnon, que cuida dos dois, interage menos com Mike. Está satisfeito com ele e o acha tranquilo, embora menos estimulante para brincar. Todd recebe muito mais atenção, embora o Sr. McKinnon se irrite, muitas vezes, com ele. O único momento em que Todd parece ficar tranquilo é quando brinca com um adulto. O Sr. McKinnon tem consciência da sua tendência a ignorar Mike e ir atrás de Todd e, assim, cuidadosamente, lembra-se de controlar Mike regularmente e de envolvê-lo nas brincadeiras.

Os padrões de interação entre adultos e crianças emergem gradualmente e se tornam habituais. A *goodness of fit* (**qualidade do ajuste**) entre o temperamento do adulto e o das crianças é importante porque ambas as partes da relação têm estilos característicos de lidar com comportamentos e emoções. A experiência de um bebê como Mike, que é um pouco inativo e não muito sociável, com um adulto impulsivo, impaciente e que espera respostas sociais rápidas seria diferente da experiência que teria com um adulto calmo, paciente e disposto a esperar por ele para depois responder em seu próprio ritmo.

A qualidade do ajuste entre o bebê, o temperamento e as expectativas do cuidador e o ambiente geral de vida do bebê pode ser mais importante para os resultados de longo prazo da criança que apenas o temperamento. Mesmo bebês com temperamentos difíceis poderão ser felizes e bem-sucedidos se os cuidadores forem calmos, receptivos e trabalharem os pontos fortes dos bebês. Se as expectativas em relação às crianças forem claras e adequadas para a idade e se os cuidadores usarem habilidades que os tornem sensíveis e receptivos aos sinais dados pelas crianças, elas progredirão. Para fazer isso, os adultos devem efetivamente atender às necessidades das crianças, o que significa aprender a ler seus sinais. Os bebês dão sinais por meio de estados comportamentais.

Sinais sob a forma de estados comportamentais

Os primeiros comportamentos dos bebês, após os primeiros dias, são organizados, previsíveis e rítmicos (em um padrão diário). Por volta do segundo ou terceiro mês de vida, os bebês seguem, em geral, padrões bastante previsíveis, frequentemente chamados **estados comportamentais**. À medida que crescem, a duração de cada estado se altera. Esses estados variam do sono à vigília total e ao choro, como mostra a Tabela 2.2.

Todas as crianças estabelecem um padrão comportamental único e rotineiro. Os adultos que rapidamente reconhecem cada um dos estados comportamentais e aprendem o padrão típico do bebê são capazes, ao responderem a esses sinais, de selecionar e regular suas respostas de modo mais eficaz. Esses sinais convidam para uma interação ou sinalizam um afastamento em relação aos outros (Martin & Berke, 2007). Quando bem interpretados, as relações se tornam harmoniosas. Esses cuidados sincronizados são frequentemente chamados de **cuidados sensíveis**. Veja, na Tabela 2.2, as orientações quanto às respostas que o adulto deve dar a cada estado comportamental.

Sinais sob a forma de choro

Chorar é um dos primeiros meios que o bebê dispõe para comunicar que precisa do cuidador e produz o efeito esperado de trazer um adulto para perto. Aos 3 ou 4 meses, o choro é geralmente de natureza fisiológica, causado por falta de sono, fome, problemas digestivos ou dor. Mais tarde, um choro que aumenta de intensidade se torna psicológico e é usado para indicar medo, superestimulação, tédio, raiva ou protesto (Kovach & Da Ros-Voseles, 2008). Bebês de aproximadamente 4 meses podem chorar por não terem sido colocados em sua posição preferida para dormir. Na segunda metade do primeiro ano, podem chorar de raiva porque não conseguem alcançar um brinquedo que eles mesmos jogaram longe. Muitas vezes, o choro de uma criança de 9 a 15 meses é acompanhado por gestos. Após identificar a fonte do incômodo e resolver o problema, basta, em geral, acalmar o bebê para que o choro acabe.

Em todas as idades, a razão do choro dos bebês varia de agitação geral a medo intenso, raiva, frustração e dor (Gustafson, Wood & Green, 2000). A fome, o desconforto e a falta de sono poderão aumentar de intensidade, ao longo do tempo, se a fonte do desconforto não for removida. As razões do choro mudam à medida que o bebê cresce, atinge aproximadamente os 3 anos e se torna pré-escolar. Conhecer as razões mais comuns do choro de uma criança pode ajudá-lo a identificar a fonte do ataque de choro mais prontamente. Para determinar

TABELA 2.2 Estados comportamentais do bebê e respostas adequadas dos adultos

Estado comportamental	Expressão facial	Ação	Resposta do adulto
Sono regular.	Olhos fechados e imóveis, e rosto relaxado.	Pequenos movimentos, dedos ligeiramente curvados e polegares estendidos.	Não perturbe.
Sono irregular.	Olhos fechados, rápido movimento ocular ocasional, sorrisos e caretas.	Movimentos delicados.	Não perturbe.
Sono periódico.	Alterna sono regular e irregular.	Movimentos de bebês.	Não perturbe.
Sonolência.	Os olhos abrem e fecham ou estão parcialmente abertos; olhos baços/vidrados.	Menos movimento que no sono irregular, mãos abertas e relaxadas e dedos estendidos.	Pegue-o no colo se isso acontecer após o sono. Não perturbe se acontecer após um período em que o bebê esteve acordado.
Alerta silencioso.	Olhos brilhantes, completamente abertos, rosto relaxado e olhos focalizados.	Leve atividade, mãos abertas, dedos estendidos, braços dobrados nos cotovelos e olhar fixo.	Fale com o bebê, apresente objetos e avalie.
Atividade de vigília.	Face rosada. Menos hábil em concentrar-se que no alerta silencioso.	As extremidades e o corpo se movem. Vocaliza e faz barulhos.	Interaja com ele: fale, cante, brinque e forneça os cuidados básicos.
Choro.	Pele avermelhada, caretas e olhos parcial ou totalmente abertos.	Atividade vigorosa, vocalização de choro e punhos fechados.	Pegue o bebê no colo imediatamente, acalme-o e identifique a fonte do desconforto.

o problema que causa o choro, os cuidadores usam, em geral, o contexto da situação, bem como sinais auditivos, além do conhecimento sobre aquela criança específica.

O choro causado pela dor é um longo e profundo gemido, seguido por um longo silêncio e um arquejo. Esse choro é um sinal de que há algo errado (Gustafson, Wood & Green, 2000). É completamente diferente dos sons da fala e trata-se de sinal extremamente eficaz para obter a atenção do cuidador. Talvez você não seja capaz, inicialmente, de distinguir com segurança os tipos de choro, mas, ao longo do tempo, sua capacidade de distinguir entre um pedido de atenção e um mal-estar, raiva ou dor aumentará.

Philip, que tem 4 meses, estava chorando alto quando sua cuidadora, a Sra. Smith, pegou-o no colo e o levou até a geladeira para pegar o leite do menino. Ele fungou e parou, aos poucos, de chorar. Entretanto, o telefone tocou e ela deixou Philip para ir atender. Ele voltou a chorar forte.

Hannah, de 7 meses, acorda zangada e chorando. Sua cuidadora, que já estava se preparando para alimentá-la e trocá-la, caminha até a menina, que para de chorar antes mesmo de a cuidadora pegá-la no colo.

Às 12h15, Alberto cambaleou até o refrigerador e apontou. Sua mãe que estava limpando a sala não o viu. Ele começou a resmungar, apontar e chorar até que a mãe foi ver o que acontecia. Alberto parou de chorar assim que a viu entrar na cozinha.

Quando os adultos são receptivos, as crianças aprendem a autocontrolar o choro. Os bebês descobrem que logo serão confortados, alimentados, trocados ou atendidos com cuidados que não tardam a chegar. Ignorar o choro dos bebês, nos primeiros seis meses, não é eficaz para reduzir a duração ou a frequência do choro. Em geral, quanto mais o bebê chorar, mais tempo levará para que se acalme e mais difícil será acalmá-lo. Cada estado comportamental provoca respostas potenciais nos cuidadores. Depois que as necessidades dos bebês foram atendidas, o comportamento mais frequente que isso provoca nos cuidadores é acalmá-lo.

Acalmar. Uma estratégia muito eficaz para acalmar uma criança que chora é pegá-la no colo e segurar seus ombros. Existem outras cinco técnicas que também são úteis:[3] envolver o bebê, colocá-lo na posição lateral ou sobre a barriga, embalar ou balançar, emitir o som "shhh" e o de sugar (Karp, 2003) (veja Quadro 2.2).

---

[3] Em inglês, refere-se aos 5S: *swaddle, side or stomach, swing or sway, shush, suck*. (NT)

QUADRO 2.2 Cinco técnicas para acalmar

Envolver: enrole o bebê com delicadeza e confortavelmente em uma coberta. Ao enrolá-lo, coloque os braços para baixo lateralmente.

Colocá-lo em posição lateral ou sobre a barriga (não para dormir): coloque o bebê sobre um dos lados ou de barriga para baixo, com seu braço sob a barriga.

Embalar ou balançar com movimentos que vão da cabeça aos pés, e não lateralmente.

Emitir o som "shhh..." e repeti-lo várias vezes (imita o som do útero).

Sugar: dê ao bebê algo para chupar. Isso fará que ele mesmo se acalme.

FONTE: Karp (2003).

Quando começar a se acalmar, quanto mais estimulação contínua o bebê receber, mais calmo ficará (Karp, 2003). Assim, pegar no colo os bebês quando choram, envolvê-los, caminhar com eles no colo, embalá-los ou niná-los – em ações separadas ou simultâneas – são, todas, soluções possíveis. Bebês maiores preferem ser acalmados com estratégias que já lhes são familiares. Informe-se com as famílias sobre como cada bebê prefere ser acalmado. Os bebês cujos cuidadores são mais receptivos ao choro durante os primeiros meses de vida choram menos. Essas crianças adquirem também formas mais efetivas de comunicação mais tarde (Bell & Ainsworth, 1972).

Infelizmente, alguns episódios de choro ocorrem sem razão aparente, e, nesses casos, os modos normalmente eficazes de acalmar o bebê não funcionam. Isso costuma ser chamado *cólica*. Começa nas primeiras três semanas de vida e aumenta ao longo do segundo mês, diminuindo rapidamente para níveis mais normais por volta do quarto mês (Barr & Gunnar, 2000). Os bebês com cólicas têm crises recorrentes de choro que duram mais de três horas por dia, pelo menos três vezes por semana. Em momentos previsíveis, embora estejam alimentados e com boa saúde, choram.

Às vezes, os adultos se exasperam por não conseguirem acalmar o bebê, especialmente se ele tiver cólicas. Quando isso ocorre, o bebê pode entrar em sintonia com o estresse do cuidador e ficar ainda mais inquieto. Nesses casos, é útil providenciar para que outro adulto cuide da criança e fornecer uma pausa ao cuidador original. Qualquer que seja a causa do choro, quando os adultos usam estratégias para acalmar o bebê, ele aprende que pode contar com o fato de que o cuidador responderá aos sinais de mal-estar e desconforto. Isso é um elemento importante de confiança. Outro modo que o adulto dispõe para estabelecer confiança é interpretar com exatidão aquilo que as crianças comunicam por meio dos movimentos.

Sinais sob a forma de movimento

Os bebês se movimentam e revelam suas necessidades de interação (ou não). Mesmo depois de aprenderem a utilizar palavras, as crianças pequenas continuarão a enviar sinais por meio de movimentos. Com o aumento gradual do controle sobre cabeça, braços e ombros, os bebês são capazes de manipular suas interações sociais.

Inicialmente, eles conseguem apenas levantar a cabeça para olhar por um breve momento e, em seguida, deixam-na cair novamente. Depois de um mês, obtêm controle sobre o pescoço. Por volta dos 3 meses, controlam a posição da cabeça e fixam o olhar como meio de influenciar a comunicação com o cuidador. Na posição frente a frente, os bebês participam plenamente, encarando seus cuidadores. Quando viram ligeiramente a cabeça, o contato continua a existir, mas o gesto assinala que a brincadeira talvez seja rápida ou lenta demais. Quando a cabeça está totalmente virada e o olhar abaixado, o contato se perdeu e a interação foi intencionalmente interrompida (Beebe & Stern, 1977; March of Dimes, 2003). Quando os bebês estão completamente sobrecarregados por interações excessivamente intensas, eles adormecem, choram ou se afrouxam.

Por volta do terceiro mês, são capazes de rastrear as pessoas que se movem pela sala. Olham fixamente para as pessoas por longos períodos e, à medida que crescem, passam a mudar de posição para que possam ver melhor o que os outros estão fazendo. Para muitos cuidadores sensíveis, trata-se de um convite para conversar ou brincar. A Tabela 2.3 fornece um resumo dos comportamentos dos bebês relacionados à cabeça, ao olhar e à expressão facial, e os correspondentes significados mais comuns.

Uma vez que conseguem sentar quando têm de 6 a 10 meses, a coordenação entre olhos e mãos melhora e, consequentemente, aumenta o interesse pelos objetos. Podem também virar-se para o lado oposto ao do cuidador, para concentrar-se em algum objeto. Não se trata de rejeição ao cuidador, mas sim de exploração do ambiente. Tal exploração tornou-se possível em razão da relação confortável com um adulto confiável. Mais ou menos ao mesmo tempo, os bebês conseguem arrastar-

TABELA 2-3 O olhar dos bebês e seu significado social para os cuidadores

Posição e expressão	Interpretação usual
Frente a frente e sério.	Totalmente participante e atento.
Frente a frente e sorrindo.	Satisfeito e interessado.
Cabeça ligeiramente virada em outra direção.	Interessado, mas a interação é muito rápida ou muito lenta.
Cabeça totalmente virada.	Desinteressado; faça uma breve pausa.
Cabeça abaixada.	Pare!
Rápida rotação da cabeça.	Algo lhe desagrada.
Olha em outra direção, inclina a cabeça para cima e afasta a cabeça por aversão.	Pare ou mude de estratégia.
Cabeça abaixada e corpo afrouxado.	Desistiu de combater o excesso de estimulação.

-se com êxito e seguir fisicamente o cuidador de um lugar a outro.

Com mobilidade cada vez maior, os horizontes dos bebês e das crianças pequenas se expandem muito. Assim, surge também a oportunidade de encontrar objetos em ambientes perigosos, pegar as coisas dos outros e explorar o mundo. Ao fazerem isso, eles precisam de orientação sensível e consistente para que possam se manter em segurança e, ao mesmo tempo, serem encorajados a aprender. As ações das crianças, com as interações com os adultos, formam os alicerces que sustentam a compreensão que a criança tem do mundo.

Sinais perceptivos para a interação social

O aumento da percepção e o crescimento do cérebro estão intimamente ligados aos primeiros anos de desenvolvimento. A estrutura física do cérebro do bebê e das crianças de até aproximadamente 3 anos muda por meio das experiências diretas com os objetos e por meio das interações humanas (National Scientific Council on the Developing Child, 2004). A partir dessas experiências, as vias neurais se fortalecem; na falta delas, esmorecem (Puckett & Black, 2004). Quando o ambiente oferece aquilo que o bebê precisa – contato físico com o cuidador, comunicação e brincadeiras ou jogos que envolvem os sentidos –, as estruturas físicas do próprio cérebro se expandem em uma rede de complexidade crescente. Algumas vias no cérebro são fortalecidas como resultado de muitas repetições ou de comportamentos similares do cuidador (Bauer, 2009). Por exemplo, a oportunidade de desenvolver apego social e a habilidade de enfrentar o estresse são estruturadas fisicamente no cérebro, no período em que as crianças ainda são bebês, como resultado dos cuidados receptivos, afetuosos e consistentes. Assim, o rápido crescimento e desenvolvimento do cérebro é modelado pela experiência, à medida que a criança aprender a se envolver em interações cada vez mais complexas com as pessoas e o ambiente (Bauer, 2009).

Em alguns momentos (denominados "períodos ideais", como vimos no Capítulo 1), alguns circuitos específicos do cérebro estão mais "maduros e preparados" para receber estimulação. Durante esses períodos ideais, constroem-se biologicamente estruturas de fundamental importância que fornecem a base para o futuro pensamento complexo. Enquanto essas peças fundamentais não estiverem em função, o pensamento multifacetado não poderá ocorrer. Por exemplo, crianças de até cerca de 3 anos lutam para entender e nomear o que sentem. Com 2 anos, não são capazes de prever com exatidão de que modo os adultos responderão a seus atos (um processo complexo necessário para a competência social), pois a intrincada estrutura neurológica que permite fazer essa previsão ainda não existe. Para que as crianças possam considerar as emoções e intenções dos outros, as estruturas básicas do cérebro precisam estar ativas. Quando os adultos nomeiam para as crianças as emoções que estas sentem, estabelece-se um fundamento para pensar nas emoções e nos desejos dos outros.

As estruturas cerebrais podem se modificar também fora dos períodos ideais, mas com muito mais esforço e levando mais tempo que quando a estimulação ocorre no período crucial. Há quatro períodos ideais. Enquanto as crianças são bebês e até atingirem aproximadamente 3 anos, ocorrem quatro períodos ideais que são muito importantes para o desenvolvimento social: visão, audição, linguagem e resposta aos sinais sociais emitidos pelos outros. Juntos, permitirão o pensamento e a ação social e emocional complexos no futuro (National Scientific Council on the Developing Child, 2007). Todos esses processos básicos começam com a percepção.

Percepção. As capacidades perceptivas são cruciais para o desenvolvimento social. Os bebês são notavelmente bem-dotados para responderem ao ambiente social – particularmente a rostos humanos, vozes e toque. Por exemplo, os recém-nascidos viram a cabeça em direção à mãe quando ela fala e são capazes de reconhecê-la pelo cheiro. Por volta dos 6 meses, são capazes de reconhecer os familiares pela visão (Field, 2007).

Toque. Os bebês são altamente sensíveis ao toque. Mostram desconforto em relação a temperaturas, umidade, consistência e dor acentuadas. As crianças de 0 a 3 anos gostam de ficar no colo, de ser acariciadas e embaladas, de andar e de outros contatos físicos positivos. O sentido mais desenvolvido, ao nascerem, é o tato, que lhes proporciona conforto, como quando são pegos no colo ou envolvidos em faixas (Field, 2007). Quando usamos um toque firme e gentil na hora de alimentá-las, dar-lhes banho e trocar fraldas, transmitimos a elas mensagens silenciosas de conforto, aprovação e afeto. Mas, se a manipulação for grosseira ou provocar dor, isso poderá influenciar negativamente a percepção do ambiente como lugar seguro.

Visão. Quando têm aproximadamente 6 semanas, os bebês parecem olhar diretamente para o rosto do cuidador com olhos brilhantes e bem abertos. Aos 3 meses, distinguem fotografias dos pais das de estranhos do mesmo sexo. Aos 6 meses, reconhecem todas as pessoas com quem têm contato regular. É nesse momento que começam também a explorar os objetos do ambiente, por meio da interação com os principais adultos (Field, 2007).

Quando os adultos olham para o rosto das crianças, enquanto falam, usando expressões faciais e levando-as por todo o ambiente, permitindo que olhem outros rostos e objetos, comunicam respeito, afetuosidade e solidariedade. As crianças conseguem ler os sinais visuais e reagir a eles. Por sua vez, os adultos poderão dar as melhores respostas às crianças se observarem a direção em que estas olham. Por exemplo, se uma criança afastar o olhar de uma pessoa para um objeto, o cuidador pode se deslocar para perto do objeto, sem exigir que ela concentre sua atenção no adulto.

Audição. Ao nascer, a audição da criança já está bem desenvolvida. Os recém-nascidos reconhecem a voz da mãe (Field, 2007). Ainda muito pequenos, os bebês já estão em sintonia com os sons da fala, especialmente com as de alta frequência (agudas) e com contornos de frequência acentuados (Aslin, Jurczyk & Pisoni, 1998). Entre 3 e 5 meses, os bebês conseguem imitar as mudanças na frequência de voz de um adulto e "cantar" com ele. Entre 3 e 6 meses, podem se assustar com sons que antes ignoravam. E, embora não compreendam o que foi dito, reagem ao tom emocional das mensagens.

Usando cada um dos sentidos independentemente, os bebês reconhecem as pessoas importantes em sua vida. Ao integrarem todos os sentidos, são capazes de estabelecer relações sociais, como ter preferência por determinados cuidadores. À medida que amadurecem, a competência sensorial se torna mais complexa e dá suporte à aquisição da linguagem.

Percepção da linguagem. Desde antes de nascerem, os bebês têm experiências com os padrões de linguagem do mundo. Por meio das interações verbais diárias, os bebês e as crianças até aproximadamente 3 anos aprendem o uso cultural da linguagem. Isso compreende os ritmos, as entonações e as frequências, assim como as palavras e o modo como são usadas. É preciso falar com eles e responder-lhes de modo sensível, para que possam beneficiar-se da linguagem. Eles não podem ser apenas circundados pela linguagem no ambiente, como quando ouvem os adultos falarem entre si ou na televisão. É apenas por meio da interação direta com a linguagem que eles prestam atenção e aprendem (Hart & Risley, 2000).

Embora tenhamos abordado apenas quatro áreas da percepção, todos os sentidos são importantes nos primeiros anos, pois cada um deles apoia os demais. A estimulação contínua até aproximadamente os 3 anos mantém o avanço do desenvolvimento (Werker, Mauer & Yoshida, 2010). À medida que isso acontece, as crianças continuam a aprender mais sobre si mesmas enquanto apreendem o mundo em volta delas.

■ Individuação e socialização

Ao longo da vida, os bebês estão imersos em dois processos relacionados mas, ao mesmo tempo, separados: descobrir quem são como indivíduos e decifrar como se encaixam no mundo social. Esses processos são denominados individuação e socialização. A **individuação** é o meio pelo qual a identidade pessoal se desenvolve e pelo qual se assume o próprio lugar na ordem social.

Quando as áreas emergentes da criança (por exemplo, sentidos, pensamentos, emoções e comportamentos) estão integradas, forma-se uma personalidade integrada e unificada ou autoidentidade. Isso ocorre dentro do contexto social das relações humanas e começa na infância. A **socialização** é o processo que compreende a capacidade de cooperar dentro de um grupo, de regular o próprio comportamento em consonância com a sociedade e de conviver bem com os outros. Tanto a individuação quanto a socialização são absolutamente essenciais para o bom êxito da adaptação na vida, e ambas se desenvolvem gradualmente.

Os bebês

No começo, os bebês mostram um interesse inato pelas pessoas, prestando muita atenção a elas com todos os sentidos. Um bebê novo olha para o adulto que o segura no colo e abre a boca. Se o adulto o imita, abrindo a boca, é provável que o bebê responda abrindo novamente a boca, convidando-o assim a continuar a interação. Ao final do segundo mês, a autoconsciência se desenvolve, à medida que o bebê se torna um agente no ambiente. Durante essa fase, o bebê se amolda ao corpo da mãe ou do pai, quando é pego no colo, troca sinais com ele ou ela, é tranquilizado com mais facilidade pelo adulto predileto e responde a sinais de modo contingente ao adulto. O **comportamento contingente** é como uma conversa com alternância de turnos – mas com gestos, expressões faciais, toque ou brincadeiras – e é quase sempre acompanhada de vocalização. Por exemplo, o bebê Joey mexe os braços. A Sra. Reynolds mexe os braços. Joey abre a boca. A Sra. Reynolds sorri e o imita.

Entre 2 e 6 meses de idade, os bebês são capazes de se envolver em relações recíprocas mais complexas (dar e tomar) com os cuidadores, as quais requerem compreensão de si e do outro. A rotina de cuidados e as interações frente a frente previsíveis entre adulto e criança levam o bebê a ter expectativas sociais. Quanto mais rapidamente o adulto responder, mais provável será que os bebês aprendam associações entre seu próprio comportamento e o comportamento da outra pessoa.

Dos 4 aos 6 meses, os bebês detectam sinais cada vez mais sutis e lembram-se cada vez mais das experiências anteriores, adquirindo, assim, a habilidade de agir intencionalmente. Por serem capazes de aprender e lembrar-se de comportamentos sociais positivos desde os 6 meses, os bebês poderão se surpreender se os cuidadores se comportarem de modo inesperado. Se, por alguma razão, o cuidador principal modificar seus padrões habituais e seu tempo de resposta, o bebê ficará sério, agitado e, então, perturbado.

Aos 8 meses aproximadamente, os bebês descobrem não apenas que podem fazer coisas, mas que os outros também podem. Por exemplo, Randy não conseguia alcançar uma caixa e, então, puxou sua cuidadora até a caixa (com a expectativa de que a ajuda estivesse à mão). Aos 9 meses, as crianças parecem identificar "quem faz o que para quem": reconhecem um processo e percebem a pessoa e os objetos desse processo.

Com 1 ano, os bebês são capazes de cooperar com o cuidador, levantando as pernas, por exemplo, enquanto se troca a fralda. Começam a ler as diferenças sutis entre as pessoas e começam a entender a disposição do mundo na qual se revelam as inclinações e os sentimentos das pessoas. Agem com a clara intenção de influenciar o comportamento do adulto. A base da cognição social emerge como resultado de encontros estreitos que se repetem diariamente, nos quais adultos e bebês respondem uns aos outros de modo sincronizado (Raikes & Edwards, 2009). Os contatos regulares e frequentes são essenciais nesse processo. De outro modo, as expectativas sociais não são recompensadas. As crianças podem lidar com alguns cuidadores, como os pais e a cuidadora, mas desistem de tentar construir conexões sociais se encontram adultos demais todos os dias ou ao longo da semana. Nos ambientes em que são cuidados em grupo, os bebês são capazes de desenvolver expectativas em relação aos cuidadores que se ocupam habitualmente deles, de modo consistente. Quando os adultos são inconsistentes, os bebês não têm oportunidade de aprender a ter expectativas. A falta de previsibilidade provoca insegurança em crianças de 0 a 3 anos.

As crianças de até 3 anos

Até os 3 anos, as crianças exercitam a independência, têm vontade própria e começam, assim, a desenvolver senso de autonomia. Arrastar-se pelo chão e andar torna essas crianças capazes de experimentar modos novos de atingir os objetivos desejados. As proezas desse período exigem persistência e paciência por parte dos adultos. As barreiras que antes protegiam as crianças das quedas são, agora, ultrapassáveis. Subir nas coisas faz que os objetos proibidos, colocados em prateleiras altas, tornem-se acessíveis. A emergência da vontade própria é acompanhada pelo desenvolvimento de um autocontrole suficiente para tornar a criança capaz de agir e conseguir!

Se conseguem controlar o próprio corpo, podem exercer sua própria vontade sobre o que fazem e experimentar poder. Entretanto, as crianças às quais não se permite que exerçam esse controle sobre os movimentos nutrirão dúvidas sobre o fato de ter ou não tal habilidade.

Às vezes, na metade do segundo ano de vida, as crianças desenvolvem uma autoconsciência objetiva. Podem se tornar conscientes e autorreflexivas. Uma indicação disso é o uso de afirmações como "meu" e de pronomes pessoais. Verbalizações como "Eu quero" significam que conseguem pensar sobre sentimentos ou pensamentos que experimentaram. Além disso, começam a pensar sobre os pensamentos dos outros de modo muito rudimentar, acreditando que os outros pensam da mesma forma que eles (Thompson, 2006). Por exemplo, Kendyl tem medo de aranhas, e, assim, todos precisam ficar de pé em cima das cadeiras para evitá-las, pois, em sua mente, todos os outros também têm medo de aranhas!

As diferenças nos resultados individuais

Desenvolver um senso de confiança saudável é fundamental para o processo de individuação (Erikson, 1963). Se os sentimentos relacionados ao mundo sensorial forem, em geral, agradáveis, o bebê desenvolverá senso de confiança. Entretanto, se a estimulação sensorial for desagradável, a criança desenvolverá um senso de desconfiança e de que o mundo é um lugar perigoso. O fato de os adultos atenderem (ou não) às necessidades básicas da criança influenciará a confiança ou desconfiança dela. Confiança e desconfiança são extremidades de um mesmo *continuum*, e a criança precisa de ambas.

A confiança total é tão mal-adaptativa quanto a desconfiança total. De um lado, a criança que confia totalmente pode não ter consciência dos perigos reais do mundo, tais como os automóveis que se movem rapidamente, pois nutre a expectativa inadequada de que estará sempre protegida. De outro lado, a desconfiança total pode torná-la incapaz de interagir com coisas ou pessoas, pois não espera nada além de dor e perigo.

O ideal é que as crianças se encontrem na porção final do *continuum* de confiança, de modo que possam arriscar explorações, aprender a tolerar a frustração e retardar a gratificação. A expectativa dessas crianças é que possam estar em segurança e sentirem-se confortáveis na maior parte do tempo. Essa visão do mundo é esperançosa. A confiança é adquirida por meio da comunicação. A interação entre o comportamento do bebê e a resposta do cuidador é a base das ligações afetivas, da segurança e da confiança que o bebê e a criança pequena sentem, e ajuda a determinar o grau de êxito que atingirão.

Outro resultado importante do processo de socialização e individuação é o autoconceito da criança. Se os adultos estão disponíveis, são receptivos e amorosos, as crianças percebem a si mesmas como cativantes, dignas e merecedoras de amor. Se, porém, os adultos são inacessíveis, não receptivos ou não afetuosos, elas percebem a si mesmas como desagradáveis, indignas e não merecedoras de amor. O padrão geral adotado pelo adulto para expressar afeto e rejeição influencia a proporção em que a forte necessidade de afeto e conforto da criança é atendida (Thompson, 2006).

Embora o processo de tornar-se pessoa e, então, membro de um grupo comece quando as crianças são ainda bebês, ele nunca termina realmente. A resposta à pergunta "O que sou e como me encaixo no mundo?" continua a desafiar a todos, à medida que se socializam como membros da cultura. Assim, uma das coisas mais difíceis que as crianças de 0 a 3 anos aprendem a fazer é separar-se dos pais, ou da figura principal de apego, para que possam estar com os outros socialmente.

A separação entre adulto e criança

A idade em que a ansiedade de separação ocorre varia, assim como variam também a intensidade e a duração. Essa ansiedade é descrita, em geral, como incerteza em uma situação nova com pessoas desconhecidas. Ocorre em geral aos 8 ou 9 meses, aproximadamente, e atinge o pico aos 13 ou 15 meses (Martin & Berke, 2007). Quando a criança é apresentada pela primeira vez a um cuidador estranho, especialmente se já tem medo de estranhos, a experiência pode ser estressante. A criança demonstra ansiedade de separação chorando e agarrando-se ao pai ou à mãe e mostrado outros sinais de angústia. Para o observador presente (e para o pai/a mãe que está com a criança infeliz), isso parece absolutamente terrível. Entretanto, quando se consideram as etapas do desenvolvimento que foram necessárias para que a criança chegasse a esse momento, a proeza realmente impressiona.

Apenas alguns meses atrás, ela não sabia que era um indivíduo. Lentamente começou a reconhecer que suas ações provocavam reações. Foi apenas com 6 meses que essa criança, que agora chora, começou a pensar em si mesma como separada da mãe (ou do principal cuidador). Foi aos 8 ou 9 meses que percebeu que era capaz de saber que os objetos existem mesmo quando não os vê. Portanto, quando essa criança chora porque sua mãe ou seu pai, ou a figura principal, a deixa, ela mostra que não está feliz e gostaria de mudar a situação e permanecer com a pessoa conhecida que lhe dá segurança. O papel do profissional da primeira infância é ajudá-la a adaptar-se à nova situação de modo que aprenda, ao longo do tempo, que pode ter ambas as coisas: outro lugar seguro com pessoas gentis, sensíveis e dedicadas que atendem às suas necessidades e sua mãe (ou outra pessoa importante para ela) que voltará, como previsto, para buscá-la.

Os profissionais da primeira infância podem fornecer modelos de comportamento e recomendar aos pais que colaborem com a transição da criança de casa para escola (Deiner, 2009). Será mais fácil para os pais lidar com a separação, se permitirem, antecipadamente, que a criança se familiarize com o outro adulto, no novo ambiente, na presença deles. Quando a criança estiver mais tranquila, o pai ou cuidador deve explicar que precisa ir embora. Assim que o adulto novo se envolver com a criança, a mãe/pai pode se ausentar (depois de tê-la avisado). Algumas crianças começam a chorar ou a seguir a mãe ou o pai. Os profissionais, naturalmente, devem proporcionar conforto e segurança, além de ajudar a criança a explorar o ambiente e a brincar com objetos o mais rapidamente possível. Devem-se evitar práticas como mentir, enganar a criança, encorajar os pais a ir embora furtivamente ou arrancar a criança do colo dos pais enquanto está gritando, pois é bem provável que a criança associe essas experiências terríveis e dolorosas à pessoa do cuidador. Tais comportamentos, além disso, traem a confiança da criança na mãe ou no pai, no cuidador e no novo ambiente.

Um dos papéis importantes de quem cuida de crianças é ajudar as famílias no processo de separação. Algumas crianças podem levar alguns dias para se adaptar aos cuidados de outra pessoa. Outras podem levar semanas ou meses, conforme experiências passadas e temperamento. Às vezes, crianças que estavam aparentemente bem desenvolvem de repente a ansiedade de separação. Isso pode ocorrer em razão de mudanças dentro da criança (como a cognição), dentro da família (como a chegada de um novo irmão ou uma morte) ou no ambiente (mudança de casa). Quando usamos afetuosidade, aceitação, genuinidade, empatia e respeito (AAGER) tanto em relação às crianças quanto em relação aos pais, fortalecemos nossa relação com todas as pessoas envolvidas. Em última análise, se os adultos lidarem com a separação servindo-se de compreensão, afetuosidade e sensibilidade, as crianças se adaptarão comodamente à nova situação. Estabelecer previamente uma rotina para a despedida diária de mãe/pai e colocá-la em prática de modo consistente pode ser muito útil para todos. A Tabela 2.4 apresenta algumas sugestões para isso.

TABELA 2.4 Como ajudar as famílias a se separar: estabeleça uma rotina para as despedidas

Antes de chegar à escola:
Os pais dizem à criança quais serão as atividades do dia, afirmando, de modo confiante, que "A mamãe (ou papai) vai trabalhar hoje e você vai à escola". As famílias devem mostrar-se seguras e positivas em relação ao que vai acontecer. E em nenhum momento podem deixar transparecer qualquer vestígio de indecisão. Ajude-as a compreender a importância desse comportamento.
Na escola:
Dê boas-vindas à criança e à mãe/ao pai. Use as habilidades AAGER com ambos (às vezes, isso não é fácil em relação a algumas crianças ou mãe/pai). Peça aos pais que observem a transição do filho para o seu espaço. Isso pode incluir tirar o casaco da criança ou pendurar a mochila. Incentive a mãe/o pai a dar uma volta com o filho pela sala.
Na sala de atividades:
Indique para a criança uma atividade interessante da qual ela possa gostar. (Com relação aos bebês, pegue-os gentilmente nos braços e leve-os até os objetos; no caso de crianças mais velhas, aponte a direção em que estão os objetos ou leve-as pela mão até eles). Estimule o bebê ou a criança a participar imediatamente da atividade. Essa é a transição dos pais para o cuidador. Algumas crianças vão querer ficar nos braços dos pais um pouco mais e não farão a transição para você até que exerçam a atividade. Acolha os sinais da criança.
Certifique-se de que a criança esteja de posse, nesse momento, do objeto transicional (brinquedo favorito ou cobertor). Lembre à criança que a mãe/o pai está indo embora. Incentive a mãe/o pai a dizer à criança que a ama e que voltará. Informe à criança o momento específico em que a mãe/o pai voltará, como após o lanche ou depois de brincar ao ar livre. Quando a criança já estiver envolvida, a despedida deve ser breve. Despedidas longas não fazem a criança se sentir segura. Incentive os pais a ir embora sorrindo e de modo confiante. Isso enviará à criança a mensagem de que está em lugar seguro, no qual suas necessidades serão atendidas.
Acalme, com sensibilidade, as crianças que estiverem tristes. Segure-as no colo ou fique de mãos dadas. Ofereça um toque afetuoso e palavras gentis de compreensão. Lembre-a de que a mãe/o pai a ama e que voltará, enquanto continua a envolvê-la em uma atividade que lhe agrade.
Ligue para os pais aproximadamente uma hora mais tarde para contar o progresso das crianças quanto à separação.

Quanto mais a rotina for seguida com consistência, mais rapidamente ocorrerá a separação. O êxito da separação e o tempo necessário para que a criança se torne confiante e segura em seu novo ambiente dependerão da criança e de seu temperamento pessoal, bem como da consistência com que essa rotina é afetuosamente seguida. Criar e pôr em prática rotinas desse tipo pode, inicialmente, tomar mais tempo dos pais e do cuidador, mas, afinal, todos serão beneficiados com isso, especialmente a criança.

Depois que a criança se adaptar à nova situação, é possível que você a veja chorar, ao final do dia, quando a mãe ou o pai for buscá-la. A criança pequena que esteve feliz e brincou entusiasticamente durante o dia todo pode ter uma crise de choro ao ver a mãe/o pai. Esse também é um sinal fantástico, mas é preciso informar aos pais seu significado, para que não fiquem desapontados: significa que o apego aos pais é tão forte que a criança foi capaz de se controlar o dia todo e pode, agora, demonstrar alívio, pois chegou a hora de voltar para casa com a mãe ou o pai. Os pais apreciam essas interpretações sobre os comportamentos de separação dos filhos. Ao ajudar as crianças a se adaptar a novas situações e os pais a entender como fazer isso da melhor forma, você cria confiança entre a criança, os pais e você!

Agora que você já sabe o que é ansiedade de separação, leia a história de Michael e pense no que recomendaria.

A partir dessa discussão, você pode ver que duas crianças, ao emergir do processo de individuação, não podem ser iguais. As diferenças de temperamento, as relações diárias com os pais e outros cuidadores e a quantidade comparativa de experiências agradáveis e desagradáveis que eles acumulam influenciam o grau de confiança, a qualidade do apego e o senso de si mesmas. Os padrões de comunicação que ocorrem dentro de seus mundos têm enorme significado na determinação do que elas são e do que serão mais tarde.

Comportamento desafiador

Conheça Michael

Michael, de 18 meses, e sua mãe Rosene dirigem-se à escola perto da casa deles. Michael está firmemente preso a sua cadeirinha dentro do carro, capaz de contê-lo mesmo quando se agita e se contorce. Rosene diz em um tom de cantilena monótono: "Michael, você sabe que a mamãe precisa ir trabalhar. Você gosta da Sra. Bridges. Vai se divertir muito na escola".

"Não quero ir!", grita Michael enquanto a mãe estaciona. A mãe toma-o pelas mãos e segue em direção à escola, embora Michael a puxe na direção contrária.

A Sra. Bridges cumprimenta, sorrindo, Rosene e Michael: "Bom dia, Rosene. Olá, Michael. Tem uma massinha em cima mesa, pronta para você trabalhar".

Rosene, muito embaraçada, diz com um fio de voz: "A mamãe tem de ir trabalhar agora, Michael. Você não vai chorar, vai?". Rosene para na soleira da porta, olha para Michael ansiosamente, enquanto ele se aproxima da mesa onde está a massinha. "Tchau, querido!"

Michael, que ainda não havia começado a brincar com a massinha, volta-se e corre para a mãe.

Abraça-a com força e começa a chorar.

Ela caminha de volta com ele até a mesa onde está a massinha, volta-se e corre para fora da sala.

Michael corre até a porta e dá um soco, ainda chorando muito. A Sra. Bridges se ajoelha para pegá-lo com delicadeza e reconforta-o: "Sua mãe vai voltar para buscar você no final da tarde, como ontem. Sei que você gostaria de estar com ela agora. Mas ela precisa ir trabalhar. Estou aqui com você. Vamos achar um rolinho de massa para você usar".

Michael toca o pequeno sapo de brinquedo que está sempre em seu bolso. É seu objeto predileto e o leva sempre consigo. Fungando, Michael vai até o cesto e pega um rolinho com uma mão, enquanto, com a outra, segura o sapo. Logo larga o sapo e começa a trabalhar com a massinha com as duas mãos. A Sra. Bridges ajuda-o a enxugar o nariz e fica perto dele por diversos minutos, até que comece a brincar com interesse. Meia hora mais tarde, a Sra. Bridges telefona rapidamente a Rosene: "Michael está bem. Está brincando com a massinha e o sapo está perto dele. Parou de chorar alguns minutos depois que você foi embora. Acho que deveríamos criar uma rotina para que vocês dois se sintam melhor no momento da separação. Esta tarde quando vier buscá-lo, você poderia reservar um pouco mais de tempo para que possamos criar uma rotina para a despedida?".

Com base nas informações que já tem, quais estratégias a Sra. Bridges poderia usar para dar apoio à transição da família para a escola? O que ainda precisa ser feito? De que modo a rotina de transição pode ajudar Michael e sua mãe? O que acha que a Sra. Bridges sugerirá como rotina de despedida?

O surgimento da competência em comunicação

"Buê! Buê! Estou olhando pra você!", canta a Sra. Ella em voz melodiosa. Gregory olha intensamente para ela e sorri de orelha a orelha. A Sra. Ella responde a seu sorriso com outro sorriso e o pega delicadamente do colo da mãe enquanto afirma com entusiasmo: "Vamos ver quem mais está aqui hoje". Gregory movimenta o corpo animado e responde: "Vamos ver, sim!". A Sra. Ella diz rindo: "Você está animado para encontrar seus amigos!".

A Sra. Ella e Gregory estão envolvidos em um diálogo muito rítmico. Ela convida, ele responde. Ele reage, ela continua. Embora essa conversa pareça "natural", é, na verdade, resultado das habilidades e dos esforços da Sra. Ella, que reconhece sua função de interpretar e estruturar as comunicações das crianças com o mundo.

Começar a comunicação

Os bebês têm preparação inata para aprender a linguagem. São capazes de transmitir sinais que envolvem os cuidadores em interações sociais. Os neonatos emitem sons agradáveis, e os adultos respondem com satisfação. Um bebê olha para os olhos do adulto por longos intervalos, e o adulto começa a falar como se o bebê entendesse a mensagem, até mesmo fazendo pausas quando seria a vez de a criança falar. Os bebês viram a cabeça na direção de quem fala, são acalmados pela voz do cuidador e mostram preferência pelas vozes dos pais (Gleason & Ratner, 2008). Nesse início, os bebês aprendem a dar sinais não verbais e começam a aprender os rudimentos da comunicação oral, com variações na frequência e no volume da voz e esperando sua vez para falar.

Quase toda a fala do adulto, dirigida a bebês pré-verbais, é usada para transmitir conectividade social. A melodia é importante – o fraseado que sobe e desce comunica afetuosidade e aprovação amorosa, e o fraseado brusco, breve e destacado assinala "pare", "preste atenção" ou "não toque". Murmúrios delicados são usados para confortar e acalmar. Esses padrões são verdadeiros em relação aos falantes de todas as línguas (Otto, 2006).

Entre 1 e 3 meses, os bebês emitem sons de arrulhos em resposta à fala. Sorriem, riem e emitem sons do tipo da fala quando estimulados. À medida que a duração do estado de alerta silencioso aumenta, as oportunidades de comunicação com as pessoas aumentam também. Entre 3 e 7 meses, os bebês respondem de modo distinto a entonações diferentes da fala das pessoas.

Por volta dos 8 meses, os bebês repetem alguns simples balbucios como "bababa" ou "mamama" e podem tentar imitar os sons produzidos pelos adultos. Embora a maior parte da prática de balbuciar ocorra quando as crianças estão sozinhas ou descansando, antes ou depois de um cochilo, os bebês balbuciam também quando uma criança maior ou um adulto fala com eles. O balbuciar solitário é diferente das vocalizações ouvidas quando os bebês estão "falando" em uma "conversa" com os cuidadores. Durante todo o período em que ainda são bebês, precisam do padrão de fala que flui como pingue-pongue (de um para o outro) e que acontece frente a frente, no contexto de atividades conjuntas (Kovach & Da Ros-Voseles, 2008). O bebê e o cuidador influenciam-se constantemente, um ao outro, durante essas interações do tipo "conversa", bem antes que a criança comece a usar palavras (Zero to Three, 2008).

A variação das habilidades de comunicação se expande na metade do primeiro ano. Crianças pequenas mostram prazer em brincadeiras simples com "Cadê o nenê? Achou!" (esconder o rosto com as mãos e depois mostrá-lo) e puxar o cobertor; gritam de raiva quando decepcionadas; exprimem cautela quando desviam o olhar, franzem as sobrancelhas e assumem expressão facial séria. O fluxo da interação social entre o cuidador e o bebê depende da habilidade do adulto de ler os sinais dados pela criança e do tempo e da energia que dedica para se envolver com ela. Os adultos sustentam a maior parte da carga das interações sociais, enquanto os bebês assumem gradualmente, ao longo dos primeiros três anos, uma parte cada vez maior dessas interações.

Até mesmo bebês muito pequenos são capazes de ler, decodificar e interpretar as expressões faciais dos cuidadores (Thompson & Lagattuta, 2008) e fazem grandes progressos na compreensão e no uso de gestos. Exercem algum controle limitado ao esperarem a vez de intervir e ao responderem expressivamente às comunicações dirigidas a eles. Assim, aprendem gradualmente os padrões das interações sociais (Burgoon, Guerrer & Floyd, 2010).

Quando a criança tem aproximadamente 6 meses, as interações bebê-adulto concentram-se no envolvimento de ambos em um mesmo objeto. O adulto aponta brevemente para um objeto e o oferece, enquanto faz comentários sobre este. O bebê pode dar as costas ao adulto quando seu interesse está concentrado em um brinquedo. Esse comportamento não deve ser interpretado como desagrado. Na verdade, o bebê não consegue se concentrar em diversas coisas ao mesmo tempo.

Entre 9 e 15 meses, os bebês desenvolvem de forma gradual a habilidade de iniciar deliberadamente uma comunicação que influencia o comportamento do cuidador (Carpenter, Nagell & Tomasello, 1998). Inicialmente, envolvem-se na **atenção compartilhada (ou conjunta)**. O exemplo mais comum é quando o bebê olha para o brinquedo e, então, olha para o cuidador para ver se ele também está olhando para o brinquedo. **Gestos comunicativos** como apontar o objeto desejado e emitir vocalização que indica urgência podem constituir uma exigência imperativa do objeto. O bebê pode também apontar para o objeto e emitir uma vocalização que indica: "Não é interessante". Em ambos os casos, a criança está testando se o adulto responde à iniciativa. O **olhar na direção do olhar do adulto** ocorre quando o bebê nota que o adulto está concentrado em outro ponto a distância e orienta, assim, seu olhar na mesma direção. Aos 12 meses, os bebês olham para o local apontado pelo cuidador. Eles continuam a tentar se comunicar quando o cuidador não responde adequadamente e podem modificar ou elaborar gestos. Por exemplo, Harry queria o prato giratório que estava em cima da mesa. Abriu e fechou as mãos e vocalizou "Eh, eh" em volume crescente. Como não obteve êxito, apontou e aumentou a duração da vocalização "Eehhh...!". Finalmente o cuidador se aproximou, pegou-o no colo e tirou o objeto de seu campo de visão, dizendo que ele não podia pegá-lo.

Com aproximadamente 1 ano, as crianças desenvolvem modos alternativos de lidar com determinadas emoções. Antes de responderem, podem avaliar a nova situação, em vez de reagirem imediatamente. Um meio de avaliar uma situação é a **referência social**. Os bebês usam suas habilidades de comunicação em desenvolvimento para ler a expressão facial do cuidador e o tom da voz. Se o adulto responder à nova situação com uma postura tranquila e uma expressão neutra ou sorridente, o bebê responderá com comportamento exploratório. Entretanto, se o cuidador parecer irritado ou perturbado, o bebê provavelmente se comportará com cautela (Labile & Thompson, 2008). A referência social continua ao longo de toda a infância, à medida que as crianças captam os sinais emocionais de outras crianças e adultos com a finalidade de determinar o modo de agir em situação não familiar ou inesperada.

Os bebês também mandam mensagens. Eles "dizem" com clareza ao cuidador o que querem fazer, usando combinações de gestos, olhares e vocalização. A maioria dos adultos rapidamente reconhece que braços levantados significam que a criança quer ser pega no colo. Bebês maiores e crianças com até 3 anos apresentam uma variedade de sons diferentes de choro para conseguir e manter atenção. Tudo isso rapidamente se desenvolverá em palavras. Aos 13 meses, surge a comunicação simbólica e, assim, as crianças e seus parceiros adultos tornam-se cada vez mais ritualizados, à medida que ampliam seus modos de interação.

A **aprendizagem por imitação** surge aproximadamente no mesmo período. As crianças mostram que percebem quando um adulto ou outra criança imita o que estão fazendo. Em geral, olham e sorriem para a pessoa que os imita, e, em seguida, continuam a brincar. As formas iniciais de brincar de faz de conta (como um bebê que lava o rosto) são exemplos do comportamento de imitação. As demonstrações emocionais que se veem em outras pessoas também são imitadas eventualmente. Assim, é provável que bebês já maiores e crianças pequenas demonstrem prazer, interesse, raiva ou medo de modo semelhante ao dos adultos que são importantes para eles em seus ambientes.

Comunicação mais avançada

"Fazer eu!"
"NÃO!"
"Gosto um montão."
"Obrigado."
"!@#&!"
Chega o momento em que a linguagem que as crianças ouviram se transforma nas palavras que passam a usar para se expressar e exercer o poder pessoal em seu mundo.

Palavras. Entre 18 e 24 meses, a compreensão e o uso da linguagem explodem. No final do segundo ano, a criança consegue funcionar como um parceiro social e comunicar intencionalmente por meio de palavras para influenciar o comportamento dos outros. Para que isso aconteça, as crianças aprendem a usar simultaneamente a linguagem receptiva e a expressiva. A **linguagem receptiva** é a que se ouve em relação a si mesmo: "Você é *tão* inteligente!". A **linguagem expressiva** refere-se ao que a pessoa diz (para os outros): "Não, MEU!".

Desde o nascimento, as crianças estão imersas na linguagem oral. Nesse momento, incorporam ativamente a noção de quem são, aquilo que lhes é dito e aquilo que são capazes de dizer (Martin & Berke, 2007). Aprendem os sons que compõem a linguagem, o significado das palavras, as regras para reuni-las e os diversos modos em que a fala é usada nas situações sociais (Byrnes & Wasik, 2009; Genishi & Dyson, 2009). Passar dos balbucios às palavras individuais (em geral, substantivos), às frases com duas palavras e às sentenças completas não é uma tarefa fácil. Exige apoio contínuo e *feedback* das pessoas do ambiente da criança. Os períodos sensíveis para as interações sociais e de comunicação ocorrem nos primeiros três anos e requerem adultos que se envolvam em conversas com as crianças (National Scientific Council on the Developing Child, 2007).

Sinais. Quando os bebês começam a ser alimentados com colheres, muitas famílias introduzem a linguagem dos sinais. Os pais ensinam sinais como "mais" ou "acabei". Isso permite que o bebê se comunique de modo mais específico, aumenta a autonomia e elimina um pouco do estresse das refeições. Antes de começarem a falar, os bebês usam de 50 a 100 sinais. Em geral, os profissionais também consideram essa estratégia muito útil. Se os cuidadores são fluentes em sinais, as crianças tornam-se bilíngues, como se os cuidadores falassem duas línguas.

Em sala de aula ou em um centro comunitário, o inglês pode ser a segunda língua para algumas crianças. Como elas aprendem o vocabulário de duas línguas, a aprendizagem pode levar mais tempo que se aprendessem apenas uma (Otto, 2006). Por isso, os profissionais devem assegurar-se que os objetos comuns sejam claramente nomeados (cadeira, banheiro) e os verbos demonstrados (lavar, pôr) o quanto antes no programa, para que possam comunicar-se prontamente.

Quanto à língua falada, as crianças, inicialmente, compreendem mais que falam (Byrnes & Wasik, 2009). A importância de conectar o vocabulário a significados precisos não deve ser superestimada. Em geral, é mais fácil apoiar a aprendizagem de uma segunda língua quando a criança já se comunica de modo competente, em relação a sua idade, na língua materna. Alguns cuidadores, fora de casa, usam, com êxito, sinais relativos a palavras-chave (vir, limpar, parar, banheiro, descanso etc.) como uma ponte entre o momento em que as crianças começam a entender a língua falada e aquele em que conseguem pronunciar as palavras.

O inglês era a língua materna de metade de um grupo de crianças de 2 anos. As famílias das outras crianças falavam finlandês, coreano e chinês. A Sra. Eppinger ensinou a Língua de Sinais Americana (American Sign Language – ASL) a todas as crianças. Desde o primeiro dia de escola, para facilitar as interações sociais, ela compartilhou os sinais "pare", "ajuda" e "olhe". Para facilitar as rotinas a serem seguidas e para resolver conflitos, ela usava tanto as palavras em inglês quanto os sinais correspondentes em ASL. Todas as crianças passaram a usar esses sinais meses antes que muitas daquelas que aprendiam duas línguas realmente falassem inglês. Isso permitiu que todos se envolvessem socialmente para brincar, com pleno êxito.

Apoiar a competência na comunicação

As crianças aprendem as habilidades de comunicação do cuidador com quem interagem. Aprendem os significados socioculturais das palavras e dos gestos, nas interações cotidianas (Genishi & Dyson, 2009). Cuidadores sensíveis e eficazes aprendem o modo como cada bebê ou criança pequena se envolve nas situações sociais e respeitam os sinais de afastamento. Observar o estado das crianças, o olhar, o posicionamento espacial, a postura e a distância em relação ao adulto indica ao cuidador se é o caso de iniciar uma atividade social. Forçar um bebê a se empenhar em uma interação social quando está cansado ou envolvido em outra coisa provoca apenas lágrimas e irritabilidade. Isso vale também para crianças pequenas. As exaustas não participam facilmente de atividades que envolvem a linguagem. Preste atenção a seus sinais.

Para um desenvolvimento ideal, as crianças devem ser "imersas" em uma linguagem que se conecte de modo significativo ao que fazem. Quando os adultos falam com bebês e crianças pequenas em seus ambientes rotineiros, sobre coisas corriqueiras que ocorrem, tendem a aumentar a quantidade de vocalização deles. Conversas em que cada um aguarda a sua vez de falar, canções de ninar e comentários sobre a tarefa realizada são, todas, eficazes. Já a fala dirigida a outros adultos e a conversa generalizada em uma sala não são úteis. Em relação às crianças pequenas, canções, brincadeiras com palavras e histórias sobre as próprias crianças são ótimas maneiras de circundá-las de linguagem com sentido.

As palavras e os gestos têm significado para os bebês muito antes que aprendam a usá-los. Quando os adultos começam a nomear os sentimentos da criança, conforme o modo como interpretam determinado acontecimento, fornecem a ela um vocabulário útil e adequado. Ao mesmo tempo, esse vocabulário fornece sinais à criança quanto à resposta social adequada: "Oh, você não conhece o Sr. Rogers, conhece? É uma pessoa nova, e você está inseguro em relação a ele. Venha, sente-se aqui comigo e vamos conversar, juntos, com ele". Essa afirmação, murmurada em tom tranquilizante, acalmará a criança e descreverá o que está acontecendo.

No início do desenvolvimento da linguagem, as crianças tendem a generalizar. "Papa" pode ser aplicado a todos os adultos do sexo masculino indiscriminadamente. Entretanto, quando os adultos usam apenas os nomes corretos dos objetos e ações, os bebês logo aprendem o vocabulário correto (Gleason & Ratner, 2008). "Papa" será aplicado apenas ao adulto do sexo masculino mais importante, e "Vô", ao avô. Alguns sons são difíceis de pronunciar, e, por isso, os bebês costumam substituí-los por sons mais fáceis até adquirirem o som necessário. Quando os adultos usam uma linguagem precisa para objetos, ações, lugares e pessoas, as crianças também usarão palavras precisas ao final do segundo ano.

■ Proezas sociais das crianças de 0 a 3 anos

Os pares

Os adultos talvez não imaginem que os bebês possam ser amigáveis uns com os outros, mas, à medida que cada vez mais bebês participam de grupos em escolas, eles têm mais oportunidade de vivenciar interações verdadeiras com os colegas. Parece que os bebês adquirem da família não apenas os estilos sociais, mas também uma postura duradoura em relação aos outros. A Tabela 2.5 apresenta os comportamentos mais comuns dos pequenos amigos.

Quando bebês desconhecidos se aproximam, os outros mostram mais interesse que medo. As crianças que já tiveram interações com coetâneos saem-se melhor que as que tiveram menos experiências sociais. Os bebês iniciam interações cada vez mais complexas com conhecidos, mas não conseguem se envolver em brincadeiras complexas com mais de uma criança por vez. Os momentos em que interagem entre eles costumam ser breves. A maioria deles consiste em observação cuidadosa, acompanhada, às vezes, por vocalizações; outras vezes, oferecem um brinquedo ao outro ou o pegam de volta.

As crianças de até 3 anos que se encontram em um grupo tentam usar métodos diferentes para se envolver com as outras. Tentam se conectar a distância, aproximam-se e tocam a outra, com ou sem verbalização. Essas tentativas não são, em geral, bem-sucedidas, mas, com ajuda de um adulto, podem funcionar. Quando são atraídas por um objeto ou uma pessoa, aproximam-se, às vezes, rapidamente, caindo umas sobre as outras na tentativa de chegar perto da pessoa ou obter o objeto. Essa abordagem de grupo é descrita como *swarming* (revoada) e, em geral, é uma interação social malsucedida.

Os brinquedos atraem e reúnem os pequenos, mas podem fazer também que uma criança não preste mais atenção na outra. As crianças pequenas conseguem dar início a uma abordagem amigável, mas têm dificuldade em manter a continuidade da interação. As que têm 15 ou 20 meses são capazes de envolver-se sorrindo e rindo muito em atividades nas quais tenham de esperar pela própria vez e nas quais haja repetição e imitação. À medida que as crianças amadurecem, as interações com companheiros da mesma idade duram mais tempo, e a habilidade de compartilhar intenções e propósitos reforça o objetivo do comportamento de brincar. Por tornarem-se cada vez mais hábeis, a capacidade de trabalhar com os outros e de participar de atividades socialmente adequadas aumenta. Para que possam compartilhar, as crianças precisam dispor da noção rudimentar de que darão o brinquedo a outra pessoa por algum tempo, mas que este voltará para ela. Esse feito cognitivo é muito im-

TABELA 2.5 Relações entre coetâneos de 0 a 3 anos aproximadamente

Idade	Comportamento do bebê e da criança pequena
0-2 meses	O choro de coetâneos é "contagioso" e há contato visual intenso entre bebês conhecidos.
2-6 meses	Toque recíproco.
6-9 meses	Sorriem, abordam o outro e o seguem, vocalizam e observam.
9-12 meses	Dão e aceitam brinquedos, e participam de jogos simples: "pega-pega", "cadê o nenê?" e acenos.
12-15 meses	Trocas verbais com espera pela própria vez, imitação social e conflitos por brinquedos; pode ocorrer *swarming* com grupos de crianças.
15-24 meses	Primeiras palavras; papéis recíprocos: "esconder e procurar"; "oferecer e aceitar"; imitação dos outros; percebem quando estão sendo imitados.
24-36 meses	Comunicam a respeito das brincadeiras feitas; há ampla variedade de brincadeiras/jogos.

portante, mas sabe-se que ocorre entre crianças muito próximas (Wittmer, 2008).

Os amigos

Muitos pais e cuidadores querem saber se "crianças de 0 a 3 anos fazem amizade". Sabe-se que as crianças que se encontram com frequência apresentam carinho recíproco. Essas crianças procuram umas às outras e sentem falta dos amigos quando estes não estão presentes (Howes, 2000). Abraçam-se e sorriem quando se reúnem (Wittmer, 2008). Essas amizades duram ao longo do tempo e incluem elementos como ajuda, intimidade, lealdade, compartilhamento e atividades rituais (Whaley & Rubenstein, 1994). Jogos como pega-pega e temas como cachorros, gatos, bebês e monstros constituem brincadeiras repetidas muitas vezes entre crianças amigas. Essas relações estreitas são um maravilhoso ponto de partida para as primeiras práticas de empatia e comportamento pró-social. A empatia pode ser vista quando uma criança de 2 anos consola um amigo que chora, dando-lhe um tapinha no braço ou renunciando a um brinquedo para deter as lágrimas do amigo (Wittmer, 2008).

Os adultos podem incentivar as relações e as amizades entre os pequenos por meio da linguagem, da presença e de objetos e oportunidades que proporcionam. Descrever o comportamento das crianças, as intenções e as emoções ajuda a traduzir as interações infantis para que todos se entendam melhor. Por exemplo, "Puxa, Katie, o Jared caiu em cima de você! Ele estava tentando andar para pegar um brinquedo. Vamos ajudá-lo. Jared, que brinquedo você quer?". Promover jogos e chamar as crianças, pelo nome, para participarem faz que sejam bem acolhidas em situações simples, nas quais os adultos podem orientar as interações: "Katie, Jared e eu vamos brincar com os trenzinhos. Você pode usar este...". O simples fato de sentar no chão com as crianças pode atraí-las e incentivá-las a se aproximar e brincar. Dar apoio às interações entre elas é um fantástico ponto de partida para a prática das habilidades sociais. A dedicação e a orientação do adulto contribuem para o êxito das tentativas que as crianças fazem umas em relação às outras. As primeiras demonstrações de amizade e de relação entre coetâneos tornam-se possíveis porque o desenvolvimento da autorregulação já teve início.

Autorregulação

Autorregulação significa controlar internamente os próprios comportamentos para enfrentar situações e acontecimentos. Envolve a habilidade de adaptar emoções, ideias e reações às solicitações do momento (Calkins & Williford, 2009). É possível dividi-la em três processos separados: autocontrole, regulação cognitiva e regulação emocional (Riley et al., 2009). Adiante, neste livro, discutiremos esses três conceitos separadamente. No entanto, no âmbito dos 0 a 3 anos, vamos discuti-los como o tema dominante da autorregulação.

No início, os bebês começam a se autorregular quando, em vez de chorarem, passam a vocalizar para conseguir que suas necessidades sejam atendidas. Sabe-se que isso acontece com crianças já aos 3 meses (Field, 2007). Isso acontece também quando os bebês se defrontam com um acontecimento que provoca estresse. Alguns bebês começam a chupar o dedo ou o cobertor e podem virar o rosto em outra direção. São tentativas de dar conta do acontecimento. Além disso, as crianças que vão dormir por sua própria iniciativa demonstram uma autorregulação precoce. Quando os adultos atendem às necessidades dos bebês de modo consistente e seguem rotinas previsíveis, torna-se possível adquirir um nível inicial de autorregulação.

Outro exemplo de autorregulação precoce pode ser encontrado na progressão que leva as crianças a usar o banheiro. O desenvolvimento e a mobilidade da linguagem, além da aquisição do controle muscular esfincteriano, permitem que as crianças se tornem finalmente independentes na excreção. Elas ficam orgulhosas em aprender a rotina inteira desse acontecimento. Se os adultos derem, com calma, instruções claras e simples, a probabilidade de que ocorram lutas pelo poder diminuirá, e a autonomia poderá ser alcançada!

Embora a realização da autorregulação seja o objetivo em muitos setores da vida, o comportamento da criança pequena recai em um *continuum* que vai desde nenhuma regulação até maior dependência apenas de si mesma. Às vezes, o melhor modo de promover a autorregulação é começar pela **corregulação**. Nesse processo, o adulto compartilha a responsabilidade pela gestão de um evento ou então divide a tarefa em partes mais fáceis de gerir, de modo que a criança seja bem-sucedida na experiência. A corregulação permite que as crianças se sintam bem-sucedidas enquanto o adulto ensina-lhes os passos para que se tornem independentes no futuro (Bath, 2008).

O uso do banheiro é, mais uma vez, um exemplo em que a corregulação pode ser útil. Por exemplo, a criança, inicialmente, diz ao adulto o momento em que "precisa ir ao banheiro" e pode ajudar abaixando a calça. Em seguida, ela pode progredir e tirar a calça sozinha, e ao adulto cabe limpá-la. No fim, a criança desempenha sozinha todos os passos. Dividir tarefas grandes em passos mais exequíveis elimina grande parte da frustração e permite que as crianças sintam que têm o controle da situação e que são, portanto, bem-sucedidas.

As "crises de birra" apresentadas por crianças pequenas são demonstrações físicas que comunicam a perda de controle. Enquanto lutam com o desejo de independência e de dependência ao mesmo tempo, as crianças, às vezes, compartilham sua frustração com o mundo, jogando-se no chão, gritando e batendo os braços. Quando os adultos estão calmos, são compreensivos e usam suas habilidades AAGER, conseguem ajudá-las a recuperar a serenidade e a salvar a cara (a da criança e a deles). Os adultos que reagem com exagero ou que são supercontroladores em relação aos filhos interferem em suas tentativas de lidar com o mundo. Para contribuir com a crescente necessidade de autonomia das crianças, é preciso aceitar que tenham crises de birra e, então, ajudá-las, se necessário, a recuperar o autocontrole. Depois que o recuperarem, os adultos podem sugerir estratégias alternativas que ajudem as crianças a atingir seus objetivos.

A autorregulação das crianças pequenas melhora quando adquirem o uso da linguagem, aprendendo a nomear suas emoções e afirmando seus desejos. Para ajudarem a si mesmas em situações difíceis, as crianças usam com frequência a **autofala** ou **conversa interior** (*self-talk*) para, literalmente, falarem consigo mesmas na situação (Bodrova & Leong, 2007). Por exemplo, Heather não conseguiu dar uma volta no triciclo e disse a si mesma: "Tudo bem. Minha vez já vai chegar. Vou esperar aqui".

Com o desenvolvimento cognitivo, aumentam as habilidades sociais, pois as crianças passam a dispor de mais instrumentos para a solução de problemas sociais. São capazes de imitar, planejar, nutrir expectativas em relação a acontecimentos futuros e lembrar que os outros continuam a existir, ainda que não estejam presentes (Martin & Berke, 2007). Aprendem as relações causais, e a habilidade de entender as experiências sociais aumenta. Quando lhes é permitido praticar e repetir, são capazes de consolidar a aprendizagem na memória. Essas memórias são evocadas e alteradas em função de novas informações e criam, desse modo, as vias neurais para a solução dos problemas sociais (Bauer, 2009). Quanto mais experiências sociais vivenciam, maior é a habilidade das crianças!

■ Crianças com necessidades especiais

Até agora, a discussão e descrição das crianças de 0 a 3 anos baseou-se no desenvolvimento típico. Entretanto, alguns bebês, ao nascerem, apresentam condições que alterarão a velocidade e outros resultados do crescimento e do desenvolvimento. Outros ainda apresentarão um risco alto de não se desenvolver do modo usual. Em alguns casos, os desafios que deverão enfrentar só aparecerão bem mais tarde. Por exemplo, o atraso no desenvolvimento da linguagem não é identificado, em geral, até o segundo ano de vida ou até mais tarde. Os profissionais têm a responsabilidade de encaminhar as crianças aos serviços especiais ou colaborar com a equipe de intervenção, fornecendo as melhores condições possíveis a seu desenvolvimento. Os médicos e profissionais infantis têm mais probabilidade de identificar irregularidades nas crianças que encontram regularmente durante os três primeiros anos de vida. A intervenção precoce pode produzir efeitos positivos, ou moderadamente positivos, sobre o progresso do desenvolvimento de muitas crianças de menos de 3 anos com deficiências.

Em alguns Estados, as crianças de alto risco têm direito a serviços. O alto risco é definido por Estado, mas inclui, em geral, bebês de mães que sofrem de dependência química, crianças que sofrem abusos ou negligência, com intoxicação por chumbo e bebês nascidos abaixo do peso. Os problemas de linguagem estão entre os que têm mais impacto no desenvolvimento social das crianças e em seus futuros resultados escolares.

Os profissionais da primeira infância exercem um papel relevante na supervisão de todas as crianças com as quais trabalham. Devem ter boas habilidades de observação, comunicar-se com os pais e encaminhar as crianças para avaliação, quando necessário. Devem consultar os gráficos que trazem dados sobre o desenvolvimento infantil em qualquer área. As organizações profissionais da maioria das áreas disponibilizam informações pela internet. A American Society for Speech-Language, and Hearing (Asha), por exemplo, publica em seu site um indicador do desenvolvimento usual da linguagem, segundo as diferentes idades. Os cuidadores e professores devem fazer um acompanhamento dos casos, com os responsáveis e a família da criança, para assegurar que as necessidades das crianças sejam atendidas e não "escapem por entre os dedos". Consultar os responsáveis pelo programa e compartilhar as questões com a família são pré-requisitos para encaminhar a criança ao órgão competente da comunidade (as escolas públicas locais podem identificar o órgão competente em qualquer município). O encaminhamento permite que uma pessoa especializada faça uma avaliação detalhada da criança. Algumas crianças encontram-se no limite da variação normal e não requerem intervenções especializadas; outras podem não ser identificadas porque os cuidadores e as famílias insistem em pensar que o problema se resolverá sozinho no momento certo.

Muitos profissionais de escola não reconhecem que as próprias habilidades podem ser aplicadas no trabalho com crianças com de necessidades especiais. Crianças com síndrome de Down, por exemplo, aprendem mais lentamente que as outras e precisam de mais repetições, adquirirão as habilidades fundamentais de alimentar-se de forma independente e usar o banheiro mais tarde que as outras crianças da mesma idade. O desenvolvimento social dessas crianças progredirá na mesma direção das outras, mas de modo mais lento. Elas podem se encaixar bem em um programa para crianças de desenvolvimento típico desde que se façam mínimas alterações no ambiente; além disso, as mesmas estratégias podem ser usadas para apoiar e orientar todas as crianças.

Insistimos muito sobre a importância de estabelecer relações positivas com crianças de 0 a 3 anos. Muitos adultos podem sentir espontaneamente preocupação, afeto e carinho por bebês e crianças pequenas, mas as habilidades para ajudá-las a desenvolver a competência social precisam ser aprendidas. Você sabe dizer se conseguiria desempenhar bem as seguintes tarefas?

- Perceber com exatidão os sinais dos bebês e responder a eles.
- Fornecer cuidados básicos imediatos com afetuosidade, aceitação, genuinidade, empatia e respeito (AAGER).
- Ajudar bebês e crianças pequenas a fazer o que você solicita.
- Dar apoio às relações entre as crianças.
- Promover a autorregulação nas crianças de 0 a 3 anos.

Ainda que consiga fazer bem algumas dessas coisas, é preciso dispor de grande habilidade para realizá-las em nível profissional. Na próxima seção, você aprenderá habilidades específicas para usar em suas interações profissionais que servirão para incrementar a competência social das crianças. Muitas das habilidades que apresentamos até aqui serão amplamente desenvolvidas em relação às crianças maiores nos próximos capítulos. Examine cuidadosamente seu próprio comportamento em relação a essas habilidades, para ter certeza de que faz todo o possível pelas crianças que estão sob seus cuidados.

Habilidades para estabelecer relações sociais positivas com crianças de 0 a 3 anos

Fornecer cuidados básicos imediatos

1. **Responda imediatamente ao pedido de ajuda do bebê.** Quando um bebê de 6 meses ou menos chora, pegue-o no colo imediatamente e atenda às suas necessidades. Crianças maiores têm mais habilidade de esperar e respondem à fala ou a outros sinais de atenção enquanto esperam por cuidados, mas essa paciência é limitada. Nenhuma criança com menos de 1 ano deve esperar muito por cuidados, como alimentação, troca de fralda ou ser posta na cama para um cochilo.
2. **Estabeleça um padrão regular ao cuidar dos bebês em resposta a seus sinais.** Desenvolva um padrão individual para pegar no colo, conversar, acalmar, trocar a fralda, alimentar e segurar cada bebê. O que funciona bem com uma criança pode não funcionar com outra. Adapte o padrão à criança.
3. **Informe-se com os pais sobre a rotina da criança.** Para evitar estresses desnecessários, investigue os hábitos de dormir, brincar e comer em casa. Existem diferenças culturais no modo como as famílias cuidam das crianças. Ouça atentamente, quando possível dentro do contexto de um grupo, e adapte seus padrões, de modo que a criança possa receber o mesmo tratamento oferecido pelos pais.
4. **Manipule a criança com delicadeza, mas com firmeza, movimentando-a de modo que possa ver seu rosto ou alguma outra coisa interessante.** Quando caminhar, coloque-a nos ombros para que possa ver o ambiente. Quando for alimentá-la, segure-a na curva formada pelo seu braço, de modo que possa olhar para seu rosto. Carregue os bebês maiores a seu lado, com as costas apoiadas, de modo que não caiam de costas quando pularem. Ao final do primeiro ano, alguns bebês talvez reclamem ao serem carregados desse modo. Nesse caso, se precisar carregá-los, segure-os bem perto do corpo e com firmeza, envolvendo braços e pernas com seus braços, de modo que não possam acertar em você quando protestarem. Enquanto está no colo, o bebê deve estar em segurança, não deve cair nem ser apertado demais, nem sofrer outros incômodos.

5. **Assegure-se do bem-estar tátil do bebê.**
   a. Troque a fralda e as roupas molhadas imediatamente. Se a fralda descartável não for trocada, a urina acumulada provocará irritações doloridas na pele do bebê.
   b. Dê palmadinhas delicadas para fazer o bebê arrotar; não é preciso bater forte.
   c. Lave bem a pele do bebê.
   d. Acaricie o bebê sempre que houver oportunidade. Toques afetuosos são agradáveis para ele. Uma massagem ou uma fricção nas costas pode ajudá-lo a relaxar.
6. **Quando os bebês começarem a se movimentar por conta própria, adapte o ambiente de modo a garantir segurança e higiene.** Proteja os bebês para que não se machuquem. Quando começam a rolar, engatinhar ou andar, é melhor manter o local em ordem, seguro e limpo que limitar o espaço do bebê ou ter de vigiar limites estabelecidos e aborrecer-se. Remova objetos que podem quebrar, mantenha o piso desimpedido, fixe os armários e ponha portõezinhos nas escadas.

Identificar as necessidades individuais

1. **Use todos os sentidos para obter informações sobre as crianças.** Examine todas as que estão diariamente sob seus cuidados. Procure sinais de sonolência, observe o nível de atividade, o grau de envolvimento com os objetos, as oportunidades potenciais de envolvimento social e possíveis perigos para a segurança. Escute suas vocalizações e choro.
2. **Anote a data e a hora dos comportamentos significativos.** Descreva as circunstâncias específicas e o modo como adultos e crianças reagiram, em vez de escrever as conclusões que você mesmo tirou dessas experiências.
3. **Use seu conhecimento sobre o desenvolvimento e o comportamento típico da criança para interpretar os eventos.** Recorra a seu conhecimento sobre o desenvolvimento, em geral, e sobre a criança específica, em particular, ao responder a cada uma.
   Por exemplo, Juan, de 4 meses, acordou tranquilamente e há 10 minutos olha, com expressão neutra, o espaço a sua frente. Saba, de 8 meses, jogou todos os brinquedos no chão e olha para eles com expressão zangada, mexendo os braços e vocalizando. Alexis, de 10 meses, engatinha rapidamente na direção dos brinquedos caídos. Bridget, de apenas 1 mês, dorme inquieta.
   A Srta. Mann sabe que Juan leva quase sempre muito tempo antes de se interessar por alguma coisa depois que acorda. Ela imediatamente tira Saba do berço, oferece um brinquedo e troca a fralda. Como estava cuidando de outra criança, a Srta. Mann não sabe por que Saba está contrariada. Bridget precisa obviamente de sossego, e Alexis está nitidamente satisfazendo suas necessidades de se movimentar pelo espaço e explorar os objetos. Depois de trocar Saba, a Srta. Mann a põe no chão, ao lado de Alexis, oferece-lhe uma vasilha de plástico e algumas bolas e vai falar com Juan.
4. **Leve em conta o temperamento e a experiência de todas as crianças que estão sob seus cuidados.** Assegure-se de fornecer a estimulação adequada tanto para os bebês muito tranquilos quanto para os irrequietos. Se você se sente mais à vontade com os bebês pacíficos, lembre-se de não ignorar o choro frequente dos que respondem de modo menos satisfatório a você. Distribua sua atenção igualmente entre todos os bebês e as crianças que estão sob seus cuidados.
5. **Acompanhe o ritmo das mudanças das necessidades, à medida que as crianças crescem.** Durante os três primeiros anos de vida, as habilidades e os interesses das crianças mudam rapidamente, e uma resposta que até há pouco era adequada pode já estar ultrapassada.
6. **Estimule bebês e crianças a participar dos cuidados.** Oriente as crianças a abrir a torneira de água da "pia baixa". Deixe as crianças pequenas se servirem de suco que está em pequenos jarros com tampa de plástico. Proponha às crianças que escolham um brinquedo da prateleira.
7. **Relate as novas habilidades aos familiares assim que as notar.** Ajude os pais a entender as conquistas de cada dia. Tome cuidado para não relatar as grandes façanhas imediatamente. Em vez disso, alerte os familiares a "prestar atenção" às primeiras tentativas da criança, de modo que eles possam "descobri-las" e contá-las a você, evitando, assim, qualquer ciúme.

Estabelecer e manter comunicação efetiva

1. **Responda aos sinais da criança de modo consistente com sua interpretação sobre o significado do sinal e adequado ao nível de desenvolvimento da criança.** O estado comportamental do bebê, os sinais não verbais constituídos por expressões faciais, vocalizações, gestos e palavras, o contexto da situação e os comportamentos típicos da criança são úteis para determinar as respostas adequadas a ela.
2. **Fale com todas as crianças.** Nunca é desperdício falar com bebês e crianças pequenas. Enquanto falar, mantenha a posição frente a frente e o contato visual. Use frases curtas e simples. Aumente a complexidade da linguagem conforme a habilidade e a idade de cada criança.
   Ao falar com os bebês, use uma voz com frequência mais alta, enfatizando o som das vogais e dando-lhes tempo para responder.
   O cuidador disse a Brandy Mary, de 7 meses: "Olá-á-á-á, Olá-á-á-á, Brandy, Olá-á-á-á, menininha". Brandy sorriu abertamente e agitou os braços. "Então você quer brincar... quer brincar". O cuidador de Brandy continuou, em um tom de voz melódico, a repetir muitas frases, para o deleite do bebê. A cuidadora disse, apontando para a bola, pois Kevin, de 15 meses, não a encontrava: "Aqui está a bola. Está aqui, ao lado berço". Repetiu em frequência mais alta: "Olhe aqui (apontando). A bola está ao lado do berço". A resposta de Kevin foi correr, cambaleante, na direção da bola. Imite as vocalizações do bebê, as expressões faciais e os gestos em conversas divertidas.

Quando conversar com um bebê, ele responderá com arrulhos, sorrisos, risadas, balbucios e atenção, conforme o estágio em que se encontra. Dê uma pausa para que a criança responda, do mesmo modo como faria em uma conversa entre adultos. Dê aos bebês maiores bastante tempo para que possam responder a sua fala com palavras ou gestos.

3. **Fale enquanto cuida da criança.** Descreva o que está fazendo, o que vê e o que ouve. Use um vocabulário específico, gramática simples e frases curtas. Fale devagar e de modo distinto (Otto, 2006). O diálogo apresentado a seguir baseia-se numa interação entre uma criança de 3 meses e sua cuidadora:

Charlie se põe a chorar e a Sra. Nu se aproxima. "Charlie, você está zangado? A mamadeira está esquentando" (ela pega o bebê no colo e caminha até o trocador). "Vou enxugar você... uma fralda... sim..." (Charlie parou de chorar e parece olhar as próprias mãos). "Deite aqui... agora, vamos tirar essa fralda... tirar... tiraaaar, tiraaaaar" (ela sorri e olha para o rosto de Charlie enquanto ele agita o corpo e mexe os braços). A Sra. Nu continua a descrever para Charlie o que está fazendo enquanto acaba de trocar a fralda e, então, coloca-o em uma cadeirinha de bebê perto da pia, enquanto lava as mãos.

4. **Reduza o ritmo ou interrompa a interação se a criança desviar o olhar por alguns segundos, abaixar a cabeça ou chorar.** Talvez ela sinta uma superestimulação. Adormecer ou fechar os olhos é outro modo que os bebês usam para encerrar uma interação. Os bebês maiores simplesmente vão embora engatinhando ou andando.

5. **Use linguagem para responder a gestos dos bebês maiores.** Quando uma criança apontar para um biscoito e disser: "Biscoito?", ou quando um bebê maior bater o copo depois de terminar o suco, diga: "Parece que você acabou". Dê nome às ações que as crianças executam. Por exemplo, quando Jeff se balança para cima e para baixo ao escutar uma música, sua cuidadora sorri para ele e diz: "Jeff, você está dançando!". As afirmações simples, breves e diretas são as melhores.

6. **Enquanto os bebês ainda não falam, espere uma resposta física às frases importantes.** Antes que comecem a falar, as crianças entendem muitas palavras e frases como "Tchau" ou "Acabou". Podem, porém, levar um pouco de tempo para acenar com as mãos, levantar os braços ou olhar para dentro do copo.

7. **Diga aos bebês e às crianças pequenas o que você vai fazer, antes de fazer.** E espere um ou dois segundos antes de fazê-lo. Ao cuidar da criança, faça que ela participe, sempre que possível. Anuncie "Vou pegar você agora", antes de fazê-lo. Dê tempo para que o bebê possa alcançá-lo. Evite ações rápidas, impessoais, como se o bebê fosse um objeto e não um ser.

8. **Repita e amplie a fala das crianças.** Ao final do primeiro ano, os bebês começam a dizer as primeiras palavras. Use simplesmente a palavra que ele disser de modo que faça sentido: "Mamãe!" exclama Diedra. A cuidadora responde: "A mamãe foi trabalhar". Às vezes, pessoas de fora da família não reconhecem a palavra dita pelo bebê; é preciso consultar os familiares se a palavra for usada regularmente. "Copeta" pode significar uma coberta em particular, e "Icho", "Olhe para isso". Em ambos os casos, responda com palavras como "Quer sua coberta?" ou "Coberta?".

9. **Use o contexto da situação para interpretar o significado de falas com uma única palavra.** Observe as crianças para ver se respondeu adequadamente à tentativa delas de comunicação. Repetir a palavra dita (ou que você imagina que foi dita) ajuda quase sempre a criança a reconhecer o significado de um vocabulário muito mais amplo do que o que ela é capaz de usar. Introduza novas palavras emparelhadas com palavras antigas, para ajudar a criança a compreender a linguagem e ampliar o vocabulário.

10. **"Fale sobre suas ideias em voz alta".** Fale com as crianças sobre o que você está fazendo e pensando e sobre o que os outros podem estar pensando. Dê-lhes razões para seu comportamento e para o dos outros, descreva emoções, pensamentos, ideias e desejos. Enquanto desenhava, a Sra. Peters disse: "Estou fazendo uma cabeça grande porque a minha é assim. Agora estou fazendo um cabelo cacheado porque acho que tenho muito cabelo no alto e nos lados da cabeça...".

11. **Use AAGER em todas as interações com crianças de 0 a 3 anos.** Demonstre afetuosidade, aceitação, genuinidade, empatia e respeito enquanto trabalha com as crianças e suas famílias. Você aprenderá diversos modos de fazer isso nos capítulos 3 e 4.

Incentivar a exploração e a aprendizagem

1. **Forneça materiais para brincar e experiências de interação que incentivem as crianças de 0 a 3 anos a explorar o ambiente.** Permita que explorem seu corpo, tocando seu cabelo, sua pele ou suas roupas. Forneça brinquedos e materiais com base no nível de desenvolvimento, mas que, além disso, desafiem o interesse incipiente pelos objetos. Não deixe de acrescentar brinquedos novos para continuar a estimulá-las. Quando introduzir brinquedos novos e eliminar alguns dos antigos, mantenha os favoritos à disposição das crianças. Nunca troque todos os brinquedos de uma vez. Isso as aborrece muito.

2. **Atraia os bebês para os novos brinquedos, oferecendo-os a eles e demonstrando o modo de brincar.** Improvise jogos interativos como "Cadê o nenê?", "Cadê o brinquedo?" e "fazer caretas". Permita que as crianças estabeleçam o ritmo. Não se intrometa em suas atividades.

3. **A cada conquista das crianças, vibre com elas.** Encontrar um brinquedo que escorregou para debaixo de uma caixa é uma realização significativa para um bebê de 8 meses. Pegar o alimento do prato com uma colher e levá-lo à boca é uma façanha para uma criança de 1 ano. A primeira vez que a criança se senta, engatinha ou caminha é resultado de concentração, esforço e exercício. Faça as crianças saberem que você está orgulhoso do sucesso delas. Ria com elas. Abrace-as. Converse com elas. Deixe bem claro que está feliz com a coisa nova que conseguiram fazer.

4. **Incentive a exploração, mantendo-se fisicamente à disposição das crianças enquanto brincam.** Os bebês e as crianças pequenas que não estão dormindo nem sendo cuidadas devem ficar no chão para brincar. Fique nas proximidades enquanto elas se movimentam no mundo dos objetos. Não se afaste assim que elas começam a explorar nem as deixe sozinhas em um ambiente estranho ou com pessoas estranhas sem dar-lhes, antes, a oportunidade de se ambientarem à nova situação. As crianças tímidas, em particular, precisam de apoio paciente, pois, para elas, o mundo talvez pareça um lugar assustador e perigoso.
5. **Brinque com as crianças pequenas e organize os momentos de recreação de modo que haja mais de um adulto sentado no chão e interagindo com as crianças em grupos.** Nenhuma situação é mais convidativa para uma criança que aquela em que um adulto faz alguma coisa que ela também consegue fazer.

Ajudar as crianças de 0 a 3 anos a atender às solicitações dos adultos

1. **Use verbos simples e comuns para fazer solicitações a bebês maiores e crianças pequenas.** Diga coisas como "Venha aqui", "Olhe" e "Mostre-me". Um bebê pode entender essas solicitações orais e atender a elas aos 8-10 meses. A língua dos sinais, quando usada no contexto apropriado, pode ser imitada pelas crianças antes que comecem a dizer palavras. Se usar um tom de voz quente, relaxado, na sua frequência normal e fizer solicitações ou pedidos no volume de voz usado em conversas, a probabilidade que as crianças atendam é mais alta. Evite tons de voz ríspidos e não use a força física. Não são eficientes e, além disso, geram apenas medo e retraimento.
2. **Mostre às crianças o que deseja que façam. Demonstre a ação que você quer que as crianças façam.** Ao mesmo tempo, descreva-a em palavras. Por exemplo, se quiser que uma criança guarde um brinquedo na caixa, sente-se no chão, pegue o brinquedo, ponha-o na caixa, dê outro brinquedo à criança e, apontando para a caixa, peça-lhe que o ponha dentro.
3. **Repita as sugestões ou solicitações.** Bebês e crianças pequenas precisam ouvir instruções e ver demonstrações mais de uma vez. Ao falar, use uma voz acolhedora. Com menos de 3 anos, as crianças realmente não podem interromper o que estão fazendo por conta própria, mas uma simples repetição do pedido, alguns momentos depois, pode ser eficaz. Muitas vezes, quando pedir alguma coisa, elas responderão: "Não!". Espere um momento e repita o pedido. Essa afirmação de si mesmas não é um desafio; e muitas crianças farão o que você pede alguns minutos mais tarde. Tente não ser impaciente nem comunicar urgência ou pressa. Todas as crianças precisam de muitas repetições, e as com de necessidades especiais, mais ainda.
4. **Distraia a atenção da criança, oferecendo uma ação substitutiva ou um objeto.** Antes de tudo, obtenha a atenção da criança. Ofereça um objeto alternativo ou aponte para algo que possa interessá-la. Use substituições simples; os bebês muitas vezes largam o que estão segurando para obter alguma outra coisa. Atitudes como insistir verbalmente e tirar os objetos das mãos da criança são muito menos eficazes e levam a confrontos raivosos que não precisam acontecer. Use controles proativos como obter a atenção da criança, distraí-la de ações ou de objetos menos adequados, dar sugestões sobre o que fazer e mostrar como fazê-lo. Isso evitará lutas pelo poder que podem levar a criança a obedecer.
5. **Quando estiver em jogo a segurança, pegue a criança no colo e mude-a de lugar.** Quando se tratar de segurança, aja sem demora. De modo simples, firme e amigável, retire fisicamente a criança e redirecione seu interesse de modo adequado e efetivo. Dê-lhe explicações tranquilas, como "Não é seguro para você ficar lá fora sozinho" ou "Você pode brincar na banheira com água lá fora e não no banheiro", e, em seguida, ajude a criança a passar para outras experiências exploratórias.
6. **Ofereça às crianças pequenas escolhas às quais você possa atender, de modo que a tarefa possa ser executada.** "Quer a xícara azul ou vermelha?" "Quer antes calçar as botas ou vestir o casaco?"

Dar apoio ao início das relações entre os pares e às amizades

1. **Organize experiências sociais entre os bebês nos momentos em que estão confortáveis e atentos.** Disponha-os de modo que possam ver uns aos outros, de perto, por breves períodos. Dê oportunidade para que as crianças que engatinham possam explorar objetos na mesma área.
2. **Forneça espaço e materiais adequados para as crianças usarem enquanto brincam juntas.** Crianças pequenas, quando adquirem habilidades de locomoção, não são capazes de se deter rapidamente e quase sempre têm pouco equilíbrio; é provável, portanto, que inadvertidamente cambaleiem e caiam em cima de outras crianças. Precisam dispor de bastante espaço desimpedido para que não se atropelem. Para minimizar os conflitos por brinquedos e incrementar os jogos sociais, é útil dobrar a quantidade dos materiais à disposição. Em geral, o ato de compartilhar pode acontecer espontaneamente, mas não é realista esperar que crianças com menos de 3 anos compartilhem brinquedos. Estão começando a agir por seus próprios objetivos e são incapazes de compreender que também os outros têm objetivos. Ações rápidas que previnam estresses interpessoais entre crianças colaboram para o desenvolvimento de mais relações positivas.
3. **Faça demonstrações de ações simples e de significados de palavras que possam ampliar as brincadeiras entre coetâneos.** Uma possível estratégia é "conversar com a criança" ou explicar os convites não verbais para brincar. "Quando Cassandra aponta a massinha, está dizendo que quer brincar de massinha com você." Em outro exemplo, Spencer caminhou até a área de ta-

refas domésticas, pegou uma boneca e olhou para Austin. A professora disse: "Austin, você está preparando o almoço. Acho que o bebê de Spencer está com fome. Você pode preparar uma comidinha para o bebê?". Austin levou o cadeirão até a mesa e começou a preparar a comida assim que Spencer pôs a boneca no cadeirão. A professora havia observado com atenção e exprimiu as intenções e os desejos das crianças em palavras, de modo que a troca social pôde começar e manter-se.

4. **Leia com as crianças livros sobre interações sociais.** Leia as palavras, mostre as figuras e comente os acontecimentos sociais da história. Relacione-os às experiências pessoais das crianças. Compare o que acontece com os personagens com os acontecimentos da vida real das crianças. "Olhe, Jenny, o menino do livro está brincando com um amigo no balanço exatamente como você e Suzi acabaram de fazer lá fora."
5. **Crie livros com fotos das crianças e do que acontece na classe.** Tire fotos das crianças que cuida. Ponha-as em livros. Use esses álbuns para discutir os comportamentos sociais. Use-os para praticar os nomes das crianças. Use as fotos para identificar emoções. Relacione as fotos à criança para quem você está lendo. "Hmmm. Este é você com Kamal. Você está fazendo desenhos muito coloridos. Lembra-se desse dia? Você se divertiu muito. Olhe a cara de vocês..."
6. **Ajude as crianças a aprender os nomes umas das outras.** Trate todas as crianças pelo nome, com a pronúncia correta. Cante musiquinhas baseadas em nomes. Faça jogos simples para treinar os nomes. Até mesmo para os bebês é bom ouvir seus próprios nomes pronunciados no ambiente. Quando as crianças conhecem os nomes de todas as outras da classe, dão apelidos para os "amigos". Elas os usarão para se referir aos colegas e formar uma identidade de si mesmas como alguém que tem amigos... muitos amigos!

Estar à disposição para interagir com as crianças

Ainda que você saiba o que fazer e como fazê-lo, haverá inevitavelmente momentos em que não estará à disposição para responder imediatamente. Você terá limitações de tempo e de energia. Os cuidadores que respondem de modo sensível às crianças de 0 a 3 anos permitem que estas se beneficiem de efeitos como desenvolver as expectativas dos adultos, adquirir senso de eficácia e associar suas próprias ações aos resultados. Estar à disposição nem sempre é a mesma coisa que estar fisicamente presente. Você precisa estar presente tanto do ponto de vista físico quanto mental.

1. **Faça as tarefas domésticas enquanto as crianças dormem ou quando houver outro cuidador à disposição para interagir com elas.** Qualquer tarefa que reduza a atenção que dá às crianças impede que esteja à disposição delas.
2. **Limite a frequência e a duração das conversas entre adultos.** Às vezes, pessoas que não têm prática com crianças pequenas acham que elas não são sociáveis nem comunicativas e tentam conversar com outros cuidadores para atender às próprias necessidades de interação social. Concentre sua atenção na criança. Limite as conversas ao telefone e mande apenas mensagens de texto quando as crianças estiverem presentes. Só os pais precisam do número de telefone da sala em que ficam as crianças; os celulares devem ficar desligados. Diga àqueles que acham que você tem todo o tempo à disposição para falar ao telefone que entrará em contato com eles mais tarde.
3. **Envie, para as crianças que estão zanzando pela classe ou explorando-a, sinais que está à disposição para dar um abraço, um colo ou compartilhar da alegria geral.** Sorria para elas do outro lado da sala. Ao ar livre, estenda os braços para pegar uma criança que corre alegremente. Bata palmas quando perceber uma nova conquista. Acene com a cabeça e sorria quando olham para você depois da conclusão de uma tarefa. Ofereça um pouco de colo para descansarem depois de uma corrida rápida. Todos esses atos específicos fazem que a criança saiba que você está lá para elas.

Dar apoio às crianças com necessidades especiais

1. **Leia o plano de trabalho individualizado com a família que foi preparado pelo órgão que fornece serviços especializados.** Para os bebês com de necessidades especiais, é elaborado um plano escrito de intervenção antes de eles entrarem no programa.

    Além disso, você precisa conhecer as dietas especiais e os medicamentos de que alguns bebês precisam. Levante o maior número possível de informações com os familiares e com outros profissionais que trabalham com a família.
2. **Solicite treinamentos específicos que possam capacitá-lo a cuidar da segurança e fornecer cuidados sanitários a uma criança específica inscrita no programa.** Antes mesmo que a criança seja entregue a seus cuidados, peça a uma pessoa qualificada que demonstre como usar eventuais dispositivos específicos e cuidar deles. Informe-se sobre as necessidades especiais da criança e procure entender claramente suas responsabilidades.
3. **Colabore com os pais e com os outros profissionais, fornecendo regularmente informações sobre a criança que recebe serviços especiais.** A criança pode levar sempre consigo um diário, por meio do qual todos podem obter informações sobre seus progressos. Os pais, os profissionais da intervenção especial, os responsáveis pela escola precisam compartilhar informações com frequência. Os bebês não podem transmitir essas informações. Além disso, é provável que a criança não manifeste, diante de um visitante ocasional, os comportamentos que apresenta perante os adultos que encontra diariamente. O diário é útil também para todas as crianças que se deslocam entre ambientes diversos.
4. **Siga o procedimento estabelecido pelo órgão ou programa para obter autorização escrita que permita compartilhar informações com outras pessoas ou encaminhar famílias aos serviços especiais.** Você só deverá compartilhar informações

com pessoas que não fazem parte do programa se tiver o consentimento dos pais. O comportamento das crianças deve ser tratado como informação confidencial.

5. **Colete observações escritas detalhadas sobre o comportamento e o desenvolvimento da criança assim que surgirem.** Faça uma descrição objetiva do que vê. Organize as observações de modo compreensível para poder contribuir com o plano de intervenção elaborado para a criança. Observe as coisas que são comuns em qualquer criança, bem como as que parecem incomuns e atípicas. Se o comportamento parecer atípico, antes de falar com os pais, busque o conselho do responsável ou de profissionais experientes do programa. As taxas de desenvolvimento são muito variáveis.

6. **Participe de planos novos de trabalho individualizado para famílias e de atualizações de planos já existentes, conforme o caso.** Ofereça informações factuais sobre suas interações com as crianças, quanto aos objetivos e às estratégias em discussão. Escute cuidadosamente o que dizem os outros para aprender mais sobre as crianças de que cuida. Faça perguntas sobre tudo o que não entender.

7. **Ponha em prática as intervenções que têm o mesmo objetivo do programa e que sejam significativas para o progresso da criança.** Se possível, incorpore à sua rotina com a criança as estratégias que outros profissionais sugerem ou praticam. Peça orientação por meio de exemplos e *feedback* para assegurar-se que a aplicação do plano está correta.

Dar apoio aos familiares das crianças

1. **Escute o que os familiares lhe dizem sobre a criança.** Os adultos que cuidam de uma criança o tempo todo, desde que nasce, sabem muito sobre essa criança específica. Podem dizer o que a criança consegue fazer, o que outros profissionais disseram sobre seu desenvolvimento, como a criança dorme, como se alimenta e se há alguma mudança em seu comportamento.

2. **Registre as informações pertinentes de outros adultos que cuidam da criança dentro do programa.** Se um parente relatar que a criança dormiu mal durante a noite ou que há eventos estressantes na família ou outras experiências que perturbam a tranquilidade da casa, faça uma anotação para os outros membros da equipe que cuidarão da criança quando você for embora. Muitas crianças ficam na escola por 9 ou 10 horas. Assegure-se de que as informações privadas sejam comunicadas apenas àqueles que precisam conhecê-las e que não sejam divulgadas indiscriminadamente.

3. **Dê aos pais a oportunidade de discutir como se sentem quanto ao fato de deixarem a criança com o cuidador.** Quase todos os pais sentem receio e muitos têm sentimentos ambivalentes em relação às escolas de educação infantil.

A Sra. Walinsak leva seu filho de 7 meses à escola. Parece um pouco preocupada. "Acho que ele está irritado", comenta, enquanto o entrega à cuidadora. A Sra. Biggs recebe Kelvin e sorri. Ele estende o braço para a mãe e começa a gritar. Os olhos da Sra. Walinsak lacrimejam. Diz "Tchau, Kelvin" e sai correndo pela porta, enquanto a Sra. Biggs lhe promete que telefonará para dar notícias sobre o menino. A Sra. Walinsak entra no carro, fica sentada por um momento e volta. Vai até a janela para dar uma olhada. Kelvin ainda choraminga, mas não grita mais como antes. Ela hesita, mas volta ao carro e vai embora. A Sra. Biggs espera aproximadamente 45 minutos antes de telefonar à Sra. Walinsak no trabalho: "Só quero avisar que Kelvin começou a brincar logo depois que você foi embora. Está brincando com uma bola, agora, e rindo". A Sra. Walinsak suspira: "Eu preciso mesmo trabalhar, mas é duro, sabe?". "Sei. É duro para a maioria dos pais. Você quer ficar e ir ao mesmo tempo", replica a Sra. Biggs. "Acertou na mosca", responde a mãe de Kelvin.

4. **Faça perguntas periodicamente para que os pais tenham a possibilidade de compartilhar preocupações ou pedir informações sobre os comportamentos comuns.** Faça perguntas simples como:
   - "Notou alguma mudança em Aida recentemente?"
   - "O que você acha mais difícil de fazer, hoje, quando cuida de Ian?"
   - "Do que Kala gosta de brincar quando está em casa?"
   - "Quer perguntar alguma coisa sobre o desenvolvimento de Sandra?"

   Depois de oferecer condições para que os pais coloquem suas questões, responda a elas com seriedade.

   Jamais negue os sentimentos dos pais; eles poderão deixar de compartilhar suas preocupações com você.

   Por exemplo, a Sra. Mir relata que Faizan, de 13 meses, ainda não anda e que sua sobrinha, menor que ele, já se desloca entre os móveis. Se achar que o desenvolvimento motor de Faizan está bom, diga à mãe que isso não é incomum: "As crianças começam a andar entre 9 e 14-15 meses. Notou que Faizan já consegue ficar levantado por alguns momentos? É isso que fazem os bebês antes de começarem a andar".

5. **Forneça aos pais informações precisas sobre o desenvolvimento, com base no que você observa na criança.** Informe aos pais o comportamento típico do desenvolvimento. Os pais que ficam longe dos filhos pequenos estão interessados em ouvir a respeito das conquistas importantes das crianças e dos acontecimentos diários. Se necessário, informe-os sobre o comportamento atípico que observou, de maneira que possam adaptar o modo de cuidar da criança com base nisso. E deve ser feito de forma simples, sem volteios e sem assustar.

Algumas observações podem ser mais sérias. Se notou que um bebê de 5 a 7 meses não balbucia nada e raramente responde a rumores que parecem surpreender os outros bebês, compartilhe essa informação com os pais. Esse comportamento pode derivar de uma infecção no ouvido ou de outros problemas. Independentemente da causa, a responsabilidade do professor é compartilhar essas observações com

os pais e recomendar que a criança seja examinada por um profissional qualificado.
6. **Demonstre respeito pela cultura e pela língua das famílias, informando-se sobre elas.** Se nenhum familiar falar inglês, procure um tradutor.

    Aprenda a forma correta de se dirigir ao pai e à mãe, pois, em muitas sociedades, as mulheres não adotam o sobrenome do marido. Use o nome da criança que a família costuma utilizar; não chame Ja-Young de June nem de nenhum outro nome que lhe seja mais familiar. Busque recursos escritos adicionais para entender os padrões de comportamento da família. Isso ajudará você a se comunicar com a família que confiou uma criança a seus cuidados. Tenha em mente que diferenças individuais dentro de um grupo cultural podem ser tão variadas quanto as diferenças entre os grupos culturais.

7. **Conheça bem os recursos a partir dos quais possa obter informações sobre o desenvolvimento infantil, a parentalidade e os recursos presentes na comunidade.** Vários órgãos do governo municipal, estadual e federal, além de grupos profissionais, fornecem materiais escritos gratuitos ou a preços baixos que são muito úteis para os pais. Algumas organizações comerciais, como as companhias de seguros, fornecem informações sobre a segurança. As livrarias dispõem de seções dedicadas aos cuidados infantis com muitos livros, alguns mais úteis que outros. Na internet, há cada vez mais material à disposição relacionado à saúde e às preocupações dos pais.

■ Evite as armadilhas

Independentemente do fato de você trabalhar com bebês ou crianças pequenas, de forma individual ou em grupos, de modo informal ou em atividades estruturadas, existem algumas armadilhas que você deve evitar.

1. **Ignorar o bebê que chora.** A noção "Deixe-o chorar" ou "Você vai 'estragar' o bebê se pegá-lo no colo quando chora" não é verdadeira e não funciona. O bebê continua a chorar porque este é o único sinal pelo qual pode demonstrar dor, fome ou angústia. Não é possível "estragar" um bebê durante os seis primeiros meses de vida (Santrock, 2006b). Quando se fornecem rapidamente cuidados receptivos e sensíveis, aumenta-se a probabilidade de que o bebê seja obediente, cooperativo e competente, e não a de que apresente comportamentos inaceitáveis.

2. **Atribuir intencionalidade a bebês e crianças de menos de 2 anos.** Os bebês não choram para fazer você correr, mas por causa de algum desconforto. Bebês não fazem coisas para aborrecer você. Estão explorando o ambiente e são mentalmente incapazes de planejar um modo de irritar os adultos. O comportamento intencional começa na segunda metade do primeiro ano, quando a criança nota o efeito de seu comportamento sobre os adultos. As crianças se embatem nesses comportamentos por meio de tentativa e erro, e, assim, passa a ser adequado ignorar choramingos e gritos, além de sugerir modos alternativos para obter atenção.

3. **Atribuir características morais a bebês e crianças pequenas.** Algumas crianças são fáceis de cuidar, outras mais difíceis e até desafiadoras. Essas crianças não são "boas" nem "más". O adulto, às vezes, projeta seus próprios sentimentos no bebê. A criança nasce com um temperamento que não escolheu. Ter cólica é dolorido e torna a vida mais difícil tanto para a criança quanto para o cuidador. Um temperamento alegre e aberto não faz de ninguém um "anjo", nem uma cólica intestinal transforma um bebê num "perfeito demônio". A habilidade de fazer escolhas com base em um sistema de valores leva anos para ser adquirida. Evite a armadilha "criança boa/criança má", concentrando-se no comportamento e no surgimento de competências.

4. **Concentrar a atenção apenas nas crianças atraentes, meigas e receptivas.** Dê atenção a todas as crianças e certifique-se de que os bebês que demoram mais tempo para esquentar e que são menos "fofos" recebam cuidados adequados e suficientes. Os bebês mais passivos e menos exigentes não devem ficar sozinhos no berço por mais de 15 minutos depois de acordarem. Incentive-os a explorar e a socializar, ainda que pareçam contentes de não fazer nada.

5. **Presumir que as crianças que não falam não possam se comunicar.** A comunicação compreende uma ampla variedade de comportamentos verbais e não verbais que permitem enviar e receber mensagens. A fala é universalmente compreendida quando todos falam a mesma língua. Bebês e crianças peque-

nas, muito antes de desenvolverem a fala, já dispõem de uma série de habilidades para enviar e receber informações. A língua de sinais é útil para preencher o hiato entre a comunicação verbal e aquela tendencialmente não verbal.

6. **Ignorar sinais de que o desenvolvimento não progride como deveria e/ou discutir as preocupações dos pais.** Nada é mais inútil que a frase "Ele vai superar isso". As crianças passam a usar roupas e sapatos maiores sem que seja necessária muita intervenção, mas o desenvolvimento da linguagem, cognitivo, motor e social exige, em geral, adaptações do comportamento do adulto que facilitem a solução do problema de comportamento. Às vezes, um simples ajuste não é suficiente, e é necessário que os especialistas intervenham. Os pais não consideram trivial nenhuma de suas preocupações, de modo que cada uma delas deve ser tratada com respeito. Se as preocupações forem tratadas como insignificantes, os pais deixarão de se manifestar.

7. **Comunicar informações importantes ou preocupações significativas sobre o comportamento da criança de modo casual ou apressado.** Às vezes, os cuidadores não querem que os pais fiquem preocupados e, outras vezes, não têm tempo para interagir. Entretanto, evite dar informações de modo casual e rápido, pois isso pode estressar os pais e tornar a situação mais difícil ainda para eles. Pense em como uma mãe/um pai se sentiria se você dissesse apenas "Mitchell teve um dia ruim. Mordeu quatro crianças a ponto de deixar as marcas dos dentes" e fosse fazer outra coisa. Em vez disso, peça ao pai/à mãe que espere 15 minutos até você estar livre, tente marcar um encontro ou tente telefonar mais tarde. As comunicações rápidas podem ser adequadas quando são positivas: "Hoje, K. C. e Carl brincaram meia hora com os blocos" ou "As crianças adoraram o livro que você enviou com Peter".

8. **Tratar todas as famílias do mesmo modo.** As famílias não são mais parecidas entre si que as crianças. Uma característica notável é a diversidade de pessoas. As famílias diferem quanto a composição, recursos econômicos, religião, nível de instrução, afiliação cultural e língua preferencial. Para desenvolver relações com as famílias, é preciso ter a mesma sensibilidade para as diferenças individuais que são necessárias para se relacionar com crianças. Existem diversos modos de abordar a interação com as famílias, como frente a frente, por escrito, por telefone, em grupos ou individualmente. Você não deve presumir que os pais não estão interessados apenas porque uma das estratégias não teve sucesso.

Resumo

As crianças começam a vida como seres sociais no microssistema de suas famílias. É por meio da interação com a família e das relações positivas com outros adultos e coetâneos que aprendem realmente algo sobre a vida. Os bebês e as crianças pequenas são "programados" para aprender principalmente por meio da interação social. Os adultos apoiam a competência social das crianças quando estabelecem com elas relações positivas. As relações positivas podem ser definidas por afetuosidade, aceitação, genuinidade, empatia e respeito (AAGER). Quando usamos esses elementos nas interações cotidianas com as crianças, nós as preparamos para que se sintam seguras e protegidas, de modo que possam explorar e aprender sobre o mundo.

Os bebês e as crianças pequenas são equipados biologicamente para que possam ser receptivos às interações humanas, por meio de todos os sentidos. São particularmente sintonizados com a linguagem. Gradualmente, a consciência social que têm de si mesmos aumenta, e, ao mesmo tempo, começam a entender que os outros têm seus próprios objetivos. Durante o segundo e o terceiro ano de vida, tornam-se cada vez mais socializados para agir independentemente. A habilidade de regular linguagem, sentimentos e comportamento também se amplia. Algumas crianças encontram desafios desde o início da vida e, para se desenvolverem, podem precisar da intervenção de especialistas, assim como da cooperação dos professores.

Este capítulo apresentou as habilidades que permitirão que você se torne uma pessoa sensível e receptiva, capaz de apoiar o processo de individuação da criança, de modo que as crianças que estiverem sob seus cuidados possam manter a proximidade com você, explorar o ambiente, estabelecer uma identidade e iniciar relações sociais com adultos e outras crianças. Dispor de habilidades básicas para se comunicar com familiares colabora para que haja um relacionamento contínuo e compreensão entre os profissionais e as famílias das crianças.

Ao usar essas habilidades, você é capaz de reconhecer as diferenças individuais nas crianças, perceber rapidamente suas necessidades, interpretar com precisão seus sinais e selecionar alternativas adequadas de ação. Integrar a interação social aos cuidados básicos fornecidos às crianças e usar uma série de habilidades de comunicação ajudará você a sustentar o desenvolvimento da competência social nas crianças pequenas.

Palavras-chave

Aceitação; afetuosidade; apego; aprendizagem por imitação; atenção compartilhada; autofala; autorregulação; comportamento contingente; conversa interior; corregulação; cuidados sensíveis; empatia; estados comportamentais; genuinidade; gestos comunicativos; individuação; linguagem expressiva; linguagem receptiva; olhar na direção do olhar do adulto; *goodness of fit* (qualidade do ajuste); referência social; receptiva; respeito; socialização; temperamento.

Questões para discussão

1. O que significa AAGER e que função tem nas relações com bebês e crianças pequenas?
2. Explique o que significa a afirmação "Os bebês participam de seu próprio desenvolvimento".
3. Quais são os sinais e como os adultos devem responder a cada estado comportamental dos bebês: sonolência, alerta silencioso, choro vigoroso, som de dormir?
4. Descreva as técnicas mais eficazes para acalmar um bebê que chora.
5. Quando é razoável esperar que o bebê reconheça uma pessoa pela visão ou voz? Quais implicações isso tem na construção das relações com bebês e crianças pequenas?
6. Observe a Tabela 2.1. Sem usar os conceitos sugeridos como "pontos fortes" e "desafio", cite um ponto forte e um desafio para cada traço e temperamento. Selecione, então, dois traços e descreva como aquela combinação pode ser vantajosa ou desvantajosa para a interação entre a criança e seu cuidador.
7. Como o modo de cuidar de um bebê ou de uma criança influencia o curso do desenvolvimento da criança?
8. Descreva o processo de individuação e esclareça de que modo a autoconsciência se apresenta.
9. Imagine que você trabalha com crianças de 18 meses. Você nota que algumas estão realmente conversando e emitindo mais sons que as outras e se pergunta se todas estão bem. Onde encontraria informações sobre o desenvolvimento da linguagem para ter certeza? Pesquise sobre isso e discuta cinco comportamentos que crianças dessa idade geralmente apresentam.
10. Descreva como bebês de 6, 9, 12 e 18 meses se comunicam. Em que são semelhantes e diferentes?
11. Com base nas leituras, que comportamentos sociais você espera ver em uma criança de 12 meses?
12. Trevor é uma criança tímida e temerosa, de um ano e meio, que fica realmente assustada quando a mãe o deixa na escola. Com base na leitura, de que você acha que ele tem medo? O que você faria para ajudar a família nessa situação? Que outras informações compartilharia com a família sobre essa situação, para ajudá-los a adaptar alguns de seus comportamentos?
13. Mick move-se rapidamente nas explorações que faz. Em geral, percebe possibilidades para brincar e explorar que você não havia previsto. Aborda outras crianças entusiasticamente e, às vezes, é bem-sucedido, outras vezes não. Quando está muito zangado, pode morder ou bater. Raramente está tranquilo e quieto, tem dificuldade para dormir e cochila apenas brevemente. Ele se contorce e foge quando um adulto tenta pegá-lo no colo e protesta em voz alta. Aos 18 meses, parece conseguir exaurir todos os adultos do programa, embora sua disposição geral pareça ser alegre e entusiasmada. Crie um plano para ajudar Mick a desenvolver habilidades sociais.
14. Patsy tem 9 meses, não balbucia e não responde muito aos rumores do ambiente. Você está preocupado(a) com a audição dessa criança. Faça uma lista ordenada das coisas que faria para abordar esse problema.

Tarefas de campo

1. Visite uma escola e observe como as crianças respondem aos seguintes eventos cotidianos: como são levadas até a escola, de que forma se despedem dos pais, como se alimentam, como reagem à troca da fralda e quando tiram um cochilo. Registre a comunicação com as crianças e as respostas delas a essas situações. Monitore cuidadosamente a ocorrência de AAGER.
2. Observe pelo menos dois exemplos de bebês que choram. Como o cuidador responde a esse sinal? Que sinais há no local que podem indicar o significado ou a mensagem do choro? Os adultos, às vezes, têm dificuldade em interpretar o choro e tentam diversas respostas. Se isso aconteceu, analise como o bebê reagiu aos comportamentos dos adultos, em cada ocasião. Quais técnicas conseguiram acalmar cada bebê?
3. Observe duas crianças pequenas em momentos diferentes. Descreva os sinais sociais que cada uma apresenta. Em que aspectos são iguais e diferentes? O que faria para personalizar suas interações com cada uma com base nesses sinais?

4. Observe um bebê maior enquanto brinca com um brinquedo e depois brinque com ele. Preste atenção aos sinais do bebê, imite-o e, então, analise o que ele fez antes. Pense no que você disse e fez e em como o bebê respondeu a seus comportamentos.
5. Selecione uma criança para observar atentamente durante o dia. Observe de que modo ela aborda as outras crianças. Em quais condições ela observa um coetâneo brincar? Observe como a criança responde às abordagens sociais de outras crianças e dos adultos, a duração e a qualidade dos contatos sociais com estes. Em seguida, descreva três situações em que a criança participou de um contato social ou comunicativo.

Capítulo 3

Construir relações positivas por meio da comunicação não verbal

Objetivos

Ao final deste capítulo, você será capaz de descrever:

- A importância da comunicação não verbal.
- Os canais de comunicação não verbal.
- As diferenças culturais na comunicação não verbal.
- Como o comportamento não verbal contribui para a construção de relações.
- Comportamentos não verbais que comunicam autoridade.
- Como as crianças adquirem habilidades eficazes de comunicação não verbal.
- Habilidades não verbais usadas pelos adultos para fortalecer a competência social das crianças.
- As armadilhas que devem ser evitadas na interação não verbal com as crianças e famílias.

Shari, de 5 anos, vê sua mãe entrar silenciosamente na cozinha, com uma expressão aborrecida no rosto. Antes que a mãe possa falar, a criança rapidamente protesta: "Não me olhe com esse tom de voz!".

Shari entendeu claramente a mensagem transmitida pela mãe, que estava tensa, com os pés afastados, a mão nos quadris e de cara feia na porta, enquanto olhava para a confusão armada com os mantimentos e a farinha espalhada pela bancada e pelas prateleiras onde Shari estava "fazendo biscoitos". Como a maioria das crianças, Shari conseguiu interpretar facilmente o significado da postura da mãe e sua expressão facial. Nenhuma palavra foi necessária para que ela compreendesse a desaprovação.

Com ou sem palavras, as pessoas que se encontram dentro do campo visual de outra enviam e recebem constantemente mensagens por meio de sinais não verbais. A **comunicação não verbal** é composta por ações e não por palavras. Inclui os movimentos do corpo, a orientação do corpo em relação à outra pessoa ou a algo, os gestos, o toque e as expressões faciais. Além disso, a comunicação não verbal inclui comportamentos paralinguísticos ou vocais. Estes últimos compreendem sons e não palavras, ritmo da fala, volume alto ou baixo da fala, frequência e tom de voz, pausas, rapidez ou lentidão com que se fala, e quanto se fala (Gazda et al. 2006).

Diferentemente da linguagem falada, em que as palavras são definidas implicitamente, os códigos não verbais são implícitos e seus significados derivam do contexto da situação e do fluxo da interação. Assim, o mesmo ato, em diferentes contextos, pode ter propósitos muito diferentes (ou seja, um aceno com a cabeça, em determinada situação, pode significar "olá" e, em outra circunstância, que você está despedido). Às vezes, como ilustra o caso de Shari e sua mãe, as comunicações não verbais são claras; outras vezes, ambíguas e confusas. De qualquer modo, os sinais não verbais estão presentes na maioria das interações sociais, e as pessoas os usam para transmitir e interpretar uma grande variedade de informações e sentimentos (Doherty-Sneddon, 2004). Isso faz da comunicação não verbal o principal meio de comunicação na vida de todos os dias (Remland, 2009).

Monitorar, regular e controlar a comunicação não verbal influencia o fluxo e os resultados das interações humanas, além de contribuir para a eficácia interpessoal (Riggio, 2006). Consequentemente, tanto as crianças quanto os adultos precisam prestar atenção aos sinais não verbais, com a finalidade de comunicar-se adequadamente e com eficácia. Sobretudo, desde a primeira infância, a comunicação não verbal liga as crianças aos adultos em seu mundo (Butterfield, Martin & Prairie, 2004). Para fortalecer esses laços interpessoais, verificaremos, neste capítulo, como os adultos demonstram afetuosidade, aceitação, genuinidade, empatia e respeito (ou seja, AAGER), de modo não verbal, em suas interações com as crianças. Além disso, descreveremos de que modo a comunicação não verbal pode ser usada para comunicar autoridade e segurança. Para terminar, discutiremos as estratégias para ajudar as crianças a interpretar com precisão as comunicações não verbais dos outros e aprender, elas mesmas, habilidades positivas não verbais. Esses três aspectos correspondem aos níveis um, dois e três da pirâmide de apoio social da Figura 3.1.

FIGURA 3.1 Pirâmide de apoio social do comportamento não verbal.

Para pôr em prática, do melhor modo possível, as estratégias de apoio não verbal, é preciso primeiro entender o papel desse tipo de comunicação na vida das pessoas.

■ Funções da comunicação não verbal

O comportamento não verbal exerce muitos papéis na comunicação humana (Knapp & Hall, 2010):

- **Substitui ideias completas**: gestos como agitar as mãos e acenar com a cabeça e as mãos são usados como **emblemas**. Tais gestos podem ser traduzidos diretamente em palavras, mas são sinais dotados de significado e eficazes por si mesmos. Assim, uma mão estendida pode ser interpretada como emblema de respeito e amabilidade. Um sorriso pode representar uma saudação, permissão para continuar ou encorajamento em uma situação difícil.

- **Incrementa a comunicação verbal**: na maioria das vezes, as crianças usam **gestos ilustrativos** para suplementar a palavra falada, especialmente quando seu vocabulário é limitado (Doherty-Sneddon, 2004). Por exemplo, Tommy, de 3 anos, "desenha figuras no ar", para indicar o tamanho e a forma de uma caixa e para explicar sua localização. "É muito pesada!", diz ele, fazendo cair os braços como se a estivesse carregando.
- **Compartilha emoções**: as palavras por si sós não podem transmitir a profundidade de significado que transmite uma mensagem verbal enriquecida por sinais não verbais. Em geral, o conteúdo emocional ou avaliativo é transmitido não verbalmente e é mais preciso que a comunicação verbal isolada. Sentimentos de prazer, surpresa, alegria, raiva, interesse, desconforto, tristeza e medo são expressos, todos, de modo mais completo quando as palavras são acompanhadas por expressões faciais, gestos e outros comportamentos não verbais.
- **Regula a interação social**: nas conversas, por exemplo, a vez de falar de cada um é indicada por mudanças no contato visual (que aumenta, enquanto se escuta, e diminui, enquanto se fala) e mudanças correspondentes na frequência da voz e na posição do corpo. A pessoa que fala pode envolver o receptor na comunicação, assinalando com as mãos uma mensagem do tipo "Como você sabe", ou reconhecer a resposta do ouvinte com um aceno para indicar "Vejo que você me entendeu" (Burgoon, Guerrero & Floyd, 2010). Outros gestos, como bater a mão na testa, são de busca de informações: "Mas como se chama mesmo aquela pessoa?" (Bavelas et al., 1995).
- **Fornece informações sobre como a mensagem deve ser compreendida**: sinais não verbais podem ter a função de **metacomunicação**, ou seja, dão informações sobre a própria mensagem. Por exemplo, expressões faciais podem transmitir uma noção sobre o modo em que a mensagem inteira deve ser interpretada, como "É brincadeira" ou "Agora, falando sério".
- **Esclarece identidade e *status***: isso é chamado de processo de formação e gestão da impressão. A postura de uma pessoa, o tom de voz, as expressões faciais etc. fornecem aos outros informações sobre *status*, grau de intimidade, temperamento, disposição e outras características da personalidade. Por exemplo, a Srta. Kitchen correu para intervir quando duas crianças começaram a brigar na outra extremidade da mesa do lanche. Enquanto falava, notou que sua voz estava estridente e que falava rápido demais. Percebeu que essas características não verbais não ajudariam as crianças a reconhecer seu *status* de adulto mediador e prejudicariam sua habilidade de controlar a situação. Respirou profundamente, abaixou a frequência da voz e desacelerou a fala. Isso fez que as crianças se concentrassem mais intensamente no que ela dizia.
- **Esconde ou máscara**: crianças maiores que aprenderam a usar sinais não verbais com a finalidade de sugestionar podem adotar um ar surpreso de inocência quando algum malfeito é descoberto. A expressão "Quem? Eu?" requer que sejam capazes de suprimir seus sentimentos naturais de ansiedade naquele tipo de situação. Do mesmo modo, uma criança maior pode sorrir e ser educada, mas não apreciar genuinamente o que acontece.
- **Finge**: os sinais não verbais representam o veículo mais adequado para sugestionar. Visto que não são explícitos e podem ser, potencialmente, mal interpretados, eles podem também ser negados. Os adultos podem usá-los deliberadamente quando "representam um papel" em uma situação socialmente desconfortável. Essa "representação" exige que o adulto se desempenhe como se sentisse à vontade na situação. Existem evidências de que, quando as crianças representam um papel deliberadamente do modo que pensam que seria adequado a uma situação não familiar, seus sentimentos podem, realmente, modificar-se (Saarni & Weber, 1999). Em algumas situações, isso é bastante comum: fazer uma demonstração em uma quermesse, tocar em um recital ou responder a perguntas na sala de aula.

Existe uma relação clara entre o nível de desenvolvimento das habilidades sociais de um indivíduo – e o êxito com que as usa – e a capacidade de interpretação do comportamento não verbal. Dispor de ampla gama de habilidades não verbais é importante para o sucesso social e para o bem-estar psicológico (Riggio, 2006). As crianças que monitoram e entendem os comportamentos não verbais dos demais são vistas como sensíveis e são altamente desejadas como companheiras de jogos por seus pares (Doherty-Sneddon, 2004). Os adultos que usam comportamentos não verbais são, em geral, vistos pelas crianças como sinceros e confiáveis.

■ Canais de comunicação não verbal

O **canal de comunicação** é um dos modos ou tipos de comunicação não verbal. Por exemplo, o próprio tom da voz é um modo ou canal, e a postura e a posição no espaço também. Cada canal de comunicação não verbal pode funcionar de modo independente e ser congruente com a mensagem verbal enviada.

Em circunstâncias usuais, as mensagens não verbais não estão, em geral, sob controle consciente. Por exemplo, uma pessoa pode dirigir um "olhar fulminante" para alguém, "ignorar deliberadamente" ou dar, talvez, a impressão de estar distraída ou entediada. Em nível mais sutil, as relações entre pessoas que interagem em um grupo podem ser percebidas com clareza por meio da observação dos sinais não verbais. Se notarmos as orientações do corpo, a inclinação da cabeça e os gestos dos braços de todos os membros do grupo, conseguiremos, em geral, identificar o líder ou o falante. Por exemplo, quando observamos um grupo de crianças do outro lado do *playground*, é possível identificar o líder observando a interação entre elas. Uma criança gesticula; vira a cabeça para cima e em seguida olha para os outros. Os outros do grupo olham e acenam com a cabeça em resposta a seus gestos. Há pouca dúvida sobre qual das crianças está no centro das atenções, ainda que não se possa ouvir a conversa.

No tópico seguinte, descreveremos alguns componentes selecionados do comportamento não verbal, pois se referem a sua capacidade de enviar e receber mensagens ao trabalhar com crianças.

Posição no espaço

As crianças são expostas gradualmente a diferentes distâncias interpessoais, na interação com amigos e conhecidos, até aproximadamente 7 anos. Nesse período, elas refletem as normas adultas de suas culturas. Aceita-se, em geral, que as crianças se aproximem de adultos e de crianças maiores. Meninos e meninas geralmente se aproximam mais de pessoas do sexo feminino que do sexo masculino; tanto os muito jovens quanto os muito idosos são abordados de modo mais próximo. As pessoas vistas como amigáveis, especialmente em ambientes informais, podem se aproximar sem problemas. As pessoas costumam retirar-se de abordagens que parecem hostis, quando a situação não é familiar e quando a pessoa que se aproxima é do sexo masculino (Knapp & Hall, 2010). Não surpreende, então, que as crianças que entram em uma nova situação pareçam um tanto retraídas no início.

O **espaço pessoal**, que parte do centro do corpo, tem limites específicos descritos com base em medidas e funções. As distâncias em que se interage à vontade com os outros são: de 0 a 45 centímetros – distância familiar; de 45 cm a 1,20 m – interação pessoal casual; de 1,20 m a 3 m – contatos sociais ou de consulta; e 3 m – interações públicas (Krannich & Krannich, 2001; Knapp & Hall, 2010). Essas distâncias variam um pouco segundo idade, sexo, cultura, ambiente de interação, atmosfera emocional e outras características. Uma descrição diferente do espaço pessoal coloca os limites em relação às partes ou funções do corpo (Machotka & Spiegel, 1982). É importante prestar atenção às "regras" do espaço pessoal quando se trata de crianças, porque estas consideram as violações ao espaço pessoal como potencialmente ameaçadoras. A Figura 3.2 ilustra o espaço interno, proximal, axial e distal.

O **espaço interno** é a área entre o núcleo interno do corpo e a pele, e é o mais íntimo e pessoal de todos os espaços. Todas as aberturas do corpo, como boca, orelhas, narinas, ânus e vagina, representam um acesso ao espaço interno, o qual é penetrado também quando a pele se rompe em razão de um ferimento e quando se introduz uma agulha hipodérmica. Por exemplo, Nick protesta e se afasta, embora sua mão doesse, quando a Sra. Payne pega a pinça afiada e pontuda e extrai a farpa. Ela, na opinião da criança, estava invadindo seu espaço interno e provocando-lhe dor.

O **espaço proximal** é a área entre o corpo e sua cobertura feita de roupas, cabelos e enfeites. As partes não cobertas do corpo, como o rosto, não são restritas fisicamente, mas psicologicamente. Por exemplo, conhecidos não tocam reciprocamente as pernas nem o rosto, ainda que estejam descobertos. Algumas partes descobertas do espaço proximal, como as mãos, são de livre acesso, a menos que estejam protegidas por atitudes como manter os braços cruzados ou dar as costas. Isso significa que, em geral, as pessoas não tocam as partes do corpo alheio que estão vestidas e limitam o toque à pele, exceto quando são convidadas a fazê-lo, como no aperto de mãos ou em um abraço. A criança que está sentada perto de você no sofá, enquanto lê um livro, está em seu espaço proximal.

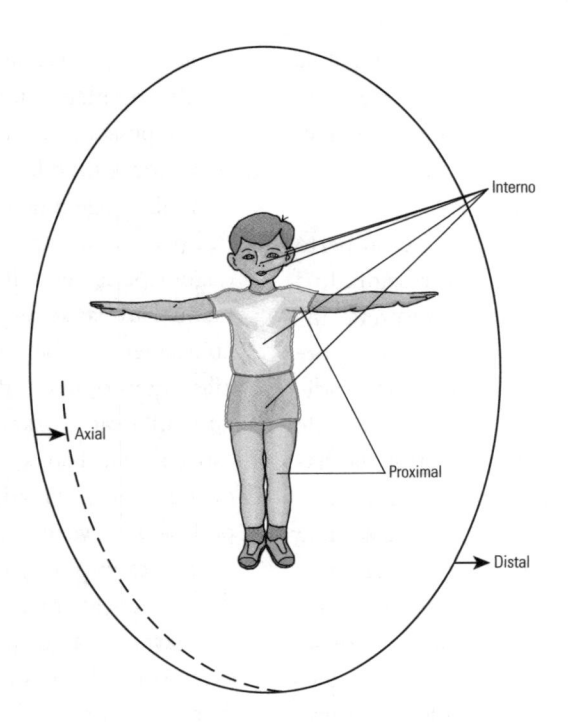

FIGURA 3.2 Espaço pessoal.

O **espaço axial** é limitado pela extensão completa de braços e pernas em todas as direções. O convite para entrar no espaço axial é indicado pelos braços abertos, em contraste com braços ou pernas cruzados. As crianças estão em seu espaço axial quando sentadas em uma pequena mesa à qual você também está sentado, por exemplo.

O **espaço distal** encontra-se entre o limite axial e o limite exterior que os olhos ou ouvidos conseguem alcançar. O mundo cognoscível, ou o mundo impessoal, está no espaço distal. Em geral, as crianças correm atrás umas das outras no *playground*, que está em seu espaço distal. Elas estão em seu espaço distal também quando participam de atividades na sala de ginástica ou no refeitório.

É importante que os profissionais entendam as regras implícitas no espaço interpessoal, por três razões:

1. Quando o espaço pessoal é violado, geram-se sentimentos negativos.
2. O espaço pessoal determina a relevância das comunicações orais.
3. O espaço pessoal é influenciado pela cultura e subcultura.

Primeira razão: quando o espaço pessoal é violado, geram-se sentimentos negativos (Hall, 2002; Knapp & Hall, 2010). Esses sentimentos negativos podem ser apenas uma leve irritação, como aquela vivenciada em corredores superlotados ou elevadores. Em situações assim, os adultos evitam, com cuidado, tocar alguém inadvertidamente. As crianças, no entanto, podem empurrar ou socar, violando tanto o espaço axial quanto proximal do outro, o que resulta em protestos vocais. Quando percebem que seu espaço proximal foi violado, as crianças se defendem ou então tentam evitar a pessoa ou a situação. Por exemplo, quando estão amontoadas em um grupo, é provável que empurrem as que inevitavelmente as tocam, saiam do grupo e peçam ajuda, pois essas experiências são interpretadas como agressão. Além disso, podem afastar-se quando um adulto acaricia os cabelos delas. É comum que haja raiva e protestos violentos quando alguém entra no espaço interno delas sem permissão. Aqueles que trabalham no setor médico enfrentarão protestos inflexíveis se a criança não aceitar que enfermeiras e médicos tenham um papel especial que lhes permita invadir o espaço interno. As pessoas preferem que apenas os companheiros mais próximos – os preferidos – tenham acesso a esse espaço. Por isso, as crianças fazem questão que a mãe ou o cuidador preferido cuidem delas quando estão doentes. As expulsões (fezes e vômito) do espaço interno também são consideradas íntimas.

Segunda razão: quanto maior a distância entre as pessoas, mais a mensagem é considerada remota, impessoal ou inaplicável. Por exemplo, Sally, de 7 anos, estava remexendo a água de uma poça de lama do *playground* com a ponta do sapato. Olhou para cima para ver o atendente que balançava a cabeça e gritava "Não!" em sua direção. Sally sabia que havia muitas crianças nas proximidades e ignorou o sinal. Mas, quando o atendente andou até ela e sugeriu que usasse um ramo para brincar com a água e não o sapato, ela obedeceu de boa vontade porque entendeu, então, que a mensagem era dirigida a ela. O poder ou a potência de uma mensagem é maior quando a distância é pequena, e mais remoto e impessoal quando a distância é maior.

Terceira razão: a ideia de "quanto precisa estar perto para que esteja suficientemente perto" varia segundo a cultura e subcultura. Os adultos podem interpretar incorretamente o significado de um comportamento porque este não atende a suas expectativas. Embora as diferenças culturais influenciem em todos os canais de comunicação não verbal, as variações no fator da distância talvez sejam as mais evidentes. Por exemplo, quando a criança que está bem perto do adulto, fala com voz ligeiramente mais alta que se espera, orienta o corpo para uma posição frente a frente e mantém contato visual por mais tempo do esperado, ela pode ser considerada, por uma professora europeia, prepotente, desrespeitosa ou agressiva, quando, na verdade, seu comportamento é bastante típico de uma criança árabe do sexo masculino. Outra criança que também está perto do adulto enquanto conversa, mas mantém menos contato visual do que se espera e fala com voz mais suave, pode ser erroneamente considerada "agarrada" ou dependente. Tal comportamento reflete simplesmente cortesia nas culturas asiáticas.

Movimentos do corpo

> *Torey não conhecia nenhum dos professores quando passou para a classe de crianças de 3 anos da escola. Parecia quieta e retraída durante as primeiras duas horas, mas sorriu e correu rapidamente na direção da cuidadora, a Sra. Cross, quando esta entrou na sala às nove horas. A Sra. Cross respondeu ao sorriso, agachou-se e abriu os braços para receber um abraço. Torey conhecia a Sra. Cross de outros encontros, de suas primeiras experiências dentro do programa.*
>
> *A Sra. Danner ouviu um rumor de engalfinhamento e de papel amassado que provinha do fundo da classe. Levantou os olhos e notou o sorriso tranquilo de Matt. Obviamente ele havia terminado a tarefa, como sempre, naquela classe de quarto ano. Julie, sentada a seu lado, também havia terminado a tarefa e encarava a Sra. Danner. Foi o suficiente para que esta entendesse que estavam brincando. Visto que as outras crianças precisavam de silêncio para terminar a tarefa, a Sra. Danner caminhou até Matt e Julie e pôs um livro na carteira de cada um. Ficou no fundo da classe até que ambos começassem a ler.*

Nos dois exemplos, os adultos usam o movimento do corpo para comunicar uma mensagem às crianças. E estas não apenas compreendem a mensagem, mas também respondem adequadamente.

As pessoas não ficam paradas. Movem-se pelo espaço, aproximando-se ou afastando-se umas das outras. Uma abordagem do espaço axial é aceita quando a pessoa fica parada ou estende os braços. Além disso, uma abordagem pode ser reforçada por meio da reciprocidade, na qual ambas se movem, uma em direção à outra. Uma abordagem também pode ser rejeitada por meio de leve afastamento, evitando simplesmente a pessoa que se aproxima ou cruzando os braços e fechando, assim, o espaço axial. Todos esses são sinais importantes que indicam a receptividade de uma pessoa à interação. Você poderá observá-las nas crianças, e elas, em você.

Por exemplo, agarrar uma pessoa é um dos modos de as crianças iniciarem um contato. A criança abraça ou agarra a mão da pessoa para comunicar "Quero ficar com você". Responder com um abraço é um sinal claro de que o contato é bem-vindo. Quando não houver reciprocidade e o par permanecer imóvel, a imobilidade indicará que o contato não é desejado. A criança pode também evitar o abraço, livrando-se dele, sacudindo-se ou empurrando a pessoa. Por exemplo, quando Marta tentou segurar as mãos de Kevin, ele se afastou ligeiramente e sacudiu a mão para liberá-la do aperto, sem dizer uma palavra.

Quando adultos que não se conhecem entram em contato, os movimentos iniciais e de aceitação são, em geral, ritualizados: aperto de mãos, cumprimento ou algum outro tipo formal de apresentação e saudação. Os adultos são quase sempre muito menos educados em relação às crianças, principalmente quando elas estão em grupo. Um adulto desconhecido pode dispô-las em uma fila, dar um tapinha na cabeça ou debaixo do queixo ou ainda beliscar uma bochecha. Elas interpretam corretamente essas atitudes como invasões injustificáveis de seu espaço proximal e tentam evitar a abordagem ou o contato do melhor modo que conseguirem. É melhor abordar as crianças usando uma orientação frente a frente (descrita a seguir) e usar formas verbais para ganhar a atenção delas.

O sinal mais simples que uma interação terminou é quando ambas as pessoas se afastam simultaneamente. Mas, em relação às crianças, pode acontecer que uma delas avance e a outra se retraia. Nesse caso, elas talvez precisem que um adulto se aproxime delas e as ajude, pois não são capazes de resolver a situação por si mesmas. Por exemplo, Molly queria ficar sempre perto de Kendra. Esta brincava com aquela ocasionalmente, mas quase sempre mudava de lugar na hora de escutar histórias, para evitá-la e sentar-se perto de outras crianças que preferia. Às vezes, Molly tentava seguir Kendra, mas esta mudava novamente de lugar. Molly aceitava separar-se de Kendra quando a professora estava por perto. Em algumas ocasiões, Kendra empurrou Molly delicadamente. Quando uma criança não quer separar-se de alguém, é possível que retarde o recuo, volte-se e fique parada, ou ainda, que mostre desafiar a intenção da outra por meio da expressão facial ou da postura. Às vezes, as separações forçadas são aceitas com um rápido recuo. No caso de Molly, talvez ela precisasse ser confortada com uma explicação sobre a situação que lhe permitisse entender os sinais de Kendra e, além disso, encontrar outra criança com a qual pudesse interagir.

Orientação do corpo

Lannie e Rachel estão sentadas à mesa de ciências examinando minhocas vivas. A Sra. Carter se aproxima com as mãos nos quadris e fica perto delas por algum tempo, enquanto trabalham.

Mais tarde, a Srta. Jackson aproxima-se, inclina-se na direção da mesa e olha diretamente para as garotas, por algum tempo, enquanto trabalham.

Quem comunicou mais interesse no que as garotas faziam, a Sra. Carter ou a Srta. Jackson?

Com base em tudo o que sabemos sobre orientação do corpo, as crianças interpretarão que a Srta. Jackson estava mais interessada e mais acessível, em razão do modo como usava o corpo para comunicar que estava atenta ao trabalho com as minhocas.

A maneira de posicionar a frente de seu corpo em relação ao corpo da outra pessoa transmite informações significativas. A posição frente a frente é a orientação corporal mais direta. É usada na saudação, ao dar conforto, nas lutas e nas conversas íntimas. Evitá-la indica quase sempre o desejo de fugir ou esconder-se. Quando as pessoas estão de frente para as costas dos outros, isso significa que estão em fila, seguindo ou perseguindo. A posição lado a lado implica companheirismo, união ou frente unida. A posição costas contra costas está associada ao afastamento; não como simples separação, mas como hostilidade ou proteção em uma situação hostil. Leves giros do corpo são, em geral, a transição de uma posição para outra, mas podem transmitir falta de interesse, desconfiança ou separação iminente, se executados continuamente.

A relação entre as orientações do corpo das pessoas que interagem tem também uma dimensão vertical. A expressão "atitude de superioridade" descreve bem a situação visual e o significado. A posição inferior denota incapacidade, humildade ou servilismo. No curso natural das coisas, os adultos são grandes e poderosos, e as crianças, pequenas e fracas.

Mover-se de modo a diminuir o espaço vertical entre o adulto e a criança sinaliza que uma mensagem importante está para ser transmitida. Esse nivelamento pode ser feito abaixando-se até o nível da criança ou erguendo-a até a posição cara a cara, como comumente se faz com bebês e crianças pequenas. Entre adultos, o nivelamento pode ser feito quando eles se sentam, pois a diferença de altura se deve em geral às pernas. Agachar-se pode indicar amabilidade ou desejo cooperativo de interação.

A orientação do corpo tem, além disso, outras dimensões. Inclinar-se na direção do outro implica interesse ou respeito, e inclinar-se em outra direção sugere distanciamento interpessoal, ofensa ou falta de interesse. A inclusão de uma pessoa no espaço axial de outra é, em geral, uma experiência emocionalmente positiva, como um abraço, ou negativa, como uma luta. Os profissionais que trabalham com crianças usam a inclusão (envolver a criança nos braços) para dar afeto ou conforto; usam a inclusão também quando, com o próprio corpo, protegem e impedem a criança de se machucar ou de machucar alguém. O caso da Sra. Torvimina ilustra esse ponto. Ela segura no colo, com firmeza, Jacob, de 3 anos, de modo que não se machuque nem os outros, durante uma crise de birra em que o menino sacode os braços vigorosamente.

Gestos

Os movimentos de cabeça, mãos, braços, pernas e corpo, ou **gestos**, acompanham a fala e podem ser usados para ilustrar as palavras (separar as mãos para mostrar o tamanho do peixe que pescamos), enfatizar uma afirmação (bater com o punho na mesa), substituir a fala (apontar na direção para a qual seguiu o caminhão que está faltando) e indicar tristeza ou felicidade (com o modo de caminhar). Os gestos podem ser usados para insultar (fechar o punho e levantar o dedo médio) ou transmitir afeto (fazer um carinho). Os gestos transmitem também as emoções e atitudes da pessoa que fala em relação ao conteúdo da mensagem e em relação à pessoa que escuta (Feyereisen & deLannoy, 1991; Janssen et al., 2008).

Na maioria dos casos, os gestos acontecem no espaço axial do emissor e podem ser feitos sem nenhuma fala. Embora os gestos sejam comumente aprendidos com a linguagem falada, as crianças pequenas usam frequentemente gestos ilustrativos quando não sabem que palavra usar. Os bebês maiores enviam mensagens intencionais por meio de gestos, como apontar uma xícara para indicar que querem beber alguma coisa. Para se comunicarem, as crianças que não têm problemas auditivos e conhecem os sinais combinam-os com a linguagem oral. Da mesma forma, crianças em idade pré-escolar recorrem à pantomima. A eficiência dos gestos aumenta ao longo da infância. Até mesmo as indicações de crianças maiores serão mais eficazes se o ouvinte, além de ouvi-las, puder vê-las (Doherty-Sneedon, 2004). A frequência dos gestos aumenta quando o falante está entusiasmado, quando está interessado em que o ouvinte compreenda e quando tenta dominar a conversa. Crianças de 3 anos conseguem interpretar mais gestos que usam e, aos 5, têm muita habilidade nisso (Knapp & Hall, 2010).

Quando o gesto de uma pessoa sugere um significado diferente do da mensagem verbal, ocorrem problemas de comunicação (O'Hair & Ropo, 1994). Isso pode acontecer deliberadamente, mas, em geral, é o resultado de padrões culturais diferentes. As pessoas de camadas sociais inferiores gesticulam mais e com mais vivacidade que as de condição social alta, em todos os grupos culturais. Entretanto, a quantidade e a expansividade dos gestos comumente usados mudam conforme o grupo étnico: pessoas dos países asiáticos usam menos gestos e gestos mais delicados que pessoas de cultura europeia ou africana; pessoas do norte da Europa também tendem a ser mais restritivas, enquanto as do sul usam gestos expansivos com mais frequência. Assim, as crianças norte-americanas de descendência inglesa ou sueca têm, provavelmente, gestos menos expansivos que as latinas. As crianças com de descendência chinesa movimentam ainda menos o corpo e as mãos enquanto falam. Quanto mais as crianças participarem na cultura norte-americana miscigenada, mais crianças tenderão a movimentar o corpo em níveis intermediários de atividade (Ting-Toomey, 1999).

Alguns gestos são amplamente usados e compreendidos, como estalar os dedos para chamar a atenção. Outros, como os dedos em posição de garra (desprezo, na Arábia Saudita), são usados apenas em uma parte do mundo. Esses emblemas são gestos culturais específicos que têm referentes verbais diretos (Ting-Toomey, 1999).

Cada grupo cultural possui ampla variedade de emblemas compreendidos pelos membros de determinado grupo, mas isso deixa muito espaço para o erro, pois o mesmo movimento pode ter um significado completamente diferente em grupos culturais diferentes. Por exemplo, movimentar a cabeça de um lado para outro significa "não" para os búlgaros, mas significa "sim" para diversas outras culturas. O gesto que significa "OK" (nos Estados Unidos), feito com a mão levantada e formando um círculo com o indicador e o polegar, é um insulto sexual no Brasil, um gesto vulgar na Rússia e significa "zero" na França. O potencial para mal-entendidos e confusões é grande, especialmente para os adultos que trabalham em ambientes multiculturais.

Toque

As situações em que as pessoas se tocam podem ser as mais íntimas e amorosas experiências, como também as mais hostis, enraivecidas e lesivas. As situações em que é menos provável que as pessoas se toquem são também as mais neutras do ponto de vista emocional.

A probabilidade de que ocorram toques está implícita nas discussões sobre a posição no espaço (proximidade recíproca) e orientação do corpo (encontros frente a frente).

A pele é tanto um emissor quanto um receptor de comunicações. No Capítulo 2, discutimos o papel do toque para acalmar e estimular os bebês. O toque pode transmitir sentimentos relacionados a afeto, medo, afastamento, raiva e divertimento. Abraços, carinhos e tapinhas afetuosos estão associados à dedicação e ao desenvolvimento saudável (Hansen, 2007). As brincadeiras em que os dedos caminham pelo braço da criança ou em que se finge que há "abelhas zumbindo na barriga" são exemplos de toques divertidos. Já bofetadas, pontapés, beliscões e puxões que machucam são claramente entendidos como hostis.

O toque é usado para influenciar os outros, como segurar a mão de uma criança que está prestes a bater em outra. É usado, de modo menos enérgico, para conseguir a atenção da criança, batendo delicadamente em seu ombro ou, como faz a criança, puxando a roupa da professora, para obter sua atenção. O toque indica também o nível de envolvimento e a reatividade interpessoal na comunicação. Tanto os adultos quanto as crianças usam o toque desse modo (Knapp & Hall, 2010).

Há dois fatores que influenciam a qualidade da comunicação tátil: a quantidade (quantos toques acontecem) e a região do corpo tocada. Costumamos tocar mais os amigos e familiares que aquelas pessoas que conhecemos superficialmente. Tendemos a tocar mais os pares e as crianças que as pessoas mais velhas que nós (Hall, 1996). É mais provável que as pessoas se toquem em situação informais: as pessoas de *status* mais elevado usam estratégias mais relaxadas e afetuosas, e as de *status* inferior, estratégias mais formais, como o aperto de mãos (Hall, 1996). As crianças usam, entre elas, o toque para estabelecer relações amigáveis, reduzir a distância social e indicar níveis de intimidade (Hansen, 2007).

A acessibilidade do corpo ao toque é limitada por fatores como idade, relacionamento e gênero. Os bebês, obviamente, precisam ser trocados, alimentados e manipulados constantemente, por diversas razões, por cuidadores de ambos os sexos. À medida que a criança cresce, o toque direto da pele entre o peito e os joelhos passa a ser tabu. Na idade adulta, o toque mais direto da pele é limitado a mãos, braços, pescoço e rosto, pais e amigos do mesmo sexo. As mães e outros parentes próximos têm probabilidade maior de tocar as crianças que outras pessoas. Contudo, os cuidadores que estabelecem uma relação com a criança também têm mais liberdade de tocá-la e de serem tocados.

É aceitável que cuidadores de ambos os sexos toquem o corpo vestido de uma criança em situações públicas adequadas. Por exemplo, qualquer que seja a idade ou o sexo da criança e do adulto, é aceitável erguer a criança até que alcance um apoio para os pés, colocar o braço em torno da criança que sofreu um acidente ou limpar um corte.

Os homens frequentemente começam trocando tapinhas nas costas e apertando as mãos. Mas, em relação a eles, as regiões do corpo que podem ser tocadas são ainda mais limitadas (Richmond & McCroskey, 2003). As mulheres tocam tanto as crianças quanto outros adultos com mais frequência e são também mais tocadas por eles (Hall, 2006). O comportamento de tocar, por parte de crianças de menos de 6 anos, é frequente, mas diminui acentuadamente até o final da infância, ao mesmo tempo que surgem diferenças marcantes entre os sexos, até que o padrão adulto seja atingido na adolescência.

O canal de comunicação constituído pelo toque pode ser a principal maneira de estabelecer um senso de identidade nos primeiros três anos de vida. O contato físico pode ser necessário para desenvolver relações interpessoais satisfatórias (Sansone, 2004; Hansen, 2007). Ele é necessário também para o desenvolvimento físico saudável, o que, por sua vez, é crucial para a futura competência social (Hansen, 2007). Assim, as crianças com menos de 6 anos devem poder dispor de contato físico adequado com cuidadores adultos. O toque é um meio importante para estabelecer respeito pessoal. Estar "próximo" a alguém implica estar próximo o bastante para tocar, assim como para ter fortes ligações afetivas.

Além de expressar interações ritualísticas (aperto de mãos), divertimento (pega-pega), afeto (abraçar) e de ser parte de uma tarefa (limpar um joelho arranhado), o toque pode ser usado também com a função de controlar (segurar com firmeza a mão de uma criança ao atravessar a rua). A quantidade e a frequência do toque, bem como as regras sobre "quem deve tocar quem", também são específicas de cada cultura, embora grande parte dos toques envolvidos nos cuidados que o adulto fornece à criança seja bastante generalizada. Tanto os adultos quanto as crianças têm preferências pessoais a respeito de quanto tocar e ser tocados pelos outros.

Expressão facial

No playground, *Mark caminha em torno das árvores. O rosto do menino está abatido, e os músculos faciais, muito tensos. O Sr. Decker se aproxima e pergunta: "Está aborrecido, Mark?". O menino olha feio para ele e responde: "Aborrecido não, maluco! Eu queria ficar em casa!".*

A expressão facial é o componente mais evidente da linguagem corporal. Nos diálogos, os falantes integram a expressão facial e os gestos à linguagem oral, para transmitir tanto a informação quanto os sentimentos (Bavelas & Chovil, 2006). As expressões faciais podem ser conscientemente controladas e usadas para enganar. Complementam e suplementam a mensagem verbal, e tanto o emissor quanto o receptor se beneficiam disso (Fridlund & Russel, 2006).

Por meio da expressão facial, é possível comunicar diversas dimensões de significado. O rosto comunica juízos de avaliação e grau de interesse e intensidade ou de envolvimento por meio de expressões agradáveis e desagradáveis. Embora o rosto possa transmitir claramente emoções específicas – alegria, surpresa, medo, raiva, tristeza, repugnância, desprezo e interesse –, ele é muito móvel e pode exibir também diversas combinações de afeto. As crianças pequenas são mais abertas para mostrar sentimentos por meio de expressões faciais que as maiores e os adultos, embora essa diferença seja uma questão de grau e não de tipo. Os adultos têm mais controle e, às vezes, controlam a expressão facial por meio de expressões sutis.

As crianças exibem afeto por meio das expressões faciais desde a primeira infância. É preciso prestar muita atenção aos sinais que essas expressões comunicam. O amuo é uma expressão bem conhecida de desprazer, e mostrar a língua, expressão de insulto amplamente conhecida nas culturas ocidentais. Franzir o nariz diante de um cheiro desagradável para expressar repugnância, comportamento que as crianças exibem quando experimentam alimentos diferentes, é expressão facilmente compreendida. Mas há expressões mais sutis – como surpresa, rapidamente seguida por interesse ou raiva – que são mais difíceis de detectar.

Em geral, até mesmo crianças pequenas compreendem as expressões faciais com bastante exatidão. Elas rejeitam os pares cuja expressão facial não seja adequada à situação (Doherty-Sneddon, 2004). Algumas parecem não saber quando sorrir, ficar sérias ou preocupadas. Podem ser treinadas para que suas expressões se tornem mais adequadas.

Sorriso. O sorriso é uma das primeiras expressões faciais adquiridas. O sorriso simples, o aberto e o forçado transmitem significados diferentes e empregam diversos músculos do rosto. Quando o sorriso é aberto e se formam linhas em torno dos olhos, a pessoa está se divertindo ou sentindo muito prazer. O sorriso forçado está associado a uma travessura e pode indicar também prazer consigo mesmo. O sorriso simples, chamado às vezes de sorriso social, é o gesto de leve prazer, de cumprimento, de apaziguamento ou de obrigação em determinada situação. Pode ser usado para evitar agressão ou para indicar submissão – exibir um *status* inferior tem a finalidade de aplacar a pessoa de *status* superior (LaFrance & Hecht, 1999). O sorriso simples, com expressão facial neutra, é denominado **sorriso mascarado** (Key, 1975), pois é usado para esconder sentimentos desagradáveis ou inaceitáveis. O sorriso mascarado já foi descrito como "pintado no rosto" ou "engessado" e é caracteristicamente imóvel.

A combinação do sorriso mascarado, ou de um sorriso habitual, com conteúdo verbal grave ou emocionalmente negativo é particularmente ofensiva para as crianças. Sorrisos insinceros pecam por falta de afetuosidade e sentimento. As crianças interpretam expressões faciais neutras ou hipócritas como desinteresse, falta de dedicação e falsidade. Observe a Figura 3.3 que mostra o desenho de uma criança que não confia em um dos adultos da escola. Esse adulto usa com frequência um sorriso "congelado" e costuma ser desrespeitoso com as crianças. Quando os adultos usam expressões faciais inconsistentes com suas emoções e não obtêm êxito com isso, as crianças ficam quase sempre confusas e cautelosas (O'Hair & Friedrich, 2001). Entretanto, tanto crianças quanto adultos tendem a responder com um sorriso a sorrisos genuínos e positivamente a expressões faciais amistosas e interessadas (Knapp & Hall, 2010).

O significado cultural do sorriso varia. Por exemplo, crianças da Europa ocidental tradicionalmente sorriem quando cumprimentam outra pessoa, e crianças japonesas cumprimentam com rosto sério. As características culturais quanto ao uso do sorriso modificam-se quando as crianças interagem no contexto de sociedade mais amplo.

Os adultos precisam ter cuidado quando interpretam as expressões faciais das crianças e usam sua própria expressividade para ressaltar a mensagem que desejam transmitir. Por exemplo, uma criança pequena pode sorrir quando alguém escorrega no gelo e cai, pois os movimentos de pernas e braços são incomuns, e não porque se diverte com o fato de alguém se machucar.

Contato visual. Olhar está associado a domínio, poder e agressão, e também a apego e dedicação (Matsumoto, 2006). O contato visual entre duas pessoas é um tipo especial de comunicação que pode rapidamente mobilizar uma interação a um nível pessoal ou íntimo, embora os comunicadores possam estar separados por espaço físico considerável. Quando conversam, os norte-americanos de origem latina tendem a envolver-se em um contato visual mais longo que os europeus e os afro-americanos (Ting-Toomey, 1999). Um olhar fixo ou prolongado implica maior participação ou comunicação. Um olhar bastante longo entre um bebê e um adulto é uma comunicação normal, mas um olhar igualmente longo entre uma criança maior e um adulto é uma repreensão e pode ser interpretado como hostilidade ou agressão. O olhar tem significado também entre pessoas que se conhecem bem. Um momento compartilhado de contato visual pode significar desde "Já ouviu coisa mais ridícula?" até "Vamos embora!". O contato visual culturalmente adequado denota interesse e disposição para se envolver em um contato social.

FIGURA 3.3 Desenho de um aluno de terceiro ano que representa o sorriso "mascarado" de um adulto em quem não confia. ["Olá! Bem-vindos à Escola Rouxinol onde somos, todos, uma família grande e feliz!". "Nossa!". "Enxergo muito mais que você imagina, moça."]

O comportamento de desviar o olhar é usado para indicar a vez de falar em uma conversação normal. Nas culturas ocidentais, as pessoas tendem a olhar mais quando escutam que quando falam (Krannich & Krannich, 2001). Os falantes desviam o olhar brevemente ao terminarem de falar e, então, voltam a olhar para o outro. Esperam que o ouvinte esteja olhando para eles nesse momento. Esse padrão é essencialmente invertido nas culturas africanas e modificado nas interações raciais mistas (Fehr & Exline, 1987). Nas interações raciais mistas, os ouvintes negros olham menos para o falante que os brancos. O padrão de olhar para baixo para mostrar respeito é comum em muitas culturas (Johnson, 1998).

Os adultos, às vezes e infelizmente, ficam muito zangados quando uma criança viola as regras ao estabelecer uma relação por meio do contato visual e nem sempre reconhecem que ela se comporta corretamente, no âmbito de um conjunto de regras definidas culturalmente. Existem variações normais entre famílias, bem como variações regionais dentro do mesmo grupo cultural.

Sons paralinguísticos

Os sons **paralinguísticos** são aqueles carregados de significado que as pessoas emitem e que não são usados como palavras regulares em frases. Referem-se ainda ao modo como um falante diz algo. Os sons paralinguísticos fornecem significado adicional para que o ouvinte entenda melhor a intenção do falante. Além disso, comunicam, em geral, um conteúdo afetivo. A Tabela 3.1 apresenta alguns tipos de comportamento paralinguístico.

Um tipo de comportamento paralinguístico são os **sons não lexicais** que, embora não sejam palavras, são significativos. Podem ser emitidos por qualquer pessoa e funcionar para todas as funções da comunicação não verbal. Atos fisiológicos como tossir, limpar a garganta, espirrar, cuspir, arrotar, chupar os dentes, soluçar, deglutir, engasgar, bocejar e suspirar podem ser executados apenas como mecanismos adaptativos ou para demonstrar afeto. Por exemplo, a tosse, além de limpar a garganta, pode ser usada para comunicar tensão, ansiedade, crítica, dúvida, surpresa, indicação para prestar atenção ou reconhecimento de que a própria pessoa está mentindo enquanto fala. Muitos sons familiares são usados como emblemas ou no lugar das palavras como "Anh-Anh" (não), "Ah, ah" (advertência), "Hum-hum" (sim), "Mmmmmmmm" (bom!), "Psst" (olhe pra cá) e "Argh!" (que desagradável!).

Grande parte do conteúdo afetivo da mensagem é transmitida por características vocais especiais, expressas simultaneamente à fala. Além disso, as variações vocais facilitam as interações interpessoais. A entonação, por exemplo, é usada para denotar o final de uma sentença, uma exclamação ou uma pergunta, e serve como indicador dos turnos da conversa.

O **ritmo** da fala é formado pela ênfase diferencial dada às palavras, pela **duração** dos sons e pelas pausas. A ênfase que se dá a cada parte da frase pode determinar seu significado. Por exemplo, na frase apresentada a seguir, o significado do léxico puro, ou palavra, se altera conforme as palavras enfatizadas: "*Philip* está compartilhando o livro com Harriet" implica que é realmente Philip, e não outra pessoa, que está interagindo com Harriet. Entretanto, "Philip está *compartilhando* o livro com Harriet" indica que o foco da atenção está no compartilhamento.

Na língua inglesa, o comprimento das consoantes proporciona um efeito terrificante ou dramático. "Runnnnnn!" ("Corra!") é uma grave, urgente e assustadora admoestação de pressa. Os adultos, quando leem histórias para as crianças, costumam encompridar os sons dos apelos dramáticos. Na fala comum, ocorrem variações no comprimento dos sons vogais, as quais se devem, muitas vezes, apenas a padrões dialetais.

Outro aspecto do ritmo é a interação interpessoal, sincronizada. Enquanto um fala, o parceiro da conversa pode vocalizar "É verdade", "Certo" ou "Hum-hum", ritmicamente, em relação às palavras do outro. Não são interrupções e sim confirmação do significado comunicado pelo falante. Podem-se usar acenos com a cabeça, outros gestos e movimentos corporais. As culturas afro-americanas e latino-americanas, altamente sensíveis ao contexto, têm probabilidade muito mais alta de usar essas formas rítmicas de comunicação total que os norte-americanos de origem europeia.

TABELA 3.1 Comportamentos paralinguísticos e exemplos

Tipos de comportamento	Exemplos	Significados
Sons não lexicais.	Tossir.	Necessidade fisiológica ou tensão, surpresa ou dúvida.
Sons/emblemas não lexicais.	Anh, Anh.	Não.
Ritmo da fala.	Ênfase aplicada e pausas.	Ênfase nas palavras mais fortes.
	Alongamento da consoante.	Efeito dramático e medo.
Ritmo dado pelo ouvinte.	Frases repetitivas como "Sim, hum-hum" e "Certo".	Confirma o significado do falante, concordância.
Hesitações.	Huum, ahnn.	Preenche o tempo entre as palavras, permitindo que o falante organize o pensamento.
	Repetição de uma consoante (quando o falante não gagueja).	Excitação.
Intensidade.	Força e volume da fala: alta e enérgica.	Intensidade alta significa, em geral, sentimentos fortes como alegria, terror ou raiva.
	Suave, pode ser mais ou menos enérgica.	Sussurrar significa, em geral, segredo ou comunicação privada.
Silêncio.	Nenhum movimento, nenhum som, contato visual direto.	Provocação e resistência.
	Nenhum som.	Polidez: evita embaraços para si e para os outros.
	Nenhum som.	Antes ou depois de palavras enfatizadas.
Frequência e tom.	Alta frequência e tom forte ou fraco.	Pânico.
	Tom médio e frequência média.	Controle e firmeza.
	Frequências oscilantes e tons não usuais.	O falante é imprevisível nessas circunstâncias.
	Frequência e tons baixos.	Talvez esteja acalmando ou dando ordens.

O andamento da fala de uma criança pode ser rápido ou lento, e o ritmo total, uniforme, espasmódico ou abrupto. O tempo de resposta da fala varia do ponto de vista regional e cultural, já que algumas pessoas admitem mais silêncio entre as frases que outras (Remland, 2009). Os adultos devem proporcionar às crianças tempo à vontade para completar os pensamentos, devem evitar pular para o fim da frase no lugar delas e conter a urgência prematura de tomar a palavra. Tais restrições mostram respeito pela criança.

As **hesitações**, ou pausas na fala, permitem que o falante conserve a palavra, ou sua vez de falar, enquanto organiza o pensamento seguinte. As pessoas podem fazer pausas para falar depois de serem interrompidas ou como reação a um distúrbio externo, como uma porta que bate. As pausas costumam ser preenchidas por verbalizações como "Err", "Humm" ou "Ahnn"; por sons não lexicais como tosse; por expressões não vocais como engolir. Quando a criança, ao falar com um adulto, faz pausas mais longas, isso se deve, em geral, ao fato de que ela precisa de tempo para organizar seus pensamentos.

As variações na **frequência** e no **tom** transmitem grande variedade de mensagens emocionais. As vozes em alta frequência estão associadas a fortes emoções, como grande excitação ou pânico. As oscilações de frequência são características do tom de voz raivoso. A frequência e o tom da voz são difíceis de controlar; por isso, pode acontecer que atitudes e emoções interpessoais sutis "escapem", especialmente entre pessoas que tentam não mostrar suas emoções (Harrigan, Suarez & Hartman, 1994). A qualidade da voz por si só transmite significados para o ouvinte, acrescentando, muitas vezes, um conteúdo emocional à mensagem. A qualidade da voz pode ser descrita do seguinte modo (Key, 1975, p. 61):

áspera	pesada	ríspida	estridente	apagada
cheia	ressonante	grave	débil	chiada
macia	lamentada	profunda	dura	fina
grosseira	suave	entrecortada	gutural	
gemida	cantada			

Em situações de emergência, o adulto desesperado pode falar rapidamente, com tom estridente e oscilante. Esse tipo de fala não instila segurança em sua habilidade de resolver o problema. Por sua vez, uma voz adulta que esteja dentro da variação normal de tom e volume fortalece a mensagem de que o adulto é capaz de enfrentar as circunstâncias (Mehrabian, 1972, 2007).

A fala cuja **intensidade**, força e volume são elevados está comumente associada a sentimentos fortes como excitação, alegria, impaciência, antecipação, terror, raiva e coerção. Entretanto, o "alto demais" é determinado, em geral, pela situação e pela cultura. Por exemplo, falar alto e com intensidade pode ser perfeitamente adequado na aula de ginástica ou na rua, mas inadequado na sala de aula ou no cinema. A fala em alto volume, usada em situações que requerem um volume entre moderado e baixo, é considerada, pelos adultos, como grosseira, inadequada e irritante. Quem fala em telefones celulares tende a não vigiar o volume e incomoda os que estão nas proximidades.

Sussurrar ou simplesmente articular palavras silenciosamente pode ser interpretado como uma intenção de segredo ou intimidade. Quando uma afirmação se reduz a um sussurro, a razão disso talvez seja o constrangimento com que foi expressa. De qualquer modo, uma vez que um sussurro tem pouco volume e frequência, o ouvinte precisa prestar muito mais atenção para receber a mensagem que quando a fala é regular.

O **silêncio** – ausência de som quando este é esperado – também é um comunicador poderoso. O silêncio deliberado pode ser usado seletivamente por polidez, para evitar impor algo a outra pessoa ou para permitir que alguém se safe de um constrangimento (Sifianou, 1995). O silêncio também enfatiza a afirmação que o segue, fazendo que a mensagem se destaque como de extrema importância. O silêncio relaxado e atento de um adulto em relação a um falante iniciante, ou a um falante de uma segunda língua, corresponde ao simples tempo de espera que se dedica à fala de uma criança.

Todas as interações entre as pessoas acontecem em um tempo e um momento específicos, além de apresentarem diversas características contextuais. Tanto quem emite a mensagem quanto quem a recebe precisam compreender alguns princípios comuns para que possam se comunicar com eficácia. As comunicações são inferenciais, ou seja, o sentido baseia-se não apenas no que foi dito realmente, mas também nos sinais não verbais que acompanham a mensagem. As comunicações são intencionais – as pessoas, em geral, mandam as mensagens que pretendem mandar. As comunicações são convencionais – dentro de um grupo cultural, os mesmos sinais não verbais têm significados consistentes. A comunicação, em geral, é negociada entre o ouvinte e o falante, em turnos sequenciais de fala, além de ser sistemática e de variar segundo as relações sociais dos participantes (Haslett & Samter, 1997). Cabe, portanto, ao adulto refletir sobre as mensagens que enviam às crianças, para poder comunicar-se com exatidão. E cabe também a eles prestar atenção às crianças, de modo a compreender o que estão comunicando. O ônus fica a cargo, principalmente, do comunicador mais experiente.

Leia a situação descrita a seguir e tente responder às perguntas que se encontram ao final. Tenha em mente que a comunicação não verbal é contínua e rápida e muda rapidamente ao longo da interação. As comunicações não verbais contêm mensagens de identidade fortes que correm o risco de ser mal interpretadas.

A mãe de Jenny aconselhou-a a prestar atenção à professora e a não retrucar, enquanto a ajudava a entrar no ônibus do Head Start com seu vestido limpo e bem passado. Tentando obedecer, Jenny escovou os cabelos louros e esvoaçantes, afastando-os do rosto, e se colocou perto da professora. Tomando cuidado para continuar quieta e tranquila, olhou fixamente e com uma expressão imóvel para a Sra. Sable, sua professora afro-americana, enquanto esta cumprimentava os alunos e dava algumas instruções.

A Sra. Sable sorriu para Jenny e tentou tranquilizá-la, mas tinha a clara impressão de que seria difícil lidar com aquela criança durante o ano. A ideia de que a criança parecia ressentida e talvez difícil veio-lhe em mente enquanto olhava para as outras crianças da classe, na maioria afro-americanas. Esperava que a família não criasse problemas pelo fato de ela ser uma professora afro-americana.

1. *Que sinais não verbais sobre a identidade de Jenny a Sra. Sable processou rapidamente?*
2. *Que outros sinais mais sutis deram-lhe a impressão de que Jenny estaria ressentida e seria difícil?*
3. *Como essa primeira impressão pôde ter surgido no primeiro, e movimentado, dia de aula?*

Os sinais não verbais transmitem claramente mensagens sobre amabilidade e hostilidade, bem como sobre dominação e submissão. Na maioria das vezes, são dadas como certas e não estão sob o controle do consciente. Apenas quando o adulto sensível receber efetivamente mensagens não verbais da criança, passará a entender os sentimentos e significados da criança e se tornará, então, capaz de responder com mais eficácia.

■ Fortalecer as relações não verbais

As pessoas comunicam mensagens específicas não verbalmente durante as interações cotidianas. Além disso, por meio de uma combinação de vários canais não verbais, as pessoas transmitem impressões globais sobre suas relações com os outros. As mensagens que comunicam afetuosidade, aceitação, genuinidade, empatia e respeito são transmitidas, em grande medida, de modo não verbal.

Quando os adultos têm conhecimento das mensagens não verbais, as crianças com quem se comunicam têm mais probabilidade de sentirem-se compreendidas, respeitadas e apoiadas. Quando a comunicação não verbal é desconhecida e inesperada, elas se sentem vulneráveis; quando é previsível e familiar, ficam seguras. Os adultos que pensam sobre seus comportamentos não verbais e os das crianças com quem trabalham conseguem monitorar e eventualmente modificar seus atos de modo a proporcionar uma atmosfera mais segura e confortável.

Afetuosidade

De que modo as crianças sabem que você gosta delas? As palavras transmitem apenas uma pequena parte da mensagem de afeto, as características vocais transmitem muito mais e a expressão facial mais ainda. A afetuosidade é comunicada principalmente de modo não verbal (Gazda et. al., 2006).

Os adultos que querem comunicar dedicação e interesse têm mais probabilidade de entrar em contato com a criança e interagir com ela de modo estreito. Esses adultos mantêm contato visual frequente, mas não contínuo, e olham diretamente para a criança, mantendo a cabeça aproximadamente no mesmo nível da dela. Inclinam-se ou se aproximam da criança enquanto fazem gestos ou falam. Um sorriso, um aceno com a cabeça e uma expressão facial e corporal relaxada e amigável também indicam afetuosidade e interesse. A fala desses adultos está na frequência, na velocidade e no volume normais, e o tom é relaxado e melodioso. Afirmações que exprimem aprovação, concordância ou validação também contribuem. Os adultos afetuosos parecem desejar estar ao lado da criança (Andersen, Guerrero & Jones, 2006). A impressão geral é suave, cômoda e relaxada. Esses comportamentos tendem, além disso, a reduzir a diferença de poder entre adultos e crianças.

Comportamentos como remexer-se, afastar-se, manter uma expressão engessada, ficar de pé, olhar em outra direção e afastar-se comunicam frieza, indiferença e ausência de afetuosidade. Atitudes como cruzar os braços ou as pernas, manter um olhar fixo e não manter o contato visual normal em conversas comunicam frieza absoluta. Comportamentos como arrumar-se, franzir as sobrancelhas, olhar para o teto, balançar a cabeça em senso negativo e fingir um bocejo indicam indiferença. A impressão geral é de tensão, de negligência descuidada e desinteresse. Infelizmente, alguns adultos, como os estudantes, quando estão inseguros ou temem fazer algo errado, também usam esses maneirismos quando se sentem ansiosos. Tais comportamentos podem ser mal interpretados como negligência e desinteresse.

Aceitação

A **aceitação** exige que os adultos enviem mensagens não verbais positivas e consistentes. Se as crianças não contarem com a aceitação dos adultos que valorizam em suas vidas, é impossível que se desenvolvam de modo construtivo. Ser totalmente aceito significa ser valorizado incondicionalmente. Os adultos que demonstram aceitação em relação à criança interessam-se por elas, independentemente dos atributos pessoais, da descendência familiar e do comportamento (Remland, 2009). Os professores que usam comportamentos não verbais positivos com imediatismo na sala de aula (sorriso, contato visual, gestos, andar em volta e posição corporal aberta e relaxada) criam uma atmosfera positiva na qual os estudantes se sentem bem consigo mesmos e no ambiente de aprendizagem (Burgoon, Guerrero & Floyd, 2010). Os comportamentos da lista que segue demonstram avaliação positiva:

- Propensão em relação à criança.
- Olhar.
- Proximidade.
- Abertura dos braços e do corpo.
- Orientação corporal direta.
- Toque.
- Postura relaxada.
- Expressões vocais e faciais positivas. (Knapp & Hall, 2010, p. 413)
- Variedade vocal e expressividade. (Ray & Floyd, 2006)

A aceitação costuma ser mal compreendida. Alguns adultos presumem que a aceitação se traduza em relevar qualquer comportamento da criança, até mesmo os antissociais. Os adultos habilidosos comunicam aceitação e afeto pela criança, ao mesmo tempo que as orientam para comportamentos mais adequados. Essa tarefa dupla é ilustrada pela história da Sra. Niblock que se aproxima rapidamente de duas crianças que estão batendo uma na outra com galhos, no parque. Ela se agacha e olha para cada uma. É óbvio que estão zangadas. Ela comunica aceitação ao reconhecer a raiva que as crianças sentem, ao agachar-se e ao abraçar as duas. Ao mesmo tempo, com voz firme e tranquila, a Sra. Niblock deixa claro que não é permitido bater e pede às crianças que joguem fora os galhos.

Genuinidade

Como deve se lembrar, vimos no Capítulo 2 que as relações positivas entre adulto e criança caracterizam-se, entre outras coisas, pela genuinidade, que é comunicada quando os comportamentos não verbais coincidem com as palavras. Ao darem *feedback* positivo às crianças, o movimento corporal, a expressão facial e o tom de voz dos adultos sustentam a mensagem. Quando a mensagem tem teor oposto, a comunicação não verbal deve ser igualmente consistente. Na verdade, ser autêntico e genuíno é mais fácil que tentar mascarar os verdadeiros sentimentos. As pessoas estão mais relaxadas e cordiais, e seus sorrisos não contêm traços de desaprovação, medo, desprezo ou tristeza. Quando os adultos dizem a verdade, a linguagem é mais fluente, e a frequência da voz, mais expressiva. As crianças são perfeitamente capazes de identificar os adultos genuínos desde a primeira infância.

Os adultos autênticos ganham a confiança das crianças porque estas acreditam nas palavras e reações não verbais daqueles. A Sra. Tashima demonstra genuinidade quando reserva um tempo para observar com atenção os trabalhos de arte das crianças e ressalta algo particularmente interessante a propósito da pintura ("Você usou cores vivas" ou "Você encontrou um modo de fazer que a casa pareça estar bem longe"), mais que simplesmente dizer a cada criança "Bom trabalho", sem necessariamente examiná-lo e sem pensar que é realmente bom.

Empatia

A **empatia** exige a decodificação exata das mensagens não verbais das crianças, a escuta atenta do que dizem e a observação do que fazem em um contexto específico. O adulto precisa entender o que a criança sente e, então, comunicar sentimentos semelhantes em resposta, correspondendo aos sinais não verbais de modo simultâneo ou coordenado. Ao contrário, os adultos que não são atentos ou estão concentrados em outras questões não são empáticos. Compare a reação de dois professores a

Emily, aluna da terceiro ano, que passou uma hora colando e pregando em uma criação feita inteiramente de madeira (Steiner & Whelan, 1995).

> *Emily diz com um sorriso tímido: "É a árvore dos desejos. Você fala com ela e seus desejos se realizam".*
> *O Sr. Daley olhou rapidamente o trabalho da menina: "Cuidado com as lascas desse troço. Terminou a lição de matemática?".*
> *Mais tarde, o Sr. Bewick deteve-se no programa pós-escola. Emily, meio hesitante, mostrou-lhe a árvore dos desejos.*
> *O Sr. Bewick ajoelhou-se sorrindo: "Puxa, nunca tinha visto uma árvore dos desejos. Posso fazer um desejo?". E esperou a resposta de Emily.*

A resposta do Sr. Bewick foi empática, e a do Sr. Daley não. O Sr. Daley, concentrado em sua programação, foi insensível ao valor que a criação tinha para Emily. Comunicou sua falta de interesse olhando o trabalho de modo superficial e afastando-se rapidamente. O Sr. Bewick, por sua vez, reconheceu a importância da mensagem da menina e fez que soubesse que ele sentia, de algum modo, o mesmo entusiasmo que ela. Transmitiu seu interesse com o comportamento não verbal e com palavras.

Respeito

Mostra-se **respeito** pelas crianças quando se presta atenção a suas ideias, quando se dá oportunidade para tentarem fazer as coisas por conta própria, sem dar nenhum sinal visível de que se acredita que não vão conseguir. O desrespeito é flagrante quando os adultos comunicam que as crianças não conseguirão aprender ou funcionar de modo efetivo. O quadro abaixo fornece alguns exemplos.

Como o conceito de tempo influencia as relações

Muitas expectativas sociais baseiam-se no sentido compartilhado do tempo. Você precisa ter consciência de seu conceito de tempo para entender mais facilmente suas próprias respostas ao comportamento das crianças. Além disso, precisa aprender de que modo outras pessoas, especialmente com bagagens culturais diferentes, interpretam o tempo. Se não for assim, os desentendimentos sobre o tempo entre adultos e crianças serão inevitáveis. Um adulto pode interpretar que uma criança de 8 anos está atrasada para a reunião dos escoteiros mirins porque chegou muitos minutos depois da hora marcada. Entretanto, a criança talvez se considere "pontual" porque chegou antes das atividades principais que eram importantes para ela.

Para usar o tempo na cultura norte-americana, as crianças precisam aprender um conjunto complexo de regras. As crianças de cultura norte-americana nativa e hispânica podem perceber o tempo marcado pelo relógio como menos importante que o **tempo subjetivo**, o que pode causar ainda mais mal-entendidos (DeCapua & Wintergerst, 2007). O tempo subjetivo, ao contrário daquele marcado pelo relógio, é ambíguo. Baseia-se no sentimento interno das pessoas que o usam. Os norte-americanos nativos adultos que participarão de um *powwow*[1] sabem que a reunião acontecerá em determinado fim de semana, mas tal reunião pode acontecer a qualquer hora, dentro desse período. O momento do acontecimento é mais importante que um momento específico do dia.

O controle do tempo é um indicador de *status*. Isso significa que os adultos provavelmente se zangam

Comportamento não verbal respeitoso	Comportamento não verbal desrespeitoso
Escuta com atenção e educadamente enquanto a criança fala.	Bufa, revira os olhos, funga, suspira, ofega e emite outros sons derrisórios.
Olha para a criança.	Olha por cima da cabeça da criança ou para fora da janela enquanto ela fala.
Concentra-se no significado que a criança tenta transmitir por tempo suficiente para que complete o pensamento.	Interrompe a criança e termina as frases no lugar dela.
Com tato e em particular, ajuda a criança a limpar-se.	Dá as costas ou mostra repugnância quando a criança faz as "necessidades" nas roupas ou apresenta algum odor corporal.

---
[1] Reunião dos povos nativos (ou de uma tribo) da América do Norte. (NT)

quando as crianças são lentas, ociosas ou levam muito tempo para fazer uma tarefa. Os adultos se zangam também quando as crianças são impacientes e não querem esperar por eles nem "só um minutinho". A **duração** de um acontecimento pode ser muito longa ou muito breve, conforme a perspectiva das pessoas envolvidas.

Os adultos que reservam tempo para escutar a criança demonstram que ela é importante e que a conversa é interessante. Adultos que interrompem as crianças, que estão obviamente prontos para sair da interação na primeira oportunidade ou que estão excessivamente distraídos com os acontecimentos em volta demonstram falta de interesse. Responder às crianças prontamente, manter horários ou compromissos e reservar tempo para observá-las, enquanto trabalham ou brincam, comunica a elas que são importantes. Você precisa ter em mente que, embora elas compreendam esses sinais nos outros, estão ainda aprendendo a adotar esses sinais em seu próprio comportamento. Como resultado, o uso que fazem do tempo para transmitir respeito e interesse não está totalmente desenvolvido.

Os comportamentos não verbais também transmitem autoridade tanto em termos do comportamento adulto quanto no que se refere à interação das crianças com os pares.

■ Comunicar autoridade e segurança por meio do comportamento não verbal

Por sorte, os adultos têm poder legítimo ou **autoridade** para proporcionar segurança, proteção e bem-estar às crianças que estão sob seus cuidados. Os adultos controlam, é claro, os recursos necessários para a sobrevivência, a aprendizagem, o divertimento e a habilidade de recompensar o comportamento adequado. Os adultos têm poder porque possuem habilidades e conhecimentos de que as crianças precisam. O poder da maioria dos adultos que trabalham com crianças está fundamentado na afetuosidade, nas relações positivas com elas e no desejo de agradar que elas têm. Além disso, são maiores e mais fortes, o que pode ser necessário para pegar a criança e deslocá-la quando estiver em uma situação perigosa ou em lugar que represente risco (Guerrero & Floyd, 2006). Talvez seja menos óbvio o fato de que proporcionam também ordem, segurança e o sentimento de proteção de que precisam.

Grande parte desse senso de autoridade é transmitida às crianças de modo não verbal. Os adultos demonstram sua assertividade quando interagem em proximidade física, mantêm contato visual e usam um tom de voz firme, regular e confiante. Podem precisar segurar firmemente uma criança para impedir que se machuque ou machuque alguém. O comportamento dominante socialmente habilidoso, que demonstra confiança e energia, é mais bem-sucedido em influenciar o comportamento de longo prazo que as estratégias coercitivas (físicas ou verbais) (Guerrero & Floyd, 2006). As crianças sabem que os professores têm autoridade para recompensar o comportamento adequado, distribuir recursos de modo justo e mantê-las a salvo dos perigos. A influência que os adultos adquirem por meio de habilidades sociais é maior e mais durável que a que se obtém com as estratégias coercitivas (Burgoon, Guerrero & Floyd, 2010).

A não assertividade implica falta de controle da situação ou não disposição para agir responsavelmente. Ambos são comunicados não verbais, e mesmo crianças bem pequenas conseguem detectar a voz oscilante, intensa e alta da raiva e a voz fraca, indecisa e hesitante de um adulto tímido. Como resultado, é provável que respondam a esses aspectos da mensagem do adulto em lugar de responder às palavras proferidas.

Os adultos não são os únicos a comunicar autoridade em relação aos outros. As crianças pequenas apresentam *status* e poder por meio do controle do espaço e dos brinquedos, do tamanho e da força, de movimentos enérgicos e de discussões com os outros (Burgoon & Dunbar, 2006). As crianças dominantes têm mais sucesso em conseguir que outras crianças façam o que querem, e as submissas tendem a evitar discussões e preferem pedir com gentileza. As estratégias que parecem funcionar para que a criança dominante ganhe poder incluem vangloriar-se, erguer-se sobre a outra, invadir a área em que esta brinca, ficar de pé enquanto o oponente está sentado, exercer força superior ao puxar ou lutar ou, ainda, oferecer acordos vãos. As dominantes são também mais expressivas, mantêm menor distância interpessoal, têm postura corporal mais aberta, apresentam menos variabilidade vocal e voz mais alta, interrompem mais e hesitam menos (Knapp & Hall, 2010). Tais intercâmbios não levam necessariamente à violência e podem ser necessários para que as crianças aprendam a lidar com o sistema social no qual os indivíduos têm objetivos incompatíveis e graus diferentes de poder no grupo.

> *Rudy entrou na área dos blocos de construção da qual havia saído 15 minutos antes e afirmou: "Eu não disse que podia mexer nesses blocos" – enquanto se aproximava e se inclinava ameaçadoramente sobre os jogadores. David, Devan e Forrest tentaram inicialmente ignorá-lo. Rudy moveu-se para a frente, olhou feio e disse: "Devolva esses blocos, ponha lá... Ouviu o que eu disse?" – enquanto agarrava um dos blocos em questão e mudava-o de lugar. Devan protestou e disse a Rudy que havia saído e eles estavam construindo. Rudy respondeu em voz alta e firme: "Vocês só podem fazer isso quando não estou aqui". Uma vez que Rudy raramente faltava, essa proposta era essencialmente sem sentido. A brincadeira continuou sob a direção de Rudy que mandava e desmandava, e os outros três obedeciam. Esse é um arranjo essencialmente colaborativo entre aquele que domina e os que a ele se submetem, dado que todas as crianças sabem que os adultos intervirão se ocorrer uma forte altercação.*

Rudy usou as seguintes estratégias para exercer domínio sobre os pares: elevação, violação espacial, voz alta, controle da conversa e dos materiais. As outras crianças tentaram retrair-se para evitar o conflito e, depois, submeteram-se. Rudy propôs também uma solução para o problema, a qual, se fosse sincera, teria sido uma estratégia eficaz para ferir menos os sentimentos dos outros.

■ O impacto negativo das mensagens mistas

Um ou todos os canais de comunicação não verbal transmitem mensagens não faladas. Além disso, é possível comunicar determinada mensagem por meio de um canal de comunicação, tal como a expressão facial, enquanto se comunica algo completamente diferente por outro canal, como o tom da voz. Talvez nenhuma delas corresponda ao significado real das palavras proferidas, o que resulta em uma **mensagem mista**. Por exemplo, um adulto pode sorrir e dizer "Claro, pode pedir mais ajuda", enquanto apresenta uma postura rígida, um tom de voz tenso e punhos fechados que demonstram claramente a desaprovação. Detecta-se a discrepância da mensagem quando se liga o que é dito a quatro processos não verbais: controle, excitação, afeto negativo e complexidade cognitiva. O comunicador não confiável tende a selecionar cuidadosamente as palavras e a usar uma gramática diferente da que utiliza quando é sincero. Além disso, a voz é mais controlada, e o corpo, tenso. Muitas vezes, acrescenta detalhes desnecessários. Parece muito mais fácil ser um comunicador preciso e honesto (Remland, 2009).

Aos 9 meses, os bebês conseguem tanto perceber quando as palavras de um falante são discrepantes quanto aplicar essa mensagem ao contexto social (Blanck & Rosenthal, 1982). Os bebês, em suas interações com os cuidadores, confiam inteiramente nos sinais não verbais e se tornam comunicadores muito habilidosos (Burgoon, Gierrero & Floyd, 2010). Na idade pré-escolar, as crianças se tornam sensíveis e cautelosas em relação às mensagens, quando percebem que a expressão facial e o tom de voz não correspondem. Presumem o pior. As crianças pequenas têm dificuldade em decodificar mensagens mistas usadas para exprimir domínio (Burgoon, Guerrero & Floyd, 2010). À medida que crescem, mostram grande precisão e rapidez em decodificar as expressões faciais. Deixam de depender principalmente do que ouvem e passam a usar a expressão facial como chave principal para a compreensão, sem perder as habilidades previamente adquiridas. Ao tornarem-se mais habilidosas, são capazes de extrair mensagens emocionais mais sutis das comunicações visuais não verbais. Assim, tornam-se menos dependentes das palavras usadas pelas pessoas. Não são facilmente ludibriadas e tornam-se mais precisas e competentes em receber a totalidade da comunicação. Os sinais visuais são primordialmente usados para decodificar mensagens mistas tanto por crianças maiores quanto pelos adultos.

Entretanto, as crianças com deficiências de aprendizagem são substancialmente menos precisas ao interpretarem as emoções dos outros. Os meninos, em particular, podem não usar os sinais faciais para julgar os sentimentos dos outros, confiando, em lugar disso, nos sinais de movimento (gestos amplos e movimento pelo espaço). Embora a tendência à maior precisão se mantenha ao longo do tempo, muitas dessas crianças podem ainda estar confusas no início da adolescência (Nabuzoka & Smith, 1995). Isso pode ser particularmente grave. Por exemplo, uma criança sorridente que corre em direção a outra, portadora de deficiência, pode ser vista como uma agressora e não como uma companheira potencial. Quase todas as interações sociais impõem problemas potenciais de interpretação equivocada para as crianças que brincam com companheiros mais habilidosos e da mesma idade. Da mesma forma, crianças com autismo exigem intervenção intensiva para conseguir ler os sinais não verbais. Elas têm dificuldade em relação a atender pedidos, à atenção compartilhada e ao revezamento (esperar a própria vez) (Chiang et al., 2008).

O sarcasmo combina um conteúdo lexical negativo (palavra), um tom de voz mordaz e uma expressão facial agradável. O sarcasmo é a estratégia usada para transmitir desprezo e comunicar que a outra pessoa é incompetente. É, pelo menos, uma crítica (Guerrero & Floyd, 2006). Quando as mensagens verbais contradizem às não verbais, os adultos tendem a acreditar na mensagem não verbal, mas as crianças tendem a acreditar na verbal (Burgoon, Guerrero & Floyd, 2010). Para as crianças pequenas, isso é perturbador, pois as palavras e o tom de voz são, ambos, fortemente negativos, e é nesses sinais que elas confiam para interpretar o significado afetivo da mensagem. Os pré-adolescentes interpretam tal comportamento como tom negativo ou como piada de mau gosto. Os adultos podem perceber essa mensagem, nitidamente mista, como engraçada ou como uma piada.

■ Enfrentar os desafios não verbais

Ao trabalhar para estabelecer relações positivas e afetuosas com as crianças, você encontrará provavelmente situações em que ficará confuso sobre o significado de algum sinal não verbal. Uma criança pode interpretar mal suas boas intenções. As razões podem ser a bagagem cultural e a experiência da criança em casa ou até na escola. Nem sempre você saberá o que fazer. Considerando o que sabe até agora, examine o dilema sobre como interagir com Jay (veja o quadro abaixo).

■ Como as crianças adquirem habilidades não verbais

As crianças aprendem as estratégias de comunicação não verbal por meio das pessoas que compõem seus microssistemas. Os comportamentos não verbais, incluindo o estilo e o grau de expressividade, são socializados desde o nascimento até a idade adulta. As crianças de famílias que usam comportamentos não verbais abertamente começam a decodificar esses sinais com exatidão antes das crianças de famílias menos expressivas. Entretanto, quando as famílias usam sinais expressivos menos abertamente, as habilidades de decodificação das crianças tornam-se mais perspicazes e mais afiadas à medida que crescem, pois adquirem mais prática em decodificar as nuanças (Halberstadt, 1991). Infelizmente, algumas experiências típicas do desenvolvimento podem dificultar a aquisição dessas habilidades. Crianças entre 8 e 10 anos socialmente ansiosas que temem não ser aceitas pelos pares podem ser de risco, pois se retraem e evitam as situações sociais em que poderiam aprender a tornar-se mais habilidosas. São substancialmente menos precisas que os pares em decodificar expressões faciais e qualidades de voz, quanto ao conteúdo emocional (McClure & Nowicki, 2001).

Métodos de aquisição das habilidades não verbais

As crianças aprendem padrões de comunicação não verbal de três modos diferentes.

1. As crianças aprendem por meio da imitação. Elas imitam as estratégias específicas de comunicação de sua família imediata, pares e vizinhos. Desde os primeiros anos, assumem os comportamentos não verbais típicos de seu gênero e grupo cultural. A exposição à mídia também ajuda a criança a decodificar e imitar os comportamentos não verbais (Feldman, Coats & Philippot, 1999).

Comportamento desafiador

Conheça Jay

Jay é pequeno para seus 7 anos. Usa sempre camisetas de mangas compridas mesmo quando está calor e presta sempre muita atenção aos adultos e às crianças maiores. Quando entra em espaços novos, parece procurar sempre a saída. Sua expressão facial é geralmente neutra, exceto quando observa, de vez em quando, cuidadosamente a classe. Se alguém se aproxima de repente, ele se retrai rapidamente ou muda de lugar. Às vezes se encolhe quando a professora se aproxima e o toca. A Srta. Planalp o considera inatingível e difícil de entender. Aprendeu a aproximar-se apenas quando ele pode vê-la aproximar-se e a permanecer a 50 cm de distância do garoto antes de lhe perguntar se pode mostrar como se faz uma tarefa.

O comportamento não verbal de Jay pode passar despercebido em uma classe movimentada. Entretanto, sua capacidade de aprender habilidades sociais é limitada por sua defensividade e desconfiança em relação aos outros. É uma daquelas crianças muito quietas, mas desafiadoras, pois é muito difícil entrar em sintonia com ele.

Se você fosse professora de Jay, que comportamentos não verbais usaria e quais evitaria? Por quê?

Não causa surpresa o fato de os padrões de comunicação norte-americanos variarem sistematicamente conforme grupo racial, herança cultural e até região do país (Richmond & McCroskey, 2003). De fato, embora os adultos falem a mesma língua, os padrões não verbais podem estar intimamente ligados ao país de origem da família. Por exemplo, um indivíduo pode usar gestos típicos dos italianos e, ao mesmo tempo, ter o inglês como língua materna.

As mesmas variações valem para as famílias que falam espanhol. Por exemplo, embora a distância para uma comunicação confortável seja menor para todos os adultos que falam espanhol que para os norte-americanos de descendência europeia, essa distância varia consideravelmente entre os diversos países de língua espanhola. Fique atento às diferenças existentes na comunicação não verbal e observe atentamente os adultos que estão perto das crianças para identificar os sinais comportamentais típicos de comunicação não verbal utilizados. Desse modo, você entenderá mais rapidamente a mensagem total que a criança comunica.

2. As crianças aprendem por meio das interações sociais com os adultos. Crianças que interagem com adultos expressivos e habilidosos se tornarão, ao final, habilidosas em comunicação não verbal. Além disso, a criança cuja experiência cultural em casa difere da de outros ambientes da comunidade modificará gradualmente sua comunicação não verbal, tornando-se essencialmente bilíngue do ponto de vista não verbal.

Os adultos compartilham a responsabilidade de aprender o significado do ambiente não verbal da criança, particularmente em relação a crianças de menos de 6 anos. Algumas regras do comportamento não verbal são indicadas por meio de advertências. Quando um adulto vê uma criança fazer algo que "todos" consideram inadequado, como cuspir no chão, responde com uma afirmação forte como: "Você cuspiu no chão. Isso espalha germes. Use um lenço". A criança aprende as expectativas sociais quando comete um erro e é corrigida. Os norte-americanos têm regras firmes sobre a nudez e sobre todas as interações no âmbito do espaço interno. As crianças simplesmente não podem urinar em público! Em geral, essas regras não verbais são formalmente expressas nas instruções dadas na sala de aula.

3. As crianças aprendem por meio de ensino e treino. Os adultos podem dar às crianças sugestões sobre como "ser amigável" ou sobre como defender seus direitos. Os familiares podem, além disso, fornecer frases prontas e treinar as crianças pequenas com sinais quanto à congruência não verbal: "Diga, 'Muito obrigado'" ou "Peça desculpas se for isso o que deseja fazer". Nas escolas, as crianças recebem instrução formal em inglês. Entretanto, recebem, com frequência, instrução semelhante para os comportamentos não verbais, exceto quando estão envolvidas em experiência teatrais nas quais precisam representar um papel não familiar a elas. Os adultos podem dar instruções formais para as comunicações não verbais quando assistem a um espetáculo: "Fique sentado em silêncio e não cochiche durante a apresentação". Todavia, grande parte do ensinamento é informal e feito, em geral, individualmente.

O padrão de desenvolvimento da linguagem não verbal é muito semelhante ao da fala. As crianças se tornam cada vez mais habilidosas à medida que crescem. Passam a ter controle sobre suas mensagens e estas se tornam cada vez mais complexas. Com o passar dos anos e com a experiência, conseguem com mais facilidade compreender mensagens discrepantes. Aos 4 anos, as crianças conseguem contar uma mentira "branca" para serem educadas (Talwar & Lee, 2002). A compreensão precede a expressão; assim, as crianças começam a confiar no canal verbal e passam, entre 7 e 10 anos, a confiar na expressão facial.

As regras de exibição são meios particularmente importantes do comportamento não verbal que as crianças aprendem por meio de instrução. **Regras de exibição** são diretrizes culturalmente específicas que governam a demonstração do comportamento não verbal. As crianças aprendem a exagerar, minimizar ou mascarar a expressão de seus sentimentos, segundo o ambiente ou a situação social. Crianças em idade pré-escolar aprendem com pais, professores e amigos o que não é adequado nem aceitável exprimir. Por exemplo, os meninos, nos Estados Unidos, são instruídos a mascarar emoções negativas, como tristeza e dor, e a não demonstrar ternura e afeto em demasia; já as meninas são treinadas para manter um semblante agradável e minimizar demonstrações agressivas como a raiva (Burgoon, Guerrero & Floyd, 2010).

Mickey, que tem apenas 3 anos, ao experimentar um novo alimento em casa, faz uma careta, emite um "Argh!" e empurra o prato. Na mesma semana, na escola, quando se vê diante de um alimento de que não gosta, experimenta-o, evita comentários, disfarça a expressão, mantendo-a quase neutra, e não come.

Aos 8 anos, as crianças já conseguem explicar as regras de exibição aos outros (Saarni & Weber, 1999).

Depois de se vangloriar, junto às amigas de 8 anos, de suas habilidades de patinar no gelo, Martha levou um tombo. Ficou muito constrangida. Levantou, sorriu e tentou cair de novo deliberadamente para fazer os outros rirem. Mais tarde, admitiu para sua melhor amiga que tinha se machucado, mas não queria parecer "boba" diante das outras meninas.

Você vai aprender mais sobre esses comportamentos no Capítulo 5. Por ora, tenha em mente que as crianças que decodificam bem o comportamento não verbal e entendem as regras de exibição desse tipo de comunicação são consideradas mais competentes do ponto de vista social, tanto pelos pares quando pelos adultos (Haslett & Samter, 1997).

■ O papel dos adultos na promoção da competência social das crianças por meio do comportamento não verbal

Em geral, não refletimos sobre as mensagens não verbais que enviamos. Entretanto, os profissionais que têm consciência de suas próprias mensagens não verbais e daquelas das crianças refletem sobre isso deliberadamente e levam em consideração a cultura, a situação, o ambiente específico e o nível de desenvolvimento das crianças envolvidas. Observações refletidas e escolhas deliberadas de mensagens não verbais permitirão que você seja mais sensível em relação às crianças e mais eficaz ao comunicar emoções e expectativas.

Quando complementa ou acentua não verbalmente o significado verbal de suas mensagens para as crianças, você esclarece o significado total da mensagem e comunica que está interessado em que elas compreendam. Assim, as crianças têm mais probabilidade de entender o que foi dito e responder. Cada pessoa tem seu próprio estilo de comunicação não verbal, às vezes com diferenças sutis em relação aos outros. Além disso, é possível que uma mesma pessoa se comunique de modo diferente, conforme as circunstâncias. Essas diferenças na comunicação influem no fluxo da comunicação com as crianças e afetam a probabilidade de responderem de modo adequado. As diretrizes que seguem o ajudarão a aumentar a eficácia e a exatidão de suas habilidades de comunicação não verbal.

Habilidades para desenvolver relações positivas com as crianças de modo não verbal

Sintonize-se com as crianças

1. **Sintonize-se com o comportamento não verbal das crianças que estão sob seus cuidados.** Observe suas interações típicas com a criança, as interações entre a criança e outras, e aquelas entre a criança e outros adultos. Isso o ajudará a entender diversos movimentos e gestos de uma criança específica. Por exemplo, a professora de Anne Janette, quando a viu brincar em silêncio e sozinha na mesa onde estavam os quebra-cabeças, resolveu verificar se a garota estava com febre. Anne Janette costuma ser barulhenta, turbulenta, sociável e fisicamente ativa. A temperatura era de quase 38 °C. A professora havia identificado uma mudança no comportamento típico da criança.

2. **Reconheça e aprenda as variações culturais da família presentes no comportamento não verbal da criança.** Visto que os grupos culturais apresentam tantas variações, apenas a observação direta dentro de um contexto adequado fornecerá informações suficientes para entender os significados de comportamentos específicos. A criança, enquanto escuta o interlocutor, olha, em geral, na direção dele ou em outra direção? As contorções silenciosas que uma criança de 3 anos faz, enquanto escuta uma história, significam que ela está desconfortável, entediada ou precisa ir ao banheiro? Fique atento às sequências consistentes de comportamento em crianças para aprender o significado desses sinais. Respeite as indicações não verbais das crianças sobre a violação do espaço pessoal.

3. **Respeite o espaço proximal das crianças.** Dê uma tapinha nas costas, aperte as mãos, dê abraços de congratulação. Evite carinhos distraídos como tapinhas na cabeça ou nas nádegas. Esses gestos comunicam atitude de superioridade e desrespeito.

4. **Caminhe até a criança com quem deseja se comunicar e assuma uma posição cara a cara, à altura de seus olhos.** Movimente seu corpo no espaço axial da criança para conseguir a

atenção dela antes de dar a mensagem. De pé, sentado ou agachado, fique a um braço de distância da criança para conversar. Não permita que haja móveis ou outros materiais que interponham uma barreira entre você e ela. Assegure-se de que sua cabeça esteja no mesmo nível da cabeça dela. A criança deve ver seu rosto. Se não for assim, as mensagens poderão literalmente "passar ao largo"! Use expressões faciais que reforcem suas palavras, isso ajuda a criança a entender o que diz. Mantenha contatos visuais frequentes, mas não contínuos. Se as crianças estiverem envolvidas em atividades, vá de uma em uma e fale individualmente com elas. Você precisará agachar-se para manter uma comunicação cara a cara com as crianças pequenas.

5. **Incline-se levemente na direção da criança.** Essa atitude comunica interesse e, além disso, ajuda a ouvir o que ela diz. Mantenha uma postura física relaxada. Sentar-se de modo desleixado não comunica interesse. Você não deve dar, com o corpo, a impressão de que está "pronto para ir embora imediatamente". Os braços e as pernas devem estar abertos, e não fechados ou cruzados de modo estreito. Use movimentos que comuniquem atenção. Acene com a cabeça ou use outros gestos para indicar que compreende, mas não demonstre, com isso, inquietação, pois esta indica falta de interesse e tédio. Os pés não devem incomodar nem se mexer. Maneirismos como mexer nos cabelos, catar fiapos e dar tapinhas na mesa não devem atrapalhar, e é melhor abster-se deles. Nenhum movimento seu deve competir por atenção com as palavras da criança.

6. **Sintonize-se com as mensagens não verbais das crianças e faça todo o esforço possível para demonstrar que tenta compreender.** Evite menosprezar e fazer interpretações apressadas, especialmente se a criança não estiver acostumada com o ambiente ou se pertencer a um grupo cultural diferente do seu. Preste muita atenção ao que ela diz, a como o diz e ao que faz. Para fazer apreciações sobre a demonstração de emoções, o comportamento adequado e a mensagem pretendida, use o que conhece sobre a cultura, o gênero, a idade e as habilidades da criança. Quando as pessoas acreditam que você está tentando compreender (seja isso verdade ou não), sentem seu interesse e sua afetuosidade.

7. **Responda o mais prontamente possível quando falam com você e dê-se tempo para escutar.** Dar-se tempo para ouvir a criança realmente pode ser difícil às vezes. Se você não tiver tempo para escutar o que ela diz, explique-lhe que está interessado e vai conseguir ouvi-la plenamente mais tarde. E faça isso. Por exemplo, o Sr. Wardlich havia começado a ler uma história em voz alta para a classe quando Carrie anunciou que ia para a Flórida durante as férias de primavera. O Sr. Wardlich disse-lhe que poderia contar isso quando as crianças estivessem trabalhando com caligrafia, pois aquele era o momento de ler histórias.

8. **Mantenha consistência em todos os canais de comunicação quanto a seus sentimentos.** Quando expressar seus sentimentos a uma criança, suas palavras devem corresponder a seu comportamento. Enquanto trabalha com uma criança, é provável que experimente uma grande variedade de sentimentos como alegria, divertimento, tédio, raiva, surpresa, desconcerto e interesse. Para serem autênticas, genuínas e honestas, as comunicações devem ser consistentes em todos os canais. Você pode transmitir uma mensagem com clareza e compreensão usando todos os canais. É possível expressar sentimentos múltiplos em rápida sequência e ser, ainda assim, genuíno.

Quando os adultos tentam suprimir, mascarar ou dissimular sentimentos, deixam de ser autênticos, genuínos e honestos. Se estiver zangado, é melhor que pareça e soe zangado, sem perder o autocontrole; se estiver feliz, seu rosto, corpo e voz deverão refletir essa alegria.

9. **Toque as crianças com afetuosidade e respeito.** Quanto menor for a criança, mais provável será que considere o toque físico aceitável e até desejável. Quanto às crianças maiores, peça permissão antes de tocá-las. Com frequência, meninos de 8 anos se ressentem de serem tocados. O adulto precisa, é claro, respeitar as preferências das crianças. Entretanto, uma vez que a confiança estiver estabelecida, tocar ou dar uma tapinha na criança, nos ombros, nas mãos e nas costas, como gesto amigável ou de parabenização, é aceitável em qualquer idade. Quando usado adequadamente, o toque acalma, conforta e é emocionalmente reparador, pois trata-se de uma ligação tangível entre você e a criança. Uma coisa bem simples, como uma enfermeira que segura a mão da criança enquanto alguém extrai uma amostra de sangue, pode reduzir a ansiedade da criança.

10. **Use tons de voz de altura moderada e frequência de normal a baixa; a qualidade da voz deve ser relaxada, séria e interessada.** Mantenha a fala em uma velocidade moderada. A voz deve ser clara, audível e sem pausas de "preenchimento" como "Ahn" ou "Humm". Deve apresentar também um ritmo regular e constante e não impaciente ou excessivamente lento. A voz deve ainda ser fluente quando responde a questões simples ou comenta um assunto, e não descontínua e hesitante.

11. **Use habilidades não verbais para comunicar aceitação e respeite a criança ainda que esta o rejeite.** Quando estão perturbadas, é possível que as crianças pequenas se retraiam ou o rejeitem: "Vá embora!", "Não quero ver você!", "Odeio você!". Um adulto acolhedor é capaz de reconfortá-la e orientá-la. Evite rejeitar os comportamentos não verbais.

12. **Se você se flagrar esquecendo-se de usar os comportamentos não verbais efetivos, corrija na mesma hora.** Monitore seu comportamento não verbal ao interagir com a criança. Se perceber que está em um plano mais alto que ela, curve-se

até seu nível e estabeleça uma comunicação cara a cara. Se sua voz for alta ou baixa demais, rápida ou lenta demais, pare e retome a mensagem usando volume e velocidade mais moderados. Se perceber que seu olhar está distante da criança, focalize-o novamente nela e escute com mais atenção o que ela diz. Analise quais são os comportamentos não verbais de que precisa para levar adiante seu trabalho e faça um esforço intencional para melhorar suas habilidades nessas áreas.

Transmita autoridade e segurança

1. **Vista-se adequadamente.** As roupas, o modo de se arrumar, o cabelo e a aparência geral transmitem várias mensagens, entre elas – e de modo especial – a de autoridade. É possível que uma pessoa responsável pela supervisão e educação de crianças seja ignorada, principalmente se for mais jovem que os pais das crianças. Se sua aparência sugerir uma relação entre iguais, as crianças ainda pequenas não recorrerão a sua ajuda e as de 10 a 12 anos o tratarão como um colega. Uma vez que o modo adequado de vestir varia de um ambiente a outro, o melhor é observar o modo de vestir dos adultos de *status* mais elevado do grupo.

2. **Mantenha um tom de voz firme, afetuoso e confiante.** A frequência deve ser regular, e o volume, normal. Evite gritar e usar tons de voz muito altos. A qualidade tonal deve ser aberta (som cheio e melodioso), e a velocidade, constante. Para obter a qualidade tonal desejada, relaxe o queixo e a garganta, emitindo o som pela boca, e não pelo nariz. As variações de frequência ao longo de uma frase e a fala rápida dão a impressão de incerteza. Uma voz fraca, distante ou titubeante não é assertiva e pode transmitir a seguinte mensagem: "Digo-lhe isso, mas não acho que você o fará. E se não fizer, não vou mais continuar com você". Os adultos cujas vozes são normalmente muito leves ou muito altas precisam acrescentar profundidade ou intensidade extra às mensagens muito importantes, de modo a serem levados a sério.

3. **Olhe diretamente para a criança enquanto falar e mantenha contato visual regular.** Ao falar com firmeza a uma criança, por períodos mais longos que em uma conversa comum, é bom manter contato visual com ela. Mas não é necessário olhar de modo fixo ou flagrante. Um olhar firme e constante dirigido a uma criança que se está comportando mal é suficiente para lembrá-la de redirecionar o comportamento em questão. Não é assertivo desviar o olhar ou lançar olhares suplicantes. Como alguns adultos são mais baixos que crianças altas de 11 e 12 anos, algumas conversas sérias serão mais eficazes se ambos estiverem sentados. As diferenças de altura se devem em geral à diferença no comprimento das pernas. Quando a criança está em um plano mais alto que o adulto, é difícil transmitir mensagens assertivas. A interação cara a cara é mais efetiva.

4. **Relaxe, mantenha a proximidade física e deixe braços e pernas em posição aberta ou semiaberta.** Seu papel é naturalmente de autoridade. Para obter obediência, não é necessário demonstrar agressividade pondo as mãos nos quadris, afastando os pés ou mantendo o corpo tenso. Entretanto, manter uma postura vergada ou abatida e curvar-se para encostar-se a alguma coisa não é assertivo, e quando as crianças detectam posturas não assertivas, é possível que não obedeçam às solicitações.

5. **Use sinais não verbais para obter a atenção de um grupo de crianças que está envolvido em uma atividade ou disperso em um espaço.** Em ambientes fechados, tocar um acorde no piano, fazer as luzes piscarem, cantar em um tom específico, bater palmas, sentar em silêncio e esperar que as crianças o alcancem ou mudar o tom de voz são sinais eficazes para obter a atenção delas. Você pode, em seguida, fazer um sinal de silêncio, pondo um dedo diante dos lábios fechados ou fazendo um aceno com as mãos para as crianças mais próximas. Já em ambientes abertos é eficaz assobiar, acenar com as mãos ou com uma bandeirinha, levantar um braço com a palma plana na direção das crianças, tocar um sininho ou usar um apito.

Não se pode esperar que as crianças recebam e entendam mensagens faladas se não souberem que está tentando falar com elas. Você se dá conta que receberam o sinal quando giram a cabeça em sua direção ou começam a se acalmar. Só comece a falar depois de obter a atenção. Se os sinais não verbais que mencionamos no parágrafo anterior forem usados apenas raramente pelas famílias de algumas crianças, será preciso ensinas a elas o significado deles: "Quando eu fizer as luzes piscarem desse modo (mostre), pare o que estiver fazendo e olhe para mim. Vamos treinar uma vez".

6. **Use as mãos para fazer gestos adequados ou, se necessário, segure a criança até terminar a comunicação.** As crianças pequenas são perfeitamente capazes de fugir correndo quando não querem ouvir o que vai dizer. Podem revirar-se, dar as costas ou tapar os ouvidos com as mãos. Segure-as com firmeza, sem apertar nem fazer força inútil, até terminar a mensagem. É adequado usar gestos que enumerem os pontos, descrevam o significado das palavras usadas ou indiquem a posição no espaço. Evite agitar o dedo na frente do rosto da criança.

7. **Distribua o tempo e a atenção com igualdade.** Um dos aspectos da autoridade é dispor do controle do tempo e da atenção. Distribua-os com igualdade. Ser justo não significa fazer exatamente a mesma coisa em relação a todos. Algumas crianças precisam de mais assistência que outras. Se agir com base nas necessidades óbvias de cada uma, elas perceberão que isso é justo e que, em seu mundo, poderão contar com você.

Fortaleça o comportamento não verbal por meio do ensino e treino

1. **Dê exemplos de comportamentos não verbais e indique-os às crianças, quando necessário.** Ao comunicar-se com a criança, assegure-se de que haja correspondência entre voz,

expressão facial e palavras. Agache-se até o nível da criança. Mantenha contato visual. Todos esses comportamentos dão exemplos de interesse. De vez em quando, chame a atenção da criança para os sinais não verbais que você dá. Por exemplo: "Olhe para meu rosto. Não estou sorrindo. Estou preocupado que alguém possa se machucar". Com mais sutileza, você pode fazer coisas como sugerir a duas crianças que sorriam uma para outra se quiserem ser amigas, enquanto você mesma sorri para elas.

2. **Ajude as crianças a decifrar os sinais não verbais das outras.** Ocasionalmente uma criança pode não perceber ou interpretar mal o comportamento não verbal de outra. Reforce verbalmente o significado do sinal e explique a intenção da outra: "Olhe para Sam. Está de cara amarrada. Ele não quer que você pegue biscoitos do prato dele", "Tanya está rindo um pouco. Isso não significa que ela esteja feliz nesse momento. Às vezes as pessoas riem quando se sentem embaraçadas ou constrangidas", "Raj está andando para trás. Ele ainda não quer segurar a cobra" ou "Olhe Rob. Veja como ele olha para você. Está mostrando que está interessado em sua ideia".

3. **Ensine às crianças habilidades não verbais que elas não demonstram por iniciativa própria.** Algumas crianças precisam de ajuda para lembrar-se de manter contato visual ou sorrir quando alguém sorri para elas, ou, ainda, para usar uma frequência moderada de voz, em vez de gritar e choramingar. Lembre-as desses atos não verbais e dê exemplo, quando necessário. Ensine-as a comportar-se em situações novas. Elas podem aproveitar muito de um treino que as ensine a apertar as mãos, a modificar a voz conforme se faça um discurso ou se leia uma história e a se colocar a uma distância confortável quando fala com alguém.

Aplique as habilidades de comunicação não verbal às interações com os familiares

1. **Aborde os familiares com o corpo em posição relaxada e um sorriso de boas-vindas.** Os familiares vão à escola por diversas razões. Se não comprometer a segurança da criança, dirija-se até eles, cumprimente-os e pergunte no que pode ser útil. Alguns profissionais iniciantes podem parecer frios e indiferentes quando se sentem um pouco envergonhados ou tímidos nas primeiras interações com os pais. Lembre-se, então, de que o papel do profissional é ajudá-los a sentir-se à vontade e confortáveis.

2. **Oriente seu corpo para uma interação frente a frente, em estreita proximidade com o familiar.** Esse é o padrão normal de interação pessoal entre adultos e deve ser confortável para ambos. Contudo, se estiver, ao mesmo tempo, supervisionando as crianças, peça aos pais que entrem na sala ou coloquem-se de modo que possam continuar a observá-las. Não se esqueça de explicar-lhes esse procedimento.

3. **Mantenha contato visual nas interações breves ou alterne o foco entre as crianças e o adulto.** Por exemplo, troque o foco dos pais para as crianças de modo a manter a interação, enquanto as ajuda a entrar e sair. Na classe, você pode sentar enquanto os pais estiverem sentados ou ficar de pé, se for necessário, para manter o contato visual.

4. **Fale com volume entre normal e baixo e com frequência de normal a baixa.** Tente falar com uma voz relaxada, séria e interessada. As estratégias de comunicação não verbal com elementos de afetuosidade, respeito e aceitação são as mesmas tanto para as crianças quanto para os adultos. Alguns encontros amigáveis ajudam a estabelecer uma relação entre o familiar e a equipe.

5. **Quando os familiares se comunicam com você, preste atenção a seus comportamentos não verbais e mantenha os canais não verbais de modo adequado tanto para as mensagens que eles enviam quanto para aquelas que deseja que recebam.** Para um familiar preocupado, um olhar de confiança do profissional é reconfortante. Quando alguém está perturbado ou irritado, é adequado manter uma expressão séria e um tom firme e tranquilo; uma risadinha nervosa poderá irritá-lo ainda mais. Um rosto sorridente e um tom geral de amabilidade são adequados nos casos em que a criança conta uma história divertida, mas serão inadequados se um pai ou uma mãe do sexo oposto contar uma piada vulgar na hora em que for buscar o filho. As mensagens não verbais que você envia aos pais são elementos comunicadores muito melhores de seu profissionalismo e seus sentimentos que qualquer outro modo de comunicação.

6. **Mantenha a expressividade em suas comunicações escritas eletronicamente, mas elas devem ser breves!** O final de uma breve mensagem faz que o remetente seja percebido como afetuoso e disponível. Escolha bem as fotos que apresenta diretamente às famílias ou que lhes dá quando aparecem na escola. Os pais sabem usar o Google!

■ Evite as armadilhas

Independentemente do fato de você usar técnicas comunicação não verbal com crianças de forma individual ou em grupos, de modo informal ou em atividades estruturadas, existem algumas armadilhas que deve evitar.

1. **Dar mensagens não verbais inconsistentes com o conteúdo verbal.** Não sorria se estiver zangado, nem quando formular uma regra ou tentar transmitir uma advertência a propósito de sua desaprovação. Não use um tom amoroso de voz ao dar uma advertência nem um tom frio ao expressar aprovação ou afeto. Essas mensagens com duplo vínculo resultam em confusão e desconfiança para as crianças.
2. **Agir antes de pensar.** Os adultos não informados e irreflexivos comportam-se não verbalmente de modo às vezes insensível ou ofensivo para os outros. Falar em voz alta ou muito devagar não permite que uma pessoa que não fale inglês compreenda melhor. Julgar sumariamente um menino de 12 anos por seus cabelos cor *pink* e espetados e, por esse motivo, responder de modo zangado a ele pode provocar mais revolta que cooperação. Embora respostas genuínas e honestas sejam apropriadas, as respostas refletidas também são necessárias para construir relações positivas e compreensivas com os outros. Essa é uma das diferenças entre profissionais e pessoas não treinadas. Os profissionais têm e usam informações que os capacitarão a ser mais eficazes que aqueles que confiam apenas em suas próprias experiências de vida.
3. **Demonstrar afetuosidade, aceitação, genuinidade, empatia e respeito apenas às crianças que obedecem ou alcançam os requisitos de nossa aprovação.** Se quiser influenciar o desenvolvimento social das crianças, deverá usar comportamentos não verbais ao desenvolver relações positivas com cada uma. Sem isso, você não será eficaz. Além disso, as outras crianças são observadoras perspicazes de seu comportamento e podem perceber que você é não é confiável, o que reduziria sua eficácia global em relação a todas as crianças.
4. **Machucar ou ameaçar machucar as crianças.** Alguns meios não verbais de obter atenção – como bater na cabeça das crianças com um lápis, puxá-las para entrar na fila e usar força excessiva para segurá-las no lugar para conseguir falar com elas – são comportamentos agressivos e inadequados. Uma violência iminente é assinalada por uma mão levantada, pela inclinação ameaçadora sobre a criança, por agarrar com força ou lançar um olhar fulminante de bem de perto. Causar medo ou dor em uma criança é definitivamente inconsistente com o código de ética Naeyc, que afirma que os profissionais, antes de tudo, não machucam.
5. **Usar "linguagem infantilizada".** Os pais e as pessoas íntimas das crianças usam às vezes a linguagem infantilizada como forma de afeto. Os profissionais que trabalham com crianças precisam estabelecer uma comunicação clara baseada no respeito por elas (Denton, 2007). Evite usar voz em falsete, formas diminutivas para palavras comuns (cavalinho, cachorrinho), sons substitutivos ("puquê" em vez de por quê) ou a primeira pessoa do plural em lugar de "você" ("Como estamos hoje?"). Especialmente ofensivo é acrescentar diminutivos aos nomes pessoais quando as famílias usam a forma normal (Carlinhos em vez de Carlos).
6. **Interromper as crianças.** Dê às crianças oportunidade de falar. Não complete as frases no lugar delas, ainda que saiba o que elas querem dizer. Não tente preencher as hesitações normais da fala da criança com suas próprias palavras. Interromper as crianças e completar as frases por elas é intrusivo, é demonstração de superioridade e é desrespeitoso. Deixe-as escolher as palavras que querem usar e não as apresse. Isso demonstra boas habilidades de escuta e proporciona um exemplo positivo que as crianças podem seguir (Jalongo, 2008).
7. **Gritar ou berrar com as crianças.** Já foram descritos modos muito mais eficazes de obter a atenção das crianças. Além disso, gritos e berros podem assustar. Nos adultos, esses comportamentos indicam perda de controle.
8. **Chamar a criança que está do outro lado da sala.** Em situações neutras ou positivas, os adultos em geral se lembram de atravessar a sala e falar diretamente com a criança. Entretanto, em emergências ou quando há ameaça de perigo, esse procedimento costuma ser esquecido. Em tal situação, tente controlar a criança dando um aviso. Infelizmente isso quase nunca é eficaz porque a criança nem sempre percebe que a mensagem é dirigida a ela. Além disso, se gritar através da sala, ela pode levar um susto e se machucar. Vá até a criança em poucos segundos e transmita-lhe a mensagem.
9. **Pôr a mão na frente da boca, no queixo ou cobrir de outro modo o rosto e a boca.** Se, ao falar, você cobrir o rosto, sua fala poderá se tornar incompreensível, e suas expressões faciais poderão ficar parcialmente en-

cobertas. Usar bonés com viseira em ambientes fechados pode fazer sombra sobre o rosto e impedir que as crianças vejam bem suas expressões. Permita que elas vejam seu rosto com clareza.
10. **Ignorar os familiares que estão razoavelmente próximos.** Quando um adulto aborda um cuidador, é sempre apropriado ser simplesmente cortês. Ignorá-los dá impressão de indiferença ou grosseria. Os adultos podem não ser os pais, e, por isso, identificá-los adequadamente é também uma questão de segurança para as crianças que estão sob seus cuidados.

Resumo

As pessoas usam comportamentos não verbais para comunicar de modo eficaz e sutil seus sentimentos sobre uma relação, assim como para transmitir a substância da mensagem verbal que enviam. Tais comportamentos podem ser usados para construir uma relação e fortalecer a competência social das crianças. As mensagens não verbais estão em geral implícitas e são fugazes e, por isso, podem ser negadas ou mal interpretadas.

Cada um dos canais ou modos da comunicação não verbal pode trabalhar independentemente dos demais e complementar ou contradizer a mensagem falada. As mensagens que são consistentes perpassam todos os canais e são mais facilmente entendidas; além disso, o falante, nesse caso, envia uma mensagem geral de honestidade, genuinidade e integridade. As mensagens mistas – aquelas em que não há consistência em todos os canais – confundem as crianças, transmitem um senso geral de embuste ou desinteresse e têm menos probabilidade de provocar a resposta desejada.

As crianças aprendem a interpretar as mensagens não verbais antes de aprenderem a enviá-las deliberadamente. A maior parte da aprendizagem desses comportamentos baseia-se na imitação e na interação com comunicadores habilidosos. Por isso, as crianças expostas a comunicadores eficazes se tornarão comunicadoras eficazes. As crianças aprendem também a partir da instrução direta. Os bebês são capazes de detectar mensagens mistas e baseiam-se substancialmente nas características paralinguísticas da mensagem. À medida que crescem, tornam-se cada vez mais habilidosos em entender e enviar mensagens não verbais. Tendem, além disso, a basear-se mais nas expressões faciais ao decodificarem as mensagens, exceto quanto detectam um embuste.

Os adultos que compreendem os significados das mensagens não verbais podem deliberadamente usá-las para fortalecer a eficácia da comunicação. Foram apresentadas algumas habilidades que aumentarão sua habilidade de transmitir não verbalmente afetuosidade, aceitação, genuinidade, empatia e respeito, assim como autoridade. Usar essas habilidades o ajudará a comunicar-se com clareza e a desenvolver relações positivas com as crianças e suas famílias.

Identificamos algumas armadilhas que devem ser evitadas. Elas são ineficazes e interferem na construção de relações positivas com as crianças. Agora que você compreende alguns dos componentes mais fundamentais da comunicação com crianças, já está pronto para explorar os modos como eles podem ser combinados com as habilidades de comunicação verbal para facilitar o desenvolvimento de relações positivas e favorecer o desenvolvimento das relações com as crianças e os familiares.

Palavras-chave

Autoridade; aceitação; canal de comunicação; comunicação não verbal; duração; emblemas; empatia; espaço axial; espaço distal; espaço interno; espaço pessoal; espaço proximal; frequência e tom; gestos; gestos ilustrativos; hesitações; intensidade; mensagem mista; metacomunicação; paralinguísticos; regras de exibição; respeito; ritmo; silêncio; sons não lexicais; sorriso mascarado; tempo subjetivo.

Questões para discussão

1. Descreva as funções da comunicação não verbal e o modo como cada uma delas nas interações comuns.
2. De que modo a comunicação não verbal regula a interação social?
3. Por que é necessário descrever como os diferentes canais de comunicação não verbal operam quando se discute a construção de relações com crianças pequenas?
4. Imagine que você está diante de duas crianças de 10 anos, em uma situação cara a cara, na qual uma empurra a outra com uma vara. Como esse evento deve ser interpretado se as crianças estiverem a 3 metros de distância, a 1 metro de distância ou muito perto uma da outra? Por que você daria interpretações diferentes?
5. Responda à questão 4 levando em conta os espaços interno, proximal e axial.

6. Por que é importante conhecer a herança cultural das crianças quando se interpreta o significado de seus comportamentos não verbais?
7. De que modo a idade, a relação e o gênero afetam os comportamentos de comunicação não verbal? Dê exemplos.
8. Por que os profissionais que dão apoio devem enviar comunicações verbais e não verbais congruentes às crianças e evitar escrupulosamente as mensagens incongruentes?
9. A comunicação não verbal, ao contrário da linguagem, não é ensinada na escola. Como as crianças a aprendem?
10. De que modo o uso que você faz do tempo denota, em suas interações com os outros, a relação social que tem com eles?
11. Quais comportamentos não verbais têm mais probabilidade de transmitir afetuosidade? E assertividade?
12. Procure lembrar-se de uma ocasião em que interpretou mal uma pessoa. Você havia enviado ou recebido alguma mensagem mista (intencional ou não)? Havia diferenças culturais envolvidas na má interpretação?
13. Como as comunicações não verbais dos adultos contribuem para construir relações positivas com as crianças?
14. Descreva como as habilidades não verbais dos adultos se comparam às das crianças.

Tarefas de campo

1. Observe dois adultos em qualquer lugar em que possa vê-los, mas não ouvi-los. Pode ser em um shopping center, supermercado ou restaurante. Observe-os e descreva o que vê. Com base em sua percepção, registre o tom emocional e o conteúdo da interação. Inclua a descrição do ambiente, a posição no espaço de cada interlocutor, os movimentos do corpo e orientação, gestos e expressões faciais.
2. Releia as diretrizes para os comportamentos que demonstram afetuosidade e dedicação, assim como os que demonstram autoridade. Pratique cada um deles com uma ou mais crianças em seu local de atuação. Descreva o que fez e como as crianças responderam. Avalie se as crianças foram capazes de usar essas habilidades.
3. Em um grupo de crianças, pratique sorrir, manter contato visual em nível cara a cara e use estratégias para transmitir afetuosidade. Observe as respostas das crianças a seu comportamento. Descreva os comportamentos não verbais das crianças em resposta aos seus.
4. Escute um adulto habilidoso dar orientações às crianças. Observe a posição dele no espaço, os gestos, a expressão facial, o tom de voz e o contato visual com elas. O que ele realmente faz? Compare com a interação de outra pessoa com crianças.
5. Compare as roupas de quaisquer dois adultos em uma situação de grupo com crianças. Faça uma lista das coisas que usam, determine se as roupas são funcionais e o que pensa que comunicam às crianças e aos pais.
6. Suponha que tenha de descrever o comportamento de um colega de trabalho. Use as frases apresentadas a seguir e pronuncie-as em voz alta a outro colega, com a finalidade de transmitir: (1) seu respeito e sua admiração por essa pessoa, e, em seguida, (2) seu desdém e desrespeito por ela. Use gestos, expressões faciais, sons paralinguísticos e outras estratégias para transmitir tais significados. Pergunte ao ouvinte se ele consegue distinguir uma mensagem da outra.
Frases: "A Sra. Reardson é uma profissional de verdade. Sabe muita coisa sobre as famílias. As crianças sabem que ela sente o que diz e diz o que sente. Se tivesse mais tempo, contaria muita coisa". Quais artigos do Código de Conduta Ética Naeyc (Apêndice) você selecionaria para julgar se essas comunicações são adequadas?

Capítulo 4

Como as crianças desenvolvem uma noção positiva do *self* por meio da comunicação verbal

Objetivos

Ao final deste capítulo, você será capaz de descrever:

- Como as crianças desenvolvem a noção de si mesmas.
- Como a linguagem dos adultos afeta as crianças.
- O ambiente verbal e seu impacto sobre as crianças.
- Estratégias verbais para contribuir para um ambiente verbal positivo.
- Estratégias de comunicação para utilizar com famílias a fim de facilitar a noção positiva do *self* das crianças.
- Armadilhas que devem ser evitadas na comunicação verbal.

Um dia, Maddie estava ocupada fazendo este desenho (Figura 4.1) à mesa. Ela apertava os olhos, pressionava os lábios e trabalhou por muito tempo. A menina cuidadosamente colocou as partes de seu corpo e sua família no desenho. Quando acabou, largou a caneta e, satisfeita, disse: "Pronto". Depois, perguntou: "Quer ver meu desenho? Sou eu e minha família. Olha, aqui estou eu, e aqui é a V, e aqui estão os gêmeos, mamãe e papai. Sou grande porque sou especial. Sou a segunda bebê e uma irmãzona... e isso é importante".

Maddie tem uma noção feliz de si mesma. Na pré-escola, já está começando a definir quem é e quem não é e onde se encaixa em seu mundo social. No momento, esse mundo é formado principalmente por sua família e sua classe na pré-escola. Nesses contextos, Maddie continuará expandindo sua compreensão sobre si.

O *self* emergente

Crianças não nascem sabendo tudo sobre "quem são" imediatamente – esse conhecimento cresce com o tempo. Quando Maddie entrou na pré-escola, era extremamente quieta e insegura sobre o que fazer. Por algumas semanas, a mãe ficou todo dia na escola para ajudá-la a se adaptar à classe. Juntas, com a ajuda da professora, elas conversavam e brincavam com as crianças ao redor. Com o passar do tempo, a menina começou a participar de atividades e conversar com os outros alunos. Gradualmente, passou de se conhecer apenas como membro da família para se ver como parte integrante de uma sala de aula e como uma "borboleta social".

As autopercepções de Maddie ocorreram não em isolamento, mas por meio de interações com outros (Rose-Krasnor & Denham, 2009). Como esse exemplo ilustra, a base da compreensão social das crianças está dentro de seu conceito em desenvolvimento de como o mundo social funciona e seu papel nele. Esse processo começa com o reconhecimento das crianças como seres humanos diferentes (Lewis & Carpendale, 2004). A maneira como as crianças se veem como indivíduos influencia diretamente o modo de elas interagirem com os outros agora e no futuro, e também estabelece suas expectativas para interações bem-sucedidas ou rejeição (Thompson & Virmani, 2010). Além disso, contribui para ampliar a noção do quanto elas acreditam que podem fazer contribuições significativas para a sociedade. Por todos esses motivos, a autoconsciência e a autocompreensão são componentes essenciais do desenvolvimento social e do aprendizado.

FIGURA 4.1 Maddie e sua família.

Progressão da autoconsciência para a compreensão social

A compreensão de "quem sou eu?" é uma construção social e cognitiva (Harter, 2006). As interações das crianças com outras pessoas, em conjunto com sua interpretação cognitiva dessas interações, contribuem para o entendimento de cada criança sobre si mesma como um ser social independente e uma pessoa em relação aos outros. Tal conhecimento se torna parte da **compreensão social** e competência social gerais da criança. Vamos ver mais de perto a progressão da simples autoconsciência para uma maior compreensão social (veja Figura 4.2).

Depois de ler o Capítulo 2, você lembrará que os bebês começam a vida com uma percepção emergente do *self*. Ao longo do tempo e por meio de diversas interações, esse despertar rudimentar se aprofunda para uma noção mais complexa e maior do *self* como diferente dos outros (Laible & Thompson, 2008). Assim, a **autoconsciência** evolui de simples inícios a entendimentos mais abstratos por meio da maturidade cognitiva, da experiência social e do desenvolvimento da linguagem.

Inicialmente, pelo processo de individuação, as crianças entendem que são separadas dos outros. Elas progridem do "Sou" (bebê chorando, intenção: "Ei, olhe para mim!") para uma consciência que "Posso fazer as coisas acontecerem" (o brinquedo saltitante se move quando a criança o chuta repetidamente), para "Posso conseguir uma reação dos outros" (a Sra. Reynolds sorri do outro lado da sala para uma das crianças, Hannah, que demonstra seu mais novo "truque" de engatinhar) e para "Tenho pensamentos e ideias" ("Não! Não quero isso!") (Thompson, 2006).

À medida que as crianças se conscientizam de suas próprias ideias, eventualmente desenvolvem uma teoria que outras pessoas também têm ideias. A teoria em evolução das crianças sobre seus pensamentos, desejos, emoções e crenças e os dos outros é chamada de **teoria da mente** (Wellman & Liu, 2004; Barr, 2008). Crianças atravessam uma sequência previsível quando começam a entender os pensamentos e as ações dos outros. Essa progressão é conectada à interpretação das crianças dos eventos e a como elas se veem em relação a eles. Elas utilizarão essas informações para se autorregular durante interações com os outros (Barr, 2008).

Quando as crianças consideram os pensamentos dos outros de forma verdadeiramente egocêntrica, inicialmente teorizam que outras pessoas pensam exatamente como elas. Por exemplo, Sara não gosta de couve-de-bruxelas. Ela as vê sendo servidas no almoço e declara aos brados: "Não mesmo. Ninguém gosta disso", honestamente acreditando ser verdade porque não gosta da hortaliça. Desse raciocínio egocêntrico emerge a ideia que os outros podem ter desejos, pensamentos, crenças e emoções diferentes dos da criança. Isso pode acontecer desde os 3 ou 4 anos, o que dependerá de experiências sociais, cognitivas e de linguagem (Barr, 2008).

Com o tempo, as crianças tornam-se mais capazes de prever ou refletir sobre as crenças dos outros como diferentes das suas. Isso ocorre em um nível básico por volta dos 4 ou 5 anos (Wellman, Cross & Watson, 2001). Quanto mais as pessoas falam com as crianças sobre crenças, ideias e emoções, mais desenvolvida a teoria da mente das crianças se torna (Sabbagh & Seamans, 2008). A capacidade de prever o pensamento dos outros em situações sociais ajuda as crianças a ajustar seu comportamento para encaixar a possível reação percebida dos outros. A capacidade de se adaptar a expectativas sociais difere com base no contexto no qual as crianças aprenderam e praticaram habilidades sociais no passado (Cahill et al., 2007).

Dean notou que sua cuidadora ficou com uma expressão carrancuda quando viu a água no chão. O menino entendeu que essa expressão demonstrava certo descontentamento (diferentemente do encanto dele en-

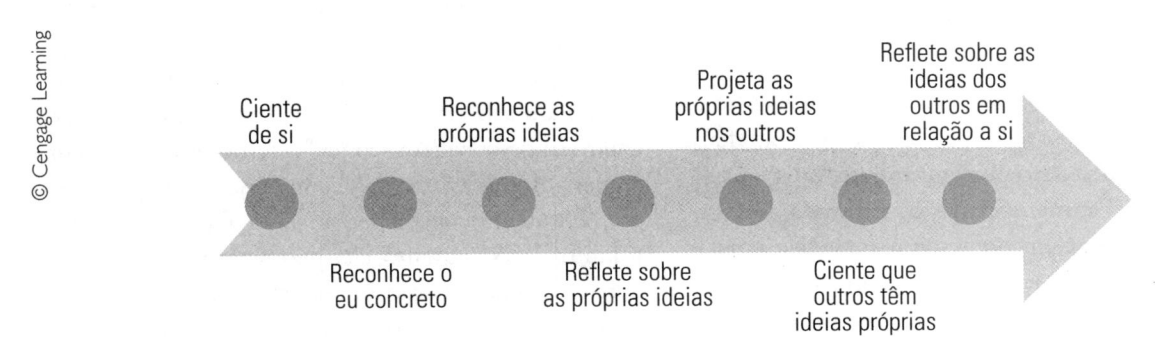

Ciente de si → Reconhece o eu concreto → Reconhece as próprias ideias → Reflete sobre as próprias ideias → Projeta as próprias ideias nos outros → Ciente que outros têm ideias próprias → Reflete sobre as ideias dos outros em relação a si

FIGURA 4.2 Progressão da autoconsciência para a compreensão social.

quanto brincava com a bexiga de água). Dean decidiu pegar uma toalha e enxugar a água derramada antes que o adulto reagisse desfavoravelmente. Cuidadosamente, enxugou a água com a toalha.

Como Dean conseguiu "entender" a expressão da cuidadora e reagir antes de ser castigado, o resultado social para ele foi positivo.

Durante todo o processo, da autoconsciência para o conhecimento social e a compreensão social, crianças expandem ativamente sua competência social. O processo de chegar a entender os outros é uma empreitada para toda a vida. Ele aumenta gradualmente à medida que as crianças desenvolvem habilidades cognitivas, de linguagem e sociais. Crianças percorrem esse processo não de maneira linear, mas de forma mais cíclica, em forma de espiral, na qual cada "ciclo" gera mais experiência no mundo social. Dois outros aspectos de si se relacionam amplamente à compreensão social e subsequente competência social das crianças: autoconceito e autoestima.

Autoconceito

Enquanto a autoconsciência é o reconhecimento de que se é um indivíduo diferente das outras pessoas, o **autoconceito** envolve a combinação de atributos físicos e psicológicos, habilidades, comportamentos, atitudes e valores que definem uma pessoa e a tornam única (Shaffer, 2009). Há uma sequência normativa no desenvolvimento do autoconceito que vai de uma definição física, concreta, aqui e agora para uma concepção mais abstrata (veja o Quadro 4.1 para um panorama dessa progressão).

Do nascimento a 1 ano. Mais ou menos aos 18 meses, as crianças conseguem estabelecer diferenças entre si mesmas e os outros (Thompson & Goodman, 2009). Com a adição de linguagem a seu mundo em rápida evolução, bebês demonstram conhecimento de si ao usarem seu nome e se descreverem com palavras (Harter, 2006; Thompson, 2006). "Eu Michael!" Percebendo que são diferentes de outras pessoas, bebês rapidamente verbalizam "meu" ao reivindicarem algo favorito e "eu" ao se referirem a sua imagem em um espelho ou uma fotografia. Sua descrição inicial se concentra em atributos categóricos de idade e sexo (Derman-Sparks & Edwards, 2010). Esses pequenos anunciam orgulhosamente: "Eu dois". "Sou menino". Eles também percebem o impacto de seu comportamento sobre os outros (Laible & Thompson, 2008). Ao final dos 2 anos, as crianças têm uma noção bem estabelecida que são a própria pessoa, com o poder de influenciar pessoas, coisas e eventos em volta delas.

De 2 a 4 anos. Com base em conceitos desenvolvidos no início da infância, crianças de 2, 3 e 4 anos se definem em termos concretos e observáveis (Harter, 2006). Suas autodescrições incluem

- Atributos físicos ("Tenho cabelo castanho").
- Competências ("Posso subir a rampa").
- Possessões ("Tenho uma bicicleta").
- Relações ("Tenho uma irmã maior").
- Preferências ("Gosto de sorvete e chocolate").

Quando possível, crianças demonstrarão capacidades imediatamente, como subir na rampa ou "se exibir" na bicicleta. Essas ações imediatas destacam a natureza concreta de seu raciocínio. Durante o mesmo período, o autoconceito das crianças também inclui emoções e atitudes simples com relação ao que gostam ou não em certos objetos ou atividades, por exemplo: "Sou feliz quando brinco com meus amigos" e "Não gosto de ervilhas".

Crianças de 2, 3 e 4 anos não conseguem imaginar a coexistência de traços positivos e negativos como bom e ruim, nem são capazes de descrever a vivência de emoções simultâneas, como assustado e sobrecarregado. Crianças dessa idade se descrevem de forma excessivamente positiva (Harter, 2006).

De 5 a 7 anos. Nessa faixa etária, a autoconsideração excessivamente positiva continua (Butler, 2007). Agora, as crianças estendem suas definições de si para incluir autocomparações do que podem fazer atualmente *versus* o que podiam fazer quando eram mais novas (Harter, 2006). Afirmações típicas são: "Posso correr mais rápido agora que antes" ou "Quando era pequeno, eu tinha medo do escuro, mas agora não tenho mais".

Esses contrastes ocorrem à medida que as crianças veem o crescimento nelas mesmas e não têm a intenção de presunção. Comparações também ocorrem quando as crianças se preocupam com a equidade: "Ele tem mais que eu!". Categorias simples para se definirem, por exemplo, como "atléticas" são criadas quando as crianças combinam atributos individuais como chutar, correr e bater. Ao descreverem seu "eu" interno, as crianças conseguem unir duas emoções complementares (por exemplo, "Estou empolgada para o jogo e feliz que podemos ir juntos!"). No entanto, elas permanecem incapazes de unir categorias ou emoções opostas e, assim, ainda não conseguem expressar dois sentimentos conflitantes simultaneamente, como fúria e alegria.

QUADRO 4.1 Progressão do *self* no desenvolvimento das crianças

Idade	Nascimento – 1 ano	2-4	5-7	8-11
DESCRITORES do *self*.	Começa a ver o *self* como separado do cuidador. (Sou EU!)	Utiliza termos concretos e presta atenção em uma coisa de cada vez. (Tenho olhos azuis. Sou menina.)	Agrupa descrições concretas em categorias. (Posso correr rápido. Pulo alto. Sou um atleta!)	Agrupa descrições em características. (Sou sociável [muitos amigos, popular]; sou tímido [na escola, mas não no futebol]).
VISÃO do *self*.	Consciência inicial.	Visão positiva geral. Não vê pontos negativos do *self*. Superestima as capacidades.	Visão positiva geral. Pode ignorar aspectos negativos para manter uma ideia positiva do *self*.	Ciente de todos os aspectos do *self*: positivos e negativos. Tende a ser mais negativa em relação ao *self*.
Uso de COMPARAÇÕES.	Nenhuma comparação.	Nenhuma a não ser que utilizada para medir a equidade. (Ele tem mais!)	Compara consigo mesma: o que conseguia fazer antes *versus* o que consegue fazer agora. Continua preocupada com equidade.	Faz comparações sociais entre o que ela e outros podem fazer para entender melhor o *self* e seu lugar na ordem social, sem a intenção de ser rude ou magoar.
Uso das REAÇÕES dos Outros.	Nota as reações dos outros em relação ao *self*. (Se eu chorar, alguém me pega no colo!)	Ciente das reações dos outros para o *self*; usa referências sociais para ver se o cuidador aprova o comportamento; lê pistas e muda ou mantém comportamento.	Ciente das avaliações dos outros sobre o *self*. Começa a utilizar isso como forma de se regular. (A professora Smith acha que não estudo as palavras para soletrar. Vou estudar ainda mais esta semana para mostrar que consigo!)	Utiliza avaliações dos outros e as próprias para orientar comportamentos. (A Jenny não vai gostar de mim se eu não jogar basquete no almoço, então hoje vou jogar.)

FONTE: Adaptado de Harter (2006).

De 7 a 8 anos. Por volta dos 7 ou 8 anos, a definição das crianças de seu "eu" privado se expande para incluir componentes mais abstratos. Elas usam rótulos de características que se concentram em competências e características interpessoais, como inteligente e burro, bom e mau. Suas comparações agora giram em torno do que podem fazer em relação ao que outro pode fazer (Harter, 2006): "Corro mais rápido que PJ. Rebecca soletra melhor que eu". Essas comparações não têm a finalidade de magoar; são a maneira de as crianças se diferenciarem das outras. Idade, sexo, posses e relacionamentos continuam sendo características para agrupar "eu" e "não eu".

De 8 a 11 anos. Há uma mudança significativa no raciocínio das crianças entre 8 e 11 anos. Mantendo as características concretas dos estágios anteriores em sua autodefinição (como evidencia o autorretrato de Cauleen aos 11 anos, na Figura 4.3), também há um aumento nos adjetivos abstratos utilizados em sua descrição. As crianças começam a mencionar traços de personalidade, como "Sou popular". Continuando a se referir a competências, agora elas conseguem categorizá-las em áreas específicas e diferenciar entre elas. Isso permite que vejam variações dentro de seu desempenho. Diferentemente dos estágios anteriores, a imagem do *self* tende a se tornar muito mais negativa nessa faixa etária (Harter, 2006). Além disso, as relações interpessoais são as características mais cruciais de sua autoidentidade: "Sou amiga da Sarah e da Josie", "Sou amiga da irmã do Jerome". Essa visão mais sofisticada é possível porque suas percepções são influenciadas pelo que fizeram no passado e também pelo que podem fazer ou ser no futuro. Autodescrições frequentemente se referem a padrões de comportamento estabelecidos ao longo do tempo e que as crianças percebem que continuarão (sou inteligente; sou tímida; trabalho duro). Pensar em si nesses termos representa uma orientação mais abstrata, possibilitada por maior experiência, poderes cognitivos mais avançados e estrutura cerebral desenvolvida. Assim, entram na adolescência com uma autoconsciência muito maior do que era possível anteriormente em sua vida.

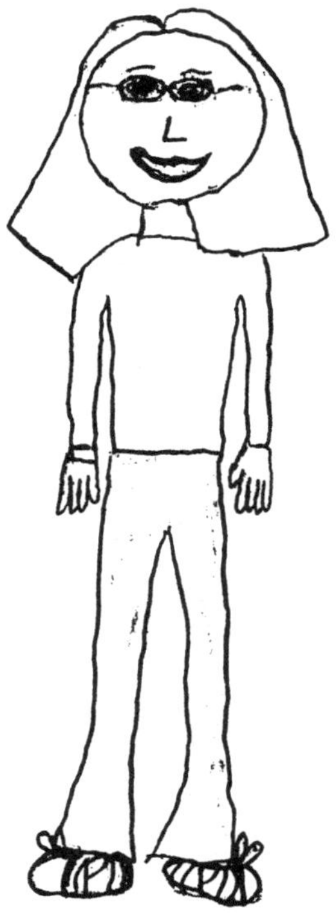

FIGURA 4.3 Autorretrato de Cauleen aos 11 anos, representando os atributos físicos de si com seu autoconceito.

Autoestima

James caminha até a escola pensando:
Corro rápido, mas não tanto quanto Anthony.
Sou mais alto que Fred.
É bom ser rápido e alto.

À medida que as crianças obtêm autoconhecimento, começam a avaliar essas informações, fazendo julgamentos positivos ou negativos. Esse componente avaliativo do *self* é chamado de **autoestima**. A autoestima tem três elementos essenciais: **valor**, **competência** e **controle** (Curry & Johnson, 1990; Marion, 2011).

Valor. O ponto até o qual as pessoas se valorizam e se gostam, e também como percebem que são valorizadas pelos outros é uma medida de seu valor. O valor incita as perguntas que as crianças costumam fazer (oralmente ou por meio de ações): "Você gosta de mim?", "Quanto você gosta de mim?", "Por que você gosta de mim?", "Você se importa comigo?", "Você me ama?", "Você ainda gosta de mim?", "Mesmo se...?", "Gosto de mim mesmo?". Demonstramos diariamente nossa crença no valor das crianças e nossa aceitação delas como pessoas valiosas por meio de nossas palavras e ações. À medida que as crianças interpretam seu valor, internalizam suas percepções das avaliações das pessoas sobre elas e acrescentam isso a seu entendimento sobre quem são.

Quando as crianças sentem que têm valor, passam a acreditar em seu próprio valor como indivíduos. Elas se veem como contribuintes para seus mundos e provavelmente dividirão pensamentos, ideias e talentos. Aprendem a acreditar em si mesmas, o que é essencial para sua autoeficácia – acreditar que podem "fazer isso", seja lá o que "isso" for!

O valor também é medido por "Quem se importa comigo?" e, por sua vez, "Com quem me importo?". Ele também é calculado pelas relações que as crianças têm umas com as outras. *"Shelia é minha amiga." "Você é MINHA mãe!" "A tia Amy é minha professora." "Sou uma irmãzona."*

Competência. O que posso fazer? Posso fazer isso bem? Posso ser bem-sucedido? Essas perguntas são a raiz da competência. Se as crianças sentem que podem fazer algo, que a atividade ou experiência oferecida está dentro de seu alcance, tentarão. Entretanto, quando as crianças sentem que a expectativa é simplista ou difícil demais, elas se sentirão desmotivadas a tentar e terão uma opinião inferior sobre si mesmas. É por isso que é tão importante entender os interesses e as habilidades individuais das crianças e fornecer atividades no nível certo para aumentar seus sentimentos de competência.

Você lembrará que uma das primeiras maneiras de as crianças começarem a se descrever para os outros é pelo que conseguem fazer. Elas dirão: "Olha para mim! Viu o que posso fazer agora?". As crianças ficam orgulhosas e satisfeitas com a mudança de suas competências. Elas se deliciam quando comparam o que conseguiam fazer antes com a forma como agem no presente. Para crianças pequenas, demonstrar grande confiança nas novas habilidades, mesmo sem domínio, é importante. Jamie chama o professor de ginástica: "Olha, Sr. Phillips! Consigo pular duas cordas!" e cai assim que entra nas cordas. Rindo, ela se levanta e sorri: "Bom, da próxima eu consigo!". Acredita-se que a confiança que crianças pequenas emitem leva à competência mais tarde (Harter, 2006). Quando eventos e experiências são lembrados de forma positiva, as crianças mais provavelmente serão motivadas a tentar novamente no futuro.

Controle. Para as crianças, controle se refere ao grau que os indivíduos acreditam que podem influenciar resultados e eventos no mundo. Controle insuficiente é limitador e frustrante, mas controle em excesso é assustador e inquietante para uma criança. Dar a quantidade certa é a meta. Com algum controle em uma situação, as crianças estão dispostas a tentar ou concluir quase tudo. Para ilustrar, pense em dar escolhas a uma criança em idade pré-escolar sobre como se vestir para brincar na neve. Perguntas como "Você quer colocar esta bota ou esta primeiro?" realizam a tarefa e evitam conflito porque a criança tem uma noção de controle, uma escolha. Quando as crianças têm uma sensação de poder, estão mais dispostas a cooperar e negociar.

À medida que as crianças amadurecem, obtêm maior controle sobre o próprio corpo. A estrutura de seu cérebro muda. Como resultado, elas aprendem a controlar impulsos para se movimentar e falar. Elas se tornam capazes de regular a si mesmas de acordo com as regras. Estão adquirindo **função executiva,** a capacidade de planejar conscientemente comportamento, controlar impulsos e tomar ações (Martin & Failows, 2010).

Simultaneamente, crianças estão desenvolvendo a capacidade de regular suas emoções. Elas são mais capazes de reconhecer situações e as reações socialmente adequadas às emoções que devem ocorrer nesses cenários (isso será discutido no Capítulo 5). Finalmente, à medida que todas essas habilidades emergem, o mesmo ocorre com a faculdade de linguagem das crianças. Enquanto obtêm maior domínio da linguagem, começam a ter ideias maiores porque têm rótulos para utilizar para pensar e refletir sobre as próprias experiências (Bodrova & Leong, 2007). Crianças utilizam essa linguagem para ajudar a controlar o próprio comportamento e o de outros, bem como para avaliar a si mesmas (Hrabok & Kerns, 2010).

Trio da autoestima. Cada vez que as crianças enfrentam uma situação social, uma série de perguntas vem à mente: "Sou valiosa?", "O que posso fazer?", "O que posso controlar?". Essas questões estão associadas ao **trio da autoestima** e fornecem uma avaliação pessoal do valor, da competência e do controle de alguém. Às vezes, tais avaliações são conscientes e outras não, mas as respostas em cada caso dão informações importantes que as crianças adicionam a seu estoque de autoconhecimento.

No restante deste livro, faremos referência aos elementos de valor, competência e controle como o "trio da autoestima", que é um método rápido para ajudá-lo a lembrar-se do conceito e de sua natureza inter-relacionada (veja Figura 4.4). Você perceberá que esse trio tem papel crucial em cada aspecto da competência social que discutiremos daqui para a frente.

Considere como as três partes da autoestima funcionam juntas para influenciar a avaliação de Teresa sobre "o *self*" no primeiro dia de aula. Seus julgamentos internos com relação a seu valor, sua competência e seu controle são mostrados no Box 4.1.

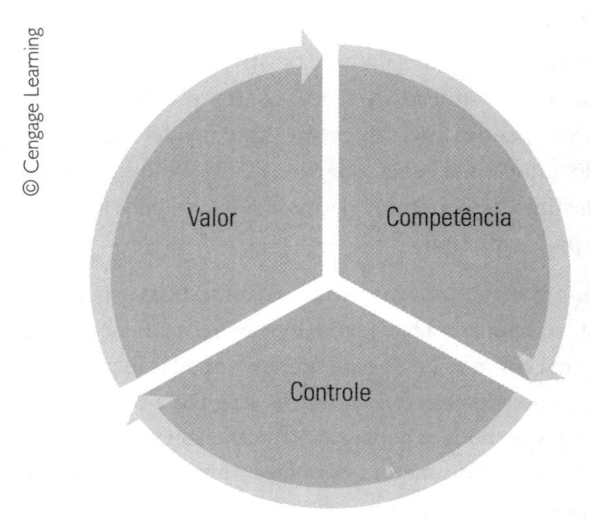

FIGURA 4.4 Trio da autoestima: valor, competência e controle.

BOX 4.1 Teresa e o trio da autoestima

Teresa, de 6 anos, entra na sala do primeiro ano pela primeira vez. Parece nervosa enquanto observa o espaço. Uma adulta sorridente se aproxima, agacha-se para olhar a menina nos olhos e a cumprimenta: "Olá! Você deve ser a Teresa! Estamos muito felizes por você estar na nossa classe. Vou mostrar a você e sua mãe algumas coisas interessantes na sala hoje. Você pode olhar primeiro e depois decidir o que quer fazer".

Simultaneamente, o cérebro de Teresa está analisando a situação e a ajudando a interpretar e avaliar seu valor, sua competência e seu controle relativos nesse novo lugar.

O valor pergunta: "Sou valiosa?".

Teresa pensa: Bom, ela veio até mim...

A competência pergunta: "O que posso fazer?".

Teresa pensa: Parece que muitas coisas estão acontecendo na sala. Já vi algumas delas em minha outra sala. Acho que posso tentar...

O controle pergunta: "O que posso controlar?".

Teresa pensa: Posso escolher de onde quero começar! Parece ótimo!

Teresa interpretou seu primeiro contato com a professora como uma afirmação positiva do próprio valor, competência e controle. Entretanto, a interação do mesmo adulto com outra criança pode ser percebida diferentemente pela primeira criança, resultando em um conjunto de conclusões diferentes. O resultado essencial em cada caso depende das percepções das crianças sobre a interação/situação, que, por sua vez, são influenciadas por suas experiências anteriores, cultura, temperamento, relações com os outros, linguagem e definição atual de cada criança sobre o *self*.

Pessoas que determinam seu valor, competência e controle como essencialmente positivos são consideradas como tendo autoestima saudável. As que se veem em uma perspectiva mais negativa são consideradas como tendo autoestima baixa (Marion, 2011). Pesquisas sobre autoestima demonstram alguns resultados poderosos na vida para cada tipo.

A importância da autoestima. A autoestima está fortemente relacionada à felicidade (Furnham & Cheng, 2000). Ela afeta como as pessoas se sentem em relação a si mesmas, como preveem que os outros reagirão a elas e o que pensam que podem conseguir (Baumeister et al., 2003). Além disso, há uma alta correlação entre autoestima e relações interpessoais (Leary & McDonald, 2003). Pessoas com maior autoestima têm mais chance de ter relações positivas e saudáveis com colegas e amigos. Quem tem baixa autoestima provavelmente será mais solitário e terá menos oportunidades para amizades. A baixa autoestima pode prejudicar relacionamentos porque a pessoa sente falta de satisfação com a relação e está constantemente procurando mais aceitação (Leary & McDonald, 2003). Pessoas com maior autoestima têm menos chance de se comportar antissocialmente (Leary & McDonald, 2003; Simons, Paternite, & Shore, 2001).

Autoestima saudável. Crianças cuja autoestima é elevada se sentem bem consigo mesmas e avaliam bem as próprias habilidades (Harter, 2006). Elas têm maior confiança social. São mais sociáveis, abertas e assertivas (Leary & McDonald, 2003). Consideram-se competentes e agradáveis. Têm uma sensação de controle e acreditam que as próprias ações normalmente determinam seu destino. Assim, esperam ir bem e conseguem superar circunstâncias desafiadoras (Baumeister et al., 2003). Em interações sociais, preveem que os encontros com outras pessoas serão recompensadores e que terão uma influência positiva sobre o resultado do intercâmbio (Leary & Baumeister, 2000). Esses sentimentos otimistas permitem que sejam capazes de dar e receber amor com mais facilidade. Tais crianças também confiam nos próprios julgamentos. Como resultado, são capazes de expressar e defender ideias nas quais acreditam, mesmo quando enfrentam a oposição de outros. Quando confrontadas com obstáculos, utilizam sentimentos positivos do passado para ajudá-las a enfrentar momentos difíceis. Além disso, com a idade e a experiência, tendem a avaliar suas habilidades e limitações de forma realista, e conseguem separar a fraqueza em uma área e sucesso, em outra (Harter, 2006). Quando não hesitam, conseguem se concentrar nos pontos fortes pessoais para superar a situação e manter o sentimento afirmativo sobre si intacto. Por esses motivos, a maior autoestima está relacionada à satisfação com a vida, boa saúde mental e felicidade.

Baixa autoestima. Por sua vez, a baixa autoestima está, em geral, associada a depressão, ansiedade, pensamentos suicidas e violentos e desajustes (Baumeister et al., 2003; Harter, 2006, Leary & McDonald, 2003). Também está relacionada a agressão, comportamento antissocial e delinquência (Donnellan et al., 2005). Crianças cujas considerações de valor próprio são totalmente negativas têm sentimentos de inadequação, incompetência, medo e rejeição. Elas também têm menos chance de ser objetivas sobre suas capacidades e mais provavelmente se concentrarão em suas fraquezas (Brown, 1998). Não se trata de uma visão equilibrada, mas focada principalmente nas falhas. Tais crianças têm pouca esperança de poder influenciar os outros e preveem que a maioria das interações será penosa para elas. Veem que o que acontece com elas é regido amplamente por fatores além de seu controle e estão convencidas de que, não importa quanto tentem, seus esforços basicamente não serão recompensados, a não ser que tenham sorte. Consequentemente, crianças podem hesitar em expressar suas opiniões, não têm independência e tendem a se sentir isoladas ou sozinhas (Baumeister et al., 2003). Essa visão sombria frequentemente leva à construção de defesas elaboradas como uma forma de proteger seus egos frágeis ou afastar a rejeição esperada. Meios típicos de autoproteção incluem detratar-se, manter as pessoas afastadas ou se considerar a melhor ao criticar os outros. A baixa autoestima diminui sua qualidade de vida.

Embora a maior parte das pesquisas até o momento aborde a autoestima como um conceito totalmente "e/ou", na verdade quase todas caem em algum lugar entre esses dois extremos (Curry & Johnson, 1990). Além disso, há momentos em que cada pessoa vivencia sentimentos temporários de baixa ou elevada autoestima, o que dependerá das circunstâncias (Brown, 1998). Essas variações estão de acordo com a natureza dinâmica do desenvolvimento humano. Portanto, pode ser mais exato pensar na autoestima saudável como envolvendo autojulgamentos predominantemente positivos em muitas áreas da vida, intercalados com algumas autoavaliações negativas. A baixa autoestima representa a combinação oposta de percepções pessoais.

A evolução da autoestima

Assim como o desenvolvimento do autoconceito percorre uma sequência normativa, o mesmo ocorre com o desenvolvimento da autoestima. Bebês e crianças até aproximadamente 4 anos tendem a fazer avaliações de seu próprio valor totalmente abrangentes. Isto é, não fazem distinções entre os vários aspectos de si (por exemplo, o *self* cognitivo *versus* o *self* físico). Em vez disso, as crianças pensam em si mesmas como competentes ou incompetentes em todas as áreas. Na maior parte, a autoavaliação nessa faixa etária tende a ser excessivamente positiva, o que pode estar relacionado ao fato de que crianças pequenas não conseguem diferenciar entre o comportamento/desempenho que desejam e o real (Harter, 2006).

Como seu autoconceito está enraizado no aqui e agora, as avaliações das crianças mudam de acordo com as circunstâncias. Por exemplo, Jéssica, de 3 anos, que dominou a abertura e o fechamento da porta de tela sozinha, pode se sentir muito contente com sua proeza recém-descoberta. Ela anuncia: "Posso fazer qualquer coisa". No entanto, momentos depois, pode começar a chorar quando o irmão mais velho lhe diz que é pequena demais para jogar com ele no quintal. Nesse ponto, a autoavaliação pode ser: "Não posso fazer qualquer coisa".

Crianças de 5 anos até aproximadamente 7 começam a compartimentalizar suas noções de valor próprio. Elas fazem avaliações diferentes sobre o *self* em várias categorias – social, física e intelectual (Harter, 2006). Frequentemente, crianças nessa faixa etária tendem a superestimar suas habilidades, vendo-se em uma perspectiva muito favorável (veja Figura 4.5). Entretanto, se as crianças vivenciaram alguma socialização negativa extrema, podem se ver como totalmente más.

Aos 8 anos, elas fazem distinções essenciais sobre suas habilidades em cada área. Desse ponto em diante, a autoestima representa uma combinação multifacetada de percepções (Harter, 2006). Uma criança pode ter sentimentos positivos sobre si mesma em relação à vida escolar e se sentir simultaneamente inadequada em atletismo. Simplesmente reconhecer as inadequações percebidas em um domínio em particular não resulta automaticamente em baixa autoestima. A significância relativa de uma categoria em particular para uma criança também contribui para seu autojulgamento. Consequentemente, uma criança pode realmente concluir: "Não sou boa em consertar as coisas e tudo bem". Ver os aspectos positivos do *self* em conjunto com as limitações faz que seja mais provável que as autopercepções das crianças serão mais equilibradas e mistas, em vez de tudo ou nada (Harter, 2006).

FIGURA 4.5 A visão de Verônica sobre si aos 5 anos.

Como os adultos podem ajudar as crianças a ter uma noção positiva do *self*

Os adultos importantes na vida das crianças – familiares, cuidadores e professores – servem de espelhos por meio dos quais as crianças se veem e, depois, julgam o que veem (Marshall, 1998; Shaffer, 2009). (Eventualmente, os colegas também têm um papel importante, mas, nos primeiros anos, os adultos dominam as percepções das crianças.) Se o que é refletido é percebido como bom, as crianças fazem uma avaliação positiva de si mesmas. Se a imagem é percebida como negativa, as crianças deduzem que têm pouco valor.

Adultos que demonstram afetuosidade, aceitação, genuinidade, empatia e respeito (AAGER) têm mais chance de instilar autojulgamentos positivos nas crianças (Marion, 2011; NICHD Early Child Care Research Network, 2001). É bem provável que crianças que se sentem apoiadas e valorizadas se sairão bem cognitiva e socialmente. Elas abordam novos eventos com esperança de sucesso (NICHD, 2002). Se demonstrarmos aprovação, dermos apoio positivo e reagirmos adequadamente às necessidades das crianças, certamente teremos crianças com maior autoestima que se demonstrarmos desaprovação e não estivermos interessados ou não respondermos às necessidades das crianças (Harter, 2006). Quando tratamos as crianças sensivelmente, elas sentem que têm um impacto sobre seu ambiente e experimentam uma noção maior de controle (Eccles, 2007). Essas mesmas crianças provavelmente acreditarão que são amáveis e competentes.

Interações negativas podem produzir resultados opostos. Crianças cujos cuidadores são rejeitadores, desinteressados ou insensíveis, ou cujas interações com elas são distantes, impacientes, grosseiras ou inadequadas não conseguem, em geral, se sentir bem consigo mesmas. Tais crianças formarão uma imagem de si mesmas como sem valor (Thompson, 2006). Crianças frequentemente concluem que, como o adulto as considera insignificantes e incompetentes, elas devem ser isso. Esse é o caso de crianças abusadas que acreditam que merecem o mau tratamento que recebem dos pais porque devem ser inerentemente más (Harter, 2006).

A linguagem dos adultos influencia a noção que as crianças têm do *self*

Os adultos transmitem as características de uma relação positiva (afeto, segurança, respeito mútuo e reciprocidade) por meio da linguagem. Falar para e com crianças, assim como ouvir a opinião delas, define o tom do relacionamento. Quando as crianças recebem mensagens verbais positivas, o cenário é montado para experiências afirmativas futuras em relacionamentos e aprendizado (Epstein, 2009; Ladd, 2005). Essa comunicação melhora a autoidentidade das crianças (Marion, 2011). Considere o seguinte cenário:

Você é convidado a visitar uma escola. Ao chegar, precisa esperar até que as crianças voltem de uma excursão. Enquanto observa o lugar, percebe móveis de cores vivas organizados confortavelmente, a luz do sol penetrando suavemente pelas janelas, trabalhos das crianças exibidos na parede, materiais que parecem bem cuidados, plantas verdes em toda a sala e um grande aquário borbulhando em um canto. Você pensa: "Que lugar agradável para as crianças!". Então, uma criança entra na sala chorando. Ela é seguida por um adulto que dispara: "Rose, você está sendo uma bebezona. Agora, apresse-se". Enquanto as outras crianças chegam, você escuta outra dizer: "Olha o que achei lá fora!". Um adulto responde: "Não vê que estou ocupado? Mostre mais tarde". Depois de um tempo, ouve uma criança perguntar: "Quando podemos levar para casa?". A resposta: "Se tivesse prestado atenção, saberia".

A primeira impressão favorável se desfaz. Apesar da boa impressão inicial, a maneira como os adultos falam com as crianças tornou o cenário desagradável. Os comentários dos adultos lhe fizeram questionar se é possível para as crianças se sentirem bem consigo mesmas nesse lugar e se as relações adulto-criança podem ser qualquer coisa diferente de distantes e desfavoráveis. O que você escutou desbloqueou um componente invisível, mas altamente sentido, de toda a escola – o ambiente verbal.

O ambiente verbal

A maneira como os adultos falam com as crianças revela a atitude deles em relação a elas e o teor do relacionamento (Epstein, 2009). Seus elementos incluem palavras e silêncio – o quanto é dito, o que é dito, como é declarado, quem fala e quem escuta. A forma como esses elementos são utilizados e combinados dita se, no ambiente, as avaliações da criança de valor próprio, competência e controle são favoráveis ou desfavoráveis. Assim, **ambientes verbais** podem ser caracterizados como negativos ou positivos.

Ambientes verbais negativos. **Ambientes verbais negativos** referem-se àqueles em que as crianças se sentem sem valor, incompetentes ou insignificantes como resultado do que os adultos dizem ou não para elas. É possível identificar rapidamente as ilustrações mais extremas deles. Adultos que gritam com crianças, ridicularizam-nas, xingam-nas ou as sujeitam a ofensas étnicas são exemplos evidentes. Mesmo assim, há comportamentos de adultos menos óbvios e mais comuns que também contribuem para ambientes verbais negativos e essencialmente diminuem a autoestima das crianças. Eles são resumidos no Quadro 4.2. Ao ler o quadro, pense em como o uso da linguagem pelo adulto pode afetar negativamente o trio da autoestima das crianças.

Comportamentos verbais negativos transmitem às crianças atitudes de indiferença, desrespeito, falta de aceitação e insensibilidade dos adultos. Esses ambientes são tipicamente dominados por conversa de adultos e deixam claro para as crianças que os assuntos deles têm precedência sobre os delas. Nessas circunstâncias, as crianças rapidamente aprendem que suas ideias, seus pensamentos e suas preocupações não são valorizados, e que elas não são suficientemente importantes para merecer a cortesia e o respeito que se esperaria se elas fossem altamente consideradas.

QUADRO 4.2 Comportamentos de adultos que contribuem para um ambiente verbal negativo

Mostra pouco ou nenhum interesse
- Não reconhece a presença da criança.
- Não fala quando a criança está perto.
- Praticamente não reage às tentativas das crianças.

Presta atenção insincera
- Não escuta com atenção.
- Faz perguntas irrelevantes ou sem resposta.
- Não faz contato visual.
- Interrompe a criança.

Fala grosseiramente com as crianças
- Interrompe a conversa da criança (com um adulto ou outras crianças).
- Insiste que a criança responda imediatamente a pedidos.
- O tom é inadequado à situação.
- Negligencia cortesias sociais como por favor, obrigado, com licença etc.

Utiliza sarcasmo com crianças
- Utiliza tom negativo.
- Usa palavras negativas.
- Faz piada da criança.
- Coloca a criança "em seu lugar" ("Ela se acha tão inteligente que não precisa prestar atenção").

Utiliza vocabulário julgador para descrever as crianças
- Rotula as crianças com termos negativos: hiperativa, egoísta, preguiçosa, insistente etc.
- Utiliza rótulos negativos para crianças diretamente com a criança ou perto dela.

Ignora os interesses da criança
- Diz para a criança falar sobre outra coisa ("Estou cansado de ouvir você me contar sobre Rorey e seus problemas. Fale de outra coisa ou fique quieta").
- Diz para a criança parar o que está fazendo para seguir os adultos ("Você está vendo as borboletas há muito tempo. Venha se sentar").
- Ignora a afirmação ou pergunta da criança para seguir a própria pauta.

Utiliza as palavras principalmente para controlar o comportamento das crianças, não para conversar
- Utiliza direções como forma principal de verbalização ("Sente na cadeira. Abra o livro na primeira página em branco. Desenhe uma linha. Desenhe seu retrato...").
- Conversa muito pouco com as crianças.

Faz perguntas retóricas
- Utiliza questões vazias ("Qual é seu problema hoje?").
- Usa tom sarcástico ("Deixou o cérebro em casa?").

Utiliza o nome das crianças para dizer NÃO, NÃO PODE e PARE

Utiliza elogios insinceros ou destrutivos
- Vincula o comportamento positivo à crítica negativa ("Que bom que você se sentou, ficou fora da carteira o dia inteiro").
- Utiliza os mesmos elogios para todos ("bom trabalho", "bom", "ótimo").
- Enche a bola de uma criança à custa das outras ("Jenna, você foi tão bem, que pena que ninguém mais estudou").
- Utiliza voz doce, mas falsa.

Os encontros aversivos que ocorrem em um ambiente verbal negativo tendem a fazer as crianças se sentirem inadequadas, confusas ou com raiva (Kontos & Wilcox-Herzog, 1997; Jimerson, Swearer & Espelage, 2009). Se interações como essas se tornam a norma, a autoestima das crianças provavelmente sofrerá. Um conjunto diferente de circunstâncias existe em programas caracterizados por um ambiente verbal positivo.

Ambientes verbais positivos. Nos **ambientes verbais positivos**, as crianças vivenciam interações socialmente recompensadoras com cuidadores e professores. Verbalizações de adultos são propositadamente voltadas para atender às necessidades das crianças e permitir que elas se sintam valiosas (Thompson & Twibell, 2009). Todas as vezes em que falam para e com crianças, os adultos se preocupam não apenas com o conteúdo informativo de suas palavras, mas também com o impacto afetivo que seu discurso terá. Os adultos também lutam para ouvir atentamente as crianças e reagir a suas mensagens.

A importância de um ambiente verbal positivo. Ambientes verbais positivos são benéficos para os adultos e as crianças que participam deles. Os componentes de um ambiente verbal positivo fornecem maneiras concretas para os adultos comunicarem afetuosidade, aceitação, genuinidade, empatia e respeito (AAGER) às crianças. Isso torna mais provável que as crianças vejam os adultos como fontes de conforto e encorajamento. Simultaneamente, as crianças se beneficiam porque há pessoas na escola com quem elas se sentem confortáveis e seguras. Além disso, padrões de interação adulto-criança permitem que as crianças aprendam mais sobre si mesmas e se sintam bem com o *self* que conhecem. Por todos esses motivos, ambientes verbais positivos são associados favoravelmente com autoconsciência, autoconceito e autoestima saudável (Harter, 2006).

■ Estabelecimento de um ambiente verbal positivo

Conscientemente, a maioria dos professores e cuidadores não tem intenção de causar dano à autoestima das crianças. Entretanto, às vezes os adultos adotam padrões verbais que produzem resultados negativos. Ao longo dos anos, fica cada vez mais claro que ambientes verbais positivos não acontecem por acaso. Eles exigem planejamento propositado e implementação. Para atingir essas condições, os adultos utilizam as diretrizes mostradas no Quadro 4.3. Enquanto lê o quadro, considere o impacto dessas estratégias no trio da autoestima das crianças. Contraste isso com as práticas verbais associadas a ambientes verbais negativos.

Eis um exemplo de interação adulto-criança típica em um ambiente verbal positivo.

Rosalie faz parte da banda de sexto ano. Por causa do novo aparelho dentário, a menina sente dores ao tocar clarineta. Ela está envergonhada por não conseguir tocar tão bem quanto antes de usar aparelho. Depois do ensaio da banda, a Sra. Lindquist se aproxima da menina: "Rosalie, você pareceu hesitante em tocar hoje. O aparelho fez diferença?". Rosalie concorda chorosamente e diz: "Ele dói". Lindquist dá um tapinha no ombro dela e afetuosamente diz: "Um aparelho novo é doloroso, especialmente ao tocar clarinete. Você é esforçada, já tem as habilidades para tocar e, quando se acostumar a usar aparelho, tocará tão bem quanto antes. Você é um membro importante da banda, dê algum tempo a si mesma". O valor de Rosalie aumentou. A professora havia destinado um tempo para falar COM a menina, simpatizou com sua situação e reforçou a importância de Rosalie. A menina saiu se sentindo reconhecida e apoiada.

Ações como as demonstradas por Lindquist transmitem atitudes fundamentais de afeto, interesse e envolvimento. As estratégias associadas a ambientes verbais positivos não são difíceis de empregar. Entretanto, para serem eficazes, devem ser utilizadas de forma frequente e consistente, o que requer prática e esforço consciente. Há muitas estratégias específicas que podem ser utilizadas frequentemente com crianças para criar um ambiente verbal positivo: reflexões de comportamento, elogio eficaz, narrativas compartilhadas, conversas, questões abertas e reflexões de paráfrase. Vamos ver cada uma, começando com as reflexões de comportamento (veja Figura 4.6).

Reflexões do comportamento

Reflexões do comportamento são afirmações não julgadoras feitas às crianças com relação a alguma pessoa ou a algum aspecto de seu comportamento. O adulto observa uma criança e, depois, comenta com ela seus atributos ou atividades. Tais afirmações não expressam opinião ou avaliação, mas são exatamente sobre o que o adulto vê, mantendo a criança como o ponto focal. Essas reflexões são também denominadas declarações de reconhecimento (Tu & Hsiao, 2008).

QUADRO 4.3 Comportamentos apoiadores dos adultos para um ambiente verbal positivo

Envolve-se ativamente com as crianças
- Interage alegremente com as crianças.
- Sinaliza interesse com comportamento não verbal e palavras.

Utiliza linguagem para demonstrar interesse pelas crianças
- Nota as atividades das crianças ("Você está indo bem com este quebra-cabeça").
- Nota as realizações das crianças ("Você está esperando tão pacientemente pela sua vez no computador. Chegou a hora!").
- Ri com elas.
- Responde às perguntas das crianças.
- Reconhece os convites das crianças para participar com elas e tenta acomodar ("Parece divertido, obrigado por me convidarem").

Escuta atentamente as crianças
- Responde com consideração às ideias delas.
- Lembra-se de perguntar posteriormente às crianças sobre determinada ideia quando antes não havia tempo para escutar.
- Convida-as para elaborar sobre as ideias.

Fala educadamente com as crianças
- Permite que as crianças concluam raciocínios sem interromper.
- Utiliza cortesias sociais como por favor, obrigado e com licença.

Fala com as crianças informalmente durante todo o dia
- Concentra-se em cada criança e suas necessidades/interesses atuais (comer, pintar, sentir ansiedade com uma prova ou o ônibus etc.)

Utiliza as ideias e os interesses da criança para orientar a conversa
- Segue a orientação das crianças na conversa.
- Faz perguntas que incitam o pensamento.

Utiliza os nomes das crianças em circunstâncias positivas, nunca no lugar de comandos negativos

Faz elogio de maneira sincera e construtiva
- Faz elogios individuais e sinceros que descrevem a realização.
- Concentra-se no comportamento positivo, sem desconsiderar os outros.

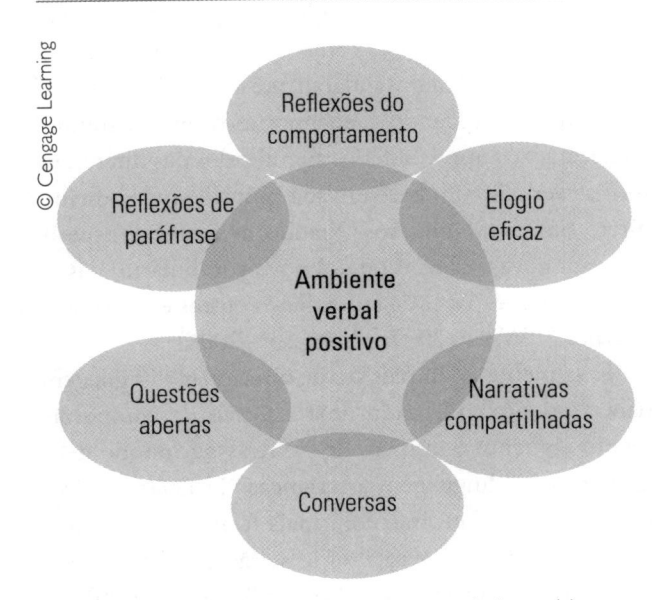

FIGURA 4.6 Estratégias de ambientes verbais positivos.

SITUAÇÃO: Uma criança está descendo pelo escorregador de barriga.
ADULTO: Você está descendo o escorregador. (Ou: Você descobriu uma nova maneira de descer – escorregando com a cabeça primeiro.)

SITUAÇÃO: Joe e Melissa estão desenhando um mural juntos.
ADULTO: Vocês dois estão trabalhando juntos. (Ou: cada um percebeu uma forma de contribuir para o mural; vocês estão se concentrando no que estão fazendo; vocês estão cooperando – cada um tem uma parte no desenho.)

SITUAÇÃO: Uma criança chega à escola.
ADULTO: Jason, você está usando tênis hoje. (Ou: você parece pronto para ir; parece que está carregando muita coisa!)

Observe que, em cada exemplo, o adulto começou com a criança (você ou nome). Então, o comportamento ou aspecto concreto (tênis) foi observado. Nenhuma ação foi tomada para mudar o comportamento. Obviamente, haverá momentos para tomar ação também, mas não aqui, na reflexão do comportamento. Essa é simplesmente uma forma de "relatar" o que está evidente sem tecer nenhum comentário.

O valor do uso de reflexões de comportamento pelas crianças. Reflexões de comportamento são uma maneira poderosa de mostrar interesse pelas crianças e narrar seu mundo. Quando adultos refletem o que as crianças estão fazendo, falam sobre ações e experiências que têm mais significado para as crianças – aquelas nas quais elas próprias estão envolvidas (Jalongo, 2008). Observações verbais como essas aumentam a autoconsciência das crianças e as fazem se sentir valorizadas porque o adulto as nota e separa um tempo para observar em voz alta algo que fizeram. Quando as crianças descrevem suas ações e comportamentos, as reflexões de comportamento servem como forma de aumentar os sentimentos de competência delas. Finalmente, esses relatos das ações das crianças contribuem para a memória autobiográfica delas e definição do *self* (Thompson, 2006). Reflexões de comportamento podem ter influência positiva sobre as visões das crianças de si (Tice & Wallace, 2003).

A partir dessas reflexões, crianças aprendem que suas ações cotidianas são suficientemente importantes para serem notadas e que comportamento extremo não é necessário para obter a atenção adequada. Trata-se de um conceito importante para as crianças entenderem por que às vezes elas presumem que os adultos só notarão comportamento fora do comum (Essa, 2007). As interpretações das crianças para "fora do comum" podem incluir ser excelentes em uma área em particular ou fazer escândalo. Tais conclusões não são surpreendentes porque, em muitos ambientes de grupo, um tem de ser o aniversariante, que só tira 10 ou que belisca muito para receber atenção dos adultos. Ao refletirem, os adultos, fazem observações de eventos comuns como: "Você está dividindo a tinta com Wally", "Você está indo bem ao tentar amarrar o tênis" ou "Você notou que nossos livros de matemática são novos". Comentários simples como esses dizem à criança: "Você é importante". Como cada um precisa de poucos segundos para ser dito, esses comentários são particularmente úteis para ajudar profissionais que devem trabalhar com mais de uma criança por vez. Assim, enquanto ajuda Nakita com o casaco, a cuidadora também pode dar atenção a Micah e Leon dizendo: "Micah, você já fechou quase todos os botões" e "Leon, você está de casaco marrom hoje", e para Nakita: "Você descobriu qual braço colocar primeiro". Isso espalha a atenção e permite que Micah, Leon e Nakita percebam que o adulto os levou em consideração.

Como as reflexões não avaliam o comportamento, as crianças aprendem a não se sentirem ameaçadas pela atenção do adulto. A natureza não avaliativa da reflexão permite que os adultos demonstrem de maneira ativa e concreta que aceitam as crianças como são, e estas interpretam as reflexões como um modo de os adultos tentarem entendê-las melhor.

Além disso, quando utilizadas adequadamente, reflexões do comportamento pedem que o adulto use a perspectiva da criança em uma interação. Entender o que é importante para uma criança sobre uma atividade em particular, ao vê-la por meio dos olhos da criança, prepara o cenário para os adultos terem mais empatia em suas respostas às crianças (Epstein, 2009). Observar atentamente e entender o que as crianças desejam permite que elas se sintam bem com as interações que ocorrem com o adulto. Assim, um adulto, ao ver crianças dançando em uma fila de conga, pode refletir: "Vocês formaram uma fila de conga bem longa", "Todos acharam uma maneira de se segurar" ou "Todos estão sorrindo. Parece que vocês estão se divertindo". Esses são comentários centrados na criança que respondem ao interesse dela naquela situação, e não do adulto.

Reflexões de comportamento também podem aumentar as habilidades de linguagem receptiva da criança, porque ela aprende o significado das palavras ao ouvir aquelas que são utilizadas para descrever suas experiências imediatas (Epstein, 2007). Esse tipo de aprendizado contextual ocorre quando as crianças escutam palavras novas e diversas maneiras de unir palavras para descrever eventos cotidianos. Por exemplo, crianças pequenas que ouvem do cuidador frases como "Você está andando até a porta", "Você e Jeremy andaram até a chapelaria juntos" e "Estávamos andando e encontramos uma joaninha" começarão a compreender os significados das diferentes formas verbais com base em seu próprio envolvimento direto em cada situação. Quando as crianças experimentam novas palavras ou um novo vocabulário, elas se tornam mais capazes de entender os outros e se explicar (Byrnes & Wasik, 2009; Thompson, 2006).

Finalmente, o simples ato de direcionar a linguagem para a criança utilizando uma reflexão de comportamento aumenta o número de palavras no mundo dela. Quanto mais linguagem as crianças vivenciarem diretamente, elas adquirirão com mais facilidade nova linguagem e conceitos e melhor se sairão em futuras empreitadas cognitivas e sociais (Hart & Risley, 2000).

Um benefício adicional de utilizar reflexões de comportamento é que elas podem servir de abertura para a criança falar com o adulto se desejar. Frequentemente, as crianças reagem às reflexões dos adultos com comentários próprios. Assim, uma troca verbal pode se desenvolver centrada nos interesses da criança. No entanto, as crianças não se sentem compelidas a responder a cada reflexão que ouvem. Por esse motivo, a reflexão não interrompe as atividades das crianças ou as faz interromper o que estão fazendo para reagir à interrogação de um adulto. Mesmo quando as crianças permanecem quietas, elas se beneficiam ao se conscientizarem do interesse do adulto nelas. Reflexões de comportamento são ideais ao falar para e com as crianças.

Quando utilizar reflexões de comportamento. Reflexões de comportamento podem ser utilizadas uma só vez, em sucessão e com outras habilidades sobre as quais você aprenderá nos próximos capítulos. Ao interagir com bebês e crianças em idade pré-escolar, cujo primeiro idioma não é o inglês e cujo desenvolvimento de linguagem receptiva foi atrasado, é adequado utilizar uma série de reflexões de comportamento. Por exemplo, em uma interação de 10 minutos na mesa para brincar com água, a professora poderá dizer: "Você está jogando água pela mangueira e vendo ela sair do outro lado", "Você encontrou um funil para usar", "Todos vocês se lembraram de colocar o avental", "Lucy, você está misturando a água com um batedor de ovos" e "Mimi, você está fazendo a água se mexer com as mãos". Tais comentários podem ser direcionados a uma criança, a mais de uma criança ou para o grupo todo. Independentemente de responderem ou não, as crianças dessa faixa etária e com essa habilidade gostam de saber que o adulto está próximo e atento (Epstein, 2009).

Crianças em idade escolar, por sua vez, podem se sentir tímidas com tantos comentários. Para elas, uma única reflexão de comportamento atua como sinal adequado de que o adulto está interessado nelas e disponível para maior envolvimento se assim desejarem. Assim, no *playground*, as crianças considerariam uma abertura amigável um adulto dizer: "Você fez uma boa defesa!" ou "Vocês descobriram as regras sozinhas". Em cada caso, se a criança fosse responder, o adulto teria um convite claro para continuar a interação. Se as crianças continuassem envolvidas em sua atividade ou fizessem comentários às outras, essa seria uma dica para o adulto que uma interação prolongada não era desejada naquele momento.

Crianças e adultos se beneficiam quando profissionais utilizam reflexões de comportamento em seu repertório de técnicas de comunicação. O mais importante é que reflexões de comportamento dão aos adultos meios excelentes de mostrar às crianças que se importam com elas (valor) e estão interessados em suas atividades (competência). Outra habilidade importante na comunicação com as crianças é o elogio eficaz.

Elogio eficaz

Todos sabem que as crianças exigem sempre *feedbacks* positivos, o que significa que o elogio influencia favoravelmente a autoestima delas. No entanto, pesquisas deixam claro que nem sempre é assim. Se os professores elogiam as crianças indiscriminadamente, elas descontam o elogio (Alberto & Troutman, 2009). Crianças podem também tratar o adulto que oferece elogio insincero com suspeita, o que certamente afetará negativamente a relação adulto-criança. Quando as crianças vivenciam elogio excessivo, a motivação intrínseca e o interesse delas são reduzidos e a noção geral de autonomia é minada (Hester, Hendrickson & Gable, 2009; Lepper & Henderlong, 2000). Que reflexões de comportamento poderia utilizar com essas crianças? Além disso, alguns tipos de elogio na verdade têm potencial para reduzir a autoconfiança das crianças, inibir as realizações e as tornar dependentes de controles externos em vez de internos (Leary & McDonald, 2003). Todas essas condições contribuem para a baixa autoestima. O uso excessivo do elogio também pode contribuir para as visões exageradas da criança sobre si, o que também pode não ser nada saudável (Leary, 2004; Harter, 2006).

Por sua vez, um retorno significativo pertinente a determinada tarefa na forma de apreciação ou **elogio eficaz** certamente estimulará a autoestima saudável (Katz, 1993; Kerns & Clemens, 2007). Por esse motivo, educadores investigaram as características que diferenciam o elogio eficaz do ineficaz.

Para que o elogio seja considerado eficaz, deve atender a três critérios: ser seletivo, específico e positivo. O **elogio seletivo** é reservado para situações em que é genuinamente merecido. Não é dado em todas as situações ou situações que envolvam todo o agrupamento de crianças. Provavelmente será direcionado a um indivíduo ou pequeno grupo de crianças em determinado momento, em vez de a toda a classe. O **elogio específico** se refere a fornecer informações explícitas às crianças sobre o que está sendo elogiado. Finalmente, um elogio deve ser **positivo**. Não se trata de fazer comparações negativas, nem de desmerecer uma pessoa para enfatizar o comportamento de outra. Uma comparação entre elogio ineficaz e eficaz é resumida no Quadro 4.4. Enquanto lê os exemplos de elogio eficaz, você provavelmente notará que a maioria é de reflexões ou declarações informativas simples às crianças. Não há nenhuma referência aos sentimentos do professor nem se avalia a criança de qualquer maneira. Quando utilizado habilmente, o elo-

QUADRO 4.4 Comparação entre elogios ineficaz e eficaz

Elogio ineficaz	Elogio eficaz
Avalia as crianças. "Você desenha lindamente."	*Reconhece as crianças.* "Você usou muitas cores no desenho."
É geral. "Bom trabalho." "Que bom."	*É específico.* "Você trabalhou bastante na pintura." "Você passou bastante tempo decidindo o que desenhar."
Compara as crianças com as outras. "Você escreveu a história mais interessante de todas."	*Compara o progresso das crianças com o desempenho passado delas.* "Você escreveu duas palavras nesta história que nunca usou antes."
Vincula as ações das crianças a recompensas externas. "Você leu três livros. Pegue um adesivo na caixa."	*Vincula as ações das crianças ao prazer e à satisfação que experimentam.* "Você leu três livros. Parece feliz de ter lido tantos."
Atribui o sucesso das crianças à sorte ou à facilidade da tarefa. "Você deu sorte ao pegar."	*Atribui o sucesso das crianças ao esforço e à habilidade.* "Você acompanhou a bola e a pegou."
É improvisado no conteúdo e no tom.	*É atencioso.*
É oferecido em um tom agudo ou inexpressivo.	*É oferecido em um tom que soa natural.*
É sempre o mesmo.	*É individualizado para se encaixar à criança e à situação.*
É intrusivo – interrompe o trabalho ou a concentração da criança.	*É não intrusivo.*

gio eficaz é um poderoso contribuinte para o desenvolvimento da identidade pessoal e entendimento social das crianças, porque permite que elas se vejam da perspectiva de outra pessoa.

O elogio é mais eficaz em incentivar uma autoidentidade positiva quando é fornecido em grande proximidade, não do outro lado da sala (Gable et al., 2009). Além disso, quando o elogio é dado imediatamente depois do "bom" comportamento, a criança elogiada e as outras próximas têm mais chance de usar esse comportamento novamente (Hester, Hendrickson & Gable 2009; Kerr & Nelson, 2010). Finalmente, nem todas as crianças veem o elogio eficaz como útil. Algumas não gostam da atenção e ficam envergonhadas (Hester, Hendrickson & Gable, 2009). É importante identificar em que casos o elogio deve ser mais contido.

Muitos professores, quando questionados, responderam que utilizavam elogios muito frequentemente com as crianças. Entretanto, quando os mesmos adultos foram observados, este não foi o caso (Hester, Hendrickson & Gable, 2009). As pesquisas demonstram consistentemente que os professores não elogiam com muita frequência. Entretanto, quando o fazem, duas coisas muito poderosas ocorrem. Primeiro, o uso de elogio eficaz leva ao desempenho escolar e a comportamento em classe geralmente melhores (Sutherland, 2000). Segundo, professores que utilizam elogio eficaz relatam que se sentem mais capacitados e bem-sucedidos em classe (Hester, Hendrickson & Gable, 2009). O elogio eficaz, aparentemente, é bom para a noção de valor e competência das crianças e dos professores!

Narrativas compartilhadas

Todos os dias, as crianças conversam em sala, em geral na forma de discussões (Bronson, 2006). Uma **narrativa compartilhada** é um tipo especial de discussão em classe no qual a história é contada com as crianças como personagens principais. As opiniões delas são solicitadas e reconhecidas e suas perspectivas integradas na "grande ideia" de um evento real que já ocorreu. Os professores assumem o papel de conarradores: fazem perguntas para continuar a história e ajudam as ideias a fluir juntas. Às vezes, narrativas compartilhadas ocorrem como forma de reflexão à medida que o grupo lembra experiências anteriores. Outras vezes, elas são planejadas para ajudar as crianças a processar eventos complexos ou difíceis ou destacar realizações importantes para o grupo. (Veja Box 4.2 para sugestões de narrativas compartilhadas.)

Narrativas compartilhadas ocorrem em grupos pequenos ou grandes. À medida que eventos passados são relembrados, as crianças obtêm melhor compreensão do evento em si e também uma noção de controle no mundo a sua volta. Narrativas compartilhadas podem ser especialmente úteis quando se trata de uma situação emotiva ou assustadora. A nova narração e recriação na narrativa compartilhada ajudam as crianças a tornar seu mundo mais gerenciável. Isso acontece conforme os elementos selecionados pelas crianças para a condução da história e nos eventos que elas escolhem filtrar ou alterar.

À medida que as histórias dessas narrações compartilhadas são recontadas várias vezes, podem ganhar "vida própria", e as novas versões são muito diferentes do evento original. Não há uma necessidade de indicar imprecisões nesses novos contos. As crianças reformularam as narrativas para atender a uma finalidade especial – a de se sentirem em controle e competentes. Quando permitimos que as crianças sejam coautoras das narrativas, elas se sentem valiosas e membros do grupo (Bohanek et al., 2006).

BOX 4.2 Sugestões para criar narrativas compartilhadas com grupos de crianças

1. Estimule as crianças a relembrar eventos passados na classe. Divida histórias sobre o que aconteceu no passado com cada criança e com o grupo.
2. Utilize perguntas abertas e reflexões de paráfrase para manter a linguagem/história fluindo. Convide as crianças para se revezar em narrar.
3. Aja como narrador, tecendo partes das histórias das crianças juntas em um todo coeso.
4. Peça as opiniões das crianças na narração interativa e diferentes pontos de vista.
5. Discuta pensamentos, desejos e emoções dos "atores" envolvidos nos eventos. Quando as crianças corrigirem a história ou discordarem dela, mude-a para atender à opinião "pública".
6. Quando pertinente, consulte narrativas compartilhadas anteriormente para ajudar as crianças a ver conexões entre a experiência abordada e as anteriores.

Conversas

Uma das maneiras mais básicas para os adultos mostrarem atenção e interesse nas crianças é ter conversas com elas. Conversas entre adultos e crianças contribuem para sentimentos positivos das crianças sobre si mesmas. Quando os adultos são atenciosos e reagem significativamente, demonstram interesse nas crianças com quem interagem. Como os adultos representam figuras de autoridade, esse sinal claro de respeito, atenção e aceitação do adulto transmite uma mensagem poderosa às crianças de que são valiosas (Jalongo, 2008; Kontos & Wilcox-Herzog, 1997).

Conversas centradas em tópicos pelos quais as crianças se interessam têm mais chance de produzir discussões espontâneas e demoradas do que aquelas que se concentram em tópicos selecionados por adultos (Jalongo, 2008). Nessas interações centradas na criança, ela se sente mais confiante em expressar seus próprios pensamentos, ideias e sentimentos. À medida que os adultos se envolvem ativamente com as crianças dessa maneira, elas começam a vê-los como pessoas merecedoras de sua confiança e possíveis fontes de informação e orientação. Assim, as bases para relações positivas entre adultos e crianças são fortalecidas.

Conversas fornecem um lugar poderoso no qual as crianças aumentam sua compreensão social ao falarem de crenças, desejos e sentimentos de si e de outros (Jenkins et al., 2003; LaBounty et al., 2008; Lewis & Carpendale, 2004). Por meio das conversas, os adultos podem observar e destacar aspectos importantes do contexto social que ajudam as crianças a entender melhor determinado evento (e a si mesmas dentro do evento), o que afeta seu comportamento em situações atuais e futuras (Thompson, 2006). Quanto mais os adultos elaboram em discussões com as crianças, maior é a influência que podem ter sobre a compreensão social de si mesmas (Laible & Thompson, 2008).

Interruptores de conversa. Nem toda fala gera conversa. Algumas condições realmente inibem a troca verbal. Infelizmente, na pressa do dia a dia ou para alcançar objetivos curriculares, os adultos podem inadvertidamente enviar mensagens indesejadas às crianças de que não têm tempo ou não se importam com o que elas têm a oferecer.

As conversas são interrompidas de várias maneiras. Na maioria das vezes, os adultos evitam conversas significativas por perderem as pistas dadas pelas crianças corrigindo a gramática, dando fatos, oferecendo opiniões não solicitadas ou dando conselhos quando não forem pedidos. Consulte o Quadro 4.5 sobre interruptores de conversa comuns que interferem na comunicação adulto-criança e diminuem o sentimento de valor, competência e controle das crianças.

Perguntas

Se utilizadas com ponderação e habilidade, as perguntas podem ser um mecanismo poderoso para iniciar uma conversa com uma criança. No entanto, como descrito no Quadro 4.5, muitas vezes as perguntas servem como um meio para fechar a porta à conversa. Em outras palavras, quando mal utilizadas, as perguntas podem se tornar um interruptor de conversa em vez de um iniciador ou ampliador desta. Além disso, os tipos de pergunta que os adultos fazem ditam a qualidade das respostas que recebem (Cassidy, 2003; Denton, 2007).

Perguntas abertas. Para incentivar o intercâmbio verbal, as melhores perguntas são aquelas que estimulam a dedução e elaboração. São chamadas de perguntas abertas ou **perguntas criativas** (Hendrick e Weissman, 2009). **Perguntas abertas** têm muitas respostas possíveis, mas nenhuma resposta correta. A finalidade é estimular a criança a falar de suas ideias, pensamentos e emoções. As perguntas abertas pedem que a criança:

- Preveja *("O que vai acontecer agora?")*
- Reconstrua uma experiência anterior *("O que aconteceu quando visitou sua avó?")*
- Faça comparações *("Estes animais são iguais ou diferentes?")*
- Tome decisões *("O que você acha que devemos fazer depois do almoço?")*
- Avalie *("Por que o lobo mau tem uma reputação tão ruim?")*
- Imagine algo *("O que aconteceria se os dinossauros estivessem vivos hoje?")*
- Proponha alternativas *("Qual é a outra maneira de atravessar a viga?")*
- Aplique os conhecimentos factuais *("Por que você acha que a fruta está presa no gelo?")*
- Resolva problemas *("O que podemos fazer para descobrir quantas bolinhas de gude existem neste pote?")*
- Generalize *("Agora que você viu o que aconteceu quando aquecemos o cubo de gelo, o que acha que vai acontecer quando aquecermos esta bola de neve?")*

QUADRO 4-5 Interruptores de conversa que interferem na comunicação adulto-criança

Comportamento adulto	Interpretação da criança
Pistas de conversa perdidas das crianças O adulto ignora os comentários ou faz uma observação improvisada como: "Que legal!".	Você não está interessado em minhas ideias ou em mim.
Correção da gramática Interrupções e/ou insistência para que a criança corrija o erro (repita corretamente ou pronuncie a palavra novamente). Exemplo: "Você quer dizer que SEGUROU o disco, diga segurou...".	Você não me ouviu. Minhas ideias não são interessantes para você. Se eu falar, você não vai gostar do que eu digo. Eu não falo direito. Eu não vou falar da próxima vez.
Fornecimento de fatos e opiniões Em vez de aproveitar a história ou conversa, o adulto corrige o fato. A criança diz: "Ele pode saltar da TV e comer a minha pizza!". Exemplo de resposta: "As pessoas não saltam pela televisão."	Você não está interessado na minha história ou em mim. Eu preciso ser perfeito para falar com você. Posso não estar certo, então talvez seja melhor nem tentar conversar com você.
Aconselhamento O adulto quer corrigir o problema de imediato, sem conhecer sua verdadeira origem ou como a criança o percebe. Exemplo de resposta: "J. J., devolva".	Você pode não conhecer o problema real, mas acho que você não está interessado em ouvir. (É possível que a criança não se desenvolva mais e, infelizmente, não vai explorar possíveis soluções.) (A oportunidade de aprendizado foi perdida.)
Questionamento inapropriado Muitas perguntas ou perguntas mal colocadas pela outra parte. O controle está nas mãos do adulto. Segue-se um monólogo.	Você não está interessado nas minhas ideias. Você quer falar tudo. Você está perguntando sobre coisas que eu não quero falar. Você realmente não quer uma resposta, só quer falar com você mesmo.

- Transforme *("Como poderíamos fazer bolinhos com todos esses ingredientes?")*
- Raciocine *("Como você decidiu que eles vão juntos?")*

Todas essas questões convidam a uma variedade de respostas e permitem que as crianças expressem o que têm em mente. Como resultado, as crianças são capazes de escolher a direção do diálogo. Isso torna mais provável que elas permaneçam interessadas e envolvidas na troca da conversa verdadeira. Essas perguntas promovem o pensamento e as habilidades para resolução de problemas (Cassidy, 2003), além de comunicarem a aceitação da criança, promovendo uma relação adulto-criança positiva (Marion, 2011). O mais importante é que os filhos estão autorizados a conduzir a conversa, pois as perguntas abertas reforçam seus sentimentos de valor, competência e controle!

Perguntas fechadas. O oposto de uma pergunta aberta é uma pergunta fechada. **Perguntas fechadas** convidam à apresentação de respostas de uma só palavra. Embora úteis em muitos locais, elas são tipicamente interruptores de conversa. As seguintes são exemplos de perguntas fechadas: "Você está torcendo para os Tigers?", "Você gosta de pêssegos?", "Que tipo de pássaro é este?". Embora a intenção do adulto seja muitas vezes usar as perguntas para demonstrar interesse em um assunto supostamente preferido pela criança, depois que a resposta é dada, a criança muitas vezes não tem mais nada a dizer.

Existem, obviamente, momentos para usar perguntas abertas e perguntas fechadas. Ao selecionar qual é mais útil para dada situação, considere a finalidade da pergunta. Consulte o Quadro 4.6 para uma comparação entre esses dois tipos de pergunta.

A intenção das perguntas abertas é melhorar a compreensão da criança sobre si mesma e seu trio da autoestima, bem como aumentar as habilidades linguísticas dela. Reflexões de paráfrase é outro recurso poderoso

QUADRO 4.6 Comparação de perguntas fechadas e abertas

CARACTERÍSTICAS	
Perguntas fechadas	**Perguntas abertas**
Exigem resposta não verbal ou uma ou duas palavras da criança.	Promovem respostas com diversas palavras, multifrase da criança.
Tendem a ter respostas certas ou erradas.	Têm mais de uma resposta correta.
São aquelas para as quais os adultos já sabem as respostas.	São aquelas para as quais os adultos não sabem as respostas das crianças.
Exigem respostas "rápidas".	Permitem à criança tempo para formular e reunir seus pensamentos.
Focam os fatos e as similaridades no pensamento.	Focam ideias e originalidade no pensamento.
Pedem informações.	Pedem raciocínio.
Focam rótulos ou nomes.	Focam pensamento e resolução de problemas.
Exigem que a criança relembre algo de memória.	Exigem que a criança use sua imaginação.
EXEMPLOS	
Perguntas fechadas	**Perguntas abertas**
Qual é o formato disto?	O que você acha que vai acontecer?
... Quadrado.	O que mais poderíamos...?
Quantas vacas você vê?	Qual é a sua ideia?
... Nenhuma.	Como você...?
Em que rua você mora?	O que aconteceria se...?
... Gunson.	O que você acha de...?
Como vai?	O que você acha que explicaria...?
...Bem.	
Quem trouxe você para a escola hoje?	
...Mamãe.	
Onde está sua mochila?	
...Em casa.	
Você sabe o que é isso?	
...Sim.	

que convida a criança a conversar e expandir seu autoconhecimento.

Reflexões de paráfrase

A **reflexão de paráfrase** é uma reafirmação, nas palavras de um adulto, de algo que a criança disse. O adulto escuta com cuidado o que a criança está dizendo e depois repete a frase para ela em palavras ligeiramente diferentes daquelas que ele ou ela usou originalmente. Tal como acontece com reflexões de comportamento, as de paráfrase são declarações sem julgamento. Os adultos *não* expressam opiniões pessoais sobre o que a criança está tentando comunicar em reflexões de paráfrase. Pelo contrário, são sinais para a criança de que o adulto está ouvindo atentamente. Exemplos podem incluir:

Abigail: Professor, veja o meu vestido e sapatos novos!
Adulto: Você está com uma roupa nova hoje. (Ou um dos seguintes: Você queria que eu visse sua roupa nova; você parece satisfeita com suas coisas novas.)
Matt: (À mesa do almoço) Oh, não! Macarrão novamente.
Adulto: Você já comeu mais macarrão que aguenta. (Ou: Macarrão não é o seu prato favorito; você pensou que haveria algo mais.)
Sansão: É quase hora de ir?
Adulto: Você acha que devemos sair logo. (Ou: Você está pensando se já é hora de ir; você gostaria de começar.)

Em cada uma dessa situações, o adulto primeiro ouviu a criança e, em seguida, parafraseou a declaração ou o pedido da criança. Há mais de uma forma apropriada de refletir cada situação.

Usando reflexões de paráfrase. Essas reflexões podem ser usadas sempre que a criança faz um comentário para um adulto. Podem consistir em uma simples frase ou múltiplas declarações (Denton, 2007). Às vezes, um reconhecimento verbal simples de algo que a criança disse é o necessário.

Bárbara: Estou na página 15.
Adulto: Você chegou muito longe em curto espaço de tempo. (Barbara retoma a leitura.)

Considere as seguintes conversas. A primeira envolve Chris que tem 5 anos. A segunda, seu irmão de 6 anos, Kyle. Ambas as discussões foram espontâneas.

Chris: Ganhamos um novo cachorro no fim de semana!
Adulto: Você parece animado. Conte-me mais.
Chris: Bem, ele tem um nariz achatado... bem, ah... ele está mordendo muito... e, ele, ah, ele é bonitinho... ele é feio e bravo. Ele é bonito... e, ah... ele gosta de morder... ele tem que mastigar algo sempre, ele só tem, ele vai fazer... ah, outubro... hum, sete de agosto foi o seu aniversário! Não seu aniversário de verdade. Seu aniversário foi de verdade... quando foi seu aniversário de verdade? Seu aniversário de verdade... Foi em sete de fevereiro, eu acho.
Adulto: Ah, mas você comemorou seu aniversário em uma data diferente, mesmo que não era o aniversário de verdade.
Chris: Agosto, huh uh, agosto. Ele tem apenas seis meses de idade. Seis meses... .
Adulto: Ah, ele tem apenas seis meses de idade. Ele é apenas um cãozinho.
Chris: Não, ele não é um cãozinho. Ele tem, sabe, daqui até aqui (a criança abre os braços para indicar o tamanho)... sabe... ele tem...
Adulto: Ah, ele é um cachorro muito grande.
Chris: Sim. Ele é muito grande, certo! Ele tem uma barriga e perninhas! (Risos)
Adulto: (Rindo) Ele parece engraçado, com um nariz achatado também.
Chris: Sim, e... sabe, ele tem nós na cabeça... e uma cara triste, e... hum...
Adulto: Rosto triste.
Chris: Uh huh.
Adulto: Cães com o rosto triste são bonitinhos às vezes.
Chris: É.
Fim da conversa um.

Kyle: Sabe, o nosso cão é realmente bonito, e ... nós o mantemos em um desses tipos de cercados que você coloca os bebês quando não quer que eles caiam da escada ou algo assim. Bem, nós... nós o deixamos em um desses. Nós o colocamos na nossa lavanderia e, uh... nós o pegamos na Carolina do Norte. Meu pai diz que ele era... ele, seu pai, hum, foi registrado como Nathan Hale. Bem... ele foi um buldogue campeão...e, uh... nós o pegamos de graça, porque conhecemos as pessoas que conhecem o dono do Nathan Hale.

Adulto: Parece que você teve bastante sorte ao conseguir um cão tão especial.

Kyle: É. Tivemos... Nós o pegamos na Carolina do Norte.

Adulto: Ele veio de longe.

Kyle: É. Nós, eles viajaram... viajaram oito horas... e ele vomitou umas quatro vezes.

Adulto: Deve ter sido uma viagem longa.

Kyle: Sim, quando ele saiu, hum... ele meio que deitou lá, e ele... ele parecia realmente doente, e hum... esta é a fase em que ele tem pernas longas, mas você devia ver sua barriga!

Adulto: É realmente demais.

Kyle: É.

Como demonstrado, as crianças podem abordar o mesmo tema de maneiras muito diferentes. Cada criança falou sobre o mesmo cão, mas optou por uma característica diferente para discutir. Parafraseando, o adulto foi capaz de responder a Chris e Kyle individualmente. Ele também foi capaz de introduzir comandos sobre o que mais interessava a eles. Se ele tivesse conduzido a conversa fazendo uma série de perguntas como "Que tipo de cachorro você ganhou?", "Ele é grande?", "Qual é seu nome?", "Que cor ele é?" e "De onde ele veio?", as duas interações seriam semelhantes em vez de originais como foram. Além disso, é improvável que o adulto tivesse pensado em perguntar sobre os nós na cabeça do cão ou sobre quantas vezes ele vomitou, considerações importantes para os meninos. Observe, também, que Chris se sentiu confortável o suficiente para corrigir uma resposta imprecisa. Isso ocorreu quando a interpretação do adulto de que um cão de 6 meses era pequeno (que significa "jovem") não corresponde ao que Chris queria transmitir. Como as reflexões de paráfrase são declarações preliminares do que o adulto pensa que ouviu, a criança aprende que as reflexões são corrigíveis. Dirigir a conversa dessas formas faz que as crianças se sintam importantes e valorizadas.

Às vezes, parafrasear também é usado para melhorar a linguagem expressiva. Há duas maneiras de enriquecer a linguagem das crianças com o propósito de aumentar a autoestima delas: expansão e reformulação.

Expansão Expansão refere-se a preencher ou ampliar o que a criança está dizendo. Esse tipo de paráfrase é um pouco diferente e mais complexo que o discurso do jovem e estimula a criança a produzir frases longas e mais variadas (Kontos & Wilcox-Herzog, 1997). Entre 18 meses e 36 meses, as expansões simples funcionam bem (Thiemann & Warren, 2006).

Criança: O gatinho dorme.
Adulto: Sim, o gatinho está dormindo.
Criança: Eu como.
Adulto: Você está comendo um sanduíche.

Em cada um desses exemplos, o adulto expandiu a mensagem telegráfica da criança incluindo palavras adequadas e de ligação no mesmo tempo verbal da criança.

Reformulação Crianças com 4 anos aproveitam a variação mais elaborada, denominada **reformulação** (Tsybina et al., 2006). A reformulação se refere à reestruturação da frase da criança em nova forma gramatical:

Criança: O gato está dormindo.
Adulto: O Bola de Neve está dormindo no peitoril da janela.
Criança: Este carro anda rápido.
Adulto: Seu carro é muito rápido na pista. Em breve, ele terá viajado todo o caminho.

A reformulação preserva o que a criança quer dizer, mas reestrutura a frase de forma moderadamente nova. A novidade pode ser introduzida quando se altera a estrutura da sentença, acrescentam-se verbos auxiliares ou utilizam-se sinônimos pertinentes. Isso ajuda a criança a perceber formas gramaticais mais complexas. A reformulação funciona melhor quando os adultos fazem pequenas mudanças nas palavras da criança, mas não alteram totalmente. Se a atualização for muito complexa, a criança vai ignorar a nova estrutura gramatical ou sintática e certamente não a utilizará.

Embora as reflexões de paráfrase sejam semelhantes em todas as formas, o conteúdo de cada uma depende da interpretação do adulto sobre a mensagem da criança. Assim, não há nenhuma reflexão correta para cada situação, muitas são possíveis.

Por que reflexões de paráfrase beneficiam a criança. Para que conversas verdadeiras ocorram, é importante que o adulto escute o que a criança tem a dizer. A audição real envolve mais que simplesmente ficar em silêncio.

Significa responder às palavras da criança com palavras próprias que implicam: "Eu ouço você, eu entendo você" (Denton, 2007). As reflexões de paráfrase são uma forma ideal para passar essa mensagem.

Às vezes chamadas de escuta ativa, reflexiva ou enfática, as reflexões de paráfrase são amplamente utilizadas em profissões de suporte para indicar relação positiva e envolvimento. Quando o adulto usa essas reflexões, a criança o interpreta como um ouvinte sensível, interessado e cuidadoso. O resultado é que a criança fala mais livremente e as conversas são mais gratificantes para ambos os participantes. Esse resultado favorável ocorre por diversas razões (Gazda, 2000). Ao parafrasear, a criança interpreta a atenção como se estivéssemos ouvindo com atenção e tentando entender. Nós também estamos trabalhando duro para refletir a mensagem correta; assim, podemos estar mais conscientes da intenção, que nos ajuda a entender a criança melhor. Quando não recebemos a mensagem correta, a criança pode repeti-la. À medida que reafirmamos o que a criança disse, ela obtém melhor compreensão de si ao ouvir os próprios pensamentos.

Para crianças com comportamentos desafiadores, conversas representam a maneira perfeita para sinalizar o desejo de estabelecer uma relação positiva e ganhar sua confiança. Leia sobre Célia para um exemplo a refletir (veja a seguir).

As estratégias verbais discutidas aqui são apropriadas para todas as crianças, independentemente de sua língua materna ou de suas habilidades de linguagem. Cada uma das estratégias descritas nutre um ambiente positivo verbal e uma relação positiva entre adultos e crianças. Elas também ajudar as crianças a entender melhor a si e aos outros. Para as crianças cuja primeira língua não é o inglês, as habilidades de um ambiente positivo verbal, como reflexões de comportamento, elogios eficazes, histórias de narrativas, conversas, perguntas abertas e reflexões de paráfrase, são estratégias poderosas.

Como apoiar a diversidade linguística infantil: estratégias verbais

"Você já experimentou um ambiente onde as pessoas não falam a sua língua? Como se sentiu? De que forma a criança lida com essa a experiência?"
Adaptado de Derman-Sparks & Edwards (2010, p. 65).

A expressão *English language learners* – ELL (**aprendizes da língua inglesa**) é usada para descrever as crianças matriculadas em programas educacionais que falam uma língua diferente do inglês em casa e que têm níveis limitados de proficiência em inglês ao falar, ouvir, ler e escrever (What Works Clearinghouse, 2007; Soderman, Gregory & McCarty, 2005). A noção de língua materna também é importante para pessoas que falam inglês e que têm dialetos regionais ou étnicos ou outros padrões de fala distintos. Em todo caso, o conceito próprio e a autoestima da criança estão fortemente vinculados à sua língua de origem (Thompson & Virmani, 2010). O idioma principal falado pela criança serve como mediador em seu desenvolvimento na vida social e em áreas emocionais e cognitivas (Bloom, 1998). Muito antes que a criança entre na fase de escolarização formal, ela já se ocupa com o uso de sua língua materna para interações com os outros (Genishi & Dyson, 2009). Crianças cuja linguagem doméstica é tratada com respeito se sentem valorizadas. Aquelas que recebem a mensagem que a sua língua materna não é importante ou, pior ainda, que se trata de um "problema" são menos propensas a sentir-se bem consigo mesmas (Derman-Sparks & Edwards, 2010). Assim, é potencialmente perigoso negar à criança acesso a sua língua materna no cenário do grupo formal de acolhimento ou escola. Isso tem sido por vezes feito na crença equivocada de que regras "apenas em inglês" promovem aquisição mais rápida. As pesquisas não apoiam essa suposição. Uma abordagem mais natural para aquisição da segunda linguagem faz mais sentido.

Promovemos **diversidade linguística** em crianças quando somos sensíveis a variações na forma como elas

---

Comportamento desafiador

Conheça Célia

Célia é a caçula de seis filhos. Parece muito feliz por estar no primeiro ano escolar. No entanto, depois de um mês na sala de aula, a menina ainda não fala com ninguém. Parece ser muito tímida. Ela sorri para você e para a professora, mas não parece querer falar. Você resolve telefonar para a mãe de Célia a fim de conhecer casualmente a linguagem da menina. A mãe fica um tanto surpresa ao saber que a filha não está falando. Ela conta que, todas as noites à mesa de jantar, Célia briga para ser a primeira a contar sobre seu dia e que suas narrações são longas. Você decide que vai encontrar uma forma de incentivá-la a falar. Considerando todas as estratégias descritas neste capítulo, qual(is) você vai tentar com Célia e por quê?

adquirem o inglês como segunda língua. Algumas crianças podem experimentar um período de silêncio (de seis meses ou mais) à medida que adquirem o inglês; outras crianças podem praticar seu conhecimento misturando ou combinando idiomas (por exemplo, "Mi mama me coloca mi casaco"); ainda há outras crianças que podem parecer ter adquirido as habilidades do idioma inglês (sotaque adequado, uso de vernáculos, vocabulário e regras gramaticais), mas não são realmente proficientes; ainda há algumas crianças que vão adquirir rapidamente a proficiência da língua inglesa padrão. A maneira como cada criança aprende um idioma deve ser vista como aceitável (Genishi & Dyson, 2009).

Uma das formas mais concretas de cenários de grupo formal demonstrarem a aceitação é ter pessoas que falam os idiomas da criança em casa, na equipe ou como voluntários em um programa. Quando a equipe é bilíngue ou quando inclui membros de língua inglesa, bem como pessoas que falam a língua da criança em casa, a criança tem muitas oportunidades para falar e ouvir o discurso que lhe é familiar (Genishi & Dyson, 2009). Além disso, a criança tem a chance de ouvir outras línguas que não a sua própria. Isso aumenta o envolvimento dela na aprendizagem e valida a importância da linguagem em casa, bem como o inglês (Berk, 2009). Outros sinais visíveis de aceitação incluem a disponibilização de uma variedade de CDs de histórias multilíngues, CDs de música, livros, pôsteres, avisos e cartazes. Estratégias como cantar e recitar em uma variedade de línguas são elementos complementares que indicam o valor das línguas para as crianças em casa. Ideias adicionais para celebrar o patrimônio cultural e étnico de crianças linguisticamente diversas são apresentadas no Capítulo 14.

A exposição da criança ao inglês no cenário do grupo formal pode ser feito por meio de uma combinação de instrução formal e conversas informais. Todas as competências descritas neste capítulo são úteis na segunda abordagem. Reflexões de comportamento e de paráfrase ampliam as habilidades de linguagem infantil e também indicam o interesse e a aceitação de todas as crianças. As reflexões de comportamento são particularmente eficazes quando trabalhadas com crianças que estão nas fases iniciais de proficiência em inglês. Palavras simples e frases acompanhadas de gestos e demonstrações ajudam a passar a mensagem. Ensinar roteiros simples em inglês, como "*my turn*", "*I'm next*" ou "*show me*", fornece às crianças palavras básicas que elas precisam para que possam funcionar socialmente. Isso contribui para os sentimentos de valor, competência e controle da criança.

Neste capítulo, abordamos diversas maneiras de melhorar a compreensão social da criança e seu senso de identidade. Estamos focados na promoção de relações positivas e em criar um ambiente positivo verbal. As técnicas de ensino e treinamento associadas a isso incluem estratégias fundamentais, como cumprimentar as crianças e chamá-las pelo nome, bem como habilidades mais complexas de ambientes verbais positivos, como reflexões de comportamento, elogios eficazes, narrativas compartilhadas, conversas, perguntas abertas e reflexões de paráfrase (veja Figura 4.7).

Vamos agora examinar como essas técnicas globais podem ser traduzidas em competências que você pode aprender especificamente e usar em suas interações com as crianças e suas famílias.

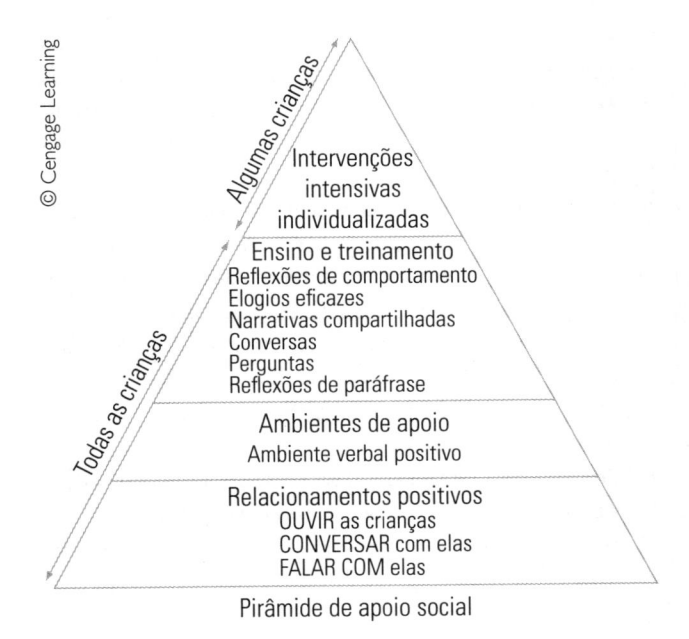

FIGURA 4.7 Apoio ao senso de identidade positivo da criança.

Habilidades para promoção da autoconscientização e autoestima das crianças por meio da comunicação verbal

Habilidades associadas a um ambiente verbal positivo

1. **Cumprimente as crianças quando elas chegam.** Diga "Olá" para as crianças no início do dia e quando introduzir uma atividade na qual você participa. Mostre prazer na sua presença por meio de habilidades de comunicação não verbal aprendidas no Capítulo 3.
2. **Chame as crianças pelo nome.** Numa conversa, chame as crianças pelo nome. Dessa forma, as crianças entendem que você se lembra delas de um dia para o outro, que as tem como indivíduos singulares no grupo e que sua mensagem é dirigida especialmente a elas. Tome cuidado para pronunciar corretamente o nome de cada criança. Evite atribuir apelidos.
3. **Estimule as crianças a interagir com você.** Use frases como: "Estamos brincando com massinha. Venha se juntar a nós", "Há um lugar para você ao lado da Sílvia", "Vamos tirar um minuto para conversar. Eu queria saber mais sobre o seu dia" ou "Você está muito chateado. Se você quiser falar, estou disponível".
4. **Fale educadamente com as crianças.** Deixe a criança terminar de falar antes de começar com suas observações. Se você precisar interromper uma criança que está falando com você ou com outra pessoa, lembre-se de dizer: "Desculpe", "Perdão" ou "Desculpe-me pela interrupção". Agradeça à criança quando ela se preocupa ou quando obedece aos seus pedidos. Se você estiver fazendo um pedido, comece com "Por favor". Use um tom de voz de conversa amigável. Evite um tom impaciente e exigente.
5. **Ouça com atenção.** Mostre seu interesse por meio do contato olho no olho, sorria, acene e permita que a criança fale sem ser interrompida. Indique verbalmente interesse dizendo periodicamente: "M-hm", "Uh-huh" ou "Sim". Se a criança tiver mais a dizer que você pode ouvir no momento, indique um desejo de ouvir mais, explique por que você não pode e assegure que a criança vai recomeçar a conversa em um ponto específico, no fim do dia.
6. **Proporcione incentivo verbal para crianças na medida em que elas refinam e expandem seus conhecimentos.** Faça isso dando às crianças informações relevantes, tais como, "Só mais uma peça e você terá completado o quebra-cabeças". Compartilhe sua confiança na capacidade delas. "Este projeto será um desafio, mas tenho certeza que vocês conseguem fazer".
7. **Escolha o seu idioma com cuidado.** Ouça com atenção o que você diz e como diz. Considere como a criança pode interpretar a sua mensagem. Peça a opinião de seus colegas sobre como você soa ou leve um gravador por curto período como meio de automonitoramento.
8. **Compare as suas palavras e ações com o trio da autoestima.** Pergunte-se: "Como esta mensagem verbal afeta o senso de competência, valor e controle da criança?". Se a resposta for positiva, continue. Se não, ajuste a mensagem ao local ou volte e tente novamente.

Como formular reflexões de comportamento

1. **Use reflexões de comportamento adequadas.** Depois de observar uma criança com cuidado, selecione um atributo ou comportamento que seja importante para ela e comente. Enfoque a perspectiva da criança sobre a situação, e não seu próprio. Uma reflexão de comportamento adequada para Manny, que está amarrando os sapatos, seria: "Você está lidando com seu sapato esquerdo" ou "Você sabe como fazer um laço".
2. **Elabore frases de reflexões de comportamentos como simples declarações, não perguntas.** Perguntas implicam respostas da criança; reflexões, não.
3. **Direcione reflexões para a criança.** Em seus comentários, utilize a palavra "você" para que a criança reconheça que a reflexão se destina a ela.
4. **Use vocabulário descritivo como parte de sua reflexão.** Incluir advérbios, adjetivos e nomes de objetos específicos como parte da reflexão a torna mais significativa e valiosa para a criança. Dizer "Coloque as pinturas na prateleira maior" é uma linguagem mais rica que: "Coloque na prateleira".
5. **Use um vocabulário e tom de não julgamento quando refletir o comportamento da criança.** Reflita apenas o que você vê, não como se sente sobre isso. "Você está usando muitas cores em sua pintura" é uma reflexão; "Você usou muito cinza", não é.
6. **Use um tom de conversa quando refletir.** Use um tom de voz expressivo quando refletir o comportamento ou a linguagem de uma criança. Adultos que refletem em um tom de voz monótono ou cantado parecem condescendentes e desrespeitosos.
7. **Resuma as ações e palavras da criança.** Resumir é mais eficaz que refletir cada comportamento ou ideia individual expressa. Formule reflexões que unam uma série de ações ou declarações. Por exemplo, se Malcolm está brincando com blocos coloridos, diga: "Você está usando muitas cores em sua estrutura", em vez de dizer a cor de cada bloco a ser utilizado.

Como formular declarações elogiosas eficientes

1. **Use reflexões de comportamento para reconhecer os esforços e as realizações da criança.**
2. **Não faça comentários de avaliação.** "Você está trabalhando nisso há muito tempo", "Você encontrou uma nova maneira de fazer um túnel" ou "Você conseguiu".
3. **Note mudanças positivas que você observou nas habilidades da criança ao longo do tempo.** "Você está praticando muito e agora pode atravessar a viga inteira sem cair" ou "Você está ficando muito rápido na combinação dessas formas".

4. **Aponte para a criança os efeitos positivos de suas ações sobre os outros.** "Você notou que Marcel estava com dificuldades para fazer o computador funcionar. Você o ajudou e agora está funcionando bem".
5. **Concentre-se em alguns aspectos positivos dos esforços da criança ao fazer algo e não simplesmente no resultado alcançado.** É melhor dizer "Olha como você fez os traços do pincel na página. Você trabalhou 10 minutos nisso" que falar "Bela pintura".
6. **Seja honesto em seu elogio e ofereça à criança retorno autêntico.** Por exemplo, se Elliot lutou para ler uma página em voz alta, diga algo como: "Você está aprendendo a ler algumas palavras novas" ou "Você leu a página inteira sozinho". Isso é mais honesto que "Grande leitura" ou "Foi maravilhoso". Elliot provavelmente está consciente de que sua leitura ainda não está fluente. Os últimos comentários carecem de credibilidade e podem soar paternalistas para a criança. Um elogio de um adulto significa mais quando é crível.
7. **Desafie-se a usar o elogio mais eficaz diariamente.** Monitore a si mesmo para ver se está elogiando a criança com frequência. Considere-se filmando você mesmo em ação para se certificar de que seus elogios são eficientes e frequentes.

Como criar narrativas compartilhadas

1. **Envolva as crianças ao contar e recontar histórias sobre eventos de sala de aula para os quais contribuíram.** Consulte o Box 4.2 para obter mais ideias sobre como fazer isso.
2. **Tire fotos de eventos dentro da sala de aula para utilizar como estímulos à narrativa.** Use-as para narrativas atuais e futuras. Incentive a criança a gerar histórias de si mesma e de "nós".
3. **Crie um álbum de fotografias da sala de aula para promover a noção de que todas as crianças contribuem para o ambiente social.** Utilize essas histórias de estímulo sobre eventos passados em que as crianças possam descrever a parte que cada uma desempenhou.

Criação de conversas

1. **Peça às crianças que dissertem sobre o que estão dizendo.** Prolongue as trocas verbais com as crianças dizendo: "Diga alguma coisa sobre isso", "O que aconteceu depois?" ou "Eu gostaria de ouvir mais sobre o que você fez".
2. **Considere de antemão iniciadores de conversa que enfoquem os interesses previamente expressos pelas crianças.** Gere ideias previamente sobre um ou dois temas que podem interessar à criança ("Conte-me sobre o jogo da noite passada", "Como é seu irmão mais novo?" ou "Eu estava realmente interessado em seu relatório sobre Martin Luther King. Diga o que você mais gostava nele.").
3. **Use o silêncio para convidar à conversa.** Permaneça em silêncio tempo suficiente para que as crianças reúnam seus pensamentos. Pergunte ou comente e depois faça uma pausa (pelo menos para contagem até cinco). As crianças precisam de tempo para pensar no que vão dizer a seguir, especialmente se ouviram atentamente o que estava dizendo, pois sua atenção estava em suas palavras, não na formulação da resposta posterior. Não se apresse em sua próxima declaração ou pergunta, pois isso sobrecarrega as crianças e dá-lhes a impressão de que o adulto tomou o comando por completo em vez de se envolver com elas de forma mais participativa.
4. **Envolva as crianças em conversas com frequência.** Converse espontaneamente com as crianças. Procure momentos em que você pode conversar com as crianças individualmente, com ou sem planejamento. Momentos informais ou transições são ótimos para conversas de verdade. Lembre-se que não só a qualidade da conversa afeta a autoidentidade da criança, mas também a quantidade!
5. **Em alguns casos, é bom não dizer nada para não comprometer a interação.** Falar às vezes pode desviar do ambiente positivo verbal. Quando vê crianças profundamente absorvidas em sua atividade ou absortas em suas conversas com as outras, permita o curso natural da interação. Fique quieto. Fale em benefício da criança e não apenas por falar. Nessas situações, o silêncio é também um sinal de cordialidade e respeito.
6. **Crie situações para que as crianças possam participar de conversas com você e com os outros.** Crie oportunidades dentro das rotinas formais, como lanche, a hora do grupo e atividades em pequenos grupos para promover a conversa. Tire proveito das conversas que surgem informalmente. Construa-as na hora e, se apropriado, em outros momentos do dia.
7. **Narre os acontecimentos na vida diária da criança para promover o autoconhecimento.** Use reflexões comportamentais e perguntas abertas, bem como informações para ajudar as crianças a aumentar a autoconsciência. Aborde as facetas facilmente observadas de autoconhecimento e os pensamentos e sentimentos interiores. Por exemplo:
   - Descreva os eventos no mesmo dia. Explique por que e como as coisas aconteceram ou o que vai acontecer e por quê. *"Isso tem um gosto interessante. Gostaria de saber como você fez isso. Começou com o milho?"* (Outros exemplos: *"Jamie, você sabe muito sobre futebol. Isso realmente nos ajudou a criar um grande final para a história que escrevemos hoje."* ou *"Muita gente conhecia diferentes maneiras de fazer as rodas girarem em nosso robô. Vamos fazer uma lista do que você descobriu.".*)
   - Aborde os estados internos: pensamentos, desejos, crenças e emoções. Aproveite oportunidades que ocorrem naturalmente para discutir o que parece estar implícito por meio de palavras e ações das crianças. *"Jeremy e Rita, vocês descobriram que realmente gostam de sorvete de abacaxi!"* Ao longo de suas interações diárias, compartilhe com as crianças o que você está pensando ou traduza o que os outros estavam pensando para favorecer a teoria na mente da criança. *"Hoje, no caminho para a escola, presenciei um acidente de carro. Perguntei-me o que aconteceu. Esperava que todos estivessem bem e que não houvesse crianças no acidente. Você já*

viu um acidente? Como acha que as pessoas no carro estavam se sentindo?"

- Discuta conflitos. Quando a criança se envolveu em um conflito ou testemunha um, isso proporciona uma riqueza de material para discussão. As descrições do evento, os sentimentos dos participantes, as possíveis razões para o conflito e a diversidade de possíveis soluções para os conflitos são excelentes fontes para as crianças conhecerem melhor a si e aos outros. *"Hoje, houve um desentendimento na fila do bebedouro. Alguns alunos da terceira série estavam discutindo com os alunos da segunda série sobre quem poderia usá-lo. Foi confuso para todos os professores, porque parece que há bastante água para todos. Sobre o que você acha que eles estavam realmente discutindo?"*

Como formular perguntas eficazes

1. **Monitore as perguntas que faz.** Use perguntas abertas para promover a conversa e perguntas fechadas quando for necessária uma resposta específica.
2. **Seja cuidadoso ao usar perguntas abertas.** Considere o tempo disponível e as circunstâncias em que a pergunta deve ser feita. Escolha um momento sem pressa, dando ampla oportunidade para que a criança responda de forma a evitar frustração (sua ou da criança).
3. **Enfatize a qualidade em vez da quantidade na utilização de perguntas feitas às crianças.** Meça a eficácia das perguntas que fizer ouvindo as respostas das crianças com relação ao conteúdo e tom. Se as respostas forem monossilábicas ou se a criança parecer cansada de responder, interrompa a conversa. Se as respostas forem animadas e elaboradas, continue.
4. **Aguarde a resposta da criança.** Dê à criança, no mínimo, um minuto para responder a sua pergunta. O tempo é bem gasto quando você ouve uma resposta pensada.

Como formular reflexões de paráfrase

1. **Ouça atentamente as palavras da criança.** Preste atenção conscientemente à mensagem da criança. Olhe para ela e ouça sua verbalização inteira, sem interromper. Concentre-se nas ideias da criança e não em sua resposta.
2. **Reafirme com suas próprias palavras o que a criança disse.** Verifique se sua reformulação mantém a intenção original da criança. Não inclua sua opinião ou coisas estranhas.
3. **Refaça reflexões erradas.** Às vezes, a criança dá sinais que sua reflexão não estava em sintonia com sua intenção. Ela pode corrigi-la diretamente dizendo: "Não" ou "Não é isso o que eu quis dizer". Outras dicas mais sutis referem-se às crianças que repetem e acrescentam novas informação ou que suspiram em exasperação. Use uma variação corrigida de sua declaração.
4. **Combine sua reflexão à habilidade de cada criança para compreender a língua.** Use reflexões simples e curtas com crianças. Construa essas reflexões adicionando uma ou duas palavras de ligação às declarações telegráficas da criança. Vá além de simples expansões quando trabalhar com crianças de 4 anos ou mais. Reformule a mensagem da criança acrescentando verbos auxiliares ou frases sinônimas relevantes. Periodicamente, use reflexões de frases múltiplas ao trabalhar com crianças em idade escolar:

Criança: Tem reunião dos Castores na terça-feira e todos vão. Eu também vou.
Adulto: Parece que você tem uma reunião especial chegando. Muitos de seus amigos vão.

Esteja ciente que as crianças entendem o inglês bem falado. Acompanhe suas palavras com gestos e demonstrações se alguma criança parecer confusa.

5. **Selecione uma ideia por vez para parafrasear.** Escolha uma ideia principal que se destaca sobre o que a criança disse e reflita sobre ela. Se esse não for o maior foco da criança, ela vai lhe dizer ou reafirmar a intenção. Evite tentar parafrasear cada palavra.
6. **Adicione interesse a suas reflexões periodicamente e elabore-as de forma diferente daquela utilizada pela criança.** Se Sue disser: "Quero abrir a porta", será adequado dizer: "Você não quer que a porta fique fechada". Se Marcos avisar: "Quero mais de tudo", você poderá dizer: "Você não quer perder nada".

Como apoiar a diversidade linguística da criança

1. **No ambiente, familiarize-se com as formas utilizadas para poder dar suporte à diversidade linguística da criança.** Observe como os profissionais oferecem oportunidades para diferentes idiomas a serem utilizados nas atividades diárias. Olhe ao redor e veja os materiais que refletem os idiomas domésticos da criança.
2. **Avalie sua sensibilidade ao uso dos idiomas domésticos da criança.** Pergunte a si mesmo: "Será que sei quais idiomas domésticos estão representados dentro do grupo de crianças com o qual estou trabalhando?", "Respondo respeitosamente às crianças quando elas falam em sua língua materna?" e "Sinto-me confiante ao interagir com crianças cuja língua não falo fluentemente?". Se você responder "não" a qualquer uma dessas perguntas, analise as habilidades que aprendeu até agora. Identifique as estratégias específicas que pode usar para interagir mais sensivelmente com as diversas crianças.
3. **Aprenda palavras relevantes nas línguas de origem das crianças em seu grupo.** Procure frases. Peça ajuda a seus colegas e aos pais das crianças. Peça às crianças que lhe ensinem algumas palavras-chave, se possível.
4. **Use o idioma doméstico das crianças para**
   - Conversar com as crianças.
   - Reforçar positivamente os comportamentos.
   - Acalmar e confortar.
   - Envolver-se em interações.

Como se comunicar com as famílias das crianças

1. **Aplique os princípios de um ambiente verbal positivo em suas interações com os membros da família.** Cumprimente-os. Saiba os nomes das famílias inseridas em seu programa. Use os sobrenomes dos adultos, bem como tratamentos sociais, como Dr., Sr., Sra. ou Srta. Se não estiver familiarizado com os nomes da família, cumprimente como pai/tutor/avô da criança. Em seguida, apresente-se. Por exemplo, "Você deve estar com Elise. Eu sou a senhora Murray". Se a criança estiver presente, cumprimente-a também.
2. **Trate os membros da família como pessoas com vida multidimensional.** Transmita interesse amigável nessas facetas da vida das pessoas. Faça comentários sobre a vida cotidiana ou sobre os próximos eventos que os membros da família mencionaram.
3. **Convide os membros da família para entrar na sala, ver os filhos e falar com você.** Use frases do tipo: "Você veio para ver o José. Ele está na área de grupo olhando os livros. Vocês são bem-vindos para se juntar a ele". "Bem-vindo à sala de aula. Estamos quase terminando a hora da história. Aqui é um lugar confortável para esperar" ou "Obrigado por ter vindo falar comigo. Vamos observar o José por um tempo e então eu ficaria feliz em responder a quaisquer perguntas sobre seu desempenho na escola".
4. **Fale educadamente sempre.** As mensagens não podem ser o que parecem de início. É de responsabilidade do profissional decifrar a intenção da mensagem sem necessariamente responder em espécie ao modo de entrega.
5. **Permita que os membros da família terminem seus pedidos ou comentários antes de se apresentar a eles.**
6. **Use reflexões de paráfrase e perguntas abertas enquanto interage com os membros da família.** Adapte o uso de reflexões de paráfrase para demonstrar respeito e interesse nos adultos. Reflexões de paráfrase podem ser muito eficazes quando usadas cuidadosamente com os adultos. Primeiro, misture suas reflexões com outras estratégias verbais. Em seguida, certifique-se de não "espelhar" as palavras ou o estilo exato da fala do adulto. Varie suas palavras usando algumas das técnicas descritas anteriormente neste capítulo, como a inversão da ordem das palavras, dizer o oposto que o orador afirmou e usar várias sentenças. Embora a reflexão seja adequada para todos os tipos de interações, é particularmente útil quando os membros da família estão expressando preocupação. Essa estratégia ajuda a esclarecer as informações que eles estão tentando transmitir de modo que você possa responder às necessidades e aos desejos de forma mais eficaz. Reformule as frases do falante para demonstrar seu entendimento acerca da mensagem transmitida. Não hesite em corrigir-se se o falante indicar que você interpretou sua intenção de forma inadequada.
7. **Use linguagem facilmente inteligível em vez de jargões.** Ao falar com os familiares, descreva claramente a questão em apreço com vocabulário e sentenças naturais. Use os princípios da boa comunicação verbal e não verbal para falar e ouvir. Se sentir um mal-entendido, encontre palavras ou frases alternativas para esclarecer o que você quer dizer. Se acha que entendeu mal o que os outros estão dizendo, verifique a sua percepção com frases como: "O que acho que você está dizendo que é..." ou "Parece que você acha...".
8. **Dê tempo suficiente para que os familiares reúnam seus pensamentos.** Nem sempre é fácil para os pais e outros membros da família entrar em programa para falar com os profissionais sobre seus filhos. Eles podem ser hesitantes em seu discurso, "errar" as palavras ou gaguejar. Seja paciente e evite terminar suas sentenças ou interrompê-los.
9. **Use o elogio eficaz e o *feedback* autêntico para reconhecer a participação da família no programa.** Responda sinceramente ao envolvimento da família. Quando os pais e outros familiares participam de maneira significativa, reconheça seus esforços de forma honesta e específica. *"Realmente apreciei sua ajuda nos trabalhos sobre o projeto do diário. Isso significa que mais crianças foram capazes de escrever suas ideias. Obrigado!"*
10. **Colabore com os membros da família no apoio de crianças linguisticamente diferentes.** Peça aos membros da família que lhe ensinem algumas palavras e frases que possam ser úteis na interação com a criança. Convide os membros da família do programa para compartilhar e discutir: tradições verbais, música, artefatos ou alimentos. Ao trabalhar com crianças mais velhas, proporcione meios em que os membros da família possam usar sua língua materna para ajudá-las com as tarefas relacionadas ao programa/atividades em casa. Crie uma biblioteca na qual os pais possam verificar recursos para compartilhar com os filhos.

■ Evite as armadilhas

Se suas palavras têm por intenção demonstrar seu interesse pela criança ou se estiver usando seu discurso para se envolver mais nas atividades infantis, existem alguns riscos a serem evitados.

1. **Repetir.** Uma maneira comum de os adultos parafrasearem as crianças é responder por espelhamento às palavras e ao tom de voz delas. A repetição é muitas vezes ofensiva à criança, pois faz o adulto parecer falso ou condescendente. Embora a repetição seja um primeiro passo natural para que as pessoas aprendam

a parafrasear, os adultos devem variar de forma intencional suas respostas o mais rapidamente possível.

2. **Refletir incessantemente.** É um erro refletir a criança em tudo o que ela fizer ou disser. O objetivo da reflexão de comportamento e paráfrase é dar oportunidades para que o adulto observe a criança, ouça e entenda seu ponto de vista, além de proporcionar-lhe mais informações sobre si mesma. Nenhum desses objetivos pode ser alcançado se o adulto falar sem parar. Usar reflexões de resumo é uma boa maneira de evitar a predominância sobre a criança com verborragia.

3. **Refletir de forma perfunctória.** Refletir sem pensar não é adequado, é outra forma de repetição. Adultos que simplesmente "vão com a maré" ou respondem distraidamente à criança só para terem algo a dizer devem parar e em seguida intensificar seus esforços para entender o que a criança realmente está dizendo ou indicando por meio de ações. Uma boa reflexão aumenta a autocompreensão da criança e não serve apenas como um espaço reservado em uma conversa.

   Outra forma de reflexão perfunctória ocorre quando o adulto reflete as perguntas da criança, mas deixa de acompanhá-las. Por exemplo, Ralph pergunta a Wu: "Quando é que vamos ter música?". E Wu responde: "Você está se perguntando quando vamos ter música", e vira-se imediatamente para falar com Alicia. Nesse caso, a resposta de Wu não foi correta, porque ele não atendeu à totalidade da mensagem da criança. Ele deveria ter esperado para determinar se Ralph iria responder à pergunta por si mesmo ou se a resposta deveria ser fornecida. A melhor maneira de evitar esse dilema é pensar enquanto reflete e prestar atenção a como as crianças reagem às reflexões.

4. **Tratar a criança como objeto.** Há momentos em que os adultos falam com a criança na terceira pessoa, ou seja, fazem comentários que pretendem que a criança ouça, mas que não são pessoalmente dirigidos a ela. Por exemplo, a Sra. Long está brincando com Curtis de 2 anos no canto dos blocos. Ninguém mais está perto. Long diz coisas como: "Curtis está construindo com blocos quadrados. Está fazendo uma torre alta. Opa, a torre de Curtis caiu". Se outras crianças estivessem perto, esses comentários poderiam ser interpretados como informações destinadas a elas. Porém, como a situação perdura, os comentários correntes e impessoais sobre a atividade do menino não são uma conversa nem deixa aberturas reais para uma resposta de Curtis, caso ele tenha de fazê-la. Os comentários de Long poderão ser transformados em reflexões pela inserção de "você" em cada uma: "Curtis, você está construindo com blocos quadrados. Você está fazendo uma torre alta. Opa, sua torre caiu".

5. **Corrigir a superestimação da criança acerca das habilidades dela.** Às vezes, em uma tentativa de serem factuais, os adultos se sentem compelidos a corrigir as declarações incorretas da criança acerca de si mesmas. Por exemplo, quando Johnny diz: "Eu sou um soletrador perfeito", o adulto responde: "Bem, você acerta na maioria das vezes, mas começa algumas palavras de modo errado". Aos 7 anos, é muito comum que a criança superestime suas capacidades. Corrigi-la não ajuda no desenvolvimento de uma imagem mais precisa de si mesma. É mais útil refletir o conteúdo emocional da declaração. Nessa situação, o adulto poderia responder: "Você está orgulhoso de sua capacidade de soletrar".

6. **Transformar reflexões em perguntas.** Frases como "não é?", "certo?" ou "tudo bem?" anexadas ao final de uma sentença transformam reflexões em perguntas. Um resultado semelhante ocorre quando o adulto permite que sua voz aumente no final de uma frase. Quando se adota esse procedimento, a natureza das trocas verbais com crianças passa de interesse não intrusivo e envolvimento para um tom interruptivo e exigente. Esse é um dos erros mais comuns na técnica de reflexão e ocorre porque os adultos gostariam de alguma confirmação sobre a exatidão de sua reflexão. Eles querem algum sinal de que o que disseram está certo. No entanto, raramente se ouve:

   Jack: Estou no topo.
   Adulto: Você está animado por estar tão alto, não é?
   Jack: Você tem razão, professor.

   A confirmação real da reflexão adequada é de que a criança continue com sua atividade ou conversa. Se ela parar ou corrigir o adulto, estes serão sinais que a reflexão original não estava no alvo. Os adultos que perguntam sem refletir devem trabalhar conscientemente para eliminar esse comportamento. Se você notar que tem feito isso em uma conversa com uma criança, pare e repita a reflexão corretamente.

7. **Responder às suas próprias perguntas em vez de esperar que a criança faça isso.** Adultos respondem muitas das perguntas que eles mesmos levantam. Por exemplo, a Sra. Cooper pergunta: "Quem se lembrou de trazer a permissão?". Sem um momento de hesi-

tação, ela diz: "John, você pegou uma. Mary, você também". Mais tarde, Cooper pergunta: "Por que os pássaros voam para o sul no inverno?". Antes que as crianças tenham a chance de pensar sobre a questão, ela fornece uma resposta: "Normalmente, eles estão à procura de comida". Em ambos os casos, Cooper inibiu as crianças ao responder muito rapidamente a si mesma. Infelizmente, à medida que isso se torna um padrão, a professora pode muito bem concluir que as crianças são incapazes de responder a suas perguntas. As crianças traduzem as ações de Cooper como falta de interesse no que elas têm a dizer. Se detectar esse hábito em você mesmo, trabalhe deliberadamente para eliminá-lo. Quando você responde de forma prematura, observe isso verbalmente e repita a pergunta: "Opa. Não dei a chance de elas responderem. O que vocês acham do...?".

8. **Responder habitualmente às perguntas das crianças com perguntas próprias.** Às vezes, quando a criança faz uma pergunta, o adulto automaticamente ecoa a pergunta novamente:

Criança: Onde os ursos dormem no inverno?
Adulto: Onde você acha que eles dormem?

O eco pode levar a criança a formar impressões negativas sobre o adulto. A pergunta soa como um comentário mordaz que a criança traduz como: "Você é bobo. Você deveria saber", "Eu sei e não vou dizer a você" ou "Vou deixar você se fazer de bobo dando a resposta errada. Depois vou dizer qual é a resposta verdadeira". Embora essa possa não ser a intenção do adulto, é muitas vezes o resultado. Para evitar essas impressões desfavoráveis, forneça o fato necessário ou reflita a pergunta da criança e, em seguida, ajude-a a descobrir a resposta por meio do trabalho com ela.

9. **Usar elogios ineficazes.** Quando o adulto se pega elogiando a criança indiscriminadamente ou usa frases convenientes em demasia, a melhor estratégia é parar de falar, depois focar novamente no que a criança está realmente fazendo. Reformule sua declaração para que ela esteja em conformidade com as diretrizes para elogio eficaz apresentadas anteriormente neste capítulo. Se uma correção imediata parecer muito difícil, basta lembrar-se da situação e, durante um momento de tranquilidade no final do dia, reconsiderar o que você poderia ter dito. No outro dia, em uma atividade semelhante, verifique se alguma das alternativas que você pensou pode se encaixar. Em caso afirmativo, use uma ou mais variações.

10. **Interromper as atividades das crianças.** Refletir ou fazer uma pergunta quando a criança está obviamente absorvida em uma atividade ou em uma conversa é intrusivo. Nesses casos, o adulto pode apresentar interesse pela criança observando calmamente e respondendo com sinais não verbais, tais como sorrisos, acenos ou risos nos momentos corretos. Quando a criança está trabalhando duro em alguma atividade, uma reflexão ocasional que corresponde ao seu ponto de vista é apreciado; interrupções constantes não são.

11. **Não variar em suas respostas.** É comum, ao aprender novas habilidades, encontrar uma tática com a qual você se sinta confortável e, em seguida, usá-la com a exclusão de todas as outras. Por exemplo, depois de ler este capítulo, você pode ser tentado a usar uma reflexão de comportamento em resposta a toda situação que aparecer. Isso é um erro, pois certas habilidades satisfazem determinadas necessidades. Quando uma habilidade é usada em exclusão às outras, os benefícios oferecidos pelas habilidades negligenciadas não serão disponibilizados à criança. Além disso, o uso excessivo de uma forma de comunicação verbal se torna monótono e desinteressante para adultos e crianças. Por essa razão, é melhor usar todas as habilidades apresentadas até agora em vez de apenas uma ou duas.

12. **Hesitar em falar.** Há momentos em que você pode ficar procurando as palavras certas quando tenta implementar as habilidades apresentadas neste capítulo. No momento em que pensa em uma resposta, a oportunidade pode ter escorregado pelas suas mãos ou as palavras que saem podem soar forçadas. Quando isso acontece, alguns consideram tentador abandonar essas técnicas e retomar os velhos hábitos verbais. Outros param de falar completamente. Ambas as reações surgem de esforços dos adultos para evitar constrangimento ou desconforto com as habilidades verbais desconhecidas. Tais experiências devem ser esperadas e todo mundo passa por esses momentos de incerteza. No entanto, a chave para atingir o meio com reflexões, técnicas de questionamento apropriadas e demonstrações elogiosas eficientes é usá-las com frequência para que se tornem parte mais natural de suas interações cotidianas. Na verdade, no começo é melhor falar muito que ser

negligente ao praticar essas habilidades. Depois que a mecânica for dominada, você poderá sincronizar com a velocidade de resposta.

13. **Soar mecânico e artificial ao experimentar novas habilidades verbais.** Implementar reflexões e perguntas abertas parece estranho e desconfortável à primeira vista. Iniciantes reclamam que não soam como eles mesmos e que têm de pensar sobre o que estão dizendo mais que nunca. Eles desanimam quando as respostas soam repetitivas e faltam calor e espontaneidade que passaram a esperar de si mesmos. Nesse ponto, algumas pessoas desistem e retomam velhos hábitos verbais. Como acontece com qualquer nova habilidade, a proficiência só se desenvolve por meio da prática.

Aprender as técnicas pode ser equiparado a aprender a andar de patins. Esqueitistas iniciantes têm dificuldade em manter o equilíbrio, se embaraçam e caem periodicamente. Eles têm problemas para ir para frente, sem falar de ir para trás, fazer curvas ou girar. Parar também é um grande obstáculo. Se a pessoa andar de patins apenas algumas vezes, é provável que continue a se esforçar e se sinta notada. Se esses sentimentos levarem a pessoa a desistir da patinação, não haverá o progresso. No entanto, ela deve continuar a praticar não só para aumentar sua habilidade, mas também para ser capaz de ir além da mecânica e desenvolver um estilo individualizado.

O processo é o mesmo para todas as habilidades ensinadas neste capítulo. Se estiver disposto a praticar e continuar trabalhando com a dificuldade, notará melhora significativa. O discurso artificial que marca a fase inicial da aquisição de habilidades verbais gradualmente dá lugar às respostas mais naturais. Com o tempo e a prática, você desenvolverá seu próprio estilo.

Resumo

O conhecimento em desenvolvimento da criança sobre si mesma e posterior compreensão social contribuem diretamente para sua competência social. A cultura, o temperamento, as relações e experiências de linguagem da criança combinados com suas interações sociais ajudam a formular um sentido de seu valor, competência e controle no mundo. À medida que ela compreende melhor a si mesma e as relações que seus pensamentos e ações têm com os outros (e vice-versa), ela se torna mais capaz de começar a dialogar com os outros.

Em cada faixa etária, as crianças usam a habilidade cognitiva atual em combinação com as experiências sociais para que possam se definir. Esse processo é chamado de autoconceito. Na primeira infância, a criança se descreve de maneira física e concreta. À medida que se aproxima do meio da infância, em torno de 7 e 8 anos, começa a usar mais adjetivos abstratos na descrição. No final da infância, os autoconceitos da criança são inicialmente descritos por traços psicológicos e características de pensamento mais abstrato.

A criança que julga seu valor, sua competência e seu controle positivos tem autoestima saudável, enquanto aquela que não entende assim tende a ter baixa autoestima. Indivíduos com maior autoestima levam vidas mais felizes que aqueles cujos julgamentos sobre si mesmos são negativos. O desenvolvimento da autoestima segue uma ordem normativa: evolui da avaliação sobre si mesma aqui e agora (como uma criança em idade pré-escolar) para uma visão mais compartimentada de si mesma (como jovens estudantes) e para um índice geral de valor (como um aluno do ensino médio).

Essa visão predominantemente positiva ou negativa permanece relativamente constante ao longo da vida.

Essa visão é extremamente impactada pelos adultos dentro do mundo das crianças. Os comportamentos adultos estimulam a criança a fazer julgamentos positivos ou negativos sobre si mesma. Autojulgamentos favoráveis acerca de competência, valor e controle são mais prováveis em crianças que interagem com adultos que demonstram aceitação, carinho, sinceridade, empatia e respeito. O que os adultos dizem às crianças transmite essas mensagens ou as mensagens opostas e, portanto, é um fator-chave que determina se a criança desenvolverá uma autoestima saudável.

A atmosfera que os adultos criam por meio de suas verbalizações com as crianças é chamada ambiente verbal, que pode ser positivo ou negativo. A exposição contínua a um ambiente negativo verbal diminui a autoestima das crianças, enquanto a exposição a um ambiente verbal positivo reforça a autoidentidade e a percepção do próprio valor da criança.

Usamos linguagem com as crianças para criar e manter relacionamentos cordiais e solidários. Quando falamos com as crianças, fornecemos informações para melhorar seus sentimentos de valor e competência. Quando falamos com as crianças, damos algum controle e demonstramos nossa crença em seu valor e sua competência. Finalmente, quando convidamos a criança a falar sobre suas ideias, à medida que as ouvimos atentos, damos a ela uma sensação de controle da conversa. Ao usarmos conscientemente as estratégias de um ambiente verbal positivo de reflexões de comportamento, elogios eficazes, narrativas compartilhadas, conversas, perguntas abertas e reflexões de paráfrase, podemos ajudar todas as crianças no desenvolvimento de uma identidade positiva de si mesmas.

Cada uma das competências linguísticas descritas neste capítulo contribui para um ambiente positivo verbal. Juntas, elas são ferramentas poderosas para trabalhar com todas as crianças, independentemente da língua materna. As estratégias descritas são muito eficazes não só para auxiliar no desenvolvimento da compreensão das crianças sobre o *self* e os outros, mas também na construção do desenvolvimento da linguagem. Além disso, é útil adequar as estratégias às nossas interações com membros da família como meio de desenvolvimento e de manter relacionamentos positivos.

Por último, certas dificuldades devem ser evitadas, como repetir, refletir incessantemente ou de forma superficial, tratar a criança como objeto, utilizar métodos de questionamento inadequados, interromper a criança e não variar as respostas. Atitudes como hesitar em falar e soar mecânico também são problemas comuns enfrentados por indivíduos que estão apenas começando a aprender essas habilidades.

Todas as crianças podem se tornar membros competentes socialmente. Como as crianças estão em constante desenvolvimento, elas estão interpretando o mundo ao seu redor. As mensagens que nós, como adultos, enviamos às crianças por meio de nossas palavras e operações contribuem significativamente para quem elas se tornam e como se encaixam no mundo social.

Palavras-chave

English Language Learners – ELL (aprendizes da língua inglesa); ambientes verbais; ambiente verbal negativo; ambiente verbal positivo; autoconceito; autoconsciência; autoestima; competência; compreensão social; controle; diversidade linguística; elogio eficaz; elogio específico; elogio positivo; elogio seletivo; expansões; função executiva; narrativa compartilhada; perguntas abertas; perguntas criativas; perguntas fechadas; reflexões; reflexões de comportamento; reflexão de paráfrase; reformulação; teoria da mente; trio da autoestima; valor.

Questões para discussão

1. Descreva a sequência normativa do desenvolvimentismo do autoconceito em crianças a partir do nascimento ao início da adolescência. Por que é importante que você saiba disso em seu trabalho com crianças?
2. Descreva um incidente de sua infância que reforçou sua autoestima. Descreva outro que reduziu sua autoestima. Como o primeiro incidente melhorou sua autoestima? O que isso lhe diz sobre seu comportamento com as crianças? Use as informações do capítulo para avaliar o incidente negativo e como ele poderia ter sido transformado em uma experiência positiva.
3. Reveja as características dos ambientes verbais positivo e negativo. Discuta quaisquer variáveis adicionais que deveriam ser adicionados a ambas as listas.
4. Descreva o clima emocional de seu cenário atual com crianças. Cite três maneiras por meio das quais você poderia melhorar o ambiente verbal de um cenário no qual atualmente interaja com crianças.
5. Com base no Código de Conduta Ética Naeyc (Apêndice), aborde a seguinte situação: um de seus colegas usa a expressão "aquelas crianças" quando se referè a crianças que estão começando a aprender inglês. Considere seu ponto de vista e o que seu colega está comunicando às crianças.
6. Descreva pelo menos quatro benefícios do uso de reflexões de comportamento com crianças pequenas.
7. Descreva como as reflexões de paráfrase utilizadas pelos adultos afetam a consciência e a autoestima das crianças.
8. Descreva as características de uma pergunta aberta e discuta como essa técnica se relaciona à autoconsciência e à autoestima da criança.
9. Descreva como as estratégias de interação que são usadas com crianças podem ser aplicadas a interações com adultos.
10. Discuta as diferenças entre elogios eficazes e ineficazes. Com base em exemplos de suas experiências passadas, descreva momentos em que você foi elogiado de forma eficaz e/ou ineficaz. Qual foi sua reação na época? O que pensa sobre isso agora?

Tarefas de campo

1. Identifique três estratégias que usou com crianças que estão associadas à criação de um ambiente verbal positivo. Para cada situação, descreva rapidamente o que a criança estava fazendo. Resuma a estratégia que usou. (Cite as palavras utilizadas.) Discuta a reação da criança em cada caso.

2. Mantenha um registro das reflexões de comportamento e de paráfrase que usa com as crianças. Quando tiver uma chance, registre pelo menos quatro de suas respostas. Comece descrevendo o que a criança fez ou disse e o que levou a sua resposta. Em seguida, cite as palavras que você usou. Corrija qualquer reflexão imprecisa conforme necessário. Por fim, escreva pelo menos duas reflexões alternativas que se encaixam nas situações descritas.

3. Enfoque o uso de perguntas abertas e elogios eficazes quando trabalha com crianças. Descreva, pelo menos, quatro situações em que usou essas habilidades. Comece descrevendo o que a criança disse ou fez para solicitar a sua resposta. Em seguida, registre suas palavras exatas. Corrija as respostas erradas, reescrevendo-as. Finalmente, escreva pelo menos duas formas alternativas para reformular suas observações, independentemente de sua precisão.

4. Descreva a interação que você ouviu ou observou que envolvia um membro adulto da família da criança. Inclua estratégias verbais positivas utilizadas, como reflexões de comportamento e de paráfrase, perguntas abertas e extensores de conversa. Elabore um resumo de sua avaliação da interação.

Capítulo 5

Apoio ao desenvolvimento e à aprendizagem emocional da criança

Objetivos

Ao final deste capítulo, você será capaz de descrever:

- Como as emoções afetam a vida das pessoas.
- O desenvolvimento emocional das crianças desde o nascimento até o meio da infância.
- Como as crianças se diferem emocionalmente umas das outras.
- Os desafios emocionais enfrentados pelas crianças.
- Estratégias para apoiar o desenvolvimento emocional da criança.
- Estratégias de comunicação familiar com relação às emoções.
- Armadilhas que devem ser evitadas ao responder às emoções das crianças.

Uma borboleta pousa na mão de Sean – os olhos do menino se arregalam de espanto.

Em seu primeiro dia na escola, Maureen soluça enquanto sua mãe tenta sair.

Emily dá um "mergulho" para pegar a bola e fica exultante de tê-la pegado.

Tony está assustado com os sons cada vez mais altos das vozes adultas que parecem bravas na outra sala.

Quando Larry chama Jennifer de idiota, ela grita furiosamente: "Não, eu não sou!".

As crianças experimentam centenas de emoções diferentes a cada dia. As emoções estão ligadas a tudo que elas fazem e são estimuladas por inúmeros acontecimentos, grandes e pequenos. As crianças são afetadas por pessoas e eventos. As formas como as crianças expressam suas emoções e compreendem as emoções dos outros são elementos-chave da competência social.

■ De onde vêm as emoções?

Pessoas de todas as culturas experimentam emoções. Alegria, tristeza, repugnância, raiva, surpresa, interesse e medo parecem universais (Ekman, 2007; Cole, Bruschi & Tamang, 2002). Embora existam diferenças óbvias entre esses estados emocionais, todos têm certas características em comum. Cada um é desencadeado por *eventos internos ou externos* que *enviam sinais para o cérebro* e o sistema nervoso central. Essa reação inicial transparece em milésimos de segundos, sem que a pessoa perceba o que está acontecendo.

Como resultado desses sinais, a pessoa fica excitada e o corpo responde com alterações fisiológicas. Em muitos casos, o coração bate mais rápido, as mãos suam ou a garganta pode ficar seca. Essa é a parte *física* da emoção. Tais sensações são geralmente acompanhadas por alterações observadas na expressão facial, postura, voz e movimento corporal.

Ações como sorrir, franzir a testa e rir são sinais visíveis de como as pessoas se sentem. Ações como essas representam o lado *expressivo* da emoção. À medida que isso ocorre, o indivíduo interpreta o que está acontecendo com ele. Suas interpretações são influenciadas pelo contexto da situação, seus objetivos e suas experiências passadas (Calkins & Williford, 2009). Considerando todos esses fatores, a pessoa decide se está experimentando certo grau de felicidade, tristeza, raiva ou medo. Essa é a parte *cognitiva* da emoção.

Embora os cientistas variem em suas crenças sobre a ordem em que as sensações físicas, reações expressivas e interpretações cognitivas ocorrem, eles geralmente concordam que todas as três se combinam para criar emoções (Aamodt & Wang, 2008; Stein & Levine, 1999). Para entender como esses elementos funcionam em conjunto, considere o que acontece quando Kitty, uma menina de 8 anos, é chamada para ler em voz alta o seu relatório:

Sinais para o cérebro de Kitty: O professor diz o nome da menina, as outras crianças ficam em silêncio, e ouve-se uma risadinha no fundo da sala.

Resposta física: A boca de Kitty está seca, o pulso bate rapidamente e o estômago se contrai.

Resposta expressiva: Kitty franze a testa e seus ombros ficam abaixados.

Resposta cognitiva: Kitty pensa nas dificuldades anteriores vividas na frente de uma plateia e no desejo de se sair bem na aula.

Emoção: Kitty se sente nervosa.

Se a resposta cognitiva de Kitty tivesse enfocado triunfos passados ao falar em público, ela poderia determinar que a emoção que está experimentando é ansiedade e não nervosismo. Em ambos os casos, Kitty faz o julgamento final sobre como ela se sente. Mesmo que os outros esperem que a menina se saia bem, se ela perceber a situação como uma ameaça, ficará nervosa. Diferentes respostas cognitivas explicam por que duas pessoas podem ter reações emocionais opostas diante do mesmo evento. Enquanto Kitty fica nervosa, outra criança no grupo pode ficar ansiosa para ler seu relatório para a classe. Nenhuma interpretação é certa ou errada; cada uma simplesmente define a atual realidade da criança. Como as emoções estão ligadas a tudo que as pessoas fazem, episódios emocionais como esse se repetem muitas vezes a cada dia.

■ Por que as emoções são importantes

As emoções infantis abrangem desde alegria e carinho até raiva e frustração. Algumas emoções são agradáveis, algumas não são, mas todas desempenham um papel fundamental na vida das crianças.

Em seu nível mais fundamental, as *emoções ajudam a criança a sobreviver*. Saltar de um triciclo em velocidade ou formar relações com pessoas importantes em sua vida são casos em que reações expressivas ofuscam a resposta cognitiva da pessoa. Nesses casos, as emoções instintivamente impulsionam a criança para a autopreservação, sem ter de "pensar" sobre o que está acontecendo (Ekman, 2007).

Quando ela tem a chance de pensar, as *emoções fornecem à criança informações sobre o seu bem-estar* (Lewis, 2007). Isso resulta frequentemente na tomada de algumas medidas, por parte da criança, para manter ou alterar seu estado emocional. Sentimentos como felicidade e confiança dão à criança sensação de segurança. Sentimentos afetuosos dizem à criança que ela é adorável e que seu amor é valorizado pelos outros. Sentimentos de orgulho sugerem que ela é competente. Todas essas emoções positivas indicam que está tudo certo com o mundo e estimulam a criança a continuar ou repetir experiências prazerosas. Entretanto, algumas emoções sinalizam descontentamento, infortúnio ou perigo. Alertam a criança que algo está errado. A raiva incentiva a criança a tentar superar os obstáculos. A tristeza provoca uma queda de energia, dando tempo à criança para que ela se adapte à perda ou decepção. O medo estimula a criança a evitar, escapar ou se proteger de alguma coisa. Em todos os casos, as emoções ajudam a criança a interpretar o que está acontecendo com ela e indicam sua adaptação às novas circunstâncias. Essas interpretações estão representadas no Quadro 5.1.

Além disso, as *emoções servem como uma forma de comunicação*. Exibições emocionais, como sorrir ou chorar, são a primeira linguagem que crianças e adultos utilizam para se comunicar com os bebês antes que estes aprendam a falar. Essa função de comunicação continua ao longo da vida à medida que as pessoas usam palavras e sinais não verbais para expressar o que estão sentindo e para entender melhor os sentimentos dos outros (Jaswal & Fernald, 2007).

As emoções também influenciam o funcionamento cognitivo das crianças (Zins et al., 2004). Evidências científicas recentes mostram que os circuitos neurais no cérebro que regulam a emoção são altamente interativos com aqueles associados às atividades intelectuais, como prestar atenção aos detalhes, estipular metas, planejar, resolver problemas e tomar decisão (National Scientific Council on the Developing Child, 2006). Como resultado, as emoções podem apoiar essas tarefas cognitivas ou interferir nelas. Emoções mal controladas e sentimentos negativos tendem a diminuir a partir do funcionamento intelectual; emoções positivas fortes e aquelas bem re-

QUADRO 5.1 O que as emoções sinalizam para a criança sobre o bem-estar dela

Emoção	Mensagem para a criança
Felicidade	Estou seguro. Tudo está certo no mundo. Preciso continuar ou repetir isso.
Afeição	Sou amável e valioso.
Orgulho	Sou competente.
Raiva	Algo está errado. Preciso vencer esse obstáculo.
Tristeza	Algo está errado. Sofri uma perda. Preciso me ajustar a essa perda.
Medo	Algo está errado. Estou em perigo. Preciso escapar. Preciso me proteger.

guladas apoiam mais atividade cognitiva avançada (Raver, Garner & Smith-Donald, 2007). Como as emoções são parte importante da vida das crianças, cabe aos adultos a responsabilidade especial de ajudá-las a:

- Entender melhor as próprias emoções.
- Tornar-se mais sensíveis às emoções dos outros.
- Encontrar formas eficazes para gerir as diversas emoções que vivenciam.

O processo começa no nascimento e continua ao longo dos primeiros anos. Para que possam realizar bem seu papel de apoio, os adultos devem primeiro compreender os aspectos do desenvolvimento das emoções da criança.

■ Desenvolvimento emocional das crianças

O desenvolvimento emocional das crianças é caracterizado assim:

- As emoções das crianças emergem.
- As crianças desenvolvem autoconhecimento emocional.
- Elas passam a reconhecer as emoções de outras pessoas.
- Aprendem a controlar o que estão sentindo.
- Abordam as tarefas emocionais infantis.

Todos esses processos de desenvolvimento são influenciados pela maturidade e experiência. Entendê-los vai ajudar a responder à criança com sensibilidade e de forma a promover sua competência social.

Como as emoções infantis se desenvolvem

Nádia nasceu há dois dias. Ela faz uma careta quando seu irmão mais velho muda rapidamente sua posição da vertical para horizontal no colo. Alguns cientistas argumentam que Nádia está mostrando emoção verdadeira (Izard et al., 1995, 2000). Outros acreditam que a careta do recém-nascido é apenas um reflexo e alegam que as emoções reais só aparecem algumas semanas depois, quando os processos cognitivos da criança são desenvolvidos o suficiente para permitir que ela interprete o que está enfrentando (Sullivan & Lewis, 2003). Apesar desses pontos de vista diferentes, os pesquisadores concordam que, em seu primeiro ano de vida, os bebês vão experimentar diferentes emoções. No entanto, a criança não exibirá todas as emoções que terão. Em vez disso, as emoções aumentam em número e complexidade à medida que a criança amadurece. Esse amadurecimento emocional surge de acordo com as sequências de desenvolvimento tão previsíveis como aquelas associadas ao desenvolvimento físico e da linguagem (Copple & Bredekamp, 2009). Antes dos 12 meses, Nádia expressará claramente alegria (por volta das 6 semanas), raiva (entre 4 e 6 meses), tristeza (entre 5 e 7 meses) e medo (entre 6 e 12 meses).

Alegria, tristeza, raiva e medo são **emoções primárias**, das quais emoções mais elaboradas se desenvolvem com o tempo (Witherington, Campos & Hertenstein, 2001). Por exemplo, a alegria é vista no primeiro sorriso social do bebê. Trata-se de um sinal inequívoco de prazer infantil, geralmente estimulado pelo rosto de um cuidador primário e bem-vindo por famílias em todo o mundo como um evento social significativo (veja Box 5.1).

BOX 5.1 O aparecimento da alegria é comemorado nas famílias navajo tradicionais

Um bebê risonho

Na tradicional cultura navajo (ou dine), o costume dita que o amigo ou familiar que testemunhar o primeiro sorriso do bebê tem a honra de promover uma festa chamada "A wee Chi'deedloh" ("O bebê sorriu"). Esse evento festivo, que honra o aparecimento de alegria na vida de um bebê, marca seu nascimento como um verdadeiro ser social e membro da família.

Gradualmente, a alegria se ramifica e passa a incluir espanto, afeição e orgulho. Da mesma forma, a emoção primária de raiva serve como base para o desenvolvimento de frustração, irritação, inveja, raiva e desgosto. As combinações desses sentimentos produzem reações mais complexas, como nos casos em que aborrecimento e desgosto juntos levam a sentimentos de desprezo. Quatro emoções primárias e seus respectivos agrupamentos emocionais estão relacionados no Quadro 5.2.

Mesmo enquanto as emoções tardias estão surgindo, as iniciais estão se tornando mais diferenciadas. Assim, até ao final do primeiro ano de vida, o repertório de emoções da criança ultrapassou as quatro primárias e passa a incluir surpresa, elação, frustração, ansiedade pela separação e ansiedade por pessoas estranhas. Maior diversidade e maior especificidade de emoções são observadas no segundo ano (Ekman, 2007). Nessa idade, as crianças são mais autoconscientes, e emoções como constrangimento, afeto, inveja, rebeldia e desprezo entram em cena. Aos 3 anos, a criança fica cada vez mais focada em outras, exibe os primeiros sinais de empatia e uma diferença entre carinho por crianças e adultos.

Com essa idade, a criança também começa a fazer julgamentos sobre suas ações, demonstrando sinais de orgulho quando é bem-sucedida (sorri, bate palmas e grita "Fiz isso"), bem como vergonha, quando não é bem-sucedida (apresenta postura caída, desvia os olhos e declara "Não sou boa nisso") (Lewis, 2007; Tangney & Dearing, 2002). A ordem geral em que as emoções aparecem durante os primeiros três anos é mostrada na Figura 5.1. No momento em que a criança está no ensino fundamental, o número e a variedade de emoções que ela experimenta são ainda maiores.

No início da vida, as emoções primárias são muito intensas. As explosões dramáticas tão comuns entre as crianças ressaltam essa intensidade. No entanto, à medida que as emoções da criança se tornam mais diferenciadas, suas reações também se tornam mais variadas.

Assim, conforme a criança amadurece, em vez de depender de gritos para expressar todas as variações de raiva, ela pode gritar com fúria, fazer "beicinho" de decepção, chorar de frustração ou expressar seus sentimentos em palavras. Esse repertório ampliado de expressão emocional é resultado de vários fatores de interação: presença das emoções primárias, contexto de cada situação e habilidades cognitivas e de linguagem em desenvolvimento da criança.

QUADRO 5.2 Emoções primárias e agrupamentos emocionais correspondentes

Alegria	Raiva	Tristeza	Medo
Felicidade	Frustração	Abatimento	Cautela
Deleite	Ciúme	Infelicidade	Ansiedade
Satisfação	Desgosto	Aflição	Suspeita
Alívio	Aborrecimento	Dor	Inquietação
Elação	Irritação	Desânimo	Pavor
Orgulho	Rebeldia	Vergonha	Angústia
Gratidão	Ressentimento	Culpa	Preocupação
Admiração	Fúria	Desespero	Pânico

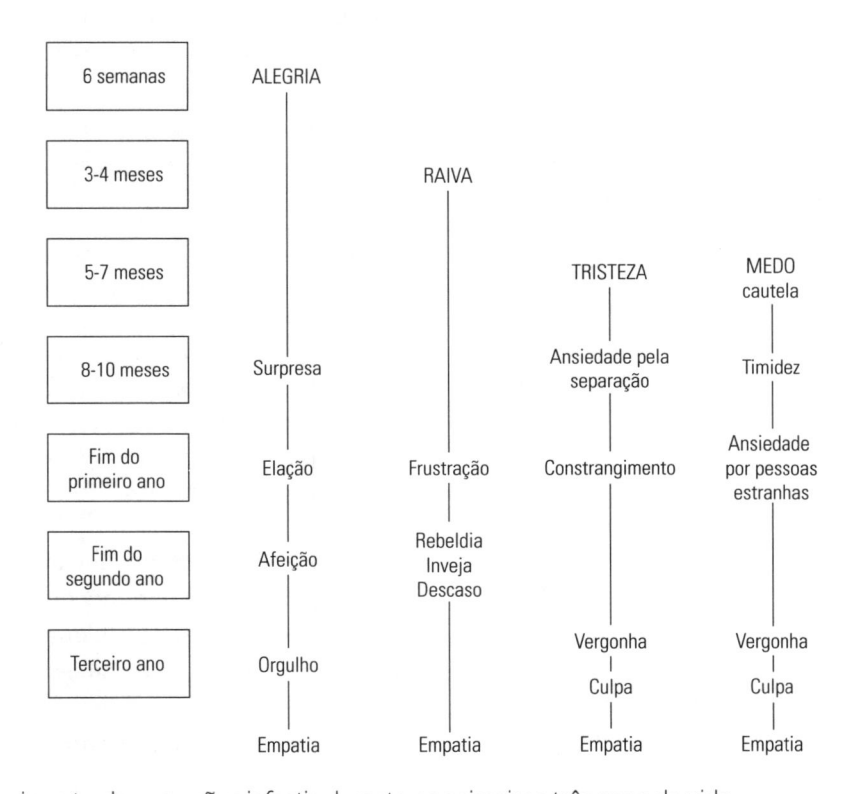

FIGURA 5.1 O aparecimento das emoções infantis durante os primeiros três anos de vida.

Como as crianças desenvolvem autoconsciência emocional

"Estou bravo com você, professor – vá embora!"
Alec, 3 anos, Filadélfia

"Todas as crianças olham para mim e dizem: 'Que menino feio! Ele é esquisito'. Isso me irrita e me deixa triste. Só porque tenho uma corcunda, não significa que meus ouvidos não ouvem e meu coração não dói."
João, 11 anos, Londres

Essas observações ilustram a mudança dramática que ocorre no entendimento das crianças sobre suas emoções durante a infância. Com o tempo, as declarações simplistas da criança dão lugar a um raciocínio mais complexo, e a compreensão de tudo que ocorre a sua volta se amplia. Tudo começa com a criança pensando que suas emoções acontecem uma de cada vez. Quando crianças maiores ou menores estão furiosas, elas ficam completamente irritadas; quando satisfeitas, estão totalmente satisfeitas (Harter, 1998). Essas respostas emocionais se alternam rapidamente. Em um minuto, a criança pode gritar: "Não!". E alguns minutos mais tarde, ela pode rir de outra coisa que tenha acontecido. As crianças passam rapidamente de um estado emocional a outro, e essas mudanças são universalmente reconhecidas como típicas dessa faixa etária (Gonzalez-Mena & Eyer, 2009).

Aos 5 ou 6 anos, a criança rotula suas emoções e relata que pode ter mais de um sentimento por vez, pois os sentimentos vêm de um mesmo agrupamento emocional. Assim, uma criança na educação infantil pode dizer que está se sentindo feliz e animada porque vai a uma festa de aniversário (Saarni et al., 2006). No entanto, a criança jamais vai mencionar que está feliz e nervosa em relação à festa, pois ela acredita que esses sentimentos opostos são direcionados a coisas diferentes.

Em algum momento entre 8 e 11 anos, a criança começa a compreender que sentimentos múltiplos e contrastantes em relação ao mesmo evento são possíveis. Com esse novo pensamento, a criança pode sugerir que ficar em casa só estimula sentimentos de terror e orgulho (Brown & Dunn, 1996; Copple & Bredekamp, 2009). Inicialmente, a criança percebe esses sentimentos como ocorrendo em sucessão, não simultaneamente. Um sentimento substitui o outro, em vez de coexistir com ele. Assim é possível se sentir feliz e triste com o mesmo acontecimento, mas não ao mesmo tempo.

Na faixa dos 10 a 12 anos, a criança reconhece que pode ter dois ou mais sentimentos muito diferentes sobre o mesmo objeto ou situação ao mesmo tempo. Essa é a primeira vez que ela se torna consciente do "misto de emoções". De início, essa mistura pode gerar confusão. Como resultado, a criança nessa idade muitas vezes expressa ansiedade sobre tais sentimentos ou a angústia de que suas emoções estão "discutindo umas com as outras" (Whitesell & Harter, 1989). Aprender a classificar os sentimentos misturados com precisão exige maturidade e experiência. Até a adolescência, os jovens são capazes de fazer isso razoavelmente bem (Larsen, To & Fireman, 2007). Outra característica emocional das crianças no segundo ciclo do ensino fundamental é que elas não mudam estados emocionais tão rapidamente quanto as crianças pequenas e pré-escolares. Suas emoções duram mais e têm suas raízes no passado e futuro, bem como no aqui e agora. Na verdade, crianças mais velhas muitas vezes se descrevem como estando de bom ou mau humor, ou seja, elas esperam que seu estado emocional geral permaneça relativamente estável por algum tempo. A sequência de desenvolvimento aqui descrita é mostrada na Figura 5.2.

Como as crianças aprendem a identificar as emoções das outras pessoas

Maggie, uma menina de 3 anos, nota que outra criança está chorando, com lágrimas escorrendo pelo rosto. Maggie aponta para a criança chorosa e diz: "Professora, olhe a Rosie. Ela está triste".

Uma mãe deixa seu bebê com Max, de 6 anos, enquanto vai buscar um refrigerante na caixa de gelo. O bebê de 2 anos começa a choramingar. Max examina a situação, agarra a mão da criança e diz: "Ah, está tudo bem. Ela não vai longe. Ela vai voltar. Não tenha medo. Eu estou aqui".

Reconhecer e interpretar emoções de outras pessoas é uma habilidade importante que se torna mais afinada com o decorrer do tempo. Como ilustrado por Maggie e Max, em apenas poucos anos, a criança muda o foco de pistas físicas evidentes para aquelas mais sutis para interpretar as emoções de outras pessoas e responder a

Tudo tem uma emoção	Múltiplas emoções do mesmo agrupamento emocional	Múltiplas emoções de agrupamentos emocionais opostos em sucessão	Múltiplas emoções de agrupamentos emocionais simultaneamente
Abaixo de 5 anos	5-7 anos	8-11 anos	10-12 anos e mais velhos

FIGURA 5.2 Sequência de desenvolvimento da compreensão das crianças sobre a emoção.

elas. Lentamente, no início dos primeiros três anos de vida, o reconhecimento das emoções progride rapidamente durante a pré-escola e os anos escolares.

Antes dos 3 anos. Embora antes dos 3 anos reajam às emoções de outras pessoas, eles não são muito hábeis em interpretá-las com precisão. A falta de experiência e o vocabulário limitado contribuem para essa circunstância (Widen & Russell, 2003).

Entre 3 e 5 anos. Crianças entre 3 e 5 anos tornam-se cada vez mais precisas na identificação de emoções positivas e negativas das outras pessoas (Berk, 2006). Elas se baseiam principalmente nas expressões faciais e no tom de voz para dizer como alguém está se sentindo. As avaliações se baseiam mais na aparência da pessoa e no modo de ela agir do que no contexto da situação (Widen & Russell, 2003). Com base em pistas expressivas, crianças em idade pré-escolar podem entender que um colega que chora está triste porque as lágrimas escorrem pelo rosto, independentemente do que aconteceu de fato. As emoções primárias são consistentemente mais fáceis de ser identificadas por pré-escolares que aquelas caracterizadas por pistas mais sutis (Thompson & Lagattuta, 2008). Com relação aos outros, crianças mais jovens também se concentram em apenas uma emoção por vez, como fazem em si mesmas (veja Figura 5.3). Por isso, elas têm dificuldade de reconhecer a mistura complexa de emoções que outras pessoas experimentam.

Os primeiros anos. Durante os primeiros anos escolares, as crianças combinam informações físicas, situacionais e históricas para compreender e interpretar emoções. Com a maturidade e a experiência, a criança passa a reconhecer que uma criança pode estar triste porque seu brinquedo quebrou ou porque seu cão se perdeu, não simplesmente porque ela está chorando. Ela também descobre que o sentimento de uma mesma criança poderá mudar para felicidade se o brinquedo for consertado ou se o animal de estimação perdido encontrar o caminho de casa. Essas fontes de emoções são exibidas nos desenhos infantis apresentados na Figura 5.4.

Gradualmente, a criança aprende que a fonte dos sentimentos de uma pessoa pode ser interna, bem como física e situacional (Calkins & Williford, 2009; Lagattuta & Wellman, 2001). Por exemplo, ela descobre que as memórias podem produzir sentimentos, mesmo que o evento original já tenha passado há muito tempo. Quando Janelle, de 10 anos, diz "Tom está triste. Ele está sozinho sem o cãozinho que ele tinha", ela está demonstrando um conceito mais maduro de como e por que as emoções ocorrem. Além disso, nessa idade, Janelle consegue imaginar a sucessão de emoções ou até mesmo o misto de emoções que Tom pode experimentar, tais como sentimento de tristeza com a perda do cãozinho, mas também o prazer que sente ao ouvir sua família falar sobre um novo filhote (Pons et al., 2003). Ao final desse período, a maioria das crianças percebe que o mesmo evento nem sempre leva aos mesmos resultados. Situações semelhantes podem levar a respostas diferentes em diferentes pessoas ou respostas diferentes da mesma pessoa em ocasiões distintas. Por exemplo, a música alta pode estimular sentimentos felizes em Tricia, mas fazem Katrina se sentir oprimida. A mesma música pode fazer Janet se sentir eufórica na segunda-feira, mas estressada na terça. Por causa dessas

FIGURA 5.3 Crianças focam as expressões faciais para sinalizar emoção. Nos desenhos, observe a variação de expressões. ["Surpreso / Irritado / Triste"]

FIGURA 5.4 Eventualmente, a criança identifica a fonte das emoções, bem como as próprias emoções. ["Entusiasmado / Com medo"]

variações, mesmo que a criança aumente sua capacidade de reconhecer emoções de outra pessoa, fazê-lo continua a ser um desafio ao longo desse período.

Como as crianças aprendem a regular as próprias emoções

Ao mesmo tempo que a criança está desenvolvendo maior compreensão emocional, ela também está se tornando mais capaz de regular o que sente. Ou seja, a criança aprende gradualmente a gerir suas emoções para que não seja totalmente dominada por elas e para que ela possa interagir com os outros de forma mais eficaz. A regulação emocional exige a colocação da sensibilização emocional em funcionamento em situações da vida real que podem ser perturbadoras, frustrantes ou constrangedoras (Eisenberg & Spinrad, 2004; Ekman, 2007). Mesmo as emoções positivas exigem regulamentação: a euforia, por exemplo, é apropriada em algumas situações, mas não em outras. Às vezes, a regulação emocional envolve suprimir certas emoções (tais como colocar a raiva sob controle a fim de lidar com uma situação injusta). Em outros momentos, envolve a intensificação das emoções (como quando uma criança direciona sua raiva para enfrentar um *bully*).

Conforme discutido no Capítulo 2, o processo de regulação emocional começa na infância. Os bebês aprendem a obter conforto de um cuidador por meio dos sons que fazem ou se distanciam se a interação é muito intensa emocionalmente. Crianças podem ser vistas "ninando" a si mesmas quando estão chateadas e distraindo-se em circunstâncias frustrantes ou quando têm de esperar. Quando a criança vai para a escola, ela tem muito mais estratégias à sua disposição e é mais proficiente ao usá-las. As palavras se tornam mais centrais em seu repertório e a criança se torna mais capaz de usar estratégias internas para moderar seus sentimentos em diversas situações (Calkins & Williford, 2009). Estratégias típicas de regulação emocional infantil adquiridas ao longo do tempo incluem:

- Suprimir a expressão de certas emoções (Tom não demonstra sua decepção por não ter chegado em primeiro enquanto felicita o vencedor).
- Acalmar-se (Glória fala para si mesma enquanto entra em uma parte escura do porão; Spencer agarra seu ursinho quando ele se sente cansado ou triste).
- Buscar conforto (uma criança engatinha até o colo de seu cuidador depois que outra criança leva o seu brinquedo).
- Evitar ou ignorar certos eventos que ativam a emocionalidade (Connie cobre os olhos com as mãos durante uma cena desagradável do filme).
- Alterar as metas que foram enfraquecidas (Larry abandona seus esforços para fazer parte da equipe de luta livre e se concentra em sua fotografia digital).
- Interpretar eventos que ativam a emocionalidade de formas alternativas (quando seu irmão é abrupto com ele, Calvin não leva para o lado pessoal porque ele presume que o irmão ainda está chateado com uma discussão recente que teve com sua mãe).

QI emocional

A autoconsciência emocional das crianças, sua compreensão dos sentimentos de outras pessoas e sua capacidade de gerir o que sentem, tudo contribui para a sua competência social. Essa combinação de conhecimento e ação é popularmente denominada **QI emocional** (Goleman, 2007). As lições fundamentais associadas ao QI emocional são aprendidas na infância e estão resumidas no Box 5.2.

Tornamo-nos cada vez mais conscientes que a criança que tem bom entendimento e habilidades bem desenvolvidas (ou alto QI emocional) é mais bem-sucedida na vida que aquela que não tem. Por exemplo, quando a criança apresenta um elevado grau de apoio emocional, os colegas e os adultos a veem como um ser amável, cooperativo e amigável. A criança que não tem esses entendimentos não é percebida sob a mesma luz positiva (Rose-Krasnor & Denham, 2009). Da mesma forma, crianças que aprendem a administrar suas emoções construtivamente têm mais facilidade em lidar com as desilusões, frustrações e mágoas, que são parte natural do crescimento. Essas crianças também tendem a se sentir mais felizes e ter melhor trajetória para uma vida feliz na idade adulta. Todavia, as crianças que não têm a capacidade de regular suas emoções são mais propensas a explosões emocionais, provocar respostas negativas dos outros e experimentar a falta de satisfação em sua vida emocional (Orpinas & Horne, 2010). Se essas crianças continuam em um caminho de apoio emocional "analfabeto", seu prognóstico para um futuro feliz é pobre (veja Box 5.3).

BOX 5.2 As lições emocionais do início da infância

1. **Todo ser humano tem emoções.** Sinto-me feliz esta manhã. O mesmo acontece com Nicole e também com Lisa. A Sra. Bernaro, minha professora, tem sentimentos também. Às vezes ela está animada ou contente, e às vezes está infeliz ou irritada.
2. **As emoções são estimuladas por situações diferentes.** Muitas coisas me fazem feliz: vestir minha camisa favorita, ganhar um biscoito extra no lanche, ter todos os blocos de que preciso para construir uma estrada que passa ao redor do tapete. Quando alguém atravessa o meu caminho ou quando caio no *playground*, fico com raiva ou triste.
3. **Existem diferentes formas de expressar emoções.** Às vezes, quando estou feliz, canto uma musiquinha, às vezes sorrio, às vezes apenas sento e sorrio comigo mesmo.
4. **Outras pessoas podem não sentir o mesmo que eu com relação às coisas.** Quando o caminhão de lixo chegou à escola, eu queria subir e sentar no banco atrás do volante. Parecia excitante. Janice ficou para trás com a Sra. Klein. Achou aquilo assustador.
5. **Posso fazer coisas que afetam o modo como me sinto e como os outros se sentem.** Quando estou triste, posso sentar no colo da tia Sophie ou no cadeirão, e, depois de um tempo, sinto-me melhor. Às vezes, quando a bebê Camilla está irritada, faço caretas engraçadas e ela começa a rir.

FONTE: Adaptado de Hyson (2004).

O grau em que as crianças desenvolvem seu QI emocional é influenciado, em grande parte, pela forma como abordam as tarefas emocionais da infância. Vamos considerá-las da próxima vez.

BOX 5.3 Os custos do analfabetismo emocional são elevados

Crianças que nunca aprendem a regular suas emoções crescem e se tornam adultos que experimentam uma ou mais das seguintes condições:
- Elevados níveis de raiva, frustração e depressão.
- Comportamento abusivo consigo e com os outros.
- Parentalidade inapta.
- Maiores taxas de vício.
- Maiores taxas de criminalidade e violência.

FONTES: National Research Council & Institute of Medicine (2000), Goleman (1995) e Garbarino (2006).

As tarefas emocionais da infância

Atualmente, muitas pessoas acreditam que os seres humanos trabalham uma série de tarefas emocionais no curso da vida. A pessoa que mais influenciou nosso entendimento do que são essas tarefas foi Erik Erikson (1950, 1963). Ele identificou oito estágios emocionais por meio dos quais as pessoas progridem. Embora esses estágios tenham sido propostos há mais de meio século, eles são fundamentais para a nossa compreensão atual do desenvolvimento emocional infantil (Berk, 2009; Shaffer, 2009).

Cada estágio é caracterizado por emoções positivas e negativas e por uma tarefa central emocional. Essa tarefa refere-se a resolver o conflito que surge entre os dois extremos emocionais. Apesar de todas as crianças experimentarem uma relação entre os dois polos de determinada fase, o desenvolvimento emocional ideal ocorre quando a proporção é ponderada para o positivo. Esses estágios são construídos uns sobre os outros, cada um servindo como base para o próximo. O Quadro 5.3 lista os oito estágios de Erikson.

Quatro das etapas descritas no Quadro 5.3 ocorrem durante a infância. Vamos observá-los mais de perto.

Confiança *versus* desconfiança. A primeira etapa desse desenvolvimento emocional ocorre durante a infância e foi descrito no Capítulo 2. O conflito emocional durante esse estágio é se a criança vai desenvolver autoconfiança e fé no mundo ou desenvolver sentimentos de desesperança, incerteza e desconfiança. Crianças que desenvolvem sentimentos positivos nessa fase aprendem: "Sou amável e meu mundo está a salvo e seguro". Elas se apoiam nesse aprendizado quando os adultos desenvolvem relacionamentos positivos com elas e atendem a suas necessidades desde os primeiros dias.

Autonomia *versus* vergonha e dúvida. Em algum momento durante o segundo ano de vida, a criança que desenvolveu um forte senso de confiança começa a se afastar da total dependência da infância para ter vontade própria. A luta ao longo desse período é se a criança vai emergir com um senso de ser humano independente, autodirecionado ou uma pessoa com dúvidas fundamentais sobre seu valor. A criança autônoma faz o que pode por si mesma, enquanto a criança não autônoma duvida de sua capacidade de controlar seu mundo ou a si própria, e assim ela se torna excessivamente dependente de outras pessoas. Crianças que desenvolvem um sentimento dominante de vergonha e dúvida são aquelas que têm poucas oportunidades de explorar, fazer por si sós, experimentar objetos ou tomar decisões. Suas tentativas de exploração e independência são satisfeitas com impaciência, crítica dura, ridicularização, restrição física ou resistência. Em contraste, crianças que desenvolvem um senso de autonomia saudável têm inúmeras oportunidades de dominar, podem fazer escolhas e recebem mensagens claras e positivas sobre limites para seu comportamento. Crianças que navegam com sucesso por essa fase aprendem: "Posso tomar decisões; consigo fazer algumas coisas por conta própria".

Iniciativa *versus* culpa. Durante o quarto ou quinto ano de vida, a criança desenvolve um novo senso de energia. Durante essa fase, o conflito emocional é saber se essa energia será direcionada de forma construtiva e valorizada pelos outros ou se será improdutiva e rejeitada. Ao longo do período pré-escolar e nos primeiros anos de escola fundamental, a criança vivencia a iniciativa e a culpa:

QUADRO 5.3 Resumo das etapas de desenvolvimento de Erikson

Idade aproximada	Estágio	Tarefa	Agentes sociais importantes
Do nascimento até um 1 ano	Confiança *versus* desconfiança.	Estabelecer uma relação de confiança com o cuidador primário – desenvolver confiança em si mesma, nos outros e de que o mundo é um lugar onde as necessidades são satisfeitas.	Pais/família/cuidadores.
De 1 a 3 anos	Autonomia *versus* vergonha e dúvida.	Esforçar-se pela independência.	Pais/família/cuidadores/professores.
De 3 a 6 anos	Iniciativa *versus* culpa.	Planejar e realizar atividades e aprender os limites da sociedade.	Família/professores.
De 6 a 12 anos	Diligência *versus* inferioridade.	Ser produtiva e bem-sucedida.	Família/professores/colegas.
De 12 a 20 anos	Identidade *versus* confusão de papéis.	Estabelecer identidades social e ocupacional.	Colegas.
De 20 a 40 anos	Intimidade *versus* isolamento.	Formar amizades fortes e alcançar um senso de amor e companheirismo.	Amigos/amantes/cônjuge/parceiro.
De 43 a 65 anos	Generatividade *versus* estagnação.	Ser produtivo em termos de família e trabalho.	Cônjuge/parceiro/filhos/cultura.
Mais de 65 anos	Integridade do ego *versus* desespero.	Olhar para trás e perceber que foi significativo e produtivo.	Família/amigos/sociedade.

- Coloca os planos e as ideias em ação.
- Tenta dominar novas habilidades e novos objetivos.
- Esforça-se para obter novas informações.
- Explora ideias por meio da fantasia.
- Experimenta as sensações corporais.
- Descobre maneiras de manter seu comportamento dentro dos limites considerados adequados pela sociedade.

A criança que pode se envolver em tais experiências com o apoio e a aceitação dos adultos tem mais probabilidade de desenvolver um forte sentido de iniciativa. Ela tem prazer em aumentar suas competências e encontra maneiras de usar sua energia de forma construtiva. Torna-se mais capaz de cooperar e aceitar a ajuda dos outros, e sabe que pode trabalhar para as coisas que deseja, sem comprometer seu sentido de desenvolvimento do comportamento correto. Por sua vez, a criança cujos esforços são insuficientes para suas próprias expectativas ou expectativas dos adultos desenvolve um sentimento de culpa. O adulto agrava esse sentimento quando faz a criança sentir que sua atividade física é ruim, que seus joguinhos são bobagem, que seus exageros são mentiras, que sua tendência a iniciar projetos, mas nem sempre completá-los, é irresponsável e que sua exploração do corpo e da linguagem é totalmente questionável. Os tipos de experiências que dominam as interações das crianças com os outros e com o mundo influenciam fortemente o autojulgamento da criança. O resultado ideal desse estágio é uma criança que pensa: "Posso fazer".

Diligência *versus* inferioridade. A quarta etapa do desenvolvimento emocional ocorre em meados da infância (de 6 a 12 anos). Durante essa fase, a criança começa a se preocupar com a produção das coisas e com tarefas semelhantes às dos adultos. Ela também fica mais interessada em se reunir com os outros para fazer as coisas e contribuir para a sociedade como um todo. A questão emocional central é saber se a criança se sente competente e capaz ou se ela acredita que seus melhores esforços são inadequados. Apesar de todas as crianças terem momentos em que são incapazes de dominar o que estabeleceram para ser realizado, algumas experimentam uma sensação generalizada de fracasso. Isso acontece quando os padrões dos adultos, colegas ou da escola estão claramente além de suas capacidades ou quando há uma visão irrealista do que é possível alcançar. Fortes sentimentos de inferioridade também surgem quando a criança acredita que o domínio conta apenas nas áreas em que ela não é qualificada.

A diligência é promovida quando os adultos reconhecem e elogiam o sucesso da criança, encorajam-na a explorar suas habilidades em uma variedade de áreas, ajudam-na a estabelecer metas realistas e estabelecem tarefas para que ela experimente o domínio. Fornecer orientação e apoio à criança cujos esforços falham alivia a dor e dá-lhe confiança para que tente novamente. Esse é também um momento importante para que os adultos incentivem as crianças a trabalhar umas com as outras a fim de experimentarem a satisfação de trabalhar em um grupo, bem como aprender as habilidades necessárias para fazê-lo. Quando os sentimentos de diligência superam os de inferioridade, a criança emerge na adolescência com o seguinte pensamento: "Posso aprender, contribuir e trabalhar com os outros".

As crianças exploram as tarefas emocionais da infância continuamente por meio de suas atividades diárias, conversas e interações com os outros (Epstein, 2009). Além disso, profissionais da educação infantil deliberadamente abordam essas tarefas como parte do envolvimento das crianças em uma variedade de áreas temáticas. Considere a lição de "iniciativa" que a classe de 5 e 6 anos de Kathryn Brown está tendo enquanto também desenvolve habilidades de leitura importantes (veja Box 5.4).

BOX 5.4 Uma lição de "iniciativa"

As crianças na escola de Kathryn Brown estão aprendendo a ser escritoras. De acordo com elas, todos os escritores precisam saber quando o livro estará concluído. Hoje, as crianças discutem o assunto em grupo. Susan diz: "Precisamos de uma data em nosso livro, como os livros têm na capa". Alvin menciona que os escritores devem se certificar de que seus nomes estão na capa, "assim como os livros que temos na escola". As crianças também discutem a importância de encher os livros com escrita e ilustrações. Com seu professor, elas criam um quadro intitulado "Sei que terminei quando..." relacionando essas informações. Durante as conferências escritas com o professor, os jovens escritores consultam o quadro para verificar se eles têm feito o necessário para completar seus livros. Eles acrescentam mais duas coisas: o compartilhamento do livro concluído com seus colegas, individualmente ou em pequenos grupos, e, em seguida, levam o livro para casa ou o colocam na sala da biblioteca. Todas essas etapas proporcionam às crianças uma chance de pôr os planos e as ideias em ação, bem como dominar novas habilidades e metas, levando-as a sentir: "Posso fazer".

Eu sei que terminei quando...
- *Todas as minhas páginas estiverem CHEIAS de palavras e ilustrações.*
- *Tiver um carimbo de data e meu nome.*
- *Todas as minhas fotos combinam com as minhas palavras.*
- *Dividi com alguém.*

FONTE: Adaptado de Brown, K. Young et al. Writing workshop in the kindergarten. *Young Children*, v. 65, v. 1, p. 24-8, 2010.

Nesta parte do capítulo, consideramos cinco sequências de desenvolvimento que caracterizam o amadurecimento emocional da criança: (1) como as emoções evoluem das emoções primárias a suas formas mais variadas, (2) como as crianças entendem o que estão sentindo, (3) como elas reconhecem as emoções de outras pessoas, (4) como aprendem a regular suas emoções e (5) as tarefas emocionais da primeira infância. Todos esses processos sublinham semelhanças emocionais entre as crianças. Agora, veremos como as crianças se diferem umas das outras emocionalmente.

Variações individuais nos estilos expressivos das crianças

Se você tivesse de usar as palavras para descrever o sentimento de algumas crianças que conhece, poderia dizer: Tânia normalmente é "quieta e tímida", Georgio é, em geral, "eufórico e ansioso para experimentar coisas novas", Brandon tende a ser "irritadiço e se ofende facilmente". Descrições como essas se referem aos padrões de responsividade emocional de crianças, ou seja, aos **estilos expressivos** delas (National Scientific Council and the Developing Child, 2006; Hyson, 2004). O estilo expressivo da criança é influenciado por seu temperamento e resulta de uma combinação única dos fatores apresentados a seguir.

A proporção de emoções positivas e negativas que as crianças normalmente apresentam. Algumas crianças são mais otimistas; outras, mais neutras; e algumas estão mais desanimadas a maior parte do tempo. Apesar de todas experimentarem muitas emoções diferentes a cada dia, todos nós temos certo teor emocional que determina como lidar com a maioria dos eventos que despertam emoções.

A frequência com que as crianças apresentam certas emoções. As crianças têm certas maneiras que tendem a reagir de uma situação para outra. Por exemplo, Félix pode reagir com cautela cada vez que se depara com algo novo. O irmão dele pode ter uma reação oposta, muitas vezes respondendo com entusiasmo a novas circunstâncias.

A intensidade com que as crianças expressam suas emoções. Apesar de dois filhos poderem responder com um sentimento semelhante a uma situação específica, a intensidade de suas respostas pode variar. Sue e Ricardo estão contentes por terem sido convidados para o *show* de talentos da escola. Sue bate palmas e ri de alegria. Ricardo dá um sorrisinho para demonstrar seu contentamento.

A duração de determinados estados emocionais. Algumas crianças mantêm suas reações emocionais por mais tempo que outras. Por exemplo, Sarah pode ficar chateada por não ser a primeira da fila e então rapidamente passa a desfrutar de um jogo ao ar livre. Lisa, por sua vez, pode permanecer infeliz por quase toda a tarde, meditando sobre não ter sido escolhida para ser a líder da fila.

O grau em que as respostas emocionais das crianças são dominadas por emoções primárias ou mistas. Apesar de todas as crianças serem capazes de expressões emocionais mais complexas à medida que amadurecem, algumas continuam a exibir emoções primárias mais frequentemente, enquanto outras apresentam, em geral, combinações de sentimentos mais complicadas. Isso explica por que a professora de Kyle descreve o menino de 7 anos como uma "leitura fácil". Você sabe que ele está feliz ou irritado só de olhar para seu rosto. Seu irmão gêmeo Raymond, por sua vez, é mais difícil de decifrar porque muitas vezes ele exibe uma mistura complicada de sentimentos não tão facilmente interpretados.

A rapidez com que as emoções das crianças são ativadas. Algumas crianças são rápidas para exibir uma resposta emocional. Outras levam muito mais tempo para mostrar qualquer reação emocional. Essas distinções são exemplificadas por Sandra – que tem "pavio curto" e reage com raiva a pequenas provocações – e Bethany – que é lenta para sentir raiva e raramente "perde a linha".

Tais variações na capacidade de resposta emocional não são intrinsecamente boas ou ruins, apenas diferentes e perfeitamente normais (Ekman, 2007). Adultos que estão em sintonia com as crianças sob seus cuidados reconhecem e respeitam o estilo único de cada estilo expressivo. Eles entendem que essas diferenças dão pistas sobre o que cada criança está sentindo e servem como base para a determinação dos tipos de apoio emocional que cada criança necessita.

Diferenças de gênero na expressão emocional das crianças

A sabedoria popular diz que as mulheres são emocionalmente mais expressivas que os homens e mais sensíveis aos sentimentos das outras pessoas. A pesquisa atual tende a apoiar essas crenças populares (Bajgar et al., 2005). Desde o primeiro ano, as meninas sorriem mais e choram mais que os meninos. As meninas usam mais palavras relacionadas com a emoção em suas conversas com os pares e com os adultos, e têm mais probabilidade de detectar o que outras pessoas estão sentindo. Essas tendências continuam durante toda a adolescência.

Embora a biologia provavelmente desempenhe um papel nessas diferenças de gênero, os cientistas acreditam que a maioria dessas variações é o resultado de influência social, tais como modelagem e reforço (Chaplin, Cole & Zahn-Waxler, 2005). Por exemplo, nos Estados Unidos, os pais usam expressões faciais mais expressivas com as filhas que com os filhos. Da mesma forma, os adultos usam palavras de sentimento mais em conversas com as meninas que com os meninos. Em linha com esses comportamentos, os adultos encorajam as mulheres a expressar ampla gama de emoções, mas é menos provável que façam isso com os homens (MacGeorge, 2003; Fivush et al., 2000). Resultados como esses ajudam a entender que meninos e meninas podem manifestar emoções de diferentes maneiras. Eles também lembram que a forma como interagimos com crianças afetivamente faz a diferença no comportamento emocional.

Família e variações culturais na expressão emocional infantil

Duas crianças de 8 anos estão correndo pelo corredor. Uma professora os para e diz-lhes que ela está desapontada com o fato de que eles esqueceram a regra sobre andar pela escola. Andrew para de rir e diz: "Desculpe". Wu Fang sorri e não diz nada, depois caminha lentamente para sua sala de aula. Os dois meninos estão expressando arrependimento de acordo com os costumes de sua família e cultura.

Para se integrarem com sucesso na sociedade, as crianças devem aprender regras sobre como determinadas emoções são exibidas e quais são aceitáveis em determinadas situações e quais não são. Tal aprendizagem é influenciada pelas expectativas da família e pela cultura. Por exemplo, em muitas famílias euro-americanas, quando a criança está sendo repreendida, espera-se que mantenha contato visual para mostrar respeito e adotar uma expressão solene para comunicar remorso. Crianças latino-americanas e afro-americanas, por sua vez, muitas vezes são ensinadas a evitar olhar para indicar respeito. Crianças chinesas aprendem a sorrir como uma expressão de desculpas quando são repreendidas por uma pessoa mais velha, enquanto as coreanas desenvolvem um comportamento conhecido como *myupojung* ou falta de expressão facial, esperado em situações semelhantes (Lynch & Hanson, 2004).

As crianças aprendem essas variações expressivas em casa e na comunidade. Elas as absorvem por meio de observação e interação com os outros. Primeiro, as crianças obedecem às regras exibidas para evitar reações negativas ou ganhar aprovação das pessoas importantes em sua vida. Aos poucos, elas passam a aceitá-las como ordem natural das coisas na família e na cultura em que vivem. Como muitas outras lições sociais, esse aprendizado acontece por imitação, *feedback* e instrução direta (Cole & Tan, 2007; Ekman, 2007).

Imitação. No almoço seguinte ao funeral de sua avó, Meridith, de 3 anos, vê o rosto triste de sua mãe e começa a chorar. A mãe procura seu lenço, soluça e assoa o nariz. Meridith corre para a mesa do bufê. Pega um guardanapo de papel e começa a chorar e assoar o nariz. Nesse caso, Meridith estava claramente imitando a expressão emocional da mãe para orientar suas próprias ações em uma situação que nunca tinha enfrentado antes.

Uma forma similar mas mais sutil de **referência social** ocorre quando Jorge cai enquanto corre no parquinho. Ele olha para cima para ver como o adulto mais próximo reage a sua queda. Se o rosto do adulto registra alarme, a criança pode determinar que se trata de um acontecimento preocupante e começa a chorar em resposta. Se a reação do adulto não é de susto, Jorge pode registrar a ideia de que a queda não é grande coisa e simplesmente se levantar para continuar a brincar. À medida que a criança ganha experiência no mundo, ela usa circunstâncias como essa para experimentar com diferentes formas de expressão emocional.

Feedback. Os adultos também fornecem retorno à criança sobre a adequação das formas que ela escolhe para expressar suas emoções. Esse *feedback* é oferecido por meio de gestos e sons. Por exemplo, quando o sorriso de um bebê é saudado com a voz animada do cuidador, o tom adulto serve como uma recompensa social. Se isso acontecer muitas vezes, o bebê vai sorrir com mais frequência. Se o sorriso do bebê é constantemente ignorado, esse seu comportamento vai diminuir. Da mesma forma, quando Carmen ri alto quando assiste a um desenho engraçado, sua professora ri junto. No entanto, quando ela ri de outra criança que está se esforçando para recitar um poema de cor, a professora franze a testa levemente e balança a cabeça indicando que o riso não é uma resposta adequada nessa circunstância.

Em ambos os casos, Carmen recebeu um *feedback* para sua reação emocional. Cenários como esses são repetidos muitas vezes durante toda a infância. Com base no *feedback* que recebem, as crianças gradualmente aprendem mais a respeito de onde, quando e como expressar suas emoções.

Instrução direta. Em muitas situações, os adultos dão à criança instruções específicas sobre como devem expressar suas emoções. Eles fazem isso quando apontam as reações apropriadas e inapropriadas dos outros, bem como quando dizem à criança o que é esperado dela:

"John fez um bom trabalho ao falar de si mesmo na reunião. Ele estava nervoso, mas não perdeu a linha."
"Você não deve rir das pessoas que usam cadeiras de rodas."
"Você acaba de ganhar em primeiro lugar. Devia estar sorrindo."

Regras como essas podem ser formais ou informais e são executadas utilizando uma série de custos e recompensas sociais. Como as crianças variam nas lições que aprendem, elas também variam em sua expressividade emocional.

Variações na forma como as crianças interpretam eventos emocionais

Assim como as crianças diferem em suas expressões emocionais, elas também variam no modo como interpretam o que estão sentindo. Algumas dessas variações estão relacionadas à idade e são comuns à maioria das crianças, enquanto outras são únicas de cada uma. Para ilustrar esse conceito, considere as noções mutantes do que é perigoso e, portanto, assustador.

Alterações no desenvolvimento dos medos da criança. Tanto as crianças mais novas como as mais velhas experimentam medo, mas elas não têm medo das mesmas coisas.

Yoko, de 2 anos, se assusta com o barulho quando o cuidador liga o liquidificador para fazer suco de frutas para o lanche. Ela sai da sala chorando.

Jason e Yuri, dois alunos do sétimo ano, um de Idaho e outro da Ucrânia, são amigos virtuais. Em suas mensagens de e-mail mais recentes, eles compartilham sua ansiedade sobre os exames finais que cada um deve enfrentar ao final do período.

Yoko mostrou medo na presença de sons fortes. Por causa de seu pensamento imaturo e experiência limitada, ela interpretou esse evento ruidoso, mas inofensivo, como perigoso. Em uma situação semelhante, Jason e Yuri poderiam argumentar que os sons não podem machucá-los e permanecerem sem medo. Entretanto, aos 2 anos, uma criança não é capaz de compreender os possíveis resultados negativos de um exame ruim. Como resultado, ela ficaria indiferente às preocupações que comandam a atenção de Jason e Yuri.

Tais diferenças de desenvolvimento em que a criança tem medo são comuns em todo o mundo (Mellon, Koliadis & Paraskevopoulos, 2004). Sequências de medo relativamente previsíveis são apresentadas no Quadro 5.4.

Como mostrado no quadro, os **medos imaginários** da criança (por exemplo, medo de sons fortes ou monstros debaixo da cama, veja Figura 5.5) progressivamente dão lugar a **medos reais** (como medo de um perigo físico ou de passar vergonha). Essa progressão se assemelha a uma mudança de desenvolvimento no pensamento da criança. A mudança acontece a partir da compreensão mais madura de causa e efeito da criança, de sua crescente capacidade de compreender a diferença entre a fantasia e a realidade, e do acúmulo de experiências que a criança tem à medida que amadurece.

Medos aprendidos. Todas as variações dos medos infantis descritas até agora são relacionadas à idade. Eles evoluem a partir das capacidades de desenvolvimento e entendimento da criança. Como tal, são comuns à maioria das crianças. No entanto, muitas crianças experimentam medos especiais, exclusivos para elas e basicamente aprendidos (Wogelius, Poulsen & Toft-Sorensen, 2003). Como exemplo, tome a intensa apreensão de Tessa, de 9 anos, sobre a visita ao dentista. Seu medo pode ter surgido a partir de experiência real (em uma visita anterior, a menina teve um dente obturado e doeu). Ela pode ter visto a mãe ficar pálida e ansiosa quando estava sentada na cadeira do dentista e concluiu que foi uma situação assustadora ou pode ter ouvido diretamente: "Se você não escovar bem, o dentista terá de arrancar todos os seus dentes", um pensamento horrível! Muito provavelmente, ela experimentou uma combina-

QUADRO 5.4 Medos da infância do nascimento à adolescência

Idade	Fonte do medo
0-6 meses	Perda de apoio físico, barulhos altos, flashes de luz, movimentos repentinos.
7-12 meses	Estranhos, altura, objetos que se agitam, ruídos e movimentos repentinos ou inesperados.
1 ano	Separação ou perda dos pais, banheiro, estranhos.
2 anos	Separação ou perda dos pais, barulhos altos, escuridão, objetos ou máquinas grandes, pessoas não familiares, mudanças no ambiente familiar.
3 anos	Separação ou perda dos pais, máscaras, palhaços, escuro, animais.
4 anos	Separação ou perda dos pais, animais, escuridão, barulho (especialmente barulhos à noite), sonhos ruins.
5 anos	Separação ou perda dos pais, animais, lesões corporais, escuro, pessoas "más", sonhos ruins.
6 anos	Separação ou perda dos pais, escuro, fantasmas, bruxas, lesões corporais, trovão e relâmpago, dormir ou ficar sozinha, sonhos ruins.
7-8 anos	Separação ou perda dos pais, escuro, fantasmas, bruxas, dormir ou ficar sozinha, situações ameaçadoras.
9-12 anos	Separação ou perda dos pais, escuro, situações ameaçadoras, morte, trovão e relâmpago, testes ou exames, apresentações na escola (por exemplo, peças, concertos, eventos esportivos), notas, aparência pessoal, humilhação social.
Adolescência	Aparência, sexualidade, humilhação pessoal, violência (em casa e na rua), guerra.

FONTES: Silverman; LaGreca; Wasserstein (1995); What do children worry about? Worries and their relation to anxiety. *Child Development*, v. 66, p. 671-86, 1995; Kuraoka (2004); Goleman (2006).

ção dessas influências e as encontrou em mais de uma ocasião. Dessa maneira, ela aprendeu a ter medo de ir ao dentista.

Outra criança em seu lugar poderia ter elaborado uma interpretação diferente desses eventos como uma consequência de seu histórico experiencial diferente. Variações relacionadas à idade na interpretação das crianças sobre eventos emocionais combinam com o que elas aprenderam para produzir determinadas respostas e interpretações emocionais.

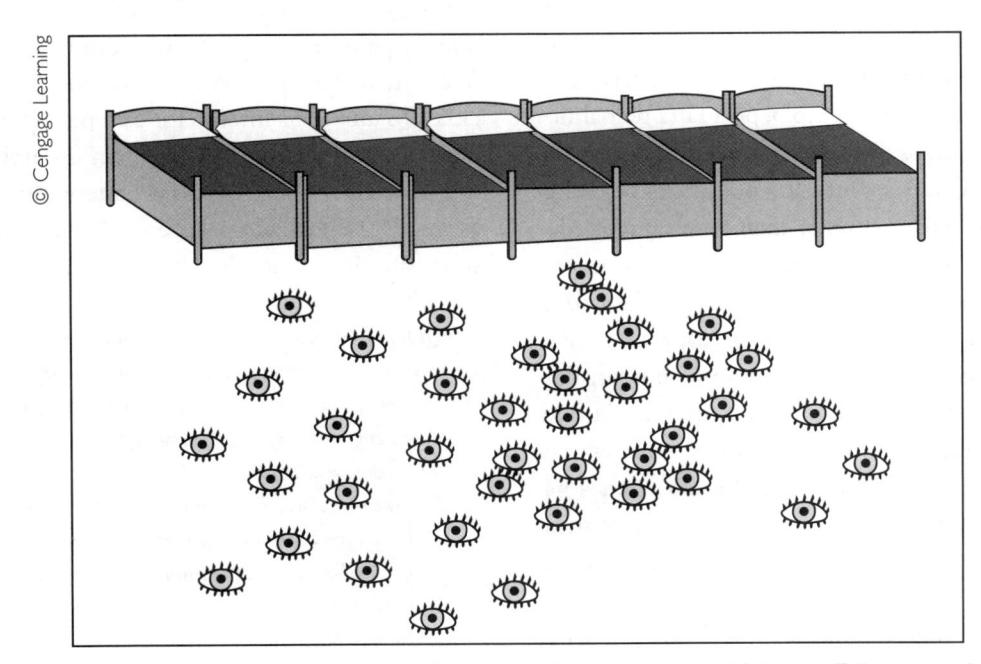

FIGURA 5.5 "Os monstros sob a cama de Erik". Uma interpretação computacional feita por Erik e seu pai exibindo o medo do escuro do menino aos 4-6 anos.

Isso ressalta o fato de que as crianças reagem de várias formas às situações emocionais que encontram diariamente. A formulação de maturidade e conceitos emocionais evolui lentamente e ainda está incompleta à medida que a criança entra na adolescência. Como resultado, a criança pode achar que lidar com as emoções é uma experiência desafiadora.

■ Desafios que as crianças enfrentam ao lidarem com as emoções

> *Martin está tão animado em ir ao zoológico que fica interrompendo seu pai, que está tentando obter instruções para a viagem.*
>
> *Andrea espera há muito tempo para empinar pipa. Frustrada, ela tira o de Bárbara e bate do outro lado do playground.*
>
> *Fred está preocupado com o que vai acontecer quando sua mãe for para o hospital. Em vez de deixar alguém saber de seus medos, ele finge que não se importa.*

Nenhuma dessas crianças está lidando com suas emoções particularmente bem. Ou seja, nenhuma delas está lidando com suas emoções de forma que possa resultar em satisfação pessoal, resolução de um dilema ou maior competência social.

Dificuldades vivenciadas por crianças na infância até os 7 anos

A criança não nasce sabendo como administrar suas emoções. Como resultado, ela às vezes depende de estratégias que não são úteis para si ou para outrem (Kaiser & Rasminsky, 2007). Por exemplo, pela falta de habilidades sociais e recursos de linguagem imatura, a criança muitas vezes age como se sente. Ela pode fazer beicinho quando está com raiva ou pular quando está animada. Nessas situações, a criança espera que os outros interpretem suas emoções com precisão e respondam com algum tipo de apoio. Infelizmente, as expressões não verbais das emoções podem ser incompreendidas. Por exemplo, um adulto pode supor que uma criança que chora está cansada, quando a frustração é realmente a origem do sofrimento da criança. Colocar a criança na cama, que é uma forma razoável de apoio para a criança cansada, não é a melhor estratégia para ajudá-la a lidar com a frustração.

Outro problema para crianças dos 2 aos 7 anos é que muitas vezes elas escolhem ações inadequadas para mostrar como se sentem. Suas escolhas ruins podem ser decorrentes de modelos ruins, falta de conhecimento ou entendimento imaturo (Cole & Tan, 2007). Finalmente, mesmo quando a criança é capaz de expressar o que sente em palavras, ela ainda pode não saber o que fazer na situação. Tal comportamento desafiador é demonstrado por Sam, um menino muito talentoso que tinha medo de muitas coisas (veja "Comportamento desafiador").

Dificuldades vivenciadas por crianças de 7-12 anos

No ensino fundamental, as crianças estão mais conscientes de suas emoções e sobre como usar as palavras para se comunicar. No entanto, elas estão menos propensas a ser abertas a suas emoções do que as crianças mais novas. Crianças de 7 a 12 anos podem tentar ocultar ou minimizar suas emoções (Denham, Bassett & Wyatt, 2007; Harter, 1998). Isso acontece porque elas são conscientes das regras sociais que regulam o comportamento emocional e porque querem evitar os custos sociais negativos associados à expressão de certos sentimentos. Infelizmente, a discrepância entre suas emoções reais e o que elas acham que seriam essas emoções causa grande angústia emocional. Quando a criança esconde suas emoções, ela não tem nenhuma oportunidade de descobrir que tem experiências em comum com outras pessoas. Isso leva a sentimentos de isolamento, autodúvida e inferioridade (Goleman, 1995). A criança, nessas circunstâncias, pensa em suas emoções como algo não natural e diferente de qualquer outra pessoa ou da regra estabelecida. Quanto mais intensa for essa percepção, mais prejudicial o resultado poderá ser. Um exemplo dramático dos danos que podem ocorrer da tentativa de esconder as emoções é ilustrado pela descrição de Cathleen Brook sobre sua vida em um lar de alcoólatras:

> *Quando eu estava crescendo em um lar de alcoólatras, uma das coisas que realmente sabia era que, quando me sentia triste ou com raiva ou em pânico ou magoado, não havia lugar – e nem ninguém – onde estivesse seguro o suficiente para falar sobre como me sentia.*
>
> *Eu realmente acreditava que o barulho, a perturbação e o desconforto tornavam as coisas tão ruins na minha casa. Então, passei minha vida toda tentando não fazer barulho e ser sempre bom, e nunca fazer qualquer pessoa se sentir desconfortável.*
>
> *E isso não funcionou.*
>
> *Então encontrei o álcool, e funcionou.*

Comportamento desafiador

A história de Sam

Sam, de 4 anos, foi matriculado em uma escola para superdotados e crianças talentosas. Sam tinha muitos medos e muitas vezes dizia que estava com medo. A antecipação desempenhava papel importante nos temores do menino. Ele se preocupava com o que ia acontecer e como evitar tudo que pudesse ser ruim. Sua professora constatou que as seguintes estratégias ajudavam Sam a lidar com seus sentimentos de medo:

- Explicar as coisas a Sam com antecedência.
- Dar a ele uma chance de participar de atividades com uma estratégia de saída em mente.
- Propor roteiros para expressar seus sentimentos.

A seguir, apresentam-se trechos de notas enviadas pela professora aos pais de Sam durante o ano para mantê-los informados sobre o progresso do menino em relação aos próprios medos:

25 de janeiro – Sam chorou durante a história *Maia* (um livro sobre um dinossauro). Ele teve medo dos dinossauros na história, mas permaneceu no grupo sentado perto de um adulto e foi legal.

26 de janeiro – Sam me cumprimentou dizendo que não queria ouvir o Capítulo 2 de *Maia*. Conversamos e eu o convenci a ouvir parte dela dizendo que ele poderia sair a qualquer momento. Ele ouviu o capítulo inteiro.

27 de janeiro – Fizemos a "Dança do Dinossauro" no ginásio. Sam achou que ficaria com medo, dizendo que os dinossauros são grandes e assustadores. Disse-lhe que poderia ficar perto de mim se isso acontecesse, mas não aconteceu. Ele se divertiu.

28 de janeiro – Li outro livro "assustador" sobre dinossauros para o grupo hoje. Antes de começar a ler, falei sobre como seria divertido. Sam gostou muito.

24 de fevereiro – Lá fora, Mike P. ficou rosnando para Sam. No começo Sam ficou "assustado". Quando Mike e eu lembramos o menino de que Mike estava brincando que era um dinossauro de novo, ele parou de ter medo e brincou de dinossauro com Mike a maior parte da manhã.

3 de março – Sam está com um pouco de medo de Erik, uma criança que faz muito barulho na classe e é muito ativa. Erik também ameaça. Lá fora hoje, praticamos dizendo em voz alta: "Pare com isso. Eu não gosto disso". Naturalmente, depois de um uso bem-sucedido, Sam queria dizer a frase muitas vezes, nem sempre quando solicitado. Todo o grupo falou um pouco sobre polegares para cima e polegares para baixo como outro sinal para ajudar uns aos outros a saber quando alguma coisa está começando a ficar muito intensa ou desconfortável. Todos nós concordamos em tentar. Sam disse que era um bom plano.

FONTE: Reproduzido com permissão da editora. Por Kostelnik et al. *Children with special needs: Lessons for early childhood*. New York: Teachers College Press, 2002a. Copyright © 2002 por Teachers College Press. Todos os direitos reservados.

É incrível como essa coisa funciona. Passei 11 anos da minha vida sem o álcool e então o coloquei no meu corpo e me transformei em quem eu queria ser. Foi incrível. Álcool era a única coisa que fazia sentido para mim. Se você tentasse falar comigo sobre o uso do álcool, garanto que teria sido ignorado e, provavelmente, ridicularizado.

Entretanto, se estivesse lá para me dizer que se importava o que eu estava sentindo, você poderia ter feito toda a diferença. Se estivesse lá para me dizer que poderia saber um pouco do que eu estava sentindo, eu poderia ter acreditado que havia algum ser humano no mundo com que podia contar. (Woll, 2009, p. 1)

Nem todas as crianças recorrem a drogas e álcool para lidar com suas emoções. No entanto, o fato de que algumas o fazem nos diz que o desenvolvimento emocional nem sempre é um processo fácil e saudável.

Comportamento adulto não apoiador

As dificuldades que as crianças naturalmente experimentam ao lidarem com as próprias emoções são, por vezes, agravadas por respostas inadequadas dos adultos. Imagine o que poderia acontecer com Pedro quando ele declara seu orgulho em ter ganhado uma menção honrosa no concurso de redação. Se a professora responder com um comentário do tipo "Impressionante!" ou "Você está muito animado", o orgulho de Pedro é reconhecido, e ele recebe a mensagem de que o sentimento de orgulho é bom. Em contrapartida, se a professora diz: "Você não deve ser tão arrogante. Não se gabar!", tais comentários ensinam a Pedro que sentimentos de orgulho e realização são inadequados. Ouvir que seus sentimentos são ruins pode fazer que a criança avalie-se negativamente por tê-los experimentado. Como a criança experimenta naturalmente uma grande variedade de emoções, se essa tendência continuar, Pedro poderá vir a ver uma parte natural de si mesmo como inaceitável.

Quando a criança chega a essas conclusões, ela muitas vezes escolhe formas inadequadas de lidar. Pedro pode tornar-se arrogante como forma de reforçar sua confiança fraca, rejeitar elogios em um esforço para aderir a um código de conduta emocional esperado, parar de tentar se destacar como forma de evitar orgulho e realização, desenvolver uma dor de cabeça ou de estômago em resposta a situações em que ele poderia se sentir orgulhoso ou colocar-se continuamente para baixo em um esforço para parecer modesto. Todas essas estratégias tiram a felicidade do futuro de Pedro.

Existem quatro maneiras de responder às emoções infantis que são ineficazes ou potencialmente perigosas: ignorar a criança, mentir para ela, negar os sentimentos dela e envergonhá-la. Todas essas estratégias podem causar danos no momento em que são utilizadas e também eliminar o adulto como fonte de futuro apoio emocional à criança.

Ignorar as emoções das crianças (Ahn & Stifter, 2006). Às vezes, os adultos presumem que se ignorarem as emoções das crianças elas simplesmente vão embora. Isso não acontece. As emoções continuam, mas lamentavelmente a criança não tem maneira melhor de lidar com elas. Para tornar as coisas ainda piores, a criança fica com a impressão de que seus sentimentos não são importantes. Nenhum resultado provoca maior competência social ou autoestima positiva.

Mentir para as crianças sobre situações emocionais (Marion, 2011). Às vezes, em um esforço para "proteger" as crianças de experiências emocionais difíceis, os adultos dizem inverdades. Por exemplo, Nina, de 3 anos, está prestes a coletar sangue na clínica. Ela está chorosa e um pouco receosa. Mesmo que a agulha seja a certeza de uma picada, o adulto diz: "Não vai doer nada". Tais mentiras não preparam a criança para a realidade das situações que ela está enfrentando e danifica a credibilidade do adulto. Laços de confiança, que levam tempo para serem criados, são destruídos.

Negar as emoções das crianças (Katz & Katz, 2009). Há muitas maneiras de os adultos negarem as emoções das crianças. Às vezes, eles realmente as proíbem de ter certos sentimentos. Frases como "Pare de se preocupar", "Não fique nervosa" ou "Você não deveria ficar tão assustada" são exemplos de negação. Em outras ocasiões, os adultos descartam a importância da emoção que é expressa, como quando Lucas gritou: "Olha, tem sangue no meu dedo" e o adulto respondeu: "É só um pequeno corte. Você não vai morrer". Em outras ocasiões, os adultos dizem à criança que ela realmente não tem a emoção alegada: "Vocês sabem que não estão bravos um com o outro de verdade", "Vamos sorrir", "Chega de choro!". Quando os adultos negam as emoções da criança, a mensagem que estão transmitindo é que essas emoções estão erradas e que a criança é má por vivê-las. Nenhuma das duas mensagens é verdadeira ou útil.

Envergonhar as crianças (Hyson, 2004). Zombar das crianças ou tentar envergonhá-las sobre suas emoções é uma prática destrutiva. Os adultos desmoralizam as crianças quando dizem coisas como: "Por que você está chorando? Não posso acreditar que está sendo tão infantil", "Todas as outras crianças estão se divertindo. Por que você está sendo tão difícil?" ou "Manny não está com medo. O que a assusta tanto?". Como acontece com a mentira e a negação, isso faz que a criança sinta que duvidaram dela. Ela se sente culpada ou inferior. E certamente não responderá positivamente nem se sentirá melhor. Por essa razão, não ajuda na cobrança de habilidades do profissional.

Adultos que recorrem à ignorância, mentira, negação e vergonha, muitas vezes estão tentando evitar uma cena ou confortar a criança, minimizando a intensidade do momento. Tais estratégias têm o efeito oposto. Elas não só pioram a situação, mas também impedem a criança de aprender formas mais eficazes de lidar com situações emocionais.

No lugar dessas práticas destrutivas, os adultos podem usar uma variedade de estratégias para promover sentimentos de confiança, competência e dignidade na criança e ajudá-la a aumentar suas habilidades ao lidar com as emoções.

■ Formas adequadas de responder às emoções das crianças

Para ajudar as crianças a lidar mais eficazmente com as próprias emoções, os adultos têm uma variedade de estratégias disponíveis. Em vez de tentarem eliminar ou restringir os sentimentos das crianças, os adultos devem aceitá-los, assim como tentar mudar o comportamento delas em situações emocionais. Os adultos são mais capazes de fazer isso quando têm em mente os seguintes fatores:

1. As emoções das crianças são verdadeiras e legítimas para elas.
2. Não há emoções certas ou erradas. Todos os sentimentos nascem de emoções primárias que ocorrem naturalmente.

3. As crianças não são hábeis em regular suas emoções, nem podem simplesmente mudá-las sob comando.
4. Todas as emoções desempenham funções úteis na vida das crianças.

Palavras são formas satisfatórias e mais precisas de expressar emoções e frequentemente são substitutas adequadas para a ação física. Assim, ao trabalhar com uma criança em idade pré-escolar ou escolar, uma maneira óbvia de enfrentar os desafios que a criança experimenta ao lidar com as emoções é incentivá-la a falar mais abertamente sobre o que está sentindo.

Conversar com as crianças sobre as emoções delas

Há fortes evidências de que, quando os adultos falam com a criança sobre as emoções dela, a competência emocional infantil aumenta (Epstein, 2009; Calkins & Williford, 2009). Essas conversas podem ocorrer durante todo o dia em uma variedade de contextos. Uma maneira simples de iniciar conversas voltadas para a emoção é simplesmente identificar as emoções que a criança está expressando (Thompson & Twibell, 2009). Como a criança aprende melhor a partir da experiência inicial, ela se beneficia quando as emoções são identificadas e descritas conforme acontecem. Por exemplo, se Matt está irritado e um adulto identifica suas emoções ("Matt, você parece irritado"), a criança tem uma experiência prática com o conceito de raiva. Matt não só descobre que seu estado emocional pode ser descrito, mas também se torna mais consciente dos sinais internos e situacionais relacionados a essa emoção. Momentos e aprendizagem como esses combinam os três elementos de compreensão da maturidade emocional: uma situação, uma reação física e uma interpretação. Uma estratégia básica que os adultos podem usar para denominar e descrever as emoções da criança em situações do dia a dia é chamada de reflexão afetiva.

Reflexões afetivas

Afeto se refere aos sentimentos ou estados de humor de uma pessoa. **Reflexões afetivas** são semelhantes na forma e na intenção do comportamento e parafraseiam as reflexões apresentadas no Capítulo 4. Elas envolvem o reconhecimento das emoções que uma criança pode estar enfrentando em determinada situação e, em seguida, usar uma reflexão para nomear as emoções.

SITUAÇÃO A: Barry subiu ao topo do brinquedo de escalada. Com um grande sorriso no rosto, ele anuncia: "Ei, pessoal, olhem para mim!".

O ADULTO DIZ: "Você está orgulhoso de ter subido tão alto" ou "É muito bom estar no topo", "Você conseguiu!", "Isso é emocionante".

SITUAÇÃO B: Marlene reclama que teve de se limpar antes do fim do seu turno.

O ADULTO DIZ: "Você queria não ter de limpar agora" ou "Você não conseguiu finalizar seu turno", "Isso é chato", "É frustrante ser interrompido".

SITUAÇÃO C: Earl está com vergonha de tomar banho com os outros meninos depois da aula de ginástica.

O ADULTO DIZ: "É desconfortável para você tomar banho em público" ou "Você não queria ter de tirar a roupa na frente de todo mundo", "Parece realmente inacreditável para você que isso seja necessário".

Reflexões afetivas como essas reconhecem e ajudam a definir as emoções das crianças. Em cada situação, as palavras e o tom de voz do adulto coincidem com o estado emocional que está sendo descrito, o que reforça a integridade da mensagem.

Como as crianças se beneficiam quando você usa reflexões afetivas. Rotular as emoções da criança usando reflexões afetivas torna estados abstratos e internos mais tangíveis, ou seja, nomear algo ajuda a tornar mais concreto (Epstein, 2009; Gergen, 2001). Além disso, eventos conhecidos são mais fáceis de compreender que os desconhecidos. Os rótulos permitem que as sensações se tornem mais familiares. Como as emoções não podem ser tocadas ou guardadas e têm elementos que não são diretamente observáveis, rotulá-las é uma estratégia particularmente importante.

Rótulos verbais também são o principal meio pelo qual as pessoas reconhecem e recordam acontecimentos passados (Thompson & Twibell, 2009). Uma criança irritada que presenciou uma cena de irritação no passado é mais capaz de identificá-la com seu estado emocional. Esse reconhecimento ajuda a criança a aprender com a experiência passada para determinar um curso de ação possível.

Além disso, os rótulos de linguagem ajudam a diferenciar emoções que são perceptivelmente similares, mas não inteiramente as mesmas (Denham, Bassett & Wyatt, 2007). Ao ouvir as palavras "aborrecido", "enojado" e "furioso", você pensa em diferentes estados emocionais. Todas são variações da raiva, mas são distintas em seu próprio direito. Ouvir diferentes reflexões afetivas permite à criança ser mais precisa na compreensão do que ela está sentindo. Além disso, à medida que a criança ouve palavras de sentimento alternativas, ela adota muitas delas para seu próprio uso. Quanto mais amplo o seu vocabulário, mais satisfeita a criança fica em usar essas palavras para expressar suas emoções aos outros. Ela também fica propensa a apresentar reações emocionais mais variadas. Aborrecimento, desgosto e raiva, por exemplo, podem fazer que a criança vislumbre diferentes respostas comportamentais. O apoio para essa linha de raciocínio vem da pesquisa de linguagem que mostra que, à medida que as pessoas aprendem novas palavras, a compreensão da experiência e a habilidade de categorizar eventos é fortemente influenciada pelo discurso (Berk & Winsler, 1995).

Quando os adultos reconhecem as emoções da criança usando reflexões afetivas, eles demonstram sensibilidade e cuidado de modo que a criança entenda. Esse reconhecimento faz que a criança se sinta ouvida e aceita (Duffy, 2008). A criança não só reconhece que o adulto respeitou suas emoções, mas, à medida que também ouve suas próprias emoções e as de outras pessoas, ela descobre que suas emoções não são tão diferentes de qualquer outra pessoa. Isso reduz a chance de que ela veja suas próprias experiências emocionais como fora do comum. As reflexões afetivas ajudam a compreender que todas as emoções, tanto agradáveis como desagradáveis, são parte inevitável da vida. Os muitos benefícios provenientes do uso das reflexões afetivas com crianças estão resumidos no Box 5.5.

BOX 5.5 Benefícios da reflexão das emoções infantis

Reflexões afetivas

- Ajudam as crianças a compreender melhor o que estão sentindo.
- Facilitam o aprendizado das crianças com emoções passadas.
- Ajudam as crianças a diferenciar uma emoção da outra.
- Aprimoram o vocabulário delas, bem como a capacidade de se expressarem.
- Demonstram carinho e respeito dos adultos.
- Mostram às crianças que as emoções são parte normal da vida.

Reflexões afetivas são fundamentais para melhorar desenvolvimento emocional da criança. Elas podem ser usadas com crianças de todas as idades e em ampla variedade de circunstâncias. Às vezes, a finalidade do adulto ao usar essa habilidade é dar maior atenção aos aspectos emocionais de uma interação. Em outras ocasiões, as reflexões afetivas são usadas para reconhecer os sentimentos da criança, enquanto também lidam com outros tipos de questões, como a observância a uma regra ou imposição de uma consequência. Usar essa habilidade contribui para um ambiente verbal positivo e dá às crianças mais informações sobre si mesmas à medida que elas formam uma autopercepção, tal como descrito no Capítulo 4. Por fim, enquanto avança neste livro, verá que as reflexões afetivas são uma fundação sobre a qual muitas outras habilidades estão baseadas.

Ajudar as crianças a usar palavras para expressar suas emoções aos outros

Além de ajudarem as crianças a reconhecer emoções por meio de reflexões afetivas, os adultos também podem treiná-las a falar sobre as próprias emoções e expressá-las de forma aceitável. Crianças capazes de descrever suas emoções em palavras fazem que os outros saibam o que estão sentindo com mais facilidade. A comunicação ruim é menos provável e as chances de obter o suporte necessário são melhores.

Esse tipo de compartilhamento emocional é muitas vezes chamado de **autorrevelação** e considerado uma habilidade interpessoal básica. Teorias de interação que enfatizam uma comunicação aberta e honesta descrevem habilidades similares ou sinônimas desse conceito (Gazda et al., 2005). Isso ocorre porque há uma forte evidência de que o grau em que as pessoas são capazes de expressar suas emoções aos outros influencia a sua capacidade de manter laços pessoais estreitos (Ladd, 2005). Além disso, quando a criança aprende a usar as palavras, ela é menos propensa a recorrer a meios físicos para expressar sentimentos negativos. A criança que aprende a dizer "Estou irritada" obtém a satisfação de ser capaz de captar seus sentimentos em palavras. Ela também percebeu que não tem de empurrar ou bater para expressar suas emoções.

As crianças se tornam mais hábeis em descrever emoções quando os adultos fornecem informações adequadas sobre o que as pessoas estão sentindo e por quê, em vez de esperarem que as crianças as reconheçam automaticamente (Thompson & Twibell, 2009). As crianças mais novas se beneficiam de informações relacionadas às pistas expressivas e situacionais (por exemplo:

"Corine com certeza parece animada. Ela está rindo e saltando" ou "Rafe deixou a bola cair. Ele parece triste"). Crianças mais velhas tiram proveito de entradas relacionadas aos estados afetivos internos (por exemplo: "Esther continua preocupada com a pontuação de ontem" ou "Keisha, você gostou de descrever nosso piquenique do ano passado"). Além disso, a criança aumenta suas competências sociais aprendendo frases e roteiros reais para uso em situações emocionais (Hyson, 2004). Por exemplo, frases como "Ainda estou trabalhando nisso" ou "Você pode pegar quando eu terminar" dá ferramentas para a criança expressar suas necessidades quando ela não quer abrir mão de algo. As crianças que não têm essas ferramentas podem recorrer às ações físicas menos aceitáveis ou ceder desnecessariamente, o que a deixará frustrada ou chateada. Da mesma forma, roteiros como "Quero uma vez" ou "Sou o próximo" facilitam a negociação da criança em situações altamente carregadas, como decidir quem vai andar no triciclo ou usar o computador da próxima vez.

Crianças em circunstâncias emocionais intensas se tornam mais hábeis para se adaptar quando, além de ajudar a reconhecer seus próprios sentimentos, os adultos as instruem sobre como tornar essas situações mais manejáveis, o que pode ser conseguido por meio do ensino de comportamentos específicos que se encaixam na situação ou quando se apoia a criança enquanto ela trabalha essas questões (Epstein, 2009; Denham, Bassett & Wyatt, 2007).

Com isso em mente, é hora de voltar sua atenção para a aquisição das habilidades de ensino necessárias para promover a competência emocional da criança. As estratégias que seguem se acumulam àquelas que você aprendeu nos capítulos 2, 3 e 4. Elas estão fortemente ligadas aos primeiros três níveis da pirâmide de apoio social (veja Figura 5.6) e podem, portanto, ser utilizadas com todas as crianças. Essas novas competências aprofundarão sua capacidade de:

- Estabelecer relações positivas com as crianças.
- Criar ambientes de apoio emocional.
- Implementar o ensino e as estratégias de treinamento que ajudam as crianças a reconhecer, expressar as centenas de emoções que experimentam diariamente e lidar com elas.

FIGURA 5.6 Pirâmide de apoio social: apoio ao desenvolvimento emocional infantil.

A maioria das crianças responde bem a essas habilidades e aumenta gradualmente sua competência emocional com o tempo. No entanto, algumas crianças vão demonstrar comportamentos emocionais que são autodestrutivos ou prejudiciais para os outros e precisarão de mais apoio que essas habilidades podem fornecer. Quando isso acontece, intervenções intensivas individualizadas são justificadas. Elas serão abordadas nos capítulos 11 e 15.

Habilidades para apoiar a aprendizagem e o desenvolvimento emocional das crianças

Como formular reflexões afetivas

1. **Observe as crianças atentamente antes de dizer qualquer coisa.** O contexto de uma situação é importante para seu significado. Preste atenção às expressões faciais, ao tom de voz, à postura e às palavras reais da criança. Como as crianças mais novas tendem a ser mais abertas sobre o que estão sentindo, os comportamentos que exibem podem ser mais fáceis de interpretar do que aqueles expostos por crianças mais velhas. Com crianças mais velhas, preste atenção especial aos sinais não verbais. Uma criança que está falando "contente" mas parece "aflita" pode estar angustiada.

2. **Seja sensível à ampla gama de emoções que as crianças exibem.** Crianças manifestam emoções diversas. Algumas são extremas e algumas são mais moderadas; algumas são positivas e algumas são negativas. Todas as emoções são importantes. Se

você só perceber emoções intensas ou se concentrar apenas nas negativas, a criança logo aprende que essas são as únicas emoções que valem a pena expressar. Elas ganham uma perspectiva mais ampla quando todos os tipos de emoções são percebidos e descritos.

3. **Faça uma avaliação sem julgamento do que a criança está experimentando.** Forme sua impressão dos sentimentos da criança usando apenas evidências das quais você tem certeza. Evite tirar conclusões precipitadas sobre os motivos que fazem a criança se sentir assim. Por exemplo, você pode observar Jack entrar no quarto chorando. É óbvio que ele está triste ou zangado, mas por que ele está tão aflito pode não ser evidente.

Embora você possa presumir que ele esteja sentindo falta da mãe, Jack pode realmente estar chateado por ter de vestir o agasalho laranja. Como você não pode ter certeza do que o está incomodando, uma reflexão afetiva adequada poderia ser: "Você parece triste", em vez de "Você está triste porque está sentindo falta de sua mãe". Abrir a interação com a primeira declaração é potencialmente mais preciso que usar a segunda.

4. **Faça uma breve declaração para a criança descrevendo a emoção que observou.** Mantenha sua reflexão simples. Não tente espremer tudo o que notou sobre o estado emocional da criança em uma resposta. As crianças entendem melhor frases curtas. As mais velhas apreciarão sentenças mais longas ou conjuntos de frases, mas se ressentirão se forem sobrecarregadas com muita conversa adulta.

5. **Use uma variedade de palavras de sentimentos no decorrer do tempo.** Empregue muitas palavras diferentes para descrever as emoções da criança. Isso amplia o vocabulário de palavras de sentimento da criança e torna suas respostas mais interessantes.

Comece nomeando as emoções primárias (feliz, raivoso, triste, com medo). Pouco a pouco, ramifique para incluir palavras relacionadas que fazem distinções mais finas. Em seguida, pense com antecedência em duas ou três palavras que não usou recentemente e planeje usá-las em determinado dia. Cada vez que surge uma situação para a qual uma de suas palavras é adequada, use-a. Repita esse processo com diferentes palavras em dias diversos.

Finalmente, quando refletir usando uma das palavras de sentimento comuns em seu vocabulário, utilize, em seguida, uma segunda reflexão usando uma palavra um pouco diferente ("Você parece triste. Parece que você está desapontado porque o modelo não voou").

6. **Reconheça as emoções das crianças mesmo quando não se sente confortável com elas.** Às vezes, a criança expressa emoções que os adultos acham incabíveis, difíceis de entender ou desconfortáveis para resolver. Por exemplo, Shaundra chega furiosa ao recreio. Rosnando com os dentes cerrados, ela diz: "Odeio essa professora. Tudo o que ela sabe fazer é dar lição de casa e não tenho tempo para mais nada". Nesse ponto, é tentador tomar uma das seguintes atitudes:

Preleção: "Já lhe disse para nunca dizer 'odiar'. Não é um bom sentimento."
Racionalização: "Bem, ela realmente tem de fazer isso para que você aprenda matemática."
Negação: "Você não poderia odiar ninguém, não é?"
Ignorar: "Bem, chega disso. Escolha um jogo de computador para jogar."

Infelizmente, todas essas frases desconsideram a perspectiva de Shaundra e tornam menos provável que ela compartilhe seus sentimentos com você no futuro. Além disso, essas respostas podem fazer que ela reaja de forma defensiva ou recorra a medidas mais extremas para tornar suas verdadeiras emoções claras. Sua impressão provavelmente não será alterada, e ela não aprendeu uma forma construtiva de lidar com a raiva. Um comentário adequado seria: "Não me parece justo ter de fazer tanta lição de casa" ou "Parece que você teve um dia péssimo na escola". Reflexões afetivas como essas estimulam ir além de suas próprias emoções e ajudam a reconhecer um ponto de vista muito diferente de seu próprio. Isso deve ser feito para as crianças confiarem em você e darem acesso a seus "eus" particulares.

7. **Reveja reflexões imprecisas.** Reflexões afetivas são declarações preliminares de suas percepções sobre o estado emocional da criança. Se refletir: "Você parece preocupado" e a criança disser algo como: "Não" ou "Só estou pensando", aceite a correção graciosamente: "Oh, não entendi você" ou "Sinto muito. Não queria interromper".

Perguntas comuns sobre o uso de reflexões afetivas

Os mecanismos de formulação de uma reflexão afetiva não são difíceis. No entanto, quando os adultos começam a praticá-los, eles muitas vezes têm dúvidas sobre situações da vida real. Identificamos as dúvidas mais comuns e demos respostas que devem aprimorar sua capacidade de usar essa habilidade de forma mais eficaz.

1. **As crianças realmente corrigem reflexões afetivas imprecisas?** Espere que haverá momentos em que sua interpretação do estado emocional de uma criança não coincidirá exatamente com a percepção da criança. Inicialmente, a criança pode não saber o suficiente sobre suas emoções para corrigi-lo. No entanto, é provável que haja momentos em que a reflexão é necessária. À medida que a criança passa a identificar pistas internas e situacionais que correspondem ao rótulo aplicado, ela vai ficar mais sensível a suas imprecisões ocasionais.

Depois que isso acontece, a maioria das crianças não hesitará em corrigir uma emoção mal rotulada. Corrigir reflexões imprecisas será mais fácil para as crianças depois que elas se familiarizarem com o uso de respostas reflexivas e reconhecerem que todas as reflexões são declarações provisórias. Você reitera esse ponto quando diz: "Você parece satisfeito" ou "Você parece triste", em vez de "Você deve estar satisfeito" ou "Sei que está triste".

2. **Como faço para introduzir palavras de sentimento que não tenho certeza se as crianças já conhecem?** Uma maneira de ajudar as crianças a compreender as novas palavras de sentimento é usar seu corpo, rosto e voz para ilustrar o estado afetivo a que está se referindo. Por exemplo, se Annice parece frustrada, diga: "Você parece muito frustrada" e acompanhe as palavras com um tom sério, um franzir de testa e um encolher de ombros. A segunda abordagem é dizer a Annice o que há em seu comportamento que leva você a acreditar que ela está frustrada: "Você parece frustrada. Seu corpo está muito tenso e você está franzindo a testa". Outra estratégia eficaz é usar a palavra desconhecida em uma reflexão curta e depois segui-la com uma segunda sentença que define a palavra usada: "Você parece frustrada. Pode ser desanimador trabalhar e trabalhar e ainda assim as peças não se encaixarem" ou "Você está desapontada. Gostaria que nós não tivéssemos de ficar dentro de casa por causa da chuva".

3. **Por que usar uma reflexão afetiva em vez de apenas perguntar às crianças sobre seus sentimentos?** Às vezes pode parecer mais fácil simplesmente perguntar: "Como você está se sentindo?", "Você está se sentindo triste?" ou "Por que você está tão zangada?". As crianças, por vezes, respondem a perguntas bem-intencionadas como essas, mas muitas vezes isso não acontece. Quando está envolvido em situações emocionais, lembre-se de que as crianças nem sempre têm certeza do que estão sentindo ou por que estão sentindo.

    Além disso, elas podem não estar prontas para lhe dar a resposta que está procurando. Em ambos os casos, o desconforto da criança pode ser aumentado por uma investigação direta. É mais favorável primeiro deixar a criança saber que você está simplesmente tentando reconhecer seu estado emocional. Isso é mais bem comunicado por meio de uma reflexão afetiva para que a criança não tenha de responder e é corrigível.

    As crianças são mais propensas a responder perguntas depois que você refletiu. Assim, é apropriado dizer: "Você parece triste. O que aconteceu?". Nessa situação, a criança tem a opção de aceitar sua ajuda ou não. Independentemente do que a criança faz, ela sabe que está disponível.

4. **E se, depois de refletir, a criança ainda não falar comigo?** As crianças nem sempre respondem a suas reflexões. Por exemplo, você pode refletir: "Isso parece divertido. Você parece animada". A criança não dá nenhuma resposta. Em momentos como esses, lembre-se de que o objetivo de qualquer reflexão é indicar o interesse pela criança sem se intrometer. Quando esse propósito é entendido pela criança, ela muitas vezes não diz nada. Assim, a falta de resposta pode indicar que você está usando bem a habilidade. Se sua reflexão é precisa, não há necessidade que a criança confirme sua interpretação. Não é provável que você ouça: "Você reparou que estou animada. Sim, estou me divertindo!" ou "Você está certa".

    As crianças muitas vezes não falam porque estão absorvidas no que estão enfrentando e preferem se concentrar nisso. Ainda assim, mesmo em circunstâncias como essas, elas têm a oportunidade de ouvir seus sentimentos definidos e saber que você está interessado no que acontece com elas. Ambos os fatores têm uma influência positiva sobre o desenvolvimento emocional da criança. Quando a criança está obviamente estressada, mas não quer falar, pode ser eficaz dizer: "Você parece muito irritada. Parece que não quer falar sobre isso agora. Estarei por perto se quiser falar mais tarde" ou "Vou falar com você novamente para ver se muda de ideia".

5. **E se eu não puder dizer o que a criança está sentindo?** Emoções que não são extremas, por vezes, são difíceis de interpretar. Além disso, algumas crianças são menos expressivas que outras. Ambas as circunstâncias podem interferir em sua capacidade de reconhecer imediatamente o que a criança está sentindo. À medida que começa a conhecer cada uma ficará mais hábil em identificar os comportamentos que ela usa quando está experimentando certas emoções. Íris flexiona os dedos rapidamente quando está nervosa, Phil faz longas pausas entre as palavras quando está confuso, e Justin fica beligerante quando está assustado.

    Se você não conhece bem a criança, ou se não houver nenhum sinal externo para guiá-lo, use um comportamento ou parafraseie uma reflexão como uma abertura para a interação. Aguarde e, em seguida, use uma reflexão afetiva depois de ter considerado, por meio de palavras e gestos, o que a criança pode estar sentindo. Se não houver essa oportunidade, peça à criança diretamente, pois ela pode ou não estar disposta ou ser capaz de lhe dizer. Se nenhuma dessas estratégias funcionar, continue a observar e apoiar, mas não force a criança a prosseguir uma conversa.

Como promover a compreensão e a comunicação sobre as emoções infantis

1. **Use histórias, livros e músicas para abrir o debate sobre emoções.** Leia um livro, como *Alexander and the Terrible, Horrible, No Good, Very Bad Day*, de Judith Viorst (Macmillan, 1987), ou *On the Edge with Coolhead Luke*, de Jennifer White (BookSurge, LLC, 2009). Enfatize emoções experimentadas pelos personagens da história. Peça às crianças que identifiquem emoções observadas ou expliquem a origem das emoções de um personagem ou prevejam como um personagem pode se sentir em determinada situação. Qualquer tipo de história pode servir como um incentivo para esse tipo de discussão ("Cachinhos de Ouro ficou bastante assustada" ou "Laura Ingalls ficou animada em ir à cidade com seu pai"). Certifique-se de abordar tanto as emoções positivas como negativas.

    Canções podem fornecer recursos semelhantes para ampliar o entendimento e o vocabulário da criança. Considere a seguinte adaptação da música "Se você está feliz" como um exemplo.

"Se você está feliz"
Se você está feliz diga: estou contente.
Estou contente.
Se você está feliz diga: estou contente.
Estou contente.
Se você está feliz suas palavras vão mostrar,
Se você está feliz diga: estou contente.
Estou contente.
Se você estiver irritado diga: estou com raiva.
Estou com raiva.
Se você estiver irritado diga: estou com raiva.
Estou com raiva.
Se você estiver irritado suas palavras vão mostrar,
Se você estiver irritado diga: estou com raiva.
Estou com raiva.

2. **Escolha um exemplo para falar de emoções e mencione-o.** Inclua emoções suas conversas casuais. Fale sobre como eventos rotineiros afetam você ("Que grande dia. Estou tão feliz por ver o sol" ou "Odeio quando este encanamento entope"). Discuta os eventos sobre como afetarão os sentimentos das pessoas ("Parece que se não tivermos macarrão para o almoço, todos vão se decepcionar" ou "Se sairmos sem avisar a Sra. Jones, ela poderá ficar preocupada"). Pergunte às crianças como elas se sentiriam em eventos especiais que possam surgir ("Oh, está chovendo. Quem aqui gosta de chuva? Quem aqui não gosta de chuva?"). Discuta as emoções vividas por pessoas que as crianças conhecem ou que ouviram falar no jornal ("Sr. Sanchez, nosso diretor, está muito bem hoje. Ele virou avô" ou "Foi assustador para as pessoas em Spring Creek quando veio a inundação").

3. **Ajude às crianças a reconhecer as oportunidades de descrever suas emoções para os outros.** A criança muitas vezes erroneamente acredita que o que está sentindo é óbvio para todos a sua volta. Explique que isso nem sempre é verdade ("Você está desapontado porque Melinda não ajudou você como tinha prometido. Ela não sabe que é assim que você está sentindo. Diga a ela para que ela saiba" ou "Você não quer que Cláudia pegue o martelo ainda. Ela não sabe disso. Diga a ela").

4. **Forneça às crianças roteiros de exemplos para ajudá-las a falar sobre as próprias emoções.** Às vezes, a criança não consegue expressar suas emoções verbalmente por falta de palavras ou porque está demasiadamente envolvida emocionalmente para pensar nelas. Se isso acontecer, faça o seguinte:
   a. **Sugira palavras que se encaixem na situação.** Em outras palavras, ofereça um roteiro verbal (Kathy poderia ser aconselhada a dizer: "Cláudia, eu não tinha terminado com o martelo" ou "Cláudia, não gosto quando você agarra"). Crianças menores ou menos experientes tiram proveito de frases curtas. Crianças maiores ou mais experientes são mais capazes de analisar sentenças mais longas e mais de um roteiro potencial. Depois que a criança ficar mais confortável e adaptada ao uso dos roteiros que você fornecer, ajude-a a pensar em alguns roteiros próprios ("Você está chateado com Cláudia. Diga palavras que pode usar para deixá-la saber disso").
   b. **Faça perguntas que incentivem as crianças a descrever como se sentem.** Comece com perguntas fechadas simples ("Marco pegou seu alicate. Você gostou de ele ter feito isso?"). Com o passar do tempo, avance para perguntas mais abertas ("Marco pegou seu alicate. Como você se sente?").

5. **Ajude às crianças a descobrir como a outra pessoa está se sentindo com base em ações dessa pessoa.** A criança nem sempre está ciente que as outras pessoas estão sentindo nem são completamente precisas em suas interpretações. Sinalize sinais específicos de expressão emocional das pessoas para crianças e pré-escolares com menos experiência ("Pearl está chorando. Isso significa que ela está infeliz"). Incentive as crianças mais velhas e mais experientes a perceber esses sinais por si sós ("Olhe a Pearl. Diga-me o que ela está fazendo e como ela poderia estar se sentindo"). Se não houver uma resposta relevante, forneça a informação adequada.

6. **Chame a atenção das crianças para pistas situacionais que contribuem para as emoções das pessoas.** Diga à criança quais características de uma situação provocaram uma emoção ("Julie e Chris queriam o último bolinho. Elas decidiram dividi-lo e estão muito felizes. As pessoas se sentem bem quando podem resolver as coisas" ou "Garland, você esperou muito tempo para usar o cavalete e agora está chovendo. Você parece decepcionado"). Peça às crianças mais velhas que apontem que situação estimulou a reação emocional. Essa estratégia pode ser aplicada tanto a situações em que a criança é um observador como àquelas em que a criança está diretamente envolvida.

   Além disso, aponte semelhanças e diferenças nas reações das crianças ao mesmo evento ("Vocês viram o mesmo filme e parece que gostaram" ou "Vocês viram o mesmo filme. Emma, parece que você realmente achou engraçado. Janice, você não está tão certa disso").

7. **Ajude as crianças a resolver emoções misturadas.** Comece por ouvir a criança descrever a situação. Reconheça cada uma das emoções que você ouvir ou observar quando emoções múltiplas forem evidentes. Diga às crianças que é normal ter sentimentos diferentes ao mesmo tempo. Além disso, aponte discrepâncias entre as palavras da criança e o que ela pode estar expressando em formas não verbais ("Você está me dizendo que tudo está bem, mas parece descontente").

8. **Envide esforços deliberados para conversar com meninos e meninas sobre suas emoções.** Como mencionado anteriormente neste capítulo, isso não é algo que os adultos fazem automaticamente e há uma tendência a falar mais com as meninas que com os meninos sobre as emoções. Preste atenção aos comentários deles durante o dia. Se possível, mantenha um registro simples do número de vezes que você usa a con-

versa sobre emoção com meninos e meninas do grupo. Ajuste seus padrões de interação para incluir todos e cobrir toda a gama de emoções que as crianças experimentam.

9. **Saiba mais sobre as variações culturais na expressão emocional representada pelas crianças e pelas famílias no grupo ao qual pertencem.** Faça isso por meio da observação sobre como as crianças e os adultos expressam emoções na família/cultura. Leia artigos de revistas ou livros que descrevem a comunicação cultural. Um bom recurso é o *Developing cross-cultural competence: a guide for working with young children and their families*, de Eleanor Lynch e Marci Hanson (Baltimore: Paul H. Brookes Publishing Company, 2004). Reconheça que a criança usará diferentes regras de exibição em função da idade e do que ela aprendeu em casa. Respeite essas diferenças. Evite que a criança reaja de forma uniforme e não ignore os sinais de afeto que podem diferir que você cresceu aprendendo.

Como ajudar as crianças a lidar com emoções fortes

1. **Reconheça as emoções fortes da criança.** Interrompa comportamentos destrutivos. Comece com uma reflexão afetiva seguida por uma declaração em que fique claro que ações nocivas não são permitidas. Sugira ou demonstre uma estratégia mais adequada que a criança possa usar para expressar seus sentimentos. Por exemplo, "Você está realmente zangada. Não posso deixá-la bater. Bater dói. Diga: 'Não gosto disso'" ou "Você está agitada. Estou preocupado que você esteja sufocando o gerbo e ele pode parar de respirar. Segure-o suavemente desse jeito". (Mais informações sobre esse tipo de intervenção serão apresentadas em capítulos posteriores.)

2. **Conforte a criança que estiver triste ou com medo.** Ofereça consolo físico e verbal.

3. **Redefina eventos para ajudar a criança a administrar emoções fortes.** Às vezes, a criança reage fortemente, porque interpretou mal as ações ou intenções dos outros. Novas informações podem ajudar a criança a reconsiderar respostas intensas ou moderadas. Aponte fatos que a criança pode ter esquecido ou interpretado mal sobre a situação: "Você achou que Andrew estava tirando sarro de você. Ele estava rindo de uma piada que acabamos de ouvir, não de você" ou "Você achou que Melba estava empurrando na fila. Ela está esperando um bom tempo e agora é realmente a vez dela".

4. **Antecipe novas situações que possam fazer que algumas crianças se sintam inseguras, o que pode provocar reações intensas.** Converse com as crianças sobre novas situações ou situações potencialmente difíceis e descreva o que espera. Ofereça explicações para eventos à medida que as crianças os experimentam: "Quando vocês ouvirem o alarme de incêndio, ele vai fazer um som alto. Alguns de vocês disseram que não gostaram por ser tão alto. O sino é alto assim para que vocês possam ouvi-lo em qualquer lugar do prédio. O alarme diz que devemos sair. Vamos sair rapidamente e em silêncio todos juntos. Estarei com vocês o tempo todo".

5. **Apoie as crianças à medida que elas abordam situações temidas gradualmente.** Permita que a criança trabalhe lentamente até lidar com situações perigosas em seu próprio calendário. Ajude-a a encontrar maneiras de tornar o medo mais gerenciável se ela não puder descobrir estratégias que satisfaçam por si sós. Isso pode envolver a prestação de suporte físico (por exemplo, segurar uma criança que tem medo de cães quando o cão visita a sala de aula) ou expor gradualmente a criança a experiências com que ela possa lidar um pouco de cada vez:

    a. Olhar fotos de cães.
    b. Assistir a um DVD sobre um cachorro.
    c. Brincar com um cachorro de pelúcia.
    d. Observar outras crianças brincando com cães.
    e. Observar um cachorro preso no colo de um adulto.
    f. Tocar um cachorro segurado por um adulto.
    g. Segurar um cachorro dormindo no colo.

    Não há uma maneira certa de fazer isso. Seja sensível às pistas que a criança fornece. A impaciência só contribui para a ansiedade da criança e nega benefícios potenciais.

6. **Ensine às crianças estratégias de autorregulação que podem ser usadas para administrar suas emoções de forma mais eficaz.** Faça isso diretamente por meio de conversas, orientação e demonstrações. Ao observar crianças que utilizam estratégias eficazes de forma independente, traga-as a sua atenção, naquele momento ou ao final do dia. Isso reforça as habilidades em desenvolvimento nas crianças e as ajuda a reconhecer as estratégias de sucesso em situações relevantes.

    Estratégias de amostra incluem:

    a. **Restringir a entrada sensorial:** Tapar os ouvidos ou olhos para diminuir a excitação emocional. Olhar ao longe. Distrair-se com outra coisa.
    b. **Assistir aos outros administrando situações que incentivam fortes emoções em si mesmos:** Notar estratégias de enfrentamento que outras crianças usam em momentos de medo ou raiva.
    c. **Conversar consigo mesmas:** "Minha mãe vai estar de volta em breve." "A água é divertida." "Consigo fazer isso." "Pare. Respire. Relaxe."
    d. **Alterar seus objetivos:** Decidir jogar outra coisa após ser informado de que não há lugar para ela em um jogo ou que não é sua vez.
    e. **Resover problemas:** Uma criança que tem medo de ir a uma escola nova desenha um mapa mostrando o caminho da sala do diretor até sua sala. Uma criança que se irrita facilmente planeja respirar profundamente três vezes antes de responder aos pares que estão provocando.
    f. **Redefinir situações difíceis em termos mais otimistas:** "As coisas poderiam ser piores." "Vou ter outra chance amanhã." "Ela não é a única que poderia ser minha amiga." Mais estratégias destinadas a apoiar a criança em situações estressantes são descritas no Capítulo 6.

7. **Ofereça às crianças muitas oportunidades para que possam experimentar alegria, felicidade e humor.** Todas as crianças precisam de oportunidades para ter experiências emocionais agradáveis. A felicidade é contagiosa e promove a sensação de bem-estar na criança.

   Dedique tempo para rir com elas. Brinque, conte piadas, aja como criança e se envolva em alegria espontânea. Experiências alegres como essas constroem resiliência da criança e ajudam-na a ver que o mundo emocional não é totalmente negro. Quando as crianças veem alegria em seu rosto enquanto você interage com elas, elas também podem receber uma mensagem de que são companhia agradável e que as emoções difíceis que experimentam não são a única lente pela qual você as vê.

Como se comunicar com membros da família sobre emoções

1. **Forneça informações aos familiares sobre as emoções que as crianças experimentam durante o tempo com você.** Concentre-se nos acontecimentos afetivos cotidianos; não espere por uma crise ou que algo de extraordinário aconteça para estimular mensagens ("Jamal construiu uma cidade com todos os blocos hoje. Ele estava animado por ter encontrado uma forma de usar cada bloco" ou "Hoje, Ted estava muito absorto escrevendo em seu diário sobre o tempo que passou em New Jersey. Mais tarde, ele leu sua redação para o grupo. As outras crianças fizeram um monte de perguntas sobre sua viagem. Ele parecia satisfeito com o interesse"). Essas informações podem ser compartilhadas pessoalmente por meio de breves notas escritas ou de ligações periódicas para casa. Torne uma meta a comunicação com toda a família em seu grupo, pelo menos uma vez por mês. Mantenha um registro informal de suas comunicações para certificar-se de que não está dando muitas informações para algumas famílias e muito pouco para outras.

2. **Extraia informações de membros da família sobre a vida emocional das crianças em casa.** Fique sintonizado com as mudanças na vida das crianças em casa. Eventos do dia a dia, como uma noite de sono interrompido, uma ida prevista à loja depois da escola ou um amigo que se atrasa, desencadeiam reações emocionais em crianças. Da mesma forma, acontecimentos mais dramáticos, como um divórcio iminente, a ausência da mãe em uma viagem, a mudança da namorada do pai ou um evento familiar próximo, influenciam como as crianças se sentem durante o tempo com você. Deixe as famílias saberem que esse tipo de comunicação permite responder com maior compreensão às crianças.

3. **Ajude os membros da família a compreender melhor as facetas típicas do desenvolvimento emocional das crianças.** O Sr. Ramirez menciona que o filho aparentemente feliz de 3 anos ficou histérico ao ver um palhaço distribuindo balões no *shopping*. Ele se pergunta o que poderia ter estimulado uma reação tão forte. Durante uma conferência de pais, uma mãe comenta que a filha da quarta série está em um dilema sobre um recital de dança programado. Os pais dizem: "Em um minuto, ela está animada; no minuto seguinte, com medo. Ela parece tão mal-humorada". Use o que aprendeu neste capítulo para ajudar os pais a reconhecer que tais comportamentos têm suas raízes no desenvolvimento da criança. Por exemplo, explique que é normal que crianças pequenas sejam cautelosas com máscaras e maquiagem dramática nos primeiros anos escolares. Da mesma forma, ter uma mistura de emoções é uma circunstância comum durante os anos de escola fundamental, e a criança muitas vezes acha confuso. Ouvir que o comportamento da criança se baseia no desenvolvimento muitas vezes oferece aos familiares uma garantia bem-vinda. Se as circunstâncias parecem adequadas, transmita às famílias algumas estratégias que você aprendeu para lidar com situações emocionais como essas.

4. **Preste atenção às emoções que os membros da família expressam.** Na vida das crianças, os adultos experimentam muitas emoções. Estas podem ser comunicadas de forma verbal e não verbal. Observe essas pistas e use reflexões afetivas conforme o caso. ("Você parece animado hoje" ou "Você parece triste".)

   Prossiga com uma pergunta. ("Você gostaria de falar sobre isso?" ou "Existe algo que eu possa fazer para ajudar?"). Espere a pessoa responder. Não tente impedir pais ou outros membros da família a falar mais.

   Respeite o direito de privacidade. Se uma resposta está disponível, escute cuidadosamente e use as habilidades que aprendeu neste e no capítulo 4 para transmitir interesse, calor, aceitação, autenticidade, empatia e respeito.

5. **Aceite as emoções do membro da família mesmo quando essas emoções fazem você se sentir desconfortável.** Haverá momentos em que as emoções que os membros da família expressam estão em contradição com as suas ou com aquilo em que acredita. Por exemplo, ao falar com uma mãe sobre a emoção da criança na utilização de certos materiais de arte, uma educadora infantil foi surpreendida quando a mãe reagiu com irritação: "Não quero que ele perca tempo fazendo desenhos. Quero que ele se concentre em aprender a ler". Um líder dos escoteiros ficou desanimado quando um pai anunciou com orgulho que seu filho de 10 anos havia "xingado" um primo. Uma professora de educação infantil ficou chateada quando um pai pediu que a equipe mantivesse seu bebê de 14 meses longe de outras crianças que têm crises epilépticas. Em casos como esses, sua primeira tarefa é demonstrar a compreensão, parafraseando ou reconhecendo diretamente os sentimentos expressos. ("Você prefere que Hyuk Jun não pinte", "Parece que Raymond realmente se defendeu" ou "Você está preocupado por Jessie ter muito contato com Ronda".) Reconhecer a perspectiva dos pais exige que você coloque de lado seus próprios sentimentos naquele momento

e concentre-se no ponto de vista deles. Isso pode ser difícil, mas é crucial para que os membros da família confiem em você e se sintam confortáveis para se expressar com honestidade em sua presença. Informações sobre como dar seguimento a sua reflexão e como permanecer fiel a seus valores ao demonstrar respeito pelas posições familiares são apresentadas no Capítulo 15.

6. **Assinale as reações defensivas quando membros da família expressam raiva destinada a você ou à escola.** Um pai com raiva enfrenta você no saguão: "Eu disse para manter Jessie longe de Ronda, mas acabei de vê-las brincando juntas. Vocês não escutam?". Você pode atender a um telefonema furioso de uma avó: "Esta é a terceira vez que Teisha vem para casa com tinta nas mangas. Ela está estragando todas suas roupas boas. Não tenho dinheiro para continuar comprando coisas novas. Por que você não presta mais atenção ao que acontece em sua classe?".

Quando recebe mensagens de família como essas, você pode se sentir atacado, e é natural sentir-se na defensiva.

Ficar na defensiva é, por vezes, traduzido como desconsideração das preocupações dos familiares, formulação de justificativas e raciocínios ou contra-acusações. Afinal, você só tem o melhor interesse pela criança. Como os pais poderiam julgar suas intenções tão mal? Como eles podem ter a mente tão fechada? Como podem esperar que seja responsável por tudo?

Quando começa a ter esses tipos de reações, pare um momento, reúna seus pensamentos e obtenha controle sobre sua resposta. Tente reinterpretar a situação do ponto de vista da família – os sentimentos por trás dessas acusações são frequentemente voltados para proteger a criança ou promover oportunidades para ela. Considerados assim, os sentimentos são justificados – o pai entende que o pedido feito foi ignorado, e a avó cria uma dificuldade quando a criança volta para casa suja ou com as roupas estragadas.

Nessas situações, é melhor reconhecer o senso de raiva ou injustiça dos familiares e depois trabalhar para resolver o problema de forma que seja mutuamente benéfica. Mesmo quando a fonte da raiva familiar é difícil de entender ou parece incabível, lembre-se de que os membros da família têm direito a suas emoções. Além disso, nem sempre esperamos que eles expressem raiva de maneira que evite ferir seus sentimentos. Como profissional, há uma expectativa de que responda com respeito e compreensão apesar das circunstâncias. Trata-se de uma tarefa difícil, mas faz parte do código de conduta ética que separa os profissionais dos leigos.

Em qualquer encontro onde haja algum sentimento de raiva, o primeiro passo é passar de uma reação impulsiva e rápida para uma mais comedida. Se possível, pare um instante para esfriar a cabeça antes de responder. Em seguida, tente ver as coisas da perspectiva da família, o que é mais bem realizado se você tratar as observações do membro da família como uma fonte de informações sobre seu ponto de vista em vez de uma pista para defender seu comportamento. Aborde o problema aceitando o direito dos membros da família de terem seus próprios sentimentos. Por último, passe para um modo de resolução de problemas, conforme descrito no Capítulo 15.

■ Evite as armadilhas

Independentemente de responder às emoções da criança de forma individual ou em grupos, de modo informal ou em atividades estruturadas, há certas dificuldades que devem ser evitadas. Essas armadilhas também se aplicam à comunicação com adultos.

1. **Parecer que "sabe tudo".**
   "Você deve estar triste."
   "Sei que você está triste."
   "Você está triste, não é?"

   Essas frases fazem soar onisciente e impedem que a criança corrija reflexões equivocadas. Como as reflexões devem ser provisórias e passíveis de correção, frases como essas não devem ser usadas.

2. **Acusar as crianças.** Palavras como maldoso, teimoso, não cooperativo, desagradável, ganancioso, manipulador e beligerante não são palavras de sentimento, mesmo quando usadas sob a forma de uma reflexão afetiva. São termos de acusação com base nas avaliações adultas do comportamento infantil em vez de interpretações precisas de emoções da criança e devem ser evitados. Por exemplo, uma criança que quer tudo pode se sentir justificada, com desejo ou que tem o direito, mas certamente não é mesquinha, o que implica conseguir mais do que ela merece. Da mesma forma, um jovem que permanece imóvel fazendo algo de certa forma pode se sentir determinado, mas não identificaria seus sentimentos como teimoso ou obstinado. Se você se pegar usando essas palavras, pare. Observe o que a criança está realmente tentando comunicar e então exponha sua reflexão sem julgamento.

3. **Coagir as crianças a falar sobre suas emoções.** Em um esforço para mostrar preocupação, os adultos podem sondar os estados emocionais das crianças, igno-

rando sinais de que tais investigações sejam frustrantes ou indesejáveis para elas. Com pré-escolares, perguntas repetidas como "Você está desapontada?" ou "Por que você está tão chateada?" podem estar além da capacidade de resposta da criança e criar uma pressão que elas consideram estressante. Da mesma forma, crianças mais velhas podem considerar essas sondagens intrusivas, preferindo manter suas reações para si mesmas.

A melhor maneira de evitar tais circunstâncias negativas é ficar atento às ações da criança que indicam que ela não está pronta para conversar. Atitudes como virar-se e recuar, respostas vagas, respostas murmuradas, maior agitação e declarações verbais tais como "não sei" ou "Deixe-me só" devem ser respeitadas.

Resumo

As emoções são parte importante da vida das crianças. As emoções positivas, como alegria e carinho, permitem que elas se sintam bem. Encorajam a criança a alcançar e ser receptiva a pessoas e experiências. Por sua vez, as emoções negativas, como medo e raiva, causam mal-estar e induzem a criança a evitar dificuldades, escapar delas ou superá-las. As emoções são universais e são acionadas por eventos aos quais o corpo responde. As pessoas interpretam o que estão experimentando e tomam medidas com base em sua interpretação.

As emoções se desenvolvem em uma sequência previsível e surgem de emoções primárias como alegria, raiva, tristeza e medo. Agrupamentos de emoções relacionadas e combinações destas surgem ao longo do tempo na forma de reações emocionais mais complexas. Os eventos que alertam agrupamentos particulares de emoções são essencialmente similares ao longo da vida. A maturidade cognitiva e a experiência afetam a interpretação individual desses eventos estimulantes.

As pessoas passam por uma série de tarefas emocionais ao longo da vida. O crescimento ideal ocorre quando o equilíbrio está na direção positiva dos polos opostos em cada etapa. Os estágios de desenvolvimento, durante os quais a criança passa por tarefas emocionais, são conhecidos como confiança *versus* desconfiança, autonomia *versus* vergonha e dúvida, iniciativa *versus* culpa e diligência *versus* inferioridade. Além disso, mudanças na forma como a criança pensa em suas emoções à medida que amadurecem influenciam o desenvolvimento emocional. As crianças mais jovens acreditam que somente uma emoção pode ser vivida por vez; crianças de 5 e 6 anos começam a reconhecer que duas emoções podem ser experimentadas simultaneamente (mas sobre coisas diferentes), e crianças de 10 a 12 anos são capazes de identificar várias reações ao mesmo evento. O reconhecimento de emoções de uma criança em outras segue uma tendência similar. No entanto, mesmo as crianças mais velhas podem não ser intérpretes precisas das emoções alheias, porque pistas comportamentais semelhantes podem representar sentimentos diferentes e o mesmo estímulo pode ativar respostas variadas entre diferentes pessoas ou no mesmo indivíduo em momentos diferentes. Os adultos são os professores mais significativos que a sociedade valoriza e dá expressão emocional adequada.

As crianças encontram dificuldades para lidar com suas emoções e geralmente contam com o reconhecimento dos outros para seus sinais não verbais, que podem ser ignorados ou mal interpretados, pois elas podem escolher ações inadequadas para mostrar como se sentem e tentar esconder, minimizar ou evitar as próprias emoções.

Respostas inadequadas, como ignorar, mentir, negar as emoções das crianças ou ainda envergonhar as crianças, agravam esses problemas. É mais favorável e útil conversar com a criança sobre emoções usando reflexões afetivas, que envolvem o reconhecimento das emoções que uma criança pode estar enfrentando e, em seguida, usar uma reflexão para nomeá-las. Reflexões afetivas tornam os estados internos abstratos mais concretos. Rotular verbalmente as emoções ajuda a criança a lembrar-se de eventos passados, a diferenciar as emoções que são semelhantes, mas não idênticas, permite que os adultos demonstrem carinho e compreensão, e contribui para um ambiente verbal positivo.

Outras maneiras de ajudar a criança a lidar com as próprias emoções referem-se às estratégias que a levam a falar com os outros sobre os sentimentos e lidar com emoções fortes e comunicar-se com os membros da família a respeito dos aspectos emocionais da vida da criança.

Palavras-chave

Autorrevelação; emoções primárias; estilo expressivo; medos imaginários; medos reais; QI emocional; referência social; reflexões afetivas.

Questões para discussão

1. Discuta o papel das emoções na vida das crianças. Dê exemplos baseados em sua própria infância ou em suas observações de crianças pequenas.
2. Malcolm tem 3 anos e seu irmão, William, 10. Discuta como cada um provavelmente pensa sobre suas próprias emoções e quão conscientes estão das reações emocionais do irmão.
3. Consulte o Box 5.4, "Uma lição de 'iniciativa'". Como você poderia apoiar o desenvolvimento de iniciativa na criança usando as habilidades apresentadas neste capítulo?
4. Descreva os aspectos de desenvolvimento e conhecimento dos medos das crianças. Discuta-os em relação a suas próprias experiências de infância ou as experiências de crianças que você conhece.
5. Descreva pelo menos três maneiras pelas quais reflexões afetivas beneficiam o desenvolvimento emocional das crianças.
6. Como você poderia fazer suas próprias reflexões afetivas serem mais eficazes.
7. Em cada uma das situações a seguir, descreva:
   a. Que emoções a criança envolvida pode experimentar.
   b. Como você poderia usar estratégias apresentadas neste capítulo para ajudar a criança a se tornar mais consciente de seus próprios sentimentos e dos sentimentos dos outros, e como você poderia ajudá-la a lidar eficazmente com a situação.

   SITUAÇÃO A: Calvin e George estão brincando na caixa de areia. Calvin quer o balde de George e então o toma à força. George começa a chorar, mas Calvin continua a brincar, imperturbável. George corre até você dizendo: "Ele pegou meu balde!".
   SITUAÇÃO B: Sandy observa as outras crianças pularem corda. Parece que ela gostaria de participar, ainda que não faça nenhum movimento para isso.
   SITUAÇÃO C: Curtis tem um dilema: acaba de ser convidado para um churrasco na casa de Steven, mas seu melhor amigo, Travis, não foi convidado.

8. Descreva os problemas típicos que a criança experimenta ao lidar com suas emoções. Identifique estratégias que os adultos podem empregar para ajudar as crianças a lidar mais eficazmente com as emoções.
9. Durante cinco minutos, escreva o máximo de palavras e frases afetivas que for capaz. Compare sua lista com as listas de colegas.
10. Consulte o Código de Conduta Ética Naeyc (Apêndice), e procure as seções do código que fornecem uma perspectiva da ética do comportamento do professor na seguinte situação.

    SITUAÇÃO: Quando a Sra. Huong, uma mãe, informa à professora que está preocupada com o filho que chupa o dedo, esta lhe oferece um artigo sobre esse comportamento para ler. A professora também se refere a outro pai que tinha essa preocupação no ano passado.

Tarefas de campo

1. Mantenha um registro de todas as reflexões afetivas que usa ao trabalhar com crianças. Quando tiver uma chance, registre pelo menos quatro de suas respostas. Identifique o que a criança estava fazendo ou o que disse e sua resposta. Escreva pelo menos duas reflexões alternativas que você poderia ter dito e em que circunstância.
2. Descreva uma armadilha que você encontrou usando as habilidades apresentadas neste capítulo. Faça um *brainstorm* com os colegas sobre como evitá-la no futuro.
3. Descreva uma situação em que uma criança manifestou emoções. Aponte como você ou outro adulto responderam a essa manifestação e qual foi a reação da criança. Critique a eficácia da abordagem. Se for ineficaz, que estratégias poderiam ter sido melhores?
4. Identifique uma estratégia de comunicação familiar que você ouviu ou observou em relação às emoções. Descreva as circunstâncias em que foi utilizada e a reação do membro da família. Quão efetiva você acha que foi a interação?

Capítulo 6
Construir resiliência em crianças

Objetivos

Ao final deste capítulo, você será capaz de descrever:

- O significado de resiliência.
- Como a resiliência se desenvolve.
- Como o estresse, os fatores de risco e a adversidade influem sobre a resiliência.
- O papel dos fatores protetores na construção da resiliência.
- Como colaborar com as famílias no desenvolvimento da resiliência.
- Habilidades para desenvolver resistência ao estresse e resiliência nas crianças.
- Armadilhas que devem ser evitadas na construção da resiliência em crianças.

> *Selena, aluna do segundo ano, frequentou, desde o início, uma pequena escola no sudoeste do Arizona. Apesar de vir de uma das zonas mais pobres e de uma família altamente perturbada, ela se sai bem na escola e é bem quista pelas outras crianças. Foi escolhida, recentemente, como "banqueira", uma posição cobiçada no âmbito de uma atividade de simulação na classe. Seus colegas dizem: "Ela é muito boa em matemática e sabe fazer tudo". A professora de Selena acrescentou, em particular: "Às vezes, é difícil lembrar o que a menina enfrenta na vida cotidiana quando vai embora da escola – e faz muito tempo que ela está se saindo bem".*

Atualmente, o conceito de resiliência infantil tem despertado cada vez mais interesse de pesquisadores e educadores. Os estudos atuais assumiram uma direção nova e mais promissora do que há vinte anos. Em vez de se concentrarem apenas nos riscos que as crianças encontram e "estabelecerem" os déficits resultantes, os estudos dão mais ênfase às variáveis que permitem prever as habilidades das crianças de sobreviver à adversidade e prosperar.

Crianças como Selena não são mais vistas como "invulneráveis" ao estresse e ao trauma. Em vez disso, pensa-se que *todas* as crianças são capazes de desenvolver uma postura mental resiliente (Goldstein & Brooks, 2006). Aumentar a **competência social** das crianças e fortalecer as proteções cumulativas constituem, hoje, um arcabouço mais promissor para a prática e as políticas de resiliência (Masten & Powell, 2003). Neste capítulo, exploraremos essas últimas ideias sobre a construção da resiliência, sua relação com o estresse, a adversidade e os fatores de proteção – e o melhor modo de trabalhar com crianças e suas famílias, com a finalidade de construir a capacidade de lidar com a adversidade.

■ Definição de resiliência

O conceito de **resiliência** não é simples. O termo é definido comumente como "a capacidade de superar as circunstâncias difíceis. Esse é o traço que nos permite existir neste mundo nada perfeito, enquanto caminhamos para a frente com otimismo e confiança, mesmo em meio à adversidade" (Ginsburg, 2006, p. 4). Existe um "fator de rebote" que é inerente e está descrito em quase todas as definições de resiliência – é a capacidade de recuperação ou fator de endireitamento que permite a algumas crianças e adultos lidar de modo mais eficaz com os desafios. Alguns indivíduos parecem dispor de fatores de personalidade que proporcionam uma capacidade superior e mais rápida de recuperar-se de eventos estressantes. Contudo, o termo *resiliência* é, hoje, aplicado de modo mais amplo a uma combinação, no indivíduo, de traços inerentes *e* forças adquiridas. Tanto os fatores internos quanto externos influenciam a identidade e a autoestima, modelando a autoestima da criança ao longo do tempo.

■ Como são as crianças resilientes?

As crianças que apresentam padrões de resiliência não se parecem, todas, umas com as outras, nem são resilientes em todas as circunstâncias. Contudo, a despeito de muitas diferenças, compartilham diversas características do perfil das crianças socialmente competentes, apresentado no Capítulo 1, e podem ser, muitas vezes, descritas como crianças que "se saem bem" apesar da adversidade relevante (Masten & Powell, 2003). Têm propósitos, sentem-se valorizadas (não necessariamente pelos pais, mas por algum adulto), gostam de ser úteis aos outros, demonstram autocontrole adequado à idade, independência e responsabilidade. Essas características transcendem raça, classe social, fronteiras geográficas e têm a capacidade de produzir, em efeito cascata, ao longo do tempo, características análogas, altamente valorizadas pelos outros (Werner, 2005). É isso que vemos em crianças que são, em geral, felizes e otimistas. Elas cumprem quase sempre as regras dos pais, da escola e da comunidade, comportam-se adequadamente e relacionam-se bem com os outros. São capazes de concentrar-se na escola e atingem os objetivos de seu nível, a ponto de usarem com eficácia a linguagem e os símbolos de matemática de sua cultura (Masten, 2009). Em suma, são "estruturadas" do ponto de vista emocional, físico, cognitivo e social.

Como se desenvolve a resiliência?

Neste capítulo, abordaremos os marcadores externos e as influências ambientais sobre as crianças resilientes. Há, porém, fortes evidências de que não se devem excluir as contribuições genéticas e que tais condições, no ventre materno, podem afetar a saúde não só do feto, mas também do adulto (Cloud, 2010).

Por exemplo, estudos documentam que algumas crianças são mais vulneráveis: aquelas cujas mães são alcoólatras ou esquizofrênicas (Werner & Smith, 2001; Werner, 2005); cujos pais e avós foram expostos à guerra, à violência social ou a desastres ambientais; e as expostas a diversos fatores de risco psicossociais e biológicos, como

FIGURA 6.1 "Sou forte".

a suscetibilidade genética pelo abuso de substâncias. A resiliência dos meninos, quando comparada à das meninas, é mais frágil e, em razão das expectativas sociais, os meninos escondem mais a **vulnerabilidade**. Como resultado, pode ser mais difícil perceber quando se sentem perturbados, deprimidos e isolados (Pollack, 2006). Certamente ainda precisamos conhecer melhor as qualidades das crianças que influenciam essas disposições. As pesquisas contínuas ampliarão o conhecimento que temos sobre o modo como fatores internos interagem com a adaptação externa e vice-versa (Masten, 2009).

A boa notícia é que, embora as informações genéticas afetem fortemente o desenvolvimento do cérebro, a influência ambiental demonstrou ter um efeito mais significativo sobre as estruturas neurais e sobre o comportamento resultante do que se pensava anteriormente (Luthar, 2003). Como em outras áreas do desenvolvimento, há pouca dúvida de que os primeiros anos da infância são extraordinariamente importantes para criar os alicerces da futura resiliência de um indivíduo. As crianças observadas aos 2 anos, que apresentam mais autonomia e maturidade social que os pares, têm probabilidade mais alta de relatar menos eventos estressantes de vida, além de competência escolar superior aos 10 anos. Isso se traduz em uma adolescência mais harmoniosa e em maior autoeficácia (boas habilidades de planejar e enfrentar) nos primeiros anos da vida adulta (Werner, 2005). Fornecer cuidados consistentes e sustentadores à criança nos primeiros anos exerce uma influência poderosa e durável sobre sua adaptação nos estágios mais avançados do ciclo de vida, mesmo que haja algum desvio temporário durante a adolescência (Goldstein & Brooks, 2006).

Ann Masten, pesquisadora da Universidade de Minnesota, concluiu que a resiliência não é o resultado de algum traço especial ou de uma vantagem exclusiva que existe em determinados indivíduos. Ao contrário, acredita que se trate de uma "magia comum" que resulta do fato de muitas crianças crescerem em meio a sistemas adaptativos fundamentais bem operantes – os diferentes microssistemas, exossistemas, mesossistemas e macrossistemas (Bronfenbrenner, 1979) discutidos no Capítulo 1. Estes constituem os sistemas ecológicos que circundam as crianças e incluem a família, os grupos de amigos, as escolas, as comunidades e as sociedades que funcionam, potencialmente, para amortecer o estresse e a adversidade durante a trajetória de desenvolvimento da criança. Quando os sistemas são fortes e resilientes, as crianças têm mais probabilidade de serem saudáveis e capazes. À medida que esses sistemas são danificados ou indeterminados, a resiliência incorporada nas crianças torna-se cumulativamente mais vulnerável, o que diminui a capacidade da criança de permanecer no caminho adequado, do ponto de vista do desenvolvimento (Masten, 2001, 2003, 2009).

Como verá a seguir, a resiliência resulta da dinâmica, da interação alternada entre a adversidade e os fatores de proteção presentes em qualquer momento, durante o desenvolvimento da criança. É importante compreender que as crianças conseguem geralmente enfrentar estresses baixos e moderados, mas podem ficar sobrecarregadas quando há múltiplos fatores estressantes que criam fatores potenciais de risco. Do mesmo modo, embora um único fator de risco não crie necessariamente o tipo de adversidade que possa ameaçar a **homeostase** normal ou a habilidade de retornar ao bom funcionamento, um *acúmulo* de desafios à competência da criança pode resultar em vulnerabilidade significativa e na necessidade de intervenção.

■ A influência do estresse, dos fatores de risco e da adversidade sobre a resiliência

David entrou no quinto ano da Hambly Middle School. Nunca frequentou uma escola tão grande como essa e está preocupado em lembrar a combinação para abrir seu armário, encontrar as salas de aula e despir-se diante de todos nas aulas de educação física. Ultimamente sente a cabeça girar, sente-se trêmulo e pergunta-se se alguém sabe como se sente por dentro.

Karen, de 3 anos, começou a seguir a mãe bem de perto e a chorar inconsolavelmente sempre que se separam. Pensa nas brigas violentas que os pais tiveram e sabe que é por isso que o pai nunca voltará para casa. Pergunta-se se sua mãe também vai embora.

Kevin, de 6 anos, passou a ter medo de ir à escola e teme particularmente a aula de leitura. É difícil para ele fazer o que o professor pede. O menino faria se conseguisse, mas não consegue. Pergunta-se como as outras crianças encontram sentido nas letras e palavras do professor. Passou a ter dores de estômago frequentes.

Embora David, Karen e Kevin sejam diferentes quanto a idade, gênero, situação familiar e muitas outras características, têm uma coisa em comum: estresse infantil. Os especialistas afirmam que, para algumas crianças, crescer no mundo atual pode não ser fácil. Aproximadamente 25% de todas as crianças correm o risco de apresentar mau desempenho escolar em razão de problemas físicos, emocionais e sociais, e são menos capazes de funcionar na sala de aula, pois estão com fome, doentes, perturbados e deprimidos. As crianças parecem ter menos apoio dos adultos que no passado, e muitas sofrem pressão para crescer depressa (Honig, 2009; Marks, 2002).

Precisamos nos preocupar com o **estresse infantil** acumulado e estar atentos aos tipos de respostas de enfrentamento do estresse que as crianças desenvolvem. Essas respostas são aprendidas muito cedo, quando as crianças observam pais, irmãos e membros da família estendida, professores e colegas se comportarem sob pressão. Tanto os comportamentos positivos quanto os negativos enraízam-se em sua prática habitual. Quando aprender padrões de enfrentamento é positivo e útil, estes se tornam recursos para toda a vida da criança, aumentando o que conhecemos como **"resistência ao estresse"**, ou seja, a habilidade da criança de adaptar-se e enfrentar a adversidade psicológica, dar continuidade às tarefas do desenvolvimento e manter boa saúde durante e após o evento estressante. Quando os padrões de enfrentamento são negativos, servem apenas para aumentar a necessidade de padrões, tornando a criança mais vulnerável no futuro (Aldwin, 2007).

O conceito de estresse

O **estresse** não é bom nem mau. É simplesmente excesso de energia que se desenvolve para ajudar a enfrentar solicitações não comuns. Pode chegar sob a forma de algo novo ou diferente na vida, que força o indivíduo a recorrer à energia de reserva. Esses eventos são chamados **estressores** e podem resultar de modificações significativas, sentimentos de sobrecarga ou tédio, situações em que sentimos incerteza a respeito do que acontecerá e sempre que sentimos medo ou perdemos o controle. As crianças experimentam *todos* os estressores, de vez em quando, enquanto crescem. O nascimento de um irmão, a morte de um bicho de estimação, festas de aniversário, quebrar o brinquedo favorito, ser pego ao roubar ou mentir, passar uma noite na casa de um amigo, derramar distraidamente o leite, perder um dos avós, trazer para casa um boletim ruim – todas essas são oportunidades de crescimento ou experiências altamente negativas. Quando a criança tem acesso a adultos receptivos e dedicados e dispõe de um forte repertório de **mecanismos de enfrentamento do estresse**, ou modos de lutar com êxito com as dificuldades, é altamente improvável que ocorram resultados negativos ou que perdurem. Alguns eventos, contudo, tais como o terremoto no Haiti, a pobreza e a violência familiar são significativamente mais sérios e podem acarretar riscos adicionais que mesmo crianças e famílias competentes não conseguem superar facilmente.

Quando o mecanismo de enfrentamento do estresse falha

As crianças pequenas vivem, hoje, em um ecossistema bastante complexo, como mostra o ecomapa de Kelsey, de 7 anos (Figura 6.2). Quando Kelsey foi matriculada no primeiro ano, em 2010, a professora notou sinais de que ela viria a precisar de mais apoio, naquele ano, que as outras crianças da classe. Notou seus problemas crônicos de saúde, pobreza, os problemas familiares persistentes, a alta mobilidade e o mau desempenho escolar. Observou também que ela era uma garota deprimida e sem amigos. Mas havia um lado bom: Kelsey passava grande parte do tempo livre com os livros e parecia determinada a aprender a ler.

Seus pais adotivos temporários foram à reunião da escola em outubro, convidaram a professora a fazer-lhes uma visita e disseram-lhe: "Vamos fazer isso dar certo e precisamos manter contato estreito com você, a propósito de Kelsey".

A resiliência deve ser entendida sempre no contexto de estressores acumulados, de riscos que não são enfrentados adequadamente, e deve levar em conta os fatores de proteção existentes na vida da criança, que po-

Ecomapa de Kelsey

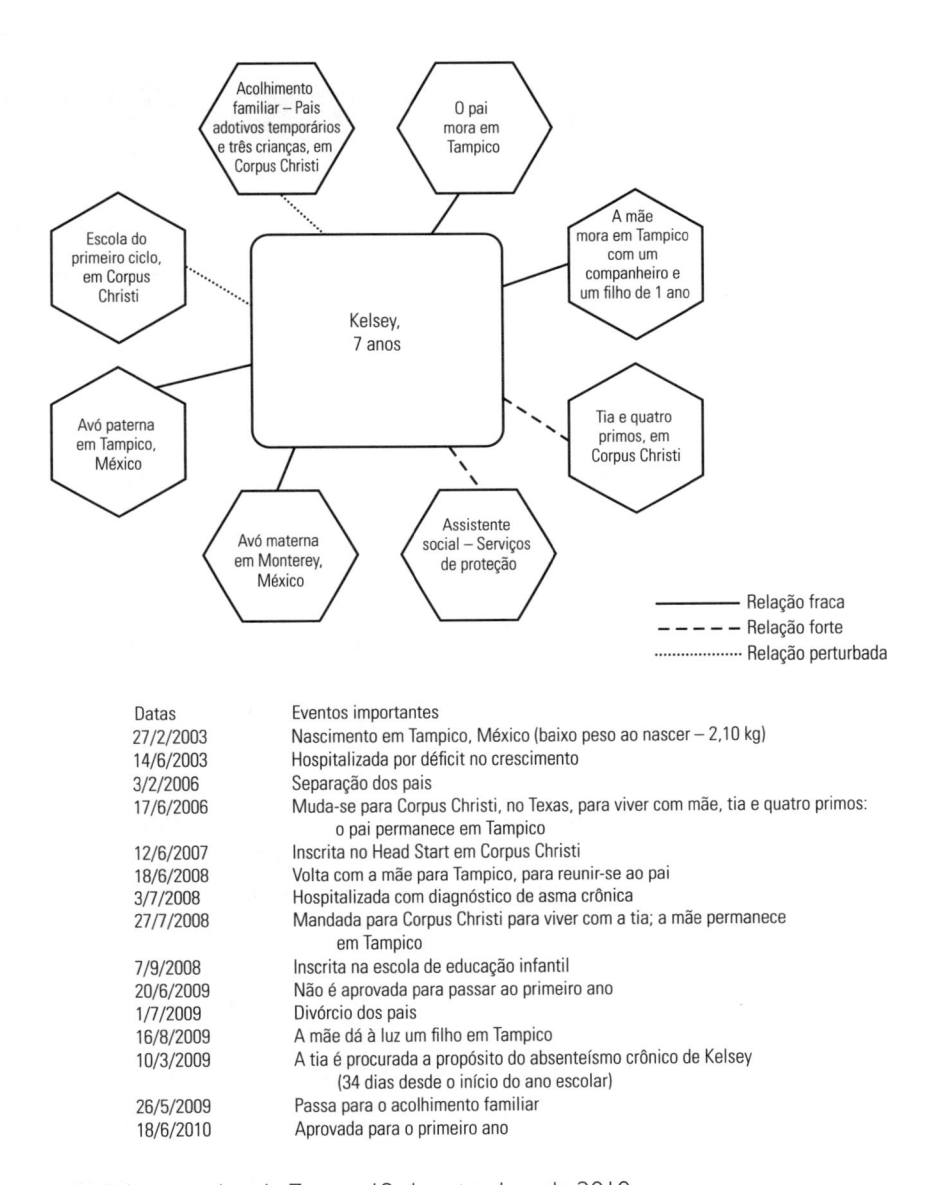

Nós do ecomapa (hexágonos ao redor de Kelsey, 7 anos):
- Acolhimento familiar – Pais adotivos temporários e três crianças, em Corpus Christi
- O pai mora em Tampico
- A mãe mora em Tampico com um companheiro e um filho de 1 ano
- Tia e quatro primos, em Corpus Christi
- Assistente social – Serviços de proteção
- Avó materna em Monterey, México
- Avó paterna em Tampico, México
- Escola do primeiro ciclo, em Corpus Christi

Legenda:
— Relação fraca
- - - Relação forte
····· Relação perturbada

Datas	Eventos importantes
27/2/2003	Nascimento em Tampico, México (baixo peso ao nascer – 2,10 kg)
14/6/2003	Hospitalizada por déficit no crescimento
3/2/2006	Separação dos pais
17/6/2006	Muda-se para Corpus Christi, no Texas, para viver com mãe, tia e quatro primos; o pai permanece em Tampico
12/6/2007	Inscrita no Head Start em Corpus Christi
18/6/2008	Volta com a mãe para Tampico, para reunir-se ao pai
3/7/2008	Hospitalizada com diagnóstico de asma crônica
27/7/2008	Mandada para Corpus Christi para viver com a tia; a mãe permanece em Tampico
7/9/2008	Inscrita na escola de educação infantil
20/6/2009	Não é aprovada para passar ao primeiro ano
1/7/2009	Divórcio dos pais
16/8/2009	A mãe dá à luz um filho em Tampico
10/3/2009	A tia é procurada a propósito do absenteísmo crônico de Kelsey (34 dias desde o início do ano escolar)
26/5/2009	Passa para o acolhimento familiar
18/6/2010	Aprovada para o primeiro ano

FIGURA 6.2 Ecomapa de Kelsey, menina de 7 anos, 12 de setembro de 2010.

dem amortecer os estressores e os riscos. No caso de Kelsey, o acúmulo havia se tornado, como se costuma definir, de risco, uma condição com "alta probabilidade de produzir resultados indesejáveis", a menos que viesse a ser atenuado. Quando muitos fatores de risco (como o atraso acadêmico de Kesley e a situação conjugal dos pais) estão presentes e interferem na realização das tarefas desenvolvimentais, a condição resultante costuma ser chamada de adversidade (Wright & Masten, 2006, p. 19). O Quadro 6.1 apresenta os fatores de risco mais comuns, associados ao desenvolvimento de problemas posteriores de adaptação e a possíveis problemas de saúde mental. Como se pode ver, Kelsey apresentava vários deles.

Os fatores múltiplos de risco têm o potencial de perturbar as realizações escolares e sociais das crianças, limitar a habilidade de atender às principais exigências da infância e levar, até mesmo, a patologias psicológicas. Os educadores que confiam na construção de resiliência devem conhecer e compreender plenamente (1) os estressores agudos ou desafios enfrentados pela criança todos os dias, (2) o contexto ambiental no qual ocorrem, (3) as características individuais das crianças que levam a resiliência à riscos e (4) os resultados prováveis de riscos em excesso (Goldstein & Brooks, 2006, p. 9).

Desvantagem socioeconômica. Um dos maiores riscos é a falta de renda familiar. Segundo o National Center

QUADRO 6.1 Fatores de risco genéticos preditores de problemas futuros de adaptação em crianças

Tipo de fator de risco	Características/resultados potenciais
Exposição à desvantagem socioeconômica acentuada.	Problemas inter-racionais sistêmicos complexos: problemas de saúde física, pouco acesso às oportunidades educacionais, envolvimento com gangues locais, superlotação, falta de abrigo.
Ambiente de criação disfuncional.	Educação ou criação deficientes: exposição à negligência e a cuidados inconsistentes; abuso emocional e/ou físico; disciplina inconsistente e pouca supervisão; entrada em acolhimento familiar (fator de risco adicional).
Conflito familiar e disfunção conjugal.	Exposição ao divórcio ou à separação conjugal, altos níveis de discórdia familiar e violência doméstica.
Saúde mental dos pais e problemas de adaptação.	Transtornos de abuso de substâncias, criminalidade e transtornos psiquiátricos.
Fatores orgânicos/genéticos.	Gênero (os meninos correm mais risco que as meninas), saúde física ruim, inteligência abaixo da média, temperamento difícil (alimentação e padrão de sono irregular), hereditariedade (predisposição a transtornos mentais), peso baixo ao nascer, efeitos de álcool e drogas sobre o feto e outros comprometimentos neurológicos.
Fatores ligados aos amigos.	Abuso de substâncias.
Eventos traumáticos da vida.	Morte de um dos pais, guerra, terrorismo, acidentes sérios, crime violento, desastres naturais, perseguição política, religiosa ou racial.

FONTE: Adaptado de Resiliency Resourse Center, Mental Health Foundation of Australia, 2007.

for Children in Poverty (NCCP), a pobreza cotidiana compromete significativamente o bem-estar da criança. Existem grandes evidências de que as crianças de famílias pobres são menos capazes de funcionar bem do ponto de vista acadêmico, social e físico. Apesar disso, quase 12 milhões de crianças nos Estados Unidos (16%) vivem na pobreza, e outros 5 milhões (7%), em extrema pobreza (Luthar & Sexton, 2007). Muitas dessas crianças são sem-teto, e estima-se que, se todas as famílias sem-teto fossem reunidas em uma única cidade, representariam a população de Atlanta ou Denver. Entretanto, por estarem "espalhadas em mil cidades, tornam-se invisíveis".

Muitas crianças vivem em famílias atormentadas por abuso de substância em altos níveis, abuso doméstico e problemas de saúde mental. Não surpreende, assim, que as crianças pobres tendam a apresentar mais atrasos no desenvolvimento e mais problemas de comportamento e disciplinares que as outras. Elas são desnutridas, têm problemas de saúde e apresentam desempenho escolar inferior. Muitas precisam de ajuda psiquiátrica (Kozol, 2006, p. 3).

As crianças de famílias compostas apenas pela mãe estão no grupo demográfico mais empobrecido da nação: aproximadamente 60% das crianças dessas famílias estão abaixo do nível de pobreza, enquanto apenas 11% das crianças que vivem em famílias compostas por pai e mãe se encontram abaixo dessa linha (Kirby, 2004). O estresse que a criança encontra ao viver em uma família monoparental[1] tem, obviamente, menos relação com o *status* conjugal dos pais que com os recursos à disposição da família. Entre as crianças que vivem com apenas um dos pais, algumas sofrerão pouco estresse. São os filhos de pais que dispõem dos recursos necessários para enfrentar com eficácia a monoparentalidade – autoestima positiva, segurança financeira, rede familiar de apoio, amigos, habilidades parentais e, em muitos casos, uma relação funcional com o ex-cônjuge. Essas crianças podem ser definidas como resilientes.

Como se poderia prever, a saúde emocional e cognitiva da criança está profundamente ligada a fatores sociais e econômicos, como renda, estrutura familiar, emprego e nível de instrução dos pais, cuidados dedicados à criança e à moradia (Fass & Cauthen, 2006). As crianças que vivem na pobreza estão expostas a muitas adversidades. A assistência médica e dentária insuficiente e as altas taxas de mobilidade afetam negativamente o desempenho escolar. A falta de recursos materiais, em um mundo de consumidores atentos, leva-as a ter vergonha de como se vestem e vivem. Os pais podem ser menos propensos

---

[1] Formada apenas pela(s) criança(s) e por um dos pais. (NT)

a defendê-las, sofrer crises mais frequentes que as das famílias de classe média e ter uma saúde mental mais frágil (Shipler, 2005). Não há dúvida de que as famílias pobres esforçam-se para dar o melhor que conseguem aos filhos. Muitas vezes, porém, o melhor que conseguem não será suficiente.

Conflito familiar e disfunção conjugal. O divórcio dos pais é um dos eventos mais perturbadores e desconcertantes que as crianças possam experimentar. Mais de um milhão de crianças por ano passam por essa dor. O estresse familiar pode se estender por muito tempo antes que um dos pais, ou ambos, finalmente tome a decisão de pôr fim ao casamento. Essas mudanças são acompanhadas pelos problemas associados à ruptura e à desagregação das relações envolvidas: solidão, habilidades insuficientes de **enfrentamento** por parte dos adultos, fraturas nos laços com irmãos, colegas, vizinhos, escola, igreja e membros da família estendida, e complexidade acrescida na manutenção de relações significativas.

Há dois mitos persistentes sobre a visão que os filhos têm do divórcio dos pais. O primeiro é que estão provavelmente aliviados por verem o final de um casamento ruim como o dos pais; o segundo é que muitos dos pais de seus amigos são divorciados, o que provavelmente reduz bastante o trauma. Nenhuma das duas ideias é verdadeira (Soderman, 2006). As crianças pequenas não são capazes de intelectualizar o divórcio. Tendem a concentrar-se em suas próprias famílias e não no registro de que há "lá fora" uma quantidade elevada de famílias cujos alicerces desabaram. Embora ver os pais brigarem seja tremendamente estressante para elas, permanecer separado de um deles é um estressor ainda maior, particularmente antes dos 5 anos.

Uma vez que o apego na primeira infância é quase sempre intenso, o medo do abandono pode fazer que a criança se agarre ao genitor que permanece. A criança pode ter um inesperado ataque de birra ao ir para a escola e pode passar a controlar estreitamente o genitor que tem sua guarda e não permitir que este saia de sua vista.

Uma boa parte da tensão das crianças é causada pela incerteza sobre o que o divórcio significa em relação a sua própria segurança. Será que pela manhã descobrirão que o outro genitor também foi embora? Separação significa mudar de bairro ou de escola? O genitor que foi embora vai voltar para buscar o cachorro? Será que ele foi embora porque estava furioso com a criança? Os pais agravarão o estresse da criança se não se sentarem com ela e explicarem, de modo adequado à idade dela, as mudanças que estão à espera da família, em decorrência da modificação na relação conjugal.

Dado que o pensamento das crianças, nas fases iniciais, tende a ser egocêntrico e "mágico" por natureza, as crianças com menos de 6 anos tendem a sentir-se de algum modo culpadas por alguns eventos que acontecem na vida da família. Algumas crianças acreditam ter causado a separação ou o divórcio dos pais com algo que fizeram – um mau comportamento ou o desejo de afastar o pai/a mãe por qualquer motivo.

Os problemas das crianças intensificam-se quando os pais separados não conseguem reestruturar adequadamente a vida familiar após o divórcio. Os pais muitas vezes continuam a trocar insultos sempre que possível, usando as crianças como público. Elas podem ser usadas como reféns para obter a pensão alimentícia, como espiões para descobrir o que o ex-cônjuge faz e ainda como mensageiros que carregam informações de um lado a outro. As crianças pequenas podem ficar confusas quando são forçadas a adaptar-se aos estilos de vida e de parentalidade diferentes que encontram, deslocando-se de uma casa para outra. Tanto a criança quanto o genitor sentem ainda uma pressão extra quando querem que as visitas sejam perfeitas. Não conseguem se sentir à vontade "simplesmente não fazendo nada" quando estão juntos, como normalmente acontece nas famílias intactas. Quase sempre há o sentimento de que, para manter uma relação, o tempo passado em comum deve ter "alta qualidade", visto que é pouco.

A situação em que "não se pode falar sobre isso" também é capaz de criar tensão. As crianças lutam com o dilema de sentirem-se desleais com um dos pais se parecerem leais ao outro. Quando um dos pais é abertamente hostil em relação ao outro, discute os "pecados" do outro com a criança para desabafar seus próprios sentimentos ou pede a ela que não revele determinadas informações ao outro cônjuge, induz um novo estresse adicional, pois a criança é forçada injustamente a enfrentar a preocupação e o sentimento de culpa de lidar com problemas adultos (Soderman, 2003).

Ainda mais estressante para algumas crianças, entretanto, é a falta de oportunidade de ver o genitor que não tem sua guarda e os relativos avós, em razão das contínuas hostilidades por parte do genitor que tem a guarda ou em razão da perda do afeto dos familiares que não têm a guarda. Os adultos que encerram relações na tentativa de reduzir sua própria dor podem seriamente provocar a perda de autoestima da criança e a perda das redes de apoio.

FIGURA 6.3 Desenho de um aluno do terceiro ano. ["Família"] ["Não quero que meu pai e minha mãe se divorciem!"]

O tempo de transição necessário para que a maioria das famílias se reequilibre após o divórcio é, em geral, de pelo menos dois anos. Durante esse período e mais tarde, sabemos que não é o divórcio em si que fere a criança, mas os conflitos contínuos entre os pais, os quais resultam em problemas infantis como raiva, depressão e notas ruins. Já se demonstrou que, quando os pais aprendem a pôr de lado seus próprios conflitos, tornam-se mais conscientes de como o divórcio pode afetar as crianças e reestruturam as relações familiares de modo novo e saudável, o futuro dos filhos é mais feliz e seguro.

Quase todas as crianças, entretanto, mesmo aquelas cujos pais lidam bem com a transição, manifestam alguns sinais de **desequilíbrio psicológico** ou sentimentos de instabilidade. Por essa razão, o divórcio tem sido apontado como a principal causa da depressão infantil.

O risco provocado pela dissolução da família acaba por se confundir com o grande número de lares que caem na pobreza pelo fato de a renda, antes compartilhada por todos, não estar mais à disposição do genitor que detém a guarda.

Um eventual novo casamento, de um ou de ambos, tem o potencial de trazer à luz um conjunto novo de estressores, em algumas famílias recompostas: tabus sexuais mais fracos, ligações biológicas que precedem os novos laços conjugais, histórias de vida diferentes, questões de lealdade e afeto e dificuldade de decifrar papéis. Além disso, a competição entre os pais naturais e os padrastos e entre os irmãos de criação pode ser problemática.

A morte como estressor/fator de risco. Em geral, professores de crianças pequenas fazem um grande trabalho quando ajudam as crianças a desenvolver uma compreensão saudável dos eventos cotidianos. Muitos desses mesmos profissionais, porém, sentem-se inseguros quanto a como confortá-las quando experimentam a perda de um avô querido, de um dos pais ou do bicho de estimação. Há também muitas constrições religiosas, pois é preciso levar em conta as crenças de cada família quando se responde às perguntas que as crianças fazem sobre a morte.

Até os 2 anos, as crianças sabem muito pouco sobre a morte. A partir dos 3 anos, entretanto, passam por três fases sobrepostas até que, ao final, atingem uma visão realista da morte (veja Quadro 6.2).

Uma vez que as experiências de perda das crianças são muito limitadas, elas talvez sintam que os sentimentos de tristeza e a necessidade de chorar que as oprimem nunca terminarão. Outros sentimentos intensos podem ser o senso de culpa, raiva e ressentimento; além disso, as crianças que percebem que a dor que demonstram pode causar mal-estar nos adultos talvez tendam a esconder os sentimentos. Nessa situação, elas precisam da proteção de um adulto responsável que possa ajudá-las a entender que os momentos de infelicidade terão um fim, assim como tiveram um começo. Mesmo os familiares que em geral dão apoio à criança podem estar, eles mesmos, tão perturbados que são incapazes de proporcionar os fatores de proteção de que a criança precisa.

Pais que trabalham. Quer as crianças vivam em famílias intactas, monoparentais ou recompostas, há, hoje, um estressor adicional que é a tendência dos pais de envolverem-se cada vez mais com o trabalho. Segundo o U. S. Census Bureau, atualmente 62% das mães de crianças pequenas trabalham fora de casa, e a maioria volta a trabalhar quando a criança completa 3 meses. Uma vez que esse é o momento em que as necessidades de dependência das crianças são as mais altas, há um grande potencial para o estresse, tanto na mãe/no pai que trabalha quanto na criança.

É cada vez maior a reivindicação para que os profissionais da primeira infância, pais, líderes do mundo dos negócios e da comunidade trabalhem juntos para atender às necessidades das crianças cujos pais trabalham. As acrobacias frenéticas para conciliar família e trabalho deixam quase sempre os pais exaustos, ansiosos e com senso de culpa.

QUADRO 6.2 Estágios da compreensão da criança sobre a morte

Estágio	Pensamento característico	Comportamento
Estágio 1 3-6 anos	A morte é temporária e reversível e não definitiva. As pessoas que morrem podem voltar a viver novamente e ainda comem, dormem e passeiam. Morrer é como dormir ou sair de viagem.	Podem não reagir imediatamente e atrasar a dor; a compreensão completa virá mais tarde. Podem demonstrar que estão de luto sem estarem de fato. Pode haver um pouco de choro, mas a criança parece quase não envolvida. As crianças dessa idade não conseguem apreender a permanência e a extensão da perda. Demonstram grande curiosidade pelos detalhes, como o funeral e o caixão. Concentram-se no que acontece no momento e não no que levou à morte e como ela poderia ter sido evitada.
Estágio 2 4-10 anos	Compreensão de que a morte é definitiva e irrevogável. Não reconhecem a própria mortalidade. Acreditam que a vida é dada e tirada por forças externas e agentes como fogo, revólveres e carros. A morte poderá ser enganada se a pessoa for inteligente e cuidadosa. Há ainda confusão sobre o que a morte significa, embora haja uma compreensão mais concreta sobre o evento.	Podem personificar a morte sob a forma de um bicho-papão, fantasma ou anjo da morte. Nos jogos e nas brincadeiras, a morte tem um papel (por exemplo, polícia e ladrão, soldados e inimigo, mocinhos e bandidos). Podem ter pesadelos nos quais, de algum modo, se confrontam com a morte.
Estágio 3 A partir dos 9 anos	Veem, realisticamente, que a morte é pessoal, universal, inevitável e definitiva. Compreendem que todas as coisas vivas morrem, incluindo elas mesmas. Percebem que forças internas (idade avançada, ataques de coração, doenças) também são responsáveis, além das forças externas.	Podem ficar intrigadas com o significado da vida e desenvolver visões filosóficas sobre a vida e a morte. Em caso de morte, precisam de mais apoio da pessoa que amam, pois compreendem sua natureza irrevogável. Nessa idade, o risco de desenvolver depressão e outros problemas psicológicos é maior. Em caso de morte inesperada, a dor pode ser intensa (Kastenbaum, 2004).

Cameron, de 4 anos, e sua irmã Amy, de 18 meses, ainda não são suficientemente articuladas para exprimir seus sentimentos sobre a questão qualidade *versus* quantidade. Estão relativamente habituadas a sair de casa correndo todas as manhãs e à confusão que existe na escola onde, desde bebês, passam longos períodos separadas dos pais e uma da outra. Elas suportam, às vezes sem nenhuma gentileza, a mesma correria quando os pais vão buscá-las na escola às 18 horas e, no caminho de casa, ainda precisam quase sempre parar no supermercado, na farmácia e na lavanderia.

Às 20 horas, ambas estão na cama. Os pais de Cameron e Amy preocupam-se realmente com a questão da qualidade; de fato, isso lhes causa um grande estresse. Mas o compromisso de passar um "tempo de qualidade" com as crianças nem sempre ocorre como previamente planejado. Na realidade, a "parentalidade de alta qualidade" compete com as tarefas necessárias à vida cotidiana como cuidar da roupa, responder a e-mails, preparar o relatório do cliente para o dia seguinte, frequentar a reunião da igreja às terças, ir a um jantar de despedida de alguém do trabalho, resolver o problema do porão inundado e limpar o banheiro.

Na casa ao lado da de Cameron e Amy, outra família está às voltas com o dilema de conciliar a vida familiar com os horários de trabalho. Os pais decidiram que, este ano, em vez de enfrentarem o transtorno de contratar alguém que venha dar uma ajuda antes e depois da escola, tentarão deixar Sammy, de 6 anos, sozinho em casa, até o horário em que voltam para casa, às 17h30. Sammy ficava com medo apenas ocasionalmente, de manhã, depois que os pais saíam e antes que ele mesmo fosse para a escola; entretanto, passou a ficar aterrorizado durante o período que passa sozinho, depois da escola. Em vez de contar aos pais que tem medo, começou a pôr em prática um ritual, assim que chega em casa: acende as luzes e liga a televisão. E se põe a imaginar o que faria e como escaparia se "um assaltante entrasse em casa".

Há pelo menos 7 milhões de crianças como Sammy nos Estados Unidos, cuidando de si mesmas antes e depois da escola (Hymowitz, 2006). Dispomos já de algumas evidências confiáveis de que os autocuidados criam riscos para as crianças, especialmente para as de famílias de baixa renda. Alguns estudos realizados com crianças do final do primeiro ciclo do ensino fundamental indicam que aquelas que passam grande parte dos primeiros três anos sem supervisão no período da manhã, antes de irem para a escola, ou de tarde, depois de voltarem, são menos competentes socialmente e têm notas e resultados, em testes, inferiores aos dos colegas que não estão sob autocuidados. Alguns dos impactos potencialmente negativos podem, porém, ser amenizados. Muitas comunidades esforçam-se cada vez mais para expandir rapidamente a oferta de permanência em período integral para as crianças menores e de períodos antes e depois das aulas para as maiores. Os programas são bem adaptados para as necessidades dessas crianças, fornecendo-lhes ambiente confortável, além da oportunidade de movimentarem-se e escolherem entre uma grande variedade de jogos e atividades. As crianças dispõem, assim, de um lugar seguro no qual podem aprender novas habilidades e interagir com amigos, ler, fazer o dever de casa ou apenas descansar.

Quando não existem recursos desse tipo à disposição ou nos casos em que as crianças preferem ir para casa depois da escola, os profissionais da comunidade e da escola fornecem a elas informações sobre os autocuidados e sobre os procedimentos de segurança em caso de emergência, esperando que tal diálogo minimize a pressão que sentem.

Crianças em famílias violentas, abusivas ou negligentes. Quando as transições pessoais que muitos adultos enfrentam hoje se associam às pressões da parentalidade, os efeitos sobre as crianças podem ser devastadores. Estima-se que de 3 a 10 milhões de crianças estão expostas regularmente à violência doméstica. Isso ocorre em todos os segmentos da população, e as crianças envolvidas correm risco de usufruir de menor bem-estar de curto e longo prazos, menor segurança e menor estabilidade (Hamel & Nicholls, 2006; Miller, 2010). Não falam livremente sobre isso com as outras, pois sentem vergonha, medo e acham que só elas estão assim. Vivem em uma atmosfera de constante terror e tensão, e a vida delas se caracteriza por abuso verbal, insultos, ameaças, rejeição, humilhação e desrespeito. O fator mais assustador refere-se às agressões físicas e às surras, que resultam muitas vezes em problemas de comportamento. Mas o mais prejudicial talvez seja o desenvolvimento da percepção de que os lares são assim mesmo e que é por meio da violência que se resolvem os problemas (Bancroft & Silverman, 2004).

Crianças em acolhimento familiar (temporário). Embora não existam atualmente dados confiáveis sobre o número de crianças colocadas no sistema de acolhimento familiar, estima-se que 500 mil crianças circulem em ambientes de acolhimento familiar. Embora a Adoption and Safe Families Act de 1997 determine prazos mais curtos para decidir a permanência, de modo a facilitar a adoção das crianças em acolhimento familiar, a maioria continua a passar parte significativa da vida em acolhimento familiar (Mapp & Steinberg, 2007, p. 9). As famílias de acolhimento são, por definição, temporárias, e os profissionais precisam reconhecer que as crianças em acolhimento experimentam continuamente diversas perdas: dos familiares repetidas vezes, de roupas, brinquedos, pertences pessoais, da casa, da vizinhança e da escola. São crianças que talvez tenham sofrido abuso físico, sexual, maus-tratos ou têm pais incapazes de proporcionar cuidados minimamente adequados. Muitas delas apresentam problemas de comportamento que resultam de perturbações familiares, de breve ou longo prazo, e histórias de negligência e abuso: armam brigas com outras crianças, são incapazes de estreitar amizades, apresentam comportamento disruptivo e de busca de atenção em sala de aula, tristeza, baixo rendimento escolar, fobia escolar e absenteísmo escolar. Além de uma relevante carência de habilidades sociais adequadas, as crianças em acolhimento constituem a porcentagem mais elevada de crianças que requer serviços especiais. Infelizmente essas crianças quase nunca permanecem em um mesmo lugar por um tempo suficiente para receber a ajuda de que precisam. Além disso, pelo fato de pularem de um lugar a outro, os funcionários do sistema de acolhimento familiar não têm habilidades suficientes para compreender e avaliar os problemas de comportamento da criança.

Os educadores que nutrem expectativas razoáveis e concentram-se muito em buscar a solução de problemas e promover a construção de autoestima serão os primeiros a lidar com as crianças que se encontram em sistema de acolhimento familiar. As tarefas dadas às crianças precisam ser adequadas do ponto de vista do desenvolvimento, mais do que do ponto de vista da idade, ou seja, as expectativas precisam corresponder estreitamente às habilidades e capacidades delas em um momento específico. Você poderá constituir uma força de proteção poderosa na vida de muitas dessas crianças ao garantir que o diagnóstico de suas necessidades seja avaliado de maneira adequada e assegurar rápido encaminhamento e acompanhamento, quando isso for necessário.

A parceria com a família de acolhimento é crucial. É preciso saber que o simples fato de estar em uma família de acolhimento constitui um problema para muitas crianças. Muitas vezes, elas se sentem embaraçadas em contar isso aos colegas e com frequência pensam nos pais biológicos. Você precisa ter em mente o *status* familiar da criança quando programar atividades que envolvam a família. É preciso levá-lo em conta ao selecionar os materiais da classe – por exemplo, livros que representem crianças que vivem com outras pessoas que não sejam os pais biológicos. Quando observamos crianças resilientes que se tornam adultos bem-sucedidos, apesar das experiências infantis, vemos que a única coisa que todas têm em comum é a presença de um adulto significativo. Esse adulto é, com frequência, um professor.

As poucas crianças de sorte que logo encontram famílias dedicadas e que dão apoio têm uma chance razoável de se recuperar e desenvolver positivamente. No entanto, o prognóstico para aquelas que passam de uma família de acolhimento a outra, em razão de diversos problemas sociais e escolares, é muito menos satisfatório.

Problemas ligados à saúde

Enfrentar problemas de saúde e assistência médica continua a ser o principal fator de risco de um crescente número de crianças nos Estados Unidos, particularmente das que vivem em zonas urbanas pobres. O ambiente físico em que crescem pode representar um risco para a saúde e levar a doenças crônicas. Cada vez mais, a qualidade ruim do ar, as substâncias químicas tóxicas e outros contaminantes oferecem riscos particulares para as crianças pequenas, pois seus organismos e sistemas imunológicos ainda não estão plenamente desenvolvidos. Infelizmente, os parques, *playgrounds* e as zonas em que as crianças se reúnem podem estar contaminados.

A asma afeta, hoje, 4,8 milhões de crianças nos Estados Unidos. Essa doença, causada pela obstrução das vias aéreas dos pulmões, dificulta a respiração e é a principal causa do absenteísmo escolar. A prevalência e as taxas de internação e mortalidade estão todas em aumento; as crianças negras têm probabilidade mais alta que as brancas de serem afetadas e probabilidade quatro vezes mais alta de morrer. A asma pode ser desencadeada por atividades físicas prolongadas e por eventos estressantes, como fazer uma prova. Os adultos devem conhecer as causas e perceber os sinais quando um ataque de asma se aproxima ou já iniciou, identificando os padrões característicos da tosse e a dificuldade de respirar que a asma provoca. Precisam também conhecer o modo de ministrar os anti-histamínicos que tratam a doença e as normas locais para ministrá-los. Segundo o National Cooperative Inner-City Asthsma Study (NCICAS), as crianças que têm asma correm risco mais elevado de má adaptação psicológica e social e de morte, quando os cuidadores têm estilos menos efetivos, quando lhes falta apoio social e quando há estresse significativo na vida (Halterman et al., 2007). Os efeitos negativos para toda a vida que os contaminantes ambientais têm sobre as crianças vulneráveis são cada vez mais conhecidos. Isso tem levado à elaboração de leis importantes que estruturam medidas de proteção e regras mais severas. Para que realmente protejam as crianças, essas regras devem ser aplicadas e monitoradas.

Outras **doenças crônicas** apresentadas pelas crianças são câncer, anemia falciforme, fibrose cística, diabetes, hemofilia e artrite reumatoide juvenil. Todas essas doenças crônicas diferem quanto às consequências para o dia a dia, quanto ao estresse, ao trauma e quanto ao que exigem da criança afetada e da família. Além das tarefas comuns do desenvolvimento enfrentadas pelas crianças saudáveis, as crianças com essas doenças precisam ainda enfrentar dor, internação, longas consultas médicas, tratamento de efeitos colaterais e limitações impostas pela doença (Gartstein et al., 1999). Em particular, talvez não seja possível que a criança disponha de uma autoidentidade positiva, se ela se vir como impotente ou encarar a situação como irremediável.

Uma das maiores ameaças à saúde das crianças, hoje, é a falta de exercício e a nutrição inadequada. A obesidade infantil, associada a problemas cardiovasculares (hipertensão e colesterol alto), e a alterações endócrinas (em particular ao diabetes tipo II e ao comprometimento da saúde mental) atinge hoje 10% das crianças entre 2 e 5 anos, e 15% das crianças entre 6 e 11 anos (Gershoff, 2003). A obesidade interfere também na aceitação dos colegas e na inclusão em ambiente sociais que requerem habilidades interpessoais.

Bem mais graves são os dados sobre a Síndrome da Criança Vulnerável (SCV), derivada do uso e abuso de substâncias durante a gravidez, que compreende todos os problemas relacionados ao baixo peso ao nascer, infecções, pneumonia, malformações e **síndrome de abstinência** de drogas. A Síndrome Alcoólica Fetal (SAF) é hoje, nos Estados Unidos, a causa principal de retardo mental em crianças. Os casos mais severos levam a malformações físicas como anomalias faciais características e baixa estatura.

Embora as características faciais associadas à SAF se tornem menos evidentes à medida que a criança se aproxima da adolescência e da idade adulta, os efeitos relacionados ao funcionamento intelectual, acadêmico e adaptativo não desaparecem. Isso significa um QI de aproximadamente 68; além disso, apenas 6% das crianças serão capazes, mais tarde, de funcionar em classes regulares, sem ajuda suplementar. A média de leitura, ortografia e aritmética não é superior ao quarto ano e os déficits em aritmética são os mais problemáticos. As habilidades e capacidades de socialização e comunicação são acentuadamente deficitárias. A adversidade na infância pode derivar do fato de a criança não conseguir considerar as consequências de seus atos, da falta de iniciativas adequadas, da não responsividade a sinais sociais sutis e da falta de amizades.

Visto que há um aumento relevante no uso de cocaína e crack entre mulheres adultas durante a gravidez, é cada vez maior o número de crianças expostas a essas substâncias durante o período pré-natal. No entanto, as preocupações iniciais, que surgiram na década de 1990, a respeito da quantidade de "filhos do crack", que estava prestes a inundar a sociedade e os problemas que isso traria para educadores e profissionais da saúde, eram um tanto exageradas. Ainda assim, os profissionais observaram que crianças expostas a essas substâncias estão em constante movimento, são desorganizadas, impulsivas e explosivas, excessivamente sensíveis aos estímulos e geralmente menos responsivas ao ambiente. Apresentam dificuldades acentuadas nas situações de transição e são mais propensas a testar os limites. Algumas se recusam a obedecer e são menos capazes de autorregular o próprio comportamento. A dificuldade de fazer amigos é um problema, pois nota-se claramente que não sorriem nem mantêm contato visual com os outros.

O desenvolvimento das crianças é seriamente perturbado pelos efeitos interacionais dos ambientes sociais em que são criadas. A exposição pós-natal contínua às drogas pode incluir inalação passiva e ingestão direta, intencional ou não, ou ainda exposição por meio da amamentação materna; tal exposição produz uma grande variedade de efeitos neurobiológicos. Os mais preocupantes são os problemas relacionados ao fato de que a dependência de drogas da mãe/do pai pode continuar, o que gera a preocupação de que ela(ele) venha a manter seu vício em detrimento da segurança ambiental da criança em casa, da sua nutrição e da estimulação intelectual e sensorial.

Já se comprovou que melhor que lamentar a fonte das dificuldades da criança é observá-la cuidadosamente, para detectar o que desencadeia as respostas negativas e o que parece funcionar melhor para manter uma criança específica concentrada e no caminho adequado. É necessário, muitas vezes, dar instruções diretas para ensinar comportamentos que outras crianças parecem aprender "naturalmente", como fornecer algumas dicas específicas e sugestões na direção de comportamentos socialmente mais recompensadores.

■ Desastres naturais, guerra, terrorismo e violência

Como se viu no caso do terremoto do Haiti, em que inúmeras famílias ficaram desabrigadas, o mundo de uma criança pode virar de repente de cabeça para baixo, por causa de desastres naturais como terremotos, enchentes, incêndios, tornados e furacões que levam à perda de posses, do lar e de entes queridos. Nesses casos, os sistemas de proteção que circundam as crianças se tornam especialmente importantes. No Haiti, por exemplo, a infraestrutura relativa a educação, habitação, estradas, governo, saúde e outros sistemas não era forte no começo, o que aumentou significativamente o caos e a adversidade logo após o terremoto.

O que mais abala as crianças é a ocorrência de coisas imprevisíveis e instáveis, com consequente alto nível de estresse e ansiedade causados pelo medo e pela ambiguidade. A sensação de familiaridade e de bem-estar da criança é substituída por sentimentos profundos de desorientação e necessidade de readquirir controle. Muitas vezes, pais, professores e líderes da comunidade, que normalmente conseguem fazer que a criança volte a concentrar-se em seu mundo, estão igualmente impotentes, pelo menos por algum tempo.

Os traumas sociais causados pelo homem, no entanto, são muito mais frequentes e afetam cada vez mais nossas crianças. Algumas vivem em comunidades rotuladas como zonas de guerra, nas quais se tornam vítimas ou testemunhas de uso de armas, roubo, estupro e agressões. Essas crianças sofrem de terror noturno, têm medo de brincar ao ar livre, começam a acreditar, muito cedo, que a vida tem pouco significado ou propósito, e que elas não têm futuro. Essas crianças apresentam características como ansiedade, falta de controle dos impulsos, inapetência e dificuldade de concentração. São comuns também a fobia escolar e a esquiva.

É possível intervir em diversos níveis. Nas salas de aula, os profissionais podem ficar à disposição das crianças que precisam conversar sobre suas preocupações ou suas memórias dolorosas e que necessitam sentir-se seguras ao lado de um adulto dedicado. Desse modo, essas crianças podem experimentar, em primeira pessoa, os valores sociais de dedicação, igualdade, honestidade e justiça social dentro do ambiente imediato. As famílias podem ser ajudadas a desenvolver estratégias de enfrentamento mais adequadas, e as comunidades podem ser incentivadas a melhorar os serviços para crianças e famílias, além de melhorar a qualidade da região (Linares, 2004).

Mesmo quando as crianças não vivenciam pessoalmente eventos violentos, a realidade crua de tais eventos pode chegar diretamente até elas, por meio da mídia eletrônica. As crianças passam mais tempo assistindo à televisão que na escola ou com os pais. Mais de 80% dos espetáculos do horário nobre a que assistem incluem espancamentos, disparos e esfaqueamentos; estes ocorrem a cada seis minutos aproximadamente. Ouvem falar de atos terroristas que mudam a vida e a segurança para sempre, e veem esses atos se repetirem inúmeras vezes, sem compreenderem que se trata de *replays*. Assistem aos noticiários nos quais os adultos discutem o assassinato de uma criança realizado por outra. Testemunham continuamente os detalhes sangrentos do assassinato de líderes políticos e os horrores da guerra, em relação a dor extrema dos familiares, crianças desabrigadas, frio, fome, doença e perda de membros e olhos (veja Figura 6.4). Nas embalagens de leite, elas veem figuras de crianças desaparecidas e, nos noticiários, histórias sobre crianças afogadas pelas próprias mães.

Os psicólogos infantis se preocupam com a possibilidade de que haja uma redefinição, na mente das crianças, sobre a autorregulação e sobre como devemos tratar os outros – que passe a ser certo "desrespeitar os outros, empurrar, bater e chutar". De fato, a influência dessa "normalização" da violência pode ser encontrada no aumento da violência que as crianças pequenas, especialmente os meninos, trazem para as brincadeiras e no tipo de brinquedos que pedem. Mais tarde, volta a ser encontrada na taxa crescente de violência entre os norte-americanos adultos, a mais alta, hoje, do mundo industrializado.

FIGURA 6.4 Percepção da guerra por uma criança. ["A guerra é: perigosa, não divertida, às vezes é importante, sempre assustadora. Não à guerra. Sara, 5 anos."]

O Quadro 6.3 representa o processo do desenvolvimento, elaborado por Levin, para compreender o impacto global da violência sobre as crianças pequenas e o modo como os profissionais podem mediar os efeitos negativos.

Existem evidências de que o *número* desses fatores de risco (ou seja, pobreza, famílias grandes, pais ausentes, zonas infestadas de drogas) seja provavelmente o aspecto mais importante para prever se a criança se "autorrecuperará" em longo prazo. Segundo estudos ainda em andamento, quando os fatores de risco operantes atingem o número de oito ou nove, ninguém se sairá bem (Sameroff, 2005; Olsen & Sameroff, 2009).

Fatores de proteção

Nem todas as crianças ficam traumatizadas nas situações altamente estressantes que acabamos de descrever, nem os efeitos duram necessariamente a vida toda. O motivo pelo qual algumas ficam marcadas por mais tempo e outras são inteiramente resilientes é o foco de uma pesquisa longitudinal da psicóloga Emmy Werner (2005) e de outros que relatam que aproximadamente dois terços das pessoas acompanhadas desde 1955 não foram capazes de superar as circunstâncias o suficiente para serem bem-sucedidas mais tarde na vida; entretanto, um terço foi capaz de contornar os problemas de aprendizagem e comportamento, delinquência, de saúde mental e gravidez precoce apresentados pelos demais.

As pesquisas no campo da resiliência já documentaram repetidamente que determinados recursos e fatores de proteção (veja Box 6.1) podem ajudar as crianças e os familiares a se recuperar e distinguem este grupo daqueles que se tornam vítimas da adversidade. Para tanto, criou-se "The short list" ["A lista"] (Wright & Masten, 2006) que fornece elementos importantes sobre como estruturar a sala de aula de modo a aumentar a resiliência das crianças e como trabalhar eficazmente com os pais e a comunidade.

■ Como desenvolver a resistência ao estresse e a resiliência em crianças

É provável que, a cada ano, você tenha um grupo novo de crianças sob seus cuidados e que elas tragam suas histórias de vida em uma grande variedade de sistemas adaptativos. Não é necessário muito tempo para descobrir como interagem com os outros no ambiente escolar, como veem os colegas e a si mesmas, e lidam com os desafios sociais e de aprendizagem. Espera-se que tenha a oportunidade de encontrar cada família separadamente logo no início do ano, para aprender mais sobre o mundo da criança fora da escola. Por exemplo, fazer uma visita domiciliar ou elaborar um ecomapa (veja Figura 6.2), durante uma reunião com os pais, pode fornecer informações vitais para avaliar efetivamente os pontos fortes e as limitações de cada criança. Você descobrirá o que

QUADRO 6.3 Processo de desenvolvimento para compreender o modo de neutralizar os efeitos negativos da violência

Como as crianças são afetadas pela violência	Como neutralizar os efeitos negativos
• O senso de confiança e segurança é abalado quando as crianças veem o mundo como perigoso e os adultos não conseguem mantê-las em segurança.	• Criar um ambiente seguro e previsível que seja capaz de ensiná-las a manter os outros e a si mesmas em segurança.
• O senso de si como pessoa independente, que pode ser positivo e ter efeito significativo sobre o mundo sem violência, é abalado.	• Ajudar as crianças a assumir responsabilidades, influir positivamente em seu mundo e satisfazer as necessidades sem brigar.
• O senso de respeito mútuo e interdependência é abalado: confiar nos outros é sinal de vulnerabilidade; a violência é delineada como central nas interações humanas.	• Aproveitar as várias oportunidades de participar de uma comunidade na qual há ajuda mútua, as pessoas confiam umas nas outras e resolvem seus problemas reciprocamente de modo agradável.
• Necessidade maior de chegar a compreender a violência por meio de discussões, jogos criativos, arte e narração de histórias.	• Proporcionar amplas oportunidades para refletir sobre os significados da violência por meio da arte, histórias e jogos (com a ajuda de um adulto, se necessário).
• A habilidade de trabalhar a violência é prejudicada, pois os mecanismos para isso estão abalados.	• Facilitar ativamente os jogos, a arte e a linguagem de modo que as crianças possam elaborar com segurança e competência as experiências violentas.
• Ênfase excessiva no conteúdo violento como organizador de pensamentos, sentimentos e comportamentos.	• Fornecer conteúdo profundamente significativo que ofereça alternativas atraentes à violência como organizadores de experiências.

FONTE: Adaptado com permissão de Levin (2003) © 2004 Educators for Social Responsibility, Cambridge, MA.

BOX 6.1 Exemplos de recursos e fatores de proteção

Características da criança

- Temperamento sociável e adaptável nos primeiros anos.
- Boas habilidades cognitivas e habilidades de solução.
- Estratégias eficazes de regulação emocional e comportamental.
- Visão positiva de si (autoconfiança, autoestima elevada, autoeficácia).
- Perspectiva positiva da vida (esperança).
- Confiança e senso de sentido quanto à vida.
- Características valorizadas pela sociedade e por si (talentos, senso de humor, atratividade para os outros).

Características da família

- Ambiente estável e que dá apoio em casa.
- Baixo nível de desentendimento entre os pais.
- Relação próxima com um cuidador receptivo forte.
- Estilo parental autoritário (alto nível de carga emocional, estrutura/monitoramento e altas expectativas).
- Relações positivas com irmãos.
- Conexões de apoio com membros da família estendida.
- Pais envolvidos na educação da criança.
- Pais com qualidades individuais identificadas como de proteção para a criança.
- Vantagens socioeconômicas.
- Instrução de nível superior de um dos pais.
- Fé e afiliação religiosa.

Características da comunidade

- Zona de alta qualidade da infância.
- Zona segura de problemas.
- Baixo nível de violência na comunidade.
- Habitação com preços acessíveis.
- Acesso a centros de recreação.
- Ar e água puros.
- Boas escolas.
- Professores bem treinados e bem remunerados.
- Programas pós-escola.
- Recursos de recreação na escola (esportes, música e arte).
- Oportunidade de emprego para pais e adolescentes.
- Acesso a serviços de emergência (polícia, bombeiros, médicos).
- Ligações com mentores adultos dedicados e colegas pró-sociais.

Características culturais ou da sociedade

- Políticas de proteção à criança (trabalho infantil, saúde e bem-estar).
- Valores e recursos destinados à educação.
- Prevenção e proteção da opressão e da violência política.
- Baixa aceitação da violência física.

---

interessa a ela, os traumas aos quais foi exposta e terá pistas que indicarão o apoio suplementar de que precisa (veja Quadro 6.4). Isso permitirá que tenha mais influência na escola ou comunidade em que os fatores de proteção são fracos ou inexistentes.

Mesmo quando somos incapazes de modificar significativamente os contextos negativos nos quais as crianças vivem quando não estão na sala de aula, temos inúmeras oportunidades, tanto espontâneas quanto planejadas, todos os dias, de aumentar a resistência delas ao estresse. Entre as oportunidades, acompanhar a saúde das crianças; ensiná-las a tomar decisões e valorizar o otimismo; incentivar a autoeficácia e a construção de amizades e de conexões com os outros; ajudá-las a trabalhar para dominar habilidades em diferentes campos. Você pode planejar interações direcionadas com crianças individualmente, em pequenos grupos ou com a classe inteira, para construir esses pontos fortes. Alguns aspectos da resistência ao estresse e da resiliência podem ser ensinados a grupos de todas as faixas etárias, desde bebês até crianças de 6-8 anos ou mais. Para ter êxito, você precisará abordar as crianças de modo afetuoso, não ameaçador, amigável e auspicioso, como já descrito em outros capítulos deste livro.

Como monitorar a saúde da criança

Cierra frequenta uma escola de ensino fundamental de uma cidade industrial que se deteriorou por causa do desemprego. Os pais de Cierra caíram em uma espiral de depressão que se reflete nos rostos dos quatro filhos, que não têm assistência médica nem nutrição adequadas. Os professores manifestaram preocupação, e, em razão disso, o sistema escolar passou a fornecer café da manhã e almoço a eles, bem como atividades patrocinadas após o período escolar, durante as quais fazem as lições, antes de voltarem para casa, e participam de atividades motoras. Os pais foram informados sobre uma clínica que fornece serviços de saúde gratuitamente para crianças e receberam o número de um voluntário que pode providenciar o transporte, quando necessário.

A saúde das crianças na primeira infância está significativamente correlacionada com os problemas de enfrentamento na adolescência e na idade adulta. A histórico de saúde da criança (doenças graves ou crônicas,

QUADRO 6.4 Relação entre estresse, risco e adversidade e necessidade de apoio das crianças

Grau de estresse, risco e adversidade	Resposta provável da criança	Apoio necessário
Estressores normais (por exemplo, perder um jogo de futebol).	Competência no desenvolvimento e desenvolvimento no caminho adequado; resiliência.	Fatores de proteção normais.
Fator de risco (por exemplo, divórcio dos pais).	Desenvolvimento no caminho adequado e resiliência ao longo do tempo.	Fatores de proteção adequados.
Fatores de risco múltiplos (por exemplo, mãe com problemas mentais, abuso de um dos pais e pobreza).	Resiliência ameaçada; maior vulnerabilidade; indicações de desenvolvimento fora do caminho adequado.	Fatores de proteção potencializados e supervisão.
Adversidade (por exemplo, terremoto no Haiti – perda de um dos pais e da casa, assistência médica e nutrição inadequadas e doenças).	Vulnerabilidade e perda da resiliência previsíveis; resultados negativos.	É necessário intervir para recuperar o prumo do desenvolvimento e evitar os resultados negativos.

acidentes, encaminhamentos para serviços sanitários, baixa classificação pediátrica da condição física aos 2 anos, complicações na gravidez e no parto) deve fazer parte das informações reunidas que orientam a supervisão do desenvolvimento no contexto da aprendizagem na primeira infância (Werner, 2005).

Altos níveis de estresse podem afetar as crianças tanto física quanto psicologicamente. As crianças estressadas têm aspecto de estressadas. Quando comparadas com crianças mais relaxadas, mostram quase sempre uma postura vergada e rígida. A criança pode parecer sob efeito de drogas (uma ou mais partes do corpo está em constante movimento) ou peculiarmente passiva. A voz pode ter uma qualidade explosiva ou estridente, e a fala, acelerada. Os cabelos das crianças que vivenciaram fatores de risco prolongados ou intensos são em geral opacos; além disso, apresentam olheiras (que não estão presentes em crianças saudáveis). A frequência e a urgência de urinar aumentam significativamente, assim como diversas queixas somáticas de dor de cabeça, de estômago e de ouvido. O apetite aumenta ou diminui drasticamente, com ganho ou perda de peso. Pode haver vômito, diarreia, dificuldade de engolir, inexplicáveis erupções no rosto ou em outras partes do corpo e frequente dificuldade de respiração e/ou tosse. A criança pode desenvolver problemas de sono e ser particularmente suscetível a resfriados, gripes e outras infecções virais, o que a leva a faltar à escola com frequência (Aldwin, 2007).

Se, em sua classe, houver crianças que apresentam vários desses sintomas, investigue, pergunte aos familiares se também estão preocupados e verifique de que modo outros adultos podem ser envolvidos para ajudar a aliviar o que incomoda as crianças e a família, seja isso o que for. A responsabilidade que temos de garantir a aprendizagem nos leva, às vezes, para fora da sala de aula, para que possamos funcionar como defensores da criança cuja família não é capaz de proteger do modo que ela precisa e merece.

Além disso, nos primeiros anos, as crianças desenvolvem atitudes e hábitos relativos a nutrição, higiene pessoal, repouso, sono, relaxamento, ginástica e exercícios. Como você trabalha com crianças o dia todo, tente construir determinadas práticas (como lavar as mãos), fornecer informações e realizar atividades ligadas à nutrição, comunicar o valor do exercício diário e do descanso, de modo que cresçam sabendo como cuidar do corpo.

Kay Clevenger, professora de educação infantil da 3ª International School em Pequim, China, aprecia os benefícios de ensinar as crianças a se acalmar, apreciar o silêncio e relaxar quando se sentem tensas. Todos os dias, logo depois do almoço, a professora leva para a sala de aula um pequeno gongo de latão e uma baqueta. As crianças sentam-se com pernas cruzadas e mãos sobre os joelhos. Esperam pelo gongo e, em seguida, fecham os olhos, em silêncio absoluto, prestando atenção apenas na própria respiração e no silêncio da sala. Após um ou dois minutos, Kay toca o gongo e a tarde começa.
No começo do ano, Kay convida as crianças a explorar o próprio corpo para descobrir onde está cada uma das "dobradiças" (pescoço, cotovelo, pulso, dedos, quadril, joelho e tornozelo). O exercício consiste em "dobrar" as dobradiças e em seguida "travá-las", uma de cada vez, para desenvolver a consciência do corpo tenso e do corpo relaxado. A professora sugere, em seguida, que se movimentem como "bonecos flexíveis" que se tornam cada vez mais moles, à medida que desbloqueiam cada uma

das dobradiças, até caírem no tapete. Ela então os transforma, mágica e instantaneamente, em soldados: eles travam novamente as dobradiças e marcham pela sala, com as costas retas, braços e pernas rígidos.

Como treinar as crianças em tomada de decisões, planejamento, execução e avaliação

Sophie e Maggie estão entusiasmadas porque completam 6 anos no mesmo dia – até que surge o problema de quem se sentará na cadeira enfeitada especial dedicada ao aniversariante para receber parabéns do grupo todo. Quando perguntam ao professor o que fazer e "quem vai sentar na cadeira", o Sr. Kent diz: "Hmm... como vocês duas acham que devermos resolver esse problema? Têm alguma ideia?".

"Vamos pôr duas cadeiras especiais", concordam as meninas, "e vamos enfeitar a nova". Depois de criar uma nova cadeira, o problema muda de figura: as duas querem sentar na nova cadeira e não na velha. "Como vamos resolver esse problema?", pergunta novamente o professor. As meninas apresentam algumas ideias e escutam as sugestões dadas por outras crianças. Finalmente, e com muita seriedade, decidem pôr dois pedaços de papel em uma caixa. Em um deles, haverá um X que dirá quem se sentará na nova cadeira. Quando retiram os papéis, Sophie pega o que não tem o X e mostra imediatamente seu desapontamento ao cruzar os braços sobre o peito e olhar para o chão, de cara amarrada. Finalmente diz: "Não é justo!".

"Lembre que é importante saber ganhar, saber perder e aceitar o resultado dos acordos", sugere o professor com um sorriso. "Vamos deixar o desapontamento para trás e continuar porque a diversão já vai começar. Meninas, peguem suas cadeiras especiais, por favor."

Na sala de aula, o professor permite que as crianças imaginem soluções para os problemas sempre que isso é adequado, mas ensina-as também a lidar, com dignidade, com as consequências das decisões. As crianças sentem-se bem com elas mesmas quando podem tomar decisões. Isso permite que ampliem as habilidades de que precisarão para enfrentar com eficácia a aprendizagem e os desafios da vida: criar alternativas, buscar informação, levar em conta as consequências, agir conforme os planos traçados e, finalmente, aceitar a responsabilidade pelos resultados (Hendrick & Weissman, 2009).

Entre 2 e 3 anos, as crianças são capazes de dar início a esse processo. Os adultos podem oferecer escolhas simples entre duas alternativas aceitáveis. Por exemplo, de vários brinquedos, as crianças escolhem um para brincar com satisfação. Aos 4 anos, são capazes de criar, elas mesmas, algumas alternativas, quando encontram um problema. Por exemplo, quatro meninas brincam em uma caixa de areia. Estão frustradas e brigam porque não há pazinhas suficientes para todas. Karouko pede a um adulto que lhes dê colheres grandes ou vasilhas para que todas possam brincar: "Porque assim não preciso dar a elas a pá vermelha". Os professores sagazes sabem que o papel do adulto é demonstrar, explicar e orientar o processo sempre que possível, e não ditar a solução. Nesse caso, o professor reforçou o pensamento resiliente de Karouko: "Muito bem, Karouko, você pensou em um modo para que suas amigas também possam transportar areia. Vamos juntos procurar no depósito de materiais e ver o que encontramos". As crianças aprendem a fazer escolhas pensando no que é possível, e é provável que se "apropriem" das decisões que elas mesmas tomam. Quando se envolvem no processo de decisão, é menos provável que se ressintam de consequências quando são menos desejáveis que haviam previsto.

Todas as crianças precisam de orientação estreita para aprender a tomar decisões. A maior dificuldade das crianças menores é compreender que seus objetivos não são sempre iguais aos dos outros. Adotar uma perspectiva é mais difícil quando os recursos são poucos, especialmente quando o objetivo da outra criança é conflitante com o próprio. À medida que crescem, tornam-se cada vez mais capazes de criar alternativas para o problema. Esse processo se desenvolve gradualmente ao longo do tempo e depende da oportunidade de tomar, inicialmente, pequenas decisões e passar, aos poucos, às maiores. Acompanhe as crianças na classe para ver se assumem responsabilidade pelas decisões que tomam e se precisam de apoio para levá-las adiante. Console-as quando os resultados das próprias decisões as entristecem, mas permita que experimentem o desapontamento que deriva das decisões tomadas, assegurando-lhes de que esse é o melhor modo de aprender a fazer as coisas no futuro.

Tomar decisões em grupo leva mais tempo para aprender que tomar decisões individualmente, e é preciso apoiar o processo de grupo das crianças por ainda mais tempo. Quando decide deixar que as crianças escolham, como grupo, você empenha uma quantidade relevante de tempo para chegar à decisão. É preciso que ocorra muita comunicação para chegar a uma decisão. Trata-se, porém, de um tempo bem empregado, pois as crianças se comprometem com o curso dos eventos, se colaboraram para decidi-los. Algumas das decisões que um grupo de crianças pode tomar referem-se às canções que querem cantar, aos jogos que desejam brincar, à participação em uma atividade de angariação de fundos e ao modo de festejar um feriado. Alguns grupos podem decidir o tipo de apresentação, rearranjar os móveis e organizar as provisões

As crianças de 2 e 3 anos são capazes de fazer planos de curto prazo quando se pergunta de que gostariam de brincar. O tempo entre o ato de escolher e a ação não pode ser mais longo do que alguns momentos. Já com 4 e 5 anos, conseguem verbalizar quais blocos querem usar para fazer a estrutura de uma construção, as cores com que querem pintar e os colegas com que querem brincar no brinquedo de escalada. São começos de planos. À medida que crescem e adquirem experiência no processo, o planejamento abrangerá períodos mais longos e mais distantes no futuro. Os planos passarão a incluir tarefas cada vez mais complexas. Considerando que com 4 anos conseguem participar da elaboração e da implementação de um plano para andar de carrinhos ao ar livre, aos 12 anos, quando já têm várias experiências prévias de planejamento, são capazes de criar um plano para uma atividade de campo completa usando grande variedade de materiais e equipamentos.

Tanto o grupo dos menores quanto o dos maiores requerem adultos que apoiem e deem informações para ajudá-los a pensar sobre as consequências de cada decisão e a prever como a ação será posta em prática. Os adultos devem ajudar as crianças a fazer o seguinte:

- Definir o problema (ou objetivos).
- Obter informação sobre a disponibilidade dos recursos.
- Criar alternativas possíveis.
- Escolher entre as alternativas e ater-se a elas.
- Reunir materiais e equipamentos conforme as necessidades e organizar o ambiente físico.
- Executar o plano.
- Discutir e avaliar a atividade.

As crianças maiores podem ser conduzidas por esse processo formalmente. Por exemplo, um grupo de crianças do terceiro ano faz jogos de mesa com tabuleiros, estabelece as regras para jogar e as regras sociais que orientam o comportamento. Depois de usarem muitos dos jogos, as crianças os trocam e discutem o que torna um jogo divertido (critério de avaliação). As crianças aprendem essas habilidades gradualmente, por meio da orientação dos adultos que lhes dão a oportunidade de atravessar o processo de planejamento, escolha e avaliação.

Como compartilhar o valor do otimismo

Ter esperança nos momentos ruins não é uma tolice romântica. Baseia-se no fato de que a história humana é a história não apenas da crueldade, mas também do sacrifício, da coragem e da bondade. O que decidirmos enfatizar nessa história complexa determinará nossa vida. Se enxergarmos apenas o pior, isso destruirá nossa capacidade de fazer alguma coisa. Se nos lembrarmos daqueles momentos e lugares – e são muitos – em que as pessoas se comportaram de modo magnífico, isso nos dará energia para agir e a possibilidade, pelo menos, de imprimir a esse pião que é o mundo uma direção diferente. E se agirmos, ainda que de modo modesto, não precisaremos esperar por um grande futuro utópico. O futuro está em uma infinita sucessão de presentes e viver agora, como acreditamos que os seres humanos devam viver, a despeito de tudo o que de ruim existe em torno de nós, é, em si mesmo, uma maravilhosa vitória.
– Howard Zinn, cineasta

Pense nas pessoas com quem gosta de estar. É provável que sejam otimistas, na maior parte do tempo, tenham senso de humor e ocupações de que gostam. Têm definitivamente uma visão positiva da vida e, embora vivenciem provavelmente os mesmos desafios que todos, imaginam quase sempre que o resultado será positivo.

Aqueles que em situações semelhantes supõem o pior passam uma grande parte do tempo concentrados no evento estressante em si mesmo, mais que nas possibilidades de aliviá-lo, de redirecioná-lo, recontextualizá-lo, deixá-lo para trás e levar a vida adiante. Marvin Seligman (2007) vê essa qualidade como resultado, em parte, do temperamento herdado (aproximadamente 50%), das circunstâncias (pouco, ou seja, 10%) e do ato de assumir controle ativo sobre os pensamentos e ações (40%). Ele e outros pesquisadores que estudam a resiliência acreditam que as pessoas têm mais controle do que pensam sobre a ativação da própria felicidade.

Podemos ensinar às crianças, particularmente às que têm disposição mais negativa, que temos grande possibilidade de controlar o otimismo e o pessimismo. A literatura infantil fornece excelentes exemplos para introduzir situações do mundo real, nas quais os personagens vivenciam problemas, não desistem e obtêm resultados satisfatórios (Forgan, 2003). Além disso, essa é uma área que pode ser fortalecida pelos professores que incentivam as crianças à **autofala positiva** ("Estou assustado, mas posso enfrentar isso", "Eu consigo fazer isso. Vou me acalmar", "Fiz muitos amigos novos este ano!") e desestimulam referências negativas a si próprias ou aos outros

FIGURA 6.5 "Eu sou feliz!"

("Sei que isso var ficar horrível", "Nada do que faço faz a menor diferença", "Ninguém aqui gosta de mim").

O otimismo é observado como característica de crianças resilientes de diferentes bagagens (Mandleco & Peery, 2000). Como parte do otimismo, essas crianças demonstram comportamentos como "Estou motivado, sou criativo, flexível, adaptável, aberto às mudanças. Sou ativo em relação à solução de problemas, sou autopropulsionador e gosto das pessoas!". Alguns professores, como Sherry Davis, acreditam que a postura mental de resiliência pode ser potencializada. Ela faz de modo que a classe tenha sempre atividades que promovem o desenvolvimento do otimismo. Por exemplo, Sherry estabeleceu o hábito de encerrar cada dia de aula pedindo que as crianças escrevam pelo menos uma coisa que fez que aquele fosse um bom-dia para elas, e que assinem os nomes. As crianças escrevem em pedaços de papel amarelo que colocam em uma caixa perto da porta, enquanto se preparam para ir para casa. Sherry recolhe-os antes de sair e os fixa em um quadro, para que as crianças os leiam ao chegarem, no dia seguinte. As crianças escrevem a respeito de como se divertiram com um amigo, do que aprenderam, do livro de que gostaram, de um brinquedo apreciado e do lanche que estava gostoso. A professora diz: "É a primeira coisa que procuram quando chegam no dia seguinte, pois querem ver o que cada um escreveu; é um ótimo começo para o novo dia!".

Como potencializar a autoeficácia e a autodeterminação

A **autoeficácia** está estreitamente relacionada ao otimismo ou à extensão em que acreditamos que nossos objetivos serão atingidos, mesmo quando surgem frustrações no meio do caminho. É um componente importante para a criação da postura mental da resiliência que as crianças precisam desenvolver e manter (Deater-Deckard, Ivy & Smith, 2006).

Até mesmo os bebês exprimem suas necessidades. Choram quando sentem dor, fome, tédio ou quando estão cansados. Se as necessidades forem atendidas de modo saudável, o otimismo se desenvolverá ao longo do tempo e levará, mais tarde, a pontos fortes como a autodeterminação e a autoeficácia. Se forem ignoradas, desenvolver-se-á o **desamparo aprendido** (Seligman, 1990) que prejudica a saúde mental e permite prever resultados ruins em relação à construção de resiliência. Desde muito cedo, essas crianças sentem-se impotentes para mudar sua situação ou o que quer que seja em relação a elas mesmas. Sentem-se ineficazes em tentar controlar aspectos de seu ambiente ou das interações com os outros.

Ao contrário, as crianças saudáveis comunicam suas necessidades aos outros. Com cerca de 3 anos, a criança aponta a geladeira quando está com fome ou a torneira quando tem sede. As crianças maiores costumam exprimir o que querem e suas necessidades de filiação (em relação aos outros) bastante diretamente. Exprimem-se geralmente de modo muito simples, como fez Diana quando se aproximou da Sra. Sturgeon e disse timidamente: "Quero brincar com Jake". "Bem", disse Sturgeon, "Vamos ver o que *você* pode fazer para isso. Vejo que Jake está ocupado construindo com blocos. E se você perguntar a ele se pode recolher alguns dos blocos vermelhos de que ele precisa e carregar no caminhão basculante até lá? Acha que pode funcionar? Tente e veja". Sturgeon reconheceu que Diana tem um objetivo, mas não as habilidades interpessoais necessárias para abordar outra criança e conseguir o que quer. Por sorte, Jake respondeu de modo positivo, e Diana viu que as outras pessoas (no caso, a professora) constituem uma ajuda, se forem solicitadas. Ao envolver Diana no processo de solução de problemas, em vez de simplesmente perguntar a Jake se Diana podia brincar com ele, a professora construiu resiliência adicional em Diana para o futuro, pensando em como ela poderia ser útil a outras pessoas.

Para a autoeficácia e a autodeterminação, é importante que a autoestima e a autovalorização se desenvolvam de modo saudável (veja Capítulo 4), as quais provêm do sentimento de sermos valorizados e valiosos para outras pessoas, nos contextos em que passamos a maior parte do tempo. É disso que surge a confiança necessária para que a criança se sinta relaxada em relação aos outros, faça sugestões, aceite sugestões e se torne cada vez mais apta a controlar as circunstâncias (Deater-Deckard, Ivy & Smith, 2006). Esse conceito foi usado por uma professora, no mês de fevereiro, ao criar uma atividade de grupo chamada "O que conseguimos fazer agora que não conseguíamos fazer em setembro". Thom diz: "Eu não sabia andar de bicicleta e agora sei, depois de cair um milhão de vezes!". E todos dão risada de modo amigável, incluindo o próprio Thom, enquanto a professora preenche o quadro com a sua façanha.

Quando se trabalha com crianças de 3 anos, é interessante guardar amostras dos trabalhos que fazem em setembro e voltar, então, a observá-las, todos juntos, em abril. Isso aumenta a autoconsciência de que tentar fazer algo que é difícil, em determinado momento, e continuar a praticar acabará sendo recompensado, mais adiante, com o crescimento pessoal. Ao olhar para os autorretratos que desenhara nos primeiros anos na escola e outro desenhado no final do primeiro cilclo, Andrew exclamou: "Como eu era pequeno! Nem sabia escrever meu nome!". O sorriso em seu rosto refletia a grande satisfação que sentia pelo fato de que outras pessoas reconheciam que ele tinha se tornado muito mais habilidoso.

Se, à medida que crescem, as crianças continuarem circundadas por adultos que proporcionam *feedback* genuíno, elogios eficazes e *feedback* corretivo útil, essa emocionalidade positiva precoce permitirá prever que haverá resiliência por volta dos 8-10 anos (Lengua, 2002). Entretanto, crianças com emocionalidade negativa terão mais probabilidade de apresentar má adaptação e menos proteção contra os estressores.

Se você optar, em sua classe, por usar linguagem e comportamentos que comunicam aceitação e, além disso, incentivar as crianças a esforçar-se para superar os desafios ("Vamos lá, tente só mais uma vez, veja se consegue!"), terá influência significativa sobre as atitudes das crianças em relação a si mesmas e a suas habilidades. Em seu último livro, Lillian Katz afirma: "É preciso ensinar com respeito, transmitindo ao aluno: 'Tenho confiança em sua capacidade de superar as dificuldades e persistir'. Um professor respeitoso é aquele que ajuda os alunos, de todas as idades, a persistir diante dos obstáculos [...] a aceitar essas limitações com dignidade e a ficar satisfeito e grato por ter dado o melhor de si" (Katz & Katz, 2009, p. 49).

Modificar temperamentos difíceis. O motivo pelo qual algumas crianças viram à esquerda quando quase todos parecem virar à direita é uma questão que intriga muitos de nós que interagimos regularmente com crianças pequenas. Existem sempre crianças que não parecem à vontade em nenhum programa, ainda que a variedade de possibilidades seja ampla. Têm dificuldade visível de dar-se bem com familiares, colegas e pessoas em geral, e demonstram muito mais imprevisibilidade, intensidade e emoções negativas. À medida que crescem, se não houver intervenção alguma que modifique esses comportamentos, elas quase sempre continuarão a bater-se com habilidades sociais pouco desenvolvidas, interações pessoais difíceis e baixa autoestima – tudo isso prejudica a resiliência. Precisamos nos esforçar para dotar essas crianças de habilidades melhores que afastem esses resultados.

As crianças observadas por apresentar temperamento difícil precoce parecem ser hipersensíveis ao ambiente externo e têm mais dificuldade em regular suas emoções e seus comportamentos. A qualidade dos cuidados dos pais – que se mostrou fator de proteção importante no desenvolvimento da resiliência – será crucial para determinar outro fator de proteção adicional – a adaptação positiva da criança à escola (Stright, Gallagher & Kelley, 2008). Logo no início, tanto em casa quanto na escola, a criança precisa interagir com adultos que tenham uma reserva extra de paciência e sejam capazes de fornecer aquele tipo de estrutura previsível, limites claros, reforço positivo e/ou comportamentos adaptáveis e participar de atividades necessárias que liberam ou expressam energia criativa ou emoção. Além disso, as habilidades delineadas nos capítulos anteriores, a respeito de comunicação e desenvolvimento emocional, são altamente aplicáveis para ajudar as crianças a regular melhor seus comportamentos e lidar com emoções intensas. Considere de que modo usaria o que aprendeu até agora para trabalhar com uma criança como Adam, cujo temperamento difícil se traduz em uma grande variedade de comportamentos desafiadores.

Fortalecer habilidades para construir amizades e conexões sociais. Um famoso psicólogo fala com frequência sobre o efeito poderoso das amizades (ou da falta delas) sobre a resiliência. Quando indivíduos perturbados chegam até ele para fazer um aconselhamento

> **Comportamento desafiador**
>
> **Conheça Adam**
>
> Na família de Adam, a vida gira em torno dele. Lutas constantes pelo poder terminam quase sempre em crises de birra. O menino se recusa a usar roupas que, como diz ele, "picam", o que inclui qualquer roupa nova, e muitas vezes quer dormir com a roupa que está usando. Os pais o descrevem como incapaz de ficar sentado tranquilo em um jogo ou na montagem de um quebra-cabeça, mas quer assistir à MTV com seus vídeos de *rock* espalhafatosos e barulhentos e grita até conseguir o que quer. Essas batalhas constantes têm um preço para Adam e para a família. Em um dia comum na vida da família Jackson, Adam está sempre no centro das atenções, e seus pais, irmão, avós, amigos, colegas e professores parecem, todos, coadjuvantes. Às vezes, a mãe tem a impressão de que o mundo gira em torno desse filho difícil, e, em certo sentido, gira mesmo – todos reagem a seus atos, que são quase sempre negativos e deixam uma série de reações negativas em seu rastro. (Adaptado de Turecki, 2000, p. 86-90)

ou obter um conselho, a primeira pergunta que faz é: "A quem você recorre quando tem um problema?". As pessoas com pouca resiliência ficam, em geral, caladas por um momento e admitem, então, que "não conseguem pensar em ninguém". Os que se recuperaram da adversidade pela qual passaram, enumeram rapidamente diversos nomes (Broderick, 2008). Em geral, aquilo que permite recuperar o bem-estar e o fundamento do desenvolvimento é a habilidade de conexão com os outros. Essa habilidade pode ajudar a fazer a modificação necessária do sistema social, reorganizar e recuperar a postura mental resiliente. Substancialmente, o componente fundamental dos processos resilientes é a conexão com as pessoas (Goldstein & Brooks, 2006).

O ato de brincar livremente e o incentivo ao lúdico que caracterizaram a primeira infância norte-americana têm desaparecido cada vez mais, no rastro da competitividade crescente. Os pesquisadores documentam que, como resultado, as crianças são mais agressivas, menos cooperativas, menos igualitárias, menos pacíficas e menos propensas a compartilhar. Estão menos preocupadas com os sentimentos e com o bem-estar dos outros e mais egoístas, e tudo isso faz parte da "sociedade que esqueceu como se brinca". De acordo com esses pesquisadores, a habilidade mais importante para a competência social é a capacidade de o indivíduo agradar com o propósito de atender às próprias necessidades. Quando as crianças são capazes de brincar livremente com os outros e mantêm os outros interessados em brincar com elas, é porque já aprenderam a habilidade de ver o mundo a partir da perspectiva do outro. Isso, com o senso de humor, potencializa a habilidade da criança de existir em harmonia com os outros, de neutralizar as tendências à arrogância e de construir **autonomia** (Science Daily, 2009).

Quando começam a circular em outros ambientes que não o familiar, algumas crianças precisam de mais apoio que outras para fazer amizades com outras crianças e adultos. Os professores que se interessam em ajudá-las nessa tarefa são importantes para capacitá-las com as habilidades que tornam sólidas as conexões com os outros – um fator de proteção crucial na construção da resiliência. Se você reservar algum tempo de sua atividade de ensino para proporcionar às crianças os instrumentos de que precisam para viver no ambiente de seus colegas, incluindo questões como equidade, diversidade, preconceito e poder, elas estarão mais bem equipadas para superar os desafios cotidianos (Derman-Sparks & Edwards, 2010). Nos capítulos 7 e 8, você aprenderá mais sobre as estratégias destinadas a fortalecer e ampliar as brincadeiras das crianças, bem como os modos de criar uma atmosfera na sala de aula que promova as habilidades de amizade, as quais durarão por toda a vida adulta.

Como fornecer suporte para competência intelectual e escolar das crianças

> *A pesquisa sobre a alfabetização estava terminando, só havia mais três crianças para avaliar. A pesquisadora chamou Marcus para ler, e, assim que ele se sentou e abriu o livro, ficou claro que se tratava de uma criança negligenciada. Estava extremamente sujo, era magro e parecia cansado. Em geral, são sinais de que a criança tem poucas habilidades de leitura. Marcus iluminou-se ao abrir o livro* Peixe é peixe, *de Leo Lionni, e percorreu as primeiras cem palavras sem cometer um erro sequer. "Uau", surpreendeu-se a pesquisadora, enquanto registrava a pontuação: "Você é um leitor! Quem lê para você?". "Ninguém lê para mim. Leio para mim", disse Marcus, empurrando lentamente o livro de volta para ela. (Soderman et al., 1999)*

O intelecto da criança e o desempenho escolar são os principais amortecedores contra a adversidade. A falta de habilidade de manter-se no caminho escolar adequado é quase sempre um dos primeiros indicadores de que algum tipo de adversidade passou a barrar o desenvolvimento da criança. As crianças resilientes têm, com frequência, bons resultados na escola e em testes de aptidão, melhor pontuação em leitura e apresentam mais habilidade de raciocínio e de regulação do próprio comportamento (Mandleco & Peery, 2000; Bernard, 2004).

Pode-se dizer também que se, ao primeiro sinal de insucesso da criança, houver alguém disposto a mantê-la no prumo, a ensiná-la a ser reflexiva e capaz de autorregular-se, isso permitirá que, mais tarde, se desenvolvam as características que resultarão no rótulo de "resiliente".

Em relação a crianças como Marcus, que provêm da pobreza e de situações altamente disfuncionais, há a *expectativa* de que professores com visões estereotipadas sobre a habilidade delas de aprender e de exercer um lócus de controle interno possam falhar. Por sorte, há muito mais professores que acreditam que *todas* as crianças têm capacidade de se desenvolver saudavelmente e de aprender com êxito (Espinosa, 2009). Esses professores compreendem que expectativas altas e oportunidades de participação em atividades significativas e interessantes levam todas as crianças ao processo de aprendizagem. Além disso, insistem na capacidade que a família tem de reverter a situação e mudar a trajetória de vida dos filhos. Trabalham em estreita relação com um dos pais, ou ambos (ou avós), para assegurar-se de que as crianças frequentem a escola todos os dias, tenham os livros e materiais de que precisam para continuar a aprender, mantenham uma dieta saudável, durmam o suficiente de modo que o cérebro funcione bem e tenham um lugar tranquilo para ir depois da escola.

O bom funcionamento intelectual das crianças engloba habilidades como planejamento, pensamento flexível, engenhosidade, pensamento crítico e discernimento. Se reunirmos todas essas características em uma única categoria, trata-se da qualidade de "compreender as coisas" que se desenvolve no pensamento da criança resiliente (Bernard, 2004). O *planejamento* já foi discutido anteriormente, como parte do processo reflexivo que as crianças devem atravessar para tomar decisões mais formalizadas. Ele capacita as crianças a sentir que têm o controle nas mãos e leva à "competência cheia de planos" de que precisam, antes de entrarem na adolescência. A *engenhosidade* acontece quando as crianças buscam ajuda e desenvolvem a "inteligência de rua", essencial para aquelas que crescem sem a proteção da família. A engenhosidade emerge também da autonomia desenvolvida pelas crianças que têm oportunidades de cuidar de si mesmas com independência e de assumir responsabilidades. O *pensamento crítico*, habilidade de pensamento de ordem superior, e os hábitos analíticos de pensamento desenvolvem-se quando os professores chamam a atenção das crianças para o *modo* como pensam e resolvem problemas, assim como para e a eficiência e a eficácia dos resultados associados ao pensamento. Essas habilidades intelectuais não podem ser ensinadas por si mesmas, mas evoluem a partir das atividades intencionais que os professores colocam em contextos de aprendizagem de alta qualidade. Finalmente, o *discernimento* é mais útil para crianças que vivem situações perturbadas e carregadas de adversidade. É o filtro de que a criança precisa para compreender que os problemas vivenciados por suas famílias (alimentos insuficientes, comportamentos abusivos ou bizarros) não são comuns a todas as famílias e que sua vida poderá ser diferente (Bernard, 2004). Elas aprendem isso por meio de livros que os professores lhes apresentam, discussões com amigos e adultos dedicados e por meio da gentileza demonstrada diariamente no ambiente escolar.

É preciso reconhecer que, por mais que as crianças se tornem capazes de enfrentar o estresse e livrar-se da adversidade, nunca conseguirão evitar totalmente as consequências negativas e que jamais serão capazes de resolver tudo o que se apresenta em seu percurso. As crianças, especialmente as menores, não podem enfrentar o estresse diariamente sem a ajuda e o apoio de pelo menos um adulto dedicado. Para algumas delas, a escola talvez seja o único lugar em que podem encontrar essa ajuda.

■ Trabalhar em parceria com as famílias no desenvolvimento da resiliência

Ellie, aluna do segundo ano, tem enorme dificuldade para se recuperar de qualquer tipo de decepção. Recentemente, as crianças começaram um projeto na classe para o qual tinham de preparar um "formulário" escrito; tratava-se de uma simulação para que compreendessem como ganhar e gastar o dinheiro. Ellie queria ser o banqueiro, mas a escolhida foi sua amiga Selena. Ellie ficou com a sua segunda opção, o trabalho de reunir livros na biblioteca. Naquela noite, lamentou-se com a mãe de que "todos têm que fazer coisas bobas na aula, que odeia a escola e não quer mais ir". A mãe, angustiada, entra em contato com a escola para saber por que os professores gastam tempo em coisas que não apenas aborrecem as "crianças", mas são também exercícios "inúteis".

A Sra. Vetter e sua assistente discutem sobre a tristeza persistente de William, de 4 anos, a propósito da saída do pai de casa e analisam se é o caso ou não de encontrar os pais para conversar sobre algumas coisas que talvez possam fazer para dar mais apoio ao menino. "Em geral, ele é capaz de lidar com as coisas que acontecem", diz Vetter, "Mas desta vez é diferente".

Quando as crianças se encontram em uma situação na qual a maior parte dos cuidados que recebem provém de outros adultos e não dos pais, *todos* os adultos passam a se envolver na delicada responsabilidade de orientar a socialização da criança – nesse caso, favorecer a resiliência.

Para que essa ligação seja forte e eficaz, você precisa estar disposto a compartilhar as informações sobre a criança que acredita serem úteis para que a família dê a ela o apoio necessário – e vice-versa. Isso requer comunicação aberta, conduzida de modo não ameaçador e sem julgamentos, ainda que o comportamento dos pais, na situação difícil, esteja aquém do ideal. Quando um adulto tenta pôr a culpa em outro ou criticar injustamente a tentativa genuína deste de dar apoio, o laço que os une se enfraquece significativamente. Você é mais útil para os pais quando:

- Comunica-lhes que o filho manifesta sinais de estresse excessivo.
- Permanece atento aos sinais de estresse dos pais.
- Trata os pais com respeito.
- Compartilha informações com os pais sobre os efeitos dos riscos e da adversidade sobre a infância e a idade adulta por meio de seminários e informativos.
- Escuta empaticamente os pais quando falam do próprio estresse e reconhece os esforços para reduzir o nível de estresse do filho.
- Comunica aos pais que trabalhar em cooperação, para dar apoio tanto a eles quanto ao filho durante os momentos difíceis.
- Conversa com os pais separados ou divorciados sobre a importância de explicar aos filhos de que modo o divórcio afetará o cotidiano deles e que eles não têm nada a ver com os problemas dos adultos. Explica a necessidade de manter a rotina das crianças o mais regular possível e reconfortá-las com apoio emocional adicional (embora isso seja difícil quando o estresse dos próprios pais é alto).

Agora que você já aprendeu de que modo as adversidades levam a resultados menos desejáveis quanto à resiliência das crianças, tente responder às seguintes perguntas:

- O que devo fazer para desenvolver a resiliência das crianças de minha classe?
- Como posso fazer diferença na vida das crianças, ainda que não possa modificar o ambiente de suas casas?
- Devo buscar outros profissionais para construir alguns fatores de proteção adicionais para a criança (veja Figura 6.6)?

Para descobrir como traduzir essas perguntas em ação, estude cuidadosamente a seção seguinte sobre habilidades.

FIGURA 6.6 Promover a resiliência nas crianças.

Habilidades para desenvolver resistência ao estresse e resiliência nas crianças

1. **Estabeleça objetivos realistas para as crianças que levem em conta as diferenças de temperamento e habilidades.** Mais que concentrar-se apenas no resultado final, considere o ponto em que o funcionamento da criança se encontra e determine os passos que precisa dar para chegar ao objetivo final. Encare a criança como um indivíduo que se encontra em determinado ponto do desenvolvimento e que dispõe de potencial para adquirir habilidades superiores, se contar com o apoio adequado.

2. **Ajude as crianças a recontextualizar as experiências perturbadoras.** Por exemplo, explique às crianças que vivenciaram a separação ou divórcio dos pais que esses "problemas referem-se apenas aos adultos". Diga-lhes que os adultos se divorciam porque não são mais felizes juntos. Tranquilize-as quanto ao fato de que não têm nenhuma responsabilidade quanto ao divórcio, mas que não é possível, para elas, reunir os pais novamente. Explique que, embora os familiares passem a viver em casas diferentes, continuam a ser uma família e que tanto a mãe quanto o pai continuam, e continuarão, a ser pai e mãe.

3. **Conecte-se a outros apoios disponíveis na comunidade que forneçam supervisão de proteção para crianças e famílias que vivenciam estresse cumulativo, adversidade e trauma.** Identifique o aspecto em que sua competência é limitada e o que pode ser útil para que a criança e a família ampliem os fatores de proteção.

4. **Observe os sinais precoces de estresse excessivo e cumulativo nas crianças.** Observe as crianças retraídas e como aquelas que apresentam abertamente sentimentos ou comportamentos negativos. Ambas, talvez, venham a exigir enorme paciência de sua parte porque podem resistir às tentativas iniciais de deixá-las mais à vontade. A criança retraída pode passar a se esquivar mais intensamente, e a mais agressiva e zangada pode recusar, em um primeiro momento, a trabalhar para controlar o comportamento hostil. Sucumbir a esses comportamentos ou ignorá-los, em vez de construir nas crianças um tipo de enfretamento produtivo, apenas reforça sentimentos de insegurança.

5. **Ensine estratégias para ajudar as crianças a lidar com o estresse excessivo antes que cheguem a situações altamente estressantes.** Treine-as para que aprendam o que fazer em situações potencialmente assustadoras ou de emergência. Discuta as situações potencialmente estressantes ou de risco. Use *persona dolls*[2] (veja Capítulo 14), bonecos e desempenho de papéis para ampliar a consciência dos mecanismos positivos de enfrentamento. Por exemplo, pergunte: "O que você faria caso se perdesse de seus pais em uma loja grande?" ou "O que faria se alguém mais velho e maior que você tentasse roubar o dinheiro de seu almoço?".

6. **Respeite os pontos de vista das crianças sobre as situações, bem como suas modalidades de enfrentamento.** Isso não significa que você concordará sempre com o modo como lidam com os problemas, mas, nesse caso, é importante ser empático. A empatia permitirá que você veja o estressor por meio dos olhos da criança. Além disso, é necessário observar o estressor de modo holístico, em termos das outras exigências que a criança e a família precisam enfrentar, de modo a evitar "soluções" simplistas.

7. **Transmita às crianças que elas realmente têm autocontrole e podem praticar a autofala positiva em situações de tensão.** As crianças não podem controlar os sentimentos, mas podem aprender a controlar o comportamento. Ajude-as a desenvolver e praticar a autofala positiva, anteriormente descrita neste capítulo, adequada aos problemas específicos que vivenciam.

8. **Incentive nas crianças uma visão mais positiva sobre si mesmas.** Mesmo depois que as crianças já se habituaram a se concentrar nos aspectos negativos de sua experiência ("Ninguém gosta de mim", "Sou tão idiota", "Sei que todos vão rir de mim", "Nunca consigo me lembrar de nada!"), é possível promover modificações positivas no comportamento verbalizando os aspectos positivos. Evite negar os sentimentos das crianças ("Você não deve se *sentir* desse modo", "Não é tão ruim assim"). É melhor apontar os benefícios potenciais genuínos ou bons da situação. Desestimule-as a dizer sempre que são bobas, incompetentes ou impotentes quando se encontram em uma situação difícil. Por exemplo, ao participar de um concurso de soletração, Alvin errou a grafia de uma palavra e sentou-se dizendo: "Não sou bom nisso mesmo!". Nesse caso, você poderia dizer ao menino: "Você está desapontado porque errou uma palavra, mas superou cinco etapas do concurso. Isso é muito bom!".

9. **Ensine técnicas específicas de relaxamento e imagética mental.** Reserve um tempo, durante o dia na escola, para praticar exercícios diários com as crianças, tais como relaxamento muscular profundo e relaxamento respiratório, de modo que isso se torne habitual. Além disso, as crianças que têm habilidades muito limitadas em determinada área ou apresentam baixa autoestima quase sempre anteveem para si mesmas um desempenho fraco em uma situação particular, já antes que ela ocorra. Essa tendência tende a reduzir o potencial de um desempenho que poderia ser pelo menos adequado, se não bom. Sugira a elas que imaginem que se desempenharão muito bem naquela tarefa específica que as preocupa. Ensine-as a executar a tarefa mentalmente e a atravessar toda a experiência, passo a passo, até "completá-la" com êxito. Estimule-as a imaginar com todos os sentidos: elas podem imaginar a si mesmas enquanto preparam a apresentação oral, a leitura ou escrevem cartões, dirigem-se para a frente do grupo e veem os colegas assistirem atentamente. Incentive-as a imaginar que se comportam com sucesso e competência em relação a qualquer experiência ameaçadora. Oriente-as a usar essa técnica sempre que tiverem que fazer algo que as preocupa e assusta.

10. **Ensine às crianças o poder de tomar decisões com eficácia.** Comece por dar a elas pequenas escolhas e envolva-as na solução de problemas reais e verdadeiros:

---

[2] Bonecas de pano do tamanho de crianças pequenas, usadas nas escolas com fins didáticos. (NT)

- Ofereça diversas escolhas às crianças, todos os dias. Antecipe situações em que é possível que se proponham escolhas e planeje como serão. Por exemplo, se você já sabe que lerá uma história para o grupo, considere dar às crianças a escolha de onde se sentar, de acompanhar a história escrevendo um poema ou fazendo um desenho e de decidir qual dos personagens gostariam de representar, se fossem encenar a história.
- Aproveite as situações que ocorrem naturalmente para propor escolhas. Pergunte às crianças se preferem distribuir os pratos ou os guardanapos. Mesmo quando os materiais parecem iguais, deixe que elas escolham. Pergunte se gostariam de trabalhar com alguém em particular, naquela tarefa, ou se preferem trabalhar sozinhas. Permita que as crianças decidam se querem guardar primeiro os blocos grandes ou os pequenos.
- Proponha as escolhas com afirmações positivas. Dê-lhes opções aceitáveis em vez de dizer o que não podem escolher. É melhor dizer "Podem usar esses blocos para fazer uma estrada, uma casa ou um foguete" do que "Podem fazer qualquer coisa menos um revólver". A primeira afirmação faz que reconheçam as opções disponíveis, e a última dirige a atenção das crianças exatamente para aquilo que você não quer que considerem.
- Proponha escolhas que está disposto a aceitar, qualquer que seja. Proponha alternativas com as quais você se sinta à vontade. Se disser "Podem aguar as plantas ou alimentar os peixes", é preciso que você se sinta bem com qualquer uma das escolhas. Se o que você quer é que águem as plantas, não proponha a tarefa como opcional. Em vez disso, proponha uma escolha *dentro* da tarefa, como aguá-las de manhã ou logo depois do almoço. Essas escolhas são propostas com afirmações do tipo "Isso ou aquilo" ou "Você escolhe". Por exemplo, "Você pode aguar antes as plantas grandes ou as pequenas" ou "Você escolhe: antes as grandes ou antes as pequenas?". Evite a pergunta "Certo?" e prefira uma afirmação para a qual a criança não tenha escolha. Dizer "Certo?" implica uma escolha e a criança pode responder "NÃO!".
- Dê muito tempo para que as crianças tomem decisões. Quando fazem escolhas, elas muitas vezes vacilam entre as opções. Sem apressá-las, dê-lhes um tempo limite para pensar: "Volto daqui a alguns minutos para ver o que decidiram", "Enquanto acabam de pintar, podem decidir qual área limpar" ou "Pergunte a Suzanne o que ela quer fazer e volte para me dizer o que você decidiu".
- Permita que as crianças mudem de ideia se a decisão ainda não começou a ser posta em prática. Se Camille está tentando decidir entre a xícara azul e a vermelha e escolheu inicialmente a azul, permita que mude para a vermelha se ainda não se serviu de leite ou se a vermelha ainda não tiver sido dada a outra criança.
- Incentive as crianças a pôr em prática e a completar o plano por si próprias. Permita que ajam a partir de suas escolhas. Forneça a demonstração necessária, mas peça-lhes que executem o plano. Por exemplo, uma criança escolhe um livro pegando-o, escolhe um parceiro de jogos oferecendo materiais para compartilhar e assim por diante. Evite fazer, no lugar da criança, tarefas que ela pode realizar sozinha, pois isso pode significar que ela não é competente e abalar sua autoestima.
- Permita que as crianças aceitem a responsabilidade pelas escolhas que fazem e que experimentem as consequências positivas e negativas de suas decisões, a menos que isso ponha em risco a segurança ou a saúde física e emocional. Depois da decisão tomada e quando esta estiver sendo posta em ação, certifique-se de que as crianças agem conforme o estabelecido. Se notar algum "desvio", ajude-as.
- Ajude as crianças a avaliar as próprias realizações. Concentre-se no que ela realizou e compare com o que pretendia fazer: "Seu desenho saiu como você tinha planejado?" ou "O que pode fazer diferente da próxima vez?". Ressalte que a criança foi bem-sucedida em razão do próprio esforço: "Você tentou duas vezes fazer as botas e, afinal, conseguiu". Às vezes, as crianças precisam ter um *feedback* para avaliar se realizaram a tarefa. Faça antecipadamente perguntas como: "Como você vai saber se os pratos estão realmente limpos?" ou "Como vai saber que a história que escreveu está pronta para ser publicada?". Ao final, elas aprenderão a dar *feedback* para si mesmas, mas isso requer muita prática e experiência. Evite fazer comparações entre as crianças.

11. **Dê às crianças muitas oportunidades de fazer coisas por si próprias.** Na sala de aula, não faça, no lugar das crianças, coisas que elas são capazes de fazer de modo independente, pois isso pode abalar a habilidade de construir a capacidade de resiliência necessária. Use o tempo que for necessário, na classe, para que elas projetem planos e os coloquem em prática para atingir os objetivos desejados.

12. **Dê apoio suplementar para as crianças que têm doenças crônicas ou potencialmente perigosas à vida (como fibrose cística e câncer), mas não as superproteja.** As crianças que estão em período de convalescência ou suficientemente bem para frequentar a escola podem precisar de alguns privilégios, não concedidos às outras crianças, relativos à necessidade de descanso suplementar, medicamentos e limitações nutricionais. Como as outras crianças, porém, precisam de limites consistentes em relação ao comportamento, expectativas escolares adequadas e razoáveis e ajuda ocasional para estreitar amizades na classe.

13. **Explique às crianças o conceito de "rebote" em relação aos obstáculos.** Ajude-as a compreender que não podemos nos tornar completamente invulneráveis, mas podemos nos recuperar de decepções e adversidades. Treine-as a pedir ajuda aos outros quando voltar para o caminho adequado parecer

uma carga excessiva. Forneça roteiros do que fazer para as crianças menores. Ajude as maiores a imaginar o que precisam dizer ou fazer.

14. **Forneça apoio para que enfrentem a morte e as perdas**:
    - Use vocabulário adequado quando abordar a morte (ou seja, use "morte", "morrer" e "morto", e não analogias do tipo "Morrer é como ir dormir" ou eufemismos como "Ele se foi", "Ele nos deixou" ou "Partiu").
    - Explique por que a morte ocorreu, dê informações precisas às crianças (ou seja, os seres vivos às vezes adoecem, em geral saram, mas às vezes o corpo não consegue mais funcionar; o corpo às vezes se desgasta; outras vezes ocorrem acidentes).
    - Descreva a morte em termos das funções corporais familiares (ou seja, "O coração da cobaia parou de bater" ou "Os pulmões pararam de respirar, e ele não sente mais nada").
    - Responda às perguntas das crianças sobre a morte de modo realista. Responda com calma e honestidade a perguntas sobre cemitérios, caixões, túmulos, funerais, fantasmas e esqueletos.
    - Evite explicações religiosas e respeite as diferenças familiares quanto aos pontos de vista sobre a morte.

15. **Consulte os familiares para coordenar as estratégias e reduzir os efeitos da adversidade.** Os familiares que estão sob estresse preocupam-se ainda com o bem-estar dos filhos. Envolva-os em um diálogo e, se possível, desenvolva estratégias conjuntas para apoiar as crianças. Reconheça verbalmente os esforços que fazem.

16. **Busque informações sobre os recursos da comunidade e sobre os recursos disponíveis em sua escola ou órgão aos quais se possa recorrer para obter apoio em situações específicas.** Encaminhe as famílias a outros profissionais de acordo com as normas do local em que trabalha.

■ Evite as armadilhas

Todas as crianças e todas as famílias passam por aborrecimentos e problemas. Alguns resistem a situações altamente adversas. Como se ressaltou, as reações dependem muito da avaliação que o indivíduo e a família fazem dos recursos disponíveis para fazer frente às solicitações. A seguir, apresentamos algumas armadilhas que você pode encontrar ao trabalhar com crianças e famílias sob estresse:

1. **Culpar a vítima.** Lembre-se sempre de que carregamos conosco nossas próprias percepções (e recursos, talvez, bem diferentes) e precisamos tomar cuidado para não estereotiparmos as famílias com base em suas habilidades intelectuais, realizações, composição, etnia, recursos econômicos ou fatores de proteção. Uma boa parte da reação da família à situação estressante ou adversa dependerá de como percebe uma solicitação particular, ou crise, e do que percebe que pode fazer para neutralizá-la e manter o equilíbrio. Embora alguns indivíduos e famílias façam coisas que parecem péssimas, estão fazendo o melhor que podem, com base nas percepções que têm das opções e dos recursos. Em outras palavras, as pessoas não "estragam" a própria vida de propósito ou conscientemente.

   Evite agrupar as crianças estressadas (por exemplo, "Todas as crianças adotadas" e "Crianças daquela parte da cidade"). É fácil criar estereótipos de classes de crianças sem conhecer realmente o grupo em questão. Os profissionais precisam lidar individualmente com as crianças que passam por adversidades, para ajudá-las a tornar-se mais resilientes.

2. **Dar total liberdade para as crianças escolherem.** Ninguém pode fazer tudo o que quer. Há limites para tudo. As crianças precisam colaborar e envolver-se nas decisões, mas dar-lhes liberdade total coloca sobre elas um fardo que talvez ainda não estejam preparadas para carregar. As crianças que têm oportunidade de "não fazer nada" podem não ser capazes sequer de criar escolhas. A liberdade total de escolha é estressante para as crianças, pode confundi-las e angustiá-las.

3. **Presumir que os familiares compreendem os princípios de tomada de decisões e sabem como estruturar as decisões para seus filhos.** Enquanto os profissionais aprendem informações específicas sobre a tomada de decisões e podem ensiná-las às crianças, os pais talvez nem pensem em proporcionar aos filhos escolhas simples como que meia calçar antes. Compartilhar com os pais e mostrar-lhes essas estratégias permite que haja continuidade entre a casa e a escola.

4. **Não agir diante da suspeita de abusos.** Cumpra as leis que regulamentam a denúncia de abuso e os procedimentos de sua escola ou órgão para fazê-lo. Além disso, veja as diretrizes do Capítulo 15.

5. **Dar respostas enviesadas e inadequadas.** Visto que as crianças retraídas causam menos problemas em sala de aula, os profissionais têm muitas vezes a ten-

dência de ver a criança agressiva ou abertamente dependente como a que mais precisa de ajuda. Nesses casos, é provável que o profissional aja em resposta tanto às próprias necessidades quanto às das crianças. O comportamento da criança agressiva ou dependente aumenta o nível de estresse do próprio profissional e o leva a intervir.

As crianças que sofrem em silêncio podem ser particularmente vulneráveis, e devemos estar alertas aos sinais sutis que apresentam. Talvez precisem de ajuda para lidar com seus sentimentos e pensamentos graves ou de apoio suplementar na aprendizagem para comunicar o que as incomoda. Se queremos que se tornem resilientes, precisam aprender a enfrentar esses estressores e não fugir deles.

No ambiente escolar, os problemas ocorrem quando temos olhos apenas para o comportamento irritante da criança e não para a sua angústia. Quando percebemos que estamos irritados com o negativismo de uma criança, devemos lembrar que essa é sua estratégia para lidar com aquela situação específica. Embora devamos orientar a criança na direção de estratégias mais positivas, precisamos lembrar também que as modificações eficazes de comportamento não ocorrem do dia para a noite. Requerem paciência, consistência e firmeza da nossa parte, e desenvolvimento de confiança, da parte da criança. A abordagem sensível de uma criança perturbada não precisa ser vista como "suave". As crianças se sentem mais seguras com um adulto forte; se há algo de que realmente não precisam é de um adulto punitivo que as prive de seus mecanismos de defesa inadequados, sem fornecer nada de mais eficaz. Isso faz apenas que uma criança já vulnerável se sinta mais malsucedida e fora de controle.

6. **Ditar respostas "adequadas".** Embora todos experienciem a mesma gama de sentimentos, as reações a situações particulares variam entre os indivíduos. Há situações em que se espera determinada reação, como remorso, tristeza ou tensão. Se a pessoa não responde do modo esperado, a reação dela talvez seja percebida como "inadequada". Lembre-se de que não existem sentimentos certos ou errados. Seu papel não é dizer às crianças ou aos familiares como devem sentir-se, mas sim ajudá-los a aprender modos construtivos de comunicar seus sentimentos aos outros.

Se uma criança ou família rejeitar sua ajuda, talvez você se sinta aborrecido ou desvalorizado. Não se esqueça de que, na maioria dos casos, a resposta individual baseia-se na reação da pessoa naquele momento e não tem nada a ver com você. As crianças apresentam muitas vezes a angústia por meio dos comportamentos e não das palavras. Embora falar possa ajudar a criança em dificuldades, isso só poderá acontecer quando ela estiver pronta. E cada criança leva um tempo diferente para chegar a esse ponto.

Faça as crianças saberem que você está disponível, mas não as pressione para falar nem faça que se sintam obrigadas a isso para obter sua aprovação. Diga coisas como: "Se quiser falar, estou por aqui" ou "Às vezes, as pessoas se sentem melhor quando falam sobre seus sentimentos". Se a criança parecer hesitante ou exprimir o desejo de ficar sozinha, respeite sua necessidade de privacidade e acrescente: "Vou estar por aqui se quiser falar mais tarde; se não quiser, tudo bem". Use a reflexão afetiva e outras habilidades descritas no Capítulo 5, para ajudar as crianças a enfrentar emoções de todos os tipos.

7. **Fazer um diagnóstico superficial do comportamento da criança.** Quando os profissionais de suporte sabem que uma criança e sua família atravessam um período estressante, podem erroneamente presumir que todos os comportamentos inadequados da criança sejam resultado direto de um estressor específico. Por exemplo, os adultos concluem rapidamente: "Ele começou a morder porque a mãe voltou a trabalhar", "Ela tem dificuldade em fazer amizades porque seus pais são divorciados" ou "Ela se queixa de dor de estômago porque deve estar com ciúme do bebê que nasceu". Embora a situação estressante em casa possa contribuir para esses comportamentos, é possível que haja outros fatores envolvidos. Por exemplo, a criança que morde pode não conhecer um modo alternativo de conseguir o que deseja; a criança que não tem amigos talvez não seja capaz de reconhecer as tentativas das outras de entrar em contato ou talvez não tenha as habilidades básicas de conversação; e a criança com dor de estômago talvez esteja, de fato, simplesmente reagindo a algo que comeu.

8. **"Dar um jeito rápido" ou propor uma solução superficial.** Quando sentimos que não temos tempo, energia ou uma solução pronta para um problema particular, caímos, às vezes, na armadilha de tentar dar um jeito na situação o mais rapidamente possível. Isso pode ser difícil para as crianças, pois a noção que o adulto tem sobre o que é uma solução pode

não coincidir com a necessidade real da criança. Por exemplo, todos nós, em algum momento, já vimos um adulto que tenta convencer uma criança a parar de chorar por meio de agrados ou constrangimentos. Quando essa estratégia falha, não é incomum que o adulto diga coercitivamente: "Ou para de chorar ou vou lhe dar um bom motivo para continuar chorando". Em outros momentos, os adultos podem forçar as crianças a enfrentar prematuramente uma situação, com a convicção equivocada de que isso a fará "superar" sentimentos de medo, repulsa ou infelicidade. Afirmações como "Não precisa ter medo disso" ou "Isso vai passar!" são típicas dessa abordagem. De qualquer modo, os sentimentos reais da criança são negligenciados e o adulto se concentra em suas próprias conveniências. Ajudar os outros nem sempre é cômodo, e dar assistência emocional consome tempo e energia. Além disso, as soluções nem sempre surgem necessariamente em um único encontro e podem requerer esforços contínuos.

9. **Não reconhecer as próprias limitações.** Nem sempre está em seu poder eliminar a fonte de angústia da criança. Embora você tenha a função importante de fornecer apoio emocional, talvez não seja possível alterar o ambiente da criança ou mudar o comportamento das outras pessoas do ambiente que a afetam negativamente. É importante também que saiba onde termina sua esfera de influência e qual é o momento de conectar a família a outros profissionais de apoio. O Capítulo 15 fornece orientações para reconhecer quando os comportamentos são "extremos" e exigem uma abordagem de equipe que inclua profissionais que estão fora da sala de aula.

10. **Esquecer que os pais desempenham outros papéis que exigem tempo e energia.** A reação de uma criança pequena que corre em direção aos professores em um supermercado ou em outro lugar da comunidade quase sempre diverte os adultos. As crianças parecem divertir-se com o fato de que o professor possa estar em um lugar que não seja a sala de aula, no papel de professor. Ironicamente essa é a perspectiva tanto dos profissionais quanto dos pais, a menos que frequentem círculos sociais semelhantes que lhes permitam encontrar-se com frequência fora do ambiente escolar. Os pais e os profissionais tendem a imaginar-se reciprocamente nos termos restritos do papel que cada um desempenha nas interações. Assim, quando os pais pensam em você, talvez esqueçam que você também é um pai/mãe, casado(a), um filho adulto, um eleitor e o dono(a) de uma casa. Do mesmo modo, você talvez esqueça que, embora os pais desempenhem o papel de pais 24 horas por dia, outros papéis podem ser dominantes na vida deles ao longo do dia. Eles também sofrem pressão das exigências de trabalho, mantêm uma casa, entretêm relações próximas e de apoio com outras pessoas além dos filhos, aperfeiçoam sua formação ou treinamento, atendem às necessidades de seus próprios pais e desempenham ampla variedade de obrigações dentro da comunidade.

11. **Ser inflexível e/ou insensível aos pais com dificuldades financeiras, aos pais que trabalham, aos pais de família monoparental, aos padrastos, aos pais de crianças portadoras de deficiências, às famílias bilíngues e aos imigrantes.** Os profissionais às vezes são vistos como distantes e insensíveis às pressões que muitos pais enfrentam na vida cotidiana. Os pais recebem em casa, constantemente, anotações que os lembram de mandar os filhos para a cama cedo, providenciar um lugar tranquilo para estudarem e certificar-se de que a dieta seja equilibrada. Os pais cujas casas são pequenas ou superpopulosas, os que estão desempregados e os que atravessam transições conjugais dolorosas ou outras crises inesperadas experimentam uma angústia a mais quando recebem esses lembretes. Para ser sensível ao ecossistema total, ou ao contexto no qual as crianças se desenvolvem, aprenda mais sobre cada uma das famílias. Compreensão, flexibilidade e perspicácia podem aliviar o fardo que carregam.

12. **Reagir exageradamente a pais negativos.** Quanto menos confiantes formos sobre a nossa posição a respeito de uma questão controvertida, mais tenderemos a nos tornar defensivos quando esta for contestada. À medida que a experiência e a educação permanente permitirem que integremos o que conhecemos sobre as crianças e famílias ao que os outros conhecem, estaremos mais relaxados e abertos quando os outros apresentarem um ponto de vista diferente ou até hostil. Quando reagimos exageradamente a pais críticos e negativos, mostramos que tememos que nos demonstrem que estamos errados, mostramos incerteza e confusão.

Um pai/uma mãe pode fazer uma consideração importante, com base em boas intenções e que poderia ser útil. Entretanto, ele/ela talvez a comunique de modo tão negativo (culpando alguém, com sarcasmo ou ironia) que não conseguiremos ouvir realmente. Uma mensagem comunicada de modo que põe o receptor em um estado altamente carregado do ponto de vista emocional quase sempre não consegue ser ouvida. Trabalhe com afinco para ficar calmo em tal situação; ouça ativamente e, possivelmente, reflita com o pai/a mãe: "Você está realmente irritado! Acho que precisamos conversar sobre isso, mas estou ouvindo o que diz a propósito da necessidade de ter um sistema melhor de troca de informações e acho que tem razão".

Ocasionalmente, as observações hostis podem não ter nada a ver com você ou com o que acontece no programa. O pai/a mãe talvez se sinta sobrecarregado ou fora de controle em relação a outras áreas importantes da vida e não encontre outra saída para expressar suas frustrações. Se você fizer uma sondagem cuidadosa e acrescentar a isso a sua compreensão, talvez consiga ajudar a pessoa a compreender o que está acontecendo e a reavaliar seu comportamento.

Resumo

A resiliência, ou a capacidade de superar circunstâncias adversas, pode ser observada em crianças que são competentes socialmente, têm propósitos e demonstram diversas características de maturidade social. A resiliência surge de fatores inerentes e externos. O acúmulo de estresse e de fatores de risco pode levar à adversidade, a qual cria uma probabilidade elevada de resultados indesejáveis para as crianças, quando os mecanismos de enfrentamento falham. Por sua vez, os fatores de proteção que incluem características internas à criança, família, comunidade e sociedade podem atenuar a adversidade. No contexto escolar, os educadores podem aumentar esses fatores de proteção com as seguintes iniciativas:

- Monitorar a saúde das crianças.
- Treinar as crianças em tomada de decisão.
- Compartilhar o valor do otimismo.
- Promover a autoeficácia.
- Modificar o temperamento difícil.
- Fortalecer as conexões de amizade.
- Fornecer suporte para a competência escolar.

As famílias podem ser parceiras eficazes no desenvolvimento das forças e atitudes de resiliência em crianças pequenas.

Palavras-chave

Adversidade; autoeficácia; autofala positiva; autonomia; competência social; desamparo aprendido; desequilíbrio psicológico; doenças crônicas; enfrentamento; estresse; estresse infantil; estressores; fatores de proteção; fatores de risco; *feedback*; homeostase; mecanismos de enfrentamento do estresse; resiliência; resistência ao estresse; risco; síndrome de abstinência; tomar decisões; vulnerabilidade.

Questões para discussão

1. Em um grupo pequeno de três ou quatro pessoas, compare as reações físicas, emocionais e de comportamento mais comuns que ocorrem quando estão sob pressão. Suas reações são semelhantes? Em que diferem?
2. Um grupo de pais pede que convide alguém para falar sobre como ajudar as crianças a construir resiliência. Quais aspectos dessa questão devem ser abordados se o convidado tiver uma hora para falar?
3. Durante sua infância, aconteceram problemas significativos que você lembra ter sido capaz de superar? Algum fator de proteção ajudou-o a fazer isso?
4. Uma mãe o aborda a propósito do fato de que está se divorciando e está preocupada com os possíveis efeitos disso sobre o filho de 5 anos. O que sugeriria como apoio para criança enquanto a família atravessa essa transição?
5. Com mais duas ou três pessoas, considere um *continuum* de otimismo de 1 a 10 (1 = pessimismo ou baixo otimismo; 10 = alto otimismo). Onde você se colocaria nesse *continuum*? Onde colocaria os demais? A presença do otimismo ou do pessimismo tem algum efeito sobre suas escolhas de vida?
6. Considere a afirmação: "Não importa como, eles sempre caem de pé". Forneça evidências de que essa afirmação é verdadeira ou falsa, segundo as informações deste capítulo.
7. Discuta (a) que aspectos da pobreza, em sua opinião, podem contribuir, direta ou indiretamente, para aumentar a adversidade na vida das crianças e (b) quais aspectos da vida de

crianças de classe média que, embora diferentes daqueles da pobreza, também podem criar estresse.

8. Volte ao Capítulo 2 para rever os elementos dos temperamentos complexo, de aquecimento lento e fácil. Em qual categoria colocaria as crianças maiores de sua classe? Que evidência tem para isso?
9. Os profissionais concentram-se com frequência nos filhos de pais divorciados, acreditando que possam estar angustiados. Discuta os tipos de estressores significativos que podem existir nas famílias intactas, mas perturbadas – estressores que podem, de algum modo, estar escondidos.
10. Considere o conceito de "distanciamento adaptativo" discutido neste capítulo. Conhece algum adulto que tenha feito isso ou que tenha se beneficiado ao fazer isso?

Tarefas de campo

1. Vá a uma livraria ou biblioteca. Encontre pelo menos três livros que abordem um dos estressores familiares discutidos neste capítulo (por exemplo, pais que trabalham). Que novas informações você obtém para dar mais apoio às crianças de sua classe?
2. Examine o ecomapa da Figura 6.2. Faça o exercício com um pai/uma mãe de sua classe para descobrir o máximo possível sobre o filho, desde que nasceu até hoje.
3. Observe um profissional ao trabalhar com crianças. Descreva as situações em que se propõem escolhas às crianças. Registre como a escolha foi anunciada e implementada. Descreva como a permissão foi dada às crianças, como foram incentivadas e apoiadas para lidar com a atividade. Analise os erros cometidos pelo adulto e as possíveis correções.
4. Visite um abrigo para pessoas sem-teto de sua comunidade. Informe-se com o diretor se o abrigo facilita a participação escolar das crianças e a matrícula, quando necessário. Quanto apoio se dá à família e por quanto tempo?

Capítulo 7

Brincar:¹ um contexto para o desenvolvimento e a aprendizagem social

Objetivos

Ao final deste capítulo, você será capaz de descrever:

- O que é e o que não é brincar.
- Os diferentes tipos de brincar.
- As tendências de desenvolvimento no brincar.
- Como brincar contribui para a competência social.
- O papel dos adultos como facilitadores do brincar.
- As comunicações com os familiares sobre o brincar.
- Armadilhas que devem ser evitadas quando se facilita o brincar.

---

¹ No original, *play*. Essa palavra tem inúmeros significados em inglês, como brincar, jogar, representar e tocar (um instrumento). Optamos por traduzi-la conforme o significado que assume em cada frase. Como termo genérico, adotamos "brincar" ou "brincadeira". Não se deve esquecer, porém, que, qualquer que seja a sua acepção, a palavra se referirá *sempre*, neste capítulo, às ações infantis lúdicas. (NT)

> *Situação: Duas crianças brincam, desempenhando os papéis de marido e mulher.*
> *Anne (olhando para um cavalinho de balanço): Preciso ir.*
> *Phillip: Ir?*
> *Anne: Preciso ir trabalhar.*
> *Phillip: Não, você cozinha.*
> *Anne: Não posso cozinhar, preciso trabalhar (sobe no cavalo e começa a balançar).*
> *Phillip: Não, você cozinha e faz coisas desse tipo. Eu é que vou trabalhar (segura as rédeas do cavalo de balanço).*
> *Anne: Vou atrasar pro trabalho. Você fica e cozinha.*
> *Philip: Você não entende? Você cozinha e eu vou trabalhar.*
> *Anne (tenta balançar e não consegue): Sai da frente, vou trabalhar.*
> *Phillip (monta no cavalo atrás dela).*

A brincadeira dessas crianças quase malogrou por falta de um significado compartilhado sobre os papéis que estavam representando. Por sorte, elas foram capazes de concordar em montar, ambas, no cavalo, para trabalhar, embora não tenham se dado plenamente conta de que tinham percepções diferentes do papel de esposa. A mãe de Anne sempre trabalhou durante os quatro primeiros anos de vida da filha, e a de Phillip era dona de casa em tempo integral. No entanto, os dois descobriram, enquanto brincavam, um modo de lidar com seus diferentes pontos de vista.

Brincar é comum e complexo ao mesmo tempo. É a atividade social predominante na primeira infância e continua a ser um veículo para as interações sociais, à medida que as crianças crescem. Nesse contexto, as crianças planejam encontrar-se para brincar, decidem detalhes da brincadeira, negociam as regras e desenvolvem papéis que serão desempenhados na brincadeira. Por ser um aspecto importante da vida das crianças, os adultos precisam compreender a natureza do brincar e o papel que eles próprios têm de apoiar essa atividade ao longo da infância. Infelizmente, o brincar é muitas vezes mal compreendido, negligenciado ou substituído pela agenda do adulto. As oportunidades de brincar estão sendo eliminadas das escolas. Para muitas crianças, o recreio foi eliminado ou abreviado. As brincadeiras de faz de conta e a construção com blocos estão desaparecendo do último ano da escola, enquanto o tempo dedicado à instrução do grupo todo tem aumentado; e há uma ênfase cada vez maior sobre os fatos e sobre conjuntos de habilidades limitadas (Planta, Cox e Snow, 2007). Ao mesmo tempo, brincar livremente em casa é uma atividade cada vez mais restrita, pois os pais trabalham mais horas e proíbem, por cautela, que as crianças brinquem sem supervisão (sem proteção) nas ruas do bairro. Além disso, as crianças têm uma programação diária cada vez mais cerrada. Nossa sociedade trata o brincar como um luxo, visto que não produz resultado acadêmico específico em curto prazo. Mas brincar alimenta o cérebro: as crianças mantêm a forma física, desempenham funções executivas, envolvem-se em comunicações complexas e praticam habilidades sociais. À medida que ler este capítulo, pergunte-se o que aconteceria às crianças e à sociedade se as crianças não brincassem.

■ A natureza do brincar

Qualquer definição do brincar precisa levar em consideração o alegre pega-pega das crianças, a dramatização intensa de um pai zangado, feita no cantinho das tarefas domésticas da escola, as correrias barulhentas dos meninos, a criança de 10 anos que pratica basquete tentando fazer cestas, o ritmo melodioso do pular corda e a paciência e a estratégia das crianças de idade escolar acumulando fortunas no jogo Banco Imobiliário.

O brincar tem determinadas características inconfundíveis (Klein, Wirth & Linas, 2004; Segal, 2004). Brincar é essencialmente agradável; embora algumas das crianças que brincam não estejam explicitamente rindo, elas se divertem. Estão participando de forma ativa, profundamente envolvidas e não é fácil distraí-las. A motivação para brincar é intrínseca, e não há objetivos extrínsecos. O processo é mais importante do que os fins. As brincadeiras estão separadas das experiências cotidianas por uma moldura que permite a todos que brincam saber que "não é de verdade" (Johnson, Christie & Wardle, 2005). Brincar é voluntário; para ser uma brincadeira, a atividade deve ser livremente escolhida pela criança. Não é sério e não "conta", na perspectiva da criança.

Quem brinca determina o que é brincar. Quando brincam, as crianças podem começar, terminar ou modificar a atividade em andamento, sem que haja a interferência de um adulto. Uma atividade dirigida por um adulto não é brincar, embora possa ser agradável. O oposto da brincadeira é a realidade e a seriedade, e não o trabalho. As pessoas brincam no trabalho e divertem-se profundamente, e trabalham arduamente para desenvolver as habilidades necessárias para um esporte. Crianças de 6 e 7 anos distinguem prontamente o trabalho da brincadeira, mas identificam que existem características "intermediárias" nas brincadeiras que "parecem trabalho" e no trabalho que é divertido (Wing, 1995).

Fundamentos genéticos

Brincar é um comportamento das espécies (Power, 2000). Todos os mamíferos, entre eles os humanos, brincam. A adaptabilidade, a flexibilidade comportamental e a forma física tiveram grande valor para a sobrevivência e são praticadas e aprimoradas quando se brinca. Em geral, os indivíduos que brincam muito parecem ter melhor condição física, redes sociais mais fortes e estão mais bem-adaptados a seus grupos (Bekoff & Pierce, 2009). Brincar tem seus próprios sinais de comunicação e convenções sociais. Os comportamentos de brincar com objetos, brincar de luta e brincar de pega-pega são comuns tanto entre crianças quanto entre os primatas (Power, 2000). O mais importante é que brincar é essencial para o crescimento e o desenvolvimento do cérebro social (Panksepp, 2008).

O desenvolvimento social e o brincar

Gary viu Charles entrar na sala de aula das crianças de 3 e 4 anos cheio de expectativa e entusiasmo. Correu em sua direção, com vontade de brincar, e o agarrou pelos joelhos, fazendo-o cair com estrondo. Charles chorou e tentou fugir de Gary. Consternado Gary observou: "Ele não quer brincar comigo".

Linda entrou no playground segurando uma corda longa o suficiente para que duas pessoas pulassem. Contou às outras meninas que havia aprendido a pular em dupla com seus primos mais velhos. Olívia e Angeline começaram a girar a corda. Linda começou a pular e chamou Kathleen para acompanhá-la. Com muitas interrupções e recomeços, e seguindo as instruções de Linda, as garotas finalmente conseguiram pular juntas ritmicamente. Franny esperava e observava. Depois de muito pular, Kathleen errou e chegou a vez de Franny. Angeline e Olívia giraram a corda de modo mais delicado e em ritmo mais lento. Franny começou a pular imediatamente, sem cometer os erros que Kathleen cometera no início.

Fergus e Paul estavam na mesinha para brincar com água, na sala do maternal. Enquanto enchia algumas garrafinhas de água, Fergus notou que Paul continuava a encher uma garrafa já cheia e disse: "Depois que enche, não dá mais para encher. Esvazie ou pegue outra". Paul notou que a garrafa estava cheia, esvaziou-a e começou a enchê-la de novo.

Gary aprendeu, a partir das consequências de seu próprio comportamento, que agarrar não é uma abordagem adequada para começar a brincar. Linda aprendeu a treinar os outros a adquirir novas habilidades e a mantê-los interessados. Olívia e Angeline colaboraram ao virar a corda e, ao mesmo tempo, atrasaram sua gratificação, pois esperaram a sua vez de pular. Franny aprendeu a pular em dupla por meio dos erros de Kathleen. Fergus aprendeu que pode dar informações que ajudam os outros, e Paul aprendeu a aceitá-las.

Nesses exemplos, todas as crianças aprenderam ou praticaram uma nova habilidade social. O brincar e a aprendizagem social mantêm uma relação complexa. A aprendizagem nova é tanto gerada quanto praticada no contexto das brincadeiras. Por exemplo, à medida que as crianças crescem, reconhecem o tratamento justo e o injusto e desenvolvem gradualmente identidades éticas (Edmiston, 2008). Planejam as brincadeiras com antecedência, como fez Linda ao levar a longa corda de pular à escola. Enfim, aprendem a se autocontrolar e a influenciar os companheiros, de modo que a brincadeira prossiga sem problemas. De fato, não há sequer um elemento da competência social para o qual as brincadeiras não contribuam (veja Figura 7.1).

Ao ler este capítulo, você verá, em detalhes, de que modo o brincar dá apoio a cada categoria da competência social. Vamos começar explorando de que forma a brincadeira espontânea das crianças é influenciada pelo gênero da criança, pelo grau de participação social e pelo seu *status* no grupo.

Gênero. Não há diferenças de gênero nos primeiros dois anos (Power, 2000). Depois que as crianças estabelecem sua identidade de gênero e distinguem, com segurança, meninos de meninas, a natureza das brincadeiras muda para sempre (Fagot & Leve, 1998). O **estilo** das brincadeiras e a escolha dos temas diferem entre meninos e meninas, embora a quantidade seja a mesma. A maioria dos meninos tende a brincar de modo mais vigoroso e mais agressivo que as meninas. Eles também se afastam mais dos adultos que as meninas. A cultura social dos meninos tende a se organizar em grupos de competição ou coalizões, enquanto a das meninas é consistentemente mais comunitária. Elas tendem a concentrar-se nas relações e no apoio social, demonstram mais dedicação e empatia ao brincar (Geary, 2004). Essas diferenças de gênero que ocorrem naturalmente são reforçadas pela aprendizagem social. Enquanto as crianças crescem, os familiares, a mídia e outras instituições sociais fornecem indicações claras sobre os comportamentos adequados a cada gênero. Assim, meninos e meninas recebem mensagens fortes sobre as brincadeiras adequadas às crianças

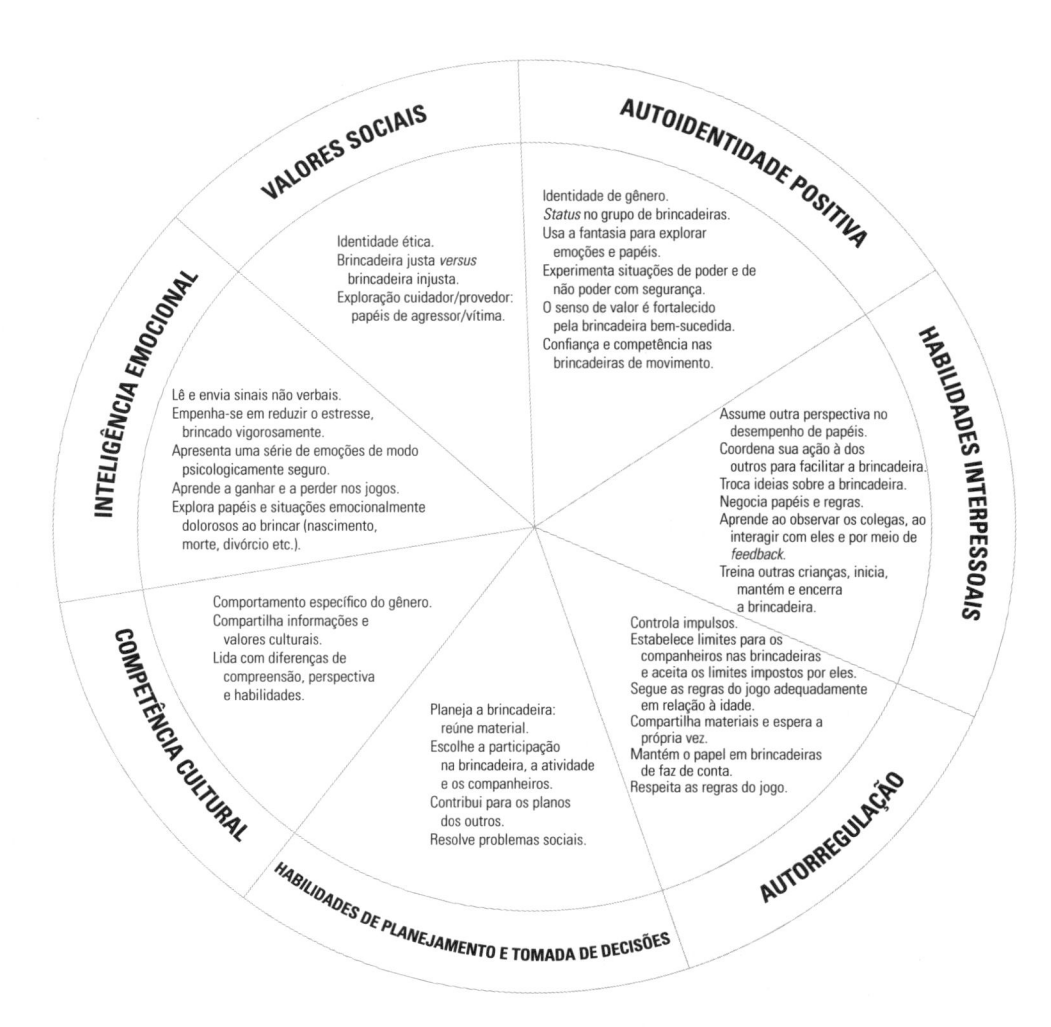

FIGURA 7.1 De que modo as brincadeiras contribuem para a competência social.

de seu sexo. Por meio de ações e palavras, os adultos comunicam suas expectativas às crianças. Além disso, os pais (o pai, em particular) punem as brincadeiras, tanto das filhas quanto dos filhos, que não se enquadram nos papéis estereotipados de gênero (embora haja mais espaço para as meninas brincarem com caminhõezinhos que para os meninos brincarem com bonecas) (Honig, 1998). A mídia e os fabricantes de brinquedos também reforçam o estereótipo do comportamento de brincar ligado ao gênero com os brinquedos que criam para as crianças dessa idade (Willis, 1999).

O resultado dessas influências é que não leva muito tempo para que as crianças de idade pré-escolar prefiram brincar com materiais específicos ao gênero e com colegas do mesmo sexo. As meninas participam com mais frequência de ambientes de tarefas domésticas, representando papéis sociais, e os meninos se envolvem em faz de conta em garagens, naves espaciais ou ambientes relacionados ao trabalho, concentrando-se nas relações de poder (Howe et al., 1993). As crianças não têm dificuldade em discriminar os brinquedos estereotipados quanto ao sexo, dirigidos a meninos e a meninas, embora possam preferir não se limitar aos brinquedos dirigidos a seu sexo. É interessante notar que tanto meninos quanto meninas encaram a exclusão de outras crianças com base no gênero como errada, como não "justa", mesmo quando os materiais usados na atividade são estereotipados (Theimer, Killen & Strangor, 2001).

As crianças em idade escolar mantêm a tendência a selecionar papéis, mas incorporam, muitas vezes, figuras da mídia ou da literatura a seus papéis. A representação baseada no gênero se torna mais clara e mais detalhada, e, além disso, o conhecimento dos estereótipos sexuais e a consciência da constância de gênero uniformizam-se após os 7 anos. Cada vez mais as crianças dispõem de informações detalhadas sobre as características específicas de seu papel sexual adequado, sobre como agir de acordo com ele e sobre quais atividades físicas são para os meninos e quais são para as meninas (Bem, 1985; Schmalz & Kerstetter, 2006).

Em geral, as brincadeiras das meninas maiores geram aprendizagem de regras, imitação, tarefas de persistência, proposta de reconhecimento, obediência, permanência junto aos adultos e comportamento de busca de ajuda, enquanto as dos meninos os forçam a comportamentos de solução criativa de problemas, exploração e reestruturação da aprendizagem anterior (Block, 1979). Esses comportamentos são geralmente considerados pela sociedade como típicos do papel relativo ao sexo. Tanto os meninos quanto as meninas se empenham em brincadeiras competitivas; os meninos se envolvem em uma competição aberta direta e as meninas tramam por posição e *status*, muitas vezes à custa de ferir os sentimentos dos outros enquanto experimentam diferentes papéis sociais (Goodwin, 2006). Ainda assim, persistem diferenças individuais substanciais – há meninos sãos que apresentam comportamentos de dedicação e comunitários e meninas sãs que participam das brincadeiras assertivas e vigorosas mais frequentemente associadas aos meninos.

Participação social. A participação das crianças nas brincadeiras varia desde o não envolvimento até a participação em atividades de grupo. Essas formas de participação social são adquiridas em sequência, mas cada tipo tem características independentes e importantes (Parten, 1932):

1. **Comportamento desocupado:** a criança não está envolvida em nenhuma tarefa ou participação social. Passa a maior parte do tempo olhando em torno ou vagando, sem nenhuma tarefa específica.
2. **Observador:** a criança observa ativamente as outras e às vezes fala com elas.
3. **Brincadeira solitária:** a criança brinca sozinha e independentemente com os brinquedos, sem interagir com as outras crianças. Usa a inteligência e as habilidades de solução de problemas para usar os objetos ou brinca de faz de conta (Bornstein, 2007).
4. **Atividade paralela:** a criança brinca independentemente perto de outras crianças que estão empenhadas na mesma atividade. Não há contato verbal. Uma situação típica dessa modalidade de brincar é: duas crianças montam quebra-cabeças na mesma mesa.
5. **Brincadeira associativa:** a criança interage com as outras, mas as atividades não são as mesmas. Por exemplo, Niki desloca seus caminhões para longe e para perto de uma construção feita com blocos, enquanto Dennis e Mark trabalham juntos. Ocasionalmente se detém, faz um comentário e, em seguida, continua a fazer "entregas".
6. **Brincadeira cooperativa ou organizada suplementar:** a criança brinca em grupo para obter um produto material ou lutar por um objetivo comum. Brincar de roda é uma **brincadeira cooperativa** – assim como a de Dennis e Mark, empenhados em construir.

A brincadeira solitária e as várias formas de brincar em grupo não constituem categorias hierárquicas. De fato, a brincadeira solitária fortalece a formação de novos padrões de comportamento e permite exercitar a criatividade, enquanto as brincadeiras sociais reforçam as ligações entre os indivíduos (Dolgin, 1981). A brincadeira solitária é a forma mais comum de brincar das crianças de até 3 anos, em parte por não terem experiência e oportunidade de interagir com os pares, em parte porque, nesse período, tratam os pares como objetos. Mas, em determinado momento, isso muda: na metade do segundo ano de vida, tornam-se capazes de envolvimento recíproco, de esperar a própria vez e de repetir as atividades de brincar com outras crianças (Hay, Ross & Goldman, 2004).

É possível observar todas as formas de participação em brincadeiras em qualquer ambiente. Por exemplo, a criança que age como observadora, embora não esteja socialmente envolvida, pode adquirir o conhecimento que a capacitará, mais tarde, a ter uma participação mais direta. Algumas crianças precisam de tempo para perambular pelo ambiente em que se brinca e verificar as escolhas de que dispõem antes que possam tomar uma decisão. A brincadeira paralela ocorre quase sempre antes de um episódio de brincadeira cooperativa. Portanto, cada tipo de participação social tem algo a oferecer ao desenvolvimento social da criança.

***Status* social.** Quando as crianças brincam juntas, aprendem invariavelmente o que é *status* dentro do grupo, os papéis dominantes e as relações de poder. O brincar fornece um modo seguro de explorar sua própria posição entre os demais e também de avaliar indiretamente a existência das relações de poder (Pellegrini, 2004). As crianças podem também recorrer à aplicação de regras específicas da sala de aula em situações em que outras crianças se opõem a seus desejos. Por exemplo, uma criança pode evocar a regra "nada de armas" caso outra tenha construído uma arma e os companheiros estejam intrigados. É possível que crianças pequenas se lembrem de afirmações como "Só quatro podem jogar", "Tome conta do que pegar para brincar" e "Primeiro a chegar, primeiro a ser servido" justamente quando servem a seus propósitos (Jordan, Cowan & Roberts, 1995; Winther-Lindqvist, 2009). Outras estratégias menos evidentes são igualmente efetivas. Por exemplo, Toby, que olha para Jeanette e anuncia "Vamos brincar de casinha", comunica seu desejo de brincar e, ao mesmo tempo, exclui Maria, para quem dá as costas. Essa mensagem é igualmente clara para todos os envolvidos. Toby estabeleceu seu papel de líder, dando início à atividade, e pode continuar, definindo o prosseguimento da brincadeira.

As crianças que têm *status* dentro do grupo tendem a dirigir suas mensagens a crianças específicas que participam da brincadeira. Com frequência fazem isso com mais de um companheiro, um de cada vez. Os participantes preferidos, no entanto, precisam ser contingentemente reativos às outras crianças para manter a brincadeira. Mesmo quando rejeita a ideia de uma brincadeira, a criança que tem *status* alto talvez ofereça uma explicação ou uma alternativa – em vez de rejeitar categoricamente – para continuar, assim, a interação (Hazen & Black, 1989). Os participantes de alto *status* decidem também as regras a serem aplicadas a uma brincadeira específica. Por exemplo, a regra de que dois times têm de ter o mesmo número de jogadores pode ser ignorada: caso um amigo da criança dominante queira brincar, um dos times será maior (Winther-Lindqvist, 2009).

As crianças em idade escolar competentes comportam-se de maneiras relevantes para a atividade em curso, são sensíveis aos sinais não verbais dos companheiros, além de reativas e adequadas às iniciativas sociais dos pares. As crianças menos eficientes têm menor regulação emocional e conhecimento da situação, estão menos atentas aos sinais não verbais e têm mais probabilidade de envolver os pares em situações agressivas ou de coerção. São frequentemente rejeitadas ou isoladas pelos companheiros. Essas crianças, de *status* social mais baixo, parecem menos conectadas ao grupo e incapazes de "ler" as situações sociais ou o teor emocional do grupo, de modo a coordenar suas atividades com as dos outros (Pettit & Harrist, 1993). Em qualquer tipo de brincadeira, as crianças usam todas as estratégias de participação social e incorporam suas identidades sociais – como o *status* dentro do grupo –, as habilidades especiais e as redes de amizade.

■ Tipos de brincar

Comportamento exploratório

Renzell, de 4 anos, pegou um estetoscópio, assoprou no auscultador, observou os auriculares, colocou-os nas orelhas, deu uma batidinha no auscultador, foi até uma boneca e anunciou que era o médico. Desempenhou esse papel diversas vezes, auscultando vários pontos do corpo das bonecas. Quando Michael entrou na sala, Renzell disse: "Acho que você está doente" – e começou a auscultar o braço de Michael. Este lhe disse: "Escuta aqui", apontando para o peito. Renzell auscultou o peito de Michael e disse que alguma coisa estava errada. Auscultou outros pontos do peito de Michael e começou a perguntar a todo momento: "Está escutando isso?". Auscultou também o aquecedor, o hamster e outras crianças, esquecendo momentaneamente seu papel de médico.

As crianças que se empenham em comportamentos exploratórios examinam o ambiente, escrutam, sentem, cheiram, põem na boca, balançam, erguem, movem-se, operam, provam e investigam de outros modos a natureza dos objetos ao seu alcance. Em geral, a brincadeira exploratória consiste em três padrões: encontrar objetos, investigar manualmente e fazer perguntas (Power, 2000). As perguntas são: "O que isso faz?", "Como funciona?" e "Qual é a natureza desse objeto ou dessa situação?". Os comportamentos exploratórios relativos aos objetos novos precedem o verdadeiro comportamento de brincar (Hutt, 1971). A quantidade de exploração dos objetos novos permanece consistente, mas os estudos sugerem que as estratégias usadas apresentam mudanças do desenvolvimento sistemáticas ao longo do tempo (Power, 2000). Os adultos usam essa informação para dar apoio a essas mudanças progressivas.

A **complexidade** dos objetos parece estar estreitamente relacionada ao tempo usado para investigá-los. A complexidade aumenta em função da quantidade de partes (considere a variedade de quebra-cabeças ou de modelos de carros), da reatividade ou maleabilidade (área e água são mais maleáveis que um caminhão de brinquedo) e da quantidade de usos possíveis (uma bola é mais versátil que um taco de hóquei). A **novidade** é um dos fatores principais: as crianças mostram cautela em relação a objetos demasiadamente novos. Quando reencontram um objeto, depois de passarem certo tempo sem vê-lo, as crianças o exploram novamente. O mesmo acontece quando encontram objetos semelhantes a outros que já lhes são familiares. Os jogos de computador incorporam tanto a novidade quanto a complexidade em razão das várias opções que oferecem e que estimulam tanto a exploração do programa de software quanto o jogo.

Os bebês exploram com a boca, as mãos e os pés, e usam todos os sentidos. Crianças até 3 anos exploram o sabor e o cheiro da cola, e manipulam-na antes de usá-la para colar pedaços de papel. Despejam a água e a areia, amassam, provam o sabor e cheiram. Crianças de 6 a 7 anos são mais precisas quando manipulam as coisas e fazem explorações visuais e auditivas cuidadosas. Por exemplo, quando deparam com uma roda de oleiro manual, giram-na com os dedos, examinam de perto para ver como funciona e a testam com um pouco de argila, antes de tentarem fazer algo como uma roda. As maiores exploram deliberadamente e são mais rápidas. Todas as crianças exploram sozinhas ou em pequenos grupos; elas se alternam entre explorar os objetos e chamar os amigos para compartilhar as descobertas.

As crianças passam da pergunta "O que esse objeto faz?" para outra, ligeiramente diferente: "O que posso fazer com esse objeto?". Incorporam os objetos em suas brincadeiras para determinar seus significados e usos. Como Renzell e seu estetoscópio, as crianças passam, repetidamente, da exploração para a brincadeira imaginativa, em um único episódio. Brincar nunca é "apenas brincar", mas uma atividade importante para o desenvolvimento de todas as crianças. Os adultos desempenham múltiplos papéis ao proporcionarem as brincadeiras. Entre esses papéis está o de intervir intensivamente em relação àquelas crianças cujas habilidades de brincar interferem no desenvolvimento social. A Figura 7.2 apresenta um resumo desses papéis na pirâmide de apoio social.

Brincar com objetos

Crianças de todas as idades brincam com qualquer coisa: objetos reais (utensílios, móveis, folhas, gravetos e animais), materiais de construção ou de instrução (jogos de memória, quebra-cabeças, brinquedos de empilhar), materiais de construção (blocos, tintas, argila, papelão), materiais líquidos (água, areia, neve), equipamentos esportivos (bolas, tacos), jogos de tabuleiro (Banco Imobiliário, Ludo) e videogames (jogos eletrônicos portáteis, jogos de computador). E brincam em qualquer lugar: ônibus, jardim, *playground*, pré-escola, refeitório, sala de aula e corredores. O contexto da brincadeira compreende espaço, materiais, tempo e outras pessoas. As experiências de cada criança, o local, as plantas e outros objetos do espaço físico sugerem o conteúdo e o tipo de brincadeira ao ar livre (Reifel & Yeatman, 1993). Além disso, a qualidade do contexto da brincadeira está altamente associada à solução de problemas sociais das crianças (Goleman, 2007).

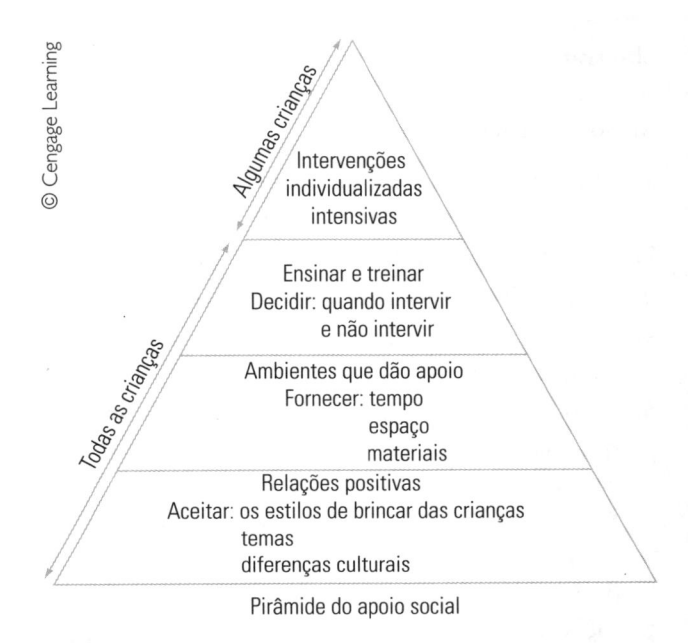

FIGURA 7.2 Pirâmide do apoio social: fortalecer o comportamento de brincar das crianças.

As coisas com que brincam podem ter tamanho reduzido ou serem simplificadas (como um fogão de brinquedo), réplicas (como um caminhão de brinquedo) ou estruturadas de modo que os conceitos básicos estejam claros (como um conjunto de argolas coloridas de diversos tamanhos em um suporte com forma de cone). As formas variam: desde as muito realistas (móveis em miniatura para crianças pequenas) até as mais abstratas (animais esculpidos para crianças maiores). Os brinquedos são simbólicos também: representam relações familiares, fornecem indicações quanto ao comportamento adequado ao sexo, representam a própria autoidentidade da criança e transmitem valores culturais. Por exemplo, as crianças aprendem valores sociais quando reconhecem que outras crianças, pelo mundo afora, brincam com brinquedos de que elas também gostam.

A competência motora das crianças, o funcionamento cognitivo e as habilidades sociais influem sobre o modo como as crianças se envolvem com os outros e com as coisas com que brincam.

Mudanças desenvolvimentais no uso de objetos. Os objetos são inicialmente explorados, combinados, em seguida, com outras coisas funcionalmente relacionadas e, mais tarde, usados em brincadeiras de faz de conta. As crianças pequenas usam os objetos para propor interações com os amigos. O fato de possuir objetos desejados ou espaço para brincar mantém até as crianças de baixo *status* no jogo ou no faz de conta. A seguir, apresentamos a sequência do uso de objetos que você observará ao trabalhar com crianças pequenas. As maiores continuam a usar os objetos para brincar do mesmo modo com facilidade.

1. O comportamento motor é repetitivo, e as crianças costumam pôr as coisas na boca.
2. Os objetos são explorados sistematicamente.
3. As ações começam com a apropriação dos objetos.
4. Os objetos funcionalmente relacionados são combinados entre si.
5. Os padrões de ação são combinados para formar sequências mais longas (mexer, derramar e lavar uma vasilha).
6. Os padrões de ação são aplicados à própria criança (pode ser por simples faz de conta, como comer ou dormir).
7. Os padrões de ação são aplicados a outros ou a réplicas (a boneca "come").
8. A habilidade de agir é atribuída à réplica (a boneca "alimenta" o ursinho).
9. Os objetos que não estão presentes, mas são necessários para completar a sequência lógica, são "inventados" (fingir que há uma colher com que mexer).
10. Os objetos são transformados para uso em sequência (usa lápis em lugar da colher).

Transformar significa substituir um objeto por outro. Por exemplo, uma criança de 3 anos pode usar um lápis, um bastãozinho, uma espátula para abaixar a língua ou uma chave de fenda, na falta da colher, para mexer um suco ou alimentar uma boneca.

Os primeiros seis padrões são, às vezes, combinados e praticados para obter domínio sobre um objeto. O brincar para adquirir domínio, ou praticar, é repetitivo, mas pode apresentar ligeiras variações até que as propriedades do objeto sejam completamente compreendidas e dominadas. Uma criança de 2 anos manipula um conjunto de cubos de encaixe de trinta modos diferentes. Cada cubo é combinado com um, dois, três outros cubos, além do conjunto inteiro. Ela tentará também empilhar os cubos. O ato de brincar para adquirir domínio, assim como o comportamento exploratório, é comum quando pessoas de qualquer idade encontram objetos que são novos e complexos. As crianças maiores brincam do mesmo modo com as tecnologias recentemente introduzidas. Crianças de 30 meses cooperam para atingir o domínio das coisas com que brincam.

Diferenças de estilo no uso do objeto. O estilo de brincar da criança desenvolve-se entre 2 e 3 anos e continua ao longo de toda a infância (Shotwell, Wolf & Gardner, 1979). Algumas crianças respondem ao potencial simbólico dos objetos mais prontamente que outras. Esse estilo de brincar chama-se **estilo dramaturgo**, em que a criança usa os objetos para promover a narrativa da história que está sendo representada ou imaginada. As construções são simples: apenas o suficiente para compor a casa ou a loja em que as pessoas vivem ou compram. Já as crianças da mesma idade, cujo **estilo está relacionado às formas**, combinam blocos em estruturas maiores, mais complexas, mais elaboradas e experimentam a linha e o equilíbrio. As crianças que usam esse estilo estão interessadas em cores, texturas, formas e outras características físicas. As do estilo dramaturgo abordam os materiais com a pergunta: "Que história posso contar com essas coisas?". Aqueles que se detêm nas formas abordam os materiais com a seguinte pergunta: "Como posso arrumar essas coisas para que tudo fique bonito?". Elas comunicam significado por meio da localização espacial dos objetos. Concentrada nos elementos do *design* e nas funções das estruturas ou das combinações que faz, a criança que aprecia as formas pode dispor todos os caminhões com base em tamanho, cor, função ou outros critérios. Os adultos que não reconhecem esse estilo de brincar têm a expectativa de que a criança renuncie a alguns caminhões em benefício de outras crianças, que ficariam satisfeitas usando um apenas, pois seu estilo é o do dramaturgo. Entretanto, a remoção de diversas unidades do *design* estragaria totalmente o propósito da brincadeira dessa criança. Os adultos observadores que supervisionam crianças devem observar qual é o estilo que a criança usa, antes de insistir para que divida o material e o compartilhe. Uma abordagem melhor para a criança voltada para as formas é sugerir o uso sequencial do material. É improvável que o dramaturgo se incomode em compartilhar o material, enquanto houver o suficiente para que ele ponha em prática a história que tem em mente. Para essas crianças, é mais fácil desfazer-se dos materiais porque a verdadeira fonte da brincadeira é sua imaginação e não os materiais.

A brincadeira dramatizada

A **brincadeira dramatizada**, ou faz de conta, é, provavelmente, uma das formas de brincar mais praticadas pelas crianças. O faz de conta pode começar por volta de 1 ano. A quantidade de tempo gasto atinge o ápice aos 5 e 6 anos e, em seguida, diminui, pois as crianças passam períodos mais longos na escola. O faz de conta prossegue ao longo de toda a infância, já que as crianças maiores dedicam-se a brincar com fantasias literárias ou midiáticas, mas a escola e os grupos de jogos ocupam a maior parte de seu tempo. Quando o tempo e a oportunidade permitem, elas mantêm o enredo da história por vários dias ou semanas.

A brincadeira de faz de conta em grupo ou **sociodramática**, na qual as crianças compartilham objetivos, tema e materiais, torna-se possível aos 3 anos – desde que as crianças já tenham adquirido habilidades para isso – e continuará ao longo de toda a infância. Nos casos de crianças que dispõem de menos oportunidades, a manifestação dessa forma mais difícil de brincar ocorre mais tarde. Os adultos são capazes de treinar as crianças a desenvolver as habilidades de brincar que ainda não adquiriram. Os estilos utilizados pelas crianças para representar os eventos no faz de conta variam, como mostra o Quadro 7.1 (Rosenberg, 2001). O estilo refere-se às características do comportamento que se apresentam, independentemente do conteúdo da brincadeira. Como acontece com o modo que as crianças brincam com o objeto, o estilo tende a ser consistente com elas ao longo do tempo. Algumas crianças usam ambos os estilos e não parecem ter um modo preferido.

Quando a criança **pragmática** é interrompida por uma transição (uma solicitação do adulto, por exemplo), dentro do ambiente de grupo, ela se detém e obedece à solicitação. Já a **fantasista** tem dificuldade de deixar o modo imaginativo e talvez resista à mudança, ignorando o adulto – ela incorpora a solicitação deste a sua fantasia –, e pode parecer distraída ou angustiada em relação à interrupção, quando é forçada a obedecer. É preciso preveni-la o suficiente para que possa completar o episódio imaginativo antes da transição.

Uma recente revisão das influências culturais sobre o comportamento do brincar social indicou que existem

QUADRO 7.1 Estilos dramáticos da brincadeira imaginativa

	Traços característicos
Fantasista	1. A criança está completamente imersa na brincadeira imaginativa. É difícil distraí-la, não tem nenhuma preocupação com o êxito e não tem consciência de si. Está concentrada e fascinada.
	2. Há um lócus interno de controle e ausência de preocupação em relação ao adulto ou supervisor, o qual parece ser ignorado.
	3. Ocorrem autofalas durante a brincadeira, nas quais a criança parece conversar com seu "outro eu". Pode assumir diversos papéis.
	4. A criança tem, em geral, imagens vívidas com detalhes extraídos de sua própria experiência, mas, muitas vezes, as imagens nunca aconteceram. Oscila entre a memória e a fantasia; as memórias fornecem estímulo para a elaboração.
	5. A fantasista pula diretamente para dentro da atividade e começa a brincar ou escolhe não participar.
	6. Parece ser muito sensível aos sinais sensoriais e não se envolverá se houver um odor desagradável ou se não se sentir bem.
Pragmática	1. A criança está preocupada com o mundo real em torno dela e pode ser distraída por uma atividade vizinha.
	2. Preocupa-se com a audiência. É possível que busque atenção e talvez precise ser incentivada pelo cuidador.
	3. É possível que peça esclarecimento ou permissão ao adulto, no meio da brincadeira, e depois recomece. A brincadeira é menos intensa.
	4. Envolve-se em autofala, mas esta é, em geral, autoavaliadora ou um comentário ao que fez: "Não gosto mesmo desse chapéu".
	5. A pragmática representa o que acontece em sua vida. Sua imaginação é genérica: imagina um gato qualquer e não um específico.
	6. Brinca em condições adversas e não parece preocupada com a temperatura ou com as características sensoriais do ambiente.
	7. Tenta arduamente encontrar um procedimento útil para realizar a atividade, é previsível e busca a aprovação do adulto.

variações no momento em que as habilidades se desenvolvem e na preferência por temas específicos, tanto nos estudos interculturais quanto naqueles relativos às subpopulações dos Estados Unidos (Power, 2000; Gaskins, Haight & Lancy, 2007). Quando o brincar é visto como uma atividade cultural, torna-se mais fácil perceber de que modo a cultura da criança (condições econômicas, características da comunidade, valor dado ao brincar pelos adultos e pelas práticas de educação de filhos) influencia tanto as habilidades das crianças que brincam quanto o conteúdo da brincadeira (Göncü, Jain & Tuermer, 2007). Aparentemente, o faz de conta é mais sensível à instrução e ao incentivo dos adultos do ambiente do que outras formas de brincar (Smith, 2005). Entretanto, parece haver pouca diferença nos modos de brincar que as crianças escolhem, quando todos os tipos estão à disposição (Ramsey, 1998).

Substituição do objeto. As crianças desenvolvem diversas habilidades antes de poderem brincar de faz de conta com crianças que já o fazem. Antes de tudo, precisam adquirir a habilidade de substituir um objeto por outro ou transformar um objeto em outro. Quanto mais o objeto substituto se parecer com o objeto necessário à dramatização, mais provável será que as crianças o usem. Uma concha pode substituir uma xícara, mas não um taco. Entre 2 e 3 anos, as crianças podem substituir um objeto na brincadeira, mas não dois. Por exemplo, um objeto abstrato de madeira pode ser usado como um cavalo, e uma xícara de leite como um bebedouro, mas a brincadeira se desfaz se a criança receber um objeto abstrato de madeira e uma concha. No terceiro ano, as crianças usam uma xícara no lugar de qualquer recipiente: vasinho sanitário, vasilha, chapéu ou prato. Os adultos percebem que a criança fez uma substituição, pois o objeto está claramente em ação no lugar do objeto que substitui. Já as crianças de 4 anos tendem a usar os objetos de modo mais realista (Trawick-Smith, 1990). São mais propensas a se dedicar a brincadeiras sociodramáticas, nas quais cada participante precisa concordar sobre o significado de cada objeto de faz de conta. Tudo se complica, evidentemente, quando há diversos objetos de substituição em uma brincadeira de grupo.

Invenção do objeto. Em seguida, as crianças precisam ser capazes de inventar um objeto – para imitar o uso do objeto, por meio de ações, mesmo quando nenhum objeto está ao alcance. A **invenção do objeto** é uma simples pantomima, e, em sua forma mais simples, usa-se apenas um objeto faz de conta de cada vez. A criança pode executar a ação de mexer em cima de uma vasilha para inventar uma colher ou girar o braço por cima da cabeça para simbolizar uma corda. As menores terão dificuldade de fazer a mímica se não houver um objeto que funcione como símbolo (um objeto real que toma o lugar de outro objeto real, como uma pedra no lugar de um carro). Entre 3 e 4 anos, conseguem fazer de conta sem nenhum objeto de substituição. As crianças em idade escolar fazem isso prontamente.

As crianças que não aprenderam a fazer de conta podem abordar os brinquedos de modo exploratório e, então, responder a eles como se fossem reais. Em uma sala de aula, Emily entrou na área de tarefas domésticas e examinou o fogão, virou os botões, tocou os queimadores e abriu o forno para espiar. Depois, afastou o fogão da parede e examinou a parte de trás. Pôs as mãos na cintura e disse para o professor com pesar "Esse maldito fogão não funciona!". Ficou aborrecida quando o professor explicou que um fogão de brinquedo não funciona como um fogão real.

Modificação do tempo e do lugar. As crianças aprendem também a transformar o tempo e os ambientes. O brinquedo de escalar se torna uma nave espacial em voo e a caixa de areia é a praia do período em que viviam os animais pré-históricos. Estão bem conscientes da convenção que estabelecem e tendem a brincar de modo consistente. Por exemplo, a Debbie "bebê" sai da cama para passar roupa na prancha. Sua "mãe" avisa a menina de que bebês não podem passar roupa, pois podem se queimar. Debbie volta para a cama e diz: "Cresce, cresce, cresce. Agora sou a irmã mais velha", e volta para a prancha de passar roupa, condensando muitos anos em poucos segundos. O tempo e o lugar não apresentam restrições no que apresentam os participantes.

Desempenho de papéis. A criança precisa aprender a assumir um papel. O mais simples é o **papel funcional** (Watson & Fisher, 1980). A criança se torna uma pessoa que dirige um caminhão. Esse papel não contém uma identidade ou personalidade permanente, mas é definido pela pessoa na situação corrente. Porém, quando ela assume o **papel de personagem**, executa diversas sequências comportamentais adequadas ao papel. O papel de personagem inclui papéis familiares (mãe, pai, irmã), ocupacionais (bombeiro, médico) e ficcionais (super-herói, bruxa). Os papéis familiares são desempenhados com muito mais detalhes que os outros. As crianças pequenas tendem a limitar-se aos papéis com os quais já tiveram experiência direta (bebê, um dos pais), mas as maiores são mais propensas a desempenhar papéis que observaram (marido, mulher) e a experimentar papéis ocupacionais. Enfim, crianças em idade pré-escolar são capazes de representar múltiplos papéis. É o caso de uma menina de 30 meses que representava a "mãe" para o "bebê" e a "esposa" para o "marido", enquanto treinava o "marido" para desempenhar o papel de "pai" (Miller & Garvey, 1984). As crianças da segunda metade do primeiro ciclo do ensino fundamental são capazes de assumir uma ampla variedade de papéis de personagem. As representações do papel e da ação são, no início, afetadas pela disponibilidade de objetos de suporte realísticos.

Diferenças culturais e de experiência nas crianças. As crianças levam para as brincadeiras seu *background* cultural e seu estilo de vida como fontes de informação. Representam experiências de vida que podem não ser familiares aos professores, tais como coquetéis, cruzeiros, viagens ao exterior, despejo de casa, lutas de gangues, violência familiar e atividades sexuais explícitas. É possível que os adultos não se sintam à vontade com algumas dessas brincadeiras no grupo, mas as crianças precisam representar as próprias experiências. É possível redirecioná-las para outros aspectos dos papéis familiares como ir trabalhar e limpar a casa. Entretanto, para que a brincadeira dê bons resultados, elas não devem ser repreendidas nem constrangidas em razão do tema ou do papel que representam.

Além disso, o modo como meninos e meninas estabelecem o terreno comum necessário para a brincadeira sociodramática é bastante diferente. Os meninos tendem a fazer afirmações sobre si mesmos, ou sobre o que farão, para definir uma situação comum na brincadeira: "Sou o chofer do ônibus", declara Milton enquanto organiza as cadeiras e os blocos para compor o ônibus. Os outros meninos assumem o tema da brincadeira ajudando a construir o ônibus ou sentando-se nele. Já as meninas, em geral, concentram-se no grupo ou na relação e, em geral, estabelecem as relações entre os participantes, como um modo de começar a brincar. "Vamos fazer de conta que estamos perdidas e assustadas", disse Jean, estremecendo, a suas companheiras. As garotas deram-se as mãos e esconderam-se embaixo da mesa.

Para aceitar as crianças, é fundamental considerar as diversidades culturais do grupo. É possível que o conteúdo da brincadeira revele raça, etnia, religião, idade, gênero, composição familiar, estilo de vida, condições econômicas, condições incapacitantes, preferências sexuais dos familiares adultos e todas as especificidades relacionadas à comunidade local. Uma criança de 11 anos buscava informar-se sobre como deveria chamar os netos da segunda mulher de seu pai com o primeiro marido e se deveria ou não convidá-los para o casamento que estava encenando com as figuras dos adultos. Em geral, se o adulto for capaz de entender o meio cultural de cada criança, poderá evitar reações de surpresa, choque ou confusão. O comportamento de brincar é construído sobre as variações de comportamentos sérios e, então, repetido, combinado de uma série de modos e reduzido à irrelevância por meio do humor ou engrandecido por meio da brincadeira ritualizada. As crianças precisam usar o que conhecem, a despeito do conteúdo. Quando têm menos experiência, brincam com as menores até adquirirem as habilidades que as de sua faixa etária apresentam. Ao prepararem o ambiente e a orientação para a brincadeira, os adultos experientes e bem informados devem levar em conta as expectativas culturais e de gênero.

Os papéis que as crianças constroem para si na brincadeira do faz de conta social. Entre 2 e 6 anos, as crianças criam, gradualmente, papéis que lhes permitem participar de brincadeiras de faz de conta em grupos. Aquelas de 2 e 3 anos ainda não veem necessidade em regras, até começarem a participar de temas e histórias mais sofisticados ou com mais crianças. Quando têm dificuldade de entrar e de manter-se numa brincadeira social complexa, isso se deve ao fato de que ainda não perceberam a necessidade de algumas regras, não conhecem as regras ou não compreenderam inteiramente o modo de pô-las em prática. À medida que desenvolvem as regras sociais, é possível que surjam variações entre os grupos de crianças. Nem é necessário dizer que elas precisam de tempo e de oportunidade para interagir umas com as outras em ambientes nos quais a brincadeira é apoiada, de modo a construir e modificar as regras internas das brincadeiras sociais (veja Box 7.1).

A comunicação entre os pares sobre o faz de conta. A **metacomunicação** – comunicação sobre comunicação – são afirmações ou ações que explicam as mensagens sobre como o comportamento deve ser interpretado (Farver, 1992). Indicam se o comportamento deve ser levado a sério ou de forma brincalhona. As metacomunicações verbais quase sempre determinam a cena ou as condições da brincadeira: "Vamos fazer de conta que o fogo é real". As não verbais são menos explícitas. A criança, por exemplo, "escava a neve" em pleno verão. As metacomunicações separam explicitamente o real do

BOX 7.1 Regras explícitas e implícitas

Regras explícitas	Regras implícitas
1. A criança que chega primeiro ao local de fantasiar-se ou que propõe inicialmente a ideia da brincadeira torna-se a diretora da representação. 2. Todas as crianças precisam pedir para brincar. 3. Todas as crianças precisam ter um papel na história. 4. Todas as crianças precisam brincar (embora não seja claro o que é justo; em geral, essa regra é usada no contexto de esperar a própria vez, compartilhar e não ser prepotente).	1. As crianças mantêm a distinção entre fantasia e realidade enquanto operam no contexto da fantasia. 2. Em vez de brincarem sozinhas, as crianças entram em brincadeiras de faz de conta já em andamento. 3. As crianças mantêm a sequência do faz de conta criando, dando continuidade ao enredo e aceitando as fantasias propostas (Curran, 1999, p. 49).

faz de conta e mantêm a brincadeira (Göncü, Patt & Kouba, 2004). Mesmo quando uma criança abandona a moldura da brincadeira ou sai do papel adotado para fornecer informações ou repreender, as demais não se confundem (Dockett, 1998). Examine o Quadro 7.2 cuidadosamente. Você verá de que modo as crianças usam a metacomunicação com o propósito de promover a brincadeira nos exemplos de comunicação verbal e não verbal. As mensagens são sobre a narrativa ou sobre a moldura da brincadeira, de modo que está socialmente definido que se trata de uma brincadeira e, portanto, "não é de verdade". Para manter a brincadeira, algumas mensagens precisam ser enviadas de "fora da moldura", de modo a compartilhar informações para que a brincadeira possa continuar.

As crianças maiores tentam integrar as ideias no texto compartilhado por meio de sinais implícitos para regular a representação (Dunn, 2009). As metacomunicações explícitas são usadas quando a narrativa e os papéis são negociados durante a fase de preparação. Já durante a fase de realização, as crianças tentam manter a ilusão de realidade fazendo mímicas, dando sinais não verbais, desempenhando o papel e narrando estratégias. Usam, às vezes, estratégias mais explícitas quando discutem um problema no enredo e também na fase conclusiva, quando resolvem um problema (Dunn, 2009). Cada criança precisa adaptar o que faz ao papel das demais, bem como à narrativa. Isso requer pensamento complexo e autorregulação.

A **moldura da brincadeira** engloba o objetivo da brincadeira. Inclui todos os objetos e pessoas relevantes ao cenário da brincadeira. Cada criança, dentro da moldura, está ligada às outras por meio da comunicação e dos objetivos compartilhados. Por exemplo, se a criança está participando de um episódio no qual deve sair do "restaurante" para obter mais "comida" do outro lado da sala, ela continua dentro da moldura. Se um fotógrafo quisesse registrar o episódio de faz de conta descrito no início do capítulo, automaticamente teria recuado para incluir as crianças e o cavalo de balanço. Isso teria sido assim, ainda que houvessem outras pessoas em primeiro plano ou no fundo da foto. As pessoas e os objetos que estão nas proximidades – mas que não estão ligados, pela comunicação, aos objetivos comuns que promovem a brincadeira – não fazem parte da moldura da brincadeira.

Influenciar a direção da representação. As crianças tendem a não expor sua ilusão do faz de conta desnecessariamente. Se possível, mantêm suas comunicações "dentro da moldura", mas as metacomunicações residem em um *continuum* que varia desde aquilo profundamente dentro da moldura até o que está complemente fora (Griffin, 1984).

As crianças usam **sugestões disfarçadas** que parecem fazer parte da representação, mas, na verdade, alteram o curso da brincadeira. A pergunta "Já é noite?" feita pelo "bebê" dá realmente início a uma sequência de cuidados por parte da "mãe".

O **destaque** fornece informações aos outros participantes ("Vou buscar o jantar agora", dito na voz do personagem). Um exemplo disso é o "Lava, lava, lava" em relação aos pratos ou à roupa. Essa "magia" é feita em voz melodiosa e rítmica.

A **narração de histórias** é formulada quase sempre no passado e em cadência, o que permite o desenvolvimento de tramas mais elaboradas: "Vamos fingir que essa nave espacial subiu, foi muito alto... e o computador desligou... e não havia lua".

A **incitação** (*prompting*) é uma técnica com a qual uma criança instrui outra sobre como agir ou sobre o que dizer, quase sempre em um sussurro ou com voz mais suave: "Estou pronta para tomar o café da manhã agora... (sussurrando) Não, você precisa fazer a omelete para que eu coma".

QUADRO 7.2 Finalidade das metacomunicações sobre a brincadeira, com exemplos verbais e não verbais

Finalidade da criança	Comunicação verbal	Comunicação não verbal
Começar a brincar.	"Quer brincar?" "Vamos começar?"	Entra em um ambiente de brincadeiras e apresenta comportamentos que dão início à brincadeira, como "cozinhar" ou "oferecer" blocos para outra criança.
Determinar o tema.	"Vamos fazer de conta que estamos no espaço e nos perdemos." "Sou médico. Seu filho está doente?"	Usa objetos de suporte para sugerir o tema tal como um cardápio de restaurante ou a caixa registradora de uma loja.
Transformar os ambientes.	"É noite e está escuro aqui." "Esta é a minha casa e a sua é lá." "O controle da missão está em cima da mesa."	Começa a ação e sugere um ambiente ou inventa fazendo rumores de um fluxo de água, por exemplo, enquanto olha uma mangueira.
Estabelecer um papel.	"Sou a mãe." "Vou fazer esse navio funcionar." "Esse vai ser o maior prédio que já fiz!"	"Conforta" uma boneca. Leva a "caixa de ferramentas" ao navio. Constrói com blocos.
Estabelecer o papel de outra pessoa.	"É melhor você olhar por onde anda." "Você vai ser o pai."	Entrega a outra criança os objetos a serem usados, como flores em uma "floricultura".
Estabelecer papéis comuns.	"Somos crianças e estamos fugindo." "Você é o monstro e eu faço assim."	(Só fazem isso crianças que brincam juntas com frequência.) Age como se sentisse grande dor e cai no chão diante da outra criança.
Transformar objetos ou inventá-los.	"Entre na nave para Marte" (ao sentar sobre grandes blocos). "Aqui está o dinheiro" (gesticulando apenas).	Usa uma xícara para alimentar ou dar água a animais de brinquedo em uma "fazenda" construída com blocos.
Fazer planos sobre os sentimentos ou sentimentos ou comportamentos.	"Vamos fazer que você sente mesmo isso."	Usa expressões faciais e gestos para transmitir sentimentos.
Fazer planos sobre eles próprios.	"Esse lugar é mesmo assustador, esconder."	A voz e os movimentos são usados para melhor transmitir sentimentos.
Estabelecer sentimentos ou comportamentos conjuntos.	"Vamos apagar esse incêndio rapidamente. Pegue outra mangueira."	A voz e o movimento do corpo são usados para transmitir sentimentos e ideias.
Terminar a brincadeira, comunicando o propósito do tema, do papel, dos objetos de suporte ou dos ambientes.	"Não quero mais que corra para me pegar." "Vamos brincar de..." "Ponha as coisas na caixa e vamos tomar lanche."	Vai embora. Olha em outra direção, espera alguma outra coisa. Balança a cabeça ou usa outros gestos para indicar que está se afastando.

As **propostas formais de faz de conta** são às vezes incorporadas à brincadeira em andamento, como: "Vamos fingir que a família vai para a praia". A sugestão de variação é usada, geralmente, quando o cenário da brincadeira se torna repetitivo ou desmorona. Em geral, preferem-se as técnicas indiretas, depois que a sequência da brincadeira já começou. As técnicas estão resumidas no Quadro 7.3.

Quando as crianças brincam de faz de conta com figuras pequenas e blocos ou com uma casa de bonecas, quase todo o enredo é narrado, e não dramatizado com as bonecas. Quando as próprias crianças são os atores, no entanto, são mais capazes de usar comunicadores não verbais e fornecer o conteúdo da brincadeira.

Seleção do papel. Em um grupo de crianças, as relações sociais refletem-se na brincadeira. As crianças de *status* alto entram imperiosamente em brincadeiras que já estão em andamento, nas quais assumem um papel ou definem uma atividade ("Vou ser um tio, fazendo uma visita"). As crianças de baixo *status* precisam pedir permissão para entrar na brincadeira ("Posso ser a irmã?") e talvez fiquem restritas a determinados papéis. É comum que as crianças de *status* alto designem as de baixo *status* aos papéis que podem representar ("Você vai ser a avó que está doente"). Os papéis designados podem refletir o *status* real dentro do grupo. Os líderes da brincadeira usam afirmações de rejeição ("Você não pode brincar aqui") e de oposição ("Não estamos em uma floresta, estamos em uma selva").

QUADRO 7.3 Resumo das estratégias que as crianças usam para redirecionar a brincadeira dentro da moldura da própria brincadeira

Estratégias	Descrições	Exemplo
Sugestões disfarçadas.	As afirmações são feitas fora do faz de conta e sugerem o que as crianças farão a seguir.	"Essas crianças estão realmente famintas."
Destaques.	As afirmações são feitas por uma das crianças para informar às demais o que fazem e são usadas quando a representação não verbal não funciona.	"Vou trabalhar e depois volto."
Narração de histórias.	As afirmações elaboram o tema ou colocam um problema que precisa ser resolvido dentro do tema.	"Fogo! Fogo! A casa está pegando fogo, precisamos apagar o incêndio depressa!"
Incitação.	Uma criança informa outra sobre o que fazer ou dizer, em geral, com sussurro, mímica ou gestos.	(Sussurro) "Esse é o chapéu da noiva. Se quer um chapéu, use o do noivo."
Proposta formal de faz de conta.	Uma criança sugere uma mudança às outras. A intenção é continuar a brincar com todos, mas mudar o tema.	(Enquanto brincam de casinha) "O que acham se a família for passar férias na praia?"

O desempenho de papéis das crianças é muito complexo. Devem participar como roteiristas e diretores de suas brincadeiras imaginativas fora da moldura e representar papéis de faz de conta dentro da moldura.

As crianças tendem a resistir a determinados tipos de faz de conta. Estão mais dispostas a mudar de geração do que de gênero. Os meninos preferem papéis masculinos, como bebês ou avôs. As crianças de alto *status* tendem a resistir a assumir papéis de baixo *status* no faz de conta e preferem ser um dos pais a um bebê, preferem ser o capitão a um marinheiro. Quando uma criança se recusa a desempenhar um papel insatisfatório, é, em geral, incorporada em outro mais desejável. Por exemplo, uma criança não deseja ser a vítima de dois monstros, e a vítima, então, é inventada.

As crianças resistem a deixar que a realidade interrompa o faz de conta. Por exemplo, se uma criança tropeçar e cair no chão, ela estará mais propensa a fazer de conta uma sequência com hospital e médicos, em vez de interromper o fluxo da brincadeira para buscar a ajuda de um adulto. Se for possível, ela simplesmente incorporará o fato ao faz de conta.

Combinar as habilidades de faz de conta. Depois que se tornam habilidosas em fazer de conta, as crianças modificam e ampliam a brincadeira. No início, usam as habilidades de faz de conta em breves sequências e, em seguida, combinam-nas em sequências complexas. Esses **esquemas de brincadeira** recebem os nomes de temas como "cozinhar", "brincar com bebês" ou "dirigir o carro". Em geral esses esquemas combinam o faz de conta com a ação ou o objeto e o desempenho de papéis em representações baseadas em situações da vida real (Roskos, 1990). À medida que adquirem maturidade e habilidades, as crianças reúnem um grupo de esquemas de brincadeira relacionados e transformam o faz de conta em um **episódio de representação** mais elaborado, organizado socialmente, e com um problema específico a ser resolvido, inerente ao enredo, como uma família que sai de férias sem as malas. Os episódios são ligados entre si pelo tema e se baseiam na linguagem para integrar e manter a sequência da brincadeira unida.

Um episódio é representado em fases. Primeiro, as crianças arrumam a área da brincadeira, manipulando os materiais e movimentando os objetos de suporte. Em seguida, depois que os papéis estiverem determinados, as regras básicas estabelecidas, o problema formulado ou implícito e a história narrada, decidem em conjunto a direção do curso da brincadeira (Roskos, 1990).

Tantos os esquemas como os episódios são comumente chamados brincadeiras sociodramáticas ou temáticas e podem representar ampla variedade de temas. Contudo, no episódio, haverá um problema a resolver. São muito comuns problemas como parentes que chegam para uma visita (mas não há camas suficientes), uma loja em quem ninguém compra ou uma agência de correio em que não há selos suficientes. Os esquemas favoritos como "confortar o nenê" podem aparecer em todos eles e, em geral, aparecem assim que as crianças assinalam, uma para a outra, para repetir a sequência preferida. Os episódios tendem a ter a estrutura de uma história: um início claro, desenvolvimento do problema, solução do problema e final. Quando as crianças se conhecem bem, compartilham muitos esquemas de brincadeira e já tiveram a oportunidade de desenvolver todas as habilidades citadas nesta seção, o faz de conta pode se estender por um tempo mais longo.

As crianças em idade escolar brincam de modo mais elaborado, com mais personagens e mais detalhes, quando estão em ambientes que permitem o faz de conta (Curry & Bergen, 1987). Além disso, escolhem problemas mais dramáticos como uma captura ou um resgate. Dos 7 aos 12 anos, são capazes de aumentar as camadas do faz de conta, como fazem escritores e atores de teatro. A brincadeira de faz de conta e a escrita do roteiro podem levar muito mais tempo do que "a peça" que estão produzindo. As crianças podem ainda improvisar e dramatizar a história de um livro ou temas extraídos de programas televisivos. A brincadeira de faz de conta exige cooperação, coordenação de esforços, organização de recursos e interações sociais complexas.

Brincar de construção

Os objetos estimulam o faz de conta e também a construção. Alguns desses aspectos já foram anteriormente descritos: as crianças manipulam os objetos como dramaturgos ou concentram-se nas formas. As crianças **brincam de construção** quando fazem ou constroem algo. Todas as formas de participação social são comuns e dependem do ambiente e dos parceiros disponíveis.

Crianças pequenas. A construção real começa durante o segundo ano, quando as crianças aprendem a conectar objetos (como encadear contas ou conectar os vagões de um trem) e desenvolvem a habilidade correspondente de desuni-los (quebrar um colar de miçangas). Aprendem também a empilhar e derrubar blocos e a fazer construções verticais e horizontais.

Entre 2 e 3 anos, fazem construções e as chamam de "casas", e podem combinar vários materiais de construção, como quando misturam blocos, carros e brinquedos. O propósito da construção muitas vezes é dar início ao faz de conta. Com a orientação e o apoio de adultos, elas aprendem também a usar ferramentas, como facas, rolos para trabalhar a argila, cortadores de biscoito, martelos e pregos para fazer coisas. Nessa faixa etária, as construções são muito simples, pois as crianças estão mais interessadas no processo que no produto.

Aos 4 anos, as construções tornam-se mais detalhadas e elaboradas. Podem construir uma casa com cobertores, caixas e blocos, ou um mundo de brinquedo com caminhões e soldados de miniatura. Fazem também música, especialmente com instrumentos de percussão.

Começam a mostrar interesse por suas pinturas, como produto final, e em recortar desenhos feitos no papel. As estratégias são mais organizadas.

Entre 5 e 7 anos, as crianças têm controle suficiente dos pequenos músculos para planejar e fazer uma variedade de coisas. As construções são cada vez mais elaboradas e, com frequência, requerem colaboração social. Conseguem fazer costuras e trabalhos simples de tecelagem, usar pegadores de panela e cozinhar pratos simples. Nesse momento, começam a elaborar as fantasias e outros acessórios para o faz de conta.

Crianças maiores. As crianças se interessam em construir miniaturas, fazer artesanato, tecelagem, trabalhos de madeira, de metal, encadernação, cestos, entalhes e uma variedade de outros projetos. Constroem também alguns de seus jogos e produzem escrita criativa. As crianças hábeis no faz de conta constroem ambientes, elaboram fantasias e encenam suas próprias peças; o planejamento de roteiros, dos atores, dos objetos de suporte e dos ambientes pode levar horas, dias ou semanas, embora a produção em si talvez dure menos de 10 minutos. Esse é o período também das coleções e dos *hobbies*. As crianças em idade escolar ampliam seus interesses na construção: utilizam ampla variedade de materiais e tornam-se cada vez mais criteriosas e experimentais (Johnson, 1998).

As crianças que não têm experiência em ambientes sociais ou com dificuldade de relacionar-se parecem satisfeitas em brincar com materiais de construção de modo paralelo às outras crianças. Esse modo proporciona uma conversa de vez em quando e não exige as habilidades sociais integradas do faz de conta em grupo.

Brincar com o movimento

Você está habituado às correrias, aos pulos e às risadas barulhentas das crianças que voltam do recreio. A maioria das brincadeiras físicas é composta por habilidades motoras fundamentais combinadas de um modo que melhora a força, a resistência, o equilíbrio e a coordenação. Por exemplo, manter o equilíbrio e segurar-se é o primeiro passo para utilizar o balanço. As crianças tentam repetidamente imitar os pares, mas os movimentos não são sincronizados e o êxito é limitado – em geral, acabam atravessadas em cima do balanço, de barriga para baixo. Ao final conseguirão adaptar suas estratégias de modo a adequá-las às suas próprias habilidades e limitações, muitas vezes dando impulso com os pés, no chão, para aumentar a velocidade do balanço. Em seguida, o tempo de resposta melhora, e elas conseguem dar impulso ao balanço, com tentativas desajeitadas de pular do balanço em movimento. Com a prática, sentem prazer em demonstrar a aptidão aos pares e em competir, ainda que a amplitude máxima não tenha sido atingida. Quando as habilidades se tornam seguras, os movimentos passam a ser mais finos e eficientes, e a crianças se sentem capazes de experimentar as arremetidas ou outras possibilidades de movimento ou de balanço (Fox & Tipps, 1995). Ao longo do tempo, as habilidades de movimento se aperfeiçoam enquanto a criança observa outras mais habilidosas e se exercita em ambiente seguro. Essas habilidades tendem a ser admiradas pelos pares e aumentam a probabilidade de interações sociais positivas.

O sentimento maravilhoso experimentado pela criança que corre morro abaixo, com passos vigorosos sobre a relva, o vento que sopra nos cabelos e sobre a pele; a criança tímida que transpõe cuidadosamente cada degrau, abrindo seu caminho para chegar ao alto do escorregador; o incrível frio na barriga que ela sente dentro de um trenó em alta velocidade, tudo isso é propriamente brincar com o movimento. Talvez deem risada, talvez não, mas estão profundamente satisfeitas e contentes com o próprio desempenho. As crianças menos habilidosas são quase sempre mais bem-sucedidas com outras da mesma idade, pois a solicitação de regulação emocional, linguagem e habilidades sociais é menor.

As brincadeiras com movimentos começam na infância e continuam na idade adulta, como bem demonstra o sucesso das piscinas, das estações de esqui e dos boliches. Existem quatro tipos de brincadeira com movimentos que ajudarão você a entender melhor o modo de supervisionar as crianças enquanto brincam: brincar de praticar, desafios, assumir riscos e brincadeiras turbulentas.

Respeitar a atividade repetitiva. As crianças começam a **brincar de praticar** quando ainda são bebês e continuam por toda a infância. Trata-se, muito simplesmente, de repetir um comportamento muitas e muitas vezes, em geral, na presença dos companheiros. Por exemplo, Esther, de 5 anos, queria experimentar o escorregador do parquinho. Um adulto a acompanhou e se ofereceu para apanhá-la ao final da primeira descida. Hesitante e tímida no início, Esther subiu no escorregador e desceu com grande satisfação e prazer. Desceu 21 vezes no escorregador, sem nunca repetir o desempenho anterior. Variou a posição das mãos e dos pés; desceu de frente, de costas e de barriga; subiu no escorregador de frente e de costas e desceu ora com os pés na frente, ora com a cabeça. O adulto observava-a, comentava seu desempenho e se aproximava do escorregador quando temia pela segurança da menina. A criança, que começara de modo hesitante, encerrou a experiência com satisfação e mais confiança em suas habilidades.

Ao longo de toda a infância e até a adolescência, as habilidades que as crianças praticam podem variar, mas o processo permanece basicamente o mesmo. As crianças com menos de 3 anos caminham, correm, marcham, jogam-se, escalam e dançam. Entre 2 e 3 anos, pulam de alturas baixas, saltam em um pé só, equilibram-se em cima de uma viga e se dependuram pelos braços. Entre 3 e 4 anos, começam a pegar bolas, subir em brinquedos de escalada e andar de triciclo. Entre 4 e 5 anos, andam de patins, nadam, andam de patinete e com outros "veículos", dançam acompanhando a música, batem a bola e brincam de pega-pega. Entre 5 e 7 anos, conseguem andar com pernas de pau, pular corda, brincar de balanço e impulsioná-lo. As crianças maiores praticam esportes específicos. Os desempenhos de habilidade são com frequência um meio de participar de interações sociais que de outro modo não estariam disponíveis. Requerem técnica, memória, prática e, quando são maiores, competição, o que, por sua própria natureza, exige cooperação. Contribuem para a identidade da criança e para que ela disponha de senso de competência entre os amigos.

Manter interesse nas brincadeiras com movimentos. A escolha da atividade de brincar baseia-se, em geral, no potencial desafiador que tem para as crianças. Crianças costumam enfrentar os desafios que exigem uma habilidade ligeiramente superior àquela que já têm. Em geral, a criança observa a ação, testa sua própria habilidade, busca a instrução ou a ajuda necessária e, então, pratica a habilidade até dominá-la. As crianças obesas, desajeitadas ou com alguma deficiência consideram os movimentos naturais das crianças menores desafiadores e precisam de apoio e incentivo suplementar para que possam tentar aprender até as mais simples habilidades (Javernik, 1988).

Uma vez que brincar não é "de verdade", as crianças sentem-se mais livres para abandonar uma tarefa muito difícil para elas, sem perder o autorrespeito. Isso às vezes é verbalizado assim: "É só uma brincadeira". O interesse na ação permanece alto até que ela seja dominada. Se uma habilidade já dominada – driblar, por exemplo – admitir variações e puder ser incorporada a outras habilidades – como esquivar-se do adversário e manter a posse da bola –, o interesse na atividade pode se manter por um tempo maior. Nesse sentido, o desafio provém dos outros jogadores e constitui um teste das próprias habilidades. A melhor contribuição das brincadeiras desafiadoras é ajudar as crianças a compreender a si mesmas, conhecer suas habilidades e reconhecer seus feitos, tendo como referência o comportamento anterior.

Compreender o risco. Há quase sempre algum risco quando se brinca com o movimento. Esquiar é, sem dúvida, mais arriscado que correr. Algumas crianças parecem macaquinhos, subindo em árvores; outras, da mesma idade, se assustam até diante de uma estrutura infantil para escaladas, como as que existem nos parques infantis, mesmo que haja colchonetes no chão. O temperamento e a experiência anterior influenciam a disposição da criança para assumir riscos ao brincar. As crianças com menos de 3 anos têm pouco senso das situações potencialmente perigosas e precisam ser protegidas. Já aquelas que estão em idade pré-escolar precisam ter oportunidade de tentar executar suas habilidades em brincadeiras supervisionadas, para que possam compreender que são competentes.

Aos 7 anos, a maioria das crianças consegue avaliar o risco envolvido em qualquer atividade, e raramente elas irão além de suas habilidades, a menos que sejam fortemente solicitadas. Por exemplo, Gwendolyn tem 7 anos, apresenta boa coordenação, é uma excelente nadadora e anda de bicicleta. Jeff é apenas duas semanas mais novo que ela, movimenta-se lentamente e não sabe nadar nem fazer exercícios físicos. O menino passa a maior parte do tempo em atividades de ambientes fechados. Quando foram brincar ao ar livre, Gwendolyn subiu na árvore e convidou Jeff a segui-la. Diante da solicitação, e até por ter sido chamado de medroso, Jeff tentou subir. Caiu três vezes porque não conseguia segurar o galho com as mãos nem erguer-se com os braços como fizera a garota. Machucado e abalado, agarrou o tronco, depois que Gwendolyn o puxou para cima. Esta, talvez por perceber que a árvore representava um risco para Jeff, desceu da árvore e buscou uma escada para ajudar o garoto a descer. Muitas vezes, as crianças presumem que, se uma atividade é fácil para elas, será fácil também para um colega; é preciso ajudá-las a perceber que há diferença entre dar apoio aos pares e desafiá-los a fazer coisas potencialmente perigosas. Raramente as crianças tentam fazer proezas que estão além de suas habilidades, a menos que sejam pressionadas.

Apoiar testes sociais e físicos. Muitas crianças participam de brincadeiras motoras rudes que aumentam tanto o desafio quanto o risco. No auge de uma atividade, elas correm, pulam, transpõem, caem, perseguem, fogem, lutam, batem, riem e fazem caretas; muitas vezes, tudo isso faz parte da brincadeira de representar um super-herói (Pellegrini, 2007). A **brincadeira turbulenta,** que ocorre em grupo, é diferente da agressão, que inclui comportamentos como empurrões, tirar coisas, agarrar e encarar o outro em verdadeira confrontação (Pellegrini, 2004).

Brincar de luta é semelhante à brincadeira turbulenta, pois os participantes sabem que não é real. A luta de brincadeira se desenrola em sequências interrompidas e ações incompletas. Por exemplo, a criança diz "Bam!" enquanto ataca outra, mas não dá continuidade ao ataque físico. Além disso, há sinais claros de metacomunicação que permitem que os participantes reconheçam que se trata de uma brincadeira e não de uma agressão. Por exemplo, uma menina do terceiro ano manda um bilhete para outra, no qual deixa bem claras suas intenções (veja Figura 7.3).

Todas as crianças em idade pré-escolar participam de brincadeiras turbulentas, os meninos mais que as meninas. Os meninos tendem a brincar em grupos maiores e a brincadeira se desenrola por toda a área de jogos; as meninas fazem suas brincadeiras turbulentas perto dos equipamentos do *playground*. A brincadeira é acompanhada por gritos, berros, uivos e risadas, e está muitas vezes ligada ao desempenho do papel de super-heróis. As crianças pequenas passam mais tempo observando esse tipo de brincadeira que participando.

As crianças em idade escolar brincam em geral com outras do mesmo sexo, a menos que a brincadeira exija especificamente membros do sexo oposto. Um jogo, denominado "beijar ou bater" (*kiss or kill*), requer que uma criança persiga outra do sexo oposto, derrube-a e diga "Beijar ou bater?" e prossiga com o beijo ou com o "ataque", conforme a preferência da criança derrubada. É mais provável que as brincadeiras turbulentas ocorram depois que as crianças passaram muito tempo em várias tarefas e depois de longos períodos de atividade sedentária. Quando as crianças maiores participam de uma brincadeira turbulenta, esta quase sempre desemboca em jogos com regras e não em agressão (Pellegrini, 2004). O pico de frequência com que as crianças brincam com amigos se encontra na fase central da infância (Smith, 2005). O pega-pega e outras brincadeiras de correr seguem-se à brincadeira turbulenta. É interessante notar que a brincadeira turbulenta está associada à competência social e ao alto *status* social, entre os meninos maiores. Os meninos impopulares, por sua vez, não parecem ser capazes de discriminar uma agressão de uma brincadeira turbulenta. Parece que não aprenderam a distinguir os sinais adequados e que respondem com atos agressivos a atos divertidos (Pellegrini, 2004).

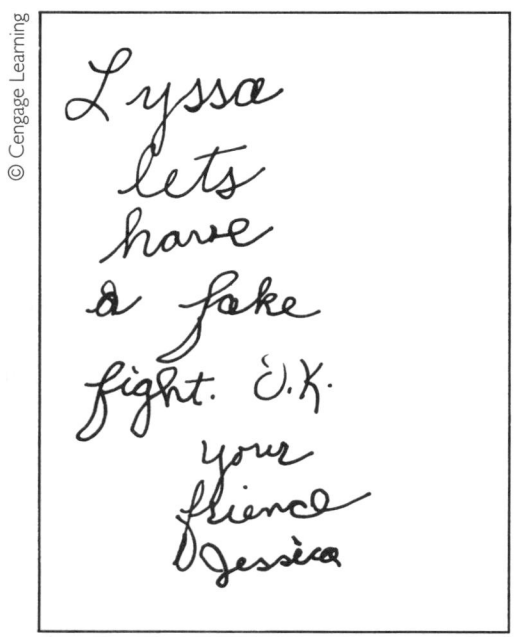

FIGURA 7.3 Um sinal escrito para uma brincadeira turbulenta entre duas crianças de 9 anos na escola. ["Lyssa, vamos fazer uma luta de faz de conta? OK. Sua amiga, Jessica."]

Tanto as crianças quanto os profissionais de apoio devem ser capazes de distinguir uma agressão real de uma brincadeira turbulenta ou brincadeira de luta. Risadas e ruídos (como "sons de monstros") significam, em geral, uma atividade divertida. Usam-se também outros sinais para indicar a intenção de uma brincadeira turbulenta, como "Vamos brincar de pega-ladrão!". A tarefa do adulto é ajudar as crianças a indicar às outras se querem ou não brincar ("Não corra atrás de mim, não sou mais o dragão" ou "Não estou brincando"). Em geral, é preciso estabelecer zonas de segurança, para não envolver inadvertidamente as que não querem brincar.

Em relação aos meninos, as brincadeiras turbulentas atendem a três funções sociais. Para começar, enquanto participam de brincadeiras turbulentas, as crianças, em geral, dão risada, sorriem e estão contentes; a brincadeira contribui para manter as amizades. Além disso, as crianças estabelecem e mantêm predomínio dentro dos grupos enquanto brincam, o que, em longo prazo, contribui para reduzir os conflitos, definindo claramente a estrutura social. Enfim, a brincadeira contribui para a habilidade de ler com exatidão as mensagens não verbais e os sinais sutis enviados pelos outros. Contribui também para o treino motor, especialmente para a forma física e a força, que, por sua vez, capacitam as crianças a ter êxito em jogos durante a adolescência (Pellegrini, 2007).

É comum que os adultos queiram estancar a brincadeira turbulenta, pois a percebem como agressão. Os professores experientes já notaram que, quando as crianças são impedidas de fazer essas brincadeiras em um ambiente (pátios de escola, ambientes recreativos), elas as fazem em outro (no ônibus, na rua, no quintal). É melhor, portanto, supervisionar a brincadeira de modo a minimizar os riscos para a segurança delas.

Combinações violentas entre brincadeiras turbulentas e dramáticas. Nem todas as brincadeiras das crianças são agradáveis, cooperativas e pacíficas. O conteúdo violento pode surgir de diversas fontes:

- Imitação de um comportamento observado no adulto.
- Representação de cenas de violência apresentadas pela mídia, como terremotos, acidentes de carro, guerra e crime.
- Atuação de comportamentos relacionados às necessidades internas das crianças para lidar com sentimentos de agressão e impotência.
- Imitação de roteiros baseados em jogos eletrônicos.
- Agressão real mascarada em brincadeira.

A brincadeira é um veículo por meio do qual se exprimem sentimentos fortes. Por meio dela, uma criança que é impotente em relação a situações que estão fora de seu controle pode dominar o estresse e a ansiedade; a brincadeira permite, além disso, exprimir desejos e medos (Davies, 2004). Ao brincarem, as crianças são capazes de encontrar uma variedade de soluções para situações terríveis, podem desenvolver algum controle sobre os próprios sentimentos e, em alguma medida, ter empatia pelos sentimentos dos outros (Kostelnik, Whiren & Stein, 1986; Davies, 2004). Mesmo aquelas que vivem em comunidades com pouca violência são propensas a reagir a essas pressões internas.

Os profissionais têm a responsabilidade de orientar as brincadeiras das crianças para canais que levem à competência social e à saúde mental positiva. Certamente, você já viu uma criança encenar um abuso físico, como se este fizesse parte integrante do papel de cônjuge, pai ou irmão. É suficiente que esses comportamentos imitativos sejam simplesmente redirecionados; podem-se também discutir modos alternativos para conseguir a cooperação das pessoas. Quando, porém, ocorrem encenações prolongadas, repetitivas e detalhadas de violência, é possível que elas indiquem que a criança está vivendo em um ambiente nocivo à saúde que exige mais atenção.

Os papéis de socorrista, super-herói e soldado são todos de poder e capacitam a criança a explorar muitos aspectos da situação atemorizante. Um "super-herói" pode ser selecionado por uma criança pequena como protetor e usado em situações novas e potencialmente ameaçadoras. Em situações desse tipo, sua ajuda é imprescindível: forneça informações precisas sobre acidentes reais e tranquilize as crianças que brincam de que estão em segurança e que o ambiente é estável.

A televisão e os jogos eletrônicos aumentaram a frequência e a intensidade de acidentes violentos em escolas de educação infantil. As brincadeiras que neles se baseiam são meramente imitativas; a imaginação das crianças pouco contribui para sua elaboração; além disso, tais brincadeiras implicam pouca cooperação entre as crianças, quase não promovem a solução de problemas nem a verbalização. Parecem pertencer à categoria "bate e foge" e não propiciam formas mais avançadas de brincadeiras sociodramáticas e turbulentas. Os personagens são estereotipados, racistas (em geral, contra seres de cores estranhas e mutantes) e sexistas, e há uma expectativa que as crianças não tentem igualar-se a eles.

As crianças pequenas não compreendem a "lição moral" enviada no final desses programas televisivos e tendem a não perceber que os heróis fantásticos são particularmente prestativos, amáveis e gentis (French, 1987). Os adultos podem restringir o acesso à televisão, orientar e direcionar a brincadeira a formas mais produtivas, e limitar os locais e o tempo das brincadeiras inspiradas nos super-heróis. Há também outras estratégias: eliminar os brinquedos e as armas de super-heróis, proporcionar outras oportunidades e informações sobre brincadeiras sociodramáticas alternativas, e avaliar as necessidades individuais da criança que tornam o super-herói tão atraente (Kostelnik et al., 1986; Ritchie & Johnson, 1988). Entretanto, as miniaturas dos super-heróis são altamente valorizadas pelos meninos em idade escolar e usadas para dar início sistemático a brincadeiras de fantasia em alguns grupos. Portanto, é preciso fazer uma boa avaliação antes de impor regras contra essas brincadeiras. A provocação e a intimidação (*bullying*) não têm nenhuma relação com brincar. Machucar os outros sob o pretexto de brincar é agressão; o Capítulo 12 analisará essa questão.

Jogos

Os **jogos** envolvem jogadores e regras e são eminentemente sociais. Desenvolvem-se gradualmente, à medida que as habilidades das crianças amadurecem: parte-se da habilidade das crianças pequenas de esperar a própria vez para chegar aos jogos complexos das crianças maiores. O que torna o jogo divertido? Aquilo que aumenta o prazer das crianças entre 3 e 8 anos é a brincadeira de movimento do jogo, o senso de inclusão em relação aos outros jogadores e, muitas vezes, o elemento de surpresa ou casualidade. Já as crianças entre 7 e 12 anos gostam de mostrar suas habilidades e competências física e mental; além disso, vencer, na verdade, se torna cada vez mais importante, à medida que as crianças crescem. Elas são aplaudidas e obtêm *status* por meio do desempenho (Winther-Lindqvist, 2009).

Entre 3 e 5 anos, as crianças brincam de esconde-esconde e de inúmeros jogos com uma pessoa central, como no pega-pega. São capazes de se revezar se a espera não for muito longa. Ao adquirirem mais experiência, passam a trocar de papéis, brincam com diversas variações do esconde-esconde como "*kick-the-can*".[2] Entre 5 e 7 anos, alguns jogos envolvem aceitação e rejeição, como a cantiga de roda "The farmer in the dell", outros envolvem ataque e defesa, como a guerra de bolas de neve. De 7 a 9 anos, acrescentam-se jogos de dominação e submissão como "Mother may I" ("Mamãe, posso ir?"),[3] jogos complexos de cartas e de tabuleiro, e esportes em espaços abertos, como as formas modificadas de *softbol* e de *kickball*.[4] As crianças menores, em idade escolar, cometem erros em razão de sua empolgação e im-

---

[2] Jogo infantil semelhante ao esconde-esconde, com o acréscimo de um alvo. (NT)
[3] Uma criança é escolhida para ser a mãe e as outras serão filhas. De determinada distância, é estabelecido o seguinte diálogo:
– Mamãe, posso ir? / – Pode / – Quantos passos? / – Três de elefante. A criança dá três grandes passos em direção à mãe. Outra criança repete.
– Mamãe, posso ir? / – Pode. / – Quantos passos? / – Dois de cabrito. A criança dá dois passos médios em direção à mãe. / – Mamãe, posso ir? / – Pode. – Quantos passos? / – Quatro de formiga. Quatro passos pequenos à frente. A primeira das filhas que atingir a mãe assume o posto. (NT)
[4] *Kickball*: variação do beisebol que inclui o uso dos pés. (NT)

pulsividade: todas as bases correm atrás da bola e não permanecem na base para tentar pegá-la, depois que outro a tiver recuperado (Davies, 2004). As crianças maiores, mais preocupadas com os resultados, apreciam jogos intelectuais como as charadas ou o jogo da trívia e são mais propensas a participar de times organizados. Os papéis que as crianças maiores assumem nos jogos dependem, em geral, de habilidades especiais, como o papel de pivô no jogo de basquete. As crianças que ignoram as regras, explodem em recriminações no meio do jogo ou atrapalham de algum modo os outros correm o risco de sofrer rejeição por parte dos companheiros (Davies, 2004).

Os jogos baseiam-se no acaso (a maioria dos jogos de dados), em habilidades (beisebol) ou em estratégia (jogo de damas). Muitos dos jogos de habilidades motoras tornaram-se esportes administrados e dirigidos por adultos e não por crianças. Tanto o conteúdo das regras quanto o processo de jogar são externos às crianças. Neste livro, concentramo-nos nos jogos informais em que as crianças podem seguir, fazer ou modificar, elas mesmas, as regras.

As crianças pequenas não abordam o jogo do mesmo modo que o adulto ou as crianças maiores. De 3 a 5 anos, elas jogam como se participassem da brincadeira de movimento: observam um modo particular de se movimentar e imitam. De fato, confundem-se com muita frequência. No jogo do pega-pega, por exemplo, uma criança pequena corre para evitar ser pega, mas, se sofrer marcação cerrada, provavelmente se sentirá em dificuldade e se declarará "pega". Nessa situação, se a criança for muito pequena, talvez se recuse a jogar e queira apenas ficar por perto. Se as maiores estiverem dispostas, poderão permitir que a pequena corra atrás delas, de modo que o jogo possa prosseguir.

Aos 3 e 4 anos, as crianças quase sempre percebem as regras como um exemplo interessante de como brincar e não como um comportamento exigido. Quando jogam juntas, têm dificuldade em controlar a sequência de turnos. Nem estão preocupadas com o que fazem os outros jogadores; estão apenas interessadas em suas próprias ações. Cada jogador "está na sua". Não é a mesma coisa que burlar, mas pode ser interpretado desse modo. As crianças em idade de escola maternal entendem claramente que quem burla o faz para conseguir resultado favorável. Algumas acreditam que burlar em um jogo de tabuleiro seja adequado em determinadas circunstâncias, especialmente quando se joga com alguém que também burla (Holmes, Valentino-McCarthy & Schmidt, 2007). Tendem a ver o jogo leal como algo maleável e não estático, conseguem identificar os jogadores e as ações que violam as regras dos jogos e percebem que é possível pressionar os outros para que joguem com lealdade, declarando quase sempre: "Isso não é justo" (Holmes, Valentino-McCarthy & Schmidt, 2007).

Crianças de 7 e 8 anos começam a preocupar-se com problemas como controlar os outros, vencer e perder. É provável que discutam as regras antes de jogar, mas podem ter noções conflituosas sobre quais regras são as "verdadeiras". É possível que surjam conflitos, os quais podem ser tratados de acordo com as orientações apresentadas no Capítulo 8. Nessa faixa etária, as crianças consideram, quase sempre, as regras "sagradas e intocáveis, provenientes dos adultos e eternas" (Piaget, 1976; Sutton-Smith & Sutton-Smith, 1974). As regras de alguns jogos podem variar, especialmente aquelas comunicadas verbalmente pelas próprias crianças. As regras do jogo devem ser seguidas, mudadas, ignoradas, aplicadas e inventadas, conforme o contexto do jogo e o que as crianças acham divertido, justo e aceitável. Em geral, nenhuma pessoa específica tem o controle das regras, e o grupo permite modificar o jogo, se necessário. Por exemplo, se todos os jogadores habilidosos estiverem do mesmo lado em um jogo de *softbol*, alguns poderão trocar de lado, no meio, para que haja competição real. O modo como as regras são alteradas também contribui para a hierarquia social dos grupos de crianças e estabelece o que é aceitável e o que não é (Freie, 1999; Winther-Linqvist, 2009). Ao decidirem as regras entre elas mesmas, as crianças desenvolvem habilidades de negociação.

Os jogos são variados e combinam-se com brincadeiras de muitos outros tipos. Há jogos de cantar e dançar, que usam uma variedade de objetos, de movimento, associados à dramatização (charadas), de linguagem (palavras cruzadas) e de construção (*bug*[5]). A maioria das bibliotecas públicas dispõe de ótimas coleções de livros sobre jogos individuais e de grupo.

O adulto providencia materiais, espaço e tempo para que as crianças, de todas as idades, brinquem e joguem. Explica o modo de jogar, as regras e, se necessário, faz demonstração para ensinar como se joga. Se, nas fases

---
[5] Montar um inseto ou insetário. (NT)

iniciais, ele mesmo participar do jogo, será muito útil para que as crianças aprendam. Quando as crianças já tiverem uma noção do jogo, o adulto deverá assumir o papel de observador – de preferência a certa distância – mas dentro da cena da ação. Quando interpretarem as regras de modos diferentes, ajude-as a identificar o problema e garanta a segurança das crianças (quando a bola rolar para a rua ou para um estacionamento). Afora isso, as crianças devem brincar independentemente.

Humor

Em geral, os adultos não consideram divertido o humor das crianças muito pequenas, ainda que reconheçam que elas estão tentando fazer um gracejo. O humor das crianças limita-se à experiência e ao desenvolvimento cognitivo, o que faz que o desempenho delas se modifique ao longo do tempo. O humor reforça as ligações de grupo, recanaliza os sentimentos de agressão em humor socialmente aceitável e proporciona um modo de as crianças poderem controlar os adultos e as situações (Scarlett et al., 2005). Para entender esse humor e apreciar as tentativas de humor das crianças muito pequenas, é preciso observar o contexto e o desenvolvimento delas no uso da incongruência (McGhee, 1979).

A incongruência no humor das crianças. Quando uma disposição de ideias, de expectativas sociais ou de objetos é incompatível com o padrão normal ou esperado de eventos, há uma incongruência. Embora a incongruência não seja o único ingrediente do humor, talvez seja o elemento mais comum no humor infantil. Todavia, a incongruência nem sempre provoca divertimento. As crianças podem reagir a ela com interesse, curiosidade, ansiedade, medo ou divertimento.

O humor, como outras formas de brincar, é emoldurado por claros sinais de brincadeira. Quanto menor for a criança, mais claros serão os sinais de brincadeira, os quais podem consistir em uma risada inicial ou no início tradicional de um gracejo como "Toc, toc" – tudo isso ocorrerá se a afirmação incongruente for tratada com humor. De outro modo, a criança a ignorará ou a tratará apenas com curiosidade.

Exagero. O **exagero** consiste em aumentar a história ou o movimento de modo que ultrapasse a verossimilhança. As crianças costumam fazer palhaçadas, desenhar orelhas gigantescas nos cachorros e rir de seus próprios gracejos ou das pilhérias dos outros. As maiores costumam exagerar os gracejos verbais, como a criança de 10 anos que imita a "voz que dá avisos" do funcionário da escola: "O proprietário do veículo chapa BL 72958109936210 queira, por favor, retirá-lo do estacionamento, pois está bloqueando a passagem".

O humor é social. As crianças riem mais em grupo que sozinhas. O humor depende da habilidade que a criança tem de fazer de conta; além disso, requer que ela tenha uma orientação para a diversão, dentro da situação em que o humor ocorre. Se essa orientação não existir, a criança poderá apreciar o exagero e a incongruência, sem considerá-los divertidos. As crianças tentam compartilhar seus gracejos com pessoas com quem têm laços estreitos. Além disso, é mais fácil manter atitudes e ânimo divertidos em um grupo social que sozinho. Em geral, os pais são os escolhidos para ouvir os gracejos, como relata Chukovsky (1976, p. 601):

> *Certo dia, em seu vigésimo terceiro mês de existência, minha filha veio até mim, com um olhar ao mesmo tempo travesso e embaraçado – como se tivesse feito alguma traquinagem [...]. Gritou para mim a certa distância de onde eu estava sentado: "Papai, oggiemiaow". [...] E explodiu em uma gargalhada um pouco artificial que me encorajava a rir com ela dessa invenção.*

As tendências desenvolvimentais do humor das crianças. O humor, como outros aspectos do desenvolvimento, obedece a uma sequência. No início, os bebês riem e sorriem, sem que haja humor nisso (estágio 0). Em seguida, riem para o principal cuidador que faz uma cara engraçada ou uma brincadeira como "Cadê o nenê?" (estágio 1). No segundo ano (estágio 2), a criança simplesmente usa um objeto de um modo que sabe ser inadequado, servindo-se do humor não verbal. Quando a criança está em um estado de ânimo brincalhão, pegar o sapato da mãe e usar como telefone pode provocar risadas, assim como pôr uma tigela virada em cima da cabeça – sabe-se que a fantasia está em desacordo com a realidade.

O terceiro estágio do humor infantil sobrepõe-se com frequência aos estágios iniciais, pois a linguagem é usada para criar incongruência com um objeto ou com ações. As crianças simplesmente dão nomes, que sabem ser incorretos, a objetos e atividades. Por exemplo, chamam o gato de cachorro e o olho de pé. Entre 3 e 4 anos, deliciam-se com o exagero. Por exemplo, desenhar um gato sem orelhas é engraçado. A distorção pode ser clara, mas deve haver elementos normais suficientes para que a criança reconheça o objeto familiar. Outra forma de humor típica dessa idade é chamar alguém pelo nome errado. As crianças em idade pré-escolar que já dominaram os conceitos relacionados ao gênero acham engraçado chamar uma menina de menino. Entretanto, para algumas crianças, isso é ameaçador e pode ser entendido como um insulto.

As crianças pré-escolares se orientam por meio da percepção. O desenho de uma bicicleta com rodas quadradas, histórias contadas de trás para a frente ou um elefante sentado em um ninho são percebidos como engraçados. Do mesmo modo, é provável que as crianças pequenas riam de pessoas com características faciais desproporcionais, deformações ou condições incapacitantes perceptíveis. Riem também quando alguém leva um tombo de modo engraçado. O fato de terem limitações cognitivas (crianças muito pequenas são menos capazes de ter empatia com situações não familiares) não significa que as intenções sejam cruéis. Trata-se de crianças muito ativas que mantêm a atenção concentrada por períodos breves e que tendem a dar início ao comportamento de humor e às palhaçadas.

No quarto estágio, as crianças dependem menos dos objetos e brincam com as palavras – quanto mais tolas forem as palavras, melhor. Nesse estágio, começam a produzir palavras sem sentido, a partir de palavras comuns – "peso, neso, feso", "carro, larro, parro", "chiclete, peclete, teclete" –, e a inventar outras sem sentido. Por exemplo, podem decidir capturar um "pódulo" com grande alegria. Uma criança de 5 anos conta uma história fantasiosa sobre um elefante feito de espaguetes para divertir os amigos.

O quinto estágio no desenvolvimento do humor – quando passam a compreender os significados múltiplos das palavras – começa por volta dos 7 anos. Compreendem que um gracejo precisa resolver algo absurdo de modo que faça sentido. Começam a memorizar piadas e a contá-las repetidamente aos amigos, embora apreciem sempre novas plateias (Scarlett et al., 2005). É o começo do humor que se parece com o humor adulto. Começam elaborar trocadilhos e jogos de palavras.

"Por que os fantasmas se parecem com os jornais?"
"Por que aparecem em lençóis." [6]

Ações incongruentes também se incorporam às piadas em forma de perguntas.

"O que é zzub! Zzub!?"
"Uma abelha voando para trás."

Surgem também piadas que começam por "o que é, o que é" e "toc toc":

O que é, o que é, que é todo branco, preto e vermelho?
Uma zebra queimada pelo sol (crianças maiores).
Um jornal (crianças menores).

Toc, toc.	*Toc, toc.*
Quem é?	*Quem é?*
Abê.	*Agái.*
Abê, quem?	*Agái, quem?*
Abê C D E F G...	*Agá (H) I J K L M N...*

Crianças em idade escolar, já maiores, com boas habilidades cognitivas desenvolvidas, são capazes de apreciar o humor baseado no comportamento ilógico, tal como uma pessoa que não gosta de gatos, mas compra um só para usar o xampu de gatos que vem como brinde. Elas preferem um elemento de desafio intelectual. As menores imitam as maiores na tentativa de fazer humor. Mas é fácil que esqueçam o final da piada e deem uma resposta lógica à pergunta, "destruindo", assim, o gracejo.

O humor pode ser usado também como meio de gratificação da agressão sexual ou de desejos inadequados. Por exemplo, as crianças pequenas, logo depois de adquirirem controle esfincteriano, costumam usar palavras relacionadas às funções intestinais e vesicais. Dizem "eca, eca", "xixi" e "cocô", para alegria de seus companheiros. As maiores fazem piadas com qualquer dicotomia engraçada – com a confusão de papéis quanto ao gênero (o homem é obviamente engraçado de salto alto) e com os problemas de poder das figuras de autoridade (o infeliz policial ou adulto que as crianças fazem passar por bobo) – e usam o humor profundamente incongruente das palhaçadas. São capazes também de apreciar o humor na poesia e na literatura (Fuhler, Farris & Walther, 1999). As crianças de 10 a 12 anos modulam o comportamento humorístico com base também na audiência e começam a compartilhar piadas com os amigos (Scarlett et al., 2005).

Valorizar o humor das crianças. Os adultos receptivos, que compreendem as tentativas de humor das crianças, escutam atentamente e sorriem ou riem de seus gracejos. Repreendê-las para que "deixem de ser bobas" ou para

---

[6] Em inglês, *sheet* significa tanto folha quanto lençol. (NT)

que "parem de bancar as tolas" inibe o desenvolvimento do humor. Uma vez que elas imitam com frequência o humor, os adultos que fazem humor por meio de simples exageros ou incongruências, durante o dia, proporcionam um modelo para imitar. O humor ajuda a definir a criança como membro do grupo, eleva a posição de um membro dentro do grupo e levanta o moral. Muitos adultos não reconhecem as fases iniciais de humor das crianças e talvez por isso ignorem qualquer manifestação engraçada ou até as repreendam pelas tentativas humorísticas. Embora o conteúdo do humor se modifique à medida que a criança cresce, a habilidade e a confiança que ela desenvolver nessa área a capacitarão a participar, com êxito, de uma variedade de situações sociais.

Ainda que cada tipo de brincadeira apresente sua própria sequência de desenvolvimento durante a infância, todas requerem o apoio e a orientação de adultos dedicados, para que essas habilidades, em cada criança, se desenvolvam ao máximo. Os adultos treinam as crianças em estratégias que ainda não desenvolveram, além de proporcionarem o tempo e os materiais necessários para que elas possam desenvolver brincadeiras complexas. Você está pronto para ajudar uma criança que deseja brincar e não sabe como fazer isso? Então, leia com atenção as habilidades descritas a seguir.

Habilidades para apoiar, promover e ampliar o brincar das crianças

Prepare o ambiente para as brincadeiras das crianças

1. **Demonstre afetuosidade, aceitação, genuinidade, empatia e respeito pelas tentativas de fazer humor, de brincar de faz de conta e de jogar das crianças.** Relaxe e aproveite a companhia das crianças. Elas brincam melhor quando estão relaxadas e quando não há pressões externas.
2. **Forneça uma variedade de coisas interessantes para brincar, de modo a encorajar a exploração e a imaginação (Klein, Wirth & Linas, 2004).** As crianças brincam com qualquer coisa, e algumas das coisas mais interessantes estão na natureza como a areia, a água e a lama. Forneça materiais para construção como blocos de encaixe, blocos de madeira, tintas de diversos tipos, papel, instrumentos musicais, argila e massinha. Ofereça às crianças menores objetos realísticos, e às maiores, materiais menos realísticos. Ofereça cordas de pular, bolas de vários tamanhos e outros materiais adequados como triciclos, patins para o gelo ou tacos de beisebol para brincadeiras de movimento. Providencie diferentes tipos de jogos, como aqueles que estimulem a cooperação (erguer uma criança em um paraquedas), que incentivem a competição, que possam ser jogados por pequenos grupos, em ambientes fechados, como o jogo de damas, e que possam ser jogados por grupos maiores, ao ar livre, como o voleibol. Use objetos reais como pratos, martelos e cobertores de bebê na área dos jogos de faz de conta.
3. **Forneça os objetos, os materiais e as informações necessários para criar uma variedade de cenários para as brincadeiras sociodramáticas.** Ofereça objetos que possam dar apoio a brincadeiras temáticas que giram em torno de atividades familiares (acampamento, jardinagem e viagens), atividades comunitárias (correio, hospital, clínica veterinária) e personagens literários (três porquinhos, Cachinhos Dourados, Madeline). Leia e releia bons livros infantis de literatura e de informação que forneçam um pano de fundo para as brincadeiras. Grave as histórias favoritas para que as crianças possam escutar quando quiserem. Forneça suportes críticos para as histórias. As crianças que dispõem de rica fonte de materiais serão menos dependentes das fontes eletrônicas de estimulação para brincar.
4. **Incentive a exploração de materiais.** Use estratégias não verbais como sorrir, observar e oferecer materiais adequados. Parta do princípio de que a criança pode fazer o que quiser com os materiais, desde que não seja algo expressamente proibido no local, não prejudique o bem-estar dos outros e não provoque danos. Antes de utilizar qualquer material, espere que a criança peça ajuda. Evite estabelecer limites enquanto realmente não fizerem um uso inadequado dos materiais. Indique modos novos e interessantes de usar os materiais que outras crianças estão usando, quando for adequado.
5. **Garanta a segurança física e psicológica de todas as crianças.** Estimule-as a participar do estabelecimento de regras que mantém a segurança e previnem danos psicológicos e físicos para todos. Incentive-as a pintar, contar histórias e tratar as questões de violência, que emergem das brincadeiras, de modo não ameaçador.
6. **Fique perto das crianças ou sente-se com elas enquanto brincam.** Mantenha-as à vista, a pouca distância. Fique ao lado do espaço em que brincam, qualquer que seja a idade das crianças. Evite "ficar em cima" delas porque isso inibe a brincadeira. Mas evite também ficar em uma extremidade do pátio enquanto elas estão dispersas longe de você.

Maximize o potencial para brincadeiras dos materiais disponíveis

1. **Misture brinquedos não relacionados.** Fixe um papel resistente na parede externa do edifício, onde as crianças andam de triciclo, e providencie tintas. Ponha blocos de Lego® e outros brinquedos de construção na área de jogos de faz de conta,

organizada como escritório ou hospital. Pense em todas as combinações possíveis e impossíveis de material. Os materiais não precisam manter uma relação óbvia entre eles. Estimule a criatividade potencial das crianças.

2. **Introduza os brinquedos e materiais novos gradualmente.** Evite apresentar todas as coisas novas ao mesmo tempo. O valor de estimulação de um brinquedo compete com o dos outros e tudo se torna rapidamente insípido.

3. **Faça rotação das coisas com que brincam.** Remova alguns materiais para brincar. Quando os colocar de novo, despertarão um interesse renovado. Uma das práticas possíveis de rotação simples é manter um conjunto especial de brinquedos que só podem ser usados na escola no final da tarde. Os materiais "novos", embora semelhantes aos usados de manhã, gerarão brincadeiras muito melhores do que se fossem usados mais cedo.

4. **Providencie materiais culturalmente relevantes.** Selecione materiais para brincar relacionados às ocupações comunitárias, às tradições familiares das crianças, à localização geográfica da comunidade ou aos grupos a que pertencem as crianças da escola. Por exemplo, crianças pré-escolares de vilarejos dedicados à pesca encontrarão mais potencial para brincadeiras nos objetos relacionados à pesca que as crianças que residem nas grandes planícies do sudoeste dos Estados Unidos. Garanta que materiais culturalmente relevantes para todos os grupos sejam apresentados ao longo do tempo (Jones, 2004).

5. **Incentive a interação social entre as crianças.** Disponha dois conjuntos de blocos de Lego®, em vez de um só. Tenha roupas suficientes para que várias crianças possam se fantasiar. Quando houver crianças demais na área de tarefas domésticas da sala, sugira que algumas delas construam uma "casa ao lado", para que possam brincar de vizinhos. As outras crianças são, de longe, os recursos mais interessantes, novos e complexos com que brincar. Crianças maiores apreciam muitos dos jogos novos que enfatizam a cooperação e o trabalho conjunto. À medida que crescem, são capazes de brincar em grupos maiores; materiais como cartas e jogos de tabuleiro permitem a participação de até seis jogadores.

6. **Ajude as crianças a identificar problemas com a brincadeira e a buscar informações ou ajuda dos pares.** Por exemplo, "Parece que seu carrinho não corre bem no carpete. Pergunte a Soo-Jin o que ela acha que pode ser feito para que ele vá mais longe". Soo-Jin pode sugerir uma pista de papelão para o carrinho, tabuleiros ou deslocá-lo para uma superfície mais dura; o adulto também pode fazer sugestões. Deixe as crianças tentarem soluções, ainda que decidam tentar fazer o carrinho andar sobre um cachecol, coisa que você já sabe que não vai funcionar. Faça um pedido genérico de novas ideias para brincar: "Ângelo precisa de dinheiro. Alguém tem alguma ideia do que usar?".

7. **Incentive as crianças a comunicar-se tanto por escrito quanto oralmente.** Acrescente materiais para escrever e materiais literários em todos os centros de brincadeiras da sala. Use projetos de construção na área de blocos e forneça papel, lápis, réguas e outros instrumentos. Na área da cozinha, use um bloco para anotar a lista do supermercado. Há diversos tipos de material para escrever e diversos papéis que podem fazer parte das brincadeiras infantis.

Ajude as crianças a adquirir habilidades por meio da sua participação direta na brincadeira

1. **Brinque com os materiais.** As crianças adoram ver os adultos sujarem as mãos de tinta e fazerem construções dentro da caixa de areia. Comente o que faz, dizendo coisas como: "Estou passando tinta em todo o desenho" ou "Que bom que a areia está molhada, assim minha casa fica de pé". Espere, então, que as crianças comentem o que estão fazendo. Para dar um bom exemplo, respeite sua própria brincadeira. Dê um arremate a sua atividade: aplane o castelo de areia ou anuncie que terminou. As crianças não devem esperar que você lhes dê precedência automaticamente quando querem brincar ou quando se apropriam de seu material. Diga a elas simplesmente "Quase acabei e daí você pode ficar com este lugar", enquanto termina o que está fazendo.

2. **Use sugestões verbais e não verbais do lado de fora da moldura de brincadeira.** Faça uma mímica que represente a ação adequada para a criança da qual captou o olhar. Isso é muito útil principalmente com crianças prestes a passar para outro nível da brincadeira por conta própria e para aquelas que realmente não querem a interferência dos adultos. Tais ações devem ser "lançadas" em uma brincadeira de movimento e assumir a forma de grandes sorrisos em situações de humor e de representação física em uma brincadeira de faz de conta. Para orientar uma criança ou dar-lhe uma sugestão, talvez seja útil, para algumas, sussurrar.

Comportamento desafiador

Conheça Jonathan

Jonathan é uma criança que as outras ignoram. Quer estejam ao ar livre quer em ambiente fechado, as outras crianças o tratam como se fosse invisível. Ninguém faz isso intencionalmente, mas ele nunca é convidado para participar das brincadeiras. O menino se lamenta com a professora do terceiro ano: "Ninguém quer brincar comigo". A professora sabe que, se o padrão de comportamento de Jonathan persistir, provavelmente ele permanecerá isolado. É evidente que o menino precisa de comportamentos mais adequados para brincar. Com base nas habilidades que seguem, o que você faria, se fosse professor de Jonathan, para facilitar sua participação social nas brincadeiras?

3. **Assuma um papel para incentivar o faz de conta.** Escolha um papel comportamental como dizer "Bruum, bruum" enquanto "dirige" um caminhão em uma estrada construída com blocos, ou o papel de um personagem, como se tornar mãe ou pai do capitão de uma nave espacial. Use diversas técnicas para influenciar a direção da brincadeira, como participar das conversas e narrar histórias. Responda aos sinais ligados ao papel que outras crianças lhe dão e mantenha o personagem enquanto estiver na moldura da brincadeira. Depois, gradualmente, diminua sua participação até sair completamente da moldura. Faça metacomunicações claras para indicar que está saindo da brincadeira, como: "O almoço estava ótimo. Agora tenho de voltar a ser professora".
4. **Entre na brincadeira de modo imaginoso quando esta estiver esmorecendo entre as crianças (Jones, 2004).** Atue na brincadeira e use roteiros para entrar nela. Por exemplo, bata à porta e diga: "Sou um viajante, estou perdido e com fome".
5. **Faça demonstrações de movimentos, se necessário.** Se você vir uma criança de 2 anos que tenta pular um degrau, mas não consegue e, em vez de pular, acaba por dar um passo normal, a coisa mais divertida a fazer é pular você mesmo, com os pés juntos, aterrissando com os joelhos ligeiramente separados e usando os braços para manter o equilíbrio. As demonstrações fornecem informações e, se forem breves e divertidas, passam a fazer parte da brincadeira em curso. Dê sugestões como "Dobre os joelhos ao aterrissar" e faça de novo o movimento.
6. **Participe plenamente da brincadeira.** Siga as regras e participe plenamente, esperando sua vez ou correndo. Existem alguns jogos – especialmente os de estratégia, como o xadrez – que as crianças só aprendem se observarem outros jogadores. Discuta o modo como as outras crianças jogam, ressaltando o que você fez e por quê, se for o caso. Tenha o cuidado de não ficar tão absorto no jogo a ponto de esquecer que seu objetivo é dar apoio ao jogo das crianças.

Ajude as crianças a mudar o nível de participação social na brincadeira

1. **Observe os padrões das crianças quando brincam sozinhas e em grupo.** Leve em consideração a idade, a experiência e a cultura quando decidir se deve ou não intervir. Por exemplo, se uma criança de 24 a 30 meses passa a maior parte do tempo observando as crianças maiores brincarem, esse nível de brincadeira é muito adequado. Já para uma criança de 10 ou 11 anos, não o é, a menos que se trate de uma apresentação ou que esteja esperando sua vez. No caso de crianças que apresentam habilidades em todos os níveis de participação social, é importante que elas mesmas decidam como brincar.
2. **Concentre-se no processo da brincadeira de modo a ampliá-la e elaborá-la (Klein, Wirth & Linas, 2004).** Para dar às crianças dicas de modos criativos de brincar, use afirmações como "Precisa de ajuda para cuidar do bebê que está chorando?" ou "O que vai acontecer com esses animais se chover? Você poderia pedir a Brian para construir um estábulo".
3. **Observe as indicações de que a criança está insatisfeita com seu nível social de participação.** Quando se observa atentamente um grupo que brinca (por mais de 10 minutos), é possível identificar sinais de que uma criança precisa de ajuda. Algumas crianças podem acompanhar crianças mais habilidosas de uma atividade a outra, sair vistosamente dos limites do jogo, chorar, reclamar e dizer que não querem mais brincar. Permita, porém, que as crianças que parecem satisfeitas com seu nível de participação continuem se estiverem relaxadas, felizes e completamente envolvidas no que fazem.
4. **Incentive a criança a observar outras mais habilidosas quando aprendem uma tarefa:** "Veja como Laurie movimenta as peças do quebra-cabeça". Os jogos tradicionais são ensinados pelas próprias crianças, e esse padrão perdura por toda a infância.
5. **Adapte o objetivo de participação na brincadeira ao nível ou à habilidade da criança.** Permita que as crianças pratiquem sozinhas ou de modo paralelo até que se sintam à vontade. Se a criança não consegue pegar a bola que lhe é lançada, talvez não consiga jogar bola com outras crianças. Observe quando a criança troca o jogo paralelo por episódios breves de interação social. Em geral, o jogo paralelo não se sustenta e desemboca em interações diretas ou na brincadeira solitária.
6. **Brinque você mesmo com a criança.** Crianças menos habilidosas interagem com mais facilidade quando são acompanhadas de um adulto receptivo e previsível. Dê claros sinais relativos à brincadeira e use uma variedade de metacomunicações. Lembre-se de que muitas crianças, quando começam o primeiro ciclo escolar, não sabem brincar.
7. **Convide a criança menos habilidosa e outra com habilidades equivalentes a brincar com você e depois se retire da situação.** Evite juntar, em uma brincadeira, o melhor jogador ou a criança mais popular com a menos habilidosa. A disparidade entre as habilidades pode ser grande a ponto de impedir que a brincadeira continue. Lembre-se de que as crianças são sensíveis ao *status* social quando desenvolvem seus papéis na brincadeira.

Incremente a qualidade da brincadeira gradualmente, modificando seu desempenho ou dando indicações por meio de sinais ligados à brincadeira ou por meio de metacomunicações

1. **Amplie o objeto da brincadeira imitando o que a criança faz e, então, modificando ligeiramente a atividade.** Incorpore as ideias da criança nos modelos que ela dá. Use o mesmo objeto de modo ligeiramente diferente, como leves toques com a cabeça nas maracas, em lugar de fazê-las vibrar com as mãos, ou então converse com a boneca com tom de voz expressivo, em lugar de usar um tom normal e monótono.
2. **Sugira que a criança use sinais específicos da brincadeira para dar início a uma brincadeira ou mantê-la.** Ofereça às crianças menos habilidosas orientações sobre o que devem

dizer: "Diga a James que eu vou ser o policial". Essa abordagem ativa leva a um êxito melhor do que "Quer brincar?". Escolha o tipo de sinal que é comumente usado por outras crianças do grupo. Considere *as sugestões disfarçadas, o destaque, a narração de histórias, a incitação e as propostas formais de faz de conta*. Por exemplo, quando uma criança parece estar exasperada com a inabilidade de outra, abaixe-se e oriente-a ao pé do ouvido: "Sussurre ao carteiro que ele precisa entregar as cartas aos outros e não lê-las ele mesmo". Ou então, se a brincadeira estiver em dificuldade, sugira a abordagem de narração de histórias para uma das crianças: "Pense no que aconteceria se houvesse um terremoto e a cidade precisasse ser reconstruída. Conte a história".

Demonstre como usar sinais de brincadeira não verbais quando puderem facilitar. Por exemplo, mostre às crianças como "ficar doente", do lado de fora do hospital faz de conta, gemendo e segurando a parte do corpo que dói. Mostre a ela como representar um "bebê" triste, do lado de fora da área de tarefas domésticas, para obter resposta das demais crianças que brincam. Algumas crianças podem precisar de mais apoio e orientação que outras, mas as habilidades de brincar podem ser aprendidas e promovidas.

3. **Incentive crianças de 9 a 12 anos a "deixar-se levar" quando suas ideias para um texto ou narrativa da brincadeira forem negadas ou rejeitadas pelas outras.** Sugira que usem mímicas ou ações para contribuir para a história que foi aceita, adaptando-a por meio de acréscimos. Uma vez que a brincadeira começa, as crianças maiores preferem afirmações menos explícitas, de forma a manter a ilusão de que a brincadeira é real.

4. **Retire-se da brincadeira e reassuma o papel de observador quando a brincadeira estiver bem encaminhada.** Pense em um modo de sair da brincadeira com jeito ("Vamos fazer de conta que sou o professor e que, agora, vou trabalhar") ou saia e afirme com clareza que não vai mais brincar. Se seu papel for central, como o do lançador no *softbol*, você deve dizer que sua vez acabou e perguntar quem deseja lançar.

Envolva-se diretamente na alegria de brincar das crianças

1. **Demonstre uma abordagem criativa dos recursos.** Responda com alegria ao ambiente e às situações comuns. Por exemplo, a Sra. Phipps costumava cantar breves canções ou fazer versos sobre as coisas comuns que ocorriam durante o dia: a chuva que bate nas janelas, os blocos que desmoronam, os pais que vão trabalhar ou as crianças que não querem tirar um cochilo. Fazia isso inconscientemente para divertir as crianças. Ninguém se deu conta disso até que os pais comentaram que os filhos faziam músicas e poesias sobre si mesmos. Os pais se perguntavam o que a escola fazia para promover tanta criatividade.

Outro modo de fazer isso é propor condições impossíveis: "Imaginem o que aconteceria se...?"; "O que aconteceria se nevasse tanto que as casas ficassem cobertas?" ou " O que aconteceria se tivéssemos asas e pudéssemos voar?". Incentive a ousadia e todo tipo de imaginação. Em geral, isso provoca muitas risadas. Mostre seu interesse na contribuição de todas as crianças, não importa quão tola pareça.

2. **Seja receptivo quanto ao humor das crianças.** Sorria e demonstre interesse mesmo que você não tenha a menor ideia do que trata o gracejo. Quando a alegria do grupo explode e todos riem ruidosamente, ria com eles. Eles, depois, se acalmarão. Não é incomum que as crianças nem saibam por que estão rindo.

3. **Quando alguém interpretar mal o significado do que a criança diz ou não reconhecer o sinal da brincadeira, explique que ela está apenas brincando.** Ajude as crianças menos maduras a reconhecer os sinais da brincadeira. Por exemplo, chamar um menino de menina pode ser um insulto grave, exceto em um gracejo, o que é típico em crianças de 4 ou 5 anos. Usar nomes sem sentido ou nomes diferentes para as pessoas pode incomodar muito às crianças que não estão na brincadeira ou que são pequenas demais para entender. Diga a elas que se trata de uma brincadeira e indique-lhes o sinal da brincadeira, se necessário.

4. **Use reflexões afetivas quando crianças em idade pré-escolar rirem de deformações, tombos ou deficiências, e forneça uma explicação breve, mas precisa.** Por exemplo, diga: "Você achou engraçado o modo de andar da Sra. North. Ela não pode evitar isso, pois tem uma perna menor que a outra. As pessoas que não podem evitar andar desse modo ficam tristes quando os outros riem delas".

5. **Indique os sinais de brincadeira às crianças com necessidades especiais.** As crianças com autismo, deficiências de aprendizagem ou retardo no desenvolvimento têm quase sempre dificuldade de entender os sinais não verbais e as palavras com sentido não literal. Diga-lhes, por exemplo, tranquilamente: "Jacob não pensa de verdade que John é um boboca chato. Vejam como eles estão rindo".

Ocasionalmente, treine as crianças fora da moldura

1. **Sugira um tema relacionado.** Se a brincadeira na área de tarefas domésticas estiver esmorecendo, amplie o tema, sugerindo às crianças um piquenique, um cinema, férias ou alguma outra atividade relacionada à família.

2. **Acrescente o objeto de suporte necessário.** As crianças que "saem de férias" precisam de uma mala, e a brincadeira pode ruir sem ela. Consiga uma mala e coloque-a perto da área de brincar. Não deixe a criança por muito tempo sem supervisão enquanto procura materiais, mas, sempre que possível, acrescente objetos improvisados.

3. **Introduza, na brincadeira, as crianças que estão fora da moldura.** Diga algo simples e direto como: "Mary viu vocês brincarem e também quer brincar". As crianças que estão brincando podem não aceitar. A escolha é delas. Se, naquele

momento, não quiserem que Mary brinque, ajude-a a encontrar outro lugar para brincar e forneça diversas alternativas. É muito mais difícil entrar em jogos e em brincadeiras de faz de conta já em andamento que em atividades como artes e construção de blocos, porque, no primeiro caso, as crianças já estabeleceram as regras e as relações. Não force as crianças a aceitar outro participante; a brincadeira pode se desintegrar totalmente se papéis, tema e relações forem modificados. Brincar é, por definição, decisão das crianças e um ato voluntário.

Ofereça um novo personagem para o grupo ("Aqui está a vovó, que veio fazer uma visita"). Quando a brincadeira já está em andamento, é possível acrescentar leituristas, parentes, convidados de festa e outros. Não dê à criança que entra no grupo um papel que ofusque os demais integrantes – como um extraterrestre que desembarca no quintal –, pois é provável que ela seja "exterminada" ou rejeitada.

4. **Ensine os participantes a assinalar com clareza quando saírem da moldura.** Oriente as crianças: "Diga a Sarah que você não quer mais ser o monstro" ou "John não sabe que você não quer correr atrás dele. Diga isso a ele". Essas sugestões permitirão que as crianças saiam da brincadeira e reduzirão a probabilidade de que a criança que não brinca responda com agressão às brincadeiras turbulentas.

5. **Ofereça ajuda específica, quando for necessário, para manter a brincadeira.** Por exemplo, se a construção de blocos de uma criança estiver oscilante, indique o ponto em que se encontra o problema. Se a criança estiver confusa quanto ao modo de continuar um jogo, enumere as regras relevantes. Quando as crianças estão participando de uma brincadeira de super-herói, sugira que pensem sobre a questão e fale sobre as características de um herói verdadeiro. Identifique modos não físicos de resolver os problemas e lembre que é necessário identificar as crianças que não estão brincando.

6. **Fale sobre os eventos que atrapalham a brincadeira para as crianças maiores que são rejeitadas ou isoladas pelos pares.** Ajude-as a identificar os sinais sociais que são mal interpretados e sugira comportamentos alternativos. Converse com elas para identificar o que de fato aconteceu. Investigue os detalhes. Corrija as interpretações incorretas e indique os comportamentos que podem levar a respostas mais aceitáveis e à manutenção da brincadeira. Algumas situações são particularmente difíceis de enfrentar para muitas crianças, como iniciar interações sociais, entrar em uma moldura de brincadeira em andamento e participar de brincadeiras turbulentas.

7. **Ensine jogos às crianças, quando necessário.** Mantenha todos os materiais preparados e certifique-se de conhecer as regras. Convide as crianças para participar. Dê, então, orientações breves, uma de cada vez. Por exemplo, no jogo "Pato, pato, ganso", diga "Deem as mãos" (para formar o círculo). Talvez você tenha de ajudar, dando orientações mais específicas como: "Jacob, segure a mão de Susan". Quando as crianças estiverem em círculo, peça a elas que se sentem. Em seguida, de pé, anuncie que será o primeiro a jogar. Ande em volta do círculo dando tapinhas nas cabeças das crianças e dizendo: "Pato, pato, pato, ganso!". A criança para a qual a palavra "ganso" for pronunciada deve perseguir você. Corra, então, em volta do círculo e sente-se no lugar vazio deixado por ela. Explique à criança que está em pé que agora é a vez dela. Se a criança for muito pequena, acompanhe-a na primeira vez, enquanto ela toca nas cabeças e diz: "Pato, pato... ganso". Depois, corra com a criança até o lugar vazio deixado pela segunda criança. Dê orientações e faça demonstrações alternadamente. No caso de crianças pequenas, não dê todas as orientações ao mesmo tempo.

Permita que brinquem até que todas tenham a própria vez ou até que o interesse diminua. Se necessário, repita as orientações todas as vezes em que forem brincar, até que consigam brincar por si mesmas.

8. **Incentive-as a resolver os próprios problemas e a criar as próprias regras durante a brincadeira de faz de conta ou jogos informais.** Use reflexões comportamentais e afetivas para ajudar as crianças a esclarecer conflitos sociais ou problemas. Os problemas, quase sempre, derivam de perspectivas diferentes: "Bárbara, você acha que todos devem jogar do mesmo modo. Jason acha que as regras devem ser mudadas porque os menores não conseguem correr tão depressa. Como você acha que podemos resolver isso?". Respeite as decisões das crianças quando interpretam, seguem, modificam ou criam regras, para o faz de conta e para os jogos, diferentes daquelas que lhes são familiares.

Oriente as crianças nas brincadeiras turbulentas

1. **Decida se a brincadeira turbulenta deve ser permitida e, se sim, onde, quando e sob quais condições.** Esclareça suas expectativas de modo consistente. Considere a possibilidade de limitar essa brincadeira a uma área ou um espaço específico e a períodos específicos do dia. Depois de estabelecer esses limites, use as indicações que seguem para ajudar as crianças a ter experiências agradáveis.

2. **Diminua a violência em todas as brincadeiras, em vez de tentar eliminar as brincadeiras turbulentas.** Evite os brinquedos que sugerem violência ou temas que levam à violência. Quando as crianças "fazem" armas com blocos, galhos, bolinhas de papel ou qualquer outra coisa, lembre-as de que não devem "matar" ninguém, nem usá-las como arma. Evite desenhos animados e programas televisivos violentos. Trate as ameaças e as agressões verbais como sugere o Capítulo 12.

3. **Peça às crianças que usem sinais verbais relativos às brincadeiras para começar uma brincadeira turbulenta.** Todas as crianças devem concordar em participar, para que ninguém se assuste ou se sinta atacado. As crianças têm direito de não querer participar desse tipo de brincadeira.

4. **Treine as crianças a dizer "não".** Ensine frases às crianças que não querem participar das brincadeiras turbulentas. "Não, não

quero que você corra atrás de mim" ou "Quero brincar de outra coisa" são afirmações que podem ser ensinadas para que elas recusem o convite.
5. **Estabeleça uma "zona de segurança" de modo que, quando as crianças entrarem nessa zona, a brincadeira turbulenta cesse.** É como no pega-pega, no qual algum objeto se torna um lugar "seguro" (pique). As crianças que participam da brincadeira turbulenta às vezes se assustam e precisam dispor de um modo fácil de parar de brincar.
6. **Forneça informações sobre os heróis.** As brincadeiras de super-herói concentram-se, muitas vezes, nos aspectos mais violentos do personagem fantástico. Ressalte a proteção que a vítima recebe dele, a trama e todos os personagens não violentos que fazem parte da história. As motivações principais dos super-heróis consistem em proteger e são dignificantes, mas as crianças pequenas quase sempre omitem esses aspectos. Se as crianças representarem super-heróis verdadeiros, a brincadeira será semelhante a um faz de conta, com momentos de perseguição.
7. **Sugira que o vilão ou a vítima sejam imaginários.** Desse modo, todas as crianças podem correr e ninguém precisa ser perseguido.
8. **Fique bem perto do local em que as crianças estão fazendo uma brincadeira turbulenta.** Aproxime-se da ação se vir três ou quatro crianças correndo em bando, longe das outras e dos brinquedos do parquinho, pois trata-se, provavelmente, do começo de uma sequência turbulenta. Se houver um adulto por perto, provavelmente o episódio continuará a ser uma brincadeira e não resultará em agressão aberta.
9. **Se a brincadeira turbulenta deixar de ser engraçada e alguém se machucar ou se assustar, interrompa.** Não se trata mais de uma brincadeira. Brincar tem de ser divertido e voluntário para todos. Proteja as crianças para que não se machuquem umas às outras nem a si mesmas. Os capítulos 4, 5, 10 e 11 apresentam estratégias para isso.

Demonstre consciência das diferenças individuais

1. **Aceite a abordagem das crianças pequenas em relação aos jogos com regras.** Os pequenos não estão burlando ou cometendo um erro moral quando não jogam exatamente conforme as regras. Simplesmente retome a regra em questão e continue com o jogo. As crianças aprendem a usar as regras quando jogam com participantes mais habilidosos.
2. **Proporcione o tempo, os materiais e o treinamento de que cada criança precisa para melhorar o desempenho.** Todas as crianças devem começar com jogos, papéis e construções simples e prosseguir em direção a atividades mais difíceis, à medida que suas habilidades se desenvolvem.
3. **Permita que as crianças menos habilidosas explorem, de vez em quando, o ambiente das brincadeiras e os brinquedos ao ar livre.** Isso os capacitará a começar a experiência social de brincar e diminuirá a probabilidade de que sejam excluídas da brincadeira.
4. **Aceite as preferências da criança quanto ao estilo de brincar.** Tanto as que brincam em estilo dramaturgo quanto aquelas que preferem as formas participam de brincadeiras interessantes. Tantos as crianças dotadas de forte fantasia quanto as que preferem uma abordagem pragmática beneficiam-se das brincadeiras de faz de conta. Antes de intervir, observe o estilo de brincar das crianças de grupos culturais diferentes. Se estiverem brincando alegremente e envolvidas socialmente de modo não violento, não tente mudar a brincadeira.
5. **Dê apoio aos meninos pequenos quando as meninas os superarem nas brincadeiras de movimento.** As habilidades motoras das meninas se desenvolvem, com frequência, mais rapidamente que as dos meninos, até os últimos anos do primeiro ciclo, quando, então, a tendência se inverte. Os meninos podem ser vulneráveis ao sentimento de fracasso quando as meninas correm mais, pulam mais longe e começam a andar de bicicleta mais cedo. Em situações desse tipo, é fundamental ressaltar que eles também serão capazes de fazer todas essas coisas. Use estratégia semelhante com crianças que apresentam atraso no desenvolvimento.
6. **Dê apoio às crianças quando escolhem as brincadeiras e não limite a atividade de brincar com estereótipos de gênero.** Incentive as crianças a explorar ampla gama de materiais e papéis. Respeite as escolhas do companheiro de brincadeira sempre que possível, pois tanto os meninos quanto as meninas, ao brincarem, desenvolvem habilidades ligadas ao gênero. Observe os grupos e certifique-se de que estão equilibrados quanto ao gênero e às habilidades.
7. **Respeite as diferenças culturais e de experiência das crianças.** Permita que explorem temas que não são familiares a você. Incentive-as a expressar livremente ideias e emoções na brincadeira. Evite dar respostas que possam, de alguma forma, desqualificar a experiência cultural das crianças.

Adapte as experiências de brincar para as crianças com necessidades especiais

Além de servir-se de todas as habilidades anteriormente mencionadas, as que seguem ajudarão você a dar apoio às crianças com necessidades especiais (Sandall, 2004).

1. **Use informações fornecidas pelos familiares e especialistas e suas próprias observações para identificar as competências da criança.** Evite concentrar-se no que a criança não faz. Use as estratégias previamente sugeridas para encontrar um parceiro de brincadeiras, selecione os materiais e oriente a brincadeira.
2. **Simplifique as atividades.** Desmembre as atividades em partes, reduza o número ou a complexidade do material usado, simplifique as orientações e o vocabulário, e adapte o modo como a atividade se desenrola. Por exemplo, reduza o número de cartões do jogo de memória de 40 pares para 5 ou 10. Ilustre uma sequência de passos a serem executados por meio de fotografias; para algumas crianças, é mais fácil compreender desse modo que por meio de uma série de orientações verbais.

3. **Proporcione um ambiente psicologicamente seguro no qual brincar.** Dê explicações como "Dakin ainda não aprendeu a fazer isso", para explicar por que uma criança não consegue fazer o que as outras fazem. Observe com atenção se a criança com necessidades especiais é excluída sistematicamente das brincadeiras. Intervenha de modo adequado, dando assistência e apoio. Mantenha expectativas análogas em relação ao material. Por exemplo, deve-se esperar que uma criança com problemas de audição só recolha os brinquedos e use os materiais depois que outras tiverem terminado com eles (Sluss, 2005).
4. **Incentive as crianças a brincar com os materiais preferidos.** Se uma criança está interessada em trens, modifique a natureza da atividade ao longo do tempo acrescentando materiais (trilhos de trem ou bilhetes) ou incentive outras crianças a brincar com trens. Incorpore os trens de algum modo em diversas possibilidades de brincadeiras.
5. **Use equipamentos especiais para capacitar as crianças a ter acesso aos pares e materiais.** Providencie um pufe para que a criança cadeirante possa estar no mesmo nível das outras crianças ao brincar. Ajude as crianças com desenvolvimento típico a compreender os aparelhos especializados usados por algumas crianças, como um aparelho de audição. Incorpore amostras de instrumentos especiais nas brincadeiras exploratórias, sempre que possível.
6. **Incentive o apoio dos pares.** Atribua a uma das crianças o trabalho de auxiliar do dia. Quando chegou sua vez, Eric não conseguia pegar o dado nem o marcador para movimentá-lo. Como Ned era seu auxiliar do dia, pôs o dado na mão do menino e deslocou o marcador do modo correto, olhando para Eric em busca de aprovação. Eric brincou e Ned ajudou.

Compartilhe informação com os familiares sobre as brincadeiras das crianças

1. Quando os familiares perguntarem "Por que as crianças passam tanto tempo brincando?", explique-lhes a importância das brincadeiras no desenvolvimento geral das crianças. Forneça informações e acrescente detalhes relevantes específicos que sua programação oferece para o desenvolvimento da criança. Permaneça calmo e responda com afirmações lógicas. Respeite o direito de os pais terem uma perspectiva diferente da sua.
2. **Faça anotações sobre as realizações das crianças em um episódio de brincadeira informal ao longo do tempo.** Compartilhe fotos das construções das crianças e acrescente alguns comentários sobre o significado do desenvolvimento do acontecimento. Redija notas alegres quando a criança participa com êxito de um jogo com outros. Informe os familiares sobre as amizades que estão desabrochando e que podem ser incentivadas nas conversas em casa. Descreva uma brincadeira que demonstre a compreensão que a criança apresenta.
3. **Dê informações sobre os materiais adequados para cada faixa etária.** O *cooperative extension service* de seu Estado, a Association for Childhood Education International e a National Association for the Education of Young Children fornecem informações e materiais sobre a questão.[7] Além disso, muitos artigos interessantes são publicados nas revistas dedicadas aos assuntos familiares, no mês de novembro, todos os anos.
4. **Incentive as famílias a participarem de eventos da comunidade que apoiam as brincadeiras infantis em todas as faixas etárias.** Envie informações sobre os eventos da comunidade local que acontecerão durante os feriados e as férias. Quando outras instituições ou grupos participarem do "Dia de limpeza dos parques", participe também e convide as famílias.
5. **Questões importantes:** "Como as crianças brincam em casa e em outros ambientes?" e "Como elas se referem às brincadeiras no ambiente em que você está?". Com base nas respostas dos pais, você poderá planejar e supervisionar de forma mais adequada as brincadeiras de cada criança.

■ Evite as armadilhas

Quando tentar pôr em prática as habilidades descritas aqui, algumas atitudes e comportamentos podem interferir em sua habilidade de conduzi-las.

1. **Acreditar que as crianças aprendem apenas o que lhes é ensinado.** Aprender é algo que as crianças fazem por si próprias. Os adultos estruturam a aprendizagem, mas as informações aprendidas por meio da instrução são limitadas, se comparadas às informações adquiridas a partir do ambiente, das famílias, dos amigos e da brincadeira. Embora facilitem a aprendizagem das crianças no ato de brincar, os adultos não devem exigir que elas desempenhem como manda o figurino.
2. **Organizar as brincadeiras com o objetivo principal de atingir as finalidades acadêmicas.** As crianças aprendem a partir de suas experiências lúdicas. Os adultos não devem limitar as canções àquelas que ensinam o alfabeto e os números. Brincar só é brincar se pertencer à criança, se for voluntário e divertido. Se as crianças decidirem montar um quebra-cabeça com

---

[7] No Brasil, a Associação Brasileira dos Fabricantes de Brinquedos (Abrinq) fornece informações e materiais sobre o brincar. (NRT)

o alfabeto, ótimo; mas o quebra-cabeça de um palhaço é igualmente bom, do ponto de vista da brincadeira.

3. **Procurar erros.** Brincar não é sério, portanto errar na brincadeira simplesmente não conta. De todo modo, ajude a criança se ela pedir, mas nunca aponte erros para a criança que está brincando. Deixe que ela descubra os erros. Muitos artefatos interessantes foram inventados a partir de erros cometidos.

4. **Solicitar respostas específicas.** As aulas sobre materiais, por exemplo, não devem ser substituídas por brincadeiras com eles. Por exemplo, você pode dar uma aula sobre os efeitos da mistura de cores e pedir à criança que adivinhe a cor que será produzida. A abordagem científica dos pigmentos deve ser separada da atividade criativa de fazer uma pintura, na qual as tintas são misturadas. Responda às perguntas, se alguém as fizer, e deixe a criança tranquila. Nem sempre é clara a distinção entre a investigação curiosa, a partir da perspectiva científica, e a exploração divertida. Se a criança tiver o controle da situação e você responder apenas às perguntas, seu comportamento estará correto. Mas, se a criança se comportar de modo passivo e você estiver falando bastante, solicitando respostas das crianças e dando uma série de orientações, trata-se de uma aula e não de uma brincadeira.

5. **Esperar que o desempenho seja homogêneo dentro do grupo.** As diferenças culturais tornam-se evidentes nas brincadeiras. O mesmo vale para as diferenças de estilo. Embora haja diferenças gerais entre meninos e meninas, a gama de diferenças individuais é grande. Não é adequado esperar homogeneidade entre as crianças.

6. **Estabelecer restrições excessivas.** Não haverá brincadeira se as crianças forem obrigadas a ficar quietas e não puderem fazer bagunça, tocar em alguém e criar confusão. Brincar exige ação. A ação gera inevitavelmente desordem, confusão, barulho, alegria, conversas e empurrões. Quando os adultos estabelecem restrições não razoáveis às brincadeiras, estão, pura e simplesmente, proibindo as crianças de brincar. É claro que se pode esperar que até mesmo as crianças menores arrumem tudo depois de brincar, mas essa é uma tarefa de responsabilidade social, não é brincar.

7. **Impedir o uso criativo dos materiais.** Considere se há realmente motivos econômicos ou de segurança para restringir o uso de determinado material. Por exemplo, as peças de um jogo de futebol de botão representam o dinheiro melhor do que as peças de um quebra-cabeça; a maioria das crianças gostaria de usá-las. Além disso, perder uma peça do quebra-cabeça inutiliza o jogo. Mas isso não se aplica a macarrão, fitas, blocos de Lego® ou outros objetos pequenos. O desafio está em garantir que os objetos retornem adequadamente ao final da brincadeira. Uma professora mantinha um cestinho para os objetos pequenos e as crianças os depositavam lá sempre que os encontravam. Em seguida, eram devolvidos a seus lugares.

8. **Não ter restrição alguma.** Brincar implica desordem ou interações organizadas por regras, que não se encaixam nas concepções predeterminadas dos adultos. Entretanto, as brincadeiras não florescem onde não há regras nem meios de controlar sua abrangência e seus parâmetros. As regras relacionadas a segurança, direitos, sentimentos dos outros e necessidades do grupo são pré-requisitos essenciais da qualidade da brincadeira. As crianças que não têm limites gastam muito mais tempo testando os limites do comportamento aceitável que brincando de modo produtivo. Os capítulos 10, 11 e 12 abordam a questão dos limites.

9. **Ignorar a brincadeira.** Dadas as condições adequadas, as brincadeiras se desenvolverão provavelmente sem o incentivo do adulto. No entanto, a qualidade da brincadeira – aquela que estimula a imaginação e as habilidades cognitivas das crianças – não surge do nada. Por isso, não é adequado que você planeje aulas, lave as xícaras ou converse com outros adultos enquanto as crianças brincam.

10. **Orientar as brincadeiras ou jogos cedo demais.** As crianças aprendem no processo de decidir as regras e na criação de uma brincadeira de fantasia. Mas isso pode levar mais tempo que você pensa. Infelizmente, os adultos interferem cedo demais e usurpam as funções de planejamento e organização. A menos que as crianças peçam ajuda ou surja algum conflito que não consigam resolver, você deve mostrar interesse, mas não se envolver.

11. **Pedir às crianças que expliquem o próprio humor.** Isso mata rapidamente a graça da piada. Se você não "sacou" a piada, o melhor a fazer é dar uma risada social ou mostrar uma simples expressão de agrado.

12. **Repreender as crianças pedindo que fiquem quietas ou que parem de ser bobas quando estão fazendo humor.** Os adultos, às vezes, irritam-se com as risadas

das crianças, especialmente se ocorrerem no momento e no lugar errados. Nesse caso, faça-as saber que entende o divertimento delas ("Vocês estão se divertindo muito assim") e em seguida explique que o humor é inadequado ("Estou preocupada que isso distraia o motorista do ônibus que precisa prestar atenção ao trânsito"). Não se limite a estabelecer limites para o humor de maneira geral e reprovadora.

13. **Envolver-se excessivamente na brincadeira.** Você talvez se divirta tanto que esqueça que o propósito de sua participação é estimular a qualidade da brincadeira das crianças. A brincadeira deve transcorrer bem depois que se retirar. Se isso não ocorrer, talvez você tenha dominado a brincadeira ou então a brincadeira estava acima do nível das crianças ou ainda o papel que escolheu talvez fosse tão central para o tema que a brincadeira não pôde continuar sem ele.

14. **Restringir a atividade das crianças com necessidades especiais de "aulas" ou ignorá-las enquanto brincam.** Todas as crianças se beneficiam com a atividade de brincar e aprendem quando brincam com pares mais habilidosos. Algumas podem precisar de ajuda ou treino durante a brincadeira, e determinadas brincadeiras talvez precisem ser adaptadas. Faça um plano para as necessidades individuais de brincar. Brincar é algo em que a maioria das crianças pode ser bem-sucedida.

15. **Não comentar, nas reuniões com os pais, o desempenho das crianças nas brincadeiras.** Os pais estão interessados nas relações sociais dos filhos, e estas costumam aparecer durante as brincadeiras. Poderão dar mais apoio ao desenvolvimento dos filhos se entenderem as habilidades que estes têm e as que não têm.

Resumo

Brincar é o contexto do envolvimento social durante a infância. É voluntário e divertido, e requer o uso de recursos físicos, mentais e emocionais.

Há diversos tipos de brincadeiras: com movimentos e objetos, de construção e imaginativas. Para cada tipo, sugerimos algumas das sequências de desenvolvimento pelas quais as crianças passam até se tornarem habilidosas. A maioria das sequências ocorre na primeira infância, e as crianças maiores usam as primeiras habilidades adquiridas em novas combinações que compõem formas mais complexas de brincar.

Abordamos as regras que as crianças criam para promover as brincadeiras e as estratégias que usam para iniciar, desenvolver e modificar atividades desse tipo. Apontamos também como os adultos usam a compreensão que têm sobre as brincadeiras para ajudar as crianças menos habilidosas.

Salientamos as diferenças individuais no modo de brincar. Descrevemos as estratégias utilizadas para emoldurar a brincadeira, levar adiante a história e encerrá-la. O humor é um aspecto adicional do brincar e contribui para a posição social da criança dentro do grupo.

O papel do adulto é facilitar a brincadeira de todas as crianças do grupo. Isso significa que deve estabelecer a atmosfera que embala a brincadeira, fornecer os materiais e o local e orientar o desenvolvimento das habilidades das crianças na direção de níveis superiores de desempenho. A receptividade dedicada aos comportamentos observados das crianças é essencial para esse papel. Identificamos diversas armadilhas para que possa evitá-las quando apoiar as brincadeiras das crianças.

Palavras-chave

Atividade paralela; brincadeira associativa; brincadeira cooperativa; brincar de construção; brincadeira dramatizada; brincar de praticar; brincadeira sociodramática; brincadeira solitária; brincadeira turbulenta; complexidade; comportamento desocupado; destaque; episódio de representação; esquemas de brincadeira; estilo; estilo dramaturgo; estilo relacionado às formas; exagero; expectador; fantasista; incitação; invenção do objeto; jogos; metacomunicação; moldura da brincadeira; narração de histórias; novidade; papel de personagem; papel funcional; pragmática; propostas formais de faz de conta; substituição do objeto; sugestões disfarçadas; transformar.

Questões para discussão

1. Por que é improvável que o brincar seja eliminado do comportamento humano?
2. Observe a Figura 7.1. Quais seriam as consequências se as crianças não tivessem tempo suficiente para brincar? Imagine quais seriam as consequências para a criança, escola e comunidade.
3. Descreva as características da brincadeira e dê exemplos de comportamento brincalhões e não brincalhões.
4. Por que os conceitos de trabalhar e brincar não são opostos? Por que é mais exato contrastar o brincar com a seriedade que com o trabalho? Use sua própria experiência de vida para elaborar a resposta.
5. Liste as habilidades necessárias para que as crianças participem de uma brincadeira dramatizada. Dê exemplos de cada habilidade.
6. Descreva as diferenças de estilo entre a construção e o faz de conta.
7. O que significa metacomunicação? Descreva sinais de brincadeira verbais e não verbais.
8. O que você deve fazer quando uma criança pequena começa a contar uma piada, mas esquece o final e, então, ri?
9. O que você deve fazer quando um grupo de crianças em idade escolar, de diversas idades, joga *softbol* e não segue as regras da Liga Infantil?
10. Quando crianças maiores estão plenamente envolvidas em uma brincadeira e tudo corre bem, o que você deve fazer?
11. Explique a contribuição das brincadeiras para os sete elementos da competência social (valores sociais, autoidentidade positiva, habilidades interpessoais, autorregulação, planejamento e tomada de decisão, inteligência emocional e competência cultural). Use sua própria experiência de vida para dar exemplos ou fazer observações sobre as brincadeiras infantis.
12. Veja o Código de Conduta Ética Naeyc (Apêndice), determine se as situações que seguem apresentam um dilema ético. Identifique a seção do capítulo que influencia sua resposta.
    a. Uma professora deixa as crianças sem supervisão no *playground*, com a intenção de observá-las pela janela, e presume que, se houver alguma emergência, uma das crianças virá chamá-la.
    b. Três crianças brigam ruidosamente enquanto participam de uma brincadeira dramatizada. O professor não faz nada.
    c. Um professor se queixa a um colega que a Sra. Gace (outra colega) mantém a classe excessivamente estruturada e as crianças não têm nenhum momento para brincar de verdade.
    d. Uma menina está brincando de casinha, e outra criança chega e quer ser a mãe. As crianças concordam em ter duas mães jogando em uma casa. O adulto intervém e insiste que famílias têm um pai e uma mãe em cada casa.

Tarefas de campo

1. Com informações simples e diretas, que usaria apenas com crianças, anote as orientações para um jogo. Indique em que local faria a demonstração do que fazer e de como brincar com os outros, para que adquiram uma ideia do jogo. Tente, então, pôr o jogo em prática com um grupo de crianças. Responda em seguida: "Elas foram capazes de seguir as instruções?" e "O que modificaria?".
2. Observe um grupo de crianças pequenas por diversos dias. Registre se observou ou não os seguintes comportamentos de cada criança:
    a. Substitui um objeto por outro durante o faz de conta.
    b. Inventa objetos e usa gestos e movimentos para indicar a existência dos objetos.
    c. Transforma o tempo, a idade do(s) participante(s) ou a si mesma.
    d. Transforma o local.
    e. Assume um papel comportamental ou funcional.
    f. Assume o papel de um personagem familiar ou de fantasia.
    Organize, agora, a brincadeira dessas crianças e planeje estratégias para incentivar o desenvolvimento dessas habilidades. De que materiais você precisa? Como as treinará? Se elas já são capazes de desempenhar as habilidades básicas, qual é seu papel?
3. Colete materiais que podem ser úteis para os pais, ao selecionar brinquedos para faixas etárias específicas.
4. Participe diretamente da brincadeira das crianças. Use as técnicas sugeridas no capítulo para influenciar a orientação do jogo. Observe o efeito que sua participação tem sobre as crianças.

Capítulo 8
Apoio necessário às relações de amizade das crianças

Objetivos

Ao final deste capítulo, você será capaz de descrever:

- As razões pelas quais as relações com os pares e as amizades são importantes para as crianças.
- As variáveis que influenciam as habilidades das crianças de fazer amizades.
- Os métodos que as crianças usam para identificar e descrever os amigos ao longo do tempo.
- As variáveis que influenciam as escolhas das crianças quanto às amizades.
- Os estágios da amizade – estabelecer contato, manter interações positivas, negociar conflitos, terminar relações – e as habilidades envolvidas em cada estágio.
- Os comportamentos que diferenciam as crianças que fazem amigos facilmente daquelas que têm dificuldade.
- Estratégias para incrementar as habilidades relativas à amizade.
- Os métodos para ajudar os familiares a compreender e facilitar as amizades das crianças.
- As armadilhas que devem ser evitadas quando se dá apoio às amizades das crianças.

> *Rose e Mitzie correm na direção da professora. Sorriem. Mitzie grita: "Somos gêmeas! Somos gêmeas!". A professora olha para elas e se pergunta de que modo chegaram àquela conclusão. Mitzie é alta, magra, clara, tem olhos azuis e cabelos loiros. Rose é pequena, asiática, com cabelos escuros e grandes olhos castanhos. A professora pergunta: "Por que acham que são gêmeas?". Elas dão risinhos, abrem a boca e eis que, em ambas, o dente da frente havia caído! Era simples assim. Não havia nenhuma preocupação quanto às diferenças raciais, culturais ou de desenvolvimento – eram apenas amigas que desfrutavam de algo que tinham em comum –, apenas compartilhavam uma experiência significativa que as deliciava e fortalecia a relação entre elas (Zavitkovsky, 2010).*

Para as crianças, uma das experiências mais importantes é estabelecer amizades e obter a aceitação dos pares, o que as libera para serem elas mesmas (Caspi & Shiner, 2006). Por meio dos amigos, as crianças conseguem entender melhor quem são e de que modo cabem na "própria pele".

O complexo processo de localizar, entrar em contato, interagir e manter uma amizade incorpora todos os componentes da competência social discutidos no Capítulo 1 (consulte a Figura 1.1). A habilidade de fazer e manter amigos é uma medida fundamental do desenvolvimento social (Fabes et al., 2008). Acreditava-se, antigamente, que as amizades simplesmente aconteciam. Sabemos, hoje, que o apoio do adulto faz diferença em como a criança funciona para estabelecer relações amigáveis com os pares. A ajuda do adulto pode aumentar a probabilidade de sucesso nas relações futuras e maduras de longo prazo e na competência social em geral (Gallagher & Sylvester, 2009; Rubin, Bukowski & Parker, 2006).

■ Relações e interações

Os termos *interações*, *relações* e *amizades* referem-se, todos, a níveis diferentes de associação entre as pessoas. As **interações** descrevem uma troca de mão dupla de natureza recíproca. Pode-se ganhar algo com a interação, mas não necessariamente. As **relações** são muito mais que isso. Sugerem o senso de pertencer. Estabelecem-se ao longo do tempo, por meio de uma série de interações preenchidas de significado compartilhado, expectativas em evolução e emoção. As relações, entretanto, não são definidas como amizades. As **amizades** são associações voluntárias nas quais cada membro reconhece e compartilha a responsabilidade pela relação. São marcadas pela reciprocidade e pelo afeto. Na amizade verdadeira, cada parte caracteriza a outra como amiga; ambas as partes empenham-se muito mais em resolver conflitos – para que a relação continue – do que se empenhariam em uma relação de não amizade (Rubin, Bukowski & Parker, 2006).

As crianças envolvem-se em diversos tipos de relação: com os pais, professores, irmãos e colegas. Cada relação é diferente quanto à qualidade, ao *status* que as crianças ocupam no grupo (popularidade, líder, seguidor etc.) e ao grau de autoeficácia (Rose-Krasnor & Denham, 2009). É do grupo de pares que emergem, afinal, as amizades. Assim, Jillian encontra Maria, Dakota, Juanita e a Sra. Cheryl na escola, mas considera apenas Juanita como amiga verdadeira.

Relações entre adulto e criança

A sociedade definiu certas expectativas para as relações entre o adulto e a criança. As interações entre adultos e crianças caracterizam-se pela diferença de *status*. Por exemplo, Jillian ama Cheryl, a ajudante do refeitório. Gosta de conversar com ela e canta para a ajudante as canções que acabou de aprender. Embora Jillian possa chamar Cheryl de amiga, não se trata de uma verdadeira amizade, pois elas não têm papéis equivalentes em suas interações.

Quer a relação envolva professor e criança, treinador e jogador ou pai e filho, espera-se que o adulto seja o experiente/líder e a criança o aprendiz/seguidor. Embora tais relações tenham funções importantes e possam ser marcadas por amor e respeito, elas são desiguais.

Relações entre pares

Pares são tipicamente indivíduos da mesma idade (Bukowski, Motzoi & Meyer, 2009). Na maioria das vezes, compartilham uma atividade ou interesse e encontram-se em intervalos programados regularmente para participar de determinados eventos. Entretanto, quando não ocorre nenhuma dessas situações, o contato não se estabelece. É possível encontrar pares em qualquer lugar no qual as crianças se reúnem, como na vizinhança, nas ligas de futebol e nas salas de aula. Assim, Jillian e Dakota estão na mesma classe, mas não têm contato fora da escola. São pares.

À medida que as crianças amadurecem, dos 2 até os 12 anos, passam cada vez mais tempo na companhia dos pares (Rubin, 2003). Nesse grupo, adquirem o senso de pertencer. Os amigos são quase sempre selecionados a partir dessa rede social, com base "naquilo que parece certo" (Hartup & Abecassis, 2004).

Os pares têm funções importantes na socialização das crianças. É por meio dessas relações que elas estabelecem o senso de identidade social e a imagem de como se encaixam na estrutura social. A partir das relações com os pares, as crianças aprendem a funcionar como "seres sociais". Na companhia deles, as crianças experimentam diferentes papéis e aprendem quais comportamentos sociais são aceitáveis e quais não são inadequados (Gest, Graham-Bermann & Hartup, 2001). Ao longo do tempo, isso permite que desenvolvam as habilidades de compreensão e comunicação social e as prepara para amizades futuram bem-sucedidas (NICHD, 2008).

As relações entre os pares proporcionam, além disso, uma oportunidade para que as crianças aprendam novas habilidades e refinem as que já têm. É a partir das reações dos pares que as crianças aprendem rapidamente a importância de regular as emoções e ações. Aquelas que são mais habilidosas em regular emoções e comportamentos desfrutam de mais popularidade entre os pares e têm mais probabilidade de se tornar líderes (Rubin, Bukowski & Parker, 2006). Essas crianças reconhecem o que é relevante para as outras e são capazes de oferecer apoio e orientação em áreas quase sempre negligenciadas ou desprezadas pelos adultos. Por exemplo, as habilidades de cuspir a distância, fazer caretas e construir rampas para saltar de bicicleta são façanhas que as crianças valorizam. Os pares ensinam coisas uns aos outros sem autoconsciência e sem a disparidade total de *status* que marca a relação adulto-criança. As crianças dos primeiros anos do ensino fundamental são capazes de perceber melhor a si mesmas por meio da comparação com as características e habilidades dos pares (Harter, 2006). As relações entre pares oferecem às crianças a oportunidade única de interagir em um contexto relativamente equilibrado de poder e de relativa igualdade (Erwin, 1998).

Relações de amizade

Como as relações entre pares, as amizades oferecem oportunidade de parceria em igualdade e muito mais. Os **amigos** têm uma ligação mais profunda. Existe um vínculo positivo entre eles, com a expectativa de que cada parte se beneficie (Bukowski, Motzoi & Meyer, 2009). Vimos que os pares se encontram em intervalos periódicos, nas atividades comuns; já os amigos escolhem estar juntos, como companheiros escolhidos, fora das atividades conjuntas e além delas. A amizade oferece incontáveis benefícios para os envolvidos (veja Figura 8.1).

Os benefícios da amizade. Os amigos oferecem às crianças a oportunidade de desenvolver competência social (Howes, 2009). Os participantes estão motivados a resolver seus conflitos de modo pacífico, por meio da diplomacia infantil. Praticam a difícil tarefa de equilibrar suas vontades e desejos pessoais com os dos outros, ou com objetivos compartilhados com a comunidade (Rubin, Bukowski & Parker, 2006). As amizades dão apoio ao desenvolvimento das habilidades pró-sociais como a cooperação e o altruísmo (Sebanc, 2003). As crianças têm mais probabilidade de se comportar de modo positivo na companhia de amigos (Simpkins & Parke, 2002). Com os amigos, as crianças demonstram níveis mais elevados de competência emocional (Rubin, Bukowski & Parker, 2006). As amizades proporcionam também ocasiões para que as crianças pratiquem as habilidades de solução de problemas, incluindo comunicação, gestão de conflitos, construção e manutenção da confiança e estabelecimento de intimidade. Os amigos praticam o compartilhamento de sentimentos, de controvérsias e a solução de dilemas morais como compartilhar ou não um brinquedo com outra criança (Howes, 2009). Tais habilidades, por sua vez, preparam as crianças para futuras relações profundas da idade adulta (Shaffer & Kipp, 2010).

FIGURA 8.1 Os amigos compartilham o tempo, os brinquedos favoritos, os interesses especiais, os ideais comuns e muito mais! ["Os amigos compartilham".]

As amizades constituem uma fonte de segurança e de apoio social (Shaffer & Kipp, 2010). Os amigos são capazes de discutir atitudes e comparar habilidades. Essas discussões e comparações fornecem às crianças a legitimação de suas atitudes, ideias e habilidades, ajuda-as a sentir-se socialmente aptas e a ter melhor consciência de si (Harter, 2006). Por meio das relações de amizade, as crianças podem assumir tarefas e responsabilidades consideradas desagradáveis de forma mais divertida e até prazerosa (Erwin, 1998).

Essas relações especiais servem também para amenizar o estresse vivido pela crianças (Bukowski, Motzoi & Meyer, 2009). As que têm amigos tendem a ser autoconfiantes e menos sós que aquelas que não têm amigos. São, com mais frequência, aceitas pelos pares e experimentam menos rejeição. Além disso, as crianças que têm amigos apresentam melhor desempenho na escola (Ladd, 1999; Sebanc, 2003). Em geral, aquelas que têm pelo menos um amigo não sofrem agressões dos pares e exibem menos problemas de exteriorização como violência e agressão (Lamarche et al., 2006; Rubin, Bukowski & Parker, 2006).

O preço de não ter amigos. Já que a amizade proporciona tantos benefícios maravilhosos, você talvez se pergunte: "E as crianças que têm poucos amigos?". A situação, infelizmente, não é nada agradável. As pesquisas mostram que até mesmo um único amigo é melhor que nenhum. Sem um melhor amigo, é provável que as crianças sejam vitimizadas e solitárias (Brendgen, Vitaro & Bukowski, 2000). As crianças que não têm amigos tendem a apresentar algum distúrbio social (Newcomb & Bagwell, 1996). É menos provável que iniciem ou mantenham uma brincadeira com os pares (Howes, Matheson & Wu, 1992). Tendem a ter mais problemas de aprendizagem e atitudes negativas em relação à escola (Ladd, 2005). As crianças que não têm amigos perdem a oportunidade de praticar as habilidades sociais importantes para manter relações sociais estreitas ao longo da vida, e, por esse motivo, é comum que não consigam desenvolver as habilidades adequadas para a vida (Rubin, Bukowski & Parker, 2006). Assim, é altamente provável que sofram problemas de internalização ao longo da vida, como depressão, doenças mentais, doenças cardíacas e hipertensão na idade adulta (Bukowski, Morzoi & Meyer, 2009; Ladd & Troop-Gordon, 2003). Além disso, a probabilidade de que se tornem delinquentes juvenis, abandonem a escola, sejam expulsos com desonra do Exército e cometam suicídio é mais alta que as crianças com amigos (Ladd, 2005). Embora seja raro encontrar uma criança totalmente sem amigos, muitas crescem desejando ter mais amigos. Para a maioria das crianças, contudo, o fator crítico não é a quantidade de amigos, mas a qualidade das amizades estabelecidas.

■ Variáveis que influenciam as amizades das crianças

O comportamento da própria criança influencia enormemente o modo como é aceita pelos pares (Rubin, Bukowski & Parker, 2006). Os padrões de interação são, na maioria das vezes, um fator de primária importância para determinar se os outros as percebem como companheiras desejáveis ou indesejáveis. Antes de examinar cada padrão, observe a Figura 8.2.

Como mostra a figura, diversos aspectos contribuem para as relações das crianças com os pares e para a habilidade de fazer amigos: a posição social/cognição social, a habilidade de regular as emoções, as experiências com brincadeiras, habilidades de linguagem e o apoio que o adulto dá a essas relações. Todos esses aspectos são influenciados primordialmente pelos valores culturais das crianças, os quais nascem da família. Enfim, a visão que a criança tem de si mesma filtra cada influência e prepara o caminho para que acredite, ou não, em sua habilidade de fazer amigos.

Cognição social

As crianças com boa cognição social são mais capazes de fazer amigos. Aquelas que conseguem imaginar o pensamento dos outros são mais bem-aceitas pelos pares e parecem dispor de maior competência social (McElwain & Volling, 2002). Essas crianças conseguem inferir o que agrada aos outros e agem de modo consistente com as expectativas sociais. Quanto mais cognição social a criança apresentar, mais popular e procurada pelos companheiros será (Rubin, Bukowski & Parker, 2006).

Regulação emocional

Para que possam ter uma relação saudável com os amigos, as crianças devem aprender a regular não apenas o comportamento, mas também as emoções (Hay, Ross & Goldman, 2004). As crianças que entendem melhor suas próprias emoções e conseguem adaptá-las adequadamente à situação social demonstram comportamento

FIGURA 8.2 Variáveis que influenciam as relações de amizade das crianças.

social melhor e experiências de *feedbacks* mais positivos que as outras (Rubin, Bukowski & Parker, 2006). As emocionalmente reguladas são mais populares e têm mais probabilidade de ser escolhidas como parceiras de brincadeiras e como amigas (Rose-Krasnor & Denham, 2009). De modo geral, a qualidade da amizade está ligada à habilidade das crianças de regular as próprias emoções, o que está ligado ao desenvolvimento da compreensão social de si mesmas e dos outros (McDowell, O'Neil & Parke, 2000).

Experiências com brincadeiras

Um dos melhores lugares para adquirir a prática de falar sobre as emoções e os pensamentos dos outros e adotar a ação adequada, é no jogo de faz de conta (Dunn, Cutting & Fisher, 2002). Dentro de seus limites, as crianças são capazes de praticar o compartilhamento e a negociação verificou-se que o jogo que se pretende imaginativo é muito importante na formação inicial (Dunn, Cutting & Fisher, 2002; Rubin, 2003). Os primeiros comportamentos de brincar com os pares influenciarão profundamente os comportamentos estabelecidos com as futuras amizades (NICHD, 2008). Brincar é tão vital para a formação da amizade que, quando o faz de conta não recebe apoio, pode interferir nas "harmoniosas relações com os pares" (Hay, Ross & Goldman, 2004, p. 90). Consulte o Capítulo 7 para obter mais informações sobre a importância do brincar na promoção da competência social.

Linguagem

As habilidades de linguagem das crianças influenciam diretamente seu êxito nas interações correntes e futuras com os pares. As crianças que têm boas habilidades de linguagem estão mais conectadas socialmente. São capazes de empenhar-se na mesma ideia ou atividade com os pares e mantêm o contato por um tempo mais longo. Aquelas com habilidades superiores de linguagem não apenas conhecem palavras, mas também são capazes de usá-las adequadamente em diferentes situações sociais. Assim, são mais hábeis na cooperação e na negociação com os pares (Hebert-Meyers et al., 2009).

No faz de conta, as crianças desenvolvem a competência da conversa, pois dão e recebem as informações que sustentam a brincadeira. As que têm mais habilidades de linguagem são capazes de manter o fluxo da brincadeira (Hebert-Meyers et al., 2009). Quando dispõem de boa compreensão e de habilidade no uso da linguagem, são mais capazes de responder ao conteúdo das mensagens dos outros. Sem isso, as crianças podem compreender ou interpretar mal as mensagens dos pares e perder, assim, a oportunidade de brincar ou rejeitar inadvertidamente um par (Briton, Robinson & Fujiki, 2004). As crianças dotadas de fortes habilidades de linguagem são mais capazes de elaborar respostas que descrevem suas emoções e pontos de vista que as outras. As respostas das crianças aos pares, durante as conversas, permitem identificar o *status* social delas. Aquelas com dificuldade de linguagem são percebidas pelas demais como dotadas de competência social inferior e são mais isoladas dos demais (McCabe, 2005). Há evidências de que essas crianças têm amizades mais difíceis que as mais habilidosas com a linguagem (Briton, Robinson & Fujiki, 2004).

A linguagem é vital em todas as áreas da amizade – iniciar, manter, negociar conflitos e terminar a relação. Os adultos dão apoio à linguagem e à competência social das crianças quando conversam elas sobre suas interações com outros, quando nomeiam as emoções dos outros e justificam as reações dos outros (Thompson, 2006).

Apoio do adulto

Muito do que as crianças vivenciam está diretamente relacionado aos adultos ou é diretamente controlado por eles. Quando as interações das crianças, em seu mundo, com os adultos são positivas, elas passam a esperar coisas boas das futuras interações com os outros (Laible & Thompson, 2008). O oposto também é verdade.

Quando as crianças sentem-se apoiadas e seguras em seu ambiente, é provável que se estabeleçam relações fortes com o professor. As relações seguras adulto-criança fornecem uma base sólida para experiências positivas com os pares (Howes, 2009). A responsabilidade de criar ou administrar experiências sociais para as crianças é dos adultos. Uma atmosfera social e emocional positiva as encoraja a participar de interações saudáveis com os pares (Hamre, 2008).

Quando os adultos dispõem experiências de brincar precoces para as crianças e as ajudam a aprender a brincar entre elas, é provável que as relações precoces com os pares sejam positivas. Entretanto, quando reúnem as crianças, mas não as ajudam na experiência social, e as deixam "ser crianças" – ou seja, quando se espera, por exemplo, que crianças de 3 anos resolvam por conta própria suas desavenças sobre brinquedos –, colocam-nas em notável desvantagem. As crianças pequenas podem fazer algumas coisas por conta própria, mas se beneficiam enormemente quando há alguém que as interprete e as ajude a compreender os encontros sociais.

Se as experiências forem vistas como oportunidades de ensinar as crianças a se relacionar bem com os outros, elas provavelmente se tornarão socialmente mais competentes e, assim, serão mais procuradas, mais tarde, como futuras parceiras de brincadeiras e amigas (Saarni et al., 2006). Os adultos podem fazer isso, ajudando-as a interpretar os sinais sociais e sentimentos dos pares e a adaptar seus comportamentos com base nisso.

As expectativas que os adultos nutrem sobre o comportamento das crianças desempenham um papel importante nas relações entre pares e nas amizades potenciais. Sabe-se que o temperamento das crianças influencia as interações entre pares. Entretanto, o temperamento não pode explicar as coisas que "não funcionam" com os pares, pois, independentemente do temperamento, as crianças são capazes de fazer amizades. Ao atribuírem um comportamento inadequado à imaturidade do temperamento ou ao darem outra desculpa qualquer, os adultos não ajudam as crianças a melhorar o próprio comportamento. Ao contrário, quando reconhecem as diferenças entre elas e trabalham para aumentar sua competência social, aumentam a probabilidade de que apareçam comportamentos positivos (Rubin, Bukowski & Parker, 2006). Não se deve subestimar o papel dos adultos na socialização e nas relações das crianças.

Valores culturais e familiares

Os adultos transmitem cultura às crianças tanto direta quanto indiretamente. É dentro da cultura que se socializam os comportamentos na direção dos pares e amigos. As culturas diferem muito no modo de promover a compreensão da amizade entre as crianças e as interações esperadas. Por exemplo, nos Estados Unidos e na Europa ocidental, os amigos são vistos como um apoio emocional e como fonte de intimidade. Em economias de subsistência, as amizades são avaliadas pela ajuda instrumental que as pessoas fornecem umas às outras na vida diária (Rubin, Bukowski & Parker, 2006).

Família. A família, em qualquer cultura, também contribui para o modo como se percebem os amigos. Por exemplo, as famílias determinam a quantidade de tempo e os recursos adequados que serão dedicados aos pares (Howes, 2009). Nas culturas em que grande parte do poder e da autoridade reside no sistema familiar, há menos dependência e, além disso, dá-se menos valor às amizades que nas culturas em que a família é menos importante (French, 2004). As condições de vida também têm impacto sobre as amizades das crianças. As crianças que vivem em ambientes perigosos ou de pobreza podem ter menos oportunidades de brincar fora de casa ou ao ar livre. As famílias que mudam com frequência ou que não têm teto também são menos capazes de dar apoio à manutenção das amizades (Howes, 2009). Enfim, a atmosfera social e emocional da família tem impacto sobre as habilidades das crianças de fazer amigos. As famílias harmoniosas, que resolvem pacificamente seus problemas, são mais disponíveis emocionalmente para as crianças e são modelos de relações positivas. As crianças cujas famílias vivenciam muito conflito têm dificuldade de formar relações positivas com os pares, têm mais probabilidade de ser agressivas e apresentam habilidade de regulação emocional inferior (Ross & Howe, 2009). Assim, a família influencia o modo como as crianças formam expectativas para os comportamentos de amizade. As expectativas criadas a partir das diversas influências discutidas, incluindo a família, formam a base para a evolução da definição de amigo das crianças.

■ As ideias das crianças sobre a amizade

O que é exatamente um amigo aos olhos de uma criança? As crianças veem seus amigos do mesmo modo como os adultos veem os deles? O que muitos adultos não sabem é que os conceitos que as crianças têm sobre a amizade – a noção de como funciona, as expectativas e as regras que governam suas ações em relação aos amigos – mudam ao longo do tempo.

Pediu-se a cinco crianças, de 3, 6, 8, 11 e 13 anos que desenhassem a si mesmas com os amigos. Veja, nas figuras 8.4 a 8.8 (adiante), as características da amizade que cada criança introduziu em seu desenho. Sem nenhuma indicação, representaram vários estágios da amizade, de modo muito sucinto. Os desenhos demonstram a progressão da amizade junto às crianças.

O surgimento da amizade

Os amigos são importantes desde os primeiros dias de vida. Observe dois bebês de 6 meses juntos e verá como apreciam interagir. Após os 18 meses, imitam outras crianças e fazem brincadeiras sociais simples como "Cadê o nenê?" ou "Onde foi parar o brinquedo?" (Wittmer, 2008). Aos 2 anos, dizem com orgulho: "Ela é minha amiga". Alguns pesquisadores estudaram as amizades infantis nos últimos vinte anos e identificaram uma hierarquia no modo como as crianças as desenvolvem, à medida que crescem. Neste livro, esse processo será denominado "estrutura da amizade".

Estrutura da amizade

A estrutura começa por volta dos 3 anos e coincide com o desenvolvimento da empatia, da compreensão das perspectivas dos outros, ou teoria da mente, e com a grande explosão da autoconsciência (Gallagher & Sylvester, 2009). Em cada um dos cinco níveis da **estrutura da amizade** (veja Figura 8.3), você notará a evolução da compreensão do que é o amigo, o valor dado à amizade e as **habilidades para fazer amizade** exigidas para fazer e manter amigos (Selman, Levitt & Schultz, 1997).

Nos níveis iniciais da amizade, as crianças se preocupam com suas próprias emoções, com as características físicas dos companheiros e com o que acontece aqui e agora. Nos níveis posteriores, são mais sensíveis aos desejos e às preocupações dos outros, apreciam traços psicológicos, como humor e confiabilidade, e pensam tanto no futuro de suas relações quanto no presente.

Muitas crianças têm dificuldades transitórias quando suas ideias sobre a amizade estão mais atrasadas ou mais adiantadas em relação às dos pares. Esses problemas diminuem quando as ideias se emparelham novamente. Nesse meio-tempo, elas podem preferir associar-se a crianças mais novas ou mais velhas que estejam no mesmo estágio de pensamento. Os adultos não podem acelerar o progresso das crianças ao longo da sequência da estrutura da amizade, mas podem tentar entender o comportamento das crianças conhecendo mais a respeito do entendimento que elas têm sobre a amizade, as ha-

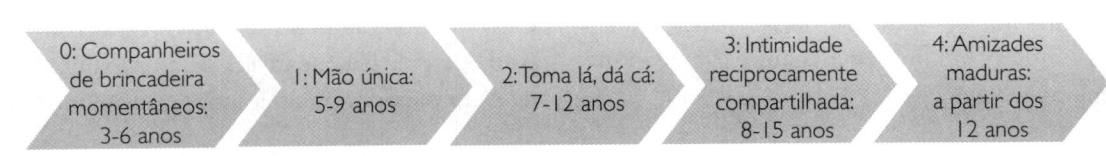

0: Companheiros de brincadeira momentâneos: 3-6 anos | 1: Mão única: 5-9 anos | 2: Toma lá, dá cá: 7-12 anos | 3: Intimidade reciprocamente compartilhada: 8-15 anos | 4: Amizades maduras: a partir dos 12 anos

FIGURA 8-3 A estrutura da amizade.

bilidades relativas à amizade e a valorização da amizade em cada nível, com a finalidade de planejar melhor o modo de dar apoio a seu desenvolvimento.

Nível 0 – Companheiros de brincadeira momentâneos: 3 a 6 anos. As crianças pequenas chamam de "amigo" os pares com que brincam com mais frequência ou que participam de atividades semelhantes, em determinado momento. Isso é evidente no caso de Maddie, 3 anos, que, ao responder a uma pergunta sobre o desenho que fizera sobre a amizade "Por que elas são suas amigas?", respondeu: "Porque brincamos de *Polly Pockets* juntas e usamos roupas cor-de-rosa" (veja Figura 8.4). Desse modo, as crianças definem os amigos pela proximidade ("Ele é meu amigo porque mora na casa ao lado"). Os amigos são valorizados também pelo que possuem ("Ela é minha amiga porque tem uma Barbie") e pelas habilidades físicas visíveis que apresentam ("Ele é meu amigo porque corre rápido").

Nessa faixa etária, as crianças são egocêntricas, pensam apenas no seu lado da relação. Consequentemente, concentram-se no que querem que as outras crianças façam para elas. O pensamento concentra-se no aqui e agora, na atividade em andamento; assim, qualquer que seja a criança com a qual brinca naquele exato momento, é uma amiga. Não pensam sobre seus próprios deveres dentro da relação e, assim, não levam em consideração a possibilidade de fazer seu comportamento corresponder às necessidades da outra criança. Além disso, é comum que presumam que os amigos pensam exatamente como elas. Quando isso se demonstra falso, ficam muito aborrecidas.

No nível 0, as crianças são mais capazes de dar início à interação que de responder à iniciativa das outras. Por isso, podem inadvertidamente ignorar ou rejeitar de forma ativa a tentativa de outras crianças de se juntarem à brincadeira. Esse fenômeno acontece com mais frequência depois que a brincadeira já teve início. Nesse momento, uma criança que brinca sozinha, ou o grupo de crianças, está centrada na realização do episódio da brincadeira de modo particular, o que inclui apenas aquelas que já estão envolvidas. Torna-se, então, difícil para os participantes ampliar o pensamento de modo a imaginar de que modo o recém-chegado pode ser incluído. A recusa em permitir que outra criança tenha acesso à brincadeira é um dilema cognitivo e não um ato deliberado de crueldade.

FIGURA 8.4 Maddie e suas amigas.

Nível 1 – Apoio em mão única: 5 a 9 anos. Nesse nível, as crianças identificam como amigos os pares cujo comportamento lhes agrada. Verônica, de 6 anos, desenhou as amigas levando os cachorros para passear e explicou, satisfeita, que sua amiga Kelly estava, no desenho, indo buscar a Barbie para a festa de seu aniversário (veja Figura 8.5). Para algumas crianças, o companheiro que suscita bons sentimentos é aquele que lhes dá a vez, divide o chiclete, deixa dar uma volta na bicicleta nova, escolhe-as para fazer parte do time, guarda um lugar no ônibus e dá presentes especiais nos aniversários. Para outras, o prazer está no fato de que haja alguém que aceite a vez, aceite o chiclete, aceite dar uma volta na bicicleta, o assento no ônibus ou o presente. Uma vez que ambos os amigos estão preocupados em satisfazer suas próprias vontades, nenhum deles leva necessariamente em consideração a possibilidade de fazer algo que agrade ao outro. Se, por acaso, suas vontades individuais e comportamentos forem compatíveis, a amizade durará. Se não, os parceiros mudarão em pouco tempo. Outra característica do nível 1 é que as crianças experimentam diferentes papéis sociais: líder, negociador, instigador, cômico, colaborador, pacificador e consolador. Nesse processo, experimentam uma variedade de comportamentos que podem coincidir ou não com seus modos habituais. Assim, é normal que as crianças, ao praticarem seus papéis, manifestem exemplos extremos. Ou seja, a criança que deseja ser mais assertiva pode se tornar prepotente e dominadora; aquela que descobre os benefícios da comédia pode se tornar tola ou escandalosa.

Quando atingem esse nível, o desejo de ter um amigo é tão forte que muitas preferem brincar com um companheiro pouco compatível a brincar sozinhas. Tentarão de tudo para dar início a uma relação e podem tentar corromper ou coagir outra criança a brincar com elas, dizendo "Se for meu amigo, convidarei você para a minha festa" ou "Se não me deixar dar uma volta, não serei seu amigo". As crianças que recorrem a essas táticas não são maliciosas, estão meramente experimentando o que funciona e o que não funciona. No nível 1, é notável também o fato de que os meninos brincam com meninos, e meninas, com meninas (Fabes, Martin & Havish, 2003). Isso ocorre porque continuam a concentrar-se nas semelhanças externas, e o gênero é um modo óbvio de determinar semelhança. As crianças em idade escolar que estreitam amizade apresentam semelhanças visíveis entre elas (Rubin, Bukowski & Parker, 2006).

Embora as crianças concentrem grande parte da energia nos processos de amizade, têm dificuldade em manter mais de uma amizade estreita por vez. Uma consequência do esforço para identificar amigos é o fato de que se empenham em discutir quem é amigo e quem não é. É quando as ouvimos dizer: "Você não pode ser minha amiga; minha amiga é Mary". As duplas mudam a cada dia e são determinadas com frequência pelo que vestem, por um interesse comum recém-descoberto ou pelas conveniências (quem aparecer antes). Algumas duplas, porém, permanecem estáveis ao longo do tempo, enquanto as duas crianças se encontram com frequência (Park & Waters, 1989). Há evidências também de que algumas amizades dos primeiros anos escolares podem durar por toda a infância e ir além, e que tais amizades estáveis preveem sucesso futuro nas amizades para ambas as crianças (Hay, Ross & Goldman, 2004; Rubin, Bukowski & Parker, 2006).

FIGURA 8-5 Verônica e Kelly se encontram para brincar.

Nível 2 – Cooperação em mão dupla, toma lá, dá cá: 7 a 12 anos. O pensamento das crianças de nível 2 já amadureceu até o ponto em que são capazes de levar em consideração os dois pontos de vista na amizade. Isso leva à noção de justiça que determina como a relação deve proceder. As crianças esperam que os amigos sejam "gentis" um com o outro e troquem favores entre si, como modo de ajudar cada um a satisfazer seus interesses distintos: "Você me ajudou ontem, vou ajudá-lo hoje" ou "Vamos brincar com meu jogo antes e com o seu depois". Reconhecem que ambos devem se beneficiar com a relação e que a amizade poderá se desfazer se isso não ocorrer: "Se você me xingar de novo, não vou ser mais seu amigo" ou "Isso não é justo! Esperei por você ontem". Os amigos preocupam-se com o que um pensa do outro, avaliam suas próprias ações e como o outro pode avaliar suas ações: "Steve vai gostar de mim se eu aprender a brincar melhor de pega-pega" ou "Ninguém vai gostar de mim com esse cabelo horrível". É nesse nível que a conformidade nas roupas, na linguagem e no comportamento atinge o pico, pois as crianças tentam encontrar modos de adaptar-se ao grupo. Como resultado, torna-se muito importante usar lancheira decorada com o personagem do último filme, pentear o cabelo de determinado modo e ter aulas de natação.

Esses exemplos mostram que a ênfase, ao longo desse período, é a semelhança. Um resultado natural disso é a formação de clubes. Embora durem pouco, os clubes têm regras elaboradas e a atividade principal é planejar quem será incluído e excluído (veja Figura 8.6). Para confirmar ainda mais a união, os amigos compartilham segredos, planos e acordos.

As amizades tendem a se desenvolver em duplas. Em particular, os grupos de amigas são redes flexíveis de parcerias de "melhor amiga"; as amizades dos meninos ocorrem em grupos e caracterizam-se por uma atividade ou esporte, com menos relações do tipo "melhor amigo" (Rose & Smith, 2009).

Tanto dentro dos grupos de meninos quanto dos de meninas, os amigos são muito possessivos, e o ciúme a propósito de quem é "amigo" de quem é muito acentuado. Uma vez que as crianças se preocupam com o fato de pertencerem a grupos e serem aceitas, os mexericos começam e aumentam ao longo de toda a parte central da infância. É por meio dos mexericos que se avalia e testa se as crianças pertencem ao grupo. Os mexericos demonstram adesão às convicções e aos comportamentos do grupo, e parecem favorecer a proximidade da amizade (Kuttler, Parker & LaGreca, 2002).

Nível 3 – Intimidade, relação reciprocamente compartilhada: 8 a 15 anos. Esse nível marca o primeiro momento em que as crianças veem a amizade como relação corrente, com objetivos compartilhados, valores e compreensão social (Rubin, Bukowski & Parker, 2006).

FIGURA 8.6 O "Clube do Gato Bacana". Quem está dentro e quem não está!

Nesse momento, as crianças estão mais dispostas a fazer acordos que simplesmente cooperar. Isso significa que não estão preocupadas com a reciprocidade "toma lá, dá cá" que marca o nível anterior; em vez disso, envolvem-se na vida pessoal uma da outra e estão interessadas uma na felicidade da outra. Ficam satisfeitas com o apoio emocional de que desfrutam dentro da relação. Com base nisso, os amigos compartilham sentimentos e ajudam-se uns aos outros a resolver conflitos e problemas pessoais. Revelam, um ao outro, pensamentos e emoções que escondem dos outros.

As amizades se tornam íntimas e a relação com o melhor amigo é crucial. Visto que essa é uma experiência intensa de aprendizagem, as crianças concentram-se apenas em um melhor amigo de cada vez, como evidencia o desenho de Jonathan (veja Figura 8.7). É natural que se absorvam totalmente um no outro. Tais amizades são tanto exclusivas quanto possessivas. Em outras palavras, não se espera que o amigo tenha outro amigo próximo, e ambos esperam incluir, um ao outro, em tudo. Os amigos compartilham os **conhecidos** que aprovam, mas não podem estabelecer relações com alguém de que um deles não goste. Quebrar essas regras é a maior traição possível. Apenas depois de terem desenvolvido a amizade até esse ponto é que são capazes de ampliá-la e manter laços estreitos com mais de um amigo ao mesmo tempo.

FIGURA 8.7 J. J. e seu melhor amigo.

Nível 4 – Amizades maduras: a partir dos 12 anos. No nível das amizades maduras, os benefícios emocionais e psicológicos são as qualidades mais valorizadas da amizade. Os amigos são menos possessivos que nos níveis anteriores e podem ter interesses diferentes e fazer atividades separadas. Nesse nível, as crianças são capazes de permitir que seus amigos desenvolvam outras relações estreitas. Assim, podem ter mais de um amigo ao mesmo tempo e ter amigos que não são amigos entre si. Desse modo, a amizade se torna uma ligação que envolve confiança e apoio. Esses elementos são, às vezes, atingidos com a aproximação e, em outras vezes, com o afastamento. O resultado é que, nesse momento, os amigos já são capazes de permanecer próximos, mesmo que estejam, de fato, distantes, por muito tempo e a despeito de longas separações (é o que mostra o desenho de Siobhan, no qual amigos conversam pelo telefone; veja Figura 8.8).

Escolha das amizades

Eric e Steven são parecidos como duas gotas d'água. Vestem-se do mesmo modo, falam do mesmo modo. Agem do mesmo modo. Um é o melhor amigo do outro.
Sasha e Tabitha são diferentes como o dia e a noite. Uma é baixa, a outra é alta. Uma é barulhenta, a outra, silenciosa. Uma gosta de gatos, a outra, de cachorros. Ainda assim, são inseparáveis.

Não importa a idade da criança (ou do adulto), as amizades são dinâmicas e estão continuamente em modificação (Gallagher & Sylvester, 2009). Os adultos frequentemente se perguntam por que as crianças escolhem determinados amigos. Nome, aparência física, raça, gênero, idade, habilidades e atitudes são sinais levados em conta pelas crianças ao selecionarem um amigo potencial (Howes, 2009). As crianças são mais propensas a escolher amigos que sejam semelhantes a elas (Bukowski, Motzoi & Meyer, 2009). Mesmo na metade da infância e na adolescência, as crianças são atraídas por indivíduos que se parecem com elas em idade, gênero, etnia e comportamento (Hartup & Abecassis, 2004).

Aparência física. Um fator que contribui para a seleção da amizade das crianças é a aparência pessoal. As crianças são naturalmente atraídas por indivíduos que se parecem com elas (Rubin, Bukowski & Parker, 2006). As crianças que estão acima do peso, apresentam comprometimento mental, deficiências e desleixo e são fisicamente não atraentes têm menos probabilidade de serem escolhidas como amigas que crianças que se encaixam no conceito infantil de beleza (Hartup, 1996). É interessante notar que crianças de diferentes idades e culturas têm o mesmo padrão de beleza, o qual se encaixa em muitos dos estereótipos promovidos pela mídia (Harter, 2006). As crianças atribuem as qualidades positivas de amabilidade, inteligência e competência social àquelas que consideram atraentes. Do mesmo modo, associam atributos negativos às crianças que não consideram atraentes.

Etnia. As crianças escolhem os amigos com base também na etnia e é mais provável que elejam como amigos aqueles de seu próprio grupo étnico (Graham, Taylor & Ho, 2009; Hartup & Abecassis, 2004). Entretanto, as atitudes dos pais realmente influenciam o modo como

FIGURA 8.8 A longa distância.

as crianças se sentem a propósito de fazer amizade com pessoas de outra etnia e cultura. Se as crianças percebem que os pais aceitam as diferenças raciais, é mais provável que incluam crianças de diferentes raças e etnias entre os amigos. Além disso, se as classes de pré-escola apresentam diversidade étnica, as amizades são mistas (Howes & Lee, 2007).

Gênero. O gênero é outra consideração dominante na questão "quem é amigo de quem" (Rose & Smith, 2009). As crianças nutrem grandes expectativas sobre como agir com base no gênero. Entre as crianças que não seguem o estereótipo, as meninas – as meninas-moleques – parecem se relacionar melhor e são benquistas; já os meninos agradam menos e são evitados (Rubin, Bukowsky & Parker, 2006).

As crianças preferem companheiros de jogos do mesmo sexo e, mesmo na mais tenra idade, tendem a excluir o sexo oposto. Aos 2 anos, meninas preferem brincar com meninas. Aos 3, os meninos começam a preferir brincar com meninos, embora essa preferência só se estabeleça aos 5 anos (Fabes et al., 2003). As meninas tendem a brincar em duplas e em pequenos grupos; os meninos tendem a formar grupos e a participar de atividades de grupo (Fabes et al., 2003). Meninas tendem a compartilhar informações pessoais, enquanto que os meninos tendem a participar de atividades físicas que não requerem compartilhamento pessoal (Rubin, Bukowski & Parker, 2006). Quando o melhor amigo de um menino é uma menina, há mais compartilhamento de informações e intimidade emocional entre eles (Zarbatany, McDougall & Hymel. 2000). Embora amizades entre meninos e meninas aconteçam, as amizades entre crianças do mesmo sexo tendem a ser mais duradouras e estáveis ao longo do tempo, já que as amizades entre os meninos são mais estáveis que entre as meninas (Benenson & Christakos, 2003). Isso se deve, em grande parte, ao reforço que as crianças recebem dos adultos e pares para escolher amigos do próprio sexo. Os adultos podem reduzir a segregação entre os sexos ao facilitar e encorajar as amizades entre os sexos (Erwin, 1998).

Idade. As crianças são mais propensas a selecionar como amigos as crianças de idade mais próxima. Quando se desenvolvem amizades entre crianças de diferentes idades, isso ocorre porque os participantes são, de algum modo, semelhantes do ponto de vista do desenvolvimento. Por exemplo, as crianças tímidas, com menos confiança em suas habilidades de interação, podem procurar crianças mais novas com quem se sintam mais à vontade do ponto de vista social (Zimbardo & Radl, 1982).

Características de comportamento. A probabilidade de que duas crianças se tornem amigas está estreitamente ligada à quantidade de atributos comportamentais que compartilham (Bukowski, Motzoi & Meter, 2009). Tanto na cultura ocidental quanto na oriental, as semelhanças entre amigos se encontram em nível de: comportamento pró-social, comportamento antissocial, timidez, depressão, popularidade e realização (French et al., 2000). Os amigos se parecem também em termos de habilidades físicas e cognitivas e no grau de sociabilidade (Coplan & Arbeau, 2009). Consequentemente não é incomum ver crianças que escolhem como amigos as crianças que compartilham sua paixão por esportes, leitura, xadrez ou coleção de selos. Nem é incomum que crianças brilhantes, ágeis, impulsivas e extrovertidas busquem amigos parecidos com elas.

Além disso, ao procurarem a semelhança, as crianças, com frequência, escolhem como amigos aqueles cujas características complementem sua própria personalidade e capacidade (Rubin, Bukowski & Parker, 2006). Isso quase sempre envolve os atributos que faltam nelas e para os quais outras crianças podem servir como modelo. Assim, é possível que crianças barulhentas escolham crianças sossegadas como amigas, crianças ativas escolham as passivas e crianças sérias escolham os "palhaços da classe". Porém, mesmo quando isso acontece, é preciso lembrar que essas crianças encontraram um terreno comum suficiente no qual veem mais semelhança que diferenças. As crianças não são atraídas por aqueles que veem como opositores (Hartup & Abecassis, 2004).

Comportamentos de brincar. As crianças são propensas a procurar como amigos os que têm estilos semelhantes de brincar (Howes, 2009). Além disso, é mais provável que brinquem com alguém cujo estilo de brincar seja parecido com o de outro amigo (Dunn, Cutting & Fisher, 2002).

Atitudes. Quando crianças que são, de alguma forma, diferentes descobrem que podem compartilhar atitudes, sentem-se mais confortáveis com outras crianças. Essa consciência facilita as relações amigáveis entre aquelas que inicialmente se percebem como totalmente diferentes. Tal conhecimento aumenta as amizades entre crianças de etnia diferente e entre crianças com e sem necessidades especiais (Bukowski, Sippola & Boivin, 1995).

Os adultos que desejam que as crianças vivenciem as recompensas da amizade com crianças do sexo oposto, de outra etnia ou cujas habilidades não coincidam com as próprias devem promover oportunidades para que elas reconheçam semelhanças mais sutis. A seção de habilidades deste capítulo apresenta estratégias específicas para atingir esse fim.

■ As preocupações do adulto em relação à amizade

"Ah, não! Aí vêm Mitch e Mikey, é problema em dose dupla! Como fizeram para se encontrar?"
"Detesto ver Miranda com aquela turma. Só fazem coisas ruins, e ela tem tanta vontade de ser aceita..."
"Lá vai Shirley outra vez, toda gentil com as crianças erradas!"

Amizades incômodas

Os adultos às vezes exprimem preocupação em relação às amizades, quando observam o que parece ser uma relação desigual entre duas crianças. Por exemplo, Lily e Carmen, de 5 anos, brincam juntas todos os dias. Carmen parece dominar. Escolhe onde brincar, do que brincar e quem mais tem permissão de brincar com elas. Carmen é quase sempre percebida como prepotente e Lily como indefesa e obediente. No entanto, do ponto de vista das crianças, a situação parece bem diferente. Lily pode escolher brincar com Carmen porque esta tem muitas ideias e assume a responsabilidade pela orientação da brincadeira. Lily está feliz porque pode brincar sem precisar pensar no que vai fazer a seguir. Carmen também esta satisfeita porque não há dúvidas quanto a quem manda. Com o tempo, pelo fato de ter tido a possibilidade de observar o modo como Carmen afirma sua vontade, Lily também poderá se aventurar a testar sua própria assertividade. Nesse meio-tempo, Carmen pode se cansar de uma companheira tão passiva. Se as necessidades não forem reciprocamente satisfeitas, provavelmente cada uma escolherá uma nova companheira. Durante o processo de resolução da relação, os adultos podem ajudá-las a expressar à outra o desejo de mudança, assim como a explorar novos potenciais de amizade. Em geral, devem ser as crianças a decidir o melhor momento de mudar a natureza de suas associações ou de fazer novos amigos. Entretanto, é importante notar que as relações precoces com amigos pró-sociais parecem criar um padrão positivo para comportamentos sociais bem-sucedidos no futuro (Dunn, Cutting & Fisher, 2002). Com o tempo, as crianças assumem as características de seus pares. A influência destes realmente existe (Bukowski, Velasquez & Brendgen, 2008), os primeiros amigos são importantes.

Outra questão que preocupa os pais refere-se à pressão dos pares. Essa influência ocorre com mais frequência no meio e na segunda parte da infância. Durante esse período, a expansão de horizontes sociais torna as crianças conscientes das opiniões dos amigos e de outras crianças do grupo, em nível muito maior que na primeira infância. Assim, no esforço de serem aceitas, as crianças maiores tendem a ceder às normas que o grupo estabelece, ainda que a norma se oponha às convicções familiares e dos microssistemas. Os profissionais que trabalham com crianças nessa fase de desenvolvimento devem reconhecer que não podem eliminar a pressão dos pares. Podem, porém, influenciar os valores que as crianças levam a suas interações sociais. Podem ajudá-las a analisar suas convicções em relação a comportamentos específicos como a honestidade. Além disso, podem ser recursos valiosos ao oferecer apoio e ao sugerir respostas alternativas às crianças quando confrontadas com convicções que são incompatíveis com as suas. E mais, profissionais de apoio podem ajudar grupos de crianças a estabelecer e manter uma imagem de grupo positiva. Enfim, é importante notar que, enquanto o grupo de colegas tem um efeito maior sobre o comportamento na parte central da infância que na primeira infância, os pais e professores continuam a ser influências importantes e poderosas de socialização (Harter, 2006). Quando as crianças têm amizades de boa qualidade, a tendência a imitar comportamentos de pares menos aceitáveis socialmente é menor (Berndt, 2002).

Tipos de interações malsucedidas com os pares

As crianças que vivenciaram interações malsucedidas podem ser classificadas em duas categorias: negligenciadas e rejeitadas. É preciso que os adultos intervenham em ambas as situações, pois as crianças que vivenciam dificuldades persistentes com os pares têm mais probabilidade de apresentar futuramente disfunções psicológicas (Ladd & Troop-Gordon, 2003; Rubin, Bowker & Kennedy, 2009). Com suas habilidades, os adultos podem ajudar a prevenir impactos negativos posteriores sobre as crianças (Dodge et al., 2003).

Crianças negligenciadas pelos pares. As crianças **negligenciadas pelos pares** são geralmente tímidas e passivas, falam pouco, fazem poucas tentativas de participar das brincadeiras e não gostam de ser o centro da atenção (Harris et al., 1997). São ignoradas e negligenciadas pelos pares (Ladd, 2005). Essas crianças não têm necessariamente menos habilidades sociais que as demais, apenas percebem a si mesmas dessa maneira (Rubin, Bukowski & Parker, 1998). Muitas vezes, as crianças são negligenciadas simplesmente porque não sabem usar modos socialmente aceitos de atrair a atenção das outras crianças (Rubin, 2003). São menos extrovertidas e pró-sociais que as demais (Ladd, 2005). Visto que nessas crianças desenvolve-se uma expectativa de negligência, elas se afastam ainda mais das interações, perdendo, assim, qualquer oportunidade junto aos pares e comprometendo interações positivas no futuro.

Em geral, as crianças negligenciadas sentem-se muito isoladas (Rubin, 2003; veja Figura 8.9). Por exemplo, *Rudy observa Steven, e Jamie brinca com os Power Rangers*[1] *debaixo do brinquedo de escalada. A cuidadora, Sra. Rogers, sugere que Rudy se junte à brincadeira. O menino replica: "Não, não sou bom nesse jogo" – e se afasta. Rudy não acredita que pode entrar na brincadeira e prefere nem tentar.*

Crianças rejeitadas pelos pares. As crianças **rejeitadas pelos pares** são excluídas das atividades sociais. São evitadas pelos pares e têm dificuldade de encontrar companheiros de jogos (Ladd, 2005). As crianças que vivenciam a rejeição das demais podem se tornar agressivas, especialmente se já têm alguma tendência a esse tipo de comportamento. A combinação de agressão precoce e rejeição pode levar a comportamentos antissociais (Dodge et al., 2003). A motivação dessas crianças para serem sociais está baseada no desejo de se vingar ou de derrotar os pares.

Obviamente, nenhuma estratégia é útil para promover relações sociais (Rubin, Bukowski & Parker, 2006). As crianças rejeitadas pelos pares seguem dois padrões: rejeitado-retraído e rejeitado-agressivo. Cada um carrega sua própria bagagem.

As **crianças rejeitadas-retraídas** são inábeis do ponto de vista social. Apresentam comportamento imaturo ou incomum e são sensíveis às expectativas do grupo de pares. Elas têm a expectativa de serem rejeitadas. Sabem que não são apreciadas pelos outros (Downey et al., 1998). Por exemplo, *Janelle, de 6 anos, observa seus pares brincando de casinha. Quer brincar também, mas acha que os outros não deixarão. Em vez de pedir para brincar, coloca-se de quatro e entra na cena latindo, o que irrita as outras crianças e atrapalha a brincadeira. As meninas lançam a ela um olhar enviesado e ignoram-na. Ela sai e brinca sozinha.* As crianças rejeitadas-retraídas são solitárias e têm baixa autoestima, depressão, funcionamento socioemocional negativo e outros transtornos emocionais. São alvos e, com frequência, vítimas de quem pratica *bullying* (Rubin, Bukowski & Parker, 2006)

As **crianças rejeitadas-agressivas** são exatamente o oposto. Em geral, as crianças com esse comportamento praticam *bullying*. Essas crianças afastam-se do grupo de pares pelo uso da força. Tentam dominar as interações, são críticas em relação aos outros e, em geral, não co-operativas (Newcomb, Bukowski & Pattee, 1993). Veem o comportamento dos outros como hostil em relação a elas. Por exemplo, Josh *quer jogar futebol com os meninos da vizinhança. Aproxima-se do jogo de bicicleta. Como ninguém o convida para jogar, entra de bicicleta no meio do jogo. Sai pelo lado oposto, deixando a bicicleta cair na beira do campo, derruba um jogador, chuta a bola para longe e faz um gol.* Parte da dificuldade reside no nível de cognição social da criança. Essas crianças não conseguem compreender as consequências de seu próprio comportamento sobre os outros nem as reações correspondentes das outras crianças. Por não fazerem essa conexão, não assumem a responsabilidade de suas ações e acreditam que a culpa seja dos outros (Rubin, Bukowski & Parker, 2006). Enquanto as crianças rejeitadas-retraídas têm a expectativa de que os outros não gostem delas, as rejeitadas-agressivas acreditam ser populares do ponto de vista social, quando, na verdade, é o contrário (Ladd, 2005). Essas crianças têm mais probabilidade que as demais de se tornar cronicamente hostis, desenvolver transtornos de conduta e tomar parte de atos de violência criminal (Hay, Ross & Goldman, 2004). Se não houver intervenção, é provável que as crianças rejeitadas – tanto as retraídas quanto as agressivas – levem adiante seu padrão de rejeição pelo resto da vida (Cillessen et al., 1992; Rubin, Bowker & Kennedy, 2009).

Tanto as crianças negligenciadas como as rejeitadas parecem ter uma percepção imprecisa dos outros. Não lhes falta necessariamente compreensão social, mas leem e compreendem mal os sinais sociais das outras crianças

---

[1] Personagens de série televisiva infantil. (NT)

FIGURA 8.9 O padrão das crianças negligenciadas. ["Não vejo ninguém... e você? / Eles nem me notam! / Precisamos de outro jogador, quer jogar? / Ahhhh, não. / Não sou bom nesse jogo. E eles não me querem mesmo! / Tenho habilidades sociais ruins. / Estou completamente sozinho".]

FONTE: Rubin (2003).

com muito mais frequência que as demais (Hay Ross & Goldman, 2004), o que as torna muito solitárias.

Todas as crianças experimentam algum grau de solidão em algum momento (Pavin, 2001; veja Figura 8.10). Aquelas que recebem persistentemente *feedback* negativo das interações com os pares têm mais probabilidade de experimentar solidão (Kochenderfer-Ladd & Wardrop, 2001). Há relatos de que, entre as crianças que vivenciam dificuldades na interação com os pares, as rejeitadas-retraídas são as mais solitárias (Asher & Paquette, 2003).

As crianças com dificuldades nas interações com os pares e nas amizades podem ter dificuldade em um ou mais pontos dos quatro estágios da amizade. É útil reconhecer as tarefas de cada estágio, para poder ajudar melhor as crianças a atravessar todos os estágios.

FIGURA 8.10 "Estou só."

■ Estágios da amizade

Quando se pediu a Jonathan, de 7 anos, que escrevesse um manual para ensinar alguma coisa, ele decidiu escrever as instruções sobre "como fazer amigos":

> "Antes de tudo, fale com eles.
> Depois, pergunte se querem brincar de alguma coisa.
> Dessa forma, você pode conhecê-los."

Para uma criança de 7 anos, confiante em suas habilidades de fazer amizade, começar uma amizade pode parecer simples. Entretanto, é preciso fazer muito mais que isso, pois, para algumas crianças, não se trata de um movimento natural e simples. Muitas se beneficiam de ajuda em pelo menos um dos quatro estágios: estabelecer contato, manter relações positivas, negociar conflitos e terminar uma relação.

Estabelecer contato

Antes que uma amizade deslanche, alguém precisa fazer uma abordagem e outro precisa responder. O modo como esse contato é feito influencia a percepção que uma criança tem da outra. As crianças causam boa impressão quando apresentam os seguintes comportamentos (Shapiro, 1997):

- Sorriem e dizem "Oi" ou "Beleza!" de modo agradável, ou perguntam: "O que está rolando?".
- Pedem informação: "Como você se chama?" ou "Onde fica a lanchonete?".
- Respondem a alguém: "Também sou novo aqui" ou "Venha comigo, mostro para você".
- Oferecem informações: "Meu nome é Rosalie. Esse é meu primeiro dia na escola".
- Convidam para participar: "Quer brincar de pega-pega?" ou "Pode ficar no nosso time".

Com esses sinais, as crianças indicam que querem fazer amizade. Mas é comum que elas tentem estabelecer contato depois que a brincadeira começou. Nesse caso, precisam aprender a observar, escutar, aproximar-se e entrar cuidadosamente na situação (Rubin, 2003). Conforme a idade, outro comportamento amplamente interpretado como amigável pelas crianças é a imitação. Essa técnica, entretanto, se usada isoladamente, não funciona. É preciso também pedir para entrar na brincadeira (Rubin, 2003).

A partir dessa discussão, pode-se concluir que as crianças gentis provocam reações positivas e são mais bem-aceitas pelos companheiros da mesma idade (Goleman, 1995). Isso é verdade tanto para a criança que toma a iniciativa quanto para aquela que responde à iniciativa. Embora as ações pró-sociais gentis sejam estratégias óbvias para os adultos, muitas crianças não conseguem estabelecer uma conexão. É possível que o tempo de resposta dessas crianças não seja adequado ou, ainda, que, apesar de terem uma ideia adequada, apresentem-na de modo inadequado. É possível que realmente não tenham consciência da importância dessas estratégias, como é possível também que não consigam reconhecer o modo como seu comportamento afeta os outros nem o motivo disso. Qualquer que seja a explicação, essas crianças costumam tentar estabelecer contato com comportamentos como agarrar, empurrar, intrometer-se, queixar-se, ameaçar, ignorar, implorar, criticar ou ser prepotente (Ladd, 2005).

As crianças que se baseiam nesse tipo de abordagem são quase sempre rejeitadas. À medida que esse insucesso se torna cada vez mais habitual, elas tendem a se retrair ou a se tornarem hostis. Ambas as reações exacerbam as dificuldades (Erwin, 1998). Ao longo do tempo, cria-se a reputação de que são hostis ou indesejadas como companheiras de brincadeiras, e sobrevém a espiral descendente da criança rejeitada e negligenciada. Nesses casos, os adultos podem ajudá-las a fazer contatos positivos e a aumentar suas chances de fazer amigos.

Manter relações positivas

Os comportamentos positivos que caracterizam um bom início continuam a ser importantes à medida que a relação progride. As crianças populares de todas as idades são descritas pelos pares como sensíveis, gentis, flexíveis e divertidas (Rubin, Bokowski & Parker, 2006). O modo como se comunicam verbal e não verbalmente influencia particularmente a simpatia dessas crianças (Hebert-Meyers, 2009). Assim, as crianças que falam diretamente, prestam atenção em todos os envolvidos em situações específicas, respondem com interesse, reconhecem os sinais das brincadeiras dados pelos outros e oferecem diversas alternativas são procuradas como companheiras de jogos. As técnicas que caracterizam suas interações com os outros são as seguintes:

- **Exprimir interesse**: sorrir, acenar, estabelecer contato visual, fazer perguntas pertinentes.
- **Cooperar**: esperar a própria vez, compartilhar, trabalhar em conjunto.

- **Exprimir aceitação**: prestar atenção nas ideias de outra criança, adotar a abordagem de outra criança na situação da brincadeira.
- **Expressar afeto**: abraçar, segurar a mão, dizer: "Gosto de você" ou "Vamos ser amigos".
- **Exprimir empatia**: "Você descreveu com clareza", "Você parece triste; quer que eu fique aqui enquanto espera?".
- **Oferecer ajuda e sugestões úteis**: "Se quiser, eu seguro a caixa enquanto você amarra. Vai precisar de barbante também".
- **Elogiar os companheiros**: "Isso foi ótimo", "Grande ideia! Acho que vai funcionar", "Você é bonita".

As crianças que usam essas táticas demonstram, de modo ativo, respeito e afeto pelos outros. O feliz resultado disso é que se tornam companheiras desejáveis, pois as pessoas buscam amigos que sejam agradáveis (Rubin, Bukowski & Parker, 2006). Assim, é verdade que os comportamentos positivos provocam respostas positivas, as quais, por sua vez, reforçam os esforços das crianças e as induzem a continuar suas ações bem-sucedidas.

Da mesma forma como se estabelecem os ciclos positivos, estabelecem-se os negativos. As crianças agressivas, não cooperativas, que agem de modo tolo, exibido ou que apresentam comportamentos imaturos podem irritar, frustrar e ofender as demais. Tendem a isolar-se ainda mais com devaneios ou acirrar o comportamento negativo (Erwin, 1998).

Surgem problemas semelhantes quando as crianças tentam agir adequadamente, mas o fazem de modo equivocado, ou seja, usam adulação de modo insincero, exprimem afeto rudemente (com abraços de urso) ou comunicam apreço de modo excessivamente efusivo. Outras erram o alvo porque corrigem mais que sugerem ou porque tomam o lugar em vez de apenas ajudar. De qualquer modo, esses padrões de comportamento sabotam os esforços da criança de manter as amizades ao longo do tempo.

Negociar conflitos

Talvez o teste mais severo de uma amizade ocorra quando os amigos discordam. O modo como o conflito é gerido por ambas as partes determina, em larga medida, se a amizade vai prosseguir ou ser abandonada. As crianças que usam modos construtivos de solução de problemas, sem deixar de satisfazer suas necessidades, são as mais bem-sucedidas em manter relações duradouras (Goleman, 1995). Isso ocorre porque são mais hábeis em preservar a própria dignidade e, ao mesmo tempo, levar em conta as perspectivas da outra pessoa. As crianças que são passivas, a ponto de nunca lutarem por si mesmas, perdem o autorrespeito e, afinal, o respeito das outras crianças. As que respondem negativamente também são rejeitadas pelas demais. Nenhum dos extremos favorece reações positivas (Rubin, Bukowski & Parker, 2006).

Há forte correlação entre o uso efetivo que as crianças fazem das *habilidades de linguagem* e sua habilidade de negociar bem (Hebert-Meyers, 2009). As negociações bem-sucedidas de conflitos dependem do fato de que todas as partes tenham uma ideia comum sobre a fonte do problema e sejam capazes de exprimir as propostas de solução. As crianças que usam ameaças, constrangimento ou coerção para forçar uma solução violam esses requisitos fundamentais. Consequentemente, as outras passam a evitá-las ou a retaliá-las na mesma moeda. São mais bem-sucedidas as crianças que põem em prática as seguintes **habilidades de negociação** (Stocking, Arezzo & Leavitt, 1980):

- Exprimir seus direitos, necessidades e sentimentos pessoais: "Quero a chance de escolher o filme desta vez".
- Prestar atenção e reconhecer os direitos e sentimentos dos outros: "É, faz tempo que você espera para ver esse filme".
- Sugerir soluções não violentas para os conflitos: "Vamos tirar cara ou coroa para decidir isso".
- Explicar a razão que embasa uma solução proposta: "Desse modo, todos temos chance".
- Assumir uma posição contra solicitações não realistas: "Não, foi você que escolheu a última vez. Agora é minha vez".
- Aceitar a discordância razoável de outra pessoa: "Está certo. Não tinha pensado nisso".
- Fazer acordos para solucionar: "Vamos ver os dois ou então vamos nadar".

Terminar uma relação

Na maioria das situações, as crianças estão interessadas em fazer amizades; entretanto, às vezes, na vida, uma relação de amizade termina. Como todos os outros componentes do processo relativo à amizade, terminar relações também pode ser um evento natural. Nem todas as amizades prosseguem. O fim de algumas amizades é determinado por transições familiares, como mudar de bairro ou de escola. Nesse caso, não é incomum que a criança se sinta triste, só e tenha vontade de brincar com um amigo; com o tempo, fará novos amigos. As crianças precisam aprender a lidar com elegância com o fim de uma relação (Levinger & Levinger, 1986). Há três habilidades necessárias para deixar uma relação e seguir em frente: criar e/ou reconhecer a separação, verbalizar a despedida ou o término e localizar pessoas e/ou atividades alternativas para substituir a relação encerrada.

■ As estratégias dos adultos para dar apoio e incrementar as relações de amizade das crianças

Como a distinção entre estratégias bem-sucedidas e malsucedidas para fazer amizades é tão clara, você talvez se pergunte por que algumas crianças escolhem técnicas fadadas a falhar. As crianças não nascem já conhecedoras dos melhores modos de fazer amizade. Precisam aprender observando os outros, praticando e experimentando as consequências de suas ações (Erwin, 1998). As crianças que são boas observadoras e avaliam bem o que é e o que não é eficaz fazem amizades mais facilmente que aquelas que observam, avaliam mal e têm modelos fracos em casa ou entre os pares. Isso não significa que as que têm mais dificuldade não possam melhorar.

Entretanto, existem evidências encorajantes de que as crianças podem aprender como estabelecer contatos produtivos, manter relações positivas e terminar relações com êxito. Diversos estudos indicam que algumas crianças com problemas de negligência e rejeição melhoraram suas **habilidades relativas à amizade** depois de fazerem um curso específico, planejado para aumentar a consciência, ensinar comportamentos específicos e diminuir as respostas agressivas (Ladd, 2005).

Quando se pensa no modo como podemos ajudar as crianças em suas amizades, é importante prestar atenção à compreensão que têm da amizade, bem como às múltiplas influências, abordadas anteriormente neste capítulo. Isso inclui a cognição social/compreensão social, regulação emocional, experiências de brincadeiras, habilidades de linguagem, valores culturais e visão de si mesmas. As dificuldades na amizade residem, em geral, na defasagem de desenvolvimento existente entre as expectativas e a compreensão da amizade das crianças envolvidas, e resultam também de dificuldades em uma ou mais das áreas abordadas.

Além disso, em qualquer fase do processo relativo à amizade, é possível que as crianças experimentem dificuldades em:

- Identificar o comportamento adequado.
- Identificar as habilidades comportamentais a serem usadas e o modo de usá-las.
- Monitorar e modificar seu próprio comportamento para se adaptar a situações específicas (Erwin, 1998).
- Para muitas delas, a última área – adaptar o comportamento – é muito dificultosa. Os adultos, porém, podem ajudá-las em todas as fases.

Métodos que devem ser usados com todas as crianças para melhorar as interações sociais

Você pode dar muito apoio às relações de amizade entre os pares. Comece por observar cada criança. Preste muita atenção aos padrões que usa ao brincar, a seu *status* social e aos comportamentos gerais que dão apoio ou prejudicam as oportunidades de fazer amigos (Thompson & Twibell, 2009).

As pesquisas sugerem que há seis estratégias bem-sucedidas que podem ser usadas com todas as crianças para melhorar o processo relativo à amizade: fornecer modelos, modelar, treinar, treinamento interpares, solução de problemas sociais e **atividades cooperativas**. Como profissional de apoio, você pode escolher uma delas ou uma combinação delas para atender às necessidades das crianças com que trabalha. Quando escolher um método, tenha em mente que a eficácia de algumas técnicas está ligada a determinada faixa etária. Por exemplo, fornecer modelos é mais eficaz dos 2 aos 6 anos, pois é cognitivamente menos complexo. Já treinar, que requer habilidades cognitivas superiores, é mais eficaz dos 6 aos 12 anos (Schneider, 1992).

Fornecer modelos. **Fornecer modelos** envolve o uso de recompensas para manter ou incentivar um comportamento desejado, aprimorando-o um pouco de cada vez (Ladd et al., 2004). Por exemplo, se Jeremy precisa de ajuda para iniciar um contato com os pares, cada vez que diz: "Oi, meu nome é Jeremy", o professor recompensa o contato com um sorriso ou com um comentário como: "Dizer 'oi' é um modo amigável de fazer contato com alguém". O professor não espera que ele faça o contato de modo perfeito já na primeira vez. Em vez disso, ele modela o comportamento de Jeremy, recompensando-o por fazer contatos cada vez mais adequados.

Se, para as crianças, não for evidente o que devem fazer para chegar ao comportamento-alvo, o melhor modo de intervir é fornecer um modelo.

Modelagem. É o processo de demonstrar a habilidade em ação (Ladd et al., 2004). Um dos modos de **modelagem** para o comportamento amigável é encenar um esquete de amizade, no qual um aspecto específico da amizade é representado por meio de fantoches, bonecos ou pessoas. Isso pode ser feito também por meio da observação assistida, na qual o adulto indica os comportamentos eficazes à criança, enquanto ambos observam outras crianças brincarem. Esse tipo de modelo será mais eficaz se o valor de recompensa do comportamento-alvo for enfatizado no momento em que o ato ocorre, e quando o modelo for do mesmo sexo e tiver a mesma idade da criança que está aprendendo (Erwin, 1998).

Treinar. Já se demonstrou que treinar pode melhorar o conhecimento e a adoção, por parte da criança, de estratégias sociais (Mize & Ladd, 1990). Há dois tipos de treinamento com os quais o adulto pode ajudar a aprendizagem social das crianças. São eficazes para ajudá-las a aprender muitas habilidades sociais e particularmente construtivas para que aprendam habilidades relativas à amizade. O primeiro – treinamento *in loco* – aplica-se a crianças de todas as idades. O segundo – treinamento individual – funciona melhor com crianças de 5 ou mais anos.

No **treinamento** *in loco*, os adultos traduzem verbalmente as interações entre as crianças, ajudando-as a explicar ou a compreender melhor as intenções e ações dos pares. Ocorre dentro da própria situação. Por exemplo, *durante o recreio, Heather está lá fora, observando as crianças que pulam corda. A professora, Sra. Philips, se aproxima e diz: "Parece que você também quer pular corda". Heather balança a cabeça afirmativamente. A professora diz: "Peça a elas, 'Posso pular também?'". Heather olha e fala: "Posso pular também?". As crianças não respondem. Sra. Philips interpreta o comportamento delas para Heather: "Acho que não ouviram. Peça de novo". A professora diz para o grupo que pula corda: "Heather quer perguntar uma coisa, prestem atenção, por favor". Heather pergunta delicadamente: "Posso pular?". Rebecca sorri, olha para a outra garota, Janelle, que está virando a corda com ela, e param de virá-la: "Claro. Venha". Heather reúne-se às garotas.* Treinando-a sutilmente dentro da situação, a professora ajudou Heather a entrar na brincadeira, interagir com as colegas e abrir a oportunidade de novas amizades. Às vezes, as crianças precisam de mais que apenas um treinamento *in loco*. Quando os adultos ajudam continuamente e fornecem às crianças modos de falar, pode ser que elas precisem ser treinadas em habilidades mais específicas por meio de um treinamento direto. Isso ocorre no treinamento individual.

No **treinamento individual**, diz-se à criança como ela deve desempenhar uma habilidade ou estratégia e como não deve fazê-lo. É fundamental ajudá-la a praticar corretamente a habilidade e fornecer-lhe *feedback* para que melhore o desempenho (Bierman & Powers, 2009). Diferentemente do treinamento *in loco*, o individual tem lugar fora do contexto do grupo. Pode ser feito ao lado ou em lugar separado. O profissional de apoio, em geral, trabalha diretamente com uma criança; esse treinamento, porém, pode ser eficaz também com grupos pequenos, nos quais se treinam as crianças para que possam interagir com a criança que precisa de ajuda (Erwin, 1998). Uma "sessão" de treinamento inclui discussão, demonstração de habilidade, prática e avaliação. Tais sessões podem ser reforçadas também com o treinamento *in loco* na sala de aula, sempre que surgirem momentos propícios para isso. O Box 8.1 apresenta um exemplo (adaptado de Trawick-Smith, 1990).

BOX 8.1 Treinamento para incrementar a comunicação entre as crianças

Duas crianças de 5 anos estão construindo com blocos. Uma delas, Matthew, costuma gritar e falar de modo ríspido quando interage com os pares. Por causa desse comportamento, o menino é constantemente rejeitado por outras crianças como amigo potencial. A professora fez algumas sessões de treinamento simples e breves com Matthew para ajudá-lo a aprender uma linguagem mais amistosa. Usa também o treinamento *in loco* na área de construção com blocos para reforçar a habilidade.

Matthew (aponta para a estrutura que construiu com os blocos e diz bem alto): Jason! Olha!

Jason (não olha e não diz nada).

Matthew (em voz alta e zangada): Jason!

Professora (tranquilamente para Matthew): Você quer que Jason olhe. Tente falar com ele com voz suave: "Jason, olha o que construí".

Jason (olha para cima rapidamente) Tá (e volta para a construção).

Professora: Você pode dizer a ele o que construiu. Fale com voz suave. Diga: "Fiz uma autoestrada. Está vendo?". Talvez ele preste atenção se falar desse modo.

Matthew: Jason, fiz uma autoestrada. Está vendo?

Jason (olha para Matthew): Ah é. Mas onde estão os carros?

As duas crianças começam a trabalhar na autoestrada. A professora se afasta para deixar que se entendam entre elas.

Treinamento interpares. Um quarto método para ajudar as crianças no processo relativo à amizade é o **treinamento interpares** ou emparelhamento. Em poucas palavras, trata-se de pôr uma criança hábil, quanto a amizades, com outra menos hábil. Esses emparelhamentos se demonstraram úteis para melhorar as habilidades sociais e o *status* das crianças negligenciadas (Morris, Messer & Gross, 1995). É frequente que crianças socialmente negligenciadas não consigam acompanhar os companheiros da mesma idade. Por esse motivo, é útil, às vezes, colocá-las lado a lado com crianças menores para que pratiquem os comportamentos adequados (Rubin, 2003). Esses comportamentos sociais podem, então, ser transferidos e exercitados com companheiros da mesma idade (Erwin, 1998). Para pôr em prática esses emparelhamentos, o professor dá à classe tarefas que devem ser feitas por duplas de crianças escolhidas por ele. O trabalho é feito no sistema de duplas, de modo que um aluno do terceiro ano faz uma leitura para um do segundo, ou por meio de tarefas especiais executadas pelas duplas, como recolher taxas dos escoteiros e relatar os resultados ao grupo.

Incrementar as habilidades de solução de problemas sociais. A habilidade de resolver problemas sociais foi associada a muitos resultados sociais positivos, entre eles a habilidade de fazer e manter amigos. O ensino de habilidades para a solução de problemas sociais é um método poderoso para melhorar as habilidades das crianças no processo relativo à amizade (Thompson & Goodman, 2009). Quando se usam discussões e desempenho de papéis relativos às habilidades de amizade, as crianças têm oportunidade de praticar as habilidades de solução de problemas sociais. Em uma situação de desempenho de papéis, podem representar, uma de cada vez, situações sociais enquanto as demais observam. Em seguida, discutem as emoções que sentiram enquanto representavam os personagens, bem como as observações das que assistiram. Elas são capazes de participar da solução de problemas sociais em uma situação "isenta de riscos". Por meio do desempenho de papéis, as crianças são capazes de reconhecer exemplos concretos de comportamento social e não apenas discuti-los.

Iniciar uma atividade cooperativa e brincar. Não há dúvida de que as **atividades cooperativas** e as brincadeiras são ocasiões poderosas para ensinar comportamentos relativos à amizade. As atividades em grupo, que requerem cooperação, são eficazes em incrementar as relações e os comportamentos pró-sociais junto a crianças pré-escolares e aquelas do primeiro ciclo (Thompson & Goodman, 2009; Siner, 1993). A chave é estruturar tanto as atividades diárias quanto as especiais de modo a promover interações cooperativas entre as crianças, com a menor ênfase possível na competição.

Use o quadro do comportamento desafiador para verificar sua compreensão a propósito dos diferentes métodos para incrementar as amizades das crianças.

Relações de amizade entre crianças com e sem necessidades especiais

Há diversas situações em que as crianças precisam de assistência extra para interagir com os pares, de modo a construir relações de amizade. Essas situações ocorrem com todas as crianças em diversos momentos – independentemente de elas terem ou não necessidades especiais. Todavia, principalmente em relação às crianças com necessidades especiais, às vezes o desejo delas de fazer amigos não é considerado tão importante quanto adquirir habilidades escolares específicas. Diante de todos os benefícios poderosos que as relações entre pares e amizades proporcionam às crianças, parece-nos que fazer um amigo deveria estar no topo das prioridades. Veja no Quadro 8.1 de que modo as múltiplas influências sobre a amizade estão relacionadas a alguns tipos de necessidades especiais em crianças.

Comportamento desafiador

Conheça Jacob – uma criança sem amigos

Jacob é um aluno novo na classe do terceiro ano. Está na classe há dois meses. No início, para que se adaptasse, você o emparelhou com Jonathan, um garoto muito sociável. O problema foi que, embora Jonathan o tenha levado para conhecer tudo na escola, os dois não tinham nada em comum e se afastaram, a ponto de apenas se cumprimentarem quando estavam próximos um do outro na fila, desde que fosse Jonathan a tomar a iniciativa. A mãe de Jacob pediu uma reunião. Queria discutir estratégias para ajudá-lo a fazer amigos. O que você diria?

Considere tudo o que leu neste capítulo até agora. O que levaria em conta para planejar os próximos passos? Usaria alguma das estratégias apresentadas? Qual(is)?

QUADRO 8.1 Considerações sobre as múltiplas influências da amizade em crianças com necessidades especiais

Como o desenvolvimento e a experiência da criança influenciam as habilidades relativas à amizade, em crianças com necessidades especiais				
Influência sobre a amizade	**Crianças autistas**	**Crianças com déficit de linguagem**	**Crianças talentosas**	**Crianças negligenciadas ou vítimas de abuso**
Cognição social	As crianças autistas podem ter dificuldade em: ler os sinais sociais (entonação verbal, expressão facial e linguagem corporal); usar sinais sociais adequados às situações (como cumprimentar com um aceno); identificar a causa e o efeito das interações e relações sociais.	As crianças com déficit de linguagem podem ter dificuldade de relacionar causas e efeitos e, por isso, interpretar incorretamente os eventos sociais. Podem evitar contato visual, conversas com outros e apresentar atrasos em outros comportamentos sociais.	As crianças talentosas podem se relacionar bem com as demais. Entretanto, podem também ficar totalmente frustradas com a compreensão equivocada que as outras crianças têm das situações sociais, o que pode comprometer o relacionamento entre elas.	As crianças negligenciadas tendem a ver-se como merecedoras de algum tipo de rejeição. Não têm experiência em ler os sinais sociais nem em promover suas próprias ideias. Esperam que os outros se zanguem com elas e presumem que um encontro com outras crianças seja negativo. Como resultado, as crianças que sofrem abusos podem abordar as demais de modo agressivo.
Regulação emocional	As crianças autistas podem não demonstrar expressões faciais adequadas à situação corrente; suas reações emocionais podem ser mais extremas que as das demais crianças. Podem ser indiferentes aos sentimentos outros.	As crianças com déficit de linguagem podem não ser capazes de descrever suas próprias emoções com precisão ou clareza e experimentam alto nível de frustração.	As crianças talentosas podem ser abertamente sensíveis a críticas. Podem ter maior consciência das emoções dos que estão à volta e se empenham muito em agradar aos outros. Podem se absorver tanto na reflexão sobre suas próprias emoções que não notam as alheias.	As crianças negligenciadas têm dificuldade de reconhecer e discriminar as emoções dos outros. As que são vítimas de abuso não têm, em geral, boa compreensão da conexão entre expressões faciais e explicações emocionais.
Habilidade de linguagem	As crianças autistas podem ter ampla gama de habilidades de linguagem. As habilidades de fala podem ser boas, mas as crianças não têm consciência da troca que ocorre nas conversas.	Crianças com problemas de linguagem podem ter dificuldade de entender e usam a linguagem de modo empolado. Usam mais sinais não verbais que palavras para comunicar. Podem não responder adequadamente às perguntas e não ter disposição para participar de conversas.	As crianças talentosas desenvolvem precocemente as habilidades de linguagem. Adquirem a linguagem rapidamente e usam vocabulário superior ao dos pares, o que provoca uma desconexão entre elas e as demais.	As crianças negligenciadas ou vítimas de abusos podem apresentar problemas nas habilidades de linguagem, o que dependerá da situação e da experiência de cada criança.

(continua)

QUADRO 8.1 Considerações sobre as múltiplas influências da amizade em crianças com necessidades especiais (*continuação*)

Como o desenvolvimento e a experiência da criança influenciam as habilidades relativas à amizade, em crianças com necessidades especiais					
Influência sobre a amizade	**Crianças autistas**	**Crianças com déficit de linguagem**	**Crianças talentosas**	**Crianças negligenciadas ou vítimas de abuso**
Experiências em brincadeiras	As crianças autistas podem ter dificuldade em apresentar ideias imaginativas de responder aos outros ao brincarem. É comum que brinquem sozinhas.	Visto que brincar depende muito da linguagem e da comunicação, as crianças com déficit de linguagem estão em desvantagem. Podem ter um amigo próximo com quem brincam com frequência, mas não parecem dispostas a se afastar da pessoa "segura" para interagir com os outros.	As crianças talentosas têm muitas ideias interessantes para brincar e são atraentes como parceiras de brincadeira. Podem também estar em um nível tão avançado de pensamento que a brincadeira se desfaz, pois as partes envolvidas não conseguem entender do mesmo modo as intenções da brincadeira.	As crianças negligenciadas e vítimas de abuso podem não ter muita experiência em brincar com crianças tendo o apoio de adultos e, assim, talvez sejam participantes menos habilidosas.
Autoestima	O espectro do autismo é altamente variado. As experiências e a reação que encontram em torno delas influenciam sua autoestima.	As crianças com déficit de linguagem têm frequentemente dificuldades não apenas sociais, mas também escolares. A autoestima delas quase sempre se ressente dos múltiplos encontros malsucedidos que têm com as demais crianças.	As crianças talentosas podem ser especialmente autocríticas e estabelecer padrões rigorosos impossíveis de atingir. Podem ser também versáteis e descontraídas. A autoestima varia conforme a criança.	Em geral, as crianças negligenciadas desprezam as próprias opiniões e têm pouco senso de competência, valor e controle. As crianças vítimas de abuso têm, em geral, baixo senso de autovalor e se veem desamparadas nas situações sociais.

Pirâmide de apoio social:
- Algumas crianças: Intervenções individualizadas intensivas / Modelagem / Apresentação de modelos / Treinamento
- Ensinar e treinar / Modelagem / Apresentação de modelos / Treinamento / Treinamento por interpares / Incremento das habilidades de solução de problemas / Início de atividades cooperativas e brincadeiras
- Todas as crianças: Ambientes de apoio
- Relações positivas

FIGURA 8.11 Estratégias para dar apoio às relações de amizades das crianças.

A boa notícia é que os adultos são capazes de ajudar de diversos modos qualquer criança nas relações com os pares. Não importa qual o nível da necessidade, todas as crianças podem se beneficiar das habilidades dos adultos em apoiar as amizades (veja Figura 8.11).

O grau necessário e útil de ajuda que as crianças precisam do adulto é variável. Mas todas elas se beneficiam quando os adultos criam um ambiente no qual as amizades são respeitadas e incentivadas. À medida que você ler as habilidades que seguem, aprenderá a pôr em prática as estratégias que podem ser usadas com eficácia para promover as habilidades relativas à amizade entre as crianças.

Habilidades para dar apoio às relações de amizades das crianças

Encoraje e facilite as amizades

1. **Proporcione ocasiões informais às crianças.** As ocasiões consistem em dar oportunidade de falar, brincar e usufruir da companhia dos pares. Desenvolva uma rotina que inclua momentos planejados em que as crianças possam responder umas às outras livremente. Essas oportunidades planejadas incluem tanto atividades estruturadas quanto não estruturadas.
2. **Junte as crianças em duplas, em diversas atividades.** Dê-lhe trabalhos em comum ou estimule-as a realizar um projeto juntas, para criar interesses comuns.
3. **Junte uma criança tímida com um companheiro mais novo ou menos desenvolvido socialmente.** Comece por emparelhá-la com uma criança mais nova, do mesmo gênero. Gradualmente, introduza companheiros da mesma idade e do sexo oposto. Essa providência capacita a criança tímida a praticar habilidades sociais com um admirador não ameaçador e abertamente favorável.
4. **Leve as amizades das crianças a sério.** Escute quando as crianças falam sobre os amigos. Reflita sobre o envolvimento e as preocupações delas. Faça perguntas e demonstre interesse.
5. **Conduza discussões que se concentrem nas semelhanças que as crianças descobrem entre elas.** Antes de tudo, incentive as crianças a discutir as reações delas a uma questão colocada pelo adulto, como "As coisas de que mais gosto". Sugira, então, a cada criança que complete frases como: "Paul e eu gostamos de..." ou "Torço pelo time X e ... também".
6. **Ajude as crianças a aprender os nomes dos pares.** Os nomes menos comuns podem se tornar familiares se você chamar as crianças pelo nome. Aprenda a pronúncia correta do nome de cada uma. Use os nomes quando elogiá-las, para criar uma imagem positiva de cada criança dentro do grupo.
7. **Indique as intenções amistosas que notar entre as crianças, assim que ocorrem.** Fique atento para perceber quando as crianças interpretam mal as intenções umas das outras. Interfira quando vir uma criança rejeitar outra sem apresentar uma razão. Traduza o objetivo positivo da criança recém-chegada. Deixe ela decidir por si mesma se o contato é bem-vindo. As crianças são mais receptivas às iniciativas dos outros, depois que as intenções amistosas se tornam claras.

   Por exemplo, *Matt, de 4 anos, desejava ter um amigo. Falava frequentemente com os professores sobre como esse amigo seria. Mas suas ações contradiziam as palavras. Um dia, ele estava com toda a área de construção com blocos para si. Trabalhou por muito tempo para construir um ônibus. Enquanto estava empenhado em "dirigir até Chicago", Courtney se aproximou e perguntou se também podia ir. Matt balançou a cabeça e disse: "Não". Courtney repetiu o pedido e foi novamente rechaçada. Ela disse então: "Bem, vou ficar aqui no canto até alguém descer. E daí, eu subo". Matt pareceu confuso. Nesse momento, um adulto se aproximou e disse: "Matt, você está se divertindo enquanto dirige para Chicago. Courtney lhe disse que gostaria de brincar. Ela quer ser uma passageira do ônibus. Assim, ela pode ser sua amiga". Matt pareceu feliz e aliviado. Não havia reconhecido que os sinais usados por Courtney significavam que ela estava interessada no jogo. A informação fornecida pelo adulto pôs a situação sob uma nova luz, e as duas crianças brincaram de "ônibus" durante quase toda a manhã.*

8. **Ajude as crianças a reconhecer de que modo os comportamentos delas afetam suas habilidades de fazer amigos.**
   - Ofereça informações que liguem o comportamento das crianças à interpretação dos outros. Por exemplo, *Steven empurrou Daisy para conseguir atenção. Ela se afastou zangada. Ele se irritou quando a menina o rejeitou.* O adulto notou a surpresa de Steven, chamou-o de lado e disse: "Parece que você quer ser amigo de Daisy. Empurrar machuca. Quando você a empurra, Daisy fica tão zangada que não quer brincar com você. Os amigos não se machucam. Da próxima vez, você pode chamá-la pelo nome e dizer o que deseja". O adulto deu a Steven uma informação importante que o menino não havia detectado adequadamente na situação vivida com Daisy. Essa informação precisou ser repetida diversas vezes e em diversas circunstâncias diferentes até que Steven seguisse o conselho. Se o padrão negativo persistisse, o menino seria um forte candidato às estratégias de treinamento descritas neste capítulo. As informações não devem ser dadas exclusivamente durante as correções.
   - Comente com as crianças as habilidades positivas que apresentam, para que possam repeti-las em outros momentos. *Por exemplo, se notar que as crianças interagem, usam turnos (esperam a própria vez), sorriem umas para as outras e fazem acordos, ressalte os efeitos positivos dessas ações sobre as relações entre elas:* "Vocês dois imaginaram um modo para que ambos pudessem limpar a lousa. Esse é um modo amigável de resolver um desacordo".

9. **Ajude as crianças a reconhecer as próprias emoções e as dos pares.** Use reflexões afetivas para ajudá-las a reconhecer as emoções vividas e dar nome a elas. Reserve um tempo para ressaltar que as emoções variam de pessoa para pessoa e que isso influencia o modo como cada uma se sente. "Você está animado porque vamos brincar lá fora hoje e, por isso, grita alto. Mas Jonah está ressabiado, pois tem medo das nuvens. Seus gritos o assustam".

10. **Incentive as crianças a participar da brincadeira desde o começo.** As crianças que hesitam antes de tentar unir-se ao grupo são quase sempre prejudicadas, pois, depois que o grupo se estabelece, é difícil que os membros imaginem outra configuração. Se notar que algumas crianças hesitam em participar e,

em seguida, são mantidas a distância, tente uma das seguintes abordagens:

Planeje antes com a criança e ajude-a a escolher a atividade assim que os grupos começarem a se formar. Se isso for muito difícil para a criança, entre no grupo com ela. Para fazer isso, você pode escolher um papel potencial e abordar a atividade dentro desse papel. Por exemplo, se diversas crianças fazem de conta que estão voando para a Lua, você pode se aproximar e dizer: *"Carol e eu vamos fazer o controle da missão. Vamos conversar com vocês na nave espacial"*. Saia da brincadeira gradualmente, à medida que Carol ficar mais à vontade e o grupo a aceitar. Não se surpreenda se, no início, ela tentar sair com você. Se continuar a apoiá-la, ela afinal se sentirá mais relaxada e capaz de manter-se no grupo por conta própria.

Aconselhe a criança hesitante a brincar, na mesma atividade, perto do grupo em que deseja entrar. Gradualmente, o grupo permitirá que ela entre e se tornarão amigos. Uma alternativa a essa abordagem é ajudar a criança a constituir um grupo novo, convidando outras crianças para desenhar, construir, brincar de cálculo ou cozinhar.

11. **Ajude as crianças a suportar as dores da amizade:**
    - Aceite as emoções da criança.
    - Reflita sobre elas.
    - Fale sobre as emoções, se a criança quiser.
    - Ofereça sua solidariedade: *"Sinto muito que você e Tricia não tenham conseguido resolver suas diferenças. É realmente triste perder uma amiga"*.

12. **Ajude as crianças a desenvolver habilidades de conversação.**
    De 2 a 6 anos, treine-as a:
    - Identificar um tema de interesse mútuo.
    - Permanecer dentro do tema.
    - Compartilhar informações.
    - Conversar em turnos.

    Ligue as falas das crianças estabelecendo referência às perguntas feitas e tecendo comentários recíprocos. *Por exemplo, se Jeremy aborda a área de construção com blocos, na qual outras crianças estão trabalhando e diz a você "Posso brincar de construção?", encaminhe a pergunta a um dos construtores. "Jeremy, você quer brincar. Diga a Russel."* Se necessário forneça as palavras: *"Diga 'Estou pronto para ajudar vocês'"*. Se Russel não responder, ofereça a informação a outra criança para ajudar a interação: *"Jeremy, Russel não ouviu. Chegue mais perto e diga de novo"* ou *"Russel, Jeremy está tentando dizer algo. Pare, olhe para ele e escute"*.
    - Evite interromper as conversas das crianças no meio.
    - Fique por perto para ajudar, se for necessário.
    - Intervenha quando a conversa vacilar e use treinamento *in loco*.

    Se, por exemplo, as crianças perderem a noção do tema e não estiverem mais conectadas, ajude-as a retomar o foco: *"Jeremy e Russel, vocês estavam falando sobre como fazer para que o arco ficasse em equilíbrio. Russel diga a Jeremy o que descobriu"*. Às vezes, as crianças que ainda não têm prática com a linguagem são beneficiadas quando o professor interpreta a linguagem rudimentar para as outras crianças. Assim, quando Melissa pergunta a Jane *"Quer suco de laranja?"* e Jane responde *"Su"*, Melissa talvez não entenda. Espere para ver se ela responde. Se Melissa estiver confusa, explique as palavras de Jane: *"Ela disse 'suco'"*. Se Melissa dirigir uma pergunta a Jane *"E, então, quer suco?"* e Jane não responder, aja novamente como intérprete: *"Jane, você ouviu a pergunta de Melissa? Olhe para ela e ela vai perguntar de novo"*. Quando as crianças começarem a falar umas com as outras, retire-se da conversa para não se tornar o centro das atenções.

    Quanto às crianças de 6 a 12 anos, ajude-as a dar início a um tema de conversação e a prestar atenção ao que dizem às outras. Sugira que a criança comente o objeto ou acontecimento no qual um companheiro potencial está envolvido, fazendo uma observação ou uma pergunta. As crianças bem informadas e tagarelas podem precisar de ajuda para prestar atenção no que o par quer dizer. Treine-as a escutar com atenção, com comentários como *"Tente lembrar os detalhes do que Tessa está dizendo"* ou *"Olhe o rosto e as mãos de Lydia enquanto ela fala, assim você saberá o que ela está sentindo"*. Mais tarde, pergunte à criança se ela foi capaz de pôr em prática essas estratégias com êxito e de que modo estas podem ser usadas em situações semelhantes no futuro.

13. **Conduza as discussões dando destaque aos fatos relativos à amizade.** Baseie-se nos exemplos do Quadro 8.2 de fatos relativos à amizade. Consulte o Box 8.2 para discutir os componentes.

14. **Ajude as crianças negligenciadas ou rejeitadas pelas demais a desenvolver relações satisfatórias.** Observe as crianças cuidadosamente para verificar se são negligenciadas ou rejeitadas. Concentre-se em ajudar as outras crianças a descobri-las, usando as estratégias descritas neste capítulo. Ao lidar com uma criança rejeitada, concentre-se, antes de tudo, na intervenção direta, usando as técnicas de treinamento *in loco* descritas mais à frente.

15. **Ajude as crianças a terminar relações de amizade (veja Box 8.3).** Forneça às crianças um aviso antecipado, quando possível. Antes de agirem, estimule-as a demonstrar que estão prontas para fazer novos amigos.

16. **Converse com as famílias sobre as amizades que a criança perderá, como resultado de uma transição familiar.** É fundamental que os adultos ajudem as crianças a lidar com o final das amizades. Oriente-os sobre isso com base na habilidade 15.

QUADRO 8.2 Lista parcial de fatos relacionados à amizade para crianças de 2 a 12 anos

Definição de amigo

1. Amigos são pessoas que gostam de você e de quem você gosta.
2. Alguns amigos são seus familiares, e alguns estão fora da família.
3. Os amigos podem ser parecidos com você de vários modos e diferentes em outros.
4. Os amigos costumam passar tempo juntos, fazendo a mesma coisa ou coisas parecidas.
5. Os amigos compartilham entre si ideias, brincadeiras, trabalhos, segredos e sentimentos.
6. As pessoas experimentam juntas diversos sentimentos, alguns positivos e outros negativos.
7. Às vezes, os amigos ferem os sentimentos um do outro.
8. Às vezes, é possível perdoar a atitude de um amigo; outras vezes, não.
9. Às vezes, a amizade termina.
10. Quando temos um amigo:
    a) Sentimo-nos bem.
    b) Podemos compartilhar ideias, brincadeiras e trabalhos.
    c) Compartilhamos segredos.
    d) Falamos de nossos sentimentos.
11. É triste e perturbador quando alguém não quer mais ser seu amigo.
12. As pessoas podem fazer novos amigos.

Fazer e manter amigos

1. O comportamento das pessoas afeta a habilidade de fazer amizades e mantê-las.
2. As pessoas usam o corpo para expressar emoções amigáveis: sorrir, brincar perto de alguém e olhar para quem fala.
3. As pessoas usam palavras para expressar emoções amigáveis: conversar, escutar as ideias do outro, convidá-lo para brincar e trocar ideias e sentimentos.
4. As pessoas se sentem positivamente inclinadas em relação a quem está positivamente inclinado a elas.

BOX 8-2 Como conduzir discussões sobre a amizade.

- Introduza um ou dois objetos por vez para as crianças explorarem.
- Estimule o pensamento das crianças lendo um livro, contando uma história ou mostrando figuras que relacionem às ideias que você escolheu.
- Estimule a discussão por meio do uso de questões abertas como: "Como a gente se sente quando um amigo querido muda de cidade?", "O que fazer quando um amigo fere nossos sentimentos?" ou "O que fazer para que alguém saiba que queremos fazer amizade?".
- Escute cuidadosamente.
- Reflita sobre as perguntas das crianças.
- Ofereça informações relevantes no início da conversa.
- Permita que as crianças explorem cada ideia a seu modo.
- Faça que todas tenham oportunidade de contribuir; mas, se preferirem não falar, evite pressioná-las.
- Faça um resumo dos pontos principais da discussão, em voz alta ou por escrito, para que as crianças possam consultar mais tarde.

Planeje esquetes demonstrativos das habilidades relativas à amizade

Até as crianças pequenas gostam de esquetes. Para as menores (2-3 anos), é muito útil que os profissionais simplesmente encenem o que querem explicar. Aquelas em idade pré-escolar e do primeiro ciclo do ensino fundamental aproveitam muito de discussões de grupo adicionais.

1. **Escolha uma habilidade relativa à amizade para ensinar.** Concentre-se em apenas uma habilidade por vez. Identifique o comportamento que deve ser demonstrado.
2. **Escolha um meio para demonstrar a habilidade.** Bonecas, figuras e marionetes são ótimas escolhas. Lembre-se de usar exemplos concretos que incluam objetos de suporte que as crianças possam apontar, manusear e discutir.
3. **Delineie um roteiro que consista em cinco partes,** como mostra o Box 8.4. Os melhores esquetes compõem-se de poucas linhas.
4. **Escreva as afirmações e questões que usará para estimular a discussão.** Concentre-se em identificar qual personagem demonstra a habilidade e qual não, o modo como os espectadores chegaram às conclusões e qual habilidade sugeriram que os personagens usassem na vez seguinte.

5. **Ensaie o esquete.** Reúna os objetos de suporte e pratique a cena. Revise o esquete até poder fazê-lo de cor e sentir-se à vontade para encená-lo.
6. **Apresente o esquete em uma situação de grupo ou em uma interação individual.** Fale com clareza e de modo expressivo. Provoque a discussão de grupo. Escute atentamente e aceite as respostas das crianças, sem fazer julgamentos. Se elas estiverem longe do conceito, dê-lhes informações que esclareçam a situação e procure lembrar que deverá rever o esquete para tornar esse ponto mais claro na próxima ocasião. Elogie as crianças enquanto assistem e, novamente, quando discutirem o que viram.

BOX 8.3 Passos para ajudar as crianças no processo de terminar relações de amizades

1. Reconheça os sentimentos das crianças sobre a relação corrente.
2. Ajude-as a explorar as possibilidades do que acontecerá se a amizade acabar.
3. Seja concreto. Discuta a possível reação da outra criança na amizade.
4. Forneça à criança meios para ajudá-la a despedir-se. Ajude a criança a ensaiá-los.
5. Converse com a criança depois da despedida.
6. Discuta com a criança sobre o que ela sente e dê nomes às emoções, quando for necessário para ela.
7. Faça um *brainstorm* para novas atividades e/ou pessoas para substituir a amizade encerrada.

BOX 8.4 Esquetes de amizade para ensinar habilidades relativas à amizade

- Faça uma demonstração da habilidade.
- Faça uma demonstração da falta da habilidade.
- Explique por que a habilidade funcionou – o que aconteceu.
- Discuta o esquete com as crianças e relacione-o às experiências no mundo delas.
- Dê-lhes oportunidade de usar os objetos de suporte para que recriem o esquete ou façam sua própria versão.

7. **Avalie se o esquete atingiu o objetivo.** Faça isso no mesmo dia, mais tarde. Se as crianças estavam interessadas e foram capazes de gerar conversas relevantes sobre o tema selecionado, planeje a repetição do esquete, usando diferentes objetos de suporte e diálogos. Ao longo do tempo, introduza gradualmente novas informações. Se as crianças não demonstrarem interesse, verifique se há coisas no ambiente que as distraem ou se a atividade não é interessante para elas. Observe-as cuidadosamente e peça a opinião delas, para entender o que acontece. Consulte, no Box 8.5, o cenário planejado para ensinar as habilidades relativas ao início de uma amizade. Esses esquetes podem ser adaptados para ilustrar qualquer uma das habilidades discutidas neste capítulo.
8. **Incentive as crianças maiores a fazer um esquete próprio que dramatize um problema em relação aos amigos.** Às vezes, crianças entre 10 e 12 anos desejam encenar esquetes para os pares ou para os mais novos. Qualquer que seja a idade da criança que planeja o esquete, os procedimentos são os mesmos.

Ensinar às crianças o desempenho de papéis

A maioria das crianças entre 4 e 12 anos gosta de representar papéis, mas não se pode presumir que saibam automaticamente como fazê-lo. É preciso ensiná-las.

1. **Explique o desempenho de papéis.** Defina como um modo particular de fazer de conta que se aprende ou se pratica algo. Descreva os papéis como aquilo que as crianças representarão na cena. Diga-lhes que representem como elas ou outras pessoas se sentiriam em determinada situação. Ressalte que, a cada episódio, algumas crianças desempenharão papéis, enquanto outras assistirão e que todas terão oportunidade de discutir os resultados. Mostre-lhes os limites da área física em que a representação terá lugar, bem como os objetos de suporte à disposição dos atores.
2. **Estabeleça a cena.** Apresente um tema, um roteiro ou um problema. Você pode também sugerir que representem determinadas emoções. Dê a cada criança um papel específico para desempenhar e algumas sugestões sobre as relativas ações ou palavras que caracterizam seu papel.
3. **Ajude os atores a entrar no personagem.** Permita que as crianças escolham os objetos de suporte ou caracterização para estabelecer os papéis. Esse passo é crucial para as crianças com menos de 7 anos que, de outro modo, podem ter dificuldade de atuar e manter o papel. As crianças pequenas talvez precisem afixar uma figura ou um símbolo em torno do pescoço, se o papel for abstrato ou se não houver um bom objeto de suporte disponível.
4. **Observe atentamente.** Aplauda os esforços.
5. **Discuta os eventos do desempenho de papéis.** Estimule comentários tanto dos participantes quanto dos espectadores. Baseie-se no Quadro 8.2 para dar apoio e ampliar a discussão.
6. **Peça às crianças que desenvolvam cenários alternativos.** Peça-lhes que representem os cenários e, então, discuta as variações nos resultados.
7. **Resuma os pontos principais da discussão.** Identifique as semelhanças e diferenças no modo de pensar. Destaque um ou dois pontos principais que parecem mais importantes para o grupo.

Praticar o treinamento relativo à amizade

O treinamento deve ser individual quando determinada criança apresentar tendência a um padrão destrutivo de interações ou quando estiver infeliz com a inabilidade de fazer amigos e parecer perdida quanto ao que fazer. O treinamento consiste em sessões breves, regulares e programadas, nas quais você trabalha com a criança em determinadas habilidades ligadas à amizade. A abordagem deve ser semelhante à que foi sugerida para os grupos de crianças. A diferença está no fato de que você trabalha com uma criança por vez e dá a determinada criança um *feedback in loco* sobre seu desempenho. Algumas crianças talvez precisem de mais ajuda em muitas habilidades, e outras talvez progridam rapidamente e não precisem de muitas intervenções. Além disso, você pode usar as crianças como treinadoras de amizade. Pergunte quem gostaria de exercer o papel de treinadoras e faça-as praticar o que dirão para a criança em questão e como terão *feedback* da resposta. Siga o procedimento delineado a seguir, quer o treinador seja você, quer seja uma criança.

BOX 8.5 Esquete simples para ensinar uma habilidade relativa à amizade

Instruções gerais

Faça as crianças sentarem-se em semicírculo, de frente para você. Assegure-se de que todas possam ver seu rosto e mãos e o espaço que está diretamente a sua frente. Se estiver sentado no chão, é melhor que se ajoelhe, para que todas possam vê-lo bem. Se estiver sentado em uma cadeira, use um banco ou mesa baixos para apresentar os objetos de suporte. À medida que o roteiro de desenrola, maneje as bonecas de modo correspondente às ações. Seja expressivo com o rosto e a voz. Utilize diálogos apropriados para os personagens na situação. Crie uma voz diferente para cada personagem.

Materiais

Duas bonecas (ou marionetes) e diversos blocos pequenos e coloridos.

Procedimento

Adulto: Hoje, vamos falar sobre amigos. Aqui estão duas bonecas. Vamos fazer de conta que são crianças como vocês. Chamam-se Max e Gus. Eles têm 4 anos e vão à escola como vocês. Observem atentamente e vejam o que acontece quando Gus e Max tentam ser amigos (apresente uma boneca [Gus] "brincando" com diversos blocos. Coloque a segunda boneca [Max] de frente para Gus, mas a trinta centímetros, pelo menos, de distância).

Adulto: Aqui está Gus. Está brincando com blocos e se divertindo. Max vê Gus e gostaria de brincar com ele. Assim, observa-o cuidadosamente. Gus continua a brincar, não olha para cima. Max se entristece. Pensa que Gus não quer ser seu amigo.

Questões para discussão:

1. Diga o que Gus está fazendo.
2. Diga o que Max queria.
3. Gus sabia que Max queria brincar? Como você sabe?
4. O que mais Max poderia ter feito para que Gus soubesse que ele queria brincar?

À medida que as crianças respondem a essas perguntas, forneça informações para ajudá-las a refletir: "Gus estava tão ocupado brincando que nem olhou para cima. Isso significa que nem viu que Max estava de pé, observando-o. Ele não sabia que Max queria brincar. Observe de novo e veja como Max se comporta de modo diferente dessa vez".

Adulto: Aqui está Gus. Está brincando com blocos e se divertindo. Max vê Gus e gostaria de brincar com ele. Assim, observa-o cuidadosamente. Gus continua a brincar, não olha para cima. Max se aproxima e diz "Oi. Gosto de sua construção. Vou ajudá-lo a pegar mais blocos".

Questões para discussão:

1. O que Gus estava fazendo?
2. O que Max queria fazer?
3. Gus sabia que Max queria brincar?
4. O que Max fez para dizer?
5. O que Gus fará a seguir?
6. Vamos pensar em outros modos que Max poderia ter usado para comunicar a Gus que queria brincar.

À medida que as crianças sugerem ideias, traduza o que dizem e anote em lugar visível para elas. Aceite as ideias, qualquer que seja a originalidade, adequação ou viabilidade. Se as crianças tiverem dificuldade em formular ideias, incite-as fornecendo informações: "Às vezes, quando uma pessoa quer brincar, ela diz 'Oi, quero brincar' ou pergunta 'O que você está construindo?' Isso faz que a outra pessoa saiba que ela quer ser amiga. O que acham que Max podia fazer?". Depois que as crianças fizerem suas sugestões, repita a cena usando cada sugestão, uma por vez. Peça às crianças que prevejam a reação de Gus em cada caso. Represente a cena do modo que sugerirem. Forneça mais informações: "John, você disse que Max podia ajudar Gus a construir. Vamos tentar desse modo" (maneje as bonecas e encene o diálogo adequado); "Digam o que acham que Gus vai fazer agora".

1. **Selecione uma "habilidade a ser incrementada" que aborde a dificuldade particular de determinada criança em relação à amizade.** Pode ser difícil restringir a escolha a uma habilidade quando você vê que a criança faz "tudo" errado: ignora os pares, rejeita-os, agarra, empurra, interrompe, toma o lugar, provoca. É tentador fazer uma reconstrução completa. Entretanto, tentar fazer muita coisa de uma só vez termina quase sempre em frustração e fracasso. Uma abordagem melhor é trabalhar em uma área problemática por vez. Desse modo, tanto a criança quanto você serão bem-sucedidos a cada passo e encorajados a continuar.
2. **Inicie o treinamento.** Selecione um momento neutro para começar o treinamento e não um momento imediatamente sucessivo a um episódio desagradável. Quando perceber que uma criança está pouco interessada, chame-a e diga o que vai acontecer: *"Robert, hoje, você e eu vamos passar juntos um momento especial. Venha comigo e vou lhe explicar do que se trata"*.
3. **Introduza a habilidade na qual vai se concentrar.** No caso de tratar-se de expressar aceitação, descreva-a em termos específicos e não com generalizações.

    Por exemplo: *"Quando queremos que alguém seja nosso amigo, é importante ouvir suas ideias. Isso significa olhar para essa pessoa e não falar enquanto tenta nos dizer alguma coisa"* (repare na especificidade dos comportamentos descritos). NÃO use frases como: *"Quando queremos que alguém seja nosso amigo, precisamos mostrar mais interesse"* (a frase não especifica suficientemente os comportamentos esperados).
4. **Faça uma demonstração da habilidade.** Forneça um modelo para o comportamento ou indique-o em outras crianças que estão brincando, de modo que a criança possa ver realmente o que você diz: "Olhe, vou lhe mostrar. Diga-me como podemos brincar com essas bonecas e vou escutar sua ideia" ou "Olhe para Jeremy. Ele está escutando atentamente o que Sondra diz".
5. **Forneça uma razão pela qual o novo comportamento é importante.** Por exemplo: "Faz muito bem prestar atenção nas ideias das pessoas. Ajuda-as a gostar mais de você".
6. **Pratique a habilidade com a criança.** Mostre e dê exemplos adequados e inadequados da habilidade com a utilização de bonecas e marionetes: "*Aqui estão duas bonecas, Rollo e Gertrude. Rollo está contando uma ideia a Gertrude. Observe e preste atenção. Diga-me se Gertrude mostrou bem a Rollo que quer ser sua amiga*". Após diversas demonstrações, a criança consegue ensaiar o novo comportamento por meio de desempenho de papéis com você, com outra criança ou manejando, ela mesma, duas bonecas ou marionetes. Praticar, ao longo do tempo, ajuda as crianças a sentirem-se mais à vontade em relação às novas habilidades. Permite que adquiram experiência tanto como destinatários quanto como iniciadoras de diferentes comportamentos sociais. Convide as crianças a sugerir as próprias ideias quanto aos modos de demonstrar a habilidade, a fazer perguntas e a discutir suas emoções e reações.
7. **Avalie como uma criança usa a habilidade.** Elogie os esforços das crianças e incremente o desempenho por meio de sessões de prática. Ressalte as ocasiões em que usaram adequadamente a habilidade. Elogie as tentativas feitas pela criança. Dê apoio físico por meio de sorrisos e abraços. Ofereça *feedback* corretivo com o objetivo de incrementar o uso que a criança faz da habilidade. Concentre-se nos comportamentos: *"Você se concentrou nos olhos desta vez. Foi grande progresso. Amanhã vamos acrescentar um novo elemento"*.
8. **Repita o procedimento de treinamento diversas vezes.** Troque os objetos de suporte e as circunstâncias hipotéticas mais de uma vez. Assim que notar que as crianças incrementaram o uso da habilidade-alvo nas interações cotidianas, elogie os esforços delas e ofereça uma informação *in loco* que as ajudará a aperfeiçoar o desempenho. Planeje, então, introduzir uma nova habilidade para a criança trabalhar ou elimine gradualmente as sessões de treinamento.
9. **Continue a dar *feedback* e reforço para manter o uso de cada habilidade.**
10. **Ajude as crianças a praticar e autoavaliar os progressos na amizade.**

Comunicar-se com os familiares das crianças

Ajude os familiares a entender todo o processo e dar apoio às amizades das crianças, por meio das seguintes estratégias:

1. **Mantenha-se à disposição das famílias.** Converse com os pais e tutores sobre o desenvolvimento normal das amizades dos filhos. Escute cuidadosamente o que têm a dizer e reflita sobre os pensamentos e as emoções. Explique as características de determinado estágio de amizade que o filho está vivenciando. Sugira as estratégias anteriormente citadas neste capítulo, de modo que os pais possam entender melhor as tentativas que as crianças fazem e lidar com mais eficácia com os comportamentos inaceitáveis. Explore outras questões com os familiares à medida que surgirem, como a questão de "ter um melhor amigo" ou uma decepção sofrida em razão de uma amizade desfeita. Ofereça sugestões com base nas ideias apresentadas neste livro. Por exemplo, sugira à família que, em vez de dar conselhos às crianças, participe de uma escuta ativa; dê aos pais um breve "roteiro" no qual a técnica esteja descrita.
2. **Ofereça aos pais *workshops* sobre aspectos que os preocupam em relação à amizade e aos pares.**
3. **Ajude as famílias a facilitar as amizades das crianças fora do período escolar.**
    a. Quando os familiares buscam um novo amigo para a criança, sugira os colegas do grupo que você acredita que sejam amigos potenciais. Use os critérios sugeridos no início deste capítulo para determinar quais podem ser os amigos adequados para aquela criança. Leve em conta idade, gênero, proximidade, relação e estágio da amizade das crianças.

b. Incentive os pais a marcar encontros para que as crianças brinquem. Trabalhe com as famílias para estabelecer "sugestões úteis" ou regras para os pais, de modo que as visitas durante o dia – e, no futuro, à noite – sejam divertidas para as crianças e agradável para os adultos.

4. **Estabeleça normas relativas aos convites para festas fora da escola.** Por exemplo, uma classe de escola maternal tem a norma de que, a menos que todas as crianças sejam convidadas para a festa, os convites devem ser feitos por e-mail ou por telefone, de modo a não ferir os sentimentos das crianças e evitar confusões, como as provocadas por mensagens que vão parar nas mãos da criança errada.

5. **Crie eventos na sala de aula para que as famílias se conheçam.** Os pais e tutores podem hesitar, compreensivelmente, em convidar uma criança para ir a sua casa ou permitir que o filho visite uma família que não conhecem. Convide os familiares para uma reunião informal ou um café na escola, de modo a oferecer às famílias a oportunidade de "quebrar o gelo" e para que as crianças possam apresentar suas famílias umas às outras. Esses eventos informais ajudam as pessoas a sentir-se mais à vontade e podem resultar em "encontros de diversão" para as crianças.

6. **Converse com os familiares cujos filhos são negligenciados ou rejeitados.** Fale de modo aberto e solidário com os adultos, em ambiente separado, e ouça cuidadosamente o que têm a dizer. Responda a suas angústias e incertezas usando reflexões afetivas. Investigue as amizades da criança fora do ambiente escolar e dentro da família (irmãos, primos etc.). Saiba que algumas crianças têm fortes amizades fora da escola e não sentem, por isso, desejo de ter um amigo especial dentro dela. Tenha isso em mente em suas conversas com os pais. Documente com exemplos as tentativas malsucedidas da criança de fazer amizades ou de recusar a iniciativa dos demais. Tente todas as estratégias sugeridas neste capítulo. Se, durante semanas ou meses, a criança não conseguir fazer progressos, o problema poderá ser considerado sério e você deverá recomendar uma intervenção. Use as orientações do Capítulo 15 que podem ajudá-lo a reconhecer esse aspecto dos comportamentos extremos e lidar com ele. Ajude os familiares a buscar os recursos da comunidade, como a assistência de consultores, assistentes sociais e psicólogos.

■ Evite as armadilhas

Independentemente do fato de trabalhar para dar apoio às amizades das crianças de forma individual ou em grupos, de modo informal ou em atividades estruturadas, existem algumas armadilhas que pode ser evitadas.

1. **Intervir muito rapidamente.** Quando os adultos veem crianças esforçando-se para resolver problemas de amizade, são tentados a interferir e intermediar imediatamente. Ninguém gosta de ver as crianças sofrerem. Entretanto, a menos que haja um perigo físico imediato que deva ser rapidamente resolvido, é importante observar por um momento a situação e determinar, ponderadamente, qual a melhor forma de intervenção. Às vezes, basta simplesmente se aproximar da situação para que o problema se dissipe. Em outros casos, é mais adequado usar diretamente as estratégias descritas neste capítulo. Qualquer que seja sua escolha, lembre-se de que quanto mais as crianças praticarem a amizade, mais rapidamente aprenderão a ser bem-sucedidas nas interações com os pares. É muito útil para elas terem a oportunidade de tentar estratégias e soluções por conta própria.

2. **Perder oportunidades de promover interações amigáveis entre as crianças.** Os adultos, às vezes, estão tão concentrados em interagir com as crianças que deixam de reconhecer as oportunidades de ajudá-las a incrementar as habilidades relativas às amizades com os pares. Por exemplo, quando um adulto está conversando com uma criança, talvez encare a chegada de outra criança como uma interrupção ou tente levar em frente duas conversas ao mesmo tempo. Uma abordagem adequada consiste em usar reflexões ou fornecer informações que ajudem as crianças a conversar entre elas, assim como conversam com o adulto.

3. **Insistir que todos são "amigos".** Embora seja natural que os adultos desejem que todas as crianças se queiram bem, as coisas nem sempre são assim. Em lugar disso, as crianças em grupos tendem a formar relações estreitas com apenas algumas crianças por vez. Insistir que todas devam gostar de todos os pares não é uma atitude realista, pois nega as emoções reais delas. Em todos os grupos, há pessoas que se ferem umas às outras por fazerem coisas inadequadas. O que está ao alcance das crianças é aprender a tratar

de modo construtivo tanto as pessoas que gostam quanto as que não gostam. Os adultos devem mostrar às crianças modos alternativos aceitáveis de tornar suas preferências conhecidas.

4. **Exigir que todas as crianças passem o tempo todo juntas.** É um erro pensar que as amizades se constroem no contato contínuo. Embora a familiaridade possa realmente criar interesses em comum, forçar as crianças a brincar juntas quando não querem só diminui a força das relações em vez de aumentá-la. Tenha isso em mente e lembre-se de dar às crianças a oportunidade de fazer atividades solitárias e de ajudá-las a explicar, construtivamente, seu desejo de privacidade aos curiosos ou aos pares bem-intencionados. Além disso, os adultos devem ajudar a criança que for rejeitada por um par que prefere ficar sozinho. Isso pode ser feito, explicando a ela o desejo de privacidade da outra e ajudando-a a encontrar uma atividade ou um companheiro alternativo.

5. **Interromper as amizades das crianças.** A qualquer momento, na pré-escola e nos primeiros anos do ensino fundamental, a criança estreitará uma relação com um "melhor amigo". As duas crianças se tornam inseparáveis. É comum que os adultos se preocupem que tal proximidade possa interferir na habilidade da criança de fazer outros amigos. Como resultado, é comum que decidam intervir, limitando o tempo que as crianças passam juntas. Essa atitude é um erro. Quando as crianças começam a desenvolver "amizades especiais", é natural que se concentrem no objeto de sua admiração. É preciso lembrar que, anteriormente, quando começaram a se interessar em fazer amigos, o objetivo principal delas era simplesmente sua inclusão no grupo de atividades.

Contudo, depois disso, as crianças começam a ter influência em suas relações. Em outras palavras, querem que os outros escutem suas ideias, aceitem suas sugestões e as envolvam na tomada de decisões. Do ponto de vista das crianças, esse é um processo relativamente perigoso. Assim, procuram a segurança da relação individual, no âmbito da qual testam suas habilidades. Nas amizades em duplas, os riscos são reduzidos, pois as duas crianças envolvidas passam a conhecer-se bem e, portanto, conseguem prever de modo preciso a reação uma da outra. Além disso, constroem uma história formada por bons momentos, o que as ajuda nos momentos ruins que certamente ocorrerão. As crianças levam muito tempo para trabalhar essas necessidades. Quando os adultos interrompem esse processo, privam as crianças da oportunidade de aprender o verdadeiro significado da amizade. Eles devem permitir que as crianças experimentem essa fase importante de construção de uma relação.

6. **Não conseguir reconhecer os sinais de amizade das crianças.** As crianças podem usar comportamentos inadequados em seus esforços para fazer amigos. Podem, por exemplo, menosprezar o início de uma interação, forçar fisicamente outras crianças a sair de uma área para ter acesso exclusivo ao amigo favorito ou tentar coagir o amigo a rejeitar outro amigo, como confirmação de sua própria ligação de amizade. Superficialmente, essas situações parecem ser situações simples de colocação de limites. Entretanto, um observador adulto reconhecerá que a questão está relacionada à amizade e aproveitará a oportunidade para ajudar a criança a aprender habilidades mais construtivas, como modos mais adequados de estabelecer contato ou de expressar afeto.

Resumo

As relações e as amizades entre pares são acontecimentos importantes na vida das crianças. Oferecem a elas oportunidades para se desenvolverem do ponto de vista social, emocional e intelectual. Tanto as relações entre os pares quanto as amizades constituem ocasiões para praticar as habilidades de competência social. Algumas crianças fazem amigos com facilidade, outras têm dificuldade. As repercussões de não ter um amigo ou de estar insatisfeito com as relações estabelecidas representam dificuldades graves na infância, que podem perdurar até a idade adulta. É raro que haja crianças sem nenhum amigo, entretanto as evidências indicam que muitas crianças desejam ter mais ou melhores amigos. O sucesso das crianças nas relações entre pares e nas amizades depende de muitas variáveis. Entre elas, as habilidades de cognição social/compreensão social, regulação emocional, experiência em brincadeiras, habilidade de linguagem, apoio dos adultos, valores culturais e, é claro, a visão que têm de si mesmas.

Os adultos talvez se perguntem se as crianças realmente compreendem o significado da amizade. Embora as ideias delas sobre o que constitui a amizade sejam diferentes das dos adultos e se modifiquem à medida que elas amadurecem, é claro que até mesmo crianças muito pequenas estão interessadas em ter amigos que sejam como elas, em idade e experiência, e que compartilhem suas habilidades intelectuais e físicas. As crianças progridem de uma visão egocêntrica das relações até uma visão que inclui apoio e dedicação. Quando escolhem um amigo pela primeira vez, concentram-se em atributos óbvios como nome, aparência física, raça, gênero, idade, habilidades e atitudes. Em geral, pode-se dizer que as crianças buscam amigos que percebem como semelhantes a si mesmas. Às vezes, essa semelhança existe apenas para as crianças envolvidas.

Além disso, as habilidades sociais das crianças têm um impacto fundamental sobre a habilidade de fazer e manter amigos. Fazer amigos não é um processo automático ou mágico. As crianças que "ganham amigos e influenciam pessoas" sabem como estabelecer contato, mantêm relações positivas, negociam os conflitos que surgem e encerram com elegância as relações infrutíferas. Algumas crianças aprendem essas habilidades por conta própria, mas outras precisam de ajuda.

Os adultos podem exercer papel vital em aumentar os comportamentos amigáveis das crianças. Isso pode ser feito por meio de técnicas informais, cotidianas, atividades planejadas e sessões estruturadas de treinamento. Os familiares também podem ser envolvidos na promoção das amizades das crianças, tanto dentro quanto fora do ambiente de grupo. Os profissionais podem ser de grande ajuda ao darem apoio aos esforços das crianças.

Palavras-chave

Amigos; amizades; atividades cooperativas; conhecidos; crianças negligenciadas pelos pares; crianças rejeitadas pelos pares; crianças rejeitadas-agressivas; crianças rejeitadas-retraídas; desempenho de papéis; estrutura da amizade; fornecer modelos; habilidades de negociação; habilidades para fazer amizades; interações; modelagem; relações; treinamento *in loco*; treinamento individual; treinamento interpares.

Questões para discussão

1. Há um provérbio chinês que afirma "O homem pode realizar sozinho, mas precisa de um amigo". Você concorda com essa afirmação? Por que as pessoas precisam de amigos?
2. Pense em um amigo de infância. Descreva os atributos que o tornaram importante para você.
3. Descreva de que modo as ideias sobre a amizade das crianças mudam ao longo do tempo. Descreva crianças que conhece, que se encaixam em cada estágio, e explique suas conclusões.
4. Descreva duas crianças que você conhece – uma que tenha muitos amigos e uma que não tenha amigos. Como as variáveis influenciam a situação de cada criança?
5. Em um grupo, desenvolva um esquete a respeito da amizade, com a finalidade de ensinar às crianças o modo de fazer contato com um amigo potencial. Além disso, crie pelo menos cinco questões para discussão.
6. Suponha que tenha sido convidado para uma reunião com os pais com o objetivo de descrever o treinamento de habilidades relativas à amizade. Delineie o que deve dizer aos pais quanto à fundamentação dessa técnica e a seus componentes.
7. Veja o Código de Conduta Ética Naeyc (Apêndice), e avalie a questão ética na seguinte situação: você e sua melhor amiga trabalham na mesma escola. Uma noite, a amiga lhe conta que às vezes, quando as crianças estão felizes, ela sai para fumar um cigarro e deixa-as sem assistência.
8. Identifique a criança que você sabe que pode se beneficiar com um treinamento em amizade. Descreva a área na qual o treinamento seria mais útil e explique como poria em prática o procedimento de treinamento.
9. Suponha que o pai ou a mãe de uma criança procure você para conversar sobre as relações do filho com os pares. O familiar parece estar preocupado. Quais informações você solicitaria para dar uma resposta adequada? Quais sugestões daria para ajudá-lo(a) a promover as amizades da criança fora da escola?
10. Identifique a armadilha citada neste capítulo à qual você é mais suscetível e descreva como evitá-la.

Tarefas de campo

1. Aborde três situações em que deu apoio às amizades das crianças. Descreva o que estavam fazendo.

    Em seguida, fale sobre o que fez, referindo-se especificamente às habilidades que aprendeu neste capítulo.

    Explique de que modo as crianças reagiram a sua abordagem. Para concluir, faça uma avaliação da habilidade usada e descreva as modificações que faria no futuro, em situações semelhantes.

2. Escolha uma habilidade relativa à amizade. Planeje uma atividade por meio da qual a ensinará às crianças. Escreva seu plano em detalhes. Inclua, além disso, a descrição de como espera que as crianças reajam à atividade. Ponha em prática a atividade com um pequeno grupo de crianças.

    Avalie, por escrito, sua apresentação, relate todos os resultados inesperados e descreva as modificações que faria ao repetir essa atividade no futuro.

3. Selecione três crianças. Descreva suas interações com os pares. Use a Figura 8.3 para definir o nível de amizade em que se encontra cada criança, fundamente cada escolha e utilize as descrições presentes neste capítulo para basear suas análises. Sugira o que pode ser feito com cada criança para incrementar as relações com os pares.

Capítulo 9

Como estruturar o ambiente físico: um meio para influenciar o desenvolvimento social das crianças

Objetivos

Ao final deste capítulo, você será capaz de descrever:

- O que é estruturar e como promover o senso de competência das crianças, a independência, o autodirecionamento e o autocontrole.
- Como usar o tempo, o espaço e o mobiliário para potencializar o desenvolvimento social das crianças.
- Como trabalhar com uma programação diária.
- Como selecionar e organizar os materiais.
- Como prevenir ou reduzir as interações sociais indesejáveis.
- Como comunicar-se com os pais sobre a estruturação do ambiente físico para que apoiem o desenvolvimento social das crianças.
- Armadilhas que devem ser evitadas quando se estrutura o ambiente físico.

Jerry, de 3 anos, está sentado em silêncio no tapete e monta cuidadosamente uma torre com blocos. Seu amigo passa por ele, tocando um sininho e carregando um sinal que diz "AR-RUMAR 5 minutos". Jerry inspeciona a estrutura que construiu e, então, retira cuidadosamente os blocos e recoloca-os nas prateleiras abertas que estão assinaladas com a silhueta de cada forma.

Mitsu, de 5 anos, corre até seu armário e pega o macacão de usar na neve. Estende-o no chão e se senta rapidamente no meio. Com muita eficiência, veste-se e se prepara para sair, anunciando: "Hoje vai nevar muito (bom para fazer bolas de neve)".

Edward, de 7 anos, examina seus diversos desenhos para certificar-se de que completou todas as atividades da semana. Hoje é quinta-feira e ele sorri, pois já fez todas as atividades exigidas e pode, agora, escolher o que fazer. Observa as demais crianças por diversos minutos e, então, dirige-se à área de ciências na qual um de seus amigos está olhando alguma coisa através de um microscópio. Marca sua participação em ciências no símbolo pictográfico correspondente e começa a examinar os materiais que estão no centro.

Nick, de 11 anos, dá uma olhada no cartaz de programação pendurado à frente da classe. Organizou os materiais de que precisará durante a manhã e conversou com Peter a propósito de se encontrarem na hora do almoço, antes de a aula começar. Depois que os anúncios matinais são dados, ele e os outros de seu grupo de trabalho leem as orientações para o projeto e começam a trabalhar.

Cada uma dessas crianças funciona independentemente em um ambiente programado para promover a autonomia e o senso de competência e controle. O modo de guardar os blocos em prateleiras abertas, marcadas com clareza, permitiu que Jerry guardasse o material. O modo adequado de guardar os casacos e a instrução sobre como vesti-los no inverno permitiu que Mitsu passasse com eficácia do ambiente interno para o externo. O uso dos pictogramas facilitou a manutenção do registro de Edward, o que lhe permitiu trabalhar perto dos amigos. Nick usou uma programação escrita para organizar suas ações e agiu de forma independente para pôr em prática o plano do dia. Em todos os casos, o ambiente físico influenciou positivamente a competência social das crianças. Isso não aconteceu por acaso. A organização deliberada do ambiente fornece os sinais visuais e os recursos para que as crianças funcionem com mais independência. Esse aspecto da orientação do desenvolvimento e da aprendizagem social das crianças chama-se estruturação.

Estruturação é a organização do tempo, do espaço e dos materiais de modo a promover a competência social das crianças. Há outros aspectos do desenvolvimento e das habilidades da criança que também são influenciados pelos fatores ambientais. Neste capítulo, porém, nos concentraremos no âmbito social.

Os profissionais da educação infantil estruturam o ambiente físico por três razões. Em primeiro lugar, os adultos tentam antecipar o comportamento das crianças e, então, preparam o ambiente antes que elas cheguem, de modo a favorecer as ações desejáveis e minimizar as indesejáveis. Essa é a forma mais comum de estruturação. Exige que o adulto considere antecipadamente os objetivos sociais a serem enfatizados junto às crianças e o melhor modo de organizar o tempo, os espaços e os materiais para ajudá-las a atingir esses objetivos. Em segundo lugar, os adultos estruturam o local para que possam resolver os problemas no momento em que surgem. Essa estratégia minimiza as frustrações e os conflitos entre as crianças, assim como entre adultos e crianças. Uma rápida adaptação do ambiente pode alterar suficientemente o contexto de modo a minimizar as dificuldades das crianças e melhorar os resultados sociais. Finalmente, os adultos estruturam o ambiente para promover a comunicação e a interação social entre as crianças, assim como para promover comportamentos adequados centrados na tarefa. A estruturação, usada dessas maneiras, promove todos os sete elementos da competência social descritos no Capítulo 1. O Quadro 9.1 apresenta alguns exemplos.

■ Como estruturar espaço e materiais

Um dos modos de preparar o local para promover comportamentos sociais desejáveis é estruturar o espaço e os materiais. Construções, móveis, materiais e elementos do ambiente natural são recursos concretos e visíveis que podem ser manipulados para facilitar a competência social das crianças. O ambiente físico no qual as crianças brincam e aprendem está muito relacionado à presença ou à ausência de comportamentos disruptivos. Muitos "problemas disciplinares" em sala de aula podem ser atribuídos diretamente à disposição e à escolha dos móveis e materiais (Weinstein & Mignano, 2007). Além disso, em espaços bem planejados e bem organizados, desenvolve-se autocontrole. As amizades florescem em salas confortáveis e acolhedoras nas quais as trocas informais são planejadas com essa finalidade. Há consenso entre os pesquisadores e os teóricos sobre o fato de que um ambiente bem planejado cria uma atmosfera positiva e de apoio para os

QUADRO 9.1 Relação entre objetivos de competência social, formas de estruturação, objetivos de ensino e estruturação a ser feita pelo adulto

Elemento de competência social	Forma de estruturação	Objetivos para a criança	Exemplo de estruturação
Valores sociais.	Antecipada.	Guardar materiais que usam.	Providenciar um lugar bem organizado e de fácil acesso para guardar os materiais.
Autoidentidade positiva.	Antecipada.	Ajudar o grupo e receber reconhecimento.	Exibir os trabalhos de arte, projetos e outros trabalhos.
Habilidades interpessoais.	*In loco.*	Trabalhar em conjunto por um objetivo comum.	Adicionar materiais para que diversas crianças possam trabalhar juntas em um projeto de grupo.
Autorregulação.	*In loco.*	Participar dos esforços do grupo todo.	Cobrir a prateleira de brinquedos durante a atividade de grupo ou virá-la para o outro lado.
Planejamento e tomada de decisões.	Antecipada ou *in loco.*	Escolher entre materiais e atividades que competem entre si.	Providenciar (ou acrescentar) materiais ou atividades adequados entre os quais será preciso escolher.
Competência cultural.	Antecipada.	Reconhecer que as pessoas têm diferentes *backgrounds* culturais.	Nas escolas, acrescentar fotos e outros materiais que representem diferentes *backgrounds* e habilidades.
Inteligência emocional.	Antecipada ou *in loco.*	Usar diversas palavras relativas a sentimentos para descrever as reações aos materiais novos.	Acrescentar os novos instrumentos e materiais aos poucos; afixar sinais, na área, com uma lista de palavras escritas, relativas à emoção

que o usam (Levin, 2003). Em geral, os profissionais querem que os espaços nos quais as crianças trabalham e brincam proporcionem um senso de pertencimento e de conexão em relação às outras crianças do grupo. É desejável que o espaço seja flexível, e os materiais, versáteis; desse modo, serão usados para atingir diversos objetivos. Além disso, os materiais naturais envolvem os sentidos e geram um senso de surpresa e curiosidade nos espaços mais eficientes (Curtis & Carter, 2003).

Edificações e áreas

Os arquitetos, paisagistas, *designers* de interiores e gestores de escolas têm a responsabilidade de construir ou modificar a construção, de modo que atenda aos padrões adequados para o uso a que se destina. É preciso levar em consideração, nesse processo, segurança, conveniência, durabilidade, manutenção, beleza, acessibilidade e adaptações específicas para o uso. Os *playgrounds* precisam, quase sempre, de cerca de proteção. Todos os Estados especificam padrões de segurança e de saúde para as instalações usadas pelas crianças.[1] Algumas características fixas (portas, altura do teto, dimensões da sala etc.) das instalações não influem sobre o comportamento social das crianças, e os profissionais que trabalham com crianças teriam muita dificuldade em alterá-las ou modificá-las por conta própria. Entretanto, podem alterar muitas características menos permanentes, como a disposição do mobiliário, a iluminação e a quantidade de cores na sala.

Manter a saúde e segurança. Tanto as crianças quanto os adultos têm a responsabilidade de manter o ambiente físico de modo que promova a saúde e a segurança. As crianças aprendem os valores sociais de limpeza, ordem, segurança e consideração pelos outros por meio da convivência com o adulto que faz a manutenção da saúde e segurança. Laurel, treinada a fazer isso anteriormente, secou seu lugar na mesa do lanche, de modo que Jason encontrasse um lugar limpo para lanchar. David e Mickhail, que haviam observado a professora fazer isso outras vezes, distribuíram os cones cor de laranja, com a finalidade de delimitar um campo e para evitar que ocorressem encontrões com outras pessoas durante a brincadeira de pega-pega que estava para começar. A saúde e a segurança estão em primeiro lugar quando se trata de crianças, e elas mesmas aprendem, gradualmente, essas estratégias.

---

[1] A respeito dos padrões para construção e reformas de escolas, o Ministério da Educação publicou o documento "Parâmetros Básicos de Infraestrutura para Instituições de Educação Infantil" (Brasil, 2006). (NRT)

Quando o ambiente está organizado em função da saúde e segurança, os adultos podem relaxar e interagir com as crianças. A necessidade de segurança precisa ser balanceada também em função do desejo delas de enfrentar desafios razoáveis (Kostelnik & Grady, 2009).

Ajustar os espaços internos para promover o desenvolvimento social. Os ambientes que favorecem a aprendizagem podem ter diversas formas e dimensões. Algumas salas de aula foram planejadas originalmente para crianças, mas muitas (especialmente aquelas para crianças muito pequenas) estão localizadas em espaços criados inicialmente para outros propósitos. Por sorte, é possível fazer modificações que tornem os espaços mais acolhedores (Knapp & Hall, 2010). A maioria dessas modificações é feita durante a preparação do ambiente, embora muitas delas possam ser feitas *in loco*, quando surgir a necessidade.

Paredes. A cor influencia o humor e a atmosfera do espaço. Cores quentes, como laranja e vermelho, são estimulantes, e cores frias, como azul ou verde, são tranquilizantes. O branco, o preto e o marrom são depressivos ou feios (Knapp & Hall, 2010). Os adultos podem modificar as paredes acrescentando quadros de aviso ou de cortiça para expor os trabalhos das crianças; os móveis podem ser postos contra as paredes, e é possível pendurar reproduções de arte de qualidade ou expor outras coisas. As crianças sentem que o espaço lhes pertence quando veem seus trabalhos ordenadamente expostos (Clayton, 2001). A personalização do espaço indica que o território pertence a elas, o que as incentiva a sentir-se mais à vontade e disponíveis do ponto de vista social (Trenholm & Jensen, 2008). Um mezanino ou um brinquedo de escalada para ambientes fechados, com plataforma elevada, desperta interesse e ainda proporciona compartimentos individuais.

Iluminação. Uma iluminação baixa e dispersa pela sala é mais propícia à interação social (Bogle & Wick, 2005). Em espaços institucionais, pode-se obter o mesmo efeito acrescentando lâmpadas e desligando algumas luzes de teto. Para algumas atividades, como a leitura, é preciso que a iluminação seja mais intensa. Luzes muito fortes e muito fracas estão associadas a comportamento disruptivo (Jago & Tanner, 1999). Para aumentar o conforto nos dias quentes, desligue as luzes para reduzir o calor e ajuste as cortinas para controlar a quantidade de luz natural que entra na sala. Há evidências de que o calor excessivo reduz a interação social e torna a agressão mais provável, particularmente em espaços lotados (Burgoon, Guerrero & Floyd, 2010).

Controle do som. Tapetes e carpetes diminuem o barulho, o que, por sua vez, reduz o estresse e favorece as conversas. Os tapetes devem ser removidos para facilitar a limpeza das atividades que criam muita desordem. Haverá sempre um pouco de barulho, pois as crianças se movimentam de um lugar para outro. Os ambientes de aprendizagem ruidosos levam as crianças a ignorar a fala e contribuem para o tédio e o cansaço (Evans, 2006). Um modo de verificar se o ambiente precisa de modificações consiste em avaliar cuidadosamente os ruídos durante os momentos em que as crianças e os adultos se comportam adequadamente. Se a sala ainda parecer muito barulhenta, será preciso usar outros materiais leves que absorvam ruídos.

Os carpetes são fáceis de aplicar e são mais macios caso uma criança caia de algum brinquedo e aterrisse no chão. No canto destinado aos blocos de construção, um tapete com a superfície firme diminui o barulho sem reduzir a estabilidade dos blocos. Um professor com boa iniciativa forrou uma parede de cimento com três esteiras. Isso resolveu o problema de onde guardar as esteiras quando não estão em uso, diminuiu a reverberação do barulho no chão da sala e acrescentou cor e textura à parede. A maioria dos responsáveis permitirá que a equipe traga tapetes adicionais para a sala. O Quadro 9.2 apresenta alguns exemplos de adaptação de interiores.

Adaptação de espaços exteriores para promover o desenvolvimento social

Todas as crianças, desde a primeira infância até a adolescência, precisam ter oportunidade de brincar ao ar livre. Em geral, há, ao ar livre, mais oportunidade para brincar, praticar atividades motoras e ter mais independência (Evans, 2006). As áreas naturais parecem reduzir particularmente o cansaço e promover o afeto e a autorregulação emocional, especialmente em relação às crianças com transtorno de déficit de atenção e hiperatividade (Evans, 2006). Os seres humanos precisam ter contato com o ambiente natural para que possam manter a saúde mental. É comum que o julgamento da criança sobre a própria competência motora seja adquirida ao ar livre e faça parte do senso de autoeficácia e da imagem corporal. A liberdade de movimentos em um ambiente seguro permite que crianças de todas as idades explorem suas possibilidades enquanto investigam a natureza e praticam

QUADRO 9.2 Adaptação de aspectos das instalações para influenciar o comportamento social das crianças

Condição observada	Adaptação	Impacto sobre a criança
A sala está quente e sufocante.	Abra as janelas para diminuir o calor.	Reduz o estresse e a agressão potencial, e aumenta o conforto e as interações sociais positivas.
O tamanho da área de blocos é suficiente para apenas duas crianças por vez.	Aumente o espaço dedicado aos blocos.	Encoraja mais oportunidades de interação social entre as crianças.
O cadeado do portão do *playground* está quebrado.	Amarre uma corda ou elástico para mantê-lo fechado; providencie o conserto.	Previne que as crianças saiam da área supervisionada e capacita os adultos a interagir de modo mais confortável com as crianças em vez de ficarem de pé, controlando o portão.
As crianças evitam a área de brinquedos.	Cubra a divisória da sala com cartolinas cor de cereja ou laranja, fixando-as com fita adesiva dos dois lados, para uma mudança temporária.	As crianças são atraídas pelas cores fortes, e a probabilidade de que entrem na área aumenta.
O barulho das marteladas no brinquedo de madeira apoiado sobre a mesa é excessivo.	Coloque folhas de jornal sob o brinquedo.	A criança que gosta do brinquedo pode continuar, sem distrair as demais.
As botas das crianças estão em cima dos livros nos armários ou espalhadas pelo chão perto dos armários.	Coloque uma longa peça no corredor para as botas.	As salas de aula ficam mais atraentes, e os livros das crianças, preservados. As repreensões dos adultos acabam.

suas habilidades motoras. Os espaços para brincar ao ar livre, como as outras áreas, devem ser adequados do ponto de vista de desenvolvimento, dimensionados para as crianças e planejados para promover o sucesso e a independência. As crianças são quase sempre capazes de comparar suas habilidades com as de crianças da mesma idade, imitar as mais habilidosas e participar de brincadeiras de modo não competitivo. Tais atividades, ao mesmo tempo que desafiam a criança, são fonte de poder pessoal para a outra criança que serve de modelo.

Quando brincam ao ar livre, as crianças têm oportunidade de ajudar e encorajar os pares (Hearron & Hildebrand, 2009). É comum que os agrupamentos de crianças se modifiquem nas atividades ao ar livre, as quais trazem à luz diversas competências. Por exemplo, os meninos tendem a participar mais das brincadeiras de faz de conta ao ar livre que em ambientes fechados. As lideranças e os grupos de brincadeiras podem mudar nos espaços ao ar livre.

Para que possam capacitar as crianças, os adultos devem planejar diversas ocasiões de brincadeiras motoras que envolvem movimentos finos e grosseiros, bem como outras atividades (Hohmann, Weikart & Epstein, 2008). As atividades em ambientes fechados podem ser feitas também ao ar livre, e os materiais naturais podem ser trazidos para dentro dos ambientes fechados (Oliver & Klugman, 2005). O planejamento e a supervisão feitos pelo adulto são importantes tanto fora quanto dentro; se não forem eficientes, as crianças poderão ter medo de sair, o comportamento ao ar livre poderá se tornar cada vez mais agressivo, e as crianças poderão se entediar ou agarrar-se aos adultos (Bilton, 2002). Ao ar livre, elas precisam do apoio dos adultos para negociar de modo bem-sucedido os desafios sociais que emergem em decorrência do maior espaço e da maior mobilidade.

As plantas são uma característica importante do ambiente externo. Quando as crianças correm ou caem, o gramado absorve parte do impacto, além de ser ideal para jogos de grupo e brincadeiras turbulentas. Uma cerca viva ao longo do perímetro reduz o ruído do tráfego e a poeira, e, ao mesmo tempo, aumenta a privacidade. Nos pontos difíceis de usar, é possível plantar sementes herbáceas. As crianças podem cultivar um jardim e contribuir, desse modo, para a beleza do ambiente. É importante, nesse caso, que o adulto as oriente, de modo que se cultivem apenas plantas não venenosas e que plantas, tais como a hera venenosa, sejam removidas. Árvores frondosas fornecem espaços excelentes para reuniões de grupo. Como experiência de aprendizagem, as crianças podem plantar mudas de plantas. Um arranjo planejado de arbustos fornece um local cercado para pequenos grupos de crianças brincarem. As cercas de jardim são ótimas como suporte para feijão-flor, abóboras e trepadeiras floridas. Em função dos diferentes climas e tipos de solo, os espaços para brincar ao ar livre podem ser modificados de várias maneiras e, assim, é útil consultar outros profissionais e jardineiros. Além disso, antes de fazer quaisquer modificações, é preciso consultar todos os que usufruem daquele espaço; de qualquer modo, acrescentar ou remover plantas é sempre possível.

É comum que nos *playgrounds* de escolas e nos parques exista um brinquedo de escalada permanente, por meio do qual as crianças aprendem a esperar a própria vez, a movimentar-se em segurança por toda a estrutura e a envolver-se umas com as outras de modo bem-sucedido. Embora essa estrutura não possa ser modificada rapidamente, é possível redistribuir o material de absorção de impactos que está debaixo dela, para manter a segurança. Equipamentos móveis para ambientes externos como escadas, caixas e pranchas incentivam as brincadeiras cooperativas; os espaços abertos que contêm muitos desses equipamentos permitem que as crianças alterem o ambiente (Felstiner, 2004).

A possibilidade de acrescentar e remover brinquedos e equipamentos, com base nos planos de cada dia, promove o desenvolvimento da competência das crianças. Durante o inverno, os trenós substituem os triciclos. No o verão, qualquer brinquedo ou material usado em ambientes fechados pode ser usado ao ar livre. Os princípios abordados nas seções deste capítulo aplicam-se também aos ambientes externos.

De modo geral, as estratégias para favorecer as interações sociais em ambiente externos são as mesmas que valem para os fechados. Talvez seja necessário fazer algumas adaptações, pois as crianças se movimentam com mais rapidez e se deslocam para pontos mais distantes quando estão ao ar livre. Além disso, lembre-se de que é difícil, às vezes, ouvir instruções e orientações a distância.

Quando as instalações internas e externas são estruturadas, a quantidade de regras de que os adultos precisam para manter a segurança das crianças é menor. Em um local bem estruturado, as interações entre crianças e adultos são positivas, fornecem apoio e se concentram na aquisição da competência social.

A disposição do mobiliário e dos equipamentos

Um ambiente que dá apoio permite à criança controlar o que está em volta dela, além de incentivar o movimento, pois as crianças podem interagir livremente com objetos e pessoas (Marion, 2011). Como a segurança é uma questão prioritária, os adultos devem planejar os ambientes de modo a minimizar os riscos para as crianças.

Para dar apoio, o ambiente precisa ser organizado em **centros ou áreas de aprendizagem** que facilitem as atividades individuais e aquelas realizadas em grupos pequenos ou grandes (Stuber, 2007). Os limites físicos do ambiente devem ser claros, e o uso dos materiais e os comportamentos das crianças, controlados. Desse modo, os conflitos entre elas se reduzem e estabelecem-se condições favoráveis à aprendizagem e às brincadeiras adequadas. É preciso ter em mente as necessidades das crianças portadoras de alguma deficiência, para que sejam capazes de agir do modo mais independente possível (Sutterby & Frost, 2006).

A quantidade e o tipo de áreas necessárias são determinados pela idade das crianças e pelas dimensões do grupo. O **espaço para atividades** é definido como aquele que a criança ocupa enquanto usa um material; assim, a quantidade de espaço para as atividades na área de blocos de construção deve ser suficiente para quatro a seis crianças, pois essa é a quantidade presumível de crianças que usam blocos ao mesmo tempo. Para evitar espera, é aconselhável que haja aproximadamente um terço de espaço a mais que crianças (Marion, 2011). Assim, para um grupo de vinte crianças, são necessários 27 espaços para a atividade. Para atingir os resultados desejados, é necessário fazer uma estimativa realista com base no espaço físico e na idade das crianças. De modo geral, as crianças pré-escolares brincam de maneira mais bem-sucedida em grupos de duas a quatro; já aquelas do ensino fundamental organizam algumas de suas brincadeiras em grupos ligeiramente maiores. Em relação aos materiais individuais, como quebra-cabeças e aquarelas, a quantidade estimada deve corresponder exatamente à quantidade de crianças. Não se deve levar em conta o fato de que possam compartilhar materiais, exceto quando a quantidade de material é grande, como no caso dos blocos. A maioria dos *kits* de material de construção é adequada para uma ou possivelmente duas crianças; assim, se quiser que mais crianças brinquem, será necessário dispor de vários *kits*. Os espaços de atividade podem ser estimados do seguinte modo:

Brincadeira de faz de conta	4
Blocos	4-6
Quebra-cabeças	6
Jogos de tabuleiro	2-4
Centro de áudio	6 fones de ouvido
Centro de escrita	1-4
Área de leitura	2-4
Centro de pintura	1-2 cavaletes

O mesmo planejamento é necessário para as atividades ao ar livre. A quantidade de espaços, cercas de proteção e áreas para brincadeiras deve ser muito bem calculada, pois pode variar muito. Algumas estruturas simples são adequadas para uma ou duas crianças; outras combinações mais complexas de equipamentos dão espaço para muitas crianças.

Espaço particular. O **espaço particular** é uma área destinada a uma criança, duas talvez, na qual ela pode permanecer ao se retirar da interação social. Em uma classe de segundo ano, uma professora pintou uma velha banheira de vermelho e a encheu de travesseiros. Nessa área, a criança poderia ler ou simplesmente observar os outros, sem ser perturbada. Um espaço particular desse tipo não deve ser usado como punição ou *time-out*, mas proporcionar um senso de relaxamento, conforto e privacidade, dentro do ambiente comum. O uso do espaço particular pode reduzir o estresse e ajudar eventualmente a criança a atingir níveis mais altos de autocontrole. Ela pode escapar por breves momentos do barulho e da atividade e estar nesse espaço, que proporciona conforto e segurança (Frost, Wortham & Reifel, 2008).

Espaço para grupos pequenos. O **espaço para grupos pequenos** é planejado para menos de oito crianças. Na maioria das escolas, quatro ou seis crianças podem brincar juntas nesse espaço (de casinha, com blocos ou com água) ou participar de algum estudo (coleção de insetos, jogar loto, pesar e medir cubos). Uma área desse tipo precisa dispor de lugares para sentar e de uma superfície para trabalhar. Nesses espaços, os professores do primeiro ciclo fazem grupos de leitura, com as crianças sentadas em círculo ou em volta de uma mesa. Para crianças maiores, é possível agrupar quatro mesas para a maior parte do dia. Algumas áreas desse tipo são especializadas, como a aquela destinada a trabalhos artísticos, e, nesse caso, os materiais precisam ser guardados em prateleiras ao lado. Outros espaços para grupos pequenos precisam ser colocados em lugares cujo acesso à água e à eletricidade seja fácil. As áreas são mais flexíveis quando o uso não é pre-determinado e as crianças podem levar os materiais ou removê-los do local. Em ambientes para pequenos grupos, as oportunidades de interação social são abundantes.

Espaço para grupos grandes. A maioria dos ambientes conta com um **espaço para grupos grandes** do qual participam todas as crianças ao mesmo tempo. Esse espaço, em geral, é dotado de quadros de aviso, cavaletes grandes para livros e equipamento audiovisual. Esse tipo de espaço, em ambientes fechados, é usado normalmente para diversas atividades: linguagem, artes, dança criativa, discussões de grupo, jogos e música. Participar de atividades com o grupo inteiro permite que as crianças se vejam como parte de uma rede social mais ampla.

Densidade. A densidade do ambiente é constituída pela proporção entre o número de crianças e as unidades de espaço. A densidade da sala completa – com móveis e crianças, todos aglomerados – talvez seja alta demais, e sabe-se que salas de aula com alta densidade influenciam negativamente o comportamento, pois as crianças tendem a defender seu território ou a retrair-se. Os comportamentos menos desejáveis diminuem quando as crianças têm acesso aos materiais que desejam. Além disso, salas de aula com densidade alta levam também a interações mais breves, incidentes mais agressivos e menos cooperação social (Evans, 2006). Nos espaços particulares, considera-se que há aglomeração quando duas ou três crianças entram em um espaço adequado para apenas uma. Já nos espaços para grupos pequenos, há aglomeração quando tanto a quantidade de crianças quanto o espaço ocupado pelos móveis são grandes. E, finalmente, nos espaços para grupos grandes, há aglomeração quando as crianças esbarram umas nas outras, mesmo que estejam sentadas corretamente. Um modo de limitar as aglomerações consiste em adaptar a quantidade de espaço na área de atividade. Por exemplo, deslocar uma divisória de 30 cm ou retirar alguns móveis pode diminuir a densidade do espaço, proporcionar conforto e melhorar as interações. As crianças lidam bem com as aglomerações, desde que sejam temporárias (Maxwell, 2003; Knapp & Hall, 2010).

Limites e áreas de atividade. **Limites** claros e físicos tendem a inibir correrias, dão indicações do que a criança deve fazer, suprimem intromissões e interrupções, e indicam os caminhos adequados que as crianças devem percorrer pela sala. Em geral, usam-se divisórias baixas e móveis para assinalar a separação entre as áreas. As crianças com menos de 8 anos esquecem ou ignoram os limites que não são claros, como uma fita adesiva no chão, ou mesmo aqueles estabelecidos verbalmente, como quando se diz às crianças que não devem brincar com os caminhõezinhos enquanto a área for usada para atividades do grupo inteiro. Um tipo de limite bem mais claro consiste em cobrir com um tecido a prateleira onde estão os caminhões. Cada centro de aprendizagem pode ser definido ainda mais claramente pelos diferentes materiais: uma área contém livros e almofadas, e outra área é dotada de mesas e cadeiras, de dimensões infantis, com jogos de tabuleiro.

As áreas devem ser organizadas dentro da sala, de modo que não entrem em conflito entre elas e não ofereçam distrações. Devem-se separar as atividades tranquilas das mais vigorosas. Por exemplo, é melhor colocar uma estação individual de trabalho perto da área de trabalho ou da área de leitura que perto da área de blocos de construção ou de jogos, para que não seja preciso colocar limites para as crianças que se intrometerem inadvertidamente. Além disso, é possível dispor deliberadamente dois centros de aprendizagem um ao lado do outro, de modo que se possa passar facilmente de um para outro, para incentivar os grupos pequenos de crianças a interagir (Hohmann, Weikart & Epstein, 2008). A quantidade, o tipo e a organização das áreas de atividade estão sob controle dos profissionais de apoio. As áreas de atividade podem ser acrescentadas, suprimidas ou recolocadas para facilitar o alcance dos objetivos.

A estruturação das áreas de atividade é útil tanto nos ambientes fechados quanto ao ar livre. Em geral, ao ar livre, os limites são estabelecidos pelas diferentes superfícies. O asfalto pode ser usado como quadra para jogar bola ou pista para os triciclos, e o gramado, como campo de corridas e brincadeiras. A areia e outros materiais resilientes podem ser postos embaixo da estrutura do brinquedo de escalada. As superfícies resilientes aumentam a segurança, diminuem a frequência dos cuidados dos adultos e limitam os ambientes. Os limites construídos, como cercas de proteção e percursos, são claros para as crianças e sinalizam os comportamentos adequados, além de garantirem a segurança. Dentro de áreas bem definidas, os adultos podem influenciar a interação social ao acrescentarem, por exemplo, equipamentos móveis e materiais como água, pás e baldes em uma área para escavar. É possível acrescentar limites temporários, como cones de trânsito cor de laranja em torno de uma grande poça de água da chuva no *playground*; desse modo, não é necessário chamar continuamente a atenção das crianças para não pisarem na poça.

Percursos. As áreas de atividade precisam ser organizadas de modo que a movimentação entre elas seja fácil e não interfira com as atividades em andamento. Os percursos precisam ser largos o suficiente para que as crianças se cruzem, sem esbarrar umas nas outras. E mais largos ainda para evitar encontrões enquanto correm. Quando há crianças que usam andadores ou cadeiras de rodas, é preciso adaptar os percursos. Em algumas salas, a área destinada ao grupo grande serve também como meio de acesso para outras áreas de atividades.

Às vezes, o percurso é como um corredor sem paredes: em uma extremidade está a área para o grupo grande, e os espaços particulares estão dispostos em ambos os lados do percurso central. Essa disposição talvez incentive os pequenos a correr, mas um percurso central é mais eficaz para crianças maiores.

Como guardar as coisas. Guardar as coisas em lugares acessíveis promove a responsabilidade em relação aos materiais e incentiva as crianças a cuidar do ambiente de modo independente. Os objetos guardados devem ser ordenados, colocados no local em que serão inicialmente usados e dispostos de modo que seja fácil vê-los, alcançá-los, pegá-los. As crianças que os usam com mais frequência devem poder recolocá-los no lugar com facilidade (Berns, 2009). Objetos semelhantes devem ser guardados no mesmo lugar. Os materiais que são usados regularmente devem ser rapidamente acessíveis a partir dos percursos e das áreas de atividade. Os materiais e equipamentos usados ao ar livre devem ter dimensões adequadas e ser acessíveis para as áreas de *playground*.

O espaço em que os adultos guardam suas coisas deve ser inacessível para as crianças, o que é ótimo também para a segurança. Materiais de limpeza, remédios e substâncias potencialmente perigosas devem ser mantidos em armários aos quais as crianças não tenham acesso. Tesouras de pontas afiadas, torradeiras e outros materiais potencialmente perigosos devem ser mantidos fora do alcance das crianças. Esses objetos são, por vezes, guardados em um local centralizado da escola, fora dos locais usados pelas crianças.

Dimensões controláveis

O ambiente físico é composto por diversas dimensões relativas às instalações, ao mobiliário e aos materiais usados pelas crianças: **macio-duro, aberto-fechado, simples-complexo, intrusivo-isolado e de alta mobilidade-baixa mobilidade** (Prescott, 2008). A combinação particular dessas dimensões varia de acordo com o tipo de local (hospital, sala de jogos, área de recreação da Associação Cristã de Moços (ACM) e com os objetivos e a filosofia dos adultos. Essas dimensões determinam o conforto e a atmosfera geral comunicados pelo ambiente físico. O Quadro 9.3 apresenta de forma resumida os exemplos mais comumente encontrados.

As qualidades do ambiente físico influenciam continuamente a qualidade das interações interpessoais. A dureza e a aspereza estão geralmente associadas à eficiência e à formalidade, e a maciez e a suavidade, ao relaxamento e ao conforto. As crianças pequenas sentem-se mais à vontade em ambientes macios e aprendem gradualmente a comportar-se em ambientes mais formais e rígidos. Quando um material é guardado em lugar fechado, existe um modo de usá-lo, mas, quando está em lugar aberto, as alternativas e os resultados são ilimitados. Ambientes mais abertos incentivam a curiosidade, a exploração e a interação social, e os completamente fechados proíbem, também completamente, esses mesmos comportamentos. A **dimensão simples-complexo** descreve os materiais em termos da quantidade de alternativas que geram. As crianças tendem a brincar de modo cooperativo quando as unidades são complexas e não quando são simples; essas últimas levam a atividades de brincadeira solitária ou paralela. A complexidade incentiva a exploração profunda e a variedade, a exploração ampla. Os ambientes escolares precisam de um pouco de cada uma, de modo que as crianças possam se concentrar em uma atividade, provavelmente complexa, por um longo período, mas possam também passar para atividades de outro tipo, se quiserem mudar de ritmo.

A **dimensão intrusão-isolamento** descreve a permeabilidade entre o programa adotado naquele local e as coisas e pessoas que estão fora de seus limites, e também entre as pessoas e coisas que estão dentro do programa. Muitas classes não são isoladas entre elas, o que pode ser exaustivo para as crianças pequenas. As crianças que estão sujeitas ao estresse de interações contínuas comportam-se mal, choram ou, para escaparem disso, imergem em devaneios por breves períodos. Os espaços particulares, anteriormente descritos, são áreas nas quais as crianças podem obter algum isolamento. Os espaços para pequenos grupos são parcialmente isolados e permitem que as crianças moderem o nível de isolamento. Aquelas que têm oportunidade de escolher entre atividades sedentárias e ativas escolhem, em geral, ambas, ao longo do dia. As atividades sedentárias prolongadas fazem que as crianças se agitem para distender os músculos, entediem-se e inquietem-se, a despeito do inte-

QUADRO 9.3 Dimensões controláveis do ambiente físico

Dimensão e definição	Um dos extremos	Meio	Outro extremo
Maciez: Resposta da textura ao tato.	**Macio:** Travesseiro. Poltrona estofada.	**Materiais maleáveis:** Areia, água e massinha. Gramado.	**Duro:** Cimento. Triciclo. Paredes.
Abertura: Grau ao qual o próprio material restringe seu uso.	**Aberto:** Blocos e fogão de brinquedo. Argila e bola.	**Semiaberto/semifechado:** Armário acessível com portas e cartas de jogo.	**Fechado:** Quebra-cabeças, traçado de linhas e jogo de encaixe em tabuleiro.
Complexidade: Quantidade e variedade dos componentes.	**Simples:** Escadas e carrinho de dar corda. Vestidos de boneca.	**Moderadamente complexos:** Corda de pular. Carrinho simples de brinquedo. Blocos. Guindaste de brinquedo.	**Complexos:** Brinquedo de escalada grande com diversas atividades possíveis. Computador.
Isolamento: Permeabilidade entre os limites.	**Isolamento:** Estação individual de trabalho, espaço particular e centro de aprendizagem. Toalete individual com porta. Grande bloco de construção com teto Caixa ou barraca em que as crianças podem entrar e fechar-se.	**Semi-isolado:** Arbustos em que as crianças brincam sob a supervisão dos adultos. Brinquedo de escalada embaixo do qual as crianças pequenas podem entrar e espiar. Óculos de sol e máscara.	**Intrusão:** Janela da sala de aula aberta e sons de criança em movimento fora da sala. Escola-laboratório com visitantes.
Mobilidade: Grau de oportunidade que as crianças têm de movimentar-se fisicamente em um centro de aprendizagem.	**Alta mobilidade:** Ginásio de esportes, *playground*, triciclo; brinquedo de escalada para ambientes internos, transições em ambiente fechado.	**Moderada:** Jardim com percursos e limites. Maioria de classes da primeira infância, área de faz de conta, área de blocos de construção e áreas de ciências frequentes.	**Baixa mobilidade:** Assentos fixados ao piso, centro de escrita, centro de leitura e, às vezes, centro de matemática.

resse que a atividade provoca e de sua importância. É comum que apresentem comportamento inadequado, irritem os colegas e adultos e precisem de limites estabelecidos. Para evitar isso, as **programações** diárias devem equilibrar movimentos vigorosos, atividades moderadas e passatempos mais tranquilos. Quando se leva em conta a necessidade de movimento das crianças, é comum que a seleção dos equipamentos e o uso do espaço sejam modificados.

Cada dimensão apresenta diversos graus diferentes e pode variar ao longo do ano ou em um mesmo dia. Cada uma afeta as relações sociais das crianças no ambiente. A área para conversação é um ambiente aberto, relativamente isolado, macio, que oferece um grau moderado de mobilidade; parece-se com uma sala de estar, na qual as crianças podem relaxar e interagir informalmente.

Para avaliar continuamente a eficiência do espaço em favorecer o desenvolvimento social das crianças, é preciso pensar de modo flexível. Os adultos, às vezes, continuam a manter configurações ineficazes simplesmente porque a sala de aula ou o *playground* "sempre foram assim". Sente-se ao nível dos olhos das crianças e avalie o ambiente a partir das várias perspectivas que elas têm quando estão brincando e quando o ambiente está vazio. O Box 9.1 fornece orientações para avaliar o ambiente infantil como lugar que favorece a competência social.

Como escolher os materiais adequados

Quando se fornece uma variedade suficientemente rica de materiais exploratórios, promove-se o comportamento competente e independente das crianças (Dodge, Colker & Heroman, 2008). O objetivo de selecioná-los cuidadosamente, conservá-los e expô-los é dar a elas recursos que possam usar em atividades cooperativas ou independentes. Se os materiais forem cuidadosamente selecionados, despertarão o interesse das crianças e favorecerão os objetivos da escola, contribuindo para o funcionamento geral, para a adaptação emocional e para o desenvolvimento do autoconceito e autocontrole (Frost, Wortham & Reifel, 2008). O equipamento e os materiais utilizados pelas crianças afetam também a qualidade das interações sociais entre elas enquanto brincam (Sutterby & Frost, 2006).

BOX 9-1 Avaliação e eficiência do espaço

O ambiente fornece sinais para o comportamento social adequado?
- Limites claros entre os centros de aprendizagem ou áreas de projetos.
- Percursos planejados de modo que as crianças não interrompam as atividades umas das outras.
- Atividades vigorosas e tranquilas em área separadas fisicamente.
- Quantidade adequada de espaços para atividades em proporção à quantidade de crianças.
- Tempo mínimo de espera para usar materiais e equipamentos.
- Materiais guardados em lugares acessíveis e etiquetados.

O ambiente dá oportunidade para que as crianças conversem?
- Locais macios, confortáveis e informais.
- Espaços para pequenos grupos dos quais apenas poucas crianças participem de cada vez.
- Espaços particulares para uma ou duas crianças.
- Espaços atraentes, convidativos e agradáveis.
- Materiais e atividades que promovam a cooperação e trabalhos conjuntos.

O ambiente minimiza a necessidade de orientação e correção dos comportamentos por parte do adulto?
- Piso rígido em áreas de muita desordem (fáceis de limpar).
- Piso macio para minimizar os ruídos normais (área de blocos de construção).
- Centros de aprendizagem bem mantidos e em ordem.
- Medidas de segurança "à prova de crianças" (tomadas, fios elétricos, aparelhos e medicinais fora do alcance, portas fechadas etc.).
- Possibilidade de as crianças cuidarem de si mesmas (toalete, lavar as mãos, pôr e tirar casacos).

O ambiente promove a autoidentidade das crianças?
- Exposição dos trabalhos de arte e projetos das crianças; os trabalhos expostos devem ser renovados com regularidade.
- Fotos que representam todos os grupos raciais, habilidades e ocupações de homens e mulheres.
- Artefatos e pinturas que representam as culturas das crianças do grupo.
- Centros de aprendizagem acessíveis tanto às crianças hábeis quanto àquelas com de necessidades especiais.
- Oportunidades para as crianças explorarem, vivenciarem desafios e serem bem-sucedidas.

O ambiente promove a responsabilidade individual em relação ao meio ambiente e aos outros?
- Materiais à disposição para limpeza da sala.
- Cestos de lixo e luvas para limpar o *playground*.
- Pictogramas relativos à manutenção de rotina e à limpeza.
- Recipientes móveis e etiquetados para guardar os objetos.
- Conservação adequada de objetos dentro e fora da sala.

Materiais adequados ao desenvolvimento. Os materiais devem refletir o nível e a competência das crianças. Quando conseguem desempenhar-se em atividades que eram, inicialmente, desafiadoras, as crianças ganham em autoestima. Pode parecer estranho dar um *kit* de química para uma criança de 5 anos. Não só existe o risco de que ela ingira algum dos produtos químicos, como é provável que o *kit* seja destruído e a criança se frustre com o insucesso. No entanto, quando se dá o mesmo *kit* a uma criança de 12 anos, ela desfrutará de horas de prazer e aprendizagem. É comum que materiais adequados para crianças maiores criem riscos potenciais para as menores e não possam ser usados de modo bem-sucedido por elas. Já quando as maiores usam equipamentos e materiais destinados a crianças menores, perdem rapidamente o interesse, pois não há desafio e, assim, encontram modos novos e destrutivos de usá-los.

Materiais estruturalmente seguros. O material deve ser examinado como possível fonte de perigo. Um produto seguro é robusto, de boa qualidade e produzido com materiais adequados. Por exemplo, os triciclos disponíveis nas lojas não são tão resistentes quanto os planejados especificamente para muitas crianças. Se um objeto for pequeno, o suficiente para que uma criança pequena o leve à boca, é preciso certificar-se de que não cause asfixia (uma moeda pequena, por exemplo), pois poderá ficar entalado na garganta. Os materiais seguros possibilitam que as crianças usem os objetos de modo seguro, sem que os adultos precisem alertá-las o tempo todo.

Materiais que funcionam. As crianças ficam frustradas quando os equipamentos e materiais não funcionam, o que leva às vezes a comportamentos disruptivos. As rodas dos caminhões precisam girar, as tesouras devem cortar, a tinta para pintar com os dedos tem de ser espessa, não devem faltar páginas nos livros e o papel tem de ser suficientemente resistente para não rasgar. É quase impossível traçar com precisão quando se usa o papel *standard*; o papel milimetrado e os clipes de papel tornam o trabalho mais fácil. As bolas de basquete, futebol ou vôlei não podem estar murchas. O senso de competência das crianças aumenta quando são bem-sucedidas e é prejudicado quando são malsucedidas em razão da inadequação dos instrumentos e materiais.

Materiais completos prontos para o uso. Os quebra-cabeças devem estar completos. Caso perca uma peça, é possível substituí-la, modelando-a com composto de madeira e plástico (disponível na maioria das lojas de ferragens) para preencher a lacuna. Uma criança de 10 anos ficou muito aborrecida quando, depois de bordar uma almofada durante semanas, descobriu que não havia linha suficiente para terminar o trabalho. Em casos como esse, a falta de material acaba por produzir sentimentos desnecessários de fracasso e de frustração, além de perda de autoestima.

Além disso, alguns materiais devem ser organizados antecipadamente para que as crianças não precisem esperar que os adultos procurem nos armários e gavetas os objetos necessários para um experimento de ciências. Enquanto esperam, as crianças, em geral, perdem o interesse ou se tornam disruptivas. Um plano antecipado completo inclui a limpeza: uma esponja e um balde com água devem constar no planejamento de uma atividade que criará grande desordem. Desse modo, o adulto não precisará deixar o grupo de crianças e poderá oferecer orientação contínua enquanto as crianças fazem seus projetos.

Organizar o modo de guardar os materiais. Os materiais devem ser guardados onde costumam ser usados ou onde começam a ser usados inicialmente. Se as crianças souberem onde estão guardados, conseguirão pegá-los de modo autônomo, sobretudo materiais como papel, lápis de cera e tesouras. Devem ser guardados de modo que as crianças possam cuidar deles. Por exemplo, para incentivar a independência, marque os formatos dos blocos na tampa do fundo do armário para que as crianças saibam onde pôr os blocos, com base no tamanho e na forma. Obtém-se o mesmo efeito etiquetando os recipientes de plástico conforme a dificuldade dos livros. Os materiais compostos por muitas peças, como miçangas, pequenos cubos de matemática e o material Cuisenaire®,[2] devem ser colocados em recipientes resistentes, como caixas de plástico transparente ou pequenos cestos de lavanderia, pois as caixas de papelão logo se desgastam. Desse modo, as crianças mantêm todos os materiais que precisam ser guardados juntos em único lugar e demonstram sua responsabilidade para toda a classe.

---

[2] Criado por Georges Cuisenaire (1891-1976), o brinquedo é composto por barras em forma de prismas quadrangulares, feitas de madeira, com cores padronizadas, variando de 1 em 1 cm, indo de 1 a 10. Cada tamanho corresponde a uma cor. É utilizado para: explorar sequência numérica; frações; coordenação motora; memória; análise-síntese; constância de percepção de forma, tamanho e cores. (NE)

Expor os materiais atraentes. O asseio e a ordem fazem parte da atratividade. A atratividade afeta o humor das crianças e leva-as a tratar o espaço de trabalho com responsabilidade. Em ambientes atraentes, tanto os adultos quanto as crianças sentem-se mais à vontade uns com os outros. Os materiais expostos em espaços relativamente vazios e em prateleiras acessíveis têm mais probabilidade de serem usados e são mais atraentes. As crianças pequenas têm dificuldade de selecionar os materiais que estão em prateleiras muito cheias. Os quebra-cabeças organizados em uma estante destinada a eles ou em uma mesa, prontos para usar, atraem mais as crianças do que quando estão empilhados.

Tamanho adequado de materiais e equipamentos. Se as dimensões de mesas, cadeiras, escrivaninhas e outros equipamentos forem corretas, o conforto das crianças será maior, e o esforço exigido delas, menor. Os adultos precisam ter pelo menos uma cadeira em que possam sentar-se ocasionalmente. Os ambientes quentes e confortáveis incentivam as pessoas a relaxar e a relacionar-se positivamente (Knapp & Hall, 2010).

Na hora do almoço, os problemas são menores quando as crianças em idade pré-escolar dispõem de pratos de 15 cm, garfos para salada e copos com capacidade para 120 ou 130 ml. Algumas travessas (tigela de sopa), com talheres pequenos, permitem que se sirvam das quantidades de alimento que costumam consumir. Ainda para incentivar a independência das crianças, é bom usar pequenas jarras inquebráveis para leite e sucos. Quando elas mesmas determinam a porção para si, além de sentirem que têm controle sobre o que comem, há menos desperdício. As crianças que entram no pico do crescimento, por volta dos 11 ou 12 anos, precisam usar bandejas divididas que podem conter quantidades substanciais de alimento.

Todos os materiais e equipamentos devem ser adequados ao tamanho das crianças, de modo a promover sua independência de ação e conforto.

Quantidades adequadas ao número de crianças. Se houver materiais suficientes para determinada atividade, as crianças poderão trabalhar de modo cooperativo. Se o material for insuficiente, é preciso aumentar a quantidade ou, então, reduzir o número de crianças que o usa. Por exemplo, se uma professora de terceiro ano tiver 12 livros e 14 crianças, poderá estabelecer duas sessões consecutivas de sete crianças para usar os livros disponíveis ou então conseguir mais dois livros. Qualquer uma dessas soluções é melhor que deixar que as crianças se dirijam à área de leitura para pegarem, elas mesmas, os livros. As crianças pequenas e aquelas em idade pré-escolar não têm noção de compartilhamento. Além disso, o brinquedo que é usado por uma criança se torna mais atraente que aquele que está na prateleira.

Se quisermos que as crianças sejam bem-sucedidas, a quantidade de material deve ser adequada, qualquer que seja a idade delas. Isso determinará quanto as crianças se darão bem entre elas e influenciará a qualidade das interações. Os materiais devem ser acessíveis às crianças, incluindo aquelas com necessidades especiais. Isso promove a ação independente e permite que as crianças trabalhem juntas de modo pacífico.

Como acrescentar e retirar materiais e garantir a segurança das crianças

Em geral, adquirir materiais e equipamentos, e providenciar a disposição dos móveis e a conservação dos materiais é responsabilidade dos gestores das instituições escolares. A estratégia dos professores para evitar frustrações, conflitos interpessoais, danos aos bens e prevenir riscos físicos é selecionar adequadamente os materiais específicos, organizar e expô-los cuidadosamente. Tais estratégias são o resultado de um planejamento avançado cujo objetivo último é favorecer as interações sociais positivas e o comportamento adequado. Os profissionais de apoio, que trabalham diretamente com as crianças, estruturam os materiais específicos para atender às necessidades imediatas delas e garantir que o ambiente físico favoreça o desenvolvimento da competência social (Kostelnik, Soderman & Whiren, 2011). Além disso, os adultos responsáveis pela supervisão devem fazer adaptações em função das necessidades de uma criança específica ou do grupo, para que as crianças interajam no espaço e usem os equipamentos e materiais de modo significativo ao participarem das atividades. As adaptações mais comuns do ambiente que podem ser feitas para dar apoio ao envolvimento interpessoal são: acrescentar materiais, retirá-los e providenciar a segurança do ambiente para as crianças.

Acrescentar algo ao ambiente. Há vários modos de acrescentar algo ao ambiente. Pode-se dependurar a foto da família das crianças ou da comunidade local para discutir com elas. É possível levar para a sala de aula artefatos ou roupas que representem a herança cultural de uma das crianças. Flores frescas, plantas e animais podem ser levados temporariamente para suavizar o ambiente e despertar interesse.

Esses exemplos são típicos de uma estratégia geral de preparação do ambiente. No entanto, adaptações pontuais que acrescentam algo ao ambiente acontecem diariamente. Por exemplo, se duas crianças quiserem observar um livro de figuras de trens, ofereça um segundo livro com o mesmo tipo de figuras. Se precisarem esperar muito tempo para usar a cola, providencie um segundo vidro. Se Alice e Theresa estão brigando porque essa última quer sair da loja sem "pagar", pergunte o que acham que pode ser usado como dinheiro e ajude-as a obter o material, se necessário. Tais ações pontuais corrigem suficientemente a situação para que as crianças possam levar adiante suas interações sociais e, além disso, favoreçam as habilidades de solução de problemas.

Retirar algo do ambiente. Retirar os livros de figuras de uma estante aberta, pois as crianças estão brincando de lançá-los, sem compreender o propósito dos livros, é adequado durante as atividades informativas. Esses livros voltarão a seus lugares depois de lidos uma ou duas vezes e depois que se fizer uma demonstração correta do modo de usá-los. Retirar lascas de madeira da gaiola de uma cobaia ou tirar uma rã do bolso de alguém e colocá-la em um vaso com terra, até que se encontre um lugar mais adequado para ela, são modos de demonstrar responsabilidade em relação às criaturas vivas. Às vezes, a remoção é provisória mas necessária, como quando se tiram todas as cadeiras da mesa para que as crianças possam cozinhar ou quando se retiram da frente todos os materiais para que as crianças não se distraiam durante a reunião do grupo.

Em algumas situações, é preciso retirar imediatamente alguma coisa do local. Se uma criança deixar algum material no banheiro, retire-o imediatamente. Se seis crianças estão se empurrando e se amontoando em torno de uma mesa, retire uma ou duas cadeiras para indicar que apenas quatro ou cinco crianças podem usar aquele centro ao mesmo tempo.

Em geral, o propósito de acrescentar e retirar materiais é promover a brincadeira, minimizar os conflitos ou frustrações potenciais e estimular a cooperação e o autocontrole. Os ambientes em que vivemos e trabalhamos afetam nosso humor, o comportamento que mantemos uns em relação aos outros, e são relativamente fáceis de modificar, tanto antes quanto durante a atividade.

Garantir a segurança das crianças. Para que as crianças estejam em segurança no ambiente, é necessário acrescentar, retirar e alterar materiais. Para que o ambiente seja "à prova de crianças", é fundamental fazer adaptações que garantam a segurança delas. Isso é feito, em geral, antes que elas entrem no ambiente, mas pode ser feito também no momento em que o risco é identificado. O Quadro 9.4 apresenta diversos exemplos.

Pode acontecer que o espaço necessário para uma atividade seja avaliado incorretamente. Por exemplo, o Sr. Bongard pôs um brinquedo de escalada para ambientes fechados, a aproximadamente 45 cm de distância de uma janela gradeada, em um dia quente de verão, pois pensou que a circulação de ar seria boa para a atividade vigorosa das crianças. Mas, enquanto observava Brad e Doug subirem até o alto, entre a janela e o brinquedo, os garotos tentaram subir no parapeito da janela vizinha. Rapidamente, pôs Brad no chão e pediu a Doug que descesse; em seguida, afastou o brinquedo de escalada a pelo menos um metro de distância da parede. A rápida modificação foi essencial para aumentar a segurança.

Outras adaptações. Às vezes, é preciso limitar o espaço em vez de ampliá-lo. A Sra. Adkins levou seus alunos ao ginásio de esportes para que fizessem algumas corri-

QUADRO 9.4 Exemplos de adaptação dos materiais para aumentar a segurança

Observação	Procedimento adequado
Uma criança pequena põe a mão na tomada do corredor.	Acrescente uma tampa à tomada e tire a criança do corredor.
Uma criança de 3 anos abre a torneira de água quente no fluxo mais forte para lavar as mãos.	Adapte a temperatura e o fluxo da água.
Um grupo de quatro crianças do quarto ano deixa caixas e papéis bloqueando a porta, no corredor.	Lembre as crianças de recolher o lixo e ajude-as a retirá-lo, se necessário.
O fio elétrico da cafeteira está caído da borda da mesa na área dos professores, mas é visível para as crianças.	Enrole o fio e prenda-o com uma torção do fio ou com elástico.
A mãe de uma criança entrega ao responsável pela classe uma sacola de plástico com remédios e instruções sobre como tomá-los.	Pegue os remédios e coloque-os em local seguro.

das de revezamento simples. De início, a atividade determinava que as crianças corressem por todo o comprimento do ginásio, mas ela notou que, rapidamente, se cansavam e se agitavam, além de terem de esperar muito tempo pela própria vez. Ela organizou então um segundo grupo de revezamento: as crianças corriam tendo como parâmetro a largura do ginásio. Isso lhes dava ainda muito espaço para correr, porém reduzia o tempo de espera. Os programas voltados às crianças são, em geral, adaptados a elas por meio do deslocamento dos equipamentos e do aumento ou diminuição do espaço, de modo que as atividades se tornem mais adequadas.

Às vezes, é preciso adaptar o modo de dar orientações. No começo deste capítulo, Edward usou um pictograma para avaliar se estava livre para escolher autonomamente o que faria a seguir. Algumas estratégias estruturantes reforçam as orientações já dadas às crianças sobre como fazer as tarefas. Consistem em usar fotografias ou figuras sequenciadas relativas às atividades rotineiras, como lavar as mãos, amarrar os sapatos e tirar os casacos. Além disso, pode acontecer que as crianças não entendam as orientações sobre o uso de um equipamento ou de um material, o que torna necessário dar mais explicações e fazer mais demonstrações para que todas sejam bem-sucedidas. Por exemplo, o fato de que em um dos centros de aprendizagem da sala existe um computador pode não ser útil se as crianças não souberem usá-lo. Uma única demonstração para o grupo não é, em geral, suficiente. O Sr. Rock descobriu que as crianças hesitavam em usar o computador. Adotou então a seguinte estratégia de incentivo: treinou algumas crianças no uso da máquina e pediu que fizessem demonstrações aos colegas. Essa adaptação "um ensina o outro" também favorece as interações sociais e contribui para o objetivo pró-social de colaboração recíproca.

Pode ocorrer que o melhor modo de adaptar um centro de aprendizagem dentro de uma sala de aula seja fechá-lo. A Sra. Perry fechou temporariamente o centro de brincadeiras "Loja de sementes", no qual as crianças estavam simplesmente jogando-as ao redor da sala em vez de participarem de uma brincadeira produtiva. Avaliou a situação de perto e concluiu que as crianças não compreendiam suficientemente o modo de usá-las, consegui-las e vendê-las; tal compreensão era necessária para brincar. O centro foi reaberto, com êxito, depois que aprenderam mais sobre as sementes, muitas semanas mais tarde.

Muitas vezes, as adaptações consistem em comportamentos muito simples que tornam as crianças mais bem-sucedidas na aprendizagem e nas interações entre elas.

O Sr. Turkus foi ver o que aconteceu com George, de 3 anos, que chorava desapontado. O menino havia batido com o pincel em sua pintura e dizia: "Não é vermelho". O tom de vermelho que escorria da vasilha de tinta não correspondia ao tom purpúreo e escuro do vermelho do lado de dentro. O Sr. Turkus mostrou a George o modo de enxaguar pincéis e vasilhas e forneceu-lhe uma pequena quantidade de cores primárias. Mostrou, então, como manter o tom do vermelho, usando um pincel diferente para cada cor. O menino voltou a pintar alegremente.

A Sra. Polzin notou que Nicholas, que guiava um caminhão, atravessou a área dos blocos de construção e bateu nas estruturas que Claire e Raphael estavam construindo. Quando estes se voltaram para atacá-lo, ele parecia ignorar a causa da raiva. Depois que os meninos entraram em um acordo, a professora forneceu fita adesiva para delimitar uma estrada para o caminhão, dentro da qual não se devia construir com blocos.

A Sra. Peaboy notou que as quatro crianças que estavam sentadas à mesa empurravam o material umas das outras, pois tentavam acomodar na mesa pedaços de papel muito grandes. No centro da mesa, havia uma bandeja com tesouras. Ela pegou uma tesoura para cada criança e colocou a bandeja em uma prateleira ao lado, na qual continuavam acessíveis; essa adaptação fez que o espaço se tornasse suficiente para todos e eliminou a causa do conflito.

O Sr. Terril notou que o computador em que trabalhavam Joe e Rodney havia travado. Rapidamente o desligou da tomada e ligou-o novamente, reiniciou o programa para eles e explicou o que havia feito.

Em todos esses exemplos, os adultos alteraram o ambiente para aumentar o êxito das crianças com quem trabalhavam. Estruturar os móveis, os equipamentos e os materiais do ambiente físico prepara o ambiente para interações eficazes, fornecendo sinais visuais indicativos dos comportamentos e materiais necessários para que a criança seja bem-sucedida no que faz. O ambiente de aprendizagem produz um impacto significativo. Um abrangente estudo recente, com crianças de 3 e 4 anos, concluiu que as percepções das crianças estavam relacionadas aos graus de competência cognitiva e social das crianças, especialmente em relação às de 3 anos (Maxwell, 2007).

Aplique o que aprendeu até agora à desafiadora situação que alguns professores do Happy Days Childcare Center enfrentaram ao lidarem com uma "correria desenfreada" das crianças dentro da sala de aula.

Além de planejar o ambiente físico, os adultos devem planejar antecipadamente o uso do tempo e uma sequência ordenada e previsível de atividades para as crianças. Isso prepara o terreno para experiências interpessoais de boa qualidade entre adultos e crianças.

Comportamento desafiador

Crianças em "correria desenfreada"

Muitas vezes, os adultos culpam as crianças por problemas que são, na verdade, causados pelo mau planejamento do ambiente físico. Considere a situação do Happy Days Childcare Center.

Essa escola situa-se em uma casa paroquial. As portas do estacionamento levam a uma grande sala com piso de lajotas (usada nos fins de semana como miniginásio de esportes), a partir da qual se abrem seis pequenas salas de aula. Os armários individuais encontram-se na extremidade mais distante da menor das salas de aula. As crianças precisam atravessar todo esse enorme espaço para guardar seus casacos. Todas as 50 crianças chegam quase ao mesmo tempo.

As quatro áreas de atividades (grupo completo, blocos, faz de conta e artes) estão distribuídas nos quatro cantos da sala, e a área para refeições fica em uma das extremidades, perto de uma pequena cozinha. Há muito espaço no centro da sala. Nas salas pequenas, estão os centros de aprendizagem mais tranquilos (livros, atividades de manipulação e centro de áudio). Duas classes são reservadas para o cochilo das crianças.

Um dos professores disse à nova diretora: "De manhã, quando chegam, as crianças escapam completamente ao controle. Elas descem das vans e irrompem na sala gritando e correndo. Não são capazes de acalmar-se ao longo do dia, e estamos continuamente as repreendendo para que parem de gritar e de correr. Nunca havia trabalhado com crianças tão 'selvagens'. Acho que algumas delas precisam daquela tal de intervenção individualizada intensiva que ouvimos falar, para que possamos dar um jeito nas coisas por aqui".

Depois de alguns dias de observação, a diretora recomendou que, para obter controle sobre o comportamento das crianças, não se deveria pular imediatamente para o nível mais alto da pirâmide de apoio social. Sugeriu que se começasse por criar um ambiente físico que desse mais apoio (veja Figura 9.1). A equipe decidiu, em conjunto, tentar as seguintes modificações iniciais:

- Deslocar os armários individuais de modo a criar um vestíbulo na entrada da sala. Isso incentivaria as crianças a parar, na entrada, para tirar os casacos.

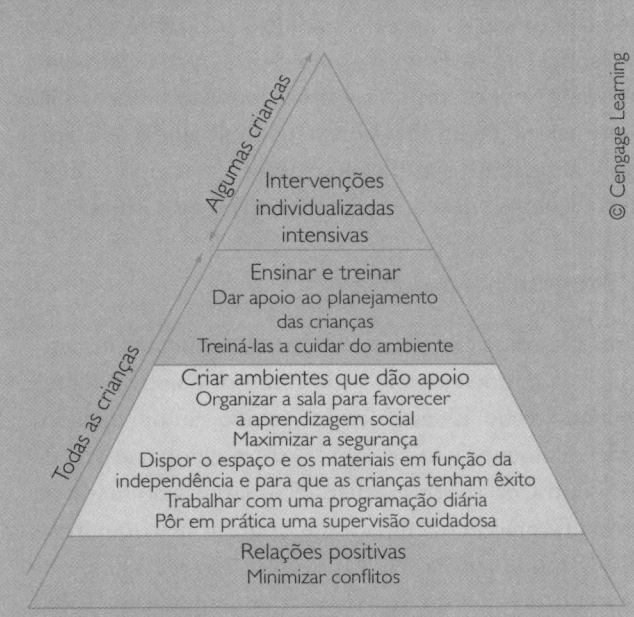

FIGURA 9.1 Pirâmide de apoio social relativa à estruturação do ambiente físico.

Pirâmide (do topo à base):
- *Algumas crianças:* Intervenções individualizadas intensivas
- Ensinar e treinar — Dar apoio ao planejamento das crianças; Treiná-las a cuidar do ambiente
- *Todas as crianças:* Criar ambientes que dão apoio — Organizar a sala para favorecer a aprendizagem social; Maximizar a segurança; Dispor o espaço e os materiais em função da independência e para que as crianças tenham êxito; Trabalhar com uma programação diária; Pôr em prática uma supervisão cuidadosa
- Relações positivas — Minimizar conflitos

© Cengage Learning

- Pôr tapetes grandes na sala para reduzir o barulho e tornar os ambientes mais acolhedores.
- Agrupar os centros na sala para eliminar o espaço entre eles e diminuir o convite visual a correr de um lugar para o outro.
- Rever a programação de modo que as vans cheguem à escola aos poucos, para que as crianças entrem aos poucos no espaço e sejam recebidas individualmente pelos adultos.
- Separar as crianças em três grupos diferentes de modo que um terço delas comece o dia ao ar livre; um terço, nas salas de aula pequenas; e um terço, na sala grande.
- Fornecer a necessária supervisão extra para que as crianças passem da área dos armários individuais ao lugar de suas atividades, até que aprendam a nova rotina.

Que outras adaptações poderiam ser feitas?

■ A estruturação do tempo

Os adultos avaliam o tempo como um recurso e procuram ajudar as crianças a funcionar com base nas definições culturais de tempo. Um dos modos de ajudá-las a usar o tempo de modo eficaz é ensiná-las a transformar em hábitos as atividades repetitivas, que ocorrem com regularidade. Os hábitos ligados à saúde, como lavar as mãos, usar a toalete e escovar os dentes, constituem rotinas em muitas escolas de educação infantil e são aprendidos por meio de orientações claras, prática consistente e compreensão da finalidade (Oshikanlu, 2006). É comum que os adultos se aborreçam quando as crianças demoram a adquirir um hábito desejável. Todavia, é possível que isso se deva ao fato de que a criança não conhece a sequência adequada de comportamentos ou que a sequência seja tão nova que ela precisa concentrar-se muito em cada ação. Um exemplo típico de desconhecimento da sequência adequada é quando a criança calça as botas antes da calça e quando a primeira coisa que coloca são as luvas. Os adultos se irritam quando esses incidentes fazem o grupo esperar, principalmente por não perceberem que a situação exige treino e não repreendas ou limites. Outro modo de ajudar as crianças a aprender o significado cultural do tempo é organizar eventos em sequências previsíveis ou rotinas.

A programação diária

Uma programação é constituída por segmentos organizados de tempo e reflete a filosofia e os objetivos da escola ou creche. Esses blocos de tempo são organizados ordenadamente, e as crianças passam de uma atividade para outra, do modo previsto. A programação diária ou rotina favorece a habilidade das crianças de comportar-se de modo autônomo. Os eventos são previstos; e as expectativas quanto ao comportamento, claras. Todas as rotinas contribuem para que as crianças se sintam seguras e protegidas. Há menos necessidade de orientação constante quanto ao que e a como fazer, o que diminui a dependência em relação às orientações dos adultos. Apresentamos a seguir algumas orientações que devem ser levadas em conta quando se desenvolve uma programação diária (Bullard, 2010; Kostelnik, Soderman & Whiren, 2011):

- A programação deve ser adaptada à idade, ao interesse e às necessidades das crianças, além de adequada ao desenvolvimento do senso de competência e valor delas.
- Programe momentos em que espaços como *playground*, refeitório e ginásio de esportes sejam compartilhados e durante os quais as crianças precisem coordenar o que fazem com as necessidades do grupo.
- A programação deve balancear atividades de iniciativa das crianças (de livre escolha) e dos adultos (reuniões em pequenos e grandes grupos), dando amplas oportunidades a elas de ter algum controle sobre o que fazem.
- Experiências balanceadas em pequenos e grandes grupos favorecem diversos tipos de interação social.
- Alterne atividades tranquilas, nas quais as crianças experimentam privacidade e descanso, e atividades vigorosas, nas quais possam movimentar-se bastante e brincar com alegria.
- Equilibre experiências em ambientes fechados e ao ar livre que possibilitem uma variedade de brincadeiras que favoreçam particularmente as experiências desafiadoras.
- Prepare experiências mais aprofundadas e atividades de cooperação mais extensas.
- Prepare especificamente as transições, com tempo de espera mínimo e comportamentos com finalidade.
- Forneça orientações verbais, por meio de fotografias, pictogramas ou por escrito sempre que necessário.
- A programação deve ser regularmente avaliada e adaptada para atender às necessidades das crianças.

Quando a criança entra pela primeira vez em um ambiente formal de grupo, é frequente que os padrões familiares desenvolvidos precisem ser alterados para que ela se adapte à nova situação. Essa mudança resulta em ansiedade e confusão e é quase sempre o que acontece quando se faz uma adaptação. Haverá redução dos problemas de adaptação se as crianças e famílias incorporarem os novos padrões em seu comportamento.

As rotinas, no entanto, precisam ser aprendidas. Os adultos precisam antes de tudo adaptar-se à programação das crianças e, então, ensiná-las gradualmente a funcionar dentro de uma programação de grupo. Com menos de 6 anos, as crianças levam cerca de um mês para se adaptar à nova programação diária. As crianças do primeiro ciclo do ensino fundamental adaptam-se quase sempre em duas semanas ou menos; nessa idade, um quadro ilustrativo ou uma tabela escrita permitirá que se adaptem mais depressa. As rotinas podem ser flexíveis e conceder um pouco mais de tempo para terminar uma tarefa, se tal alteração for compatível com as exigências das outras atividades programadas. Muitas vezes, porém, a programação precisa ser rigidamente cumprida quando, por exemplo, grupos grandes de crianças precisam usar os mesmos recursos. Em um acampamento de verão, todas as crianças deverão entrar na piscina e sair dela de modo ordenado, para que se possa manter os padrões de segurança; além disso, os grupos devem ser pontuais para que todos possam nadar todos os dias. Ao contrário, em um centro familiar pós-escola, as crianças podem entrar e sair sempre que houver supervisão; não é necessário manter uma rígida pontualidade.

A previsibilidade da rotina proporciona segurança emocional às crianças pequenas. Depois de um episódio cheio de ansiedade com outra criança, Cora, de 4 anos, relatou a rotina diária diversas vezes: "Pra começar a gente brinca, depois se lava, depois toma lanche, escuta uma história, vai brincar lá fora, e então a mamãe vem me buscar pra me levar pra casa". À medida que repetia, alegrava-se e, ao final, conseguiu participar comodamente das atividades do resto do dia. As crianças passam a compreender a sequência da rotina diária antes de entenderem com clareza o conceito de tempo. Ross, de 3 anos e meio, estava ansioso quando sua mãe o deixou na escola. Brincou durante 45 minutos e depois perguntou se as crianças podiam brincar do lado de fora. Isso implicava uma profunda alteração na programação – em geral, brincar ao ar livre era a última atividade do dia –, mas a professora permitiu que Ross e outros dois garotos saíssem, na companhia de uma das assistentes. O menino brincou alegremente por alguns minutos e então comunicou ao adulto que sua mãe logo chegaria para buscá-lo! Ele havia erroneamente deduzido que brincar ao ar livre faria que sua mãe chegasse logo, em razão da contiguidade dos eventos. Crianças maiores também se baseiam nas rotinas regulares. Ao meio-dia, Jen constatou que havia terminado o trabalho "duro". Com as tarefas de leitura terminadas, podia, então, dedicar-se a matemática e ciências por todo o tempo restante da atividade em pequenos grupos!

A transição entre atividades. Uma boa programação deve ser contínua, fluida e dirigida a um objetivo. Quando o tempo é dividido em blocos, as crianças conseguem terminar as tarefas, e as diferenças individuais de velocidade são respeitadas. O tempo de espera é mínimo, e as transições de que o grupo inteiro precisa participar também são poucas. Um grupo de **transição** acontece quando um bloco de tempo termina e outro começa. Essas transições ocorrem, em geral, quando as crianças deslocam-se de uma sala para outra ou quando há uma troca completa de materiais. Na verbalização de Cora sobre sua rotina ("Pra começar a gente brinca, depois se lava..."), ela identifica as transições com as palavras "depois" e "então". Nas escolas de ensino fundamental, as transições ocorrem antes e depois do recreio e do almoço, e podem ocorrer também entre as atividades, como entre matemática e estudos sociais. Uma transição individual ocorre quando uma criança termina uma atividade e se desloca para outra, dentro de um bloco de tempo programado.

Em geral, os problemas de interação entre as crianças aumentam significativamente durante as transições de grupo. Elas podem confundir-se a respeito de como se comportar, depois que uma atividade termina e antes que outra comece. Durante a transição, as crianças menores correm deliberadamente, chamam os amigos ou vagueiam. Já as maiores, no ensino fundamental, usam esse tempo para conversar e brincar, aumentando o barulho. Assim, diminuir a quantidade de transições diminui a probabilidade de dificuldades na interação.

Para administrar os períodos em que a atenção está concentrada apenas por um breve momento e as diferenças na velocidade de trabalho, é possível agrupar diversas atividades em tempo mais longo e permitir que as crianças mudem de atividade individualmente. Por exemplo, em uma sala de segundo ano, uma professora associou, em um mesmo bloco de tempo, grupos de leitura, atividades em cadernos de exercícios e jogos que envolviam uma ou duas crianças. Quando as crianças são muito pequenas, uma grande variedade de materiais está à disposição ao mesmo tempo. As transições individuais são geralmente mais fáceis, e as crianças saem-se melhor quando podem decidir o que fazer a seguir. Em geral, a programação não deve ter uma duração rígida e sim adaptar-se ao tempo de que as crianças precisam para completar as tarefas. É preciso também levar em conta a idade delas e o período do ano: as crianças menores tendem a concentrar-se em tarefas mais longas à medida que crescem e conseguem concentrar a atenção por mais tempo no período que vai do outono à primavera.

De qualquer modo, o objetivo é atender às necessidades individuais das crianças. As estratégias e os padrões necessários para atingir esse objetivo diferem conforme a escola. Apresentamos a seguir onze orientações gerais que ajudam a dar apoio aos momentos de transição junto a grupos de todas as idades.

- **Planeje cuidadosamente**, considerando o que cada criança deve fazer e como deve fazê-lo. Ensine, com muito cuidado, as transições que se repetem regularmente, de modo que a criança adquira hábitos relevantes em relação a elas. Uma dessas transições regulares consiste em entrar na escola e pode ser bem ensinada a ponto de tornar-se um hábito. Por exemplo, as crianças devem saber por qual porta entrar, qual escada usar (se houver), de que lado da escada subir e descer, como usar o corrimão para andar com segurança, como tirar o casaco e onde guardá-lo, como lavar e enxugar as mãos (isso reduz a transmissão de resfriados), o lugar da sala em que se reúnem ou a primeira atividade do dia. Esse tipo de instrução, associada a uma supervisão adequada, tende a reduzir problemas de correrias pelos corredores, brincadeiras nas escadas e aglomerações no banheiro ou na área dos armários individuais. Trate as transições como habilidades que devem ser aprendidas.

- **Proporcione tempo suficiente** para que a transição seja feita sem pressa, eliminando ao máximo, porém, o tempo de espera (Lamm et al., 2006). Quando muitas crianças querem usar determinado material, pode-se criar listas com a ordem em que poderão brincar. Alguns materiais específicos, como livros de figuras, podem ser usados enquanto as crianças se reúnem para uma experiência de grupo. Fazê-las esperar pelos adultos é desrespeitoso e desperdiça o tempo delas (Bullard, 2010).
- **Dê orientações claras e precisas.** Alguns professores usam as mesmas orientações escritas diariamente, até que todos tenham aprendido a tarefa. As orientações devem ser específicas e diretas, e não se devem dar mais de três orientações ao mesmo tempo. Por exemplo, quando chega a hora de transição do centro de aprendizagem para outra atividade ou ambiente de grupo, uma professora eficiente aborda o pequeno grupo que está usando blocos de construção e diz: "Ponham os blocos nas prateleiras a que correspondem as formas" (aponta para a silhueta). Fica por perto para assegurar-se de que as crianças entenderam. Diz então: "Ponham todos os blocos nas prateleiras". Ao ver que as crianças estão executando a tarefa, desloca-se para outra área e dá instruções às crianças que estão pintando. Se necessário, o adulto volta à área de blocos e dá as mesmas orientações e, se for o caso, faz uma demonstração.
- **Avise as crianças que está para começar uma transição**, a fim de que possam concluir a atividade ou organizar os materiais para possam terminar os trabalhos mais tarde. Use o mesmo sinal todos os dias: você pode escalar um ajudante que carregue um aviso que indica: "5 minutos para terminar".
- **Planeje a movimentação das crianças** ao longo dos percursos, quando o grupo inteiro fizer uma transição. Distribua as crianças em pequenos grupos ou deixe-as agir individualmente, para evitar congestionamento em determinados gargalos, como ao passarem pela porta. Leve em conta o tamanho dos percursos e considere se as crianças deverão passar umas pelas outras. Em espaços amplos ao ar livre, grupos pequenos de crianças maiores podem cruzar-se sem contato físico, mas, ainda assim, é possível que uma brincadeira turbulenta seja desencadeada por um contato "acidental".
- **Supervisione ativamente as transições.** As crianças precisam de apoio e assistência para que possam comportar de modo socialmente adequado quando o grupo inteiro se desloca no espaço. Examine atentamente a sala toda, aproxime-se das crianças que se comportam de modo disruptivo e dê orientações às que estão perambulando pelo ambiente, às que se desligaram das atividades ou se retraíram.
- **Comunique às crianças o que farão a seguir**, se a transição for grupal, ou pergunte a elas o que planejam fazer, se a transição for individual. Isso as ajuda a desenvolver habilidades de planejamento e favorece a habilidade de prever o que acontecerá em seguida.
- Quando as crianças estiverem em uma atividade de livre escolha, **comece gradualmente a transição do grupo todo para a arrumação a sala**. Peça aos grupos pequenos, que estão com grandes quantidades de material, que comecem a arrumação antes dos demais. Passe, então, para outros grupos pequenos, de modo que o grupo todo termine ao mesmo tempo.
- **Dirija sempre as crianças a algo preparado para elas.** Não é desejável que durante as transições, individuais ou grupais, as crianças vagueiem sem finalidade ou manuseiem com superficialidade grandes quantidades de material. Assegure-se de que cada criança saiba aonde ir e o que fazer ao final da transição. A ambiguidade leva quase sempre à incerteza, contribui para a hiperestimulação ou para a percepção de que as coisas estão fora de controle.
- **Ajude as crianças que se desligaram** da atividade a encontrar um modo de contribuir para o esforço do grupo durante a arrumação, caso não consigam identificar sozinhas nenhuma oportunidade de ajudar. Isso favorece os comportamentos pró-sociais de ajuda e cooperação.
- **Adapte as estratégias de transição às crianças com necessidades especiais.** As crianças com transtorno de déficit de atenção e hiperatividade (TDAH), autistas ou com deficiências auditivas são particularmente vulneráveis ao barulho produzido pelas crianças que se "movimentam" durante uma transição.

Bruce é uma criança autista de 5 anos. Suas habilidades de linguagem são deficientes, e a fala é monótona. O menino evita contato visual e tem dificuldade na maioria das interações sociais. É muito hábil ao brincar sozinho e apresenta também habilidades superiores de solução de problemas ao trabalhar com as mãos. Quando ocorrem transições na sala de aula, ele se retrai para a área de leitura da sala, quase sempre tapa os ouvidos, embora as transições sejam, em geral, tranquilas. Ao final do dia, as crianças se reúnem no ginásio de esportes à es-

pera dos pais. Nesse local, quatro grupos de crianças se reúnem para ter aula de música antes da chegada dos pais. O som ricocheteia nas paredes duras e, embora seja ordenado e controlado, é ruidoso. Quando Bruce esteve nesse local pela primeira vez, começou a correr em largos círculos, enquanto gritava. As características do espaço faziam que o som fosse excessivo e terrificante para Bruce. Para resolver o problema, os pais do menino pediram para buscá-lo, dentro da sala de aula, cinco minutos mais cedo, antes que as crianças se reunissem no ginásio.

Nessa situação, a transição do ginásio para casa era, em geral, eficiente e ordenada para a maioria das crianças. Entretanto, para Bruce, a transição era um momento ruim do dia. Para atender às necessidades específicas do garoto, o momento e as condições da transição foram alterados para proporcionar-lhe uma experiência menos estressante e, ao mesmo tempo, manter uma transição grupal eficaz para as demais crianças.

Todas as transições de grupos inteiros são barulhentas. Os livros estão fechados. As pessoas se movimentam de um lugar a outro. As crianças interagem entre si. As transições são mais demoradas no início e mais rápidas depois que se adquire o hábito específico para determinada transição. No entanto, quando as crianças se movimentam de modo desorganizado, empurram-se e puxam-se umas às outras, e brincam de modo barulhento, o adulto precisa agir imediatamente. Quando isso aconteceu com o grupo da Sra. Haden, ela fez as luzes piscarem e pediu às crianças que se sentassem no chão até que todas ficassem mais tranquilas. Disse então: "Fiquem assim até eu pedir para que se levantem. Fiquem quietos e não toquem em ninguém. Quando eu tocar em vocês, levantem-se, guardem o material que estiverem usando e venham sentar-se na área do grupo". Fez uma pausa e então pediu-lhes que se levantassem e se deslocassem quietinhas. Sua voz era suave e firme. Mais tarde, deu oportunidade às crianças de discutir o que havia acontecido durante a transição. Desestimulou-as a indicar quem começara a algazarra e ajudou-as a pensar de que modo cada uma havia contribuído para a desordem. Não as constrangeu nem repreendeu. Posteriormente avaliou suas próprias estratégias de instrução, orientação e seus planos de transição.

Ritmo e intensidade dos programas

A quantidade de transições que ocorre durante o dia determina a taxa ou o ritmo do programa. Por exemplo, algumas crianças podem passar por três ou mais transições em uma hora. Esse ritmo é veloz, e a taxa de mudança, rápida: cada segmento dura apenas 15 ou 20 minutos. Um ritmo moderado tem pelo menos uma atividade que dura 45 ou 60 minutos e outras de duração variável. Um programa lento tem poucas transições de grupo e dois longos períodos, ao longo de uma manhã ou de uma tarde.

A intensidade do programa geralmente se refere à quantidade de mudanças dentro de um segmento de tempo e ao grau em que as crianças precisam prestar atenção ao adulto. Os programas de alta intensidade têm de três a cinco experiências novas por semana e pouca oportunidade de repetir ou praticar habilidades. A interação adulto-criança é alta e a quantidade de atividades iniciadas pelo adulto é maior. Já nos de baixa intensidade, as crianças têm de uma a duas atividades novas por semana e muitas oportunidades de repetir e de variar atividades já familiares; o papel do adulto é observar e facilitar. Conforme o caso, as crianças são hiperestimuladas, correm de uma coisa para outra ou, ao contrário, quando a intensidade é muito baixa, entediam-se. Em qualquer um dos extremos, é difícil que tenham interações agradáveis e tranquilas com os colegas. Tanto a hiperestimulação quanto o tédio geram cansaço, o que limita a capacidade das crianças de lidar com as interações sociais. Uma criança capaz de resolver problemas interpessoais quando está descansada pode simplesmente chorar ou distrair-se, na mesma situação, se estiver cansada.

Algumas escolas de primeiro ciclo do ensino fundamental estabelecem blocos de duas horas dedicados à leitura. Nos grupos de leitura, as instruções diretas têm intensidade mais alta, e as opções disponíveis para a prática às outras crianças têm intensidade mais baixa. Independentemente da idade das crianças e da natureza do programa, os professores precisam equilibrar os componentes de modo a minimizar o cansaço.

Cansaço. As possíveis explicações para o cansaço são as seguintes:

- Mudanças corporais resultantes de "correrias fortes" por longo tempo.
- Frustração pela inabilidade de enfrentar uma situação.
- Tédio derivado da atividade.
- Desgaste normal derivado do estresse.

É comum que algumas crianças estejam frustradas, outras entediadas e outras ainda exaustas em razão do estresse de trabalhar sob pressão para acompanhar o ritmo geral. Os fatores que influenciam a taxa na qual as crianças funcionam são motivação, saúde, conhecimento, capacidade, idade, resistência, hábitos e quantidade de pessoas envolvidas na atividade (Berns, 2009). As condições de aglomeração são mais cansativas que aquelas em que a densidade é menor. Interagir continuamente com alguém é mais cansativo que ter contatos esporádicos ao longo do dia. As interrupções provocam frustração e cansaço. Em uma escola, se o ritmo e a intensidade da programação forem baixos ou moderados, as crianças poderão sentir apenas o cansaço normal resultante da atividade diária. Um cochilo resolve esse cansaço e permite que participem de experiências sociais agradáveis pelo o resto do dia.

Como ajudar as crianças a desenvolver padrões de comportamento

As crianças aprendem a ter autoexpectativas e a adquirir padrões de comportamento a partir das interações diretas com o ambiente, os adultos e outras crianças. As consequências de seus comportamentos tornam-se claras à medida que participam das atividades; por exemplo, os materiais não colocados nas prateleiras corretas são difíceis de encontrar. As crianças que se distraem com os materiais durante as atividades em grupo podem provocar involuntariamente a distração de seus colegas. Quando os adultos organizam o ambiente físico para que as crianças possam obter resultados positivos, estas tentam atender às expectativas sociais porque, em longo prazo, isso será vantajoso para elas.

Tanto os adultos quanto as crianças são capazes de reconhecer que a idade e a experiência da criança devem ser consideradas quando se precisa determinar quanto algo bom é bom o suficiente. Crianças muito pequenas são capazes de exprimir o que gostam ou preferem e o que não gostam. As maiores e mais experientes são capazes de explicar que há diferentes padrões dentro de um grupo: "Gracie ainda não aprendeu a fazer isso" – em relação a uma criança cujo desenvolvimento intelectual não é tão rápido quanto o dos colegas. Para as mais experientes, o mesmo comportamento em uma criança mais competente seria inaceitável.

Os adultos ajudam as crianças a desenvolver padrões adequados de comportamento quando comunicam expectativas razoáveis e orientações adequadas, quando demonstram tais padrões e explicam os motivos destes às crianças. Algumas crianças adotam padrões muito elevados e parecem nunca vivenciar a satisfação ou o senso de autovalorização que provém da realização. Outras estabelecem padrões tão altos que têm medo de falhar na tentativa de atingir o objetivo. Algumas só tentam executar tarefas quando têm quase certeza que as farão bem, antes de começarem a atividade. Infelizmente, algumas crianças têm pouca experiência com os padrões adequados e ainda não aprenderam a julgar com exatidão o que é adequado em situações específicas. Todas as crianças se beneficiam quando os adultos estruturam atividades cujos objetivos possam ser atingidos gradualmente e que sejam desafiadoras o bastante para promover o crescimento (Copple & Bredekamp, 2009).

Provavelmente a melhor oportunidade para que aprendam a estabelecer padrões é quando selecionam seu "melhor trabalho" ou "melhor desenho" para incluir na pasta de trabalhos que será exposta. Quando discutem as razões da escolha, as crianças pequenas podem, inicialmente, raciocinar de modo muito idiossincrásico. As maiores, que já discutiram com outros os padrões para o que fazem, darão critérios mais objetivos. Mas todas elas podem ter dificuldade em expressar o que é "bom o suficiente" em relação a problemas sociais. Quando se perguntou a Jason, que tinha quatro carrinhos, se estava satisfeito com a distribuição dos carrinhos entre ele e Brian, que tinha sete carrinhos, o menino afirmou que sim e continuou a brincar. Deu uma olhada para a professora enquanto ela notava a diferença de quantidade e ignorou seu comentário encolhendo os ombros.

Uma das competências sociais essenciais é a habilidade de planejar e pôr em prática decisões usando recursos limitados. As crianças aprendem a antecipar as consequências potenciais para si mesmas como critério da tomada de decisões e, à medida que crescem, passam a levar em conta as consequências para os outros. No final da infância, são capazes de determinar regras para usar e preservar recursos limitados, como fazer que uma reserva limitada de cola dure o ano inteiro. Com orientação, as crianças aprendem a organizar espaço, materiais e tempo para atingir seus próprios objetivos.

Se tiverem oportunidade de lidar com materiais e eventos adequados a sua idade, as crianças se sentirão competentes e terão controle sobre seu ambiente imediato. Esse sentimento de autonomia e confiança contribui para a autoestima positiva e para a elevação da competência social.

Se hoje alguém lhe perguntasse como as ideias deste capítulo podem ser postas em prática, você poderia apresentar as seguintes sugestões:

- Dispor os móveis levados ao centro da sala em uma pilha.
- Organizar os materiais de modo que as crianças possam usá-los e cuidar deles facilmente.
- Supervisionar as crianças no espaço destinado a elas.
- Facilitar a transição individual e grupal de acordo com uma programação planejada.

A seção de habilidades, apresentada a seguir, ajudará você, que já conhece essas tarefas, a ser capaz de pô-las realmente em prática.

Habilidades para influenciar o desenvolvimento social das crianças por meio da estruturação do ambiente físico

Organize a sala para favorecer o desenvolvimento e a aprendizagem

As atividades das crianças acontecem em salas de aula, salas de jogos, ginásios de esporte e outros espaços. Apresentamos a seguir algumas diretrizes para a configuração inicial da sala. No entanto, lembre-se de que a natureza da escola e do espaço influenciará os detalhes.

1. **Pesquise o espaço.** Observe a localização dos perigos potenciais, como as tomadas elétricas, e os percursos que provavelmente serão usados, como os que levam à entrada da sala, aos bebedouros e às janelas. Sente-se no chão e olhe em volta. O espaço é convidativo e atraente? Estimula a curiosidade e favorece a ordem?

2. **Imagine como as crianças se moverão nesse espaço e tente prever os problemas que podem surgir e que justificariam limitá-lo.** As crianças conseguirão passar de um lugar para outro com facilidade? Poderão caminhar? O espaço está organizado de modo a prevenir os perigos? Derrubar tintas ou respingá-las não são ocorrências incomuns. As extensões significam tropeções perigosos para crianças e adultos. Mesmo as crianças maiores podem enfiar coisas nas tomadas elétricas (que devem ser tampadas). Elas em geral tocam as superfícies vizinhas às áreas em que fazem fila e deixam marcas de dedos sujos. Elas frequentemente correm e se movimentam desorganizadamente quando chegam à escola e vão embora, assim como em outras transições programadas.

3. **Organize os móveis na sala de modo a minimizar a necessidade de estabelecer limites e para que as crianças possam se sentir seguras, confortáveis e independentes.** Considere todas as dimensões do espaço para que as crianças possam interagir adequadamente entre si. Verifique também se há elementos que possam levar as crianças a interromper as atividades dos colegas ou provocar conflito. Algumas sugestões específicas:
   - Situe as atividades tranquilas, como folhear livros, longe das atividades mais ativas da sala.
   - Situe os armários individuais perto das portas, os equipamentos elétricos perto das tomadas e as tintas perto da água.
   - Situe as atividades que criam desordem em pisos rígidos e aquelas potencialmente ruidosas (blocos, bancada de trabalho) em cima de carpetes.
   - Interrompa percursos longos que estimulam correrias, colocando atividades interessantes em algum ponto do percurso, para que as crianças precisem virar à esquerda ou à direita.
   - Use prateleiras que permitam guardar e expor materiais como papel, cola, lápis, lápis de cera e tesouras, de modo que estejam prontamente acessíveis e próximos do local em que são usados: isso evita que as crianças precisem atravessar a sala repetidamente. Se necessário, para as crianças maiores, guarde material para escrever em todos os centros de escrita.

4. **Avalie a localização dos móveis em termos dos objetivos do desenvolvimento social.** Se os conflitos entre crianças ocorrem sempre no mesmo lugar, considere a possibilidade de reorganizar o espaço. As crianças são capazes de se movimentar pelo espaço com confiança e facilidade sem interromper umas às outras? Onde ocorre a maioria dos casos de determinação de limites? Use a resposta a essas perguntas para reestruturar o local.

5. **Use apenas móveis de tamanho adequado.**

6. **Adapte a disposição da sala do modo necessário para atender às necessidades das crianças que apresentam dificuldades físicas e mentais.** As crianças que usam cadeira de rodas precisam de percursos mais espaçosos que as que são independentes do ponto de vista motor. A criança que está com um braço ou uma perna quebrada e, portanto, temporariamente limitada do ponto de vista motor também pode precisar que o espaço seja adaptado para que possa ser a mais autônoma possível. As crianças com deficiências sensoriais ou mentais exigem que se preste mais atenção para manter os percursos livres e para que tenham oportunidade de isolar-se de vez em quando. Os pais e especialistas podem, em geral, fornecer sugestões referentes às necessidades especiais das crianças. Em outras palavras, os adultos devem estruturar o ambiente para que todas tenham participações bem-sucedidas.

7. **Adapte os móveis e equipamentos *in loco* de modo que favoreçam o comportamento social infantil.** Desloque mesas e outros equipamentos volumosos para que as crianças possam mover-se livremente. Observe se ocorrem empurrões, puxões, gritos de protesto ou outras perturbações e considere as

modificações que podem ser feitas no ambiente físico, antes de estabelecer limites para as crianças. Mude o local da atividade se estiver muito próximo a outras atividades que interferem no êxito e prazer da criança.

8. **Acrescente ou retire objetos** do ambiente físico para atingir objetivos específicos relacionados ao desenvolvimento social das crianças.
9. **Compartilhe suas observações sobre o uso do espaço por parte das crianças e sobre a disposição da sala com outros responsáveis** se as interações entre as crianças indicarem que há um problema consistente em curso. Coopere com os membros da equipe, discutindo as questões relativas à estruturação. Deve-se observar a sala a partir do nível da criança e avaliar se o espaço favorece ou não a competência social das crianças e se gera problemas potenciais para elas.

Maximize a segurança

A segurança das crianças é responsabilidade dos adultos, qualquer que seja seu papel. Em geral, os adultos responsáveis pela escola verificam se o ambiente e as medidas de segurança voltadas às crianças são seguros. Ocasionalmente, porém, as pessoas não detectam os riscos menos óbvios ou se esquecem de fazer as relativas adaptações.

Assim, aplicar os princípios de medidas de segurança para as crianças no ambiente deve ser um hábito rotineiro. Tomar simples precauções é muito melhor que dizer às crianças que sejam cuidadosas ou repreendê-las por brincarem perto de algo perigoso. Você sempre tem a opção de pesquisar a situação que acredita ser insegura.

1. **Examine os ambientes internos e externos quanto a perigos potenciais para segurança, enquanto supervisiona as crianças.** Remova prontamente os perigos. Pode acontecer que alguém jogue garrafas de vidro ou latinhas nos espaços em que as crianças brincam. Às vezes, quando outras pessoas usam o espaço em outros momentos do dia, os materiais e equipamentos que deixam no local podem representar perigo para as crianças
2. **Tenha em mente a segurança ao supervisionar as atividades.** Alguns materiais são potencialmente perigosos se usados de modo inadequado, mas seguros se utilizados corretamente. Um grampeador usado adequadamente é seguro, sem esquecer, porém, que dedinhos pequenos podem acabar presos dentro dele. Os blocos grandes costumam ser seguros, mas uma construção alta requer uma adaptação do bloco mais baixo para garantir o equilíbrio de toda a estrutura. Fique alerta e vigie ao longo de todo o dia.
3. **Aja imediatamente quando notar um perigo para a segurança.** Aja com prudência e, em caso de dúvida, lembre-se de que, quando se trata de ambientes infantis, é sempre melhor pecar por excesso que por falta de proteção. Por exemplo, se uma criança de 8 anos experimenta o fruto de um arbusto perto do pátio de jogos, que você não conhece, retire o fruto e a criança do local e entre em contato com o centro de intoxicação da região, conforme os procedimentos estabelecidos pela escola. Caso descubra que a planta é inofensiva, considere o episódio como uma casualidade afortunada e não se sinta embaraçado por ter feito a pesquisa. Se três crianças em idade pré-escolar estão no alto do escorregador, uma tentando descer antes da outra, suba no escorregador, ajude-as a descer uma de cada vez e monitore a quantidade de crianças que sobe ao mesmo tempo até o alto. Aja sem hesitação.
4. **Reveja todas as ações do dia com os demais adultos.** Por exemplo, plantas cuja origem é desconhecida devem ser removidas ou cercadas para garantir a segurança do local. Os adultos que não passam o dia todo com as crianças também precisam das informações sobre o que ocorreu, para evitar que a situação perigosa se repita.
5. **Informe-se sobre as diretrizes legais do Estado e do município** e verifique periodicamente as atualizações.

Manipule materiais para promover a independência

Se a organização obedecer às diretrizes que seguem, os problemas com as arrumações e limpezas feitas pelas crianças serão minimizados.

1. **Guarde os materiais usados pelas crianças em recipientes duráveis, perto do ponto em que serão inicialmente usados,** de modo que seja fácil achá-los, pegá-los e usá-los. Ajude as crianças a pôr os materiais no recipiente correto, se necessário.
2. **Estabeleça um local específico para os materiais, de modo que as crianças saibam onde pô-los.** Marque o local em que são guardados com palavras, símbolos ou figuras que identifiquem os materiais ali guardados.
3. **Confira os equipamentos e materiais** para ter certeza que estão completos, seguros e prontos para serem usados.
4. **Faça uma demonstração do modo correto de cuidar dos materiais.** Se necessário, diga às crianças exatamente o que fazer enquanto faz uma demonstração passo a passo e então os retire de novo do lugar, para que as crianças possam imitar seu comportamento. O responsável por um acampamento pode precisar demonstrar o modo de limpar e dobrar uma barraca diversas vezes até que as crianças aprendam a fazê-lo corretamente.
5. **Justifique os padrões que estabeleceu.** Diga, por exemplo: "Ponha as peças do quebra-cabeça na caixa antes de levar à prateleira. Assim, as peças não se perdem". Peça às crianças maiores que leiam os números nas lombadas dos livros e os recoloquem no lugar exato para que outro leitor possa achá-los.
6. **Supervisione o processo de guardar os materiais,** dê lembretes, se necessário; elogie as crianças que atingem o padrão e as que estão ajudando as outras a fazer isso. Permita que escolham entre duas ou três tarefas. Se não estiverem dispostas a escolher uma tarefa, designe-a a elas e ajude-as no processo. Verifique periodicamente para certificar-se de que tudo caminha bem (essas habilidades são discutidas nos capítulos 10 e 11).

Disponha o espaço e os materiais de modo que as crianças tenham dicas de como se comportar

1. **Providencie a quantidade exata de cadeiras para o número máximo de crianças que pode participar de uma atividade.** Se houver cinco cadeiras na mesa, mas apenas três crianças puderem participar da atividade, as crianças se confundirão. Para evitar esse problema, remova as cadeiras em excesso.
2. **Use sinais, etiquetas ou pictogramas em locais que permitam que as crianças compreendam o que se espera delas a partir desses sinais visuais.** Por exemplo, ponha um cubo colorido em uma sacola de plástico e fixe-o do lado de fora da caixa opaca que contém os cubos. Ponha uma etiqueta também no recipiente. Desenhe então um cubo, pinte-o com cores bem alegres e ponha a etiqueta na prateleira em que os cubos devem ser guardados. As crianças saberão, então, como e onde colocar os cubos na hora de recolhê-los.
3. **Use um espaço maior para os grupos grandes e um espaço menor para os pequenos.** Por exemplo, ponha o computador, uma mesa e duas cadeiras em uma área pequena, perto da estante de livros, confortavelmente. Já o espaço para as brincadeiras temáticas deve ser três ou quatro vezes maior, pois é provável que muitas crianças brinquem ali. Em geral, as crianças se movimentam pelos espaços grandes ou trazem materiais para usar ali.
4. **Torne todas as atividades convidativas e atraentes.** Acrescente cores para atrair as crianças. Ponha, por exemplo, uma cartolina sob um quebra-cabeça, como se fosse uma toalha de jogo americano. Abra alguns livros com belas ilustrações e disponha-os de modo que possam vê-los de longe e serem atraídas à área dos livros. Quando houver excesso de agrupamentos, sente-se no chão ou em uma cadeira pequena e analise se todas as atividades são igualmente atraentes.
5. **Incentive as crianças a personalizar o espaço, fazendo decorações para a sala, usando o quadro de avisos ou criando um local para exposições.** Mantenha mensagens escritas, figuras e fotografias no nível dos olhos das crianças. Afixe fotos das crianças nos armários individuais e fotos da família nos quadros de avisos, para que conversem sobre suas famílias entre elas.
6. **Proporcione atividades adequadas em espaços adequados.** Planeje as atividades que as crianças podem fazer sozinhas. Às que precisam de algum isolamento, dê a oportunidade de comportar-se adequadamente, retirando-se do fluxo principal de ação.
7. **Forneça materiais adequados do ponto de vista do desenvolvimento.** Evite oferecer atividades fáceis ou difíceis demais. Modifique a atividade planejada se isso for necessário para que as crianças participem. Se estiver inseguro quanto à adequação de uma atividade, recorra às informações de outros profissionais e de literatura especializada.
8. **Providencie que todos os materiais e equipamentos estejam prontos para o uso no começo do dia.** Supervisione as crianças continuamente em vez de deixar que se "sirvam". Analise as áreas sob sua supervisão, verifique se os materiais são adequados quanto a uso, quantidade e segurança, e consulte o responsável, se necessário, para garantir que as atividades funcionem tranquilamente. Depois disso, você está livre para interagir com as crianças.
9. **Organize os materiais de modo que o trabalho físico seja mínimo, tanto para as crianças quanto para você.** Observe as crianças e os outros adultos para descobrir como eliminar ou simplificar o trabalho desnecessário. Por exemplo, use uma bandeja para carregar diversos objetos ao mesmo tempo, em vez de fazer várias viagens. Dê sugestões que ajudem as crianças a fazer o trabalho de modo mais eficiente.
10. **Dirija as crianças à nova atividade em vez de tirá-las da anterior.** Dê a elas a noção clara das alternativas de escolha. Dê uma orientação como "Guardem os livros e venham formar um grupo grande" ou pergunte a elas o que planejam fazer a seguir. Evite encerrar uma orientação dizendo coisas como "É hora de parar" ou "Essa atividade acabou". Nenhuma das afirmações ajuda a criança a compreender as possíveis atividades seguintes.

Minimize conflitos potenciais quanto aos materiais

1. **Forneça a quantidade adequada de materiais em relação à tarefa e à situação.** Em uma sala de aula aberta, aplique a proporção de 1,5 a 2,5 espaço por criança. Quando a mobilidade for excessiva ou quando ocorrerem conflitos entre duas crianças, verifique a quantidade de espaço e de material à disposição. Tanto o excesso quanto a exiguidade podem produzir esse feito. Acrescente ou remova atividades e unidades de espaço, com base em sua avaliação.
2. **Forneça às crianças pequenas, especialmente àquelas de até 3 anos, materiais para brincar em quantidade dupla.** Substitua o objeto disputado por dois iguais ou forneça um parecido.
3. **Organize o espaço de modo que as crianças possam obter os materiais e cuidar deles sem interferirem umas nas outras.** Disponha os móveis de modo que as crianças possam movimentar-se entre os locais onde os materiais estão guardados, sem esbarrar em ninguém, ou peça que mudem suas atividades de lugar.

Dê apoio e trabalhe dentro da programação diária

1. **Mantenha-se informado sobre seus horários de trabalho e participação e seja pontual.** Ao chegar, verifique o ambiente para garantir que tudo esteja adequado às crianças e que os materiais de que precisará estejam disponíveis. Avise os responsáveis quando for se atrasar e quando precisar faltar por motivo de doença. Desse modo, todos poderão adaptar adequadamente seus planos.
2. **Mantenha-se informado sobre a programação diária das crianças e sobre a programação de outros grupos, quando for preciso compartilhar espaços ou equipamentos.** Saiba sempre onde precisa estar em todos os momentos. Informe-se antecipadamente sobre as modificações da programação quando houver eventos especiais.

3. **Relembre às crianças a programação diária quando for necessário para ajudá-las a tomar decisões sobre as atividades.** Por exemplo, se faltarem menos de 10 minutos para o momento de arrumar a área, a criança que decidiu levar equipamentos de escavação para a caixa de areia pode precisar de orientação: "Notei que você quer usar ferramentas de escavação. Está quase na hora de arrumar as coisas. Talvez seja melhor levar só uma pá e um balde. Assim você terá menos coisas para guardar depois". A expectativa normal, se não fosse a questão do tempo, seria que as crianças pudessem brincar com ampla variedade de instrumentos e recipientes. Outro exemplo é quando, em um acampamento, o responsável toca o apito 15 minutos antes que o grupo deixe a barraca e vá tomar café da manhã, de modo que as crianças tenham tempo de acabar de se vestir e de arrumar a cama. Ele apita novamente 5 minutos antes de saírem.

4. **Apresente-se pontualmente no local da atividade ou no centro de aprendizagem e comece imediatamente. Encerre pontualmente.** Em geral, conduza as crianças. Entre na atividade com elas, ou antes delas, pontualmente, especialmente quando os grupos precisam compartilhar espaços como uma sala de ginástica ou um *playground*. Quando apenas um grupo puder usar o espaço por vez, o fato de você atrasar o começo ou o término da atividade diminuirá a oportunidade de que outro grupo de crianças desfrute do recurso. Além disso, o outro grupo talvez tenha de esperar pela saída de seu grupo, o que dá ensejo a um daqueles momentos de perturbação e inquietação entre as crianças.

5. **Mantenha-se informado sobre como as rotinas são postas em prática.** Aprenda o modo usual de lidar com a chegada e saída, com a troca de fraldas, uso do banheiro, refeições, cochilos, descansos, movimentação nos corredores, reuniões de grupo e outros eventos que ocorrem com regularidade. Respeite o máximo possível as rotinas estabelecidas. Quando as crianças compreendem as rotinas e as expectativas relativas aos seus comportamentos, é mais provável que se comportem de modo socialmente adequado. Quando não reconhecem a rotina, oriente-as quanto ao comportamento esperado e dê-lhes tempo e oportunidade suficientes de praticá-las até que todas consigam participar de modo bem-sucedido. Por exemplo, Scottie, de 3 anos, assim que viu o carro dos pais, começou a correr para o estacionamento, onde havia carros em movimento. A Sra. Shinn tomou-o pela mão e o advertiu: "Você se entusiasmou, pois viu seus pais. Espere que cheguem aqui ou que um professor o leve até lá pela mão". Explique a rotina às crianças que não obedecem, especialmente quando forem recém-chegadas ou muito pequenas.

6. **Faça as adaptações *in loco* que forem necessárias para favorecer o comportamento adequado das crianças.** Evite correr e apressar as crianças durante as transições. Em vez disso, comece a arrumação ou o início da transição mais cedo do que o programado, quando isso exigir mais tempo que o normal. Faça pequenas adaptações por conta própria, mas qualquer alteração que dure mais de 5 ou 10 minutos deve ser discutida com o professor responsável.

Favoreça as tentativas de planejar, pôr os planos em prática e avaliá-los, por meio dos recursos ambientais

As crianças têm seus próprios objetivos sociais e suas próprias ideias sobre como, quando, onde e quais recursos devem estar à disposição. Isso significa que os adultos têm muitas oportunidades de ajudá-las a planejar ao longo do dia ou mesmo de um dia para outro. E planejar o uso dos recursos é uma das habilidades mais úteis que as crianças podem desenvolver.

1. **Identifique as ocasiões em que as crianças podem participar do planejamento.** Ajude-as a identificar problemas ao longo das atividades diárias, deixe-as resolver os dilemas por si próprias quando não houver possibilidade de criarem perigo para si mesmas ou para ou outros. Ajude-as a refletir sobre suas escolhas e sobre as consequências do que escolhem.

2. **Use comportamentos e reflexões afetivas para ajudar as crianças a esclarecer problemas.** Use as reflexões para ajudá-las a organizar os sentimentos do momento que as impedem de pensar com clareza. Observe, escute, considere os propósitos das crianças e elabore as reflexões de acordo com isso.

3. **Ajude as crianças a identificar alternativas possíveis.** Use questões abertas quando necessário. Perguntas como "O que você acha?", "O que acha que podemos fazer a respeito disso?", "Quanto tempo acha que vai levar?" "Acha que as outras crianças preferem fazer isso ou brincar?", "Existe alguma alternativa?" e "De quanto espaço precisa para fazer isso?" são exemplos de questões abertas. Evite contribuir com suas ideias para a solução de um problema que é delas. Não tire das crianças nem a iniciativa nem a "propriedade" dos problemas. Ajude-as a identificar as alternativas possíveis. Escute com respeito suas ideias, mesmos as mais improváveis. Por exemplo, Kendall e Érica puseram os trilhos do trenzinho na direção do percurso no qual outras crianças passavam. Depois que o problema foi indicado, elas sugeriram diversas alternativas para o percurso congestionado:

   - Continuar a construção e permitir que as demais crianças passassem sobre o trem.
   - Deslocar uma mesa para mudar a direção do trânsito em volta delas.
   - Fazer sinalização próxima ao cruzamento da estrada de ferro e colocá-la em cadeiras dos dois lados do cruzamento
   - Mudar a direção da estrada de ferro para evitar que desemboque no percurso.

4. **Incentive as crianças a fazer planos específicos para pôr em prática suas decisões.** Faça perguntas orientadoras como "Como vai executar isso?", "De que materiais precisa?", "Existe outro modo de fazer a mesma coisa?" ou ainda "Quais passos são necessários para conseguir fazer isso?".

5. **Dê tempo suficiente para que cooperem no planejamento dos esforços do grupo ou façam planos complexos.** Escute atentamente as ideias das crianças: evite apressá-las. Inclua o tempo de planejamento na programação do dia para evitar a sensação de que as está apressando. Tome você mesmo as decisões, se não houver tempo para que o grupo execute o processo. Mas, se você já disse a elas que podiam escolher por si próprias, evite impor-lhes suas escolhas.
6. **Depois que as crianças apresentarem as alternativas e determinarem o plano de ação, revise o plano com elas.** Se entre o planejamento e a ação passarem diversas horas, reveja o plano novamente. Escreva o que planejam fazer. Desenhe uma planta se o projeto envolver o espaço e os móveis. Tais desenhos podem até ser grosseiros, mas precisam transmitir a ideia correta. Por exemplo, algumas crianças de 4 anos querem duas "casas" para brincar de vizinhos. Quando pedem isso à professora, esta lhes diz para compartilhar as ideias com ela e com o grupo completo de crianças. Para fazer isso, elas esboçam um mapa que indica onde as coisas devem ser postas.

    Peça às crianças maiores que escrevam um plano para corrigir o próprio comportamento quando apresentarem dificuldades nas interações sociais com os outros. Ajude-as a organizar-se e a pensar em uma linha de ação relativa ao comportamento, e a elaborar um esquema concreto a ser seguido.
7. **Use reflexões e questões abertas para dar apoio às avaliações que as crianças fazem de seus planos.** Por exemplo, a criança está satisfeita com o processo? ("Você imagina um modo de..."). O resultado atende às suas expectativas? ("Você modificou a casa de brinquedo e transformou-a em duas. Diga-me se funciona"). Considere o processo bem-sucedido se a criança estiver satisfeita com o plano e se sua implementação atender às necessidades que o geraram de modo "suficiente" para elas. Aceite os planos, mesmo que não sejam como você imagina. Ajude a criança do grupo que estiver menos satisfeita. Isso também é usual em qualquer planejamento de grupo. Dê às crianças maiores mais tempo para avaliarem seus planos.

Favoreça a competência social das crianças por meio de supervisão cuidadosa

1. **Mantenha uma perspectiva global de todas as pessoas do ambiente, assim como das que estão mais perto de você.** Observe todas as crianças de forma cuidadosa e fique alerta a ruídos e odores. Observe todas as crianças e adultos presentes antes de se concentrar nas crianças mais próximas a você. Observe as necessidades dos outros adultos à medida que participam das interações, para fornecer material sobressalente e dar assistência quando necessário. Enquanto supervisiona as crianças, evite devaneios e ideias intrusivas, pois repentinamente podem surgir necessidades que exijam sua atenção. Desligue o celular e não mande mensagens de texto enquanto estiver com as crianças!
2. **Coloque o corpo em uma posição que permita ver o espaço todo e todas as crianças.** Dê as costas para a parede, para o canto ou para os limites do ambiente. Se estiver sentado onde há pouca visibilidade, levante-se de vez em quando. Se ouvir um barulho incomum ou notar algum movimento inesperado, procure identificar o que de fato ocorreu.
3. **Entre em ação para proteger as crianças se for necessário.** Ajeite os blocos se parecerem instáveis. Se uma criança pequena abrir o portão e sair, vá buscá-la. Se algum adulto desconhecido se detiver nas proximidades do *playground*, pergunte a ele o que deseja (seja ou não uma ameaça para as crianças). Quando se trata de segurança, não espere para agir. Se outro adulto estiver mais próximo e dirigir-se à situação, volte a seu lugar, verifique todo o local e continue sua atividade. Se ocorrer algum incidente, tranquilize as outras crianças e dê prosseguimento à atividade.
4. **Certifique-se cuidadosamente de que todos os adultos e crianças estão presentes e conte-os durante as exercícios de "mau tempo" e incêndio.** Conte-os antes de deixar a sala de aula em direção a um lugar mais seguro e conte-os novamente ao chegar lá (quando as crianças estão assustadas, é possível que se escondam em algum lugar em que se sintam seguras em vez de acompanharem o grupo). Quando os exercícios são regulares, as crianças se tornam capazes de prever a sequência de eventos.
5. **Modifique o uso dos materiais, do espaço ou do equipamento, se for preciso para favorecer os objetivos sociais das crianças.** Há só três coisas a fazer: acrescentar materiais, equipamentos ou espaço; remover ou limitar os materiais; alterar, de algum modo, o espaço.
    - **Acrescentar algo ao ambiente:** acrescente mais massinha à mesa, se parecer necessário para que as crianças brinquem de modo bem-sucedido. Ofereça uma alternativa (adicional), com areia e água talvez, se não houver mais massinha. Caso a brincadeira com blocos tenha se tornado disruptiva, acrescente o diagrama da "planta de uma casa" de uma revista e sugira que a construam. Se o espaço parecer congestionado, desloque os móveis ou mude a atividade para outro lugar (note que, se acrescentar espaço a uma área, limitará a área adjacente na mesma proporção).
    - **Retirar material do ambiente:** remova móveis para outros lugares, guarde materiais ou feche armários. Por exemplo, se as crianças manifestarem conflitos entre elas, consistentemente, enquanto jogam bolas em um cesto, forneça **feedback** a elas e faça uma advertência. Se o comportamento inadequado continuar, retire as bolas. Isso pode ser feito durante a atividade, ou mais tarde, e consiste em uma consequência lógica das ações das crianças. Se as crianças se distraírem, retire o acesso de material que as distrai, em vez de mudar a localização da atividade. Se, durante o almoço, as crianças se esbarrarem e se empurrarem, limite a quantidade de talheres e cadeiras em cada mesa (repare que será preciso acrescentar outra mesa ou dividir a refeição em dois turnos, para que todos sejam servidos).

- **Adapte o ambiente físico:** se um quebra-cabeça for difícil para uma criança, substitua-o por outro menos complexo. Se a massinha estiver muito pegajosa para brincar, acrescente um pouco de farinha. Encha as bolas esportivas com ar para que a brincadeira seja divertida. Simplifique a atividade usando os mesmos materiais, mas dê orientações diferentes para que as crianças com necessidades especiais ou menos maduras possam participar com êxito. Aumente a complexidade de uma atividade, modificando as orientações, para as crianças que precisam de mais desafio. Altere os percursos da sala para aumentar e tornar os espaços mais retos quando houver, no grupo, crianças que usam muletas ou andadores. Considere tanto o desafio quanto o êxito quando fizer as alterações.

Troque ideias sobre a estruturação do ambiente físico com as famílias

1. **Aplique as estratégias de estruturação aos problemas de comportamento que os pais levarem a seu conhecimento.** A estratégia de estruturar o ambiente para promover os comportamentos adequados pode ser aplicada a várias situações com que os pais ainda não sabem lidar. As estratégias usadas para as crianças em grupos podem ser modificadas e aplicadas às situações familiares. A seguir, apresentamos algumas experiências bastante comuns com algumas possibilidades de estruturação que podem ser usadas para tornar a vida familiar mais agradável.
    - **Incidentes relativos ao uso do banheiro:** as crianças podem caminhar facilmente até o banheiro, tirar a roupa, usar o vaso sanitário e voltar de modo fácil e independente? Tais incidentes ocorrem, em geral, sempre no mesmo momento do dia ou nas mesmas condições, como em ambientes externos? Modifique as roupas, acrescente um pequeno banquinho ou monitore os lembretes dados às crianças.
    - **Brincadeiras turbulentas em casa ou interação barulhenta no carro:** esse comportamento provoca distração e é potencialmente perigoso. Os familiares podem acrescentar algo para que a criança faça. Existem inúmeros jogos pequenos que as crianças podem jogar enquanto andam de carro.
    - **Brigas entre irmãos ou crianças maiores que batem nas menores:** isso, em geral, ocorre quando a criança menor se intromete no espaço e nas coisas da maior. Os pais podem esclarecer quais coisas são pessoais e quais pertencem a ambas e o local em que estão guardadas. Podem, além disso, criar ocasiões em que cada uma esteja livre de intrusões.
    - **Arrumação do espaço das brincadeiras:** aplicam-se aqui os princípios relativos à conservação das coisas e da programação. As crianças precisam ser avisadas de que a brincadeira acabou, tanto na escola quanto em casa, e são capazes de aprender um padrão aceitável em casa. As menores precisam de ajuda e aprenderão a fazê-lo se tiverem ocasião de ver onde as coisas devem ser guardadas. Prateleiras abertas e recipientes plásticos funcionam bem em casa.

2. **Comunique-se com os familiares a respeito das modificações principais no grupo da criança, na disposição da sala, na programação diária, nos equipamentos e móveis.** Quando são informados antecipadamente sobre as modificações, os pais conseguem tranquilizar a criança. Além disso, é menos provável que fiquem ansiosos desse modo que se descobrirem as mudanças por si mesmos. Nas escolas de educação infantil, quando as crianças de aproximadamente 3 anos passam da confortável sala que conhecem para um novo grupo de pré-escola, tanto elas quanto os pais devem participar da transição. Acrescentar um mezanino no meio do semestre é estressante, embora visto de modo muito positivo. É bom, em geral, comunicar as mudanças que envolvem o grupo por meio de informativos, e as mudanças que envolvem apenas uma criança, pessoalmente ou pelo telefone.

3. **Explique aos familiares de que modo a estruturação é usada para favorecer o comportamento adequado das crianças no ambiente de grupo.** Após ouvir suas ideias, os pais podem adaptá-las para a própria casa. Por exemplo, sentar dentro da sala de aula em geral favorece a amizade. Ao notar que a proximidade física pode ter esse efeito, os pais talvez considerem a possibilidade de convidar crianças da vizinhança para brincar em casa. Outra ideia facilmente transferível da escola para a casa é a de separar os materiais das crianças maiores dos das crianças menores.

4. **Estruture a chegada dos familiares, a observação, a participação e a saída, de modo que eles e os filhos tenham uma experiência bem-sucedida.** Algumas mães amamentam os bebês nas escolas existentes nos locais de trabalho. Nesse caso, uma área isolada, dotada de uma poltrona com braços, proporciona conforto. Os pais novos talvez queiram observar seus filhos, enquanto outros talvez queiram visitar a escola por breves períodos. Os pais que trabalham como voluntários no ensino fundamental talvez queiram observar o filho durante uma atividade. Quaisquer que sejam as necessidades dos pais, os profissionais devem estruturar esses acontecimentos de modo que pais, crianças e equipe se sintam à vontade com o plano.

Envolva os pais na estruturação do ambiente físico

1. **Convide os pais para participar dos eventos que contribuem para a manutenção da beleza das instalações.** Alguns dias periódicos dedicados à limpeza do pátio ou dedicados a consertos e pinturas das instalações (três ou quatro horas, de duas a quatro vezes por ano) contribuem para a qualidade da educação, com custos inferiores àqueles aplicados por empresas ou funcionários. Esses eventos são feitos, em geral, por organizações sem fins lucrativos, mas podem ser implementa-

dos também por escolas ou parques públicos. Se forem estruturados cuidadosamente, os adultos se divertirão e se sentirão satisfeitos por contribuir para a educação dos filhos.

2. **Peça aos familiares que contribuam com materiais ou equipamentos.** Rolos de papel, retalhos de tecido, restos de madeira, bandejas de plástico para refeições, potes de alimentos infantis, caixinhas de filmes fotográficos, papel de embrulho, cartões de boas-festas e muitos outros materiais, frequentemente descartados, podem ser usados pelas crianças. Roupas para caracterização, computadores, brinquedos em bom estado de conservação e utensílios domésticos excedentes podem ser doados. Se buscar contribuições, envie solicitações específicas aos pais.
   - Especifique com clareza as condições aceitáveis, por exemplo: "carrinho de bonecas em perfeito funcionamento", "potes de alimentos infantis limpos e sem rótulo", "brinquedos que chiam para bebês, limpos e em boas condições".
   - Aceite todas as contribuições e agradeça com gentileza e individualmente. Evite criar problemas para aquelas cujas famílias não puderam participar.
   - Providencie uma carta de agradecimento pela doação de objetos que podiam ser vendidos, de modo que os pais possam usar a contribuição no imposto de renda. Não é preciso especificar o valor da doação.
   - Evite criar problemas com os pais que não puderam ou não quiseram fornecer os materiais solicitados que acabam por tornar as despesas altas, como lanches, lápis de cera, cola em bastões, material de limpeza etc. Assegure-se que todas as crianças tenham igual acesso aos recursos.

■ Evite as armadilhas

Ao estruturar o ambiente físico para promover o desenvolvimento social das crianças, você deve evitar algumas armadilhas.

1. **Fazer mudanças demais ao mesmo tempo.** As crianças precisam de segurança e previsibilidade. Se pensou em fazer diversas alterações importantes, como modificar a programação diária e reorganizar a sala, faça-as gradualmente. As crianças pequenas ficam mais perturbadas com as grandes modificações que as maiores.

2. **Avaliar cedo demais.** Às vezes, quando se acrescentam materiais, quando se modifica a sala ou a programação diária, pensa-se que o resultado positivo será imediato. As crianças pequenas tornam-se em geral muito ativas à medida que se familiarizam novamente com a situação. É previsível que haja um aumento imediato de barulho e de confusão e que tudo isso melhore após três semanas.

3. **Prejudicar a supervisão.** Nunca deixe as crianças sem a supervisão de um adulto. Elas podem usar inadequadamente até mesmo materiais considerados seguros. Ainda que precise sair por apenas um minuto, a situação de perigo pode acontecer exatamente nesse momento. Além disso, as crianças podem perder o interesse no que fazem e comportar-se inadequadamente.

4. **Planejar inadequadamente.** Não dê início a adaptações importantes se a programação diária ou a organização da sala estiverem estimulantes naquele momento. É claro que você pode acrescentar materiais como plantas, livros e brinquedos. Entretanto, modificações importantes, feitas por impulso, perturbam as crianças, principalmente as menores. Siga as diretrizes. Faça uma planta com o esboço dos móveis principais, antes de mudar de lugar as peças pesadas; caso não se encaixem, você terá de mudá-las novamente de lugar, aumentando, assim, seu cansaço e sua frustração.

5. **Seguir rigidamente o plano.** Depois de avaliar a situação, e se estiver claro que o plano não funcionará, adapte-o, modifique-o ou desista. Às vezes, planos muito bons não funcionam como havíamos previsto e precisam ser adaptados.

6. **Dirigir em vez de orientar as crianças.** Os adultos, ocasionalmente, concentram-se mais no produto que no processo do fazer das crianças. Tendem, assim, a tomar todas as decisões, estabelecer padrões a respeito do que é suficientemente bom e a dizer às crianças o que fazer em todos os momentos. **Dirigir** só será a melhor opção quando a segurança ou a saúde estiverem em jogo. Se os adultos dirigirem muito, as crianças perderão autonomia, confiança e sentimento de competência.

7. **Introduzir suas próprias alternativas nas decisões ou contribuir em excesso e prematuramente para o planejamento das crianças.** Os adultos tendem a apropriar-se do processo de planejamento das crianças, oferecendo ajuda prematuramente. Espere que a criança peça ajuda, reveja as ideias dela e peça outras. Deixe que se desenvolvam e descartem soluções que não funcionam. Aborde a situação sa-

bendo que muitas ideias podem ser levadas em consideração, mesmo aquelas que provavelmente não funcionarão. Apropriar-se do que fazem mina a autoconfiança das crianças, além de prejudicar também a confiança que têm em você.

8. **Dar orientações desnecessárias ou excessivamente detalhadas.** Às vezes, os adultos dão orientações em excesso quando as crianças já são competentes o suficiente para fazer a tarefa. Isso pode levá-las a ignorar o adulto. Dê orientações simples e diretas. Quando estiver em dúvida, pergunte às crianças se sabem fazer a tarefa.

9. **Confundir situações que exigem determinação de limites com as que exigem orientação.** Se a criança souber fazer a tarefa, mas optar por não fazê-la, ou ainda, se conhecer as expectativas quanto ao comportamento, mas decidir não atender a elas, então é adequado estabelecer limites. Não repita constantemente as orientações para tentar obter obediência; contudo, se parecer que a criança não sabe o que fazer, oriente-a. A chave para isso é avaliar o conhecimento e a experiência prévia da criança. Por exemplo, uma criança recém-chegada à escola põe-se a vaguear pelo corredor. Talvez esteja perdida e precise de orientação para saber aonde ir. Outra criança, que já está na escola há várias semanas, também pode pôr-se a vaguear pelo corredor. Para esta, é necessário estabelecer limites.

10. **Presumir que a criança sabe executar uma rotina.** Aprenda a distinguir a criança que não sabe como fazer algo daquela que se recusa a fazê-lo. As crianças não sabem automaticamente vestir-se, desvestir-se, lavar-se, guardar o material, almoçar no refeitório nem limpar armários. Se ela está sob sua supervisão, ensine-a a executar corretamente a tarefa, em vez de criticar seus esforços. Comentários como "Sua mãe não lhe ensinou nada?", "Se não conseguir fazer direito, é melhor não fazer nada" ou "Você consegue pelo menos enxugar a mesa? Deixe que eu faço" são todos inadequados. Faça comentários como "Está difícil fazer isso. Vou lhe mostrar como se faz e depois você termina".

11. **Presumir que as observações da equipe de apoio não são importantes.** Os membros da equipe de apoio costumam trabalhar perto das crianças e percebem como elas funcionam naquele lugar e com determinados materiais. Eles têm a responsabilidade de compartilhar as informações com o responsável pelo grupo que poderá, assim, planejar de modo mais eficiente. Se o seu papel é de apoio, observe e compartilhe as observações com o professor responsável e outros encarregados.

12. **Presumir que não há nada a ser feito.** Pode acontecer que você entre em uma sala e presuma que a disposição presente não pode ser melhorada. Talvez não consiga fazer muita coisa, mas a maioria dos espaços pode, pelo menos, tornar-se mais atraente e também ser personalizada. Se não tiver ideia alguma sobre como materiais, móveis e decorações podem ser modificados, peça ajuda a algum responsável. Em geral, obter uma almofada a mais ou uma mesa pequena não é um grande problema. Essas coisas podem estar à disposição.

13. **Não comunicar seus planos aos outros adultos e às crianças.** Quando você se envolve em algum tipo de processo de estruturação, é inevitável que haja alguma mudança. Isso exige que todas as partes sejam comunicadas. Tudo correrá melhor se crianças e adultos estiverem preparados para isso.

Resumo

O capítulo discutiu o processo de estruturação cuja finalidade é atingir os objetivos de competência social. Quando se prepara um ambiente físico eficiente e agradável, reduz-se o cansaço, promove-se o comportamento independente e facilitam-se as interações. Organizar materiais, móveis e equipamentos minimiza os conflitos interpessoais dentro do grupo e favorece as ocasiões de aprendizagem. Planejar e implementar modificações para atingir um objetivo pode ser cansativo, mas leva à satisfação tanto dos adultos quanto das crianças.

Os processos da estruturação geral foram aplicados especificamente à gestão do tempo nas escolas para crianças. Deu-se consideração especial à importância da previsibilidade e da rotina para o senso de segurança e de adaptação emocional das crianças ao ambiente. As transições entre atividades são geralmente inquietantes para as crianças, mas existem estratégias capazes de promover os comportamentos adequados.

Os princípios da estruturação foram aplicados também à seleção, ao modo de guardar e usar os materiais e à organização do espaço. A qualidade do ambiente influencia a interação entre crianças e adultos. Foram descritas as habilidades necessárias para estabelecer e modificar a organização da sala, supervisionar as crianças e promover o uso eficiente dos materiais. Foram, além disso, apresentadas técnicas para acrescentar ou retirar coisas do ambiente, como meio para facilitar a interação social.

Finalmente, sugeriram-se maneiras de ajudar os pais a fazer estruturações, com a finalidade de favorecer as práticas de educação, e sugeriu-se também que se organizem ocasiões para que os pais doem tempo e material para o programa infantil.

Palavras-chave

Aberto-fechado; alta mobilidade-baixa mobilidade; centros ou áreas de aprendizagem; dimensão intrusão-isolamento; simples-complexo; dirigir; espaço para atividades; espaço para grupos grandes; espaço para grupos pequenos; espaço particular; estruturação; *feedback*; limites; macio-duro; programações; transição.

Questões para discussão

1. Explique, de forma bem simples, por que os profissionais estruturam o ambiente e como fazem isso.
2. Descreva como aplicaria o processo de estruturação ao problema das transições difíceis, disruptivas e barulhentas entre a atividade de brincar livremente e a experiência de escutar uma história.
3. Por que os padrões de ordem e eficiência são diferentes em programas semelhantes que se desenrolam em ambientes diferentes?
4. Explique o papel da comunicação entre os adultos que reorganizam uma sala ou fazem modificações importantes na programação diária. Identifique várias estratégias que podem ser usadas para compartilhar ideias, e situações nas quais a comunicação entre dois adultos sobre a estruturação pode ser problemática.
5. Por que uma regra como "O trabalho que está sendo feito é menos importante que o fato de que a criança o está fazendo" torna-se amplamente aceita entre os profissionais e é repetida com frequência para os profissionais durante o treinamento?
6. Explique como o controle do tempo e da programação diária está relacionado ao desenvolvimento social e emocional das crianças. É importante durante toda a infância? Por quê?
7. Explique a importância de ter um espaço particular nos programas que envolvem grupos de crianças.
8. Volte atrás no tempo, pense em sua própria infância e tente lembrar exemplos em que a oportunidade de fazer escolhas lhe foi negada. Como se sentiu? Como se comportou? Os adultos lhe deram alguma explicação? Como se comportaram?
9. Escreva uma carta para os familiares solicitando materiais ou pedindo que participem de um dia de trabalhos voluntários. Essa carta deve ser amigável, convidativa e bem específica. Troque de carta com um colega e discuta as diferenças e as razões das diferenças presentes nas cartas.
10. Com base no Código de Conduta Ética Naeyc (Apêndice), determine quais das situações citadas a seguir constituem um problema ético e identifique os princípios e ideais que influenciam seu modo de pensar.
    a. Aparecer 20 minutos depois da hora marcada, na escola, sem avisar antecipadamente.
    b. Não mencionar que o portão da cerca do *playground* está quebrado.
    c. Deixar que uma criança em idade pré-escolar carregue uma vasilha de água fervente.
    d. Recolher as peças de muitos *kits* diferentes de material e jogá-los em um recipiente para que a arrumação seja rápida.
    e. Não disponibilizar às crianças imagens de adultos e crianças de todos os grupos étnicos e de pessoas com necessidades especiais.
    f. Passar uma criança de uma classe de bebês e crianças de até 3 anos para uma classe de pré-escola sem informar os pais nem preparar a criança.
    g. Situar o projeto de cozinha em uma mesa que atravessa o percurso pelo qual as crianças caminham e usar uma extensão para ligar a tostadeira.

Tarefas de campo

1. Supervisione um grupo de crianças que executa uma atividade simples. Mais tarde, redija uma descrição do que fez para verificar, adaptar o ambiente e orientar as crianças. Avalie seu próprio desempenho.
2. Observe uma classe infantil e repare na programação diária prevista. Compare-a com o que realmente acontece. Quais adaptações foram feitas e por quê? Como as crianças sabem quando é a hora de fazer uma transição? Descreva em detalhes

as transições que observou, identifique o que adultos fizeram e disseram e como as crianças reagiram.
3. Visite uma escola. Esboce a planta detalhada de uma das salas. Faça uma lista dos pontos fortes e fracos da organização da sala em relação ao desenvolvimento social das crianças. Sugira melhoramentos no *layout* físico.

Capítulo 10

Promoção da autodisciplina nas crianças: comunicar expectativas e regras

Objetivos

Ao final deste capítulo, você será capaz de descrever:

- O que é e como surge a autodisciplina.
- Como o desenvolvimento e a experiência influenciam a autodisciplina.
- De que modo estilos diferentes de orientação do adulto afetam a personalidade e o comportamento da criança.
- O que são mensagens pessoais, quando e como usá-las.
- Estratégias para comunicar-se com as famílias sobre as expectativas e regras relativas às crianças.
- Armadilhas que devem ser evitadas quando se usam mensagens pessoais.

Ajude a guardar os blocos de construção.
Quando não tiver lenço, espirre na manga.
Acaricie o cachorrinho com delicadeza
Espere sua vez.

Durante o crescimento, as crianças enfrentam expectativas desse tipo. Embora não exista um único padrão de comportamento universal, todas as sociedades têm códigos de comportamento sobre a segurança e a convivência das pessoas (Berns, 2009). Os adultos têm a responsabilidade primária de ensinar às crianças como agir de modo aceitável para a comunidade e a cultura em que vivem. É comum referir-se a isso como "ensinar as crianças a se comportar". Outro termo usado para descrever esse processo é "socialização". Os adultos socializam as crianças para que elas ponham em prática ações desejáveis como compartilhar, responder educadamente e dizer a verdade. Socializam-nas também para evitar comportamentos inadequados como empurrar, fazer mexericos, cuspir na calçada e pegar todos os bombons de cereja para si. Ensinamentos como esses tocam todos os aspectos da competência social: valores, inteligência emocional, habilidades interpessoais, autorregulação, identidade, tomada de decisões e competência cultural.

Tudo que as crianças aprendem sobre adaptar seu comportamento às expectativas sociais influencia seu funcionamento em casa, na escola e na comunidade mais ampla. Esperamos, inicialmente, que os adultos desempenhem o papel principal em ensinar o certo e o errado às crianças. Depois, esperamos que as crianças analisem as coisas por si próprias e monitorem suas ações adequadamente. Em outras palavras, esperamos que se tornem autodisciplinadas.

■ O que é autodisciplina?

Casey e William, ambos do terceiro ano, apressam-se para chegar a um jogo de bola na Associação Cristã de Moços (ACM). No caminho, chegam a um grande gramado recentemente semeado e coberto com palha. Um grande aviso anuncia: "por favor, não pise na grama". Casey olha em volta. Está ansioso para chegar ao jogo, mas não quer se meter em apuros por desrespeitar uma regra. Ao ver que não há adultos por perto, atravessa rapidamente a área recém-semeada.
William também está com pressa. Ele também nota que não há ninguém por perto, mas raciocina que pisar na grama recém-plantada pode estragá-la. Embora esteja tentado a pegar um atalho através da grama, controla o impulso e dá rapidamente a volta pelo gramado, embora isso leve mais tempo.

Nessa situação, ambos os meninos sentiram a tentação de desrespeitar o sinal. Casey cedeu à tentação, pois não havia ninguém para impor a regra ou para ajudá-lo a escolher a melhor resposta. Seu raciocínio e suas ações demonstram falta de maturidade e de autorregulação. William, por sua vez, controlou o desejo de atravessar pela grama. Decidiu dar a volta, baseado em seu senso pessoal a respeito do que é certo, e não porque suas ações estavam sendo monitoradas por alguém. Esse tipo de pensamento e comportamento ilustra a autodisciplina.

Autodisciplina é o controle voluntário do próprio comportamento (Calkins & Williford, 2009). Como você pode ver, as crianças que regulam o próprio comportamento julgam o certo e o errado com base no raciocínio e na compreensão do que é aceitável ou inaceitável como comportamento. Não esperam que seja outra pessoa a fazê-los escolher a coisa certa ou a proibi-los de comportar-se inadequadamente. Em vez disso, levam em consideração as necessidades e os sentimentos dos outros, enquanto, ao mesmo tempo, adaptam seus atos para que atendam às regras da sociedade. Isso implica ativar determinados comportamentos e inibir outros. Consequentemente, as crianças põem em prática interações sociais positivas e planos sociais construtivos, sem que ninguém precise dizer nada. Além disso, elas resistem à tentação, refreiam impulsos negativos e adiam a gratificação, independentemente de qualquer supervisão (Rose-Krasnor & Denham, 2009). O Quadro 10.1 apresenta alguns exemplos.

Como a autodisciplina progride

A autodisciplina emerge gradualmente, ao longo de toda a infância, em um processo desenvolvimental "interno" e "externo". Inicialmente, as crianças dependem dos outros para regular o próprio comportamento. Com o tempo e a prática, passam a demonstrar maior grau de autodirecionamento. Neste capítulo, descreveremos essa progressão, que parte de uma orientação amoral e vai até a internalização.

Orientação amoral (sem regulação)

Os bebês não dispõem de um senso inato sobre o certo e o errado; são **amorais**. Ou seja, não são capazes de fazer julgamentos éticos sobre seus atos ou controlar conscientemente seu comportamento em resposta a exigências morais. Por exemplo, Leroy, um bebê, tenta alcançar os óculos da mãe cujo brilho o atrai. Ele não pensa na dor

QUADRO 10.1 Sinais de autodisciplina

Comportamento	Exemplos
Crianças põem em prática interações sociais positivas.	Walter consola Latosha que está triste, pois sente falta da mãe. Michael compartilha seus fones de ouvido com uma criança recém-chegada ao centro de áudio.
Crianças implementam planos sociais construtivos.	Marcus quer usar as tintas de aquarela. Imagina uma estratégia para consegui-las, como trocar lápis de cera pelas tintas, e, depois, tenta barganhar com outra criança para atingir seu objetivo. Courtney nota que Graham está com dificuldade para levar uma dúzia de bambolês para a sala de ginástica. Resolve ajudá-lo: pega diversos bambolês e desce a escada com o menino.
Crianças resistem à tentação.	Woo-Jin caminha até o cesto de lixo para jogar fora a embalagem do sanduíche, embora tivesse pensado na possibilidade de jogar o papel amassado no chão. Juan entrega um porta-moeda que achou no corredor, embora tenha sentido a tentação de ficar com ele.
Crianças controlam impulsos negativos.	Ruben conteve o impulso de agredir raivosamente Heather depois que ela provocou um encontrão com ele, em um jogo de futebol. LaRonda controlou a vontade de caçoar de Richard em razão do "horrível" corte de cabelo com que se apresentou na escola.
Crianças adiam a gratificação.	Carla esperou que Tricia acabasse de falar com o responsável pelo 4H [organização de jovens], antes de anunciar que ia à Disney. Lionel esperou que todos pegassem um brownie para pegar outro.

potencial que pode causar a ela se conseguir fazer o que pretende. Nem pode deter a investigação simplesmente porque a mãe franze a testa ou lhe diz para parar. Leroy ainda não aprendeu a interpretar esses comportamentos parentais nem a adaptar seus atos a eles.

Gradualmente, por meio do amadurecimento e da experiência, essa ausência total de automonitoramento começa a mudar. A maioria das crianças de até 3 anos e aquelas em idade pré-escolar aprende a responder aos sinais externos dados pelos pais, cuidadores e professores para orientar suas ações. Esse tipo de regulação chama-se aderência.

Aderência (regulação externa)

A **aderência** consiste no grau mais superficial de autodisciplina e ocorre quando se espera que o próprio comportamento seja monitorado pelos outros. No começo da vida, as crianças precisam de assistência física para aprender a comportar-se adequadamente. Alguns exemplos:

A mãe de Leroy põe os óculos fora do alcance do bebê. Leroy não vai mais conseguir puxá-los.

Nary, de 3 anos, corre pela classe. A professora toma-a pela mão e caminha com ela até a área de blocos de construção, a fim de ajudar a menina a diminuir a velocidade.

O supervisor do playground *separa duas crianças que se empurram para subir no balanço. As crianças param de se empurrar.*

Gradualmente, as crianças aprendem a responder também aos sinais verbais relativos ao que fazer e ao que não fazer. Por exemplo:

Quando Gary, de 4 anos, pega três biscoitos para o lanche, a atendente diz: "Lembre que cada pessoa pode pegar dois biscoitos para começar". Gary devolve um biscoito.

Quando Nary corre pela classe, a professora relembra a menina que deve andar, e Nary diminui a velocidade.

A ajudante da professora ensina a Morris o que ele pode dizer à outra criança quando quiser andar de balanço, em vez de empurrá-la. Morris pergunta então: "Posso ser o próximo?".

Em cada situação, os adultos fornecem às crianças o controle que elas não são completamente capazes de apresentar por si mesmas.

Outra forma de aderência ocorre quando as crianças agem de modo a ganhar recompensas ou a evitar consequências negativas (Hoffman, 1988; Laible & Thompson, 2008). Por exemplo, Hannah, de 3 anos, já teve diversas "lições de compartilhamento" em sua vida ainda curta. Foi recompensada com sorrisos e elogios quando voluntariamente deu um brinquedo para um colega ou irmão. Já experimentou também consequências negativas, cara feia e advertências por não compartilhar com os companheiros e por arrancar brinquedos dos outros. Com base em episódios como esses, Hannah começa lentamente a aprender a diferenciar os comportamentos desejáveis dos indesejáveis. No entanto, recompensas e consequências não fornecem, isoladamente, informações suficientes para que Hannah adquira o raciocínio do qual precisa para agir adequadamente por conta própria. Ao aderir, ela não tem uma compreensão real de por que é bom compartilhar. Embora possa compartilhar os lápis de cera com um colega, seu comportamento é regulado pelo desejo de recompensa e não pelo respeito em relação aos direitos dos outros. Nessas circunstâncias, Hannah provavelmente compartilhará quando um adulto estiver presente. Entretanto, se a mãe ou a professora não estiverem à disposição para monitorar a situação, Hannah talvez considere difícil compartilhar e até mesmo bata nos outros ou se agarre aos lápis de cera para protegê-los.

Esta é a desvantagem da aderência: as crianças que se baseiam em controles externos precisam de apoio constante e supervisão para que possam se comportar adequadamente. Quando tal controle falta, não sabem o que fazer. Assim, a aderência é um passo importante no processo de amadurecimento, mas não representa em si mesma um objetivo desejável.

Identificação (regulação compartilhada)

Um estágio mais avançado da autodisciplina é atingido quando as crianças adotam alguns códigos de comportamento para se parecerem com alguém que admiram. Por meio do processo de **identificação**, as crianças imitam o comportamento, as atitudes e os valores de pessoas que são importantes para elas (Kalish & Cornelius, 2006; De Vries & Zan, 2003). A obediência das crianças com determinadas expectativas pode também ser uma estratégia para estabelecer ou preservar relações satisfatórias com essas pessoas especiais. Nos dois casos, as crianças adotam certos maneirismos, palavras e modos de se comportar para que possam se sentir mais próximas das pessoas que admiram.

É comum que as crianças se identifiquem com os pais ou outros familiares. Os profissionais de apoio em ambientes formais de grupo também são fonte de identificação. Em qualquer caso, as pessoas com quem as crianças se identificam são dedicadas e fortes – quase sempre adultos ou crianças maiores (Maccoby, 2007).

A identificação provoca avanços no desenvolvimento das crianças, leva-as para além da fórmula simples de recompensas e punições, e proporciona muitas das ideias e padrões que levarão consigo até a idade adulta. No entanto, as crianças que compartilham coisas como resultado da identificação usam o compartilhamento para promover as próprias finalidades pessoais: confirmar sua semelhança com a pessoa admirada ou agradar a alguém por meio de seus atos. Ainda não reconhecem a justiça inerente que existe no compartilhamento nem as necessidades reais das pessoas a quem emprestam algo por breve tempo. Além disso, as crianças regidas pela identificação tentam adivinhar como uma pessoa se comportaria em determinada situação. Se nunca viram a pessoa em circunstância semelhante, talvez não saibam o que fazer e não tenham os meios para imaginá-lo por conta própria.

Internalização (regulação interna)

A **internalização** é o estágio mais avançado da autodisciplina. Quando as pessoas tratam determinadas expectativas como extensões lógicas de suas próprias convicções e valores pessoais, dizemos que internalizaram as expectativas (Epstein, 2009). É o código interno que guia suas ações de uma circunstância para outra. A linha de ação que escolhem tem a finalidade de evitar a autorreprovação, mais que adquirir recompensas externas ou obter a aprovação dos outros. As pessoas cujo comportamento recai na categoria da internalização entendem as razões que estão por trás de determinados padrões de comportamento e sentem ter um compromisso moral de agir de acordo com esses padrões. Além disso, reconhecem como essas ações específicas são coerentes com os conceitos mais amplos de justiça, honestidade e igualdade. Os indivíduos que raciocinam de acordo com suas convicções internalizadas levam em conta o impacto de seu comportamento sobre os outros. Por exemplo, Mariah, que internalizou o valor do compartilhamento, oferecerá a outra criança alguns de seus lápis de cera não porque a professora mandou ou alguém está olhando, e sim porque compartilhar é a coisa adequada a ser feita. Ao agir de modo assim positivo, Mariah sente-se bem. Sente prazer em saber que outra criança também terá a oportunidade de desenhar.

Depois que as crianças internalizam uma expectativa, passam a dispor de um guia sobre como comportar-se adequadamente em todas as circunstâncias, mesmo nas mais incomuns. A possibilidade de entender as razões de certas regras capacita a criança a pesar os prós e contras das alternativas e a escolher os comportamentos que correspondem a seus ideais, o que elimina a necessidade de supervisão constante. São capazes de regular o próprio comportamento. Mais importante ainda é que os comportamentos internalizados são duráveis. As crianças que adotam valores como justiça, honestidade e igualdade continuam a respeitar esses ideais mesmo depois que o contato com o adulto termina e a despeito da tentação ou oportunidade de quebrar as regras sem que isso seja descoberto (Rose-Krasnor & Denham, 2009). Assim, Mariah pode adotar outros comportamentos pró-sociais (como cooperar e consolar) porque sente que ajudar os outros está "certo".

A Figura 10.1 apresenta um resumo de comportamento amoral, aderência, identificação e internalização relacionados à autodisciplina.

A autodisciplina progride gradualmente. Adquirir um código internalizado de conduta leva anos. Consequentemente, crianças em idade pré-escolar mostram um grau inferior de autodisciplina em relação às do primeiro ciclo do ensino fundamental (Epstein, 2009). Embora as crianças de até 3 anos sejam capazes de obedecer a simples pedidos ou ordens, orientam seus comportamentos principalmente com base nos controles externos. À medida que se relacionam com adultos dedicados, a identificação passa a ser, aos poucos, o fator mais significativo que as motiva a comportar-se de determinados modos. Com o tempo (não é possível prever exatamente quanto), uma quantidade cada vez maior de crianças demonstra a internalização das regras mais comuns, como esperar a própria vez para tomar lanche ou caminhar pelo corredor. Nos últimos anos do primeiro ciclo do ensino fundamental, a capacidade de autorregulação das crianças já será bem ampla e elas serão mais capazes de monitorar suas próprias ações, tanto nas situações corriqueiras quanto nas novas (DeVries & Zan, 2003; National Research Council and the Institute of Medicine, 2000).

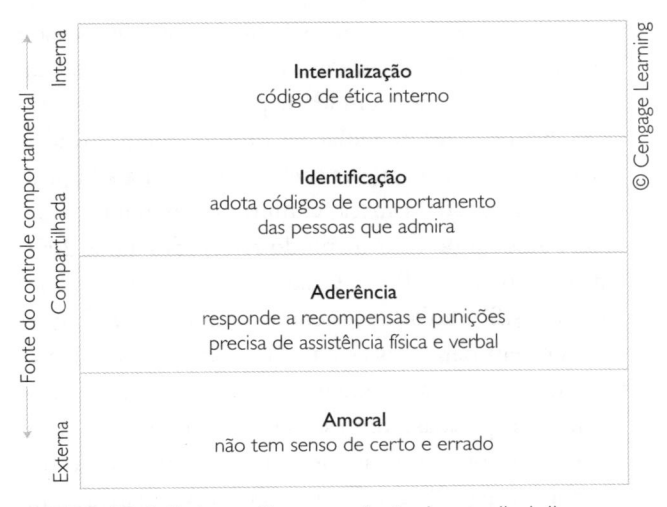

Fonte do controle comportamental	
Interna	**Internalização** código de ética interno
Compartilhada	**Identificação** adota códigos de comportamento das pessoas que admira
	Aderência responde a recompensas e punições precisa de assistência física e verbal
Externa	**Amoral** não tem senso de certo e errado

© Cengage Learning

FIGURA 10.1 Orientações em relação à autodisciplina.

As crianças progridem em direção à autodisciplina em ritmos e graus diferentes. Embora haja uma expectativa de que a autodisciplina aumente à medida que as crianças crescem, elas não partem da orientação amoral e seguem até os níveis superiores de conduta, segundo uma tabela etária rígida. As pesquisas confirmam a ideia de que há um progresso desenvolvimental, mas indicam também que as crianças adquirem autodisciplina em ritmos e graus que variam de criança para criança (Kochanska & Aksan, 2006). Por exemplo, Lucille, de 4 anos, exige mais apoio para compartilhar, enquanto para Sandra, da mesma idade, alguns lembretes verbais são suficientes. Talvez sejam necessários meses ou anos para que Carl aprenda a refrear seu impulso de atacar quem caçoa dele. Entretanto, Joseph poderá aprender essa noção muito mais cedo. Essas diferenças são comuns durante toda a infância. Isso significa que as crianças que você encontra podem variar muito quanto ao grau de autodisciplina que apresentam.

■ Processos de desenvolvimento que influenciam a autodisciplina

Há diversas razões para que a capacidade de autodisciplina das crianças aumente com a idade. As mais importantes são as mudanças no desenvolvimento emocional, cognitivo, de linguagem e nas habilidades de memória.

Desenvolvimento emocional

As emoções proporcionam às crianças fortes sinais internos sobre o que constitui o comportamento adequado e inadequado. À medida que aprendem a prestar atenção a esses sinais, aumenta a habilidade que têm de monitorar suas ações. Duas emoções que contribuem muito para a autodisciplina são o sentimento de culpa e a empatia (Kochanska & Aksan, 2006; Eisenberg, Fabes & Spinrad, 2006). O sentimento de **culpa** sinaliza que ações são indesejáveis, independentemente de elas terem ocorrido no presente ou no passado e de serem planejadas. Esse sentimento funciona como um freio e diz às crianças que elas devem abrandar ou reconsiderar o que estão fazendo. A **empatia**, que envolve a compreensão da emoção das outras pessoas por meio da experiência própria dos mesmos sentimentos, transmite a mensagem oposta. Ela habilita as crianças a iniciar ações positivas em resposta aos sentimentos de alguém. Vemos empatia quando uma criança consola um colega que está infeliz, oferece-se para compartilhar algo ou se reveza com outra para que esta não fique desapontada. As crianças de aproximadamente 3 anos podem ter os dois tipos de sentimento (Hoffman, 2000; Pinker, 2008). Entretanto, os eventos que produzem essas emoções, nas crianças pequenas e nas maiores, não são os mesmos.

Culpa. As situações que provocam sentimentos de culpa vão desde incidentes concretos, entre 2 e 3 anos, até situações complexas, no final da adolescência (Thompson, 2006). Inicialmente, as crianças se sentem culpadas em relação a suas transgressões – ações que violam as regras conhecidas e as expectativas dos outros. Derrubar o leite, estragar um brinquedo enquanto o usa ou roubar algo de um colega são exemplos de ações que podem provocar sentimentos de culpa durante a primeira infância. Nos últimos anos do primeiro ciclo do ensino fundamental, as crianças relatam sentimentos de culpa quando suas ações angustiam os outros. Assim, Thomas, do quinto ano, pode se sentir culpado quando os colegas caçoam de uma criança no *playground* e ele não faz nada para impedir isso. No segundo ciclo, há um aumento expressivo de crianças cujos relatos indicam sentimentos de culpa relacionados às responsabilidades negligenciadas, como se esquecer de levar o cachorro para passear e não atingir os ideais que estabeleceram para si mesmas, como participar da equipe de atletismo ou conseguir determinada média de desempenho escolar (Mills, 2005). Com o tempo, os principais fatores que levam uma pessoa a se sentir culpada estão mais relacionados a modelos pessoais que ao fato de não ser capaz de satisfazer as expectativas dos outros. Essa mudança gradual de foco contribui para o controle interno necessário à autodisciplina.

Empatia. A empatia também tem início na primeira infância (Thompson & Goodman, 2009). Por exemplo, muitos bebês choram quando ouvem o choro de outros bebês. E rirão se outro bebê der risada. Em outras palavras, os bebês imitam o estado emocional de outras crianças. Entre 1 e 2 anos, as reações de imitação se tornam sentimentos mais genuínos de preocupação por uma pessoa específica. Nessa idade, as crianças reconhecem também que alguma ação precisa acompanhar a resposta; e isso é demonstrado quando uma criança de aproximadamente 3 anos dá um tapinha no ombro de outra que está chorando por ter caído. No período final da pré-escola e no começo do primeiro ciclo do ensino fundamental, as crianças fazem avaliações mais objetivas sobre o desconforto e as necessidades de outras pessoas (Eisenberg, Fabes & Spinrad, 2006). Passam a reconhecer reações emocionais diferentes das delas e tornam-se mais capazes de proporcionar conforto e apoio de vários modos. Entre 10 e 12 anos, demonstram empatia por pessoas com quem não interagem diretamente como os sem-teto, pessoas com deficiências e vítimas de um desastre. Essa sensibilidade crescente em relação às dificuldades dos outros contribui para expandir a capacidade de autodisciplina.

Desenvolvimento cognitivo

A habilidade das crianças de distinguir entre o comportamento adequado e o inadequado progride em conjunção com as modificações de suas capacidades cognitivas. À medida que suas capacidades cognitivas se ampliam, amplia-se também a habilidade de regular internamente o comportamento. Essas capacidades em evolução são influenciadas pela modificação nas noções quanto ao certo e errado, pela capacidade de compreender a perspectiva dos outros e pelas características cognitivas de centração e irreversibilidade.

As noções de certo e errado das crianças. Por volta dos 2 e 3 anos, as crianças usam as recompensas e punições como critério principal para decidir se suas ações ou as de outras crianças estão certas ou erradas. Estabelecem que compartilhar é "bom", quando esse comportamento é elogiado, e acham que rabiscar os livros de figuras é "errado", quando são repreendidos por esse comportamento. À medida que essas aprendizagens se desenrolam, descobrem que nem todas as transgressões são tratadas do mesmo modo (Nucci & Wever, 1995). Aos 3 e 4 anos, percebem que bater na irmã provoca reações negativas muito mais fortes do que sentar-se à mesa com as mãos sujas. Por meio de muitas dessas experiências, as crianças em idade pré-escolar começam a fazer distinções entre **violações morais** (mentir, roubar, machucar etc.) e **infrações socioconvencionais** (agir de forma equivocada à mesa, cumprimentar inadequadamente alguém ou falar de modo rude) (Smetana, 2006; Yau & Smetana, 2003). Quando chegam aos 4 ou 5 anos, classificarão as ações como "muito erradas" se resultarem em danos físicos a outras pessoas ou objetos (machucar pessoas ou quebrar coisas) ou se violarem os direitos das pessoas, como se alguém perder a vez de fazer alguma coisa ou ficar com uma parte menor de algo que foi compartilhado (Turiel, 2006). As crianças também categorizam as ações que perturbam a ordem social do grupo, como esquecer-se de dizer "obrigado" ou não guardar os brinquedos, como "não muito erradas". Em ambos os casos, elas se concentram no aqui e agora e não costumam pensar em como suas ações possam ter impacto sobre as pessoas ou coisas no futuro.

As crianças maiores (com mais de 8 anos) usam raciocínios mais sofisticados sobre as regras e expectativas. Ampliam suas definições de "comportamento que faz mal" além das ações físicas, o qual passa a incluir impactos psicológicos como ferir os sentimentos de alguém, violar segredos ou trair a confiança de alguém. Reconhecem que, para proteger os direitos individuais e do grupo, é necessário manter algum tipo de ordem social. Nesse estágio, as crianças levam em conta também os resultados de longo prazo, e não apenas os imediatos, para julgar uma ação como errada ou certa. Assim, crianças do quarto ano reconhecem que trapacear em um jogo pode produzir um resultado positivo de curto prazo como vencer, mas levará depois à desonra pessoal e do time, o que faz que a trapaça seja uma escolha "errada".

Consulte o Box 10.1 para ver de que modo as crianças relacionam o certo e o errado a seu comportamento cotidiano.

Tomada de perspectiva. Para que possam interagir com eficácia e julgar com precisão o modo de se comportar em situações particulares, as crianças precisam entender o que os outros pensam, sentem e sabem. Isso exige que elas formem uma imagem mental de como a outra pessoa vê o mundo (Epstein, 2009). A chamada **tomada de perspectiva** – capacidade de considerar o ponto de vista dos outros – não está ainda plenamente desenvolvida nas crianças pequenas. Como em relação às outras dimensões do desenvolvimento, as crianças progridem a partir das noções simplistas e egocêntricas para as mais sofisticadas e orientadas em relação aos outros (Johansson, 2006).

BOX 10.1 O vínculo entre pensamento moral e comportamento moral

Pensar não é a mesma coisa que fazer!

Quando se reuniram em círculo, a Sra. Wilson perguntou ao grupo de crianças de 3 anos: "É correto uma pessoa bater em alguém para conseguir o que quer?". As crianças responderam em coro: "NÃO!". Wilson fez outra pergunta: "É bom compartilhar?". Em uníssono, o grupo gritou: "SIM!". As crianças aplaudiram em sinal de aprovação.

Conversas como essas mostram que mesmo crianças bem pequenas reconhecem a conveniência de padrões morais, como o bem-estar humano, a justiça e a preservação dos direitos das pessoas. De fato, trata-se de orientações morais que as crianças compartilham no mundo todo (Neff & Helwig, 2002). Porém, no começo da vida, saber o que é certo fazer e fazer o que é certo não são sinônimos. As crianças pequenas são impulsivas, e suas ações nem sempre são guiadas pelo pensamento racional. Aquilo que dizem com facilidade, em uma atmosfera relaxada, sentadas em círculo com os pares, é rapidamente esquecido no calor de um episódio repleto de ação. Isso impede que crianças em idade pré-escolar e aquelas que estão no começo do primeiro ciclo do ensino fundamental desenvolvam vínculo forte entre pensamento moral e ação moral. À medida que crescem e adquirem a compreensão desenvolvimental e as habilidades descritas neste capítulo, a conexão entre pensar o que é certo e fazer o que é certo se torna mais e mais forte.

As crianças de 3 as 6 anos e também as mais novas praticamente desconhecem outras perspectivas que não sejam as próprias. A consequência disso é que têm quase sempre dificuldade de colocar-se na pele dos outros. Presumem erroneamente que sua própria interpretação do mundo seja universal ("Acho que construir uma estrada com esses blocos é uma boa ideia. Você também acha isso, né?").

Entre 6 e 8 anos, as crianças têm mais probabilidade de perceber que a interpretação que uma pessoa faz de uma situação pode ser diferente da que elas fazem do fato. No entanto, é comum que presumam que tais variações existem apenas porque cada um tem acesso a informações diferentes: "Se você soubesse quantos carros podemos pôr nesta estrada, como ela pode ser grande e que túnel maravilhoso podemos construir nela, você também iria querer construí-la". É difícil que percebam que as pessoas podem genuinamente chegar a conclusões diferentes.

As crianças de 8 a 10 anos reconhecem que suas próprias perspectivas e as de outras pessoas podem ser incompatíveis, ainda que ambas disponham da mesma informação. Entretanto, tendem a pensar sobre seu próprio ponto de vista e sobre o dos outros de modo alternativo, o que torna difícil lidar com múltiplas perspectivas dentro de uma mesma situação: "Acho que devemos dividir os ingressos, mas Jerome diz que é injusto. Isso é confuso".

Entre 10 a 12 anos, são capazes de diferenciar suas perspectivas das dos outros e conseguem considerar dois pontos de vista simultaneamente. Conseguem também especular sobre o que os outros estão pensando ou sobre o que poderão pensar no futuro. Essas habilidades ajudam as crianças a decidir melhor como se comportar em uma variedade crescente de situações: "Jerome e eu temos ideias diferentes para resolver o problema. Se eu insistir na minha, isso poderá ferir os sentimentos dele. Podemos combinar nossas ideias ou tentar uma e depois a outra para ver qual funciona melhor".

O Quadro 10.2 apresenta o resumo do surgimento das habilidades de tomada de perspectiva nas crianças.

Centração. No começo da vida, as crianças tendem a dirigir a atenção ao principal atributo de uma situação e a ignorar os demais (Shaffer, 2009). Esse fenômeno, conhecido como **centração**, restringe a habilidade de ver o quadro amplo e criar soluções alternativas para os problemas. Assim, as crianças menores têm uma percepção limitada e não abrangente dos eventos. Isso explica por que podem tentar repetidamente a mesma estratégia malsucedida (por exemplo, repetir inúmeras vezes "por favor", ainda que a outra criança continue a dizer "não"). É por isso também que têm dificuldade em deslocar a atenção de um aspecto da interação ("Ela derrubou meus blocos" ou "Ele pegou todo o *glitter* dourado") para outro ("Ela estava tentando me ajudar a empilhar os blocos lá no alto" ou "Posso escolher *glitter* de outra cor").

Mesmo quando reconhecem que ações como choramingar são inadequadas, talvez não sejam capazes de criar alternativas adequadas de comportamento no momento em que tal pensamento é necessário. Do mesmo modo, quanto mais emocional a situação for para a criança, mais difícil será pensar em outras abordagens. A descentração só ocorrerá gradualmente, à medida que as crianças se confrontarem com inúmeras percepções e métodos de solução. Os adultos podem reforçar o processo ao indicarem opções para as crianças e ao ajudá-las a debater as alternativas adequadas à medida que surgem (Goleman, 2006). Esse tipo de apoio continuará a ser útil também na adolescência.

Irreversibilidade. As crianças de 1 a 3 anos e aquelas em idade pré-escolar não revertem mentalmente as ações que iniciam fisicamente (Shaffer, 2009). Em outras palavras, seu pensamento é **irreversível**. Significa que não são capazes de pensar prontamente em uma ação oposta à que estão fazendo. Se estiverem empurrando, será difícil que, em vez disso, puxem; se estiverem tentando alcançar algo, recuar será uma façanha. As crianças pequenas têm também dificuldade de interromper espontaneamente o comportamento corrente. Por exemplo, se uma criança está batendo, é preciso que acabe a ação de bater antes que possa reverter a ação, afastando a mão ou abaixando-a. A irreversibilidade é evidente na reação de Jennifer às orientações de seu cuidador na mesa dos trabalhos de arte.

Jennifer, de 3 anos, estava ocupada: colava folhas secas em seu trabalho de colagem. Em seu esforço para pegar a cola no fundo do vidro, a menina virou o vidro de cabeça para baixo, e a cola começou a escorrer. O cuidador gritou: "Não vire o vidro". Jennifer continuou a colar, e a cola, a pingar.

Quando o adulto gritou, presumiu que Jennifer soubesse como endireitar o vidro. Para o adulto era óbvio que pôr o vidro na posição vertical era o contrário de mantê-lo de cabeça para baixo. Entretanto, as crianças pequenas não têm experiência suficiente para entender o que significa inverter uma ação física. Por essa razão, os adultos precisam ajudá-las a inverter os atos inadequados, mostrando-lhes ou dizendo-lhes como fazê-lo. Isso vale também para crianças maiores em situações não familiares. Por exemplo, crianças de primeiro ciclo do ensino fundamental poderão andar mais devagar ou parar se o adulto disser: "Não corra na sala". Isso significa que elas têm menos probabilidade de responder adequadamente em situação nova ou que ocorra em ambientes não familiares.

Desenvolvimento da linguagem e da memória

A capacidade de autodisciplina não é afetada apenas pelo desenvolvimento emocional e pelas habilidades cognitivas das crianças; a linguagem, a conversa interior e a memória também desempenham um papel nesse processo.

Linguagem. A extraordinária proporção de linguagem adquirida durante os anos da primeira infância desempenha um papel importante no desenvolvimento do controle interno do comportamento. A linguagem ajuda a criança a compreender por que as regras existem e

QUADRO 10.2 O surgimento da tomada de perspectiva

De 3 a 6 anos	De 6 a 8 anos	De 8 a 10 anos	De 10 a 12 anos
Todos os modos de ver o mundo são iguais ao meu.	Você veria as coisas como eu se tivéssemos as mesmas informações.	Vejo perspectivas múltiplas, mas apenas uma por vez.	Vejo perspectivas múltiplas simultaneamente.

lhes dá os instrumentos para que possam atingir seus objetivos de modo socialmente aceitável. Por volta dos 3 anos, a maioria das crianças domina um vocabulário receptivo bem desenvolvido e tem habilidade para exprimir suas necessidades básicas. Entretanto, nem sempre conseguem responder às orientações verbais ou dizer aos outros o que querem (Jalongo, 2008). Não é incomum, portanto, que crianças pequenas recorram a ações físicas para se comunicarem. Para exprimirem-se, podem agarrar, dar empurrões, não responder e bater, em vez de usarem palavras. A ajuda de um adulto pode, às vezes, ser útil para que consigam dizer o que querem.

Com o passar dos anos, aprendem a usar a linguagem de modo mais eficaz. Conseguem cada vez mais dizer o que querem aos outros e se tornam mais capazes de entender as orientações – e responder a elas – relacionadas ao comportamento, como instruções, solicitações, explicações e raciocínios verbais (Marion, 2011). Consequentemente, acharão que as palavras constituem modo satisfatório e preciso de comunicação. Quando isso acontece, as demonstrações físicas tornam-se menos frequentes e intensas. Mas ainda haverá momentos, durante o primeiro ciclo do ensino fundamental, em que precisarão da orientação para encontrar as melhores palavras a serem usadas em situações emocionalmente carregadas ou pouco familiares.

Fala privada. As crianças usam a **fala privada** para regular seu comportamento (Bodrova & Leong, 2007; Winsler, Naglieri & Manfra, 2006). Ou seja, falam em voz alta consigo mesmas com o propósito de reduzir a frustração, adiar as recompensas ou lembrar-se das regras. Sozinha na mesa, Olga diz a si mesma: "Hummm, do que preciso? Já sei: papel, caneta e fita". Quando Abbas, na montagem de uma miniatura, começa a perder a paciência, repete para si mesmo: "Calma, não tenha pressa. Você vai conseguir". Esse tipo de fala é comum na primeira infância e no período intermediário da infância. Segundo a progressão normal do desenvolvimento, crianças de 3 anos repetem os sons rítmicos audíveis. De 4 a 7 ou 8 anos, "pensam em voz alta", ao mesmo tempo que agem. Dizem frases inteiras para planejar estratégias e monitorar as próprias ações. Nos últimos anos do primeiro ciclo, balbuciam palavras soltas em tom quase imperceptível (Winsler & Naglieri, 2003). Estudos sobre o comportamento infantil em situações de solução de problemas indicam que as crianças se baseiam na fala privada principalmente quando a tarefa é difícil. Além disso, o desempenho delas costuma melhorar quando seguem a autoinstrução (Bailey & Brookes, 2003; Winsler, Naglieri & Manfra, 2006). Na adolescência, a fala privada se torna silenciosa, uma fala interna que as pessoas usam durante toda a vida para organizar e regular as atividades cotidianas. Embora a fala privada seja um fenômeno natural, é possível também ensinar às crianças a "autofala", como modo de ajudá-las a obter controle sobre as próprias ações.

Habilidades de memória. A memória é outra variável que influencia a autodisciplina. Embora os cientistas ainda não tenham determinado se a memória realmente aumenta de um ano para o outro, parece que, à medida que crescem, as crianças tornam-se mais hábeis em usar as informações para determinar o comportamento futuro. Consequentemente, dependem menos da ajuda de alguém que lhes mostre ou diga como responder em cada situação nova. Em vez disso, usam informações das quais se lembram para guiar as próprias ações (Bjorklund, 2005; Golbeck, 2006). Isso significa que os profissionais de apoio que trabalham com crianças em ambientes formais de grupo devem esperar que elas, de vez em quando, "esqueçam" as regras. Além disso, elas, talvez, se sintam inseguras sobre como responder em circunstâncias não familiares. Desde os 2 ou 3 anos até os 8 ou 9, as crianças com frequência precisam ser lembradas a propósito das regras e dos procedimentos, e precisam de explicações claras sobre o que acontece quando uma rotina muda ou quando novas atividades são introduzidas.

Para crianças maiores, é útil fazer revisões periódicas das regras. Entretanto, elas são mais capazes de lembrá-las sem o apoio contínuo do adulto. O Quadro 10.3 apresenta uma síntese de todas as influências de desenvolvimento discutidas até aqui.

Como a experiência influencia a autodisciplina

Visto que a maioria das crianças passa pelas modificações desenvolvimentais já descritas e adquire, assim, algumas das bases da internalização, as variações no desempenho podem ser atribuídas às diferenças nas experiências. As crianças aprendem as regras da sociedade com base na convivência com outras pessoas, por meio de instrução direta, observação, reforçamento e consequências negativas (Thompson & Twibell, 2009). Os bebês e as crianças em idade pré-escolar são receptivos principalmente aos pais e a outros adultos com que têm uma relação

QUADRO 10.3 Ligações entre o desenvolvimento infantil e o comportamento do professor que promove a autodisciplina

Em razão dessas capacidades de autorregulação imaturas das crianças...	Professores...
Culpa.	Discutem como o comportamento infantil pode afetar as próprias crianças e as outras pessoas.
Empatia.	Falam sobre emoções – das crianças e das outras pessoas – e ajudam as crianças a responder às emoções.
Noções de certo e errado.	Fornecem razões para expectativas e regras.
Tomada de perspectiva.	Ajudam as crianças a reconhecer de que modo sua visão do mundo pode ser igual ou diferente à de outras pessoas.
Centração.	Ajudam as crianças a ver o "quadro mais amplo" e a criar soluções alternativas em situações problemáticas.
Irreversibilidade.	Mostram às crianças o que fazer e formulam regras em termos positivos.
Linguagem.	Raciocinam com as crianças, conversam com elas em situações problemáticas e fornecem-lhes modos de expressão importantes.
Fala privada.	Permitem que as crianças falem sobre o que pensam em voz alta; treinam-nas na autofala.
Memória.	Relembram as crianças das expectativas e regras.

positiva, e as crianças do primeiro ciclo do ensino fundamental são influenciadas também pelos pares.

Instrução direta

Como mencionamos no início deste capítulo, os adultos regulam o comportamento das crianças por meio de controles físicos e verbais, ou seja, por meio de **instrução direta**. De início, os adultos usam principalmente a intervenção corporal para manter as crianças em segurança e ajudá-las a conviver. Separam brigas entre irmãos, retiram objetos do alcance, tiram das crianças objetos proibidos que elas pegam e impedem que atravessem ruas movimentadas. Essas ações são em geral acompanhadas por uma breve ordem verbal como "Pare", "Não", "Dê-me isso" ou "Espere por mim". Aos poucos, as intervenções físicas dão lugar a orientações verbais e avisos, aos quais as crianças se tornam cada vez mais receptivas. As orientações fornecidas geralmente pelos adultos fazem parte das categorias delineadas no Box 10.2. As instruções verbais constituem o modo mais rápido de fazer que as crianças saibam quais são os comportamentos adequados, inadequados e alternativos. São especialmente eficazes quando combinados com a apresentação de modelos.

Modelagem

Os adultos **modelam** um código de conduta por meio de suas próprias ações (Fox & Lentini, 2006). Devolver pontualmente os livros da biblioteca, ajudar um animal ferido ou resistir à tentação de comer um doce antes do jantar, tudo isso transmite mensagens às crianças sobre os comportamentos desejáveis. Dar um bom exemplo é crucial para ensinar o certo e o errado. Por meio da **modelagem** pode-se oferecer modelos para atitudes positivas e modos construtivos de interagir com os outros é o meio mais eficaz de transmitir esses aspectos da competência social às crianças pequenas (Thompson & Twibell, 2009).

As crianças imitam naturalmente muito do que veem; dar modelos tem, porém, impacto mais forte quando o comportamento-modelo é óbvio para elas. Isso significa que são mais hábeis em imitar um modelo com o qual podem interagir e em imitar os comportamentos que são postos em evidência para elas (Kostelnik, 2005). Esse treinamento ajuda as crianças a reconhecer detalhes importantes que, de outro modo, não poderiam notar. Por exemplo, se a questão é demonstrar um modo gentil de lidar com os animais, é melhor trabalhar diretamente com as crianças e demonstrar a tarefa enquanto se descreve em voz alta: "Olhe como pego os pintinhos com delicadeza para não machucá-los nem esmagar as

> **BOX 10.2** Modelos de instrução que os adultos podem fornecer
>
> **Dizer às crianças o que é certo e o que é errado**
> "Você vai machucar o gato se puxar o rabo dele."
> "Compartilhe seus brinquedos."
> "Roubar é feio."
>
> **Informar à criança os padrões esperados**
> "Faça carinho delicadamente no gato."
> "Guarde seus brinquedos."
> "Dê um beijo em sua avó."
>
> **Restringir determinados comportamentos**
> "Só mais cinco minutos no balanço."
> "Ponha um avental antes de começar a pintar."
> "Use essa toalha, não a manga."
>
> **Oferecer às crianças estratégias para atingir determinados padrões**
> "Você pode empilhar os pratos grandes de um lado e os pequenos de outro, deste jeito."
> "Vocês podem brincar juntos com a bola ou revezar."
> "Se você pensar em outra coisa, a espera passará mais depressa."
>
> **Redirecionar o comportamento das crianças**
> "Vá lá fora. Não jogue bola aqui dentro."
> "Essa colher é muito grande. Experimente esta."
> "Diga a ele que está zangado em vez de morder."
>
> **Explicar às crianças que qualquer ação provoca uma reação**
> "Ele bate em você porque você bate nele."
> "Sempre que você caçoa dela, ela chora."
> "O Sr. Martin gostou muito de você tê-lo ajudado a varrer as folhas secas."
>
> **Dar informações às crianças sobre a impressão que o comportamento delas causa nos outros**
> "Penteie os cabelos. As pessoas vão pensar que não cuido bem de você."
> "Se não responder ao cumprimento, ele vai pensar que você não gosta dele."
> "Se não disser 'obrigado', as pessoas não saberão se você gostou do que fizeram."

penas. Olhe como dobro os dedos de leve". Mostrar simplesmente o procedimento correto, sem dar uma explicação direta, pode não ser suficiente para que imitem o comportamento adequado posteriormente.

As descrições verbais dos comportamentos oferecidos como modelo são especialmente valiosas quando os adultos esperam que as crianças percebam que alguém resiste à tentação ou adia a gratificação. Tais comportamentos são sutis, e as crianças poderão não percebê-los se não forem postos em evidência. A seguir, observe o professor que verbaliza o que vê para ajudar os outros a perceber os esforços feitos por Raymond para adiar a gratificação: "Raymond realmente quer usar o dicionário completo, embora o dicionário abreviado esteja à disposição. Está esperando que Karen acabe de usá-lo para ser o próximo". Esse tipo de narração ajuda muito as crianças a incorporar o modelo de comportamento às suas próprias estratégias sociais.

Reforçamento e consequências negativas

Além de instruírem as crianças a propósito de como agir e fornecerem modelos para os comportamentos apropriados, os adultos reforçam desempenhos desejáveis e punem aqueles considerados inaceitáveis. **Reforçamento** é fornecer alguma consequência para o comportamento que aumente a probabilidade de que a criança o repita em situações semelhantes. Já as **consequências negativas** reduzem a probabilidade de que um comportamento particular se repita. Embora os princípios do reforçamento e das consequências negativas sejam relativamente simples, o uso adequado é complicado. Por essa razão, o Capítulo 11 é dedicado inteiramente a esse assunto. Por ora, basta saber que as crianças experimentam tanto o reforçamento quanto as consequências negativas, como resultado de seus comportamentos, e que estes desempenham papel importante quando elas começam a tornar-se autodisciplinadas.

Integrar desenvolvimento e experiência

As interações individuais que as crianças vivenciam todos os dias ajudam a criar um mapa mental único do ambiente social (Coie & Dodge, 1998; Goleman, 2006). Ou seja, as crianças mapeiam mentalmente as experiências vividas e registram os comportamentos que as fazem sentir culpadas, aqueles que causam bem-estar, os recompensados e aqueles que não são, e sob quais circunstâncias isso ocorre. Esse mapa, aos poucos, cresce em amplitude e complexidade. Ao longo do tempo, as crianças catalogam um número crescente de experiências e passam a fazer discriminações mais finas entre os eventos. Baseiam-se nas informações coletadas desses episódios para adequar seu comportamento às solicitações das situações, em vez de dependerem de outras pessoas para direcioná-lo. Além disso, a competência desenvolvimental aumentada capacita-as a interpretar com mais precisão os sinais que recebem e a vislumbrar respostas mais variadas a esses sinais. Tornam-se, assim, cada vez mais bem-sucedidas em monitorar o próprio comportamento.

Gradualmente, também os pares passam a contribuir para que compreendam os comportamentos desejáveis e indesejáveis. As experiências combinadas com adultos e colegas da mesma idade promovem maior autodisciplina. As interações com os adultos ensinam às crianças obrigações, responsabilidades e respeito; as relações com os pares proporcionam a elas experiências diretas de cooperação e justiça. A diferença de perspectiva resulta da interpretação geral dada pelas crianças. Segundo essa interpretação, o comportamento positivo em relação aos adultos significa obediência, e aquele relacionado aos pares envolve ações recíprocas como compartilhar e revezar-se. Este capítulo e o seguinte concentram-se no papel do adulto de ajudar as crianças a adquirir autodisciplina. O Capítulo 8 já descreveu de que modo os pares também influenciam esse processo.

Como o estilo disciplinar do adulto afeta a conduta das crianças

Todos os adultos se servem de instruções e fornecem modelos, recompensas e consequências negativas para ensinar às crianças como se comportar. No entanto, as técnicas utilizadas e a aplicação destas variam. Essas variações são estudadas desde os anos 1960. Constatou-se que a mistura de estratégias de socialização que os adultos adotam tem influência importante no desenvolvimento da personalidade das crianças e investigou-se se as crianças seguem as regras por aderência, identificação ou internalização. Foram observados os efeitos de curto e longo prazos (Kochanska et al., 2002, 2008). Embora a maioria das pesquisas se concentrasse nas relações pais-filhos, examinaram-se também outras interações adulto-criança, como entre crianças e professores. Muitos desses trabalhos produziram resultados semelhantes.

Em diversos estudos importantes, os pesquisadores identificaram quatro estilos disciplinares usados pelos adultos: autoritário, permissivo, sem envolvimento e autoritativo (Baumrind, 1967, 1973, 1991; Maccoby & Martin, 1983). Esses quatro estilos continuam a ser o padrão de comparação até hoje. Cada um caracteriza-se por atitudes particulares dos adultos e práticas relacionadas às dimensões de controle, exigências de maturidade, solicitações, comunicação e afeto.

- **Controle** refere-se ao modo como os adultos impõem a obediência com suas expectativas e ao grau em que isso ocorre.
- As **exigências de maturidade** representam o nível em que as expectativas são estabelecidas.
- A **comunicação** descreve a quantidade de informação oferecida às crianças em relação às práticas de comportamento.
- O **afeto** refere-se a quanto os adultos exprimem dedicação e interesse pelas crianças.

As diferenças entre os quatro estilos disciplinares estão refletidas nas combinações das dimensões apresentadas na Figura 10.2. Os adultos autoritários mantêm alto controle, fazem exigências altas de maturidade e são pouco claros na comunicação e no afeto. Os permissivos mantêm baixo controle, fazem baixas exigências de maturidade, são pouco claros na comunicação e apresentam alto afeto. Os negligentes apresentam valores

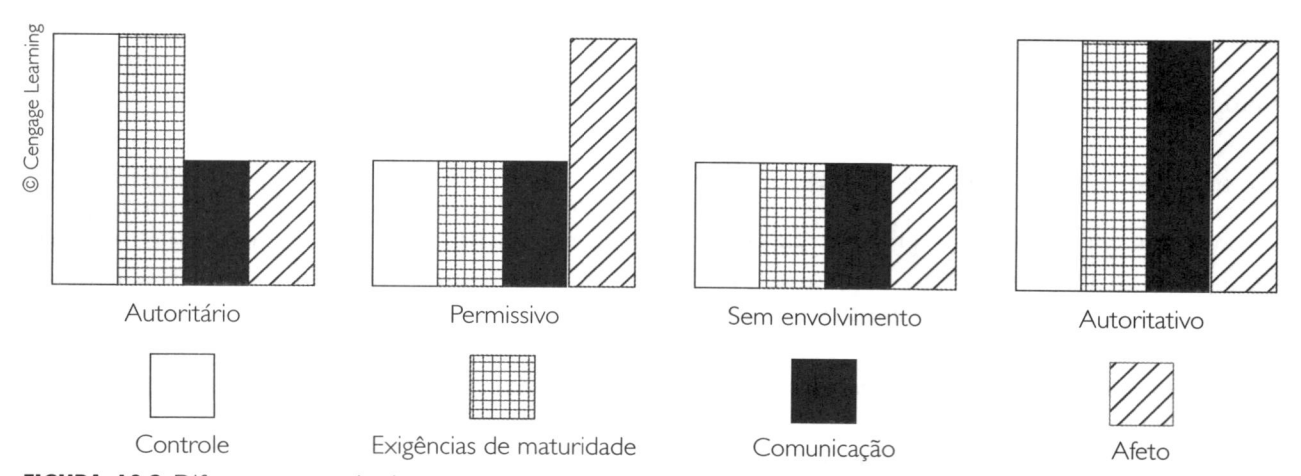

FIGURA 10.2 Diferenças nas atitudes e práticas entre os estilos disciplinares autoritário, permissivo, sem envolvimento e autoritativo.

baixos em todas as categorias. Os adultos que têm valores altos em todas as dimensões são descritos como "autoritativos". Embora poucos apresentem um estilo "puro", os comportamentos dos adultos tendem a agrupar-se em torno de um ou outro padrão. Para que você desenvolva seu próprio estilo, é importante entender as características de cada estilo disciplinar.

O estilo disciplinar autoritário

"Faça o que eu disse" e "Faça isso porque eu disse para fazer!"

Exigências como essas caracterizam o **estilo disciplinar autoritário**. Os adultos que apresentam esse estilo valorizam a obediência incondicional das crianças acima de tudo. Para atingir os critérios elevados que têm para as crianças, impõem zelosamente as regras e gastam pouco tempo para construir uma relação. Explicações e raciocínios não se encaixam na visão que têm de si mesmos como principal autoridade. A quebra de regras é tratada rápida e energicamente, na maioria das vezes, por meio da ridicularização, pela imposição da vergonha e pela punição física. Não é surpreendente que os adultos autoritários tenham relações distantes com as crianças. As crianças os veem como duros supervisores, mais preocupados em encontrar erros que em reconhecer as tentativas de realização. Essa abordagem, chamada às vezes de disciplina de imposição de autoridade, mantém as crianças no nível da aderência ao raciocínio moral (Laible & Thompson, 2002; Dodge, Coe & Lynam, 2006). As crianças seguem as regras por medo ou cega obediência, e não por empatia ou preocupação pelos outros. Esse tipo de disciplina dificulta o desenvolvimento das habilidades de raciocínio e a sensibilidade emocional necessária para a internalização. Além disso, as crianças que interagem principalmente com adultos autoritários tornam-se, em geral, inamistosas, desconfiadas, ressentidas e infelizes. Tendem a apresentar baixo desempenho, evitar os colegas e apresentar mais incidentes de mau comportamento, como aqueles relacionados a atos impulsivos (Kochanska et al., 2002, 2008).

O estilo disciplinar permissivo

"Amo você! Faça o que quiser."

Os adultos com **estilo disciplinar permissivo** são calorosos com as crianças, mas estabelecem poucos limites para os comportamentos delas. Os adultos permissivos são o oposto dos autoritários. Enfatizam a construção da relação em detrimento de qualquer ação que oriente a socialização. Veem-se como recursos amorosos para as crianças, mas não como agentes ativos, responsáveis pela modelagem de seus comportamentos presentes e futuros. Aceitam ampla gama de ações das crianças com base na convicção de que os controles externos prejudicam o desenvolvimento ou por não saberem como obter obediência (Oyserman et al., 2005). Consequentemente, os adultos permissivos fornecem pouca instrução às crianças sobre como comportar-se, ignoram suas transgressões, fazem poucas perguntas e raramente lhes dão oportunidade de assumir responsabilidades. Nas poucas vezes em que se sentem obrigados a punir um mau comportamento grave, a técnica favorita é a suspensão temporária do afeto ("Não gosto de crianças que machucam as pessoas").

Infelizmente, as crianças submetidas a esse tipo de abordagem demonstram poucos sinais de internalização. Como recebem poucos sinais sobre os comportamentos socialmente adequados e inadequados, não desenvolvem orientações ou estratégias para usar no dia a dia. Além disso, têm pouca oportunidade de desenvolver sentimentos de empatia em relação aos outros, pois as relações de causa e efeito não são explicadas. Muitas vezes, os colegas e adultos interpretam esse comportamento desenfreado como imaturo, desconsiderado e inaceitável. Essas percepções negativas contribuem para os sentimentos de ansiedade e baixa autoestima da criança.

De regra, as crianças cujo mundo é dominado por adultos permissivos tendem a ser retraídas, improdutivas e infelizes. Na adolescência, esse estilo se associa muitas vezes à delinquência e ao mau desempenho escolar (Hart et al., 2003; Steinberg, Blatt-Eisengart & Cauffman, 2006).

O estilo disciplinar sem envolvimento

"Não estou interessado no que você faz."

Os adultos sem envolvimento são indiferentes às crianças que cuidam. Não dedicam nenhuma energia ao que se relaciona a elas ou à orientação de seus comportamentos sociais. Esses adultos estão absorvidos em si mesmos, concentrados em suas próprias necessidades, em detrimento da criança. O egocentrismo extremo pode derivar da depressão ou do estresse. Qualquer que seja a causa, o **estilo disciplinar sem envolvimento** leva a muitos dos mesmos resultados descritos em relação às crianças sujeitas à abordagem permissiva (Collins & Steinberg, 2006; Kochanska et al., 2008).

Nesse cenário, as crianças não desfrutam da afetuosidade existente nas relações permissivas, tornam-se alienadas e têm dificuldades de interagir com os pares e outros adultos. Em geral, essas crianças apresentam sérios problemas, como mau humor, sentimentos de insegurança e baixa autoestima. Comportamentos inadequados e disruptivos são a norma na primeira infância. À medida que crescem, tendem a ser desobedientes, irresponsáveis e imaturas. Apresentam também baixo desempenho escolar. Durante a adolescência, surgem, com frequência, outros problemas decorrentes desse estilo disciplinar: evasão escolar, uso de drogas e sexualidade precoce (Aunola & Nurmi, 2005; Clark & Gross, 2004; Kochanska et al., 2002, 2008). Essas crianças não desfrutam de experiências importantes que poderiam ajudá-las a caminhar na direção da internalização e, por isso, tendem a permanecer no estágio amoral ou no de aderência, no que diz respeito à autorregulação.

O estilo disciplinar autoritativo

"Interesso-me por você. Espero que se comporte adequadamente. Se não souber como se comportar, eu ensino."

Os adultos que adotam o **estilo disciplinar autoritativo** combinam os atributos positivos dos estilos autoritário e permissivo e evitam os negativos. Respondem às necessidades das crianças com afetuosidade e dedicação, têm critérios altos para elas e estabelecem expectativas comportamentais claras. Os adultos autoritativos adotam também estratégias adicionais que os adultos permissivos e autoritários absolutamente não usam. Assim, os profissionais de apoio cujo estilo é autoritativo demonstram carinho e respeito pelas crianças. Para eles, as crianças precisam se sentir importantes para que possam assumir responsabilidades adequadas e reconhecer as próprias realizações. Além disso, ensinam às crianças habilidades sociais relevantes que as ajudam a atender às próprias necessidades de modo socialmente aceitável.

Ao mesmo tempo, os adultos autoritativos estabelecem altos critérios para os comportamentos das crianças, mas orientam suas expectativas de modo que correspondam às necessidades e às habilidades em contínua mudança. Embora sejam rápidos ao reagirem aos maus comportamentos, usam explicações, demonstrações, sugestões e outros tipos de raciocínio como estratégias principais de socialização (Kerr et al., 2004). Esses adultos usam os episódios disciplinares como oportunidades para discussões relacionadas ao sentimento de culpa e à empatia, e como meio de ensinar os comportamentos que devem ser escolhidos, aqueles a serem evitados e as alternativas existentes (Russell, Mize & Bissaker, 2004). Essa forma de regulação do comportamento não punitiva é chamada às vezes de disciplina indutiva, pois os adultos induzem as crianças a regular o próprio comportamento com base no impacto que suas ações terão sobre si mesmas e os outros.

O estilo autoritativo está mais fortemente associado ao desenvolvimento da autodisciplina nas crianças (Hart et al., 2003; Milevsky et al., 2007). As crianças sabem o que se espera delas e como fazê-lo. Além disso, tornam-se sensíveis às necessidades dos outros, felizes, cooperativas, resistentes às tentações e socialmente responsáveis. São também capazes de iniciar e manter tarefas por si próprias e têm menos probabilidade de envolver-se em comportamentos de risco em relação à saúde, como beber e usar drogas (Adalbjarnardottir & Hafsteinsson, 2001; Clark & Gross, 2004). Dos quatro padrões, o autoritativo é o mais competente do ponto de vista social. Por isso, as crianças são favorecidas quando os adultos apresentam esse estilo disciplinar.

O Quadro 10.4 resume os quatro estilos disciplinares e os padrões correspondentes de comportamento infantil aos quais se associam. Dados recentes não apenas apoiam as relações descritas, como indicam também que esses resultados tendem a perdurar desde a primeira infância até fases avançadas da maturidade (Kochanska et al., 2008; Pratt, Skoe & Arnold, 2004).

Implicações

Os padrões de comportamento associados aos quatro padrões dominantes de supervisão dos adultos mostram que todos têm um impacto profundo no desenvolvimento imediato e de longo prazo das crianças (Kochanska et al., 2002, 2008; Brown, Odom & McConnell, 2008). Táticas coercitivas como força física, vergonha e exigências ditatoriais levam-nas a agir por medo ou obediência cega e não por empatia ou preocupação com os outros. Isso interfere em sua habilidade de desenvolver o raciocínio e a dedicação necessários para a internalização. O controle exercido sem explicações e sem afeto não ajuda as crianças a se tornar autodisciplinadas. Em vez disso, elas mantêm a orientação externa e permanecem no estágio da aderência.

QUADRO 10.4 Estilos disciplinares e padrões de comportamento infantil associados

Estilo disciplinar	Perfil de comportamento das crianças
Autoritário	Sem objetivo Temeroso, apreensivo Hostil Autoconfiança e autocontrole baixos Mau humor, infeliz Desconfiado Inamistoso Retraído Agressivo
Permissivo	Agressivo Sem objetivo Despótico Imaturo Impulsivo Baixo rendimento Autoconfiança e autocontrole baixos Rebelde Infeliz Retraído
Sem envolvimento	Agressivo Imaturo Impulsivo Inseguro Irresponsável Baixo rendimento Autoestima baixa Autoconfiança e autocontrole baixos Mau humor Desobediente
Autoritativo	Cooperativo Curioso Empático Amistoso Orientado a objetivos Feliz Alto desempenho Autoconfiança e autocontrole altos

Da mesma forma, a internalização também não ocorre quando os adultos são afeiçoados às crianças, mas não conseguem dar-lhes as orientações ou comunicar-lhes as expectativas previsíveis ou ainda quando as ignoram completamente. Nessas situações, elas têm poucas oportunidades de receber um *feedback* preciso sobre como os outros as percebem e sobre como seu comportamento afeta as outras pessoas. Com tão poucos sinais sobre o que é socialmente adequado, são incapazes de criar uma fundamentação realista das experiências que sirva como guia para os futuros comportamentos. Para elas, o mundo é inamistoso, pois adultos e colegas não compartilham os mesmos padrões permissivos e consideram inaceitável seu comportamento desenfreado.

A rejeição resultante contribui para sentimentos de ansiedade e de baixa autoestima. Infelizmente, tais crianças têm menos probabilidade de desenvolver sentimentos de empatia pelos outros (Goleman, 2006). Essas omissões somam-se a um sombrio prognóstico para as crianças que provêm tanto do estilo disciplinar permissivo quanto do sem envolvimento.

É óbvio que o padrão de comportamento do adulto que tem mais probabilidade de levar à internalização é o autoritativo. Os adultos autoritativos efetivamente orientam os quatro fatores que contribuem para a autodisciplina: emoções, cognição, linguagem/memória e experiência.

Quando os adultos são capazes de transmitir aceitação e, ao mesmo tempo, tornam claras suas expectativas em relação à conduta, as crianças sentem-se seguras, sabem que as pessoas se interessam por elas e que dispõem de recursos para decidir como se comportar. Os episódios disciplinares fornecem uma oportunidade para discutir sobre os sentimentos de culpa e empatia, duas emoções não facilmente identificadas pelas crianças que se tornam defensivas ou hostis em razão da imposição de autoridade ou que estão preocupadas com a suspensão do afeto (Bell et al., 2004; Fox & Lentini, 2006).

Raciocinar com as crianças também contribui para o desenvolvimento social delas, pois as expõem a julgamentos morais diferentes. Esse é um elemento importante no desenvolvimento de níveis elevados de pensamento a propósito do certo e do errado. Além disso, as crianças adquirem informações precisas sobre quais comportamentos escolher novamente, quais evitar e quais alternativas levar em consideração, o que aumenta a amplitude e a profundidade de seu mapa cognitivo do ambiente social. Enfim, quando os adultos raciocinam junto com as crianças, fornecem um modelo de linguagem que elas poderão usar no futuro para regular o comportamento. Quando isso acontece, elas maximizam o sucesso potencial que está à disposição, pois aprenderam a atender às próprias necessidades de acordo com as diretrizes estabelecidas pelos adultos.

A interação dinâmica entre o temperamento das crianças e o estilo disciplinar do adulto

Jessie, de 9 anos, é uma criança quieta, um pouco temerosa em situações novas e tímida em relação às pessoas. Quanto ao temperamento, pode ser descrita como lenta para aquecer.
Raelynn, por sua vez, é impulsiva e não tem medo das interações sociais. É uma criança belicosa, que muitos definiriam como temperamentalmente difícil.

As evidências baseadas nas diferenças de temperamento mostram que crianças como Jessie exercem a autodisciplina com mais facilidade que as como Raelynn (Kochanska, 1995; Kochanska et al., 2002). Isso não significa que Jessie adquirirá a autodisciplina automaticamente nem que Raelynn nunca desenvolverá autocontrole. Significa que o caminho em direção à internalização é mais fácil para a criança quieta e reflexiva do que para aquelas cuja abordagem da vida é naturalmente impulsiva, rebelde e teimosa.

O modo como os adultos abordam as duas meninas também é um dos fatores que influenciam o surgimento das capacidades autorregulatórias. Existem semelhanças e diferenças no modo como os adultos interagem com cada criança para promover a autodisciplina. Por exemplo, Jessie tende a responder de modo mais favorável a estratégias gentis e psicológicas que enfatizam o afeto e a comunicação, com menos concentração nas exigências de maturidade e no controle. Crianças temerosas como ela são altamente ansiosas e frequentemente explodem em lágrimas ao menor indício de repreensão. Quando isso acontece, é difícil que absorvam os ensinamentos morais desejados. Assim, os adultos precisam ser cuidadosos ao ajudarem Jessie a aprender as "regras". No caso de Raelynn, também é necessário que o adulto estabeleça uma relação afetuosa. No entanto, as orientações brandas que funcionam bem com crianças temerosas podem não ser suficientes para capturar a atenção de uma criança que não tem medo. Raelynn também precisará de mensagens claras e firmes (não severas) sobre o que se espera dela e sobre o melhor modo de manter o afeto e as relações reciprocamente cooperativas que tem com os adultos importantes de sua vida. Como você pode notar, essas duas abordagens são variações do estilo disciplinar autoritativo.

As técnicas autoritárias provavelmente não funcionariam com nenhuma das duas garotas: oprimiriam Jessie, fazendo-a retrair-se ainda mais. E as crianças com temperamento difícil como Raelynn tendem a se comportar mal ante qualquer atitude autoritária. Essa reação quase sempre faz que os adultos aumentem suas exigências de controle, com piores resultados ainda (Kochanska, Padavic & Koenig, 1996; Kochanska et al., 2002). Em ambos os casos, adultos e crianças participam de um ciclo contraproducente que é difícil de quebrar e que pode contribuir para problemas futuros de comportamento.

Os resultados mais favoráveis ocorrem quando os adultos se esforçam para manter um ajuste que corresponda a seu estilo disciplinar e às disposições das crianças (Grusec, Goodnow & Kuczynski, 2000). Os adultos capazes de equilibrar a necessidade de apoio amoroso da criança temerosa com exigências leves promovem o surgimento da autodisciplina e seu próprio sentimento de competência ao trabalharem com a criança. Aqueles que se esforçam para manter relações positivas, a despeito do comportamento belicoso e irritável das crianças, descobrirão que as coisas ficam melhores com o tempo. Crianças difíceis, quando tratadas com paciência, afetuosidade e orientação firme, tornam-se mais capazes de moderar suas reações e desenvolver mecanismos de autodisciplina associados à competência social. Quando não há ajuste entre o temperamento da criança e o estilo do adulto, ambos sofrem.

Uma perspectiva intercultural. Algumas pessoas se perguntam se uma orientação autoritativa pode representar as necessidades das pessoas de diferentes *backgrounds* étnicos e culturais. Nos Estados Unidos e no Canadá, pesquisas com crianças euro-americanas, afro-americanas, de classe média e com *backgrounds* socioeconômicos mais baixos produziram, todas, resultados semelhantes. Quando os adultos combinam calor, relações de afeição, padrões altos, expectativas claras e limites razoáveis em relação ao comportamento das crianças, estas demonstram taxas altas de autoestima positiva, autonomia, conduta pró-social e autodisciplina comportamental (Baumrind, 1995; Ladd, 2005). Esses resultados são válidos também em outras culturas ocidentais. Consequentemente, o estilo autoritativo é a abordagem mais comumente praticada nessas comunidades (Rothbaum & Trommsdorff, 2007). Já algumas culturas do leste asiático e outras culturas não ocidentais não valorizam a autonomia pessoal e independência, mas enfatizam aspectos relacionados à responsabilidade grupal e à obrigação social. Nesses grupos culturais, os estilos de socialização dos adultos tendem a enfatizar altamente o controle e as exigências de maturidade, entretanto é provável que as crianças vejam o controle do adulto como expressão de interesse, dedicação e envolvimento (Rothbaum & Trommsdorff, 2007). Em outras palavras, a dedicação "está nos olhos de quem vê". A cultura influencia quais comportamentos as crianças interpretam como condizentes com as dimensões associadas aos estilos disciplinares que acabamos de discutir. Assim, os leitores precisam sempre se lembrar que cada criança vive em um nicho contextual único. Os detalhes de como as relações se estabelecem e como se obtém obediência variam. Os comportamentos que causam determinada impressão em um observador externo podem não ser interpretados do mesmo modo dentro de uma família ou grupo cultural particular.

Além disso, condições diferentes de vida podem requerer técnicas que diferem na forma, mas correspondem conceitualmente àquelas associadas com a perspectiva autoritativa. Por exemplo, a família Green vive em um conjunto habitacional repleto de drogas e violência. A Sra. Green enfrenta a necessidade de manter seu filho em segurança, em um ambiente hostil. Ela pode exigir uma obediência mais rápida e absoluta naquele ambiente que exigiria se vivesse em outro lugar. Além disso, o que as crianças e os adultos importantes de suas vidas interpretam como afetuosidade e apoio depende das experiências passadas e das interpretações correntes (Rothbaum & Trommsdorf, 2007). Isso significa que uma criança pode interpretar o comportamento de caçoar do adulto como uma estratégia para construir relações, enquanto outros veem o mesmo comportamento como estratégia de rejeição. Da mesma forma, o sarcasmo pode ser entendido por algumas crianças como uma advertência gentil a ser levada a sério ("Vai continuar até quando?"), enquanto outras perderiam completamente a mensagem. A compreensão das crianças está ligada aos hábitos de fala e interação com os quais têm familiaridade.

Por isso, é fundamental que os profissionais de apoio lembrem-se de que não devem julgar os estilos de socialização dos adultos de modo excessivamente restritivo e devem tentar adaptar suas habilidades para atender às necessidades das crianças e das famílias cujo *background* pode variar enormemente.

Tornar-se autoritativo

Pensava-se, no passado, que ser autoritário, permissivo ou autoritativo fosse uma questão instintiva. Sabemos hoje que, embora algumas personalidades ou temperamentos pareçam mais alinhados com um estilo que com outro, qualquer pessoa pode aprender a ser mais autoritativa por meio do treino e da prática (Fox & Lentini, 2006; Epstein, 2009). Os adultos autoritativos pensam em si mesmos como professores. Presumem que "ensinar" as crianças a comportar-se seja tão natural quanto ensinar qualquer outra coisa (veja Box 10.3).

Para desenvolver um estilo de ensino autoritativo, você precisa prestar atenção a alguns detalhes: como estabelece relações com as crianças, que tipo de atmosfera cria na sala de aula e como comunica suas expectativas às crianças. As habilidades apresentadas nos capítulos anteriores concentram-se em criar e incrementar um ambiente de apoio, no qual as crianças pudessem explorar os limites comportamentais. Assim, você já aprendeu alguns elementos do estilo autoritativo. As habilidades apresentadas neste capítulo o ajudarão a abordar as expectativas e as regras. Para fazer isso, você precisa aprender estratégias de ensino e de treinamento que compreendem fornecer modelos e instrução direta.

BOX 10.3 Como tornar-se um adulto autoritativo

Quando as crianças não sabem lavar as mãos, nós ensinamos.
Quando as crianças não sabem dizer o alfabeto, nós ensinamos.
Quando as crianças não sabem multiplicar, nós ensinamos.
Quando as crianças não sabem dançar, nós ensinamos.
Quando as crianças não sabem como se comportar, nós ensinamos.

FONTE: Adaptado de Herner (1998, p. 2).

■ Exponha suas expectativas

Uma das formas mais eficientes de expressar expectativas e regras para o comportamento das crianças é a **mensagem pessoal**, composta por três partes. Na primeira parte, você usa a reflexão para reconhecer o ponto de vista da criança. Na segunda, identifica sua reação emocional ao comportamento da criança, nomeia a ação específica que motivou esses sentimentos e justifica-os. Na terceira – usada apenas em situações em que se deseja modificar o comportamento –, você descreve à criança um comportamento alternativo. Esse último passo refere-se à apresentação de uma regra que a criança deverá adotar em determinada situação.

> *Kayla, de 5 anos, usa uma faca de plástico para cortar a banana da salada de frutas. De brincadeira, começa a brandi-la no ar, fazendo de conta que é uma espada. A professora teme que a criança possa se machucar ou machucar outra criança e diz: "Kayla, sei que você está se divertindo, mas estou preocupada que alguém se machuque com essa faca. Abaixe-a assim" (a professora mostra o que fazer).*

As mensagens pessoais dão às crianças a informação de que precisam em qualquer momento da vida. Isso as ajuda a compreender melhor de que modo suas ações afetam os outros e fornece-lhes sinais sobre os comportamentos desejáveis e indesejáveis (Kaiser & Rasminsky, 2007).

Em circunstâncias favoráveis, as mensagens pessoais informam às crianças que o que estão fazendo está certo, de modo que possam repetir esse comportamento nas interações subsequentes. Por exemplo, um adulto que valoriza a cooperação reconhece os esforços de duas crianças ao dizer: "Vocês estão trabalhando juntos. Fico feliz que compartilhem. Compartilhar é um modo de cooperar". Em situações problemáticas, as mensagens pessoais preparam o terreno para que as crianças saibam agir adequadamente sem a intervenção do adulto. Em outras ocasiões, o adulto pode impor consequências às crianças desobedientes, pois elas têm consciência de que agiram de forma equivocada. Por exemplo, os adultos que redirecionam a raiva de uma criança, do ato de bater para o de falar, podem dizer: "Você está zangado. Fico aborrecido quando você bate. Bater machuca. Diga a Stuart o que ele fez para que você ficasse tão zangado". Por enquanto, vamos nos concentrar nas mensagens pessoais cuja finalidade é modificar os comportamentos problemáticos; mais tarde, consideraremos o modo de usá-las nas situações positivas.

Saber quando é necessário modificar o comportamento

Todos os dias, os adultos enfrentam situações em que precisam decidir se o comportamento de uma criança é adequado ou não. Se não for aceitável, deverão determinar também a conduta mais adequada. Para tomar essas decisões, é necessário fazer as seguintes perguntas:

1. O comportamento da criança põe em risco a segurança dela ou dos outros?
2. O comportamento é destrutivo?
3. O comportamento infringe os direitos de alguém?

Se a resposta a essas perguntas for sim, o adulto deverá intervir (Levin, 2003; Mallot & Trojan, 2008). Se a resposta for não, então não será necessário exigir qualquer mudança no comportamento.

Por exemplo, a preocupação com a segurança é a razão pela qual as crianças são impedidas de correr com tesouras nas mãos, de atravessar correndo ruas movimentadas e de brincar com fósforos. Do mesmo modo, as sanções que os adultos impõem para rabiscar ou escrever em livros da biblioteca têm a finalidade de proteger os objetos. Quando as crianças são repreendidas porque copiaram a lição de alguém ou caçoaram de um colega tímido, a finalidade do adulto é ensiná-las a respeitar os direitos dos outros. Em todas essas situações, há motivos legítimos para tentar modificar o comportamento da criança.

Enfim, os adultos precisam decidir se um comportamento problemático é suficientemente importante para justificar uma atenção permanente (Denno, Carr & Bell, 2011; Edwards, 2007), o que pode ser descrito como o princípio da importância. Em outras palavras, o comportamento é sério o bastante para ser tratado todas as vezes que ocorre? Se o comportamento atingir esse critério, é o caso de uma mensagem pessoal.

Por exemplo, quando o Sr. Smith vê crianças jogando pedras no *playground*, ele as interrompe, a despeito de quanto esteja cansado ou preocupado. Jogar pedras é tão perigoso que impedi-lo é prioritário para ele. Nesse caso, é adequado dar uma mensagem pessoal que proíba jogar pedras.

Em outra situação, Smith se aborrece quando as crianças jogam as mochilas no chão em vez de pendurá-las nos ganchos. Se Smith estiver com dor de cabeça ou cansado, fingirá que não vê as mochilas no chão. A atenção variável que Smith dedica às mochilas é um sinal de que o problema não é suficientemente importante, pelo menos por ora, a ponto de justificar uma mensagem pessoal.

Os padrões de segurança, asseio e direitos das pessoas são simples e abrangentes. Fornecem diretrizes básicas por meio das quais é possível julgar o comportamento das crianças e são aplicáveis a crianças de várias idades e habilidades, incluindo aquelas com necessidades especiais (veja Box 10.4).

Os adultos interpretam de modos variados a periculosidade de uma situação e a ameaça potencial à autoestima de alguém. Os padrões pessoais são influenciados por experiências passadas, família, comunidade e cultura, o que significa que dois adultos diferentes nunca terão padrões idênticos. Contudo, quando os adultos relacionam os padrões a, pelo menos, um dos princípios que acabamos de descrever, minimizam as variações maiores que confundem as crianças.

Antes de comunicar seus padrões, é preciso avaliar todos esses critérios. Isso vale tanto para quando se pensa em quais regras devem ser aplicadas nas situações que surgirão, quanto para fixar limites em uma situação momentânea. Há tantos fatores a serem considerados que talvez você se pergunte se é mesmo possível adotar uma ação imediata. Os profissionais experientes consideram todos esses pontos rapidamente e intervêm a tempo. O novato talvez leve mais tempo para decidir se uma mensagem pessoal é adequada. O Box 10.5 apresenta uma breve revisão dos princípios mais importantes que podem ser usados para determinar se é necessário intervir por meio de uma mensagem pessoal.

BOX 10-4 Fixar limites para Rosie: uma criança com necessidades especiais

A história de Rosie

Rosie Carmassi, de 4 anos, frequenta, de manhã, a pré-escola com outras crianças de desenvolvimento típico da mesma idade e, de tarde, um programa de educação especial. Rosie nasceu com paralisia cerebral. É uma menina inteligente que aprecia música, livros de história e gosta de caracterizar-se com lenços e chapéus para as apresentações. No momento, Rosie não anda, não fala e não tem controle voluntário sobre nenhuma parte do corpo, exceto os olhos e lábios.

Ao longo do ano, Rosie se torna membro integrante do grupo da pré-escola, participa plenamente da vida da classe e tem amigos. No entanto, a professora levou algum tempo para descobrir que a menina precisava de limites, tanto quanto precisava de outras oportunidades de aprendizagem, todos os dias.

A professora de Rosie, do período da manhã, fala sobre as primeiras tentativas de ajudar a menina a aprender a comportar-se na sala de aula.

Rosie conseguia emitir alguns sons limitados, mas não tinha controle suficiente sobre estes para comunicar-se. Ela dependia dos olhos. Podia movimentá-los para cima, para dizer sim, e para baixo, para dizer não. Podia também movê-los para a direita e para a esquerda, para sinalizar a direção, e olhar na direção de algo, para comunicar suas necessidades.

Inicialmente, Rosie tinha um quadro de figuras. O quadro era redondo e as figuras estavam dispostas em gomos, como os de uma laranja. Continha algumas figuras das coisas mais comuns que ela podia precisar ou querer na sala de aula, como beber água ou ir ao banheiro, e algumas figuras com as áreas da sala, como a de blocos de construção ou de faz de conta. O quadro estava sempre à disposição, e ela olhava para a parte dele que indicasse o que queria.

Tivemos alguns momentos frustrantes durante o ano. Quando Rosie queria algo, nem os professores nem as crianças conseguiam entender do que se tratava. Ela ficava decepcionada e chorava ou gritava. Mas se comportava do mesmo modo também quando não queria nada. No início, quando a menina se aborrecia com alguma coisa, os adultos da sala se esforçavam para agradá-la. Na verdade, todos sentiam muito pesar pela menininha na cadeira de rodas que não podia falar nem se mover livremente. O resultado foi que Rosie passou a ser recompensada por alguns comportamentos muito inadequados e começou a piorar. Certo dia, na reunião anterior à aula, disse: "Não ajudamos Rosie quando atendemos a todas as suas manhas". Perguntei se todos agiriam da mesma forma se se tratasse de outra criança. Todos concordaram que não. Então, disse: "Estamos aqui para ajudar Rosie. O modo de ajudá-la é não deixar que se comporte desse modo". Decidimos usar os **princípios de segurança e de proteção a objetos e direitos** (como fazíamos com as outras crianças), para guiar nossas decisões ao determinar as expectativas relativas à menina. Trabalhamos com afinco para que fossem claras e consistentes. Foi um desafio, mas, após diversas semanas, notamos uma mudança em Rosie: estava mais relaxada e era mais bem-sucedida na sala de aula. Aprendeu que os limites são necessários e que estávamos interessados nela, queríamos sua segurança e a tratávamos como qualquer outra criança. Foi uma lição importante para todos nós.

FONTE: História adaptada de Kostelnik et al. (2002a, b, c).

Primeira parte da mensagem pessoal

Para que possam ensinar as crianças a atingir objetivos sociais adequadamente, os adultos precisam, antes de tudo, entender o que elas pretendem conseguir (Kaiser & Rasminsky, 2007; Dowling, 2005). Depois disso, é mais fácil determinar um comportamento alternativo aceitável que satisfaça tanto o adulto quanto a criança. Com base nessa lógica, o primeiro passo da mensagem pessoal é identificar e reconhecer a perspectiva da criança, usando uma paráfrase ou reflexão afetiva.

Uma mensagem pessoal começa com uma reflexão. Em situações problemáticas, adultos e crianças têm quase sempre pontos de vista diferentes. Por exemplo, Allison, de 4 anos, ao levantar o vestido até a cabeça, no supermercado, parecia orgulhosa por mostrar suas calcinhas novas, entretanto a mãe da menina estava mortificada. Em momentos como esses, os adultos desejam que as crianças ajam de outro modo, e, portanto, é comum que se concentrem nesse desejo e esqueçam que as emoções das crianças são legítimas, embora opostas às deles. Refletir ajuda o adulto a evitar essa armadilha. É imprescindível que o adulto se lembre de que cada criança tem uma percepção única, a qual precisa ser considerada em todas as situações.

A reflexão é um sinal claro para a criança de que o adulto tenta ativamente entender sua posição (Calkins & Williford, 2009). As crianças estão mais dispostas a ouvir as mensagens dos adultos quando pensam que suas próprias mensagens foram ouvidas. Mesmo quando escolhem meios físicos para exprimir desejos, o fato de os adultos terem consciência da posição delas reduz a necessidade de que intensifiquem o comportamento para comunicar sentimentos. Por exemplo, se Sam estiver zangado, talvez esteja prestes a lançar um livro através da sala para afirmar sua posição. Quando o adulto diz "Aconteceu alguma coisa que realmente aborreceu você", Sam talvez não se sinta compelido a lançar o livro para demonstrar a raiva, visto que alguém já a reconheceu.

BOX 10.5 Os princípios fundamentais da intervenção

PROTEGER A SEGURANÇA
PROTEGER OS DIREITOS
PROTEGER OS OBJETOS

Se você precisar abordar um ou mais desses princípios, prepare-se para intervir.

IMPORTÂNCIA

Se o problema for importante o suficiente para ser tratado sempre que surgir, **INTERVENHA**.

Recomendamos ainda que você conte até dez antes de se comprometer com uma linha de ação particular, pois, assim, poderá classificar as próprias emoções, organizar o pensamento e reajustar a abordagem. Esse procedimento reduz o risco de reagir exageradamente ou responder de modo impensado. Vejamos um exemplo: do outro lado da sala, a Sra. Romano notou que o guache utilizado por Danny pingava no chão. A primeira reação da professora foi de aborrecimento.

Correu até o cavalete com uma reprovação na ponta da língua, mas, à medida que se aproximava, percebeu que Danny estava orgulhoso de seu trabalho e absorto na pintura. Por meio da reflexão "Você está realmente animado com sua pintura", Romano foi capaz de frear sua resposta inicial. Em vez de deixar escapar "Quantas vezes já dissemos que a tinta deve ficar em cima do papel?", a professora disse ao menino: "Pingou tinta no chão. Alguém pode escorregar e se machucar. Pegue uma esponja e vamos limpar isso". Desse modo, a reflexão serviu como um início fundamentado para aquilo que poderia ter sido uma situação emocionalmente carregada.

Em suma, por meio da reflexão, os adultos demonstram respeito pelas crianças (Denham, Bassett & Wyatt, 2007). Essa demonstração de consideração positiva precisa continuar, principalmente quando a ação disciplinar está ocorrendo. Quando usada conjuntamente com outras partes da mensagem pessoal, a reflexão reúne os dois componentes do estilo autoritativo: afeto e expectativas comportamentais claras.

Todas as razões para fazer uma reflexão antes de agir estão resumidas no Box 10.6. Em poucas palavras, em situações problemáticas, a criança tem uma perspectiva, e o adulto, outra. Para que possam chegar a uma solução, cada um precisa considerar, com cuidado e corretamente, as atitudes do outro. Essa compreensão recíproca forma a base da resposta compartilhada que reunirá as duas linhas separadas de pensamento. A reflexão representa o esforço do adulto para avaliar a atitude da criança; a segunda parte da mensagem pessoal ajudará a criança a reconhecer a perspectiva do adulto.

BOX 10.6 A reflexão deve preceder a mensagem pessoal

Por que é importante pensar antes de agir?

Ajuda-o a perceber o ponto de vista da criança.

Assinala à criança que você está tentando entendê-la.

Contar até 10 pode ajudá-lo mentalmente.

Mostra respeito pela criança.

Segunda parte da mensagem pessoal

A segunda parte da mensagem pessoal descreve as emoções do adulto, identifica o comportamento da criança que levou a esses sentimentos e fornece uma razão pelas quais as coisas estão desse modo:

"Fico aborrecido quando você bate. Bater machuca."
"Fico chateado quando você me interrompe. Perco o fio da meada."

Por que os adultos devem falar de suas emoções. É comum que os profissionais de apoio reajam emocionalmente ao comportamento das crianças. Sentem-se bem quando as crianças cooperam, perturbados quando brigam e aborrecidos quando elas procrastinam. As emoções são tão naturais para os adultos quanto para as crianças. Os profissionais experientes aprendem a usar as próprias emoções como um guia para interagir de modo mais eficaz com as crianças. Fazem isso ao falarem das próprias emoções, assim que surgem (Miller, 2010).

Quando revelam as emoções às crianças, os adultos ilustram a universalidade dos sentimentos. Demonstram que, em diferentes momentos, as pessoas sentem-se infelizes, contentes, decepcionadas, preocupadas, orgulhosas, satisfeitas ou zangadas. Isso ajuda as crianças a perceber que os seres humanos experimentam emoções e torna-as mais dispostas a aceitá-las dentro de si e a reconhecê-las nos outros (Hendrick & Weissman, 2009). Falar sobre as emoções ajuda-as também a aprender que as pessoas têm reações diferentes à mesma situação. Descobrem que o que as faz feliz pode provocar tristeza em outros e que algo que as deixa ansiosas pode ser bem-vindo para outra pessoa. Em razão de suas perspectivas sociais imaturas, elas não percebem isso automaticamente. À medida que escutam mais a respeito das emoções das pessoas, tornam-se, aos poucos, cientes de que é possível que haja mais de uma interpretação. Outra vantagem é que os adultos funcionam como modelo para exprimir os estados emocionais com palavras. As crianças descobrem que as pessoas podem ter uma grande variedade de reações e ser, ainda assim, capazes de verbalizar o que sentem (Thompson & Twibell, 2009). Descobrirão, enfim, que as emoções podem ser colocadas em palavras e que estas oferecem modo satisfatório de comunicação com os outros.

Os adultos que querem manter relações positivas com as crianças devem, além disso, ter em mente que compartilhar sentimentos com elas promove laços mais estreitos. As pessoas que falam com honestidade sobre suas emoções são consideradas mais confiáveis e úteis por aquelas com quem interagem que as que evitam essas conversas (Gazda et al., 2005). Quando os adultos assumem o risco de revelar coisas pessoais sobre si mesmos, as crianças recebem isso como um sinal positivo de envolvimento. Além disso, quando tais relações constituem a norma, as crianças consideram menos ameaçador revelar suas próprias emoções, o que leva a uma compreensão e a um respeito recíproco mais profundos.

As crianças estão interessadas em como os adultos que consideram importantes reagem ao que elas dizem e fazem, em que sentem e em quanto são receptivas a suas emoções. De fato, os adultos que manifestam decepção ou desaprovação em relação a um comportamento específico da criança colocam-na em uma ótima disposição para receber o restante da informação contida na mensagem (Hoffman, 2000; Kochanska et al., 2008). Sem esse tipo de sanção, as crianças não seriam induzidas a levar a sério o raciocínio dos adultos. Os adultos que se servem da imposição de autoridade ou da suspensão do afeto como modo de comunicação provocam reações tão fortes na criança que as tornam incapazes de prestar atenção no conteúdo específico da mensagem. Assim, quando as crianças se contêm para não bater, pois isso aborreceria o professor, ou quando compartilham materiais, pois o cuidador pediu colaboração, elas demonstram identificação. É a partir dessa base que, posteriormente, internalizarão algumas das expectativas de comportamentos que os adultos julgam importantes.

Concentrar-se no comportamento da criança. Após descrever suas emoções, é importante que os adultos digam à criança o comportamento que causou essa reação. É comum que elas não saibam quais comportamentos provocam a reação dos adultos. Isso significa identificar pelo nome o comportamento indesejado que a criança apresentou. Esse procedimento ajuda as crianças a definir com exatidão as ações a serem evitadas (Essa, 2007; Malott & Trojan, 2008). Por exemplo, uma mensagem pessoal que inclua a afirmação "Incomoda-me quando você pula na cadeira" indica à criança o comportamento que provocou a irritação do adulto e descreve um problema que pode ser resolvido. Por sua vez, observações como "Você me aborrece quando fica se exibindo" ou "Não gosto quando age como um porcalhão" são acusações que atacam a personalidade da criança e não promovem nem respeito mútuo nem compreensão.

Como você pode ver, comportamento são ações. Revezar-se, bater, chutar e ser pontual são modos objetivos de descrever a conduta das crianças. Entretanto, descritores como preguiçoso, não cooperativo, hiperativo, cabeçudo, guloso, hostil e nojento, além de serem subjetivos, são rótulos acusatórios. Quando recebem comentários desse tipo, as crianças se colocam em uma posição defensiva e não fornecem sinais claros sobre as ações específicas que são o foco da mensagem. Se tais rótulos forem usados, as crianças poderão se tornar hostis ou pensar que satisfazer o adulto está além de suas capacidades. Em ambos os casos, é mais difícil obter uma mudança eficaz de comportamento. Para evitar reações adversas, ao conversar com as crianças sobre os problemas de comportamento, use palavras objetivas para descrever as ações e não rótulos subjetivos.

A importância de fornecer razões às crianças. As crianças poderão entender as expectativas dos adultos e responder a elas se as justificativas forem claras e objetivas (Helwig & Turiel, 2002; Denno, Carr & Bell, 2011).

É por isso que a segunda parte da mensagem pessoal implica dar à criança uma explicação para a reação do adulto.

Por que os adultos se aborrecem quando as crianças batem?
Porque bater machuca.
Por que se aborrecem quando as crianças ficam à toa?
Porque podem se atrasar para algo importante.
Por que se aborrecem quando as crianças interrompem continuamente uma história?
Porque interromper interfere no curso do pensamento e prejudica a concentração dos outros.

Embora essas conclusões possam ser perfeitamente claras para os adultos, não são tão óbvias para as crianças.

Quando os adultos fornecem razões para suas expectativas, ajudam as crianças a reconhecer que os padrões de comportamento têm base lógica e não são arbitrários. As razões ajudam-nas a entender a lógica das expectativas que por si sós talvez não descobrissem. Além disso, a compreensão fornece informações a elas sobre o efeito de seus comportamentos sobre os outros. Isso aumenta a compreensão que têm das causas e efeitos interpessoais, ou seja, a relação entre seus próprios atos e o bem-estar físico e psicológico de outra pessoa (Gartrell & Gartrell, 2008; Wells, 2009). As razões tornam mais clara a conexão entre as ações (veja Box 10.7).

BOX 10.7 Apresentar razões fortalece as conexões

Mia, de 3 anos, pôs o dedo na tomada elétrica. Seu pai lhe disse que ia machucar os dedos e que devia tirá-los da tomada. Daí, ela tocou a tomada com o cotovelo; o pai se aproximou, repetiu a razão e o limite. A menina, então, virou-se e pôs as nádegas na tomada! O pai a tirou de perto da tomada e disse com firmeza para que ficasse com o corpo todo longe daquele lugar.

Mia tratou cada parte do corpo e cada ação como um evento separado. Embora o pai entendesse que dedos, cotovelo e nádegas fizessem, todos, parte da categoria "Fique longe da tomada", a menina não via conexão entre eles. Seu pai ofereceu-lhe a razão – machucar-se – para mostrar-lhe a conexão. Quando os adultos usam razões para apontar as similaridades entre diferentes ações (pôr os dedos ou o cotovelo na tomada é igualmente perigoso), ajudam as crianças a fazer associações com mais facilidade.

Quando as crianças ouvem as razões repetidas vezes, começam a fazer gradualmente conexões que as ajudam a determinar para si mesmas que ações são aceitáveis ou não. Isso pode ser ilustrado pelas razões que uma criança dá para si mesma: "Bater está errado porque machuca as pessoas. Morder deve estar errado pelo mesmo motivo". Desse modo, as crianças acabam usando as razões para guiar seus julgamentos sobre o que é certo e errado (Thompson & Twibell, 2009). Da mesma forma, quando a criança diz para si mesma "Não devo comer esta barra de chocolate, pois vou estragar meu apetite", ela se baseia nas razões que ouviu anteriormente para regular seu comportamento presente.

Raciocinar é a característica distintiva do adulto autoritativo. As crianças que veem os adultos dando modelos de raciocínio como modo de resolver situações problemáticas demonstram mais autodisciplina e menos agressão que aquelas que não dispõem desses modelos (Epstein, 2009). Além disso, as crianças internalizam apenas padrões que fazem sentido para elas, e isso as ajuda a prever a possível consequência do que fazem ou dizem. Fornecer razões atende a esses critérios e permite que as crianças estabeleçam controle de longo prazo sobre o comportamento. Formular uma razão pela qual a regra é necessária ajuda também o adulto a determinar se a regra é suficientemente importante para ser aplicada e imposta.

As razões devem corresponder ao nível de compreensão das crianças. O nível de desenvolvimento da criança influencia os tipos de razão que farão mais sentido para ela. Por exemplo, crianças em idade pré-escolar são mais receptivas à demonstração de lógicas orientadas ao objeto como "Cuidado com a lente de aumento. É frágil e pode quebrar". Elas entendem também as razões que enfatizam os efeitos físicos diretos de seus atos: "Se continuar a empurrá-lo, ele vai cair e chorar" (Hoffman, 1983, 2000). As crianças pequenas são menos capazes de compreender explicações que se concentram na propriedade das coisas, como "Timmy trouxe a lente de aumento de casa. Peça a ele se quiser tocá-la". Por sua vez, crianças de 6 anos ou mais são mais receptivas ao raciocínio que se concentra em direitos, privilégios e emoções das outras pessoas. As razões mais eficazes, nessa idade, são as que enfatizam os efeitos psicológicos das ações das crianças ("Ele está triste porque estava orgulhoso da torre e você a derrubou"), assim como as explicações em termos dos motivos de outra pessoa ("Não grite – ele estava apenas tentando ajudar") (Hoffman, 2000). A Figura 10.3 apresenta as diferenças relativas desenvolvimentais quanto às razões que fazem sentido para as crianças pequenas.

Variações na segunda parte da mensagem pessoal. Como já vimos, a segunda parte da mensagem pessoal consiste em afirmar a emoção do adulto, em dar uma referência para o comportamento da criança e uma razão para a reação. Esses três componentes podem ser dispostos em qualquer sequência, após a reflexão. Os adultos devem sempre fazer primeiro a reflexão e, então, passar para a segunda parte, do modo que considerarem mais cômodo. Não há uma ordem correta. Por exemplo, no caso de Allison que levantava o vestido até a cabeça, para mostrar com orgulho as calcinhas, há mais de uma reposta adequada:

OPÇÃO 1. "Allison, você está orgulhosa de sua nova calcinha. As calcinhas são roupas íntimas. Não devem ser vistas por todo mundo. Fico aborrecida quando você levanta o vestido."

OPÇÃO 2. "Allison, você está orgulhosa de sua nova calcinha. Fico aborrecida quando levanta o vestido até a cabeça. As calcinhas são roupas íntimas. Não devem ser vistas por todo mundo."

O modo como os adultos decidem articular a segunda parte da mensagem pessoal dependerá do que pensarem primeiro e de seu estilo individual. O que importa é que todos os componentes estejam presentes.

Além disso, as pessoas não reagem, todas, do mesmo modo. Alguns adultos talvez se divirtam com o desempenho de Allison, outras talvez fiquem indignadas, e outras podem ficar constrangidas. As mensagens pessoais são adequadas para dar conta dessas variações. Tornam os adultos capazes de responder a cada situação individualmente, com base em suas próprias impressões, sem ter de adivinhar o modo como outra pessoa responderia em seu lugar. Em vez disso, as emoções do adulto servem como um guia para agir. Na situação que acabamos de discutir, se o adulto achou engraçado, pode não fazer nada além de sorrir; se ficou indignado ou constrangido, provavelmente dirá a Allison para abaixar o vestido. Conforme a emoção envolvida, as explicações para pedir que a criança adote um comportamento mais discreto serão um pouco diferentes, ou seja, cada adulto expressará sua visão pessoal.

Enfim, se o adulto usar a reflexão para introduzir a mensagem pessoal, o comportamento não precisará ser novamente mencionado na segunda parte. Por exemplo: "Allison, você levantou o vestido até a cabeça. Isso me aborrece. As calcinhas são roupas íntimas; os outros não devem vê-las". Nesse caso, a reflexão especifica o comportamento em questão, fazendo uma repetição desnecessária.

Terceira parte da mensagem pessoal

A função da terceira parte da mensagem pessoal é dar às crianças uma linha de ação adequada a determinada circunstância. Em razão da falta de experiência da criança, da influência da centração e do pensamento irreversível, não é suficiente dizer-lhes quais comportamento são inaceitáveis. É preciso também fornecer-lhes alternativas (Curwin, Mendler & Mendler, 2008). Esse comportamento substitutivo adequado funciona como uma regra para as crianças. Assim, a parte da "regra ou redirecionamento" da mensagem pessoal é uma orientação para o comportamento – diz às crianças o que devem fazer.

Alguns exemplos:

"Ande."

"Não levante o vestido."

"Entregue o dever de casa assim que chegar à escola."

FIGURA 10.3 Razões que fazem sentido para as crianças

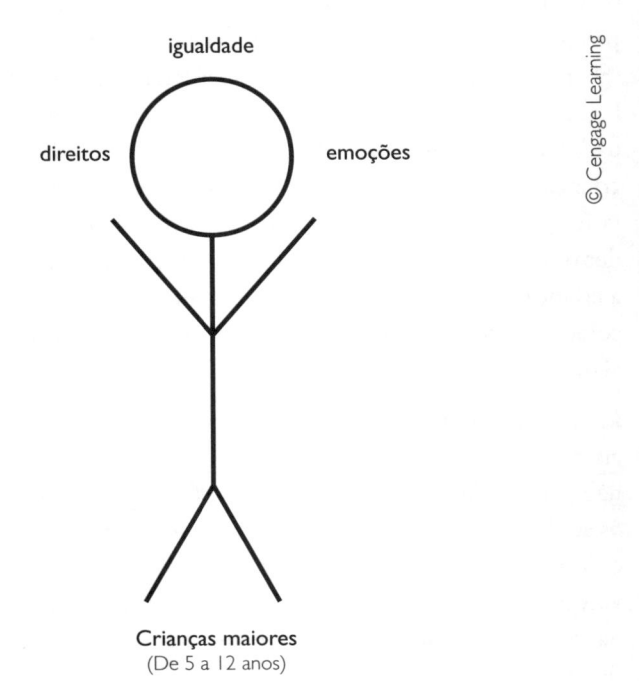

"Compartilhe a corda de pular."
"Converse em voz baixa no refeitório."

As regras tornam o mundo mais previsível, pois ajudam as crianças a reconhecer o que podem e o que não podem fazer. Com base nesse conhecimento, elas poderão interagir de forma mais adequada com colegas e adultos (Marzano, 2003). Quando não estão seguras quanto às regras, é menos provável que saibam como conseguir o que querem de modo que favoreça as relações com os outros, em vez de prejudicá-las. Além disso, se as regras que devem seguir forem arbitrárias, despropositadas ou inadequadas para seu nível de desenvolvimento, é possível que elas não consigam segui-las nem estejam dispostas a isso. Assim, a forma de estabelecer regras está relacionada à capacidade de elas seguirem-nas. Portanto, vale a pena aprender os atributos especiais que caracterizam as boas regras.

As regras precisam ser razoáveis. **Regras razoáveis** são aquelas que as crianças são capazes de seguir. Ser capaz significa tanto ter a habilidade quanto o conhecimento necessário para pôr em prática o comportamento desejado. Para que possam criar regras razoáveis, os adultos precisam levar em conta o desenvolvimento das crianças, as experiências passadas, as habilidades correntes e o tipo de tarefa exigida (Copple & Bredekamp, 2009). Por exemplo, se há a expectativa de que uma criança guarde os blocos na caixa, de acordo com a forma e a cor, é preciso determinar, primeiro, se ela tem as habilidades necessárias para executar a tarefa. Nesse caso, ela precisa ser capaz de manipular os blocos, distinguir cores, saber que peças semelhantes são guardadas no mesmo lugar e saber também que os blocos precisam ser guardados de modo horizontal e na mesma direção. Se a criança não souber fazer alguma dessas coisas, a expectativa precisa ser revista, de modo que passe a compreender o que ela é capaz de fazer. Isso pode significar dizer à criança que ela deve simplesmente reunir os blocos ou colocá-los de forma aleatória na caixa, ou ainda pedir a algum colega que recolha o material.

As regras devem beneficiar as crianças. As regras precisam ter efeitos benéficos de longo prazo para a criança, não para o adulto (Katz & Chard, 2000). A partir disso, os adultos precisam decidir se a regra favorece ou dificulta o desenvolvimento da criança. O desenvolvimento é favorecido quando as expectativas promovem o aumento das habilidades interpessoais, escolares ou de vida. É dificultado quando os adultos não consideram as necessidades e habilidades individuais das crianças ou ainda quando proíbem que participem de atividades construtivas. Isso ocorre quando os adultos estabelecem padrões indiscriminadamente ou apenas em função da própria conveniência. Assim, em um grupo em que as crianças têm diferentes idades, proibi-las, todas, de subir em um brinquedo de escalada alto porque as menores têm medo, impedir que uma criança que chora pegue o cobertor que usa para se consolar porque o adulto acha que é hora de crescer, proibir um menino de usar um tear porque o professor acha que tecer é muito feminino ou exigir que as crianças fiquem em silêncio durante a hora do almoço porque o diretor quer ter certeza de que não gritem de um lado para outro da mesa são medidas que inibem o crescimento. São modos de privar as crianças de experiências potencialmente benéficas.

É imprescindível que os adultos reconheçam que cada criança é um ser singular, único. Embora alguns padrões sejam adequados para um grupo (como andar em vez de correr em um ambiente fechado), outros são mais bem aplicados quando se usam critérios baseados nas crianças. Por exemplo, já que a habilidade física é importante para todos, as crianças pequenas devem ser incentivadas a usar um brinquedo de escalada mais baixo, e as maiores, um brinquedo mais difícil. Além disso, os adultos devem examinar suas próprias atitudes preconceituosas que limitam a exposição a ampla gama de oportunidades. Exemplos disso são a intolerância e o sexismo, como nos episódios do cobertor de consolo e do tear, anteriormente ilustrados. Não só. Ao se esforçarem para definir os comportamentos problemáticos, como gritar durante o almoço, os adultos precisam tomar cuidado para não fixar um padrão desnecessariamente radical. Visto que as crianças se beneficiam com a interação com os pares, devem ser incentivadas a conversar informalmente entre eles. Uma abordagem melhor seria ensinar as crianças a monitorar o volume da voz, em vez de eliminar totalmente as conversas. Enfim, os adultos precisam reexaminar continuamente suas regras no esforço para mantê-las atualizadas. Uma regra pode ser adequada para uma criança de 4 anos, mas inibitória para uma de 6.

As regras precisam ser definíveis. As **regras** são **definíveis** quando tanto o adulto quanto a criança as compreendem do mesmo modo (Malott & Trojan, 2008). As regras boas especificam exatamente o comportamento que os adultos consideram e avaliam como aceitáveis. As crianças ficam confusas quando os adultos usam uma linguagem aberta a muitas interpretações. Um exemplo disso é quando dizem à criança para "comportar-se", "agir com gentileza", "ser bom" ou "agir como uma dama". Tais frases significam coisas diferentes para diferentes pessoas. A criança pode fazer generalizações de um modo, e o adulto, de outro. As crianças que tentam genuinamente pôr em prática as instruções recebidas ficam decepcionadas quando seus esforços ficam aquém do padrão esperado. Por exemplo, a noção de "gentileza" do professor pode significar sentar-se silenciosamente com as mãos no colo, enquanto a criança agitada pensa que obedece ao parar de cuspir em um colega que caçoa dela.

A dificuldade se agrava quando os adultos presumem que, se repetirem continuamente as mesmas frases, as crianças passarão a entender o que eles querem dizer. Por exemplo, uma professora tentar deter duas crianças que brigam. Ela diz: "Você está zangado. Fico aborrecida quando você briga. Use palavras". Para seguir suas orientações, uma criança diz para outra: "OK, você é um $#%@#!". A professora se espanta... sem dúvida não era isso que queria dizer! Se os adultos querem que as crianças usem palavras para expressar suas emoções, cooperem ou parem de comportar-se mal, devem orientá-las a fazer tudo isso.

As regras devem ser positivas. As crianças tendem a aceitar melhor **regras positivas** que indiquem o que devem fazer que orientações que lhes apontem o que não fazer ou que as obriguem a interromper alguma atividade (Marion, 2011). Em outras palavras, é mais fácil para elas responder adequadamente quando ouvem "Ponha as mãos nos bolsos" que "Pare de empurrar", "Caminhe" que "Não corra" e "Coma" em vez de "Não brinque com a comida". Isso ocorre porque os aspectos irreversíveis do pensamento infantil tornam difícil compreender as ordens negativas. As crianças seguem muito melhor as regras que as ajudam a redirecionar a ação do que aquelas cujo propósito é inverter ou interromper os comportamentos em curso.

Um método taquigráfico para lembrar todos os componentes necessários de cada mensagem pessoal é pensar nos quatros Rs: primeira parte – Refletir; segunda parte – Reagir ou fornecer uma Razão; terceira parte – formular a Regra ou Redirecionar o comportamento da criança. O Box 10.8 apresenta os passos que compõem uma mensagem pessoal completa.

BOX 10.8 Como criar uma mensagem pessoal completa.

Parte 1 – **R**efletir
    Use um comportamento, paráfrase ou reflexão afetiva.
Parte 2 – **R**eagir
    Descreva sua emoção e o comportamento da criança.
Parte 3 – **R**azão
    Forneça uma razão para sua mensagem.
Parte 4 – **R**egra ou redirecionamento
    Diga às crianças o que devem fazer, em vez de o que não devem fazer.

Como articular a mensagem inteira – os quatros Rs

As situações apresentadas a seguir ilustram a integração das três partes da mensagem pessoal e compreendem os quatro Rs.

SITUAÇÃO 1: Uma criança cutuca o Sr. King para que ouça sua história.
ADULTO: Você está ansioso para me dizer alguma coisa. Não gosto quando você cutuca para chamar minha atenção. Isso machuca. Chame-me pelo nome ou dê uma batidinha delicada em meu ombro.
SITUAÇÃO 2: Diversas crianças deixaram as toalhas de ginástica espalhadas no vestiário.
ADULTO: Vocês estão com pressa de voltar para a classe. Fico aborrecida quando vocês deixam as toalhas sujas espalhadas no vestiário porque preciso recolher todas. Coloquem-nas no cesto de roupa suja antes de saírem.
SITUAÇÃO 3: O dia está quente e úmido. A turma está inquieta, e as crianças começam a impacientar-se e a sussurrar enquanto um colega narra a vida de Sojourner Truth.[1]
ADULTO: Vocês estão com calor e desconfortáveis. Sussurram e com isso distraem Karl que está fazendo um relato. Estou preocupada que isso possa ferir os sentimentos dele. Ele trabalhou duro para encontrar essas informações. Fiquem sentados em silêncio até ele acabar.

Mensagens como essas podem ser dadas para uma criança ou para um grupo de crianças. Além de serem usadas para corrigir o comportamento das crianças, as mensagens pessoais devem ser postas em prática como modo de reforçar as ações adequadas.

---

[1] Sojourner Truth (1797-1883): abolicionista e defensora dos direitos das mulheres. (NT)

Mensagens pessoais positivas

Uma mensagem pessoal positiva contém apenas a primeira e a segunda parte do formato que acabamos de descrever. A ênfase que demos anteriormente aos problemas não significa que as crianças se envolvem apenas em comportamentos negativos. Na realidade, os dados indicam o contrário.

As crianças em geral se esforçam para atender às expectativas dos adultos e, de fato, é comum que adotem iniciativas por conta própria. O resultado disso é que nem todas as emoções provocadas por seus comportamentos são de raiva ou preocupação. Por esse motivo, as mensagens pessoais devem ser usadas também para identificar as reações positivas. Os adultos precisam "considerar" as crianças "boas" e apresentar-lhes os comportamentos socialmente desejáveis: "Vocês fizeram uma regra para que todos se revezem na nave espacial. Estou contente que conversaram sobre isso e imaginaram um modo de dar uma chance a todos" ou "Vocês limparam tudo o que precisava ser jogado fora depois da atividade de arte. Estou muito satisfeito. Agora, a mesa está pronta para fazer pipoca".

Uma mensagem usada desse modo é um tipo especial de elogio. Dessa forma, os adultos ultrapassam os limites de uma simples observação como "Fizeram um *bom trabalho*", pois reforçam que o comportamento específico da criança tem um significado especial para eles. As pesquisas mostram que esse tipo de resposta é muito eficaz, pois descreve o impacto que um comportamento particular teve sobre a pessoa que faz o elogio. Termos genéricos como "bom", "ótimo" e "bonito" logo perdem significado tanto para as crianças quanto para os adultos, se forem usados repetidamente ou aplicados de forma indiscriminada. Além disso, as crianças interpretam as observações efusivas dirigidas a elas e não ao comportamento como insinceras ou "muito melosas". Assim, é mais eficaz dizer "Você se dedicou muito para fazer sua redação. Gostei muito dela. Tive vontade de saber mais sobre Harriet Tubman" do que dizer "Você é um bom escritor". Na mesma linha, as crianças aprendem mais sobre os próprios comportamentos a partir de uma afirmação como "Você está tentando consolar Andrew. Fico feliz de saber que notou que ele estava triste. Ele está precisando mais de um amigo" que de um comentário como "Você é um menino maravilhoso". Quando os adultos percebem que as crianças apresentam um comportamento adequado e explicam por que ele é desejável, incentivam-nas a repeti-lo em outros momentos. No entanto, é muito comum que os comportamentos proativos e obedientes sejam considerados óbvios; simplesmente se espera que as crianças façam o que se pede e que se comportem automaticamente do modo adequado. Quando isso acontece, o adulto não reconhece o esforço que a criança fez para atingir o resultado positivo.

As mensagens pessoais positivas têm muitas das características do elogio eficaz já citado. Ambos são instrumentos úteis para ajudar as crianças a reconhecer os comportamentos positivos que apresentam. A diferença entre os dois está em quem avalia o comportamento da criança: a criança ou o adulto. O elogio eficaz provoca a autoavaliação da criança porque o adulto reconhece o esforço ou a realização apenas do ponto de vista dela, sem emitir opinião As mensagens pessoais positivas, por sua vez, oferecem aos adultos um modo mais direto de dizer às crianças o que pensam sobre o comportamento adequado delas. Isso é mais útil quando elas aprendem pela primeira vez o modo de se comportar em uma circunstância particular e procuram sinais específicos dos adultos sobre isso (Miller, 2010). À medida que se tornam mais capazes de seguir as regras por si próprias, mensagens pessoais mais positivas devem ser substituídas por elogios eficazes. Dessa forma, as crianças poderão julgar por si mesmas se o comportamento está de acordo com os códigos internalizados que começam a desenvolver. Entretanto, é sempre adequado fazê-las saber quando o comportamento afetou o adulto de modo pessoal e positivo. Elas apreciam ouvir afirmações como "Você me ajudou a guardar muitos livros na prateleira. Achei muito bom. Isso me fez economizar horas de trabalho" ou "Você lembrou que estou rouca e ficou bem quietinho enquanto eu lia a história. Fiquei contente. Ficou mais fácil para mim".

Como afirmar mensagens positivas pessoais. As mensagens positivas pessoais começam com uma reflexão. Esse passo esclarece a situação do ponto de vista da criança e avisa-a de que o adulto notou o que ela fez. Em seguida, o adulto identifica uma emoção em relação à ação da criança e dá uma razão para isso. Além disso, descreve o comportamento específico que provocou a reação emocional do adulto.

Isso tudo pode dar a impressão de que usamos um amontoado de palavras quando um simples "Obrigado" ou "Muito bem" seriam suficientes. Todavia, o propósito de uma mensagem pessoal positiva é ensinar às crianças quais comportamentos devem manter e usar no futuro. Assim, as mensagens pessoais positivas ajudam as crianças a internalizar os comportamentos construtivos que apresentam. A ênfase, novamente, está em ajudar as crianças a passar do nível da aderência a níveis superiores de conduta social.

As crianças precisam de razões para comportar-se de modos específicos, assim como para não se envolver em ações determinadas. Precisam saber, além disso, que os adultos com quem se identificam são fonte de aprovação e correção.

Você já aprendeu as três partes da mensagem pessoal e precisa agora traduzir a compressão em comportamentos hábeis. A seguir, apresentamos orientações específicas para que as mensagens pessoais passem a fazer parte da abordagem que usa para orientar o comportamento e a aprendizagem social das crianças.

Habilidades para expressar expectativas e regras para as crianças

Reflita sobre as situações problemáticas

1. **Observe as crianças cuidadosamente antes de falar.** Leve em conta o que a criança está tentando fazer e por quê.
2. **Use as reflexões para descrever com exatidão a perspectiva das crianças.** Não julgue enquanto tenta captar o ponto de vista da criança. Tente fazer reflexões como "Você quer ser o batedor novamente no jogo" ou "Você acha que não teve a sua vez". Evite acusações veladas como "Você não quer mesmo cooperar hoje" ou "Você achou que o truque ia funcionar".
3. **Lembre-se de descrever o ponto de vista da criança antes do seu próprio.** Em situações problemáticas, é natural que se queira exprimir imediatamente uma reação. Como já vimos, isso não é eficaz. Para evitar essa reação, respire profundamente antes de falar. A respiração funcionará como um sinal de que deve, antes de tudo, fazer a reflexão. Se você se pegar evitando a reflexão, pare e comece de novo. Mais tarde, pense em alternativas que poderá usar quando a situação se repetir. Esse tipo de prática mental o ajudará em episódios futuros.
4. **Preste atenção na idade das crianças quando decidir que tipo de reflexão usar.** As reflexões afetivas são, em geral, mais eficazes com crianças com menos de 8 anos. Por exemplo, se duas crianças do primeiro ano brigam a propósito de quem baterá a bola a seguir, é exato dizer "Vocês estão batendo um no outro" e acrescentar em seguida o resto da mensagem pessoal. Entretanto, é mais acertado dizer: "Vocês estão realmente zangados. Os dois pensam que é sua vez de jogar". Dessa forma, você reconhece o que as crianças consideram que seja o problema real (briga sobre a vez de jogar) e consegue fazer uma introdução mais útil para a mensagem subsequente. Por sua vez, crianças maiores às vezes não gostam que um adulto interprete seus sentimentos na frente das outras, pois parece algo muito pessoal. Nesses casos, o comportamento mais neutro de reflexão ou a reflexão de paráfrase são mais adequadas.
5. **Evite usar "mas" para conectar a reflexão ao restante da mensagem pessoal.** A palavra "mas" significa "ao contrário". Quando é usada para conectar duas frases, a segunda contradiz a primeira. Por exemplo, se você encontrar um amigo na rua e ele lhe disser "Você está ótimo, mas...", você já saberá que o elogio inicial é uma introdução superficial para o que ele realmente considera importante. O mesmo é verdade quando se trata de uma mensagem pessoal. Quando os adultos fazem comentários do tipo "Você queria que a história já tivesse acabado, mas quero completá-la", estão dizendo à criança que os sentimentos dela não contam, o que contradiz o verdadeiro espírito da reflexão.

Expresse suas emoções para as crianças

1. **Identifique as emoções que sente.** Formule suas emoções claramente para a criança. Não use apenas sinais não verbais. Às vezes, os adultos tamborilam os dedos para mostrar irritação, franzem o nariz para comunicar desaprovação ou exasperação. As crianças em geral interpretam mal esses sinais ou nem os consideram. Elas, de fato, não sabem automaticamente como você se sente e se surpreendem ao descobrirem que seus sentimentos podem ser bem diferentes dos delas. Dicas sutis não transmitem sua mensagem. Para elas, é mais útil a comunicação explícita que as palavras proporcionam. As palavras são específicas e diretas. Ajudam as crianças a saber como você se sente e por que se sente desse modo:
   "Estou satisfeita que..."
   "Fico zangada com..."
   "Fico chateada..."
   "É importante para mim que..."
   "Gostaria que..."
2. **Torne-se sensível a seus próprios sinais internos que indicam determinada emoção.** Talvez suas bochechas esquentem quando você começa a se irritar, seu estômago se remexa quando está ansioso e sua cabeça pareça mais pesada quando está sobrecarregado. No início, as emoções mais extremas, como raiva, medo ou excitação, serão mais facilmente discerníveis ou expressas. Ao final, você será capaz de reconhecer as emoções e falar as mais moderadas, como contentamento, irritação, desconforto ou confusão.
3. **Use ampla gama de palavras relativas a sentimentos de intensidades diferentes.** Selecione expressamente diversas palavras relativas a sentimentos. Quanto maior for o vocabulário

a sua disposição, mais sintonizado estará com a gama de emoções que as palavras representam. Se notar que usa repetidamente algumas palavras, selecione algumas variações para usar no futuro e use-as.

Identifique comportamentos

1. **Dê um nome para o comportamento que o afeta.** Seja específico. Descreva as ações que pode ver e ouvir. Evite termos genéricos que reúnem diversos comportamentos ou passíveis de interpretação incorreta. Em vez de dizer "Fico aborrecida quando você faz certas coisas", diga "Fico aborrecida quando você... (me bate, lança objetos, caçoa de Jacquie, dá socos em Frank)". Tanto você quanto a criança precisam saber exatamente o que considera aceitável ou não.
2. **Descreva o comportamento, não a criança.** Não é adequado dizer às crianças que não são gentis, são ruins, porcalhonas, um caso difícil, exageradas ou que deveriam ter mais noção das coisas. Todas essas descrições agridem as crianças como pessoas e não devem ser usadas.

Formule razões

1. **Explique de maneira clara e objetiva por que aprova ou desaprova algum comportamento das crianças.** Associe as razões que apresenta à segurança, à proteção de objetos e coisas e à proteção dos direitos das pessoas. Justificativas como "Porque eu disse", "Porque quero", "Porque é importante", "Porque não é gentil" ou "Porque é assim que as coisas funcionam aqui" não são eficazes. Elas não estão relacionadas claramente a nenhum dos critérios usados para decidir se é necessário promover mudança no comportamento. Os adultos costumam usar frases como essas quando não conseguem pensar em mais nada para dizer. Se não conseguir pensar em uma razão legítima para sua reação, reexamine a situação para verificar se suas expectativas são realmente adequadas.
2. **Formule as razões de modo que as crianças entendam.** Use uma linguagem familiar e frases breves e simples. Concentre-se na ideia principal, em vez de dar uma explicação que reúne diversas ideias.
3. **Forneça razões sempre que tentar modificar o comportamento de uma criança.** Não presuma que, por ter explicado, no dia anterior por que é proibido correr, as crianças se lembrem disso no dia seguinte. Elas costumam esquecer a justificativa ou podem não perceber que a razão continue a existir depois de determinado intervalo de tempo. Elas precisam ouvir a mesmas justificativas repetidas vezes até que sejam capazes de a partir de uma situação entender outra.

Adote regras

1. **Use segurança, proteção de objetos e coisas, respeito pelos outros e o princípio da importância para determinar as regras que devem ser adotadas.** Se o comportamento da criança não puder ser associado a nenhuma delas, reconsidere se é o caso de adotá-la.
2. **Diga às crianças quais são regras.** As regras devem ser explícitas e não implícitas. Não presuma que elas conheçam as regras apenas porque você as conhece ou que se lembrem das experiências passadas. Reforce sempre a importância das regras, sobretudo nos momentos em que elas não estão em questão. Para que as crianças possam compreender o valor das razões fornecidas para as expectativas específicas, mantenha a calma e explique por que é preciso adotar regras. Lembre-as das regras também nas situações em que se aplicam. Por exemplo, na terceira parte da mensagem pessoal, é mais eficaz dizer "Lembre-se de andar dentro da sala de aula", quando uma criança é pega correndo, que dizer "Quantas vezes preciso dizer para não correr na sala?". A última observação supõe que a criança saiba que a regra é "andar". Embora ela possa reconhecer que não é permitido correr, isso não garante que se lembre da regra que especifica o que deve ser feito.
3. **Seja específico na elaboração das regras.** Dê nome aos comportamentos que espera que as crianças entendam: andar, pôr a bola no chão, entregar o dever de casa ao chegar à escola, esperar a vez de falar. Evite generalidades como "Seja gentil", "Não se comporte mal", "Faça que me orgulhe de você", "Comporte-se", "Seja bom na escola", "Não me envergonhe" ou "Tenha bons modos". Essas expressões não são apenas vagas, mas também podem ser interpretadas pelas crianças de modo diferente do seu e provocar mal-entendidos e comportamentos inadequados.
4. **Recompense as crianças por se aproximarem das regras.** Não espere que executem com perfeição todas as regras, o tempo todo. Reconheça os comportamentos que mostram que estão tentando segui-las, embora não sejam totalmente bem-sucedidos. Por exemplo, se a regra for levantar as mãos e esperar ser chamado para falar no grupo, você não deve esperar que o silêncio seja absoluto enquanto procura as mãos levantadas à sua frente. Seria excessivo para elas fazer tudo de uma vez. No início, é provável que as mãos levantadas sejam acompanhadas por uma vocalização animada das crianças que tentam ganhar sua atenção. Em vez de se concentrar na infração que tal vocalização representa, é melhor elogiá-las por se lembrarem de levantar as mãos. Aos poucos, com o tempo e com muitos lembretes, poucas crianças usarão a voz quando levantarem a mão para falar.
5. **Use mensagens pessoais positivas com frequência.** Quando as crianças seguem uma regra ou agem de modo adequado, chame a atenção delas para isso, com uma mensagem pessoal. Aponte o efeito favorável que seu comportamento produziu em termos de segurança ou de proteção dos direitos das pessoas e objetos. Essas observações imediatas são inesquecíveis para elas e tornam mais provável que se lembrem da regra no futuro. À medida que demonstrarem mais habilidade em seguir as regras independentemente, passe a usar os elogios eficazes com mais frequência.

6. **Dê destaque quando uma criança adiar gratificação, controlar impulsos, resistir a tentações ou quando puser em prática planos pró-sociais.**

    "Você está esperando pacientemente."

    "Você queria outro *cupcake*, mas deixou-o para Carol. Foi difícil fazer isso, mas você fez."

    "Você ia bater em Anthony, mas se controlou. Precisou de muito controle para fazer isso."

    "Você lembrou que as cobaias estavam sem água. Foi muito responsável de sua parte voltar durante o almoço para pôr água nas garrafinhas."

7. **Reveja as regras não razoáveis.** Se perceber que uma criança não é capaz de seguir uma das regras fixadas, não a pressione com base na convicção errada de que as regras devem ser absolutas. É melhor adaptar a regra para o nível que a criança é capaz de seguir. Por exemplo, a regra "Todos precisam levantar a mão e esperar em silêncio até serem chamados para falar" pode ser modificada para "Todos precisam levantar a mão para serem chamados". A parte da regra "esperar em silêncio" poderá ser acrescentada quando a maioria das crianças demonstrar que é capaz de levantar a mão.

8. **Verifique se as crianças compreendem a regra do mesmo modo que você.** Peça a elas que repitam a regra com as próprias palavras ou demonstrem de algum modo que compreenderam. Observe se seguem a regra adequadamente. Se não entenderem a regra, torne-a mais clara. Você pode:
    a. Repetir as palavras mais devagar e articulá-las com mais clareza.
    b. Reformular a mensagem de modo mais simples, em linguagem mais familiar, enfatizando as palavras essenciais.
    c. Repetir a regra usando uma combinação de gestos e palavras.
    d. Levar a criança até o local em que há menos interferência de barulhos e distrações.
    e. Enfatizar a mensagem usando sugestões como figuras ou objetos combinados a gestos.
    f. Demonstrar o que quer.

9. **Redobre a atenção ao dar instruções como "Não" ou "Pare".** Reformule a instrução negativa em uma positiva. Nesse caso, a frase terá que ser interrompida no meio. Outra variação é unir uma instrução negativa a uma positiva, como: "Ande. Não corra".

10. **Diga às crianças menores e menos experientes que alternativas podem adotar.** Deixe as maiores ou mais experientes criarem alternativas para si mesmas. Se uma criança pequena empurra outra para passar pela porta, você pode dizer:

    "Você está ansiosa para sair. Estou preocupada, pois, se você empurrar, alguém pode se machucar. Dê um grande passo para trás e tente de novo."

    Para uma criança maior, a mensagem pode ser:

    "Você está ansiosa para sair. Estou preocupada, pois, se você empurrar, alguém pode se machucar. Vamos pensar no que podemos fazer para que todos possam sair em segurança."

    Selecione entre as respostas, levando em conta a experiência anterior das crianças e sua facilidade em negociar. Crianças de 2 anos ou uma classe de quinto ano que se reúne pela primeira vez ou ainda um grupo de crianças frenéticas para sair provavelmente não terão nem a habilidade, a paciência ou a confiança necessária para chegarem a um acordo.

    No entanto, crianças que têm muita prática em criar ideias e alternativas e, além disso, estão calmas têm muita chance de enfrentar o desafio.

11. **Fale e aja simultaneamente.** Interrompa imediatamente as ações das crianças que podem causar danos a elas mesmas ou a outros. Intervenha fisicamente, se necessário. Por exemplo, se duas crianças estão lutando, interrompa as agressões segurando as mãos delas ou separando-as. Se uma criança estiver prestes a pular de um degrau muito alto, aproxime-se rapidamente para detê-la. Se uma criança estiver usando uma serra inadequadamente, ganhe controle sobre ela. Depois que a situação de perigo estiver neutralizada, as crianças serão mais capazes de ouvir o que tem a dizer. É nesse momento que as mensagens pessoais têm maior impacto.

12. **Peça às crianças que ajudem a determinar as regras.** Reúna as crianças em grupo e peça que ajudem a criar as regras do grupo ou uma atividade particular. Registre as ideias no papel e mostre-as para todas. Use as regras das crianças como referência ao longo do ano. Discuta periodicamente se é necessário ou não revê-las. Quando as crianças participam da autorregulação do grupo, a compreensão das regras aumenta e o controle interno dos sentimentos é favorecido. Elas podem obter evidências claras sobre as ideias valiosas e influenciar os acontecimentos dentro da sala de aula.

Comunique-se com as famílias

1. **Descubra as expectativas que as famílias têm em relação ao comportamento das crianças.** Cada família tem determinadas expectativas quanto ao modo como a criança age na escola e em casa. Conhecer tais expectativas pode ajudar os profissionais da educação infantil a entender melhor cada família e a dar apoio na educação dos filhos. Procure essas informações por meio de discussões de grupo e individuais durante o ano, peça que as famílias preencham um formulário breve no qual identifiquem algumas das "regras de casa" das crianças e converse com elas informalmente quando surgir uma oportunidade. Seja aberto e receptivo. Evite julgar o mérito de determinadas regras familiares.

2. **Comunique sua abordagem disciplinar às famílias.** As famílias têm direito de conhecer seu plano para pôr em prática a disciplina no ambiente formal de grupo. Isso compreende os tipos de regras que usará com as crianças e como as aplicará.

    Essas informações podem ser compartilhadas com as famílias durante uma orientação introdutória, por meio de um

manual para os pais, em informativos enviados a eles, em uma conferência ou em conversas com os familiares.
3. **Quando conversar com familiares cujo estilo disciplinar for diferente do estilo autoritativo que você usa, ressalte as semelhanças em vez de concentrar-se nas diferenças filosóficas.** Às vezes, os profissionais acreditam ter pouco em comum com os familiares que usam técnicas disciplinares não autoritativas.

Do mesmo modo, os familiares que adotam filosofias mais autoritárias ou permissivas podem questionar as técnicas autoritativas que você usa. Nessas circunstâncias, a abordagem mais eficaz é enfatizar o terreno comum às abordagens e não as discrepâncias (Derman-Sparks & Edwards, 2010). Com isso em mente, lembre-se de que os estilos autoritário e autoritativo reivindicam controle firme e altos padrões, e o permissivo e o autoritativo promovem relações de afetuosidade e de aceitação entre crianças e adultos. Se discutir as estratégias autoritativas em termos do apoio que dá a esses princípios gerais, promoverá um terreno comum para ambas.

Por exemplo, os familiares com atitudes mais autoritárias talvez acreditem que não seja necessário e que seja talvez até indesejável raciocinar com as crianças, porque elas devem simplesmente fazer o que lhes é dito. Para que os familiares possam se sentir mais à vontade com o fato de que você fornece razões às crianças, ressalte que estabelecerá limites para o comportamento delas por meio de regras e que está preparado para aplicá-las quando necessário. Explique, além disso, que as razões que oferece às crianças as ajudarão a seguir a regra no futuro. Essa explicação combina um valor autoritativo (ajudar as crianças a pensar em um problema) e um autoritário (obter obediência), e constrói uma ponte entre os pais e você.

■ Evite as armadilhas

Qualquer que seja a situação em que você trabalha para promover o desenvolvimento e a autodisciplina das crianças – individualmente ou em grupos, de modo informal ou em atividades estruturadas –, existem algumas armadilhas nas quais talvez caia inicialmente, mas que depois conseguirá evitar.

1. **Fazer monólogos.** As mensagens pessoais efetivas são breves e essenciais. Contudo, os iniciantes que tentam incluir os quatro Rs muitas vezes acrescentam palavras ou sentenças extras. Um exemplo desse uso inadequado: "Você está realmente triste por não ter tido a sua vez. Sinto muito que isso aconteceu, mas você estava batendo em Tanya com um taco. Quando faz isso, ela pode se machucar. Gostaria que me desse o bastão". É provável que as crianças não prestem atenção em toda essa fala. Talvez não distingam os pontos principais e talvez esqueçam o que foi afirmado no início. As crianças ignoram mensagens pessoais laboriosas. Cansam-se de escutar e se desligam.

   Quando se começa a aprender essa habilidade, falar demais é melhor que esquecer um elemento importante. Quando os adultos se pegam dando mensagens pessoais particularmente longas, é preciso que, mais tarde, pensem em um modo de expressá-las com mais concisão. Por exemplo, a mensagem anterior poderia ser resumida em: "Você está aborrecido. Fico preocupada que Tanya se machuque quando você bate nela com o taco. Dê-me o taco".

2. **Deixar de usar a mensagem pessoal por medo de cometer um erro.** Às vezes, os adultos se calam no momento em que uma mensagem pessoal seria adequada. Temem tropeçar nas palavras, errar a ordem ou esquecer partes. Infelizmente, quanto mais permanecerem em silêncio, menos prática terão e, assim, não aperfeiçoarão a técnica nem se sentirão à vontade com ela. A única solução é fazer tentativas, ainda que incertas, sempre que a oportunidade se apresentar. Quase sempre é mais fácil começar com mensagens pessoais positivas, pois há menos riscos em jogo. Assim que estas fluírem tranquilamente, as mensagens corretivas parecerão menos difíceis.

3. **Fale sobre sentimentos pessoais apenas em situações problemáticas.** Alguns adultos concentram-se principalmente nos erros das crianças. São rápidos em exprimir sua insatisfação e concentrar-se em repreender as crianças que ficam aquém de suas expectativas. Essa perspectiva não reconhece que a mudança de comportamento não deriva de apenas dizer a elas o que fazem de errado, mas também de fortalecer os comportamentos positivos que já apresentam. Para que as crianças mantenham determinados comportamentos em seus repertórios, precisam ouvir que os adultos estão satisfeitos, animados, felizes, se sentem confortados ou apoiados por suas ações.

4. **Desistir no meio do caminho.** As crianças nem sempre esperam pacientemente para ouvir uma mensagem pessoal inteira. Viram a cabeça ou simplesmente vão embora. Às vezes, quando isso acontece, os adul-

tos ficam nervosos e desistem. Uma abordagem melhor é usar as estratégias não verbais apresentadas no Capítulo 3. Os adultos devem segurar levemente a criança desinteressada e buscar as que saem correndo na tentativa de evitar um confronto. Isso não significa sair pela sala puxando-as nem forçá-las a estabelecer contato visual.

Significa tentar obter a atenção das crianças durante toda a mensagem. É importante dizer a elas que os adultos se aborrecem quando não escutam: "Você não quer ouvir o que estou dizendo. Fico aborrecida quando você vai embora enquanto falo. Fique aqui e escute".

5. **Concentrar-se em objetivos de longo prazo e não de curto prazo.** Em situações problemáticas, os adultos acham mais simples dizer "Não" ou "Não se faz isso aqui". Ocasionalmente, esses atalhos produzem o efeito desejado: as crianças param o que estão fazendo. Infelizmente, esse sucesso é quase sempre temporário, pois não permite que as crianças internalizem a regra; os adultos precisam repetir as advertências mais e mais vezes. Além disso, as crianças poderão não obedecer se não houver supervisão direta. Vale a pena gastar um pouco de tempo com as mensagens pessoais, pois contribuem para aumentar a autodisciplina.

6. **Comunicar as expectativas a distância.** Quando os adultos notam que as crianças estão em situação de perigo, o primeiro impulso é gritar: "Cuidado! Você vai fazer o aquário cair" ou "Cuidado! O chão está escorregadio". Em casos assim, as crianças quase sempre ignoram a mensagem, pois não percebem que é dirigida a elas. A voz alta do adulto pode provocar alarme ou estimular as crianças a aumentar o volume e tornar-se mais ativas. Em ambos os casos, a mensagem não é recebida adequadamente. Uma abordagem melhor é deslocar-se rapidamente em direção à criança e afirmar as expectativas na interação cara a cara. Os benefícios dessa abordagem direta compensam os momentos perdidos para alcançá-la.

7. **Esperar demais para expressar as emoções.** Alguns adultos, para não se comprometerem com uma linha de ação, refreiam emoções menos intensas e permitem que elas se acumulem. Acabam por reagir quase sempre quando atingem o limite da resistência. A irritação, então, explode furiosamente, torna-se ansiedade real e a confusão progride para o pânico. Nenhuma dessas respostas é construtiva, pois são tão intensas que dificultam uma ação racional. Além disso, as crianças ficam, em geral, chocadas com as reações extremas e genuinamente incertas quanto ao que provocou a explosão. Os adultos que se baseiam nessa abordagem também dão um modelo segundo o qual só vale a pena expressar as emoções intensas. Não devem se surpreender se as crianças imitarem seu exemplo. Essa armadilha pode ser evitada discutindo suas emoções assim que as perceber.

8. **Disfarçar as expectativas.** Quando os adultos se sentem nervosos quanto a dizer à criança o que fazer, é comum que camuflem as regras. A tática mais comum é formular as regras como uma pergunta. Em vez de dizer "É hora de limpar tudo", eles tentam persuadir: "Não quer limpar tudo, agora?", "Limpe tudo, certo?", "Você não quer que nossa sala seja uma bagunça, quer?" ou "Queremos que a sala esteja limpa, certo?".

Em qualquer caso, os adultos têm a esperança de que as crianças vejam as coisas do modo deles. Já as crianças, em geral, interpretam essas mensagens não como regras que devem ser seguidas, mas como perguntas que implicam uma opção e que podem ser respondidas tanto com um "Sim" quanto com um "Não". Os adultos que não estão dispostos a ouvir "Não" devem eliminar a ambiguidade quando formulam as regras: "Comece a limpar" ou "É hora de limpar".

Um erro final que dificulta o entendimento das regras é quando os adultos se incluem nas regras, embora não tenham intenção de segui-la. Por exemplo, os adultos dizem "Vamos esfregar nosso bumbum até ficar limpo", quando querem dizer "Limpe seu bumbum". Ou então dizem "Vamos escovar os dentes" em lugar de "Escove os dentes". Os adultos que fazem isso sugerem que as crianças devam olhar para eles como modelos. Entretanto, quando não fazem o que dizem, a afirmação se torna confusa.

Os adultos que disfarçam as regras limitam as chances de que as crianças sejam bem-sucedidas. As regras devem ser formuladas como afirmações e não como perguntas, com palavras precisas e não ambíguas, e de modo a não deixar dúvida sobre quem deve segui-las.

Como combinar mensagens pessoais com outras habilidades que aprendeu

As mensagens pessoais são eficazes em estabelecer as expectativas e em lembrar às crianças a importância das regras. São especialmente úteis quando combinadas com outras habilidades associadas à pirâmide de apoio social descrita no Capítulo 1 e apresentada na Figura 10.4. Note que essas estratégias abrangem uma variedade de habilidades que você aprendeu nos capítulos anteriores.

Se, apesar dessas estratégias, Ethan continuasse a sair da classe sozinho, a professora aplicaria consequências e, se necessário, desenvolveria uma intervenção individualizada intensiva para abordar o problema de comportamento. Essas últimas técnicas serão abordadas no Capítulo 11.

FIGURA 10.4 Pirâmide de apoio social.

(Pirâmide — de cima para baixo: Algumas crianças — Intervenções individualizadas intensivas; Ensinar e treinar; Todas as crianças — Ambientes que dão apoio; Relações positivas.)

Comportamento desafiador

Conheça Ethan

O modo como os professores do Ocean View Center abordam o comportamento desafiador de Ethan, de 4 anos, que às vezes sai sozinho da classe, ilustra a combinação de mensagens pessoais com outras habilidades.

As observações da equipe indicavam que, em alguns momentos do dia, Ethan sentia falta da mãe e "saía para procurá-la". A professora de Ethan compreendia sua angústia. Mas, mesmo assim, sair da classe não era seguro. Ela usava a seguinte mensagem pessoal para lembrar o menino por que era importante que ele permanecesse na sala.

"Ethan, você sente falta de sua mãe. Fico preocupada quando sai da sala. Não é seguro não saber onde você está. Quando quiser sair da sala avise-me para que eu ou outra professora possa acompanhá-lo."

Além disso, os membros da equipe implementaram diversas estratégias dentro dos três níveis da pirâmide de apoio social para essa mensagem pessoal, de modo a ajudar Ethan a permanecer na sala de aula. A seguir, apresentamos alguns exemplos:

Ensinar e treinar

- Os adultos usam reflexões afetivas para reconhecer que Ethan sente falta da mãe. Confortam-no e, então, redirecionam sua atenção para as atividades de que gosta.
- Oferecem a Ethan a possibilidade de escolher entre coisas que gosta de fazer, para que tenha maior senso de controle sobre o ambiente.
- Usam treinamento interpares para ajudá-lo a "conectar-se" com outras crianças e para que encontre um amigo especial na sala de aula.

Criar ambientes de apoio

- Os professores incluem, todos os dias, atividades que Ethan gosta.
- A família de Ethan estimulou o menino a levar para a escola o "RoboBear" (um urso-robô) para facilitar a transição da casa para a escola. Ele o guardava em seu escaninho e podia pegá-lo sempre que se sentisse triste.
- Os professores mantinham a porta da sala de aula fechada. Um adulto permanecia na área de atividade, perto da porta. A escola instalou um "fecho de segurança" no interior da maçaneta para impedir que o menino Ethan abrisse a porta sozinho.
- Os professores recordavam a Ethan periodicamente a programação do dia, de modo que tivesse uma ideia da aproximação do momento em que sua mãe iria buscá-lo.

Estabelecer relações positivas

- A mesma professora recebia-o todos os dias e o controlava com frequência ao longo do dia.
- Os adultos envolvidos nas atividades o convidavam, faziam reflexões de comportamento e usavam elogio afetivo para ajudá-lo a envolver-se com os materiais.
- A professora enviava uma anotação breve para casa, todos os dias, de modo que a mãe soubesse o que Ethan fazia na escola, e a professora pudesse falar sobre o que havia feito e sobre o que faria no dia seguinte.

Resumo

Todas as crianças devem aprender a comportar-se de acordo com as expectativas de sua cultura, para serem aceitas pela sociedade. Os adultos são responsáveis por ensinar a elas tais expectativas e passam muito tempo nesse papel. Seu objetivo final é ajudá-las a desenvolver a habilidade de regular o próprio comportamento. A autodisciplina é composta por diversas capacidades: conter os impulsos iniciais que podem ser danosos para si e para os outros, resistir às tentações, adiar a gratificação, pôr em prática planos de ação e iniciar comportamentos sociais adequados.

É consenso que as crianças se tornam mais autorreguladas à medida que crescem; entretanto, mesmo na idade adulta, as pessoas apresentam ampla gama de comportamentos que variam de nenhum autocontrole à autodisciplina. Os termos usados para descrever essas variações são: amoral, aderência, identificação e internalização. Os comportamentos dos indivíduos recaem, em geral, em uma ou outra dessas categorias, embora se deva notar que todos, em diferentes momentos e circunstâncias, podem apresentar qualquer uma delas.

O sentimento de culpa e a empatia são fatores emocionais que influenciam a autodisciplina. Do ponto de vista cognitivo, o desenvolvimento das noções de certo e errado, a capacidade de tomada de perspectiva, a centração e a irreversibilidade também fazem parte desse processo. A linguagem e as habilidades de memória também desempenham papel importante.

As crianças aprendem os valores e as expectativas da sociedade por meio de instrução direta, observação, recompensas e consequências negativas. Os adultos dizem e mostram às crianças o que se espera delas — de forma explícita (por meio de palavras) e implícita (por meio do próprio comportamento). Os diferentes estilos de disciplina — autoritário, permissivo, sem envolvimento e autoritativo — foram associados a resultados comportamentais e emocionais nas crianças. O modo autoritativo produz crianças que se sentem bem consigo mesmas e têm mais probabilidade de internalizar os padrões de comportamento. Trata-se, portanto, do estilo de interação recomendado neste livro.

Os adultos autoritativos expressam suas expectativas por meio de uma mensagem pessoal. Essa mensagem consiste em uma reflexão que reconhece o ponto de vista da criança, uma afirmação que descreve a reação do adulto a um comportamento específico da criança, e a razão dessa reação; enfim, fornece, como alternativa para a criança, o comportamento desejável que deve apresentar. Esse último passo é usado apenas em situações que se concentram na modificação do comportamento e funciona como regra que rege o comportamento da criança em determinada situação. As circunstâncias nas quais cada regra é adequada são determinadas com base em critérios de segurança, proteção de objetos e de direitos dos outros. A parte da mensagem pessoal que trata da regra deve ser razoável, benéfica para a criança específica, definível e positiva. As mensagens pessoais são usadas também para reforçar os comportamentos construtivos das crianças. As dificuldades que os estudantes encontram quando começam a aprender a formular mensagens pessoais pode ser superada, prestando muita atenção à lógica de uma habilidade específica.

Além disso, é importante comunicar-se com as famílias sobre as abordagens disciplinares adotadas. Troque informações com as famílias [com os pais] de modo adequado. Esforce-se para desenvolver uma parceria de trabalho com os familiares, com a finalidade de promover o desenvolvimento da autodisciplina das crianças, bem como o envolvimento familiar no ambiente de grupo formal.

Lembre-se de que as mensagens pessoais são mais eficazes quando usadas em combinação com outras habilidades que você aprendeu — como estabelecer relações positivas com as crianças, criar ambientes que dão apoio, ensinar e treinar — para ajudá-las a alcançar a competência social. Desse modo, as mensagens pessoais tornam-se a habilidade-chave para ajudar as crianças a alcançar a autodisciplina.

Palavras-chave

Aderência; afeto; amorais; autodisciplina; centração; comunicação; consequências negativas; controle; culpa; fala privada; dar modelos; empatia; estilo disciplinar autoritário; estilo disciplinar autoritativo; estilo disciplinar sem envolvimento; estilo disciplinar permissivo; exigências de maturidade; identificação; infrações socioconvencionais; instrução direta; internalização; irreversível; mensagem pessoal; modelagem; reforçamento; regras definíveis; regras positivas; regras razoáveis; tomada de perspectiva; violações morais.

Questões para discussão

1. Defina autodisciplina e suas partes componentes.
2. Jamal é uma criança em idade pré-escolar. Seu irmão tem 10 anos. Discuta de que modo o sentimento de culpa e a empatia podem ser imaginados por cada um deles.
3. Foi demonstrado que as crianças se tornam mais capazes de autodisciplina à medida que crescem. Explique as mudanças desenvolvimentais que contribuem para o aumento dessa capacidade.
4. Defina amoral, aderência, identificação e internalização. Discuta, a seguir, quais sinais de comportamento lhe dizem que determinada pessoa está operando em um desses níveis.
5. Nomeie três regras que teve de seguir quando criança. Diga em que nível você obedecia: amoral, aderência, identificação ou internalização.
6. Descreva todas as coisas que poderia fazer — em relação a dar instruções e modelos — para ensinar uma criança a lidar

com uma cobaia de modo seguro. Assegure-se de levar em conta os diferentes níveis de maturidade das crianças.
7. Pense em um professor de sua infância. Descreva o comportamento dele em relação às outras pessoas, tendo em mente os quatros estilos disciplinares discutidos neste capítulo. Verifique se a pessoa que o escuta consegue categorizar o comportamento do professor com base sua descrição. Discuta, então, o efeito que esse estilo teve sobre sua aprendizagem.
8. Descreva quais mudanças teve de fazer para tornar seu próprio estilo de interação mais autoritativo.
9. Identifique, com os colegas, as três partes da mensagem pessoal e forneça pelo menos três razões para cada parte.
10. Em relação ao Anexo do Código de Ética da Naeyc, verifique quais pontos se aplicam às seguintes situações relativas às regras.

a. Os filhos da família Brown e da família Smith estão em sua classe. A Sra. Brown se aproxima de você dizendo que não quer que sua filha interaja com o filho da família Smith. Espera que você aplique essa regra.
b. Uma das famílias de seu grupo provém de outro país. O pai se aproxima de você e diz que quer que a filha de 4 anos aprenda a agir segundo a própria cultura. Isso significa que deve ser muito deferente nas interações com os adultos. O pai está preocupado, pois a filha berra quando o grupo se reúne, é muito mandona quando brinca e toma decisões sobre onde brincar. Em todos esses casos, ele acredita que a menina deveria ser mais dócil e flexível. Quer que você apoie as expectativas da família.

Tarefas de campo

1. Mantenha um registro das mensagens pessoais que usa em seu local de trabalho. Quando tiver oportunidade, registre pelo menos três de suas respostas. Inicialmente, descreva as falas e atitudes das crianças que resultaram em suas observações.

    Em seguida, escreva as palavras exatas que usou. Avalie sua eficácia e corrija qualquer mensagem pessoal imprecisa.

    Por fim, registre duas mensagens pessoais alternativas que poderia ter usado em cada situação. Assegure-se de identificar tanto as mensagens pessoais usadas para modificar o comportamento das crianças quanto as utilizadas para reforçar as ações positivas.

2. Descreva uma situação em que uma mensagem pessoal foi eficaz tanto do seu ponto de vista quanto do ponto de vista da criança. Em seguida, descreva uma situação em que a mensagem pessoal que usou foi ineficaz. Analise o que errou e de que modo a resposta pode ser melhorada no futuro.

3. Identifique uma situação que envolva as crianças com que trabalha, na qual possa ser necessário estabelecer uma regra. Anote a regra. Registre se atende ao critério de regra eficaz descrito neste capítulo. Se necessário, mude-a para torná-la mais adequada. A seguir, fale sobre o que fará e dirá para lembrar a regra à criança e para aplicá-la do modo necessário.

    Mais tarde, discuta se usou ou não a regra que elaborou. Descreva quaisquer mudanças que fez ao pô-la em prática. Conclua com a descrição das reações da criança à regra.

4. Leia os documentos do programa destinados a comunicar às famílias as normas relativas a sua participação e à da criança (por exemplo, material de inscrição, manual do programa, informativo de apresentação). Faça uma lista com cinco regras, normas e expectativas relacionadas às famílias e descreva as razões que as baseiam. Se a razão não for óbvia para você, converse com alguém do programa para descobrir mais sobre as normas existentes.

Capítulo 11

Autodisciplina em crianças: implementação de soluções e consequências

Objetivos

Ao final deste capítulo, você será capaz de descrever:

- Motivos típicos pelos quais as crianças se comportam mal e o que os adultos podem fazer quando isso acontece.
- Quatro tipos de consequências: positiva, natural, lógica e não relacionada.
- A diferença entre consequências corretivas e punições.
- Como combinar mensagens pessoais e consequências com eficácia.
- Como reagir aos comportamentos mais desafiadores das crianças.
- Estratégias de comunicação familiar relacionadas a consequências.
- Armadilhas que devem ser evitadas na implementação de consequências.

Em uma classe de pré-escola:
Professora: Parem de pintar e limpem tudo. Está na hora do almoço. Fechem as tampas e coloquem etiquetas nos desenhos que já estão secos.
Ralph: Ainda não terminei.
Julie: Não quero.
Jacob: (Não diz nada e continua pintando no cavalete).

■ Uso de consequências para promover a competência social

Aprender a cumprir voluntariamente regras e solicitações é um componente importante da competência social. Mesmo assim, como todos sabem, às vezes as crianças se recusam a fazer o que é pedido, comportam-se inadequadamente ou não seguem uma regra determinada. O que fazer nessas situações é uma preocupação comum de professores, cuidadores e pais (Charles, 2011). Por um lado, os adultos querem que as crianças obedeçam e, por outro, frequentemente não têm certeza de como conseguir a obediência de formas adequadas ao desenvolvimento. Este capítulo abordará as duas preocupações.

Tudo o que ler se baseará em três hipóteses. Primeiro, crianças pequenas são novatas quando se trata de comportamento social e, embora geralmente queiram agir de maneira que adultos e outras crianças consideram aceitável, nem sempre são bem-sucedidas. Segundo, aprender as regras da sociedade é um processo complexo que precisa de tempo e prática para ser dominado. Não é automático nem fácil. Terceiro, crianças cometem erros.

Seu comportamento errôneo pode ocorrer por vários motivos:

- As crianças não têm certeza de quais são as regras.
- Elas não têm certeza de como seguir as regras.
- Não conhecem ações adequadas para substituir as inaceitáveis.
- Não têm a capacidade ou o conhecimento instrumental para seguir uma regra em particular.
- Consideram a regra injustificada.
- Não têm interesse na regra.
- Estão recebendo recompensas positivas por ações negativas.
- Estão recebendo sinais mistos sobre a importância de algumas regras.
- Testam a flexibilidade dos adultos quanto à aplicação das regras.

Na maioria dos casos, qualquer motivo ou uma combinação deles pode ser a razão pela qual as crianças agem inadequadamente. Os problemas comportamentais das crianças frequentemente melhoram quando os adultos ajustam sua abordagem à definição e aplicação de regras. Vamos considerar cada um desses problemas.

■ Problemas de comportamento e suas possíveis soluções

Problema 1: Incerteza sobre o que são as regras.

Problema 2: Incerteza sobre como seguir determinada regra.

Problema 3: Confusão sobre o que fazer.

Problema 4: Falta de capacidade ou conhecimento instrumental.

Esses quatro problemas resultam da má elaboração de regras (MacKenzie & Stanzione, 2010). Em cada caso, as crianças cometem erros porque são incapazes de seguir uma regra em particular, e não porque não desejam. Regras mal elaboradas aumentam as chances de mau comportamento infantil porque as crianças não têm o conhecimento nem as habilidades necessárias para que possam obter sucesso. Se essa experiência for repetida frequentemente, elas poderão até parar de tentar seguir certa regra, convencidas de que seus esforços são em vão.

Solução. Como descrito no Capítulo 10, regras eficazes são aquelas que as crianças são capazes de seguir. Isso significa que as crianças são capazes, em relação ao desenvolvimento, de atender às expectativas e entendem o que devem fazer para obedecer. Regras eficazes também dizem às crianças os comportamentos adequados para substituir os inadequados (trata-se do quarto R da mensagem pessoal). Se as crianças não têm o conhecimento ou as habilidades adequados, os adultos as ajudam a aprender isso. Regras razoáveis, definíveis e positivas atendem a esses critérios e diminuem a chance de as crianças continuarem o comportamento incorreto.

Problema 5: Regras bobas.

Problema 6: Nenhuma propriedade das regras.

As crianças frequentemente rejeitam regras que consideram bobas ou desnecessárias (Kohn, 2006). Regras que não fazem sentido do ponto de vista da criança e que parecem arbitrárias são aquelas com menos probabilidade de ser seguidas. Da mesma forma, as regras impostas só por adultos recebem menos apoio que as expectativas e soluções que envolvem a opinião da criança.

Solução. Os adultos minimizam a rejeição das crianças às regras quando dão motivos para suas regras e solicitações. Como mencionado no Capítulo 10, os motivos que fazem sentido para crianças muito pequenas são aqueles que se concentram em manter as pessoas seguras e os que protegem a propriedade. Eventualmente, a preservação dos direitos das pessoas e a igualdade também se tornam raciocínios compreensíveis para algumas expectativas.

Além disso, as crianças estão mais dispostas a adotar um código de comportamento no qual têm alguma opinião. Crianças pequenas se beneficiam da participação em discussões sobre situações problemáticas na sala de aula e possíveis soluções. Essas discussões frequentemente destacam por que as regras são importantes para grupos de pessoas que moram e trabalham juntas e quais regras as crianças acham que devem ser obedecidas (Epstein, 2009). Quando elas têm oportunidades para definir problemas que querem ver resolvidos e também identificar regras que devem ser obedecidas, percebem as regras como acordos sociais legítimos e a si mesmas como parceiras nesses acordos. Isso leva as crianças a se interessar em ajudar a criar um ambiente no qual tais regras são cumpridas.

O Quadro 11.1 apresenta um exemplo de como uma classe do primeiro ano resolveu um problema.

QUADRO 11-1 Exemplo de como as crianças podem participar da resolução de problemas e da criação de regras

Resolução de problema em uma reunião da classe	
Rotina	**Em prática**
1. Uma criança com um problema o escreve na pauta para discussão na reunião da classe.	Joshua escreve "Blocos – Joshua" na pauta.
2. Na reunião da classe, o professor pede a um aluno que leve a pauta para o grupo.	"Hope, você pode trazer a pauta para o tapete?"
3. O professor lê o primeiro problema na pauta.	"Aqui diz 'Blocos – Joshua'. Joshua, explique-nos o problema?"
4. O aluno que ouviu o item explica por que é um problema para ele.	"Bom, ontem meu trabalho foi limpar blocos, e, quando fui lá, todos estavam no chão e não havia mais ninguém para me ajudar. Tive de guardar sozinho todos os blocos no lugar."
5. Se necessário, o professor ajuda a esclarecer o problema e o torna explícito para as outras crianças.	"Por que isso é um problema, Joshua?" "É um problema porque tive de fazer isso sozinho." "Qual é o problema disso?" "Porque é muito trabalho para uma só pessoa. Nem brinquei nos blocos!" "Então você não gosta quando tem de guardar os blocos de outra pessoa sozinho, é isso?" "É, é isso."
6. As crianças sugerem soluções para o problema.	"Devíamos ter quatro pessoas limpando os blocos." "As pessoas que brincam com blocos devem limpá-los." "As pessoas que brincam com blocos devem limpá-los por cinco minutos e uma pessoa deve fazer o resto do trabalho." "As pessoas que brincam com blocos devem limpá-los por quatro minutos e depois duas pessoas terminam o trabalho." "Devíamos fechar os blocos por uma semana." "Duas pessoas deveriam limpar os blocos."
7. A pessoa com o problema escolhe uma das soluções.	"O que você acha que devemos fazer, Joshua?"
Se nenhuma for aceitável, a pessoa sugere uma.	"Acho que devíamos limpar nosso próprio espaço por cinco minutos e depois quatro pessoas limpam os blocos."
8. O professor repete a solução para checar a exatidão e a escreve no livro de soluções. A solução é testada por uma semana.	Escrito no "Livro de soluções": "30 de janeiro. Na hora da limpeza, limpe primeiro seu próprio espaço por cinco minutos e depois faça o trabalho designado, se houver."

FONTE: Reimpresso com permissão da National Association for the Education of Young Children (Naeyc) – www.naeyc.org. Ver Rightmeyer (2003, p. 40).

Problema 7: Recompensas positivas por ações negativas.
Às vezes, comportamentos inadequados dão às crianças o que elas querem (Allen & Cowdery, 2008). Por causa da agressão de Kendra, Juan entrega o brinquedo; o deboche de Sarah faz Ellie desistir de uma chance de ir primeiro; como Jim parece muito aborrecido, ele consegue mais 15 minutos no computador. Em cada caso, o mau comportamento da criança lhe rendeu um fim desejado. De outra forma, a conduta inadequada pode ajudar as crianças a evitar coisas que não querem fazer: chorar pode ser uma estratégia para que não tenham de seguir uma regra, perambular pode liberá-las da limpeza e gritar pode livrá-las de uma atividade da qual não gostam quando lhe pedem para sair do grupo por um tempo. Uma criança entediada pode acrescentar empolgação ao seu dia ao provocar, perseguir ou beliscar alguém secretamente.

Solução. Para combater as vantagens ocultas que o comportamento inadequado pode proporcionar, os adultos devem observar as crianças atentamente para determinar quais são as vantagens. Com base nessas observações, professores introduzem estratégias alternativas que rendem recompensas semelhantes de maneiras mais construtivas (Dunlap & Fox, 2009). Fazer isso bem envolve coletar dados sobre o comportamento incorreto, analisar a causa e determinar o que acontece depois que ele ocorre. Somente então as ações substitutas adequadas se tornam claras. Você aprenderá mais sobre como fazer isso adiante neste capítulo.

Problema 8: Mensagens confusas.
Mesmo quando uma regra é declarada adequadamente para as crianças, as ações dos adultos podem miná-la. Isso acontece quando os adultos não reconhecem a obediência, ignoram regras violadas ou cedem à desobediência (MacKenzie & Stanzione, 2010; Miller, 2010). Tais atos criam um ambiente imprevisível no qual as crianças não conseguem ter certeza de quais são as expectativas reais. Por exemplo: uma regra na sala de pré-escola é de que as crianças devem usar um avental para pintar no cavalete. Em alguns dias, os adultos aplicam a regra regularmente; em outros, eles prestam pouca atenção, e muitas crianças pintam sem avental. Não é de surpreender que elas não tenham certeza sobre a regra e raramente se lembrem de usar um avental sozinhas. Da mesma forma, na Roosevelt Elementary School, espera-se que as crianças limpem seus lugares na mesa de almoço antes de saírem da cantina. As mais novas ficam compreensivelmente confusas quando ninguém nota que carregam as próprias bandejas. Em alguns dias, elas levam bronca por deixarem embalagens de comida na mesa, mas, em outros, ouvem o seguinte: "Deixem as bandejas aí mesmo" (quando os adultos estão atrasados). Em algumas ocasiões, as crianças são ignoradas quando não jogam fora as embalagens de comida (os adultos estão cansados demais para lidar com isso). As ações dos adultos tornaram a aplicação de regras arbitrária. Com o tempo, as mais novas concluem que a regra não tem significado real e não se sentem obrigadas a segui-la.

Problema 9: Testar os limites.
Crianças constantemente tentam determinar o que constitui comportamento dentro e fora dos limites. A única maneira de poder descobrir essas diferenças é testar as crianças várias vezes por meio de tentativa e erro (Denno, Carr & Bell, 2011). Como os adultos variam em sua disposição de conseguir obediência, as crianças testam cada adulto com quem têm contato para descobrir os limites da pessoa. As duas formas de teste frequentemente resultam em comportamentos inadequados.

Solução. A maneira de resolver problemas comportamentais relacionados a mensagens confusas e teste de limites é aplicar regras de maneira consistente por meio do uso de consequências. A próxima seção deste capítulo se concentra nessa habilidade importante.

■ Consequências

Consequências são eventos que tornam determinado comportamento mais ou menos provável de acontecer no futuro. Consequências positivas aumentam as chances de repetição dos comportamentos, e consequências naturais, lógicas e algumas não relacionadas os reduzem.

Consequências que aumentam os comportamentos desejados

Consequências positivas reforçam a manutenção de uma regra pelas crianças ou as estimulam a repetir um comportamento positivo no futuro (Marzano, 2003). Uma das mais comuns e eficazes é reforçar o comportamento das crianças com uma mensagem pessoal positiva. Por exemplo, quando o Sr. Moore diz: "LaTisha, você se lembrou de levantar a mão antes de falar. Fico contente. Isso me deu uma chance de concluir o que estava dizendo", sua mensagem destaca o comportamento adequado da criança de forma que causa uma impressão em LaTisha. Além disso, reconhece que seguir a regra exigiu esforço.

Quando os adultos afirmam a obediência das crianças utilizando mensagens pessoais, elas provavelmente obedecerão de novo no futuro. Isso ocorre porque mensagens pessoais positivas relembram às crianças as regras e seus raciocínios em momentos nos quais as crianças têm provas demonstráveis de que são capazes de segui-las. Essa confirmação é benéfica para crianças de todas as idades.

Outra consequência positiva, com a qual os leitores já estão familiarizados desde o Capítulo 4, é o elogio eficaz. Um exemplo é quando o adulto indica: "Você está se lembrando de trazer a lição de casa todos os dias nesta semana. Já é quinta-feira e você fez a lição de casa todos os dias". Esse reconhecimento do comportamento da criança relacionado à regra destaca sua crescente capacidade de agir de forma socialmente aceitável.

Da mesma forma, quando os adultos reconhecem os benefícios acumulados de seguir uma regra ao longo do tempo, promovem as sensações de autossatisfação e orgulho das crianças por seu desempenho. Por exemplo, se a regra for "Pratique piano diariamente", o adulto pode dizer: "Você fez muito sucesso no recital. Todo seu treino realmente compensou".

Consequências positivas também podem tomar a forma de privilégios ganhos. Por exemplo, se a regra é "Use os livros da biblioteca com cuidado", quando as crianças podem demonstrar essa habilidade, recebem permissão para usar os livros sem ajuda dos adultos. Esse tipo de recompensa formaliza o resultado natural do comportamento positivo e também enfatiza os resultados positivos das ações. Quando essas informações são articuladas, a ligação entre comportamento e resultado fica mais evidente.

Finalmente, há momentos nos quais as consequências positivas tomam a forma de recompensas tangíveis, como adesivos ou estrelas em uma tabela de progresso (Essa, 2007). Por exemplo, uma criança pode receber um adesivo para cada dia em que passa uma manhã sem bater em outra. Tais recompensas tangíveis servem de evidências concretas do comportamento positivo e ajudam algumas crianças a reconhecer suas conquistas. Embora recompensas tangíveis não sejam utilizadas em todo ambiente, são usadas em algumas situações, com resultados benéficos.

Veja o quadro a seguir que apresenta reforçadores verbais e não verbais.

Possíveis reforçadores

Muitas possibilidades

Há muitas oportunidades para fornecer reforço positivo às crianças durante o dia.

- **Reforço verbal:** Fale com a criança sobre o que ela está fazendo, pergunte sobre a família, o animal de estimação, sua cultura, o que gosta de fazer na escola e em casa, e ouça atentamente as respostas; conte piadas; peça ajuda para você ou outra criança com uma tarefa; pergunte o que ela quer fazer; mostre que você gosta de estar com ela e que está contente por estar em sua classe; demonstre que aprecia suas contribuições ao grupo, seu senso de humor, sua sensibilidade; diga que é uma boa amiga e que outras crianças gostam dela.

- **Reforço não verbal:** Dê à criança um sorriso simpático, um "toque aqui", um abraço ou um carinho; seja sua parceira; ofereça-se para ajudar; reserve um tempo para ensinar uma nova habilidade; atenda imediatamente à solicitação de uma criança. Algumas crianças ficam coradas quando um professor escolhe se sentar com elas ou se juntar a sua atividade. Às vezes, dar à criança tempo para terminar o trabalho ou colocá-lo na parede é o suficiente para que ela saiba que acha que o que ela está fazendo é importante.

FONTE: Reimpresso com permissão de Kaiser & Rasminsky (2007).

Consequências que reduzem comportamentos errôneos

Cientistas sociais comumente se referem a todas as ações que reduzem comportamentos problemáticos como punições. Entretanto, pesquisas demonstram que alguns usos de punição são eficazes na promoção da autodisciplina, e outros não. Para distinguir claramente entre os dois, rotularemos estratégias que aumentam o autocontrole como **consequências corretivas** e as que prejudicam o autocontrole como **punições**. Há diferenças significativas entre as duas, como indica o Quadro 11.2.

Punições. Com o propósito de corrigir algum comportamento inadequado das crianças, os adultos costumam puni-las com surras, gritos ou castigos humilhantes, e elas sofrem muito com essas atitudes (Kohn, 2006). São de ações duras e insensatas que utilizam o poder e a força para mudar o comportamento das crianças ou conseguir algo delas. Podem ser executadas sem advertência ou de maneira ameaçadora, o que assusta ou humilha a criança. Como descrito no Quadro 11.2, as punições se

QUADRO 11.2 Diferenças entre consequências corretivas e punições

Consequências corretivas	Punições
Indicam para as crianças que elas são valorizadas, mesmo quando seu comportamento não o é.	Rejeitam as crianças.
São instrutivas – ensinam às crianças como corrigir comportamentos problemáticos.	Não são instrutivas – informam às crianças que um problema ocorreu, mas não as ensinam a corrigi-lo.
Concentram-se no comportamento errôneo.	Concentram-se na criança "má".
Têm um elo claro com o comportamento errôneo.	Não têm relação com o comportamento errôneo.
São implementadas com consideração.	São arbitrárias e humilhantes.
Comunicam que as crianças têm o poder de corrigir o comportamento errôneo.	Comunicam o poder pessoal do adulto.
Permitem que as crianças mudem o próprio comportamento.	Exigem que os adultos assumam toda a responsabilidade pela mudança de comportamento.
Concentram-se na prevenção de futuros erros.	Concentram-se na retaliação por erros.
São aplicadas de forma prosaica.	São aplicadas com ressentimento, raiva, indiferença ou desprezo óbvio.
São aplicadas proporcionalmente à gravidade do comportamento errôneo.	São severas e exageram a gravidade do comportamento errôneo.
Utilizam argumentação.	Utilizam coerção.

FONTES: Curwin, Mendler & Mendler (2008), Malott & Trojan (2008) e Gartrell (2011).

concentram em fazer a criança "pagar" pelos erros cometidos, em vez de ensiná-las a se comportar mais adequadamente. Punições não enfatizam a argumentação ou o desenvolvimento de empatia pelos outros. Também não ensinam às crianças alternativas desejáveis a seu mau comportamento (Coie & Dodge, 1998; Sigsgaard, 2005). Consequentemente, crianças punidas regularmente tendem a adotar a atitude de coerção às quais foram sujeitas, tornando-se cada vez mais desafiadoras e hostis (Beaudoin & Taylor, 2004). As crianças gastam boa parte do tempo tentando descobrir meios que lhes permitam fazer aquilo que querem sem serem flagradas pelos adultos (McCord, 2005). Por todos esses motivos, as punições só levam à obediência de curto prazo. As crianças continuam obedecendo porque não adquirem as ferramentas necessárias para a internalização (empatia, argumentação, novos comportamentos).

Consequências corretivas. A regra na classe da Sra. Vigna é que as crianças devem arregaçar as mangas para trabalhar com argila. Quando Júlia se aproxima da mesa de argila, ouve que tem de arregaçar as mangas. Quando não o faz, a professora intervém. Ela calmamente explica à criança que as mangas longas poderão ficar sujas de argila se não forem arregaçadas. Então, ajuda Júlia a se afastar da mesa para arregaçar as mangas. O ato de arregaçar as mangas com ajuda da professora permite que a menina ensaie o comportamento desejado, de forma que possa lembra-se de fazê-lo no futuro. Como tal, atua como uma consequência que ensina à criança "como" se comportar.

Consequências corretivas para comportamentos errôneos são ações construtivas que ajudam as crianças a reconhecer o impacto que as ações têm sobre elas mesmas e sobre os outros. Essas consequências são implementadas com o objetivo, de longo prazo, de ensinar autodisciplina às crianças (Thompson & Twibell, 2009). As consequências ajudam a criança a aprender a conduta aceitável a partir da experiência de ser corrigida. Elas permitem que a criança se aproxime de atos desejados. Também servem de prática para o futuro e aumentam a probabilidade de a criança ter sucesso na repetição de comportamentos corretos de forma independente. Quando utilizadas adequadamente, as consequências estimulam as crianças a pensar nas características de situações problemáticas, o que pode ser útil para elas em interações futuras. Por exemplo, o que causou o episódio, como e por que as pessoas reagiram ao comportamento da criança, e que alternativas aceitáveis foram sugeridas? Essa autoanálise é possível porque as consequências corretivas não causam sensações intensas de medo ou vergonha, que interferem na capacidade de argumentação da criança.

Outro atributo das consequências é que elas tornam o mundo da criança mais previsível: ela sabe exatamente o que acontecerá quando uma regra for violada. As infrações recebem um tratamento prosaico e consistente, independentemente de quem são os infratores e com que frequência violaram a regra antes. Dessa forma, a criança consegue reconhecer o elo entre ações e reações e gradualmente internalizar códigos de conduta aceitáveis (Denno, Carr & Bell, 2011).

Tipos de consequências corretivas

As consequências que abordam comportamento errôneo são assim classificadas: natural, lógica e não relacionada.

Consequências naturais. Nas **consequências naturais**, não há a intervenção do adulto (Nelsen, 2006). Elas são resultado direto do comportamento da criança. Como tal, consequências naturais sinalizam para a criança que suas ações importam e que ela tem o poder de influenciar os resultados. Por exemplo, se a criança não pendurar a jaqueta em seu cabide, a consequência natural pode ser uma jaqueta fora de lugar. Crianças que se atrasam para o almoço podem vivenciar a consequência natural de comer comida fria ou comer sozinhas porque todos já acabaram. Consequências naturais são mais eficazes quando são óbvias para as crianças e quando estas se importam com o resultado. Eventualmente, as crianças aprenderão a guardar a jaqueta se quiserem encontrá-la facilmente ou a chegar a tempo para o almoço se preferirem comida quente ou almoçar com os amigos.

Consequências lógicas. As **consequências lógicas** são aquelas relacionadas à regra, o que significa que há uma conexão óbvia entre o comportamento da criança e a ação corretiva (Fields, Perry & Fields, 2010). Quando, na sala de aula, Jamie desenha no tampo da mesa, um adulto fala com ela sobre suas ações e seu impacto sobre o material da classe. Então, ajuda Jamie a pegar o que precisa para limpar a mesa. Limpar ajuda Jamie a restaurar a mesa danificada e faz uma conexão óbvia entre o comportamento inadequado de desenhar na mesa e a consequência de limpá-la (Gartrell, 2011). Isso torna limpar a mesa uma consequência lógica. Em geral, as consequências lógicas assumem uma de três formas:

- Ensaio: as crianças se aproximam de um comportamento desejado ou treinam-no.
- Restituição: as crianças fazem correções genuínas por seu mau comportamento.
- Perda temporária de privilégio: por um breve momento, as crianças abrem mão de um privilégio do qual abusaram.

Ensaio Se Rudy está correndo no corredor, uma consequência lógica seria voltar e caminhar. O ato de caminhar serve de um lembrete mais relevante da regra do que repreender ou fazê-lo sentar por alguns minutos. Na verdade, andar permite que Rudy "ensaie" o comportamento adequado que deve utilizar no futuro. Estimular as crianças a praticar as regras desejadas ou estabelecidas aumenta a probabilidade de elas seguirem-nas, por conta própria, em outro momento.

Restituição Às vezes, os ensaios não são viáveis, então a restituição é mais adequada. Jamie, que desenhou na mesa, depois apagou as marcas, devolvendo à mesa sua condição original, demonstrou isso. Da mesma forma, a consequência lógica quando as crianças jogam comida no chão é que limpem a sujeira. Esse ato retorna a situação a um estado mais aceitável e mostra às crianças que o comportamento inaceitável de jogar comida não será tolerado. Dessa forma, a restituição melhora uma situação problemática ou repara o dano feito.

Ensaio e restituição são as formas mais comuns de consequências lógicas (Charles, 2011), pois apoiam o desenvolvimento do autocontrole entre crianças de todas as idades e são adequadas para a maioria das situações nas quais consequências são necessárias. Como são muito tangíveis, ensaio e restituição dominam nosso trabalho com crianças pequenas e maiores cujo raciocínio é caracteristicamente descrito como pré-operacional. À medida que as crianças começam a pensar de forma mais abstrata, a perda temporária de privilégio é outra forma de consequência lógica que pode ajudar as crianças a desenvolver maior poder de autorregulação.

Perda temporária de privilégio Na classe do Sr. Li, as crianças podem ir ao corredor sozinhas para pegar coisas nos armários delas. Quando Corinne, do segundo ano, começa a vagar pelos corredores depois de pedir para pegar algo na mochila, o professor temporariamente revoga seu privilégio de ir ao corredor sozinha. No dia seguinte, a menina recebe outra chance para ver se pode assumir o privilégio com responsabilidade. Ir ao corredor sem supervisão envolve privilégio e responsabilidade. Quando crianças demonstram que não são capazes de lidar com ambos com sucesso, uma consequência lógica interrompe o comportamento problemático e ajuda as crianças a reconhecer que, se querem ter certos privilégios, terão de assumir as responsabilidades que vêm com eles. Reter pequenos privilégios como esse é especialmente eficaz quando os adultos também são afetuosos e claros sobre as regras e quando dão à criança oportunidades de tentar novamente em outro momento (Bee & Boyd, 2009).

Um benefício importante de usar consequências lógicas é que elas ensinam às crianças comportamentos incompatíveis com os problemáticos que elas exibem (Stormont et al., 2008). Por exemplo, limpar a mesa é incompatível com desenhar nela; limpar a comida do chão é incompatível com jogá-la ali. À medida que reações incompatíveis como essas são fortalecidas pela prática e por consequências positivas, os comportamentos menos desejáveis são enfraquecidos. Se tais casos forem notados e elogiados, eventualmente elas aprenderão a trocar o comportamento tabu pela ação mais desejada. Outros exemplos de consequências lógicas são descritos no Quadro 11.3. Como você verá, pode haver mais de uma opção para uma situação em particular. Nesses casos, os adultos escolhem apenas uma, não várias consequências por situação.

Consequências não relacionadas. Consequências não relacionadas envolve a introdução de uma penalidade não relacionada ao comportamento errôneo. Como o nome sugere, as consequências não relacionadas não são a superação natural do comportamento de uma criança nem permitem que ela se aproxime de comportamentos desejados ou corrija os menos desejados. Em vez disso, trata-se de resultados fabricados pelo adulto em resposta ao mau comportamento da criança (Malott & Trojan, 2008). Exemplos podem incluir proibir Lisa de assistir à TV enquanto não escovar os dentes ou escolher uma escola até pendurar o casaco. Escovar os dentes não tem nada a ver com assistir à TV, então a negação não ensina a menina a escovar os dentes nem resolve a questão da boca suja. Entretanto, se Lisa realmente valoriza seu tempo com a TV, aprenderá que assistir à TV se relaciona com escovar os dentes. O mesmo é verdadeiro com relação ao casaco. Proibir Lisa de escolher uma escola não lhe dá prática em pendurar o casaco.

Dessa forma, cria-se uma situação aversiva que a criança pode tornar positiva ao fazer o que é pedido a ela.

A natureza não relacionada da penalidade diferencia essas consequências da variação de perda de privilégio das consequências lógicas. Como não têm relação com a regra violada, os adultos devem tomar cuidado para aplicá-las no verdadeiro espírito da consequência, não da punição. Além disso, as consequências mais benéficas não relacionadas são aquelas que, embora não sejam semelhantes no conteúdo, estão ligadas no momento à infração. Por exemplo, é mais eficaz reter o próximo evento em uma sequência que um mais distante. Portanto, é melhor privar Lisa de participar de alguma parte do período de livre escolha por se esquecer de pendurar o casaco que afastá-la do recreio várias horas depois. Dos três tipos de consequências corretivas descritos aqui, as não relacionadas são utilizadas menos frequentemente. Contudo, há momentos em que elas são adequadas e atingem a meta de ajudar as crianças a aprender comportamento mais aceitável por meio do processo de orientação.

Decisão sobre quais consequências corretivas utilizar

Os adultos devem determinar com cuidado qual consequência corretiva é mais adequada para determinada situação. Para tal, pensam nas três consequências, começando com as naturais, depois as lógicas e, por fim, as não relacionadas. A meta essencial é escolher a consequência que aborda o comportamento errôneo adequadamente enquanto, ao mesmo tempo, dá à criança mais oportunidade de exercitar a auto-orientação.

Passo 1. Devem-se, inicialmente, considerar as consequências naturais. Os adultos se perguntam:

- O resultado é aceitável para mim?
- A criança reconhecerá que houve uma consequência?
- A consequência importará para a criança?

Obviamente, uma consequência que resulta em dano físico a uma criança é inaceitável, como beber veneno ou brincar no meio do trânsito. Mesmo assim, outras coisas além de segurança influenciam a aceitabilidade. O que pode ser aceitável para um adulto pode ser impensável para outro. Como mencionado anteriormente, a consequência natural para crianças que chegam tarde a uma refeição é comer comida fria ou ficarem sozinhas. Alguns cuidadores podem ver esses resultados como razoáveis; outros se veem requentando a comida ou fazendo companhia à criança. Se os adultos sabem que não conseguirão sustentar uma política de afastamento, a consequência natural não é a melhor. Isso também é verdadeiro se a consequência é tão sutil que a criança nunca notará que aconteceu (por exemplo, parentes sempre comem sozinhos, então dessa vez não é diferente) ou se ela não se importa com a consequência (a criança

QUADRO 11.3 Exemplos de consequências lógicas

Comportamento problemático	Consequência lógica	Forma de consequência lógica
Lacey derruba os blocos de outra criança.	Lacey ajuda a reconstruir a estrutura de blocos.	Restituição.
Chris bate em outra criança com raiva.	Chris pega um lenço para enxugar as lágrimas da vítima.	Restituição.
	Chris é separado da vítima e deve ficar perto de um adulto para ser lembrado de não bater.	Ensaio.
	Em vez de bater, Chris deve desenvolver um plano sobre o que fazer quando está com raiva.	Ensaio.
	O adulto fornece a Chris um roteiro sobre como agir e o incentiva a utilizá-lo.	Ensaio.
	Chris procura possíveis palavras para usar nos "roteiros da raiva" em vez de bater.	Ensaio.
Taylor rasga páginas de um livro.	Taylor conserta o livro.	Restituição.
	Taylor substitui o livro.	Restituição.
	Taylor ajuda a pagar pelo livro.	Restituição.
Lonnie utiliza mal o tempo de instrução.	Lonnie compensa pelo tempo imediatamente.	Ensaio.
Gena diz que acabou o trabalho para poder passar para outra atividade, mas isso não é verdade.	Em vez de ir de uma atividade para outra de forma independente, Gena deve mostrar o trabalho acabado ao adulto antes de continuar.	Perda temporária de privilégio.
Jennifer fica batendo nas teclas do computador.	Jennifer treina uma forma digitar levemente nas teclas do computador (pode ser sozinha ou com a ajuda de um colega ou adulto).	Ensaio.
	Jennifer deve parar de usar o computador por um período.	Perda temporária de privilégio.
Leah conversa com as amigas durante uma reunião.	Leah deve se sentar longe por um tempo.	Perda temporária de privilégio.
	Leah se senta perto de um adulto que pode ajudá-la a se concentrar em quem fala.	Ensaio.
Mavis, de 9 anos, trapaceia repetidamente durante um jogo com colegas.	Mavis deve deixar o grupo e brincar sozinha por um período. Ela poderá voltar ao grupo quando puder garantir que jogará com igualdade.	Perda temporária de privilégio.
Anthony fala grosseiramente com o cuidador.	O adulto se afasta depois de explicar que não responderá a nenhuma questão da criança enquanto ela utilizar tom e palavras rudes.	Perda temporária de privilégio
	Anthony pode chegar perto do cuidador quando estiver pronto para falar com mais educação.	Ensaio.
Em vez de continuar com sua parceira, Bethany corre para frente do grupo várias vezes em uma excursão.	Bethany deve andar com um adulto no restante da excursão.	Perda temporária de privilégio.

prefere comer sozinha). Todas essas condições diminuem o poder da consequência natural para inibir o comportamento da criança no futuro. Sob essas circunstâncias, uma consequência lógica ou não relacionada é melhor.

Passo 2. Se uma consequência natural for inadequada, consequências lógicas deverão ser consideradas. Eis as perguntas que os adultos devem fazer:

- A criança se beneficiaria com o ensaio?
- É uma situação que exige restituição?
- A criança é capaz, em seu nível de desenvolvimento, de ver uma conexão entre a infração e uma perda de privilégio?

Se a resposta a qualquer uma dessas perguntas for "sim", uma consequência lógica será uma ferramenta de ensino adequada. Embora consequências lógicas precisem de mais imaginação do que as penalidades não relacionadas, como se sentar em isolamento ou perder o recreio, são muito mais eficazes em ajudar a criança a aprender comportamentos alternativos adequados (Gartrell, 2011).

Passo 3. Consequências não relacionadas são as de último recurso. Elas devem ser utilizadas de forma esporádica porque valorizam principalmente a restrição do comportamento que ocorre em determinado momento. Para que haja mudança de longo prazo, as crianças devem aprender substitutos aceitáveis para os quais as consequências lógicas são preferíveis. As consequências não relacionadas só devem ser implementadas quando não há consequência lógica disponível. A Figura 11.1 mostra como as três consequências corretivas se relacionam.

```
                  Menos utilizadas
                   /\
                  /  \
                 / Consequências \
                /  não relacionadas \
               /──────────────────\
              /  Consequências lógicas \
             /       Ensaio            \
            /       Restituição         \
           /      Perda de privilégio    \
          /──────────────────────────\
         /      Consequências naturais    \
        /_____\
              Mais utilizadas
```
© Cengage Learning

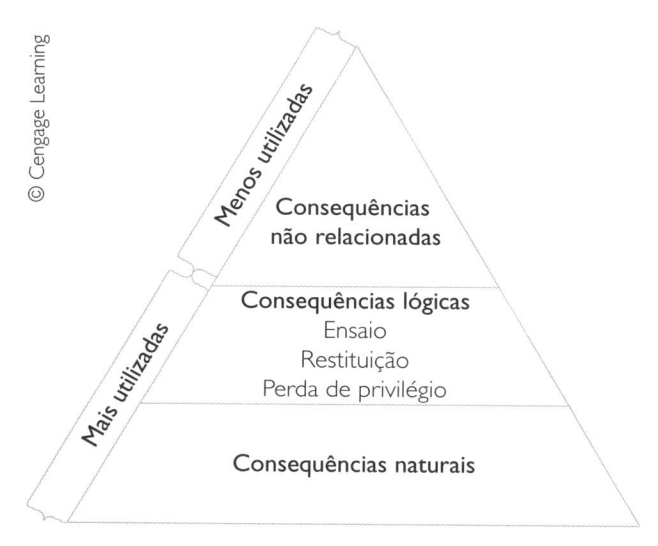

FIGURA 11.1 Três consequências que apoiam o desenvolvimento de autodisciplina da criança.

Implementação de consequências corretivas

Várias crianças estão em volta do bebedouro. Elas começam a se empurrar e dar cotoveladas. Ao perceber que alguém pode se machucar, o Sr. Wilson decide intervir.

Quando as crianças estão envolvidas em possíveis situações problemáticas como essa, a primeira atitude dos adultos é lembrá-las da regra, utilizando a mensagem pessoal (Charles, 2011). Nesse caso, o professor diz: "Parece que todos querem beber ao mesmo tempo. Minha preocupação é que alguém se machuque quando vocês empurram assim. Revezem. Um por vez na frente". Frequentemente, esse aviso é a única coisa necessária para as crianças obedecerem. Se elas obedecem nesse ponto, devem ser reforçadas com elogio eficaz. Entretanto, se continuam desrespeitando a regra, o adulto deve implementar uma consequência corretiva adequada.

A consequência é declarada pela primeira vez à criança na forma de **advertência** (Curwin, Mendler & Mendler, 2008), feita como uma declaração do tipo "ou isso ou aquilo" que repete a regra e, depois, diz à criança o que acontecerá se ela não a seguir. A regra do professor é: "Revezem. Um por vez na frente". Ele pode dar uma advertência como "Ou você espera sua vez ou terá de voltar para o fim da fila". Essa advertência dá às crianças uma oportunidade e um incentivo para mudar de comportamento de acordo com as expectativas do adulto. Ela também informa às crianças que se trata da última chance para obedecerem antes de intervenção maior do adulto.

A advertência não deve ser assustadora, abusiva ou ameaçadora. Em vez disso, é uma simples declaração do fato. Isso significa que os adultos advertem as crianças calmamente. Eles não gritam com elas nem utilizam gestos ameaçadores para que possam ser entendidos.

Exemplo de advertência:
"Ou" (o adulto descreve o comportamento esperado)
OU
(O adulto declara qual será a consequência)
Exemplo: Ou você espera sua vez de ir ou vai para o fim da fila.

Depois da advertência, o adulto faz uma pausa para dar às crianças uma chance de obedecer. Os tempos de reação delas são um pouco mais lentos que os adultos desejam às vezes. Os adultos devem ser cuidadosos de modo que não interfiram antes que a criança tenha tempo de reagir (Denton, 2007). Por exemplo, Alexia continua empurrando no bebedouro. O professor lhe diz que deve esperar a vez ou irá para o fim da fila. Alexia pode levar vários segundos para decidir o que fazer. O atraso da menina não representa uma ameaça real aos que estão a sua volta, e isso pode ser tolerado por alguns momentos para lhe dar uma chance de obedecer à regra sozinha.

Às vezes, quando a segurança é ameaçada, a intervenção física imediata é necessária. Em tais casos, a advertência é dita ao mesmo tempo em que o adulto implementa a consequência. Por exemplo, se Marla está prestes a arremessar uma pedra, o adulto deve agarrar a mão da menina rapidamente e dizer: "Você pode largar a pedra sozinha ou a tirarei de você". Enquanto o adulto pega a mão de Marla, permite uma pausa verbal rápida para dar à menina uma chance de largar a pedra sozinha.

Durante esse momento, o adulto tenta descobrir a intenção de Marla, vendo se ela continua tensa ou começa a relaxar, e também pelo que ela pode estar dizendo. Se Marla for capaz de soltar a pedra, exibirá um pouco de autocontrole. Caso contrário, o adulto exercerá controle externo máximo ao tirar a pedra dela. Esse último passo é um seguimento da consequência declarada.

Seguimento das consequências

Não é suficiente simplesmente dizer às crianças quais serão as consequências de suas ações. Os adultos deverão aplicar as consequências se elas não obedecerem (Deno, Carr & Bell, 2011). Isso é chamado de **seguimento**. Com base nesse passo, se Alexia continuar empurrando no bebedouro, o professor Wilson fará um seguimento levando-a para o fim da fila, como dito na advertência. O seguimento é uma parte crucial do processo de orientação porque envolve a representação da consequência corretiva.

Como consequências apropriadas são instrutivas, o seguimento dá às crianças informações valiosas sobre como redirecionar o comportamento inadequado. Ele também demonstra que adultos são previsíveis, cumprem o que estão dizendo e que há um limite para a quantidade de comportamento fora dos limites que vão tolerar. De encontros sociais como esses, as crianças começam a construir uma imagem precisa de seu efeito sobre o mundo e da reação deste a elas.

Quando os adultos se veem em situações que exigem seguimento, há algumas coisas que devem dizer para que a argumentação por trás de suas ações seja clara para a criança. É importante que as crianças reconheçam que as consequências corretivas são resultado de seu próprio comportamento e que não se trata de ações arbitrárias nem vingativas do adulto.

O seguimento começa com uma reflexão breve que resume a situação do ponto de vista da criança. Depois, apresenta-se uma frase que reafirma a advertência. Essa frase começa frequentemente assim: "Você se lembra de que eu lhe disse...". Então, o adulto repete a consequência como uma declaração do que acontecerá em seguida como resultado do comportamento da criança, frequentemente começando com a palavra "agora".

Exemplo de seguimento:

1. Refletir: resumir a situação do ponto de vista da criança.
2. Lembrar: advertir (ou a criança se comporta de forma adequada ou a consequência acontecerá).
3. Implementar a consequência.

Assim, um seguimento típico pode soar assim: "Alexia, você ainda está ansiosa para ficar na frente na fila. Lembra-se do que eu lhe disse: ou você espera sua vez ou vai para o fim da fila? Então, vá para o fim". Enquanto isso é dito, o professor Wilson leva Alexia até o fim da fila.

Quando implementar consequências

Dois fatores essenciais influenciam quanto as crianças aprendem das consequências que vivenciam: consistência e tempo. Consistência envolve a frequência com que a regra é aplicada. Tempo se refere ao período entre a infração da regra e o início da aplicação. A aplicação da regra deve ser consistente (Conroy, Brown & Olive, 2008). Toda vez que a regra é violada, o adulto deve estar preparado para aplicar as consequências adequadas e garantir a conformidade.

Regras ministradas em um dia e negligenciadas no outro são ineficazes. Como as crianças não conseguem ter certeza de que a regra está ou não em vigor, provavelmente não a seguirão. Como resultado, as que passarem por aplicação errática das regras tenderão a demonstrar mais incidentes de comportamento errôneo que crianças com experiência mais regular. Como a consistência é muito importante, os adultos são avisados para insistir em poucas regras por vez. É melhor aplicar firmemente uma ou duas regras importantes que tentar sem muito esforço várias regras.

Além de ser consistente, a aplicação de regras deve ser imediata. Períodos longos entre o momento que a criança infringe a regra e quando o seguimento acontece enfraquecem o impacto da consequência (MacKenzie & Stanzione, 2010). Em outras palavras, seria ineficaz para o Sr. Wilson dizer a Alexia que, se ela continuasse empurrando no bebedouro, não receberia um agrado mais tarde. Ajudar Alexia a se afastar da fonte logo depois de empurrar ajudaria a menina a se concentrar mais claramente no comportamento problemático e em sua solução lógica. Crianças devem ter oportunidade de associar seu comportamento inadequado com uma consequência imediata. Quanto mais distante do ato a consequência está no tempo, mais difícil é para a criança fazer uma conexão. Por esses mesmos motivos, a consistência e a rapidez também são importantes para a implementação de consequências positivas.

■ Combinação de advertência e seguimento com a mensagem pessoal

Até agora, nosso foco foi o uso adequado de consequências positivas e naturais, lógicas e não relacionadas. As últimas ocorrem em uma sequência de habilidades que aumentam o desenvolvimento de autocontrole da criança. Essa sequência consiste em uma mensagem pessoal sucedida por uma advertência e, então, se necessário, um seguimento. Você aprendeu sobre mensagens pessoais no Capítulo 10. A advertência e o seguimento só foram descritos. A Figura 11.2 mostra como eles são semelhantes.

A sequência é ilustrada nesta situação:

SITUAÇÃO 1: Howard, o professor-assistente, entra no banheiro e encontra Alan enchendo a privada de papel toalha. Água e toalhas estão por todo o chão. A criança não vê o adulto entrar.

MENSAGEM PESSOAL: O professor se aproxima rapidamente de Alan e fica perto dele. Pega a mão de Alan assim que a criança alcança outro papel toalha e diz: "Alan, você está se divertindo. O que me preocupa é que, com essa água toda no chão, alguém vai escorregar e se machucar. Comece a limpar esta bagunça". O professor fica em silêncio por um momento esperando que Alan lhe obedeça. Em vez disso, o menino tenta sair do banheiro, mas o professor o impede.

ADVERTÊNCIA: "Você prefere não limpar, né?. Ou você descobre por onde começar a limpar ou lhe direi como fazer". Novamente, o professor aguarda alguns segundos na esperança de que Alan comece. A criança simplesmente fica parada. O professor calmamente dá ao menino um balde e uma esponja.

SEGUIMENTO: "É difícil para você fazer uma escolha, certo? Lembre-se que lhe disse para escolher ou eu escolheria. Você pode começar neste canto." O professor coloca a esponja na mão de Alan e o leva em direção à *poça*.

Mensagem pessoal	Advertência	Seguimento
• Reflexão • Reação • Razão • Regra	• Ou... (repetir a regra) Ou • Consequência	• Reflexão • Lembrete da advertência • Agora... (implementar consequência)

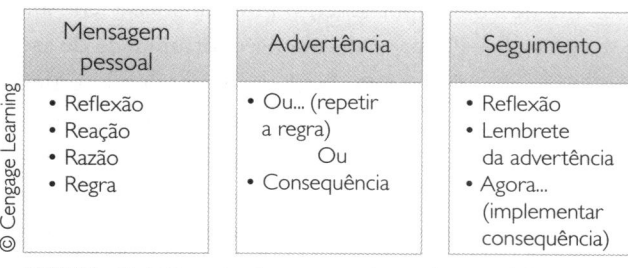

© Cengage Learning

FIGURA 11.2 Sequência para apoiar o desenvolvimento de autodisciplina da criança.

Raciocínio para sequência de autodisciplina

Ao combinar uma mensagem pessoal com uma advertência e seguimento, o professor de Alan utilizou uma sequência desenhada, no curto prazo, para mudar o comportamento inaceitável do menino. Seu objetivo de longo alcance é fornecer uma estrutura por meio da qual Alan consegue maior autodisciplina.

Benefícios de curto prazo. As vantagens imediatas para Howard e Alan sobre o uso sequencial de mensagem pessoal, advertência e seguimento estão descritas na Quadro 11.4.

Benefícios de longo prazo. As habilidades recém-descritas oferecem vantagens de curto prazo para adultos e crianças, além de benefícios de longo prazo. Combinar mensagem pessoal, advertência e seguimento ajuda os adultos a lidar com os comportamentos inadequados da criança de forma consistente, para a mesma criança ao longo do tempo e para crianças diferentes. Essa consistência permite ajudar os profissionais a estabelecer interações de autoridade com as crianças. Além disso, o tempo que o adulto investe inicialmente no uso da sequência com crianças resultará mais tarde em menos comportamentos errôneos (Denno, Carr & Bell, 2011).

As crianças também lucram quando os confrontos com adultos são eventualmente reduzidos. Elas se sentem mais bem-sucedidas e capazes de satisfazer as próprias necessidades quando são recompensadas socialmente. A autoavaliação positiva resultante aumenta a sensação de autoestima da criança. Além disso, à medida que as crianças vivenciam essa sequência de autodisciplina em diversas ocasiões, gradualmente mudam da dependência completa de controle externo de adultos para maior controle interno.

Quando a sequência é introduzida pela primeira vez, a maioria das crianças testa a previsibilidade e firmeza do adulto. Frequentemente, elas testarão durante toda a sequência: mensagem pessoal (sem mudança no comportamento), advertência (sem mudança no comportamento) e seguimento, no qual a consequência é implementada.

À medida que as crianças ficam mais familiarizadas com o adulto e a sequência de passos descritos aqui, elas frequentemente respondem à advertência sem ter de experimentar o seguimento diretamente. Isso acontece porque aprenderam que o adulto está falando sério e que uma advertência indica que um seguimento acontecerá a não ser que o comportamento seja mudado. Nesse ponto, a mudança de comportamento mostra que

QUADRO 11.4 Benefícios de curto prazo referentes à utilização de mensagem pessoal, advertência e seguimento

	Benefícios de curto prazo para o Sr. Howard	Benefícios de curto prazo para Alan
Passo 1a: Mensagem pessoal	Entra na situação de forma calma e racional. Comunica respeito pela criança e é cuidadoso ao desaprovar o comportamento dela. Tem um mapa com os tipos de informação que deve fornecer à criança inicialmente.	É tratado com respeito e aceitação. É alertado sobre algum comportamento inadequado e ouve os motivos. É informado sobre o que fazer (como limpar a bagunça).
Passo 1b: Pausa	Tem uma chance de ver se Alan pode obedecer antes de exercer mais controle externo. Tem um momento para pensar em uma consequência adequada para utilizar, se isso for necessário.	Recebe uma chance de mudar o comportamento inadequado sozinho, exercitando, assim, controle interno.
Passo 2a: Advertência	Tem uma forma construtiva de exercer maior controle externo sobre o comportamento de Alan. Estabelece uma base legítima para executar o seguimento, se isso for necessário.	É lembrado da regra. Obtém uma compreensão clara do que acontecerá se não obedecer.
Passo 2b: Pausa	Tem uma chance de ver se Alan pode obedecer antes de exercer mais controle externo.	Recebe uma chance de mudar o comportamento inadequado sozinho, exercitando, assim, controle interno.
Passo 3: Seguimento	Com autoridade, consegue resolver a situação sem se tornar abusivo ou ceder. É capaz de interromper o comportamento negativo e remediar a situação problemática. Teve uma oportunidade de demonstrar que estava falando sério, o que aumentou sua previsibilidade aos olhos da criança.	É capaz de ensaiar um comportamento aceitável que não conseguia realizar por conta própria. Sabe que o adulto está falando sério e que é previsível em suas ações.

as crianças estão começando a exercitar alguma autorregulação. Elas estão no nível de aderência, focadas em evitar uma consequência ou obter os benefícios da conformidade.

Eventualmente, as crianças chegam a um ponto no qual uma mensagem pessoal é a única coisa necessária para guiar suas ações. Dessa forma, começam a exercer maior controle sobre o próprio comportamento, enquanto o adulto exerce menos. Inicialmente, essa mudança ocorre porque as crianças reagem às emoções do adulto com quem se identificam. Gradualmente, no entanto, elas levam em conta a argumentação por trás da expectativa e, como resultado, consideram os efeitos que suas ações têm sobre aqueles com quem convivem. Tal argumentação finalmente leva à internalização.

À medida que isso ocorre, é a criança quem assume a maior responsabilidade por sua conduta, não o adulto. Assim, o uso da sequência de habilidades pelo adulto em qualquer situação corresponderá à capacidade de a criança exercer controle interno.

Se a criança consegue obedecer com base na argumentação da mensagem pessoal, mais intervenções são desnecessárias. Entretanto, se ela precisa de mais apoio, este deve ser fornecido. A relação entre o grau de autodisciplina da criança, como discutido no Capítulo 10, e a sequência de habilidades é mostrada no Quadro 11.5.

QUADRO 11.5 Elo entre o grau de autodisciplina da criança e a sequência de autodisciplina

Grau de autodisciplina da criança	Estágio da sequência
Amoral – Nenhum	A criança exige um seguimento.
Aderência	A criança responde à advertência.
Identificação	A criança responde a uma mensagem pessoal.
Internalização	A criança se monitora.

Uso sucessivo da sequência de habilidades

Em geral, as crianças não obedecem quando tentam desviar a atenção do adulto da questão. Elas podem utilizar estratégias, como gritar, protestar, aumentar o comportamento problemático ou fugir, com o objetivo de tentar evitar consequências corretivas (Divinyi, 2003; Calkins & Williford, 2009). Quando os adultos desistem de exigir das crianças comportamentos adequados, ensinam a elas que essas táticas funcionam. Como resultado, elas começam a utilizar com mais frequência estratégias inadequadas.

Esse dilema deve ser evitado porque, quanto mais arraigado um comportamento inadequado se torna, mais difícil é mudar. A melhor maneira de lidar com tais situações é eliminar os comportamentos inadequados imediatamente, o que significa sempre seguir depois de dar uma advertência e de a criança não obedecer. Por exemplo, se a advertência é "Ou anda ou ajudarei você", é isso que deve acontecer. Se Ginger fugir, deverá ser capturada; se Saul ficar rígido ou mole, deverá ser arrastado. Poucos passos já são suficientes para se fazer entender.

Às vezes, um comportamento problemático leva a outro. Quando isso acontece, os adultos repetem a sequência e seguem sempre que necessário. Por exemplo, Kayla, de 4 anos, está em uma atividade de grupos pequenos descascando legumes para a sopa. Rindo, ela cutuca Charlie com o descascador de plástico. Charlie protesta. Kayla ri e o cutuca repetidamente. A professora intervém, utilizando uma mensagem pessoal e, depois, esta advertência: "Ou você usa o descascador só para os legumes ou perderá o privilégio de usá-lo". Kayla tenta cutucar Charlie mais uma vez. Enquanto a professora faz o seguimento, Kayla, com raiva, joga todas as cascas de legume no chão. Isso representa um novo comportamento problemático. O adulto reage com uma nova mensagem pessoal: "Você está chateada porque tem de ceder o descascador. Essa sujeira no chão me preocupa. Alguém pode escorregar e se machucar. Jogue as cascas no lixo". Se a criança se recusa, a professora passa para uma advertência e um seguimento relevantes, e continua calma e direta. Por exemplo, advertência: "Quer jogar algumas cascas no lixo, posso te ajudar". Seguimento: "Você está muito chateada. Lembre-se de que eu disse para jogar *algumas* cascas no lixo e eu a ajudaria. Agora, eu a ajudarei". O adulto coloca algumas cascas na mão de Kayla para jogar no lixo.

Quando adultos aplicam regras cada vez que são violadas, criam um ambiente previsível e estável para as crianças e não deixam dúvidas sobre o que acontecerá quando as regras forem seguidas ou não. Essa consistência é absolutamente necessária para as crianças aprenderem que não há comportamento que possam exibir aos quais adultos não conseguem reagir de forma justa e racional.

O momento mais importante para manter a racionalidade é quando as crianças a perdem no calor de uma crise de birra.

O que fazer com crises de birra de crianças pequenas

A maioria das pessoas conhece uma **crise de birra** quando vê uma. Não há como confundir os sinais físicos: rosto vermelho, braços e pernas agitados, grito e choro. Qualquer criança, em qualquer momento, pode manifestar uma birra. Embora esse comportamento seja mais comum em crianças de 1 a 4 anos, aquelas em idade pré-escolar e também maiores podem, às vezes, recorrer a esse tipo de comportamento quando a "vida" se torna sufocante.

As crianças têm birra por vários motivos. Inicialmente, ela aparece quando desejos urgentes não são gratificados imediatamente. Mais tarde, as birras podem ocorrer por vários motivos: as crianças estão cansadas ou não se sentem bem, estão estressadas com as demandas diárias, recebem pouca atenção por comportamento positivo, são continuamente sujeitas a demandas irrealistas dos adultos, a aplicação de regras é imprevisível, precisam de mais estrutura em sua vida ou os adultos cederam à birra no passado (Brooks, 2011).

Muitos dos fatores que provocam crises de birra são evitáveis. As melhores medidas preventivas são garantir que as necessidades físicas das crianças sejam atendidas, reconhecer seus sentimentos antes que se tornem intensos, estabelecer rotinas previsíveis, ensinar a elas outras maneiras de conseguir o que querem, reagir positivamente ao comportamento adequado e estabelecer regras razoáveis e aplicá-las de forma consistente, utilizando consequências corretivas positivas e adequadas (Harrington, 2004).

Mesmo assim, às vezes as crianças recorrerão a crises de birra apesar de todas essas precauções.

Sempre que uma criança faz birra, é um evento emocional e físico tão intenso que seus processos normais de pensamento não estão mais disponíveis. Crianças passionais não conseguem ouvir as orientações ou os esforços de consolo dos adultos, não conseguem pensar em uma sequência de ações lógica e mais socialmente adequada, nem medir o efeito do próprio comportamento. Sob essas circunstâncias, a meta do adulto é ajudar a criança a retomar o autocontrole.

No caso de bebês, cujos surtos são extremos, mas curtos, a melhor maneira de restaurar a calma é ignorar o comportamento escandaloso e deixá-los se acalmar a sua própria maneira e em seu tempo. Crianças maiores, cujos estados emotivos duram mais, beneficiam-se de ter uma chance de se recuperar em local afastado, longe do estímulo da atividade em grupo. Alguns professores chamam isso de "**tempo para acalmar**", "pausa de afastamento" ou até "castigo" (Kaiser & Rasminsky, 2007). Independentemente da expressão utilizada, a meta é a mesma: ajudar as crianças a retomar sua compostura sem nenhuma repercussão vergonhosa ou punitiva. Em vez disso, o "tempo para acalmar" é tratado como uma consequência lógica na qual as crianças ensaiam as habilidades necessárias para se acalmar.

Tempo para acalmar. Esse tempo é implementado em um lugar seguro, facilmente supervisionado e dá à criança alguma privacidade e o mínimo de distrações. As crianças nunca são colocadas em isolamento completo e não há "cadeiras para se acalmar" designadas em um canto para o qual as crianças são mandadas para que saiam do caminho (Warner & Lynch, 2004). Ao mesmo tempo, o adulto toma cuidado para não dar a elas atenção indevida, o que apenas prolonga a birra ao estimular ainda mais a criança ou reforçar seu comportamento. Se outra criança se aproxima, a professora silenciosamente a afasta e garante que a criança chateada não se machucou e que voltará ao grupo quando estiver pronta. A duração normal do tempo para acalmar vai de um minuto ou dois para crianças em idade pré-escolar a cinco minutos ou mais para mais velhas. Quando a criança se sente pronta, pode se envolver novamente nas atividades da classe (Essa, 2007). Os professores não dão sermão, mas reforçam, por meio de elogio, o comportamento adequado da criança. Eles também garantem uma interação positiva com a criança para sinalizar que as coisas voltaram ao normal. Se a criança voltar à rotina da classe prematuramente e reexibir o comportamento inadequado, o adulto deverá dizer: "Acho que você ainda não está pronta para se juntar a nós". Em seguida, deve manter a criança afastada por um tempo das atividades até que ela possa, quando estiver mais calma, retornar ao grupo. Às vezes, elas precisam de um tempo para se acalmar porque estão prestes a perder o controle. As menores podem voltar para a carteira e ali permanecer por um tempo. As mais velhas podem isolar-se em uma parte silenciosa da sala ou pedir para se afastar do burburinho da classe para retomar a calma. Quando isso acontece, os adultos utilizam mensagens pessoais e elogio eficaz para destacar os esforços da criança de controlar o próprio comportamento.

Isolar a criança. Às vezes, é preciso **isolar a criança** até que ela entenda que deve se comportar de forma adequada (Reynolds, 2008). Esse isolamento envolve remover temporariamente uma criança de uma atividade ou de um grupo porque ela está causando algum problema aos colegas, mas não tem uma crise de birra. O cenário apresentado a seguir ilustra isso.

Durante o tempo em círculo, Elka cutuca as costas de Brandon com o pé. A professora lhe diz que deve parar e ficar com o pé quieto. A menina se recusa. Os chutes estão ficando mais fortes e Brandon está cada vez mais infeliz. A professora decide intervir: "Ou fica com os pés quietos ou terei de afastá-la do grupo para que não chute mais o Brandon". Elka continua a brincadeira de chutes, e a professora faz o seguimento. Elka é afastada do círculo para um ponto de onde ainda pode ver a história, mas não tem contato físico com as outras crianças do grupo. Ela ouve que pode voltar quando conseguir se sentar sem chutar.

Elka continuará ali até indicar que está pronta para voltar ou a história acabar, o que vier primeiro. Assim, ela consegue praticar o comportamento desejado em um ambiente no qual terá mais sucesso. Enquanto a menina estiver isolada do grupo, ela poderá ensaiar uma forma de conviver com os colegas sem chutá-los. Trata-se de mais uma consequência lógica que você pode acrescentar em seu *kit* de estratégias de orientação eficaz.

■ Onde as consequências se encaixam em seu repertório diário de estratégias de orientação

As consequências ajudam as crianças a manter ou mudar suas ações em resposta a regras e expectativas. São ferramentas valiosas para orientar o comportamento social e aprendizado das crianças diariamente. Para utilizar consequências com eficácia, é melhor considerar o contexto no qual são aplicadas. Às vezes, o comportamento da criança é tão claramente inseguro ou prejudicial a pessoas ou bens que a intervenção imediata do adulto é necessária. Em situações como essas, você utilizará a sequência de habilidades (mensagem pessoal, advertência e seguimento) descrita neste capítulo. Outras vezes, os comportamentos problemáticos são menos urgentes e é possível utilizar meios mais sutis de intervenção para orientar as crianças em direção a ações mais positivas.

Várias delas foram descritas em capítulos anteriores deste livro. Assim, há uma sequência de estratégias de orientação focadas na resolução de comportamentos problemáticos na sala de aula, como as estratégias em que as crianças se comportam de maneira construtiva com apoio mínimo dos adultos e aquelas em que os adultos exercem maior controle por meio da aplicação de consequências. Essa sequência de orientações, como mostrado na Figura 11.3, ilustra os tipos de apoio que os adultos dão a todas as crianças com o propósito de atingir maior competência social.

As estratégias descritas na Figura 11.3 são aquelas que os professores utilizam diariamente com todas as crianças. Elas não restringem meramente as ações indesejáveis das crianças – ensinam a elas como ter mais sucesso. Há fortes evidências de que essas práticas são eficazes para a maioria das crianças na maior parte do tempo (Dunlap & Fox, 2009). Algumas crianças, no entanto, precisam de ainda mais suporte especializado para que possam atingir maior autodisciplina. Para elas, intervenções intensivas individualizadas fornecem esse apoio.

■ Necessidade de intervenção intensiva individualizada

Todas as crianças têm seus altos e baixos – momentos nos quais se comportam bem e outros quando apresentam comportamento incorreto. Entretanto, o comportamento incorreto de algumas delas se torna tão penetrante e resistente à mudança que interfere em seu aprendizado, desenvolvimento e sucesso na convivência, o que pode provocar futuros problemas sociais e possível fracasso escolar (Kaiser & Rasminsky, 2007). Por exemplo, qualquer criança pode bater em outra no calor de um conflito, mas algumas utilizam a agressão como modo típico de interação. Da mesma forma, uma criança pode interromper o tempo em grupo em um dia no qual está chateada por não ter vez de falar, mas esse comportamento é episódico, não rotineiro. Entretanto, algumas crianças interrompem atividades em grupo de forma tão previsível (por exemplo, rolam no chão, falam alto durante a história ou se levantam e saem) que cada momento em grupo se torna uma provação para ela e para todos os presentes. Quando crianças adotam comportamentos desafiadores como esses como sua forma normal de interagir, outras crianças as evitam. Os adultos temem interagir com elas ou se sentem perdidos sobre o que fazer para ajudá-las a se comportar de forma mais produtiva. Nenhuma dessas reações melhora as chances de sucesso da criança. Uma abordagem melhor é iniciar uma intervenção intensiva individualizada, a camada superior da pirâmide de apoio social mostrada na Figura 11.4.

Intervenções intensivas individualizadas

Como o nome sugere, **intervenções intensivas individualizadas** são especificamente elaboradas para atender uma criança em particular. Elas são intensivas porque exigem que os cuidadores diários da criança apliquem estratégias semelhantes em vários microssistemas. Esse nível de intervenção exige que os adultos se unam para criar um plano e, então, coordenem seus esforços para apoiar a criança no desenvolvimento de novas habilidades para substituir os comportamentos inadequados (Dunlap & Fox, 2009).

O processo de criação de intervenções intensivas individualizadas envolve cinco passos:

1. Criar uma equipe de apoio ao comportamento positivo para a criança.
2. Fazer uma avaliação funcional da situação para entender melhor fatores que contribuem para o comportamento desafiador da criança.
3. Desenvolver uma hipótese de comportamento que identifica o significado do comportamento da criança e fornece uma base para o planejamento.
4. Elaborar um plano de apoio ao comportamento positivo.
5. Implementar e monitorar a intervenção planejada.

Vamos considerar cada passo mais completamente com uma criança real em mente, cujo nome é Katie.

Criação de uma equipe. É necessário um esforço em grupo para que as intervenções intensivas individualizadas funcionem (Stormont et al., 2008). Todos que interagem com a criança regularmente têm informações possivelmente valiosas para compartilhar no desenvolvimento de um plano de apoio ao comportamento positivo, em sua execução e no julgamento de seu sucesso. Isso inclui parentes, professores e outros funcionários de sala de aula, administradores, especialistas, cozinheiros, motoristas de ônibus, supervisores de *playground* e qualquer um que tenha contato regular com a criança.

SEQUÊNCIA DE ORIENTAÇÕES

↑ Maior autorregulação

1. **Observe e escute:** observe as crianças proximamente. Esteja disponível se elas quiserem falar com você, mas deixe que resolvam as coisas sozinhas, se conseguirem.
2. **Acrescente ou tire algo** para que as crianças possam administrar as atividades de que participam. Por exemplo, pouquíssimos objetos na mesa de artes podem provocar discussões. Devem-se adicionar alguns objetos para que elas consigam dividi-los com mais sucesso. Entretanto, o excesso de objetos pode interferir nas atividades. Retire alguns itens para que as crianças possam utilizar os materiais de forma cooperativa.
3. **Descreva o que vê:** "Parece que duas pessoas querem utilizar a tesoura ao mesmo tempo" ou "Vocês decidiram dividir a purpurina. Estou feliz porque encontraram um jeito de trabalhar juntas".
4. **Dê informações:** "Você achou que ela derramou cola em seu desenho de propósito. Ela estava tentando colocar cola de volta no frasco e um pouco derramou. Foi um acidente" ou "Às vezes, quando duas pessoas querem a mesma coisa ao mesmo tempo, decidem dividir ou se revezar".
5. **Faça perguntas:** "O que você poderia fazer para resolver o problema?" ou "O que você poderia fazer em vez de bater nela para mostrar que está com raiva?".
6. **Apresente opções:** "John está usando o pincel fino agora. Você pode usar o pincel grosso ou o giz" ou "É hora de limpar. Vocês podem guardar os aventais ou empilhar as bandejas".
7. **Intervenha fisicamente:** interrompa ações danosas, como bater, agarrando as mãos da criança. Segure uma criança agitada para ajudá-la a ouvir o que você está dizendo. Separe duas crianças que estão se empurrando.
8. **Ajude as crianças a negociar problemas:** sirva de tradutor na situação: "Você gostou quando ele a empurrou? O que você pode dizer a ele sobre isso?" ou "Kali, para você está tudo bem se revezar. O que você acha, Melanie?". (O Capítulo 12 apresenta mais detalhes sobre essa estratégia.)
9. **Para relembrar às crianças as regras, utilize uma mensagem pessoal:** "Você realmente queria a purpurina. Fico triste quando você agarra para conseguir o que quer. Alguém pode se machucar. Peça uma chance a Lisa na próxima vez".
10. **Conecte ações a consequências via advertência ou elogio eficaz:** "Ou vocês se revezam com a purpurina ou terão de escolher outra coisa para trabalhar" ou "Vocês decidiram trocar o misturador de purpurina pela cola. Isso resolveu o problema".
11. **Aplique consequências lógicas:** "Você está tendo dificuldade em se lembrar de dividir as latas de purpurina. Vamos encontrar outro material para usar" ou "Você derrubou cola acidentalmente no desenho de Morgan. Vamos pegar algumas toalhas para secar".
12. **Utilize o "tempo para acalmar"** com crianças que estão tendo crises de birra ou prestes a perder o controle de suas emoções.

↓ Maior regulação externa

FIGURA 11.3 Sequência de orientação para todas as crianças.

Pirâmide (FIGURA 11-4):

Algumas crianças:
- Intervenções intensivas individualizadas
- Criar equipe
- Fazer avaliação funcional
- Desenvolver hipótese de comportamento
- Elaborar plano de apoio ao comportamento positivo
- Implementar e monitorar

Todas as crianças:
- Ensinar e treinar
- Ambientes apoiadores
- Relações positivas

FIGURA 11-4 Pirâmide de apoio social: mudar para intervenções intensivas individualizadas.

Fazem parte da equipe que vai discutir como apoiar Katie: a professora, uma ajudante desta, a professora e a assistente no programa extracurricular e a mãe da menina.

Fazer uma avaliação funcional. Antes que os membros da equipe possam criar um plano de apoio ao comportamento positivo, precisam responder a quatro perguntas importantes:

- Que condições normalmente iniciam o comportamento desafiador?
- Quais são exatamente os comportamentos problemáticos que a criança exibe?
- O que acontece em resposta às ações inadequadas da criança que reforçam os comportamentos problemáticos?
- O que a criança ganha com o comportamento desafiador (poder, atenção, não realização de tarefas, es-

timulação etc.)? Em outras palavras, que função o comportamento desafiador tem na vida da criança?

Essas perguntas podem ser abordadas por meio de uma análise A – B – C (O'Neill et al., 1997).

A de antecedentes Antecedentes são coisas que acontecem imediatamente antes de o comportamento desafiador ocorrer e contribuem para as ações inadequadas da criança. Quase qualquer coisa pode "disparar" um comportamento desafiador. Algumas possibilidades são diretrizes de adultos, variações de rotina, transições, características do ambiente físico, horário do dia e falta ou excesso de estimulação. Descobrir o que "aciona" um comportamento problemático em particular é uma informação essencial que deve ser determinada antes que um plano adequado possa ser desenvolvido.

Comportamento desafiador

Conheça Katie

Katie é uma garota que está na segunda série e cujo choramingo constante irrita os colegas e também interrompe suas atividades. Ela raramente passa um dia sem três ou quatro episódios de choramingo. Os colegas começaram a se afastar de Katie e os adultos percebem que boa parte de seu tempo é gasta lidando com os surtos agudos de Katie.

A professora acredita que o comportamento de Katie está interferindo nos direitos das pessoas e na capacidade de a menina interagir com os pares. A professora estabeleceu uma regra de que Katie deve se expressar sem choramingar, mas não teve sucesso na implementação de consequências consistentes. Ela suspeita que os outros adultos que interagem com Katie também não obtiveram bons resultados. Então, decide que é hora de desenvolver uma intervenção intensiva individualizada para a menina.

B de behavior (comportamento) Comportamentos são as ações que uma criança emprega para atingir suas metas. Esta parte da análise identifica o comportamento desafiador em termos mensuráveis observáveis. Por exemplo, bater é uma ação observável e contável. Você pode ver uma criança bater e contar quantas vezes isso acontece. Além disso, uma criança pode bater e, depois, olhar em volta esperando que um adulto estivesse observando. Outra criança pode bater e fugir da área para evitar bronca do adulto. As duas situações são semelhantes, mas não iguais, e pedem reações diferentes. Ser específico sobre o comportamento garante que haja compreensão comum entre os membros da equipe sobre a natureza real do problema. Dessa forma, a equipe poderá elaborar um plano significativo para cada criança.

C de consequências No contexto de uma análise A – B – C, as consequências formam aquilo que acontece imediatamente depois que a criança apresenta comportamento desafiador. Como as pessoas reagem? A criança consegue o que queria? A criança escapa de fazer algo que não queria? Essas informações dão à equipe pistas sobre o que pode estar contribuindo para a natureza persistente do comportamento desafiador e que recompensa a criança pode estar ganhando com suas ações inadequadas.

Os dados para responder a essas perguntas são coletados quando se observa a criança em várias situações e quando se registram informações factuais por meio de notas, registros, relatos de casos, listas e escalas de classificação. Formulários de matrícula, fichas médicas e relatórios de incidentes são outras fontes de dados úteis. Entrevistas com as pessoas pertinentes (a própria criança, colegas e adultos) também podem ajudar.

Os membros da equipe concordam em observar Katie por pelo menos uma hora por dia, por três dias, para que possam fazer a análise A – B – C. Essas observações ocorrem na escola, no programa extracurricular e em casa.

Desenvolvimento de hipóteses de comportamento. Depois que os dados foram colhidos, o grupo se reúne para analisar as evidências e chegar a algumas conclusões (Duffy, 2010). Amostras de observações podem ser organizadas em A – B – C como consta no Quadro 11.6. A análise dessas observações fornece à equipe uma base factual para entender o comportamento desafiador mais completamente e reconhecer que função tem na vida da criança (Hanline et al., 2009). As funções mais comuns do comportamento desafiador (como receber atenção, evitar atividades indesejáveis ou reagir à falta ou excesso de estimulação) foram descritas nas páginas de abertura deste capítulo. Os professores devem considerar a função ao criarem estratégias de intervenção para que seus planos não abordem inadvertidamente o problema "errado" ou piorem as coisas. Por exemplo, se Katie choraminga para receber atenção, um plano que inclua discussões longas com um adulto sempre que ela reclama forneceria recompensas sociais que poderiam levar a menina a choramingar mais frequentemente. No entanto, se Katie choraminga porque não tem a habilidade de obedecer, o treinamento verbal poderia aumentar sua habilidade de trabalhar em uma atividade com menos

QUADRO 11-6 Análise funcional das queixas de Katie

A Antecedentes/gatilhos	B Comportamento	C Consequências do comportamento de Katie
Tempo de leitura em silêncio: A professora pede a Katie que encontre um livro para ler.	Katie reclama que não consegue encontrar nenhum livro de que goste.	O adulto se afasta. Katie não lê um livro.
Tempo de transição: A professora pede à menina que coloque o casaco para ir à casa.	Katie diz que o casaco é pesado demais e que coça.	O adulto diz: "Você vai ficar com frio". Katie deixa o casaco no armário.
Horário de reunião de classe: Katie quer se sentar perto de Candy, mas todas as cadeiras na mesa desta estão ocupadas.	Katie choraminga e diz que deseja muito se sentar perto de Candy.	Madison se levanta e deixa Katie sentar perto de Candy. A professora realiza a reunião de classe.
Programa extracurricular: A professora-assistente pede a Katie que limpe duas mesas de lanche antes de escolher uma atividade livre.	Katie afirma que está cansada demais para limpar as mesas.	O adulto restringe a exigência para apenas uma mesa.
Em casa: A mãe anuncia: "É hora de comer. Venha para a mesa".	Katie diz que não terminou de utilizar o computador.	Katie come na frente do computador.
Hipótese de comportamento: Uma função essencial do comportamento desafiador de Katie é evitar – choramingar ajuda a menina a evitar situações e tarefas que não lhe agradam.		

frustração e choro. Observe as evidências no Quadro 11.6. O que você vê? Você concorda com a hipótese de comportamento que a equipe formulou? Com base nas evidências do Quadro 11.6, a equipe de apoio ao comportamento positivo de Katie acredita que a "recompensa" do choramingo de Katie é que ela escapa de coisas que não quer fazer.

Katie também está aprendendo que os adultos não aplicam expectativas de forma consistente e que "mudarão" as regras se ela choramingar. Tudo isso terá de mudar para o comportamento da menina melhorar.

Elaboração de um plano de apoio ao comportamento positivo. Com base na análise funcional, a equipe cria um **plano de apoio ao comportamento positivo** para a criança, o qual é composto por seis elementos (Fox et al., 2009):

- Objetivo para a intervenção que se concentra em um comportamento desejável da criança.
- Estratégias de prevenção que abordem as condições que ativam o comportamento desafiador.
- Comportamentos substitutos que são alternativas ao comportamento desafiador e ajudam a criança a atingir as metas mais adequadamente.
- Estratégias para reforçar o comportamento adequado.
- Estratégias para garantir que o comportamento desafiador não seja reforçado.
- Formas de rastrear o progresso da criança.

Planos típicos envolvem uma combinação de estratégias de orientação, inclusive regras e consequências. Um plano de apoio ao comportamento positivo torna-se especializado por causa de sua natureza altamente coordenada e da coleta sistemática de dados que contribuem para seu desenvolvimento e implementação. Um plano de apoio ao comportamento positivo para Katie é apresentado no Quadro 11.7.

Implementação e monitoração do plano de apoio ao comportamento positivo. Não importa quão bem elaborado, esse plano só será eficaz se for executado com precisão e de forma sistemática por todos os integrantes da equipe. Assim, os adultos têm de monitorar o próprio comportamento e executar as estratégias de substituição, reforço e não reforço cada vez que são aplicáveis. Enquanto o plano está em ação, os adultos devem coletar dados sobre o comportamento da criança, como nas situações em que ela demonstra ou não uma atitude adequada. A equipe também deve se reunir periodicamente para discutir as estratégias utilizadas e como a criança está progredindo nas definições. Durante essas reuniões, a equipe faz ajustes no plano ou no próprio comportamento para aumentar as chances de sucesso da criança. À medida que o comportamento da criança melhora, ela precisará de menos apoio individualizado e conseguirá manter os comportamentos desejados em resposta às estratégias aplicadas (veja Figura 11.3).

QUADRO 11.7 Plano de apoio ao comportamento positivo de Katie

Objetivo.	Katie obedecerá a solicitações razoáveis sem choramingar.
Prevenção.	Dê a Katie sua própria advertência especial cinco minutos antes da advertência geral para a classe/família sobre futuras transições. Treine-a para concluir a atividade. Dê a Katie escolhas quando a obediência não é um problema. Estruture situações para evitar confrontos diretos relativos à obediência.
Comportamento substituto.	Ofereça à menina opções em situações que exigem obediência: • **Casaco:** Coloque o casaco. Você pode fechar o zíper ou deixar aberto. • **Sentar perto de Candy:** A mesa vermelha está cheia. Você pode se sentar à mesa azul ou verde. Você decide. • **Livro:** Você pode ler este ou aquele. Você escolhe. Estabeleça a seguinte regra: você só ouvirá o que Katie lhe diz quando ela utilizar um tom normal. No dia a dia, na primeira vez em que Katie choramingar, diga: "Não consigo entendê-la quando você choraminga. Fale novamente sem choramingar". Mostre como falar sem choramingar. Peça-lhe que ensaie a mensagem em um tom normal.
Reforço.	Utilize elogio eficaz quando Katie obedece sem choramingar. Utilize uma mensagem pessoal positiva quando Katie expressa o que deseja utilizando um tom de voz normal. Peça-lhe que repita a afirmação em um tom normal. Se ela refizer o comentário sem choramingar, diga: "Que bom, agora consigo entendê-la".
Evite reforço para comportamento inadequado.	Faça seguimento de expectativas razoáveis de forma prosaica (utilize uma breve mensagem pessoal, advertência e seguimento).
Rastreie o progresso.	Observe Katie uma hora por dia, por três semanas. Utilize uma lista de verificação e relatos de casos para registrar o comportamento da menina. Utilize os seguintes indicadores para determinar até onde o comportamento de Katie está melhorando: • Ela exige o estágio de acompanhamento da sequência definidora de limites com menos frequência. • Choraminga menos.

Possível resultado para Katie: se os adultos permanecerem fiéis ao plano, a menina eventualmente reagirá no estágio de advertência ou mensagem pessoal a pedidos razoáveis de obediência ("'Venha para o grupo" ou "Sente-se para o jantar") e utilizará o choramingo com menos frequência para escapar desses pedidos. Enquanto isso acontece, Katie também vai adquirir novas habilidades que a ajudarão a se comportar de forma mais produtiva e ter mais sucesso social com os pares.

As intervenções intensivas individualizadas são eficazes com crianças pequenas e maiores e em ambientes elementares (Stormont et al., 2008). Essas intervenções são especialmente adequadas quando utilizadas com crianças cujo comportamento desafiador precise de atenção especializada. São aquelas cujo comportamento inicialmente leva os adultos a se perguntar: "O que devo fazer?". Outro grupo de crianças sobre o qual você pode se perguntar no tocante à aplicação de regras e consequências é o de crianças com necessidades especiais.

■ Adaptação de regras e consequências para crianças com necessidades especiais

No momento da saudação, a professora revisa os passos para pintura no cavalete, incluindo vestir um avental de pintura. Assim que a escolha livre começa, Kenyon, de 3 anos, começa a pintar sem se cobrir primeiro. Ele continua pintando mesmo depois que a professora o relembra da regra.
O que a professora deve fazer?
Na escola, Devonne tem dificuldade em ficar sentada. Ela frequentemente interrompe a história, fica em pé na frente de outras crianças e ri cutucando quem está mais próximo dela.
O que a professora deve fazer?
Gerald, da terceira série, enquanto lê um livro, diz repetidamente: "Ai caramba". Às vezes, o menino diz isso em tom alto, e, noutras, ele apenas sussurra. Essa atitude pode distrair as outras crianças.
O que a professora deve fazer?

Com base em tudo o que você leu neste capítulo, poderá considerar a intervenção nessas situações, lembrando a cada criança as regras adequadas e aplicando as consequências conforme necessário. Entretanto, seria preciso realizar alguma mudança se uma ou mais dessas crianças tivesse um tipo de incapacidade – problema de audição, síndrome de Down ou de Tourette?

Todas as crianças pequenas precisam aprender a lidar com limites, a compartilhar, a revezar e também o comportamento adequado para ambientes diferentes. Isso inclui crianças com incapacidades, embora, em alguns casos, elas demorem mais para aprender e aplicar consistentemente essas habilidades (Paasche, Gorrill & Strom, 2004; Odom, McConnell & Brown, 2008). A maioria das estratégias de orientação que você está adquirindo é universalmente aplicável. Entretanto, adaptações podem ser necessárias para acomodar as necessidades especiais das crianças. Algumas acomodações serão adaptadas para atender às características peculiares da condição de cada criança. Por exemplo, algumas estratégias que utilizaria para apoiar uma criança com problema de audição são diferentes de outras utilizadas para orientar o comportamento de uma criança com dificuldade para enxergar ou lesão cerebral.

Ideias específicas sobre como trabalhar com uma criança com uma necessidade especial em particular podem ser desenvolvidas ao consultar familiares e especialistas da área, ler e contatar organizações profissionais dedicadas a apoiar pessoas com condições peculiares. Além disso, há estratégias genéricas que educadores especiais sugerem na adaptação de regras e consequências para qualquer criança com necessidades especiais. Algumas delas estão listadas no Box 11.1.

Agora que revisou as estratégias gerais para orientar o comportamento social de crianças com necessidades especiais, vamos revisitar Kenyon, Devonne e Gerald.

Como Kenyon tem um problema de audição, ele não consegue reagir totalmente à comunicação verbal. O menino é capaz de comunicar-se de forma mais eficiente quando se utilizam pictografias, demonstrações, linguagem de sinais ou fala complementada (utilizando sinais de mãos em combinação com movimentos da boca para fazer os sons da linguagem falada parecerem diferentes uns dos outros) (National Dissemination Center for Children with Disabilities, 2004).

Inicialmente, a professora de Kenyon utiliza comunicação visível para garantir que ele esteja ciente da regra (atraindo sua atenção para os passos para pintura mostrados em uma pictografia e oferecendo a ele um avental para colocar). Se Kenyon continua pintando sem avental, a professora adverte que, se ele não colocar um avental, terá de deixar o cavalete até colocar. Se Kenyon ignora a advertência, a professora o afasta do cavalete e o ajuda a vestir um avental (ensaio) antes que possa continuar.

BOX 11.1 Estratégias para adaptar regras e consequências para crianças com necessidades especiais

Observe as crianças atentamente.
- Avalie se há aspectos visuais, sons, cheiros, sensações, pessoas, rotinas ou momentos no dia que possam acionar o mau comportamento da criança ou impedir que ela se comporte de forma adequada.
- Perceba atentamente o que agrada a cada criança e o que pode ser recebido como consequência positiva.

Elimine antecipadamente comportamentos problemáticos.
- Reduza a sobrecarga sensorial.
- Faça ajustes em ambientes, rotinas e programações para evitar gatilhos que acionam o comportamento incorreto.
- Aumente a supervisão e o apoio social quando isso for necessário.

Consiga a atenção da criança antes de afirmar regras e consequências. Isso pode exigir estratégias específicas adequadas a cada criança.

Utilize a repetição para aumentar a compreensão da criança sobre regras e consequências.
- Crie rotinas previsíveis que permitam às crianças seguir regras com mais sucesso. Dê diversas pistas (visuais e verbais) sobre a ordem do dia.
- Repita as mesmas regras frequentemente.
- Utilize mensagem pessoal, advertência e seguimento consistentemente.

Quebre regras/expectativas em passos gerenciáveis. Eles podem ser pedaços menores que poderiam ser verdadeiros para crianças tipicamente em desenvolvimento.
- Ensine um passo de cada vez.
- Recompense pequenos passos.
- Não espere 100% de obediência 100% do tempo.

Dê às crianças mais tempo para reagir a regras e advertências.
- Familiarize-se com o padrão de reações de cada criança.
- Evite exigir obediência imediata.

Aplique as exigências de obediência sabiamente.
- Ignore alguns comportamentos irritantes, desde que não ameacem a segurança, a propriedade ou os direitos.
- Escolha consequências lógicas que ajudarão uma criança e aqueles a sua volta a ter mais sucesso em fazer o que precisa ser feito. Esteja preparado para tirar um tempo adicional para aplicar tais consequências.
- Evite a vergonha como consequência para fazer a criança se comportar.

FONTE: Adaptado de Klein, Cook & Richardson-Gibbs (2001), Stephens (2006) e Brown, Odom & McConnell (2008).

Devonne tem síndrome de Down. Essa desordem, causada por uma anomalia cromossômica, envolve uma combinação de defeitos congênitos, incluindo algum grau de retardo mental e frequentemente problemas de visão e audição (March of Dimes Birth Defects Foundation, 2007). As interrupções de Devonne no tempo em grupo são bem-intencionadas, mas incomodam as outras crianças. A professora estabelece algumas regras importantes: todos deverão ficar sentados e não poderão usar as mãos. Ela repete as regras antes de cada atividade em grupo e durante a realização desta. Uma assistente senta-se perto de Devonne. Quando a menina se levanta, a assistente calmamente a lembra da regra de forma abreviada: "Devonne, lembre-se de que a regra é 'sentar' para que todos possam ver". Se Devonne continuar em pé, receberá uma advertência para se sentar "longe" do grupo com um adulto, onde pode praticar a escuta sem incomodar os outros (ensaio). A assistente faz o seguimento conforme a situação. Além disso, a professora da escola de Devonne e a professora do período pós-aula colaboraram nessa estratégia, portanto a menina vivencia a mesma regra e as mesmas consequências na escola.

Gerald tem síndrome de Tourette, uma desordem neurológica caracterizada por tiques – movimentos ou vocalizações involuntários e repentinos, que são completamente insignificantes, mas que a criança vivencia como vontades irresistíveis que devem ser expressas (National Institute of Neurological Disorders and Stroke, 2005). Embora as crianças possam controlar tais tiques (de segundos a horas por vez) com muito esforço, suprimi-los pode meramente adiar surtos graves. A tensão aumenta a rapidez e a gravidade dos tiques das crianças; tiques são menos pronunciados quando elas estão relaxadas. Ciente disso, a professora de Gerald não estabelece uma regra que o proíba de expressar seu tique verbal: "Ai caramba". O menino é acomodado em uma área de estudo mais privada, em uma parte tranquila da sala, durante a leitura para que distraia menos os outros. Ao mesmo tempo, ela ajuda Gerald a desenvolver comportamentos sociais mais controláveis, como revezar e colaborar em projetos. A professora treina o menino e formula regras, as quais são aplicadas da mesma forma como faria com qualquer criança.

Esses exemplos ilustraram algumas formas nas quais regras e consequências podem ser utilizadas para ajudar crianças com necessidades especiais a se tornar mais competentes socialmente. Os capítulos 14 e 15 oferecem mais informações sobre trabalhar com crianças com necessidades especiais. Cobrimos muitas coisas neste capítulo com relação a como utilizar as consequências com eficácia com as crianças em todos os níveis de desenvolvimento social e aprendizado. Agora, é hora de abordar as habilidades reais envolvidas na criação de consequências adequadas.

Habilidades para implementar consequências

Crie consequências adequadas

1. **Antecipe as consequências que se ajustam às regras.** Pense antecipadamente nas consequências para expectativas comuns em seu programa. Por exemplo, se você está trabalhando com crianças em idade pré-escolar, pense nas consequências utilizadas para aplicar regras sobre dividir, ficar sentado durante o tempo em grupo e ficar quieto na hora do cochilo. Se as crianças em seu grupo forem mais velhas, considere consequências para resolver conflitos no *playground* com colegas e aplicar regras para prestar atenção, entregar tarefas a tempo e fazer o próprio trabalho. Em todas as situações, a aplicação de regras pode ser necessária. Pense primeiro nas consequências naturais que pode utilizar. Então, considere possíveis consequências lógicas. Descubra uma consequência não relacionada por último. Elabore ideias também para consequências positivas e considere formas de elogio e privilégios ganhos. Use reforçadores verbais e não verbais para fazer entender que comportamentos positivos também importam.

2. **Dê às crianças oportunidades de gerar as próprias ideias para soluções a problemas ou possíveis consequências.** Assim como as crianças se beneficiam da formulação de algumas regras que regem suas vidas, também podem aprender ao ajudarem a elaborar possíveis soluções e consequências. Introduza possíveis situações problemáticas em um momento no qual o comportamento problemático não é um problema e ajude a criança a considerar perguntas de respostas abertas como "O que devemos fazer quando alguém derruba o bloco de outra pessoa?" ou "O que devemos fazer quando alguém fica perambulando pela sala e interrompendo quem está trabalhando?". Quando elas ponderam o valor da regra e que ação pode levar a melhor obediência, vivenciam diretamente a relação casual entre o comportamento e o resultado. Elas também têm uma oportunidade de explorar por que a regra é importante e discutir o papel das consequências. Não é incomum que essas conversas comecem com a criança sugerindo

penalidades cruéis ou totalmente inviáveis. Não as rejeite imediatamente, mas as inclua para análise em conjunto com as outras sugestões. A experiência demonstra que, depois que a novidade de noções tão absurdas acaba, as crianças passam para a discussão séria.

Além disso, estimule-as a identificar suas próprias ideias sobre problemas que gostariam de ver resolvidos pelo grupo. À medida que as crianças geram ideias, publique-as em uma lista especificada para esse fim (John quer falar sobre problemas na hora do almoço. Jamal quer falar sobre xingamentos). Crie um fórum, como reuniões diárias em classe, para discutir essas questões. Evite dar os nomes de quem comete erros ou desenvolver consequências para uma criança em particular. Em vez disso, fale sobre como qualquer criança no grupo pode reagir a tais problemas no futuro. Registre possíveis soluções em uma tabela ou um caderno e permita que elas tenham acesso contínuo a esse material. Estimule-as a fazer um esforço sustentado para tentar a solução por uma semana e, depois, avalie como está funcionando. Se houver necessidade, faça revisões.

3. **Declare as consequências corretivas na forma de advertência.** Vincule a regra e a consequência em uma afirmação do tipo "ou isso ou aquilo" para a criança: "Ou você escolhe seu próprio lugar no círculo ou ajudarei a escolher", "Ou monta o quebra-cabeça ou não poderá pegar outro da estante", "Ou para de sussurrar ou terei de separar vocês".

4. **Dê advertências em particular.** Crianças preocupadas em se preservar como resultado de humilhação pública não estão inclinadas a seguir as regras. Ao dar advertências, aproxime-se da criança e fique em seu nível. Utilize uma voz firme e tranquila para explicar o que acontecerá se o mau comportamento continuar.

5. **Indique as consequências naturais das ações das crianças.** Dê informações às crianças sobre as consequências naturais de seu comportamento em um tom prosaico e não julgador. Crianças se beneficiam de informações factuais: "Quando você dividiu a pasta com Tim, ele ficou disposto a dividir a purpurina com você" ou "Quando você se esqueceu de alimentar os peixes, eles ficaram com fome o dia inteiro". Elas desligam quando percebem um tom de "Eu lhe disse" em suas palavras ou atitude. Resista à tentação de dizer a elas quanto você foi inteligente. Elas aprenderão mais com explicações apoiadoras dos fatos. Assim, em vez de dizer: "Viu? Não era para guardar isso de qualquer jeito na caixa", diga: "Você descobriu que, quando as peças são guardadas de qualquer jeito, não cabem na caixa".

6. **Utilize mensagem pessoal, advertência e seguimento em ordem.** Mantenha todos os passos da sequência. Pular partes invalida os benefícios de curto e longo prazos descritos neste capítulo.

7. **Dê às crianças tempo suficiente para reagir a cada passo da sequência.** Aborde encontros disciplinares com a ideia de gastar alguns minutos. Em cada fase da sequência, espere pelo menos alguns segundos para que as crianças tenham tempo de obedecer se conseguirem. Em situações consideradas perigosas, interrompa a ação fisicamente e observe sinais de que a criança obedecerá. Em circunstâncias menos urgentes, estabeleça alguns minutos entre a mensagem pessoal e a advertência, e entre esta e o seguimento. Por exemplo: o Sr. Gomez decidiu que é hora de Lou Ellen escolher uma estação de trabalho em vez de ficar mudando, atrapalhando a todos. O professor diz: "Lou Ellen, você ainda não encontrou uma atividade que realmente lhe interesse. Fico incomodado quando você perambula porque isso distrai. Escolha um ponto no qual queira trabalhar. Voltarei em um ou dois minutos para ver qual foi sua decisão". Três minutos depois, Gomez constata que a menina ainda não está ocupada. Aproxima-se dela e diz: "Você ainda está procurando algo para fazer. Escolha uma estação agora ou faço isso por você". Ele fica perto dela por cerca de 30 segundos e ela não se mexe. Nesse ponto, Gomez aplica a regra declarando: "Você ainda não consegue decidir. Lembre-se de que eu lhe disse para escolher ou eu escolheria. Agora, tentaremos chamar os pássaros". O professor pega a menina pela mão e segue em direção da estação de apitos de pássaros.

Observe que, na interação prolongada, uma reflexão veio antes de cada parte da sequência. Refletir ajudou a esclarecer novamente a situação toda vez e deu continuidade de um passo para outro.

Os profissionais assistentes que trabalham em uma equipe devem ficar atentos quanto a colegas que ficam presos em uma situação definidora de limites. Quando isso acontece, outros adultos devem dar supervisão ao grupo até que o seguimento tenha sido concluído. Profissionais que trabalham sozinhos podem ter de fazer seguimento enquanto mantêm simultaneamente uma visão global do ambiente durante todo o procedimento. Além disso, devem estar preparados para dizer a outras crianças do grupo o que devem fazer até que a situação esteja resolvida ("Dolores e eu temos de trabalhar nisso. Continue trabalhando em seus diários de matemática até acabarmos").

8. **Conclua o seguimento depois de iniciá-lo.** Embora seja importante dar às crianças tempo suficiente para reagir, também é crucial aplicar regras assim que você passa para a fase de seguimento da sequência. Se começou a falar "Lembre-se de que eu lhe disse..." e a criança jura nunca mais fazer aquilo ou diz: "Tá bom, eu faço", continue implementando a consequência de maneira calma e firme. Não se distraia nessa fase por outros problemas. Pense na preocupação ou promessa da criança, reconhecendo-a, e depois indique que a consequência é para o comportamento atual e não para as ações futuras.

9. **Comunique-se com outros adultos com relação à aplicação da regra.** Às vezes, as crianças desafiam os limites com um adulto e depois vão para outra pessoa quando um seguimento está por vir. Dessa forma, a mesma criança pode ter um com-

portamento problemático em toda a sala sem aplicação real. Evite que isso aconteça alertando outros adultos sobre a advertência que deu a alguma criança. Faça isso de forma que ela ouça para que saiba que a advertência continua em vigor mesmo se o local tiver mudado. Seja receptivo quando outros adultos o avisarem de suas advertências. Faça seguimento de suas advertências se isso for necessário. Por exemplo, se Kathleen foi avisada de que, se empurrar outra criança no *playground* mais uma vez, terá de ser afastada por cinco minutos, diga a outros adultos que este é o caso. Assim, qualquer um que vir Kathleen empurrar novamente pode aplicar a consequência. Isso cria um ambiente previsível para a menina no qual ela aprenderá que empurrar é inaceitável e que todos os adultos estão unidos em seus esforços para manterem as crianças seguras.

10. **Evite lutas de poder.**
    Adulto: Sim, você vai.
    Criança: Não, não vou.
    Adulto: Sim, você vai.
    Criança: Não, não vou.

    Essa é a linguagem comum de uma luta de poder. Ela geralmente ocorre quando os adultos tentam implementar consequências e as crianças se recusam a obedecer (Essa, 2007; Miller, 2010). A situação aumenta quando ambos se tornam mais decididos sobre suas posições. Lutas de poder normalmente envolvem uma batalha verbal e, em geral, acontecem em frente a uma audiência. Infelizmente, não há vencedores – as duas partes perdem algo. O adulto pode ganhar adesão temporária, mas também pode perder o respeito da criança. Entretanto, se a criança ganhar superioridade temporariamente ao fazer o adulto ceder, poderá sofrer repercussões futuras de um adulto que se sente contrariado ou ridicularizado. Há diversas estratégias que podem ser utilizadas para evitar esse problema:
    a. Evite formular regras desnecessárias.
    b. Não envergonhe a criança – mantenha todas as comunicações somente entre você e ela.
    c. Mantenha a calma.
    d. Evite contradizer as afirmações da criança.
        Por exemplo, se a advertência for "Ou você bebe sem assoprar ou tirarei seu canudo" e a criança assoprar, pegue o canudo. Se a criança disser "Mas foi sem querer", não discuta se o ato foi propositado. Em vez disso, reconheça a alegação da criança com as palavras "Pode ser..." e continue implementando as consequências: "Você não assoprou de propósito. Pode ser. Lembre-se de que eu lhe disse: 'Mais um som e tiro o canudo'. Estou tirando o canudo".
    e. Atenha-se à questão principal. Não se permita ficar envolvido em uma discussão sobre detalhes alheios.
    f. Discuta a luta de poder em particular com a criança. Essa estratégia é especialmente eficaz com crianças mais velhas que aprenderam alguns métodos de concessão.

    Diga a ela diretamente que parece que uma luta de poder está se desenvolvendo e que você gostaria de trabalhar na questão de outra forma.
    g. Evite armadilhas. Quando crianças começam a discutir, recuse-se a se envolver. Você pode fazer isso ao repetir tranquilamente a regra e as consequências e, depois, retomar sua atividade normal ou ao dizer à criança que estaria disposto a discutir mais tarde, quando todos estiverem mais calmos.

11. **Reconheça a obediência da criança a regras e expectativas.** Utilize mensagens pessoais, elogio eficaz e privilégios para ajudar a criança a reconhecer e repetir condutas socialmente aceitáveis. Adote esse procedimento com todas as crianças do grupo, sobretudo com aquelas que frequentemente se comportam mal.

12. **Utilize o tempo para acalmar crianças que estão em uma crise de birra.** Lembre-se de que o tempo para acalmar é uma consequência lógica somente nessa circunstância. Evite implementá-la indiscriminadamente. Não a utilize quando outra consequência lógica pode ensinar melhor à criança como seguir a regra. Por exemplo, se Benny se esquece de levantar a mão antes de dar uma resposta, seria melhor dizer a ele que só será chamado quando levantar a mão do que mandá-lo para outra área da sala a fim de se acalmar.

Participe em intervenções intensivas individualizadas

1. **Observe atentamente crianças que exibem comportamentos desafiadores para ter uma visão mais ampla de sua experiência geral em sala de aula.** Faça as seguintes perguntas a você mesmo (Kaplan, 2000; Hanline et al., 2009):
    a. Quais dos comportamentos da criança são desafiadores e como eles se parecem?
    b. Quando e onde a criança se comporta adequadamente?
    c. Quem está presente quando a criança se comporta adequadamente?
    d. Quando e onde a criança exibe o comportamento desafiador?
    e. De que atividades/rotinas/partes do dia a criança parece gostar e considerar mais fáceis de gerenciar?
    f. De que atividades/rotinas/partes do dia a criança parece gostar menos e considerar mais difíceis de gerenciar?
    g. Que abordagens parecem funcionar bem com a criança e quais são menos bem-sucedidas?
    h. Quem são as pessoas com quem a criança se dá melhor?

2. **Observe os comportamentos desafiadores das crianças em situações específicas para ter uma compreensão melhor do contexto no qual ocorrem.** Faça um registro por escrito para responder a estas questões (Stormont et al., 2008):
    a. Quando e onde o comportamento desafiador acontece?
    b. Quem está presente quando o comportamento desafiador acontece?

c. Que atividades, eventos e interações acontecem logo antes de o comportamento desafiador ocorrer?
d. O que acontece depois do comportamento desafiador? Como as pessoas reagem? O que fazem? O que a criança faz?
e. O que a criança parece estar tentando atingir?
f. De que outras habilidades a criança pode precisar para substituir o comportamento inadequado?

3. **Utilize as evidências escritas para fazer uma "checagem de realidade" de suas percepções.** Às vezes, o comportamento desafiador da criança é tão desconcertante que os adultos têm a sensação de que ela "se comporta mal o tempo todo". Conte a frequência com a qual o comportamento ocorre. Você pode ficar surpreso em ver que acontece menos frequentemente que pensava ou apenas em algumas situações.

4. **Utilize linguagem não julgadora para falar sobre os comportamentos desafiadores da criança.** Assim como não chamamos crianças com necessidades especiais de "meu filho autista" ou "aquela criança surda", é inadequado rotular crianças que exibem comportamentos desafiadores, como "meu filho desafiador" ou "aquela criança do contra". Evite chamar a criança de "fora de controle", "altamente necessitada" ou "antissocial", pois isso insinua que essa faceta é tudo o que existe. Discuta comportamentos explícitos: "Katie choramingou quando teve de esperar para acariciar o coelho".

5. **Participe totalmente do esforço em equipe para criar, implementar e monitorar planos de apoio ao comportamento positivo.** Utilize as estratégias acordadas, incluindo mensagens pessoais, advertências e seguimentos adequados conforme necessário. Reforce as ações apropriadas da criança sempre que puder. Se você se vir reforçando inadvertidamente o comportamento desafiador, fale com outros membros da equipe sobre formas de evitar isso.

6. **Diariamente, interaja de forma positiva com crianças cujo comportamento é desafiador.** Encontre algo para dizer ou fazer que seja amigável e afirmativo. Mostre à criança por meio de seu comportamento e palavras que há algumas coisas nela adoráveis e valiosas. Frequentemente é necessário ter imaginação e esforço para identificar essas qualidades, mas, se não conseguir, será muito mais difícil para a criança verificar essas características nela mesma.

Comunique-se com as famílias

1. **Ouça com empatia familiares que expressam frustração com o mau comportamento da criança.** Há momentos em que pais e responsáveis precisam de uma chance para falar sobre o comportamento negativo de suas crianças sem que se sintam culpados ou envergonhados. Outras vezes, eles se beneficiam da oportunidade de explorar suas preocupações e determinar a gravidade relativa de alguns comportamentos problemáticos que encontram. Em todas essas circunstâncias, seu papel é escutar. Evite dar conselhos. Às vezes, os familiares só precisam falar. Encaminhe familiares com problemas mais graves a funcionários de algum programa cujas responsabilidades no trabalho incluam o aconselhamento.

2. **Ajude os familiares a reconhecer sinais de que suas crianças estão conseguindo maior autocontrole.** Dê informações a pais e guardiães que ilustram as crescentes habilidades das crianças em adiar gratificação, resistir à tentação, conter seus impulsos e executar planos positivos. Notas curtas para casa ou comentários verbais breves são ideais para transmitir essas mensagens: "Hoje, Leanne ofereceu sua vez no cavalete para uma criança que estava ansiosa para pintar antes de o tempo esgotar. Ela decidiu isso sozinha. Achei que vocês gostariam de saber sobre sua crescente conscientização das necessidades dos outros" ou "Perry ficou muito bravo por nossa excursão ter sido cancelada. Ele escreveu sobre isso em seu diário e sugeriu que nossa classe desenvolvesse um plano alternativo da próxima vez. Fiquei impressionada por ele utilizar estratégias tão construtivas para lidar com sua frustração e queria que vocês soubessem que está fazendo muito progresso nesse sentido".

3. **Esclareça quem aplicará as regras quando parentes e funcionários estiverem presentes.** Familiares e profissionais frequentemente se sentem inseguros sobre quem deve intervir quando ambos testemunham um incidente no qual o filho de um parente tem comportamento problemático, como ao se recusar a cooperar durante um programa na "noite em família", resistir em sair do quarto quando há visitas ou bater em outra criança por frustração. Para evitar tal confusão, é fundamental ter diretrizes preestabelecidas sobre o que fazer quando isso acontece. Muitas famílias e profissionais consideram as seguintes diretrizes justas e úteis.

a. Os pais são responsáveis pelo "*front* doméstico". Quando um profissional faz uma visita à casa de uma criança ou se encontra com um pai e uma criança em um ambiente público como uma loja ou em um concerto, os pais são responsáveis pelos próprios filhos.
b. Funcionários do programa são responsáveis durante os horários do programa em ambientes relacionados a este, incluindo excursões.
c. Pais que atuam como voluntários ou assistentes no programa assumem a responsabilidade por crianças diferentes das suas e deixam o tratamento de seus filhos para outro voluntário ou profissional.
d. Quando confrontado com uma situação na qual você deve intervir com a criança de um parente na presença dessa pessoa, aja de maneira objetiva e utilize as habilidades que aprendeu neste capítulo. Diga algo para alertar a pessoa de suas intenções se as condições parecerem adequadas a tal comentário. Por exemplo, se Jeremiah está tentando seguir a mãe até a porta, você poderá dizer a ela: "Ajudarei Jeremiah a encontrar algo divertido para fazer. Ficaremos juntos aqui na classe". Dê a Jeremiah uma mensagem pessoal e uma advertência. Se precisar fazer o seguimento, ajude-o calmamente a ficar na classe, mesmo se ele estiver

chorando muito. Agradeça à mãe e garanta que você avisará, mais tarde, como Jeremiah está se saindo.

4. **Discuta com os familiares as formas mútuas de ajudar as crianças a atingir autodisciplina.** Isso pode acontecer informalmente ou como parte de um plano de intervenção intensiva individualizada. Interaja com familiares para identificar estratégias para uso em casa e no ambiente de grupo formal para promover os comportamentos positivos da criança e abordar os problemáticos. Pergunte se tais comportamentos ocorrem em casa e o que os parentes fazem com relação a eles. Anote essas estratégias e, sempre que possível, utilize-as na criação de um plano para trabalhar no comportamento no ambiente formal de grupo. Se o comportamento não for evidente em casa, fale com familiares sobre o que está acontecendo no programa, descreva as estratégias atuais e peça retorno e/ou outras recomendações. Da mesma forma, escute atentamente quando os parentes descrevem comportamentos que observam nas crianças. Fale sobre até onde tais ações aparecem fora de casa e o que as pessoas no programa podem fazer com relação a elas. Concorde com uma ou duas estratégias em comum que os familiares e profissionais do programa possam utilizar. Discuta um cronograma para checar um com o outro para determinar o progresso e alterações. Se for o profissional responsável, execute seu plano. Confirme os resultados com parentes e faça ajustes conforme necessário. Se for um estudante participante e um parente mencionar esse caso, reconheça a preocupação da pessoa e diga que levará o assunto à atenção do professor titular ou outra pessoa adequada. Faça seguimento de sua conversa. Mais tarde, volte ao familiar, informando que você falou com a pessoa apropriada conforme prometido.

■ Evite as armadilhas

Independentemente de estimular a autodisciplina das crianças de forma individual ou em grupo, informalmente ou em atividades estruturadas, algumas armadilhas devem ser evitadas.

1. **Relutar em fazer seguimento.**

Jonathan, você está se divertindo aí em cima. Minha preocupação é que você pode cair. Desça, por favor.
É sério: desça!
Estou falando sério desta vez.
Jonathan, quantas vezes tenho que lhe dizer para descer?
Vou ter de ficar brava?
Estou ficando nervosa.
OK, Jonathan, estou realmente brava agora – desça!
Já chega! Vou pegá-lo aí em cima.

Esse cenário ilustra um problema comum para muitos adultos: sua relutância em seguir os limites estabelecidos. Em um esforço para evitar confronto, eles podem se ver repetindo uma advertência ou alguma variação dela diversas vezes. Isso confunde as crianças. Elas não têm como dizer quando os adultos finalmente estão falando sério. No caso de Jonathan, esse ponto será atingido depois da terceira, quinta ou sexta advertência? Talvez ontem o adulto tenha esperado até a quinta advertência; amanhã, poderá parar na segunda. As crianças não leem mentes nem conseguem prever quando a paciência do adulto poderá acabar. A única maneira de evitar essa situação é sempre fazer seguimento depois de dar a primeira advertência. Dessa forma, as crianças aprendem que a descrição da consequência é uma pista para mudarem o comportamento ou esperarem que a consequência aconteça.

2. **Apoiar-se em situações convenientes ou familiares em vez de encontrar uma mais adequada à situação.** Alguns adultos utilizam a mesma consequência repetidamente. Quando a ação corretiva é necessária, frequentemente eles escolhem uma consequência não relacionada, como retirar a criança de uma situação ou fazer que ela perca um privilégio. Embora tais consequências possam interromper o comportamento temporariamente, elas não ensinam alternativas adequadas para as crianças utilizarem em situações futuras. Com o tempo, as crianças podem aprender a antecipar as consequências e decidir que vale a pena experimentar alguns maus comportamentos. Esse problema pode ser evitado quando as consequências são adaptadas a determinada situação. Utilize ampla gama de consequências positivas também. Crianças reagem menos quando os mesmos reforçadores são utilizados para tudo. Consulte o Box 11.1 para obter exemplos de ampla gama de reforçadores verbais e não verbais que os adultos podem utilizar para apoiar os esforços das crianças em atingir autodisciplina.

3. **Ignorar consequências naturais.** Às vezes, os adultos não reconhecem que uma consequência natural ocorreu e, assim, instituem consequências adicionais e desnecessárias. Por exemplo, Peggy pisou acidentalmente em seu hamster. Ela ficou chateada com o

possível ferimento e tentou consolar o animal. Sua preocupação foi a consequência natural de seu erro. A líder do 4-H perdeu completamente a consequência natural e repreendeu Peggy por ser tão descuidada. Então, disse a ela que não podia segurar o hamster na hora seguinte, embora Peggy já tivesse reconhecido os resultados negativos de suas ações. Como uma consequência é imposta para ajudar as crianças a se conscientizar do impacto de seu comportamento, nenhuma outra penalidade era necessária. Em vez disso, o adulto poderia ter falado com Peggy sobre maneiras de evitar futuros ferimentos.

Infelizmente, muitos adultos não resistem ao desejo de ter razão ao darem sermão, moralizarem ou instituírem consequências mais drásticas. Entretanto, crianças que se sentem vitimadas são menos capazes de mudar o comportamento. A melhor forma de evitar essa armadilha é sondar a situação atentamente e observar quaisquer consequências naturais que possam ter ocorrido. Se elas forem evidentes, indique-as à criança em vez de impor mais consequências.

4. **Exigir obediência alegre.** Quando os adultos seguem com uma consequência, não devem esperar que as crianças obedeçam alegremente. Isso significa que uma criança pode fazer bico, reclamar, murmurar ou bater o pé enquanto segue a regra. Os adultos devem lembrar que o objetivo do seguimento é aplicar a consequência. É demais insistir que uma criança também coloque um sorriso no rosto ao fazer algo que realmente não deseja. Adultos criam confrontos desnecessários quando insistem que as crianças obedeçam com prazer. Embora possa ser irritante quando elas mostram seu desprazer óbvio com a regra, a atitude não é algo do qual adultos têm controle e não deve se tornar um grande problema nas interações entre adultos e crianças.

5. **Nutrir ressentimentos.** Depois de impor uma consequência, o lema do adulto deve ser "perdoar e esquecer". É contraproducente permitir que sentimentos de raiva, ressentimento ou hostilidade por ações passadas manchem as interações do presente. Depois de impor uma consequência, este é o final dela. Trate cada novo dia como um novo começo. Além disso, se, em um dia em específico, um adulto teve confrontos contínuos com a mesma criança ou está se sentindo frustrado ou sobrecarregado, deverá fazer uma pausa ou, em uma situação de ensino em equipe, pedir para outra pessoa lidar com a criança por um tempo.

6. **Insistir que a criança peça desculpa.** Frequentemente, os adultos acham que se conseguirem fazer as crianças dizerem que sentem muito, o problema estará resolvido. Com isso em mente, podem forçá-las a dizer "desculpe" mesmo quando elas não acreditam realmente nisso. Infelizmente, isso faz as crianças concluírem que pedir desculpas resolve tudo. Elas acham que podem apresentar o comportamento que quiserem, desde que estejam preparadas para expressar seu arrependimento no final. Elas também aprendem que a insinceridade é boa. Tristeza e remorso são emoções. Não podemos permitir que as crianças passem por elas sem mais nem menos.

No entanto, elas podem ser ensinadas a fazer uma restituição por um erro que cometeram. Isso pode envolver fazer a criança consolar a vítima, pegar um pano úmido para lavar o joelho machucado da vítima ou consertar um objeto quebrado. Pesquisas demonstram que crianças definitivamente entendem o conceito de restituição antes de compreenderem o verdadeiro significado de um pedido de desculpa (Hendrick, 2010). Como resultado, a restituição concreta tem mais significado para as crianças. Apenas quando as crianças sentem remorso genuíno, devem ser encorajadas a expressar seu arrependimento por meio da palavra "Desculpe".

7. **Ignorar as coisas positivas em crianças com comportamentos desafiadores.** Quando a mesma criança se comporta mal repetidamente, é fácil cair na armadilha de pensar que isso é tudo o que ela é capaz de fazer. Adultos devem estar cientes dessa armadilha porque uma criança que ouve que nunca "será boa" irá parar de tentar (Curwin, Mendler & Mendler, 2008). Da mesma forma, o adulto que vê uma criança como "sem futuro" frequentemente também para de tentar. A melhor maneira de evitar a generalização das percepções negativas de alguém é buscar intencionalmente os pontos fortes da criança. Ter mais de um adulto observando a mesma criança ao mesmo tempo e registrar o que veem aumenta as chances de "capturar" comportamentos e habilidades construtivos. Mesmo que haja poucos exemplos positivos, os adultos mantêm as expectativas com relação à criança, o que os ajudará a lidar com o estresse das interações desafiadoras. Também ajuda os adultos vê-la mais holisticamente, dando pistas sobre comportamentos e condições que podem ser essenciais para reverter seu comportamento desafiador. O fato de Sammy ser per-

cebida como "uma criança inteira" fez a diferença para sua professora da terceira série.

"Professora, professora, o que é roxo e tem oito mil quilômetros de comprimento?" Sammy, a criança que frequentemente era impulsiva ou desafiadora na classe, pulava enquanto esperava minha resposta. "Não sei", respondi. "O quê?" "A grande 'uvalha' da China", gritou empolgado. Embora Sammy frequentemente fosse um desafio para trabalhar, gostava de história e tinha um humor incomum. Nossa risada juntos nos ajudou a começar nosso laço. Comecei a vê-lo como mais que apenas minha criança "desafiadora".

Caltha Crowe, professora do terceiro ano, 2010

Resumo

Há momentos em que a criança não segue as regras definidas pelos adultos. Ela pode apresentar comportamento incorreto porque não tem a capacidade necessária para seguir as regras, porque os adultos deram mensagens confusas ou mistas, ou porque acreditam que a regra é desnecessária.

Para que possam evitar ou combater esses problemas, os adultos devem formular regras que consideram o desenvolvimento da criança, esclarecer ou reformular suas expectativas e ajudar a criança a desenvolver comportamentos alternativos positivos e adequados. Além disso, os adultos podem monitorar o próprio comportamento para que as próprias palavras sejam congruentes com suas ações, oferecer explicações para regras e dar oportunidades para que as crianças se tornem parte do processo de formulação das regras.

Os adultos aplicam regras por meio do uso de consequências positivas ou corretivas. Elas ajudam a criança a reconhecer o impacto de seu comportamento sobre si e os outros. Consequências positivas reforçam o comportamento adequado. Consequências corretivas reduzem o comportamento errôneo da criança. Elas são instrutivas, utilizam argumentação e são ministradas de forma humana e prosaica. São categorizadas como naturais, lógicas ou não relacionadas. Consequências naturais acontecem sem intervenção direta dos adultos, as lógicas estão diretamente relacionadas a uma regra em particular, e os adultos fabricam as não relacionadas. Estas devem ser utilizadas escassamente e vinculadas, pelo menos no tempo, à infração da regra. Os adultos devem ponderar cuidadosamente muitos fatores ao decidirem que consequências devem utilizar em determinadas situações.

Eles implementam consequências corretivas ao lembrarem as crianças da regra. Se elas não obedecerem, o adulto repete a regra e faz uma afirmação como uma declaração "ou isso ou aquilo". Os adultos fazem pausa por tempo suficiente para dar às crianças uma oportunidade de corrigir seu comportamento sozinhas. Se elas não o fizerem, os adultos seguirão com a consequência. Todas as consequências devem ser implementadas de forma consistente e imediata.

Mensagens pessoais combinadas com a advertência e o seguimento as ajudam a regular o próprio comportamento. À medida que as crianças ficam mais acostumadas com esse processo, aprendem a reagir às fases mais iniciais na sequência, reduzindo a necessidade de adultos passarem por todas as três etapas.

Às vezes, quando um comportamento problemático leva a outro, os adultos devem ter paciência e implementar consequências adequadas para cada comportamento problemático. A consequência lógica do tempo para acalmar é pouco utilizada e somente quando as crianças estão fora de controle. A reação a outros comportamentos desafiadores é a intervenção intensiva individualizada, composta por cinco passos: criação de uma equipe de suporte ao comportamento positivo, formulação de uma avaliação funcional, desenvolvimento de hipóteses de comportamento, elaboração de um plano de apoio ao comportamento positivo e implementação e monitoração da intervenção planejada. Além de trabalhar diretamente com a criança para incentivar a autodisciplina, é importante se reunir com os pais como parceiros para ajudar a criança a desenvolver autocontrole.

Palavras-chave

Advertência; consequências corretivas; consequências lógicas; consequências não relacionadas; consequências naturais; consequências positivas; crise de birra; intervenções intensivas individualizadas; isolar a criança; plano de apoio ao comportamento positivo; punições; seguimento; tempo para acalmar.

Questões para discussão

1. Descreva cinco motivos pelos quais as crianças se comportam inadequadamente e suas soluções correspondentes.
2. Discuta as recompensas ocultas que podem iniciar o mau comportamento da criança. Descreva (sem nomear) uma criança que você observou cujo comportamento possa indicar que tal recompensa estava em operação. Explore estratégias que possam ser empregadas para alterar o comportamento da criança.

3. Discuta as semelhanças e diferenças entre consequências positivas, corretivas e punições.
4. Gere ideias para consequências positivas e para consequências naturais, lógicas e não relacionadas para as seguintes regras:
   a. Ande, não corra, pelo corredor.
   b. Jogue a bola; não chute.
   c. Use sua própria toalha de ginástica.
   d. Use o teclado do computador com gentileza.
   e. Ande na calçada, não no canteiro de flores.
   f. Diga a alguém quando precisa de ajuda.
   g. Chame as pessoas pelos seus nomes reais, não zombe deles.
5. Discuta a importância de seguir as consequências e também os resultados de não fazer isso.
6. Consulte o Código de Conduta Ética Naeyc (Apêndice) e identifique os princípios ou ideais que o ajudarão a determinar um procedimento ético para as seguintes situações:
   a. Um pai está andando com o filho até o carro. De repente, a criança se solta dele e entra no estacionamento movimentado. O pai, obviamente apavorado, agarra a criança e bate nela três vezes, dizendo: "Você me assustou muito. Nunca mais faça isso". Você está saindo do carro nas cercanias quando isso acontece e testemunha a interação.
   b. Você observa uma colega no corredor discutindo com o próprio filho (de 4 anos) matriculado no programa. A criança está gritando e tentando se afastar enquanto o adulto a leva até a porta. De repente, o adulto vira a criança e lhe dá dois tapas no bumbum. Você e várias crianças de sua classe veem o incidente.
   c. Um grupo grande de alunos do terceiro ano está jogando *softball* no *playground*. Outro adulto se aproxima de você e diz: "Tenho de ir agora. Disse a Jeff que ele não poderia mais jogar *softball* hoje porque está brigando. Garanta que ele não jogue *softball*". O adulto entra. Ainda restam 20 minutos para o jogo. Alguns minutos depois, Jeff, que está assistindo sentado nas laterais, é chamado ao jogo pelos amigos. Ele olha para você e diz: "Aprendi a lição. Não posso jogar?".
7. Como você responderia a outro profissional ajudante que diz: "A mensagem pessoal, a advertência e o seguimento demoram demais. Além disso, as crianças não podem reagir a tanta conversa. Só diga o que não está permitido e pronto"?
8. Compare o conteúdo da Figura 11.3 com as estratégias para adaptação de regras e consequências para atender a crianças com necessidades especiais apresentada no Quadro 11.7. De que forma as figuras são congruentes? Discuta como algumas das estratégias na sequência podem ser mais adaptadas a crianças com necessidades especiais.
9. Descreva o comportamento desafiador de uma criança que observou. Discuta como os adultos abordaram o comportamento. Sua abordagem foi eficaz ou não? Por quê?
10. Imagine que você foi designado para descrever o uso de intervenção intensiva individualizada por seu centro a um grupo de pais. Faça uma apresentação de cinco minutos a um grupo de suas colegas de classe. Então, gere uma lista de perguntas que os pais podem fazer e discuta como você responderia.

Tarefas de campo

1. Descreva brevemente uma situação na qual trabalhará com crianças na próxima semana. Identifique qualquer possível problema de comportamento que possa surgir nessa circunstância. Utilizando toda a sequência de habilidades discutida neste capítulo, escreva o processo passo a passo que adotaria se tal problema realmente ocorresse. Mais tarde, registre se o problema apareceu ou não. Se apareceu, indique como lidou com ele. Fale sobre quaisquer mudanças feitas em seu roteiro original e por que foram feitas. Identifique formas de melhorar seu desempenho na próxima vez.
2. Escreva três situações nas quais, quando você trabalhou com as crianças, usou ou poderia ter utilizado toda a sequência de habilidades da mensagem pessoal à advertência e ao seguimento. Comece descrevendo o que a(s) criança(s) disse(ram) ou fez(fizeram) para causar sua resposta. Então, registre seus comentários exatos (independentemente de serem corretos). Discuta brevemente a reação da criança. Em seguida, discuta os pontos fortes e fracos de sua abordagem. Conclua descrevendo uma estratégia alternativa que possa se encaixar na situação ou outra forma na qual possa ter fraseado sua mensagem.
3. Observe outro adulto em sua designação de campo lidar com o comportamento inadequado de uma criança. Descreva a situação e como ela foi abordada. Descreva a abordagem do adulto e discuta como a comparou com as estratégias que aprendeu neste livro.
4. Discuta seu uso (ou o de um supervisor/colega) de uma das estratégias de comunicação com a família listadas neste capítulo. Descreva o que você (ou ele/a) fez, o papel do familiar e o resultado. Faça um comentário sobre como a habilidade foi utilizada. Sugira como lidaria com a situação se acontecesse novamente.

Capítulo 12
Como lidar com o comportamento agressivo das crianças

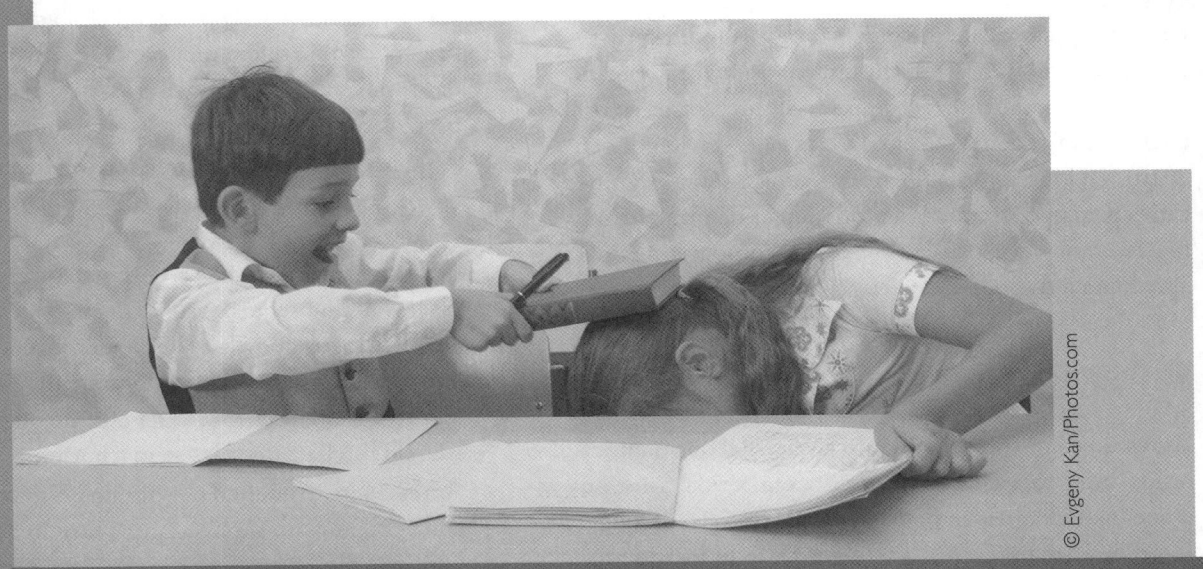

Objetivos

Ao final deste capítulo, você será capaz de descrever:

- Dois tipos de agressão: instrumental e hostil.
- A diferença entre ser agressivo e assertivo.
- O que contribui para o comportamento agressivo.
- Ações dos adultos que aumentam a agressão na infância.
- Estratégias que reduzem a agressão das crianças.
- Métodos para comunicar às famílias que as crianças são agressivas.
- Armadilhas que devem ser evitadas quando se aborda a agressão.

> *Ei! Você estragou!*
> *Não fui eu!*
> *Foi sim!*
> *Professora, ele me bateu!*
> *Ele que começou!*

Cenas como essas não são incomuns em ambientes da primeira infância. Afinal, as crianças estão só começando a aprender as habilidades necessárias para a convivência. Em razão de sua relativa falta de experiência, as crianças, muitas vezes, recorrem à agressão para se expressar ou conseguir o que querem. Se não for notada, a agressão poderá machucar pessoas, danificar propriedades, interromper atividades diárias e criar ambientes de grupo negativos. Além disso, crianças que exibem altas taxas de agressividade quando são novas muito provavelmente terão problemas futuros na interação com as outras e no sentimento de competência em casa, na escola e na comunidade (Alsaker & Gutzwiller-Helfenfinger, 2010). Tudo isso torna a agressão uma questão significativa para que aspirantes a profissionais da primeira infância, como você, pensem sobre esse comportamento e aprendam a tratá-lo com eficácia.

■ Definição de agressão

Agressão é um comportamento antissocial que danifica ou destrói propriedades ou resulta em ferida física ou emocional. A agressão pode ser verbal ou física (Dodge, Coie & Lyman, 2006). Eis alguns exemplos de atos agressivos: bater, agarrar, beliscar, chutar, cuspir, morder, ameaçar, degradar, envergonhar, esnobar, fofocar, atacar, provocar e demolir.

Tipos de agressão

Neste capítulo, abordaremos dois tipos de agressão: instrumental e hostil. Conhecer suas semelhanças e diferenças aumentará sua capacidade de reagir com eficácia quando crianças são agressivas.

Agressão instrumental. Há momentos em que as crianças estão tão focadas em conseguir o que querem ou em defender algo que suas ações físicas ou verbais inadvertidamente resultam em alguém se machucando. Referimo-nos à **agressão instrumental** (Ladd, 2005). Por exemplo, quando Marsha e Celeste brigam por causa de um rolo de macarrão, o empurrão-puxão físico da discussão deixa a primeira arranhada e a segunda com os dedos machucados. O resultado é duas crianças infelizes e feridas. Nenhuma delas começou tentando machucar a outra; cada uma simplesmente queria o rolo primeiro.

Infelizmente, as duas utilizaram a força para afirmar suas alegações. Nesse caso, a agressão resultante foi um derivado da interação das meninas, não seu objetivo principal. A não premeditação e a falta de intenção deliberada de ferir são os dois fatores que diferenciam a agressão instrumental de tentativas propositadas de machucar as pessoas ou reduzir sua autoestima. A maioria das agressões instrumentais é iniciada por brigas sobre objetos, território ou direitos (Doll & Brehm, 2010).

- **Agressão instrumental por objetos:** Jessica e LaTesha correm para o balanço ao mesmo tempo. Cada uma quer usá-lo sozinha. Logo, elas estão brigando sobre quem vai usar. O objetivo das ações das crianças é conseguir a posse do balanço. No processo da briga, o resultado é a agressão.
- **Agressão instrumental por território:** Raymond ocupa grande parte da área de blocos para construir seu aeroporto. Ele fica chateado quando as estruturas das outras crianças entram em seu espaço. Na disputa subsequente sobre quem pode construir ali, as crianças começam a se bater. Embora o objetivo de suas ações seja simplesmente estabelecer controle sobre o território na área de blocos, o resultado infeliz é que elas se machucam.
- **Agressão instrumental por direitos:** Uma discussão começa enquanto várias crianças correm até a porta para sair. Cada uma quer ser a "primeira da fila". Nessa situação, seu principal objetivo é estabelecer quem terá o direito a ser a primeira. A agressão que ocorre é um derivado de seus esforços para atingir essa meta.

Agressão hostil. Crianças que exibem **agressão hostil** causam deliberadamente dor nas outras (Doll & Brehm, 2010). As ações ou palavras danosas são ataques intencionais voltados à retaliação por insultos percebidos ou a levar a vítima a fazer o que o agressor quer. A agressão hostil é expressa de duas formas diferentes:

- **Agressão física:** Dano aos outros por meio de ferimentos físicos ou ameaça de tais ferimentos.
- **Agressão relacional:** Dano ao *status* ou à autoestima de outra pessoa por meio de fofocas, mentiras ou outras formas de manipulação social.

Em ambos os casos, a natureza propositada da agressão hostil a diferencia da instrumental.

Situação: Várias crianças do quarto ano estão correndo para chegar até seus armários antes de o sinal tocar. Em seu esforço para entrar e sair a tempo, Jean acidentalmente empurra Claudia contra a parede. Antes que qualquer um consiga reagir, Claudia, corada, pula e entra correndo na classe. Mais tarde, enquanto as crianças fazem fila no bebedouro, Claudia empurra Jean e diz: "Pronto, veja se gosta disso".

O comportamento de Jean foi acidental. No entanto, Claudia o interpretou como um golpe deliberado em seu ego, o que exigiu que retaliasse posteriormente. Ao empurrar Jean, Claudia sentiu que elas ficaram "empatadas" e sua honra foi recuperada. Nesse caso, o ato de empurrar Jean foi uma tentativa propositada de machucá-la, um exemplo de agressão hostil.

Assertividade

Uma alternativa socialmente adequada à agressão é a assertividade. As crianças são **assertivas** quando se expressam ou protegem seus direitos enquanto respeitam os direitos e sentimentos dos outros (Slaby et al., 1995; Ostrov, Pilat & Crick, 2006). Crianças assertivas fazem o seguinte:

- **Resistem a exigências irracionais:** "Não, ainda não vou lhe dar o pincel. Ainda preciso dele".
- **Recusam-se a tolerar atos agressivos:** "Pare de me xingar" ou "Não empurre".
- **Posicionam-se contra tratamento injusto:** "Você se esqueceu da minha vez" ou "Ei, não é justo furar fila".
- **Aceitam discordâncias lógicas:** "Tá certo, entendi o que você quer dizer".
- **Sugerem soluções para o conflito:** "Você pode ter daqui a um minuto" ou "Usarei novamente quando acabar".

As crianças demonstram maior competência social e desenvolvem sentimentos mais positivos sobre suas habilidades quando conseguem se expressar com eficácia e exercer algum controle e influência sobre os outros. À medida que amadurecem, tentam muitas estratégias para expressar essa influência. Entretanto, como são novatas sociais, seus esforços para serem assertivas às vezes são incorretos ou malsucedidos. Eles podem até tomar a forma de agressão. Essencialmente, por meio de observação, instrução, *feedback* e prática, as crianças podem aprender gradualmente os comportamentos mais construtivos associados à assertividade.

Neste capítulo, você aprenderá como ajudar as crianças a se tornar mais assertivas e menos agressivas. Para começar, é útil entender por que e como a agressão se desenvolve.

■ Por que as crianças são agressivas

Ao explicarem as raízes da agressividade, os cientistas não sabem exatamente quanto pode ser atribuído à biologia e quanto é o resultado do aprendizado. Entretanto, há um consenso de que, a partir da infância, ambos os fatores moldam o comportamento agressivo da criança (Moffitt & Caspi, 2008).

Biologia

Às vezes, as pessoas se perguntam: "Há algum gatilho biológico que leva as pessoas a ser agressivas?". Essa pergunta ainda não foi totalmente respondida. Até o momento, os cientistas não descobriram um "supergene" responsável pela agressividade humana. Entretanto, estudos realizados em todo o mundo indicam que a tendência de uma pessoa ser mais ou menos agressiva é influenciada pela genética (Dodge, Coie & Lynam, 2006). Isso é especialmente verdadeiro quando se trata da agressão física (*versus* relacional) (Brendgen et al., 2005). Alguns estudos demonstram que até 50% da variabilidade nos impulsos agressivos de uma pessoa pode ser atribuída à sua composição genética (Rhee & Waldman, 2002). Os pesquisadores também descobriram que altos níveis de andrógeno e testosterona (hormônios sexuais masculinos) estão associados a índices mais altos de comportamento agressivo (Archer, 1994; Tremblay et al., 1997). Isso não quer dizer que hormônios masculinos causam a agressão, mas há evidências de que podem estar vinculados à agressão de alguma forma.

Existem indícios de que o temperamento também desempenha um papel nas tendências agressivas das pessoas (Denham, Bassett & Wyatt, 2007). Algumas crianças vêm ao mundo mais intensas emocionalmente que outras. As reações delas a eventos são mais extremas e elas têm mais dificuldade de abrir mão de emoções fortes. Isso pode contribuir para reações agressivas em situações altamente carregadas. Algumas crianças temperamentalmente tempestuosas ou distraídas ou com dificuldade de se ajustar a mudanças na rotina recorrem mais à agressão que aquelas de temperamento mais tranquilo. Crianças estridentes também são propensas a interações físicas que incluem tocar, bater e agarrar para satisfazer as próprias necessidades. Por sua vez, as crianças mais calmas ficam mais distantes fisicamente, evitando interações que possam levar a resultados agressivos. Achados como esses nos ajudam a ver que a biologia contribui para a agressividade infantil. No entanto, não é o único fator envolvido.

Hipótese da frustração-agressão

Jackie, de 4 anos, não consegue fazer sua torre de blocos ficar em pé! De acordo com a hipótese da frustração-agressão, ela poderá ficar agressiva se sua frustração com a instabilidade da torre a dominar. Quando essa hipótese foi apresentada pela primeira vez, as pessoas achavam que a agressão era uma reação inevitável à frustração e que esta estava no cerne da maioria dos atos agressivos (Dollard et al., 1939). Gradualmente, essa noção foi revisada. Hoje, os cientistas acreditam que uma criança frustrada tem mais chance de ser agressiva que outra satisfeita. Entretanto, também sabemos que pessoas frustradas nem sempre agem agressivamente. Por exemplo, Jackie pode reagir a sua frustração ao tentar mais, pedir ajuda, simplificar a tarefa, desistir ou fazer uma pausa. Assim, frustração pode contribuir para a agressão, mas não é sua única fonte nem resulta automaticamente em comportamento danoso.

Hipótese da percepção distorcida

Algumas crianças veem intenção hostil onde ela não existe (Hubbard et al., 2002). Por exemplo, Trevor é atingido por trás por uma bola enquanto caminha pelo pátio. Ele presume que alguém o atingiu de propósito, embora a ação fosse realmente o resultado de uma jogada aleatória. Reage com um grito e um gesto agressivo. Qualquer criança poderia reagir a uma violação inesperada do espaço pessoal dessa forma. Entretanto, algumas são mais propensas que outras a reagir como se as ações dos outros fossem deliberadas e hostis. Tais crianças geralmente são más observadoras sociais. Consideram difícil interpretar com precisão as pistas de expressão de outras crianças, como expressões faciais ou palavras que as ajudariam a entender que determinada atitude não foi intencional (Crick, Grotpeter & Bigbee, 2002; Zins et al., 2004).

Mesmo se as outras crianças pedirem desculpa pelo erro, Trevor pode se sentir obrigado a retaliar. Essa reação agressiva pode causar contra-agressão das outras crianças, reforçando a impressão de Trevor de que seus colegas são hostis com ele. É assim que um círculo vicioso começa, aumentando o antagonismo existente entre Trevor e as crianças com quem deve interagir todos os dias. Além disso, à medida que a reputação de agressor de Trevor fica mais estabelecida, os colegas podem se tornar menos pacientes ao lidar com ele e recorrer mais rapidamente à força física que fariam com um colega menos agressivo. O resultado final é maior agressividade entre todas as crianças envolvidas.

Reforçamento e experiência direta

Há evidências convincentes de que reforço e experiência direta desempenham papel essencial no molde e na manutenção do comportamento agressivo em crianças (Frick et al., 2003). Por exemplo, as crianças podem bater, morder, arranhar, provocar ou ameaçar para conseguir o que querem. Quando outras crianças ou adultos cedem com o objetivo de evitar o conflito ou se rendem aos desejos da agressão, a agressividade da criança é recompensada. Situações como essas ensinam aos agressores e às vítimas que ações danosas são eficazes. Se tal comportamento for sempre recompensado, crianças que demonstram agressividade desenvolverão sentimentos de poder que reforçarão ainda mais suas ações negativas. Os agressores podem até atingir certa notoriedade quando se comportam agressivamente. Todos esses fatores reforçam e não inibem ações agressivas.

Modelagem e experiência observacional

As crianças agem de forma agressiva porque aprenderam a ser assim observando outras pessoas com comportamento semelhante (Goleman, 2006). Os modelos que observam podem ser adultos ou pares, na família, na escola ou na comunidade. Elas podem vivenciar tais modelos em pessoas muito próximas ou na mídia. Por exemplo, crianças assistem a programas de TV nos quais disputas são resolvidas pela violência, observam a tia Jody sacudir Tony para ser entendida, veem colegas e irmãos usando o poder físico como um meio bem-sucedido de conseguir o que querem. Crianças têm uma experiência direta da agressão quando apanham, são sacudidas ou empurradas como punições por mau comportamento.

Todos esses exemplos ilustram para as crianças que a agressão é uma forma eficaz de afirmar a vontade de alguém. Eles também acabam com qualquer inibição que elas possam ter com relação ao uso da força (Garbarino,

2006). Faz pouca diferença se os adultos frequentemente as advertem para não recorrer à violência ou para "ser boazinhas". Em vez disso, "ver é crer". Infelizmente, crianças expostas a modelos agressivos retêm os efeitos desse molde muito depois do final de um incidente em particular. Elas se lembram do que veem e escutam e conseguem imitar isso meses depois (Bell & Quinn, 2004). Todos esses fatores contribuem para a enorme influência que modelos agressivos têm na vida das crianças.

Falta de conhecimento e habilidade

Às vezes, as crianças sucumbem à agressão porque não sabem o que fazer quando seus objetivos são bloqueados ou quando são atacadas por outra criança. Elas podem recorrer à violência física depois de usar todo o seu repertório de habilidades sociais e não conseguirem o que desejam ou protegerem algo importante (Crothers & Kolbert, 2010). A imaturidade e inexperiência contribuem para a ocorrência desse problema. Crianças com poucas oportunidades de praticar estratégias não violentas ou aprender as habilidades associadas à assertividade serão provavelmente agressivas (Levin, 2003).

■ Surgimento da agressão

Como se pode ver, as fontes de agressão são variadas e complexas. Qualquer combinação de fatores recém-descritos pode resultar em comportamentos antissociais. Como as crianças expressam agressividade e a quantidade que exibem é também influenciado por idade, experiência e sexo.

Mudanças na agressividade ao longo do tempo

Há três tendências que caracterizam a agressão infantil dos bebês à infância média:

- Crianças mais novas frequentemente recorrem à força física para conseguir o que querem. As mais velhas usam mais táticas verbais.
- Crianças mais novas frequentemente utilizam agressão instrumental. A agressão hostil se torna mais comum no final da infância.
- Para a maioria das crianças, a agressividade atinge o pico por volta de 3 anos e, depois, declina gradualmente.

Essas mudanças de desenvolvimento ocorrem por várias razões.

Primeiras formas de agressão. Crianças pequenas e no início da pré-escola são impulsivas. Quando querem algo, vão atrás disso imediatamente. Crianças dessa idade têm habilidades de linguagem imaturas e conhecem poucas estratégias para conseguir o que querem. Se suas táticas limitadas falharem, frequentemente recorrerão à força física para conseguir o que precisam ou defender o que acreditam ser seu. Crianças egocêntricas têm dificuldade de compartilhar objetos. O Box 12.1 apresenta uma descrição bem-humorada, mas razoavelmente verdadeira, de como crianças pequenas pensam sobre seus brinquedos. Todas essas características de desenvolvimento aumentam a probabilidade de elas baterem, agarrarem ou morderem para resolver disputas sobre divisão e propriedade (Baillargeon et al., 2007). Como resultado, há alta taxa de agressão instrumental, a maioria física, entre crianças dessa idade. Na verdade, a agressão instrumental é tão dominante no início da infância que a maioria das crianças terá mais encontros agressivos durante os anos pré-escolares que em qualquer outra época da vida (Bell & Quinn, 2004).

BOX 12.1 Visão de uma criança pequena sobre "O QUE É MEU!"

Se gosto, é meu.
Se está nas minhas mãos, é meu.
Se posso tirar de você, é meu.
Se é meu, nunca deve ser seu.
Se eu estiver fazendo ou construindo algo, todas as peças são minhas.
Se parece meu, é meu.
Se vi primeiro, é meu.
Se você está brincando com alguma coisa e a larga, ela se torna automaticamente minha.
Se estiver quebrado, é seu.

Autor desconhecido

Agressão entre crianças de 4, 5 e 6 anos. As crianças mais velhas, no final da pré-escola, têm maior controle de impulsos e são mais capazes de comunicar suas necessidades em palavras. Elas ouviram "as regras" sobre compartilhar e se revezar muitas vezes e têm alguma experiência em resolver disputas em paz e com sucesso. Dadas essas condições, a agressão física começa a diminuir e o número total de brigas também cai (Alink et al., 2006). No entanto, o conflito não desaparece. Discussões surgirão sobre objetos, direitos e privilégios com crianças substituindo a insistência verbal, provocação, fofocas e xingamento por tapas ou empurrões (Dodge, Coie & Lynam, 2006). A ameaça à amizade – "Não vou mais ser seu amigo" – e a exclusão social – "Você não pode brincar se..." – também aparecem durante essa época (Wheeler, 2004). Dessa forma, o repertório de estratégias sociais das crianças continua se expandindo, incluindo tanto opções positivas quanto menos construtivas.

Agressão durante os anos de ensino fundamental. No ensino fundamental, à medida que as habilidades cognitivas e verbais das crianças aumentam, a capacidade delas de resolver pacificamente disputas instrumentais melhora. Elas sabem negociar os conflitos e veem na resolução de problemas uma forma eficaz de atingir metas abordadas anteriormente por meio da força (Levin, 2003; Alink et al., 2006).

Infelizmente, avanços em cognição e linguagem também contribuem para um aumento na agressividade hostil nessa faixa etária (Laursen & Pursell, 2009). Cognitivamente, as crianças reconhecem as intenções negativas dos outros: "Ele me fez tropeçar de propósito" ou "Ela quis que todo mundo risse de mim". A teoria da mente do desenvolvimento infantil também tem papel na capacidade de as crianças serem agressivas, ajudando-as a prever com sucesso o que "atingirá" outra pessoa. Sua habilidade de memória bem desenvolvida também as ajuda a relembrar encontros danosos muito depois de terem acabado. Por causa dessas capacidades e da crença de que relações sociais exigem reciprocidade, algumas crianças retaliam se perceberem que foram "enganadas". Crianças veem essa retaliação como "justificada" se for feita para manter a "reputação" com os colegas (Olweus, 2010). Esses deslizes podem ser reais ou acontecer quando crianças atribuem erroneamente motivos hostis aos colegas (Hubbard et al., 2002). Em tais circunstâncias, pequenos desacordos ou mal-entendidos podem ser substituídos rapidamente por expressões de agressão hostil, como insultos, engodos ou rejeição (Garbarino, 2006). Interações antagonistas podem durar dias ou meses à medida que as crianças "revidam" repetidamente (Nelson, Robinson e Hart, 2005). O resultado é que a agressão física diminui durante o ensino fundamental, mas disputas verbais e agressão relacional ficam mais pronunciadas.

Diferenças de gênero na agressão

Quem tende a ser mais agressivo – meninos ou meninas? Em uma época, a resposta comum era a de que meninos eram mais agressivos desde os primeiros dias. Hoje, pesquisadores estão revisitando essa afirmação. Um resumo do pensamento atual no campo é apresentado no Box 12.2.

BOX 12.2 Diferenças na agressividade de meninos e meninas

- No primeiro ano, meninas e meninos são igualmente agressivos.
- Entre 15 meses e 2 anos, diferenças de gênero na agressividade ficam aparentes. Meninos e meninas são agressivos, mas expressam sua agressividade de formas diferentes.
- Meninos são mais agressivos fisicamente que as meninas. Eles usam a força física e a ameaça verbal com mais frequência que as meninas e, em geral, revidam quando são alvo da agressão.
- Constatam-se as mesmas diferenças quanto ao gênero entre classes sociais e culturas no mundo inteiro.
- Meninas são mais agressivas relacionalmente que os meninos. Elas mais provavelmente fofocarão, esnobarão ou ignorarão uma colega, ou dirão maldades para afirmar seu poder ou reagir a insultos/injúria.
- A agressão relacional pelas meninas aparece em níveis iguais à agressão física mais típica dos meninos.
- Quanto à agressividade, as diferenças de gênero estão relacionadas a:
    - **Biologia:** Maiores concentrações de testosterona, força física e impulsos motores mais vigorosos dos meninos podem contribuir para maiores níveis de agressão física.
    - **Aprendizado social:** A agressão física é mais aprovada e reforçada para meninos que para meninas. Além disso, é mais socialmente aceitável que meninas manipulem e sabotem a autoestima ou o *status* de uma adversária.
- Meninos e meninas que exibem altos níveis de agressividade tendem a ser rejeitados por seus pares.

FONTES: Garbarino (2006), Rys & Bear (1997), Ruble & Martin (1998) e Olweus (2010).

Como o Box 12.2 ilustra, todas as crianças são agressivas em algum momento, e meninos e meninas são igualmente capazes de agressão. Consequentemente, meninos e meninas precisam de apoio para aprender formas eficazes de atender a suas necessidades de maneira mais construtiva.

As crianças aprendem com os adultos formas alternativas de lidar com a agressão. A maioria dos adultos concorda que essa é uma responsabilidade importante, mas frequentemente não sabe o que fazer. De modo inconsciente, os adultos podem escolher estratégias que estimulam a agressão em vez de diminuí-la. Assim, profissionais da primeira infância devem aprender não apenas quais estratégias são úteis, mas também quais não são.

■ Estratégias ineficazes que os adultos utilizam para lidar com o comportamento agressivo das crianças

Felizmente, dados substanciais de pesquisas diferenciam de forma clara técnicas eficazes das prejudiciais. Exploraremos cada uma, começando com as que devem ser evitadas: agressão ignorada, deslocamento, inconsistência e punição física.

Agressão ignorada

Situação: Ethan e Anthony estão discutindo sobre quem será o capitão do "navio". Gradualmente, as palavras raivosas transformam-se em gritos e xingamentos. O adulto vê o incidente, mas opta por ignorá-lo deliberadamente: "Se eu ignorar, talvez eles parem de brigar".

Às vezes, os adultos ignoram o comportamento agressivo da criança na esperança de que ele eventualmente desapareça. Isso é um erro. Pesquisas demonstram que, quando adultos desconsideram atos antissociais das crianças, a agressão aumenta (Espelage & Swearer, 2004). Ignorar a agressão cria uma atmosfera permissiva na qual agressor e vítima aprendem que esse tipo de comportamento tem suas recompensas. Crianças agressivas continuam inabaladas, e as feridas eventualmente desistem ou contra-atacam. Quando as crianças desistem, o agressor "vence", e todos, incluindo os não envolvidos diretamente, sabem disso. Além disso, quando os contra-ataques são bem-sucedidos, as crianças têm evidências óbvias de que a agressão funciona. Essas ex-vítimas às vezes se tornam agressoras como uma forma de continuar seguras e ganhar *status* com os colegas (Rigby & Bauman, 2010). Em ambos os casos, a agressão irrestrita se autoperpetua e leva a mais, não menos, incidentes de comportamento danoso entre crianças.

Deslocamento

Situação: Orville e Dan estão discutindo sobre quem será o capitão do "navio". Gradualmente, as palavras raivosas transformam-se em gritos e xingamentos. O adulto separa as crianças e exige que cada uma vá para um "cantinho da raiva" na sala para bater em um travesseiro e "extravasar a raiva". Depois de obedecerem, as crianças recebem permissão para retomar a brincadeira.

Nesse caso, o adulto utilizou o **deslocamento**, ou seja, as crianças com comportamento agressivo são estimuladas a deslocar sua raiva da fonte original (a outra criança) para algum alvo "seguro" (um travesseiro). O adulto presume que bater no travesseiro ajuda cada criança a recanalizar e descarregar sua raiva, evitando, assim, agressões futuras. As evidências mostram o contrário.

Crianças que deslocam sentimentos de raiva não aprendem a lidar com o problema real, nesse exemplo um colega com necessidades conflitantes (Berkowitz, 1993). As crianças também não desenvolvem estratégias de resolução de problemas ou meios para evitar futuros conflitos, o que pode levar à frustração. Outra possibilidade negativa é a de crianças mudarem o "alvo seguro" escolhido por um adulto por um que elas mesmas escolhem, como uma criança na rua, um bichinho de estimação ou um irmão mais novo (Slaby et al., 1995). Cada um desses resultados reforça ainda mais o comportamento agressivo.

Inconsistência

Um terceiro meio ineficaz de lidar com a agressividade na infância é ser inconsistente. Adultos confusos em sua abordagem promovem maior agressão (Stormshak et al., 2000). Considere esta situação entre Mary (a professora) e Jacob (a criança):

Situação: Dia 1 – Mary pensa: "Tenho de ser firme: Jacob não provocará ninguém hoje".

Dia 2 – Mary pensa: "Estou cansada demais para lidar com as provocações de Jacob hoje".

Dia 3 – Mary pensa: "Já tive muitos confrontos com Jacob hoje. É melhor ignorá-lo".

Dia 4 – Mary pensa: "Tenho de ser firme: Jacob não provocará ninguém hoje".

Dias 1 a 4: Jacob pensa: "Não sei o que vai acontecer até eu 'zoar' alguém".

Seguir as regras hoje e ignorá-las amanhã ou ser duro com uma criança enquanto enfrenta confrontos com outra pode provocar confusão e frustração nas crianças. Como há alguma instabilidade nas reações dos adultos, as crianças adotam uma estratégia para que possam saber se suas ações agressivas serão ignoradas ou condenadas: agem de forma agressiva e observam como os adultos reagem. Sob essas circunstâncias, a agressão sempre aumenta.

Punição física

Alguns adultos acreditam no velho adágio: "É de pequeno que se torce o pepino". Para desestimular a agressão na infância, eles usam práticas que causam desconforto físico às crianças, como bater ou sacudir (Gershoff, 2008). A hipótese é a de que as crianças ficarão menos agressivas para evitar surras ou outras consequências (Lessin, 2002). Evidências demonstram que a punição física frequentemente tem o efeito oposto.

Por exemplo, em uma metanálise de 27 estudos empíricos conduzidos sobre o comportamento agressivo das crianças nos Estados Unidos, cada um constatou que a punição física era associada a mais, não menos, agressividade na infância (Gershoff, 2002). Da mesma forma, pesquisas internacionais indicam uma forte relação entre punição física e altas taxas de agressão em crianças (Nelson et al., 2006; Lansford et al., 2005; Paganini et al., 2004). Evidências consideráveis também mostram que quanto mais as crianças sofrem punição física quando novas, mais desafiadoras e agressivas se tornam quando crescem. Por sua vez, embora a punição física possa conseguir obediência de curto prazo, há poucas evidências em pesquisas de que ela melhore o comportamento das crianças em longo prazo (Paintal, 2007; Gershoff, 2008). Diversos fatores contribuem para esses resultados. Vamos considerar a seguinte interação entre a Sra. Johnson (a professora) e Olívia, de 6 anos, para entendermos melhor quais são.

Situação: A professora tentou muitas formas de fazer Olívia parar de beliscar outras crianças quando está frustrada. Falou com a menina, negou suas ameaças, deu bronca e advertiu que seus colegas não iriam querer brincar com ela, mas Olívia continuou beliscando. Finalmente, exasperada, a professora disse: "Olívia, parece que você não entende quanto beliscar dói. Olha só (dando um beliscão em Olívia). Agora você entende o que digo. Toda vez que você beliscar, eu lhe darei um beliscão assim para que se lembre!".

A professora esperava que, ao beliscar Olívia, a menina aprenderia duas lições importantes ("Beliscar dói" e "Beliscar não é uma boa forma de se expressar"). Infelizmente, Olívia aprendeu algumas lições, mas não necessariamente as que a professora pretendia. Considere o que mais Olívia pode aprender.

Lição 1: A agressão se parece com isso. A professora deu a Olívia uma lição "em *close*" sobre como ser agressiva. Pelo que sabemos de modelagem agressiva, a menina mais provavelmente imitará as ações danosas da professora do que abandonará as próprias (Zahn-Waxler & Robinson, 1995; Gershoff, 2008).

Lição 2: O poder justifica. A professora demonstrou que a dor física é uma tática eficaz para divulgar sua mensagem, e pessoas poderosas usam a dor contra as mais fracas para conseguir obediência (Alsaker & Gutzwiller-Helfenfinger, 2010). A mensagem passada para Olívia é a de que é aceitável machucar pessoas mais jovens, fracas ou menos poderosas para que façam o que você quer.

Lição 3: A agressão é a única opção. Olívia belisca para expressar frustração. Ela não sabe como satisfazer as próprias necessidades de forma mais construtiva. Infelizmente, a professora belisca pelo mesmo motivo. Sua paciência está no limite e ela não sabe mais o que fazer. Infelizmente, sua ação reforça a noção de que a frustração justifica machucar os outros. Isso também não demonstra alternativas adequadas (Malott & Trojan, 2008; Gershoff, 2008).

Lição 4: Não dá para confiar no adulto. Quando submetidas à punição física, algumas crianças atribuem motivação hostil ao adulto ("A professora implica comigo"). Outras ficam com medo. Nenhuma dessas reações causa sentimentos de confiança ou respeito entre crianças e adultos. Essa desconfiança faz a criança rejeitar a mensagem corretiva que o adulto transmite (Gershoff, 2008)

Lição 5: Cuidado com o número 1. Pesquisas de desenvolvimento nos dizem que, quando a professora a belisca, Olívia provavelmente se focará nas próprias reações (como dor, raiva ou desejo de vingança). Nesse estado, ela é menos apta a levar em conta as necessidades dos outros ou desenvolver empatia por suas vítimas. Sem essas emoções para guiar suas ações, é mais difícil para a menina atingir os níveis mais avançados de raciocínio e sentimento que podem levar a menos agressividade (Society for Adolescent Medicine, 2003).

Lição 6: Não seja pego! Uma lição poderosa que algumas crianças aprendem com a punição física é a de que a melhor maneira de evitá-la é não ser flagrada. Elas se tornam enganadoras em sua agressão, prestando mais atenção em evitar a detecção que em encontrar maneiras construtivas de interagir com os outros (McCord, 2005; Rigby & Bauman, 2010). Assim, Olívia pode obedecer quando figuras de autoridade estão próximas, mas beliscar quando nenhum adulto está vendo. Tal raciocínio esconde a agressão, mas não a elimina.

Como se pode ver, se a professora continuar a beliscar, o comportamento agressivo de Olívia pode aumentar. Além disso, a relação de Olívia com a professora pode ser prejudicada, o que certamente comprometerá aprendizado da menina. O mais importante é que Olívia não está aprendendo o que fazer no lugar disso nem desenvolvendo os controles internos necessários para se tornar mais competente socialmente (Gershoff, 2008; McCord, 2005). Resultados negativos como esses tornam a punição física uma má escolha para combater a agressão na infância.

A esta altura, você pode estar se perguntando: "Se a punição física tem um potencial tão prejudicial, o que acontece quando programas inteiros a institucionalizam por meio do uso de castigo corporal?". Vamos considerar essa questão a seguir.

Castigo corporal em escolas norte-americanas[1]

A professora leva Olívia até a sala do diretor. Este conversa com a menina sobre como beliscar machuca os outros e acrescenta: "Beliscões não são permitidos em nossa escola. Para ajudá-la a lembrar-se da regra, você receberá um tapa de palmatória".

Legalmente, o castigo corporal envolve o uso de "força razoável e dor física" para abordar o mau comportamento dos alunos e manter a disciplina na escola (Fathman, 2006). Mais comumente, isso envolve alguma forma de tapa com palmatória. A maioria dos programas que permitem isso declara seus procedimentos e exige permissão por escritos do pai da criança antes de utilizá-lo.

Escolas relatam que palmatórias são tipicamente utilizadas para ofensas como desrespeito com professores, perturbação da aula, palavrões ou atraso (Dobbs, 2004). De acordo com estatísticas da Secretaria de Educação dos Estados Unidos, crianças que mais provavelmente serão castigadas na escola são

- Crianças no jardim de infância.
- Crianças nos primeiros anos do ensino fundamental.
- Crianças com problemas de aprendizado e cognitivos.
- Crianças negras.
- Crianças de famílias de mães solteiras e com baixa renda (Human Rights Watch, 2008).

Muitas pessoas (inclusive pais, professores e administradores) têm opiniões firmes sobre castigo corporal, a favor e contra. Defensores acreditam que castigos na escola prendem a atenção da criança e evitam que elas "se rebelem" para que sejam mais capazes de aprender. Os opositores argumentam que a prática atrapalha o aprendizado e diminui o desenvolvimento pela criança de controles internos do comportamento (McCord, 2005). Com base apenas na opinião, a questão é polêmica. Pesquisas, no entanto, não são tão ambíguas e fornecem uma base factual da qual considerar essa questão.

Estudos conduzidos por cientistas médicos, de psicologia e educação relatam consistentemente que castigo corporal na escola produz resultados negativos. Esses achados corroboram os resultados da punição física relatados anteriormente neste capítulo. Evidências demonstram que muitas crianças submetidas a castigo corporal se tornam cada vez mais agressivas, coercivas e destrutivas (American Academy of Pediatrics, 2006; Gershoff, 2002). Isso inclui crianças que sofrem punição física diretamente e outras que simplesmente participam dos programas nos quais ela é implementada. Além disso, escolas que praticam castigo corporal geralmente reportam mais incidentes de vandalismo, ataques contra professores e mais comportamento problemático dos estudantes que escolas nas quais ele não é praticado (Society for Adolescent Medicine, 2003).

À medida que esses resultados são mais conhecidos, ocorre uma queda constante no número de programas que defendem o castigo corporal nos Estados Unidos. Nos anos 1970, o castigo corporal era realizado em praticamente todos os estados norte-americanos como uma ferramenta disciplinar para funcionários de escolas, programas infantis e escolas (Center for Effective Discipline, 2008). Hoje, esse quadro mudou. Trinta estados têm leis ou regulamentos que banem o castigo corporal em escolas públicas (veja Figura 12.1). Palmatórias são barradas em escolas católicas no país todo. Até em estados nos quais o castigo corporal ainda é permitido, muitas escolas estão descartando seu uso voluntariamente. Apenas dois estados, Louisiana e Carolina do Sul, não proíbem a punição física em programas infantis, e somente a Carolina do Sul permite que a punição física seja utilizada em escolas (Gershoff, 2008).

---

[1] No Brasil, a Lei n. 8.069, de 13 de julho de 1990, que dispõe sobre o Estatuto da Criança e do Adolescente e dá outras providências, determina que nenhuma criança ou adolescente poderá ser objeto de violência. (NRT)

Alternativas ao castigo corporal. Existem estratégias cujo propósito é abordar a agressividade e administrar o comportamento das crianças sem a utilização de castigo físico (Center for Effective Discipline, 2008; Zins et al., 2004):

- Todos os alunos recebem instrução e treinamento em habilidades sociais.
- A educação de caráter é incluída no currículo.
- Alunos ajudam a criar as regras.
- Regras e seus motivos são claros para todos.
- Regras são aplicadas de forma consistente, justa e calma.
- A agressão sempre é abordada imediatamente.
- Comportamentos sociais positivos são reforçados.
- Educadores, famílias e outros profissionais da comunidade trabalham juntos para abordar comportamentos problemáticos, incluindo a agressão.
- Educadores e famílias participam na continuação da educação sobre gerenciamento de comportamentos positivos.
- Aconselhamento de pares de várias idades, mediação de conflitos, suspensão na escola, aula aos sábados, programas para os pais e intervenções terapêuticas são outras estratégias utilizadas.

Mesmo em um Estado que defende castigo corporal em escolas, as pessoas têm a obrigação de explorar alternativas à punição física. Essa obrigação é mencionada no Código de Conduta Ética Naeyc (veja Box 12.3).

De uma perspectiva da primeira infância, a punição física infringe esse código de ética. Mais de quarenta organizações profissionais escreveram declarações oficiais que ecoam a posição da Naeyc sobre essa questão.

As quatro estratégias que acabamos de discutir – agressão ignorada, deslocamento, inconsistência e punição física – aumentam, em vez de reduzir, o comportamento agressivo em crianças. Esses métodos falham porque permitem que a agressão continue e não ajudam as crianças a aprender alternativas aceitáveis ao comportamento danoso. Agora, voltaremos nossa atenção a formas mais produtivas de lidar com o desafio da agressão na infância.

■ Como abordar com eficácia a agressão na infância

Um grupo de meninas de 4 anos está tentando evitar que outra colega se junte a elas. Enquanto ela se aproxima, uma garota do grupo anuncia: "Aí vem problema!". As meninas se afastam da colega, propositadamente excluindo-a.

Se você presenciasse esse episódio, o que faria? Deixaria as crianças resolverem isso sozinhas? Conversaria com o grupo sobre o impacto danoso desse comportamento? Exigiria que o grupo aceitasse a nova integrante sem criar problemas para ela? Ou teria outra sugestão? Veja como a professora das crianças reagiu.

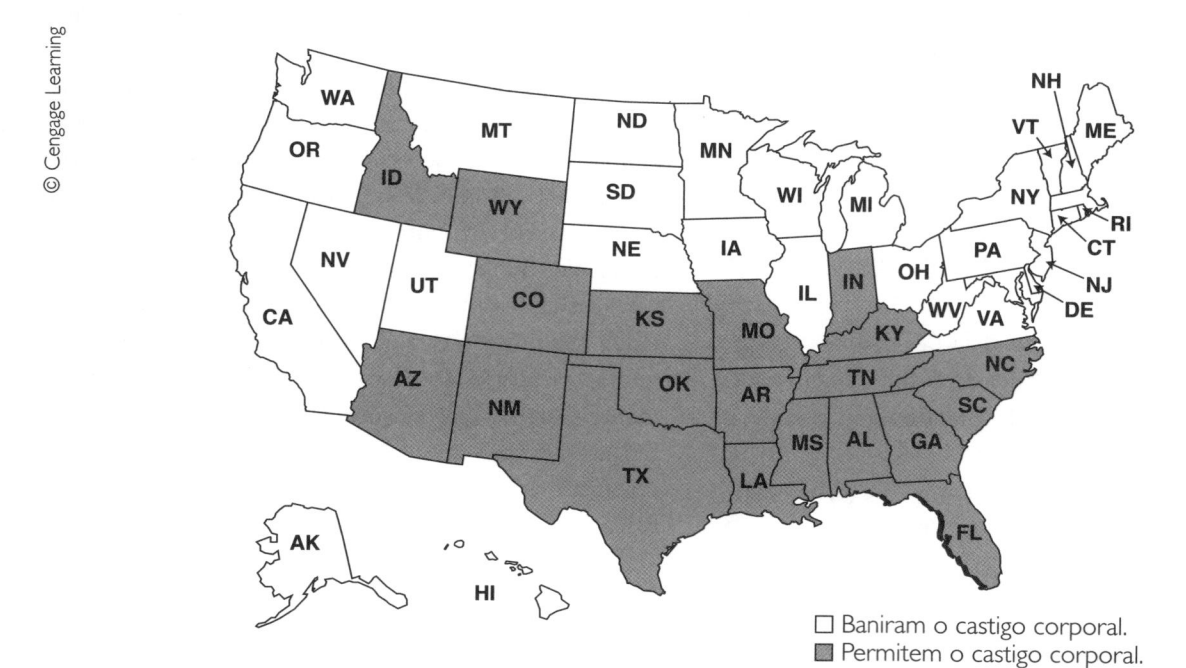

FIGURA 12.1 Estados que baniram o castigo corporal.

Ao ver o comportamento das crianças, a professora se aproxima do grupo e anuncia: "Meu nome é Problema. Quem quer brincar de Siga o Chefe comigo?". Todas as meninas alegremente fazem fila atrás dela. A garota excluída também entra na brincadeira (Wheeler, 2004, p. 230).

Em poucos segundos, a professora redirecionou a agressão relacional das crianças para uma interação mais construtiva. Exclusões e alianças foram redefinidas, e os apelidos, eliminados. Não se trata apenas de uma casualidade "feliz", nem de uma comunicação aleatória por parte do adulto. A professora interveio intencionalmente: reduziu o comportamento agressivo das crianças e encontrou uma forma de incluir uma criança menos popular na brincadeira. A professora estimulou o grupo agressor a interagir de maneira mais inclusiva e deu uma oportunidade à possível vítima de praticar habilidades de jogo que possam melhorar sua interação com as colegas no futuro. Todas essas estratégias estão entre as conhecidas como redutoras da agressão em crianças pequenas e promotoras da capacidade de as crianças interagirem mais produtivamente (Jimerson, Swearer & Espelage, 2010; Epstein, 2009).

BOX 12.3 Trecho do Código de Conduta Ética Naeyc

De acordo com o Código de Conduta Ética Naeyc:

"[...] não machucaremos as crianças. Não participaremos de práticas desrespeitosas, degradantes, perigosas, exploradoras, intimidadoras, psicologicamente prejudiciais ou fisicamente danosas às crianças."

Por meio de diversos intercâmbios sociais, elas aprendem alternativas ao comportamento agressivo. Obviamente, há mais de uma abordagem para uma situação como essa. Entretanto, independentemente das circunstâncias, professores têm de decidir de forma consciente quando e como intervir (Epstein, 2009). Essa decisão depende das metas, do conhecimento das crianças envolvidas e da conscientização de estratégias potencialmente benéficas para reduzir a agressividade na infância. Felizmente, há muitas estratégias úteis para escolher.

Nesta parte do capítulo, examinaremos três tipos de contramedidas à agressão. Primeiro, aprenderá mais sobre estratégias preventivas ou corretivas úteis independentemente da forma de agressão. São táticas multiuso com base no que sabemos sobre por que as crianças às vezes são agressivas e como elas se desenvolvem e aprendem no domínio social. Depois, discutiremos a principal estratégia para reduzir a agressão instrumental: a mediação de conflitos. O domínio dessa habilidade lhe dará uma ferramenta poderosa para transformar brigas em oportunidades significativas de aprendizado para as crianças. Terceiro, examinaremos o que fazer quando a agressão fica hostil e se torna *bullying*. Esta forma de agressão é a mais desafiadora que enfrentará, e habilidades específicas para abordar as necessidades dos *bullies*, suas vítimas e outros que testemunham comportamento hostil são necessárias para lidar com isso de maneira eficaz. Vamos começar!

Estratégias multiuso para combater a agressão

A chave para reduzir o comportamento agressivo das crianças é ajudá-las a internalizar valores e métodos de interação incompatíveis com a violência (Levin, 2003). As estratégias mais bem-sucedidas

- Deixam claro que a agressão é inaceitável.
- Ensinam as crianças a atender às próprias necessidades de forma construtiva.
- Ensinam as crianças a reagir à agressão dos outros.

O Quadro 12.1 apresenta as estratégias que atendem a esses critérios, as quais são baseadas em evidências de pesquisas para respaldar sua eficácia. Tais estratégias são ligadas às fontes de agressão que você acabou de ler.

Provavelmente, enquanto examina as intervenções descritas na Figura 12.2, você reconhecerá algumas com as quais já está familiarizada. Muitas estratégias de redução da agressão são enraizadas em conceitos e habilidades aprendidos nos capítulos anteriores.

Na verdade, você já tem um repertório formidável de abordagens que pode utilizar para lidar com o comportamento agressivo das crianças. Essas habilidades fundamentais correspondem às quatro fases da pirâmide de apoio social introduzidas no Capítulo 1 e são mostradas na Figura 12.2.

Como se pode ver, a abordagem à agressão começa com o estabelecimento de relações positivas em sala de aula, o que inclui relações entre adultos e crianças e entre colegas. Sabemos que isso é importante para todas as crianças, mas é especialmente para aquelas que exibem tendências agressivas e que reagem violentamente ou parecem indefesas perante a agressão (Miller, 2010). Elas frequentemente se veem isoladas ou recebendo atenção

QUADRO 12.1 Estratégias eficazes para lidar com o comportamento agressivo das crianças

Princípio de desenvolvimento e aprendizado	Prática de ensino
Como a biologia contribui para a agressão...	• Adultos adaptam atividades e rotinas para atender às necessidades de crianças ativas, impulsivas e emocionalmente intensas.
Como a frustração contribui para a agressão...	• Adultos criam ambientes que minimizam a frustração das crianças. • Adultos ajudam as crianças a encontrar maneiras construtivas de lidar com a frustração. • Adultos fornecem às crianças oportunidades para que possam se tornar mais competentes.
Como percepções distorcidas contribuem para a agressão...	• Adultos ajudam as crianças a interpretar situações sociais mais precisamente.
Como reforço e experiência direta influenciam a agressão...	• Adultos definem limites ao comportamento agressivo e fazem seguimento utilizando as consequências adequadas. • Adultos ajudam as crianças a reduzir brincadeiras agressivas. • Adultos reforçam ações não agressivas e esforços de resolução de problemas das crianças.
Como o molde influencia a agressão...	• Adultos modelam comportamento atencioso e respeitoso, e reagem à agressão de forma calma e racional.
Como a falta de conhecimento e habilidades contribui para a agressão...	• Adultos ensinam às crianças habilidades emocionais (por exemplo, como entender as próprias emoções e as dos outros). • Adultos ensinam às crianças habilidades adequadas de brincadeira e amizade (por exemplo, como entrar em um grupo e como se revezar). • Adultos ensinam às crianças habilidades de comunicação assertiva. • Adultos ensinam às crianças alternativas à agressão. • Adultos ensinam às crianças reações eficazes à agressão.
Como a agressão ignorada aumenta o comportamento agressivo...	• Adultos impedem que as crianças machuquem as outras ou danifiquem a propriedade alheia. • Adultos pedem ajuda das crianças para parar a agressão.
Como estratégias de deslocamento aumentam a agressão...	• Adultos ajudam as crianças a confrontar problemas diretamente. • Adultos ensinam as crianças a resolver conflitos pacificamente.
Como a inconsistência aumenta a agressão...	• Adultos fazem um seguimento consistente de regras que proíbem a agressão. • Profissionais e familiares trabalham juntos para abordar o comportamento agressivo das crianças.
Como a punição física aumenta a agressão...	• Adultos utilizam consequências lógicas e não relacionadas adequadas para corrigir o comportamento agressivo. • Adultos buscam alternativas ao castigo corporal.

FONTES: Brown, Odom & McConnell (2008); Crothers & Kolbert (2010); Frey, Edstrom & Hirschstein (2010); Kaiser & Rasminsky (2007) e Orpinas & Horne (2010).

principalmente pelo comportamento inadequado. Quando crianças são tratadas como "intrusas" em classe, não sentem nenhuma responsabilidade com o grupo e não ficam inclinadas a prestar atenção a mensagens não agressivas. Mudar esses padrões e contatar as crianças começa com os adultos. Isso exige esforço intencional para fazer amizade com crianças cujo comportamento frequentemente é desagradável ou danoso. São necessárias muita paciência e habilidade para "pegar" crianças em situações não agressivas e as apoiar durante esses momentos, para que possam experimentar as recompensas da interação humana agradável (Crothers & Kolbert, 2010). As habilidades apresentadas nos capítulos 2, 3 e 4 fornecem base para abordar as necessidades das crianças para afiliações positivas.

Programas bem planejados, organizados e adequados ao desenvolvimento dão o tom para comportamento não violento e atencioso (Kaiser & Rasminsky, 2007). As salas de aula abrangem o ambiente verbal positivo, descrito no Capítulo 4, e os espaços físicos seguros e bem organizados e rotinas abordados no Capítulo 9.

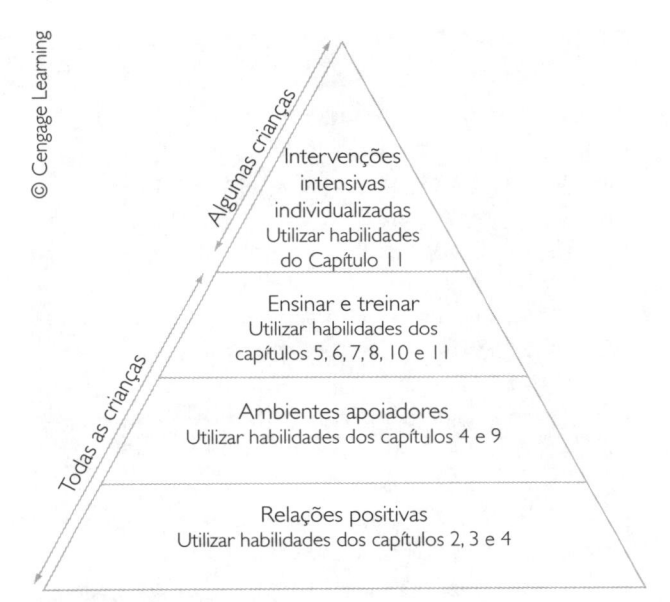

FIGURA 12.2 Pirâmide de apoio social.

Pirâmide (de baixo para cima):
- Relações positivas — Utilizar habilidades dos capítulos 2, 3 e 4
- Ambientes apoiadores — Utilizar habilidades dos capítulos 4 e 9
- Ensinar e treinar — Utilizar habilidades dos capítulos 5, 6, 7, 8, 10 e 11
- Intervenções intensivas individualizadas — Utilizar habilidades do Capítulo 11

(Todas as crianças / Algumas crianças)

Estratégias de ensino e treinamento voltadas para o desenvolvimento de habilidades são essenciais para ajudar as crianças a adotar padrões de comportamento menos agressivos. Crianças que utilizam agressão tendem a não ter habilidades de comunicação, emocionais, de brincadeira e de formar amizades (Frey, Edstrom & Hirschstein, 2010). O mesmo é verdadeiro para aquelas que frequentemente se veem como recebedoras de ataques agressivos das crianças. Crianças agressivas também não têm os controles internos necessários para evitar comportamento impulsivo ou adiar a gratificação. Elas atacam rápida e frequentemente sem pensar. O mais importante é que não sabem como resolver problemas de forma amigável ou seguir regras que mantêm as crianças seguras, protegem propriedades ou preservam os direitos dos outros. Embora nenhuma criança saiba automaticamente como fazer isso, as agressoras precisam de assistência considerável para aprender tais comportamentos (Orpinas & Horne, 2010). As estratégias descritas nos capítulos 5, 6, 7, 8, 10 e 11 fornecem uma base sólida para abordar essa tarefa.

Por fim, algumas crianças precisam do suporte adicional que vem por meio do desenvolvimento de intervenções intensivas individualizadas. Os leitores foram introduzidos à mecânica desses planos no Capítulo 11. Um exemplo de como uma professora utilizou tal plano para reduzir o comportamento agressivo de uma criança em parceria com a família desta e outros profissionais de apoio é apresentado em *História de Brian*.

A professora de Brian utilizou várias estratégias de intervenção listadas no Quadro 12.1. À medida que Brian progride, a professora também pode considerar se ele e os colegas estão prontos para fazer mediação de conflitos como abordagem adicional ao aumento da competência social.

O caso especial da agressão instrumental

Segundo os profissionais de educação infantil, a forma mais dominante de agressão é a instrumental. Até mesmo crianças que sabem compartilhar recorrem, às vezes, à agressão instrumental no calor dos confrontos na vida real. Em momentos como esses, os adultos podem ficar tentados a apenas separar as crianças ou remover o objeto disputado. Embora tais táticas interrompam a agressão, não ensinam às crianças maneiras adequadas de lidar com conflitos. Uma estratégia mais eficaz é utilizar essas ocasiões para ajudar as crianças a praticar abordagens não violentas na resolução de conflitos (Epstein, 2009). Nesse processo, o papel do profissional é apoiar as crianças enquanto elas tentam resolver suas diferenças.

Para fazer isso com eficácia, é útil lembrar que o conflito não é necessariamente negativo e nem sempre violento. Diferenças de opinião e de formas de fazer as coisas são aspectos normais da vida em comunidade. De fato, o conflito oferece às crianças um meio natural de melhorar sua competência social (Laursen & Pursell, 2009). Às vezes, elas conseguem encontrar soluções sem intervenção direta dos adultos. Com base nisso, professores mais atentos permitem que as crianças discutam, desde que as ações delas não se transformem em violência e sua linguagem não se torne abusiva.

Se há uma resolução, eles utilizam mensagens pessoais positivas para identificar os comportamentos adequados das crianças e incentivá-los. Entretanto, se há agressão ou se as crianças parecem não saber o que fazer em seguida, você pode se envolver diretamente com o propósito de mediar o conflito.

A **mediação de conflito** envolve conduzir as crianças por meio de uma série de passos que começam com a identificação do problema e terminam com uma solução mutuamente satisfatória. O adulto fornece mais ou menos direção conforme necessário até que se chegue a alguma conclusão. A meta não é os adultos ditarem como as crianças devem resolver seus problemas, e sim ajudá-las a encontrar uma solução por conta própria. Elas re-

> **Comportamento desafiador**
>
> **História de Brian**
>
> **A professora de Brian conta**
>
> Brian entrou na minha classe quando tinha 3 anos. Ele precisava de educação especial para fala e linguagem. Seu diagnóstico oficial era apraxia, o que significava que era difícil para ele produzir linguagem. Por causa de um dano cerebral ou um problema no desenvolvimento do cérebro, o menino tinha de trabalhar de forma consciente (mental e fisicamente) para fazer sons que surgem naturalmente na maioria das crianças.
>
> Em classe, se alguém estava com um brinquedo que Brian queria, ele o pegava. Beliscava ou pisava no pé de alguém. Esse tipo de agressão era frequente. Ao observá-lo atentamente, percebi que esses atos danosos estavam relacionados a sua incapacidade de se comunicar. Suas ações diziam: "Não tenho como me comunicar com você. Não tenho como chamar sua atenção ou conseguir que você faça o que quero".
>
> **Metas e estratégias para Brian**
>
> Meus objetivos eram ajudar o menino a se tornar menos agressivo e aumentar suas habilidades de comunicação. Tratava-se de objetos eram complementares.
>
> Sempre que Brian machucava alguém, eu intercedia. Pegava sua mão, aproximava-o da outra criança e dizia: "Veja o que você fez! Veja o rosto dela. Ela está chorando. Você a machucou. Você queria dizer algo a ela?". Em seguida, sugeria palavras que achava que ele quisesse dizer, como: "Quero isso". No início, Brian tentava escapar. No entanto, ao longo do tempo, ele ficava colado em mim durante essas pequenas conversas. Fazia sons e apontava para as coisas que queria. Fiz questão de repetir as mesmas palavras várias vezes. Inicialmente, parecia que era tudo o que minha assistente e eu fazíamos o dia inteiro.
>
> Com o tempo, as outras crianças acabaram percebendo que machucar os outros não era o que Brian queria fazer – ele só estava indo atrás de algo que queria. Mesmo assim, não queríamos que elas se sentissem vítimas perpétuas. Então, ensinamos a elas gestos (levantar as mãos para evitar que ele agarrasse) e oferecemos roteiros simples para que pudessem dizer a Brian como elas se sentiam e o que ele poderia fazer. Elas começaram a antecipar as próprias necessidades e dizer "não" a ele se começasse a machucá-las. Isso as capacitou e interrompeu as ações agressivas do menino.
>
> Utilizamos outras estratégias: estabelecimento de expectativas consistentes para o comportamento de Brian (saber esperar, dividir brinquedos, ficar na sala de aula), introdução da linguagem de sinais (sinais para "mais" e "quero" vieram primeiro e foram especialmente úteis), combinação de sinais e sons, recompensa de pequenas melhorias, fonoaudiologia intensiva e trabalho com os pais de Brian para garantir a consistência entre casa e escola.
>
> **Epílogo**
>
> A agressão de Brian não parou imediatamente. Sua mudança de comportamento foi gradual. Levou um ano para agressão desaparecer quase completamente. Hoje, Brian está em uma classe para crianças de 4 anos com necessidades especiais. Sua agressividade aparece apenas esporadicamente. A apraxia na infância não é algo que as crianças superam. Entretanto, com a intervenção adequada desde o início, crianças como Brian podem aprender a falar mais claramente e se comunicar com mais eficácia.

FONTE: História adaptada de estudo de caso incluído em Kostelnik et al. (2002c, p. 120-135).

cebem vários benefícios ao trabalharem suas diferenças dessa forma (Epstein 2009; Wheeler, 2004).

Mediação de conflito

- Contribui para ambientes de programa mais pacíficos.
- Constrói a confiança entre crianças e entre estas e adultos.
- Ensina formas construtivas de lidar com situações altamente emocionais.
- Ensina estratégias de resolução de problemas às crianças e dá a elas chance de praticar tais estratégias no calor de desacordos reais.
- Promove a amizade entre crianças.
- Promove sentimentos de competência e valor entre crianças.

Durante a mediação de conflito, as crianças aprendem as habilidades necessárias para chegar a resoluções pacíficas. Essas habilidades envolvem comprometimento e a capacidade de considerar as próprias perspectivas e as de outra pessoa (Levin, 2003). Inicialmente, as crianças precisam de muito apoio para chegar a um acordo negociado. O mediador fornece esse apoio, servindo de modelo e instrutor. À medida que as crianças aprendem procedimentos e palavras de resolução de problemas, ficam cada vez mais capazes de solucionar problemas sozinhas (Goleman, 1995).

Como com qualquer outra habilidade social, as crianças exigem diversas oportunidades de praticar a resolução de conflitos sob orientação de uma pessoa mais experiente (Beane, 2005). Na maioria dos casos, é um adulto. Entretanto, na última década, crianças de 10, 11 e 12 anos aprenderam a mediar conflitos entre colegas no *playground* e na cantina. Independentemente de o mediador ser um adulto ou uma criança mais velha, a maioria dos modelos de resolução de conflitos envolve passos semelhantes (Epstein, 2009; Kaiser & Rasminsky, 2007). A seguir, apresentamos um modelo prático e sistemático que pode ser utilizado para mediar disputas de crianças enquanto você lhes ensina habilidades adequadas de resolução de problemas.

■ Modelo para mediação de conflito

Várias garotas estão trabalhando em uma coreografia. De repente, a Srta. Woznawski, supervisora de programas extracurriculares, ouve Sarah gritar: "Me dá esse arco – preciso dele!". Bianca responde gritando: "Nem pensar! Não acabei". Alertada para a dificuldade, a adulta observa de longe enquanto as garotas continuam a discussão. No entanto, à medida que a disputa escala, elas começam a agarrar e puxar o arco. Esse é um momento oportuno para Woznawski iniciar a mediação do conflito.

Passo 1: Iniciar o processo de mediação

Em uma situação de conflito, o primeiro passo é assumir o papel do mediador, o que significa interromper o comportamento agressivo, separar os oponentes e definir o problema: "Vocês duas querem o arco. Parece que cada uma tem uma ideia diferente sobre o que fazer". Talvez você tenha de se posicionar entre as crianças enquanto as ajuda a focar o problema mútuo, e não o objeto ou território que estão defendendo. É útil neutralizar o objeto de disputa para obter temporariamente o controle dele e garantir às crianças que ele estará seguro até o conflito ser resolvido: "Tomarei conta do arco até conseguirmos decidir juntas o que fazer". Isso evita que Bianca e Sarah continuem agarrando, ajuda-as a escutar você e uma à outra e prepara o cenário para que abordem uma situação altamente emotiva de forma mais objetiva.

Passo 2: Esclarecer a perspectiva de cada criança

Esclarecer o conflito com base na perspectiva das crianças é o segundo passo. Peça a uma criança por vez que declare o que deseja da situação. É importante dar ampla oportunidade a cada criança, sem interrupção, para afirmar seu desejo. Isso pode envolver a posse de um brinquedo ou uma vez no revezamento. Algumas amostras de declarações podem incluir: "Vocês duas parecem muito nervosas. Sarah, diga o que você quer. Bianca, você pode me dizer o que deseja quando Sarah terminar". Esse passo é crucial porque as crianças devem confiar que você não tomará uma decisão arbitrária em favor de uma ou de outra. Você estabelece a neutralidade quando não faz nenhuma avaliação dos méritos da posição das crianças. Parafrasear a opinião de cada uma para a outra também é essencial, pois garante que entenda corretamente a perspectiva de cada criança e as ajuda a esclarecer as duas posições. Crianças muito chateadas ou quietas podem precisar de várias oportunidades para descrever sua posição. É necessário enfatizar que, dependendo do nível de perturbação da criança, esse passo pode demorar vários minutos. As crianças podem precisar de ajuda para articular os próprios desejos. Durante a paráfrase, a precisão é fundamental.

Passo 3: Resumir

O terceiro passo ocorre quando há informações suficientes para entender a percepção de cada criança sobre o conflito. Quando isso acontece, defina o problema em termos mútuos, afirmando que cada criança é responsável pelo problema e por sua solução: "Sarah e Bianca, cada uma quer usar o arco para seu número de dança. Isso é um problema. Precisamos de uma solução que satisfaça cada uma". Em outras palavras, afirme que há um problema e que uma solução deve ser encontrada.

Passo 4: Gerar alternativas

A geração de várias alternativas possíveis ocorre no quarto estágio. Sugestões podem vir das próprias crianças ou de observadores. Cada vez que uma criança sugere uma solução, você a parafraseia às crianças diretamente envolvidas: "Jonathan (um observador) diz que vocês podem achar uma maneira de as duas utilizarem o arco juntas na coreografia". Nesse ponto, cada criança ouve que deve avaliar os méritos da recomendação: "O que você acha, Sarah? O que você acha, Bianca?". Peça o máximo possível de ideias divergentes e não indique qual solução será selecionada eventualmente. Cada criança deve ser uma participante ativa no resultado e nenhuma alternativa deve ser forçada a criança alguma.

Nessa fase, as crianças podem inicialmente rejeitar algumas possibilidades e aceitá-las depois.

Portanto, quando uma sugestão é repetida, apresente-a novamente em vez de presumir que será rejeitada de novo. Se as crianças não conseguirem criar alternativas, ajude-as dizendo algo como: "Às vezes, quando as pessoas têm este problema, decidem usá-lo junto de algum jeito, revezar ou trocar as coisas. O que vocês acham?". Algumas vezes durante esse passo, as crianças se cansam do processo e uma ou outra diz algo como: "Não quero mais" ou "Tudo bem, ela pode ficar com isso". Outras vezes, uma das crianças simplesmente vai embora. Se isso acontecer, reflita e dê informações: "Isto é difícil" ou "Você está ficando cansada de tentar resolver este problema. Solucionar as coisas pode demorar muito". Se a criança insistir que quer resolver o problema desistindo, respeite seu desejo. Com a prática, as crianças aumentam suas habilidades e são mais capazes de tolerar o tempo envolvido na conquista de um acordo negociado. Enquanto isso, ambas testemunharam o processo de mediação até certo ponto, e cada uma terá uma ideia melhor que esperar da próxima vez.

Passo 5: Concordar com uma solução

Crianças rejeitarão imediatamente algumas situações e indicarão outras que consideram mais aceitáveis. Nessa etapa do processo, as crianças devem estabelecer um acordo sobre um plano mutuamente satisfatório. O trabalho do mediador é ajudar as crianças a explorar as possibilidades que parecem mais aceitáveis para elas. O plano não deve incluir nenhuma alternativa à qual alguma delas se oponha veementemente. O acordo final normalmente envolve algumas concessões de cada criança e pode não representar a ação que uma delas tomaria se não tivesse de considerar as necessidades de outra pessoa. Eventualmente, as crianças exibirão comportamentos que indicam que cada uma pode encontrar uma maneira de aceitar uma ou a combinação de ideias.

Continue o processo de mediação até que todas as possibilidades de solução tenham sido, de fato, consideradas. Quando isso finalmente acontecer, é importante reconhecer que uma resolução foi atingida. Por exemplo: "Vocês acham que podem usar o arco juntas. Parece que resolveram o problema! Testem sua ideia".

Passo 6: Reforçar o processo de resolução de problemas

A finalidade da mediação no sexto passo é elogiar as crianças por terem desenvolvido uma solução mutuamente benéfica. Nesse processo, a mensagem é a seguinte: chegar à solução é tão importante quanto obter a solução. Para atingir esse objetivo, devem se reconhecer o investimento emocional que cada criança teve no conflito original e o trabalho árduo envolvido na obtenção do acordo: "Era muito importante para cada uma ter o arco. Vocês trabalharam muito para descobrir como fazer isso sem se machucar".

Passo 7: Fazer seguimento

A conclusão do processo de mediação envolve ajudar as crianças a cumprir os termos do acordo. Lembre-as dos termos e, se necessário, ajude fisicamente ou demonstre como obedecer. Um adulto deve permanecer por perto para verificar o envolvimento das crianças no cumprimento do acordo. Se o plano começa a falhar, elas devem ser reunidas para discutir possíveis revisões. Os sete passos envolvidos na mediação de conflito estão resumidos no Box 12.4.

BOX 12.4 Resumo do modelo de mediação de conflito

Passo 1: Iniciar a mediação.
Passo 2: Esclarecer a perspectiva de cada criança.
Passo 3: Resumir.
Passo 4: Gerar alternativas.
Passo 5: Concordar com uma solução.
Passo 6: Reforçar a resolução de problemas.
Passo 7: Fazer seguimento.

Mediação de conflito em ação

A seguir, transcrevemos um conflito real entre duas crianças, ambas de 5 anos, no qual o professor utilizou o modelo apresentado.

Passo 1: Iniciar a mediação

Angela: Professor, Evan e Aaron estão brigando.

Adulto: Os dois estão tentando usar o estetoscópio. (Contém as duas crianças que estão puxando o estetoscópio, agacha até o nível delas e vira cada uma de frente para ele.) Vou segurá-lo enquanto decidimos o que fazer com ele. Vou segurar. Vou garantir que está seguro. Eu o guardarei. (Tira o estetoscópio das mãos das crianças e o segura.)

Passo 2: Esclarecer

Aaron: Eu queria isso!

Adulto: Você queria o estetoscópio. E você, Evan?

Evan: Quero também.

Adulto: Você queria o estetoscópio também. (Outra criança oferece um estetoscópio.)

Evan: Não gosto desse tipo.

Aaron: Eu quero.

Adulto: Aaron diz que realmente quer aquele estetoscópio. E você, Evan?

Evan: Eu quero!

Passo 3: Resumir

Adulto: Você o quer também. Evan e Aaron, os dois querem brincar com um estetoscópio. Temos um problema. O que podemos fazer sobre isso? Alguém tem alguma ideia?

Passo 4: Gerar alternativas

Aaron: Ele pode usar o de Angela.

Adulto: Você acha que ele pode usar o de Angela. Parece que Angela ainda quer o dela. (Angela se afasta.)

Evan: Ainda quero o meu também.

Adulto: Evan, você quer o seu também. Às vezes, quando temos um problema assim, podemos descobrir uma solução. Algumas vezes dividimos; outras, revezamos. Alguém tem alguma ideia?

Outra criança: Dividir.

Adulto: Shanna acha que vocês podem dividir. O que você acha, Aaron?

Aaron: Revezar.

Adulto: Aaron acha que vocês devem revezar. O que você acha, Evan?

Evan: Hã-ahn. (Balança a cabeça de um lado para outro.)

Adulto: Você não acha que devem revezar.

Evan: Eu só quero ele.

Adulto: Então você só quer a ele, hum... Isso ainda é um problema.

Aaron: Eu quero.

Adulto: Você realmente quer sua vez com ele. E você, Evan? O que você acha?

Passo 5: Concordar

Evan: Não. Aaron pode ter uma vez.

Adulto: Você acha que Aaron pode ter uma vez.

Evan: É, acho que sim.

Passo 6: Reforçar

Adulto: Obrigado, Evan.

Evan: Não por muito tempo.

Adulto: Não por muito tempo. Você quer garantir que o terá de volta. Aaron, Evan disse que pode ter uma vez e depois o devolve para ele.

Evan: Por pouco tempo.

Adulto: Por pouco tempo. Aaron, você pode ter uma vez curta. Muito obrigado, Evan. Isso foi realmente difícil.

Passo 7: Fazer seguimento

Adulto: Daqui a cinco minutos é hora da limpeza. Então, Aaron pode ter uma vez de dois minutos e você pode ter uma vez de dois minutos.

Adulto: (Dois minutos depois) Aaron, seus dois minutos acabaram. Agora, é a vez de Evan. Obrigado, Aaron. Você cumpriu sua parte do acordo e Evan cumpriu a dele.

Como as crianças pensam na resolução de conflitos

Três anos	*Dá pra mim. Eu quero!*
Seis anos	*Podíamos revezar! Primeiro eu, depois você!*
Doze anos	*Podíamos juntar nossas ideias. Se não funcionar, podemos votar pela melhor.*

As ideias das crianças sobre resolução de conflitos evoluem à medida que sua compreensão sobre relacionamentos se torna mais sofisticada e suas habilidades de linguagem e cognitivas aumentam. Entender as percepções relativas à idade o ajudará a reconhecer o que pode constituir soluções "razoáveis" da perspectiva da criança. Isso também ajudará você a perceber o progresso feito pelas crianças enquanto praticam a resolução de conflitos.

Crianças pequenas: É tudo sobre mim! Inicialmente, crianças muito pequenas veem as próprias necessidades como essenciais. Por meio de força física, insistência verbal e recolhimento, elas lidam com desacordos sobre brinquedos. Essa visão simplista pode ser resumida como "lutar ou fugir". Quando duas crianças pequenas discutem por um brinquedo, podem agarrar ou protestar para abordar a situação. No entanto, com mais frequência, elas simplesmente desistem se uma colega se recusa a ceder um item favorito, voltando sua atenção para outra coisa próxima (Wheeler, 2004). Nos dois casos, conflitos tendem a ser resolvidos por meio de resultados paralelos, mas separados, em vez de acordos em conjunto.

Pré-escolares/início do ensino fundamental: Trata-se do que é justo! Nessa idade, as estratégias utilizadas pelas crianças para resolver conflitos podem ser físicas ou verbais, agressivas ou não. Os resultados podem não se resolver ou culminar das soluções impostas por adultos, submissão de uma criança a outra ou concessões obtidas por meio de estratégias mútuas por crianças dentro da disputa ou com a ajuda de colegas (Charlesworth, 2011). As crianças julgam como agir dentro de um conflito com base na ideia de que as interações entre pares são recíprocas. Se o primeiro passo que uma criança dá em um desacordo é conciliatório, a reação de acompanhamento da outra criança provavelmente será a mesma. De maneira inversa, se o primeiro passo em direção à resolução for agressivo, as crianças acreditarão ser perfeitamente "justo" para outros participantes retaliar da mesma forma. Embora a agressão aleatória seja rejeitada por crianças a partir dos 5 anos, a agressão para defender os próprios direitos ou reagir à agressão de outra criança é tratada como aceitável por causa das circunstâncias (Wheeler, 2004). Esse raciocínio leva as crianças a dizer coisas como "Ele me bateu primeiro" ou "Estava comigo" como argumentos razoáveis para reagir agressivamente em uma situação contestada. Na mesma linha, crianças esperam receber alguma restituição da parte ofensora se o desacordo for terminar satisfatoriamente, o que pode tomar a forma de reconhecimento dos direitos da vítima ou alguma ação para reverter as palavras ou ações danosas. Você escuta essa crença refletida quando as crianças exigem "Peça desculpas" ou "Devolva isso!". As resoluções mais satisfatórias nessa idade são aquelas nas quais ambas participam do resultado.

Mais velhas em ensino fundamental: Argumentação e persuasão são a chave! Por volta do terceiro ano, quase todas as crianças rejeitam a agressão física como forma de acertar diferenças com relação a objetos, território ou direitos. Elas esperam que os colegas resolvam discussões de forma mais construtiva e tendem a não gostar de crianças que se envolvem em agressão física para conseguir o que desejam (Ladd, 2005). Nessa faixa etária, elas concluem gradualmente que os dois participantes de um conflito têm alguma responsabilidade pela disputa e que ambos podem se beneficiar de um acordo mutuamente satisfatório (Orpinas & Horne, 2010). Também entendem que mais de uma solução pode ser possível. Veja o Quadro 12.2 para aprender como um grupo de crianças de 12 anos descreveu as diferentes formas de resolver conflitos.

QUADRO 12.2 Ideias de crianças de 12 anos para resolver disputas

Solução	Comentários
Discutir	Devemos debater os problemas. É importante discutir a questão em grupo e compartilhar pensamentos e ideias. Depois, podemos estabelecer estratégias em comum acordo. Podemos votar.
Consultar outra pessoa	Podemos delegar a decisão a "C". Vamos usar a ideia de "B" para que ele não fique bravo ou triste. Procuraremos a professora se não conseguirmos resolver.
Combinar ideias	Devemos combinar nossas ideias.
Persuadir	Eu tentaria persuadir as pessoas de que minha ideia é a melhor. É importante consultar outras pessoas que possam ajudá-lo ou apoiar sua opinião.
Buscar uma alternativa	É importante encontrar uma ideia da qual os dois gostem e utilizá-la. Devemos propor algo melhor.
Comparar e avaliar	Devemos testar a ideia dele primeiro e, depois, a minha. Tentemos as duas ideias para que possamos saber qual é a melhor.

FONTE: Adaptado de Kuhn (2005).

A mediação de conflito funciona?

A esta altura, você pode estar se perguntando se a mediação de conflito realmente reduz a agressividade das crianças ou aumenta sua capacidade de resolver conflitos por conta própria. Estudos demonstram que crianças que participam de disputas mediadas melhoram a capacidade de resolver amigavelmente desacordos (Crothers & Kolbert, 2010). Além disso, são capazes de ampliar a variedade de soluções apresentadas e reduzir o tempo necessário para negociar um acordo (Evans, 2002; Kuhn, 2005). Ao longo do tempo, à medida que o processo de negociação se torna mais familiar, os observadores e as crianças no conflito se envolvem mais ativamente na sugestão de ideias e motivos para definição de ações. Gradualmente, as crianças também se tornam mais capazes de resolver conflitos sem a ajuda de um mediador formal (Epstein, 2009). Finalmente, há evidências promissoras de que, em grupos de crianças nos quais a mediação é utilizada, não apenas a agressão instrumental diminui, mas também comportamentos pró-sociais positivos aumentam (Lopes & Salovey, 2004; Orpinas & Horne, 2010). Assim, a mediação de conflito, combinada com outras estratégias sugeridas neste capítulo, é um mecanismo fundamental na redução das interações agressivas das crianças.

O modelo de mediação descrito pode ser adaptado para crianças de 3 a 12 anos. Os passos do modelo são semelhantes a muitos programas de mediação disponíveis comercialmente e também outros descritos na literatura. Ele pode ser adaptado para uso por um adulto em uma sala de aula, por todos os funcionários de um programa e por crianças que servem de mediadoras de colegas em ambientes formais de grupo.

A mediação de conflito é adequada para lidar com incidentes de agressão instrumental. A agressão hostil exige habilidades adicionais.

■ Quando a agressão se transforma em *bullying*

Selena, de 4 anos, desenvolveu um padrão de atormentar Cammy, uma criança mais nova e menor em sua escola. A cuidadora observa que Selena parece brava uma boa parte do tempo e que bate em qualquer um que discordar dela – é especialmente agressiva com Cammy. Selena xinga Cammy e a atormenta fisicamente. Cammy começou a exibir sinais de comportamento ansioso, como chorar quando sua mãe a deixa de manhã e grudar na cuidadora durante todo o dia.

Os pais de Tristan estão pensando em tirá-lo da Elmwood School. O garoto, que está no quarto ano, reclama que um grupo de meninos o ameaça continuamente nos corredores e no parquinho. Eles fazem brincadeiras cruéis, como sujar seu armário ou derrubar comida sobre ele na cantina. Os garotos dizem que ele cheira mal e advertem outras crianças para não se juntarem a Tristan. Eles zombam de sua família, cultura e habilidades. Suas táticas tornaram a vida de Tristan insuportável, mas a professora do menino não se sente confortável intervindo. Ela acredita que a intervenção de um adulto só vai piorar as coisas e disse a Tristan que ele terá de "resolver tudo sozinho".

Em algum momento, todas as crianças exibem comportamento agressivo. Entretanto, algumas utilizam de forma deliberada e rotineira ações como rejeição, xingamentos ou intimidação física para exercer poder sobre as outras. Tais incidentes vão além de altercações comuns entre crianças – representam o mau uso prolongado da influência por uma pessoa ou grupo de pessoas sobre as outras. Essa forma de agressão hostil é tradicionalmente chamada de *bullying*.

O *bullying* é mais dominante no final do ensino fundamental, mas crianças na pré-escola podem exibir os primeiros sinais de comportamento hostil (Gartrell & Gartrell, 2008). Crianças de 3 anos já falam sobre *bullying* e o reconhecem como:

Deliberado: "Ele fez isso de propósito".

Desequilibrado: "Injusto – o *bully* é maior ou mais poderoso que a vítima".

Contínuo: "Acontece muito".

Esses conceitos são ilustrados nas figuras 12.3 e 12.4.

Vítimas de *bullying*

Todo mundo, em algum momento da vida, sofreu *bullying*. Estima-se que até 80% das crianças tenham vivenciado *bullying* em algum momento no início e meio da infância (Hanish et al., 2004). Crianças assediadas por *bullies* reportam ferimentos físicos e/ou sentimentos de frustração, medo, humilhação e vulnerabilidade. Nenhuma dessas condições promove relações construtivas entre colegas ou ambientes positivos de programa. Para algumas crianças, o *bullying* só acontece de vez em quando. Entretanto, de 10% a 20% das crianças sofrem constantemente *bullying* e, por isso, tornam-se vítimas crônicas. O sofrimento dessas crianças é profundo. Elas vivem com os efeitos imediatos de sofrer *bullying* regularmente: dor física, vergonha, desamparo, rejeição e infelicidade. Há ainda um elemento muito agravante na vida dessas crianças: elas sabem que esse tipo de humilhação se repetirá muitas vezes.

Em geral, as vítimas crônicas são as crianças menos capazes de reagir efetivamente a provocações e agressões físicas. A habilidade delas de comunicação é limitada. A maioria é retraída socialmente, ansiosa, submissa e insegura. Fisicamente, elas geralmente são fracas (Olweus, 1993; Perry, Hodges & Egan, 2001). São as últi-

FIGURA 12.3 Desenho de *bullies* feito por crianças. Swearer, S. *Children's depictions of bullies*. Lincoln: University of Nebraska, 2005. ["Os *bullies* são mais legais. Me dá seu dinheiro do lanche. Vamos, bebê, me dá isso, bebê. Ou vou puni-lo. Vou jogá-lo pela janela."]

FIGURA 12.4 Desenho de *bullies* feito por crianças. Swearer, S. *Children's depictions of bullies*. Lincoln: University of Nebraska, 2005. ["Ha! Ha! Ha! Ha! Ha! Ha! Esse lugar é meu. Cai fora! Agora!" "Não é, eu cheguei primeiro..."]

mas a ser escolhidas em qualquer jogo e as primeiras eliminadas da brincadeira. Elas têm poucos amigos e frequentemente passam o tempo sozinhas ou longe do grupo. A maioria é de **vítimas passivas**. Raramente iniciam o ataque hostil e raramente afirmam seus direitos quando isso acontece. Entretanto, algumas são mais bem descritas como **vítimas provocadoras**. Elas iniciam reações agressivas dos outros por suas reações voláteis, mas ineficazes, a situações sociais. Essas crianças discutem incessantemente sobre qualquer coisa, perdem a calma, choramingam ou choram facilmente com frustração. Também são aquelas que reagem excessivamente a piadas ou provocações, tratando-as como agressão verbal mesmo quando essa não é a intenção (Egan & Perry, 1998; Roffey, Tarrant & Majors, 1994). Independentemente da causa, cada vez que vítimas passivas ou provocadoras se envolvem em incidentes agressivos, suas reações ineficazes reforçam o comportamento do agressor, fazendo o ciclo de agressão continuar.

Geralmente, as vítimas crônicas de *bullying* não são queridas e atraem pouca simpatia de colegas que observavam seu dilema (Veenstra et al., 2007). Por exemplo, vítimas que provocam ataque por meio de comportamentos ineficazes ou irritantes frequentemente são vistas como "tendo o que merecem" (Society for Adolescent Medicine, 2003).

Além disso, crianças agressivas e não agressivas preveem possíveis recompensas da interação com vítimas crônicas em termos de conseguir o que querem. Em outras palavras, colegas veem as vítimas como indivíduos fracos que podem ser facilmente explorados e forçados a ceder itens cobiçados. Então, não surpreende o fato de as vítimas de *bullying* terem uma noção gravemente reduzida de competência e valor. Essas crianças podem expressar seu desconforto de várias maneiras: falta de apetite, problemas para dormir, doenças reais ou imaginárias, incapacidade de concentração, aumento do medo de enfrentar os outros, crises inexplicáveis de choro ou comportamento extremamente ansioso, relutância em ir à escola ou comportamento anormalmente agressivo com outros menos poderosos que elas (em geral, colegas ou irmãos mais novos ou animais de estimação) (Egan

& Perry, 1998; Troop-Gordan & Ladd, 2005). Isso frequentemente é acrescentado por baixa autoestima e mau prognóstico para o futuro. Infelizmente, padrões de comportamento relacionados à vitimização começam a partir dos 3 anos. Se persistirem, crianças poderão se "trancar" no personagem da vítima crônica aos 8 ou 9 anos (Pepler, Smith e Rigby, 2004). Assim, o início da infância é uma época na qual as crianças começam a desenvolver respostas ineficazes à agressão dos outros ou estratégias mais produtivas.

Bullies

Em geral, os *bullies* são destemidos, coercivos e impulsivos. Eles utilizam a agressão para atingir uma meta e se refestelam em seu sucesso. Essas crianças frequentemente têm alta autoestima com base em seu *status* poderoso. Outros *bullies* se sentem inferiores e inseguros, e usam a agressão para esconder seus sentimentos e dominar os outros. Todos os *bullies* valorizam a agressão e o poder que ela lhes dá sobre outras pessoas. Há uma expectativa de que, por meio da agressão, eles consigam o que querem, e isso justifica o fato de utilizarem atos hostis para que possam impor a própria vontade (Horne et al., 2004). Uma retrospectiva da vida desses agressores revela, muitas vezes, que eles mesmos foram vítimas de *bullying* em outra época e lugar, o que os torna *bullies*/vítimas. Alguns *bullies* são crianças que receberam poucos limites e, por isso, acreditam que podem fazer o que quiserem. Outras crianças se tornam *bullies* como resultado da atribuição de intenção hostil a colegas e, então, creem que suas explosões hostis são justificadas como meio de manter seus direitos. Um quarto cenário envolve crianças que passaram por algum evento avassalador em sua vida que as deixou com raiva e confusas. Incapazes de controlar a situação, elas tentam controlar o comportamento dos outros por meio da coerção. Em vez de expressarem a raiva para pessoas próximas, elas encontram um alvo "seguro" entre seus conhecidos. Finalmente, crianças que são produto de uma vida coerciva em casa frequentemente exibem comportamento de *bullying* com os colegas (Dodge, Coie & Lynam, 2006).

Independentemente do que o causou, o *bullying* que continua nos anos pré-escolares e início do ensino fundamental se manifesta como delinquência e fracasso escolar mais tarde (Troop-Gordan & Ladd, 2005). Além disso, crianças para quem o *bullying* se torna um padrão de conduta têm significativamente mais chances, quando adultas, de praticar crimes violentos, ser presas, envolver-se em violência doméstica, abusar dos filhos e não conseguir manter um emprego (Society for Adolescent Medicine, 2003).

Testemunhas de *bullying*

Além do *bully* e da vítima, frequentemente outras crianças observam episódios de *bullying*. Tais testemunhas são afetadas por essa agressão hostil, mesmo quando não estão diretamente envolvidas. Testemunhas veem o *bullying* moldado e reforçado. Elas aprendem que o *bullying* compensa para alguns. Podem desenvolver sentimentos de medo, frustração, desesperança ou medo com base no que veem. Podem se sentir culpadas por não fazerem mais para ajudar outra criança ou tangencialmente poderosas se apoiam o comportamento do *bully* nos bastidores. Elas podem temer pela própria segurança ou se preocupar em virar alvos do assédio (Beaudoin & Taylor, 2004). De maneira inversa, as testemunhas podem influenciar o que acontece quando ocorre *bullying*. Elas podem agir como defensoras do *bully* ou da vítima. Se ignorarem o que está acontecendo, enviarão uma mensagem para o *bully* e para a vítima de que aceitam o *bullying* ou que não há nada a ser feito para mudar a situação. Entretanto, quando crianças defendem a vítima, o *bullying* frequentemente termina (Hawkins, Pepler & Craig, 2001; Kaiser & Rasminsky, 2007). Consequentemente, as testemunhas têm papel importante em determinar até que ponto o *bullying* é aceito ou rejeitado como uma forma de vida em ambientes formais de grupo.

O papel dos adultos na prevenção do *bully*

Vítimas e *bullies* são pessoas vulneráveis cujo prognóstico de longo prazo de sucesso social e escolar é negativo. Testemunhas também são afetadas negativamente. Os adultos na vida das crianças devem considerar seriamente esse comportamento destrutivo. Não se deve atribuir às crianças a tarefa de resolver sozinhas os problemas pelos quais passam. Estratégias proativas podem ser utilizadas com vítimas e agressores, e também em todo o programa. Assim, a intervenção (quando há *bullying*) deve ser combinada com a prevenção (criação de um programa sem *bully*) para ter mais impacto. Profissionais de apoio e familiares são imprescindíveis nesse esforço.

Trabalho com vítimas. Crianças terão menos chance de ser vitimizadas se possuírem habilidades de assertividade verbal (Horne et al., 2004; Crothers & Kolbert, 2010). Todas precisam de apoio no desenvolvimento dessas habilidades, mas isso é especialmente verdadeiro para as pequenas que não têm proficiência geral de linguagem e habilidades sociais. Evidências de pesquisas contínuas sugerem que o treinamento da assertividade está entre os tipos mais eficazes de intervenção na redução do comportamento de *bullying*. Ensinar às crianças o que fazer para que possam parecer mais confiantes também pode ajudar a reduzir sua vulnerabilidade. Vítimas frequentemente se comportam de formas coerentes com a hipótese de percepção distorcida descrita anteriormente neste capítulo. Sua má interpretação do comportamento benigno como agressão pode iniciar um ciclo de agressão do qual é difícil sair. O treinamento de adultos com relação à interpretação precisa de pistas sociais é uma contramedida eficaz (Frey, Edstrom & Hirschstein, 2010). Finalmente, crianças que têm amigos parecem lidar melhor com agressões de *bullies*, demonstrando menos problemas de ajustes que as que não têm amigos. Ajudar crianças a formar amizades e desenvolver essas habilidades é excelente para romper sua imagem de vítima (Crothers & Kolbert, 2010; Zins et al., 2004). As habilidades apresentadas no Capítulo 8 são úteis nesse sentido.

Tratamento de *bullies*. Os *bullies* não podem simplesmente ser ignorados por adultos na escola. Tais táticas as pressionam além dos limites de círculos sociais normais, reforçando seu estilo desafiador. Assim, limites claros e expectativas consistentes são os principais ingredientes para trabalhar com perpetradores de agressão hostil. As crianças devem ouvir que tal comportamento não será tolerado. As hostis também devem receber ajuda para controlar seus impulsos raivosos (Essa, 2007). Estratégias como promover autofala, identificar emoções, encontrar pistas comportamentais que dizem como os outros estão se sentindo e implementar consequências lógicas foram descritas em capítulos anteriores e são ferramentas eficazes relativas ao controle de impulsos. Além disso, muitos agressores também se beneficiam das mesmas estratégias que apoiam as vítimas – treinamento de assertividade, treinamento de habilidades sociais, atividades de aprendizado cooperativo e treinamento para ajudá-los a desenvolver interpretações mais precisas de encontros sociais (Frey, Edstron & Hirschstein, 2010).

Trabalho com outras crianças no programa. Em algum momento da vida, as crianças testemunharão o *bullying*. Por isso, é fundamental que elas saibam que existem mecanismos capazes de protegê-las de qualquer tipo de agressão. As crianças precisam saber o que fazer quando presenciam um ato de *bullying* ou sabem que alguém agride ou agrediu outra pessoa. O primeiro e mais importante passo é "romper o código do silêncio" que cerca o *bullying* (Beane, 2005). Isto é, pais, professores e outros profissionais envolvidos na educação infantil devem falar sobre *bullying* abertamente e encontrar maneiras de envolver todas as crianças com o propósito de criar um ambiente sem *bullies*. Crianças que testemunham podem ser encorajadas a apoiar as vítimas de diversas formas, encontrar novas abordagens para a interação com *bullies* e ajudar a criar um programa inclusivo no qual ninguém se sente ameaçado ou abandonado.

A noção de inclusão foi o mote básico do aclamado livro *You can't say you can't play* [Você não pode dizer que não pode brincar], de Vivian Paley (1992), no qual crianças da educação infantil ao ensino fundamental decidiram que rejeitar o pedido de outra criança para brincar era uma forma de agressão hostil. Elas criaram a seguinte regra: "Você não pode dizer que não pode brincar". Com base nessa regra, ninguém pode ficar fora de atividades e jogos em grupo por causa de sua aparência, pelo jeito de falar ou porque não era um colega preferido ou atraente. Essa regra surgiu depois de muita discussão entre crianças e adultos sobre como criar um ambiente seguro e acolhedor no qual todas as crianças se sentiriam valorizadas. Simplesmente formular a regra não era suficiente. Juntas, as crianças e sua professora exploraram seu significado, aplicaram-na e discutiram continuamente o impacto da regra sobre a vida delas como indivíduos e no clima da sala de aula e da escola. Com o tempo, o clima melhorou e casos de rejeição foram reduzidos.

Esse exemplo ilustra que a agressão hostil pode ser abordada com eficácia quando muitas crianças estão envolvidas na criação de um novo ambiente e quando técnicas de prevenção ao *bullying* vão além dos *bullies* e das vítimas. Além disso, embora as estratégias individuais descritas até o momento sejam eficazes, são mais poderosas quando combinadas em uma abordagem abrangente para prevenção de *bullying* que inclui crianças e adultos no programa e também as famílias. Assim, nosso melhor meio para reduzir a agressão hostil do *bullying* é elaborar soluções de acordo com o programa da escola.

Soluções para reduzir o *bullying*. A Willow Creek School e a Walnut Hills School são muito parecidas por fora, mas dentro há uma diferença considerável entre elas.

Na Willow Creek School, pouco se fala de bullying. Os alunos raramente dizem aos adultos se estão sofrendo alguma agressão. Eles acreditam que dizer não fará diferença e temem que falar sobre isso poderá piorar as coisas. Em geral, os adultos não tomam nenhuma atitude quando sabem que as crianças são vítimas de bullying ou dizem-lhes que devem "resolver as coisas sozinhas". O bullying ocorre nos corredores, nos banheiros e no playground. Quando perguntados se há problema com bullying na escola, todos rapidamente respondem "não", mas a verdade é que muitas crianças são bullies; mais são vítimas, e ainda mais crianças testemunham bullying diariamente.

O cenário é diferente na Walnut Hills School. O foco aqui é a prevenção. Crianças, funcionários e familiares falam sobre bullying e o que podem fazer para reduzi-lo no programa. Em toda sala de aula, há um pôster Bully Buster (Caça-bullies) que resume a filosofia na Walnut Hills.

Bullying *não é legal em nossa escola.*

Não provocamos, xingamos nem menosprezamos as pessoas.

Não batemos, empurramos, chutamos nem socamos.

Se virmos alguém sofrendo bullying, *denunciaremos e pararemos (se conseguirmos) ou pediremos ajuda imediatamente.*

Quando fazemos as coisas em grupo, incluímos todos e garantimos que ninguém fique de fora.

Temos o poder de parar o bullying! *Estamos trabalhando juntos!*

Há pouquíssimo bullying *na Walnut Hills, e quando ele acontece, adultos e crianças sabem o que fazer para tornar tudo mais seguro para todos.*

A Willow Creek School e a Walnut Hills School escolheram abordagens diferentes para lidar com o *bullying* em seus programas. Os resultados também são muito diferentes e podem ser previstos por pesquisas (Espelage & Swearer, 2004; Olweus & Limber, 2010).

O *bullying* é mais provável de acontecer quando:

- Crianças ficam frequentemente sem supervisão.
- As expectativas de comportamento são incertas e inconsistentes.
- Adultos utilizam estratégias de disciplina autocráticas ou permissivas.
- Adultos ignoram o comportamento de *bullying*.
- Nenhuma medida preventiva é tomada para abordar o *bullying*.
- Crianças e adultos não têm o conhecimento e as habilidades para que possam se livrar do *bullying*.
- A comunicação entre o lar e o ambiente formal de grupo está comprometida.

Programas caracterizados dessa forma tendem a ser "laboratórios de *bullies*", nos quais todos sofrem (Beane, 2005). Por sua vez, programas sem *bullying* incorporam os mesmos elementos que caracterizam escolas que implementam alternativas a castigo corporal, as quais foram listadas anteriormente neste capítulo. A ênfase em tais programas é em estratégias de disciplina de autoridade que demonstram respeito pelas crianças e exigem que elas assumam a responsabilidade por suas ações. Funcionários modelam os comportamentos que querem que as crianças adotem, são consistentes em sua abordagem à disciplina e fornecem supervisão adequada para as crianças a todo momento. Parcerias fortes casa-programa são valorizadas e incentivadas.

O mais importante é que o *bullying* é levado a sério. Adultos e crianças unem forças para enfrentar o *bullying* de forma construtiva e criar um ambiente livre desse tipo de agressão. Você aprendeu muitas dessas estratégias que apoiam essa meta neste livro. A seguir, mostraremos como implementar algumas das principais habilidades que você acabou de ver.

Habilidades para lidar com comportamento agressivo

Como lidar com a agressão em ambientes de grupo formais – estratégias multiuso

1. **Ensine as crianças a controlar os impulsos raivosos.** Converse com as crianças sobre sentimentos fortes – o que são e o que os ativa. Trabalhe com crianças para reconhecer sinais de que suas emoções estão saindo do controle. Ensine autofala às crianças para ajudá-las a manter a compostura. Indique os sentimentos das vítimas para ajudar crianças com raiva a sentir empatia por pessoas machucadas, infelizes ou com raiva. Ensine as crianças a desacelerar. Dê pistas verbais: "Desacelere", "Respire fundo" e "Espere um momento antes de voltar para o jogo". Utilize a intervenção física conforme necessário – pegue uma criança pela mão, vire-a em sua direção, afaste-a. Demonstre às crianças como dividir as tarefas em passos para desacelerar o ritmo da atividade. Reconheça a tentativa das crianças de controlar impulsos por meio de reflexões e elogio eficaz: "Você esperou muito pacientemente", "Você está pegando um livro por vez. Isso evita que eles rasguem". Considere o uso de curto prazo de recompensas tangíveis para ajudar as crianças a reconhecer e praticar reações não agressivas em circunstâncias provocadoras.

2. **Estruture o ambiente para minimizar possível frustração para as crianças.** Verifique os equipamentos para garantir que funcionem. Determine se os materiais são adequados para o estágio de desenvolvimento das crianças. Se não forem, revise. Se um equipamento não funcionar, conserte ou o substitua por outra coisa. Tenha materiais suficientes para os pequenos não terem de esperar por muito tempo para acessá-los. Permita que as crianças tenham as coisas por tempo suficiente para que possam se sentir satisfeitas. Organize a sala para dar às crianças fácil acesso a espaços de atividades funcionais. Faça essas áreas suficientemente grandes para que mais de uma criança ocupe confortavelmente. Analise o espaço para garantir que as crianças possam se movimentar livremente sem trombar acidentalmente em colegas ou objetos ou interferir nas atividades das outras. Alerte as crianças sobre futuras mudanças na rotina para que não se surpreendam quando elas ocorrerem. Avise-as antes das transições entre atividades para que possam terminar o que fazem antes de passarem para a próxima tarefa.

3. **Fique atento a crianças cuja frustração está aumentando.** Observe as crianças quanto a sinais de frustração. Quando é evidente que uma criança está ficando estressada, intervenha. Ofereça conforto, apoio, informações ou assistência de acordo com a situação. Ajude as crianças a reavaliar as próprias metas ou dividir a tarefa em passos mais gerenciáveis. Estimule as crianças a lidar diretamente com a fonte da frustração: "Você está chateado! Esta maquete fica desmontando. A cola que está usando funciona melhor no papel que no plástico. Vamos procurar um tipo diferente de cola". Se as circunstâncias permitirem, pergunte à criança em questão o que ela poderá fazer – dar uma pausa, pedir ajuda a outra criança, ir a outra fonte de informação, observar alguém por um tempo etc. Apoie a criança quando ela tenta uma dessas soluções. Se a criança ficar confusa, peça às outras crianças que sugiram uma maneira de resolver o dilema: "Raul está se sentindo frustrado. A tinta está escorrendo pelo papel e estragando seu desenho. Sam e Carlos, o que vocês acham que Raul pode fazer sobre esse problema?". Dessa forma, os professores têm uma chance de transformar situações frustrantes em oportunidades úteis de aprendizado.

4. **Ofereça às crianças oportunidades de desenvolver competência.** Dê a elas responsabilidade adequada à idade: regar as plantas, alimentar os peixes, verificar se o computador está desligado no final do dia etc. Incentive-as a fazer escolhas e tentar diversas tarefas e experiências independentemente. É importante que elas se sintam desafiadas, mas não tão sobrecarregadas que não consigam obter sucesso. Ensine às crianças as habilidades necessárias para que possam atingir os objetivos: como utilizar ferramentas, como jogar e como trabalhar com os outros. Não negue esses privilégios às crianças agressivas. Elas precisam mais de formas alternativas de exercer poder e atingir *status* social adequado no grupo.

5. **Ajude as crianças a aprender a interpretar pistas sociais com mais precisão.** Dê a elas uma prática de reconhecimento de pistas sociais como tom de voz, expressões faciais e palavras que diferenciam ações agressivas das não agressivas. Apresente situações hipotéticas, elabore cenas curtas com fantoches ou utilize representação de papéis para demonstrar essas variações. Em seguida, peça às crianças que interpretem o que observaram. Indique que pode haver mais de uma interpretação para cada evento: "Você acha que ele trombou com ela porque não gosta dela. Outro motivo pode ser que havia gente demais em volta da mesa. Não tinha espaço para todos ficarem ali sem se encostar". Estimule as crianças a praticar a perspectiva da vítima, para ter uma noção de como os agressores são percebidos quando recorrem à coerção: "Como você acha que Marvin se sentiu quando Geraldine o empurrou e gritou com ele?". Depois de as crianças apresentarem sinais de segurança nas conclusões feitas, convide-as para gerar reações não agressivas aos cenários apresentados: "Quando Marvin pisou na mochila de Geraldine, o que ela poderia ter feito em vez de empurrá-lo", "O que aconteceria se ela fizesse isso?" ou "O que acontecerá depois?". Garanta que as crianças avaliem criticamente cada reação proposta: "Por que você acha que essa é uma boa ideia?", "Por que você não acha que vai funcionar?" ou "Qual de nossas ideias parece melhor?". Esse último passo ajuda as crianças a ir além da geração de sugestões aleatórias para ponderar conscientemente os méritos ou desvantagens de cada uma – habilidade que devem ter para que possam ser bem-sucedidas no controle da agressão em circunstâncias da vida real.

Além disso, utilize treinamento pontual em situações sociais reais para ajudar crianças tipicamente agressivas a atravessar os passos recém-descritos (reconhecer pistas, interpretá-las com precisão, gerar reações não agressivas, escolher uma reação, representá-la). Consulte o Capítulo 8 para obter mais informações sobre esse treinamento. Observe quando as crianças diminuem impulsos agressivos iniciais ou reagem de formas não agressivas em momentos nos quais elas antes poderiam ter reagido com agressão. Utilize elogio eficaz para ajudar as crianças a reconhecer o progresso que estão fazendo.

6. **Defina limites consistentes à agressão.** Interrompa o comportamento agressivo utilizando intervenção física se necessário (por exemplo, agarre a mão da criança ou separe crianças envolvidas em uma discussão intensa). Reconheça as emoções do agressor, expresse sua preocupação e explique por que o comportamento é inaceitável. Sugira comportamentos alternativos específicos para crianças mais novas buscarem; ajude as mais velhas a gerar as próprias ideias para uma solução para o problema. Declare explicitamente as consequências para a agressão contínua e faça seguimento imediatamente se a criança persistir. Implemente essa estratégia em reação a casos de agressão instrumental nos quais as crianças são incapazes, em seu nível de desenvolvimento, de negociar ou não há

tempo para isso. Utilize a mesma tática ao observar crianças utilizando agressão hostil como uma maneira de "safar-se da situação". Por exemplo, crianças que empurram porque são empurradas ou que trocam provocações exibem sinais de que são provocadas e se beneficiam do reconhecimento de seu ponto de vista simultaneamente com um aviso de que o comportamento agressivo é proibido.

7. **Ajude as crianças a reduzir brincadeiras possivelmente agressivas.** Fique de olho nas crianças enquanto brincam e observe os primeiros sinais de dificuldade. Interfira quando uma criança para de rir, quando as vozes imprimem um tom de chateação ou reclamação, quando expressões faciais demonstram medo, raiva ou incômodo e quando as palavras se tornam danosas. Redirecione a brincadeira ou se envolva nela para ajudar a reduzir possíveis agressões.

    Se perceber que as crianças pequenas utilizam blocos, palitos ou os próprios dedos como imitação de armas, interfira imediatamente e redirecione a ação. Diga algo como: "Você está se divertindo. Está usando o palito como arma. Fico chateada quando você finge atirar em alguém. Armas são perigosas. Não são brinquedos. Utilize o palito para cavar. Você não pode usá-lo como arma". Não ceda aos protestos das crianças que afirmam estar "só fingindo". Reflita sua afirmação: "Vocês não estavam atirando um no outro de verdade. Pode ser. Fico chateada quando crianças fingem que estão machucando as outras. Há brincadeiras melhores. Vamos descobrir uma".

8. **Reforce os comportamentos incompatíveis com a agressividade** (Epstein, 2009). Reconheça as reações prestativas, cooperativas e de empatia. Faça um esforço especial para notar tais comportamentos em crianças tipicamente agressivas. Embora todas se beneficiem do reforço positivo, as mais agressivas particularmente precisam ouvir que são capazes de comportamento adequado. É fácil demais cair na armadilha de esperar a agressão de algumas crianças e não reconhecer as coisas mais positivas que fazem. Evite isso se dando a tarefa de procurar propositadamente comportamentos não agressivos e dizer às crianças suas observações favoráveis.

9. **Modele os elementos centrais do comportamento não agressivo – respeito, empatia e raciocínio – em suas interações cotidianas com as crianças** (Wheeler, 2004). Mantenha a calma e seja racional ao confrontar crianças ou adultos cujo comportamento lhe cause sentimentos de raiva ou frustração. Mantenha o nível de voz e seus movimentos sob controle. Reconheça as perspectivas dos outros quando elas entram em conflito com as suas. Formule concessões e converse sobre as coisas, especialmente em situações difíceis. Cumpra as promessas que faz para que as crianças saibam que podem confiar que você faz o que diz.

10. **Estimule as crianças a prever as consequências de ações agressivas** (Miller, 2010). Faça perguntas como: "O que você acha que vai acontecer se derrubar a torre dela?", "Como seu amigo se sentirá se você o chamar de Zé Chulé?" ou "Como você se sentiria se alguém lhe desse um apelido que o magoasse?".

11. **Intervenha quando uma criança acidentalmente machuca a outra.** Utilize isso como uma oportunidade de promover empatia e evitar possíveis retaliações. Console a vítima e explique a natureza acidental da agressão. Se o agressor não perceber os resultados de suas ações, indique-os de forma concreta e sem julgar: "Olhe para a Susan. Ela está chorando. Quando você derrubou a cadeira, ela a atingiu nas costas. Isso doeu". Ensine o agressor a usar frases como: "Foi um acidente", "Foi sem querer" ou "Não foi de propósito". Quando considerar adequado, ajude o agressor a encontrar maneiras de fazer a restituição. Esse é um bom momento para ensinar a palavra "Desculpe" se o agressor realmente se arrepende de suas ações. Às vezes, as vítimas também podem contribuir com ideias para a restituição: "Susan, o que a Kathleen pode fazer para que você se sinta melhor?".

12. **Dê assistência às vítimas de agressão.** Console a vítima na frente do agressor e ajude a criança a gerar ideias sobre como reagir a atos agressivos semelhantes no futuro: "Você está chateada. A Jeanna bateu em você. Da próxima vez que ela tentar isso, levante sua mão e diga 'Pare'". Além disso, sempre que possível, incentive o agressor a ajudar a vítima. Evite humilhar o agressor ou forçá-lo a pedir desculpa em sua tentativa de diminuir a tristeza da vítima.

13. **Elogie as crianças quando tentam soluções não agressivas para situações difíceis.** Utilize mensagens pessoais positivas e elogio eficaz ao observar crianças que tentam resolver uma possível disputa, evitam bater para resolver um conflito ou ajudam uma vítima de agressão hostil. Elogie os esforços para evitar qualquer comportamento violento mesmo que a abordagem delas tenha sido recusada por outras pessoas. Ofereça conforto e sugestões sobre como o desempenho delas pode melhorar no futuro.

14. **Ensine linguagem assertiva às crianças.** Promova discussões e formule atividades para destacar palavras que as crianças poderão utilizar para expressar seus direitos de forma assertiva. Aproveite outros momentos para reforçar as mesmas lições. O Capítulo 8 fornece exemplos de como cenas podem ser utilizadas para ensinar esses roteiros. Consulte o Capítulo 13 quanto às diretrizes sobre como planejar atividades e utilizar treinamento pontual com metas semelhantes em mente. Amostras de roteiros incluem: "Ainda estou usando isso", "Você pode pegar depois", "Quero uma vez", "Quando vou saber que sua vez acabou?", "Pare de me xingar", "Por favor, pare de agarrar", "Isso é meu. Não é para dividir. Desculpe" e "Ainda não estou pronto".

15. **Explore alternativas ao castigo corporal se for praticado em seu ambiente.** A maioria das escolas não exige que todos os profissionais auxiliares utilizem castigo corporal, mesmo se alguns funcionários usarem. Antes de aceitar uma posição, verifique qual é o procedimento adotado pela instituição. Se for

uma exigência do trabalho, considere procurar outro. Se não for, discuta com sua supervisora como você pode utilizar sua abordagem disciplinar dentro dos limites do sistema.

Como lidar com a agressão instrumental

1. **Ensine às crianças uma prática de compartilhar, revezar, trocar, barganhar e negociar.** Realize isso por meio de jogos, interpretações de papéis e cenas. Utilize diversas estratégias, incluindo treinamento pontual e também atividades planejadas. Aborde essas habilidades diariamente.
2. **Faça mediação dos conflitos.** Quando houver incidentes de agressão instrumental, utilize o modelo de mediação de conflitos descrito neste capítulo. Realize cada passo nesta ordem:

    Passo 1: Iniciar a mediação. Estabeleça o papel do mediador e neutralize o objeto, território ou direito.

    Passo 2: Esclarecer. Esclareça o conflito com base na perspectiva de cada criança.

    Passo 3: Resumir. Defina a disputa em termos mútuos; deixe claro que cada criança tem responsabilidade pelo problema e pela solução.

    Passo 4: Gerar alternativas. Peça sugestões das crianças envolvidas e dos espectadores.

    Passo 5: Concordar com uma solução. Ajude as crianças a criar um plano de ação mutuamente satisfatório.

    Passo 6: Reforçar a resolução de problemas. Elogie as crianças pelo desenvolvimento de uma solução mutuamente acordada e por trabalhar duro para atingi-la.

    Passo 7: Fazer seguimento. Ajude as crianças a cumprir com os termos do acordo.

    Certifique-se de que terá tempo suficiente para trabalhar durante todo o processo. Se tiver menos de cinco minutos disponíveis, não inicie a negociação. Nesse caso, implemente as estratégias da mensagem pessoal e consequências apresentadas nos capítulos 10 e 11. Por exemplo: "Vocês duas querem outra vez brincar com a balança. Isso é um problema. Queria que tivéssemos tempo para resolver isso entre vocês. Minha preocupação é que vocês têm de sair para pegar o ônibus agora. Larguem a balança. As duas podem usá-la novamente amanhã".

Como reagir à agressão hostil

1. **Fale sobre *bullying* com todos.** Defina o *bullying* com as crianças. Compartilhe histórias sobre esse tipo de agressão. Incentive-as a fazer desenhos, escrever no diário ou ler histórias sobre *bullies* para que possam discutir essas questões. Convide as crianças a descrever como o *bullying* se parece e como é a sensação de ser uma vítima, um *bully* ou uma testemunha.
2. **Formule regras específicas sobre *bullying* e faça seguimento delas.** Regras comunicam que o *bullying* é inaceitável e que é responsabilidade de todos criar um ambiente livre de agressões. Peça-lhes que ajudem a criar regras semelhantes às escritas pelos alunos da Walnut Hills School (descritas anteriormente neste capítulo). Estabeleça algumas regras simples de forma que as crianças possam descrevê-las com as próprias palavras. Fale sobre o que acontecerá se as pessoas violarem as regras. Se presenciar *bullying*, aplique as regras definidas. Se ouvir sobre *bullying* em seu programa, intervenha. Trabalhe com *bullies*, vítimas e testemunhas para aumentar suas habilidades e seguir as regras. Conduza diversas conversas com crianças individualmente, em grupos pequenos e com o grupo inteiro para medir até que ponto está mantendo um ambiente sem *bullying*.
3. **Ajude as crianças a diferenciar entre dedurar e contar sobre *bullying*.** A união de forças de todos de modo a parar o *bullying* é crucial para estabelecer um ambiente sem *bullies*. Como muitos casos de *bullying* ocorrem quando e onde os adultos não conseguem ver nem intervir, crianças que testemunham o *bullying* precisam contar a um adulto de confiança que está havendo *bullying*. Allan Beane (2005, p. 43) criou as seguintes regras para ajudar as crianças a entender a importância de informar aos adultos a ocorrência de *bullying*:
    - Se vir alguém sofrendo *bullying*, conte para o professor.
    - Se souber que alguém está sofrendo *bullying*, conte para o professor.
    - Se acha que alguém está sofrendo *bullying*, conte para o professor.
    - Se não fizer nada quanto ao *bullying*, está dizendo que o aprova.
    - Temos o poder de parar e evitar o *bullying* em nossa sala, mas temos de trabalhar juntos.

    Embora as crianças mais novas frequentemente se sintam confortáveis em contar para um professor quando surgem problemas, as mais velhas precisarão ser lembradas da diferença entre dedurar e contar. Defina "dedurar" como algo feito sobre comportamentos não perigosos. Descreva "contar" como informar aos adultos situações perigosas, como o *bullying*. Dedurar simplesmente coloca as pessoas em apuros. Contar as mantém seguras.
4. **Converse com a criança que faz *bullying*.** Pare a agressão quando e onde acontece utilizando mensagens pessoais e um seguimento relevante. Depois, leve o agressor até um lugar privado para discutir o incidente ou o padrão de comportamento que está vendo. Lembre as regras à criança (anti-*bullying* e mantendo pessoas e propriedades seguras). Fale sobre como o comportamento dele está afetando os outros e como pode afetá-lo no futuro (por exemplo, possível perda de amigos, consequências seguidas em sala de aula etc.). Garanta que a criança tenha uma chance de expressar seus desejos e objetivos. Trabalhe-os com a criança. Se possível, encontre formas de o *bully* fazer as pazes. Isso fornece um comportamento substituto para a agressão e dá à criança uma maneira mais aceitável socialmente de ganhar *status* com os colegas.

    Concentre-se em transmitir a mensagem de que o *bullying* é inaceitável e deve parar. Evite reações hostis como grito, sarcasmo, ameaça ou tentativa de humilhar o perpetrador

(Kaiser & Rasminsky, 2007). Lembre-se de que a eficácia da ação dependerá de sua capacidade de estabelecer uma relação com a criança e de ajudá-la a atingir as metas de maneira mais construtiva.

5. **Conduza conversas de acompanhamento com crianças que foram vitimadas.** Realize essa conversa em particular. Reafirme que cada criança tem o direito de se sentir segura e ninguém merece sofrer *bullying* (Olweus & Limber, 2010). Utilize questões abertas para discutir as reações da criança ao que aconteceu. Explore ideias para melhorar a situação e escolha uma ou duas coisas que a criança tentará fazer (Kaiser & Rasminsky, 2007). Dê treinamento, como roteiros de assertividade e estratégias de jogo, de acordo com a necessidade. Descreva como você e/ou os outros ajudarão com o seguimento desse plano.

6. **Ajude as crianças a explorar formas de evitar o *bullying*.** Promova discussões em grupo sobre o assunto, além de sessões de treinamento individual. Explore estratégias sobre como ficar longe dos *bullies*, parecer confiante, respirar fundo antes de reagir à agressão verbal, afastar-se, dizer "Pare", contar a um adulto, pedir ajuda e se unir a amigos.

7. **Ajude as crianças a desenvolver um repertório de estratégias sobre o que fazer se testemunharem *bullying*.** Os especialistas recomendam as seguintes estratégias: afastar-se de qualquer tipo de agressão, dizer sempre que o *bullying* não é aceitável, relatar casos de agressão, convidar a pessoa que sofre *bullying* a se juntar a testemunha e a seus amigos, oferecer apoio à vítima na presença do *bully*, apoiar uma vítima em particular e reunir várias testemunhas para proteger uma vítima (Beane, 2005; Jackson, 2003).

Comunique-se com as famílias

1. **Comunique aos familiares como lida com agressão em seu ambiente.** Explique o que você faz e também o que não fará. Apresente uma argumentação para suas escolhas. Não tente coagir pais a adotar seus métodos, mas deixe claro que, em seu ambiente, algumas práticas adultas são aceitáveis e outras não. Se os pais lhe disserem que você pode bater nos filhos se eles se comportarem mal, diga algo como: "Você está realmente ansioso para que seu filho se comporte na escola. Isso também é importante para mim. Deixarei claro para as crianças quais são as regras e utilizarei as consequências para aplicá-las. Entretanto, bater não é uma de minhas consequências". Descreva brevemente uma amostra de encontro disciplinar, utilizando as habilidades aprendidas, para demonstrar o que deseja dizer.

2. **Ouça atentamente os relatos de pais que afirmam que o filho está sendo vítima de *bullying*.** Reaja de forma adequada. Há relatos de que comumente, quando pais mencionam que o filho está sofrendo *bullying*, funcionários do programa minimizam a importância dessa questão, alegam que esses problemas estão além de sua jurisdição ou mudam a conversa para outras dificuldades que a criança possa apresentar (Roffey et al., 1994). A negação que cerca o *bullying* é prejudicial ao desenvolvimento da criança. Os adultos que fingem que o *bullying* não está acontecendo ou que pensam nele como mera brincadeira de criança não fazem tudo o que podem para ajudar os *bullies* e as vítimas a desenvolver estratégias de interação mais adequadas. Se souber que uma criança é vítima de *bullying*, fale com os pais sobre possíveis maneiras de abordar a questão em casa e no programa. Se uma criança ou um pai reclama de *bullying* do qual você não estava sabendo, prometa observar a situação mais atentamente. Desenvolva um plano com base nas estratégias descritas neste capítulo. Aborde preocupações relativas à vítima e ao *bully*. Peça aos familiares sugestões para que o plano possa ser utilizado também em casa. Execute o plano, ofereça e receba *feedback* periódico de casa. Apoie os pais enquanto expressam sua frustração ou preocupação ao longo do processo. Mantenha os familiares a par do progresso das crianças.

3. **Fale com as famílias de crianças que demonstram comportamento de *bullying*.** Se uma criança apresenta um comportamento agressivo no programa, informe imediatamente os pais (Crothers & Kolbert, 2010). Faça isso de forma factual e franca. Evite utilizar um tom que insinue culpa. Apresente registros de casos e exemplos de narrativas para ilustrar suas preocupações. Deixe claro que tal agressão é inaceitável, pelo bem da criança e dos outros no programa. Compartilhe com os familiares o que considera os pontos fortes da criança e os convide a fazer o mesmo. Pergunte a eles o que acreditam que seu filho precisa aprender nesse ponto em seu desenvolvimento. Utilize essas informações enquanto trabalha com os familiares (e outros profissionais, conforme o caso) para criar um plano intensivo individualizado para abordar a agressão da criança. Discuta regularmente com os pais o progresso da criança.

■ Evite as armadilhas

As principais armadilhas referentes ao comportamento agressivo das crianças já foram abordadas na seção sobre estratégias ineficazes: punição física, agressão ignorada, deslocamento e inconsistência. Entretanto, a mediação de conflito é uma nova habilidade para muitas pessoas, e há várias armadilhas nas quais é possível cair quando se começa a aprender a mediar. A seguir, apontamos os erros comuns que os adultos cometem ao mediarem conflitos das crianças.

1. **Não estabelecer as bases.** Antes de iniciar a mediação de conflito, o adulto deve ter se estabelecido aos olhos das crianças como alguém que se importa com

elas, que as manterá seguras e previsível na reação às ações delas. O modelo se baseia nesses elementos primários da relação entre adultos e crianças. Falhas no estabelecimento dessas condições minam o espírito do processo. Portanto, o modelo de mediação é implementado com mais eficácia apenas depois que as crianças estão confortáveis e familiarizadas com seus cuidadores, os arredores e as rotinas diárias.

2. **Ignorar considerações ao desenvolvimento.** Para participar com sucesso na mediação de conflito, as crianças devem ser capazes de indicar a aceitação ou rejeição às alternativas propostas. Crianças cuja idade ou desenvolvimento não chegou ao ponto no qual elas podem declarar seus desejos, ou aquelas que não falam o mesmo idioma do mediador, ainda não estão prontas para utilizar esse modelo. Crianças podem se comunicar verbalmente ou utilizar um substituto eficaz, como sinais.

   Além disso, adultos que tentam a mediação de conflito são avisados para continuar sensíveis à tolerância das crianças à frustração. Nem todas as crianças estão prontas para passar por todos os passos de uma vez. A maioria se acalma à medida que a mediação prossegue. Aquelas cujo comportamento se torna cada vez mais agitado demonstram falta de preparo. Nesse ponto, o procedimento deve ser encerrado, com o adulto aplicando um limite para resolver o conflito original: "Vocês dois querem o estetoscópio. Não posso deixar que se machuquem como uma forma de decidir quem fica com ele, então terei de decidir. Evan, você pode ficar com o estetoscópio por dois minutos e depois, Aaron, você terá uma vez de dois minutos". Ao mesmo tempo, as crianças devem ser elogiadas pelo seu trabalho duro até aquele ponto: "Evan e Aaron, vocês se esforçaram muito para me dizer o que queriam. Isso ajudou muito". Gradualmente, as crianças conseguirão progredir mais no processo.

3. **Pular a mediação.** Às vezes, os adultos evitam a mediação de conflitos porque se sentem desconfortáveis em desviar a atenção de um grupo para focar apenas uma ou duas crianças. Eles se preocupam que o processo de mediação exija mais tempo do que podem dar. Em vez disso, podem separar crianças, remover o brinquedo disputado e ditar uma solução rápida. Essa abordagem funciona, sem dúvida, no curto prazo. No entanto, não incentiva as crianças a praticar estratégias de resolução de problemas. Como resultado, ao longo do tempo o adulto continua tendo a principal responsabilidade pela resolução de conflitos em vez de transferi-la gradualmente às crianças.

   É importante considerar o fato de que a mediação ocorre onde há conflito; crianças em disputa não são removidas do grupo. Como resultado, as que não estão diretamente envolvidas no conflito frequentemente participam como observadoras ou conselheiras. Dessa forma, o ensino que acontece afeta várias crianças de uma só vez. Além disso, as crianças ficam tão envolvidas no processo que outro conflito raramente surge em outro lugar da sala durante esse período.

4. **Negar as reivindicações legítimas das crianças.** Em seu anseio de atingir uma concessão, um profissional auxiliar pode inadvertidamente negar um direito legítimo da criança de manter posse de um objeto desejado. O mediador pode ouvir afirmações como: "Eu tinha primeiro" ou "Ela tirou de mim". Quando isso acontece, o foco muda para ajudar o perpetrador a gerar estratégias adequadas, como pedir, trocar ou barganhar, para atingir sua meta. Também haverá momentos nos quais uma criança utilizou uma estratégia aceitável para obter o objeto e a criança em posse dele se recusa. Nesses casos, o mediador pode ajudar as crianças a desenvolver um período adequado para que a troca ocorra. Se o mediador não souber quem tem a reivindicação legítima, esta pode ser declarada em uma mensagem pessoal que também reforça a inadequação de qualquer solução violenta a uma diferença de opinião.

5. **Colocar a culpa.** Às vezes, quando os adultos ouvem uma confusão, seu primeiro impulso é dizer: "Muito bem, quem começou?" ou "Já não falei para vocês não brigarem?". As reações das crianças a essas perguntas frequentemente tomam a forma de negação ou acusação, e nenhuma delas leva ao esclarecimento ou à resolução construtiva de problemas. É melhor abordar o conflito dizendo: "Vocês dois parecem muito chateados" ou "Parece que os dois querem o estetoscópio ao mesmo tempo". Essas declarações se concentram no problema que existe entre as crianças, em vez de atribuir a responsabilidade exclusiva a uma delas.

6. **Ser parcial.** Para estabelecer credibilidade e ser aceito como mediador, o adulto deve ser percebido como imparcial. Por esse motivo, ele deve evitar indicar concordância ou discordância inicial com qualquer

posição declarada. Isso significa estritamente evitar dar pistas não verbais como acenar, franzir a testa e batucar com o dedo, além de evitar indicações verbais de apoio, simpatia, desdém ou repugnância.

7. **Negar a perspectiva de uma criança.** Durante a mediação de conflito, haverá momentos em que uma criança expressa um ponto de vista que parece ridículo ou mentiroso. Nessas circunstâncias, é tentador para o adulto tentar corrigir a percepção dela: "Você sabe que não odeia realmente o John", "Você não deveria estar tão chateado por esperar sua vez" ou "Você deveria ficar feliz pelo fato de John querer brincar com você depois de seu comportamento". Embora qualquer uma dessas afirmações possa parecer precisa para o adulto, elas não correspondem à percepção da criança da situação.

Como resultado, o que começou como a resolução de um problema mútuo terminará em discussão inútil. Por mais difícil que seja, é responsabilidade do adulto exercer paciência e permitir que as crianças resolvam os próprios sentimentos sobre o problema em discussão.

8. **Dominar.** É natural que os adultos queiram resolver conflitos rapidamente. Às vezes, para acelerar o processo de mediação, eles interferem com a própria solução, em vez de permitirem que as crianças resolvam o problema sozinhas. Uma tática relacionada é forçar as crianças em direção a uma conclusão preconcebida com perguntas como: "Você não acha...?", "Não parece que você deveria...?" ou "Não seria bom se nós...?". Se a professora escolheu iniciar o processo de mediação, deve permitir que ele progrida até uma resolução mútua. Caso contrário, as crianças ficarão frustradas, pois acreditaram que eram responsáveis pela decisão quando, na realidade, devem se conformar com a conclusão da professora.

Quando isso ocorre, as chances de conflito contínuo são altas porque as crianças não sentem um compromisso real com uma abordagem ditada a elas. Além disso, estratégias coercivas não ajudam as crianças a praticar as habilidades de resolução de problemas de que precisarão para conciliar futuros desacordos. Finalmente, o uso de tais técnicas autocráticas arrisca seriamente a credibilidade do adulto em tentativas subsequentes de mediar os conflitos das crianças.

Resumo

Agressão é qualquer forma de comportamento verbal ou físico capaz de ferir, danificar ou destruir. Dois tipos principais de agressão foram identificados: instrumental e hostil. Na agressão instrumental, resultados danosos são derivados não intencionais de uma interação; a agressão hostil é um ato propositado. Assertividade e agressividade são atitudes diferentes. Embora ambas envolvam exercer influência sobre os outros, a asserção não inclui nenhuma intenção de ferir ou diminuir.

Não há um único fator que cause o comportamento violento em crianças. Pesquisas atuais demonstram que a agressão é influenciada pela biologia e aprendida por meio de molde e reforço. A maneira como as crianças expressam agressão muda com o tempo em razão do amadurecimento cognitivo e da experiência. A agressão instrumental domina os primeiros anos, e a hostil se torna mais evidente à medida que a criança amadurece. Meninos e meninas demonstram comportamento agressivo, embora as táticas utilizadas sejam diferentes. Os meninos tendem a ser mais explícitos e fisicamente abusivos, e as meninas utilizam estratégias relacionais e verbais.

Os adultos adotam maneiras diferentes de reduzir a agressividade das crianças. Agressão ignorada, deslocamento, inconsistência e punição física aumentam o comportamento antissocial da criança. Técnicas preventivas eficazes levam em conta os motivos pelos quais a agressão ocorre e colocam em prática condições que tornam a agressão menos provável de acontecer. Quando a agressão surge, os adultos utilizam ampla gama de estratégias multiuso que deixam claro que a agressão é inaceitável, que ajudam as crianças a encontrar meios alternativos de lidar com seus impulsos agressivos e que apoiam a criança no aprendizado de maneiras produtivas de reagir à agressão dos outros. Para fazer isso com eficácia, os adultos devem, inicialmente, construir relações positivas com as crianças, criar ambientes de apoio e empregar estratégias de ensino e treinamento que as ajudam a desenvolver as habilidades necessárias para tornar seus desejos conhecidos e conseguir o que querem de forma amigável. Às vezes, é necessário criar planos intensivos individualizados para que profissionais e famílias possam trabalhar juntos para abordar os comportamentos mais desafiadores das crianças.

Quando se trata de agressão instrumental em particular, os adultos ajudam as crianças a negociar suas diferenças por meio de mediação pontual de conflitos. Isso transforma discussões diárias das crianças em momentos valiosos de aprendizagem. Eventualmente, as crianças se tornam mais capazes de resolver tais disputas de maneira construtiva por conta própria. Quando a agressão hostil ocorre, os adultos devem reagir rapidamente com limites firmes e estratégias voltadas para ensinar às crianças como conter impulsos raivosos, interpretar pistas sociais com mais precisão e substituir suas reações agressivas por outras menos violentas.

É necessário prestar atenção aos *bullies*, a suas vítimas e a quaisquer testemunhas de agressões. Também é importante desenvolver estratégias para lidar com a agressão hostil. Finalmente, trabalhar com os familiares é essencial para reduzir a agressividade de todos os tipos na infância.

Palavras-chave

Agressão; agressão física; agressão hostil; agressão instrumental; agressão relacional; assertivas; *bullying*; deslocamento; mediação de conflito; punição física; vítimas passivas; vítimas provocadoras.

Questões para discussão

1. Descreva os dois tipos de agressão. Discuta comportamentos que os diferenciam. Apresente exemplos de comportamento que você testemunhou e que se encaixam em cada categoria.
2. Descreva uma interação na qual observou uma criança ou um adulto sendo agressivo. Discuta que mudanças no comportamento dessa pessoa teriam tornado as ações assertivas.
3. Escolha um personagem de ficção ou uma figura pública que considera agressiva. Em um grupo pequeno, identifique algumas características dessa pessoa. Aplique seu conhecimento de agressão para oferecer alguma explicação para o comportamento da pessoa.
4. Descreva o surgimento da agressividade nas crianças. Discuta como a maturidade e a experiência influenciam os tipos de agressão que elas exibem em idades diferentes.
5. Neste livro, adotamos uma posição contra o castigo corporal em ambientes profissionais. Discuta suas reações a essa posição.
6. Como os adultos podem modelar o comportamento não agressivo em uma sala de aula? O que as crianças aprenderão com isso? Como pode tornar essas lições mais poderosas?
7. Descreva um comportamento agressivo exibido por uma criança sem revelar sua identidade ao grupo. Consulte as estratégias e habilidades descritas neste capítulo para ajudá-lo a formular um plano para reduzir o comportamento indesejado.
8. Duas crianças chegam à escola com espadas de brinquedo que ganharam no fim de semana. Elas querem brincar com as espadas em classe. Com base no conteúdo abordado neste capítulo, discuta o que você faria nessa situação.
9. Leia a *História de Brian*. Identifique quais das estratégias eficazes para reduzir a agressão descritas neste capítulo a professora utilizou. Há alguma que você acrescentaria se fosse professora de Brian?
10. Compartilhe com seus colegas de classe sua experiência ao tentar o modelo de mediação de conflito apresentado neste capítulo. Descreva as reações das crianças, as suas e o eventual resultado. Pense em maneiras de melhorar sua técnica.

Tarefas de campo

1. Descreva um incidente de agressão na infância que ocorreu em sua alocação em campo. Discuta como outro adulto lidou com ele. Avalie a eficácia da abordagem utilizada. Em seguida, descreva como você lidou com um incidente de agressão envolvendo uma criança em seu ambiente. Avalie a eficácia de sua abordagem.
2. Entreviste dois profissionais da comunidade que trabalham com crianças pequenas. Obtenha informações sobre as estratégias utilizadas para ajudar crianças que exibem comportamento agressivo. Relate seus achados.
3. Descreva uma situação na qual você se envolveu na mediação de conflito. Comece discutindo o que iniciou o conflito. Em seguida, fale sobre as reações das crianças ao processo de mediação e qual foi o resultado final. Identifique duas coisas que você fez bem durante o processo e uma que gostaria de melhorar da próxima vez que tal situação surgir. Conclua discutindo sua reação a seu papel de mediador.
4. Assista a um programa de TV (desenho) ou filme para crianças e registre a frequência de atos agressivos ou violentos. Discuta os possíveis efeitos sobre as crianças.
5. Revise o manual para pais do programa do qual está participando. Identifique políticas e procedimentos voltados para a redução da agressividade na infância.

Capítulo 13

Promoção do comportamento pró-social

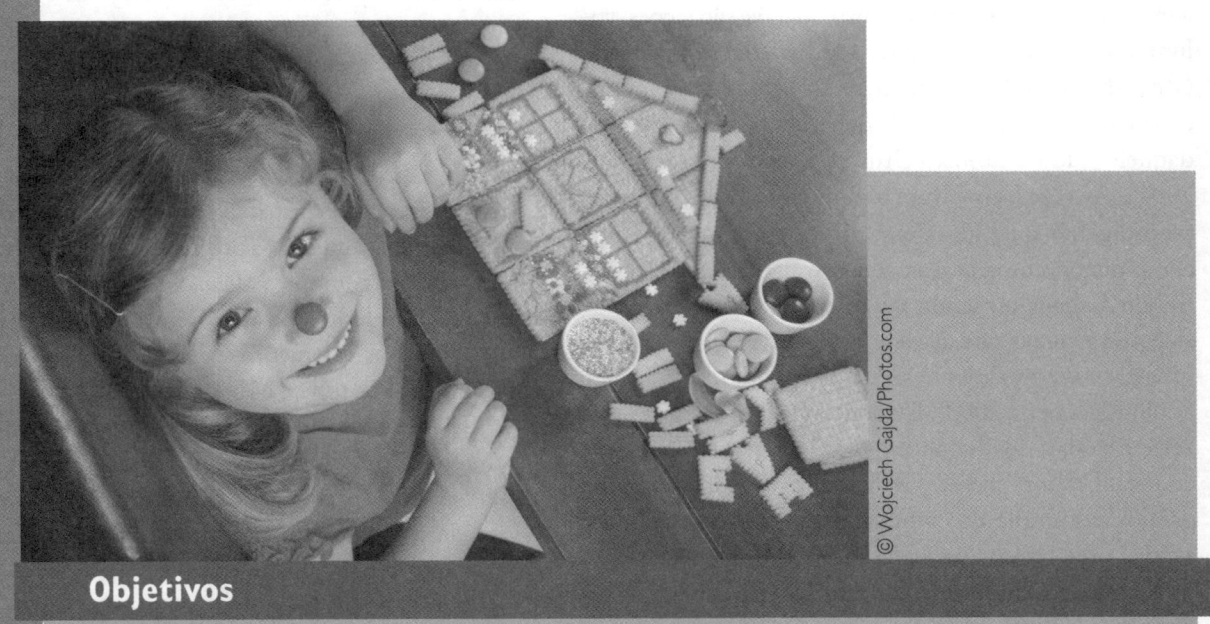

Objetivos

Ao final deste capítulo, você será capaz de descrever:

- Exemplos de comportamento pró-social.
- Benefícios do comportamento pró-social para a criança e os outros.
- O que motiva as crianças a serem pró-sociais.
- Como agir de forma pró-social.
- Fatores que influenciam o comportamento pró-social.
- Estratégias para aumentar o comportamento pró-social das crianças.
- Estratégias de comunicação familiar relacionadas ao comportamento pró-social.
- Armadilhas que devem ser evitadas quando se promove o comportamento pró-social infantil.

■ Comportamento pró-social e crianças

Ajudar	Dividir
Sacrificar	Auxiliar
Simpatizar	Encorajar
Ser voluntário	Dar
Reafirmar	Convidar
Resgatar	Defender
Cooperar	Confortar
Doar	Restaurar

Todos esses termos descrevem comportamentos pró-sociais e representam valores positivos da sociedade. Eles se opõem à conduta antissocial, como egoísmo e agressão. **Comportamentos pró-sociais** são ações voluntárias voltadas para ajudar ou beneficiar as pessoas (Rose-Krasnor & Denham, 2009). Frequentemente, ocorrem sem antecipação de qualquer benefício pessoal daquele que os utiliza (Grusec, Davidov & Lundell, 2004). Às vezes, envolvem algum risco físico ou social ao indivíduo que adota esse tipo de comportamento, como quando uma pessoa defende alguém que está sofrendo *bullying* ou sendo falsamente acusado. A disposição de realizar tais ações é aprendida e praticada na infância e eventualmente levada à vida adulta (Wittmer, 2008; Eisenberg, 2003). Evidências sugerem que as raízes de cuidar, dividir, ajudar e cooperar estão em cada criança. Embora crianças mais velhas demonstrem uma gama mais ampla de comportamentos pró-sociais, até as menores têm a capacidade de demonstrar reações pró-sociais em diversas circunstâncias (Eisenberg, Fabes & Spinard, 2006).

O comportamento pró-social é um componente significativo da competência social. Independentemente da idade, as interações das crianças tendem a ser mais positivas que negativas. Por exemplo, estudos realizados há trinta anos sugerem que a proporção entre comportamentos pró-sociais e atos antissociais das crianças é de, no mínimo, 3:1 e chega a até 8:1 (Moore, 1982). Isso significa que, para cada comportamento negativo, as crianças têm em média três a oito ações positivas. Pesquisas mais recentes confirmam esse padrão. Por exemplo, crianças em idade pré-escolar rotineiramente tentam ajudar, demonstram simpatia ou exercem outros comportamentos pró-sociais muito mais frequentemente do que são agressivas (Eisenberg, Fabes & Spinard, 2006). Essas tendências a serem úteis e gentis permanecem relativamente estáveis durante todo esse período e nos anos iniciais do ensino fundamental (Rose-Krasnor & Denham, 2009). Assim, a infância é um período ideal para o desenvolvimento de atitudes e condutas pró-sociais.

Embora seja óbvio que as crianças se beneficiem quando atos de gentileza são voltados para elas, as que ajudam, cooperam, consolam ou resgatam também se beneficiam do comportamento pró-social (Saarni et al., 2006).

Benefícios do comportamento pró-social

Há vantagens sociais, emocionais e escolares em ser gentil. Crianças que realizam atos pró-sociais desenvolvem sentimentos de satisfação e competência ao ajudarem outras pessoas. Quando elas ajudam com a louça, dividem informações com um amigo, consolam um colega de brincadeira infeliz ou trabalham com os outros para atingir um produto final, um pensamento é recorrente: "Sou útil. Posso fazer alguma coisa. Sou importante". A percepção de ser capaz e valiosa que a pessoa tem de si mesma contribui para que ela estabeleça uma autoimagem saudável (Trawick-Smith, 2009). A gentileza também comunica afeição e amizade, além de promover sentimentos positivos em quem age e recebe, o que amplia as interações sociais e fortalece as relações existentes (Hartup & Moore, 1990).

Crianças gentis maximizam os encontros sociais bem-sucedidos que vivenciam, o que aumenta a probabilidade de seus atos gentis continuarem no futuro. Na verdade, o comportamento natural das crianças de dividir aos 4 anos está ligado ao comportamento pró-social na vida adulta (Eisenberg et al., 1999). O comportamento pró-social também aumenta as chances de as crianças receberem ajuda ou cooperação quando necessário. Crianças mais pró-sociais têm mais chance de receber atos pró-sociais (Cassidy et al., 2003; Persson, 2005).

As crianças que se beneficiam de qualquer tipo de ação pró-social recebem mais atenção quanto ao modo como tais comportamentos são realizados. Cada episódio serve de modelo do qual elas extraem informações úteis para aplicar em futuros encontros. Os recebedores também têm chances de aprender a reagir positivamente à bondade que os outros estendem a eles. Indivíduos que nunca aprendem essa habilidade eventualmente recebem menos ofertas de conforto e apoio.

Crianças pró-sociais têm mais chance de entrar em relações de apoio com colegas (Hughes & Ensor, 2010; Lerner et al., 2005). Elas tendem a ter pelo menos um ou dois amigos, envolver-se em menos agressão e conflito com os outros e ser mais populares com os colegas (Eisenberg et al., 2006). Os adultos frequentemente descrevem crianças pró-sociais como tendo habilidades sociais (Cassidy et al., 2003).

Finalmente, há evidências de que o comportamento pró-social precoce prevê fortemente realizações escolares atuais e futuras (Wentzel, 2009). As crianças pró-sociais são mais capazes de pedir ajuda de colegas e adultos, o que lhes permite desenvolver ainda mais suas capacidades cognitivas e criar um clima mais positivo na escola para si mesmas. O Box 13.1 resume os benefícios do comportamento pró-social.

Além de beneficiar o indivíduo, o comportamento pró-social também tem vantagens para grupos. Ambientes de grupo nos quais as crianças são estimuladas a ser cooperativas e prestativas resultam em interações mais amigáveis e esforços em grupo produtivos do que aqueles nos quais se presta pouca atenção a esses valores (Gazda et al., 2005).

BOX 13.1 Benefícios de exercer comportamento pró-social

1. Cria sensações de satisfação.
2. Constrói percepções de competência.
3. Amplia as interações sociais.
4. Promove relações contínuas.
5. Aumenta a popularidade entre colegas.
6. Aumenta chances de receber ajuda ou cooperação.
7. Aumenta o desempenho escolar.
8. Leva a uma atmosfera positiva em grupo.

Além disso, tarefas rotineiras ou tediosas, como a limpeza, são gerenciadas mais facilmente. Quando todos colaboram, elas são concluídas rapidamente e ninguém se sente sobrecarregado. Um benefício adicional é que as crianças começam a desenvolver uma imagem positiva de grupo no qual elas veem a si mesmas e os outros como cordiais e competentes (Marion, 2011).

Motivação das crianças para agir de forma pró-social

Há diversos motivos pelos quais as crianças são gentis, prestativas ou cooperativas. Algumas podem agir para evitar danos (convidam uma criança para brincar com o objetivo de não magoá-la). Outras reagem espontaneamente a um evento (Jerome cai do balanço. Fred corre até ele gritando: "Você está bem?"). Outras querem compensar pelo problema que o próprio comportamento causou (Kurt empurrou Jeremy de lado para pegar o robô que queria. Então, nota que Jeremy está quase chorando e entrega um segundo robô, sorrindo: "Você pode ficar com este"). Um comportamento pró-social pode ocorrer porque alguém orientou as crianças ("Dê alguns de seus blocos a ela, por favor"). Um pedido de ajuda pode ser outro motivo para o comportamento pró-social ("Você pode chamar a professora para mim, por favor?"). Finalmente, uma criança pode agir simplesmente para benefício de alguém, sem compromisso (Hastings, Utendale & Sullivan, 2008).

A inspiração da criança para ser pró-social é influenciada por fatores de desenvolvimento como idade, capacidade de pensar nos outros, nível de simpatia com a vítima e motivação moral (Malti et al., 2009; Vaish, Carpenter & Tomasello, 2009). Ela também é influenciada pela experiência – observar atos pró-sociais e vivenciar a gentileza e reações aos próprios esforços para ser pró-so-cial. Nos primeiros anos, as crianças praticam atos gentis com os pais e, depois, com colegas. Alunos dos anos escolares iniciais e do início do ensino fundamental utilizam razões autocentradas ou voltadas a necessidades para a ação, selecionando comportamentos para se sentirem melhores (parar de chorar ou receber elogio dos adultos). Esse raciocínio diminui nos últimos anos do ensino fundamental. Com o tempo, os motivos para o comportamento pró-social se tornam mais abstratos, e as crianças se baseiam em princípios e padrões morais para agir (Eisenberg et al., 2006).

Como se tornar pró-social

Em um passado não muito distante, acreditava-se que, se as crianças fossem orientadas a pensar de maneira pró-social, as ações adequadas se seguiriam automaticamente. Infelizmente, pensamentos gentis não são ligados significativamente a atos pró-sociais. Embora até crianças pequenas e em idade pré-escolar possam explicar que dividir, revezar e trabalhar em conjunto são coisas boas para fazer, não agem necessariamente dessa forma quando isso seria adequado. Por exemplo:

Enquanto fingia ser um policial, Brian olhava a professora nos olhos e dizia claramente: "A regra é: Não use as mãos. Bater em outras crianças dói". Então, ele se afastava dessa recitação, via alguém fazendo algo que interpretava como errada, tirava o bloco do cinto (seu cassetete) e batia na cabeça do ofensor.

Brian tinha a ideia certa, mas as ações de acompanhamento erradas. Para que possam ser realmente pró-

-sociais, as crianças devem ir além de simplesmente pensar no que é certo e agir com base nisso. O comportamento pró-social envolve os seguintes passos (veja Figura 13.1):

1. **Conscientizar-se** de que dividir, ajudar ou cooperar é necessário.
2. **Decidir** agir.
3. **Agir** para ser pró-social.

Passo 1: Conscientizar-se

Antes de tudo, as crianças devem se conscientizar de que alguém pode se beneficiar de uma reação pró-social (Honig & Wittmer, 1996). As crianças devem interpretar com precisão o que veem e ouvem, o que significa reconhecer sinais típicos de problema como chorar, suspirar, fazer caretas ou lutar – além de identificar corretamente pistas verbais – "Isso é demais para fazer sozinha" ou "Se trabalharmos juntos, acabaremos mais rápido".

A facilidade com a qual as crianças reconhecem essas pistas depende da clareza destas. Sinais ambíguos ou sutis são mais difíceis de as crianças interpretarem do que os diretos (Horowitz & Bordens, 1995). Por exemplo, se Patty observa Duwana cair e gemer, pode não ficar claro para ela que Duwana precisa de ajuda. Entretanto, se Duwana chora e pede ajuda, Patty entenderá seu problema mais facilmente. Da mesma forma, Patty pode entrar na fase de conscientização do comportamento pró-social se um adulto indicar para ela os sinais de problema exibidos por Duwana. Na maioria dos casos, pessoas que enfrentam uma situação problemática olham para a vítima e observam a reação dos outros nas proximidades para determinar se há um problema real.

Isso é especialmente verdadeiro quando a situação é ambígua ou vaga. Se os espectadores parecem indiferentes, um possível auxiliar pode não ficar sabendo que a intervenção é necessária. Por exemplo, quando a construção de Abdul desmorona, ele parece infeliz, mas não emite som algum. Várias crianças nas proximidades olham, mas não veem lágrimas ou outros sinais abertos de problema e voltam para sua brincadeira. Roger, que observa toda a cena, também pode presumir que a assistência é desnecessária porque mais ninguém se mexeu para ajudar. Entretanto, pode pensar diferente se um adulto ou outra criança disser algo como: "Você está bem?" ou "Que pena que sua torre caiu". Esses comentários causam conscientização de que a situação realmente pode ser problemática para Abdul.

FIGURA 13-1 Passos para o comportamento pró-social. ["Conscientizar-se", "Decidir", "Agir"].

> *Todas as crianças se beneficiam da orientação para notar quem pode precisar de ajuda. Para as pequenas com problemas de audição e que não ouvem pistas de problema, a intervenção de adultos é especialmente útil. Todo ano, a Sra. Barkley ensina à sua classe de educação infantil a Linguagem Americana de Sinais para "pare" e "olhe" e a utiliza diariamente para indicar oportunidades de ajuda para os colegas. Sempre que uma possível situação ocorre, a professora diz a palavra enquanto sinaliza simultaneamente "Pare. Olhe". Isso beneficia todos os alunos na sala.*

À medida que as crianças identificam pistas de que alguém está com problema, podem sentir simpatia ou empatia pela pessoa ou ficar chateadas com a situação. Sentir tristeza pela outra pessoa mais provavelmente levará à ação pró-social, enquanto sentir tristeza por si mesmo tem menor possibilidade de levar a tal ação. Inicialmente, a reação emocional de uma criança muito pequena é imitar os sinais de problema ao chorar ou suspirar. Conforme as crianças amadurecem, tornam-se mais capazes de sentir empatia e mais hábeis em aliar sua resposta emocional a algum gesto de assistência. Na verdade, quanto mais simpatia e empatia a criança sentir pela pessoa, mais provavelmente agirá (Eisenberg et al., 2006).

Passo 2: Decidir agir

Depois que a criança identifica uma pessoa em necessidade, enfrenta a decisão de agir ou não. Três fatores influenciam essa decisão: a relação da criança com a pessoa em necessidade, o humor e a autopercepção de que é um ser pró-social.

Relação. Crianças de todas as idades provavelmente reagirão com mais gentileza a pessoas de quem gostam e com quem estabeleceram relações (Eisenberg et al., 2006). Embora crianças possam reagir com compaixão a pessoas que não conhecem, amigos frequentemente são mais gentis uns com os outros que com estranhos. Atos pró-sociais como dividir também têm mais chance de ocorrer se o recebedor for alguém que dividiu com o doador anteriormente ou se dividir exigir que o recebedor faça o mesmo no futuro (Eisenberg & Fabes, 1998). Sob essas circunstâncias, as crianças se sentem responsáveis pelo grupo a que pertencem com base em sua noção de justiça e reciprocidade.

Humor. A decisão sobre agir ou não de forma pró-social afeta o humor das crianças. Em qualquer faixa etária, crianças com humor mais positivo serão mais pró-sociais que aquelas cujo humor é negativo ou neutro (Ladd, 2005). Quando estão felizes, elas ficam otimistas quanto ao resultado de seus esforços e podem até realizar ações pró-sociais difíceis ou socialmente custosas com a expectativa de sucesso no final. Por sua vez, crianças raivosas ou tristes frequentemente não conseguem ver além das próprias circunstâncias infelizes para ajudar os outros ou podem acreditar que suas ações falharão de qualquer maneira. Exceções a essa regra ocorrem quando crianças mais velhas e mal-humoradas percebem que o comportamento gentil pode melhorar o humor delas. Os atos subsequentes de gentileza podem ser realizados na esperança de que elas melhorem. Entretanto, se constatarem que não haverá nenhum benefício decorrente da mudança de atitude, elas decidirão não realizar atividades pró-sociais.

Autopercepção. A decisão de uma criança de se comportar ou não de forma pró-social também pode incluir quanto ela se considera gentil. Crianças que frequentemente ouvem que são cooperativas ou prestativas acreditam que o são e, em geral, optam por agir de forma a reforçar essa autoimagem (Paley, 1992). Aquelas que não têm essas autopercepções podem se afastar da decisão de realizar um ato pró-social porque tais comportamentos não se encaixam na forma como elas se veem em relação aos outros.

Passo 3: Agir

Se as crianças assumem responsabilidade por dividir, ajudar ou cooperar, devem, então, selecionar e exercer um comportamento que consideram adequado à situação. Sua conduta em tais circunstâncias é influenciada por duas capacidades: tomada de perspectiva e *know-how* instrumental (Berk, 2009).

Na **tomada de perspectiva**, as crianças reconhecem o que seria útil para outra pessoa cujas necessidades podem não espelhar as suas no momento. Crianças muito pequenas têm habilidades limitadas de tomada de perspectiva. Por exemplo, quando Juanita, de 2 anos, ofereceu a sua cuidadora o cobertor de coelhinhos quando a porta fechou na mão da adulta, sua intenção era boa, mas ela não entendeu o que era realmente necessário para corrigir a situação. Sua ineficácia não é surpreendente. No entanto, à medida que essas habilidades emergem, crianças que estão nos níveis elementares inferiores se tornam mais equipadas para ajudar e cooperar. Isso é especialmente verdadeiro em situações nas quais o ambiente é familiar ou as circunstâncias do problema lembram algo que elas já vivenciaram. Aos 6 anos, as habilidades de tomada de perspectiva começam a melhorar em conjunto com a cognição social da criança. A criança se torna cada vez mais capaz de projetar reações adequadas em situações não familiares (Carlo et al., 2010).

O *know-how* **instrumental** envolve o conhecimento e as habilidades necessárias para agir de maneira competente (Brown, Odom & McConnell, 2008). Crianças com muitas habilidades a sua disposição são as mais eficazes em executar as próprias ideias. Aquelas com poucas habilidades podem ter boas intenções, mas seus esforços frequentemente são contraprodutivos ou ineptos. Além disso, crianças mais novas que são as mais pró-sociais também são as com mais chance de exercer alguns comportamentos antissociais. Por causa da experiência, nem sempre elas conseguem diferenciar ações adequadas das inadequadas. Gradualmente, as crianças se conscientizam mais o que diferencia esses dois tipos de comportamento e tornam-se mais capazes de iniciar ações úteis e adequadas.

Elas podem apresentar alguma dificuldade em progredir em qualquer um dos três passos descritos. Por exemplo, podem ignorar ou interpretar mal as pistas que transmitem a necessidade de outra pessoa de reação pró-social. Também podem escolher uma ação inadequada ao tentarem ajudar. Uma criança que está tentando consolar pode literalmente enfiar o livro de histórias preferido na cara de outra criança, abraçar tão forte a ponto de machucar ou dizer algo desagradável como: "Bom, você não está cheirando TÃO mal assim". Assistentes jovens também podem errar ao adicionarem água à tinta acrílica para que renda mais ou utilizar pasta de dente para limpar o quadro branco porque ouviram que ela limpa muito bem. De maneira semelhante, crianças que tentam defender alguém podem se tornar agressivas ou malvadas como uma maneira de mostrar o favor. Às vezes, elas podem assumir que a cooperação significa desistir das próprias ideias ou se conformar com a mediocridade em um esforço para agradar a todos. Trata-se de erros naturais que as crianças cometem ao aprenderem a ser boas umas com as outras. À medida que elas amadurecem e ganham experiência, esses erros se tornam menos frequentes.

■ Influências sobre o comportamento pró-social das crianças

Duas crianças do quarto ano estão sentadas à mesa de almoço esperando os amigos chegarem. Elas veem um menino do segundo ano derrubar todo o conteúdo da lancheira no chão, perto de sua mesa. Uma criança ri. A outra sorri, mas se levanta para ajudá-lo.

O que faz uma pessoa agir com gentileza e outra não? Como com muitas outras áreas do desenvolvimento, cientistas tentam determinar os fatores que contribuem para o comportamento pró-social além de interações diárias com colegas. A lista continua se expandindo. Como previsto, ela inclui elementos da biologia, compreensão sociocognitiva, linguagem, experiências sociais, expectativas culturais e comportamentos de adultos.

Biologia e comportamento pró-social

O comportamento pró-social pode ser atribuído, em parte, à biologia (Grusec, Davidson & Lundell, 2004). Estudos fornecem evidências de elos biológicos para o desenvolvimento de empatia, simpatia e comportamento pró-social (Eisenberg, 2003; Hastings, Zahn-Waxler & McShane, 2005).

Temperamento. Com base em pesquisas, há indícios de que a combinação de temperamento, sensibilidade a emoções próprias e dos outros e a regulação destas se conecta com a capacidade de um indivíduo reagir a situações de maneira pró-social (Eisenberg et al., 2006). Por exemplo, crianças com mais tendência a ter um temperamento agradável, que reconhecem o problema dos outros, mas não se chateiam excessivamente com ele, têm mais chance de reagir de forma pró-social. Uma criança que aparentemente é indiferente àquilo que acontece a seu redor poderá demonstrar alguma preocupação com o problema de outrem, entretanto ela estará tão envolvida consigo mesma que provavelmente não tomará nenhuma atitude para ajudar, por exemplo, um colega em apuros.

Crianças que conseguem regular as próprias emoções, embora estas sejam intensas, são mais aptas a ter simpatia pelos outros. No entanto, a intensidade das emoções não é necessariamente o mais importante, mas sim o controle delas e a regulação da ação. Crianças pró-sociais são capazes de regular as próprias emoções e agir (Eisenberg et al., 2006).

Gênero. A maioria dos estudos não demonstrou nenhuma diferença entre os sexos na disposição das crianças em exercer comportamento pró-social. Parece que meninos e meninas têm capacidade igual de ser pró-sociais. Algumas pesquisas constataram que há uma diferença de gênero quanto à ocorrência de comportamento pró-social. As meninas exercem comportamento pró-social mais frequentemente que os meninos (Keane & Calkins, 2004; Russell et al., 2003). Outras pesquisas não encontraram diferença alguma (Hastings, Rubin & DeRose, 2005). A idade também pode fazer a diferença para determinar até que ponto as crianças são pró-sociais e no raciocínio que utilizam para guiar suas ações.

Idade. O simples fato de ficar mais velha não garante que uma pessoa se tornará mais pró-social. Entretanto, é possível dizer, no geral, que a capacidade de comportamento pró-social das crianças se amplia com a idade (Eisenberg et al., 2006). Os primeiros sinais começam no início da vida. Bebês e crianças pequenas frequentemente reagirão a um companheiro chorando ou em sofrimento óbvio (Thompson, 2006; Wittmer, 2008). Comportamentos como dividir, ajudar, cooperar, doar, consolar e defender se tornam muito mais comuns à medida que as crianças amadurecem (Pratt, Skoe & Arnold, 2004).

Compreensão sociocognitiva e comportamento pró-social

A compreensão sociocognitiva inclui pensar em como os outros estão pensando e se sentindo. Para tal, é necessário ter algum grau de simpatia, empatia, tomada de perspectiva e teoria da mente. Cada um está vinculado ao comportamento pró-social (Carlo et al., 2010; Hastings et al., 2008). Assim, crianças que conseguem entender as emoções dos outros terão mais chance de realizar atos pró-sociais e demonstrar maior competência social geral (Hughes & Ensor, 2010; Saarni et al., 2006). Além disso, quando crianças participam de conversas sobre emoções, mais provavelmente agirão de forma gentil (Garner, Dusmore & Southam-Gerrow, 2008).

Linguagem e comportamento pró-social

A linguagem é poderosa. A capacidade de as crianças entenderem e utilizarem a linguagem é muito importante para que possam comunicar necessidades e ser atendidas. Em particular, à medida que elas expandem seu uso de palavras relacionadas às emoções, aprendem mais sobre si mesmas, entendem melhor o comportamento dos outros e reagem de formas empáticas e simpáticas aos outros (Saarni et al., 2006; Epstein, 2009). Conforme adquirem capacidades iniciais de linguagem para discutir, pensar e refletir sobre os próprios comportamentos e dos outros, demonstram maior comportamento pró-social e menos atitudes problemáticas (Hughes & Ensor, 2010).

Dividir. A ação de dividir é um bom exemplo da combinação da influência da biologia, do entendimento sociocognitivo e da linguagem no desenvolvimento pró-social crescente das crianças. Em um programa típico do início da infância que atende crianças pequenas e aquelas que estão iniciando o período escolar, é possível ver exemplos de crianças que sabem dividir. Não há grande probabilidade de crianças de 18 a 24 meses dividirem. No entanto, crianças de 2 anos já conseguem dividir os brinquedos com os colegas (Rose-Krasnor & Denham, 2009). Nessa faixa etária, consideram mais fácil dividir com os adultos, mas a frequência desse comportamento é relativamente baixa quando se trata de crianças mais velhas. Isso ocorre porque crianças mais novas são territoriais e egocêntricas por natureza (Reynolds, 2008). Como valorizam bastante a posse do momento, elas têm dificuldade de abrir mão de objetos, mesmo quando não os estão utilizando mais. Esse aspecto talvez explique por que Michael, de 4 anos, que anda de triciclo e depois corre para cavar na areia, protesta quando outra criança sobe no triciclo. O triciclo é de Michael, e o menino não gosta de cedê-lo mesmo que não se interesse pelo brinquedo. Além disso, crianças mais novas não têm as habilidades de negociação verbal necessárias para resolver disputas de posses ou fazer barganhas com pessoas que satisfaçam cada parte. Consequentemente, seus motivos iniciais para dividir se concentram em interesses próprios, como dividir agora para que o recebedor se sinta obrigado a dividir com elas no futuro ou acalmar um colega que ameaça: "Se você não me der um pouco, não vou mais ser seu amigo".

Durante o final da pré-escola e início do ensino fundamental, as crianças acabam percebendo que dividir leva ao compartilhamento de atividades e que brincar com outra pessoa frequentemente é mais divertido que brincar sozinha (Reynolds, 2008). Durante esse período, as interações das crianças com os pares aumentam e suas capacidades de dividir se tornam maiores. As mudanças mais drásticas ocorrem entre os 6 e 12 anos, aproximadamente na época em que as habilidades de tomada de perspectiva se expandem muito (Carlo et al., 2010).

Há diversos motivos pelos quais crianças mais velhas dividem mais facilmente. Primeiro, suas capacidades intelectuais mais avançadas permitem que reconheçam a possibilidade de duas pessoas desejarem legitimamente a mesma coisa ao mesmo tempo, que posses divididas podem ser recuperadas e que dividir frequentemente é algo recíproco (Berk, 2009). Elas também entendem que há uma diferença entre dividir (o que significa perda temporária de propriedade) e doar (que é permanente) e conseguem entender, além de deixarem claro para os outros, qual dos dois se pretende.

Além disso, têm mais habilidades a sua disposição que lhes permitem dividir de diversas formas. Se uma abordagem, como se revezar, não for satisfatória, haverá opções como barganhar, negociar ou utilizar um objeto em conjunto. Essas crianças também tiveram a oportunidade de aprender que aqueles a sua volta veem a divisão como algo favorável, então podem utilizar essa estratégia para causar reações positivas. Finalmente, crianças mais velhas consideram mais fácil se separar de alguns itens porque diferenciam os valores de suas posses.

Aquelas crianças que estão nos primeiros anos do ensino fundamental também são motivadas a dividir por um desejo de aceitação pelos outros. Atos pró-sociais como dividir são vistos como bons, o que torna mais provável que crianças que exercem tal comportamento desfrutem da aprovação de seus colegas. O autossacrifício que vem de dividir é compensado por essa aprovação.

À medida que amadurecem, o raciocínio também é influenciado pelo princípio de justiça. Dividir se torna uma maneira de satisfazer esse princípio. Inicialmente, as crianças definem justiça como igualdade estrita, o que significa que todos merecem tratamento igual independentemente da circunstância. Quando é necessário dividir, elas descobrem que cada pessoa deve ter o mesmo número de vezes, que cada vez deve durar aproximadamente o mesmo tempo e que todos devem receber o mesmo número de peças. Nessa idade, há muitas discussões entre colegas sobre justiça. Eventualmente, elas passam a acreditar que a igualdade inclui tratamento especial para quem merece – com base em esforço adicional, desempenho excepcional ou condições de desvantagem (Damon, 1988). Sob tais circunstâncias, as crianças decidem que o ato de dividir não precisa ser exatamente igual para ser justo. Elas reconhecem que uma pessoa com menos chance de brincar pode precisar de uma vez maior ou pensam que alguém que trabalhou especialmente duro em um projeto merece ir primeiro. Esse raciocínio é aparente às vezes em crianças de 8 anos, mas, para outras, aparece muito mais tarde. Em qualquer caso, tal raciocínio aprofunda a compreensão pela criança do comportamento pró-social, levando a instâncias mais frequentes de gentileza do que as possíveis anteriormente.

As diferenças entre crianças mais novas e mais velhas quanto à capacidade de dividir ressaltam as mudanças em seu desenvolvimento geral e suas capacidades de raciocínio. Assim, crianças passam gradualmente de argumentações auto-orientadas ("Ele vai gostar mais de mim se eu dividir") para as orientadas pelos outros ("Ela ficará triste se não tiver vez") e de argumentações concretas ("Peguei primeiro") para ideais mais abstratos ("Ela precisa disso"). Essencialmente, as crianças ficam mais capazes de "se colocar no lugar de outra pessoa" e o fazem para embasar seu respeito próprio. Essa última conquista tende a ocorrer mais tarde na adolescência e raramente é vista em crianças menores de 12 anos. Finalmente, há evidências de que os níveis de raciocínio descritos aqui se relacionam aos comportamentos reais que as crianças exibem (Eisenberg et al., 2006). Crianças que utilizam níveis mais maduros de raciocínio moral exibem um repertório mais amplo de habilidades pró--sociais e mais provavelmente terão comportamento pró-social que aquelas que estão estágios inferiores (veja Quadro 13.1). A maturidade da criança é determinada pelo próprio relógio biológico e por suas experiências sociais e culturais.

Experiências sociais e comportamento pró-social

As experiências vivenciadas pelas crianças na família, com os colegas e na escola têm papel importante em seu desenvolvimento pró-social. Na família, desde o nascimento, o ambiente começa a impactar o comportamento pró--social. Acredita-se que o vínculo emocional entre o bebê e os pais forme a base do desenvolvimento pró-social (Diener et al., 2007; Saarni et al., 2006). Além disso, as

QUADRO 13.1 Comparação entre idade e dividir

Mais novas (de 2 a 6 anos)	Mais velhas (de 6 a 12 anos)
1. Têm motivos auto-orientados.	1. Têm motivos orientados para os outros.
2. Reconhecem a própria alegação.	2. Reconhecem a legitimidade das alegações dos outros.
3. Valorizam a posse do momento.	3. Diferenciam o valor dos objetos.
4. Pensam no "aqui e agora".	4. Pensam em futuros benefícios; as experiências passadas podem ser utilizadas para guiar o comportamento.
5. Têm poucas habilidades desenvolvidas para barganhar ou negociar.	5 Têm habilidades verbais bem desenvolvidas.
6. Apresentam alguma dificuldade em ver mais de uma opção.	6. Percebem muitas soluções alternativas.

conversas que os pais têm com filhos pequenos estão ligadas ao desenvolvimento da empatia (Garner, Dunsmore & Southam-Gerrow, 2008; Thompson, 2006).

Nos anos posteriores, em lares onde crianças realizam tarefas e nos quais todos trabalham pelo bem da família, elas demonstram maior comportamento pró-social (Eisenberg et al., 2006).

As crianças aprendem umas com as outras. Assim, os pares oferecem oportunidades para dar e receber comportamento pró-social. O mais importante é que a interação com colegas de mesma faixa etária proporciona chances de praticar atos positivos de todos os tipos. Os pares tendem a "pegar" uns nos outros, adquirindo as características de comportamento dos outros (Bukowski, Velasquez & Brendgen, 2008). Simplesmente ser exposto a pares pró-sociais demonstrou produzir crianças mais pró-sociais ao longo do tempo (Fabes et al., 2005). Além disso, ter pelo menos uma amizade recíproca está relacionado a maiores níveis de comportamento pró-social (Wentzel, Barry & Caldwell, 2004). Ademais, participar com pares em atividades de grupos de jovens e serviço comunitário está ligado a comportamentos pró-sociais no futuro, especialmente voluntariado (Youniss & Metz, 2004).

A qualidade geral do ambiente escolar, especialmente as interações humanas entre professor e criança e entre crianças, está ligada ao comportamento pelas crianças de maneiras mais ou menos pró-sociais. Por exemplo, quanto maior for a qualidade do cuidado recebido na escola, maior será a quantidade de comportamento pró-social exibido (NICHD, 2002). Além disso, há uma associação entre qualidade da escola e autorregulação, empatia e competência social da criança (Eisenberg et al., 2006; Wilson, Pianata & Stuhlman, 2007). Finalmente, as atitudes e os comportamentos do professor contribuem significativamente para ações pró-sociais da criança na sala de aula. Quando os professores gostam dos alunos, geralmente atribuem intenções de comportamento pró-social às ações dos alunos e reagem de forma positiva a eles. Entretanto, quando sentem o oposto e reagem mais negativamente, a agressão é mais comum no comportamento do aluno (McAuliffe, Hubbard & Romano, 2009). É necessária uma ação considerada e propositada para criar interações de qualidade capazes de promover o comportamento pró-social.

Expectativas e experiências culturais e comportamento pró-social

Culturas diferem na ênfase que dão a comportamentos pró-sociais como dividir, ajudar ou cooperar. Algumas enfatizam a competição e a realização individual, enquanto outras reforçam a cooperação e a harmonia em grupo. Algumas têm alta tolerância à violência, outras não. Em qualquer caso, influências culturais têm um papel em até que ponto a gentileza é um fator nas interações humanas.

Tais influências são expressas em leis, políticas econômicas, pela mídia e nas instituições que as pessoas criam. A importância atribuída pela sociedade às crianças, como vivem, o que veem e ouvem, como são tratadas em casa e na comunidade e as expectativas que as pessoas têm quanto ao seu comportamento se baseiam na cultura. Crianças que crescem em sociedades que valorizam a gentileza, utilidade e cooperação são capazes de internalizar esses valores e exibir comportamentos correspondentes no dia a dia. Além disso, culturas que promovem relações acolhedoras e carinhosas entre adultos e crianças, bem como a atribuição desde cedo de tarefas e responsabilidades que contribuem para o bem comum, provavelmente produzirão crianças pró-sociais (Hastings et al., 2008). Os membros mais jovens da sociedade encontram esses ensinamentos culturais no lar e em ambientes de grupo formais como a escola. Nesses ambientes, os adultos influenciam fortemente a capacidade de as crianças se tornarem mais ou menos pró-sociais.

Comportamento dos adultos e comportamento pró-social

Os adultos têm um grande impacto na formação geral das crianças, sobretudo quanto à possibilidade de elas se tornarem prestativas e cooperativas, e utilizam muitos meios de exercer sua influência. As estratégias mais eficazes estão nas três primeiras camadas da pirâmide de apoio social (veja Figura 13.2).

Como se pode presumir, a principal maneira de os adultos promoverem comportamento pró-social é por meio das relações que desenvolvem com as crianças. Quando adultos são acolhedores e apoiadores, as crianças ficam ligadas de forma mais segura a eles e mais provavelmente se comportarão de forma pró-social (Hastings et al., 2008).

A criação de ambientes que facilitem ou inibam o desenvolvimento de comportamento pró-social das crianças é outra forma de os adultos influenciarem o nível no qual elas são prestativas e gentis (Labile & Thompson, 2008). Em ambientes de grupo, a atmosfera que mais provavelmente promoverá nutrição, divisão, cooperação e resgate tem as seguintes características (Bronson, 2006):

1. Os participantes preveem que todos farão seu melhor para apoiar uns aos outros.
2. Adultos e crianças contribuem para decisões tomadas, práticas e procedimentos.
3. A comunicação é direta, clara e mútua.
4. As diferenças individuais são respeitadas.
5. As expectativas são razoáveis.
6. As pessoas gostam umas das outras e têm uma sensação de pertencer ao grupo.
7. Há ênfase nas realizações do grupo e também nas individuais.

Para que esse ambiente tenha essas características, os adultos devem utilizar um estilo de disciplina de autoridade, moldar o comportamento pró-social, recompensar as tentativas de ações pró-sociais das crianças, instruí-las quanto a valores ou habilidades pró-sociais e oferecer-lhes exemplos de comportamentos pró-sociais.

Estratégias de disciplina. A abordagem de autoridade à disciplina exposta neste livro pode ser um componente positivo e poderoso para aprender a se comportar de forma pró-social (Hastings et al., 2008; Laible & Thompson, 2008). Conversar com as crianças sobre comportamentos e atitudes adequados e oferecer-lhes motivos racionais sobre a obediência pode promover a internalização de valores pró-sociais (Eisenberg et al., 2006; Hastings et al., 2007). Quando adultos mantêm altas expectativas para que as crianças exerçam comportamento pró-social e aplicam regras que apoiam essa filosofia, o comportamento gentil e justo com os pares não ocorre apenas no aqui e agora, mas também no futuro (Pratt et al., 2003). No entanto, quando eles utilizam a retenção do amor ou asserção de técnicas de poder, os resultados podem ser bastante diferentes (Knafo & Plomin, 2006). Consulte os capítulos 10 e 11 para obter mais informações sobre essas abordagens e seus resultados.

Modelagem. Crianças que convivem com pessoas que cooperam, ajudam, dividem e doam têm mais chance de reproduzir comportamentos desse tipo (Hastings et al., 2008). Assim, adultos que modelam tais ações ajudam a aumentar a conduta pró-social das crianças no presente e futuro (Ladd, 2005). As crianças provavelmente se beneficiarão ainda mais do modelo se houver uma conversa simultânea com foco em como o ato beneficiará a outra pessoa (Hastings et al., 2008). Dizer "Janet realmente se sentirá melhor ao saber que fizemos para ela um cartão desejando melhoras" em vez de "É gentil enviar um cartão" coloca o foco na outra pessoa, não em si mesmo.

As crianças que se esforçam em reproduzir modelos prestativos e amigáveis são capazes de administrar recompensas e consequências (Thompson & Twibell, 2009). Modelos inconsequentes, críticos, ditadores, punitivos ou indefesos comumente são ignorados. Além disso, o modelo pró-social tem maior impacto quando o que os adultos dizem é congruente com o que fazem (Shaffer & Kipp, 2010). Pesquisadores constataram que, quando há inconsistência entre palavras e ações, o modelo é menos crível e pode até levar a criança a realizar menos atos pró-sociais, o que está de acordo com o velho ditado: "As ações falam mais que as palavras". Assim, adultos que pedem às crianças que se ajudem, mas que raramente oferecem assistência ou o fazem de má vontade, mostram a elas que ajudar não é realmente grande prioridade. Ademais, adultos que enfatizam a necessidade de as crianças sempre dizerem a verdade, mas que contam "mentirinhas"

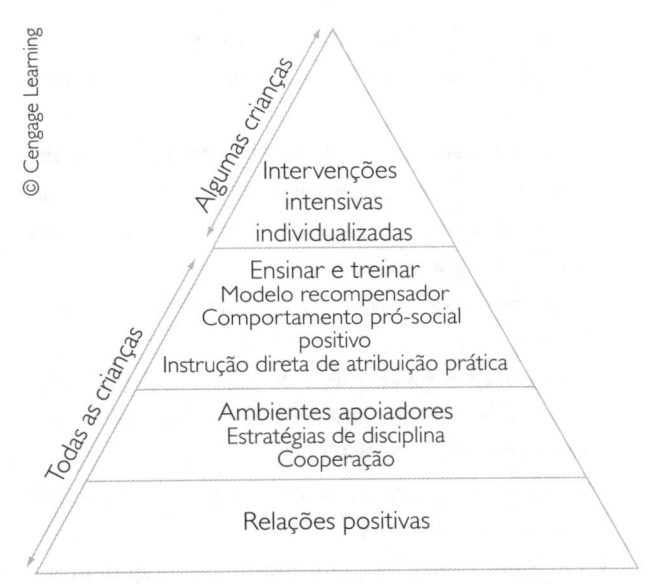

FIGURA 13.2 Pirâmide de apoio social que promove o comportamento pró-social.

Conteúdo da pirâmide (da base ao topo):
- Relações positivas
- Ambientes apoiadores / Estratégias de disciplina / Cooperação
- Ensinar e treinar / Modelo recompensador / Comportamento pró-social positivo / Instrução direta de atribuição prática
- Intervenções intensivas individualizadas

Rótulos laterais: Todas as crianças; Algumas crianças.

---

quando é conveniente para eles, mostram a elas que mentir é aceitável, mesmo quando afirmam o contrário.

Em todos os casos, as crianças ficam menos inclinadas a ajudar ou colaborar. Todavia, quando as crianças observam adultos que agem com gentileza e têm prazer com suas ações, a imitação se torna mais provável (Fox & Lentini, 2006).

Até personagens da TV podem servir de modelos para o comportamento pró-social. Estudos demonstraram que crianças que veem o comportamento pró-social na TV o imitarão em situações da vida real posteriormente (Bernstein, 2000).

Recompensa a comportamento pró-social. Um ambiente pró-social é aquele no qual tal conduta provavelmente será recompensada. Quando comportamentos pró-sociais das crianças são reforçados, elas provavelmente aumentarão o uso de tais ações dentro do mesmo ambiente, para que possam ser vistas e recompensadas novamente (Eisenberg et al., 2006). Tecnicamente, tudo o que os adultos devem fazer é observar casos de crianças sendo gentis e, então, aplicar consequências positivas. Mesmo assim, eles comumente não aproveitam ao máximo essa estratégia. Isso acontece quando eles não dão o devido valor aos comportamentos pró-sociais da criança nem a recompensam de forma adequada ou frequente. Também acontece quando os adultos inadvertidamente recompensam ações que, na verdade, contrapõem-se ao comportamento prestativo ou cooperativo. Finalmente, doces ou adesivos, utilizados como recompensa por atos gentis, podem, de fato, reduzir a ocorrência de comportamento pró-social (Ramaswamy & Bergin, 2009).

Para que possam evitar esses problemas, os adultos devem lembrar que comportamentos pró-sociais são aprendidos e estão sujeitos às mesmas condições que caracterizam outros episódios de aprendizado. Isto é, as crianças devem estar motivadas a aprender e se sentir bem-sucedidas. Os adultos não atendem a esses critérios quando ignoram crianças que estão tentando descobrir quais são as expectativas positivas ou passam a maior parte do tempo corrigindo-as. Em vez disso, eles devem tomar tanto cuidado para aplicar consequências positivas quanto tomam com as corretivas.

Atribuição pró-social. Como já mencionado, a autodefinição das pessoas sobre quão prestativas elas são é outro fator que influencia quanto comportamento pró-social demonstram. Assim, uma criança que aprendeu a ser gentil, generosa ou compassiva agirá da mesma maneira com os outros (Bronson, 2006). Portanto, uma forma de promover atos pró-sociais é estimular as crianças a pensar em si mesmas com base em **atribuições pró-sociais** (também chamadas de **atribuições de caráter** ou **atribuições de disposição**). Uma atribuição pró-social é uma declaração em que o adulto atribui um comportamento pró-social a uma criança, como "Você dividiu porque gosta de ajudar os outros" (Wittmer & Honig, 1994). Por meio dessas atribuições, a criança incorpora ações e motivações na imagem que tem de si mesma e passa a ter mais clareza do que pode fazer, o que aumenta as chances de futuros comportamentos pró-sociais. Atribuições devem ser específicas e altamente relacionadas ao que a criança fez ou disse. Além disso, devem se referir à gentileza de disposição ou aos motivos internos da criança, em vez de apenas rotularem as ações como algo positivo. Por exemplo, afirmar "Você é um bom ajudante" ou "Você ajudou a guardar os brinquedos" não é tão eficaz quanto dizer "Você guardou os brinquedos porque é prestativo". Utilizar elogio simples sem a atribuição interna faz que seja menos provável transferir o comportamento a novas situações no futuro (Eisenberg et al., 2006). Entretanto, quando o elogio e a atribuição pró-social estão combinados, a probabilidade de o ato gentil ocorrer em outra situação aumenta.

Cooperação. A cooperação entre crianças será minada se os adultos utilizarem competição como principal meio para motivá-las. Elas são estimuladas a competir em vez de cooperar quando ouvem: "Vamos ver quem consegue guardar mais blocos", "Quem acertar mais palavras ganha uma estrela" ou "O desenho mais bonito irá para a exposição". Em cada caso, as crianças determinam rapidamente que só haverá um vencedor e que o fato de ajudar outra pessoa ou cooperar com ela poderá comprometer as chances de elas serem vencedoras. Entretanto, tais situações podem ser modificadas para que as crianças possam cooperar ao se concentrarem em conquistas do grupo em vez da conquista individual: "Vamos ver como podemos trabalhar juntos para guardar esses blocos", "Marcarei no quadro para descobrir se a classe acertou mais palavras hoje que ontem" ou "Quando vocês terminarem de pintar seus desenhos, vamos pendurá-los no corredor". Tais condições abrem caminho para as crianças se ajudarem ou trabalharem juntas.

Além disso, recompensas administradas pelo grupo estimulam as crianças a trabalhar em equipe para que possam atingir um objetivo em comum. Atribuir uma estrela a cada livro lido pelo grupo ou cada ato de gentileza ajuda a acompanhar o progresso das crianças e direciona a atenção delas para o que todo o grupo pode atingir. Assim, é eficaz monitorar o progresso do grupo e, depois, aplicar consequências positivas quando alguns referenciais forem obtidos, em vez de sempre recompensar cada criança individualmente. Foi constatado que essa abordagem promove comportamento mais amigável e cooperativo entre os participantes (Crothers & Kolbert, 2010). Quando os adultos tentam administrar recompensas tangíveis para estimular o comportamento pró-social entre as crianças, os resultados normalmente são contraprodutivos. Crianças subornadas atribuem suas ações às recompensas tangíveis, e não às necessidades dos outros ou à própria capacidade de tratar os outros com gentileza.

Instrução direta. O comportamento pró-social das crianças também aumenta quando elas são ensinadas a pensar e agir de forma gentil, prestativa e cooperativa (Bronson, 2006; Brown, Odom & McConnel, 2008). Tal ensinamento se concentra nas habilidades individuais que levam a ajudar e cooperar. Reconhecer o comportamento pró-social quando ele é exibido, identificar as necessidades do outro, prever as consequências dos atos e gerar diversas soluções para problemas interpessoais são habilidades pró-sociais. Diversas estratégias são utilizadas para ensinar essas habilidades a crianças de várias idades:

- Discutir o valor do comportamento pró-social e dar exemplos de como as crianças podem agir de forma adequada.
- Contar histórias que ilustram princípios pró-sociais.
- Demonstrar comportamento pró-social utilizando bonecos pequenos, personagens, fantoches, vinhetas da TV ou modelos vivos.
- Reencenar ações pró-sociais observadas anteriormente.
- Situações de representação de papéis nas quais elas assumem os comportamentos do ajudante e da pessoa que precisa de assistência.
- Utilizar jogos que promovem a cooperação e a conscientização dos outros
- Criar oportunidades para que crianças ajudem ou cooperem em situações da vida real.

Crianças que participam ativamente de tarefas ou situações que lhes permitem ensaiar as habilidades pró-sociais tendem a demonstrar tais comportamentos em circunstâncias semelhantes (Ladd, 2005). Podem-se observar esses comportamentos da pré-escola à pré-adolescência, especialmente em crianças menores de 6 anos. A oportunidade de reencenar fisicamente comportamentos adequados em situações pertinentes ajuda as crianças a lembrar-se do comportamento e das pistas que sinalizam quais condições se aplicam em determinada circunstância (Alsaker & Gutzwiller-Helfenfinger, 2010). Por exemplo, quando Heidi assiste a uma cena na qual deve utilizar diversas pistas para decidir qual fantoche precisa de ajuda, ela obtém mais subsídios para reconhecer quando a ajuda é necessária em uma situação da vida real. Assim, a abordagem mais produtiva à instrução direta é combinar descrições verbais e explicações com a prática de ações correspondentes.

Prática com comportamento pró-social. A participação real em atividades pró-sociais parece incentivar o comportamento pró-social no futuro (Eisenberg et al., 2006). Muitos pesquisadores acreditam que, para as crianças desenvolverem um interesse em se comportar de maneira pró-social no futuro, elas devem realmente exercer esse comportamento e vivenciar as recompensas empáticas que ele pode oferecer. Quando se comportam de forma gentil e cuidadosa, também vivenciam a satisfação da aprovação social por adultos. Finalmente, quando agem de maneira pró-social, passam a acreditar que são seres capazes e competentes. Elas começam a se identificar como pessoas pró-sociais.

Todas as práticas adultas descritas anteriormente podem ser traduzidas em habilidades de intervenção mais específicas, utilizadas individualmente ou em conjunto para influenciar de forma positiva o comportamento pró-social da criança. Leia atentamente a seção de habilidade apresentada a seguir e pense em como você pode utilizar cada habilidade com as crianças que conhece. Além disso, considere o caso de Courtney, cujo comportamento "prestativo" é desafiador para as outras crianças e para os professores com quem ela interage diariamente.

Comportamento desafiador

Conheça Courtney

Courtney, de 8 anos, amava ajudar! Era a primeira a pegar uma esponja sempre que algo era derramado. Rapidamente oferecia uma sugestão se os colegas pareciam confusos sobre o que fazer. Dava para confiar nela para consolar os aflitos. No entanto, ultimamente seus professores notaram que, no *playground* (dividido com uma classe mais nova), ela pegava as crianças mais novas no colo e as levava para outros lugares para "ajudá-las" a se mover. Também era vista forçando os mais novos a sentar em seu colo para que ela pudesse "ajudá-los" a ler uma história. Ela "ajudava" crianças na caixa de areia e nos balanços, mesmo quando elas diziam que queriam fazer as coisas sozinhas. Se protestavam, Courtney ficava chateada. Seu comportamento se tornou mais coercivo, e suas ações, mais bruscas. Os professores se perguntavam o que fazer. Não queriam acabar com o desejo de Courtney de ser prestativa, mas seu comportamento subjugador estava se tornando um desafio para ela, para as outras crianças e para os adultos supervisores.

Como você abordaria essa situação? Enquanto lê a seção de habilidades do capítulo, pense em Courtney e seus colegas de classe. Quais dessas habilidades você poderia empregar para ajudar Courtney a pôr seu "comportamento prestativo" no caminho certo?

Habilidades para promover o comportamento pró-social em crianças

Crie um ambiente pró-social

Utilizar as habilidades aprendidas nos capítulos anteriores ajudará você a criar uma esfera condizente com o desenvolvimento de comportamento pró-social. A seguir, apresentamos algumas estratégias.

1. **Denomine os atos pró-sociais à medida que ocorrem naturalmente.** Quando as crianças limpam a gaiola do hamster, diga a elas que estão mostrando preocupação com o bem-estar do animal. Quando Theresa anuncia que recebeu um cartão desejando melhoras durante sua recente ausência, indique que enviar o cartão foi a maneira que alguém escolheu para consolá-la. Explique que as crianças que ficam em silêncio enquanto um colega faz uma apresentação ajudam-no a se concentrar. Quando elas se revezam, mencione que essa é uma forma de umas cooperarem com as outras. Todos esses casos lhe permitem destacar o comportamento pró-social em vez de falar ou moralizar sobre ele.

2. **Indique casos nos quais uma falta de gentileza não intencional foi demonstrada e descreva uma abordagem pró-social alternativa.** Por meio da inexperiência ou irreflexão, às vezes as pessoas são desatenciosas, egoístas, não cooperativas ou não caridosas. Quando isso acontece, indique para as crianças os efeitos que esse comportamento teve sobre a pessoa a quem foi direcionado e descreva uma ação mais adequada. Em vez de rotular a criança como "egoísta", diga: "Quando você não deu nada a ela, isso feriu seus sentimentos". Assim, se as crianças riem quando uma tropeça e derruba a bandeja do almoço, diga: "Sam ficou envergonhado quando vocês riram. Ele está muito incomodado. Ajudem-no a recolher a bandeja".

3. **Crie oportunidades para as crianças cooperarem.** Todo dia, inclua projetos e rotinas que exijam os esforços de mais de uma pessoa. Considere as tarefas que você normalmente realiza e identifique aquelas nas quais grupos de crianças podem ajudar, como alimentar os animais de estimação da classe ou montar experimentos. Estimule as crianças a ajudar umas às outras quando a ocasião surgir. Peça às crianças com necessidades especiais que ajudem os colegas sempre que houver oportunidade. Quando crianças pedem sua ajuda, tente encontrar outra que possa cumprir com esse papel.

4. **Utilize o raciocínio pró-social ao falar com crianças.** Ofereça explicações para as expectativas em sala de aula que são pró-sociais por natureza. Por exemplo, explique que o revezamento dá a todos uma chance de testar um novo objeto ou experiência. Indique que o ato de consolar um amigo aflito faz bem tanto à criança infeliz quanto àquele que a conforta. Concentre-se em argumentos voltados aos outros e nos benefícios ao realizador. Aborde as necessidades especiais que cada criança apresenta e explique por que é importante considerar as circunstâncias individuais. Peça às crianças que falem sobre os motivos pró-sociais implícitos em algumas atividades realizadas

em classe, como por que as pessoas esperam até outra pessoa terminar para contar sua ideia. Reserve um tempo para falar com crianças sobre incidentes específicos nos quais elas e seus colegas foram gentis uns com os outros. Reflita sobre essas circunstâncias e estimule as crianças a discutir como as pessoas se sentem em relação a atos pró-sociais.

5. **Recompense o comportamento pró-social.** Permaneça alerta a tentativas de as crianças serem prestativas, cooperativas ou gentis. Evite não dar o devido valor a elas ou esperar episódios dramáticos antes de dar uma recompensa. Em vez disso, reconheça pequenas gentilezas, como quando as crianças saem do meio do caminho, ajudam a carregar algo, brincam juntas sem brigar, dividem uma ideia ou oferecem encorajamento a alguém. Mostre aprovação e apreciação ao sorrir e utilizar mensagens pessoais positivas e atribuições pró-sociais.

6. **Administre recompensas a grupos.** Pense em situações com potencial para que as crianças trabalhem juntas. Podem ser condições recém-introduzidas (como um projeto especial) ou circunstâncias que tradicionalmente se concentram mais na conquista individual. Por exemplo, caso tenha enfatizado que cada criança deve cuidar da própria área de materiais, planeje mudar essa rotina estimulando-as a trabalhar em conjunto para limpar uma área maior. Implemente o plano. Depois, utilize elogio eficaz com as crianças para reforçar sua cooperação e utilidade.

7. **Demonstre diversos comportamentos pró-sociais.** Examine atentamente seu próprio comportamento com crianças e outros adultos e, então, dê um exemplo para elas seguirem. Embora possa parecer mais fácil consolar, resgatar ou ajudar crianças, não se esqueça também de dividir e cooperar.

8. **Demonstre formas construtivas de reagir ao comportamento pró-social de outras pessoas.** Independentemente de estar interagindo com crianças ou adultos, e apesar de seu desejo de ajudar ou não, uma reação positiva contribui para o ambiente pró-social. Se você deseja a ajuda oferecida, diga "Obrigado" com uma expressão feliz no rosto. Se preferir fazer algo por conta própria ou se a assistência proposta não for útil, não ignore a criança ou o adulto. Em vez disso, reconheça a gentileza e explique que é algo que quer fazer por conta própria ou descreva uma ação que será mais útil. Nos dois casos, você está moldando formas adequadas de aceitar ou recusar ajuda.

9. **Seja positivo ao exercer comportamento pró-social.** Como as crianças tendem a imitar os adultos que parecem gostar de ajudar e cooperar, demonstre prazer em situações pró-sociais. Sorria e diga coisas como: "Sinto-me bem em ajudar você".

10. **Indique os comportamentos pró-sociais modelados por você e outras pessoas.** Crianças são mais capazes de entender os modelos pró-sociais que veem quando o comportamento de seu modelo é explicado. Dê a elas tais informações dizendo coisas como: "Arthur estava tendo problemas ao criar palavras para sua música, então Lamont está ajudando ao fazer uma lista de algumas palavras que rimam" ou "Randi e Mike decidiram usar a bancada de trabalho juntos. Randi utilizará o martelo, enquanto Mike usa a serra. Depois, eles trocarão".

11. **Utilize a atribuição positiva para aumentar as autoimagens pró-sociais da criança.** Diga coisas específicas, como: "Elke, você foi muito prestativa para Danielle quando pegou lá no alto o dicionário de que ela precisava", "Lonny e Javon, vocês foram cooperativos quando trabalharam juntos no diorama. Isso facilitou o trabalho para os dois" ou "Jackson, você mostrou muita gentileza ao enxugar as lágrimas de sua irmã. Ela se sentiu melhor ao saber de sua preocupação".

Use de ensino e treinamento para promover o comportamento pró-social

Treinamento direto sobre ajuda e cooperação amplia o comportamento pró-social das crianças. Tal instrução pode ser fornecida por meio de ensino e treinamento *in loco* em situações que ocorrem naturalmente ou por meio de atividades pré-planejadas. Nos dois casos, o papel do adulto é ensinar às crianças aspectos básicos sobre gentileza, demonstrar aplicações em situações da vida real e dar a elas uma chance de ensaiar as habilidades relacionadas. As abordagens têm alguns elementos em comum, além de características peculiares que devem ser entendidas para que a implementação possa ser bem-sucedida.

Forneça instruções *in loco*

Como já mencionado, há três passos envolvidos no desenvolvimento de comportamentos pró-sociais: conscientização, tomada de decisões e ação. O principal foco da instrução *in loco* é ajudar as crianças em qualquer ponto.

1. **Observe as crianças quanto a sinais de comportamento pró-social.** Observe as crianças atentamente. Anote quando elas mostram consideração por outra pessoa, quando tentam ajudar alguém ou quando unem forças, mesmo que brevemente.

2. **Peça ajuda diretamente às crianças.** Isso é especialmente importante quando se trabalha com crianças em idade pré-escolar que ainda não desenvolveram as habilidades observacionais para reconhecer com precisão quando a ajuda é necessária. Indicar sua necessidade de assistência dá a elas prática no reconhecimento de pistas sociais e no exercício de comportamentos correspondentes relacionados à gentileza.

3. **Conscientize as crianças quando outra pessoa precisa de ajuda ou cooperação.** Há momentos em que as crianças não reconhecem sinais de problema ou outros que indicam que ajuda ou cooperação é desejada. Corrija isso dando a elas informações pertinentes para ajudá-las a se tornar mais atentas às circunstâncias em mãos. Se Marianne parece ignorar a luta de Barney para carregar uma tábua pesada, diga: "Olhe para o Barney. Ele está trabalhando muito duro. Parece que precisa de alguma ajuda". Da mesma forma, se as crianças estiverem tentando escolher times e várias riem de uma piada interna, pode ser difícil para as outras que escutam qual nome está sendo chamado. Como resultado, as que estão tentando ouvir

podem exigir que os piadistas "falem mais baixo" ou "fiquem quietos". Tal linguagem pode ser facilmente mal interpretada para aqueles a quem é direcionada ou até ser vista como um desafio para continuar. Nesses momentos, é importante que intervenha: "Vocês estão rindo muito. É difícil para as outras pessoas ouvirem. Elas só estão pedindo sua cooperação ao falarem um pouco mais baixo".

4. **Ensine às crianças sinais que elas podem usar para pedir ajuda ou cooperação dos outros.** No exemplo anterior, as crianças que pediam a cooperação dos colegas utilizaram uma estratégia antagonista, que poderia ter saído pela culatra. Elas também podem se beneficiar de algumas informações básicas, como: "Quando você gritou com elas, isso só as fez falar mais alto. Em vez disso, você pode ir até lá explicar por que deseja que elas fiquem quietas". Crianças pequenas e aquelas na escola, e também as que estão em situações altamente carregadas, reagem melhor a sugestões diretas: "Diga a Marianne: 'Esta tábua está muito pesada para eu carregar sozinho'". Com seu apoio e encorajamento, a maioria das crianças em idade escolar que não se envolve apaixonadamente em uma situação poderá gerar as próprias ideias sobre o que dizer.

5. **Indique situações nas quais as pessoas podem decidir ajudar ou cooperar.** Às vezes, as crianças estão cientes de que alguém precisa de sua ajuda ou cooperação, mas não sabem o que fazer. Então, você pode destacar que uma decisão pró-social pode ser tomada ao dizer algo como: "Parece que Janice precisa de sua ajuda. Podemos decidir ajudá-la" ou "O professor Crouch quer que todos trabalhemos juntos neste projeto. Teremos de decidir se faremos isso ou não".

6. **Discuta situações em que seria melhor decidir não cooperar.** Ajude as crianças a descobrir os motivos para tais decisões, os quais envolvem circunstâncias em que pessoas ou bens entram em perigo ou códigos morais são violados. Por exemplo, unir-se com o propósito de roubar, colar em uma prova ou pichar as paredes do lavatório seriam esforços cooperativos inadequados. Com crianças em idade escolar, discuta a pressão dos pares e gere estratégias e roteiros que elas podem utilizar para lidar com circunstâncias desconfortáveis relativas aos colegas.

7. **Ajude as crianças a determinar que tipo de ajuda ou cooperação é mais adequado para determinada situação.** Depois de apresentarem alguns sinais de que estão dispostas a ajudar ou cooperar, ajude-as a decidir que ação tomar. Nesse caso, algumas informações são imprescindíveis: "Às vezes, quando as pessoas estão infelizes, o fato de alguém abraçá-las ou dizer coisas boas para elas ajuda" ou "Muitas pessoas demonstram um imenso prazer quando tentam fazer algo difícil, entretanto, se alguém impedi-las de realizar a tarefa e assumir a incumbência, ficarão muito insatisfeitas e até infelizes".

8. **Demonstrações também são úteis.** Mostrar a uma criança como destravar a cadeira de rodas de um colega, ilustrar como uma pessoa pode segurar uma boneca enquanto a outra veste as roupas ou demonstrar como são necessárias duas pessoas para fazer o jogo de computador funcionar são formas de tornar esses tipos de discussão mais concretas. Além disso, ensine as crianças a apoiar o esforço de outra pessoa sem que haja necessidade de oferecer assistência direta e física.

   Explique-lhes a importância de um sorriso reconfortante, de um simples sinal de aprovação feito com os polegares ou de uma torcida nas arquibancadas de um jogo. Dessa forma, as crianças poderão oferecer conforto e encorajamento. Finalmente, ensine as crianças a fazer perguntas como: "Quer ajuda?", "Como posso ajudar você?", "De que precisa?" e "O que deseja que faça?". Assim, as crianças poderão obter informações sobre que tipo de comportamento outra pessoa pode perceber como prestativo ou cooperativo em determinada situação.

9. **Ensine às crianças a dividir.** Ensinar às crianças a dividir não é o mesmo que pedir-lhes que façam isso. Crianças frequentemente precisam de alguma experiência guiada com a divisão antes de dividirem imediatamente objetos e materiais. Utilize atividades planejadas e instrução *in loco* para mostrar às crianças maneiras diferentes de dividir materiais e território, como revezar, utilizar um objeto/local simultaneamente, dividir materiais/território, encontrar um objeto/lugar substituto ou ceder (veja Box 13.2).

   Outra estratégia é ensinar às crianças que estão esperando a vez a perguntar: "Como vou saber quando sua vez vai acabar?". Isso exige que a criança em posse de um item designe um sinal para conclusão e dê àquela que espera algo específico para buscar. Crianças mais velhas gostam de poder dizer: "Tudo bem, mas é a minha vez a seguir". Estabelecer sua vez na ordem de posse satisfaz sua necessidade de algum controle na situação.

BOX 13.2 Estratégias para ensinar as crianças a dividir

1. Explique com detalhes o que significa dividir.
2. Apresente diversas formas de dividir e indique às crianças que elas podem utilizar qualquer forma.
3. Indique casos de divisão enquanto ocorrem.
4. Leia histórias que ilustrem maneiras de dividir como iniciadoras de discussão.
5. Ofereça às crianças amostras de roteiro que poderão usar para pedir algo e também para expressar o desejo de terminar de utilizar algo.
6. Ajude as crianças a negociar a sequência para usar um item. Por exemplo: "É meu a seguir, depois é a vez da Mary".

Finalmente, ajude as crianças a reconhecer casos legítimos em que dividir pode ser esperado (como usar materiais da classe) e outros quando dividir não pode ser esperado (como usar a propriedade privada de outra pessoa). Todas essas técnicas abordam nuances da divisão que não podem ser transmitidas quando apenas se exige que as crianças "dividam".

10. **Trabalhe com o objetivo de ampliar as habilidades de tomada de perspectiva das crianças.** Para que elas entendam quando a ajuda ou a cooperação são necessárias ou quando um ato de gentileza pode ser usado, devem aprender a se colocar no lugar da outra pessoa. Embora essa habilidade frequentemente surja por volta dos 6 anos, pode ser ensinada a crianças de 3, 4 e 5 anos, e beneficiar pessoas de todas as idades. Promova a compreensão consciente da criança ao utilizar perguntas abertas: "Como soube que isso aconteceria?" ou "O que o fez pensar em tentar isso?". Estimule o pensamento consequencial das crianças: "O que acontecerá se ...?" ou "O que acontecerá depois ...?". Finalmente, incentive a criança a propor alternativas: "William quer terminar o projeto sozinho. O que você pode fazer para ajudá-lo a conseguir isso?" ou "De que outra forma você poderia ajudar?".

11. **Ofereça às crianças oportunidades que ampliem o *know-how* instrumental delas.**
    - Ajude as crianças a traduzir os sentimentos em palavras para que possam expressar as próprias emoções e entender a expressão das emoções de outras pessoas.
    - Ofereça diversas oportunidades formais e informais para as crianças tomarem decisões em classe. Isso dá a elas prática na geração de alternativas a problemas e no desenvolvimento da confiança em suas capacidades de encontrar soluções positivas.
    - Finalmente, dê-lhes chances de aprender habilidades úteis, como classificar e organizar materiais em classe, segurar a porta enquanto os outros carregam coisas e utilizar ferramentas reais para consertar brinquedos quebrados.

12. **Ensine as crianças a avaliar o resultado das próprias ações.** As crianças aprendem quando fazem uma retrospectiva do que realizaram o mais perto possível do evento: "Pular na caixa resolveu o problema?", "Vocês estavam em número suficiente ou precisaram de mais gente para trabalhar naquele projeto?", "Vocês conseguiram dar a Raymond todas as informações necessárias?" ou "Vocês acham que funcionou para todo mundo ter cinco minutos com o microscópio?". Se as crianças não conseguirem avaliar o próprio desempenho, dê algumas informações ou as ajude a obter informações dos outros. Essa avaliação pode ser conduzida durante uma conversa privada com uma criança ou como uma avaliação em grupo de seus esforços. Independentemente de como foi sua empreitada pró-social, elogie as crianças por tentarem.

13. **Estimule as crianças a aceitar a gentileza dos outros.** Às vezes, as crianças não estão cientes das tentativas de comportamento pró-social de seus pares ou interpretam-nas mal. Assim, Tricia pode não perceber que, quando Audrey assume uma tarefa, está na verdade tentando ajudar ou pode não entender que a aparente indecisão de Sam é sua maneira de tentar cooperar. Em situações como essas, indique o que realmente está acontecendo.

    Além disso, há crianças que, em uma pretensa postura de independência ou autossuficiência, rejeitam ativamente assistência, reconforto ou simpatia. Frequentemente, elas não cooperam nem esperam cooperação dos outros. Essas crianças não esperam nenhuma atitude amistosa de seus pares nem lhes oferecem nada. Em geral, temem ser rejeitadas. Essas crianças precisam vivenciar a gentileza antes que sejam capazes de estendê-la aos que estão a sua volta. Como suas ações desestimulam as outras crianças, cabe a você fazer contato.

    Não deixe de dar às crianças não receptivas as mesmas cortesias ou ofertas de ajuda e encorajamento que oferece a uma criança mais receptiva. Esse é o primeiro passo para ajudá-las a aceitar um comportamento pró-social de outra pessoa.

14. **Apoie as crianças quando as tentativas de gentileza são rejeitadas.** Às vezes, uma criança se frustra quando alguém recusa a ajuda oferecida por ela. Se isso acontecer, reconheça a decepção ou frustração da criança e discuta a situação. Ofereça informações que possam ajudá-la a entender o resultado. Caso não saiba por que a tentativa da criança falhou, demonstre solidariedade.

    Todas as estratégias anteriores podem ser utilizadas individualmente, em diferentes ocasiões, ou em conjunto. A técnica a ser utilizada dependerá da circunstância, o que é ilustrado no seguinte exemplo da vida real.

Situação: Kenton e Josh, ambos de 6 anos, estão envolvidos com um brinquedo de construção que tem muitas peças interconectadas. Josh constrói um veículo elaborado, que Kenton admira.

Kenton: Faz um como o seu para mim.

Josh: Bom, se eu fizer, será meu.

Kenton: Mas eu quero um. Faz um pra mim.

Josh: Então será meu!

Kenton: Você faz. Não consigo encaixar as peças.

É óbvio que Kenton está tentando, sem sucesso, pedir a ajuda de Josh. Nesse momento, a intervenção do adulto é adequada.

Adulto: Josh, Kenton está pedindo sua ajuda. Às vezes, quando as pessoas ajudam, fazem o trabalho para outra pessoa. No entanto, parece que você acha que, se fizer o carro para o Kenton, ele terá de ser seu. Outra forma de as pessoas ajudarem é mostrar a alguém como fazer. Assim, Kenton pode fazer o próprio com sua ajuda. O que vocês acham disso?

Josh: Tudo bem.

Kenton: É.

Josh demonstrou como seu carro foi montado. Enquanto isso, o adulto fez um rápido comentário sobre o comportamento cooperativo dos meninos e sobre a disposição de Josh de ajudar um amigo.

Nessa situação, por meio da intervenção do adulto, uma criança conscientizou-se dos sinais de outra. O adulto deu informações sobre um possível curso de ação e também recompensou as crianças por terem demonstrado comportamento pró-social. Mais tarde, conseguiu um momento para conversar informalmente com Kenton e Josh sobre suas reações ao episódio de ajuda.

Planeje atividades para ensinar comportamento pró-social

Atividades planejadas são lições que os adultos desenvolvem antecipadamente e realizam com as crianças de forma individual ou em grupos. As melhores não são necessariamente as mais elaboradas, mas aquelas bem preparadas e implementadas de acordo com os interesses e as necessidades das crianças. A lista apresentada a seguir ilustra como é melhor realizar isso.

1. **Decida qual habilidade pró-social quer ensinar.** Escolha uma das habilidades descritas neste capítulo, como se conscientizar de que alguém precisa de ajuda, decidir ajudar ou tomar ações para ajudar.
2. **Considere diversas lições opcionais para a habilidade.** Lições que incluem discussão e participação ativa são as mais eficazes. Participação ativa significa incentivar as crianças a se envolver fisicamente na atividade enquanto manipulam os acessórios, movimentam-se e falam. Não basta que elas apenas escutem. Alguns exemplos de atividades bem-sucedidas incluem:
   a. Ler e contar histórias com tema pró-social.
   b. Dramatizar situações pró-sociais por meio de cenas ou do uso de marionetes, bonecas ou figuras.
   c. Discutir com as crianças eventos pró-sociais que ocorreram no ambiente formal de grupo.
   d. Representar personagens em episódios pró-sociais. Os tópicos podem incluir: como pedir ajuda ou cooperação, como decidir se a ajuda ou cooperação é necessária, determinar que tipo de ação é mais prestativo ou cooperativo e como recusar ajuda indesejada.
   e. Discutir cenas de revistas, livros ou cartazes. A discussão pode envolver a identificação de quem ajudou, quem ofereceu ajuda e como a ajuda foi realizada ou indicar comportamentos cooperativos e não cooperativos.
   f. Utilizar jogos cooperativos como ciranda com crianças pequenas ou uma caça ao tesouro com as mais velhas. Nesses jogos, estimula-se a participação das crianças em grupos.
   g. Transformar jogos tradicionalmente competitivos, como bingo, em esforços cooperativos em grupo. Para adaptar este jogo, entregue uma cartela a cada duas ou três crianças. O objetivo é uma ajudar a outra a encontrar os números ou as imagens correspondentes, em vez de competir para ser a primeira a completar uma cartela. Quando a cartela de um grupo for preenchida, essas crianças podem ir a outro grupo para ajudá-lo. Diversos livros de jogos que enfatizam esforços cooperativos estão disponíveis.
   h. Criar projetos em grupo, como livro da classe ou mural, no qual todos contribuem.
3. **Selecione uma de suas ideias de atividade para desenvolver totalmente.** Faça uma avaliação realista de quais acessórios estão disponíveis, quanto tempo você terá, ambiente físico e número de crianças com as quais trabalhará por vez. Por exemplo, não escolha uma história que leva 20 minutos para ser lida se tem apenas 10 minutos para trabalhar.
4. **Desenvolva um plano de ação que destaque a atividade pró-social do começo ao fim.** Registre o plano com todos os itens necessários. Inclua o que dirá para introduzir a atividade, descreva as instruções, liste os materiais e como serão utilizados pelas crianças, relacione as etapas e formalize o encerramento. Antecipe o que dirá ou fará se as crianças parecerem desinteressadas ou incapazes de seguir suas direções. O Box 13.3 apresenta um exemplo de plano de atividade.
5. **Colete os materiais necessários.** Planeje e faça quaisquer acessórios adicionais necessários.
6. **Implemente seu plano.** Utilize as habilidades aprendidas nos capítulos anteriores sobre comunicação não verbal e verbal, reflexão, perguntas e brincadeiras para aprimorar sua apresentação.
7. **Avalie sua atividade em termos de resultados pró-sociais imediatos e de longo prazo.** Eis algumas questões típicas de avaliação: "Que crianças participaram?", "O que as crianças realmente disseram ou fizeram na atividade?", "As crianças demonstraram interesse?", "Posteriormente, em conversas ou brincadeiras, as crianças fizeram referências à atividade ou à habilidade pró-social inserida na atividade?" e "Com o tempo, as crianças demonstram espontaneamente comportamentos pró-sociais destacados pela atividade?".
8. **Repita a mesma atividade pró-social ou uma variedade dela em outro momento.** Crianças aprendem conceitos pró-sociais pela exposição repetida ao longo do tempo. Portanto, não espere ver mudança imediata de comportamento ou a adoção de habilidades pró-sociais em suas interações cotidianas depois de apenas uma ou duas apresentações de uma habilidade em particular.

Comunique-se com as famílias

Os comportamentos pró-sociais das crianças dentro do ambiente familiar podem e devem ser estimulados pelos familiares. A seguir, apresentamos algumas estratégias que lhe possibilitarão unir forças com os pais e outras pessoas importantes na vida da criança para promover o comportamento pró-social dela.

1. **Comunique sua filosofia de sala de aula de cooperação às famílias.** Atividades cooperativas, projetos em grupo e trabalho individual dão às crianças uma mensagem de que cada pessoa em classe tem papel importante no funcionamento tranquilo

do ambiente. Comunique sua filosofia aos pais na forma de boletim informativo, em que você descreve o que é comportamento pró-social e como é estimulado em sala de aula.

2. **Inicie e modele atividades cooperativas no programa que incluam familiares.** Há muitas tarefas a realizar em sala de aula, como manutenção especial dos computadores, lavar batentes de portas e janelas, esterilizar brinquedos, plantar arbustos ou árvores no terreno da escola ou levantar fundos para novos brinquedos, que podem fornecer oportunidades lógicas para envolver os familiares.

BOX 13.3 Amostra de atividade para promover o comportamento pró-social

Nome da atividade:	Dividir uma bola de massinha.
Objetivo:	Ajudar as crianças a praticar a divisão
Materiais:	Uma bola de 1 kg de massinha, uma mesa com cinco cadeiras (uma para um adulto, quatro para as crianças), uma faca de plástico, uma tesoura e um arame de 30,5 cm de comprimento.
Procedimento:	1. Coloque uma bola de massinha para brincar no centro da mesa. 2. Neutralize a massa mantendo uma mão nela. Diga: "Tenho uma bola grande de massinha e quatro crianças que querem usá-la. Digam como todos podem ter uma chance". 3. Ouça as ideias das crianças e peça a sugestão de todos. 4. Esclareça a perspectiva de cada criança parafraseando suas ideias para o grupo. Acompanhe com "E o que vocês acham disso?". 5. Permaneça imparcial durante todo o processo. Não mostre desaprovação à ideia de qualquer criança, independentemente de seu conteúdo. 6. Lembre às crianças, quando for necessário, que o primeiro passo para brincar com a massinha é decidir como isso acontecerá. 7. Se elas ficarem atoladas, repita fatos e princípios pertinentes de ajuda. 8. Resuma a solução quando ela for atingida. 9. Elogie as crianças. 10. Execute a solução acordada.

A realização de eventos destinados a congregar adultos e crianças e promover algum tipo de melhoria na escola é uma forma salutar de incluir as famílias no ambiente. Tarefas como as já descritas exigem vários graus de especialização e fornecem oportunidades para ampla gama de participação. O propósito dos eventos é construir uma comunidade entre professores, crianças e suas famílias, além de realizar o trabalho necessário. Em todos os casos, as famílias estão ativamente envolvidas nos estágios de planejamento e execução do projeto. Profissionais trabalham com familiares para dividir as tarefas em componentes gerenciáveis, para que todos possam ter sucesso e garantir que todos os materiais e equipamentos necessários estejam prontos para uso. Uma característica essencial de projetos como esse é que todos os profissionais estão moldando o comportamento cooperativo que estão pedindo aos outros.

Em menor escala, pode ser desejável escolher um projeto especial que envolva famílias de forma ativa e cooperativa. Trabalhe com outros profissionais em seu ambiente para selecionar o projeto e organizar o envolvimento da família. Lembre-se de indicar às crianças as ações prestativas realizadas por seus familiares. Não faça comparações, apenas conscientize as crianças da ajuda oferecida.

3. **Convide pais e outros familiares para ajudar no ambiente formal em grupo.** Expanda o velho conceito de "mães de sala" para incluir cada membro da família da criança. No início do ano do programa, envie uma "pesquisa de interesse da família" pedindo informações sobre coisas que os parentes adultos estão interessados em fazer, como consertar brinquedos, acompanhar excursões, projetar quadros de aviso ou contar histórias. Entre as contribuições mais valiosas, há atividades que representam sua herança cultural que podem ser desconhecidas para muitos alunos. Famílias podem relutar em responder por escrito, portanto converse com pais em momentos informais como uma maneira de descobrir informações e estimulá-los a participar.

Alguns adultos podem ficar mais confortáveis em ajudar "nos bastidores", enquanto outros podem aproveitar o trabalho direto com as crianças. Dê uma oportunidade para todos os tipos de participação e reconheça toda ajuda por escrito e verbalmente. Crianças se beneficiarão do envio de uma nota com um "obrigado" à família.

4. **Responda às perguntas das famílias sobre o papel da competição e da cooperação na vida de suas crianças.** Ao mesmo tempo que a cooperação é estimulada em sala de aula, alguns pais podem expressar preocupação que, para ter "sucesso na vida", seus filhos precisam se sentir competitivos.

Aborde esses aspectos ou os introduza como parte de um boletim para as famílias. Estimule os pais a expressar opiniões e reconheça suas percepções. Indique algumas diferenças entre "fazer o seu melhor" e "derrotar a concorrência". Por exemplo, dê às famílias alguns itens específicos sobre como a conquista das crianças pode ser medida de muitas formas, como revisar o quão melhor elas foram com relação à última vez. Sugira manter anotações em diário referentes às emoções do indivíduo ao trabalhar para uma meta identificada. Ajude os pais a entender como apoiar os filhos durante decepções e dificuldades que inevitavelmente vêm com a competição e com comparações. Em vez de negar as percepções de "fracasso" dos filhos, ajude os pais a entender como utilizar reflexões afetivas e reações contínuas para encorajar as crianças a revelar e, portanto, entender melhor suas emoções nesses momentos. Indique as normas de desenvolvimento com relação a como as crianças avaliam o próprio sucesso ou fracasso em diversas idades. Além disso, mencione, se adequado, que, embora algumas crianças se tornem mais motivadas a fazer o que o adulto quer quando motivadas por uma declaração competitiva ou desafio, o atrito entre elas também aumenta.

5. **Ajude os adultos a descobrir como suas crianças podem ser prestativas em casa.** Em muitas famílias, algumas tarefas rotineiras são atribuídas aos mais jovens. Tarefas como arrumar a própria cama de manhã, tirar os pratos da mesa, planejar refeições e até a preparação de pratos simples estão dentro das habilidades da maioria das crianças. A responsabilidade por essas tarefas dá a elas sensação de contribuição com a vida de sua família, além de aumentar a autopercepção de competência e valor.

Estimule os adultos da família a ter discussões com seus filhos sobre como as crianças podem ser prestativas em casa. Sugira que a família elabore uma lista de tarefas a serem feitas e deixe os mais novos escolherem algo da lista. Às vezes, as crianças optam por fazer a mesma tarefa repetidamente, e outras preferem mudar de trabalho com frequência. Sugira à família que tome uma decisão sobre isso e explore a possibilidade de que a mesma estratégia não precise se aplicar necessariamente a cada criança. Em outras palavras, algumas crianças em uma família podem ter as mesmas responsabilidades enquanto outras podem trocar. Ofereça um meio visível de fazer que todos saibam que um trabalho foi feito, como um gráfico com estrelas ou outros adesivos que as crianças são responsáveis por marcar.

Advirta os pais contra o estímulo à competição entre os filhos. Comparações negativas têm o efeito de desestimular em vez de encorajar a participação. Sugira, em vez disso, que algumas tarefas podem ser realizadas de forma mais eficiente quando várias pessoas cooperam. Além disso, inclua padrões para conclusão para evitar mal-entendidos. Por exemplo, em uma família, era responsabilidade de Aaron, de 8 anos, varrer a cozinha depois do jantar. O pai o repreendia por não guardar a vassoura e a pá no armário. Depois de alguma discussão, as duas partes perceberam que, embora o adulto presumisse que guardar as coisas fosse parte da tarefa, a criança não via isso como parte de sua responsabilidade. Consequentemente, a tarefa foi alterada para varrer o chão e guardar os instrumentos.

Finalmente, explique aos adultos a importância de dar o devido valor ao trabalho das crianças. Se a ajuda for reconhecida, elas certamente manterão esse comportamento.

■ Evite as armadilhas

Quando você ensina comportamento pró-social às crianças ao criar uma atmosfera condizente com atos de gentileza, dá instrução *in loco* ou utiliza atividades planejadas, deve evitar algumas armadilhas.

1. **Não reconhecer os esforços da criança em ser pró-social.** Crianças que estão acabando de aprender a ajudar e cooperar podem ser estabanadas em suas tentativas ou buscar inicialmente um curso de ação que, inicialmente, tenha pouca semelhança com a gentileza. Quando isso acontece, os adultos podem interpretar mal tais comportamentos como propositadamente não cooperativos nem prestativos. O comportamento danoso deve ser limitado, mas as crianças devem receber apoio por suas boas intenções, além de informações sobre como melhorar o desempenho. Isso significa que será necessário garantir o que uma criança estava tentando atingir antes de tomar ações corretivas. Assim, se as crianças estão adicionando água à tinta acrílica ou limpando a janela com pasta de dente, não presuma automaticamente que os motivos delas são arruinar os materiais ou atingir você. Em vez disso, questione: "O que você estava tentando fazer?", "O que achou que aconteceria?" ou "Por que você...?". Se indicarem que a intenção era ajudar, reconheça os esforços e explique por que não estão contribuindo e sugira ações alternativas. Garanta que seu tom de voz seja sinceramente questionador, não acusatório.

   As mesmas estratégias podem ser empregadas sempre que a criança se propõe a ajudar, cooperar, consolar ou resgatar de forma adequada. Em algumas ocasiões, será necessário estabelecer limites ou aplicar consequências a fim de avaliar se a criança realmente está tentando ajudar. Se isso acontecer, explique-lhe que agora você entende o que ela estava tentando fazer e por que a ação corretiva foi necessária. Ofereça à criança ideias específicas sobre o que fazer no lugar disso.

2. **Apresentar à criança um modelo de comportamento pró-social baseado em comparação negativa ou competição.** Como já mencionado, as crianças imitarão os modelos apresentados a elas. Entretanto, os adultos

não devem utilizar tais situações para fazer comparações desfavoráveis entre o comportamento do modelo e o da criança. Declarações como "Roger é tão educado. Por que você não consegue ser assim?" deixam a criança na defensiva e impedem qualquer possibilidade de ela reproduzir tal modelo. A abordagem mais adequada é a seguinte: "Roger trombou acidentalmente em Maureen, então disse: 'Com licença'. Isso foi muito educado". Essa última afirmação fornece informações factuais de forma não julgadora.

3. **Coagir as crianças a exercer comportamento pró-social não sincero.** Não é incomum para os adultos que estão tentando ensinar consideração às crianças manipulá-las em expressões de gentileza que elas não sentem realmente. Isso é ilustrado pelo pai que insiste que Raymond, de 12 anos, "seja bonzinho e dê um beijo na tia Martha", embora a criança tenha reclamado que não gosta de fazer isso. Ele obedece não para ser bonzinho com a tia, mas para evitar problemas. Dificuldades semelhantes surgem quando as crianças são forçadas a dizer que sentem muito quando isso não é verdade. Elas aprendem que pedir desculpa é a maneira mais rápida de sair de um dilema em vez de uma expressão sincera de remorso. Da mesma forma, crianças forçadas a fazer falsos elogios aos outros como forma de encantá-los estão aprendendo que a hipocrisia é aceitável.

   Para evitar esses resultados indesejáveis, os adultos não devem se preocupar com as armadilhas externas da gentileza à custa de ajudar as crianças a desenvolver a empatia necessária para que a verdadeira gentileza ocorra. Assim, seria melhor dar à criança informações sobre a outra pessoa que possam causar sentimentos de empatia: "A tia Martha está feliz em ver você. Ela o ama muito. Saber que você também gosta dela a faria se sentir bem", "Quando você estava tentando treinar com as muletas, bateu na perna de Jerry. Isso doeu muito" ou "Você me disse que achava a aranha da Carrie legal. Ela provavelmente gostaria de ouvir isso de você".

4. **Incentivar as crianças a dividir tudo o tempo todo.** Não há dúvida de que dividir é uma habilidade interpessoal importante que as crianças devem aprender. Infelizmente, há momentos em que os adultos promovem essa virtude com entusiasmo excessivo. Eles estimulam as crianças a ceder itens que realmente não terminaram de usar assim que outras crianças os querem. Por exemplo, Elizabeth estava usando três sacolas de compra para separar as comidas em sua "loja". Uma sacola era para caixas, outra para latas e outra para frutas de plástico. Ela precisava das três sacolas. Helen se aproximou e perguntou se poderia pegar uma sacola para fazer um "vestido". Elizabeth reclamou, mas o adulto insistiu para que a menina desse uma sacola a Helen. O adulto tirou as frutas da sacola e a deu para Helen.

   Nesse caso, Elizabeth tinha o direito legítimo de terminar de usar a sacola. Teria sido mais fácil para ela dividi-la de boa vontade depois do fim de sua brincadeira. Uma abordagem melhor teria sido dizer: "Elizabeth, quando você terminar sua brincadeira, Helen quer uma chance de usar uma sacola. Diga a ela quando estiver pronta". Uma variação desse problema ocorre quando adultos arbitrariamente regulam o revezamento como uma forma de fazer as crianças dividirem. Por exemplo, assim que uma criança sobe no triciclo, o adulto adverte: "Uma vez em volta do pátio e depois você terá de descer para outra criança ter sua vez". Essa abordagem é utilizada em um esforço bem-intencionado de evitar conflito ou ser justo. Entretanto, frequentemente termina com nenhuma criança se sentindo realmente satisfeita. Ademais, exige monitoramento constante dos adultos.

   Em vez disso, permita que as crianças utilizem totalmente os materiais aos quais têm acesso. Seria melhor, se possível, aumentar a quantidade de equipamentos disponíveis para que as crianças não sejam pressionadas a ceder algo com o qual estão profundamente envolvidas. Se isso não for possível, provoque sentimentos de empatia ao indicar que outros estão esperando e querem uma vez também. Finalmente, lembre-se de elogiar as crianças quando elas finalmente cedem o que estavam usando a outra pessoa. Indique como suas ações agradaram à criança que queria ser a próxima.

Resumo

Crianças gentis desenvolvem sentimentos de satisfação e competência, são mais sociáveis e recebem ajuda e cooperação de outras pessoas. Quando o comportamento pró-social é incentivado, as crianças são mais amigáveis e produtivas.

Para que as crianças possam ser percebidas como pró-sociais, devem primeiro se conscientizar de situações nas quais tais atos são benéficos. Devem então decidir se adotarão esse comportamento e como isso será feito, pois desejar agir com intenção pró-social e saber a melhor forma de fazê-lo não são aspectos aprendidos simultaneamente. À medida que as crianças amadurecem e ganham experiência, ficam mais proficientes em corresponder suas ações pró-sociais às necessidades dos outros. As habilidades de as crianças tomarem a perspectiva do outro também afetam seu comportamento pró-social, isto é, crianças com boas capacidades de assumir papéis geralmente são mais inclinadas a exercer comportamento pró-social. Esse elo se fortalece com a idade. Gênero, idade, família, colegas, escola e cultura influenciam o comportamento pró-social das crianças.

Características particulares da sociedade promovem ou inibem a conduta pró-social. As influências mais profundas sobre o comportamento prestativo e cooperativo das crianças são os adultos: o afeto de sua relação com a criança, as estratégias de disciplina, os comportamentos que eles modelam, os comportamentos que recompensam nas crianças e os valores pró-sociais e as habilidades que ensinam. Ensinar gentileza às crianças pode ser realizado pela criação de uma atmosfera condizente com ações pró-sociais, por meio de instrução *in loco* e de atividades planejadas. Parcerias entre a família e os profissionais que trabalham com as crianças aumentam as intenções e habilidades destas com relação ao comportamento pró-social.

Palavras-chave

Atribuições de caráter; atribuições de disposição; atribuições pró-sociais; comportamentos pró-sociais; *know-how* instrumental; tomada de perspectiva.

Questões para discussão

1. Identifique vários aspectos do comportamento pró-social. Discuta suas semelhanças e diferenças utilizando exemplos da vida real.
2. Em grupos pequenos, fale sobre os benefícios e riscos de se comportar de forma pró-social. Quando adequado, conte alguns casos pessoais nos quais você se comportou ou não dessa forma e a consequência de tais comportamentos.
3. Geraldo está trabalhando muito na construção de uma ponte feita de palitos de madeira. Ele parece ter dificuldade em colocá-la em pé. Patrick está observando.
    a. Descreva os passos que Patrick dará ao agir com gentileza em relação a Geraldo.
    b. Discuta todas as escolhas possíveis que Patrick terá de fazer e os possíveis resultados de cada decisão.
4. Descreva a influência da idade sobre o comportamento pró-social da criança. Discuta o surgimento e o aumento ou a queda de tipos de comportamentos pró-sociais em particular à medida que as crianças crescem. Dê motivos com base em seu entendimento do desenvolvimento das crianças.
5. Discuta as influências culturais sobre o comportamento pró-social da criança. Descreva experiências em sua própria criação para ilustrar. Descreva valores familiares ou sociais em particular que tiveram impacto.
6. Descreva os atributos da atmosfera de um ambiente formal de grupo que facilitam o desenvolvimento do comportamento pró-social das crianças. Discuta especificamente como as estratégias de disciplina aprendidas até o momento contribuem para essa atmosfera.
7. Descreva seis maneiras de os adultos modelarem a cooperação no ambiente formal em grupo e em casa. Discuta como as crianças podem traduzir essas técnicas em seu próprio comportamento.
8. Utilizando exemplos do ambiente de grupo formal no qual trabalha, descreva casos nos quais os adultos:
    a. Recompensaram o comportamento pró-social das crianças.
    b. Ignoraram o comportamento pró-social delas.
    c. Puniram inadvertidamente o comportamento pró-social das crianças.
    Discuta qualquer resultado observado imediatamente ou no curto prazo.
9. Discuta o papel da instrução direta sobre o comportamento pró-social da criança. Liste habilidades específicas que incentivam a ajuda e a cooperação a estratégias em particular para ensinar tais habilidades.
10. No Código de Conduta Ética Naeyc (Apêndice), localize os princípios e ideais para avaliar a seguinte situação: duas professoras estão empolgadas com uma atividade sobre a qual ouviram em um *workshop* recente. Cada vez que as crianças realizam um ato gentil, ganham um ponto. Quando a semana termina, a criança com mais pontos é nomeada a "criança mais gentil" por um dia.

Tarefas de campo

1. Escolha uma habilidade pró-social. Em poucas frases, descreva uma atividade que utilizará para ensinar às crianças o comportamento selecionado. Execute seu plano com as crianças. Descreva como conduziu o plano e como as crianças reagiram. Fale brevemente sobre como pode mudar ou melhorar seu plano no futuro.
2. Identifique um trabalho que normalmente realiza sozinho em sua colocação em campo. Descreva pelo menos três maneiras de envolver as crianças para ajudá-lo. Implemente uma de suas estratégias e, depois, descreva o que realmente aconteceu. Discuta o que, em seu plano, você repetiria no futuro e o que mudaria.
3. Concentre-se no modelo de comportamento pró-social. Descreva um comportamento pró-social que modelou e como o fez. Depois, discuta uma situação na qual indicou a modelagem pró-social sozinho ou por outra pessoa. Escreva as palavras utilizadas.
4. Selecione uma habilidade pró-social para ensinar às crianças. Utilize as estratégias *in loco* identificadas neste capítulo. Documente o progresso das crianças ao longo do tempo.
5. Descreva uma conversa entre você (ou outro profissional) e um familiar adulto na qual o comportamento pró-social de uma criança foi discutido. Descreva a natureza do comportamento, além de quaisquer estratégias sugeridas para estimular as ações pró-sociais. Escreva uma breve avaliação com base no material coberto neste e em capítulos anteriores.

Capítulo 14

Incentivar atitudes saudáveis relacionadas à sexualidade e à diversidade

Objetivos

Ao final deste capítulo, você será capaz de descrever:

- Aspectos do desenvolvimento psicossexual das crianças.
- Consequências relacionadas ao desenvolvimento da identidade étnica, às preferências e às atitudes em crianças pequenas.
- Problemas relativos à inclusão de crianças com necessidades excepcionais.
- O impacto da timidez e do temperamento difícil sobre o desenvolvimento social das crianças.
- Habilidades para lidar de modo eficaz com problemas de desenvolvimento relativos a sexualidade, etnia, necessidades especiais e outras diferenças relacionadas com crianças.
- Estratégias para se comunicar com as famílias sobre as diferenças individuais das crianças.
- Armadilhas que devem ser evitadas quando se lida com questões relacionadas às diferenças de desenvolvimento das crianças.

Um menino de 4 anos que está na área de tarefas domésticas ("casinha") de uma grande escola anuncia repentinamente que as bonecas vão "fazer um bebê". Põe uma boneca em cima da outra e diz a duas crianças que estão brincando por perto: "Vejam isso!". As crianças olham fascinadas. Assim que a professora se aproxima, o menino rapidamente pega uma das bonecas e encerra de forma deliberada o episódio.

Diversas crianças pequenas põem-se a brigar a propósito de uma variedade de bonecas representativas de grupos étnicos diferentes. As mais disputadas são as bonecas brancas e asiáticas. Um adulto sugere alegremente que ninguém havia escolhido nenhuma das bonecas negras que estavam no fundo da caixa. "Não podemos! São sujas e feias", responde uma das crianças. O adulto se surpreende, pois a afirmação fora feita por uma criança afro-americana.

Kathy, uma aluna com deficiência visual, está sendo integrada em uma classe de quinta série. Assiste com tensão à escolha de dois times para jogar kickball *no recreio. Ao ver que não é escolhida por nenhum time, a professora anuncia: "Kathy também quer jogar". Faz-se um silêncio constrangedor, mas nenhum dos times se oferece para recebê-la.*

Episódios como esses são comuns nos ambientes sociais frequentados pelas crianças. O modo como respondemos a eles influencia o que as crianças aprendem a partir deles e como se sentem consigo mesmas e com os outros no processo.

Quando os adultos são capazes de manter uma abordagem sensível, não reativa e direta ao lidarem com problemas sociais, favorecem a competência social das crianças com valores como justiça social, atitudes saudáveis em relação à sexualidade e habilidade de interagir com eficácia com pessoas de diferentes *backgrounds* culturais, étnicos e raciais. Ao longo do tempo, as crianças cuja **competência social** é fortalecida tornam-se adultos mais capazes de compreender com exatidão as situações sociais, de dar e receber apoio emocional e de desenvolver autoidentidade positiva.

Entretanto, já que nenhum de nós escapa dos estereótipos ou conceitos equivocados sobre os diversos aspectos da diversidade humana, pode haver momentos em que genuinamente sentimos constrangimento, irritação, desconforto e incerteza ao lidarmos com situações delicadas como essas (Derman-Sparks & Edwards, 2010). Em razão das emoções pessoais que automaticamente surgem em função de nossa sensibilidade moral e experiências anteriores, é possível que nossa reação seja excessivamente intensa ou de esquiva; é possível ainda que ignoremos os comportamentos negativos e que nos sintamos momentaneamente confusos sobre qual a resposta mais eficaz.

Um grave subproduto do excesso de ansiedade nos adultos, ou da esquiva de tais situações, é o efeito potencialmente negativo sobre o desenvolvimento das crianças – principalmente a produção de sentimento de culpa, perda de autoestima, reforço de atitudes negativas, desinformação e comportamento desadaptado.

Neste capítulo, sugeriremos o que você pode fazer para lidar com problemas intrincados relativos à sexualidade e à diversidade de modo mais saudável e mais produtivo socialmente, tanto para você quanto para as crianças.

■ Desenvolvimento psicossexual das crianças

À medida que as crianças desenvolvem o senso de si mesmas, é importante que se sintam à vontade com a própria sexualidade. A discussão a seguir compreende o modo como as crianças passam a compreender o papel de gênero que desempenharão, masculino ou feminino, os estereótipos e comportamentos que se agregam a esses papéis e a resposta do adulto a esses comportamentos.

Desenvolvimento do papel de gênero

É necessário estabelecer, desde o início, uma distinção entre **identidade de gênero** – identificação biológica masculino-feminino – e **identificação com o papel de gênero**, que se refere a comportamentos, habilidades e características associadas a um gênero em particular. Isso começa mais cedo que se pensava anteriormente e prossegue na idade adulta (Berk, 2009). Os pais desempenham papel especialmente importante, assim como os professores, pares e irmãos.

As crianças passam por diversos estágios relacionados à aquisição do comportamento típico do gênero (veja Quadro 14.1), o que refletirá na escolha dos companheiros de jogos, na seleção dos materiais com que brincam e, mais tarde, na segregação de gênero. A sequência é aproximadamente a mesma para todas as crianças, embora dependa também das experiências e da maturidade intelectual.

Quando se observam as crianças enquanto brincam, percebe-se que elas são totalmente cientes dos comportamentos definidos socialmente e das atitudes associadas com o fato de ser do sexo masculino ou feminino, e que

QUADRO 14-1 Caracterização por gênero

Idade em anos	Identidade de gênero	Estereótipo de gênero	Comportamento caracterizado por gênero
0-2 e meio	Surge e se desenvolve a habilidade de discriminar os gêneros masculino e feminino. A criança rotula-se corretamente como menino ou menina.	Surgem alguns estereótipos de gênero.	Surge a preferência por brinquedos e atividades caracterizados por gênero. Surge a preferência por companheiros de jogos do mesmo sexo (segregação de gênero).
3-6	Conservação de gênero (surge o reconhecimento de que o gênero de uma pessoa não muda).	Surgem os estereótipos de gênero relacionados a interesses, atividades e ocupações. Os estereótipos se tornam muito rígidos.	As preferências por brincadeiras e brinquedos caracterizados por gênero tornam-se mais fortes, principalmente entre os meninos. A segregação de gênero se intensifica.
7-11		Surgem os estereótipos de gênero dos traços de personalidade e de áreas de melhor desempenho escolar. Os estereótipos de gênero se tornam menos rígidos.	A segregação de gênero continua a se fortalecer. As preferências por brinquedos e atividades caracterizados por gênero fortalecem-se entre os meninos; as meninas desenvolvem (ou mantêm) interesse em algumas atividades masculinas.
12 ou mais	A identidade de gênero torna-se mais saliente e reflete as pressões para intensificação de gênero.	A intolerância pelas características do outro sexo aumenta no início da adolescência. Os estereótipos de gênero se tornam mais flexíveis em muitos aspectos, no período mais avançado da adolescência.	A conformidade aos comportamentos caracterizados por gênero aumenta no início da adolescência e reflete a intensificação de gênero. A segregação de gênero torna-se menos pronunciada.

FONTE: Shaffer (2005).

esse conhecimento se reflete nas "ações ligadas ao gênero" que executam, ou seja, os comportamentos relacionados ao gênero refletem-se nas brincadeiras. Em geral, ouvem-se os seguintes comentários: "Os pais são fortes", "Mamãe prepara o jantar" e "Tenho de ser a enfermeira porque sou menina". Vê-se também, em crianças em idade pré-escolar, a habilidade de fazer uma "troca de gênero" na dinâmica da brincadeira, quando necessário. Isso acontece quando, por exemplo, um menino pequeno se prontifica a desempenhar o papel de "mãe", quando ninguém mais quer o papel ou não está disponível para assumi-lo.

No entanto, à medida que crescem, as crianças apresentam um mal-estar cada vez maior em assumir papéis do gênero oposto (veja Figura 14.1), o que indica que não estão mais explorando os papéis de gênero e que essa parte da aprendizagem social tornou-se mais inflexível. Isso é verdade tanto para meninas quanto para meninos (Hyun & Choi, 2004).

O desenvolvimento do papel de gênero tem um efeito importante sobre a compreensão que a criança tem de seu lugar, masculino ou feminino, na sociedade e também sobre os papéis que assume para expressar a masculinidade ou feminilidade. No entanto, a identidade social e o papel que assume são modelados também pelo ambiente e por suas experiências dentro dele. Por exemplo:

Amid empurra Carrie a cotoveladas e diz: "Primeiro os meninos" (Amid provém de uma cultura familiar na qual essa afirmação é verdadeira).

Jaxon e Kirk estão cozinhando no centro de faz de conta. Jaxon diz: "Somos chefs, não apenas cozinheiros, certo?". "É sim", responde Kirk. "Vamos ganhar muito dinheiro para cozinhar tudo isso!" (Jaxon e Kirk entendem a diferença entre cozinhar em casa, atividade em geral feminina, e cozinhar como trabalho, atividade em geral masculina).

Belinda fala sobre o desejo de ser bombeira na reunião de grupo em que as crianças discutem sobre as pessoas que prestam serviços à comunidade. Richard faz o seguinte comentário: "Você não pode ser bombeiro. Você é uma menina" (Richard ainda não aprendeu que tanto os homens quanto as mulheres podem ser bombeiros).

As respostas dos adultos aos comportamentos e ao desenvolvimento psicossexual das crianças

Desde que nascem, os seres humanos têm sensações sexuais. Uma atitude positiva em relação à sexualidade significa aceitar as sensações e os impulsos sexuais como naturais e não como algo que gere vergonha. A habilidade subsequente das crianças de lidar com tais sensações depende das primeiras experiências. As primeiras experiências que envolvem intimidade psicológica com outras pessoas importantes ensinarão às crianças que o envolvimento interpessoal é seguro ou perigoso, agradável ou desagradável. Do mesmo modo, as crianças desenvolvem atitudes positivas ou negativas em relação ao próprio corpo e às funções corporais com base nas reações verbais e não verbais dos adultos que as ajudam nas ações cotidianas, como tomar banho, vestir-se e ir ao banheiro.

Se o adulto usar palavras como *indecente*, *nojento* ou *sujo* para descrever os genitais ou a eliminação, as crianças estarão propensas a desenvolver sentimentos de que há algo inaceitável nisso. Inversamente, quando os adultos respondem com tom de voz objetivo, usam os nomes corretos das partes do corpo e usam reflexões afetivas e comportamentais, elas desenvolvem uma abordagem saudável em relação à sexualidade. Em síntese, as crianças aprendem a respeito da sexualidade como aprendem todo o resto: por meio de palavras, ações, interações e relações. Algumas expressarão mais interesse pelas palavras ligadas ao sexo, por tocar os genitais ou pela masturbação que outras (Couchenour & Crisman, 2007).

Masturbação. Embora a masturbação infantil seja uma experiência humana quase universal, provoca grande preocupação nos adultos. A maioria das crianças descobre as áreas genitais incidentalmente, durante a infância, à medida que se familiarizam com o corpo, tocando as aberturas ou explorando as próprias extremidades. As crianças pequenas ocasionalmente esfregam ou acariciam os genitais antes de dormir, enquanto os adultos leem para elas ou enquanto assistem à televisão. Em geral, trata-se de pouco mais que uma atividade normal e autotranquilizadora. Em outros momentos, as crianças buscam obter conforto ou desfrutar de sensações semelhantes acariciando outras partes do corpo menos estimulatórias como nariz e orelhas, girando mechas de cabelo ou esfregando porções de material macio entre o polegar e o indicador.

FIGURA 14.1 Um exemplo de desenvolvimento da segregação de gênero. ["As meninas não, mas as mulheres têm seios. Os meninos nunca, nem quando se tornam homens."]

FONTE: Honig (2000, p. 71). Reproduzida com permissão da National Association for the Education of Young Children. Este quadro foi traduzido do Inglês, com a permissão da Associação Nacional para a educação de Crianças (NAEYC). A Cengage Learning é a única responsável pela exatidão desta tradução. Copyright © 2000 NAEYC

Entre 3 e 5 anos, as crianças experimentam um crescente apego emocional ao genitor do sexo oposto e manifestam resíduos desses sentimentos quando encostam-se no corpo do adulto, sentam-se bem perto, tocam, penteiam ou escovam os cabelos dele e fazem cócegas. Em qualquer idade, as crianças podem masturbar-se consciente ou inconscientemente, como fonte de conforto, quando se sentem cansadas, tensas, ansiosas, estressadas, entediadas ou isoladas dos outros; quando precisam ir ao banheiro; para obter atenção; ou simplesmente porque é prazeroso. Os meninos pequenos muitas vezes apertam os genitais quando estão preocupados, cansados ou excitados.

A masturbação ou a automanipulação pode se tornar preocupante quando ocupa grande parte do dia, quando a área genital está infeccionada ou quando as crianças são expostas a atividade sexual adulta, pornografia ou abuso sexual. Os adultos que consideram a masturbação um comportamento sexual anormal ou precoce e, portanto, errado, talvez tentem desencorajar tal exploração por meio da vergonha, de ameaças ou de punições. Entretanto, a situação requer boas habilidades de observação para que se possam documentar a frequência e a normalidade do comportamento (Honig, 2000).

Brincadeiras sexuais entre crianças pequenas. As crianças de 3 a 5 anos já aprenderam que existe o sexo oposto. Muitas já descobriram também que o sexo oposto é dotado de um órgão genital diferente, o qual é interessante não apenas por ter uma aparência acentuadamente diferente, mas também porque é usado de modo diferente para a excreção.

Visto que as crianças são seres curiosos, além de sexuais, não deveria surpreender que queiram explorar essas diferenças e que o façam comumente enquanto brincam de "casinha", "médico" e outras brincadeiras infantis. Nesse estágio do desenvolvimento, elas mostram interesse no comportamento adulto heterossexual. As que são expostas às imagens de sexualidade da mídia ou da vida real usam ocasionalmente bonecas e outros brinquedos para reconstruir os atos de que se lembram. Se assistirem ao nascimento de um irmão menor ou a representações de nascimento na televisão, às vezes incluem a representação desse processo nas brincadeiras sexuais.

Potencialmente, poderá ocorrer um problema sério se, durante uma brincadeira sexual, introduzirem objetos nas aberturas genitais, umas das outras. Embora os adultos devam reconhecer a curiosidade das crianças nessas situações, precisam também explicar que elas podem se machucar ao introduzirem objetos nas aberturas do corpo, como olhos, boca, nariz e ouvidos. Os adultos devem, com calma, estabelecer limites para as brincadeiras sexuais e redirecionar o comportamento inadequado para outra atividade.

A curiosidade das crianças a respeito do corpo humano não deve ser rechaçada, e você poderá atender ao natural desejo que elas têm de conhecer o próprio corpo e o dos outros se responder às perguntas de modo simples e direto. Existem livros que fornecem respostas satisfatórias para muitas das perguntas que as crianças fazem sobre as diferenças sexuais e a proveniência das crianças: *See how you grow* [*Veja como você cresce*], de Patricia Pearse, *Where do the babies come from?* [*De onde vêm os bebês?*], de Angela Rayston, e *Where did I come from?* [*De onde eu vim?*], de Peter Mayle.[1] Pode-se sugerir aos pais que usem esses livros. Um aspecto importante, quando se ensinam os fatos fisiológicos, é usar a terminologia correta (pênis e não pipi) e eliminar qualquer aura de mistério que envolva as diferenças sexuais.

O comportamento de espiar ou *voyeurismo* nas crianças. Classificado na categoria de "transtornos sexuais", o *voyeurismo* ocorre, em geral, quando a curiosidade natural das crianças sobre as diferenças sexuais foi seriamente reprimida. Algumas crianças que não têm irmãos do sexo oposto (um laboratório natural sobre as diferenças sexuais) talvez se sirvam da escola ou do banheiro escolar para satisfazer algumas de suas curiosidades. Por essa razão, alguns responsáveis por creches e pré-escolas muitas vezes optam por deixar as áreas privativas do banheiro sem porta.

Isso pode aborrecer aqueles pais que sentem que tal prática favorece o interesse precoce na sexualidade, embora as evidências indiquem o contrário. Além disso, as crianças pequenas às quais se ensinou que o ato de usar o banheiro deve ser absolutamente privado podem estressar-se um pouco. Por essa razão, pelo menos uma das áreas privativas precisa ter porta.

Outros comportamentos desviantes, entre eles espiar, podem ser apresentados também por crianças maiores que sofreram abuso sexual ou que são cronicamente hiperestimuladas do ponto de vista sexual por assistirem à atividade sexual adulta. Essas crianças podem ir além do comportamento encoberto e tornar-se abertamente agressivas do ponto de vista sexual. Quando isso ocorre com crianças muito pequenas, pode ser chocante, particularmente se você enxergar essas crianças como totalmente "inocentes" e incapazes de tais pensamentos e ações. Uma assistente de escola infantil descreveu a experiência de um menino de 4 anos que começou a desabotoar sua camisa ao sentar-se em seu colo para escutar a história que estava lendo. Quando a assistente pediu ao menino que parasse, ele sorriu e disse: "Quero ver seus seios". Ela observou: "Fiquei surpresa e chocada que aquele menininho de 4 anos soubesse exatamente o que dizia e fazia. Ainda estou com dificuldade de lidar com isso e percebo que fujo dele".

Quando as crianças inesperadamente começam a espiar a atividade sexual de outras pessoas, exibem-se sexualmente, masturbam-se em público, demonstram ten-

---

[1] Entre os títulos traduzidos para o português, temos, por exemplo, *Mamãe botou um ovo*, de Babette Cole, da Editora Ática; *Ceci tem pipi*, de Thierry Lenain, da Companhia das Letrinhas; *De onde vêm os bebês*, de Andrew C. Andry e Steven Schepp, da José Olympio Editora. (NRT)

dências homossexuais e utilizam linguagem sexualmente explícita, podemos ficar temporariamente desorientados. Por isso, é preciso ter em mente diversas "regras de resposta". O Box 14.1 apresenta um resumo dessas regras elaboradas na seção de habilidades.

Comportamentos estereotipados. Se os adultos se preocupam, com meninos afeminados e meninas excessivamente molecas, devem se preocupar também com as crianças que estão no outro extremo do *continuum*: aquelas que desempenham papéis sexuais extremamente estereotipados e rígidos, em detrimento de uma gama mais vasta de comportamentos andróginos, ou seja, comportamentos vistos como não específicos a um sexo. Por exemplo, para um menino andrógino, a escola de educação infantil não seria responsabilidade apenas das mulheres; do mesmo modo, uma menina andrógina acharia que aprender a trocar um pneu é útil e adequado e não "masculino".

BOX 14.1 Como responder aos comportamentos inesperados

---

1. Mantenha uma postura calma ao responder ao desempenho sexual das crianças.
2. Redirecione o comportamento das crianças que podem ser perfeitamente normais, mas que desorientam os outros.
3. Intervenha sempre que o comportamento tiver a clara intenção de chocar ou de entreter de modo inadequado, ou ainda quando "não parecer infantil" (Miller, 2010).
4. Expresse expectativas claras para o comportamento no futuro e explique as razões pelas quais o comportamento não é adequado.
5. Se suspeitar que a criança sofre influências negativas no ambiente em que brinca e vive, investigue.
6. Use o vocabulário correto ao se referir às partes do corpo.
7. Proporcione oportunidades naturais para que as crianças aprendam mais sobre o próprio desenvolvimento sexual.

Os adultos, cujo ponto de vista é mais andrógino e veem tais comportamentos como adequados, podem não gostar que as crianças desenvolvam o que consideram pontos de vista psicossexuais. Algumas evidências mostram que, a despeito de quanto os pais possam se empenhar para que os filhos não desenvolvam os estereótipos masculino/feminino tradicionais, é, de qualquer modo, inevitável que isso aconteça com crianças de 4 e 5 anos. A determinação dessas crianças parece ser alimentada pelos estereótipos de gênero promovidos pela televisão, pelos livros e em todos os contextos em que se desenvolvem.

A diferença no comportamento agressivo masculino e feminino (veja Capítulo 12) pode ser a questão mais problemática para os adultos. A agressão manifesta das meninas tem crescido e os pesquisadores documentam que o comportamento dos meninos é significativamente mais agressivo (Card et al., 2008). Os adultos que não suportam essa situação ou que se sentem particularmente ameaçados pela atividade vigorosa tendem a suprimir o vigor natural dos meninos em vez de fornecer canais eficazes para essa energia. O fato de os meninos serem mais vigorosos e quase sempre mais difíceis de controlar que as meninas "não significa que a masculinidade seja, em si, patológica. Os meninos precisam de uma orientação moral mais clara e canais saudáveis para a energia e a competitividade naturais" (Charen, 2000).

Uma professora do terceiro ano proibiu que os meninos de sua classe brincassem de luta e de pega-pega no *playground*. Não deu sugestões quanto ao que poderia substituir essas brincadeiras e, quando dois meninos da classe começaram a lutar, ordenou que ficassem em silêncio junto ao prédio, enquanto pensava no que podiam fazer em vez de "agredirem-se". Outras crianças da classe, consideradas mais obedientes, puseram-se a provocar os dois meninos que foram rotulados como "intimidadores", sem que a professora intercedesse. Quando os pais de um deles manifestaram preocupação quanto à reputação que se formava em torno do filho, a professora rebateu com a seguinte explicação: "Se as outras crianças conseguem se controlar e encontrar canais mais aceitáveis para extravasar as energias, usando os brinquedos do *playground*, eles também devem conseguir". A má vontade ou a incapacidade de alguns professores de lidar com comportamentos turbulentos contribui para que haja um excesso de meninos nas classes de educação especial para crianças com deficiências emocionais e de aprendizagem. Nesses programas, o número de meninos supera o de meninas na proporção de 3:1, e, em algumas zonas, essa proporção atinge 20:0 (Soderman, Gregory & McCarthy, 2005).

Quanto às crianças cujo comportamento sexual ou identificação com papel de gênero segue outro caminho, você precisará distinguir entre os comportamentos que são consistentes com o desenvolvimento normal e os que não o são. Embora vivamos em uma época de mudanças significativas dos valores e papéis sexuais (Levin & Kilbourne, 2008; Deveny & Kelly, 2007), a redefinição do que constitui a sexualidade saudável não requer que abandonemos todas as definições sociais correntes. Você precisa, no entanto, estar consciente de como suas convicções podem afetar as respostas que dá às crianças e do planejamento educacional que faz para elas. Quando o comportamento for inadequado, a criança precisará de compreensão e intervenção de apoio. Se estiver inseguro quanto ao modo de avaliar o comportamento da criança com objetividade ou quanto à orientação a fornecer, consulte profissionais mais experientes.

■ Identidade étnica, preferências e atitudes das crianças

Assim como o desenvolvimento do papel de gênero parece ser específico à idade e ao estágio, também o são o desenvolvimento da **etnicidade** e da consciência cultural. Às vezes, somos surpreendidos por comentários depreciativos que as crianças fazem sobre pessoas de raças ou origens étnicas diferentes. Tais comentários podem ter uma natureza inocente e refletir apenas a falta de experiência ou de informação da criança. Outras vezes, elas são deliberadamente hostis, como quando demonstram um estilo de "humor" que denigre raças, nacionalidades ou religiões diferentes. Esse tipo de humor se deve à conceituação negativa de um grupo depreciado e só pode acontecer se a criança aprendeu a pensar em termos de "bons" e "maus". Podem ocorrer também difamações conscientes que resultam do desenvolvimento, na criança, do **etnocentrismo** que exacerba a preferência pelo próprio grupo e a aversão pelos demais grupos (Wolpert, 2005).

Em razão de seu próprio etnocentrismo, os profissionais podem, ocasionalmente, precisar lutar contra sentimentos de leve aversão ou até de forte hostilidade em relação a crianças, pais ou pares de outros grupos raciais ou étnicos. Esses sentimentos podem também derivar de diferenças socioeconômicas. Qualquer que seja a fonte, tais sentimentos afetam nossas interações, levando a comportamentos arrogantes, esquiva e mesmo agressividade.

Polakow (1994, p. 25) descreve a situação em que três crianças afro-americanas em idade pré-escolar eram constante e exclusivamente apontadas como "os desordeiros (e desviados) negros da Sra. Naly":

Jomo aproxima-se do piano e toca uma nota. A Sra. Naly corre até ele. "Pode me dizer o que está escrito aqui?", diz ela, puxando-o rudemente, de modo que ele se volta e fica de frente para um cartaz feito à mão, no qual se vê um vulto carrancudo. "Não tocar", diz ele, enquanto se contorce entre as mãos da professora. "Certo", responde ela e volta para a mesa. Danny e Ryan, que brincam no chão, fazem cócegas em Jomo que cai em cima deles, rindo. Os três rolam no chão gargalhando e fazendo cócegas um no outro. O pé de Ryan atinge uma prateleira cheia de blocos empilhados. Os blocos caem em cima dos meninos e seguem-se mais risadas quando Ryan diz: "Para com isso, cara, estou construindo" e começa a construir uma estrutura no chão. A professora, que estava do outro lado da sala, se aproxima e diz: "Vocês três estão se comportando mal novamente. Vão ter de aprender a ficar tranquilos, e, enquanto isso não acontecer, vou ficar de olho em vocês – hoje, vocês não vão brincar lá fora!". E pelo terceiro dia na semana, os três "desordeiros" ficaram dentro da sala, enquanto as outras crianças brincavam lá fora. Naly me disse que nenhum dos três estava pronto para passar de ano: "São crianças realmente problemáticas e as famílias, um caos".

Ao contrário disso, professores que já adquiriram habilidade na aplicação dos princípios da **educação antipreconceito** criam futuros mais otimistas para as crianças. Isso requer disposição para enfrentar os efeitos danosos da desinformação, estereótipos, **parcialidades**, preconceito e medo, tanto dentro de nós quanto nos outros. Para fazer isso, precisamos estar cientes da dinâmica do **privilégio internalizado** ou superioridade internalizada (vantagens de natureza econômica, social ou cultural decorrentes do fato de pertencer a uma específica identidade social). Do mesmo modo, precisamos estar cientes também da **opressão internalizada**, ou inferioridade, que se desenvolve em razão do acesso limitado a oportunidades e das mensagens negativas constantes sobre o próprio grupo ou **identidade social** (veja Quadro 14.2). Precisamos criar coragem para falar sobre isso e fazer mais que simplesmente nos preocupar em não ofender ninguém; precisamos reanalisar os eventos que não acontecem como esperamos e fazer mais que acreditar que uma intervenção "pode fazer as coisas piorarem"; é o que sugerem Derman-Sparks & Edwards (2010, p. 21), que fornecem um exemplo da vida real:

Durante uma reunião da estagiária com as crianças, que formavam um grande círculo, foi gravado um vídeo. O círculo se desfez, as crianças se dispersaram, saíram correndo e se recusaram a participar. A estagiária reclamou do comportamento disruptivo de dois meninos afro-americanos que haviam "estragado" o círculo. O professor, então, passou o vídeo. Todos ficaram chocados ao constatarem que a perturbação tivera início, na verdade, com dois meninos brancos, que um dos meninos afro-americanos juntara-se mais tarde e que o segundo estivera quase o tempo todo assistindo. "Mas eu lembrava que haviam sido Alec e William!" disse a estagiária em lágrimas, "Como posso ter me enganado a esse ponto?".

Visto que o desenvolvimento do autoconceito das crianças é profundamente influenciado pelas interações que têm com os outros, entre eles, os pares e adultos não

QUADRO 14.2 Determinação de identidade social

Instruções. Faça um círculo em torno das identidades das colunas 2 e 3 que se aplicam a sua vida. Observe o padrão dos círculos nas duas colunas. Por escrito ou oralmente com um colega, descreva, em relação a cada identidade marcada, o seguinte: de que modo você experimentou privilégio e visibilidade ou preconceito e discriminação? Quais identidades abriram portas para você e quais tornaram a vida mais difícil?

Identidade social	Grupos definidos como norma e favorecidos com vantagens sociais	Grupos que são alvo de preconceito institucional e discriminação
Raça.	Branca.	Pessoas de cor, pessoas e famílias birraciais ou multirraciais.
Etnia/herança.	Europeus, americanos. "Caldeirão de culturas".	Todas as outras etnias definidas ou reconhecíveis.
Língua.	Português.	Língua materna diferente do português.
Gênero.	Masculino.	Feminino, intersexual, transexual.
Classe econômica (na infância e agora).	De média a alta.	Pobreza ou classe trabalhadora.
Crença religiosa.	Cristã ou de tradição cristã.	Muçulmano, judeu, budista, hinduísta, pagão, ateu etc.
Idade.	Adultos produtivos (de 20 a 45 anos para as mulheres, de 20 a 60 para os homens).	Crianças, adolescentes, mulheres com mais de 45 anos e homens com mais de 60.
Orientação sexual.	Heterossexual.	Assexual, bissexual, gay, lésbica, transexual.
Educação.	Nível universitário. Altamente instruído.	Ensino fundamental ou menos. Dificuldades na alfabetização.
Tipo de corpo, tamanho.	Magro, em forma. Altura média para as mulheres; alto para os homens.	Grande, excesso de peso. Muito baixo ou muito alto.
Autonomia (física, mental, emocional).	Saudável. Funcional, sem deficiência aparente.	Qualquer forma de deficiência física, mental, de estabilidade emocional; de aprendizagem; de controle de comportamentos.
Estrutura familiar (na infância e agora).	Casado. Pai/mãe com 1 a 3 filhos biológicos.	Descasado. Monoparental divorciado, parente das crianças; família adotiva, de adoção temporária ou misturada.

FONTE: Derman-Sparks & Edwards (2010, p. 31).

familiares, as atitudes que os outros apresentam em relação ao grupo racial das crianças, classe social ou crença religiosa é de importância crucial. Assim que elas adquirem um senso básico de si mesmas como diferentes dos outros (de 15 a 18 meses), passa a ser possível envergonhá-las, e, além disso, elas mesmas se tornam capazes de sentir vergonha (York, 2003). O resultado é que, quando percebem que têm *status* social negativo, os sentimentos básicos de autovalorização são prejudicados.

Os fatores que levam ao desenvolvimento de atitudes racistas têm claramente origem na primeira infância e compreendem elementos de aprendizagem direta, personalidade, cognição, percepção, comunicação proveniente da mídia e das pessoas que são importantes na vida das crianças e que reforçam esse comportamento, para o bem e o mal. Por volta dos 2 ou 3 anos, as crianças começam a notar diferenças no modo como as pessoas olham e se comportam. As atitudes precoces, positivas ou negativas, tendem a aumentar com a idade. As crianças mostram mais consenso e consistência aos 4 anos que aos 3, e tornam-se bastante radicadas por volta dos 6 anos (veja Quadro 14.3).

Quando as crianças respondem a suas observações, elas recebem um *feedback* verbal dos outros que é tanto informativo quanto avaliativo. Por exemplo, Martin tornou-se muito amigo de Eugene, um colega de classe afro-americano de pele clara. Quando Martin perguntou à mãe se Eugene poderia ir brincar em sua casa depois da escola, ela respondeu negativamente, dizendo que preferia que o filho não convidasse crianças negras para brincar em casa. Martin, ao pedir a mesma coisa mais tarde à mãe, desafiou a afirmação dela de que Eugene era negro, notando que o menino não tinha a pele negra. "É verdade", replicou a mãe, "mas não é só a cor da pele

QUADRO 14.3 Aquisição da consciência racial

Idade	Características e comportamentos de consciência racial
2-3	Mais consciência das características físicas e dos comportamentos culturais dos outros como diferentes dos próprios. Podem ter medo dos que têm a cor da pele diferente ou apresentam deficiências físicas.
4	Curiosidade crescente por como são ou diferem das outras crianças. Pensam e desenvolvem razões para as diferenças culturais e físicas que veem. Podem ficar confusas quanto às "associações possíveis" ("Por que as crianças são chamadas de negras se a pele delas não é negra?" e "As meninas têm que ter nomes de menina, então, como é possível que 'Sam'[2] seja uma menina?"). Começam a classificar as pessoas com base nas características físicas (gênero, cor, aparência). Interesse crescente na diferença cultural relacionada à vida de crianças e adultos que conhecem (onde vivem e trabalham, quem faz parte da família, que língua falam). O pensamento e o comportamento passam a refletir mais as normas sociais, a interação com os outros e a negatividade/medos aprendidos em relação às diferenças ("Se eu brincar com uma criança que tem deficiência, também posso pegar a deficiência" e "Os espanhóis falam de um jeito engraçado").
5	Consciência profunda das diferenças e semelhanças gerais, raciais, étnicas e de habilidade. Consciência crescente da classe socioeconômica, da idade, do envelhecimento. Maior consciência de si mesmas e dos outros familiares ("Como é que Sara não tem pai?"). Contínua reflexão sobre as razões pelas quais as pessoas diferem umas das outras. Maior absorção e uso de estereótipos "para definir os outros e provocar ou rejeitar outras crianças".
6	É provável que compartilhem a classificação familiar das pessoas, mas ainda podem estar incertas quanto a por que "pessoas específicas são colocadas em uma ou outra categoria". Exercem discriminação contra os outros, com base em identidades. Começam a entender a identidade do grupo de proveniência e que os outros também têm identidade étnica e estilo de vida.
7-8	Interesse crescente na religião, nos estilos de vida e nas tradições de outras pessoas. Começam a "apreciar os aspectos estruturais mais profundos da cultura" (ou seja, conexão dos homens com a terra, influência do passado nos modos de vida correntes) "se apresentados de modo concreto por meio de histórias sobre pessoais reais". A cognição em expansão permite compreender que existem diferentes modos de atender às necessidades humanas comuns. Aumento da solidariedade no endogrupo. Podem vivenciar tensões ou conflitos com os outros, com base em gênero, raça, identidade étnica, classe socioeconômica, bem como preconceito contra determinados grupos, em razão de deficiências e diferenças étnicas, religiosas e socioeconômicas.

FONTE: Adaptado de Derman-Sparks (1989).

que diz que uma pessoa é negra. Ele tem os lábios grossos e cabelos de negro. Ele é negro sim. Você tem de brincar com quem é igual a você". A partir daí, Martin começou a olhar para Eugene, e para crianças como Eugene, de outro modo. Na casa de Chi Yun, a situação era bem diferente. Os pais incentivavam-na ativamente a fazer amizade com crianças de outros grupos étnicos. O objetivo deles era que ela, ao crescer, avaliasse as pessoas com base nos interesses em comum e no respeito, e não na classe a que pertencia a família ou no país de origem.

Quando você observar confusão, ideias equivocadas e negatividade em relação às perspectivas raciais e étnicas das crianças em sua classe, utilize livros infantis que descrevam vários aspectos da diversidade por meio de histórias envolventes (o site da Naeyc contém uma lista de livros sobre este tema: www.naeyc.org).[3] As *persona dolls* também podem ser usadas para abordar seletivamente as perguntas das crianças ou eventos que ocorrem na sala de aula ou no *playground*, bem como questões que você quer que as crianças explorem para favorecer atitudes saudáveis e comportamentos sociais (Brown 2001; Der-

---

[2] Sam: apelido de Samantha. (NT)

[3] No site da revista *Nova Escola* há uma seleção de dezoito livros sobre a temática. O link para acesso é: http://revistaescola.abril.com.br/educacao-infantil/4-a-6-anos/literatura-infanto-juvenil-personagens-negros-609337.shtml. (NRT)

man-Sparks & Edwards, 2010). As *persona dolls* são bonecas especiais que devem ser guardadas separadamente das outras bonecas da classe. Você pode apresentá-las individualmente às crianças, construir uma identidade pessoal e social para cada uma – nome, idade, gênero, familiares e o que gostam de fazer, tornando-as mais reais para as crianças. Depois, quando quiser introduzir uma questão, pegue uma delas, conte uma breve história sobre o que aconteceu com a "boneca" e sobre como ela se sente naquela situação, e proponha às crianças que discutam a situação e o melhor modo de lidar com ela.

Em geral, por volta dos 5 anos, a criança começa a desenvolver o conceito de "nós" e "eles", em relação aos sinais raciais. É o momento em que ampliam a percepção das diferenças que caracterizam grupos particulares. Ao mesmo tempo, as diferenças dentro de um grupo se tornam menos importantes. Por exemplo, elas se concentram nas diferenças gerais entre afro-americanos, europeu-americanos e diferentes grupos asiáticos, em termos de cor da pele, cor e forma dos olhos, textura dos cabelos, forma dos lábios e outras características faciais, e distinguem menos entre as amplas variações individuais dentro desses exogrupos. Infelizmente isso favorece, mais tarde, a percepção equivocada de que "eles são todos parecidos". É nessa idade também que começa o estágio da "rejeição": as crianças começam a racionalizar seus sentimentos e preferências em voz alta. O comportamento das crianças dessa idade pode ser muito ligado à regra e rígido (York, 2003). O resultado é que é muito provável que escolham amigos semelhantes a elas, quanto ao gênero e à raça.

A agressão verbal aumenta, mas uma boa discussão sobre a igualdade, com crianças de 5 e 6 anos, pode moderá-la.

É difícil avaliar a proporção entre experiências preconceituosas (ou seja, atitudes hostis preconcebidas, opiniões, sentimentos e atos contra outras pessoas ou raças) e não preconceituosas pelas quais uma criança pode passar ao desenvolver conceitos étnicos ou raciais particulares. Se não forem proporcionados exemplos positivos, elas se tornarão vítimas de um acúmulo de experiências negativas. Um educador afro-americano notou: "Muitas crianças negras passam o dia inteiro em ambientes nos quais sentem que não são valorizadas. Entretanto, quando voltam para casa, sabem que são aceitas e que está tudo certo com elas". Há evidências de que o que acontece na sala de aula, nas relações entre professores e alunos, pode reforçar as atitudes negativas a respeito do grupo minoritário ou, ao contrário, modificá-las positivamente.

Há poucos estudos que abordam os efeitos de "transplantar" crianças específicas de uma cultura para outra, como aconteceu com muitas crianças coreanas. É preciso analisar o momento em que isso ocorre e o efeito produzido pela interrupção da sequência de desenvolvimento das atitudes de identidade étnica e racial nessas crianças, muitas das quais passam a ser membros do que constituiria normalmente um exogrupo. O aumento na quantidade de adoções de crianças afro-americanas por pais adotivos caucasianos levanta questões semelhantes.

À medida que as atitudes e preferências das crianças se tornam mais rígidas, elas podem desembocar no preconceito. No entanto, é possível que cheguem à adolescência e ao início da idade adulta livres das perspectivas limitadoras e distorcidas que, em última análise, constituem a base do comportamento social pernicioso. Para isso, precisam ser levadas adequadamente a examinar seus sentimentos e suas atitudes, permanecer abertas a novas informações e ter oportunidade de familiarizar-se e de usufruir da interação com grande variedade de pessoas.

■ Inclusão das crianças com necessidades especiais

Outro grupo de crianças potencialmente vulnerável nos ambiente educacionais é o das portadoras de algum tipo de deficiência, em um grau que não as impede, porém, de pertencer à sociedade predominante. Embora se estime que aproximadamente 10% de todas as crianças tenha necessidades especiais, deficiências e/ou atrasos no desenvolvimento, é difícil determinar a quantidade exata. Algumas condições limitadoras, como a síndrome de Down, a paralisia cerebral, a ausência de membros e graves deficiências visuais e de fala, são fáceis de identificar. Outras, como as emocionais leves ou moderadas e as de aprendizagem, são mais difíceis de determinar. Quando se incluem crianças com necessidades especiais nas salas de aula comuns, essas últimas deficiências – as mais invisíveis – não são, em geral, prontamente aceitas por outras crianças e pelos adultos do ambiente.

Em razão dos notáveis avanços da tecnologia médica, é cada vez maior o número de crianças nascidas com condições limitadoras que sobrevive e frequenta escolas infantis e sistemas educacionais. Muitas delas requerem serviços especiais. Embora cada criança tenha necessidades únicas, as portadoras de necessidades especiais são aquelas cujo bem-estar, desenvolvimento e aprendizagem podem ser mais prejudicados se não contarem, nos primeiros anos, com apoio em termos de adaptação do ambiente.

Um estudo da percepção dos candidatos a professor a respeito da inclusão (Aldrich, 2002, p. 172) indicou que estes tinham autopercepções positivas sobre suas convicções e atitudes e conhecimento relativo à inclusão de crianças com deficiências, mas que não se sentiam treinados o suficiente para implementar práticas de inclusão na sala de aula comum. Realmente, um dos primeiros passos na preparação profissional para promover a inclusão eficaz é ter consciência dos próprios estereótipos. Será que estamos inclinados a ver negativamente as crianças que estão com excesso de peso, as muito baixas, as mais malvestidas e sujas do que as demais, as que falam de jeito "engraçado", as tímidas, fisicamente fracas, as que têm espinhas ou as inteligentes "demais"? Como reagimos às crianças que ainda não sabem usar o banheiro, que demoram para captar uma simples informação ou para aprender uma rotina simples, e àquelas que provêm de famílias "problemáticas" (Honig, 2004)?

Se considerarmos os serviços abrangentes que são, hoje, fornecidos às crianças com deficiências, é difícil acreditar que até 1975 muitas crianças norte-americanas com deficiências não eram aceitas nas escolas públicas. Ente 1960 e 1975, vários estados norte-americanos começaram a reconhecer os benefícios de providenciar uma intervenção precoce e fizeram pressão para obter apoio federal. Esse apoio chegou com a Lei nº 94-142, Education for All Handicapped Children Act (rebatizada, em 1990, como Individuals with Disabilities Education Act ou Idea.[4] Essa lei determina que se providenciem serviços para crianças de 3 a 12 anos, mas se concentra principalmente em crianças com 6 ou mais anos. Em 1986, foi promulgada a Lei nº 99-457 que ampliou a abrangência da Lei nº 99-142, garantindo atualmente serviços para todas as crianças com deficiência, incluindo bebês de risco, crianças de até 3 anos com condições limitadoras e necessidades especiais (Parte H da lei), e crianças em idade pré-escolar que precisam de serviços (Parte B). Além disso, em 1990, a Lei nº 101-476 acrescentou as categorias de autismo e lesões cerebrais traumáticas entre os objetivos da Parte B.

A Parte B da Lei nº 101-476 prevê o seguinte:

1. O Estado garantirá educação pública gratuita e adequada para todas as crianças com deficiência, "incluindo as crianças com deficiências que foram suspensas ou excluídas da escola".
2. O Estado garantirá que, para cada criança com deficiência, seja elaborado um programa individualizado de educação.
3. O Estado e os órgãos educacionais estaduais e municipais colocarão as crianças com deficiências em ambientes que servem também para crianças sem deficiências, desde que isso não comprometa o direito que as crianças com deficiências têm de receber uma educação adequada que atenda a suas necessidades específicas.
4. O Estado agirá para proteger a aplicação legal correta do processo relativo aos direitos das crianças com deficiências e de seus pais.
5. O Estado fará tudo o que for necessário para garantir uma educação especial adequada e os relativos serviços pessoais.
6. O Estado determinará "as metas e os indicadores de desempenho" para melhorar a educação especial, especialmente em todas as áreas de avaliação do desempenho escolar (Bowe, 2007, p. 117).

Desenvolvimento de programas de serviços individualizados para famílias e programas de educação individualizados

Como todas as famílias, as de crianças com necessidades especiais têm esperanças e aspirações para seus filhos que precisam ser incentivadas e favorecidas. Os **programas de serviços individualizados para famílias**, desenvolvidos para crianças de até 3 anos, têm exatamente essa finalidade e exigem grande colaboração das famílias e do coordenador do serviço, de modo que se possam identificar e organizar os recursos disponíveis mais eficazes para apoiar o desenvolvimento ideal da criança. Esse é um exemplo no qual se deve dedicar o apoio mais intenso e individualizado apresentado pela pirâmide de apoio social do Capítulo 1 (veja Figura 14.2).

---

[4] Verifique a Resolução CNE/CEB 02/2001, que institui Diretrizes Nacionais para a Educação Especial na Educação Básica, e a Resolução CNE/CEB 04/2009, que institui Diretrizes Operacionais para o Atendimento Especializado na Educação Básica, modalidade Educação Especial. No site do Conselho Nacional de Educação, é possível acessar outras resoluções sobre o mesmo tema. (NRT)

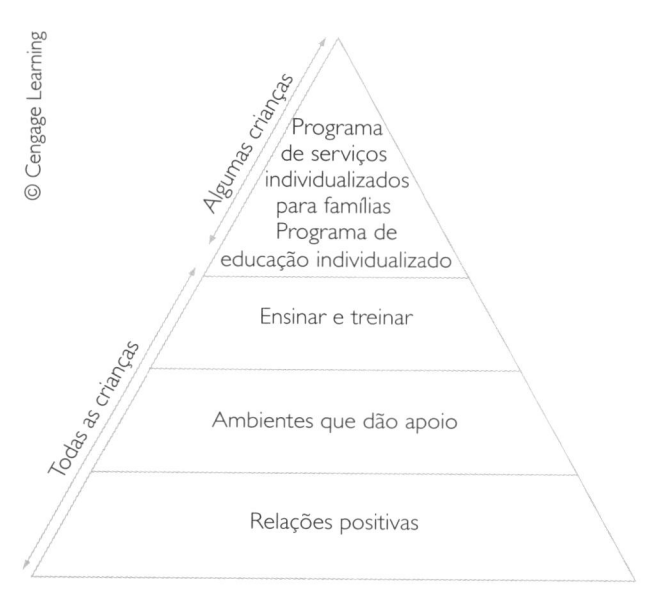

FIGURA 14.2 Pirâmide do apoio social para crianças com necessidades especiais e suas famílias.

Pirâmide (da base ao topo):
- Relações positivas
- Ambientes que dão apoio
- Ensinar e treinar
- Programa de serviços individualizados para famílias / Programa de educação individualizado

Lateral: Todas as crianças / Algumas crianças

O **programa de educação individualizada** é elaborado para crianças com mais de 3 anos e conta com a colaboração não só dos familiares, mas também do coordenador do serviço e das pessoas que fornecem serviços diretamente à criança. Inclui, em geral, uma equipe multidisciplinar de avaliação para determinar as metas educacionais adequadas e os objetivos para a criança: um professor de educação geral (se o processo se basear na inclusão), um professor de educação especial ou provedor, qualquer outro membro da equipe escolar necessário para atender às necessidades específicas da criança, uma pessoa que decida as estratégias específicas de instrução com base nos resultados da avaliação, o diretor da escola e outras pessoas, como um prestador de cuidados infantis, cuja especialização é avaliada pelos pais ou pela escola.

Para que o plano cumpra o que promete, é preciso incluir uma avaliação da família quanto a recursos, prioridades e preocupações. Em cada passo do processo, devem-se respeitar as convicções e os valores da família (Cook, Klein & Tessier, 2008).

Os questionários do programa de serviços individualizados para famílias variam conforme o Estado e de uma região para outra, mas compreendem, em geral, indicações sobre os seguintes aspectos:

- Os pontos fortes da família e os recursos preferidos (ou seja, preferência por serviços domiciliares ou prestados no centro).
- As preocupações e prioridades da família.
- Os pontos fortes da criança e seu nível de desenvolvimento.
- Os resultados do programa de serviços individualizados para famílias (por exemplo, objetivos da família para os seis meses seguintes que estejam diretamente relacionados às prioridades e preocupações manifestadas).
- Um plano de transição para o conjunto seguinte de serviços.
- Declaração de que a criança atende aos pré-requisitos de participação.
- Permissão da família para a implementação do programa (assinaturas).
- Uma lista dos participantes do programa para as famílias.

Comportamento desafiador

A meta social para Gavin, criança da pré-escola com síndrome de Down: tomar lanche à mesa

Situação corrente: Gavin não mostra disposição para reunir-se com as outras crianças na mesa do lanche e insiste em lanchar sentado no chão. Quando é incentivado a reunir-se com as demais crianças, apresenta uma crise de birra. Quando se perguntou aos pais sobre seus hábitos alimentares em casa, estes admitiram que permitiam que o menino comesse sentado no chão, para evitar crises de birra. Gavin não tem problemas de audição, compreende a linguagem ligada a seu nível etário de desenvolvimento, segue instruções compostas por duas etapas e executa outras tarefas à mesa, sem dificuldade.

Estratégia do professor a ser posta em prática em 11.1.2010: Gavin será incentivado a escolher entre sentar-se à mesa na hora do lanche ou esperar até a hora do almoço para comer. Pode sentar-se à mesa sozinho ou com as outras crianças, mas, para comer o lanche, será exigido que se sente à mesa e não no chão. Se tiver uma crise de birra, será ignorado; serão tomadas providências apenas para que ele e as outras crianças permaneçam em segurança. Quando se acalmar, será novamente oferecida ao menino a oportunidade de tomar lanche sentado à mesa.

Estratégia dos pais a ser posta em prática em 11.1.2010: os pais também permitirão que Gavin escolha entre comer à mesa e não tomar lanche. As crises de birra serão ignoradas, e, quando se acalmar, o lanche será novamente oferecido a ele, na mesa. O lanche não será dado se ele não se dispuser a sentar-se à mesa.

Reavaliação em 18.1.2010, com os pais. Se estiver tomando lanche na mesa, esperar mais duas ou três semanas até que internalize o comportamento e, então, exigir que se sente à mesa em todas as refeições.

O conteúdo exigido de um programa de educação individualizado é o seguinte:

- Uma declaração do nível de desempenho educacional corrente da criança (baseada nos resultados de testes avaliados, de acordo com as normas de referência e os testes referenciados a critérios).
- Uma declaração das metas anuais e dos parâmetros de referência ou objetivos comportamentais de curto prazo.
- Uma declaração da educação específica e dos serviços de assistência suplementar a serem fornecidos para a criança, além de declaração das modificações do programa ou dos suportes fornecidos ao pessoal da escola.
- Uma explicação sobre a extensão da não participação da criança na sala de aula comum, com pares de desenvolvimento típico, se for o caso.
- As datas previstas para o início dos serviços e a previsão de frequência, localização e duração destes.
- A avaliação dos procedimentos e os critérios objetivos adequados.
- Uma programação para determinar se os objetivos instrucionais de curto prazo estão sendo atingidos (todos os programas devem ser avaliados pelo menos uma vez ao ano) (Cook, Klein & Tessier, 2008).

Categorias de condições limitadoras

Uma deficiência não é necessariamente uma incapacidade e só se torna incapacitante se a criança vivenciar um problema de funcionamento ou de interação no ambiente em razão da deficiência. Queremos enfatizar que as crianças com necessidades especiais são indivíduos que apresentam diferentes habilidades e personalidades, exatamente como as crianças de desenvolvimento típico. Além disso, visto que é possível que apresentem mais de uma deficiência, desabilidade ou comprometimento da saúde física, o diagnóstico é quase sempre difícil. As **condições limitadoras** são categorizadas de vários modos. Os critérios podem ser médicos, educacionais ou legislativos. As categorias principais, que parecem ser úteis para professores, pais e pessoas ligadas aos cuidados infantis, são as deficiências de aprendizagem, de desenvolvimento, retardo mental, **transtornos emocionais graves**, transtornos da fala e da linguagem, e deficiências físicas e sensoriais (veja Quadro 14.4). Além disso, como mostra a Figura 14.3, a deficiência com incidência mais alta em crianças em idade escolar é a de aprendizagem, que constitui quase a metade de todas as deficiências.

Crianças com transtorno de déficit de atenção e hiperatividade (TDAH). O TDAH, síndrome neurocomportamental, é a razão mais comum do encaminhamento de crianças a pediatras, especialistas em educação e profissionais de saúde mental infantil (Glanzman & Blum, 2007). Sem dúvida, há um aumento expressivo e preocupante de crianças diagnosticadas nessa categoria: mais de quatro milhões visitam clínicas pediátricas e quase dois milhões tomam medicamentos estimulantes para controlar o comportamento.

Embora ainda não tenha sido firmemente determinada causa específica, há indícios de que a desatenção que caracteriza o TDAH seja causada pelo mau funcionamento do sistema executivo do cérebro. Este, por sua vez, interfere na vontade e na capacidade da criança de regular o próprio comportamento e no modo de lidar com as tarefas difíceis (Bramer, 2006). Uma teoria bioquímica sugere que pode haver um problema no sistema de ativação reticular do cérebro, de modo que os neurotransmissores não disparam a menos que um medicamento os estimule. Visto que o problema é encontrado quase sempre em um dos pais e na criança, há alguma evidência de que exista um componente genético. Há poucos dados que apoiam a teoria de que a dieta seja fator importante ou de que a dinâmica psicogênica ou familiar cause o transtorno.

O TDAH não faz parte da lista de deficiências contempladas pela Lei Idea, mas as crianças com TDAH têm probabilidade duas vezes mais alta de serem diagnosticadas com transtorno de aprendizagem (TA), o que faz que atendam aos pré-requisitos de participação na educação especial. Outras atendem aos pré-requisitos para serviços por meio da Seção 504 da Lei de Reabilitação. Segundo o *Diagnostic and Statistical Manual of Mental Disorders* (DSM-IV) da American Psychiatric Association, a característica essencial do TDAH é um "padrão persistente de desatenção e/ou hiperatividade-impulsividade que é mais frequente e grave que aquele observado comumente em indivíduos de nível comparável de desenvolvimento". Os quatro critérios de diagnóstico são:

1. Alguns sintomas devem estar presentes antes dos 7 anos.
2. Algumas deficiências devem estar presentes em pelo menos dois ambientes (por exemplo, em casa e na escola).

QUADRO 14.4 Categorias principais das condições limitadoras

Categoria	Descrição
Transtorno de aprendizagem (TA).	Acredita-se que as deficiências de aprendizagem, embora difíceis de definir, não sejam causadas por deficiências visuais, auditivas ou físicas, retardo mental ou transtornos emocionais. Compreendem condições relativas a danos cerebrais, deficiências perceptivo-motoras, dislexias (dificuldade de leitura) e afasia desenvolvimental (habilidade deficitária de usar e compreender palavras). Essa categoria inclui 51% dos estudantes desde o início período escolar até o final do ciclo médio atendidos pela Lei Idea e 5% de todas as crianças das escolas públicas dos Estados Unidos. Contribuem para o crescimento estável dessa categoria: aumento da consciência da existência dessas deficiências, definições ambíguas e incapacidade da educação regular de acomodar as diferenças individuais.
Deficiências do desenvolvimento.	Como define a legislação federal, a categoria de deficiências desenvolvimentais inclui as seguintes condições: • Retardo mental, paralisia cerebral, epilepsia ou outras condições neurológicas adversas. • O tratamento semelhante àquele exigido para retardo mental. • Evidência da deficiência antes dos 18 anos. • Expectativa de que a desabilidade seja de longo prazo e continue indefinidamente. As crianças com deficiências neurológicas têm transtornos ou danos identificáveis no sistema nervoso central. A paralisia cerebral, transtorno não progressivo, caracteriza-se, em geral, por disfunção motora ou de movimento e alguma deficiência no desenvolvimento intelectual e perceptivo. Cerca de 70% a 80% das crianças com paralisia cerebral apresentam condições limitadoras, incluindo problemas de fala e de audição e alguma anomalia motora disfuncional (espasticidade, paralisia, miastenia, descoordenação). A epilepsia caracteriza-se principalmente por convulsões, tanto do tipo mais comum e severo, grande mal, como do tipo mais leve, pequeno mal, que se caracteriza por breves episódios de olhar fixo, tremor das pálpebras e lapsos na fluência do discurso. Podem ocorrer convulsões frequentes, deficiência visual grave e/ou outras deficiências em algumas crianças, enquanto outras são apenas levemente prejudicadas e capazes de funcionar sem ajuda. Embora as crianças hiperativas ou hipercinéticas sejam quase sempre classificadas com comprometimento neurológico, raramente crianças ativas apresentam transtornos ou danos no sistema nervoso central.
Retardo mental.	O retardo mental é definido pelo funcionamento intelectual abaixo da média (QI de 70 ou inferior, dividido nas subcategorias moderado, severo e profundo) em concomitância com comportamentos adaptativos deficitários (habilidades de desenvolvimento adequadas apresentadas pela criança que cuida das próprias necessidades e assume responsabilidades sociais). Essas crianças [nos Estados Unidos] constituem 11% daquelas que atendem aos pré-requisitos para participação na Lei Idea, e as crianças afro-americanas têm probabilidade duas vezes mais alta de ser diagnosticadas que as caucasianas em razão da pobreza e do preconceito cultural.
Transtorno emocional grave.	As crianças com transtornos emocionais (aproximadamente 9% das crianças atendidas pela Idea) podem apresentar frequentes ou intensas crises de birra, incapacidade de tolerar as frustrações, mau humor, retraimento, dificuldade de fazer amizades ou "fobia da escola". Os transtornos emocionais graves incluem também o autismo infantil (retraimento extremo da interação normal e apresentação de comportamentos bizarros ou incomuns) e esquizofrenia infantil (conjunto de comportamentos psicóticos, severamente inadequados ou perturbados).
Transtornos da fala e da linguagem.	Essa categoria representa 22% das crianças que atendem aos pré-requisitos da Idea. A maioria tem transtorno de fala ligado à articulação. Aproximadamente metade das crianças tem deficiências de linguagem que incluem problemas de compreensão, expressão, encontrar palavras e/ou discriminação auditiva.
Deficiências físicas ou sensoriais.	Essa categoria representa 7% das crianças que atendem aos pré-requisitos da Idea e inclui as crianças com deficiências auditivas e visuais, ortopédicas ou danos cerebrais traumáticos. A visão de algumas crianças é tão limitada que não pode ser utilizada como canal para a aprendizagem. Embora raramente a criança seja totalmente cega, um indivíduo é considerado oficialmente cego quando a acuidade visual não supera 20/200 no olho melhor, com lentes corretivas. As perdas de audição vão de perda parcial a severa. Os indivíduos considerados surdos são aqueles cuja perda de audição severa, ao nascerem ou durante o período de desenvolvimento da linguagem, é tal que não é possível adquirir a compreensão e a expressão normal da linguagem.

FONTE: Dados extraídos de Behrman (1996).

3. Deve haver evidência clara de interferência no adequado desenvolvimento social, escolar ou no funcionamento no trabalho.
4. O transtorno não deve ocorrer exclusivamente durante o curso de outros transtornos específicos.

Os sintomas de desatenção incluem dificuldade em organizar tarefas e atividades, distraibilidade, ou incapacidade de manter a atenção. As crianças podem apresentar um comportamento constante de quem "está sempre de passagem", inquietação extrema ou agitação

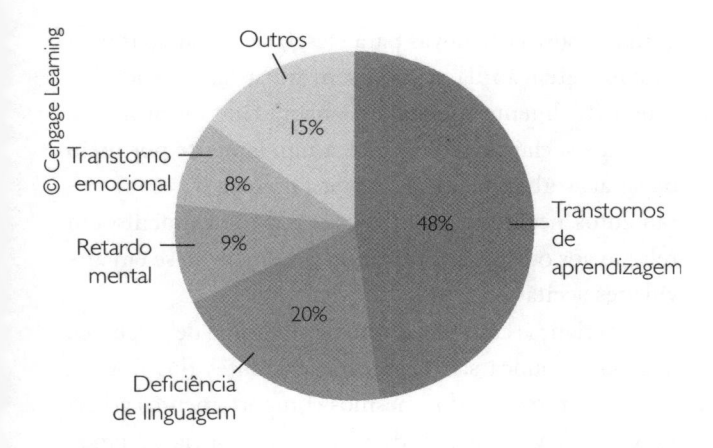

FIGURA 14.3 Incidência de deficiências em crianças em idade escolar.

- Transtornos de aprendizagem: 48%
- Deficiência de linguagem: 20%
- Outros: 15%
- Retardo mental: 9%
- Transtorno emocional: 8%

e fala excessiva. Medicamentos de alteração de comportamento são, hoje, prescritos para um milhão de crianças, das quais, de 3% a 5% são crianças norte-americanas (U. S. Department of Health and Human Services, 2007). A preocupação com o diagnóstico errado desse transtorno é mais que justificada, pois há diversas contraindicações médicas relativas a esses medicamentos, como perda de apetite e de peso, dificuldades de sono, dor de estômago, dor de cabeça, tiques, síndrome de Tourette, instabilidade emocional, perturbação das habilidades cognitivas, deficiência de crescimento e de altura, ansiedade generalizada e abuso de drogas.

Em geral, além de precisarem de profissionais sensíveis, o futuro dessas crianças será mais positivo se a hiperatividade e a agressão constituírem uma parte mínima do transtorno, se o QI for alto e se os pontos fortes da família forem bem desenvolvidos. As habilidades sociais são preditores importantes e poderosos da habilidade da criança de lidar com as situações e de seu sucesso.

É importante lembrar que, quando um comportamento funciona para a criança, ela continua a apresentá-lo. No caso, alguns dos comportamentos desadaptados apresentados pelas crianças diagnosticadas com TDAH têm a função intencional de comunicar: "Você me pede para fazer algo que é muito difícil... Não entendo o que quer... Quero uma coisa e quero agora... Estou entediado, preste atenção em mim" (Cook, Klein & Tessier, 2008).

A seguir, apresentamos algumas estratégias para ajudar as crianças com TDAH a atingir seu potencial máximo:

- Forneça *feedbacks* para os comportamentos dessas crianças com mais frequência que para aquelas com desenvolvimento típico.
- Aplique, de modo consistente, consequências naturais e lógicas.
- Chame a atenção das crianças para as consequências de suas ações e ajude-as a identificar e indicar as consequências potenciais de suas ações.
- Antecipe as situações problemáticas e comunique às crianças, previamente, o que pode acontecer e o que se pede a elas (por exemplo: "Jason, quando formos para sala grande de ginástica, você perceberá que há mais barulho que o normal e muitas crianças. Segure minha mão até sentar-se e assista atentamente à apresentação. Fique sentado até que nossa classe se levante para sair da sala de ginástica").
- Reveja as regras que a criança tem dificuldade de seguir: "Jason, vamos relembrar as regras para entrar na sala de ginástica: segurar minha mão até se sentar e não mudar de lugar até estarmos todos prontos para ir embora".
- Lembre-se de que a criança não tenta aborrecer você de propósito. Como o funcionamento do cérebro dela é diferente do das crianças da mesma idade que se desenvolvem de modo típico, ela precisa de apoio suplementar.
- Mantenha uma programação diária previsível.
- Ofereça às crianças instruções simples, passo a passo, quando orientá-las para as atividades e rotinas, e dê bastante tempo para que executem as tarefas.
- Limite o número de opções e atividades oferecidas ao mesmo tempo.
- Documente diariamente os comportamentos problemáticos para identificar os desencadeadores dos comportamentos antissociais e modificar a sala de aula para reduzi-los.
- Providencie áreas tranquilas e com menos distrações, a fim de que as crianças possam completar as tarefas que exigem muita concentração.
- Treine as crianças em autocontrole, para que possam dominar a linguagem que expressa sentimentos e desejos, e proporcione diversas ocasiões de reforço positivo.
- Lembre-se de que é crucial estabelecer uma boa relação com as crianças. As formas de atenção positiva como elogio genuíno, sorriso, um aceno ou tapinha nas costas são atitudes básicas e poderosas.
- Incentive os pais a colaborar na experiência do filho. Converse com eles frequentemente de modo a coordenar as práticas de sala de aula com as práticas em casa. Mantenha os familiares sempre informados.

- Quando os comportamentos de uma criança tiverem impacto negativo sobre o desempenho da classe, estabeleça e mantenha conexões com o pessoal da educação especial (Miller, 2010; Kostelnik et al., 2009).

Crianças com transtornos do espectro do autismo e da síndrome de Asperger. O aumento da incidência e prevalência do autismo é considerado "surpreendente". De acordo com os centros de controle de doenças e prevenção, em 2006, de 110 crianças norte-americanas, uma apresentava os transtornos do espectro do autismo (um de 70 meninos e uma de 315 meninas). Em 2002, de 150 crianças, havia uma com esse diagnóstico. Além disso, o aumento não pode ser totalmente explicado com base na alegação de que os diagnósticos são mais amplos ou mais precoces (Falco, 2009).

Havia indícios de que as taxas crescentes de autismo estivessem ligadas às vacinas aplicadas nas crianças, especialmente aquelas que continham timerosal, o qual é composto por 50% de etilmercúrio. No entanto, o mercúrio já foi removido das vacinas e não houve um declínio correspondente nas taxas de autismo (Gurian, 2007). É grave que não exista, atualmente, uma resposta nem para a causa do autismo nem para o aparente aumento.

Embora o fator causal principal ainda deva ser determinado, as pesquisas apontam fortemente para a predisposição genética e para o transtorno neurológico. O que se sabe é que se trata de um transtorno complexo, severo e pervasivo do desenvolvimento, que se torna aparente entre os 18 meses e os 3 anos. Manifesta-se na dificuldade em interações sociais, nas habilidades de comunicação, no comportamento ritualístico/compulsivo e, quase sempre, no funcionamento intelectual deficiente. Os sintomas variam amplamente de uma criança para outra, o que torna difícil escolher a abordagem educacional mais adequada. No âmbito social, os sinais de alarme incluem a incapacidade da criança de ler sinais não verbais, o fato de não responder quando chamada pelo nome, a ausência de contato visual, as respostas inadequadas, a ausência da habilidade de brincar, os medos irracionais em situações novas, pouco reconhecimento da relação de causa e efeito e ausência de expressão facial. A criança pode vagar pelo ambiente, sem perceber que está separada do grupo, não desenvolve empatia em relação aos outros, pode ser agressiva e/ou destrutiva em relação a si mesma e aos outros e apresentar crises de birras inexplicáveis.

Se você trabalha com crianças que apresentam esse transtorno, seu trabalho será mais bem-sucedido se facilitar as situações novas para elas. Crie estratégias para captar a atenção da criança sem forçá-la. Ensine e dê intencionalmente modelos da habilidade de brincar e modelos sociais, e redirecione-a rapidamente por meio de sinais verbais claros. Distraia a criança dos comportamentos negativos, das fixações e do retraimento em relação aos outros, incentivando-a a envolver-se em atividades aceitáveis.

As crianças com transtorno de síndrome de Asperger, que quase nunca são diagnosticadas antes dos 6 anos, apresentam muitos dos mesmos comportamentos adaptativos de comunicação, físicos, motores, sociais e emocionais das crianças com autismo. Entretanto, na síndrome de Asperger, parece não haver atraso significativo de linguagem ou intelectual. As habilidades de autocuidados e de desenvolvimento social também tendem a estar dentro do esperado (Paasche, Gorril & Strom, 2004).

Inclusão

A gravidade de cada uma dessas condições limitadoras e a disponibilidade da comunidade, da escola e de recursos familiares determinarão se a criança frequentará uma escola especial ou será incluída nas atividades sociais, recreativas e educacionais frequentadas por outras crianças. O propósito da inclusão é dúplice: (1) incrementar sua competência social, de modo que possam, mais tarde, viver de modo mais confortável e bem-sucedido na sociedade predominante e (2) promover a aceitação de crianças com deficiências por meio da redução e da eliminação do estigma social. Para que esses objetivos se tornem realidade, é preciso que a abordagem adotada seja colaborativa e que se dedique grande atenção para garantir acesso aos serviços; é preciso, ainda, desenvolver e aplicar os padrões que garantem a qualidade e treinar pessoal e responsáveis em determinadas estratégias para que sejam capazes de atender às necessidades de populações extremamente diferentes de crianças (Deiner, 2010).

As pessoas que trabalham em escolas públicas e outros programas dedicados às crianças fizeram grandes progressos para garantir que a recomendação de que os "ambientes sejam menos restritivos" se torne o mais real possível para crianças com diferentes condições limitadoras. As barreiras arquitetônicas e as questões relacionadas a transporte e instalações sanitárias melhoraram significativamente, não obstante os custos envolvidos. A preparação formal e a educação contínua de profissionais que trabalham principalmente com crianças de desenvolvimento típico incluem agora, regularmente, informações e treinamento de habilidades relacionadas às condições limitadoras, estratégias para apoiar a integração social das crianças e técnicas para modificar o currículo daquelas com necessidades especiais. Os programas de treinamento dentro do trabalho, destinados a incrementar o conhecimento e as habilidades profissionais, têm cada vez mais o objetivo de aumentar a competência profissional dentro da sala de aula para lidar com crianças com necessidades especiais, avaliá-las, interpretar os relatórios clínicos, encaminhá-las corretamente e estruturar programas de educação individualizados e programas de serviços individualizados às famílias.

Os desafios que você pode encontrar na inclusão de crianças com deficiências serão provavelmente semelhantes aos que encontra na inclusão racial: integrar com sucesso os que são diferentes da maioria da sociedade predominante. Algumas crianças conseguem fazer isso com poucos problemas; outras vivenciam conflitos, isolamento e consequente perda de autoestima. Inserir um aluno com necessidades especiais em uma sala de aula regular cria oportunidades e, ao mesmo tempo, riscos para essa criança. Se o processo for bem monitorado e estruturado, poderá promover o crescimento e a real compreensão e amizade entre as crianças sem deficiências e a criança com necessidades especiais. Se não for bem monitorado nem estruturado, a criança poderá se tornar vítima de negligência, ser estereotipada ou tratada de modo paternalístico – tudo isso é pior que não incluí-la. Diversos dados indicam que, quando professores habilidosos realmente valorizam a inclusão, todas as crianças do ambiente – tanto as que têm quanto as que não têm necessidades especiais – adquirem experiências positivas de planejamento e de aprendizagem com aquelas que um dia serão suas colegas de trabalho e vizinhas.

A percepção que as crianças têm das condições limitadoras

A aceitação social por parte das outras crianças não depende apenas das limitações da criança e de características individuais como independência, amabilidade e outras habilidades sociais. O êxito da integração dependerá também de sua habilidade, como profissional, de estruturar o ambiente, prestando muita atenção tanto à dinâmica social da integração quanto às facilitações físicas do ambiente e aos aspectos curriculares. Como já mencionado, as crianças pequenas são altamente conscientes das diferenças apresentadas por outras crianças e reagem de diversos modos quando encontram uma criança com aparência diferente, que age, move-se, fala e pensa de modo também diferente. Visto que ainda estão aprendendo as "regras" da vida e generalizam para o restante do mundo a partir de sua própria experiência, elas costumam ser estreitamente conformistas quanto ao que é ou não aceitável. Tendem a explicar as deficiências com relação ao que já conhecem. Às vezes, as tentativas que fazem para resolver a própria curiosidade levam as crianças a se identificar com os pares que têm alguma deficiência ("Quando eu era bebê, eu também não tinha dedos nas mãos"), criar explicações para a deficiência (em relação a um colega de 4 anos que não anda: "Quando Cierra crescer, ela vai conseguir andar!") e enfrentar o medo por sua própria integridade, evitando as crianças com deficiências ou fazendo afirmações como: "Minhas pernas podem quebrar também".

As atitudes das crianças em relação aos pares com necessidades especiais

As crianças que não aprenderam atitudes sociais negativas em relação às condições limitadoras não rejeitarão automaticamente outra criança simplesmente em razão da deficiência. Estão abertas aos modelos sociais representados pelos adultos e, além disso, serão mais capazes de aprender atitudes positivas em relação à deficiência se você lhes fornecer um modelo positivo por meio de atos, palavras, comportamentos não verbais e explicações.

As atitudes negativas em relação aos pares atípicos apresentadas por crianças de 5 anos ou mais já existem antes mesmo que elas tenham experiências na sociedade predominante. São respostas naturais às primeiras impressões e ao processo de rotulagem que promove a estigmatização. A aceitação resulta da interação mútua e de experiências nas quais (1) as crianças dependem da ajuda umas das outras; (2) os sentimentos de segurança psicológica estão presentes, e os de rejeição e ameaça, ausentes; (3) as diferenças são vistas de modo realista e aceitas como naturais e sem problemas; e (4) as percepções sobre trabalhar e brincar juntas no ambiente – independentemente das diferenças existentes – são otimistas e recompensadoras, e não repulsivas e desagradáveis.

Enquanto Chris, em idade pré-escolar, com perda auditiva de moderada a severa, estava sendo integrado na pré-escola de uma universidade, um pesquisador observou o processo de aceitação por parte dos colegas. Até aquele momento, o menino não havia sido aceito pelas outras crianças. Como teve a chance de iniciar espontaneamente um jogo que atraiu o interesse de algumas crianças, Chris "ganhou" um lugar no grupo:

> *2 de março. Chris vê uma capa roxa pendurada no centro de teatro da classe. Veste-a, começa a fingir que é um vampiro, batendo as asas pela sala e "assustando" as outras crianças. Atrai a atenção de muitos colegas da classe que decidem pedir capas, pois também querem ser vampiros.*

A "brincadeira do vampiro" foi muito popular por vários dias. O professor responsável permitiu que as crianças usassem capas na sala e não restringiu a brincadeira ao cantinho do teatro, como se fazia em geral.

> *7 de março. Cameron leva Chris até a professora-assistente: "Tenho uma equipe inteira de vampiros. Ele (indica Chris) está na minha equipe". Cameron então "ataca" um assistente que está lá perto. Chris o imita. Cameron abre suas "asas" sobre Chris, captura-o e diz: "Peguei você, vampirinho". Leva-o até o armário e o põe lá dentro. Chris tenta "quebrar". Cameron indica outras crianças a Chris e diz: "Vamos sugar o sangue deles". David junta-se a eles. Cameron pega novamente Chris e diz a David: "Peguei o morceguinho, peguei o vampirinho!". Deixa então Chris sair e diz a Chris e David: "Vamos, pessoal. Somos uma equipe".*

Chris é, sem dúvida, um membro da equipe agora e, assim, está no caminho certo para se integrar à classe. Se o professor tivesse insistido para que brincassem no cantinho do teatro ou pedido aos meninos que brincassem de algo "mais bonito" que de vampiro, o momento teria sido perdido. No trecho apresentado a seguir, observam-se a natureza frágil do processo, a casualidade dos acontecimentos e a sensibilidade dos adultos que supervisionavam o processo pelo qual passava Chris. Esses aspectos exemplificam as expectativas que podem ser trabalhadas na interação futura com os pares:

> *8 de março. Chris está novamente com a capa de morcego. Ela é preciosa para o menino que a procura assim que entra na classe. A capa foi o elemento-chave para que ele entrasse no grupo. Quando Chris tenta subir em um brinquedo alto com a capa, a professora-assistente lhe pede que a tire, por segurança. Ele desiste do brinquedo para não tirar a capa. A professora está ciente da importância da capa e não o força. Se Chris levasse a capa de volta para o cantinho do teatro, alguém a pegaria e ele perderia seu elemento-chave.*

Nas classes em que os professores são abertos e incentivam as atividades iniciadas pelas crianças, a evolução natural da brincadeira pode, às vezes, ser mais poderosa que atividades cuidadosamente planejadas para incentivar a aceitação e o apreço pelas crianças com deficiência:

> Já que os pares de Chris estavam curiosos a respeito do aparelho auditivo que ele usava, o professor organizou uma apresentação de objetos de vibração, entre eles um diapasão e um xilofone, e propôs que as crianças os examinassem. Enquanto o professor trabalhava com algumas crianças e com o diapasão, Chris começou a olhar o xilofone, que era também um brinquedo de rodinhas que podia ser puxado por uma corda. Em vez de usar a baqueta no brinquedo, colocou-o no chão e começou a puxá-lo pela classe e a marchar. Diversas crianças atípicas fizeram uma fila atrás dele, marchando e cantando: "Piuí, piuí, piuí abacaxi...". As crianças que estavam observando o modo de usar o diapasão também entraram na fila, trocando o professor e sua apresentação de objetos de vibração pela marcha.

Orientações para integrar crianças com condições limitadoras em ambientes formais de grupo

A qualidade do processo de integração difere significativamente em função do esforço que você faz para ir além da mera manutenção de alunos com necessidades especiais no ambiente não especializado.

As habilidades que precisa dominar, como professor que lida com as variações comuns entre crianças com desenvolvimento típico, são ainda mais necessárias quando trabalha com crianças que têm necessidades especiais. Sabe-se que determinada situação pode ser tão diferente que exigirá que se informe a respeito daquela deficiência específica e procure os conselhos de um orientador. No entanto, há algumas considerações gerais que ajudam a dar apoio às deficiências mais comuns. Você as encontrará no Box 14.2. Não existe uma fórmula para a inclusão bem-sucedida. O que está claro é que ela precisa ser uma prioridade para diretores, pais e profissionais envolvidos.

Outras diferenças

As condições limitadoras não são as únicas diferenças que dificultam o desenvolvimento das crianças nos ambientes educacionais. Dá-se, em geral, pouca atenção e pouco apoio às crianças avançadas e precoces, às crianças

BOX 14.2 Procedimentos para apoiar as deficiências mais comuns

Deficiências ortopédicas e do desenvolvimento
1. O ritmo da classe precisa ser adaptado.
2. Posicione as crianças de modo que se sintam seguras, confortáveis e envolva-as o mais possível nas atividades e rotinas.
3. Faça as adaptações necessárias nos espaços para resolver problemas de segurança e facilitar a livre circulação.
4. Apoie, incentive e facilite as interações com materiais e equipamentos; aceite os níveis de interação que são adequados para cada criança.
5. Proteja as crianças que não têm mobilidade ou não podem falar dos ruídos altos e de outros incômodos sensoriais.
6. Adapte materiais, brinquedos e utensílios para que seja fácil usá-los (por exemplo, materiais antiderrapantes, puxadores maiores, velcro, blocos magnéticos).

Deficiências visuais
1. Diminua a confusão.
2. Familiarize a criança com o ambiente.
3. Ajude-a a usar sinais auditivos ou táteis para aumentar a independência.
4. Apoie, incentive e facilite as interações com os pares.
5. Coloque os materiais ao alcance da criança e aumente os sinais como textura, cheiro e alto contraste para tornar os brinquedos e objetos mais identificáveis.

Deficiências auditivas
1. Use sinais multissensoriais (táteis, visuais, boa iluminação, sinais figurativos) e posicione os materiais de forma que a criança possa visualizá-los.
2. Verifique diariamente os aparelhos auditivos e as baterias.
3. Explore as habilidades auditivas residuais (por exemplo, use um sino).
4. Use uma linguagem simples de sinais com todas as crianças da classe.

Dificuldades emocionais e comportamentais
1. Ensine limites claros, consistentes e previsíveis.
2. Dê explicações claras e diretas.
3. Apresente modelos de comportamento que deseja estabelecer.
4. Providencie espaços de "retiro".
5. Forneça sinais concretos para as transições.
6. Construa o vocabulário das crianças para que possam expressar sentimentos.
7. Observe as interações e os comportamentos de perto para prevenir provocações.
8. Reduza o barulho e o movimento sempre que necessário e tenha em mente os limiares de estimulação individuais.

Pontos fortes das crianças
1. Apoie os êxitos das crianças, dando sua aprovação, sem distraí-las da tarefa.
2. Desmembre as tarefas em pequenos passos e dê uma sustentação para a aprendizagem.
3. Proporcione brincadeiras abertas e explorações, mas esteja pronto a dar modelos, estimular e incentivar.
4. Apoie a interação entre as crianças e facilite o envolvimento delas com o objeto.
5. Dê tempo extra para completarem as tarefas e praticarem.
6. Incentive as crianças a permanecer engajadas enquanto trabalham para dominar uma tarefa.

FONTE: Baseado em Gonzalez-Mena (2007).

---

realmente dotadas, àquelas que são excessivamente tímidas e às que apresentam temperamento difícil.

Crianças avançadas e precoces. Ao longo dos anos, o psicólogo de Harvard, Howard Gardner, nos tornou mais sensíveis em relação às capacidades de multiaprendizagem das crianças e ao fato de que algumas se desenvolvem mais que outras em relação a algum dos oito tipos de inteligência múltipla descritos no Capítulo 1. Algumas crianças podem ser chamadas de **crianças precoces**. Essas diferenças individuais podem levar tanto a limitações relevantes quanto a habilidades médias ou ainda a um desenvolvimento avançado, em função da grande variedade de experiências educacionais e familiares, do desenvolvimento precoce e das características dos "superdotados e talentosos".

A **superdotação** é a habilidade de o cérebro integrar funções de modo acelerado. Observa-se também essa habilidade, quando uma pessoa é particularmente precoce em determinada área, tem impulso para dominá-la e pensa de modo incomum nesse âmbito (Conklin & Frei, 2007). As orientações apresentadas a seguir podem ser úteis para avaliar se a criança é realmente superdotada, talentosa ou tem algum tipo de potencial extraordinário (Gage & Berliner, 1998):

- Talento para representar ou criar.
- Ampla variedade de interesses e informações.
- Habilidade de se concentrar em um problema, tarefa ou atividade por longos períodos.
- Habilidade de se envolver em pensamento abstrato e construir relações entre problemas e soluções.
- Pensamento independente caracterizado por ideias criativas.
- Ampla curiosidade.
- Habilidade precoce de leitura.
- Uso de amplo vocabulário.
- Aprendizagem rápida das habilidades básicas.

As crianças superdotadas são bem diferentes daquelas obviamente brilhantes. Por exemplo, a criança brilhante conhece as respostas, mas a superdotada faz as perguntas. A criança brilhante tem boas ideias e trabalha com afinco, mas a superdotada pode ter ideias de férvida imaginação ou tolas; pode ficar sem fazer nada e, ainda assim, sair-se bem nos testes. As crianças brilhantes gostam de brincar com seus pares, mas as superdotadas preferem os adultos. É preciso lembrar também que as brilhantes se comprazem com sua própria aprendizagem, mas as superdotadas são altamente críticas, têm fortes sentimentos e opiniões e são muito intensas (Allen & Cowdery, 2009).

É claro que nem todas as crianças que parecem avançadas são realmente superdotadas ou talentosas, mas os profissionais precisam ficar de sobreaviso quando elas demonstram essas características. Uma vez que as crianças pequenas estão ainda desenvolvendo suas habilidades e capacidades em muitas áreas, existe o perigo real de que sejam rotuladas tanto como "lentas" quanto como "avançadas", quando o tempo e as observações posteriores de seu desenvolvimento demonstrarem que o diagnóstico é falso (McAfee & Leong, 2010). Além disso, os "dotes" cognitivos em determinada área podem, ocasionalmente, ter como preço a não eficiência em outras áreas de desenvolvimento. Alguns dos mais brilhantes e talentosos indivíduos como Albert Einstein, Thomas Edison, Lewis Carrol, Winston Churchill, Jay Leno, Whoopi Goldberg e Tom Cruise foram considerados, de fato, seriamente deficientes do ponto de vista da aprendizagem nos primeiros anos. Nenhum dos fortes interesses dessas pessoas nem as necessidades que tinham quando crianças foram reconhecidos. Ao contrário, foram negligenciados por adultos que equiparavam as proezas intelectuais, a superdotação e o talento à conformidade, ao asseio, ao bom comportamento, à aprendizagem rápida e à maturação precoce.

Quando as crianças parecem realmente avançadas em uma área, é tentador acreditar que o são em todas as áreas, mas pode não ser assim. Às vezes, há a expectativa de que as crianças que são grandes em relação à idade, têm vocabulário bem desenvolvido ou que são cognitivamente mais sofisticadas que os colegas sobressaiam em *todas* as áreas. Quando ficam aquém do esperado, são repreendidas.

Para as crianças avançadas e precoces, melhor que colocá-las em ambientes especializados, é colocá-las em grupos heterogêneos que dão espaço a diversas habilidades e a uma grande variedade de padrões de desenvolvimento, crescimento, cultura, linguagem, temperamentos e necessidades individuais, constituindo o modelo mais forte de apoio para o desenvolvimento humano (Wallace et al., 2005). A melhor abordagem para dar apoio ao potencial de qualquer criança com necessidades especiais, atrasadas ou avançadas, é associá-la a um profissional que esteja plenamente informado sobre o desenvolvimento infantil e sobre a aquisição de habilidades por parte das crianças e que seja, além disso, bem treinado em desenvolver programação eficaz para uma grande gama de habilidades, dentro de um grupo de crianças. A melhor prática – tanto para crianças com necessidades especiais quanto para aquelas com habilidades médias ou avançadas – implica proporcionar experiências envolventes, interdisciplinares em todas as áreas do desenvolvimento da inteligência e respeitar as diferenças de desenvolvimento e de experiências que as crianças trazem com elas para o contexto.

Crianças excessivamente tímidas. Quase todas as crianças apresentam **timidez** em algum momento da vida. Entretanto, aproximadamente 20% das crianças são intrinsecamente tímidas e outras 20% desenvolvem timidez em razão de acontecimentos da vida familiar, como um divórcio ou uma mudança. Assim, trata-se de um estilo de personalidade compartilhado por um número considerável de pessoas; o espectro varia de apenas moderadamente tímido a severamente tímido (Adelman, 2007). As crianças que têm esse estilo de personalidade são fáceis de identificar. Evitam o contato visual para reduzir a tensão que sentem quando estão com pessoas não familiares. Podem se esconder ou chorar quando se encontram em uma situação nova ou agir como se a situação não existisse – ou ocasionalmente explodir em uma imprevisível crise de birra para dissipar a ansiedade. Embora sejam normalmente faladoras com a família e os amigos com quem se sentem à vontade, fecham-se totalmente em contextos menos familiares, recusam-se a falar ou respondem apenas com monossílabos às perguntas. As crianças tímidas podem ficar sem o que precisam ou querem, pois não têm coragem de fazer um simples pedido. Dão uma variedade de respostas incômodas quando sentem que são o "centro das atenções" – rubor, boca seca, dor de estômago e medo do palco podem ser severos a ponto de interferir na capacidade de demonstrar as verdadeiras habilidades.

As crianças tímidas podem ser também hipersensíveis até a mais leve rejeição, imaginada ou real, dos outros. Gostariam de fugir dos outros nas situações sociais, mas querem também ser benquistas e socialmente competentes como as outras crianças. Infelizmente, a tendência a interpretar mal os sinais sociais dos outros as leva a sentir que são deixadas de lado, a perspectivas incorretas sobre como os outros as veem e, por fim, a um verdadeiro ostracismo por parte das outras crianças.

Embora seja impossível eliminar totalmente a timidez em crianças desse tipo, é útil ajudá-las a tornar-se mais conscientes das conexões entre a autofala e suas respostas emocionais. A autofala é a constante "fala de fundo" que se passa no cérebro em determinadas situações. Pode variar de altamente negativa a altamente positiva. As crianças e os adultos tímidos tendem a bombardear-se com autofalas negativas ao lidarem com eventos estressantes. Quando sentimos algum tipo de ameaça ou exigência, conectamo-nos automaticamente, em milésimos de segundos, aos recursos percebidos para enfrentar a situação. Assim, pode-se ensinar à criança, que precisa fazer uma apresentação diante dos colegas e percebe que está ansiosa e inibida quanto a isso, a reconhecer quando uma autofala negativa está em ação ("Não consigo fazer isso porque vou esquecer o que estou dizendo e todos vão rir de mim!"), provocando ansiedade crescente e diminuindo a autoconfiança na situação.

Outra providência útil é aprender a imaginar ou a fazer de conta e praticar pensamentos sobre resultados positivos, em vez de alimentar o pior cenário possível. É possível fornecer às crianças tímidas frases que podem dizer a si mesmas, que lhes permitam atravessar os estágios iniciais de situações que são particularmente estressantes para elas: entrar em um grupo que já está brincando, encontrar pessoas novas e pedir o que precisam. É importante também discutir situações particularmente difíceis para elas, de modo que se concentrem em qualquer sucesso que obtenham e sejam capazes de planejar modos de reestruturar experiências semelhantes no futuro. Dessa forma, elas se sentirão mais à vontade, e, ao mesmo tempo, haverá um aumento da autoconfiança e da competência social (Adelman, 2007).

Temperamento e individualidade. À medida que as crianças se tornam mais conscientes dos aspectos que as diferem de outras pessoas, começam a avaliar os significados dessas diferenças por meio de um prisma de valorização e desvalorização. A autoidentidade em evolução depende em grande parte da autoestima, e esta, por sua vez, deriva de sinais recebidos dos outros em resposta a seus comportamentos e suas habilidades de desenvolvimento.

As crianças percebidas pelos outros como extremamente difíceis têm quase sempre características de temperamento que as colocam na extremidade do *continuum* normal de respostas comportamentais. Parecem predispostas ao humor negativo, são mais impulsivas, imprevisíveis e propensas a reações mais intensas quando estão sob estresse. Têm também a tendência a retrair-se ou a explodir quando confrontadas com pessoas, atividades ou estímulos não familiares. Essas características específicas, que começam com traços hereditários, podem ser um pouco modificadas em direção mais positiva ou tornar-se padrões estabelecidos de comportamento que colocam essas crianças na categoria das necessidades especiais. Esse resultado dependerá da combinação particular dos traços difíceis e do intervalo de tempo durante o qual o padrão persistiu. Quando o comportamento é extremo, é necessário providenciar uma intervenção individualizada intensiva (veja Box 14.2 e Capítulo 11).

Adam, de 5 anos, diagnosticado como autista, já foi excluído de duas pré-escolas por ser imprevisível e violento em relação a outras crianças e adultos. Ele parecia gostar de empurrar as crianças no *playground*, sem ter sido aparentemente provocado, e batia, sem avisar, nas crianças, na sala de aula, quando queria alguma coisa que estava com um colega ou era desafiado por ele. Quando os adultos tentavam redirecionar seu comportamento, tinha uma crise de birra que exigia que os adultos o contivessem para proteger os outros de sua fúria. Os pais de Adam admitiram que "caminhavam sobre ovos" perto dele, faziam qualquer coisa para evitar as birras e quase sempre faziam o que o menino pedia ou ignoravam o fato que não atendesse às solicitações, pois não queriam confrontá-lo. Comportavam-se desse modo desde as primeiras crises de birra, aos 2 anos. A mãe confessou estar "no fim da corda" e exausta de tentar mudar o comportamento do filho. Por sorte, os professores da nova escola eram habilidosos em trabalhar com os pais como parceiros para aumentar as habilidades das crianças de regular o próprio comportamento, e, assim, Adam começou a fazer progressos tanto em casa quanto na classe. Essa mudança não ocorreu do dia para a noite e exigiu muita paciência e persistência dos adultos que faziam parte da vida do menino. As respostas de Adam, porém, mostraram que a situação não era "desesperadora", pois os pais haviam tomado providências a tempo.

As crianças com temperamentos difíceis têm mais probabilidade de ser classificadas com TDAH ou autismo, em razão do comportamento extremo. No caso de Adam, seus pais tinham consultado diversos profissionais que discordavam sobre as causas do comportamento do garoto. Rejeitaram os conselhos daqueles que sugeriram que Adam havia se tornado cada vez mais desafiador e opositor porque isso lhe era permitido e até "incentivado" e que modificar seu comportamento exigiria que eles mudassem o modo de "lidar com o filho". Embora não tenha havido uma avaliação definitiva que documentasse alguma desordem cerebral como causa possível (por exemplo, ressonância magnética funcional ou tomografia por emissão de pósitrons), os pais de Adam justificavam sua explosividade como algo que ele não podia controlar e mantinham o esquema de evitar qualquer confronto com ele. Alguns elementos importantes não eram notados com clareza: ele queria fazer amizade com outras crianças na classe e manifestava desejo de estar na escola. Apresentava também habilidades de linguagem adequadas à idade. Os profissionais de sua nova escola viam essas características como contrárias ao diagnóstico de autismo e foi assim que um futuro de esperança teve início para Adam.

Alguns cientistas questionam a adequação de rotular as crianças como "difíceis". Sustentam que tal definição talvez não seja válida; ela pode, de fato, ser danosa, dadas as expectativas que derivam para os cuidadores dessas crianças. A realidade nos lembra, entretanto, que, embora problemas sérios continuem a rondar a validade da avaliação de um temperamento como difícil, não há dúvida de que algumas crianças são muito mais difíceis que outras. Ainda que suas dificuldades sejam um reflexo de suas características constitucionais, de uma interação perturbada entre cuidador-criança ou de outros estressores ambientais, permanece o fato de que traços difíceis realmente aparecem cedo em algumas crianças. Igualmente importante é o nosso conhecimento de que o comportamento difícil pode ser modificado ou intensificado pelas experiências de vida. A criança, como agente ativo de sua própria socialização, exerce um papel importante ao dar um sabor a essas experiências.

As "outras" pessoas importantes da vida da criança também têm papel contínuo na dinâmica de desdobramento de sua personalidade individual. Esse conceito de mútua influência é importante. Quando as crianças são difíceis de lidar, alguns cuidadores menos confiantes desenvolvem, quase sempre, dúvidas sobre si mesmos, sentimentos de culpa e ansiedade a respeito do que o futuro reserva para a criança em sua relação com ela. Se os comportamentos difíceis ou a percepção que os cuidadores têm desses comportamentos não se modificarem, um senso de impotência passa a invadir todas as interações com a criança. O sonho de ser um pai/mãe ou professor competente pode ser comprometido quando os adultos passam a acreditar que a criança é infeliz, fora de controle e se move em uma direção de desenvolvimento negativa. As atitudes relativas ao comportamento difícil podem passar rapidamente do divertimento e orgulho iniciais, em relação à "assertividade" da criança, para a desaprovação e até mesmo rejeição por parte do adulto.

As respostas dos adultos têm efeito marcante tanto sobre o estresse suplementar que será imposto à criança quanto, no caso contrário, sobre a orientação que a guiará de modo bem-sucedido em direção ao desenvolvimento de autorregulação e comportamentos mais positivos ao enfrentar as situações. É absolutamente essencial que interações positivas e respeitosas construam resiliência e força interna em todas as crianças com dificuldade nas interações adaptativas. Os cuidadores que reconhecem a existência de diversos padrões de comportamento, mas persistem em incentivar os comportamentos saudáveis, de modo sensível e dedicado, reforçam os fatores de proteção que incrementam o desenvolvimento. Ajudam as crianças a compreender a ligação entre causa e efeito, a aprender a resolver problemas e a ver-se sob uma luz positiva (Gonzales-Mena & Eyer, 2009).

Considere agora tudo o que você aprendeu ao ler as habilidades apresentadas a seguir, destinadas a transformar a teoria em estratégias práticas. Essas habilidades o ajudarão a passar da teoria à prática.

Habilidades para incentivar atitudes saudáveis quanto à sexualidade e à diversidade

Fale com as crianças sobre sexualidade e diversidade

1. Familiarize-se com pessoas de diferentes *backgrounds* culturais, religiosos, raciais e de desenvolvimento, e use algumas das seguintes experiências para ampliar sua compreensão.

- Em sua comunidade, participe de eventos sociais e culturais que representem diferentes grupos.
- Encontre maneiras de se familiarizar pessoalmente com pelo menos uma família de cada grupo racial e cultural de sua comunidade.

- Faça mais que buscar informações relacionadas apenas com pratos típicos e férias.
- Descubra tudo o que puder sobre as convenções sociais sutis que, quando não compreendidas, causam irritação: conceito de família, tempo, natureza, papéis de gênero, estética, ecologia, vestuário e saúde (Trawick-Smith, 2009).
- Aproveite as oportunidades de ampliar sua familiaridade com outros grupos por meio de festivais étnicos, programas de conscientização da comunidade, programas que envolvem pessoas com deficiência ou eventos abertos patrocinados por grupos religiosos diferentes do seu.
- Busque locais, em sua região, como lojas e restaurantes, que ofereçam artefatos e alimentos representativos de culturas específicas.
- Em sua comunidade, procure organizações e instituições que se concentrem em programas internacionais.
- Visite uma loja de equipamentos médicos que atenda pessoas com deficiências e examine os diferentes equipamentos que algumas pessoas utilizam para funcionar de modo mais eficaz.
- Seja voluntário de programas nos quais tenha probabilidade de interagir com pessoas diferentes de você.
- Explore seu próprio *background* cultural.
- Relacione suas diferenças às de outros grupos, de modo a entender e avaliar melhor as semelhanças e diferenças.
- Observe seus comportamentos não verbais. Se perceber que se afasta, faz careta ou evita contato visual com uma criança que recai em uma das categorias discutidas neste capítulo ou com uma criança que traz à tona assuntos delicados, pare.
- Tenha cuidado com qualquer tendência de sua parte para culpar grupos inteiros de pessoas pelo que fazem alguns indivíduos e exija provas quando ouvir uma criança repetir boatos que envolvem algum grupo.
- Não conte histórias, ainda que sejam engraçadas, que envolvam algum grupo específico, e não ria quando outros as contarem. Mostre desaprovação quando alguém usar termos injuriosos que ofendem algum grupo.
- Monitore suas respostas verbais, certificando-se de que não rejeitou nem negou os sentimentos das crianças e as expressões verbais desses sentimentos.
- Discuta situações difíceis para você com colegas ou colaboradores, para esclarecer suas próprias atitudes, bem como para obter outras sugestões.

2. **Construa uma atmosfera social positiva na qual tanto as semelhanças quanto as diferenças sejam valorizadas.**
   - Ressalte que cada pessoa tem algo de valioso e único com que contribuir para o grupo.
   - Utilize todos os recursos disponíveis, como livros infantis, teatro de fantoche e filmes, para abordar aspectos relacionados às diferenças individuais.
   - Use as pessoas da comunidade como recurso, incluindo as de diferentes origens raciais e étnicas e aquelas com condições limitadoras.
   - Utilize a tecnologia disponível para permitir que as crianças visitem outros países e explorem diferentes estilos de vida sem sair da sala de aula.
   - Incentive atitudes positivas e de mudança em crianças em idade escolar por meio do desempenho de papéis e de simulações de deficiências. Por exemplo, você pode pedir emprestado a uma empresa de equipamentos médicos algumas cadeiras de roda para que os alunos compreendam a dificuldade de manobrar esse tipo de cadeira. Faça óculos com camadas de celofane amarelo para simular uma deficiência visual. Uma professora criativa, que tinha um aluno com deficiência visual, demonstrou a habilidade do garoto de andar pela sala e explicou os tipos de sinais presentes na sala nos quais ele se baseava para se nortear. Os alunos, então, vendaram os olhos e, com a ajuda de um colega, que garantia a segurança, tentaram fazer o mesmo percurso com base nos sinais fornecidos pelos colegas.

3. **Construa um espírito cooperativo e não competitivo dentro do grupo, propondo atividades de planejamento que destaquem, em algum momento, as habilidades de cada criança da classe.**
   - Discuta as semelhanças entre as pessoas. Todas as pessoas precisam de amigos e têm emoções semelhantes e qualidades positivas e negativas.
   - Incentive as crianças a confiar umas nas outras e a buscar ajuda recíproca para a solução de problemas, em vez de dependerem dos adultos presentes no ambiente.
   - Use grupos pequenos e heterogêneos para incentivar o desenvolvimento da aceitação, da relação e da compreensão recíproca entre crianças de diferentes *backgrounds* raciais, étnicos e de desenvolvimento.
   - Estruture atividades nas quais as crianças tenham oportunidade de estabelecer contato visual, conversar entre si e desenvolver objetivos comuns. Forneça o apoio necessário para guiar esses grupos a interações bem-sucedidas.

4. **Faça observações sobre os estereótipos das crianças diretamente e sem julgá-las.** Quando as crianças fizerem observações estereotipadas como "Só meninos podem ser médicos", ajude-as a desenvolver uma compreensão mais precisa por meio das seguintes estratégias:
   - Desafie as crianças usando perguntas abertas ("Por que você acha que só meninos podem ser médicos?").
   - Forneça informações precisas de modo prático ("Alguns médicos são homens, e há também médicas mulheres").
   - Indique exemplos que contrastem com as ideias equivocadas das crianças ("Daniel disse que tem uma médica mulher" ou "Aqui está a foto de uma médica").

- Fale sobre as ideias das crianças nas reuniões de classe ("Jimmy pensa que só meninos podem ser médicos. O que vocês acham?").
- Use objetos de suporte para contrastar os estereótipos (por exemplo, quebra-cabeças, figuras e roupas de caracterização para ambos os gêneros). Faça um acompanhamento, com visitas de campo ou recebendo visitantes (visite o consultório de uma médica ou convide uma médica para visitar a classe).

5. **Responda refletidamente às perguntas das crianças sobre sexualidade, etnia, condições limitadoras e outras diferenças.**
   - Escute com cuidado para entender o que exatamente elas querem saber.
   - Esclareça a questão, refletindo antes de responder. Por exemplo, se uma criança perguntar "Timmy ainda é um bebê?" a propósito de uma criança de 7 anos que não consegue andar, você pode esclarecer assim: "Você quer dizer 'Por que Timmy ainda não anda?'".
   - Depois de identificar o propósito da criança, responda de modo que ela possa entender. Em geral, quando se esforçam para ser compreensivos, os adultos dão mais informações que as crianças precisam ou podem compreender. Dê respostas breves e claras, em uma linguagem que a criança entenda. Use frases simples e analogias familiares.
   - Certifique-se de que as crianças entendem o que você diz, pedindo-lhes para repetir sua resposta com palavras próprias: "Diga com suas palavras por que Sandy fala desse jeito". Com base nisso, trabalhe para ampliar a compreensão das crianças, se isso for necessário. Não dê mais informações do que pedem; dê-lhes tempo para assimilar o que já foi dito.
   - Tranquilize as crianças quando parecerem preocupadas. Procure evidências de que a criança está mais à vontade depois de receber a explicação. Talvez você precise responder à mesma pergunta diversas vezes se as crianças forem pequenas ou muito temerosas. Quando uma criança fizer repetidamente perguntas sobre as diferenças étnicas, físicas ou desenvolvimentais de outra criança, na presença da própria, redirecione a curiosidade da primeira, de modo que discuta a questão com você em particular.

6. **Use vocabulário correto para se referir às partes do corpo, aos grupos culturais e às condições limitadoras.**
   - Palavras como vagina, pênis e seios descrevem partes específicas do corpo que devem ser nomeadas com precisão, como as demais. Se não fizer assim, haverá o risco de aviltar o corpo e de ensinar às crianças que os órgãos genitais não são naturais, e sim coisas das quais devem se envergonhar.
   - Determinados grupos culturais preferem ser chamados por um nome particular. Por exemplo, alguns preferem ser chamados de norte-americanos negros; outros, de afro-americanos ou pessoas de cor; alguns preferem ser chamados de índios; outros, de americanos nativos; e, ainda, alguns preferem o termo latinos; e outros, hispânicos ou mexicanos-americanos. Se não tiver certeza a respeito das preferências das famílias de seu grupo, descubra. Do mesmo modo, diga que uma criança tem deficiência auditiva e não "ouvidos que não funcionam". Em cada uma dessas situações, é melhor ser honesto e preciso ao falar com as crianças que contornar os temas delicados por meio de eufemismos ou terminologia imprecisa.

7. **Reaja com calma às brincadeiras sexuais das crianças.**
   - Reflita o interesse das crianças pelo próprio corpo e pelo corpo dos outros.
   - Dê-lhes informações que satisfaçam a curiosidade delas, como nomes das partes do corpo e funcionamento.
   - Fixe limites para os comportamentos inadequados ou perigosos, como acariciar os genitais de outra criança, masturbar-se em público ou introduzir alguma coisa na vagina ou no ânus.

8. **Proporcione oportunidades naturais para que as crianças aprendam mais sobre o próprio desenvolvimento sexual.**
   - Para crianças pequenas, o banheiro da escola é o lugar ideal para fazer perguntas, observar semelhanças e diferenças, e aprender que as partes do corpo e as funções corporais não devem ser escondidas atrás das portas. Permita que as crianças em idade pré-escolar usem o banheiro na presença uns dos outros, se quiserem.
   - Providencie bonecas com genitais anatomicamente corretos para brincarem.
   - Com a permissão dos pais, use livros para comunicar informações às crianças maiores.
   - Responda honestamente às perguntas e esclareça todos os mal-entendidos.

9. **Seja o mais justo possível, em relação aos gêneros, nas interações cotidianas com as crianças.**
   - Cultive ativamente as características do "sexo oposto", para incentivar o desenvolvimento humano pleno – gentileza, dedicação, cooperação e comunicação, nos meninos, e coragem, competência e independência, nas meninas.
   - Mantenha-se alerta para evitar as tendências já demonstradas entre os adultos, ou seja, interromper as meninas com mais frequência enquanto falam e/ou fornecer aos meninos mais ajuda, atenção, informação e incentivo para que possam resolver problemas.
   - Apresente os conceitos importantes de diversos modos e repetidamente. Incentive atividades visuoespaciais e experiências lógico-matemáticas na primeira infância, junto às meninas (labirintos, mapas, blocos, tábuas de matemática e exercícios para notar semelhanças e diferenças). Essas atividades podem ser úteis para escorar habilidades que se tornam necessárias, mais tarde, em campos nos quais poucas mulheres sobressaem. Do mesmo modo, pode ser útil, para os meninos, participar de modo mais ativo

de atividades e experiências de linguagem, bem como ajudar na gestão de conflitos e estresses e na construção de habilidades intrapessoais e interpessoais.

10. **Permaneça alerta em relação às experiências de aprendizagem que se criam espontaneamente entre as crianças.** Seja flexível o suficiente para permitir que continuem, sem interrompê-las. Às vezes, as interações das crianças com os materiais, e entre elas, atraem de tal modo o interesse que mesmo o mais bem elaborado de nossos planos curriculares acaba sendo suplantado. Quando isso acontecer, avalie se permitir que se desviem das atividades propostas proporcionará outras aprendizagens ou adaptações sociais necessárias. Às vezes, um acontecimento espontâneo pode ser bem mais valioso que um planejado.

11. **Ajude as crianças a desenvolver orgulho por herança cultural, língua e tradições.**
    - Pronuncie o nome da criança como ela ou a família o pronunciam, sem anglicizá-lo.
    - Sirva alimentos familiares respeitando as particularidades das crianças e peça receitas e sugestões.
    - Permita que as crianças levem à escola objetos usados nas celebrações familiares e expliquem ao grupo de que modo são usados. Inclua, entre eles, roupas características de diversas culturas.
    - Como parte da rotina diária, cante canções, conte histórias, faça jogos e participe de outras atividades relacionadas às culturas representadas pelas crianças e pelos membros da equipe de seu grupo. É melhor integrar tais atividades no currículo que ter ocasionalmente um "Dia Mexicano" ou uma "Semana do Americano Negro". Essa última abordagem é sensacionalista e torna artificial aquilo que, para a própria cultura, faz parte da vida normal.

12. **Se o grupo for homogêneo, introduza, mesmo assim, outros costumes.** É melhor começar com grupos que podem ser encontrados na comunidade mais ampla que com culturas com as quais as crianças têm pouca probabilidade de interagir.

13. **Se houver alguma rejeição entre as crianças em razão de gênero, etnia ou necessidades especiais, mantenha a calma e utilize uma ou mais das seguintes estratégias:**
    - Reflita os sentimentos da vítima: "Você parece realmente zangado, Jerome. Você fica ferido quando Samuel o insulta".
    - Expresse empatia: "Jerome, sei que dói quando as pessoas nos insultam".
    - Proteste: "Samuel, não gosto que chame Jerome de 'quatro-olhos'. Isso fere seus sentimentos".

14. **Dê informações precisas.** "Jerome usa óculos para enxergar melhor."

15. **Descreva estratégias alternativas para exprimir sentimentos.** "Você está zangado porque Jerome esbarrou no que estava construindo. É difícil lembrar o que deve ser dito quando estamos zangados. Diga: 'Estou zangado' em vez de chamar Jerome de 'quatro-olhos'."

16. **Descreva o comportamento que espera.** "Na nossa classe, temos respeito uns pelos outros. Você precisa dizer aos outros o que sente em relação ao que ele lhe fez, mas não pode insultá-los."

17. **Use regras e consequências que façam que as crianças saibam que insultos e referências indelicadas a colegas ou grupos em particular não serão tolerados.** Se usarem termos como "maricas", "carcamano" ou "branquela" sem conhecerem o significado, dê-lhes justificações pertinentes sobre por que tal comportamento é inaceitável para você. Quando as crianças usam deliberadamente tais táticas para ferir a autoestima de outro, estão pondo em ação uma agressão hostil. É preciso interrompê-las por meio de uma mensagem pessoal, advertir e fazer um seguimento até onde for necessário, de modo calmo, prático e em tom firme.

18. **Monitore todos os materiais de aprendizagem e atividades quanto a estereótipos de raça, culturais, de gênero, religiosos e desenvolvimentais.** Procure continuamente modos pelos quais o currículo possa influenciar as percepções das crianças sobre seus próprios papéis e habilidades. Incentive-as a participar de ampla gama de atividades enriquecedoras com base em seus interesses e habilidades, e não com base em ideias obsoletas.

19. **Avalie sua classe em relação a materiais relevantes do ponto de vista cultural e de antipreconceito. Pergunte a si mesmo:**
    - Quais grupos estão representados nas figuras e fotografias expostas (por exemplo, raça, cultura, gênero, estruturas familiares, estilos de vida, idade, deficiências físicas)? Algum deles é dominante? Representam indivíduos reais ou estereotipados? São contemporâneos ou históricos?
    - Quais gêneros e culturas estão incluídos nas atividades musicais, nos trabalhos de arte expostos (fotos, esculturas, têxteis, artefatos), na área de roupas para caracterização e no canto de leitura?
    - Que modificações devo fazer para fornecer uma representação mais equilibrada e ampla?

20. **Dignifique e destaque as famílias individuais de sua classe.**
    - Entreviste os familiares para explorar sua cultura, faça perguntas sobre os dias festivos e celebrações familiares. Pergunte como orientam o próprio comportamento e reconheça as realizações especiais e os ritos de passagem.
    - Tire fotos e exponha-as em local que as crianças e os pais possam vê-las, juntos.
    - Apresente cada família individualmente no boletim informativo, dando-lhes a oportunidade de compartilhar a história favorita da família com as outras pessoas da classe.

Fale com as famílias sobre as diferenças individuais das crianças

1. **Escute atentamente os familiares para descobrir seus planos e desejos em relação à experiência do filho na escola.** Por exemplo, uma mãe afro-americana está preocupada, pois não há mais nenhuma criança de grupos minoritários na classe. Um pai expressa preocupação sobre a orientação de gênero do

filho menor, em razão da quantidade de tempo que ele passa vestindo roupas femininas na área de faz de conta. Os pais de uma criança brilhante de 4 anos perguntam o que você fez para ensiná-la a ler. Seja claro em relação aos pensamentos e sentimentos dos pais. Explore a responsabilidade que acreditam que tenha em relação às preocupações deles.

2. **Responda com empatia e honestidade às preocupações dos familiares.** Tenha em mente que pais e avós quase sempre veem um problema em termos do que significa para o futuro da criança, enquanto você pode estar mais preocupado com o funcionamento e o comportamento presente da criança. Em geral, as duas preocupações mais comuns dos familiares de crianças com deficiências são a aceitação social e o futuro da criança.

Os profissionais adquirem muita perspicácia a respeito de como uma criança funciona quando se informam sobre os sentimentos, pensamentos, comportamentos e valores dos pais. Como eles se sentem em relação à criança? Têm orgulho ou estão decepcionados? Quais as expectativas deles em relação ao futuro da criança? Os pais devem saber que suas preocupações são importantes para você, antes de delinear as estratégias de intervenção que acredita serem as melhores para atender às necessidades da criança. Proceda de modo responsável, dando-lhes constantemente as informações de que precisam.

3. **Quando promover a integração de crianças com necessidades especiais, use a família como recurso principal.** Com relação a pelo menos uma criança da classe, cada genitor é um especialista qualificado. Esse conceito deve funcionar tanto para você quanto para a criança. Estabeleça parcerias com os pais ou outros familiares. Além de dar conselhos quando pedirem, peça conselhos a eles quando tiver dificuldade de imaginar o que pode ser feito com a criança (por exemplo, "Como você faz para que Jenny pendure seu casaco? Preciso sempre lembrá-la de fazer isso"). Com crianças especialmente tímidas, é possível que a maior parte do ano já tenha passado antes que você consiga entender do que ela gosta, não gosta e quais são seus interesses. Os pais podem quase sempre fornecer um atalho precioso para uma estratégia viável.

4. **Dê apoio e seja receptivo em relação aos familiares de crianças com desenvolvimento típico que têm perguntas e preocupações sobre a presença de crianças com necessidades especiais no grupo.** Tais preocupações são esperadas. Os pais ou avós podem preocupar-se que a criança não tenha atenção suficiente ou que regrida em seu próprio desenvolvimento. Se ficar na defensiva, intimidar ou fizer que os pais se sintam culpados por terem sentimentos "negativos", construirá, sem querer, barreiras indesejáveis. Responda do modo mais honesto possível tanto às preocupações manifestadas quanto às implícitas.

Por exemplo, um pai ou uma mãe pode perguntar: "As coisas estão correndo bem este ano com todas essas mudanças?". Se você responder "Vão indo", sem acrescentar mais nada, talvez elimine a oportunidade de que o genitor compartilhe suas preocupações. Mas, se responder "Vão indo. Como os pais veem essas mudanças?", dará uma abertura para que o pai ou a mãe manifeste sua preocupação com uma resposta geral.

Mantenha-se à disposição para responder às perguntas e convide os pais a entrar na sala de aula e observar por eles mesmos. Faça que os familiares saibam que está interessado em suas perguntas e *feedback* e que você valoriza a sinceridade.

5. **Atenha-se ao problema quando pais difíceis defenderem a não aceitação de alguma criança com base em preconceitos.** Se tiver evidências diretas de que um familiar está defendendo ativamente a não aceitação com base em diferenças étnicas, raciais ou deficiências, ou atribui a culpa de todas as ocorrências negativas à raça e à deficiência, solicite uma conversa particular sobre a situação. Atenha-se ao problema e, sem polemizar, forneça firmemente as razões pelas quais o preconceito é danoso e não pode ser tolerado em contextos de aprendizagem adequados ao desenvolvimento, nos quais o respeito é fundamental (veja Box 14.3).

BOX 14.3 Carta enviada a uma mãe pelo diretor de uma escola internacional

Cara Sra. _____

Lamentamos saber que retirou o pedido de inscrição de seu filho em nossa escola porque a professora é indígena. A língua materna da professora é o inglês e ela tem muita experiência em educação infantil, além de ter ótimas referências de seus empregadores anteriores. É por essa razão que foi contratada e estamos satisfeitos de tê-la contratado.

Nossa escola é multicultural e bilíngue. Um de nossos princípios orientadores é respeitar as pessoas de todas as culturas e recebemos bem tanto as famílias quanto os professores provenientes de diversas partes do mundo. Temos, no momento, famílias de 22 países diferentes que enriquecem nossa escola. Gostaríamos que todos os adultos daqui dessem um exemplo de respeito genuíno pelos outros, de modo que as crianças possam aprender a se movimentar facilmente de uma cultura para outra e trabalhar com facilidade com os outros, quando crescerem.

A senhora pediu que sua taxa de matrícula fosse transferida para a classe de pré-escola no próximo outono.[5] Visto que não podemos prometer que não encontrará problemas iguais a esse, no futuro, em nossa escola, gostaríamos de reembolsar as taxas pagas neste momento. Não seria ético aceitar sua inscrição sob tais circunstâncias. Queira passar, por favor, na recepção, e a sua devolução estará lá, pronta para ser retirada. Se mudar de ideia, ficaremos felizes de acolher a senhora e seu filho Harrison na escola maternal, na qual acreditamos que ele desfrutará de uma maravilhosa experiência escolar este ano.

Cordialmente
_____, Diretor

---

[5] Início do ano escolar nos Estados Unidos. (NT)

■ Evite as armadilhas

Ao usar as habilidades descritas, há algumas armadilhas comuns que devem ser evitadas.

1. **Superproteger a criança que é atípica ou de grupo minoritário.** Se você der privilégios especiais a uma criança e não às outras, corre o risco de alienar as outras e atrapalhar o desenvolvimento potencial da criança favorecida. As regras devem ser modificadas para acomodar crianças específicas apenas quando houver questões de segurança envolvidas, quando os modos de aprendizagem da criança forem inadequados para a tarefa do momento ou quando as crianças não forem emocionalmente capazes de enfrentar o desafio que têm diante de si. Quando for necessário mudar regras, dê explicações simples e práticas às outras crianças. Além disso, incentive-as a ajudá-lo a viabilizar uma mudança satisfatória na regra, dadas as circunstâncias. O senso de justiça das crianças, especialmente quando se pede a opinião delas sobre um problema, quase sempre as tornam propensas a ajudar. Entretanto, quando as regras mudam arbitrariamente, as crianças se ressentem, rejeitam-nas e se tornam hostis em relação à criança ou ao supervisor.

2. **Não conseguir ver as interações negativas, pois não compõem o quadro bem-sucedido que você tem em mente.** É tentador negligenciar os incidentes negativos que acontecem e evitar esclarecê-los, pois queremos construir um quadro positivo, segundo o qual tudo vai bem na sala de aula. No entanto, é essencial fazer avaliações honestas e contínuas da inclusão. Os incidentes nos quais uma criança é explorada, manipulada, isolada ou ferida (física ou psicologicamente) por outras crianças ou por adultos, no ambiente, precisam ser enfrentados imediatamente. Alguns procedimentos são fundamentais nesse processo: (a) interromper o incidente, (b) reconhecer as emoções de todos os indivíduos envolvidos, (c) afirmar que o comportamento de exploração ou danoso não é permitido em nenhuma circunstância e (d) estruturar alternativas que não apenas promoverão a interação e os sentimentos de segurança psicológica, mas levarão também à aceitação positiva uns dos outros.

3. **Usar inadvertidamente linguagem estereotipada.** Todas as pessoas têm, em seus vocabulários, frases que usam sem pensar. Algumas são involuntariamente ofensivas. Referir-se a alguém como "*indian giver*",[6] descrever o processo de barganha como "*jew down*"[7] e dizer "*going dutch*"[8] são alguns exemplos disso. Além disso, referir-se a trabalhadores como "bombeiro", "carteiro" e "vendedora" reforça os estereótipos de papel de gênero. Uma terminologia mais igualitária usaria agente dos bombeiros, agente dos correios e de vendas e utilização de substantivos masculinos e femininos alternados. Do mesmo modo, cuidado para não segregar meninos de meninas desnecessariamente. Não é construtivo opor meninos a meninas em jogos ou fazer algumas crianças retirarem seus trabalhos de arte, pois as crianças de um gênero devem expor seus trabalhos antes das crianças do outro. Use outros atributos para criar subgrupos como "Todos os que estiverem com meias verdes podem pegar os casacos" ou "Todos dessa mesa podem sair".

4. **Deixar de planejar e avaliar os progressos efetivos dos alunos.** Os programas para crianças quase sempre trazem um componente de avaliação anexado. Em geral, a avaliação é sumária, com base em critérios predeterminados e normativos, e mede quanto a criança é capaz de realizar em relação a dado padrão, em determinado período. No entanto, as crianças que têm deficiências de habilidade, por uma ou outra razão, certamente terão desempenho inferior, a menos que sejam avaliadas com base em suas próprias habilidades. Do mesmo modo, as crianças que precisam consistentemente de uma quantidade maior de atividades desafiadoras que a maioria devem ser avaliadas com mais frequência para que se tenha certeza de seus progressos.

5. **Não buscar apoio de diretores, familiares, outros profissionais e membros da comunidade.** Assim como as crianças trabalham em equipe na sala de aula, os profissionais fazem parte de uma equipe

---

[6] A expressão significa dar um presente e pedi-lo de volta ou exigir algo do mesmo valor em troca. Em inglês, a expressão é ofensiva, pois toma os índios como referência. (NT)

[7] A expressão é ofensiva, pois toma os judeus como referência, podendo significar "abater um judeu" ou faz referência à "avareza" relacionada a eles. (NT)

[8] A expressão significa que a conta em um restaurante é dividida igualmente entre todos de um grupo ou cada um paga a sua parte. Ninguém paga a conta de outros. Significa também "sair de fininho" pouco antes da conta chegar, com a intenção de não pagá-la. É ofensiva, pois, neste caso, toma os holandeses por "trapaceiros". (NT)

mais ampla de adultos que afeta o andamento do programa. Se você trabalha com crianças que requerem recursos adicionais de tempo, compreensão, paciência, equipe e materiais, precisa justificar essas necessidades em relação aos outros adultos que estão em posição de ajudar. Com frequência, se não houver apoio adicional, a tendência será de esgotamento e surgirá o sentimento de estar sobrecarregado e de ser inadequado para atender às necessidades das crianças. Esses sentimentos podem ser minimizados quando há comunicação eficaz entre os profissionais de apoio e os adultos especializados.

6. **Responder apenas às necessidades dos familiares com que você se sente mais à vontade e evitar aqueles que têm valores diversos ou *backgrounds* raciais, étnicos e culturais diferentes.** Os familiares que são diferentes da maioria das outras famílias ou que não falam inglês fluentemente podem ter dificuldade em envolver-se, pois sentem que têm pouco a oferecer ou o que têm não é valorizado. Alguns talvez sintam, acertadamente ou não, uma atitude de superioridade ou de reserva por parte do profissional. Por exemplo, uma jovem que se inscrevera no programa Head Start estava animada em trabalhar com "aquelas" crianças.

Entretanto, ela não levou em conta que teria de trabalhar também com "aqueles" pais. Munida das melhores ideias de uma aula sobre a interação entre pais e professores que tivera na faculdade, chegou, na primeira noite, animada para compartilhar seus conhecimentos. Os pais não estavam preparados para isso e tinham outras coisas em mente: "Eles queriam apenas era sentar, conversar e tomar café!". Ela e os pais nunca foram capazes de ir além disso, e a jovem permaneceu no trabalho apenas até o final daquele ano. Em vez de trabalhar para atender às necessidades dos pais, ela esperou, indignada, que eles "mostrassem algum interesse pelos filhos". Entretanto, a necessidade deles de conversar, uns com os outros, sobre suas preocupações tinha de vir em primeiro lugar. Os profissionais que têm pouca experiência com determinados grupos étnicos e culturas podem passar a compreendê-los se fizerem um esforço genuíno para estudar grupos étnicos e culturas diferentes dos seus.

Resumo

Questões delicadas sobre sexualidade, etnia, necessidades especiais e diferenças de personalidade podem às vezes causar mal-estar, irritação e constrangimento. Podem ainda gerar alguma confusão sobre o modo mais eficaz de dar apoio às crianças e famílias. Esses sentimentos podem levar a esquiva, rejeição, agressividade ou superproteção, reduzindo significativamente nossa habilidade de dar apoio ao desenvolvimento da criança e nossa competência construtiva.

Os comportamentos sexuais das crianças como masturbação em público, brincadeiras sexuais, *voyeurismo*, linguagem ligada ao sexo e movimentos sexualmente assertivos em relação a uma criança ou um adulto devem ser tratados do modo mais direto possível: o adulto deve guiar, com calma, a criança para comportamentos mais adequados. Os aparentes desvios no **desenvolvimento psicossexual**, embora às vezes problemáticos para os adultos, não devem ser objeto de modificação; é necessário que haja compreensão e um conhecimento mais profundo da perspectiva da criança. Os desvios sexuais severos devem ser abordados com a ajuda de especialistas.

As atitudes das crianças quanto a outros grupos raciais e éticos estão relacionadas à idade e ao estágio em que se encontram. Os adultos que trabalham com crianças e pais provenientes de outras origens raciais e étnicas ou com *status* socioeconômico diferente podem, ocasionalmente, perceber que nutrem sentimentos negativos baseados em seu próprio etnocentrismo e suas experiências. Se não conseguirem superar esses sentimentos, a eficácia profissional será minada ou afetará negativamente a autoestima das crianças e o desenvolvimento das atitudes étnicas. Ao contrário, os comportamentos positivos dos adultos são um pré-requisito importante para reduzir e prevenir o preconceito.

A inclusão de crianças com necessidades especiais em ambientes formais de grupo também é uma área que requer sensibilidade redobrada por parte do adulto. O objetivo de integrar as crianças com condições limitadoras é duplo: promover a aceitação de crianças atípicas, por meio da redução e eliminação do estigma social, e elevar a competência social delas de modo que possam, mais tarde, viver de modo confortável e bem-sucedido na sociedade predominante. O desafio para os profissionais envolvidos na inclusão é semelhante ao que encontram quando tentam promover a integração racial: integrar, com bons resultados, os que são diferentes da maioria na sociedade predominante. A possibilidade de melhorar qualitativamente o destino da criança com necessidades especiais, por meio da inclusão, acarreta um risco maior de aumentar a estigmatização, os estereótipos e a rejeição. Os profissionais de apoio devem ser capazes de facilitar as interações de apoio dentro do grupo entre crianças com desenvolvimento típico e aquelas com necessidades especiais. O êxito dependerá do empenho dedicado à integração bem-sucedida, da habilidade de estruturar o ambiente e da atenção às dinâmicas sociais de desenvolvimento no contexto de aprendizagem.

Respeitar a singularidade de todas as pessoas é a confirmação da nossa habilidade de sermos verdadeiramente humanos uns com os outros. Os adultos que interagem diariamente com crianças têm a responsabilidade de circundá-las de aceitação, dedicação e de garantir-lhes um ambiente que favoreça o crescimento – um ambiente que permita que as crianças vejam a si mesmas e aos outros atuando plenamente como seres humanos que se desenvolvem com competência.

Palavras-chave

Competência social; condições limitadoras; crianças precoces; desenvolvimento psicossexual; educação antipreconceito; etnicidade; etnocentrismo; identidade de gênero; identidade social; identificação com o papel de gênero; opressão internalizada; parcialidades; *persona dolls*; privilégio internalizado; programa de educação individualizada; programas de serviços individualizados para famílias; superdotação; timidez; transtornos emocionais graves.

Questões para discussão

1. O conselho de pais de uma escola cooperativa está considerando a possibilidade de oferecer uma bolsa de estudos para um garoto de pré-escola afro-americano para o ano seguinte. Que vantagens e desvantagens você identifica nessa situação? Que preparação deveria ser feita antes de oferecer a bolsa de estudo?

2. Em sua classe do terceiro ano, você tem um aluno coreano-americano e descobre que ele tem sido incomodado, ao voltar da escola para casa, por três ou mais meninos que gozam de popularidade na classe. Como começa sua conversa com eles? Dramatize a situação com três colegas.

3. Você leciona em uma escola de ensino fundamental, grande e urbana. Uma garota de 11 anos se aproxima de você durante a hora do almoço e diz que um jovem guarda da segurança da escola costuma acariciá-la e perguntar se pode acompanhá-la até a casa dela, depois da aula. O que você diz à menina? O que faria depois?

4. Você está apresentando a escola para os pais. O pai de um menino de 5 anos pede a sua opinião a propósito de deixar que os meninos brinquem com bonecas. Pergunta também: "A partir de quando é possível dizer que um menino será *gay*?". Formule com precisão sua resposta inicial a ele. Reveja a sequência normativa de desenvolvimento da identidade de gênero, para poder descrevê-la ao pai.

5. Você observou que um dos pais que se prontificaram a orientar voluntariamente as crianças com problemas de leitura está muito impaciente em relação a Kevin, do segundo ano. Pela manhã, você escuta vagamente esse adulto dizer a um menino: "Seu problema é a preguiça. É por isso que muitos de vocês, negros, não conseguem terminar a escola. É isso que você quer que aconteça com você?". Como lidar com essa situação?

6. Assim que você entra na área "tranquila" da sala de aula, reservada à leitura, descobre dois meninos de 5 anos examinando os próprios genitais. Qual é o seu pensamento imediato? O que diz para os meninos? Toma alguma outra iniciativa? Se sim, qual?

7. Um dos meninos do grupo de escoteiros mirins está extremamente nervoso. Ao ir buscá-lo após uma reunião, a mãe nota que ele toca os genitais. Diante de outros meninos, ela faz uma brincadeira grosseira: "Terry, pare de brincar com você mesmo. Você vai fazê-lo cair!". Você pergunta a ela se é possível ter uma rápida conversa particular. O que diz a ela?

8. Você vê uma criança branca esfregar vigorosamente o braço de uma ajudante negra. Quando pergunta o que está acontecendo, a ajudante ri e diz: "Ele está tentando tirar a cor escura da minha pele". O que você faz?

9. No meio das atividades matinais, uma das crianças, inesperadamente, tem uma convulsão hepilética. Depois desse episódio, as outras crianças estão visivelmente abaladas e algumas choram. O que diz a elas?

    Depois, visto que isso pode potencialmente acontecer de novo, como prepara a classe e as crianças para essa possibilidade?

10. As crianças da escola estão tomando um lanche com torradas e manteiga de amendoim. A estagiária foi instruída para servir apenas uma unidade para cada criança até que todas tenham sido servidas. Você nota que Kendra, uma criança com síndrome de Down, está sentada na mesa há muito tempo e está na segunda torrada. Quando pergunta à estagiária o que está acontecendo, ela diz: "Conheço a regra, mas fiquei com pena dela". Formule a resposta exatamente do modo que a daria a essa estagiária.

11. Leia a situação ética que segue. Utilize o Código de Conduta Ética Naeyc (Apêndice), e encontre as seções que permitem compreender as responsabilidades profissionais relacionadas à situação.

    Jessica é uma criança com paralisia cerebral que usa cadeira de rodas. Frequenta o Centro de Desenvolvimento Infantil Maple Avenue. Enquanto as crianças brincam ao ar livre, ela é levada até a sala dos professores e deixada lá para assistir à televisão. A cuidadora explica: "A televisão é uma boa atividade para ela, pois não há nada que a menina possa fazer no *playground*. Desse modo, Jessica não se machuca".

12. Se fosse avaliar seu próprio tipo de personalidade com base na breve discussão sobre temperamentos deste capítulo, você diria que foi uma criança fácil de criar, de aquecimento lento ou difícil? Se alguém entrevistasse sua família, quais exemplos específicos dariam para apoiar ou desmentir suas conclusões?

Tarefas de campo

1. Para adquirir mais habilidade ao lidar com as respostas dos outros, é importante examinar seus próprios sentimentos a respeito das áreas delicadas examinadas neste capítulo. Seja o mais honesto possível em relação ao que se pede a seguir.

    Quanto a sua própria sexualidade, a diferentes grupos ou pessoas de raças, etnia, religião diferentes e a pessoas com deficiência:
    a. Cite qualquer experiência infantil negativa que teve.
    b. Identifique qualquer informação equivocada ou estereotipada que tenha recebido.
    c. Numa escala de 1 a 10, na qual 10 significa "muito à vontade", descreva quanto à vontade se sentiu em relação a sua própria sexualidade e à interação com pessoas diferentes de você.
    d. Descreva qualquer experiência da idade adulta que teve relacionada a essas áreas.
    e. Suas convicções e seus pensamentos sobre as diferenças individuais mudaram durante a idade adulta? Se sim, como?
    f. Que mudanças sociais são necessárias para que haja menos comportamentos preconceituosos relacionados a essas questões?

2. Familiarize-se com alguns instrumentos usados para avaliar o crescimento e o desenvolvimento. Trata-se de instrumentos que podem ser aplicados de modo simples, sem conhecimento especializado nem experiência clínica. Estão à disposição em universidades, faculdades, jurisdições escolares, hospitais e clínicas. O Early Screening Iventory (ESI) e o Denver Developmental Screening Test II (DDST) são dois exemplos. Consiga um desses instrumentos e use-o para testar três crianças diferentes da faixa etária indicada. Obtenha permissão dos pais da criança antes de testá-la. Já que provavelmente você ainda não tem experiência em avaliação, não compartilhe os resultados do teste com a criança, com os pais ou com outros profissionais. Mantenha a confidencialidade dos resultados.

3. Monitore e avalie constantemente seus materiais de ensino e atividades de classe quanto a estereótipos raciais, culturais, de papel de gênero, sexuais, religiosos e de desenvolvimento. Examine:
    - Manuais e livros infantis.
    - Instrumentos de avaliação.
    - Feriados religiosos observados na programação.
    - Alimentos servidos.
    - Responsabilidades delegadas às crianças de cuidados e gestão do ambiente.
    - Atividades planejadas no local e fora dele.
    - Regras e regulamentos.
    - Pessoas de apoio convidadas para participar do programa.
    - Composição da equipe profissional e paraprofissional.

4. Adapte um plano de aula previamente elaborado para uma determinada criança com necessidades especiais e ponha em prática o plano modificado. Quais modificações foram necessárias? Que outras modificações você faria se fosse usar o plano adaptado com uma criança com necessidades especiais deferentes?

Capítulo 15
Julgamentos e decisões éticos

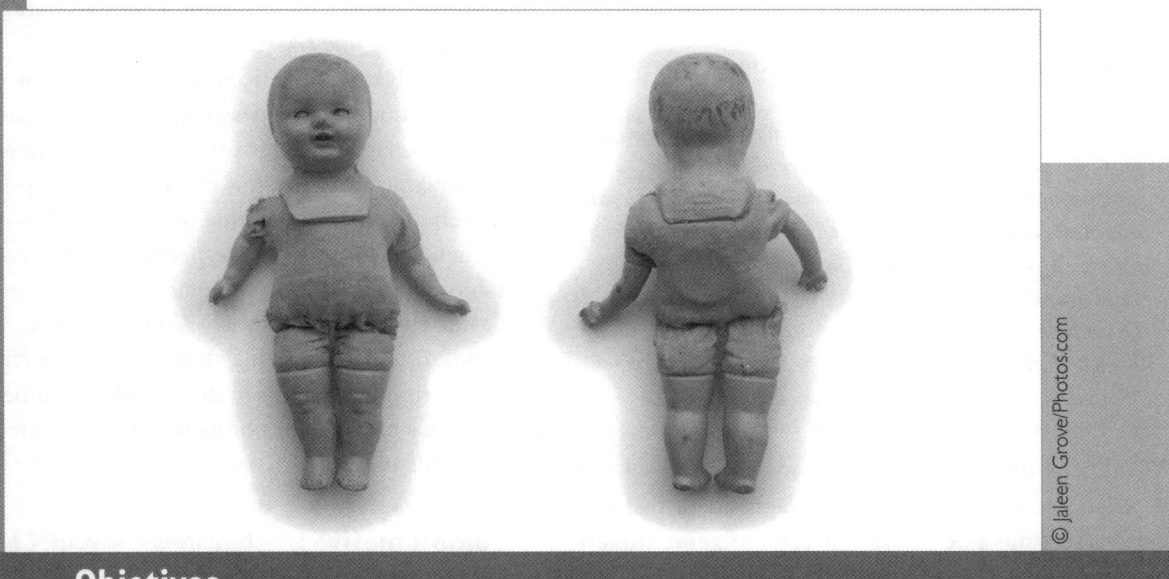

Objetivos

Ao final deste capítulo, você será capaz de descrever:

- Julgamentos éticos e as variáveis que os influenciam.
- Princípios envolvidos na formação de julgamentos éticos.
- Julgamentos éticos relacionados aos comportamentos extremos das crianças.
- Códigos de ética de conduta relativos a abuso e negligência infantil.
- Dimensões éticas do trabalho com as famílias.
- Habilidades para a formação de julgamentos éticos.
- Armadilhas que devem ser evitadas quando se fazem julgamentos éticos.

As crianças que brincam na sala de jogos do hospital recebem o aviso de que, ao final da atividade, tudo deve ser guardado no devido lugar. Quando o momento da arrumação é anunciado, todas as crianças participam. Quando avisam que o trabalho terminou, o Sr. Walters, especialista infantil, supervisiona a sala. Nota que, embora as mesas estejam limpas e tudo tenha sido guardado, as portas dos armários estão abertas e nem todas as canetas estão tampadas. Ao perceber a expressão radiante das crianças, Walters pondera: "Devo exigir mais ou aceitar o trabalho que fizeram?".

Duas crianças que estão em uma pré-escola de imersão total na língua inglesa brincam juntas com blocos. Elas falam francês, sua língua materna. Andy, uma menina coreana de 5 anos, aproxima-se, inclina-se e tenta participar. "Para brincar conosco, você deve falar francês ou inglês!", diz Julian. Andy não fala francês nem inglês muito bem, mas entende, pela linguagem corporal e pelo tom de voz de Julian, que não é bem-vinda. Ao ouvir tal exigência, a professora pensa em uma forma eficaz de intervir.

No playground, Myron erra a rebatida de uma bola. "Que saco", diz ele, constrangido por ter perdido a bola. Parece usar a expressão sem perceber. A Sra. Delmar, que ouviu o que disse o menino, considera algumas alternativas: repreendê-lo, excluí-lo da quadra ou ignorar o incidente.

Pela segunda vez no mês, Stuart chega ao centro machucado. Quando lhe perguntam o que aconteceu, ele diz que caiu da escada. A diretora tem dúvidas sobre a resposta do menino: "Foi mesmo um acidente ou trata-se de sinal de abuso?".

Todos os dias, os profissionais que trabalham com crianças e famílias enfrentam a necessidade de tomar decisões sensatas e delicadas e de fazer **julgamentos éticos** como esses. A **ética** – princípios básicos que guiam nossa conduta e ajudam a resolver os dilemas que encontramos – é o resultado de ideais compartilhados que provêm de nossa profissão, comunidade, colegas, família e companheiros, bem como de nossos próprios valores, moral e virtudes em evolução (Miller, 2010).

Enquanto a tomada de decisões requer, geralmente, uma simples escolha entre alternativas, fazer julgamentos éticos exige resolver conflitos de valores que podemos ter em relação a determinada situação e hierarquizá-los em ordem prioritária. Algumas das situações que encontramos requerem tomada de decisão imediata. Algumas exigem intervenção radical, e outras, intervenção mínima ou até mesmo nenhuma intervenção. Quando essas escolhas afetam outras pessoas, recorremos àquilo que acreditamos estar certo ou errado e a outros fatores, como honestidade, justiça, gentileza, reciprocidade e respeito pelos outros. Essa é a essência de uma decisão ética.

Essencialmente, os melhores julgamentos éticos são os que fazemos conscientemente e que envolvem a mesma série de passos, em qualquer modelo de tomada de decisões. O Quadro 15.1 mostra como o Sr. Walters – o professor mencionado na abertura do capítulo – chegou à decisão de elogiar as crianças pelo trabalho de arrumação não exatamente perfeito que haviam realizado.

Formular julgamentos éticos implica alguns riscos e nenhuma garantia. Além disso, quanto mais o processo for incerto, mais alta será a probabilidade de que a escolha certa precise ser feita conscientemente e não de modo arbitrário. Se cumprirmos todos esses passos, certamente atingiremos os objetivos. Além disso, se avaliarmos os resultados que ocorrem depois que a opção foi posta em prática, teremos informações suplementares que poderão ser usadas como sugestão para os futuros julgamentos que fizermos.

Os julgamentos éticos são influenciados tanto pela situação quanto pela pessoa que decide o que fazer. Se duas pessoas diferentes precisarem fazer uma escolha a respeito de uma mesma circunstância, é possível que tomem decisões totalmente diferentes. Visto que os julgamentos são pessoais e específicos às situações, não é sábio sugerir respostas preestabelecidas em relação a todas as situações possíveis. O objetivo deste capítulo é apontar as variáveis que devem ser consideradas para fazer um julgamento sensato e indicar também os mecanismos para refletir por meio das etapas que permitem fazer julgamentos éticos.

Como objetivos, estratégias e padrões estão relacionados a julgamentos éticos

As situações que requerem julgamentos sensíveis envolvem, em geral, a formulação de metas, estratégias e padrões.

Metas. Uma das **metas** adotadas por quase todas as escolas é aumentar a competência social das crianças. As metas mais comuns são promover a autorregulação, as habilidades interpessoais, a autoidentidade positiva, os valores sociais, as competências culturais, o planejamento e as habilidades para tomar decisões. Todas elas representam o resultado desejado: a obtenção de maior competência social. Nenhuma dessas metas é totalmente atingida dentro do ambiente ou durante o período em que trabalhamos com determinada criança. Entretanto, quando os adultos estabelecem metas, as interações deles com as crianças adquirem finalidade e, em geral, progridem. Em vez de operar sem nenhum propósito em mente, existe um resultado final na direção do qual trabalhar. As metas podem ser gerais ou específicas, de

QUADRO 15.1 Passos para tomar decisões éticas

Procedimento

O QUE O SR. WALTERS FAZ PARA CHEGAR A UMA DECISÃO

1. Avalia a situação.

O Sr. Walters compõe o quadro da situação, levando em conta a falta de familiaridade das crianças com a sala de jogos do hospital, a ansiedade que muitos sentem por estar em ambiente hospitalar, a exigência de asseio de seu supervisor, a importância do que deixou de ser feito, a demonstração de orgulho das crianças, seu conhecimento pessoal de que outras pessoas usarão a sala de jogos no dia seguinte e seu próprio sentimento de prazer relativo ao fato de que as crianças trabalharam juntas.

2. Analisa possíveis estratégias para responder à situação.

O Sr. Walters pensa nas possíveis respostas: aceitar o trabalho das crianças sem comentários, pedir a elas que refaçam o trabalho, destacar algumas crianças em particular com base em suas contribuições, repreender todas por não terem feito o suficiente e elogiá-las por trabalharem em conjunto. Considerou a possibilidade de pedir-lhes que o trabalho fosse refeito, o que poderia despertar nelas um sentimento de não eram capazes o suficiente. Considerou ainda o fato de que não tinha familiaridade com elas e não sabia como reagiriam à repreensão. Cogitou que, se as elogiasse pelo esforço, algumas perceberiam a discrepância entre o trabalho que haviam feito e uma sala realmente limpa; nesse caso, elas poderiam entender que as palavras de Walters eram falsas.

3. Seleciona uma estratégia ou combinação de estratégias e posta em prática.

O Sr. Walters decide elogiar as crianças por terem colaborado no trabalho em grupo.

4. Avalia o resultado.

O Sr. Walters está convencido de que sua resposta dá mais apoio a seu objetivo geral de que as crianças se sintam à vontade no hospital e que elas fizeram um esforço real para guardar todo o material.

---

longo ou de curto alcance, mais importantes ou menos, e independentes ou interdependentes dos objetivos (Goldsmith, 2009). Além disso, desenvolvemos tanto metas para crianças específicas quanto para o grupo todo. Às vezes, esses múltiplos objetivos são compatíveis e, em outras ocasiões, estão em direta oposição, o que nos obriga a fazer muitos julgamentos éticos em relação às metas. Algumas das questões relacionadas às metas são:

- Quais são as metas adequadas para cada criança?
- Uma meta adequada para uma criança será também para as outras?
- O que fazer quando uma meta destinada a uma criança específica contraria aquela estabelecida para o grupo?
- A meta específica continua válida?
- O que deve ser feito quando a meta estabelecida para uma criança parece incongruente com outra?
- Quais fatores implicam a mudança de uma meta?
- O que torna uma meta mais importante que outra?

A Sra. Torez precisa considerar questões como essas quando, durante uma discussão na sala de aula, Jesse deixa escapar uma resposta sem ter, antes, levantado a mão. A meta para o grupo é que as crianças se exercitem na prática do controle de impulsos e que o demonstrem, intervindo apenas quando chamadas. Mas Jesse é uma criança tímida, e a professora a tem incentivado a ser mais assertiva. Sua resposta deveria apoiar a meta do grupo ou a meta estabelecida para Jesse? Existe um modo de apoiar ambas as metas sem comprometer nenhuma delas? O modo de Torez julgar a situação servirá de base para o que ela fizer.

Estratégias. Para que possam atingir as metas que estabelecem para as crianças, os adultos põem em prática **estratégias** particulares. Algumas requerem que se determine o seguinte:

- Qual estratégia é mais adequada para atingir uma meta específica?
- A estratégia mais eficaz potencialmente é realmente viável?
- As estratégias postas em prática para atingir uma meta são compatíveis com as estratégias para atingir outra meta?
- Por quanto tempo se deve levar adiante uma estratégia antes de concluir que não é eficaz?
- A estratégia planejada pode ser posta em prática do modo que foi concebida originalmente?
- Uma estratégia pode se manter isoladamente ou deve ser posta em prática em conjunção com outras estratégias?

A situação em que se encontra o Sr. Sears é um exemplo de quando se torna necessário fazer um julgamento ético sobre estratégias. Sears analisa o comportamento antissocial persistente de T. J. dentro do grupo.

Nos últimos meses, ele tentou fazer que T. J. lidasse com sua frustração de modo mais construtivo. Embora tenha tentado diversas alternativas, nenhuma produziu o efeito desejado.

Recentemente, ele se pôs a questionar se havia usado uma quantidade excessiva de estratégias diferentes ou se as trocara muito rápido. Temeu também que, ao esforçar-se para resolver a questão de T. J., houvesse negligenciado as outras crianças, levando-as a se comportarem mal. As conclusões às quais chegará e o que decidirá fazer dependem da perspicácia do julgamento que fará.

Padrões. O alcance das metas é avaliado em relação a **padrões**. As pessoas estabelecem padrões quando decidem que a apresentação de um comportamento, por parte da criança, em determinada quantidade ou qualidade, representa que a meta foi atingida. Os comportamentos que não atingem esses critérios indicam que a meta ainda não foi alcançada. A medição dos padrões pode ser formal ou informal, as crianças podem conhecê-la ou não, e pode ser intencional ou intuitiva, por parte do adulto. As questões que se concentram em julgamentos éticos de padrões são as seguintes:

- Quais padrões devem ser estabelecidos?
- Um único padrão deve ser estabelecido para todas as crianças?
- Quando um padrão deve ser modificado e por quê?
- Quando houver padrões que competem entre si, que padrões deverão prevalecer?
- Em que medida o comportamento de uma criança deve corresponder a determinado padrão?

Pense novamente em Walters. Ele fez um julgamento ético em relação aos padrões, ao decidir se a definição das crianças de sala limpa era suficientemente boa para que ele a aceitasse. Heller, professora de primeiro ano, também pensa em padrões quando tenta determinar se deve ou não aceitar que Gavin modifique a história que tenta escrever. Seu dilema é se deve manter Gavin nos padrões que adota, em geral, para os alunos do primeiro ano ou considerar a melhora que ele apresentou e o esforço considerável que aplicou ao trabalho. Em qualquer caso, as determinações finais em relação ao nível de desempenho aceitável brotarão do julgamento dos adultos.

■ Variáveis que afetam o julgamento ético

Metas, estratégias e padrões devem ser continuamente avaliados. As metas atingidas são substituídas por outras, e as que são obviamente inatingíveis ou precisam de adaptação são revistas; as estratégias superadas ou ineficazes são atualizadas. Como nenhuma delas permanece constante para sempre, os profissionais de apoio precisam fazer continuamente julgamentos éticos a respeito delas. Tais julgamentos são influenciados por três variáveis: os valores dos profissionais, o conhecimento que têm de como as crianças aprendem e crescem, e a avaliação que fazem da situação em questão. Vamos examinar cada uma dessas influências.

Valores

Todos os julgamentos éticos baseiam-se em valores pessoais. Os **valores** são qualidades e convicções que uma pessoa considera desejáveis e valiosas (Berns, 2009). Assim, os valores são sentimentos profundamente internalizados que direcionam as ações das pessoas. Por exemplo, os adultos que enfatizam a importância da honestidade consideram-na quando estabelecem metas para as crianças, como dizer a verdade, não colar na prova e fazer o próprio trabalho sem copiar.

Para atingir essas metas, os adultos põem em prática estratégias específicas como recompensar a criança que diz a verdade, separar aquelas que fazem prova e ensinar a elas as fontes de ajuda adequadas para os trabalhos, para que não copiem. Além disso, aplicam padrões para determinar em que medida as metas foram atingidas. Por exemplo, um adulto pode permitir que aluno de pré-escola conte uma mentira, mas recusar-se a aceitar isso de um aluno de quinto ano. Pode esperar que 100% dos alunos do terceiro ano mantenham a atenção concentrada em seus cadernos durante um teste e monitorar o dever de casa deles para verificar se não há respostas exatamente iguais. Os valores dos adultos não apenas influenciam realmente as metas que estabelecem para as crianças, mas afetam também o modo como interpretam e apreciam os comportamentos delas. Como consequência, um adulto pode ver uma criança que conta mentiras de modo menos favorável que uma que não conta.

Como os valores não podem ser vistos, podemos apenas presumi-los com base no comportamento das pessoas (Goldsmith, 2009). Por exemplo, Linda Hong costuma lembrar às crianças o valor de dizer a verdade e de fazer o próprio trabalho. Põe em prática quase sempre atividades nas quais as crianças precisam discriminar entre fatos e fantasia. Em vez de esconder suas emoções, ela as revela e incentiva as crianças a descrever suas reações reais, ainda que estejam em contradição com as próprias. Se uma criança copia o trabalho de outra, pede que refaça o trabalho. Com base em suas ações, você pode concluir que o valor da honestidade é importante para ela. Se ela, porém, ignorasse incidentes menores de cola, contasse mentiras ou tentasse negar as emoções às crianças, seu comportamento indicaria que a honestidade não é crucial para ela. Ainda que ela dissesse que sim, suas ações desmentiriam.

Como os valores se desenvolvem. Os valores são produto das primeiras e contínuas socializações. As famílias, a sociedade, a cultura, professores, religião, amigos, colegas de profissão, organizações e meios de comunicação de massa contribuem, todos, para o sistema de crenças de cada indivíduo. Desse modo, cada aspecto do ambiente tem impacto direto ou indireto sobre o pensamento de cada pessoa. Uma vez que a aquisição de valores começa na primeira infância, é a família que tem a primeira e principal influência sobre as disposições fundamentais de uma criança pequena. Entretanto, nossos valores fundamentais não são estáticos, e, à medida que amadurecemos, nossas convicções são suplementadas por estímulos que provêm de todos os contextos nos quais vivemos e trabalhamos com os outros. Estes combinam-se, afinal, para formar uma orientação particular que internalizamos, que dará significado à nossa existência e servirá como orientação por toda a vida.

O ambiente social de cada pessoa é único, e, por isso, não haverá jamais duas pessoas com exatamente o mesmo sistema de valores. Os valores diferem por causa das culturas, entre famílias da mesma cultura e entre os membros individuais de uma família. Isso significa que não existe um conjunto de valores adotado por todas as pessoas.

Priorização de valores. Os sistemas de valores que as pessoas desenvolvem são, em geral, hierárquicos; os valores variam de mais a menos importantes. A ordem de importância é determinada pelo modo como a pessoa trata dado valor como básico (valor que é absoluto, qualquer que seja o contexto) ou relativo (valor que depende do contexto para ser interpretado). Em geral, os **valores básicos** têm prioridade sobre os **valores relativos**, e estes assumem importância maior ou menor, conforme a situação (Deacon, 2002). No caso de Linda Hong, por exemplo, o valor básico da honestidade está presente em tudo o que faz. Assim, quando precisa escolher entre a franqueza, a cautela e a desonestidade, ela escolhe, em geral, a primeira alternativa.

A hierarquia de valores nem sempre é tão linear, ou seja, nem sempre cada valor está colocado acima ou abaixo de outro. É mais comum que diversos valores ocupem o mesmo nível de importância, ao mesmo tempo. Esses valores podem ser compatíveis ou contraditórios. O fato de que conjuntos de valores que competem entre si tenham o mesmo peso explica por que, às vezes, as pessoas experimentem conflitos de valor em determinadas circunstâncias. Por exemplo, você pode valorizar do mesmo modo a honestidade e a gentileza. Mas será que nunca ficou na dúvida entre dizer a verdade e ser menos honesto para não ferir os sentimentos de alguém?

Reconhecer os próprios valores. Quanto mais formos conscientes de nossos próprios valores pessoais, mais seremos capazes de analisá-los. Só assim, poderemos perceber se há valores conflitantes dentro de nós ou entre nós e os outros, e percorrer, então, os passos sistemáticos para resolver os dilemas que derivam desses conflitos.

Além disso, precisamos determinar se nossas ações são congruentes com os valores que defendemos. Isso aumenta a probabilidade de sermos mais consistentes nas interações com as crianças e suas famílias. Por todas essas razões, esclarecer os valores que temos é um aspecto importante da vida profissional.

Conhecer os valores que a profissão apoia. Além dos valores pessoais, os valores gerais defendidos pela profissão constituem uma orientação útil para fazer julgamentos. Tais valores estão, em geral, identificados nos códigos de ética de conduta adotados pelas organizações ou sociedades profissionais.

O código de conduta ética, que vincula os membros, representa a sabedoria coletiva do campo em relação a ideais comuns, aspirações, valores, práticas exigidas que apoiam esses valores e práticas proibidas que os enfraquecem. Em outras palavras, o código de ética fornece uma estrutura concreta para refletir sobre os valores profissionais e sobre o modo como esses valores podem influenciar nosso comportamento dentro do ambiente formal de grupo. Se mantivermos esse código sempre em mente, disporemos de um fundamento confiável para os julgamentos que precisaremos fazer (Miller, 2010).

Respeitar os valores das crianças e famílias. É importante ser sensível aos diferentes valores das crianças e famílias com que trabalhamos. Não podemos esperar que tais valores reflitam exatamente os nossos ou sejam sempre compatíveis com eles. É possível que nos defrontemos com as diferenças entre nossos valores e os das crianças e famílias. Se isso acontecer, nossa tarefa é encontrar modos de trabalhar com os outros que demonstrem respeito pelo seu sistema de crenças, a despeito da ação que foi executada.

Separar os valores de metas, estratégias e padrões. Os profissionais confundem, às vezes, diferenças em metas, estratégias e padrões com conflitos de valor. Na realidade, é possível aplicar metas, estratégias e padrões diferentes em relação ao mesmo valor. Por exemplo, a Sra. Williams valoriza a competência e tem, para seu filho, DeRon, a meta de que se torne capaz de lidar com as situações sociais com mais habilidade. Ela o ensina a estabelecer seus direitos por meio da força física e considera que o fato de ele ganhar uma luta seja uma indicação positiva das habilidades do garoto. A Sra. Pritchard, professora, tem o mesmo valor e meta para DeRon que sua mãe, mas suas táticas e seus padrões diferem significativamente. Ela ensina DeRon a usar palavras para estabelecer seus direitos e considera que a esquiva do menino em relação ao confronto físico é uma demonstração de sucesso e não de fraqueza.

BOX 15.1 Boas notícias para os profissionais da primeira infância!

De acordo com pesquisas, a população considera os professores altamente éticos e confiáveis. As pessoas acreditam que esses profissionais levam a sério a responsabilidade que têm de respeitar os mais altos padrões éticos e colocam os professores no topo da classificação, abaixo apenas dos médicos, quanto ao fato de dizer a verdade, colocar as necessidades das crianças no centro de seu trabalho e dar prioridade às necessidades delas e não às próprias (Koch, 2009).

Nesse caso, a abordagem da mãe e a da professora diferem, não porque os valores são conflitantes, mas porque usam meios diferentes. Embora seja quase impossível discutir valores, as estratégias podem ser negociadas. Os dois adultos têm um ponto pacífico. Se a Sra. Pritchard reconhecer isso, terá uma base positiva a partir da qual abordar a mãe. Se ela não perceber que compartilham a mesma perspectiva, seus esforços para influenciar a mãe não terão êxito. Além da necessidade de compreender os valores, há ainda duas variáveis que afetam os julgamentos éticos que o profissional precisa fazer: o nível de funcionamento corrente da criança e o modo de analisar a situação dentro do contexto.

O conhecimento do desenvolvimento e da aprendizagem da criança afeta o julgamento. Quando os adultos fazem julgamentos éticos sobre metas, estratégias e padrões relativos ao comportamento das crianças, devem considerar cuidadosamente variáveis como idade, nível de compreensão e experiências vividas.

Embora a idade não seja uma medida absoluta da capacidade e da compreensão da criança, ela é útil para orientar as expectativas adequadas. Por exemplo, os adultos que sabem que crianças em idade pré-escolar ainda não estão maduras o suficiente para aprender jogos com regras, não veriam como trapaça o fato de uma criança de 4 anos levantar dois cartões ou espiar furtivamente diversos cartões em um jogo de memória. Além disso, não exigiriam que crianças muito pequenas obedecessem às regras de um jogo do mesmo modo que se pode esperar que crianças do primeiro ciclo do ensino fundamental o façam. Do mesmo modo, os adultos que têm consciência de que crianças de 7 e 8 anos gastam normalmente muito tempo discutindo sobre quem faz e quem não faz parte do círculo de amigos evitariam fazer sermões moralizantes quando percebessem discussões desse tipo. Em vez disso, a estratégia de que lançariam mão para melhorar as relações entre colegas consistiria em incentivar que as crianças descobrissem semelhanças entre elas, dentro do grupo.

O tipo de conhecimento prévio e as habilidades que a criança traz para dentro de uma situação também devem ser considerados. É claro que não se pode esperar que crianças que foram pouco ou nunca expostas a uma situação particular atinjam exatamente as mesmas metas ou apresentem desempenhos do mesmo nível de competência que aquelas cuja bagagem de experiências é maior. Por exemplo, as metas para uma viagem de campo a uma fazenda para crianças que moram na cidade devem ser diferentes das metas para as crianças que vivem na zona rural. Os padrões relacionados à independência no vestir-se devem ser diferentes para crianças com 2 e 6 anos, não apenas em razão da diferença de idade, mas porque as crianças maiores têm mais prática.

O contexto situacional

Jamais fazemos julgamentos no vácuo. Os julgamentos são sempre feitos dentro de um contexto que é influenciado por diversos fatores, como recursos humanos e materiais, ambiente físico e detalhes específicos do próprio episódio comportamental. As metas, as estratégias e os padrões decididos são afetados por essas limitações. Por exemplo, em circunstâncias normais, a meta da Sra. Krikke é favorecer a independência das crianças da classe. Em geral, elas têm tempo de tomar suas próprias decisões e repetir a tarefa para ganhar competência e fazer o máximo possível por conta própria. Essas metas e estratégias foram, porém, modificadas durante um ciclone, quando a meta da independência foi substituída pela meta da segurança. Sob tais circunstâncias, as crianças não têm escolha a respeito de procurar ou não um abrigo, nem podem levar o tempo que precisarem para vestir-se. Consequentemente, as que se vestem mais devagar recebem mais ajuda que normalmente receberiam.

Do mesmo modo, o Sr. Ogden pode pensar que a melhor estratégia para ajudar uma criança impulsiva seja monitorá-la de modo constante e pessoal. No entanto, ele conclui que não seria capaz de pôr em prática essa abordagem, pois seu próprio tempo é exíguo e não há outros adultos que possam assumir essa função.

A existência de recursos físicos e a disponibilidade de tempo também afetam os julgamentos éticos. Isso explica por que a presença de uma grande poça de lama no *playground* pode ser vista tanto como um lugar a ser evitado quanto como uma área de exploração. O julgamento depende, em parte, do tipo de roupa que as crianças estão usando, do sabonete e da água disponíveis para se lavar e do tempo que elas têm para brincar na lama e se lavar antes da atividade seguinte.

Como você pode ver, seus valores, o conhecimento do desenvolvimento e da aprendizagem da criança, e o contexto situacional influenciam o tipo de julgamento ético que fará como profissional. Tudo isso afeta também a sensibilidade dos julgamentos sobre o comportamento ético, os julgamentos que envolvem prioridades de alguém, os julgamentos sobre comportamentos extremos e aqueles relacionados a abuso e negligência infantil.

■ Julgamentos sobre comportamento ético

Os profissionais de apoio enfrentam continuamente dilemas éticos em seu trabalho cotidiano:

A Sra. Skegel, professora do Head Start, encontra casualmente o pai de um aluno no supermercado do bairro que lhe pergunta como "está a situação" de inclusão na classe de uma criança com autismo.

Craig DeLong, que dá aula para o primeiro ano na Challenger Elementary School, foi solicitado a aplicar nos alunos de sua classe um teste padronizado de grupo, que ele sabe que produzirá estresse excessivo nas crianças.

A Sra. Satton, assistente em uma classe, observa a professora que distribui as folhas de exercício para as crianças; sabe que isso ocupa muito tempo das crianças e produz pouca aprendizagem real.

O novo administrador de uma creche descobre que o edifício da escola não está em conformidade com a legislação de segurança contra incêndios do Estado, mas o presidente do conselho da escola lhe diz que seria muito caro resolver a situação e que apreciaria sua cooperação.

A mãe de Tomeko Kenyon, de 3 anos, pede à Sra. Levinger que não permita que o Sr. Kenyon pegue o filho à saída da escola, pois estão separados e o pai se comporta de modo abusivo. Quando Levinger pergunta se ela tem uma ordem judicial que sustente essa postura, a Sra. Kenyon diz: "Não, mas sei que você vai me ajudar pelo bem de Tomeko".

Os incidentes que os profissionais testemunham ou vivenciam diretamente, assim como aqueles de que ouvem falar, causam preocupação. Essas situações difíceis afetam as crianças, as famílias, os colegas, os supervisores e outros membros da comunidade. Em última análise, os julgamentos básicos devem se concentrar no que está certo e no que está errado.

São julgamentos morais, sem meio-termo, que requerem a aplicação de um código de ética profissional. Neste texto, usamos o Código de Conduta Ética Naeyc (2005) como orientação para o comportamento profissional. Até este ponto, porém, concentramo-nos em reconhecer as circunstâncias abordadas pelo código. Embora seja essencial ter familiaridade com o código, isso não é suficiente para garantir que os profissionais ajam de modo ético. Para que isso ocorra, os princípios e códigos éticos precisam ser incorporados ao pensamento profissional (Newman, 2002). Usar o código com eficácia é uma habilidade que pode ser aprendida como qualquer outra, por meio de instrução direta, apresentação de modelos e reforço positivo.

Para construir uma base sólida para os futuros julgamentos profissionais, é essencial usar estratégias como praticar a reflexão pessoal sobre os dilemas éticos (tanto hipotéticos quanto reais) e conversar com colegas sobre tais dilemas. Durante as aulas que precedem o trabalho efetivo, reuniões de equipe e outras sessões de treinamento, é preciso reservar tempo para discutir os componentes envolvidos na construção de uma estrutura conceitual forte sobre o conhecimento, as habilidades e as disposições envolvidas na elaboração de um julgamento ético (veja Figura 15.1).

A habilidade de fazer julgamentos profissionais sensatos implica determinar as prioridades entre interesses que competem entre si, como interesses próprios em relação aos das crianças, interesses individuais em relação a interesses de grupo e interesses de uma pessoa em relação a interesses de outra. As pessoas podem também vivenciar conflitos dentro de seu próprio sistema de valores que ofuscam sua capacidade de fazer um julgamento definitivo. Embora não haja regras absolutas para discernir entre valores, existem alguns princípios gerais que ajudam os profissionais a enfrentar decisões difíceis.

Princípios prioritários

O Quadro 15.2 apresenta seis princípios organizados de modo hierarquizado, do mais ao menos importante. Cada princípio tem prioridade superior ao seguinte. Todos funcionam como indicadores das prioridades que devem ter precedência em determinada circunstância. Esses princípios resultam de nossas experiências com famílias e crianças e da discussão com diversos profissionais que enfrentam a necessidade de fazer julgamentos éticos em várias situações. Os princípios são igualmente úteis tanto para tomar decisões imediatas quanto para deliberações de longo prazo. Além disso, são válidos para lidar com questões de diferentes magnitudes. Por essa razão, acreditamos que possam ser generalizados para a maioria dos julgamentos delicados que você precisará fazer no dia a dia.

■ Considerações éticas sobre os comportamentos extremos das crianças

Os educadores da primeira infância encontram-se, às vezes, no dilema de precisar decidir se o comportamento de uma criança requer a atenção de especialistas do comportamento ou de médicos. De um lado, as ações das crianças podem ser tão desconcertantes ou disfuncionais que o adulto teme que ignorá-las possa ter consequências sérias. De outro lado, o adulto se preocupa em ter de alarmar a família, com a possibilidade de ofender os familiares ou pedir que se comprometam com algo que pode significar um gasto relevante de tempo e de dinheiro. Dividido entre os dois lados da questão, o profissional de apoio talvez considere impossível tomar uma decisão conscienciosa. Por sorte, existem orientações à disposição que permitem que os profissionais façam tais julgamentos éticos com mais segurança.

Consciência da moral e dos valores pessoais
Filosofia profissional própria
Valores fundamentais da própria profissão (por exemplo, Naeyc e NEA)
Identificação dos dilemas éticos na própria profissão
Estratégias para a solução de problemas
Estratégias para aplicação da ética
Conceitos de ética, julgamento ético, profissionalismo
Exigências legais, códigos e orientações

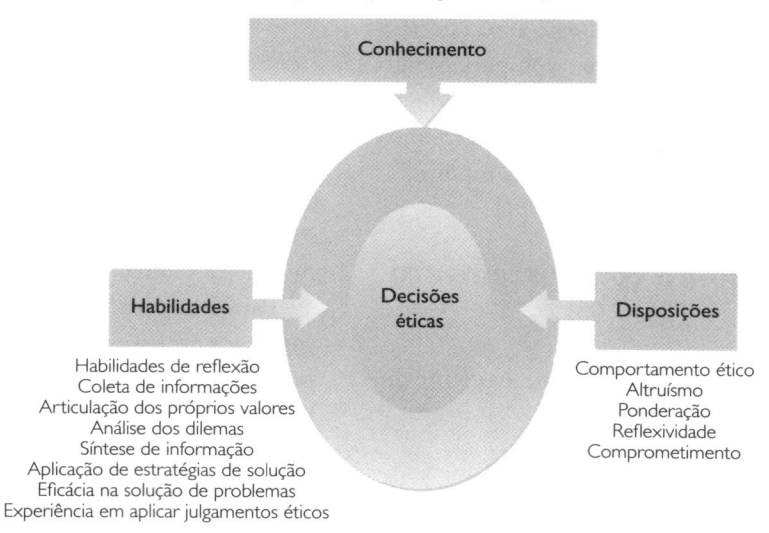

Conhecimento

Habilidades → **Decisões éticas** ← **Disposições**

Habilidades de reflexão
Coleta de informações
Articulação dos próprios valores
Análise dos dilemas
Síntese de informação
Aplicação de estratégias de solução
Eficácia na solução de problemas
Experiência em aplicar julgamentos éticos

Comportamento ético
Altruísmo
Ponderação
Reflexividade
Comprometimento

© Cengage Learning

FONTE: Adaptada de Newman (2002).

FIGURA 15.1 Estrutura do conhecimento, habilidades e disposições para fazer julgamentos éticos.

QUADRO 15.2 Princípios prioritários

Princípios prioritários	Exemplo de aplicação do princípio
Princípio 1. Precedência à segurança das crianças. A principal preocupação de todos os profissionais de apoio é o bem-estar físico e mental das crianças. Se você precisar decidir entre uma alternativa na qual a saúde e o bem-estar das crianças possam ser mantidos e outra mais eficiente, mais fácil ou menos envolvente em que a segurança está em risco, não haverá escolha. Você é ética e moralmente obrigado a escolher a alternativa mais segura.	Na aula de ciências do quinto ano, é feito um experimento com calor que envolve o uso de bicos Bunsen. As crianças trabalham em pequenos grupos, e a tarefa está atrasada. Outra turma chegará em cinco minutos. Ao supervisionar a classe, o professor percebe que algumas poucas crianças, que ainda estão trabalhando, tiraram os óculos de proteção. Fica indeciso entre fazer que terminem o experimento dentro do tempo e a sensação de que deve aplicar as regras de segurança. Ainda que só faltem alguns minutos para a aula terminar e fazer as crianças colocarem os óculos provocará um atraso, a alternativa correta é clara, como enuncia o princípio 1: segurança, antes de tudo.
Princípio 2. Dar prioridade à abordagem que favorece os resultados mais positivos e menos negativos. Embora todas as metas, estratégias e padrões tenham vantagens e desvantagens, é melhor eliminar as opções mais negativas e escolher entre as mais favoráveis. Às vezes, a melhor opção é a que oferece mais vantagens. Às vezes, é a que tem aspectos negativos menos prejudiciais que as outras alternativas consideradas.	Durante uma reunião com o diretor de uma escola, a Sra. Leeper (mãe de um aluno) revela que seu pai está doente, em estado terminal e possivelmente não viverá por muito tempo depois do ano-novo. Ela ainda não comunicou isso aos filhos e procurou o diretor para se aconselhar. Juntos identificaram as vantagens de contar às crianças quanto antes: elas teriam mais tempo para lidar com a tragédia, teriam oportunidade de se despedir do avô e de participar da experiência familiar; Leeper teria oportunidade de receber apoio da família e seria um alívio não precisar manter a situação em segredo. As desvantagens eram: todos estariam tristes durante as férias e Leeper teria de enfrentar a dificuldade de abordar a questão em relação à qual os filhos tinham pouca experiência. Os dois adultos exploraram também os prós e contras de não dizer nada. Os aspectos favoráveis de adiar a comunicação eram: as crianças teriam, provavelmente, férias ininterruptas e a mãe não precisaria lidar com a questão imediatamente. Os aspectos negativos eram: a ansiedade crescente da mãe, sua incapacidade de compartilhar os períodos traumáticos de sua vida com os entes amados, o choque potencial das crianças e o provável estresse pelo qual passariam, ao sentirem que havia algo errado, sem saberem do que se tratava. Ao levar em conta todos esses fatores, Leeper decidiu que era melhor contar que ficar em silêncio. Em sua opinião, as vantagens de contar quanto antes tinham mais peso que as vantagens de não dizer nada e que os aspectos negativos de contar.
Princípio 3. Quando as necessidades da criança e do adulto diferirem, dê prioridade às da criança, sempre que possível. Os interesses das crianças têm sempre prioridade mais alta, a menos que o adulto considere que atender a tais necessidades seja insuportável ou contrário a seus valores.	As crianças da Jefferson School ensaiam para o concerto de primavera. A professora de música está especialmente ansiosa para que façam uma boa apresentação, pois estarão presentes professores de música de muitas outras regiões. Enquanto escuta o número de abertura, percebe que Sandra canta com voz forte e com entusiasmo, mas desafina. Fica na dúvida se deve permitir que ela cante. Sabe que outros professores instruem as crianças que desafinam a mover os lábios sem emitir sons. Ao mesmo tempo, sabe quanto Sandra espera para cantar no concerto. Com base no princípio 3, rejeita a ideia de pedir que só mova os lábios e decide permitir que cante, pondo as necessidades de Sandra à frente de suas próprias.
Princípio 4. Quando metas do mesmo peso estão em conflito, dê prioridade àquela que é menos corriqueira. É frequente que surjam situações em que só é possível atender a uma de várias metas conflitantes. Quando isso acontecer, é melhor atender àquela menos corriqueira.	Jorge recebeu US$ 10 de sua avó pelo aniversário. Pegou o dinheiro todo e comprou para sua mãe um porta-moedas decorado com uma mulher nua em pose sugestiva. Está orgulhoso da compra e feliz por dar um presente à mãe. A mãe está comovida com a generosidade do filho que usou o dinheiro para outra pessoa e não para si mesmo, mas está também preocupada em razão da escolha infeliz e da falta de equilíbrio no uso do dinheiro. Percebe que precisa se concentrar em apenas um dos aspectos da situação. Se tentar abordar ambos, agradecendo e, em seguida, fazendo-o devolver a compra inadequada, diminuirá a genuinidade do elogio. Ela precisa escolher entre o valor que dá ao comportamento pró-social e o valor relacionado ao uso do dinheiro. Depois de muito pensar e com base no princípio 4, decide agradecer ao filho a compra do porta-moedas e não dizer nada sobre a imagem inadequada ou sobre o modo de gastar o dinheiro. Decide que terá muitas oportunidades no futuro de ensinar responsabilidade em relação ao dinheiro, mas poucas de recompensá-lo por sua generosidade.

(continuação)

Princípios prioritários	Exemplo de aplicação do princípio
Princípio 5. Quando a estratégia apoiar um objetivo de curto prazo, mas interferir em uma meta de longo prazo, dê prioridade à meta de longo prazo.	As crianças da escola fizeram um longo passeio com caminhadas. Estão cansadas e os adultos querem voltar. A tarde foi longa. O grupo chega à metade do quarteirão. A creche está na calçada em frente e não há trânsito em vista. A responsável considera a possibilidade de atravessar a rua ali mesmo, fora da faixa de pedestres, mas percebe que isso desvirtuaria sua meta de longo prazo de ensinar às crianças a atravessar a rua de modo seguro. Sua decisão de caminhar com as crianças vários metros a mais baseia-se no princípio 5.
Princípio 6. Quando as necessidades do grupo ou individuais competem entre si, priorize a abordagem que satisfaça ambas. Isso implica o compromisso de abordar ambos os conjuntos de necessidades simultaneamente. Se não for possível, as necessidades que competem entre si devem ser abordadas em sequência, ainda que se saiba que o resultado final pode não ser completamente satisfatório para todos. De qualquer modo, tente encontrar soluções em que todos ganhem, ao contrário daquelas em que o indivíduo ou o grupo é percebido como "vencedor" ou "perdedor".	Vito tem pouca autoconfiança. A única área em que é excelente é a de construção com blocos. Dia após dia, ele constrói estruturas elaboradas e depois implora para que as deixem de pé, incólumes. No início, a professora satisfaz os desejos dele, ainda que isso limite o acesso de outras crianças aos blocos. Raciocina que é mais importante que Vito se sinta bem em relação ao que realiza que o grupo tenha acesso ao material. Entretanto, ao longo do tempo, ela nota que as crianças estão cada vez mais aborrecidas e se sentem lesadas por terem oportunidades limitadas de fazer construções. Como base no princípio 6, a professora decide limitar o tempo no qual a estrutura pode ficar de pé e a monopolização dos blocos por parte de Vito. Oferece a ele a escolha entre usar os blocos com exclusividade por alguns minutos ou usá-los por mais tempo juntamente de outras crianças.

O que constitui o comportamento extremo?

Muitos critérios foram desenvolvidos para determinar quais comportamentos podem ser considerados extremos (Guerney, 2004). Alguns comportamentos são extremos em virtude da simples presença. Outros são considerados extremos porque excedem os limites normais esperados em relação à idade da criança. Outros fatores adicionais que devem ser levados em conta para determinar se um comportamento é extremo são a intensidade do comportamento e o quanto é generalizado. Outras variáveis que influenciam a tomada de decisão compreendem o efeito que o comportamento tem sobre o funcionamento presente e futuro da criança, e quanto o comportamento é resistente à modificação.

Presença de comportamentos autodestrutivos e crueldade contra pessoas/animais. Os atos autodestrutivos são sinais de perigo. O simples aparecimento desses atos deve levar imediatamente à intervenção. Os atos autodestrutivos são aqueles que as crianças infligem a si mesmas e que provocam danos físicos ou mentais: a criança se desfigura por meio de arranhões que faz em si mesma, bate a cabeça e provoca contusões, e deliberadamente procura o perigo para obter emoções. Todos esses casos são graves demais para que se permita que prossigam.

Do mesmo modo, o envolvimento repetido em atos injustificados de crueldade contra outras pessoas ou animais representa um comportamento antissocial que costuma estar correlacionado a problemas graves no futuro. Aproximadamente metade de todos os agressores sexuais apresenta histórico de crueldade contra animais. Na maioria dos casos mais recentes de agressões armadas contra escolas, os jovens envolvidos tinham histórico documentado de violência contra animais. Embora a crueldade contra animais na infância não leve inevitavelmente à violência contra as pessoas no futuro, o surgimento desse comportamento exige a consulta imediata de um especialista em comportamento. Isso é particularmente verdadeiro quando as crianças afirmam que tais atos são acidentais e quando culpam outras pessoas por eles, enquanto aparentemente apreciam os estragos provocados o tempo todo. Se tais atos se tornam costumeiros em casa ou na escola, trata-se de um comportamento extremo.

Mudanças drásticas repentinas nos padrões de comportamento. É motivo de preocupação quando o padrão de comportamento normal de uma criança muda de modo repentino ou radical. Assim, a criança que é geralmente feliz e receptiva e se torna retraída e temerosa; a criança habitualmente bem educada que se torna, do dia para a noite, instável; e a criança que começa a se queixar de incessantes dores de estômago mostram, todas elas, evidências de comportamentos extremos. Visto que tais ações são tão estranhas a seu caráter, elas assinalam a necessidade de um controle mais profundo.

Comportamento atípico da idade. Com frequência, um comportamento será considerado extremo se reaparecer ou continuar a existir por muito tempo além do esperado para sua superação. Embora seja típico que uma criança de 2 anos tenha crises de birra, até mesmo frequentes, uma criança de 8 anos não costuma se comportar desse modo. Assim, se uma criança de 9 anos tem repetidas explosões, é óbvio que tal comportamento deva ser classificado como extremo. Do mesmo modo, se uma criança de 8 anos começar repentinamente a molhar a cama, depois de ter aprendido a não fazer isso por volta dos 3 anos, isso merece atenção séria.

Comportamento intenso. Os comportamentos problemáticos são, em geral, considerados normais se aparecem apenas de modo ocasional ou breve. Entretanto, são considerados extremos se ocorrem com frequência ou se persistem por muito tempo. Por exemplo, não é incomum que crianças em idade pré-escolar busquem conforto periodicamente em uma coberta ou ponham o polegar na boca quando assustadas ou cansadas. No entanto, se Michael, de 3 anos, passa a maior parte do tempo em que está acordado consolando-se desse modo, o comportamento deve ser considerado extremo. Do mesmo modo, há momentos em que todas as crianças querem "surrupiar" mais um biscoito ou guloseima. Contudo, a criança que regularmente rouba ou faz reserva de comida exibe sinais de comportamento extremo. Se o problema persistir, os pais ou profissionais com quem a criança tem contato regular deverão buscar ajuda externa. Em alguns casos, os comportamentos extremos duram pouco. Aparecem por alguns dias, e, então, a criança retorna, aos poucos, a seu padrão original de comportamento. Esses casos são considerados crises temporárias que requerem o apoio dos adultos, mas não necessariamente intervenção externa. Entretanto, se o comportamento persistir, é o caso de buscar a ajuda de especialistas.

Comportamento indiscriminado e pervasivo. Algumas ações, que podem ser consideradas normais se aparecerem de modo limitado, tornam-se anormais quando se difundem para todos os aspectos da vida da criança. Por exemplo, é comum que crianças de 4 a 9 anos digam mentiras para se proteger em situações incriminadoras ou para parecerem mais interessantes. Embora não seja um comportamento exemplar, o fato de recorrerem a mentiras quando estão sob pressão ou em momentos de autoexpansão não deve ser classificado como extremo.

Entretanto, há algumas crianças que mentem em todas as situações, a despeito de estarem em evidente dificuldade ou em circunstâncias nas quais a veracidade dos fatos não é importante. Essas crianças tendem a mentir sobre muitas coisas, mesmo quando a verdade lhes seria mais favorável. Nesses casos, deve-se consultar um especialista em comportamento para determinar de que modo isso pode ser modificado.

Comportamentos que atrapalham o funcionamento das crianças. Os comportamentos que podem potencialmente atrapalhar o crescimento e o desenvolvimento devem ser tratados como extremos. Alguns exemplos são as crianças que forçam o vômito depois de comer, as que são tão hostis e privadas de afeto que não permitem que ninguém se aproxime e aquelas que se concentram tanto em obter boas notas que recorrem ao logro, à mentira e à sabotagem do trabalho dos outros para melhorar a própria posição. Do mesmo modo, as crianças diabéticas que deliberadamente evitam os medicamentos ou ingerem alimentos proibidos recaem nessa categoria. As crianças que são tão tímidas ou distantes e que literalmente não têm amigos nem conhecidos também estão nessa categoria de comportamento extremo e contraproducente. Em todos esses casos, é aconselhável conversar com os pais e especialistas em comportamento.

Resistência do comportamento à mudança. A resistência por mais que um breve tempo (em geral diversas semanas) a esforços razoáveis para corrigir um problema corriqueiro e comum é sinal de que o comportamento se tornou extremo. Entende-se por "esforços razoáveis" o uso, por parte do adulto, de estratégias relevantes e

---

Comportamento desafiador

Conheça Adrian

O professor de Adrian, aluno do primeiro ano, observou que o garoto cutucou a cobaia da classe com uma caneta. Esta se encolheu no canto da gaiola guinchando alto. O professor apressou-se em corrigir a situação e preocupou-se quando o menino explicou que estava "apenas se divertindo" com o mal-estar do animal. Esse incidente e outro observado no mês anterior quando Adrian havia machucado uma criança no *playground* e não pareceu preocupar-se com isso foram sinais para que o professor entrasse em contato com os pais para uma conversa imediata.

construtivas destinadas a eliminar ações negativas e a promoção simultânea de comportamentos alternativos desejáveis. Ou seja, o comportamento problemático deve receber atenção de modo previsível e as estratégias escolhidas devem ser usadas pelo tempo necessário e na frequência necessária para aumentar a probabilidade da mudança.

Segundo essa definição, uma criança que experimenta periodicamente consequências negativas por não ficar em seu lugar na classe, mas que, em outros momentos, é inadvertidamente recompensada por vagar pela sala, não está demonstrando comportamento resistente; ela apenas apresenta os efeitos das respostas inconsistentes do adulto. Ao contrário, se a criança experimentar as consequências adequadas ao longo de dois meses, mas ainda assim vagar habitualmente pela classe, isso é uma evidência de que o comportamento se tornou extremo.

Do mesmo modo, uma tarefa desenvolvimental para todas as crianças pequenas é o treino no uso do banheiro. Embora o período ideal para que isso seja feito possa variar entre crianças específicas, é comum que a maioria das crianças com aproximadamente 3 anos já tenham começado esse treino. Mas muitas resistem a usar o banheiro. Alguma resistência inicial é comum e não é caso de alarme. Entretanto, em algumas crianças, tal resistência continua a aumentar de tal forma que o controle esfincteriano ainda não foi alcançado nos primeiros anos de escola. Nessas condições, o comportamento pode ser descrito adequadamente como extremo.

Fontes de comportamento extremo frequentemente relatadas

Quando os adultos deparam com comportamentos extremos de crianças, costumam perguntar-se por que eles ocorrem. Embora as variáveis que influenciam esses comportamentos, em cada criança, variem amplamente, três das fontes mais comumente citadas compreendem fatores fisiológicos, medos infantis e depressão infantil (Goleman, 2007).

Fisiologia. Já foi sugerido que o comportamento extremo de algumas crianças deve-se à deficiência de proteínas, vitaminas ou minerais na dieta (Santrock, 2008). Por exemplo, as crianças privadas das vitaminas B essenciais têm deficiência de concentração, o que resulta em períodos breves de atenção e falta de compromisso com a tarefa. Ao longo dos últimos anos, os cientistas levantaram a hipótese de que alguns comportamentos genuinamente extremos de não obediência estão relacionados a uma disfunção neurológica. O comportamento hiperativo, às vezes diagnosticado como distúrbio do déficit de atenção (DDA) ou transtorno do déficit de atenção e hiperatividade (TDAH), é o mais comum. Os danos cerebrais que podem resultar de complicações do parto ou de ferimentos à cabeça também podem fazer que uma criança tenha dificuldade de ficar sentada tranquila, e desequilíbrios químicos no cérebro interferem na transferência de sinais de uma célula a outra. De qualquer modo, as disfunções cerebrais podem contribuir para a necessidade constante de movimento da criança e para a incapacidade de relaxar (Berger, 2008).

Outro problema de comportamento extremo que deriva de dificuldades neurológicas é a síndrome de Tourette. As crianças com essa síndrome apresentam tiques (movimentos repetidos involuntários como piscar o olho), acompanhados por gritos de obscenidades e/ou emissão de rumores estranhos. Todos esses comportamentos estão além da possibilidade de controle da criança. Quando estão relacionados a disfunções bioneurológicas, é necessário recorrer a profissionais especialmente treinados.

Medos infantis. Outra fonte dos comportamentos extremos das crianças é o medo. Todas as crianças, em algum momento, têm medo de determinados lugares, pessoas, coisas ou eventos. Ainda que sejam intensos durante dias ou semanas, esses episódios de medo duram relativamente pouco (consulte o Capítulo 5 para uma revisão dos medos típicos infantis e sobre o que fazer em relação a eles). O tempo, a empatia e o apoio do adulto dissiparão a maior parte deles. Mas há ocasiões em que o medo persiste por períodos tão longos e se insinua em tantas áreas da vida da criança que interfere na capacidade de funcionamento. Esses medos extremos são denominados **transtornos de ansiedade**. São persistentes, infundados, desproporcionais ao perigo ou à ameaça e levam a um comportamento desadaptado (Berns, 2009).

Com mais frequência, a desadaptação assume a forma de retraimento extremo. Por exemplo, Verônica, de 7 anos, chegou ao ponto de aterrorizar-se diante da mera perspectiva de entrar em contato com qualquer coisa que tivesse pelos. Inicialmente havia manifestado medo de ratos. Aos poucos, o medo se ampliou e passou a abranger a maioria dos objetos com pelos, como bichos de pelúcia, cobertores e a gola de pele de seu casaco. Com o passar do tempo, agitava-se ao simples contato com um cotonete e teve uma crise quando lhe pediram que usasse fios de algodão em um projeto de tecelagem. Por fim, a ansiedade levou-a a não querer sair de casa, de onde foi necessário eliminar vários objetos.

Um transtorno comum de ansiedade, durante os primeiros anos de escola, é conhecido como recusa escolar ou **fobia escolar** (Papalia, Olds & Feldman, 2006). Embora muitas crianças apresentem alguma ansiedade acerca da escola, aproximadamente 16 de cada mil crianças desenvolvem ansiedade tão severa que caem fisicamente doentes diante da perspectiva de frequentá-la todos os dias (Gelfand & Frew, 2003). A resistência a ir à escola se torna extrema: gritos, choro e crises de birra são comuns, assim como dores de estômago, de cabeça e de garganta. O desconforto da criança está diretamente relacionado a incidentes que ocorrem na escola (incapacidade de executar um trabalho ou ser alvo de caçoada por parte de outra criança). Pode ser causado também por fatores não facilmente discerníveis como medo derivado de um mal-entendido ou de uma observação casual feita por outra criança. De qualquer modo, a reação da criança é tentar se retrair de todos os contatos com a escola.

Algumas crianças, ocasionalmente, em vez de tentarem resolver o medo por meio do retraimento, tentam dominá-lo diretamente. Nesse processo, reagem de forma extremamente emocional e se envolvem em atividades muito perigosas. Por exemplo, depois de um período de extremo medo do fogo, algumas crianças passam a atear fogo. Essas crianças acreditam que a habilidade de produzir chamas à vontade e de extingui-las demonstra que têm poder sobre elas.

Algumas crianças que têm medo do fogo desenvolvem uma obsessão ou uma compulsão. Pensamentos indesejáveis recorrentes são denominados **obsessões**, que consistem em preocupações ou ideias persistentes que as crianças não conseguem tirar da cabeça. Os impulsos para executar determinados atos repetidamente são chamados de **compulsões** (Berns, 2009). Todos nós apresentamos, em algum momento, comportamentos obsessivos ou compulsivos que, em forma branda, não representam um problema.

Entretanto, se a compulsão ou obsessão começa a interferir no funcionamento da criança e não lhe traz nenhum prazer ou benefício social, ela é considerada extrema. Por exemplo, Jessica, de 10 anos, estava obcecada com o pensamento de precisar urinar, embora não houvesse base física para sua preocupação. Sua obsessão a levava 50 vezes até o banheiro todos os dias. Quase sempre não conseguia expelir uma gota. Quando o acesso contínuo ao banheiro lhe foi negado, a ansiedade quanto a um possível incidente levou-a às lágrimas. Ficou tão preocupada com suas funções biológicas que não era capaz de pensar em mais nada. Assim como outras circunstâncias ligadas ao medo que superam os limites da normalidade, comportamentos como o de Jessica exigem a atenção de um especialista em comportamento.

Depressão infantil. Uma fonte de comportamento extremo que se tornou cada vez mais prevalente em crianças de 2 a 12 anos é a depressão infantil (Papalia, Olds & Feldman, 2006). Os comportamentos associados a esse fenômeno podem ser afetivos – como tristeza, choro contínuo, retraimento, incapacidade de concentração, falta de interesse na vida e sentimentos de derrota – ou manifestações físicas, como dores de estômago frequentes e severas ou dores de cabeça para as quais parece não haver base fisiológica. Às vezes, o mau comportamento extremo também pode ser um sintoma de depressão e se exprime em comportamentos inadequados como roubos, lutas ou desafios.

Esses e outros atos destrutivos caracterizam-se por desobediência excessiva e resistência obstinada à mudança. É preciso lembrar que todas as crianças desobedecem ocasionalmente por uma grande variedade de razões e que a desobediência não significa, em si mesma, que uma criança sofra de depressão. É, porém, aconselhável buscar ajuda externa quando ocorre desobediência contínua, intensa e hostil por um longo período. Esses comportamentos extremos assinalam a necessidade de intervenção intensiva e individualizada (veja Figura 15.2). Essas intervenções exigem a participação de adultos de dentro da escola, consultores externos e familiares da criança. As crianças que apresentam comportamentos extremos beneficiam-se muito da abordagem coesa e consistente que esse tipo de intervenção proporciona. Trabalhar com uma grande variedade de profissionais infantis cuja especialização complemente a sua – mas não seja igual – permite considerar novas perspectivas e aumenta mais as possibilidades de sucesso que se simplesmente tentasse enfrentar os problemas sozinho.

■ Julgamentos éticos relativos a abuso e negligência infantil

Quando você suspeita que uma criança sob seus cuidados sofreu um trauma por abuso ou negligência, é possível que suas emoções se intensifiquem. Suas reações iniciais podem ser de descrença, horror, raiva ou pânico e podem prejudicar sua capacidade de lidar com a situação de

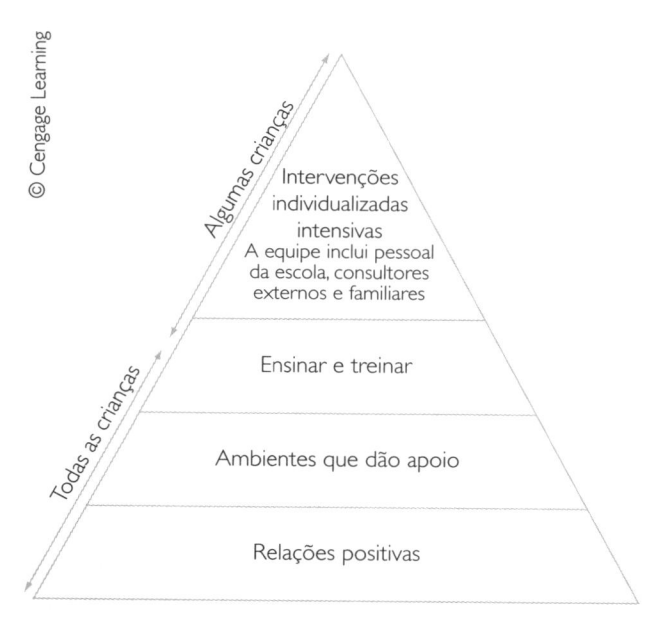

FIGURA 15.2 Pirâmide de apoio social dirigida aos comportamentos extremos das crianças.

Pirâmide (do topo para a base):
- Algumas crianças: Intervenções individualizadas intensivas — A equipe inclui pessoal da escola, consultores externos e familiares
- Ensinar e treinar
- Ambientes que dão apoio
- Todas as crianças: Relações positivas

© Cengage Learning

modo coerente. Nesses momentos, é crucial controlar as emoções e fazer um julgamento calmo e racional sobre a possibilidade de que tenha havido abuso infantil. Para fazer esse julgamento, você precisa, antes de tudo, entender a natureza do abuso e conhecer os sinais que deve procurar.

Definição de abuso e negligência

Os maus-tratos infantis incluem tanto o abuso – ações deliberadamente prejudiciais para o bem-estar da criança – quanto a **negligência** – não atender adequadamente às necessidades básicas das crianças (Berger, 2008). Do ponto de vista legal, cada estado (nos Estados Unidos) tem sua própria definição para esses atos. Entretanto, há consenso sobre o fato de que abuso e negligência assumem quase sempre as formas apresentadas a seguir.

Abuso físico. São agressões que causam dor, cortes, hematomas, contusões, ossos quebrados e outros ferimentos. Exemplos comuns são açoitar, amarrar, fechar a boca com fita adesiva, jogar contra a parede, queimar e sacudir com violência.

Abuso sexual. Refere-se a molestamento, exploração e intimidação por parte de um adulto (95% dos casos relatados são atribuídos a homens) para dominar ou controlar uma criança. O **abuso sexual** é executado por meio da força, coerção, adulação, sedução e ameaças. Como, em geral, as crianças confiam nos adultos com que se relacionam, elas são facilmente manipuláveis (Crosson-Tower, 2009). As crianças que sofrem abusos sexuais podem estar sujeitas também a telefonemas obscenos ou linguagem sexualmente explícita e ser obrigadas a exibir-se ou assistir à exibição de um adulto.

Negligência física. Refere-se a não fornecer alimentação, vestuário, abrigo, cuidados médicos e supervisão adequada às crianças. Nos casos de negligência, as crianças não recebem alimentação, são deixadas sem roupa em baixas temperaturas e podem morrer até em incêndios quando não há supervisão (Papalia, Olds & Feldman, 2006).

Abuso emocional. Ações que deliberadamente destroem a autoestima das crianças. Tais abusos são, em geral, verbais e podem assumir a forma de tomar a criança como bode expiatório, ridicularizá-la, humilhá-la ou aterrorizá-la.

Negligência emocional. O adulto não atende às necessidades da criança de afeto e apoio emocional. As crianças emocionalmente negligenciadas são ignoradas ou submetidas a relações frias e distantes com os adultos.

Negligência médica. Os adultos não atendem às necessidades de cuidados médicos das crianças em casos de doenças agudas ou crônicas.

Outros maus-tratos. Abusos e negligências compreendem casos em que há abandono, ameaça de danos e dependência congênita de drogas.

Em cada um desses casos, o nível de funcionamento da criança é prejudicado e seu futuro bem-estar está potencialmente ameaçado. Pensava-se anteriormente que tais atos negativos ocorressem raramente e fossem perpetrados por algumas poucas pessoas "doentes" da sociedade. Agora conhecemos melhor a questão.

Abrangência do problema

O abuso infantil é um problema muito grave que é, hoje, mais amplamente reconhecido que no passado. A Figura 15.3 mostra os tipos de casos justificados de abuso e negligência documentados pelo National Child Abuse and Neglect Data System (Ncands, 2007). Os últimos dados disponíveis indicam que 10,6 de cada mil crianças nos Estados Unidos (753.357) sofrem abusos (48,2% meninos e 51,5% meninas) e que, por ano, mais de mil crianças morrem em decorrência de abuso e negligência. As crianças menores são as vítimas mais prováveis: 31,9% dos maus-tratos envolvem crianças com menos de 4 anos. De cada mil meninos com menos

Julgamentos e decisões éticos 433

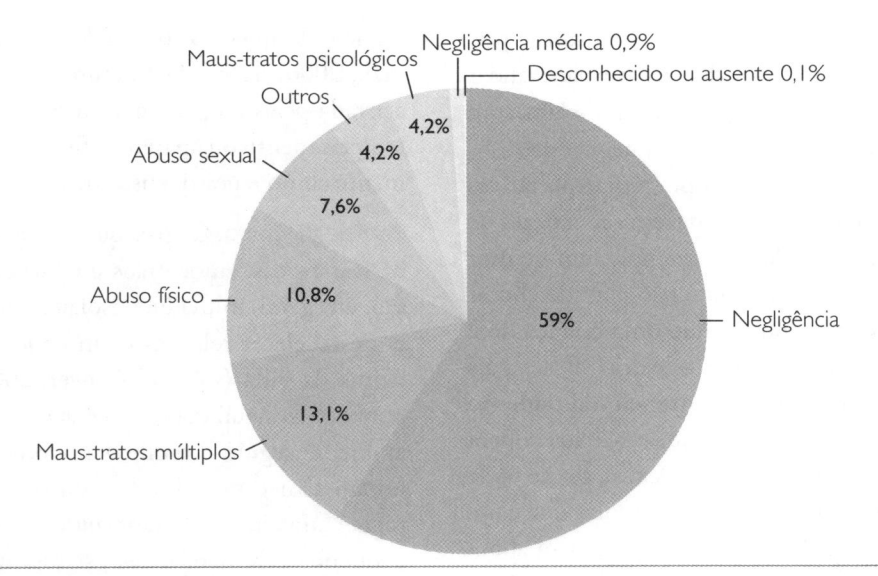

- Negligência médica 0,9%
- Desconhecido ou ausente 0,1%
- Maus-tratos psicológicos 4,2%
- Outros 4,2%
- Abuso sexual 7,6%
- Abuso físico 10,8%
- Maus-tratos múltiplos 13,1%
- Negligência 59%

FONTE: Head Start Bureau (1977).

FIGURA 15.3 Comparação dos locais de áreas de contusões suspeitas ou típicas.

de 1 ano, 22,2 são maltratados, e estima-se que 21,5% das meninas sofram abuso ou negligência. Esses dados baseiam-se em casos relatados, dos quais 25,4% foram referidos por professores; os números reais são, sem dúvida, mais altos, pois grande parte dos abusos jamais é comunicada às autoridades.

Esses documentos sugerem que pelo menos uma de cada 10 crianças sofrerá violação durante a infância. Com base na média desses resultados, um educador entra em contato com duas ou três dessas crianças, durante um período de 12 meses. Isso não significa que, em cada ambiente formal de grupo, haverá uma criança que sofre abusos, mas indica que, em algum momento, você terá de julgar se uma criança é vítima de abuso. De fato, o problema se disseminou de tal modo que todos os 50 estados norte-americanos têm, hoje, leis que exigem que os casos suspeitos de abuso sejam denunciados por médicos, professores e outros profissionais de apoio que trabalham com crianças.[1] Além disso, em muitos Estados, os profissionais de apoio são legalmente responsáveis por qualquer dano que uma criança possa sofrer em decorrência da omissão.

Os agressores

Quem iria bater, golpear, queimar, sufocar, negligenciar, privar de comida, estuprar, sodomizar ou atacar, de algum outro modo, uma criança? São monstros psicopatas hediondos aqueles que cometem esses atos?

A maciça maioria dos dados diz que não. Ao contrário, são pessoas comuns que, por quaisquer razões, sujeitam as crianças a humilhações e atos ofensivos. O abuso infantil envolve indivíduos de todas as idades, de ambos os gêneros, de todas as classes sociais, todas as estruturas familiares e grupos socioeconômicos.

Não existem características que separem infalivelmente os agressores dos não agressores, as vítimas das não vítimas. Embora determinadas condições estejam mais altamente correlacionadas ao abuso, apenas a existência destas não é suficiente para indicar de modo absoluto se irá ou não ocorrer um abuso. É uma combinação de variáveis que determina os resultados reais.

Os agressores físicos. O abuso físico tem mais probabilidade de acontecer por parte um dos pais naturais. Os pais que abusam fisicamente dos filhos não são loucos.

---

[1] No Brasil, a Lei n. 8.069, de 13 de julho de 1990, que dispõe sobre o Estatuto da Criança e do Adolescente e dá outras providências, determina que casos de suspeita de maus-tratos contra criança ou adolescente sejam obrigatoriamente comunicados ao Conselho Tutelar. Veja o Serviço de Proteção Social a Crianças e Adolescentes Vítimas de Violência, Abuso e Exploração Sexual e suas Famílias: referências para a atuação do psicólogo no endereço: http://www.crprj.org.br/publicacoes/cartilhas/referencias-crepop-protecao-a-crianca.pdf. (NRT)

Apenas 10% realmente sofrem de algum transtorno psicótico grave (Berger, 2008). Os demais afirmam cuidar dos filhos, embora os cuidados que ofereçam sejam, com frequência, arruinados pela violência ou negligência.

Os pais que abusam quase sempre têm expectativas não realistas sobre o que os filhos devem ser capazes de fazer em determinada idade. Por exemplo, um genitor pode se exasperar quando um bebê não para de chorar quando se pede isso a ele ou quando uma criança de 2 anos continua a molhar ou sujar as calças. Esses pais podem entrever, erroneamente, **intencionalidade** no comportamento do filho, acreditar que este não coopera ou "se comporta mal" para ser difícil. Assim, a mãe pode se convencer de que o filho em idade escolar que cai e esfola o joelho faz isso deliberadamente, só para aborrecê-la. Os pais que abusam fisicamente tendem também a adotar a filosofia "Quem economiza o cinto estraga a criança" a propósito da punição física; temem que os filhos escapem ao controle a menos que apanhem, até mesmo por pequenas infrações. Infelizmente, visto que esses pais têm, em geral, baixa tolerância ao estresse, suas habilidades de vida são deficitárias e suas intenções de ser um genitor eficaz degeneram em abuso físico da criança. Na grande maioria desses casos, os adultos tiveram relações ruins com os próprios pais e muitas vezes sofreram abuso quando crianças (Goleman, 2007).

Por fim, fatores ligados à situação desempenham papel importante na probabilidade de que o abuso ocorra. Por exemplo, o abuso é mais comum nas famílias em que as finanças estão em situação difícil (a despeito do *status* socioeconômico). Há outras situações que criam condições nas quais o abuso pode ocorrer: divórcio, desemprego, conflito familiar, aglomeração, falta de sistema de apoio e mudanças drásticas de *status* (Berk, 2009). Recentemente, os resultados de uma pesquisa nacional feita pelo National Committee to Prevent Child Abuse (NCPCA) também associou o abuso infantil aos sem-teto e ao uso de substâncias psicoativas por parte dos pais (Children's Defense Fund, 2008). Em geral, as famílias que abusam têm pouco acesso às informações destinadas aos pais ou a pessoas que poderiam ajudá-las e não dispõem de meios reais de comparação para os filhos ou para si próprios, o que aumenta e, às vezes, provoca muitos dos problemas que vivenciam.

Os cientistas acreditam cada vez mais que o abuso ocorra como resultado de um efeito interativo entre todas as variáveis que descrevemos: a personalidade do adulto, a falta de habilidades parentais, as expectativas não realistas, as características da situação e a falta de serviços de apoio na comunidade (Papalia, Olds & Feldman, 2006). A instável natureza do episódio pode ser acirrada pelas próprias características da criança, como temperamento ou aparência física. Discutiremos brevemente como e por que isso ocorre.

Pais negligentes. Os pais que não atendem às exigências básicas físicas, emocionais e educacionais das crianças são, em geral, indivíduos isolados que têm dificuldade em estabelecer relações e em conduzir as tarefas rotineiras da vida (Crosson-Tower, 2009). Faltam a eles também as habilidades necessárias para organizar um ambiente seguro e acolhedor. Como consequência, ignoram as necessidades dos filhos. Esses pais provavelmente também receberam cuidados ineficientes quando pequenos e têm relações estressantes com os outros adultos considerados importantes. Assim, é comum que não tenham acesso a modelos que demonstrem formas mais adequadas de cuidar das crianças.

Agressores sexuais. Pais e profissionais de apoio sempre orientam as crianças a ficar longe de estranhos. O agressor sexual foi quase sempre retratado como um homem desconhecido de meia-idade, vestido com capa de chuva, que ronda os parques e as escolas, esperando, com um doce nas mãos, atrair uma criança desacompanhada. Infelizmente, esse cenário não abrange as situações mais comuns nas quais as crianças correm perigo. Na realidade, em 80% dos casos de abuso sexual infantil, a criança conhece o agressor e, com muita frequência, este é um membro da própria família. Quando ocorre abuso sexual por parte de estranhos, é mais provável que se trate de um único episódio e que ocorra durante os meses de verão, ao ar livre, em um automóvel ou em um edifício público. No entanto, o abuso cometido por um familiar ou conhecido pode ocorrer repetidamente e em casa (Shaffer & Kipp, 2010). Nesses casos, é comum que haja chantagem ou uso de força. Pode acontecer também que a criança se submeta às solicitações do adulto por deferência ao *status* que a família percebe no adulto ou pelo desejo de agradar.

As ocorrências mais comuns de abuso são em famílias nas quais o pai ou a figura paterna abusa de uma filha. Essas famílias são quase sempre atormentadas por relações disfuncionais, especialmente entre os cônjuges. O adulto do sexo masculino tem baixa autoestima e é fraco, ao contrário do estereótipo que o descreve como viril e hipersexualizado. Muitas mães estão cientes da situação, mas não são capazes de enfrentar tal dificuldade e, assim, negam o que acontece. De fato, uma vez que o abuso se torna conhecido, não é incomum que os familiares se voltem contra a vítima, culpando-a da situação. Circunstâncias desse tipo poderão continuar por anos se não houver intervenção.

As vítimas

A maioria dos casos de abuso físico tem início durante os anos pré-escolares. Embora o fenômeno tenha sido associado à ocorrência de abuso nas gerações seguintes, é importante ressaltar que os indivíduos que sofrem abuso ou negligência, ao crescerem, não abusarão ou negligenciarão necessariamente seus filhos. Embora muitos dos que abusam de crianças tenham sofrido também abusos na infância, isso não significa que uma criança vítima de abuso se transformará automaticamente em uma pessoa agressora no futuro. Há ainda outros mitos ligados às crianças que sofreram abusos ou negligência, entre eles a ideia de que se tornarão adultos desviados envolvidos em crimes, drogas ou prostituição, ou ainda que os efeitos do abuso e da negligência são irreparáveis e tornam as vítimas incapazes de levar uma vida satisfatória e feliz (Crosson-Tower, 2009).

Os indivíduos podem quebrar, e realmente quebram, o ciclo inicial de maus-tratos. Isso é mais provável que ocorra quando o problema é detectado no início, quando a criança conta com o apoio de um adulto não abusivo durante a infância (e terapia, quando for indicada) e quando mantém, mais tarde, uma relação satisfatória e não abusiva com o cônjuge (Shaffer & Kipp, 2010).

Embora 10% de todas as vítimas de abuso sexual sejam crianças com menos de 5 anos, em sua maioria, são crianças em idade escolar, entre 9 e 12 anos (Santrock, 2008). Apesar de as meninas serem os alvos principais, não se pode esquecer que os meninos também são vítimas de abuso e que mulheres adultas também praticam abusos. Diferentemente do abuso físico, o abuso sexual infantil se estende, em geral, a mais de uma vítima dentro da mesma família.

Esses episódios sexuais começam com frequência com toque inocentes e progridem para carícias e, então, para estimulação sexual direta. Raramente ocorrem estupros violentos. Em vez disso, as interações têm aspectos agradáveis, o que contribui para a confusão das crianças sobre o que está acontecendo. As vítimas mais prováveis são as que não dispõem de informações sobre abuso sexual e sobre o que fazer quando ocorre. As crianças que têm autoestima baixa e aquelas que são fisicamente fracas e estão socialmente isoladas são as candidatas mais prováveis à vitimização.

Efeitos sobre a vítima. Um resultado óbvio, tanto do abuso físico quanto do abuso sexual, são os ferimentos. Por exemplo, foi relatado que atos abusivos são a quarta causa de morte mais comum em crianças de até 5 anos (Children's Defense Fund, 2008). Outros problemas são fraturas, lacerações, ferimentos internos, gravidez e doenças venéreas. Caberá à sociedade o ônus relacionado aos cuidados destinados às vítimas, à prisão dos agressores e à perda do funcionamento produtivo da família. Os profissionais de apoio, por terem contato estreito com as crianças sob seus cuidados, desempenham papel importante na identificação das vítimas.

Sinais de abuso

Diversos sinais indicam abuso infantil. Alguns estão ligados ao aspecto da criança, outros ao comportamento e outros ainda ao que ela diz. É preciso considerar também alguns indicadores familiares. Por exemplo, a criança apanha muito em casa ou se queixa que os pais estão sempre zangados? Ela chega à escola mais cedo e encontra sempre motivos para permanecer na escola o maior tempo possível? É possível que as crianças vítimas de abuso, ao participarem de uma representação de desempenho de papéis, representem o comportamento apresentado pelo genitor que comete abuso. É possível também que represente o abuso sofrido em seus desenhos. Elas podem abusar de crianças menores, apresentar comportamento agressivo, de autoabuso ou expressar ideias suicidas. É possível também que ocorram ausências frequentes da escola sem nenhuma explicação (Driscoll & Nagel, 2007).

A presença de um sinal isolado não indica automaticamente que haja abuso. Entretanto, se um ou mais sinais estiverem presentes, eles deverão ser interpretados como uma advertência. (Berk, 2009).

Como denunciar um abuso

A lei exige que os profissionais de primeira infância denunciem qualquer evidência ou suspeita de abuso infantil. Tais denúncias assinalam apenas a suspeita de abuso. Quando, porém, há sinais claros de abuso, os profissionais de apoio que o documentam e avisam as autoridades competentes agem como advogados da criança. Muitas vezes, não há mais ninguém disposto a fazer isso na vida delas.

O processo de denúncia é simples. Muitas instituições particulares e jurisdições governamentais têm seus próprios procedimentos, mas a maioria destes compreende os itens que seguem:

1. Comunicação da suspeita à pessoa competente da escola: assistente social, responsável ou diretor.
2. Denúncia verbal ao órgão social responsável pelos serviços de proteção à criança da zona específica. Essa denúncia é feita diretamente pela pessoa que tem a suspeita ou indiretamente por meio de um porta-voz designado. Em ambos os casos, a identidade da pessoa que levantou originalmente a suspeita é mantida em sigilo e só é revelada com o seu consentimento.
3. Denúncia por escrito para o órgão social com o qual foi feito o primeiro contato. Em geral, isso ocorre em dois ou três dias. A declaração por escrito contém as informações essenciais, é breve e elaborada com as próprias palavras da pessoa e não em termos legais.
4. Entrevista com a criança. É mais comum nos casos de suspeita de abuso sexual. As crianças são entrevistadas, em geral, na presença de alguém em quem confiam; em muitos casos, essa pessoa é o profissional de apoio no qual confiaram.
5. Continuação da investigação. A partir deste ponto, o caso entra na jurisdição do serviço social de proteção. Embora o contato com o profissional de apoio seja desejável, a responsabilidade passa a ser, nesse momento, do serviço social de proteção.

Apesar de muitos profissionais de apoio denunciarem suspeitas de abuso, fazer isso é estressante, muitas vezes causa confusão e pode ser até mesmo traumático. Nunnelley e Fields (1999, p. 75) descrevem algumas das infelizes realidades que acompanham os difíceis julgamentos que precisam ser feitos nessas situações e que levam, às vezes, os profissionais a se questionar:

Chindwin, a nova funcionária de uma escola, descobre, em uma criança de 3 anos de sua classe, algo que parece uma queimadura de cigarro. Mostra-a ao diretor que lhe informa que não quer ouvir falar dessas coisas (porque significaria perder as mensalidades da criança). [...] Chindwin se sente perplexa e confusa. Sabe que deveria denunciar o problema, mas quer manter seu emprego.

Tarissa estava preocupada com uma das meninas de sua classe do primeiro ano. A criança estava um pouco obcecada em lavar as mãos e relutava em ir ao banheiro com as outras crianças.

Conforme o procedimento da escola, Tarissa levou suas preocupações ao orientador. Infelizmente, nada foi feito e as suspeitas de abuso sexual de Tarissa nunca foram relatadas.

Margaret, proprietária de uma escola domiciliar, trabalhou por meses com uma família que passava por problemas de violência doméstica. Depois de um incidente particularmente grave, a mãe buscou refúgio em um abrigo e, temendo pela vida das crianças, mandou a polícia recuperá-las na escola de Margaret. As meninas estavam terrivelmente assustadas com a presença dos policiais, choravam e se agarraram a Margaret. A experiência foi traumática para todos.

Prevenção do abuso infantil em ambientes formais de grupo

Menos de 3% de todos os casos documentados de abuso infantil ocorrem em ambientes formais de grupo (Wang & Daro, 1998). Embora a proporção de casos seja relativamente pequena, precisamos fazer tudo o que for possível para reduzir a possibilidade de que ocorra abuso quando as crianças estão sob nossos cuidados. É possível planejar os procedimentos de contratação de pessoal novo, as normas para as operações cotidianas e a comunicação com a família, tendo em vista a prevenção do abuso infantil. O Box 15.5 apresenta um resumo das estratégias que tornam menos provável a ocorrência abusos em seu local de trabalho.

Até agora, este capítulo se concentrou nos fatores que influenciam os julgamentos éticos que os profissionais de apoio precisam fazer. Concentramo-nos nos julgamentos éticos relativos aos episódios cotidianos, nas considerações sobre os comportamentos extremos das crianças e sobre abuso infantil e negligência. Apresentamos, a seguir, sugestões para trabalhar de modo ético com os familiares, habilidades específicas para tomar decisões éticas e armadilhas que devem ser evitadas.

■ Dimensões éticas do trabalho com as famílias

Os familiares devem ser sempre bem-vindos. Para que a escola tenha sucesso, é preciso que haja comunicação regular com as famílias e que as relações com os familiares sejam acolhedoras e plenas de dedicação. As famílias precisam de informação sobre tudo o que compõe a escola, como filosofia, metas, estratégias disciplinares usadas, medidas de prevenção de abuso infantil e métodos

BOX 15.2 Sinais de abuso e negligência

Indicadores físicos

- Hematomas:
  - No rosto, nos lábios e na boca; em áreas amplas das costas, do tronco, das nádegas ou das coxas; em mais de um lado do corpo.
  - De diferentes colorações, indicando que ocorreram em diferentes momentos.
  - Agrupados.
  - Mostram a marca da fivela de um cinto, cabide, corrente ou colher de madeira.
- Vergões.
- Ferimentos, cortes e perfurações.
- Queimaduras:
  - De corda em braços, pernas, pescoço, rosto ou tronco.
  - Mostram um padrão (cigarro, ferro, radiador).
  - Nas coxas ou nos genitais.
  - Cáusticas.
  - Por líquidos ferventes.
- Fraturas:
  - Múltiplas em diferentes estágios de recuperação.
  - Qualquer fratura em crianças menores de 2 anos.
- Deslocamentos ósseos.
- Marcas de mordidas humanas.
- Negligência:
  - A criança está constantemente suja, faminta ou vestida de modo inadequado em relação ao tempo.
  - A criança foi abandonada.
  - A criança tem problemas médicos persistentes que não são atendidos.

Indicadores comportamentais

A criança:
- É cautelosa no contato físico com adultos.
- Recua quando os adultos se aproximam ou se movimentam.
- Apresenta mudança dramática no comportamento.
- Mostra extremo retraimento ou agressão.
- Demonstra medo dos pais ou cuidadores.
- Chega cedo e fica até tarde com frequência.
- Está sempre cansada ou adormece durante o dia.
- Atrasa-se ou falta à escola com frequência.
- Está sob a influência de álcool ou outras drogas.
- Pede ou rouba comida.
- Demonstra uma capacidade limitada de sentir prazer ou aproveitar a vida.

Indicadores verbais

A criança:
- Dá explicações inconsistentes e inverossímeis para machucados ou doenças
- Faz comentários como: "Posso ir viver com você?", "Preciso ir para casa?" e "Minha mãe/meu pai não gosta de mim".
- Relata que não tem lugar para dormir e/ou o suficiente para comer.

Indicadores familiares

A família:
- Mantém um ambiente doméstico sujo.
- É isolada socialmente do resto da comunidade.
- É extremamente fechada em relação a contatos com a escola ou com os amigos dos filhos.
- Recusa-se a permitir que a criança participe das atividades normais da escola (aulas de educação física e eventos sociais).
- Apresenta explicações inconsistentes e ilógicas sobre os machucados e o estado da criança ou simplesmente não faz nenhuma menção a eles.
- Mostra falta de preocupação em relação aos machucados ou ao estado da criança.
- Tenta esconder as lesões ou a condição da criança.
- Descreve a criança como má, monstruosa ou incorrigível.
- Relata ou usa, em sua presença, punições inadequadas (recusa de alimentos, isolamento prolongado e surra).
- Fala com a criança de modo humilhante.
- Abusa de álcool ou outras drogas.
- Reage de modo defensivo a perguntas sobre a saúde da criança.

---

de denúncia do abuso. É necessário também que compreendam que, no interesse de manter as crianças em segurança, tais informações devem ser dadas apenas aos pais, tutores legais e parentes identificados por escrito.

Não obstante todos os esforços para estabelecer uma comunicação eficiente com as famílias, os professores deparam, muitas vezes, com questões éticas. Os pais, ocasionalmente, podem não estar cientes do problema. Quando são alertados, podem discordar da gravidade do problema, podem não acreditar que a criança tenha algum tipo de problema e podem ficar confusos sobre o que fazer para apoiar a escola. É por essa razão que qualquer fato considerado importante deve ser devidamente documentado e comunicado aos pais. Além disso, seria um problema se o funcionamento presente ou futuro da criança estivesse em jogo sem a assistência dos pais (Allen & Chowdry, 2009). Por exemplo, a Sra. Reif exasperou-se porque Kelly, de 4 anos, continuava a falar em voz alta com as outras crianças durante a narração de uma história, apesar dos esforços da professora para redirecionar esse comportamento. Reif entrou em contato com os pais de Kelly para que pudessem juntos "tratar dessa questão". Embora os pais de Kelly tenham ficado aborrecidos com a notícia, eles também estavam confusos sobre como controlar a situação.

De acordo com muitos educadores, os dilemas éticos mais frequentes com relação às famílias das crianças referem-se a:

- Como lidar com os casos de possível abuso e negligência infantil.

BOX 15.3 Sinais de abuso sexual

Indicadores físicos

A criança:
- Está grávida.
- Mostra sinais de doença venérea.
- Há sangue na urina.
- Os genitais estão inchados ou com hematomas.
- Há pus ou sangue nos genitais.
- Apresenta queixas físicas sem causa aparente.
- Usa roupas íntimas rasgadas ou manchadas.
- Apresenta sangramento retal.

Indicadores comportamentais

A criança:
- Coça com persistência a área genital.
- Tem dificuldade de sentar-se em cadeiras ou em brinquedos (contorce-se, muda de posição e levanta do lugar em que está).
- Anda de pernas abertas, como se as calças estivessem molhadas ou se o atrito com o tecido incomodasse.
- Perde repentinamente o apetite.
- Começa repentinamente a relatar pesadelos.
- Demonstra extremo retraimento ou agressão.
- Demonstra cautela no contato com adultos.
- Apresenta comportamento sedutor inadequado em relação a adultos ou outras crianças.
- Demonstra repentina perda de interesse pela vida.
- Retrai-se em comportamentos de fantasia.
- Regride a comportamentos infantis como molhar a cama, chupar o dedo e chorar excessivamente.
- Demonstra capacidade limitada de aproveitar a vida e sentir prazer.
- É promíscua.
- Foge.
- Está frequentemente em ócio.
- Demonstra conhecimento das funções sexuais em nível muito mais avançado que as outras crianças.
- Retrai-se repentinamente em relação aos amigos.

Indicadores verbais

A criança:
- Queixa-se de dor na área genital.
- Relata incidentes de contato sexual com um adulto ou criança maior.
- Relata que mantém um jogo secreto com um adulto ou criança maior.
- Expressa medo de ser deixada sozinha com determinado adulto ou criança maior.
- Relata: "Ela/ele se diverte comigo", "Ela/ele me tocou" ou "O namorado da minha mãe/meu pai/meu irmão/minha tia faz coisas comigo quando não tem mais ninguém perto".

Indicadores familiares

A família:
- Apresenta uma óbvia inversão de papéis entre mãe e filha.
- É socialmente isolada do resto da comunidade.
- É extremamente fechada a contatos com a escola ou com os amigos da criança.
- Demonstra extrema discordância.
- Recusa-se a permitir que a criança participe de interações sociais normais.

BOX 15.4 Sinais de abuso emocional e negligência

Indicadores físicos

- Nenhum.

Indicadores comportamentais

A criança:
- Não brinca.
- É passiva e obediente ou agressiva e desafiadora.
- Raramente sorri.
- Tem poucas habilidades sociais.
- Não é receptiva socialmente.
- Evita contato visual.
- Busca constantemente atenção.
- Relaciona-se indiscriminadamente com adultos de modo precoce.
- Mostra relutância em comer ou fascinação pela comida.
- Costuma balançar-se e chupar o dedo.

Indicadores verbais

A criança:
- Relata problemas de sono.
- Descreve-se continuamente com termos negativos.
- É relutante em incluir a família em eventos relacionados à escola.

Indicadores familiares

A família:
- Transmite expectativas não realistas em relação à criança.
- Parece basear-se na criança para satisfazer as próprias necessidades sociais e emocionais.
- Demonstra indiferença em relação à criança ou falta de interesse por ela.
- Não apresenta o conhecimento básico e as habilidades relativas à educação de crianças.
- Descreve a criança com termos predominantemente negativos.
- Parece mais concentrada em atender às próprias necessidades que as das crianças.
- Culpa a criança.

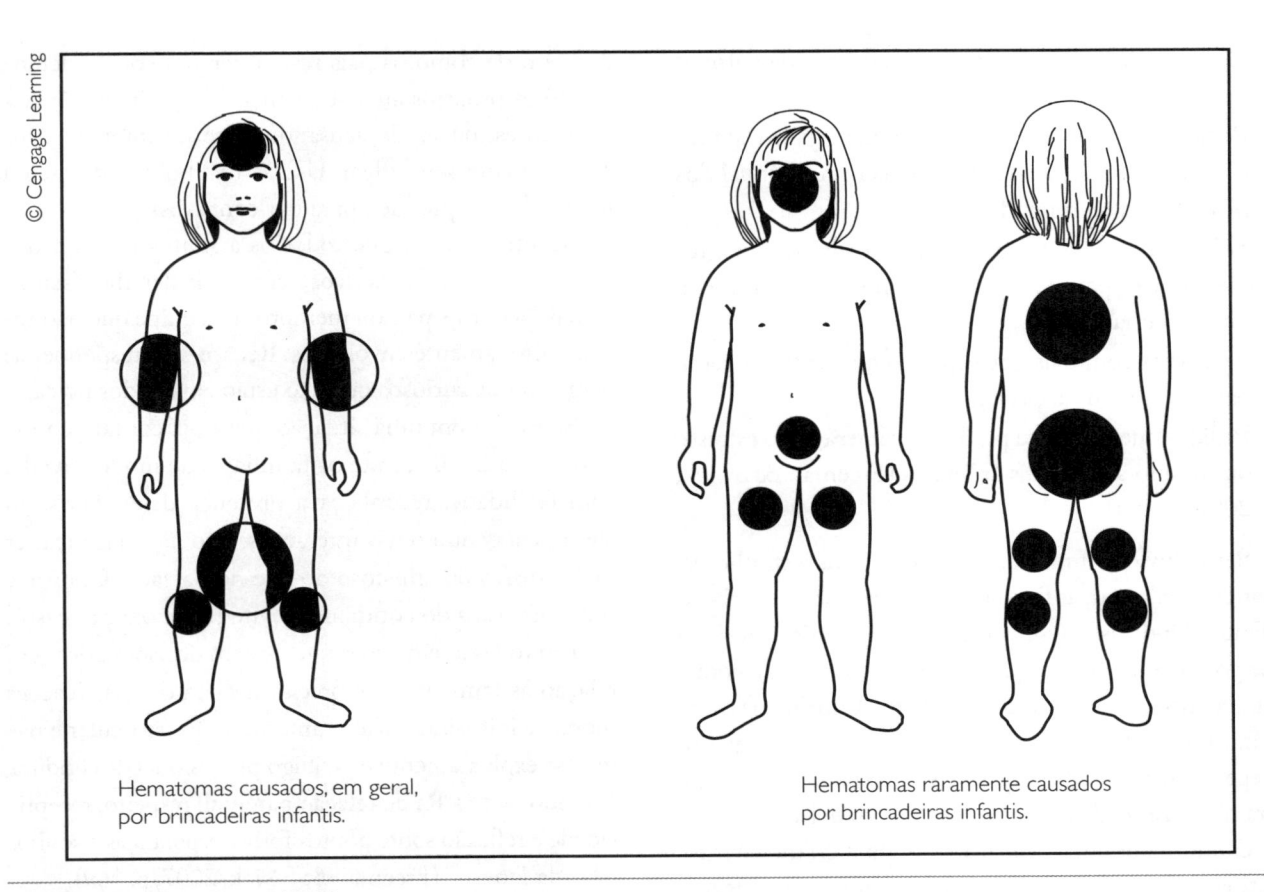

Hematomas causados, em geral, por brincadeiras infantis.

Hematomas raramente causados por brincadeiras infantis.

FONTE: Head Start Bureau (1977).

FIGURA 15.4 Hematomas comuns e suspeitos.

BOX 15.5 Estratégias de prevenção que reduzem a probabilidade de abuso infantil em ambientes formais de grupo

Práticas de contratação

- Os candidatos são cuidadosamente selecionados. Desde os membros da equipe, substitutos e voluntários – pessoas que trabalham diretamente com as crianças – até os que fornecem serviços de apoio, como cozinheiros, motoristas de ônibus e seguranças.
- As estratégias de seleção compreendem um formulário de inscrição escrito e assinado, entrevistas pessoais, observações *in loco* com as crianças, verificação das referências pessoais e profissionais e das qualificações educacionais, certificado de antecedentes criminais (veja Capítulo 1) e declarações assinadas relativas a condenações anteriores por qualquer crime contra crianças ou qualquer crime violento. A não apresentação dos documentos relativos a condenações anteriores é suficiente para a eliminação imediata.
- Os novos funcionários são orientados ao trabalho e informados sobre os procedimentos de prevenção ao abuso infantil que devem ser seguidos.
- Institui-se um período de prova para novos funcionários durante o qual trabalham em associação com funcionários experientes que fornecem modelos e dão esclarecimentos. Os novos funcionários são frequentemente observados para que se possam avaliar as interações deles com as crianças.

Operações cotidianas

- As normas de disciplina da escola são claramente definidas.
- As escolas fornecem condições que atenuam o cansaço e o esgotamento da equipe, como manter limitado o número de crianças pelas quais cada adulto é responsável, manter as dimensões dos grupos dentro de limites estabelecidos, fornecer pausas adequadas e oferecer treinamento de atualização sobre disciplina, gestão da sala de aula, relações com os pais, conflitos de equipe e prevenção do abuso infantil.
- As escolas são estruturadas de modo a evitar oportunidades encobertas ou privadas para a ocorrência de abuso infantil. Todos os espaços infantis são considerados públicos. As rotinas diárias e o ambiente físico (tanto interno quanto externo) são analisados para eliminar a possibilidade de que um membro da equipe tenha acesso isolado a qualquer criança, sem que possa ser observado pelos outros. As normas incentivam que os pais façam visitas sem aviso prévio e fornecem supervisão constante por parte de pessoal qualificado ao longo do dia.

FONTE: Dados adaptados de Naeyc (1998), Click (2007) e Prevent Child Abuse America (1996).

- Dificuldades criadas pela disputa da guarda entre os pais durante o divórcio.
- Pedidos dos pais para que os filhos sejam tratados de maneiras que, segundo o parecer profissional dos professores, são prejudiciais.
- Solicitações para compartilhar informações que tememem que os pais possam usar como justificativa para punir as crianças.
- Episódios com pais que esperam que os filhos recebam tratamento especial.
- Pedidos que deixem o professor vulnerável ao estresse ou mesmo a ações disciplinares (Freeman & Swick, 2007, p. 164)

Sem dúvida, uma das situações mais espinhosas, quando se lida com as famílias, é a de denunciar um abuso infantil. Ainda assim, se considerar necessário fazê-lo, o comportamento ético requer que entre em contato com a família imediatamente após tê-lo feito. A finalidade desse contato não é humilhar a família ou tentar fazer que se arrependam, mas indicar que você os respeita o suficiente para não fazer nada sem o conhecimento deles.

Comunique que você suspeita que a criança é submetida a abuso físico ou sexual. Explique que é legalmente obrigado a denunciar essas suspeitas e que deseja que saibam o que fez. Sinalize que deseja dar apoio aos pais conforme estes considerarem aceitável. Conte com uma reação hostil ou de incredulidade, especialmente se os próprios pais estiverem envolvidos no abuso.

Evite fazer reprovações à família ou gastar muito tempo justificando suas ações diante dos familiares. A despeito de como os pais responderão a você – defendendo os próprios atos ou explicando as circunstâncias atenuantes, ou ainda acusando você de interpretá-los mal –, escute sem julgar. Use as habilidades de escuta reflexiva que aprendeu para dar conta disso.

Mantenha em sigilo todos os assuntos relacionados ao caso. Não faça mexericos nem revele detalhes "sensacionais" a outros pais ou membros da equipe que não estejam diretamente envolvidos. Recuse-se a responder às perguntas de curiosos que não estão envolvidos no caso.

Se estiver em uma situação que exija contato contínuo com a família, trate os familiares de modo trivial e com civilidade; reconheça a presença deles, fale com eles e seja genuíno nas interações. Isso não significa ser mais efusivo ou amistoso do que no passado. Converse sobre assuntos do cotidiano e evite mencionar o "caso".

Em todas as situações que exigem decisões éticas em relação às famílias, você precisa ir além de suas reações morais e idiossincráticas a uma situação particular e basear-se explicitamente no código profissional de conduta, "usando os três Rs da relação parental: respeito, receptividade e reflexão sobre pontos fortes, esperanças e sonhos de cada família" (Freeman & Swick, 2007, p. 169).

A seguir, apresentamos uma descrição das habilidades de que precisará para formular julgamentos éticos. Há habilidades para formular julgamentos éticos e corriqueiros, para manejar os comportamentos extremos das crianças e para enfrentar o abuso e a negligência. Todas serão extremamente importantes em seu trabalho com crianças.

Habilidades para fazer julgamentos éticos

Como fazer julgamentos éticos

1. **Identifique as situações que têm implicações éticas.** Essa habilidade pode englobar circunstâncias hipotéticas e reais. Consulte, na revista *Young Children* (www.naeyc.org/yc), exemplos de casos que ilustram dilemas éticos. Pense em modos de abordá-los. Consulte as soluções de cada exemplo, comparando suas respostas com as de outros profissionais. Além disso, mantenha um registro diário de suas experiências com crianças e famílias. Catalogue os exemplos da vida real para discuti-los com colegas no ambiente adequado.
2. **Familiarize-se com o Código de Ética da Naeyc. Analise-o.** Conheça o conteúdo. Baseie-se nele sempre que enfrentar situações desconcertantes que desafiam seus valores pessoais e profissionais.
3. **Exercite-se no uso do Código de Ética da Naeyc como resposta a dilemas éticos.** Talvez você ache que algumas circunstâncias são facilmente classificáveis como éticas ou não éticas, pois dão apoio evidente ao código ou o contrariam claramente. Outras são menos óbvias em razão de sua complexidade ou da natureza sutil do incidente. Em ambos os casos, a prática melhorará suas habilidades e confiança no uso do código. Tanto os estudantes que estão em treinamento quanto os profissionais do campo relatam que tal prática é mais vantajosa quando realizada com regularidade e em pequenos grupos de colegas.
    - Antes de tudo, decida o que transforma uma situação problemática em um problema ético. Lembre-se de que nem todas as situações preocupantes têm natureza ética. A ética implica o certo e o errado.

- Identifique os sinais que o alertam quanto a questões éticas. Escute cuidadosamente os sinais que outras pessoas declaram usar. Compare-os com seus próprios e adote aqueles que podem ser úteis futuramente.
- A seguir, selecione os assuntos que devem ser abordados por pessoas diferentes. A resposta a um dilema ético requer diferentes ações de mais de uma pessoa. Analise quais são essas respostas.
- Por fim, baseie-se no código para analisar as prioridades e responsabilidades, ao elaborar o plano para abordar a situação.

A questão não é obter aprovação unânime em torno de uma única linha de ação, mas gerar uma ou mais estratégias que apoiem as abordagens éticas relacionadas ao problema. Identifique as estratégias que parecerem mais congruentes com seu pensamento. Considere o que diria e faria para pôr seu plano em ação.

Mantenha um registro das respostas mais comuns às circunstâncias hipotéticas. Ponha em prática seu plano nas situações da vida real em que está envolvido. Anote, então, os resultados para futura consulta.

4. **Baseie-se no código quando for explicar por que executa determinadas práticas em seu trabalho e evita outras.** Discuta com pais, colegas ou leigos. Explicar aos outros que temos um código de ética é um sinal valioso de profissionalismo. Fornece, além disso, justificativa para julgamentos e decisões que estão além da intuição. Por exemplo, a razão pela quais os profissionais da primeira infância não privam as crianças de alimentos ou do uso do banheiro como meio de punição é que tal comportamento não é ético, segundo os princípios estabelecidos pelo código. Como profissionais, concordamos que o comportamento ético exige que informemos os pais sobre os incidentes que envolvem os filhos e que mantenhamos confidencialidade em relação à família. Consultar o código periodicamente é um bom modo de manter os critérios dele vivos e disponíveis em seu pensamento.

Como fazer julgamentos corriqueiros

1. **Tenha consciência dos valores que são importantes para você.** Pense em decisões que já tomou em sua própria vida, nos termos dos valores que representam. Tente determinar as convicções básicas que governam suas interações com as crianças e famílias. Tente descobrir se existem padrões discerníveis no tipo de escolhas que faz. Discuta suas ideias com amigos e colegas. Compare suas reações com as dos outros e tente articular a razão pela qual escolheu um percurso particular. Aproveite as oportunidades formais para esclarecer os valores.
2. **Faça uma avaliação abrangente das situações em que é preciso fazer um julgamento.** Faça um levantamento inicial que inclua os seguintes fatores: reconhecimento da perspectiva das crianças, consciência de seu próprio estado afetivo, consideração da idade e das experiências passadas das crianças e análise do contexto situacional.

Se estiver em uma situação na qual é observador e na qual a segurança não esteja em perigo, reserve alguns momentos para analisar os problemas antes de agir. Se estiver em uma situação em que se espera uma resposta imediata, use uma reflexão afetiva e a segunda parte da mensagem pessoal (ou seja, suas emoções e as razões delas) para identificar em voz alta a perspectiva da criança e a sua. Se, nesse ponto, você precisar de mais alguns momentos para pensar, diga às crianças: "Deixem-me pensar sobre isso um minuto e então decidirei o que fazer".

3. **Considere estratégias alternativas em termos dos resultados potenciais.** Imagine várias respostas para uma situação particular. Preveja o possível impacto de cada estratégia sobre a criança, sobre você mesmo e sobre os outros. Pense de que modo cada resultado apoiaria ou impediria os objetivos formulados para todas as partes.
4. **Selecione e ponha em prática uma estratégia ou combinação de estratégias que dê apoio às metas gerais relativas às crianças e que se baseie em suas prioridades em relação à situação.** Tenha em mente que as metas em que trabalha em relação a cada criança e em relação ao grupo como um todo. Além disso, use os princípios prioritários delineados neste capítulo para ajudá-lo a selecionar o que é mais importante em dada circunstância. Use as metas e prioridades que identificou como base para a ação.
5. **Inclua a não intervenção como umas das estratégias possíveis.** Não fazer nada em determinada situação pode ser a consequência de um julgamento que você fez. Alguns incidentes, especialmente quando não têm efeito sobre os outros, não exigem nenhuma reação.
6. **Adote padrões que levem em conta a idade e a experiência das crianças.** Aplique seu conhecimento sobre desenvolvimento e aprendizagem a suas expectativas em relação ao desempenho das crianças. Não espere que as crianças se desempenhem perfeitamente nas primeiras vezes. Permita que errem. Observe-as cuidadosamente para determinar o que podem e o que não podem fazer e, então, estabeleça os padrões de acordo com isso. À medida que se tornarem mais capazes, aumente gradualmente suas expectativas.
7. **Reavalie as situações à luz de novas informações.** Lembre-se de que pode fazer julgamentos diferentes em relação às metas, às estratégias e aos padrões estabelecidos à medida que adquire novas informações. Isso talvez signifique selecionar uma opção que havia previamente descartado ou desenvolver outra, totalmente nova.
8. **Avalie os julgamentos éticos que faz.** Reserve tempo para avaliar a eficácia de seu pensamento e das ações correspondentes. Analise se o resultado potencial se tornou realidade. Se sim, pergunte a você mesmo se contribuiu para o progresso em direção à meta desejada. Se o efeito previsto não ocorreu, reflita sobre o que contribuiu para o resultado incongruente e o que poderia ser feito em substituição. Discuta suas decisões com um colega ou supervisor.

9. **Aprenda com base nos julgamentos errados.** Mais cedo ou mais tarde, você fará um julgamento do qual se arrependerá. Quando isso acontecer, faça uma revisão mental das circunstâncias sob as quais o fez. Considere o que o levou àquela resposta e quais eram as outras opções à disposição naquele momento. Tente determinar o que deu errado e imaginar o que faria se precisasse tomar a decisão novamente. Às vezes, você concluirá que fez um mau julgamento e que teria sido melhor escolher outra opção. Outras vezes, você deduzirá que o julgamento estava correto naquele momento, ainda que o resultado tenha sido negativo ou estressante. Classifique mentalmente as informações relevantes para usar no futuro. E, então, siga em frente. É contraproducente angustiar-se incessantemente a respeito de um julgamento já feito.

10. **Apoie os colegas que fizeram julgamentos ruins.** Quando colegas da equipe fizerem um julgamento que se revelar ruim, ofereça conforto e incentivo. Fique à disposição como uma caixa de ressonância e escute como avaliam o que ocorreu na decisão. Ajude-os a identificar o que deu errado e levante estratégias de correção ou abordagens alternativas para o futuro.

11. **Identifique valores que você e os colegas têm em comum, quando houver diferenças nas metas, estratégias e/ou padrões.** Discuta os conflitos de abordagem que surgirem. Explore profundamente as percepções dos outros, pedindo-lhes que descrevam como veem a situação e o propósito geral. Escute com cuidado e tranquilidade, evitando tirar conclusões apressadas, interromper ou dar sua opinião prematuramente.

    Use as habilidades de escuta reflexiva que aprendeu para comunicar interesse e aceitação. Tente enxergar além dos detalhes que as pessoas dizem para colher a essência da mensagem.

    Encontre objetivos comuns nesse nível. Passe, então, a negociar as metas, as estratégias e os padrões aceitáveis para ambos. Na maioria dos casos, esse tipo de esclarecimento pode contribuir para a compreensão mútua e para uma abordagem mais unificada. Reconheça se perceber que existe um conflito real de valores. Em seguida, determine o que fará para tornar essa situação suportável.

Como lidar com os comportamentos extremos das crianças

1. **Assegure-se de que conhece as crianças do grupo, antes de julgar que uma delas apresenta comportamento extremo.** Embora a mera presença de alguns comportamentos seja suficiente para sinalizar um problema, é importante que você se dê tempo suficiente para avaliar o que é comum ou incomum em cada criança.

2. **Faça um esforço articulado para modificar o comportamento, usando técnicas de orientação adequadas, antes de julgar que um comportamento é extremo.** Use as habilidades que aprendeu nos capítulos anteriores para abordar inicialmente um comportamento problemático. Seja consistente em sua abordagem e dê tempo suficiente (em geral várias semanas) para que as estratégias tenham chance de ser bem-sucedidas. Peça a um colega que analise o plano e/ou observe sua implementação, para julgar se é adequado, e se você o coloca em prática de modo eficaz. Se perceber que a criança continua a apresentar o comportamento problemático, pois o plano é deficiente ou a implementação ineficaz, faça as correções necessárias.

3. **Procure confirmação para o julgamento de que o comportamento de uma criança é extremo.** Faça um registro objetivo do comportamento da criança ao longo do tempo. Use a abordagem A-B-C da avaliação funcional, descrita no Capítulo 11. Então, consulte informações que deem referências quanto a critérios de idade ou comportamentais. Se o comportamento parecer inadequado, observe cuidadosamente com que frequência outras crianças da mesma idade o apresentam, tanto quando estão ativas quanto quando estão tranquilas. Se nenhuma outra criança manifestar o comportamento em questão, converse com um colega experiente e confiável que já trabalhou eficazmente com muitas crianças. Consulte também seu supervisor, um bom profissional e outros colegas de trabalho cujas responsabilidades englobem esse tipo de consulta. Se eles concordarem que o comportamento parece extremo, marque uma entrevista com os pais da criança.

4. **Comunique à família sua preocupação quanto ao comportamento extremo da criança.** Quando fizer o contato inicial, seja pessoalmente, por telefone ou por mensagem escrita, expresse sua preocupação de modo direto e solicite uma reunião com os pais. Evite entrar em detalhes elaborados, parecer reticente ou misterioso no contato inicial, para que os pais não se alarmem nem se sintam na defensiva. Diga coisas como: "Estive observando Charles nos últimos dias e fiquei preocupado com sua repentina falta de interesse em interagir com as outras crianças. Ele é, normalmente, extrovertido e seu retraimento já dura algum tempo. Gostaria de marcar uma reunião para discutir isso em detalhes com vocês".

    Quando a reunião acontecer, esteja preparado para fornecer exemplos concretos e documentados do comportamento em questão. Descubra se o mesmo comportamento acontece em casa também e se os pais o consideram, ou não, incomum. Se, à medida que a reunião prosseguir, você chegar à conclusão de que o comportamento é extremo, comunique essa preocupação aos pais e forneça uma justificativa para seu julgamento. Esteja preparado para sugerir linhas específicas de ação que os pais podem adotar, como consultar um bom profissional.

5. **Recomende o tipo de profissional que pode lidar do modo mais adequado com o problema específico.** Estabeleça com a família quem entrará em contato com o profissional. Se o comportamento tiver base física, como distúrbios alimentares, eliminação, sono excessivo, falta de energia ou depressão evidente, a família deve entrar em contato, em primeiro lugar, com um médico. Se o comportamento extremo não estiver ligado a questões físicas, é melhor consultar inicialmente um especialista em comportamento treinado para lidar com o

comportamento em questão. Tal especialista tem mais probabilidade de estar familiarizado com problemas comportamentais que os médicos. Além disso, especialistas comportamentais competentes e hábeis conhecem melhor as condições para as quais as dificuldades físicas podem contribuir e, nesse caso, podem sugerir que se consulte um médico.

Entre os recursos potenciais da comunidade, procure clínicas de orientação infantil, clínicas psicológicas universitárias, orientadores escolares, órgãos de saúde mental da comunidade, órgãos de serviço social de sua zona, órgãos que oferecem serviços especiais às jurisdições escolares[2] e programas especializados em crianças com problemas semelhantes ao que você está tentando definir em relação a uma criança específica. Ainda que o programa específico não seja perfeitamente adequado ao que precisa, o pessoal do programa pode ser capaz de encaminhá-lo a um serviço mais adequado.

6. **Forneça apoio emocional às famílias que buscam ajuda externa para o comportamento extremo dos filhos.** O processo de encaminhamento leva muito tempo e provoca ansiedade e frustração às famílias. Ofereça palavras de incentivo e compreensão, e disponha-se a ouvir as queixas e lamentações da família. Use escuta reflexiva para comunicar sua compreensão. Tome alguma iniciativa, se for possível, para acelerar o processo.

7. **Insista na recomendação para que a criança ou família receba os serviços externos.** Se você concordou em providenciar o contato com um especialista em comportamento, faça isso sem demora. Faça o contato diretamente ou por meio dos canais estabelecidos pela escola. Verifique periodicamente o andamento de seu encaminhamento e assegure-se de que o contato seja realmente feito. Se a família assumir a responsabilidade principal pela busca, comunique-se com os familiares regularmente para verificar o andamento.

8. **Providencie informações precisas e relevantes aos profissionais consultados.** Compartilhe suas observações sobre o comportamento da criança, tanto verbalmente quanto por escrito. Disponibilize os registros que manteve em relação ao padrão de comportamento ou faça um relatório de síntese.

    Convide o especialista externo para observar a criança dentro do ambiente formal de grupo. Ofereça-se para reunir-se com o especialista e a família.

9. **Coordene o modo como lida com o comportamento extremo da criança no ambiente formal de grupo com o modo como é tratado pela família e pelo profissional ao qual a criança foi encaminhada.** Descubra as ações que foram recomendadas. Discuta com o profissional e a família a viabilidade de adaptar as atividades da escola às recomendações do especialista. Discuta também de que modo seus atos podem complementar os deles. Por exemplo, se foi decidido que determinados comportamentos serão recompensados e outros ignorados, tanto em casa quanto na sessão de terapia, siga as mesmas orientações, dentro do possível.

Forneça *feedback* a todos os adultos envolvidos no plano relativo ao progresso da criança em seu ambiente. Dê sugestões relevantes para eventuais mudanças e revisões do plano. Além disso, peça *feedback* em relação a seu desempenho. Mantenha contato periódico tanto com o profissional quanto com a família ao longo desse tempo.

Como lidar com abuso infantil e negligência

1. **Informe-se sobre os procedimentos corretos para denunciar abuso infantil e negligência no Estado em que trabalha.** Leia as leis relativas a abuso infantil e negligência, incluindo a definição de abuso, as pessoas ou órgãos aos quais os casos devem ser encaminhados, quem é legalmente obrigado a denunciar o abuso e quais proteções existem para o denunciante. Embora todos os estados exijam que os casos suspeitos sejam denunciados e que os profissionais de apoio, protegidos de processos legais quando fazem denúncias em boa-fé, a especificação de quem é obrigado a fazer a denúncia, quem recebe a notificação e como isso é feito pode variar muito. É provável que seu estado exija que todos os diretores escolares, professores, orientadores, assistentes sociais, enfermeiras, médicos, dentistas, fonoaudiólogos, policiais e assistentes infantis devidamente regulamentados façam uma denúncia oral da suspeita de abuso infantil ou negligência ao departamento regional de serviços sociais.

    Além de informar-se sobre esses aspectos legais, obtenha o protocolo de denúncia do ambiente formal de grupo no qual trabalha. Se solicitado a fazer uma denúncia por meio de uma pessoa designada, determine de que forma tomará ciência de que a denúncia foi feita. Além disso, pergunte que papel terá na ação subsequente. Se as normas exigirem que faça a denúncia diretamente às autoridades, informe-se sobre quem são (em geral, são descritas como "Serviços de proteção à criança"). Se não conseguir localizar as autoridades em sua comunidade, entre em contato com outros números de emergência.

2. **Observe os sinais de abuso infantil e negligência.** Use os indicadores físicos, comportamentais, verbais e familiares apresentados nos Boxes 15.2, 15.3 e 15.4.

    Preste atenção às crianças. Olhe para elas. Escute o que dizem. A revelação pode ser acidental ou estar presente em afirmações que fazem sobre os eventos (Austin, 2000). Fique alerta às mudanças nas condições físicas ou no comportamento. Acredite quando as crianças se queixam persistentemente que estão com fome, que foram machucados "lá embaixo" ou que tio Billy bate nelas com uma correia (Hendrick & Weissman, 2009). A maioria das crianças não inventa histórias de abuso e molestamento.

---

[2] No original, *intermediate school districts*. (NT)

3. **Documente suas suspeitas.** Mantenha anotações escritas sobre o sinal que causou a suspeita de abuso infantil ou negligência e a data em que ocorreu. Se houver mais de um sinal, registre todos.
4. **Reaja adequadamente quando a criança revelar um abuso,** do seguinte modo:
    a. Permaneça calmo, mantenha uma postura tranquilizadora, aberta e relaxada.
    b. Leve a criança a um espaço privado para conversar, fora do alcance dos ouvidos dos outros.
    c. Utilize uma linguagem adequada ao nível de desenvolvimento da criança e evite termos que ela ainda não usa. Comece com perguntas ou afirmações gerais, abertas. Evite fazer perguntas com "por que". É preferível fazer perguntas com "o que" e "quando".
    d. Use escuta reflexiva e estímulos mínimos ("Hum hum", "Entendi").
    e. Leve a criança a sério.
    f. Permita que a criança fale sobre os próprios sentimentos (por exemplo, sentimento de culpa, vergonha, medo, ambivalência) e faça que saiba que tais sentimentos são normais.
    g. Assegure-a de que não está sozinha e de que você está disposto a ajudá-la. Não faça, porém, falsas promessas (por exemplo, "Tudo vai se resolver", "Nada de ruim vai acontecer").
    h. Obtenha apenas a informação necessária para fazer a denúncia.
    i. Tranquilize a criança quanto ao fato de que o abuso não é culpa dela. Agradeça a ela por confiar o problema a você.
    j. Não condene o suposto agressor.
    k. Ajude a criança a definir um plano de segurança se o abuso ocorrer novamente, contando a um adulto confiável (Austin, 2000, p. 3-5).
5. **Denuncie sem demora os casos suspeitos de abuso ou negligência.** Se a criança ou a família apresentar uma combinação de sinais que você foi treinado a reconhecer como indicadores de abuso infantil, denuncie. Não demore a fazer isso, na esperança de que as condições mudem ou na esperança de estar errado. Não vacile quanto ao que fazer. Uma vez que a suspeita existe, a iniciativa seguinte a ser tomada está clara.
6. **Tranquilize a criança que revelou ser vítima de abuso ou negligência.** Diga algo como: "Foi difícil me contar que sua mãe quebrou seu dente, batendo em você. Estou contente que tenha me contado". Faça que saiba que acredita no que disse e não haverá nenhuma consequência negativa por ter relatado o incidente. Reflita seus sentimentos de confusão, preocupação, raiva ou culpa. Permita que fale sobre seus sentimentos e descreva cada incidente com o nível de detalhes que ela desejar. Permaneça receptivo e dê apoio à criança que sofre abusos, a despeito do incômodo e da angústia que sentir.

Evite bombardeá-la com perguntas sobre detalhes que estão além de sua capacidade de revelar, ou de sua disposição, em determinado momento. Expresse solidariedade pelo que aconteceu, mas, ao mesmo tempo, não reprove os familiares. Ela pode se retrair se perceber que precisa defender os familiares de você.

Muitas crianças sentem-se culpadas em relação ao papel delas na situação de abuso. Podem concluir que, por não serem "boas", "serem feias" ou "serem tão más", o adulto não tinha escolha a não ser abusar delas. Tente corrigir essas percepções equivocadas afirmando que o que aconteceu não foi culpa da criança, mas que foi o adulto que se comportou de modo inadequado.

Explique que, às vezes, os adultos ficam zangados, confusos ou estão muito sós, mas não é correto bater nas crianças, enganá-las ou submetê-las a carícias indesejadas.

7. **Converse com as crianças sobre os toques físicos.** Para usar palavras relativas a sentimentos na descrição das interações físicas, comece a conversa pelos bebês e continue ao longo dos anos da infância. Forneça à criança informações sobre como os toques as afetam e afetam os outros. Diga coisas como: "Um abraço é bom", "Beliscar (ou morder) machuca", "Você ficou feliz quando Jeremy coçou suas costas" ou "Você não gostou quando Marion bateu em você". Tais afirmações formam a base do "vocabulário do toque" que pode ser expandido enquanto a criança se desenvolve.

O primeiro passo para ensinar segurança pessoal às crianças é familiarizá-la com essas palavras especializadas.

8. **Ensine segurança pessoal às crianças.** Acredita-se que as crianças se beneficiam quando aprendem modos de evitar o toque exploratório. Prepare atividades relevantes e esquetes como modo de compartilhar fatos precisos e informações sobre a segurança pessoal das crianças. Adapte sua apresentação ao nível de compreensão e experiências da criança.
    a. Inicie uma discussão na qual as crianças conversam sobre os toques que as fazem sentir-se bem e os que as fazem sentir-se mal. Introduza a ideia de que há toques que confundem: aqueles que no início são bons, mas, depois, tornam-se incômodos (cócegas, abraços de urso, carícias). Ressalte que ninguém tem o direito de tocar os outros de modo ruim ou de modo que cause confusão. Diga às crianças que, se alguém tentar tocá-las de um modo que não gostam, elas podem dizer: "Não, afaste-se!" e contar para alguém em quem confiam.
    b. Prepare um esquete no qual um personagem tenta enganar outro de modo a levá-lo a fazer alguma coisa. Com crianças muito pequenas ou crianças maiores pouco treinadas, comece com os enganos mais óbvios não relacionados ao abuso sexual. À medida que começarem a entender a noção do engano, introduza esquetes que abordam os toques inadequados (por exemplo, chantagem, manter um "segredo" ou adulação). Enfatize que não está certo que as pessoas forcem as crianças a tocá-las ou as manobrem para que as crianças as toquem. Ensine-lhes

que, se uma pessoa tentar manobrá-las para que as toquem ou façam coisas que não entendem, elas podem dizer "Não, vá embora!" e contar a alguém em que confiam.

c. Faça um jogo "E se...?" para verificar se as crianças sabem reagir em situações de perigo. Crie episódios de faz de conta como "E se um homem na rua pedir a você para entrar e ver bonecas novas?", "E se sua babá pedir para você manter um segredo e não contar para sua mãe nem para seu pai?" ou "E se você brigar com seus amigos no parque e uma senhora gentil que você não conhece se oferecer para dar uma carona até em casa?". Pense nas respostas das crianças e forneça informações precisas, se isso for necessário. Proponha questões abertas para ampliar a discussão.

9. **Trate as famílias com sensibilidade mesmo quando houver suspeita de abuso.** Informe-se sobre os recursos presentes na comunidade para ajudar os pais que indicam estar "a um passo" de cometer abuso. Alguns estudos promissores mostram que muitos pais agressores podem ser ajudados de modo a não recorrer mais à violência física (Shaffer, 2009). Isso sugere como é importante encaminhar os pais a profissionais e programas destinados a ajudá-los. Descubra o máximo que puder sobre esses programas de apoio em sua área. Identifique alternativas de curto prazo como serviços de assistência telefônica, serviços de descanso temporário para os pais, grupos de pais, oportunidades educacionais e *workshops*. Além disso, mantenha um registro de alternativas de longo prazo que inclua terapeutas familiares e individuais na região, órgãos de saúde mental, programas religiosos e de serviço social, bem como grupos reconhecidos nacionalmente como Parents Anonymous e o Committee to Prevent Child Abuse.

■ Evite as armadilhas

Há diversas orientações sobre como fazer um julgamento ético. As habilidades analisadas descrevem os comportamentos que deve adotar. As armadilhas apresentadas a seguir descrevem os comportamentos que deve evitar.

1. **Não fazer um julgamento consciencioso por falta de tempo.** Às vezes, os educadores da primeira infância têm tanta pressa que pensam que não podem reservar algum tempo para pensar no que fazer. E acabam reagindo instintivamente. Ocasionalmente, essas respostas intuitivas podem ser corretas e encaixar-se bem em uma abordagem que engloba a criança e o grupo. Mas é mais comum que satisfaçam finalidades de curto prazo e não atendam às metas de longo prazo. Embora nem sempre seja viável ponderar sobre o que fazer, é possível incorporar o processo do julgamento ético, de algum modo, na situação. Ainda que só seja possível fazer isso retrospectivamente, avaliar o julgamento é uma habilidade profissional valiosa.

2. **Manter um julgamento ruim por muito tempo.** Às vezes, as pessoas insistem na opção selecionada, pois investiram muito tempo e energia para fazer determinado julgamento. Não reconhecem os sinais de que a meta ou o padrão não são adequados ou que a estratégia, útil, em outras circunstâncias, não é eficaz em determinado caso, ou ainda que o plano simplesmente não funciona. Se continuarem a ignorar esses sinais, a situação se deteriorará. O melhor modo de evitar essa armadilha é manter-se alerta às mudanças no contexto situacional e permanecer receptivo a novas informações.

3. **Não reconhecer os próprios limites.** Essa mentalidade pode derivar de alguns dos possíveis erros de julgamento:

   - Pensar que você é a única pessoa suficientemente interessada em cuidar de modo adequado da criança ou a única que entende a criança bem o bastante para saber o que fazer.
   - Ter ciúme de seu papel na vida da criança e perceber os outros profissionais de apoio como intrusos.
   - Não reconhecer a seriedade da situação da criança.
   - Interpretar a necessidade de consulta a outros especialistas como prova de sua inadequação.
   - Pensar que você tem habilidades que, na verdade, não tem.

   Em qualquer caso, esse tipo de pensamento não propicia uma atmosfera favorável para o desenvolvimento da criança. Se perceber que resiste a fazer um encaminhamento, mesmo quando todos os sinais indicam que fazer isso é do interesse da criança, examine sua atitude. Se achar que a resistência se deve a alguma das razões descritas, é preciso reconsiderar.

4. **Deixar de esclarecer seu papel em relação ao profissional consultado.** Trabalhar com um profissional externo requer coordenação de esforços. É mais vantajoso para a criança ser tratada de modo consistente. Isso significa que os profissionais do ambiente formal de grupo precisam compreender com clareza o que o profissional externo espera de seu desempenho. Não é suficiente ter uma vaga ideia do que é pedido. Você precisa esclarecer as metas recíprocas, bem como as estratégias e os padrões que as apoiarão.
5. **Não seguir a recomendação do profissional consultado pelo tempo necessário para que o trabalho funcione.** Uma das armadilhas mais comuns quando se trabalha com um profissional externo é abandonar o plano estabelecido de comum acordo. Depois de ter finalmente tomado a iniciativa de procurar um profissional externo, o profissional de apoio talvez espere resultados instantâneos. Quando os resultados demoram, o profissional desiste, decepcionado. Para evitar esse tipo de decepção, é melhor formular, em parceria com o profissional consultado, uma linha do tempo ao longo da qual os progressos são medidos. O fato de saber que determinada abordagem deverá ser utilizada por diversas semanas, ou até mesmo meses, antes que ocorra uma mudança, aumenta sua paciência e lhe permite lidar melhor com os reveses.
6. **Ignorar os sinais de abuso.** Às vezes, para evitar lidar com uma situação difícil, ou por desejar que a situação não seja difícil, os profissionais de ajuda ignoram sinais óbvios de abuso. Se a criança apresentar hematomas e relatar que a mãe bate nela, o profissional pode pensar: "Bem, todas as crianças apanham de vez em quando". Quando a vagina de uma criança está inflamada e sangrando, o adulto atribui à masturbação. Se a criança estiver sempre suja e com mau cheiro, o adulto trata a questão como típica do grupo cultural ou da classe social.

    Essas conclusões não servem para as crianças. Não se baseiam em fatos, mas nas defesas psicológicas e emocionais dos adultos. Qualquer sinal que possa indicar abuso deve ser considerado com seriedade. Não se deve permitir que as crianças sofram por medo de encarar a realidade.

7. **Ameaçar as famílias suspeitas de abuso.** Ocasionalmente, em vez de denunciar um caso provável de abuso infantil, os profissionais de apoio tentam intervir diretamente junto à família: "Se eu vir isso de novo, terei de denunciá-lo" ou "Se prometer que vai parar com isso, não o denuncio". Os motivos podem ser egoístas (desejam evitar problemas legais) ou bem-intencionados (esperam evitar constrangimentos para as famílias). Nos dois casos, essas táticas são desaconselháveis e não devem ser usadas. Em vez disso, você deve seguir os procedimentos descritos na seção dedicada ao abuso infantil deste capítulo.
8. **Assustar propositadamente as crianças para ensinar segurança pessoal.** Os adultos que tentam ensinar as crianças a tomar cuidado com estranhos e com toques exploratórios podem deliberadamente generalizar em excesso suas advertências, de modo que elas passem a ter medo de todas as pessoas e formas de contato físico. Descrever os detalhes sórdidos de incidentes horrendos de abuso, tratar as situações como se fossem todas perigosas e não distinguir entre "toque bom" e "toque ruim" contribui para uma percepção negativa. Não é saudável que as crianças se sintam em perigo o tempo todo. Em vez disso, elas precisam ser expostas a uma visão equilibrada, na qual se incentiva a prudência e, ao mesmo tempo, se evitam o terror e a desconfiança.
9. **Presumir que o treinamento em segurança pessoal protegerá automaticamente as crianças do abuso sexual.** Mesmo com treinamento em segurança pessoal, muitas crianças ainda terão dificuldade em dizer "Não" aos adultos, especialmente àqueles com que têm relações estreitas. Não se pode esperar que crianças pequenas assumam toda a responsabilidade de se proteger. Trate o treinamento em segurança pessoal como um instrumento potencial que as crianças têm à disposição e não como uma vacina que se aplica uma única vez contra qualquer abuso potencial. Ao longo de toda a infância, as crianças continuam a precisar do olho vigilante e do apoio de adultos dedicados. Permaneça alerta aos sinais de abuso sexual, a despeito de as crianças terem ou não sido treinadas em relação a isso.

Resumo

Os profissionais de apoio fazem continuamente julgamentos éticos em relação às crianças com quem trabalham. Isso engloba julgamentos de curto e longo prazos, que os adultos têm tempo de avaliar cuidadosamente, e outros que precisam ser feitos imediatamente. Alguns julgamentos terão efeitos profundos; outros, efeitos relativamente menos profundos. De qualquer modo, todos os julgamentos éticos devem ser feitos conscienciosamente.

Ao fazerem um julgamento ético, os profissionais de apoio atravessam diversas etapas. Em primeiro lugar, avaliam as circunstâncias; depois, pensam em possíveis ações; em seguida, selecionam uma estratégia, ou combinação de estratégias, que põem em prática. Por fim, avaliam os resultados de suas decisões e usam essa informação para orientar os julgamentos futuros. Embora nenhum resultado seja garantido, seguir esse processo aumenta a probabilidade de fazer um julgamento equilibrado. Além disso, torna mais provável que as metas, as estratégias e os padrões dos adultos sejam congruentes.

As metas representam marcos no percurso que leva à competência social. As estratégias são práticas específicas que os adultos empregam para atingir as metas que estabeleceram para as crianças. Usam-se os padrões para determinar o grau em que as metas devem ser atingidas. Desenvolver, pôr em prática e avaliar metas, estratégias e padrões requer inúmeros julgamentos.

Diversas variáveis afetam os julgamentos éticos que fazemos. Entre elas, estão os valores. Compreender os próprios valores leva a um comportamento mais consciente e ajuda os indivíduos a respeitar os valores dos outros, assim como a separar os objetivos das metas, estratégias e padrões. Uma segunda variável que afeta os julgamentos éticos que os profissionais de apoio fazem é o conhecimento que têm do desenvolvimento e da aprendizagem infantil. Uma terceira é o contexto da situação em questão. Uma das funções dos julgamentos éticos é decidir se uma coisa é certa ou errada. Os profissionais de apoio baseiam-se em seus códigos de ética ao fazerem tais determinações.

Outros julgamentos envolvem o estabelecimento de prioridades entre uma gama de possibilidades; é importante adotar e seguir princípios para estabelecer essas prioridades. Tais princípios vão desde pôr a segurança em primeiro lugar até fazer escolhas com base nas preferências pessoais.

Abordaram-se os tipos de julgamentos éticos relativos ao cotidiano. Dois campos merecem julgamentos especializados: os comportamentos extremos das crianças e o abuso ou negligência infantil. O julgamento que deve ser feito nesses casos é se tal situação existe ou não. Uma vez que isso já é determinado, há ações específicas que os profissionais de apoio devem adotar. Os fatores considerados no julgamento sobre o fato de a criança apresentar ou não um comportamento extremo são: presença de atos autodestrutivos e repentina mudança de funcionamento da criança, comportamentos inadequados para a idade da criança, comportamento intenso persistente, evidências indiscriminadas de comportamentos específicos, dificuldade de funcionamento presente ou futuro da criança e resistência do comportamento à mudança. Os comportamentos extremos podem ser atribuídos a causas psicológicas, medos infantis e depressão infantil.

Os julgamentos éticos a respeito de suspeita de abuso ou negligência infantil são cruciais para a saúde e para o bem-estar da criança. O abuso físico é um ferimento não acidental que deriva de ações de omissão ou de ações cometidas por um familiar, tutor ou cuidador. Existe abuso sexual quando as crianças são forçadas ou persuadidas, por um adulto ou uma criança maior, a participar de atividade sexual.

Todos os Estados dispõem de orientações específicas para fazer denúncias as quais os profissionais de apoio precisam conhecer. Existem habilidades específicas que esses profissionais podem aprender que os capacitam a fazer julgamentos éticos cotidianos; existem habilidades relativas aos comportamentos extremos e outras relativas a abuso e negligência infantil. Além disso, há comportamentos que esses profissionais devem evitar ao fazerem esse tipo de julgamento.

Palavras-chave

Abuso sexual; compulsões; estratégias; ética; fobia escolar; intencionalidade; julgamentos éticos; metas; negligência; obsessões; padrões; transtornos de ansiedade; valores; valores básicos; valores relativos.

Questões para discussão

1. Discuta a relação entre os valores dos profissionais de apoio e suas metas, estratégias e padrões para crianças. Dê alguns exemplos de sua vida pessoal.
2. Em um pequeno grupo, discuta os valores que defende. Do melhor modo que puder, trace as origens desses valores e como afetaram algum julgamento que tenha feito.
3. Considere os casos apresentados a seguir. Utilize o Código de Conduta Ética Naeyc (Apêndice) para fazer um julgamento relativo à ética, ou à falta desta, de cada caso. Inicialmente, identifique as partes do código pertinentes a cada caso. Em seguida, determine se a(s) pessoa(s) agiu(ram) de modo ético ou não. Por fim, discuta possíveis respostas.

a. Cecile Matthews foi contratada recentemente como professora-assistente de uma classe de crianças de 3 anos no McMillan Childcare Center. Sua sala é ao lado da sala das crianças com menos de 3 anos. Ela nota que, embora a proporção legal exigida seja de um adulto para quatro crianças, as 12 crianças da sala são atendidas, com frequência, por apenas um adulto. A professora menciona sua preocupação à diretora que diz: "Cuide de sua classe, que eu cuido do resto". Cecile observa que o padrão de supervisão da classe não se modifica ao longo das semanas seguintes.
b. O conselho de pais da escola cooperativa de educação infantil decide não entrevistar James Beck para a vaga de professor responsável de uma classe de crianças de até 3 anos porque acredita que mulheres sejam cuidadoras melhores para crianças dessa idade.

4. Discuta os princípios prioritários descritos neste capítulo. Faça comentários positivos ou negativos quanto aos seguintes aspectos:
   a. Ordem na qual são apresentados.
   b. Um princípio ou princípios específicos.
   c. Como devem ou não ser aplicados.

5. Defina comportamento extremo. Descreva quatro fatores que precisam ser levados em conta quando se faz um julgamento ético para definir um comportamento como extremo. Discuta três armadilhas que devem evitadas quando se faz esse tipo de julgamento.
6. Discuta de que modo os medos infantis podem resultar em comportamentos extremos. Descreva os julgamentos éticos que um profissional de apoio deve fazer em tal caso.
7. Defina abuso físico e negligência. Apresente o perfil das vítimas e dos agressores mais prováveis. O que você faria se tivesse uma suspeita de abuso físico?
8. Defina abuso sexual. Apresente o perfil das vítimas e dos agressores mais prováveis. O que você faria se tivesse uma suspeita de abuso sexual?
9. Você ajuda uma criança de 3 anos a ir ao banheiro e nota que ela tem marcas nas nádegas e nas pernas. Encontre o ponto do Código de Conduta Ética Naeyc (Apêndice) que oferece orientação para tal situação. O que faria com base no código?
10. Discuta as semelhanças e diferenças entre os julgamentos éticos que faria em situações cotidianas e os que faria ao lidar com comportamentos extremos e abuso infantil.

Tarefas de campo

1. Entreviste um profissional de educação infantil a respeito das decisões éticas que já fez. Sem trair a regra da confidencialidade, peça que descreva uma situação que exigiu um julgamento ético e que o envolvia. Pergunte: "O que transformou isso em um dilema ético?", "Como a situação foi tratada?", "Reanalisando o resultado, você faria algo diferente, caso se apresentassem as mesmas circunstâncias?".
2. Descreva pelo menos duas situações que tenham ocorrido em seu local de atividade nas quais fez um julgamento conscienioso usando o(s) princípio(s) prioritário(s) identificado(s) anteriormente neste capítulo. Descreva cada situação e o que fez. Discuta suas respostas com os colegas. Você lidaria com essa situação do mesmo modo novamente? Por quê?
3. Cite a pessoa, de seu local de atividades, à qual denunciaria uma suspeita de abuso infantil. Descreva os procedimentos para denunciar abuso infantil exigidos em seu órgão ou em seu Estado. Cite o órgão governamental responsável para tratar o abuso infantil em sua comunidade. Identifique pelo menos três órgãos, serviços ou programas à disposição para os pais que estão a um passo de cometer abuso infantil ou que cometeram abuso infantil.
4. Consulte as leis de seu Estado relativas à denúncia de negligência ou abuso infantil. [No Brasil, a mesma lei vale para todos os estados.]

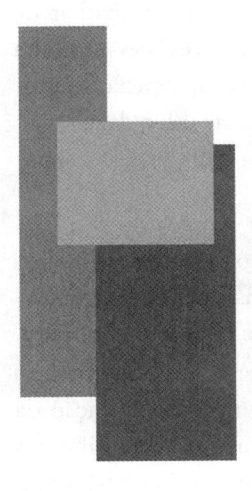

Apêndice

Código de Conduta Ética e Declaração de Compromisso

Declaração de princípios da National Association for the Education of Young Children (Naeyc) – revisada em abril de 2005

Introdução

A Naeyc reconhece que as pessoas que trabalham com crianças enfrentam cotidianamente decisões que têm implicações morais e éticas. O Código de Ética da Naeyc oferece orientações para o comportamento responsável e estabelece bases comuns para a resolução dos principais dilemas éticos enfrentados por creches e pré-escolas. A declaração de compromisso não faz parte do código, mas é um reconhecimento pessoal que engloba os valores e as obrigações morais distintivos no campo dos cuidados e da educação infantil. O código concentra-se principalmente na prática diária com crianças e famílias, em programas para crianças de até 8 anos, como centros e creches para bebês e crianças de até 3 anos, pré-escolas, centros de assistência infantil, hospitais e ambientes de vida das crianças, casas familiares que fornecem serviços de creche e séries do primeiro ciclo escolar. Quando as questões envolvem crianças, o código aplica-se também a especialistas que não trabalham diretamente com elas, como diretores de programas, pais no papel de educadores, educadores infantis e responsáveis pelos controles e por autorizações.

Valores fundamentais

Os padrões do comportamento ético na educação e nos cuidados relativos à primeira infância baseiam-se no compromisso com os valores apresentados a seguir. Comprometemo-nos a:

- Valorizar a infância como um estágio único e valioso do ciclo da vida humana.
- Basear nosso trabalho no conhecimento de como as crianças se desenvolvem e aprendem.
- Valorizar e apoiar os laços entre a criança e a família.
- Reconhecer que as crianças são mais bem compreendidas no contexto da família, cultura,[1] comunidade e sociedade.
- Respeitar a dignidade, o valor e a singularidade de cada indivíduo (criança, familiar e colega).
- Respeitar a diversidade das crianças, famílias e colegas.
- Reconhecer que crianças e adultos atingem seu potencial pleno no contexto das relações que se baseiam na confiança e no respeito.

---

[1] A *cultura* compreende etnia, identidade racial, nível econômico, estrutura familiar, língua, religião e convicções políticas que influenciam profundamente o desenvolvimento e as relações de cada criança com o mundo.

Estrutura conceitual

O código estabelece uma estrutura de responsabilidades profissionais em quatro seções: (1) com crianças, (2) com famílias, (3) entre colegas e (4) com a comunidade e a sociedade. Cada seção compreende uma introdução às responsabilidades principais dos profissionais da primeira infância em determinado contexto. A seguir, apresentam-se os ideais que refletem as práticas profissionais exemplares e os princípios que descrevem as práticas exigidas, proibidas e permitidas.

Os **ideais** refletem as aspirações dos profissionais, e os **princípios** orientam o comportamento e ajudam os profissionais a resolver dilemas éticos.[2] Tanto os ideais quanto os princípios têm a finalidade de direcionar os profissionais a questões que, quando respondidas com responsabilidade, fornecem a base para tomar decisões conscienciosas. Enquanto o código fornece uma orientação específica para abordar alguns dilemas éticos, muitos outros dilemas exigirão que o profissional combine a orientação dada pelo código ao julgamento pessoal. Os ideais e princípios deste código apresentam uma estrutura compartilhada de responsabilidade profissional que reafirma nosso compromisso com os valores fundamentais de nosso campo. O código reconhece publicamente as responsabilidades que assumimos nesse setor e, ao fazer isso, dá apoio ao comportamento ético em nosso trabalho. Os profissionais que enfrentam situações que apresentam dimensões éticas são exortados a buscar orientação nas partes do código que se aplicam a elas e no espírito que o inspira. Com frequência, "a resposta correta" – a melhor linha de ação a ser adotada – não é óbvia. O modo positivo de lidar com a situação talvez não seja evidente à primeira vista. Quando um valor importante contradiz outro, estamos diante de um problema ético. Quando enfrentamos um dilema, temos a responsabilidade profissional de consultar o código e todas as pessoas que possam contribuir para encontrar a solução mais ética.

■ Seção I: Responsabilidades éticas em relação às crianças

A infância é um estágio único e valioso no ciclo de vida humana. É nossa responsabilidade suprema providenciar cuidados e educação em ambientes seguros, saudáveis, dedicados e receptivos a cada criança. Temos o compromisso de dar apoio ao desenvolvimento e à aprendizagem das crianças, respeitar as diferenças individuais e ajudar as crianças a aprender a viver, brincar e trabalhar de modo cooperativo. Temos o compromisso também de promover a autoconsciência, a competência, a autovalorização, a resiliência e o bem-estar físico delas.

Ideais

I-1.1 – Ter familiaridade com os conhecimentos básicos sobre educação e cuidados infantis e permanecer informado por meio de treinamento e educação contínuos.

I-1.2 – Basear as práticas do programa no conhecimento e nas pesquisas correntes no campo da educação da primeira infância, no desenvolvimento infantil e nas disciplinas relacionadas, bem como no conhecimento de cada criança.

I-1.3 – Reconhecer e respeitar as qualidades, as habilidades e o potencial de cada criança.

I-1.4 – Reconhecer a vulnerabilidade das crianças e sua dependência dos adultos.

I-1.5 – Criar e manter ambientes seguros e saudáveis que incentivem o desenvolvimento social, emocional, cognitivo e físico das crianças e que respeitem a dignidade de suas contribuições.

I-1.6 – Usar instrumentos e estratégias de avaliação apropriados para as crianças, unicamente com o propósito para o qual foram planejados e que tenham o potencial de beneficiá-las.

I-1.7 – Usar as informações de avaliação para compreender e dar apoio ao desenvolvimento e à aprendizagem das crianças, dar apoio à instrução e identificar as crianças que precisam de serviços suplementares.

I-1.8 – Sustentar o direito de cada criança de brincar e aprender em um ambiente inclusivo que atenda às necessidades das crianças portadoras de deficiências ou não.

I-1.9 – Defender e garantir que todas as crianças, incluindo aquelas com necessidades especiais, tenham acesso aos serviços de apoio de que precisam para que possam ser bem-sucedidas.

I-1.10 – Garantir que a cultura, a língua, a etnia e a estrutura familiar de cada criança sejam reconhecidas e valorizadas pelo programa.

---

[2] Não há necessariamente um princípio correspondente a cada ideal.

I-1.11 – Providenciar para todas as crianças experiências na língua que conhecem, bem como apoiá-las para que mantenham o uso de sua língua materna e aprendam o inglês.

I-1.12 – Trabalhar com as famílias para propiciar uma transição segura e sem percalços quando crianças e famílias passam de um programa a outro.

Princípios

P-1.1 – Acima de tudo, não podemos fazer mal às crianças. Não devemos participar de práticas que sejam prejudiciais, perigosas do ponto de vista físico, desrespeitosas, perigosas, exploradoras ou intimidadoras. *Esse princípio tem a precedência sobre qualquer outro deste código.*

P-1.2 – Devemos cuidar das crianças e educá-las em ambientes sociais e emocionais positivos que sejam estimulantes do ponto de vista cognitivo e que deem apoio a cultura, língua, etnia e estrutura familiar das crianças.

P-1.3 – Não devemos participar de práticas que promovam qualquer tipo de discriminação, que privem as crianças de seus direitos e benefícios, que lhes ofereçam vantagens especiais ou que as excluam de programas e atividades com base em gênero, raça, país de origem, crenças religiosas, condições médicas, deficiência, *status* conjugal/estrutura familiar, orientação sexual, crenças religiosas ou quaisquer outras afiliações de suas famílias (alguns aspectos desse princípio não se aplicam aos programas que fornecem legalmente serviços a populações específicas de crianças).

P-1.4 – Devemos envolver todas as pessoas que detenham conhecimentos relevantes (incluindo famílias e equipe) nas decisões relativas às crianças, de modo adequado, garantindo a confidencialidade das informações delicadas.

P-1.5 – Devemos usar sistemas de avaliação adequados que compreendam fontes variadas de informação, para fornecer informações sobre a aprendizagem e o desenvolvimento das crianças.

P-1.6 – Devemos nos empenhar para garantir que as decisões sobre inscrição, reprovação ou encaminhamento relacionados a serviços especiais de educação baseiem-se em diversas fontes de informação e nunca em apenas uma única avaliação, como o resultado obtido em um teste ou em uma observação.

P-1.7 – Devemos construir relações individualizadas com cada criança; fazer adaptações individualizadas nas estratégias de ensino, nos ambientes de aprendizagem e nos currículos; e consultar a família de modo que todas as crianças se beneficiem do programa. Depois de todos os esforços, se a situação corrente ainda não atender às necessidades da criança ou ela estiver comprometendo as habilidades de outras crianças, deveremos trabalhar em cooperação com a família dela e com especialistas para apurar se há necessidade de serviços suplementares e/ou de outra opção, na qual a probabilidade de a criança ser bem-sucedida seja mais alta (alguns aspectos desse princípio não se aplicam aos programas que fornecem legalmente serviços a populações específicas de crianças).

P-1.8 – Devemos conhecer os fatores de risco e os sintomas de abuso ou negligência infantil, que incluem abuso físico, sexual, verbal e emocional e negligência física, emocional, educacional e médica. Devemos conhecer e respeitar as leis nacionais e os procedimentos estatais e municipais que protegem as crianças do abuso e da negligência.

P-1.9 – Quando tivermos um motivo razoável para suspeitar de abuso ou negligência infantil, devemos denunciar aos órgãos competentes da comunidade e acompanhar os desdobramentos para garantir que seja tomada uma iniciativa adequada. Quando for o caso, pais e tutores serão informados de que esse encaminhamento foi ou será feito.

P-1.10 – Quando alguém nos diz que suspeita que uma criança sofre abusos ou negligência, precisamos ajudá-la a tomar a iniciativa correta para proteger a criança.

P-1.11 – Quando tomamos conhecimento de uma prática ou situação que coloque em perigo a saúde, a segurança ou o bem-estar das crianças, temos a responsabilidade ética de protegê-las ou de informar os pais e/ou outras pessoas que possam fazê-lo.

■ Seção II: Responsabilidades éticas em relação às famílias

As famílias[3] são de importância primária no desenvolvimento das crianças. Visto que a família e os profissio-

---

[3] O termo *família* compreende os adultos, além dos pais, que têm a responsabilidade de participar da educação, criação e defesa da criança.

nais da primeira infância têm interesse comum no bem-estar das crianças, reconhecemos como responsabilidade primordial promover a comunicação, a cooperação e a colaboração entre a casa da criança e o programa de educação infantil, de modo a promover o desenvolvimento da criança.

Ideais

I-2.1 – Ter familiaridade com o conhecimento básico relativo ao trabalho efetivo com as famílias e manter-se informado por meio de educação e treinamento contínuos.

I-2.2 – Desenvolver relações de confiança recíproca e criar parcerias com as famílias com quem trabalhamos.

I-2.3 – Receber bem todos os familiares e incentivá-los a participar do programa.

I-2.4 – Escutar as famílias, reconhecer e desenvolver sua força e competência, e ajudá-las na tarefa de educar os filhos.

I-2.5 – Respeitar a dignidade e as preferências de cada família, e esforçar-se para conhecer sua estrutura, cultura, língua, costumes e convicções.

I-2.6 – Reconhecer os valores das famílias relativos à criação dos filhos e seu direito de tomar decisões para eles.

I-2.7 – Compartilhar informações sobre a educação e o desenvolvimento de cada criança com as famílias e ajudá-las a entender e apreciar os conhecimentos básicos atualizados da profissão ligada à primeira infância.

I-2.8 – Ajudar os familiares a aumentar a compreensão que têm dos filhos e dar apoio ao desenvolvimento contínuo de suas habilidades como pais.

I-2.9 – Participar da construção de redes de apoio para as famílias, proporcionando-lhes oportunidades de interagir com a equipe, com outras famílias, com recursos da comunidade e serviços profissionais.

Princípios

P-2.1 – Não devemos negar acesso à sala de aula aos familiares das crianças, a menos que tal acesso seja proibido por ordem judicial ou outra restrição legal.

P-2.2 – Devemos comunicar às famílias a filosofia, as normas, o currículo, o sistema de avaliação e a qualificação do pessoal, além de explicar o sistema de ensino que usamos e a razão para tê-lo escolhido – o qual deve estar em conformidade com nossas responsabilidades éticas em relação às crianças (veja seção I).

P-2.3 – Devemos informar as famílias e, quando for adequado, envolvê-las em nossas decisões normativas.

P-2.4 – Devemos envolver as famílias nas decisões significativas que afetam seus filhos.

P-2.5 – Devemos fazer todos os esforços para nos comunicarmos com eficácia com todas as famílias em uma linguagem que compreendam. Devemos usar os recursos da comunidade de tradução e interpretação quando não tivermos recursos suficientes em nossa escola, creche ou nosso centro.

P-2.6 – À medida que as famílias compartilham informações conosco sobre as crianças e sobre elas próprias, devemos levar em conta essas informações para planejar o programa e pô-lo em prática.

P-2.7 – Devemos informar às famílias a natureza e os propósitos das avaliações das crianças e de que modo os dados obtidos sobre elas serão usados.

P-2.8 – Devemos tratar as informações de avaliação da criança com confidencialidade e compartilhá-las apenas quando houver necessidade legítima para isso.

P-2.9 – Devemos informar às famílias os incidentes e ferimentos que envolvam seus filhos, riscos como exposição a doenças contagiosas que resultem em infecção e todas as ocorrências que possam produzir estresse emocional.

P-2.10 – As famílias devem ser plenamente informadas sobre qualquer projeto de pesquisa que envolva os filhos e devem ter a oportunidade de autorizar ou não, sem nenhuma penalidade ou reprimenda. Não devemos nos envolver em pesquisas que possam, de algum modo, prejudicar a educação, o desenvolvimento ou o bem-estar das crianças.

P-2.11 – Não devemos usar o relacionamento com uma família para obter vantagem ou ganho pessoal, nem estabelecer relações que possam prejudicar nossa eficácia em trabalhar com as crianças.

P-2.12 – Devemos desenvolver normas relativas à proteção da confidencialidade e à comunicação dos registros das crianças e mantê-las por escrito. Esses documentos normativos devem estar à disposição de todas as pessoas e famílias envolvidas no programa. A comunicação desses registros a pessoas que não sejam os familiares, não façam parte do programa e não sejam os profissionais com obrigação de confidencialidade exige a autorização da família (exceto nos casos de abuso ou negligência).

P-2.13 – Devemos manter a confidencialidade e respeitar o direito à privacidade da família, evitando comunicação de informações confidenciais e intrusões na vida familiar. Entretanto, quando temos razões para acreditar que o bem-estar da criança está em perigo, é lícito comunicar informações confidenciais a determinados órgãos ou a outras pessoas que tenham responsabilidade legal para intervir no interesse das crianças.

P-2.14 – Nos casos em que os familiares estão em conflito entre si, devemos trabalhar de modo aberto, compartilhando nossas observações sobre a criança, para ajudar todas as partes envolvidas a tomar decisões com base em informações. Devemos evitar defender uma das partes.

P-2.15 – Devemos estar familiarizados com os recursos da comunidade e com os serviços de apoio profissional e encaminhar as famílias adequadamente. Depois de fazermos um encaminhamento, devemos fazer um acompanhamento para assegurar que os serviços sejam fornecidos adequadamente.

Seção III: Responsabilidades éticas em relação aos colegas

Em um local de trabalho cooperativo e dedicado, a dignidade humana é respeitada, a satisfação profissional, promovida, e as relações positivas, desenvolvidas e sustentadas. Com base em nossos valores fundamentais, a responsabilidade principal que temos em relação aos colegas é estabelecer e manter ambientes e relações que deem apoio ao trabalho produtivo e atendam às necessidades profissionais. Os mesmos ideais que se aplicam às crianças aplicam-se também às interações entre adultos no local de trabalho.

A – Responsabilidades em relação aos colegas

Ideais

I-3A.1 – Estabelecer e manter relações de respeito, confiança, confidencialidade, colaboração e cooperação com os colegas.

I-3A.2 – Compartilhar recursos com os colegas, colaborar para proporcionar os melhores cuidados e a melhor educação para a primeira infância.

I-3A.3 – Apoiar os colegas no que concerne às necessidades profissionais e ao desenvolvimento profissional deles.

I-3A.4 – Reconhecer as realizações profissionais dos colegas.

Princípios

P-3A.1 – Devemos reconhecer as contribuições dos colegas e não participar de práticas que prejudiquem sua reputação ou sua eficácia em trabalhar com crianças e famílias.

P-3A.2 – Quando tivermos dúvidas quanto ao comportamento profissional de um colega, devemos, antes de tudo, comunicar a ele nossas preocupações, demonstrando respeito pela dignidade pessoal e pela diversidade que pode existir entre membros da equipe e, então, tentar resolver a questão de modo conjunto e com confidencialidade.

P-3A.3 – Devemos tomar cuidado ao expressarmos pontos de vista sobre as características pessoais e a conduta profissional dos colegas. As afirmações devem basear-se no conhecimento direto e não em boatos e, além disso, serem relevantes para os interesses das crianças e da escola ou da creche.

P-3A.4 – Não devemos participar de práticas que discriminem colegas em razão de gênero, raça, país de origem, convicção religiosa ou outras afiliações, idade, *status* conjugal/estrutura familiar, deficiência ou orientação sexual.

B – Responsabilidades em relação aos empregadores

Ideais

I-3B.1 – Incentivar a escola, a creche ou o centro a fornecer um serviço de qualidade.

I-3B.2 – Não fazer nada que prejudique a reputação do local em que trabalhamos, a menos que este viole leis e regras destinadas a proteger as crianças ou as disposições deste código.

Princípios

P-3B.1 – Devemos seguir as normas da escola, da creche ou do centro. Quando não concordarmos com tais normas, devemos tentar fazer uma mudança por meio de uma ação construtiva dentro da organização.

P-3B.2 – Devemos falar ou agir em nome de uma organização apenas quando autorizados a isso. Devemos tomar cuidado de especificar quando falamos em nome da organização e quando expressamos um julgamento pessoal.

P-3B.3 – Não devemos violar as leis ou regras destinadas a proteger as crianças, e devemos tomar as providências adequadas, consistentes com este código, quando tivermos conhecimento de tais violações.

P-3B.4 – Se tivermos dúvidas quanto ao comportamento de um colega e o bem-estar das crianças não estiver em perigo, devemos abordar a questão com a pessoa. Se as crianças estiverem em perigo ou a situação se mantiver, devemos relatar o comportamento antiético ou incompetente à autoridade adequada.

P-3B.5 – Quando estivermos em dúvida quanto a circunstâncias ou condições que têm impacto sobre a qualidade dos cuidados e da educação dentro da escola, da creche ou do centro, devemos informar os responsáveis ou, se necessário, outras autoridades adequadas.

C – Responsabilidades em relação aos funcionários

Ideais

I-3C.1 – Promover condições de trabalho seguras e saudáveis e normas que incentivem respeito mútuo, cooperação, colaboração, competência, bem-estar, confidencialidade e autoestima nos membros da equipe.

I-3C.2 – Criar e manter uma atmosfera de confiança e sinceridade em que a equipe possa atuar a fim de atender aos interesses das crianças e famílias e promover os cuidados e a educação da primeira infância.

I-3C.3 – Esforçar-se para assegurar retribuição adequada e justa (salário e benefícios) para aqueles que trabalham com crianças.

I-3C.4 – Incentivar e apoiar o desenvolvimento contínuo dos funcionários para que se tornem profissionais habilidosos, qualificados e competentes.

Princípios

P-3C.1 – Nas decisões relativas às crianças e aos programas, devemos promover a educação, o treinamento, a experiência e a especialização dos membros da equipe.

P-3C.2 – Devemos fornecer apoio aos membros da equipe e condições de trabalho seguras que respeitem a confiança e lhes permitam cumprir suas responsabilidades, por meio de avaliação justa de desempenho, reclamações escritas, *feedback* construtivo e oportunidades para que se desenvolvam e avancem profissionalmente.

P-3C.3 – Devemos desenvolver e manter, por escrito, normas pessoais abrangentes que definam os padrões da escola, creche ou centro. Essas normas devem ser fornecidas aos novos membros, estar à disposição e ser facilmente acessíveis para que todos os membros da equipe possam revê-las.

P-3C.4 – Devemos informar os funcionários cujo desempenho não atingir as expectativas de áreas importantes e, quando possível, ajudá-los a melhorar o desempenho.

P-3C.5 – Devemos conduzir as demissões de funcionários por justa causa de acordo com as leis e normas cabíveis. Devemos informar aos funcionários dispensados as razões da demissão. Quando a demissão for por justa causa, a justificação deve se basear em provas de comportamento inadequado cuidadosamente documentadas, atuais e disponíveis ao empregado.

P-3C.6 – Quanto às avaliações e recomendações, devemos fazer julgamentos baseados em fatos e relevantes para os interesses das crianças e da escola, creche ou do centro.

P-3C.7 – As contratações, demissões, promoções e manutenção de pessoal devem se basear apenas em competência pessoal, registros de desempenho, habilidade de cumprir as responsabilidades do cargo e preparação profissional específica aos níveis de desenvolvimento das crianças a seus cuidados.

P-3C.8 – Não devem ser feitas contratações, demissões e promoções ou manutenção de pessoal com base em gênero, raça, país de origem, crenças religiosas e outras afiliações, idade, *status* conjugal/estrutura familiar, deficiência ou orientação sexual. Devemos nos familiarizar com as leis e os regulamentos relativos à discriminação no trabalho (alguns aspectos desse princípio não se aplicam aos programas que estabelecem legalmente a elegibilidade com base em um ou mais dos critérios já identificados).

P-3C.9 – Devemos manter a confidencialidade ao lidarmos com questões relacionadas ao desempenho no trabalho de um funcionário e respeitar seu direito à privacidade em relação às questões pessoais.

Seção IV: Responsabilidades éticas em relação à comunidade e à sociedade

Os programas de educação da primeira infância operam no contexto da comunidade imediata composta por famílias e outras instituições envolvidas com o bem-estar das crianças. Nossa responsabilidade em relação à comunidade é fornecer programas que atendam às diferentes necessidades das famílias, cooperar com os órgãos e profissões que compartilham a responsabilidade em relação às crianças, ajudar as famílias a ter acesso aos órgãos e profissionais, e ajudar no desenvolvimento de programas comunitários necessários, mas ainda não disponíveis. Como indivíduos, reconhecemos nossa responsabilidade de fornecer os melhores programas possíveis de cuidados e educação para crianças e de nos comportar com honestidade e integridade. Em razão de nossa especialização no desenvolvimento e na educação da primeira infância, e visto que a sociedade mais ampla compartilha a responsabilidade pelo bem-estar e pela proteção das crianças, reconhecemos a obrigação coletiva de defender os principais interesses das crianças dentro das escolas, creches ou centros de primeira infância, na comunidade mais ampla e de dar voz às crianças em toda parte. Os ideais e princípios desta seção são apresentados de modo que se possa distinguir entre o que se refere ao trabalho do educador individual da primeira infância e o que se refere àqueles que agem, em geral, nos principais interesses coletivos das crianças – é preciso esclarecer que os educadores individuais da primeira infância têm responsabilidade compartilhada de abordar os ideais e princípios definidos como "coletivos".

Ideal (individual)

I-4.1 – Fornecer à comunidade programas e serviços de cuidados e educação da primeira infância de alta qualidade.

Ideais (coletivos)

I-4.2 – Promover a cooperação entre os profissionais e os órgãos, e a colaboração interdisciplinar entre as profissões que abordam questões de saúde, educação e bem-estar de crianças, de suas famílias e educadores.

I-4.3 – Trabalhar, por meio de educação, pesquisas e defesa, na direção de um mundo ambientalmente seguro, no qual todas as crianças recebam cuidados saudáveis, alimentos e abrigo, sejam criadas com dedicação e vivam livres da violência em suas casas e comunidades.

I-4.4 – Trabalhar, por meio de educação, pesquisas e defesa, na direção de uma sociedade na qual todas as crianças tenham acesso a cuidados e programas educacionais de alta qualidade desde a mais tenra idade.

I-4.5 – Trabalhar para garantir que sistemas de avaliação adequados com diversas fontes de informação sejam usados em prol das crianças.

I-4.6 – Promover o conhecimento e a compreensão das crianças e de suas necessidades. Trabalhar com o propósito de conscientizar a sociedade sobre os direitos das crianças e difundir a aceitação social da responsabilidade pelo bem-estar delas.

I-4.7 – Apoiar normas e leis que promovam o bem-estar das crianças e famílias, e empenhar-se para modificar aquelas que são, de alguma forma, prejudiciais. Participar da formulação das regras e leis necessárias e cooperar com outras pessoas e grupos com essa finalidade.

I-4.8 – Promover o desenvolvimento profissional relacionado aos cuidados e à educação da primeira infância, e reforçar o compromisso de pôr em prática os valores funcionais deste código.

Princípios (individuais)

P-4.1 – Devemos comunicar abertamente e com confiança a natureza e a extensão dos serviços fornecidos.

P-4.2 – Devemos atuar em cargos compatíveis com nossa qualificação. Não devemos oferecer serviços para os quais não temos competência, qualificação e recursos.

P-4.3 – Devemos verificar cuidadosamente as referências dos candidatos a empregos e não devemos contratar ou recomendar para um emprego nenhuma pessoa cuja competência, qualificações ou caráter a tornem inadequada para o cargo.

P-4.4 – Devemos ser objetivos e precisos ao relatarmos o conhecimento em que se baseiam as práticas de nosso programa.

P-4.5 – Devemos estar informados sobre o uso adequado de estratégias e instrumentos de avaliação, e interpretar os resultados com precisão para as famílias.

P-4.6 – Devemos nos familiarizar com as leis e os regulamentos destinados a proteger as crianças de nossos programas e garantir que sejam obedecidos.

P-4.7 – Quando tomarmos conhecimento de que uma prática ou situação põe em perigo a saúde, a segurança ou o bem-estar das crianças, temos a responsabilidade ética de protegê-las ou informar os pais e/ou outras pessoas que possam fazê-lo.

P-4.8 – Não devemos participar de práticas que violem leis ou regulamentos que protegem as crianças em nossos programas.

P-4.9 – Quando tivermos evidências de que um programa de primeira infância viola leis ou regulamentos de proteção das crianças, devemos relatar a violação às autoridades competentes para que possam resolver a situação.

P-4.10 – Quando um programa violar este código ou exigir que seus funcionários o façam, é admissível, após uma justa avaliação das evidências, revelar a identidade do programa.

Princípios (coletivos)

P-4.11 – Quando as normas postas em prática têm finalidades que não beneficiam as crianças, temos a responsabilidade coletiva de trabalhar para modificá-las.

P-4.12 – Quando há evidências de que um órgão que fornece serviços para garantir o bem-estar das crianças não cumpre suas obrigações, reconhecemos a responsabilidade ética coletiva de relatar o problema às autoridades competentes ou ao público. Devemos acompanhar os desdobramentos com atenção, até que a situação seja resolvida.

P-4.13 – Quando um órgão de proteção às crianças não dá proteção adequada às crianças que sofrem abusos ou negligência, reconhecemos a responsabilidade ética coletiva de trabalhar para melhorar esses serviços.

A Naeyc tomou as providências necessárias para desenvolver este código de modo justo, razoável, aberto, não preconceituoso, objetivo e baseado nos atuais dados à disposição. Entretanto, pesquisas ou desenvolvimentos futuros podem mudar o estado de conhecimento atual. Nem a Naeyc nem seus responsáveis, diretores, membros, funcionários e agentes são responsáveis por perdas, danos ou reclamações relativas a qualquer responsabilidade, incluindo danos diretos, especiais, indiretos ou consequentes ocorridos em conexão com o código ou com base nas informações apresentadas.

Declaração de compromisso[4]

Como indivíduo que trabalha com crianças pequenas, comprometo-me a promover os valores da educação da primeira infância conforme os ideais e princípios do Código de Ética da Naeyc. Com minhas melhores habilidades:

- Nunca prejudicarei as crianças.
- Garantirei que os programas para crianças pequenas baseiem-se em conhecimentos atualizados e em pesquisas sobre o desenvolvimento infantil e a educação da primeira infância.
- Respeitarei as famílias e as apoiarei na tarefa de criar os filhos.
- Respeitarei os colegas que trabalham com cuidados para a primeira infância e darei a eles apoio para que observem o Código de Ética da Naeyc.
- Serei defensor das crianças, de suas famílias e dos professores na comunidade e na sociedade.
- Estarei informado sobre os altos padrões da conduta profissional e os manterei.
- Farei contínuas autorreflexões, levando em conta que características pessoais, preconceitos e convicções têm impacto sobre as crianças e as famílias.
- Estarei aberto a novas ideias e disposto a aprender com as sugestões de outras pessoas.
- Continuarei a aprender, crescer e contribuir como profissional.
- Honrarei os ideais e princípios do Código de Ética da Naeyc.

■ Glossário de expressões e termos relacionados à ética

Código de ética. Define os valores fundamentais do campo e fornece orientação sobre o que os profissionais devem fazer quando encontrarem responsabilidades ou obrigações conflitantes em seu trabalho.

Dilema ético. Conflito moral que implica determinar a conduta adequada quando o indivíduo enfrenta valores e responsabilidades profissionais conflitantes.

---

[4] A afirmação do compromisso não faz parte do código, mas é um reconhecimento pessoal da disposição individual de adotar os valores e as obrigações distintivos da educação e dos cuidados da primeira infância. É o reconhecimento das obrigações morais que levam o indivíduo a fazer parte da profissão.

Ética. Estudo do certo e do errado, do dever e da obrigação, que implica uma reflexão crítica sobre moralidade, habilidade de fazer escolhas entre valores e análise das dimensões morais das relações.

Ética profissional. Compromissos morais de uma profissão que implicam uma reflexão moral que amplia e aperfeiçoa a moralidade pessoal que os profissionais trazem para o trabalho; referem-se às ações certas ou erradas no local de trabalho e ajudam os indivíduos a resolver os dilemas morais que encontram no trabalho.

Moralidade. Visão das pessoas sobre o que é bom, certo e adequado; convicções que têm sobre suas obrigações; e ideias que têm sobre como devem se comportar.

Responsabilidades éticas. Comportamentos que devem ou não ser adotados. As responsabilidades éticas são claras e estão descritas cuidadosamente no código (por exemplo, os educadores da primeira infância nunca devem compartilhar informações confidenciais sobre uma criança ou família com pessoas que não têm necessidade legítima de conhecê-las).

Valores. Qualidades ou princípios que os indivíduos acreditam ser desejáveis ou valiosos e que valorizam para si mesmos, para os outros e para o mundo em que vivem.

Valores fundamentais. Compromissos mantidos por uma profissão que são conscientemente adotados pelos profissionais, pois dão uma contribuição à sociedade. Pode haver diferença entre os valores pessoais e os valores fundamentais de uma profissão.

Fontes de expressões e termos do glossário e definições

FEENEY, S. & FREEMAN, N. *Ethics and the early childhood educator*: using the Naeyc Code. Washington: Naeyc, 1999.

KIDDER, R. M. *How good people make tough choices*: resolving the dilemmas of ethical living. Nova York: Fireside, 1995.

KIPNIS, K. How to discuss professional ethics. *Young Children*, v. 42, n. 4, p. 26-30, 1987.

Glossário

A

abuso sexual Molestamento, exploração e intimidação de crianças para que participem de atividade sexual.

aceitação Valorizar as crianças incondicionalmente.

aderência Seguir uma regra apenas para ganhar uma recompensa ou evitar uma punição; basear-se no controle que os outros fazem das ações pessoais.

adultos sem envolvimento Adultos que ignoram as crianças e são indiferentes a ela.

adversidade Quando fatores de risco interferem na realização das tarefas desenvolvimentais.

afeto Emoções, humor.

afeto negativo Irritabilidade em bebês; humor geral de infelicidade.

agressão Qualquer comportamento que resulte em danos físicos ou emocionais às pessoas ou qualquer comportamento que provoque danos ou destruição de coisas.

agressão acidental Causar danos não intencionais a coisas ou pessoas na rotina diária.

agressão expressiva Danos não intencionais a coisas ou pessoas que derivam de ações físicas as quais constituem experiências sensoriais agradáveis para o agressor.

agressão física Intenção de ferir outra pessoa.

agressão hostil Intenção de causar danos a coisas ou pessoas, na qual o agressor experimenta satisfação com o resultado pernicioso.

agressão instrumental Danos não intencionais a coisas ou pessoas que derivam do fato de que o agressor tenta obter ou proteger algo por meio da força. Ocorre quase sempre em relação a objetos, territórios ou direitos.

agressão manifesta ferir os outros por meio de agressão física ou ameaça de agressão física.

agressão relacional Danos a outra pessoa ou relações como as que ocorrem quando as crianças fazem mexericos ou dizem mentiras sobre alguém.

alta ou baixa mobilidade Nível de atividade física de uma pessoa.

ambiente verbal Todas as trocas verbais e não verbais que têm lugar em determinado ambiente.

ambiente verbal negativo A atmosfera verbal na qual as crianças se sentem desprovidas de valor, não amadas, insignificantes ou incompetentes, como resultado do que os adultos fazem ou deixam de dizer a elas.

ambiente verbal positivo Atmosfera verbal na qual as crianças sentem-se competentes, valorizadas e controladas, como resultado do que os adultos dizem e deixam de dizer a elas.

amigos Duas ou mais pessoas em uma relação na qual há conexão positiva e todas as partes têm a expectativa de se beneficiarem com a relação.

amoral Não ter conceitos sobre certo e errado.

apego Relação recíproca, durável entre o bebê e o cuidador, em que ambos contribuem para a qualidade da relação.

apoio ao comportamento positivo Em geral, os planos têm um objetivo de intervenção, estratégias de prevenção, substituição de comportamentos, reforço, atenção ao que não deve ser reforçado e modos para monitorar o progresso das crianças.

apreciação do estresse das crianças Respeitar os pontos de vista da criança e suas estratégias de enfrentamento.

aprendizagem por imitação Repetição de atos dos outros.

aprendizes da língua inglesa Aqueles cuja língua materna não é o inglês.

assertividade Ação intencional usada para expressar a si mesmo ou para proteger direitos, respeitando os direitos e sentimentos dos outros.

atenção compartilhada Adulto e bebê estão concentrados na mesma coisa ou acontecimento; o bebê verifica o rosto do cuidador para assegurar-se de que este olha para o mesmo objeto de interesse.

atenção conjunta Duas pessoas se comunicam plenamente entre si e cada uma presta atenção aos sinais não verbais da outra.

atividade cooperativa Atividade na qual os participantes trabalham juntos para atingir o objetivo do grupo. É o contrário da atividade competitiva.

atividade paralela A criança brinca na presença de outras, frequentemente com o mesmo material ou material semelhante; é comum que haja contato não verbal.

atribuição de caráter Atribuir verbalmente características particulares às crianças, como "Você é gentil", é uma estratégia verbal usada para afetar o modo como as crianças pensam sobre si mesmas.

atribuição pró-social Dizer às crianças que elas têm características pró-sociais como "Você compartilhou sua massinha com seu par, pois notou que ela não tinha e você gosta de ajudar os outros". São chamadas também de "atribuições de disposição".

atribuições de disposição Conhecidas também como atribuições pró-sociais ou atribuições de caráter, são afirmações que esclarecem para a criança, como um descritor, o comportamento pró-social positivo que ela acaba de apresentar. Por exemplo, uma criança pega um papel que caiu da mesa e o adulto lhe diz: "Você acaba de pegar esse papel. Você é uma pessoa muito prestativa".

autenticidade Genuinidade; ser verdadeiro e, ao mesmo tempo, razoável e incentivador.

autoabertura Tipo de compartilhamento emocional; é considerada uma habilidade interpessoal básica.

autoconceito Combinação de atributos de habilidades, comportamentos, atitudes e valores que definem o *self*; estabelece a separação entre o *self* e os outros.

autoconsciência Compreensão de que o *self* é separado dos outros no ambiente.

autodisciplina Habilidade de se comportar de modo aceitável, por escolha própria, em vez de depender de que os outros guiem e controlem o próprio comportamento.

autoeficácia Habilidade de planejar e de lidar bem com as coisas; autodeterminação.

autoestima Avaliação baseada na própria definição do *self*; é composta por três dimensões: valor, competência e controle.

autofala positiva Mensagens pessoais que ajudam a gerir uma situação, como "Posso ficar sentada em silêncio" ou "Posso resolver isso com tranquilidade".

autonomia Habilidade de agir com independência.

autoridade Poder que provém do conhecimento especializado, do papel na sociedade e da habilidade de distribuir recursos e dar recompensas.

autorregulação Ato de controlar internamente o comportamento.

aviso Uma afirmação do tipo "ou isso ou aquilo" que repete a regra e diz à criança o que acontecerá se ela não a seguir.

B

bilinguismo simultâneo Aquisição de mais de uma línguas antes dos 2 anos.

bilinguismo sucessivo Aquisição de uma segunda língua após os 3 anos.

brincadeira associativa Situação em que a criança brinca com outras e interage com elas esporadicamente em atividades semelhantes, mas não idênticas, ou em atividades vagamente associadas.

brincadeira cooperativa Duas ou mais crianças brincam de modo concentrado em um objetivo comum ou tema.

brincadeira de construção Ocorre quando as crianças constroem algo.

brincadeira dramatizada Brincadeira de faz de conta; os participantes desempenham papéis imaginários em uma história.

brincadeira mascarada Comportamento agressivo ou violento; o agressor afirma que está brincando.

brincadeira sociodramática Brincadeira cooperativa que descreve a trama com comunicações extensas entre os que brincam e os que levam adiante a história; tema comum e sequências compartilhadas de faz de conta e objetos.

brincadeira solitária A criança brinca sozinha; não há interação social.

brincadeiras turbulentas Brincadeiras movimentadas em que as crianças correm, pulam, perseguem-se, chutam-se, enquanto riem ou mostram expressões de agrado; podem incluir brincadeiras de luta.

brincar de praticar Ações repetitivas com materiais durante brincadeiras; alguns exemplos são jogar bolas em um recipiente e retirá-las ou tentar repetidamente fazer cestas (basquete).

bullying Uso de agressão rotineira para exercer poder sobre os outros.

C

calor Mostrar interesse, ser amigável e receptivo.

canal de comunicação Modo de comunicação não verbal (tom de voz, expressão facial, gestos, postura e orientação corporal, uso de roupas e móveis).

catarse Técnica pela qual se dão oportunidades para as crianças, que, em determinado momento, não se comportam de modo agressivo, de envolver-se em agressão controlada, na tentativa de fazer "defluir" as tendências agressivas, com o objetivo de reduzir a probabilidade de futuras agressões.

centração Dirigir atenção a apenas uma característica da situação e ignorar as demais.

centros ou áreas de aprendizagem Disposição física dos móveis e materiais planejada para promover a aprendizagem.

cognição social Conhecimento e compreensão dos atos sociais.

competência Convicção de que a pessoa é capaz de realizar tarefas e atingir objetivos.

competência social Habilidade de reconhecer, interpretar situações sociais e responder adequadamente a elas.

competências sociais Valores de justiça social, atitudes saudáveis em relação à sexualidade e habilidade de interagir eficazmente com pessoas de diversos *backgrounds* culturais, étnicos e raciais.

complexidade Estado em que há duas ou mais partes ou há usos múltiplos; ter partes inter-relacionadas; complicado.

comportamento antissocial Medos persistentes e infundados desproporcionais à ameaça ou ao perigo real e que levem a comportamentos desadaptados.

comportamento antissocial habitual Comportamento destrutivo posto em prática sem pensar.

comportamento contingente Ações que respondem à ação de outra pessoa.

comportamento desocupado A criança não participa de conversas, da manipulação de objetos e de atividades sociais.

comportamento pró-social Ato que apoia, ajuda ou beneficia outras pessoas, sem que haja recompensas externas.

compreensão social Compreensão sobre como o mundo social funciona.

compulsões Impulsos para executar determinados atos repetidamente.

comunicação Mensagens verbais.

comunicação não verbal Ações usadas para comunicar, no lugar de palavras.

condições limitadoras Categorização genérica que se refere à necessidade especial de uma criança, a qual pode recair em uma ou mais das seguintes categorias: deficiência de aprendizagem, deficiência desenvolvimental, retardo mental, transtorno emocional severo, transtorno da fala e da linguagem e deficiência física ou sensorial.

conhecidos Pessoas que as crianças encontram e com as quais interagem muito ou não.

consequências corretivas Postas em prática em resposta ao comportamento inadequado das crianças. Tais ações construtivas ajudam-nas a reconhecer o impacto de suas ações sobre si mesmas e sobre os outros, e são postas em prática com o objetivo de longo prazo de ensinar autodisciplina às crianças.

consequências inibidoras Consequências que reduzem a probabilidade de que os comportamentos problemáticos se repitam.

consequências lógicas Consequências diretamente relacionadas a uma regra; são usadas para ajudar a criança a aprender o que fazer, em vez de consertar o que foi feito. Compreendem o treinamento da ação adequada, compensação para a ação ou perda temporária de privilégios.

consequências não relacionadas Consequências não relacionadas à ação, mas estabelecidas por um adulto em resposta ao mau comportamento da criança. Em geral, implicam perda de privilégios não relacionada ao problema de comportamento ou introdução de uma punição não relacionada.

consequências naturais Consequências que acontecem sem intervenção.

consequências negativas Estratégias usadas para ajudar as crianças a modificar seus comportamentos de modo a fortalecer o autocontrole. Ações construtivas que visam ajudar as crianças a aprender a conduta aceitável, a partir da correção da experiência.

consequências positivas Recompensas por manterem as regras.

controle Por meio do controle, os adultos obtêm obediência a suas expectativas.

controle (relacionado à autoestima) Sentimento do indivíduo de poder influenciar os resultados e eventos de seu mundo.

conversa interior (autofala) Fala em voz alta para si mesmo, útil para pensar em um problema, reduzir a frustração, adiar recompensas ou recordar regras. É comumente usada pelas crianças para a autorregulação.

corregulação O adulto compartilha uma tarefa difícil com a criança. Desmembra-se a tarefa em partes manejáveis de forma que ela consiga executá-la e aprender o comportamento para realizar a tarefa. O adulto estrutura a situação para a criança, de modo que ela se torne capaz, ao final, de autorregular-se. Um exemplo de corregulação é quando o adulto ajuda a criança a pedir um brinquedo a um par (em vez de agarrá-lo), fornecendo a frase a ser usada: "Posso usar o trenzinho depois que você acabar?".

criança cujo estilo é voltado para as formas Crianças cujo estilo preferido de construção e materiais preferidos visa à obtenção de formas ou padrões esteticamente agradáveis como objetivo final desejado.

criança fácil Em geral, feliz, amistosa, previsível e adaptável.

crianças negligenciadas Crianças que raramente ou nunca são escolhidas como amigas ou companheiras de brincadeiras. Essas crianças se veem como menos habilidosas que as outras.

crianças negligenciadas pelos pares Crianças ignoradas ou negligenciadas pelos pares, não necessariamente por terem habilidades sociais ruins, mas sim pela autoimagem e pela expectativa de serem sempre deixadas de lado.

crianças precoces Crianças mais desenvolvidas que o usual.

crianças rejeitadas Crianças cujas tentativas de fazer amizade ou entrar nas brincadeiras são comumente rejeitadas.

crianças rejeitadas-agressivas Crianças cujas tentativas de entrar nas brincadeiras e fazer amigos são rejeitadas e que respondem aos outros com agressão, como modo usual de interação.

crianças rejeitadas pelos pares Crianças deixadas de lado em atividades e propositadamente evitadas pelas outras.

crianças rejeitadas-retraídas Crianças cujas tentativas de entrar nas brincadeiras e fazer amigos são rejeitadas. Em geral, essas crianças são desajeitadas socialmente e insensíveis às expectativas de grupo.

crise de birra Reação física e emocional intensa na qual a criança não tem acesso ao processo racional de pensamento.

cuidados infantis de má qualidade Cuidados infantis que não atendem aos padrões definidos pela American Public Health Association (Apha) e American Academy of Pediatrics (AAP). Os adultos não são treinados, a proporção entre adultos e crianças e as dimensões do grupo são inadequadas, e os cuidados baseiam-se em programas de baixa qualidade.

cuidados sensíveis O adulto cuida da criança enquanto a observa e responde aos sinais que ela dá. Usa sinais verbais e não verbais para fornecer cuidados e dar apoio emocional.

D

dedicação Medida em que os adultos exprimem cuidados e preocupação em relação às crianças

desamparo aprendido Sentimentos de impotência ou percepção de incapacidade de mudar uma situação para melhor.

desempenho de papéis Representação ficcional na qual cada participante assume um papel e representa uma situação.

desenvolvimento psicossexual Desenvolvimento das convicções cognitivas das crianças sobre questões e processos sexuais.

desenvolvimento psicossexual em crianças Aspectos psicológicos internalizados da sexualidade, como identidade de gênero e desenvolvimento do papel de gênero.

desequilíbrio psicológico Sentimentos de instabilidade.

deslocamento Técnica por meio da qual as crianças que se comportam agressivamente recebem outro recurso ao qual dirigir a agressão, para que se liberem desta.

dimensão aberto-fechada Grau em que o uso de materiais e equipamentos é restrito pela sua configuração.

dimensão de ação Processo de ensinar as crianças a manter ou modificar seus comportamentos.

dimensão de alta mobilidade-baixa mobilidade Grau de oportunidade de movimento físico das crianças dentro do espaço.

dimensão de facilitação Processo de criação de relações de apoio emocional com as crianças; é a base de qualquer interação bem-sucedida com elas. É composta por cinco elementos: afetuosidade, aceitação, genuinidade, empatia e respeito (Aager).

dimensão intrusão-isolamento Permeabilidade dos limites entre os espaços; particularmente permeável entre o grupo e as coisas e pessoas de fora do grupo.

dimensão macio-dura Reatividade da textura ao toque.

dimensão simples-complexa A quantidade de usos alternativos que podem ser geradas a partir de um equipamento ou material.

direcionamento Supervisionar com meios eficientes e eficazes, de modo a atingir um objetivo; falar ou agir de modo claro, explícito; dizer a alguém o que fazer e como fazê-lo; serve-se muito da dimensão da ação.

diversidade linguística Expressão utilizada para descrever crianças inscritas em programas educacionais que falem língua diferente em casa ou com diversos níveis da proficiência (Naeyc, 1996a).

doença crônica Doença de longo prazo, como câncer, fibrose cística e diabetes.

duração Refere-se a um período predeterminado.

E

educação antipreconceito Conhecimentos que ajudam as crianças a evitar o desenvolvimento e a manutenção de pontos de vista estereotipados, tendenciosidades, preconceitos e medo.

elogio eficaz Elogio seletivo, específico e positivo.

elogio específico Elogio que fornece informações explícitas sobre o que é elogiado.

elogio positivo Comentários positivos com a finalidade de elogiar a criança.

elogio seletivo Elogio usado conscienciosamente, não em todos os casos nem com todas as crianças.

emblemas Gestos culturais específicos que têm referencial verbal direto.

emoções Demonstração de afeto.

emoções primárias Emoções intensas e relativamente puras, as primeiras que se desenvolvem na infância e a partir das quais emergem emoções relacionadas; algumas dessas emoções são alegria, tristeza e medo.

empatia Reconhecimento e compreensão da perspectiva do outro.

enfatização Afirmações feitas pelas crianças cujas ações de faz de conta podem não comunicar com clareza o que a criança faz e como um papel é desempenhado.

enfrentamento Combate do estresse.

episódio de brincadeira Todos os materiais, equipamentos, tema e todas as crianças que brincam em uma brincadeira prolongada e socialmente organizada.

espaço axial Espaço físico que amplia o alcance externo dos membros.

espaço para atividade Área ocupada por uma só criança usando um material.

espaço distal Espaço físico que parte dos membros e vai até a distância máxima que os olhos e ouvidos podem alcançar.

espaço interno Espaço físico a partir do centro do corpo da criança até a superfície da pele.

espaço para os grandes grupos Centro de aprendizagem para mais de oito crianças; em geral, para todas as crianças do grupo.

espaço para os pequenos grupos Centro de aprendizagem para até oito crianças (em geral, de quatro a seis).

espaço particular Espaço físico designado para que uma ou mais crianças o ocupem sozinhas ou juntas.

espaço pessoal Espaço ao alcance dos braços.

espaço proximal Espaço físico a partir da superfície da pele até a parte externa das roupas, dos cabelos e enfeites.

espectador Criança que observa as outras crianças; observa ativamente; faz alguns breves comentários, mas não participa.

esquemas de brincadeira Breves sequências de brincadeiras de faz de conta, como comer, acordar e cozinhar, usadas em combinação, em uma brincadeira dramatizada.

estado comportamental Grau de excitação. O tônus muscular, a atividade, a respiração, a posição das pálpebras e o estado de vigilância mudam conforme o estado (por exemplo, dormindo ou chorando).

estado expressivo Modo típico com o qual uma pessoa expressa suas emoções.

estilo Características do comportamento que se apresentam independentemente do conteúdo da brincadeira.

estilo disciplinar autoritário Os adultos aplicam as regras de modo vigilante, sem dar explicações ou razões. As punições ocorrem de forma rápida e vigorosa; usam-se frequentemente ridicularização, vergonha e meios físicos.

estilo disciplinar autoritativo Os adultos respondem às necessidades das crianças com afeto e dedicação, com expectativas de alto nível em relação aos comportamentos. A ênfase está em ensinar as crianças a assumir responsabilidades e tomar boas decisões. Em lugar de punições, adotam-se consequências como explicações, demonstrações, sugestões e discussões.

estilo disciplinar permissivo Enfatiza a afetuosidade e dá poucas instruções sobre como comportar-se ou sobre as expectativas relativas ao comportamento. Em geral, as punições implicam suspensão do afeto.

estilo disciplinar sem envolvimento Os adultos são indiferentes às crianças, não se relacionam bem com elas nem orientam eficazmente seus comportamentos.

estilo do dramaturgo Um modo de brincar no qual se usam materiais ou construções principalmente para dar apoio ao faz de conta e cuja forma intrínseca é menos importante.

estilo expressivo Padrões de resposta emocional da criança.

estratégias Métodos usados para os objetivos desejados.

estresse Excesso de energia que ajuda a reagir a solicitações incomuns.

estressores Algo novo ou diferente na vida que nos força a recorrer a energias de reserva.

estruturação Gestão do tempo, espaço e materiais destinada a promover a competência social das crianças.

estrutura da amizade Como as crianças pensam sobre os amigos e a amizade, desde os primeiros anos até a maturidade.

ética Princípios básicos que orientam a conduta cotidiana.

etnia Classificação étnica ou afiliação.

etnocentrismo Foco apenas na própria etnia.

exagero Afirmação excessiva que foi embelezada ou amplificada.

exigências de maturidade Nível no qual se estabelecem as expectativas.

exossistema Pessoas e ambientes que afetam indiretamente o que acontece no microssistema.

expansões Tipo de paráfrase na qual a pessoa que responde completa ou aprimora o que a criança acaba de dizer.

explosão impulsiva Ato impulsivo e muitas vezes teatral para evitar pensar no passado ou nas consequências dos atos presentes, com a finalidade de esconder os sentimentos verdadeiros de tristeza e dor.

F

fala expressiva Linguagem verbal ou escrita usada para comunicar-se com os outros.

fala narrativa Linguagem usada na comunicação entre adultos que serve para criar a história da vida da criança.

fala referencial Palavras sobre objetos, ações e localizações.

famílias mistas Famílias reconstituídas após divórcio e/ou morte; famílias binucleares.

famílias que cometem abuso ou negligência Famílias que maltratam as crianças do ponto de vista psicológico e físico, cometem abuso sexual ou não atendem às necessidades básicas delas.

fantasista Pessoa que usa narrativas, histórias ou situações como ponto de referência.

fatores de proteção Recursos que ajudam crianças e famílias a recuperar-se de situações de risco e a afastar a adversidade.

fatores de risco Riscos acumulados.

feedback Informação fornecida sobre o desempenho. Esclarece o que foi feito corretamente, o que foi feito incorretamente e o que fazer na ocasião seguinte.

fobia escolar Ansiedade em relação a ir à escola.

fornecer modelos Incremento do uso gradual de recompensas para manter e encorajar os comportamentos desejados.

frequência e tom Características relacionadas à altura da voz e à faixa do som.

G

genuinidade Honestidade e sinceridade comunicadas de modo verbal e não verbal.

gestos Movimentos de mãos, braços ou corpo que acompanham a fala para ilustrar, enfatizar ou substituir palavras.

gestos comunicativos A criança aponta ou dá sinais físicos ao cuidador para que olhe para algo e verifica se o adulto responde.

gestos ilustrativos Movimentos das mãos ou do corpo que descrevem um objeto ou evento.

goodness of fit **(qualidade do ajuste)** Grau em que o temperamento do adulto se ajusta ao temperamento do bebê.

H

habilidades Ações observáveis que podem ser aprendidas e avaliadas.

habilidades para fazer amizades Habilidades específicas necessárias para fazer e manter amigos.

habilidades de negociação Conjunto específico de comportamentos que ajuda a resolver pacificamente os conflitos.

hesitações Pausas, em geral verbalizadas.

homeostase Habilidade de voltar ao bom funcionamento.

I

identidade de gênero Identificação biológica, masculino-feminino.

identificação Seguir uma regra para imitar ou ganhar a aprovação de um indivíduo que se admira.

identificação com o papel de gênero Comportamento e características associados a um gênero específico.

imagética mental Figuras mentais imaginadas intencionalmente.

individuação Processo pelo qual se desenvolve a identidade ou o *self*.

infrações socioconvencionais Maus modos à mesa, falar de modo rude, cumprimentar de modo inadequado.

inibição Tendência a reprimir-se ou mostrar restrições.

instrução direta Orientações específicas usadas pelos adultos para regular o comportamento das crianças, por meio de controles físicos e verbais.

inteligências múltiplas Expressão criada por Howard Gardner para diferentes combinações de conhecimento e aprendizagem que as pessoas podem apresentar.

intencionalidade Falta de cooperação ou comportamento inadequado que muitas pessoas consideram proposital por parte da criança, para criar dificuldade.

intensidade Frequência por unidade de tempo; força.

interações Troca em dois sentidos, de natureza recíproca.

internalização Seguir regras com base em um código de ética interno; o mesmo que autodisciplina.

intervenção intensiva individualizada Representa o topo da pirâmide de apoio social. Tal intervenção exige que os adultos se reúnam para criar um plano e coordenem intencionalmente seus esforços para dar apoio à criança, de modo que desenvolva novas habilidades que substituam os comportamentos inadequados.

invenção do objeto Criação imaginativa de objetos.

irreversível Incapaz de reverter mentalmente as ações que tiveram início físico – não capaz de pensar em uma ação oposta para algo que alguém está fazendo; comum entre crianças de até 3 anos e em idade pré-escolar.

isolar a criança Remover temporariamente uma criança que se comporta de modo disruptivo ou que prejudica uma atividade ou reunião de grupo, de modo que possa readquirir autocontrole, e, em seguida, permitir que retorne ao grupo quando estiver calma ou depois de concluída a atividade. Enquanto estiver sentada separadamente, a criança permanecerá na sala, perto da atividade em questão.

J

jogos Brincadeira de grupo com regras; em geral, há um vencedor e um perdedor.

julgamentos éticos Decisões concentradas nos códigos de ética de conduta.

K

***know-how* instrumental** Conhecimento e habilidades para agir com competência.

L

limites Barreiras físicas ou psicológicas.

linguagem expressiva Linguagem verbal ou escrita usada na comunicação com os outros.

linguagem infantilizada Fala estilizada, em geral em tom atípico, na qual os adultos usam formas diminutivas, substituição de sons e pronomes incorretos. As crianças não falam desse modo.

linguagem receptiva Vocabulário conhecido.

M

macrossistema Ideias significativas como o padrão de convicções, leis, costumes e tradições culturais que têm impacto sobre o microssistema, mesossistema e exossistema.

mecanismos de defesa Estratégias usadas para readquirir temporariamente o senso de equilíbrio.

mecanismos de enfrentamento do estresse Maneiras de lidar de modo bem-sucedido com as dificuldades.

mediação de conflito Estratégia usada para resolver um conflito entre as partes, de modo a chegar a uma solução com a qual elas concordem.

medos reais Medo de coisas reais como perigo físico ou embaraço social.

medos imaginários Medos infundados que são muito reais para as crianças, como monstros debaixo da cama.

memória autobiográfica Memória criada pela criança com base em suas percepções específicas dos eventos.

mensagem mista Comunicação na qual as palavras ditas e os canais não verbais, ou os diferentes canais não verbais, comunicam significados conflitantes.

mensagem pessoal Afirmação que expressa para as crianças as expectativas em relação a seus comportamentos. Compreende a reflexão do que a criança faz, diz e sente; a reação emocional do adulto e a razão da reação; se for usada para modificar o comportamento, incluirá também uma orientação relativa ao que a criança deve fazer (redirecionamento).

mesossistema Combinação de microssistemas na qual a pessoa está diretamente envolvida.

metacomunicação Comunicação sobre o modo de comunicar ou conversa sobre como falar; exige que se pense sobre o modo como se comunica; na brincadeira, estabelece a moldura para o fato de que uma brincadeira está em andamento ou que determinada afirmação faz parte da brincadeira.

metas Finalidade desejada à qual se dirigem os esforços; um fim que pode ser atingido.

microssistema O conjunto inteiro de pessoas, atividades, papéis e relações interpessoais experienciadas por uma criança em um de seus ambientes, como a escola ou a própria casa.

modelagem Ferramenta de intervenção que envolve o processo de demonstração de uma habilidade "em ação".

molduras da brincadeira Define o contexto (pessoas, materiais, espaços) de um cenário específico de brincadeiras.

N

narração de histórias Estratégia de brincadeira que fornece uma narrativa sobre a situação, personagens, eventos passados ou objetos e eventos que não são vistos; é, em geral, usada para preparar o terreno para as brincadeiras e para definir o problema a ser resolvido durante a brincadeira.

negação Agir como se o estresse não existisse.

negligência Não atender às necessidades básicas das crianças.

novidade Novo; não se parece com nada conhecido ou usado previamente.

O

obsessões Pensamentos indesejados recorrentes.

olhar na direção do olhar adulto O bebê olha para o rosto do cuidador e, então, orienta-se para o mesmo ponto.

opressão internalizada Sentimentos de inferioridade que se desenvolvem em razão de oportunidades limitadas ou mensagens negativas.

organizar etapas Processo de ligar o que a pessoa sabe ou pode fazer sobre informações novas ou habilidades que ela está pronta para adquirir.

orientação Interação do adulto com crianças que envolve tanto a abordagem disciplinar quanto instrucional.

orientar Conduzir, explicar e sugerir uma linha de ação em direção a um objetivo; solução de problemas, serve-se muito da dimensão de facilitação; o objetivo é ajudar a criança a aprender uma tarefa ou um processo.

P

padrões Métodos de avaliação da realização dos objetivos.

papel de personagem A criança assume os comportamentos e as responsabilidades de outro papel dentro da representação: papéis familiares, de trabalho e baseados na fantasia.

papel funcional Desempenho de papéis simples no qual a criança representa a situação presente: pode ser no papel de caminhoneiro, ao mover o caminhão de um lado para outro, ou de "motor" do caminhão, fazendo os ruídos adequados.

paralinguísticos Vocalizações que não são palavras.

pares Crianças que apresentam aproximadamente a mesma idade ou o mesmo nível de maturidade.

percepção de um estressor Percepção da criança da presença de um estressor, verdadeira ou não.

persona dolls O professor dá às bonecas uma "identidade", com a finalidade de introduzir questões sociais na classe.

pragmático Concentra-se no aqui e agora, no direto e no concreto.

práticas adequadas ao desenvolvimento Comportamentos de ensino, dedicados à primeira infância, que consideram a idade, as necessidades individuais e o contexto de cada criança.

preconceito Inclinação a julgar pessoas ou situações, sem basear-se em fatos ou situações reais.

privilégio internalizado Sentimentos de superioridade que se desenvolvem em razão de vantagens econômicas, sociais ou culturais.

processo de luto Comportamentos usados para enfrentar as perdas; compreendem negação, barganha, depressão e aceitação do fato.

profissionais Pessoas que usam suas habilidades para ajudar outras pessoas a melhorar a qualidade de suas vidas e têm acesso a conhecimento especializado, competência comprovada, padrões de prática, educação continuada e um código de ética.

programa de educação individualizada Plano escrito desenvolvido para crianças com mais de 3 anos que fornece os recursos mais eficazes para dar apoio ao desenvolvimento da criança.

programa de serviços individualizados para as famílias Plano desenvolvido para crianças de até 3 anos pela Lei nº 99-457, para identificar os recursos mais eficazes para dar apoio ao desenvolvimento infantil.

programação Sequência planejada de eventos regulares ao longo do dia e/ou da semana.

punição física Abordagem formal à punição física usada por algumas instituições como escolas e prisões e regulamentada por leis e regras institucionais.

punições Penalidades aplicadas ao mau comportamento; ações empreendidas contra as crianças cujo comportamento é desaprovado; afastam as crianças do desenvolvimento do autocontrole.

Q

QI emocional Medida da capacidade de compreender as próprias emoções e as dos outros.

questões abertas Perguntas para as quais há diversas respostas possíveis; são usadas para estimular as conversas e permitir que a pessoa que fala direcione o curso da conversa.

questões criativas Questões que sugerem a quem responde que direcione a conversa e selecione o conteúdo da resposta. Essas questões sugerem respostas mais longas do que uma ou duas palavras. São conhecidas também como **questões abertas**.

questões fechadas Questões que exigem respostas de uma ou duas palavras e que não dão ensejo a futuras conversas.

R

referência social Quando um bebê avalia uma nova situação olhando para a expressão facial do cuidador, prestando atenção em seu tom de voz e em outros sinais não verbais, antes de responder; o processo se aperfeiçoa com a idade e a experiência.

reflexões afetivas Afirmações que não contêm julgamentos e descrevem a emoção da criança ou do adulto.

reflexões de comportamento Afirmações feitas para as crianças que não contêm julgamento e descrevem suas características ou seus papéis nas atividades de que participam; começam com a criança, e não com o pronome "Eu", e têm natureza descritiva.

reflexões de paráfrase Refazer não literalmente a afirmação feita pela criança, sem julgar.

reforçamento Fornecer alguma consequência para o comportamento de modo a aumentar a probabilidade de que este ocorra novamente em situações semelhantes.

reformulação Forma superior de paráfrase na qual o adulto reestrutura a frase da criança de modo novo e mais complexo.

regras de exibição Expectativas tácitas de comportamentos não verbais em resposta a uma situação.

regras definíveis Regras que permitem que tanto as crianças quanto os adultos compreendam da mesma forma o comportamento esperado.

regras positivas Afirmações que identificam os comportamentos desejados.

regras razoáveis Regras que a criança é capaz de seguir.

regressão Agir de modo mais infantil em relação à idade e apresentar comportamentos da primeira infância.

relações Interações estabelecidas ao longo do tempo que proporcionam a sensação de pertencer.

resiliência Capacidade de superar circunstâncias difíceis.

resistência ao controle Abordagem temperamental negativa em relação ao humor, independente e irritável.

respeito Acreditar que as crianças são capazes de aprender e fazer autojulgamentos.

responsabilidade social Comportamento que contribui para o bem comum.

respostas incentivadoras Afirmações de outra pessoa (pai/mãe, professor ou par) que indicam os benefícios potenciais ou coisas boas de uma situação para contrastar o hábito da criança de se concentrar verbal ou mentalmente nos aspectos negativos.

retraimento Retirar-se mental ou fisicamente da situação.

risco Condição com alta probabilidade de maus resultados.

ritmo Intervalos previsíveis e regulares.

S

seguimento Aplicar a consequência negativa contida no aviso. É usada quando a criança não se comporta de acordo com o aviso e compreende uma reflexão sobre a ação, emoção da criança ou afirmação seguida de um lembrete do aviso e implementação da consequência negativa.

senso de autovalor As pessoas são capazes de autovalorizar-se e avaliar como os outros as percebem.

sentimento de culpa Sentimento que avisa que uma ação em curso ou planejada é indesejável e provoca arrependimento futuro.

sentimentos Intervalos de estados afetivos.

síndrome da vulnerabilidade infantil Problemas que derivam do uso de substâncias por parte da mãe durante a gravidez, incluindo todos os problemas relacionados ao baixo peso ao nascer, infecções, pneumonia, malformações e abstinência de drogas.

socialização Capacidade de cooperar em um grupo, regular o próprio comportamento de acordo com a sociedade e interagir bem com outras pessoas.

sons não lexicais Vocalizações sem palavras, como limpar a garganta ou bocejar.

sorriso mascarado Sorriso simples com expressão neutra.

substituição de objetos Ato de substituir um objeto por outro ou transformar um objeto em outro.

sugestões disfarçadas Em geral, trata-se de orientações sussurradas ou comentários sobre a brincadeira dirigidos a outra criança participante.

superdotação Habilidade de resolver problemas complexos de modo eficaz, eficiente, elegante e econômico.

T

temperamento Descreve o grau ou a intensidade de comportamento emocional, além do tempo e da duração da resposta.

tempo subjetivo Não relacionado ao tempo do calendário e do relógio; é o conceito de que as coisas ocorrerão quando estiverem prontas para ocorrer; a disponibilidade é determinada pelas pessoas que usam esse quadro de referência.

teoria da mente As crianças desenvolvem teorias sobre seus próprios pensamentos, desejos, emoções e convicções.

time-out Técnica pela qual o adulto retira a criança de um ambiente no qual estão disponíveis reforços para o comportamento indesejado e a leva a um ambiente em que tais reforços estejam ausentes. Usado com crianças a partir de 3 anos que apresentam crises de birra ou comportamento antissocial habitual.

timidez e inibição Medo, tendência ao retraimento.

timidez Estilo de personalidade que varia de moderado a severo e produz desconforto e esquiva social.

tomada de decisões Fazer escolhas entre duas ou mais alternativas.

tomada de perspectiva Habilidade de pensar em como outra pessoa se sente em determinada situação.

transformar Mudar algo em outra coisa; durante a brincadeira, papéis, objetos, situações, tempo e circunstâncias são transformados em algo diferente, no âmbito do faz de conta.

transição Tempo entre o final de um segmento de programação e início de outro.

treinamento Instrumento de intervenção que envolve um adulto que trabalha diretamente com uma criança, para instruí-la em habilidades específicas que podem ser usadas para fazer e manter amigos.

treinamento *in loco* Ajuda, dentro da situação, na qual o adulto traduz para a criança (ou crianças) as intenções e ações dos pares, e oferece sugestões para a ação adequada, de modo a promover as interações.

treinamento individual Ajuda personalizada para melhorar as relações interpessoais e os comportamentos da criança que ocorrem fora de uma situação. Diz-se à criança como desempenhar determinada habilidade, o que não fazer, e pratica-se a habilidade correta. O adulto fornece *feedback*.

treinamento interpares Ferramenta de intervenção que envolve associar uma criança mais habilidosa a uma menos habilidosa.

V

valores Qualidades e convicções que uma pessoa considera valiosas.

valores básicos Valores absolutos que não dependem da situação ou do contexto.

valores relativos Valores que variam, assumem importância maior ou menor, conforme a situação.

violações morais Mentir, roubar e machucar os outros.

vítimas passivas Vítimas de *bullying* que não fazem nada para instigar o *bully*. As vítimas passivas raramente iniciam o ataque hostil e raramente afirmam seus direitos, quando a agressão acontece.

vítimas provocativas Vítimas de *bullying* que provocam reações agressivas dos outros pelo choro fácil; por ficarem na defensiva ou com raiva quando tais atitudes não são adequadas; por interpretarem mal uma brincadeira ou entenderem uma provocação como agressão verbal, quando a intenção não é essa.

vulnerabilidade Falta de defesas; fraqueza.

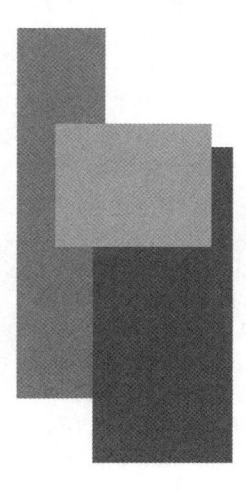

Referências bibliográficas

Aamodt, S. & Wang, S. (2008). *Welcome to your brain*. New York: Bloomsbury.

Adalbjarnardottir, S. & Hafsteinsson, L. G. (2001). Adolescent's perceived parenting styles and their substance abuse: concurrent and longitudinal analyses. *Journal of Research on Adolescence, 11*(4), 401-423.

Adelman, L. (2007). *Don't call me shy: Preparing shy children for a lifetime of social success*. Austin, TX: LangMarc Publishers.

Ahn, H. J. & Stifter, C. (2006). Child care teacher's response to children's emotional expression. *Early Education & Development 17*(2), 253-270.

Ainsworth, M. D. S. (1973). The development of infant-mother attachment. In: B. M. Caldwell & H. N. Riccuti (Eds.). *Review of child development research* (V. 3). Chicago: University of Chicago Press.

Alberto, P. & Troutman, A. (2009). *Applied behavior analysis for teachers* (8th ed.). Upper Saddle River, NJ: Merrill.

Aldrich, J. E. (2002). Early childhood teacher candidates' perceptions about inclusion. *Journal of Early Childhood Teacher Education, 23*(2), 167-173.

Aldwin, C. M. (2007). *Stress, coping, and development: An integrative approach* (2nd ed.). New York: The Guilford Press.

_____. (2007). *Stress, coping, and development: An integrative perspective*. New York: The Guilford Press.

Alink, L. R. A., Mesman, J., van Zeijl, J., Stolk, N., Juffer, F., Koot, H. M., Bakermans-Kranenburg, M. J. & IJzendoorn, M. H. (2006). The early childhood aggression curve: Development of physical aggression in 10- to 50-month old children. *Child Development, 77*, 954-966.

Allen, K. E. & Cowdery, G. E. (2009). *The exceptional child: Inclusion in early childhood education* (6th ed.). New York: Thomson Delmar Learning.

Alsaker, F. D. & Gutzwiller-Helfenfinger, E. (2010). Social behavior and peer relationships of victims, bully- victims, and bullies in kindergarten. In: S. R. Jimerson, S. W. Swearer & D. L. Espelage (Eds.). *Handbook of bullying in schools: An international perspective* (p. 87-99). New York: Routledge.

Alsaker, F. D. & Valkanover, S. (2001). Early diagnosis and prevention of victimization in kindergarten. In: J. Juvonen & S. Graham (Eds.). *Peer harassment in school: The plight of the vulnerable and the victimized* (p. 175-195). New York: The Guilford Press.

American Academy of Pediatrics. (2006). Policy statement on corporal punishment in schools. *Pediatrics, 106*(2), 343.

American Medical Association. (1992). *Physicians' guide to media violence*. Chicago: AMA.

Andersen, P. A., Guerrero, L. K. & Jones, S. M. (2006). Nonverbal behavior in intimate interactions and intimate relationships, In V. Manusov & M. Patterson (Eds.). *The handbook of nonverbal communication* (p. 259-278). Thousand Oaks, CA: Sage Publications.

Anderson, G., Hilton, S. & Wouden-Miller, M. (2003). A gender comparison of the cooperation of 4-year-old children in classroom activity centers. *Early Education and Development, 5*(14), 441-451.

Archer, J. (1994). Testosterone and aggression: Atheoretical review. *Journal of Offender Rehabilitation, 21*, 3-9.

Ard, L. & Pitts, M. (Eds.). (1990). *Room to grow: How to create quality early childhood environments*. Austin: Texas Association for the Education of Young Children.

Arnett, J. J. (2008). Socialization in emerging adulthood: From family to the wider world, from socialization to self-socialization. In: J. Grusec & P. Hastings (Eds.). *Handbook of socialization: Theory and research* (p. 208-255). New York: The Guilford Press.

Asher, S. R. & Paquette, J. A. (2003). Loneliness and peer relations in childhood. *Current Directions in Psychological Science, 12*(3), 75-78.

Aslin, R. N., Jurczyk, P. W. & Pisoni, D. B. (1998). Speech and auditory processing during infancy: Constraints on and precursors to language. In: W. Damon, D. Kuhn & R. Siegler (Eds.). *Handbook of child psychology, V. 2: Cognition, perception, and language.* New York: Wiley.

Aunola, K. & Nurmi, J. E. (2005). The role of parenting styles in children's problem behavior. *Child Development, 76*(6), 1144-1159.

Austin, J. S. (2000, Fall). When a child discloses sexual abuse. *Childhood Education, 77*(1), 2-5.

Badenes, L. V., Estevan, R. A. C. & Bacete, F. J. G. (2000). Theory of mind and peer rejection at school. *Social Development, 9*, 271-283.

Bailey, B. A. & Brookes, C. (2003). Thinking out loud: Development of private speech and the implications for school success and self-control. *Young Children, 58*(5), 46-52.

Bailey, D. B., Jr. (2002). Are critical periods critical for early childhood education? The role of timing in early childhood pedagogy. *Early Childhood Research Quarterly, 17*, 281-284.

Baillargeon, R. H., Zoccolillo, M., Keenan, K., Cote, S., Perusse, D., Wu, H., Boivin, M. & Tremblay, R. E. (2007). Gender differences in physical aggression: A prospective population-based survey of children before and after 2 years of age. *Developmental Psychology, 43*, 13-26.

Bajgar, J., Ciarrochi, J., Lane, R. & Deane, F. P. (2005). Development of the levels of emotional awareness scale for children (LEAS-C). *British Journal of Developmental Psychology, 23*(4), 569-586.

Baker v. Owen, 39 F. Suppl. 294 (M.D.N.C. 1975), Off'd U.S. – 96 S. Cet. 210.

Balaban, N. (1995). Seeing the child, knowing the person. In: W. Ayers (Ed.). *To become a teacher: Making a difference in children's lives.* New York: Teachers College Press, 49-57.

Ball, J. (1989, February). The National PTA's stand on corporal punishment. *PTA Today, XIV*, 15-17.

Bancroft., L. & Silverman, J. G. (2004). Assessing abusers risks to children. In: P. Jaffee, L. Boher & A. Cunningham (Eds.). *Protecting children from domestic violence: Strategies for community intervention.* New York: The Guilford Press.

Bandura, A. (1991). Social cognitive theory of moral thought and action. In: W. M. Kurtines & J. L. Gewirtz (Eds.). *Handbook of moral behavior and development* (V. 1, p. 45-103). Hillsdale, NJ: Erlbaum.

Barr, R. (2008). Developing social understanding in a social context. In: K. McCartney & D. Phillips (Eds.). *Blackwell handbook of early childhood development* (p. 188-207). Malden, MA: Blackwell Publishing.

Barr, R. G. & Gunnar, M. (2000). Colic: The transient responsivity hypothesis. In: R. Barr, B. Hopkins & J. Green (Eds.). *Crying as a sign, a symptom, and a signal* (p. 41-66). London: Mac Keith Press.

Bates, J. E. & Pettit, G. S. (2008). Temperament, parenting, and socialization. In: J. E. Grusec & P. D. Hastings (Eds.). *Handbook of socialization: Theory and research* (p. 153-177). New York: The Guilford Press.

Bath, J. I. (2008). Calming together: The pathway to self control. *Reclaiming children and youth, 44-46.* Bauer, P. J. (2009). Neurodevelopmental changes in infancy and beyond: Implications for learning and memory. In: O. A. Barbarin & B. H. Wasik (Eds.). *Handbook of child development & early education: Research to practice* (p. 57-77). New York: The Guilford Press.

Baumeister, R. F. (1998). Inducing guilt. In: J. Bybee (Ed.). *Guilt and children* (p. 185-213). San Diego: Academic Press.

Baumeister, R. F., Campbell, J. D., Krueger, J. I. & Vohs, K. D. (2003). Does high self-esteem cause better performance, interpersonal success, happiness or healthier lifestyles? *Psychological Science in the Public Interest, 4*(1), 1-44.

Baumrind, D. (1967). Child care practices anteceding three patterns of preschool behavior. *Genetic Psychology Monographs, 75*, 43-88.

Baumrind, D. (1973). Current patterns of parental authority. *Developmental Psychology Monographs, 4*, 1.

_____. (1978). Parental disciplinary patterns. *Youth and Society, 9*, 223-276.

_____. (1988). *Familial antecedents of social competence in middle childhood.* Unpublished manuscript.

_____. (1991). The influence of parenting style on adolescent competence and substance use. *Journal of Early Adolescence, II*, 56-95.

_____. (1995). *Child maltreatment and optimal caregiving in social contexts.* New York: Garland.

Bavelas, J. B. & Chovil, N. (2006) Nonverbal and verbal communication: Hand gestures and facial displays as part of language use in face to face dialogues. In: V. Manusov & M. Patterson (Eds.). *The Sage handbook of nonverbal communication* (p. 97-118). Thousand Oaks, CA: Sage Publications.

Bavelas, J. B., Chovil, N., Coates, L. & Roe, L. (1995). Gestures specialized for dialogue. *Personality and Social Psychology Bulletin, 21*(4), 394-405.

Beane, A. L. (2005). *The bully free classroom.* Minneapolis, MN: Free Spirit Publishing.

Beaudoin, M. & Taylor, M. (2004). *Breaking the culture of bullying and disrespect, grades K-8.* Thousand Oaks, CA: Corwin Press.

Beebe, B. & Stern, D. (1977). Engagement – disengagement and early object experiences. In: N. Friedman & S. Grand (Eds.). *Communicative structures and psychic structures.* New York: Plenum.

Bee, H. & Boyd, D. (2009). *The developing child*. Boston: Allyn & Bacon.

Behrman, R. E. (Ed.). (1996). Special education for students with disabilities: Analysis and recommendations. *The Future of Children, 6*, 4-24.

Bekoff, M. & Pierce, J. (2009). Wild justice: Honor and fairness among beasts at play. *American Journal of Play, 2*(2), 451-475.

Bell, S. H. & Quinn, S. (2004). Clarifying the elements of challenging behavior. In: S. H. Bell, V. Carr, D. Denno, L. J. Johnson & L. R. Phillips (Eds.). *Challenging behaviors in early childhood settings* (p. 1-19). Baltimore, MD: Paul H. Brookes.

Bell, S. M. & Ainsworth, M. D. (1972). Infant crying and maternal responsiveness. *Child Development, 43*, 1171-1190.

Bem, S. L. (1985). Androgyny and gender scheme theory: A conceptual and empirical integration. In: T. B. Sondergregger (Ed.). *Nebraska Symposium on Motivation* (V. 32, p. 1-71). Lincoln: University of Nebraska Press.

Benenson, J. F. & Christakos, A. (2003). The greater fragility of female's versus male's versus male's closest same- sex friendships. *Child Development, 74*, 1123-1129.

Berger, K. S. (2000). *The developing person through childhood*. New York: Worth.

_____. (2005). *The developing person: Through childhood and adolescence* (7th ed.). New York: Worth.

_____. (2008). *The developing person through childhood and adolescence*. New York: Worth Publishing.

Berk, L. (2009). *Child development* (8th ed.). Needham Heights, MA: Allyn & Bacon.

Berk, L. E. (2006). Looking at kindergarten children. In: D. F. Gullo (Ed.). *K today: Teaching and learning in the kindergarten year* (p. 11- 25). Washington, DC: NAEYC.

Berkowitz, L. (1965). The concept of aggressive drive: Some additional considerations. In: L. Berkowitz (Ed.). *Advances in experimental social psychology* (V. 2.). Orlando, FL: Academic Press.

Berkowitz, L. (1993). *Aggression: Its causes, consequences and control*. New York: McGraw-Hill.

Berkowitz, M. W. (2002). The science of character education. In: W. Damon (Ed.). *Bringing in a new era of character education* (p. 43-63). Stanford, CA: Hoover Institution Press.

Bernard, B. (2004). *Resilience: What we have learned*. San Francisco, CA: WestEd.

Berndt, T. J. (2002). Friendship quality and social development. *Current Directions in Psychological Science, 11*(1), 7-10.

Berns, R. M. (1994). *Topical child development*. Clifton Park, NY: Thomson Delmar Learning.

_____. (2009). *Child, family, school, community: Socialization and support* (7th ed.). Belmont, CA: Wadsworth.

Bernstein, L. J. (2000). Sesame bridge: Peace in the Middle East through television for children. In: P. Senge, N. Cambron-McCabe, T. Lucas, B. Smith, J. Dutton & A. Kleiner (Eds.). *Schools that learn: A fifth discipline field book for educators, parents, and everyone who cares about education* (p. 519-526). New York: Doubleday.

Bierman, K. L. & Powers, C. J. (2009). Social skills training to improve peer relations. In: K. H. Rubin, W. M. Bukowski & B. Laursen (Eds.). *Handbook of peer interactions, relationships, and groups* (p. 603-621). New York: The Guilford Press.

Bilton, H. (2002). *Outdoor play in the early years: Management and innovation*. London: David Fulton Publishers.

Bjorklund, D. F. (2005). *Children's thinking: Cognitive development and individual differences*. Belmont, CA: Wadsworth Publishing Co.

Blair, R. J. R. (2003). Did Cain fail to repent the thoughts of Abel before he killed him? The relationship between theory of mind and aggression. In: B. Repacholi & V. Slaughter (Eds.). *Individual differences in theories of mind: Implications for typical and atypical development* (p. 143-170). New York: Psychology Press.

Blanck, P. & Rosenthal, R. (1982). Developing strategies for decoding "leaky" messages: On learning how and when to decode discrepant and consistent social communications. In: B. S. Feldman (Ed.). *Development of nonverbal behavior in children*. New York: Springer-Verlag.

Block, J. (1979). Personality development in males and females: The influence of differential socialization. In: *Socialization influencing personality development*. Berkeley: University of California Press.

_____. (1993). Studying personality the long way. In: D. C. Funder, R. D. Parke, C. Tomlinson-Keary & K. Widama (Eds.). *Studying lives through time. Personality and development* (p. 9-41). Washington, DC: American Psychological Association.

Bloom, L. (1998). Language acquisition in its developmental context. In: D. Kuhn & R. Siegler (Eds.). *Handbook of child psychology: V. 2, Cognition, perception and language* (p. 309-370). New York: John Wiley & Sons.

Bodrova, E. & Leong, D. (2007). *Tools of the mind: The Vgotskian approach to early childhood education*. Englewood Cliffs, NJ: Prentice Hall.

Bodrova, E. & Leong, D. J. (2004) Chopsticks and counting chips: Do play and foundational skills need to compete for the teacher 's attention in an early childhood classroom? In: D. Koralek (Ed.). *Young children and play* (p. 4-11). Washington, DC: National Association for the Education of Young Children.

Bodrova, E. & Leong, D. J. (2007). *Tools of the mind: The Vygotskian approach to early childhood education*. Saddle River, NJ: Pearson Education Inc.

Bogle, R. E. & Wick, C. P. (2005). *Report from the National Summit on School Design*. Washington, DC: The American Architectural Foundation and the Knowledge Works Foundation.

Bohanek, J. G., Marin, K. A., Fivush, R. & Duke, M. P. (2006). Family narrative interaction and children's sense of self. *Family Process, 45*(1), Research Library Core, 39-52.

Boivin, M. & Hymel, S. (1997). Peer experiences and social self-perceptions: A sequential model. *Developmental Psychology, 33*, 135-145.

Bolin, G. G. (1989). Ethnic differences in attitude towards discipline among day care providers: Implications for training. *Child & Youth Care Quarterly, 18*(2), 111-117.

Boone, R. T. & Cunningham, J. G. (1998). Children's decoding of emotion in expressive body movement. The development of cue attunement. *Developmental Psychology, 34*, 1007-1016.

Bornstein, M. C. (2007) On the significance of social relationships in the development of children's earliest symbolic play: An ecological perspective, In: A. Göncü & S. Gaskins (Eds.). *Play and development: Evolutionary, sociocultural, and functional perspectives* (p. 101-129). Mahwah, NJ: Erlbaum.

Bosacki, S. L. & Moore, C. (2004). Preschooler's understanding of simple and complex emotions: Links with gender and language. *Sex Roles: A Journal of Research 50*(9-10), 659-675.

Boston College. (2009, April). Free play for children, teens is vital to social development reports psychologist. *Science Daily.* Retrieved February 22, 2010, from http://www.sciencedaily.com/releases/2009.

Boukydis, C. F. Z. (1985). Perception of infant crying as an interpersonal event. In: B. M. Lester & C. F. Z. Boukydis (Eds.). *Infant crying: Theoretical and research perspectives*. New York: Plenum.

Bramer, J. S. (2006). *Attention deficit disorder: The unfocused mind in children and adults.* New Haven, CT, and London: Yale University Press.

Bray, J. H. & Kelly, J. (1999). *Stepfamilies.* New York: Broadway.

Brazelton, T. B. (1976). Early mother-infant reciprocity. In: V. C. Vaughn, III and T. B. Brazelton, *The family – can it be saved?* Chicago: Yearbook Medical Publishers.

Bredekamp, S. & Copple, C. (1997). *Developmentally appropriate practice in early childhood programs* (Rev. ed.). Washington, DC: NAEYC.

Brendgen, M., Dionne, G., Girard, A., Boivin, M., Vitaro, F. & Perusse, D. (2005). Examining genetic and environmental effects on social aggression in 6-year-old twins. *Child Development, 76*, 930-946.

Brendgen, M., Vitaro, F. & Bukowski, (2000). Deviant friends and early adolescents' emotional and behavioral adjustment. *Journal of Research on Adolescence, 10*(2), 173-189.

Brendtro, L., Brokenleg, M. & Van Bockern, S. (1992). *Reclaiming youth at risk: Our hope for the future.* Bloomington, IN: National Educational Service.

Brenner, A. (1997). *Helping children cope with stress.* San Francisco, CA: Jossey-Bass.

Bretherton, I. et al. (1986). Learning to talk about emotions: A functionalist perspective. *Child Development, 57*, 529-548.

Briton, B., Robinson, L. A. & Fujiki, M. (2004). Description of a program for social language intervention: If you can have a conversation, you can have a relationship. *Language, Speech & Hearing Services in Schools, 35*, 283-290.

Broderick, C. (2008). *The uses of adversity.* Salt Lake City, Utah Deseret Book.

Bronfenbrenner, U. (1979). *The ecology of human development: Experiments by nature and design.* Cambridge, MA: Harvard University Press.

Bronfenbrenner, U. (1981). Children and families: 1984. *Society, 18*(2), 38-41.

Bronfenbrenner, U. (1993). The ecology of cognitive development research models and fugitive findings. In: R. H. Wozniak & K. W. Fischer (Eds.). *Development in context* (p. 3-44). Hillsdale, NJ: Erlbaum.

Bronson, M. B. (2006). Developing social and emotional competence. In: D. F. Gullo (Ed.). *K today: Teaching and learning in the kindergarten year* (p. 47-56). Washington, DC: NAEYC.

Brooks, J. B. (2011). *The process of parenting.* New York: McGraw-Hill.

Brophy-Herb, H., Schiffman, R. & Fitzgerald, H. (2007). The Early Head Start Research and Evaluation (EHSRE) Project: Pathways to family health, childhood social skills linked to learning abilities. *Science Daily.* Paper presented at the annual meeting of the Society for Research in Child Development, June 21.

Brown, B. (2001). Combating discrimination: Persona dolls in action. London: Trentham.

Brown, J. D. (1998). *The self.* New York: McGraw-Hill. Brown, J. R. & Dunn, J. (1996). Continuities in emotional understanding from three to six years. *Child Development, 67*, 789-802.

Brown, W. H., Odom, S. L. & McConnell, S. R. (Eds.). (2008). *Social competence of young children: Risk, disability & intervention* (p. 3-30). Baltimore, MD: Paul H. Brookes Publishing, Co.

Buck, R. (1982). Spontaneous and symbolic nonverbal behavior and the ontogeny of communication. In:

R. S. Feldman (Ed.). *Development of nonverbal behavior in children* (p. 28-62). New York: Springer-Verlag.

Bugental, D. B. & Goodnow, J. J. (1998). Socialization processes. In: N. Eisenberg (Ed.). *Handbook of child psychology* (V. 3, p. 389-462). New York: Wiley.

Bugental, D., Kaswan, J. W. & Love, L. R. (1970). Perception of contradictory meanings conveyed by verbal and nonverbal channels. *Journal of Personality and Social Psychology, 16*, 647-655.

Bugental, D., Love, L. R. & Gianetto, R. (1971). Perfidious feminine faces. *Journal of Personality and Social Psychology, 17*, 314-318.

Bukowski, W. J. (1990). Age differences in children's memory of information about aggressive, socially withdrawn, and prosocial boys and girls. *Child Development, 61*, 1326-1334.

Bukowski, W. M., Motzoi, C. & Meyer, F. (2009). Friendship as process, function, and outcome. In: K. H. Rubin, W. M. Bukowski

& B. Laursen (Eds.). *Handbook of peer interactions, relationships, and groups* (p. 217-231). New York: The Guilford Press.

Bukowski, W. M., Velasquez, A. M. & Brendgen, M. (2008). Variation in patterns of peer influence: Considerations of self and other. In: M. J. Prinstein & K. A. Dodge (Eds.). *Understanding peer influence in children and adolescents* (p. 125-140). New York: The Guilford Press.

Bullard, J. (2010). *Creating environments for learning.* Upper Saddle River, NJ: Merrill.

Burgoon, J. K. & Dunbar N. E. (2006). Nonverbal expressions of dominance and power in human relationships. In: V. Manusov & M. Patterson (Eds.). *The Sage handbook of nonverbal communication* (p. 279-298). Thousand Oaks, CA: Sage Publications.

Burgoon, J. K., Guerrero, L. K. & Floyd, K. (2010). *Nonverbal communication.* Boston: Allyn & Bacon.

Burgoon, J. K. & Saine, L. (1978). A communication model of personal space violations: Explanation and an initial test. *Human Communication Research, 4*(2) 129-142.

Burton, S. & Mitchell, P. (2003). Judging who knows best about yourself: Developmental change in citing the self across middle childhood. *Child Development, 74*(2), 426-443.

Business Roundtable (2004). *Early Childhood Education: A call to action from the business community* (p. 1-9). Washington, DC: Corporate Voices for Working Families.

Butler, R. (2007). Competence assessment, competence, and motivation between early and middle childhood. In: A. J. Elliot & C. S. Dweck (Eds.). *Handbook of competence and motivation* (p. 202-221). New York: The Guilford Press.

Butterfield, P. M., Martin, C. & Prairie, A. P. (2004). *Emotional connections: How relationships guide early learning.* Washington, DC: Zero to Three Press.

Byrnes, J. P. & Wasik, B. A. (2009). *Language and literacy development: What educators need to know.* New York: Guildford Press.

Cahill, K. R., Deater-Decker, K., Pike, A. & Hughes, C. (2007). *Social development, 16*(1), 45-56.

Caldera, V., Huston, A. & O'Brien, M. (1989). Social interaction and play patterns of parents and toddlers with feminine, masculine and neutral toys. *Child development, 60,* 70-76.

Calkins, S. D. & Williford, A. P. (2009). Taming the terrible twos: Self-regulation and school readiness. In:

O. A. Barbarin & B. H. Wasik (Eds). *Handbook of child development and early education: Research to practice* (p. 172-198). New York: The Guilford Press.

Campos, J. J. et al. (1983). Socioemotional development. In: P. H. Hussen (Ed.). *Handbook of child psychology* (V. 2). New York: John Wiley & Sons.

Card, P. A., Stucky, B. D., Sawalani, G. H. & Little, T. D. (2008 September/October). Direct and indirect aggression during childhood and adolescence: A meta-analytic review of gender differences, intercorrelations, and relations to maladjustment. *Child Development, 79*(5), 1185-1229.

Carlo, G., Knight, G. P., McGinley, M., Goodvin, R. & Roesch, S. (2010). The developmental relations between perspective taking and prosocial behaviors: A meta- analytic examination of the task-specificity hypothesis. In: B. W. Sokol, U. Muller, J. I. M. Carpendale, A. R. Young & G. Iarocci (Eds.). *Self and social regulation: Social interaction and the development of social understanding and executive functions* (p. 234-269). New York: Oxford University Press.

Carpenter, M., Nagell, K. & Tomasello, M. (1998). Social cognition, joint attention, and communicative competence from 9 to 15 months of age. *Monographs of the Society for Research in Child Development, 63*(255), 4.

Carr, E. G., Levin, L., McConnachie, G., Carlson, J. I., Kemp, D. C. & Smith, C. E. (2000). *Communication-based Intervention for Problem Behavior: A user's guide for producing positive change.* Baltimore, MD: Paul H. Brookes.

Carson, J., Burks, V. & Parke, R. D. (1993). Parent-child physical play: Determinants and consequences. In: K. McDonald (Ed.). *Parent-child play: Descriptions and implications* (p. 197-220). Albany: State University of New York Press.

Case, R. & Okamoto, Y. (1996). The role of central conceptual structures in the development of children's thought. In: *Monographs of the Society for Research in Child Development, 61*(2), serial n. 246. Chicago: University of Chicago Press.

Caspi, A. & Shiner, R. L. (2006). Personality development. In: N. Eisenberg, W. Damon & R. M. Lerner (Eds.). *Handbook of child psychology* (p. 300-365). New York: Wiley.

Cassidy, D. J. (2003). Questioning the young child: Process and function. *Childhood Education, 65,* 146-149.

Cassidy, K. W., Werner, R. S., Rourke, M., Zubernis, L. S. & Balaramun, G. (2003). The relationship between psychological understanding and positive social behaviors. *Social Development, 12*(2), 198-221.

Center for Disease Control and Prevention. (2006). Child development. *Attention-Deficit/Hyperactivity Disorder (ADHD).* Atlanta, GA. http://www.cdc.gov/ncbddd/ adhd/what.htm.

Center for Effective Discipline. (2008). *U.S. corporal punishment and paddling statistics by states and race: States banning corporal punishment.* Columbus, OH: Author.

Center for the Study of Ethics in the Professions (2010). *Online Ethics Codes Project.* Chicago: The Center for the Study of Ethics in the Professions at Illinois Institute of Technology. http://ethics.iit.edu/

Center to Prevent Handgun Violence. (2006). *Steps to prevent firearm injury in the home.* Washington, DC: Author.

Cervantes, C. A. & Callanan, M. A. (1998). Labels and explanations in mother-child emotion talk: Age and gender differentiation. *Developmental Psychology, 34,* 88-98.

Chaplin, T. M., Cole, P. M. & Zahn-Waxler, C. (2005). Parental socialization of emotion expression: Gender differences and relations to child adjustment. *Emotion, 5*(1), 80-88.

Charen, M. (2000, April 24). Our boys could use some help. *Lansing State Journal,* 6A.

Charles, C. M., Seuter, G. W. & Barr, K. B. (2011). *Building classroom discipline* (10th ed.) White Plains, NY: Pearson.

Charlesworth, R. (2011). *Understanding child development* (7th ed.). Clifton Park, NY: Thomson Delmar Learning.

Charney, R. S. (2002). *Teaching children to care: Classroom management for ethical and academic growth, K-8*. Greenfield, MA: Northeast Foundation for Children.

Chen, F. M. (1998). *Authoritative and authoritarian parenting of mothers with preschool children in Taiwan*. Unpublished doctoral dissertation, Michigan State University.

Chiang, C., Soong, W., Lin, T. & Rogers, S. (2008). Nonverbal communication skills in young children with autism. *Journal of Autism and Developmental Disorders. 38*, 1898-1906.

Children's Defense Fund. (2008). *The state of America's children*. Washington, DC: Children's Defense Fund.

Chipman, M. (1997). Valuing cultural diversity in the early years: Social imperatives and pedagogical insights. In: J. P. Isenberg & M. R. Jalongo (Eds.). *Major trends and issues in early childhood education: Challenges, controversies and insights* (p. 43-45). New York: Teacher's College Press.

Chukovsky, K. (1976). The sense of nonsense verse. In: J. S. Bruner, A. Jolly & K. Sylva (Eds.). *Play: Its role in development and evolution* (p. 596-602). New York: Basic Books.

Cillessen, A. H. N., van Ijzendoorn, H. W., van Lieshout, C. F. M. & Hartup, W. W. (1992). Heterogeneity among peer-rejected boys: Subtypes and stabilities. *Child Development, 63*, 893-905.

Clark, C. & Gross, K. H. (2004). Adolescent health-risk behaviors: The effect of perceived parenting style and race. *Undergraduate Research Journal for the Human Sciences, 3*, 1-11.

Claussen, A. H. & Crittenden, P. M. (1991). Physical and psychological maltreatment: Relations among types of maltreatment. *Child Abuse and Neglect, 15*, 5-18.

Clayton, M. K. (2001). *Classroom spaces that work*. Greenfield, MA: Northeast Foundation for Children.

Click, P. M. (2007). *Administration of programs for young children* (7th ed.). Clifton Park, NY: Thomson Delmar Learning.

Cloud, J. (2010, January). Why genes aren't destiny. *Time, 175*(2), 31-35.

Cohen, P. & Brooks, J. S. (1995). The reciprocal influence of punishment and child behavior disorder. In: J. McCord (Ed.). *Coercion and punishment in long-term perspectives* (p. 154-164). Cambridge, UK: Cambridge University Press.

Coie, J. D. & Dodge, K. A. (1998). Aggression and antisocial behavior. In: N. Eisenberg (Ed.). *Handbook of child psychology V. 3: Social, Emotional, and Personality Developement* (6th ed., p. 779-862). New York: Wiley.

Coie, J. D., Dodge, K. A. & Lynam, D. (2006). Aggression and antisocial behavior in youth. In: W. Damon (Series Ed.) & N. Eisenberg (V. Ed.), *Handbook of Child Psychology, V. 3: Social, Emotional, and Personality Development*. (6th ed., p. 719-788). New York: Wiley.

Coie, J. D., Dodge, K. A., Terry, R. & Wright, V. (1991). The role of aggression in peer relations: An analysis of aggression episodes in boys' play groups. *Child Development, 62*, 812-826.

Cole, P. M., Bruschi, C. J. & Tamang, B. L. (2002) Cultural differences in children's emotional reactions to difficult situations. *Child Development,* 73, 983-996.

Cole, P. M. & Tan, P. Z. (2008). Emotion socialization from a cultural perspective. In: J. Grusec & P. Hastings (Eds.). *Handbook of socialization: Theory and research* (p. 516-542). New York: The Guilford Press.

Collins, W. A. & Steinberg, I. (2006). Adolescent development in interpersonal context. In: W. Damon & R. M. Lerner (Ser. Eds.) & N. Eisenberg (V. Ed.) *Handbook of child psychology. V.3: Social, emotional, and personality development* (6th ed.) (p. 1003-1067). New York: Wiley.

Committee to Prevent Child Abuse (2009). Current Trends in Child Abuse Reporting and Fatalities: *The Results of the 2007 Annual Fifty State Survey*. Chicago, IL: National Committee to Prevent Child Abuse.

Conklin, S. & Frei, S. (2007). *Differentiating the curriculum for gifted learners*. Hunting Beach, CA: Shell Education.

Conroy, M. A., Brown, W. H. & Olive, M. L. (2008). Social competence interventions for young children with challenging behaviors. In: W. H. Brown, S. L. Odom & S. R. McConnel (Eds.). *Social competence of young children: Risk, disability & intervention* (p. 205-231). Baltimore, MD: Paul H. Brookes Publishing Co.

Cook, R. E., Klein, M. D. & Tessier, A. (2008). Adapting early childhood curricula for children with special needs (7th ed.). Upper Saddle River, NJ: Merrill.

Cooper, R. (2010). *Those who can, teach*. Boston: Wadsworth Cengage Learning.

Coplan, R. J. & Arbeau, K. A. (2009). Peer interactions and play in early childhood. In: K. H. Rubin, W. M. Bukowski & B. Laursen (Eds.). *Handbook of peer interactions, relationships, and groups* (p. 143-161). New York: The Guilford Press.

Coplan, R. J., Bowker, A. & Cooper, S. M. (2003). Parenting daily hassles, child temperament and social adjustment in preschool. *Early Childhood Research Quarterly, 18*, 376-393.

Copple, C. & Bredekamp, S. (2006). *Basics of developmentally appropriate practice: An introduction for teachers of children 3 to 6*. Washington, DC: National Association for the Education of Young Children.

_____. (2009). *Developmentally appropriate practice in early childhood programs: Serving children from birth through age 8*. Washington, DC: NAEYC.

Cote, S., Zoccolillo, M., Tremblay, R. Nagin, D. & Vitaro, F. (2001). Predicting girls' conduct disorder in adolescence from childhood trajectories of disruptive behavior. *Journal of the American Academy of Child and Adolescent Psychiatry, 40*, 678-684.

Couchenour, D. & Chrisman, K. (2007). *Families, schools and communities: Together for young children*. Belmont, CA: Wadsworth Publishing.

Crary, E. (1993). *Without spanking or spoiling: A practical approach to toddler and preschool guidance.* Seattle, WA: Parenting Press.

Crick, N. R. & Dodge, K. A. (1996). Social information processing mechanisms in reactive and proactive aggression. *Child Development, 67,* 993-1002.

Crick, N. R., Grotpeter, J. K. & Bigbee, M. A. (2002). Relationally and physically aggressive children's intent attributions and feelings of distress for relational and instrumental peer provocations. *Child Development, 73,* 1134-1142.

Crockenberg, S., Jackson, S. & Langrock, A. M. (1996). In: *At the threshold: The developing adolescence* (p. 41-55). Cambridge, MA: Harvard University Press, New Directions for Child Development.

Crossette, B. (1996, February 29). Agency sees risk in drug to temper childhood behavior. *New York Times,* p. 14.

Crosson-Tower, C. (2009). *Understanding child abuse and neglect.* Boston: Allyn & Bacon.

Crothers, L. M. & Kolbert, J. B. (2010). Teacher's management of student bullying in the classroom. In: S. R. Jimerson, S. W. Swearer & D. L. Espelage (Eds.). *Handbook of bullying in schools: An international perspective* (p. 535-546). New York: Routledge.

Crowe, C. (2010). Teaching children with challenging behavior. *Educational Leadership. 67*(5), 65-67.

Cunningham, M. R. et al. (1990). Separate processes in the relation of elation and depression to helping: Social versus personal concerns. *Journal of Experimental Social Psychology, 26,* 13-33.

Curran, J. (1999). Constraints of pretend play: Explicit and implicit rules. *Journal of Research in Childhood Education, 14*(1), 47-55.

Curry, N. & Bergen, D. (1987). The relationship of play to emotional, social, and gender/sex role development. In: D. Bergen (Ed.). *Play as a medium for learning and development: A handbook for theory and practice.* Portsmouth, NH: Heinemann.

Curry, N. E. & Johnson, C. N. (1990). Beyond self-esteem: Developing a genuine sense of human value. In: *Research Monograph of the National Association for the Education of Young Children* (V. 4). Washington, DC: NAEYC.

Curtis, D. & Carter, M. (2003). *Designs for living and learning: Transforming early childhood environments.* St. Paul, MN: Readleaf. Development of the levels of emotional awareness scale for children (LEAS-C). *British Journal of Developmental Psychology, 23*(4), 569-586.

Curwin, R. L., Mendler, A. N. & Mendler, B. D. (2008). *Discipline with dignity: New challenges, new solutions.* Alexandria, VA: ASCD.

Cutting, A. & Dunn, J. (1999). Theory of mind, emotion understanding, language and family background: Individual differences and inter-relations. *Child Development, 70,* 853-865.

Damon, W. (1988). *The moral child.* New York: Free Press.

Davidson, T., Welsh, J. & Bierman, J. (2006). Social competence. *Gale encyclopedia of children's health: Infancy through adolescence.* Thomson Gale. Retrieved September 23, 2009, from Encyclopedia.com: http://www.encyclopedia.com/doc/1G2-3447200525.html

Davies, D. (2004). *Child development.* New York: The Guilford Press.

Deacon, R. E. (2002). *Family threads: Knots and all.* Berea, OH: Quixote Publications.

DeAngelis, T. (1994, May). Homeless families: Stark reality of the '90s. *APA Monitor, 1*(38).

Deater-Deckard, K. & Dodge, K. A. (1997). Externalizing behavior problems and discipline revisited: Nonlinear effects and variation by culture, context and gender. *Psychological Inquiry, 8,* 161-175.

Deater-Deckard, K., Ivy, L. & Smith, J. (2006). Resilience in gene-environment transactions. In: S. Goldstein and R. B. Brooks, *handbook of resilience in children* (p. 49-63). New York: Springer.

DeCapua, A., Wintergerst, A. (2007). *Crossing cultures in the language classroom.* Ann Arbor: University of Michigan Press.

Deiner, P. L. (2009). *Infants & toddlers: Development & curriculum planning.* Clifton Park, NY: Cengage/ Delmar.

_____. (2010). *Inclusive early childhood education* (5th ed.). Belmont, CA: Wadsworth.

DeLoache, J. S. (2000). Cognitive development in infants: Looking, listening, and learning. In: D. Cryer & T. Harms (Eds.). *Infants and toddlers in out-of-home care.* Baltimore, MD: Brooks.

Denham, S.A., Bassett, H. H. & Wyatt, T. (2008). The socialization of emotional competence. In: J. Grusec & P. Hastings (Eds.). *Handbook of socialization: Theory and research* (p. 614-637). New York: Guilford.

Dennis, T., Bendersky, M., Ramsay, D. & Lewis, M. (2006). Reactivity and regulation in children prenatally exposed to cocaine. *Developmental Psychology, 42,* 688-697.

Denno, D., Carr, V. & Bell, S. H. (2011). *A teacher's guide for addressing challenging behavior in early childhood settings.* Baltimore, MD: Paul H. Brookes Publishing Co.

Denton, P. (2007). *The power of our words: Teacher language that helps children learn.* Turners Falls, MA: Northeast Foundation for Children, Inc.

Derman-Sparks, L. (1989). *Anti-bias curriculum: Tools for empowering young children.* Washington, DC: National Association for the Education of Young Children.

Derman-Sparks, L. & Edwards, J. O. (2010). *Anti-bias education for young children and ourselves.* Washington, DC: National Association for the Education of Young Children.

DeSpelder, L. A. & Strickland, A. L. (2001). *The last dance – encountering death and dying.* Mountain View, CA: Mayfield Publishing.

Dettore, E. (2002). Children's emotional growth: Adults' role as emotional archaeologists. *Childhood Education, 78*(5), 278-281.

Deveny, K. & Kelley, R. (2007, February 12). Girls gone bad. *Newsweek*, 41-47.

DeVries, R. & Zan, B. (2003). When children make rules. *Educational Leadership, 61*(1), 64-67.

DeWolfe, M. & Benedict, J. (1997). Social development and behavior in the integrated curriculum. In: C. H. Hart, D. C. Burts & R. Charlesworth (Eds.). *Integrated curriculum and developmentally appropriate practice, birth to age 8* (p. 257-284). New York: State University of New York Press.

Diener, M. L., Isabella, R. A., Behunin, M. G. & Wong, M. S. (2007). Attachment to mothers and fathers during middle childhood: Associations with child gender, grade, and competence. *Social Development, 17*(1), 84-101.

Divinyi, J. (2002). *Good kids, difficult behavior*. Peachtree City, GA: The Wellness Connection.

Dobbs, M. (2004, February 21). U.S. students still getting the paddle: Corporal punishment laws often reflect regional chasms. *Washington Post*, retrieved January 20, 2010, http://www.nospank.net/n-l51r.htm

Dockett, S. (1998). Constructing understanding through play in the early years. *International Journal of Early Years Education, 6*(1), 105-116.

Dodge, D. T., Colker, L. J. & Heroman, C. (2008). *The creative curriculum for preschool* (3rd ed.). Washington, DC: Teaching Strategies.

Dodge, K. A. (1986). Asocial information processing model of social competence in children. In: M. Perlmutter (Ed.). *Minnesota symposia on child psychology* (V. 18). Hillsdale, NJ: Erlbaum.

Dodge, K. A., Coie, J. D. & Lynam, D. (2006). Aggression and antisocial conduct in youth. In: W. Damon & R. M. Lerner (Series Eds.) & N. Eisenberg (V. Ed.), *Handbook of child psychology: V. 3. Social, emotional, and personality development* (6th ed., p. 719-788).

Dodge, K. A., Lansford, J. E., Lansford, B., Salzer, V., Bates, J. E., Pettit, G. S., Fontaine, R. & Price, J. M. (2003). Peer rejection and social information processing factors in the development of aggressive behavior problems in children. *Child Development, 74*(2), 374-393. NY: Wiley.

Doherty-Sneddon, G. (2004). *Children's unspoken language*. New York: Jessica Kingsley Publishers.

Dolgin, K. (1981). The importance of playing alone: Differences in manipulative play under social and solitary conditions. In: A. Cheska (Ed.). *Play as context* (p. 238-247). West Point, NY: Leisure Press.

Dollard, J., Doob, L. W., Miller, N. E. Mowrer, O. H. & Sears, R. R. (1939). *Frustration and aggression*. New Haven, CT: Yale University Press.

Doll, B. & Brehm, K. (2010). *Resilient playgrounds*. New York: Routledge.

Doll, B., Zucker, S. & Brehm, K. (2004). *Resilient Classrooms: Creating Healthy Environments for Learning*. New York: The Guilford Press.

Donnellan, M. B., Trzesniewski, K. H., Robins, R. W., Moffitt, T. E. & Caspi, A. (2005). Low self-esteem is related to aggression, antisocial behavior and delinquency. *Psychological Science, 16*(4), 328-335.

Donovan, W. & Leavitt, L. (1985). Physiology and behavior: Parents' response to the infant cry. In: B. M. Lester & C. F. Z. Boukydis (Eds.). *Infant crying: Theoretical and research perspectives*. New York: Plenum.

Dowling, M. (2005). *Young children's personal, social and emotional development*. London: Paul Chapman Educational Publishing.

Downey, G., Lebolt, A., Rincon, C. & Freitas, A. L. (1998). Rejection sensitivity and children's interpersonal difficulties. *Child Development, 69*, 1074-1091.

Dreikurs, R. & Soltz, V. (1992). *Children: The challenge*. New York: Hawthorn Books, Inc.

Driscoll, A. & Nagel, N. G. (2007). *Early childhood education, birth-8*. Boston: Allyn and Bacon.

Duffy, R. (2008). Are feelings fixable? *Exchange, 30*(6), 87-90.

Duffy, R. (2010). Challenging behavior: Step-by-step sifting, part 2. *Exchange, 32*(1), 88-91.

Dundee, U.K.: Department of Psychology, Dundee University. (1999). *Promoting social competence: Curriculum-based project to enhance personal, social, emotional and behavioral competence*.

Dunlap, G. & Fox, L. (2009). Positive behavior support and early intervention. In: W. Sailor, G. Dunlap, G. Sugai & R. Harner (Eds.). *Handbook of positive behavior support* (p. 49-72). New York: Springer.

Dunne, J. (1990, Spring). Clear Creek ISD trustee Margaret Snook speaks out. *P.O.P.S. News*. Houston: Newsletter of People Opposed to Paddling Students, Inc. Eaton, W. O. & Von.

Dunn, J. (2009). Keeping it real: An examination of the meta-communication processes used within the play of one group of preadolescent girls. In: C. D. Clark (Ed.). *Trans- actions at play: Play & culture studies* (V. 9, p. 67-85). Lanham, MD: University Press of America, Inc.

Dunn, J., Cutting, A. L. & Fisher, N. (2002). Old friends, new friends: Predictors of children's perspective on their friends at school. *Child Development, 73*(2), 621-635.

Dunn, L. & Kontos, S. (1997). What have we learned about developmentally appropriate practice? *Young Children, 52*(5), 4-13.

Dwyer, K. P. (1997). Disciplining students with disabilities. *LD Online. Article 6182, 1-8*.

Eccles, J. S. (2007). Families, schools, and developing achievement-related motivations and engagement. In: J. E. Grusec & P. D. Hastings (Eds.). *Handbook of socialization: Theory and research* (p. 665-691). New York: The Guilford Press.

Edmiston, B. (2008). *Forming ethical identities in early childhood play*. New York: Rouledge.

Educational Products, Inc. (1988). *Good talking to you*. Portland, OR: EPI (video).

Edwards, C. H. (2007). *Classroom discipline and management.* New York: John Wiley and Sons.

Egan, G. (2010). *The skilled helper* (8th ed.). Pacific Grove, CA: Brooks/Cole Publishing Co.

Egan, S. K. & Perry, D. G. (1998). Does low self-regard invite victimization? *Developmental Psychology, 334,* 299-309.

Eisenberg, N. (2003). Prosocial behavior, empathy, and sympathy. In: M. H. Bornstein, L. Davidson, C. L. M. Keyes & K. A. Moore (Eds.). *Well-being: Positive development across the life course* (p. 253- 267). Mahwah, NJ: Lawrence Erlbaum Associates.

Eisenberg, N. & Fabes, R. (1998). Prosocial development. In: N. Eisenberg (Ed.). *Handbook of child psychology* (V. 3, p. 710-778). New York: Wiley.

Eisenberg, N., Fabes, R. A., Shepard, S. A., Cumberland, A. & Carlo, F. (1999). Consistency and development of prosocial dispositions: A longitudinal study. *Child Development, 70,* 1360-1372.

Eisenberg, N., Fabes, R. A. & Spinrad, T. L. (2006). Prosocial development. In: W. Damon & R. Lerner (Eds.). *Handbook of child psychology* (V. 3, p. 646-718). New York: Wiley.

Eisenberg, N. & Spinrad, T. I. (2004). Emotion-related regulation: Sharpening the definition. *Child Development, 75,* 334-339.

Ekman, P. (2007). *Emotions revealed* (2nd ed.). New York: Times Books.

Ekman, P. & Friesen, W. (1969). The repertoire of nonverbal behavior: Categories, origins, usage, and coding. *Semiotica, 1,* 49-98.

Ekman, P., Friesen, W. & Ellsworth, P. (1972). *Emotion in the human face: Guidelines for research and integration of findings.* New York: Pergamon Press, Inc.

Elfenbein, H. A. & Ambady, N. (2003). Universals and cultural differences in recognizing emotions. *Current directions in Psychological Science, 12*(5), 159-165.

Eliason, C. & Jenkins, L. (2003). *A practical guide to early childhood curriculum.* Upper Saddle River, NJ: Prentice Hall.

Eliot, L. (1999). *What's going on here?* London: Bantam Books.

El Konin, D. (1971). Symbolics and its functions in the play of children. In: R. Herron & B. Sutton-Smith (Eds.). *Child's play* (p. 221-230). New York: John Wiley & Sons, Inc.

Ellis, B. J. & Bjorklund, D. F. (Eds.). (2004). *Origins of the social mind: Evolutionary psychology and child development.* New York: The Guilford Press, 219-244.

Epstein, A. S. (2007). *The intentional teacher: Choosing the best strategies for young children's learning.* Washington, DC: NAEYC.

Epstein, A. S. (2009). *Me, you, us: Social-emotional learning in preschool.* Ypsilanti, MI: HighScope Press.

Erikson, E. H. (1950, 1963). *Childhood and society* (Rev. ed.). New York: W. W. Norton & Co., Inc.

Erwin, P. (1998). *Friendship in childhood and adolescence.* New York: Routledge.

Espelage, D. L. & Swearer, S. M. (2004). *Bullying in American schools: A social-ecological perspective on prevention and intervention.* Mahwah, NJ: Lawrence Erlbaum Associates.

Essa, E. (2007). *What to do when: Practical guidance strategies for challenging behaviors in the preschool* (6th edition). Clifton Park, NY: Thompson Delmar Learning.

Essa, E. L. (2007). *A practical guide to solving preschool behavior problems* (5th ed.). Clifton Park, NY: Thomson Delmar Learning.

Evans, B. (2002). *You can't come to my birthday party: Conflict resolution with young children.* Ypsilanti, MI: High/Scope Press.

Evans, G. W. (2006). Child development and the physical environment. *Annual Reviews in Psychology, 57,* 423-451.

Exley, H. (1989). *What it's like to be me* (p. 17). New York Friendship Press.

Fabes, R.A., Baertner, B.M. & Popp, T. K. (2008). Getting along with others: Social competence in early childhood. In: K. McCartney & D. Phillips, *Blackwell handbook of early childhood development* (p. 297-316). Malden, MA: Blackwell Publishing.

Fabes, R. A., Martin, C. L. & Havish, L. D. (2003a). Children at play: The role of peers in understanding the effects of child care. *Child Development, 74*(4), 1039-1043.

_____. (2003b). Young children's play qualities in same-, other-, and mixed age peer groups. *Child Development, 74,* 921-932.

Fabes, R. A., Moss, A., Reesing, A., Martin C. L. & Hanish, L. D. (2005). *The effects of peer prosocial exposure on the quality of young children's social interactions.* Data presented at the annual conference of the National Council on Family Relations, Phoenix, AZ.

Fagot, B. & Leve, L. (1998). Gender identity and play. In: D. Fromberg & D. Bergen (Eds.). *Play from birth to twelve and beyond: Contexts, perspectives and meanings* (p. 187-192). New York: Garland Publishing, Inc.

Falco, M. (2009). Study: 1 in 110 U.S. children had autism in 2006. CNN Medical News Report, available at http://www.cnn.com/2009/HEALTH/12/17/autism

Farver, J. (1992). Communicating shared meanings in social pretend play. *Early Childhood Research Quarterly,* 501-516.

Fass, S. & Cauthen, N. K. (2006). *Who are America's poor children: National Center for Children in Poverty (NCCP).* New York: Columbia University.

Fathman, R. E. (2006). *2006 School corporal punishment report card.* Columbus, OH: National Coalition to Abolish Corporal Punishment in Schools, 1-3.

Feeney, S. (2010). Ethics today in early care and education: Review, reflection and the future. *Young Children, 65*(2), 72-77.

Feeney, S. & Freeman, N. K. (1999). *Ethics and the early childhood educator.* Washington, DC: National Association for the Education of Young Children.

Fehr, B. J. & Exline, R.V. (1987). Social visual interaction: A conceptual and literature review. In: A. W. Siegman & S. Feldstein (Eds.). *Nonverbal behavior and communication* (2nd ed.). Hillsdale, NJ: Erlbaum.

Feldman, R. S. (1999). *Child development: A topical approach.* Upper Saddle River, NJ: Prentice Hall.

Feldman, R. S., Coats, E. J. & Philippot, P. (1999). Television exposure and children's decoding of nonverbal behavior in children. In: P. Philippot, R. S. Feldman & E. J. Coats. (Eds.). *The social context of nonverbal behavior.* Cambridge, England: Cambridge University Press.

Feldman, R. S., Jenkins, L. & Popoola, O. (1979). Detection of deception in adults and children via facial expressions. *Child Development, 50,* 350-355.

Felstiner, S. (2004). Emergent environments: Involving children in classroom design. *Childcare Information Exchange, 157,* 41-43.

Feyereisen, P. & deLannoy, J. (1991). *Gestures and speech: Psychological investigations.* Cambridge, UK: Cambridge University Press.

Fields, M. V. & C. Boesser. (2002). *Constructive guidance and discipline: Preschool and primary education* (3rd ed.). Upper Saddle River, NJ: Merrill.

Fields, M. V., Perry, N. J. & Fields, D. (2010). *Constructive guidance and discipline: Preschool and primary education* (3rd ed.). Upper Saddle River, NJ: Pearson/Merrill.

Field, T. (2007). *The amazing infant.* Malden, MA: Blackwell Publishing.

Fivush, R., Brotman, M. A., Buckner, J. P. & Goodman, S. H. (2000). Gender differences in parent-child emotion narratives. *Sex Roles, 42,* 233-253.

Forgan, J. (2003). *Teaching problem solving through literature.* Westport, CT: Teachers Ideas Press.

Fox, J. & Tipps, R. (1995). Young children's development of swinging behaviors. *Early Childhood Research Quarterly, 10,* 491-504.

Fox, L., Carta, J., Strain, P., Dunlap, G. & Hemmeter, M. L. (2009). *Response to intervention and the Pyramid Model.* Tampa, FL: University of South Florida, Technical Assistance Center on Social Emotional Intervention for Young Children, http://www.challenegingbehavior.org

Fox, L. & Lentini, H. (2006). You got it!: Teaching social and emotional skills. *Young Children, 61*(6), 36-42.

Fox, N. A. (Ed.). (1994). The development of emotion regulation: Biological and behavioral considerations. *Monographs of the Society for Research in Child Development, 240*(59), 2-3.

Franz, C. E., McClelland, D. C. & Weinberger, R. L. (1991). Childhood antecedents of conventional social accomplishment in mid-life adults: A 36 year prospective study. *Journal of Personality and Social Psychology, 60,* 586-595.

Freeman, N. K. & Swick, K. J. (2007, Spring). The ethical dimensions of working with parents. *Childhood Education, 83*(3), 163-169.

Freie, C. (1999). Rules in children's games and play. In: S. Reifel (Ed.). *Play and contexts revisited. Play and culture studies* (V. 2, p. 83-100). Stamford, CT: Ablex Publishing Co.

French, D. C. (2004). The cultural context of friendship. *ISSBD Newsletter, 28,* 19-20.

French, D. C., Jansen, E. A. Riansari, M. & Setiono, K. (2000). Friendships of Indonesian children: Adjustment of children who differ in friendship presence and similarity between mutual friends. *Social Development, 12*(4), 605-618.

French, J. H. (1987). *A historical study of children's heros and fantasy play.* Boise State University, ID: School of Education.

Frey, K. S., Edstrom, L. V. & Hirschstein, M. K. (2010). School bullying: A crisis or opportunity. In: S. R. Jimerson, S. W. Swearer & D. L. Espelage (Eds.). *Handbook of bullying in schools: An international perspective* (p. 403-415). New York: Routledge.

Frick, P. J., Cornell, A. H., Bodin, S. D., Dane, H. E., Barry, C. T. & Loney, B. R. (2003). Callous-unemotional traits and developmental pathways to severe conduct disorders. *Developmental Psychology, 39,* 246-260.

Fridlund, A. L. & Russell, J. A. (2006). The functions of facial expressions: What's in a face. In: V. Manusov & M. Patterson (Eds.). *The Sage handbook of nonverbal communication* (p. 299-319). Thousand Oaks, CA: Sage Publications.

Frijda, N. (2000). The psychologist's point of view. In: M. Lewis & J. M. Haviland-Jones (Eds.). *Handbook of emotions* (p. 59-74). New York: The Guilford Press.

Fromberg & D. Bergen (Eds.). (1998) *Play from birth to twelve and beyond: Contexts, perspectives and meanings* (p. 187-192). New York: Garland Publishing, Inc.

Frost, J., Wortham, S. & Reifel, S. (2008). *Play and child development* (4th ed.). Upper Saddle River NJ: Merrill, Prentice Hall.

Fuhler, C. J., Farris, P. J. & Walther, M. P. (1999). Promoting reading and writing through humor and hope. *Childhood Education, 26*(1), 13-18.

Furnham, A. & Cheng, H. (2000). Lay theories of happiness. *Journal of Happiness Studies, 1,* 227-246.

Gable, R. A., Hester, P. P., Rock, M. & Hughes, K. (2009). Back to basics: Rules, praising, ignoring and reprisals revisited. *Intervention in School and Clinic, 44*(4), 195-205.

Gage, N. L. & Berliner, D. C. (1998). *Educational Psychology.* Boston: Houghton Mifflin.

Galambos-Stone, J. (1994). *A guide to discipline.* Washington, DC: National Association for the Education of Young Children.

Gallagher, K. C. & Sylvester, P. R. (2009). Supporting peer relationships in early education. In: O. A. Barbarin & B. H. Wasik. *Handbook of child development and early education: Research to practice* (p. 223-246). New York: The Guilford Press.

Garbarino, J. (1995). *Children and families in the social environment* (2nd ed.). New York: Aldine de Gruyter.

Garbarino, J. (1999). *Lost boys: Why our sons turn violent and how we can save them.* New York: Free Press.

_____. (2001). *Understanding abusive families: An ecological approach to theory and practice.* San Francisco, CA: Jossey-Bass.

Garbarino, J. (2005). *Growing up in a socially toxic environment*. CSREES-CYFAR conference. Washington DC, November.

_____. (2006). *See Jane hit: Why girls are growing more violent and what we can do about it*. New York: Penguin Group.

Gardner, H. (1999). *Disciplined mind*. New York: Basic Books.

_____. (2003, April 21). *Multiple intelligences after twenty years*. Paper presented at the American Education Research Association. Chicago, IL.

Garner, P. W., Dunsmore, J. C. & Southam-Gerrow, M. (2008). Mother-child conversations about emotions: Linkages to child aggression and prosocial behavior. *Social Development*, 17(2), 259-277.

Gartrell, D. J. (2011). *A guidance approach to the encouraging classroom* (4th ed.). Clifton Park, New York: Thomson Delmar Learning.

Gaskins, S., Haight, W. & Lancy, L. F. (2007). The cultural construction of play. In: A. Goncu & S. Gaskins (Eds.). *Play and development: Evolutionary, sociocultural, and functional perspectives* (p. 179-202). Mahwah, NJ: Lawrence Erlbaum Ass.

Gazda, G. M., Balzer, F., Childers, W., Nealy, A., Phelps, R., & Walters, W. (2006). *Human relations development – a manual for educators* (7th ed.). Boston: Allyn and Bacon, Inc.

Geary, D. (2004). Evolution and developmental sex differences. In: E. N. Junn & C. J. Booyatzis (Eds.). *Annual editions: Child growth and development* (p. 32-36). McGraw-Hill Contemporary Learning Series. Dubuque, IA: McGraw-Hill.

Gelfand, D. M. & Drew, C. J. (2003). *Understanding child behavior disorders*. Belmont, CA: Wadsworth.

Gelman, D. (1997). The miracle of resiliency. In: K. L. Freiberg (Ed.). *Human development – annualeditions*. Guilford, CT: Dushkin Publishing Group.

Genishi, C. & Dyson, A. H. (2009). *Children, language, and literacy: Diverse learners in diverse times*. New York: Teacher's College Press.

Gergen, K. (2001). *Social construction in context*. London: Sage.

Gershoff, E. (2003, November). Living at the edge. *Research brief #4. Low income and the development of America's kindergartners*. New York: Columbia University, National Center for Children in Poverty.

Gershoff, G. T. (2002). Corporal punishment by parents and associated child behaviors and experiences: A meta- analytic and theoretical review. *Psychological Bulletin 128*, 539-579.

Gest, S. D., Graham-Bermann & Hartup, W.W. (2001). Peer experience: Common and unique features of number of friendships, social network centrality, and sociometric status. *Social Development, 10*, 23-40.

Gestwicki, C. (2011). *Developmentally appropriate practice: Curriculum and development in early education* (3rd ed.). Clifton Park, NY: Thomson Delmar Learning.

Gilness, J. (2003, November). How to integrate character education into the curriculum. *Phi Delta Kappan, 85*(3), 243-245.

Ginsburg, K. R. (2006). *A parent's guide to building resilience in children and teens*. New York: American Academy of Pediatrics.

Gitlin-Weiner, K. (1998). Clinical perspectives on play. In: D. Fromberg & D. Bergen (Eds.). *Play from birth to twelve and beyond: Contexts, perspectives and meanings* (p. 187-192). New York: Garland Publishing, Inc.

Glanzman, M. M. & Blum, N. J. (2007). In: M. L. Batshaw, L. Pellegrino & N. J. Roizen (Eds.). *Children with disabilities* (6th ed.). Paul H. Brookes Publishing Co.

Gleason, J. B. & Ratner, N. B. (2008). *The development of language* (7th ed.). Needham Heights, MA: Allyn & Bacon.

Goelman, H. (2006). Conclusion: Emerging ecological perspectives on play and child care. In: G. Goleman & E. Jacobs (Eds.). *Children's play in child care settings* (p. 214-222). Albany: State University of New York.

Golbeck, S. (2006). Developing key cognitive skills. In: D. F. Gullo (Ed.). *K today: Teaching and learning in the kindergarten year* (p. 37-46). Washington, DC: NAEYC.

Goldsmith, E. B. (2009). *Resource management for individuals and families* (3rd ed.). Belmont, CA: Wadsworth/ Thompson Learning.

Goldsmith, H. H., Buss, A. H., Plomin, R., Rothbart, M. K., Chess, S., Hinde, R. A. & McCall, R. B. (1987). Roundtable: What is temperament? Four approaches. *Child Development, 58*, 505-529.

Goldstein, S. & Brooks, R. B. (Eds.) (2006). *Handbook of resilience in children*. New York: Springer.

Goleman, D. (1995). *Emotional intelligence: Why it can matter more than IQ*. New York: Bantam Books.

_____. (1999). *Working with emotional intelligence*. New York: Bantam Books.

_____. (2006). *Social intelligence: The new science of social relationships*. New York: Bantam Books.

_____. (2007). *Social intelligence: The new science of human relationships*. New York: Bantam Books.

Göncü, A., Jain, J. & Tuerner, U. (2007). Children's play as cultural interpretation, In A. Goncu & S. Gaskins (Eds.). *Play and development: Evolutionary, sociocultural, and functional perspectives* (p. 155- 178). Mahwah, NJ: Lawrence Erlbaum Ass.

Göncü, A., Patt, M. & Kouba, E. (2004). Understanding young children's pretend play in context, In P. K. Smith & C. Hart (Eds.). *Blackwell handbook of childhood social development* (p. 418-437). Malden, MA: Blackwell Publishers.

Gonzalez-Mena, J. (2001). *Foundations: Early childhood education in a diverse society*. Mountain View, CA: Mayfield Publishing.

_____. (2007). *Diversity in early care and education: honoring differences*. New York: McGraw-Hill Humanities.

Gonzalez-Mena, J. & Eyer, D. W. (2009). *Infants, toddlers and caregivers* (8th ed.). Boston: McGraw-Hill.

Goodnow, J. J. Analyzing agreement between generations: Do parents' ideas have consequences for children's ideas? In I. E. Sigel, A. M. McGillicuddy-DeLisi & J. J. Goodnow (Eds.). *Parental belief systems* (p. 293-317). Hillsdale, NJ: Erlbaum.

Goodwin, M. H. (2006). *The hidden life of girls: Games of stance, status, and exclusion*. Malden, MA: Blackwell Publishing.

Gootman, M. (1988, November/December). Discipline alternatives that work: Eight steps toward classroom discipline without corporal punishment. *The Humanist, 48*, 11-14.

Gordon, T. (1992). *Discipline that works: Promoting self-discipline in children*. New York: Plume Books.

Graham, S., Taylor, A. Z. & Ho, A. Y. (2009). Race and ethnicity in peer relations research. In: K. H. Rubin, W. M. Bukowski & B. Laursen (Eds.). *Handbook of peer interactions, relationships, and groups* (p. 394-413). New York: The Guilford Press.

Graves, S. B., Gargiulo, R. M. & Sluder, L. C. (1996). *Young children: An introduction to early childhood education*. Minneapolis, MN: West Publishing Co.

Griffin, H. (1984). The coordination of meaning in the creation of a shared make believe. In I. Bretherton (Ed.). *Symbolic play*. Orlando, FL: Harcourt Brace Jovanovich, Inc.

Grolnick, W. S., Bridges, L. J. & Connell, J. P. (1993). Emotional self-regulation in two-year-olds: Strategies and emotionality in four contexts. *Child Development, 67*, 928-941.

Grossman, K., Grossman, K. & Waters, E. (Ed.). (2006). *Attachment from infancy to adulthood*. Florence, KY: Taylor & Francis Group.

Grusec, J. E. & Davidov, M. (2008). Socialization in the family: The role of parents. *In:* J. Grusec & P. Hastings (Eds), *Handbook of socialization: Theory and research* (p. 284-308). New York: Guilford.

Grusec, J. E., Davidov, M. & Lundell, L. (2004). Prosocial and helping behavior. In: P. K. Smith & C. H. Hart (Eds.). *Blackwell handbook of childhood social development* (p. 457-473). Malden, MA: Blackwell Publishing Ltd.

Grusec, J. E., Goodnow, J. J. & Kuczynski, L. (2000). New directions in analyses of parenting contributions to children's acquisition of values. *Child Development, 71*, 205-211.

Guerin, D. W. & Gottfried, A. W. (1994). Temperamental consequences of infant difficultness. *Infant Behavior and Development, 17*, 421-423.

Guerney, L. (2004). *Parenting: A skills training manual* (2nd ed.). State College, PA: Ideals.

Guerrero, L. K. & Floyd, K. (2006). *Nonverbal communication in close relationships*. Mahwah, NJ: Lawrence Erlbaum Associates.

Gullone, E. & King, N. J. (1993). The fears of youth in the 1990s: Contemporary normative data. *Journal of Genetic Psychology, 154*(2), 137-153.

Gurian, M. (2007). *Nurture the nature*. San Francisco, CA: Jossey-Bass.

Gustafson, G. E., Wood, R. M. & Green, J. A. (2000). Can we hear the causes of infants' crying? In R. Barr, B. Hopkins & J. Green (Eds.). *Crying as a sign, a symptom, and a signal* (p. 8-22). London: Mac Keith Press.

Halberstadt, A. G. (1991). Toward an ecology of expressiveness: Family socialization and a model in general. In: R. S. Feldman & B. Rime (Eds.). *Fundamentals of nonverbal behavior* (p. 106-160). New York: Cambridge University Press.

Hall, E. T. (2002). *The hidden dimension*. Garden City, NY: Doubleday & Company, Inc.

Hall, J. (1996, Spring). Touch, status, and gender at professional meetings. *Journal of Nonverbal Behavior, 20*(1), 23-44.

_____. (2006). Women's and men's nonverbal communication: Similarity, differences, stereotypes, and origins. In: V. Manusov & M. Patterson (Eds.). *The Sage handbook of nonverbal communication* (p. 201-218). Thousand Oaks, CA: Sage Publications.

Halterman, J. S., Coon, K. M., Forbes-Jones, E., Fagano, M., Hightower, A. D. & Szilagyi, P. G. (2007). Behavior problems among inner city children with asthma: Findings from a community-based sample, *Pediatrics*, http://www.pediatrics.org

Hamblen, J. (2007). *Terrorist attacks and children*. Washington, DC: U. S. Dept. of Veteran Affairs National Center for Posttraumatic Stress Disorder. http://www.ncptsd.va.gov/ncmain/ncdocs/fact_shts/fs_children_disaster.html

Hamel, J. & Nicholls, T. (2006*). Family intervention in domestic violence*. New York: Springer Publishing.

Hamre, B. (2008). Learning opportunities in preschool and elementary classrooms. In: R. C. Pianata, M. J. Cox & K. Snow (Eds.). *School readiness, early learning, and the transition to kindergarten* (p. 219-239). Baltimore, MD: Brooke.

Hanish, L. D., Kochenderfer-Ladd., B., Fabes, R. A., Martin, C. L. & Denning, D. (2004). Bullying among young children: The influence of peers and teachers. In: D. L. Espelage & S. M. Swearer (Eds.). *Bullying in American schools: A socialecological perspective on prevention and intervention* (p. 141-159). Mahwah, NJ: Lawrence Erlbaum Associates.

Hanline, M. F., Wetherby, A., Woods, J., Fox, L. & Lentini, R. (2009). *Positive beginnings: Supporting young children with challenging behavior*. Florida State University & University of South Florida, retrieved March 1, 2010, http://pbs.fsu.edu/PBS.html

Hansen, J. (2007). The truth about teaching and touching, *Childhood Education, 83*(3) 158-162.

Harrington, R. G. (2004). Temper tantrums: Guidelines for parents. *Helping Children at Home and School II: Handouts for Families and Educators*. Bethesda, MD: National Association of School Psychologists.

Harris, P. L. (1989). *Children and emotion: The development of psychological understanding*. New York: Basil Blackwell.

Harrist, A. W., Zaia, A. F., Bates, J. E., Dodge, K. A. & Pettit, G. S. (1997). Subtypes of social withdrawal in early childhood: Sociometric status and social-cognitive differences across four years. *Child Development, 68*, 278-294.

Hart, B. & Risley, T. R. (2000). In: W. Damon & N. Eisenberg (Eds.). *Handbook of child psychology: V. 3. Social, emotional, and personality development* (5th ed.) (p. 553-618). New York: Wiley.

Hart, C. H., Newell, L. D. & Olsen, S. F. (2003). Parenting skills and social/communicative competence in childhood. In:

J. O. Greene & B.R. Burleson (Eds.). *Handbook of communication and social interaction skills* (p. 753-97). Mahwah, NJ: Erlbaum.

Harter, S. (1998). The development of self-preservations. In: W. Damon & N. Eisenberg (Eds.). *Handbook of child psychology, V. 3: Social, Emotional, and Personality Development* (5th ed., p. 553-618). New York: John Wiley and Sons, Inc.

Harter, S. (2006). The self. In: N. Eisenberg, W. Damon & R.M. Lerner (Eds.). *Handbook of child psychology* (p. 505-570). Hoboken, NJ: John Wiley & Sons.

Hartup, W. W. (1996). The company they keep: Friendships and their developmental significance. *Child Development, 67*, 1-13.

Hartup, W. W. & Abecassis, M. (2002). Friends and enemies. In: P. K. Smith & C. H. Hart (Eds.). *Blackwell handbook of childhood social development* (p. 286-306). Malden, MA: Blackwell.

_____. (2004). Friends and enemies. In: P. K. Smith & C. H. Hort (Eds.). *Blackwell handbook of childhood social development* (p. 285-305). Malden, MA: Blackwell.

Hartup, W. W. & Moore, S. G. (1990). Early peer relations: Developmental significance and prognostic implications. *Early Childhood Research Quarterly 5*(1) 1-17.

Haslett, B. B. & Samter, W. (1997). *Children communicating: The first five years*. Mahwah, NJ: Erlbaum.

Hastings, P. D., McShane, K. E., Parker, R. & Ladha, F. (2007). Ready to make nice: Parental socialization of young sons' and daughters' prosocial behaviors with peers. *The Journal of Genetic Psychology, 168*(2), 177-200.

Hastings, P. D., Rubin, K. H. & DeRose, L. (2005). Links among gender, inhibition, and parental socialization in the development of prosocial behavior. *Merrill-Palmer Quarterly, 51*, 501-527.

Hastings, P. D., Utendale, W. T. & Sullivan, C. (2008). The socialization of prosocial development. In: J. E. Grusec & P. D Hastings (Eds.). *Handbook of socialization: theory and research* (p. 638-664), New York: The Guilford Press.

Hastings, P. D., Vyncke, J., Sullivan, C., McShane, K. E., Benibui, M. & Utendale, W. (2006). *Children's development of social competence across family types*. Ottawa, Ontario: Department of Justice Canada.

Hastings, P. D., Zahn-Waxler, C. & McShane, K. (2005). We are, by nature, moral creatures: Biological bases for concern for others. In: M. Killen & J. Smetana (Eds.). *Handbook of moral development* (p. 483-516). Hillsdale, NJ: Erlbaum.

Hay, D. F., Payne, A. & Chadwick, A. (2004). Peer relations in childhood. *Journal of Child Psychology and Psychiatry, 45*(1), 84-108.

Hay, D., Ross, H. & Goldman, B. D. (2004). Social games in infancy. In: B. Sutton-Smith, (Ed.). *Play and learning* (p. 83-108). New York: Gardner Press.

Head Start Bureau. (1977). *Child abuse and neglect: A self-instructional text for Head Start personnel*. Washington, DC: U.S. Government Printing Office.

Hearron, P. & Hildebrand, V. (2009). *Guiding young children* (8th ed.). Upper Saddle River, NJ: Merrill.

Hebert-Meyers, H., Guttentag, C. L., Swank, P. R., Smith, K. E. & Landry, S .H. (2009). The importance of language, social, and behavioral skills across early and later childhood as predictors of social competence with peers. *Applied Developmental Science, 10*(4), 174-187.

Heimann, M. (2003). *Regression periods in human infancy*. Mahwah, NJ: Erlbaum.

Helwig, C. C. & Turiel, E. (2002). Children's social and moral reasoning. In: C. Hart & P. Smith (Eds.). *Handbook of childhood social development* (p. 475-490). Oxford: Blackwell Publishers.

Hemmeter, M. L., Ostrosky, M. & Fox, L. (2006). Social and emotional foundations for early learning: A conceptual model for intervention. *School Psychology Review, 35*, 583-601.

Hendrick, J. (2010). *The Whole Child* (10th ed.). New York: Macmillan.

Hendrick, J. & Weissman, P. (2009). *Total learning: Developmental curriculum for the young child*. Upper Saddle River NJ: Prentice Hall.

Henley, N. (1977). *Body politics: Power, sex and nonverbal communication*. Englewood Cliffs, NJ: Prentice Hall.

Herner, T. (1998). Understanding and intervening in young children's challenging behavior. *Counterpoint* (V. 1, p. 2) Alexandria, VA: National Association of Directors of Special Education.

Herrera, C. & Dunn, J. (1997). Early experiences with family conflict: Implications for arguments with a close friend. *Developmental Psychology, 33*, 869-881.

Hester, P. P., Hendrickson, J. M. & Gable, R. A. (2009). Forty years later: The value of praise, ignoring, and rules for preschoolers at risk for behavioral disorders. *Education and Treatment of Children. 32*(4), 513-535.

Hetherington, E. M. & Clingempeel, W. G. (1992). Coping with marital transitions: A family systems perspective. *Monographs of the Society for Child Development, 57*, 2, 3, serial no. 227.

Hetherington, E. M., Parke, R., Gauvin, M. & Otis-Locke, V. (2005). *Child psychology: A contemporary viewpoint*. Boston: McGraw-Hill.

Hinde, R. A. (2006). Ethological and attachment theory. In: K. Grossman, E. Grossman & E. Waters (Eds.). *Attachment from infancy to adulthood* (p. 1-12). Florence, KY: Taylor & Francis Group.

Hodges, E. V. E., Boivin, M., Vitaro, F. & Bukowski, W. M. (1999). The power of friendship: Protection against an escalating cycle of peer victimization. *Developmental Psychology, 35*, 94-104.

Hoff, L. A., Hallisly, B. J. & Hoff, M. (2009). *People in crisis: Clinical and diversity perspectives,* (6th ed.). New York: Routledge.

Hoffman, M. (1983). Affective and cognitive processes in moral internalization. In: E. T. Higgins, D. N. Ruble & W.W.

Hartup (Eds.). *Social cognition and social behavior: Developmental perspectives*. New York: Cambridge University Press.

Hoffman, M. L. (1990). Empathy and justice motivation. *Motivation and Emotion, 14*, 151-172.

_____. (2000). *Empathy and moral development*. New York: Cambridge University Press.

Hohmann, M., Weikart, D. P. & Epstein, A. S. (2008). *Educating young children* Ypsilanti, MI: High Scope Press.

Holmes, R. M., Valentino-McCarthy, J. M. & Schmidt, S. L. (2007). "Hey, no fair": Young children's perceptions of cheating during play. *Investigating play in the 21st century: Play & culture studies, Volume 7* (p. 259-276). Lanham, MD: University Press of America, Inc.

Honig, A. (1992, November). *Mental health for babies: What do theory and research teach us?* Paper presented at the Annual Meeting of National Association for the Education of Young Children, New Orleans, LA.

_____. (1993, December). *Toddler strategies for social engagement with peers*. Paper presented at the Biennial National Training Institute of the National Center for Clinical Infant Programs, Washington, DC.

_____. (1998). Sociological influences on genderrole behaviors in children's play. In: D. Fromberg & D. Bergen (Eds.). *Play from birth to twelve and beyond: Contexts, perspectives and meanings* (p. 338-348). New York: Garland.

_____. (2009). *Little kids, big worries: Stress-busting tips for early childhood classrooms*. New York: Paul H. Brookes Publishing Co.

Honig, A. S. (1985, March). Compliance, control and discipline. *Young Children, 40*(3), 47-51.

_____. (1998, April). *Create a prosocial plus cognitive curriculum for young children*. Paper presented at the Early Childhood Branch of the New York Public Library, New York.

_____. (2000, September). Psychosexual development in infants and young children. *Young Children, 55*(5), 70-77.

_____. (2004, March/April). How to create an environment that counteracts stereotyping. *Child Care Information Exchange*, 37-41.

Honig, A. S. & Wittmer, D. S. (1996). Helping children become more prosocial: Ideas for classrooms, families, schools and communities. *Young Children, 51*(2), 62-70.

Hopkins, A. R. (2005). Children and grief: The role of the educator. In: K. M. Paciorek & J. H. Munro (Eds.). *Early childhood education annual editions* (p. 144-199). Dubuque, IA: McGraw-Hill/Dushkin.

Horne, A. M., Orpinas, P., Newman-Carlson, D. & Bartolomucci, C. L. (2004). Elementary school bully busters program: Understanding why children bully and what to do about it. In: D. L. Espelage & S. M. Swearer (Eds.). *Bullying in American schools: A social-ecological perspective on prevention and intervention* (p. 297-325). Mahwah, NJ: Erlbaum.

Horowitz, I. A. & Bordens, K. S. (1995). *Social psychology*. Mountain View, CA: Mayfield.

Horowtiz, F. D., Darling-Hammond, L. & Bransford, J. (2005). Educating teachers for developmentally appropriate practice. In: L. Darling-Hammond & J. Bransford (Eds.). *Preparing teachers for a changing world* (p. 88-125). San Francisco, CA: Jossey-Bass.

Hostetler, K. (1997). *Ethical judgment in teaching*. Boston: Allyn & Bacon.

Howe, N. Moller, Chambers & Petrakos (1993). The ecology of dramatic play centers and children's social and cognitive play. *Early Childhood Research Quarterly, 8*, 235-251.

Howes, C. (2000). Social development, family, and attachment relationships. In: D. Cryer & T. Harms (Eds.). *Infants and toddlers in out-of-home care* (p. 87-113). Baltimore, MD: Paul H. Brookes Publishing, Co.

_____. (2009). Friendship in early childhood. In: K. H. Rubin, W.M. Bukowski & B. Laursen (Eds.). *Handbook of peer interactions, relationships, and groups* (p. 180-194). New York: The Guilford Press.

Howes, C. & Lee, L. (2007). If you are not like me, can we play? Peer groups in preschool. In: O. Saracho & B. Spodek (Eds.). *Contemporary perspectives on research in social learning in early childhood education* (p. 259-278). Durham, NC: Information Age.

Howes, C., Matheson, C. C. & Wu, F. (1992). Friendships and social pretend play. In: C. Howes, O. Unger & C. C. Matheson (Eds.). *The collaborative construction of pretend*. Albany: State University of New York Press.

Hrabok, M. & Kerns, K. A. (2010). The development of self-regulation: A neuropsychological perspective. In: B. W. Sokol, U. Muller, J. I. M. Carpendale, A. R. Young & G. Iarocci (Eds.). *Self and social regulation: Social interaction and the development of social understanding and executive functions* (p. 129-154). New York: Oxford University Press.

Hubbard, J. A., Smithmyer, C. M., Ramsden, S. R., Parker, E. H., Flanagan, K. D., Dearing, K. F., Relyea, N. & Simons, R. F. (2002). Observational, psychological, and self-report measures of children's anger: Relations to reactive versus proactive aggression. *Child Development, 73*, 1101-1118.

Hughes, C. & Ensor, R. (2010). Do early social cognition and executive function predict individual differences in preschoolers' prosocial and antisocial behavior? In B. W. Sokol, U. Muller, J. I. M. Carpendale, A. R. Young & G. Iarocci (Eds.). *Self and social regulation: Social interaction and the development of social understanding and executive functions* (p. 418-441). New York: Oxford University Press.

Hughes, F. (2009). *Children, play, and development*. Boston: Allyn & Bacon.

Hutt, C. (1971). Exploration and play in children. In: R. Herron & B. Sutton-Smith (Eds.). *Child's play*. New York: John Wiley & Sons.

Hyman, I. A. (1990). *Reading, writing and the hickory stick: The appalling story of physical and psychological violence in American schools*. Boston: Lexington Books.

Hyman, I. A. (1997). *The case against spanking: How to discipline your child without hitting.* San Francisco, CA: Jossey Bass.

Hymowitz, K. S. (2006). *Marriage and caste in America: Separate and unequal families in a post-marital age.* Chicago: Ivan R. Dee, Publisher.

Hyson, M. (2004). *The emotional development of young children.* New York: Teachers College Press.

Hyun, E. & Choi, D. H. (2004). Examination of young children's gender-doing and gender-bending in their play dynamics. *International Journal of Early Childhood, 36*(1), 49-64.

Ingraham v. Wright, 95 S. Ct. 1401, at 1406, citing 525 F.2d. 909 (1977), at 917.

Isabella, R. & Belsky, J. (1991). International synchrony and the origins of infant-mother attachment: A replication study. *Child Development, 62*(2), 373-384.

Isberg, R. S. et al. (1989). Parental contexts of adolescent self-esteem. *Journal of Youth and Adolescence, 18*, 1-23.

Izard, C. (1994). Innate and universal facial expression. Evidence from developmental and cross-cultural research. *Psychological Bulletin, 115*, 288-299.

Izard, C. E., Ackerman, B. P., Schoff, K. M. & Fines, S. E. (2000). Self-organization of discrete emotions, emotion patterns, and emotion-cognition relations. In: M. Lewis & I. Granie (Eds.). *Emotion, development and self-organization: Dynamic system approaches to emotional development* (p. 15-36). New York: Cambridge University Press.

Izard, C. E., Fantauzzo, C. A., Castle, J. M., Haynes, O. M., Rayias, M. F. & Putnam, P. H. (1995). The ontogeny and significance of infants' facial expressions in the first 9 months of life. *Developmental Psychology, 31*, 997-1013.

Jaago, Z. E. & Tanner, K. (1999). *The influence of the school facility on student achievement.* Unpublished honors paper, College of Education Research Abstracts and Reports, University of Georgia, Athens, GA.

Jackson, J. S. (2003). *Bye-bye, bully!: A kid's guide for dealing with bullies.* St. Meinrad, IN: Abbey Press.

Jalongo, M. R. (2008). *Learning to listen, listening to learn: Building essential skills in young children.* Washington, DC: National Association for the Education of Young Children.

Jalongo, M. R. & Isenberg, J. (2004). *Exploring your role: A practitioner's introduction to early childhood education.* Upper Saddle River, NJ: Merrill.

Janssen, D., Schöllhörn, W. I., Lubienetzki, J., Folling, K., Kokenge, H. & Davids, K. (2008). Recognition of emotions in gait patterns by means of artificial neural nets. *Journal of Nonverbal Behavior, 32*, 72-92.

Jarratt, J. (1994). *Helping children cope with separation and loss.* Stockholm: Slussens Bokforlag.

Jaswal, V. K. & Fernald, A. (2007). Learning to communicate. In: A. Slater & M. Lewis (Eds.). *Introduction to infant development* (p. 270-287). New York: Oxford University Press.

Javernik, E. (1988). Johnny's not jumping: Can we help obese children? *Young Children*, 18-23.

Jenkins, J. M., Turrell, S. L., Kogushi, Y., Lollis, S. & Ross. H. S. (2003). A longitudinal investigation of the dynamics of mental state talk in families. *Child Development, 74*(3), 905-920.

Jimerson, S. R., Swearer, S. M. & Espelage, D. L. (Eds.). (2010). *Handbook of bullying in schools: An international perspective.* New York: Routledge.

Johansson, E. (2006). Children's morality: Perspectives and research. In: B. Spodek & N. Saracho (Eds.). *Handbook of research on the education of young children* (p. 55-84). Mahwah, NJ: Erlbaum.

Johnson, J. E., Christie, J. F. & Wardle, F. (2005). *Play, development, and early education.* Boston: Allyn & Bacon.

Johnson, K. R. (1998). Black kinesics: Some nonverbal communication patterns in black culture. *Florida FL Reporter, 57*, 17-20.

Jones, E. (2004). Playing to get smart, In Koralek, D. (Ed.). *Young children and play* (p. 25-27). Washington, DC: National Association for the Education of Young Children.

Jordan, E., Cowan, A. & Roberts, J. (1995). Knowing the rules: Discursive strategies in young children's power struggles. *Early Childhood Research Quarterly, 10*, 339-358.

Kaiser, B. & Rasminsky, J. S. (2007). *Challenging behavior in young children: Understanding, preventing and responding effectively.* Boston: Pearson.

Kalish, C. W. & Cornelius, R. (2006). What is to be done? Children's ascriptions of conventional obligations. *Child Development, 78*, 859-878.

Kamii, C. (1994). Viewpoint: Obedience is not enough. *Young Children, 39*(4), 11-14.

Kaplan, J. S. (2000). *Beyond functional assessment: A social- cognitive approach to the evaluation of behavior problems in children and youth.* Austin, TX: Pro-Ed.

Karp, H. (2003). *The happiest baby on the block: The new way to calm crying and help your newborn baby sleep longer.* New York: Bantam Books.

Kastenbaum, R. (2004). *Death, society, and human experience.* Boston: Allyn and Bacon.

Katz, L. F. & Windecker-Nelson, B. (2004). Parental meta-emotion in families with conduct-problem children: Links with peer relations. *Journal of Abnormal Psychology, 32*, 385-398.

Katz, L. G. (1993). Distinctions between self-esteem and narcissism: Implications for practice. *Perspectives from ERIC/ EECE. Monograph Series, 5*, Urbana, IL: Eric Clearinghouse on Elementary and Early Childhood Education. (ERIC Document Reproduction Service No. 363-452).

Katz, L. G. & Chard, S. C. (2000). *Engaging children's minds: The project approach.* Norwood, NJ: Ablex.

Katz, L. G. & Katz, S. J. (2009). *Intellectual emergencies.* Lewisville, NC: Kaplan Press.

Katz, L. G. & McClellan, D. E. (1997). *Fostering children's social competence: The teacher's role.* Washington, DC: National Association for the Education of Young Children.

Kazdin, A. E. (2008). *Behavior modification in applied settings*. Belmont, CA: Wadsworth.

Keane, S. P. & Calkins, S. D. (2004). Predicting kindergarten peer social status from toddler and preschool problem behavior. *Journal of Abnormal Child Psychology, 32*, 409-423.

Kearney, M, (1999). The role of teachers in helping children of domestic violence. *Childhood Education, 75*(5), 290-296.

Keenan, K. & Shaw, D. S. (1995). The development of coercive family processes: The interaction between aversive toddler behavior and parenting factors. In: J. McCord (Ed.). *Coercion and punishment in long-term perspectives* (p. 165-180). New York: Cambridge University Press.

Kenyon, P. (1999). *What would you do? An ethical case workbook for human service professionals*. Pacific Grove, CA: Brooks/Cole.

Kerns, L. & Clemens, N. H. (2007). Antecedent strategies to promote appropriate classroom behavior. *Psychology in the Schools, 44*(1), 65-75.

Kerr, D. C. R., Lopez, N. L, Olson, S. L. & Sameroff, A. J. (2004). Parental discipline and externalizing behavior problems in early childhood: The roles of moral regulation and child gender. *Journal of Abnormal Child Psychology, 32*, 369-383.

Kerr, M. M. & Nelson, C. M. (2010). *Strategies for addressing behavior problems in the classroom* (6th ed.). Columbus, OH: Merril/Prentice Hall.

Kessler, J. W. (1972). Neurosis in childhood. In: B. Wolman (Ed.). *Manual of child psychopathology*. New York: McGraw-Hill.

Key, M. R. (1975). *Paralanguage and kinesics*. Metuchen, NJ: Scarecrow Press.

Killen, M. (1991). Social and moral development in early childhood. In: W. M. Kurtines & J. L. Gerwirtz (Eds.). *Handbook of moral behavior and development, V. 2: Research* (p. 115-138), Hillsdale, NJ: Erlbaum.

Kim, J. M. (1998). Korean children's concepts of adult and peer authority and moral reasoning. *Developmental Psychology, 34*, 947-955.

Kim, J. M. & Turiel, E. (1996). Korean children's concepts of adult and peer authority. *Social Development, 5*, 310-329.

Kirby, J. (2004). *Single-parent families in poverty*. Columbus: Ohio State University.

Klein, M. D., Cook, R. E. & Richardson-Gibbs, A. M. (2001). *Strategies for including children with special needs in early childhood settings*. Albany, NY: Delmar/Thomson Learning.

Klein, T. P., Wirth, D. & Linas, K. (2004). Play, children's context for development. In: Koralek, D. (Ed.). *Spotlight on young children and play*. Washington, DC: National Association for the Education of Young Children.

Knafo, A. & Plomin, R. (2006). Parental discipline and affection and children's prosocial behavior: Genetic and environmental links. *Journal of Personality and Social Psychology, 90*(1), 147-164.

Knapczyk, D. R. (2004). *Self discipline for self-reliance and academic success*. Verona, WI: Attainment.

Knapp, J. & Hall, J. (2010). *Nonverbal communication in human interaction* (7th ed.). Boston: Wadsworth.

Knapp, M. L. & Hall, J. (2010). *Nonverbal communication in human interaction* (7th ed.). Upper Saddle River, NJ: Thompson Learning.

Kochanska, G. (1991). *Affective factors in mothers' au-tonomy-granting to their five-year-olds: Comparisons of well and depressed mothers*. Paper presented at the Meetings of the Society for Research in Child Development, Seattle, WA.

Kochanska, G. (1995). Children's temperament, mother's discipline, and security of attachment: Multiple pathways to emerging internalization. *Child Development, 66*, 597-615.

Kochanska, G. & Aksan, N. (2006). Children's conscience and self-regulation. *Journal of Personality, 74*, 1587-1617.

Kochanska, G., Aksan, N., Prisco, T. R. & Adams, E. E. (2008). Mother-child and father-child mutually responsive orientation in the first two years and children's outcomes at preschool age: Mechanisms of influence. *Child Development, 79*, 30-44.

Kochanska, G., Gross, J. N., Lin, M. & Nichols, K. E. (2002). Guilt in young children: Development, determinants and relations with a broader system of standards. *Child Development, 73*, 461-482.

Kochanska, G., Padavic, D. L. & Koenig, A. L. (1996). Children's narratives about hypothetical moral dilemmas and objective measures of their conscience: Mutual relations and social antecedents. *Child Development, 67*, 1420-1436.

Kochanska, G., Padavic, D. L. & Koenig, A. L. (1996). Children's narratives about hypothetical moral dilemmas and objective measures of their conscience: Mutual relations and social antecedents. *Child Development, 67*, 1420-1436.

Kochenderfer-Ladd, B. J. & Wardrop, J. L. (2001). Chronicity and instability of children's peer victimization experiences as predictors of loneliness and social satisfaction trajectories. *Child Development, 72*, 134-151.

Koch, J. (2009). *So you want to be a teacher? Teaching and learning in the 21st century*. Boston: Houghton Mifflin.

Kohn, A. (2006). *Beyond discipline: From compliance to community*. Alexandria, VA: Association for Supervision and Curriculum Development.

Kontos, S. & Wilcox-Herzog, A. (1997). Teacher's interactions with children: Why are they so important? *Young Children, 52*(2), 4-12.

Kostelnik, M., (1987a). *Development practices in early childhood programs*. Keynote address, National Home Start Day, New Orleans.

Kostelnik, M. J. (2005, November/December). Modeling ethical behavior in the classroom. *Child Care Information Exchange*, 17-21.

Kostelnik, M. J. & Grady, M. L. (2009). *Getting it right from the start*. Thousand Oaks, CA: Corwin.

Kostelnik, M. J., Onaga, E., Rohde, B. & Whiren, A. (2002a). Rosie: The girl with the million dollar smile. In: *Children* with special needs: Lessons for early childhood professionals (p. 32-48). New York: Teachers College Press.

_____. (2002b). Sam: A complex child. In: *Children with special needs: Lessons for early childhood professionals* (p. 100-119). New York: Teachers College Press.

Kostelnik, M. J., Onaga, E., Rohde, B. & Whiren, A. (2002c). Brian: Just bursting to communicate. In: *Children with special needs: Lessons for early childhood professionals* (p. 120-135). New York: Teachers College Press.

Kostelnik, M. J., Soderman, A. K. & Whiren, A. (2011). *Developmentally appropriate programs in early childhood education (5th ed.)*. Upper Saddle River, NJ: Prentice Hall.

Kostelnik, M. J., Whiren, A. & Stein, L. (1986). Living with He-Man: Managing superhero fantasy play. *Young Children, 41*(4), 3-9.

Kovach, B. & Da Ros-Voseles, D. (2008). *Being with babies: Understanding and responding to the infants in your care*. Beltsville, MD: Gryphon House, Inc.

Kozol, J. (2006). *Rachel and her children – Homeless families in America*. New York: Three Rivers Press.

Krannich, C. & Krannich, R. (2001). *Savvy interviewing: The nonverbal advantage*. Manassas Park, VA: Impact Publications.

Kuczynski, L. & Kochanska, G. (1995). Function and content of maternal demands: Developmental significance of early demands for competent action. *Child Development, 66*, 616-628.

Kuhn, D. (2005). *Education for thinking*. Cambridge, MA: Harvard University Press.

Kuraoka, O. B. (2004, September). What kids worry about (it might surprise you). *San Diego Family Magazine*, 128-130.

Kurcinka, M. S. (2000). *Kids, parents and powers Struggles*. New York: Harper Collins.

Kuttler, A. F., Parker, J. G. & LaGreca, A. M. (2002). Developmental and gender differences in preadolescents' judgments of the veracity of gossip. *Merrill-Palmer Quarterly, 48*, 105-132.

Kuykendall, J. (1995). Is gun play OK here??? *Young Children, 50*(1), 56-59.

Labile, D. & Thompson, R. A. (2008). Early socialization: A relationship perspective. In: J. E. Grusec & P. D. Hastings (Eds.). *Handbook of socialization: Theory and research* (p. 181-207). New York: The Guilford Press.

LaBounty, J., Wellman, H. M., Olson, S., Lagattuta, K. & Liu, D. (2008). Mother's and father's use of internal state talk with their young children. *Social Development 17*(4), 754-774.

Ladd, G. W. (1990). Having friends, keeping friends, making friends, and being liked by peers in the classroom: Predictors of children's early school adjustment. *Child Development, 61*, 1081-1100.

Ladd, G. W. (1999). Peer relationships and social competence during early and middle childhood. *Annual Review of Psychology, 50*, 333-359.

Ladd, G. W. (2000). The fourth R: Relationships as risks and resources following children's transition to school. *American Educational Research Division Newsletter, 19*(1), 7, 9-11.

_____. (2005). *Children's peer relations and social competence: A century of progress*. New Haven, CT: Yale University Press.

_____. (2008). Social competence and peer relations: Significance for young children and their service providers. *Early Childhood Services, 2*(3), 129-148.

Ladd, G. W., Herald, S. L., Slutzky, C. B. & Andrews, R. K. (2004). Preventive interventions for peer group rejection. In: L. A. Rapp-Paglicci, C. N. Dulmus & J. S. Wodarski (Eds.). *Handbook of preventive interventions for children and adolescents* (p. 15-48). New York: Wiley.

Ladd, G. W. & Troop-Gordon, W. (2003). The role of chronic peer difficulties in the development of children's psychological adjustment problems. *Child Development, 74*(2), 1344-1367.

Lafrance, M. & Hecht, M. A. (1999). Option or obligation to smile: The effects of power and gender on facial expression. In: P. Philippot, R. Feldman & E. Coats (Eds.). *Social context of nonverbal behavior*. Cambridge, U.K: Cambridge University Press.

LaFreniere, P., Masataka, N., Butovskaya, M., Chen, Q., Dessen, M. A., Atwanger, K., Schreiner, S., Montirosso, R. & Frigerio, A. (2002). Cross-cultural analysis of social competence and behavior problems in preschoolers. *Early Education & Development, 13*(2), 201-220.

Lagattuta, K. H. & Wellman, H. M. (2001). Thinking about the past: Early knowledge about links between past experience, thinking and emotions. *Developmental Psychology, 38*, 564-580.

Lagattuta, K. H., Wellman, H. M. & Flavell, J. H. (1997). Preschoolers' understanding of the link between thinking and feeling: Cognitive cuing and emotional change. *Child Development, 68*, 1081-1104.

Laible, D. J. & Thompson, R. A. (2000). Mother-child discourse, attachment security, shared positive affect, and early conscience development. *Child Development, 71*, 1424-1440.

_____. (2008). Early socialization: A relationship perspective. In: J. E. Grusec & P. D. Hastings (Eds.). *Handbook of socialization: Theory and research* (p. 181-206). New York: The Guilford Press.

Lamarche, V., Brendgen, M., Boivin, M., Vitaro, F., Perusse, D. & Dionne, G. (2006). Do friendships and sibling relationships provide protection against peer victimization in a similar way? *Social Development, 15*(3), 373-393.

Lamb, M. E. & Easterbrooks, M. A. (1981). Individual differences in parental sensitivity: Origin, components and consequences. In: M. E. Lamb & L. R. Sherrod (Eds.). *Infant social cognition: Theoretical and empirical considerations* (p. 127-154). Hillsdale, NJ: Erlbaum.

Lamm, S. Grouix, J. G., Hansen, C. Patton, M. M. & Slaton, A. J. (2006). Creating environments for peaceful problem solving. *Young Children. 61*(1), 22-28.

Landy, S. (2002). *Pathways to competence: Encouraging healthy social and emotional development in young children*. Baltimore, MD: Paul H. Brooks.

Lansford, J. E., Chang, L., Dodge, K. A., Malone, P. S., Oburu, P., Palmerus, K., Bacchini, D., Pastorelli, C., Bombi, A. S., Zelli, A., Tapanya, S., Chaudhary, N., Deater-Deckard, K., Manke, B. & Quinn, D. (2005). Physical discipline and children's adjustment: Cultural normativeness as a moderator. *Child Development, 76*, 1234-1246.

Lantieri, L. (2008). *Building emotional intelligence*. Boulder, CO: Sounds True.

Lareau, A. (2003). *Unequal childhoods: Class, race & family life*. Berkeley: University of California Press.

Larsen, J. T., To, Y. M. & Fireman, G. (2007). Children's understanding and experience of mixed emotions. *Psychology Science, 18*(2), 186-191.

Larzelere, R. E., Schneider, W. N., Larson, D. B. & Pike, P. L. (1996). The effects of discipline responses in delaying toddler misbehavior recurrences. *Child & Family Behavior Therapy, 18*, 35-57.

Laursen, B. & Pursell, G. (2009). Conflict in peer relationships. In: K. H. Rubin, W. M. Bukowski & B. Laursen (Eds.). *Handbook of peer interactions, relationships and groups* (p. 267-286). New York: The Guilford Press.

Leadbeater, B., Dodgen, D. & Solarz, A. (2005). In: R. D. Peters, B. Leadbeater & R. J. McMahon (Eds), *Resilience in children, families, and communities: Linking context to practice and policy* (p. 47-61). New York: Kluwer Academic/Plenum Publishers.

Leary, M. R. (2004). The sociometer, self-esteem, and the regulation of interpersonal behavior. In: R. F. Baumeister & K. D. Vohs (Eds.). *Handbook of self-regulation: Research, theory, and applications* (p. 373-391). New York: The Guilford Press.

Leary, M. R. & Baumeister, R. F. (2000). The nature and function of self-esteem: Sociometer theory. *Advances in Experimental Social Psychology, 32*, 1-62.

Leary, M. R. & McDonald, G. (2003). Individual differences in self-esteem: A review and theoretical integration. In M. Leary & J. P. Tangney (Eds.). *Handbook of self and identity* (p. 401-418). New York: The Guilford Press. Lee, L. & Charlton, J. (1980). *The hand book*. Englewood Cliffs, NJ: Prentice Hall.

Lengua, L. J. (2002). The contribution of emotionality and self-regulation to the understanding of children's response to multiple risk. *Child Development, 73*, 144-161.

Lepper, M. R. & Henderlong, J. (2000). Turning "play" into "work" and "work" into "play": 25 years of research on intrinsic versus extrinsic motivation. In: C. Sanson & J. M. Harackiewicz (Eds.). *Intrinsic and*
extrinsic motivation: The search for optimal motivation and performance (p. 257-307). New York: Academic Press.

Lerner et al. (2005). Positive youth development, participation in community youth development programs, and community contributions of fifth-grade adolescents: Findings from the first wave of the 4-H study of positive youth development. *Journal of Early Adolescence, 25*, 17-71.

Lerner, J. & Johns, B. (2009). Learning disabilities and related mild disabilities: Characteristics, teaching strategies, and new directions. Boston: Houghton Mifflin.

Lessin, R. (2002). *Spanking, a loving discipline: Helpful and practical answers for today's parents*. Grand Rapids, MI: Bethany House Publishers.

Levin, D. (2003). *Teaching young children in violent times* (2nd ed.). Washington, DC: National Association for the Education of Young Children.

Levin, D. E. & Kilbourne, J. (2008). *So sexy so soon: The new sexualized childhood and what parents can do to protect their kids*. New York: Ballantine.

Levine, L. J. (1995). Young children's understanding of the causes of anger and sadness. *Child Development, 66*, 697-709.

Levinger, G. & Levinger, A. C. (1986). The temporal course of close relationships: Some thought about the development of children's ties. In: W. W. Hartup & Z. Rubin (Eds.). *Relationships and development*. Hillsdale, NJ: Erlbaum.

Lewis, D. & Carpendale, J. (2004). Social cognition. In: P. K. Smith & C. H. Hart (Eds.). *Childhood social development* (p. 375-393). Malden, MA: Blackwell.

Lewis, M. (2007). Early emotional development. In: A. Slater & M. Lewis (Eds.). *Introduction to infant development* (p. 233-252). New York: Oxford University Press.

Linares, L. O. (2004). *Community violence: The effects on children*. New York: NYU Child Study Center.

Lochman, J. (1994). Social-cognitive processes of severely violent, moderately aggressive and nonaggressive boys. *Journal of Clinical and Counseling Psychology, 62*, 366-374.

Loeber, R. & Hay, D. F. (1993). Developmental approaches to aggression and conduct problems. In: M. Rutter & D. F. Hay (Eds.). *Development through life: A handbook for clinicians* (p. 488-516). Oxford, UK: Blackwell Scientific Publications.

Loeber, R. L., Farrington, D. P., Stouthamer-Loeber, M., Moffitt, T. E. & Caspi, A. (1999). The development of male offending: Key findings from the first decade of the Pittsburgh Youth Study. *Studies on Crime and Crime Prevention, 8*, 245-263.

Loew, R. (2006). *Last Child in the Woods*. Chapel Hill, NC: Algonquin Books.

Lopes, P. N. & Salovey, P. (2004). Toward a broader education: Social, emotional and practical skills. In: J. E. Zins, R. P., Weissberg, M. C. Wang & H. J. Walberg (Eds.). *Building academic success on social and emotional learning* (p. 76-93). New York: Teachers College Press.

Lorenz, K. (1966). *On aggression*. (M. K. Wilson, Trans.). New York: Harcourt Brace Jovanovich.

Lucariello, J. (1998). Together wherever we go: The ethnographic child and the developmentalist. *Child Development, 69*, 355-358.

Lu, H. (2003, July). *Low income children in the United States.* New York: Columbia University, National Center for Children in Poverty.

Lung, C. T. & Daro, D. (1996). *Current trends in child abuse reporting and fatalities: The results of the 1995 Annual Fifty States Survey.* Chicago: National Committee to Prevent Child Abuse.

Luria, A. R. (1961). *The role of speech in the regulation of normal and abnormal behavior.* London: Pergamon Press.

Luthar, S. S. (2003). *Resilience and vulnerability: Adaptation in the context of childhood adversities.* New York: Cambridge University Press.

Lutz, S. E. & Ruble, D. N. (1995). Children and gender prejudice: Context, motivation and the development of gender conception. In: R. Vasta (Ed.). *Annals of child development* (V. 10). London: Jessica Kingsley.

Lynch, E. W. & Hanson, M. J. (2004). *Developing cross- cultural competence: A guide for working with children and their families.* Baltimore, MD: Paul H. Brookes.

Lynnette, R. (2001). Corporal punishment in American public schools and the rights of the child. *Journal of Law Education, 30,* 554-563.

Lytton, H. (1990). Child and parent effects in boy's conduct disorder: A reinterpretation. *Developmental Psychology, 26,* 683-697.

Lyubomirsky, S. (2008). *The how of happiness: A scientific approach to getting the life you want.* New York: Penguin Press.

Maccoby, E. E. (2007). Historical overview of research and theory. In: J. E. Grusec & P. D. Hastings (Eds.). *Handbook of socialization theory and practice* (p. 13-41). New York: The Guilford Press.

Maccoby, E. & Martin, J. A. (1983). Socialization in the context of the family: Parent-child interaction. In: P. H. Mussen (Ed.). *Handbook of child psychology* (4th ed., V. 4). New York: Wiley.

MacGeorge, E. L. (2003). Gender differences in attributions and emotions in helping contexts. *Sex Roles, 48*(3), 175.

Machotka, P. & Spiegel, J. (1982). *The articulate body.* New York: Irvington Publishers.

Mackenzie, R. J. & Stanzione, L. (2010). *Setting limits in the classroom: A complete guide to classroom management* (3rd ed.). Rocklin, CA: Three Rivers Press.

Magid, K. & McKelvey, C. A. (1996). *High risk: Children without a conscience.* New York: Bantam Books.

Mahler, M., Pine, S. & Bergman, A. (1975). *The psychological birth of the human infant.* New York: Basic Books.

Maker, C. J. (1993). Creativity, intelligence, problem solving: A definition and design for cross-cultural research and measurement related to giftedness. *Gifted Educational International, 9,* 68-77.

Malott, R. & Trojan, E. A. (2008). *Principles of behavior* (6th ed.). Upper Saddle River, NJ: Pearson.

Malti, T., Keller, M., Gummerum, M. & Buchmann, M. (2009). Children's moral motivation, sympathy, and prosocial behavior. *Child Development, 80*(2), 442-460.

Mandleco, B. L. & Peery, J. C. (2000). An organizational framework for conceptualizing resilience in children. *Journal of Child and Adolescent Psychiatric Nursing, 13*(1), 99-111.

Mapp, S. & Steinberg, C. (2007, January/February). Birth-families as permanency resources for children in long- term foster care. *Child Welfare, 86*(1), 29.

March of Dimes. (2003). Understanding the behavior of term infants, retrieved March 15, 2010, from http:// www.marchofdimes.com/nursing/modnemedia/ othermedia/background.pdf

March of Dimes Birth Defects Foundation. (2007). Down syndrome. *Quick reference & fact sheets for professionals and researchers, 681,* 1-4.

Marion, M. (2011). *Guidance of young children.* New York: Macmillan.

Marks, D. R. (2002). *Raising stable kids in an unstable world: A physician's guide to dealing with childhood stress.* Deerfield, FL: Health Communications, Inc.

Marky, A. & Szilagyi, P. G. (2006). Improved preventive care for asthma. *Archives of Pediatrics & Adolescent Medicine, 160,* 1018-1025.

Marshall, G. (1998). "Looking-glass self." A Dictionary of Sociology. Encyclopedia.com. Retrieved March 16, 2010, from http://www.encyclopedia.com

Marsh, D. T., Serafica, F. C. & Barenboim, C. (1981). Interrelationships among perspective taking, interpersonal problem solving, and interpersonal functioning. *Journal of Genetic Psychology, 138,* 37-48.

Martin, J. & Failows, L. (2010). Executive function: Theoretical concerns. In: B. W. Sokol, U. Muller, J. I. M. Carpendale, A. R. Young & G. Iarocci (Eds.). *Self and social regulation: Social interaction and the development of social understanding and executive functions* (p. 35-55). New York: Oxford University Press.

Martin, J. G. (2000). *Providing specialist psychological support to foster carers.* New York: Grune and Stratton.

Martin, S. & Berke, J. (2007). *See how they grow: Infants and toddlers.* Clifton Park, NY: Thomson Delmar Learning.

Marzano, R. J. (2003). *Classroom management that works: Research-based strategies for every teacher.* Alexandria, VA: Association for Supervision and Curriculum Development.

Masten, A. S. (2008, December). Promoting competence and resilience in the school context. *Professional School Counseling, 12*(2), 76(9).

Masten, A. S. (2009). Ordinary magic: Lessons from research on resilience in human development. *Education Canada, 49*(3), 28-32.

Masten, A. S. & Powell, J. L. (2003). A resilience framework. In: S. S. Luthar, *Resilience and vulnerability: Adaptation in the context of childhood adversities* (p. 1-25). New York: Cambridge University Press.

Matsumoto, D. (2006). Culture and nonverbal behavior, In V. Manusov & M. Patterson (Eds.). *The Sage handbook of nonverbal communication* (p. 219-336). Thousand Oaks: Sage Publications.

Maxwell, L. E. (2003). Home and school density effects on elementary school children: The role of spatial density. *Environment and Behavior, 35*, 566-578.

_____. (2007). Competency in child care settings: The role of the physical environment. *Environment and Behavior, 39*, 229-245.

Mayle, P. (2000). *Where did I come from?* New York: Coral Publishing Group.

McAfee, O. & Leong, D. (2010). *Assessing and guiding young children's development and learning* (3rd ed.). Boston: Allyn and Bacon.

McAuliffe, M. D., Hubbard, J. A. & Romano, L. J. (2009). The role of teacher cognition and behavior in children's peer relations. *Journal of Abnormal Child Psychology, 37*, 665-677.

McCabe, P.C. (2005). Social and behavioral correlates of preschoolers with specific language impairment. *Psychology in Schools, 42*(4), 373-387.

McCain, B. R. (2001). *Nobody knew what to do: A story about bullying*. Morton Grove, IL: Albert Whitman & Company.

McCarthy, M. M. (2005). Corporal punishment in public schools: Is the United States out of step? *Educational Horizons, 83*(4), 235-240.

McCauley, C. (2000). Some things psychologists think they know about aggression and violence. *The HGF Review of Research, 4*(1), 1-5.

McCay, L. O. & Keyes, D. W. (2002). Developing social competence in the inclusive primary classroom. *Childhood Education, 78*(2), 70-78.

McClellan, D. & Katz. L. (2001). *Assessing young children's social competence*. Champaign, IL: ERIC Clearinghouse on Elementary and Early Childhood Education. (ERIC Document Reproduction Service No. ED450953).

McClure, E. B. & Nowicki, S. (2001). Associations between social anxiety and nonverbal processing skill in preadolescent boys and girls. *Journal of Nonverbal Behavior, 25*(1) 3-19.

McCord, J. M. (2005). Unintended consequences of punishment. In: M. Donnelly & M. A. Straus (Eds.). *Corporal punishment of children in theoretical perspective* (p. 156-170). New Haven, CT: Yale University Press.

McCornack, S. (2010). *Reflect & relate: An introduction to interpersonal communication* (2nd ed.). Boston: Bedford/ St. Martin's.

McDowell, D. J., O'Neil, R. & Parke, R. D. (2000). Display rule application in a disappointing situation and children's emotional reactivity: Relations with social competence. *Merrill-Palmer Quarterly, 46*, 306-324.

McElwain, N. L. & Volling, B. L. (2002). Relating individual control, social understanding, and gender to child- friend interaction: A relationships perspective. *Social Development, 11*(3), 362.

McGhee, P. (1979). *Humor: Its origin and development*. San Francisco: W. H. Freeman.

Meers, J. (1985). The light touch. *Psychology Today, 19*(9), 60-67.

Mehrabian, A. (1972). *Nonverbal communication*. Chicago: Aldin-Atherton.

Mellon, R., Koliadis, E. A. & Paraskevopoulos, T. D. (2004). Normative development of fears in Greece: Self-reports on Hellenic Fear Survey Schedule for Children. *Journal of Anxiety Disorders, 18*(3), 233-254.

Meyer, J. (1992, Fall). The collaborative development of power in children's arguments. *Argumentation and Advocacy, 29*, 77-88.

Miles, S. B. & Stipek, D. (Jan-Feb, 2006). Contemporaneous and longitudinal associations between social behavior and literacy achievement in a sample of low-income elementary school children. *Child Development, 77*(1) 103-117.

Milevsky, A., Schlechter, M., Netter, S. & Keehn, D. (2007). Maternal and paternal parenting styles in adolescence: Associations with self-esteem, depression, and life satisfaction. *Journal of Child and Family Studies, 16*, 39-47.

Miller, C. S. (1984). Building self-control: Discipline for young children. *Young Children, 40*(1), 15-19.

Miller, D. F. (2010). *Positive child guidance* (5th ed.). Clifton Park, NY: Thomson Delmar Learning.

_____. (2010). *Positive child guidance* (6th ed.). Belmont, CA: Wadsworth/Cengage.

Miller, L. C. (1983). Fears and anxiety in children. In: C. E. Walker & M. C. Roberts (Eds.). *Handbook of clinical child psychology*. New York: Wiley.

Miller, P. A., Partch, J., Solomon, M. & Hepworth, J. (1995, March). *Assessing empathy and prosocial behaviors in early childhood: Development of a parental questionnaire*. Paper presented at the Biannual Meeting of the Society for Research in Child Development, Indianapolis, IN.

Miller, P. & Garvey, C. (1984). Mother-baby role play: Its origins in social support. In: I. Bretherton (Ed.). *Symbolic play: The development of social understanding* (p. 101-130). New York: Academic Press.

Mills, R. S. L. (2005). Taking stock of the developmental literature on shame. *Developmental Review, 25*, 26-63.

Mischel, W. & Ayduk, O. (2004). Willpower in a cognitive-affective processing system: The dynamics of delay of gratification. In: R. F. Baumeister & K. D. Vohs (Eds.). *Handbook of self-regulation: Research, theory, and applications* (p. 99-129). New York: The Guilford Press.

Mize, J. & Ladd, G. W. (1990a). A cognitive social learning approach to social skill training with low-status preschool children. *Developmental Psychology, 26*(3), 388-397.

Mize, J. & Ladd, G. W. (1990b). Toward the development of successful social skills training for preschool children. In: S.

R. Asher & J. D. Coie (Eds.). *Peer rejection in childhood*. New York: Cambridge University Press.

Moffitt, T. E. & Caspi, A. (2008). Evidence from behavioral genetics for environmental contributions to antisocial conduct. In: J. E. Grusec & P. D. Hastings (Eds.). *Handbook of socialization theory and research* (p. 96-123). New York: The Guilford Press.

Moore, S. G. (1982). Prosocial behavior in the early years: Parent and peer influences. In: B. Spodek (Ed.). *Handbook of research in early childhood education* (p. 65-81). New York: Free Press.

Morrison, F. J. (2003). The emergence of learning-related social skills in preschool children. *Early Childhood Research Quarterly, 18,* 206-224.

Morrison, G. (2009). *Early childhood education today* (11th ed.). Upper Saddle River, NJ: Prentice Hall.

Morris, T. C., Messer, S. C. & Gross, A. M. (1995). Enhancement of the social interaction and status of neglected children: A peer-pairing approach. *Journals of Clinical Child Psychology, 24,* 11-20.

Nabobo-Baba, U. & Tiko, L. (2009). Indigenous Fijian cultural conceptions of mentoring and related capacity building implications for teacher education. In: A. Gibbons & C. Gibbons (Eds.). *Conversations on early childhood teacher education: Voices from the working forum for teacher education.* Auckland, New Zealand:New Zealand Tertiary College.

Nabuzoka, D. & Smith, P. (1995). Identification of expressions of emotions by children with and without learning disabilities. *Learning Disabilities Research & Practice, 10*(2) 91-101.

NAEYC. (1996a). *NAEYC position statement responding to linguistic and cultural diversity recommendations for effective early childhood education.* Washington, DC: NAEYC.

_____. (1996b). Time out for time-out. *Early Years Are Learning Years, 15,* 1.

_____. (1998). *Position statement on the prevention of child abuse in early childhood programs and responsibilities of early childhood programs to prevent child abuse.* Washington DC: NAEYC.

NASP. (2002). Social skills: Promoting positive behavior, academic success, and school safety. *NASP Center Fact Sheet on Social Skills 2002* (p. 1-5). Bethesda, MD: National Association of School Psychologists.

National Association for the Education of Young Children. (2009). *NAEYC Standards for Early Childhood Professional Preparation Programs, Position Statement Approved by the NAEYC Governing Board July 2009.* Washington, DC: Author.

National Association for the Education of Young Children, (2009). *Where we stand on standards for programs to prepare early childhood professionals.* Washington, DC: Author. Retrieved October, 2009, from http://www.naeyc.org/ positionstatements/ppp.

National Association of Federally Licensed Firearms Dealers and Professional Gun Retailers Association (2001). Firearm facts. *American Firearms Industry Magazine, 1,* 2001, 3-4.

National Center for Children in Poverty (1996). 6th Annual Report, (2), 1-7, New York: Columbia University.

National Coalition to Abolish Corporal Punishment in Schools. (2002). *Corporal punishment fact sheet.* Columbus, OH: NCACPS.

National Dissemination Center for Children with Disabilities. (2004). *Deafness and Hearing Loss, Fact Sheet 3 (FS #3),* January, 1-5.

National Institute of Neurological Disorders and Stroke. (2005). *Tourette Syndrome Fact Sheet,* NIH Publication No. 05-2163, April 1-6.

National Research Council and the Institute of Medicine. (2000). In: J. P. Shonkoff & D. A. Philips (Eds.). *From neurons to neighborhoods: The science of early childhood development.* Washington DC: National Academy Press.

National Rifle Association. (2001). *A parent's guide to gun safety.* Washington, DC: NRA.

National Scientific Council on the Developing Child. (2004). *Young children develop in an environment of relationships.* Working Paper #1. Available from http://www.developingchild.net

National Scientific Council on the Developing Child. (2006). Children's emotional development is built into the architecture of *their brains.* Working Paper #2. Waltham, MA: Brandeis University Press.

National Scientific Council on the Developing Child. (2007). *The timing and quality of early experiences combine to shape brain architecture.* Working Paper #5. Available from http://www.developingchild.net

NCANDS. (2007). National Data Archive on Child Abuse and Neglect, Data Set 131. Ithaca, NY: Cornell University Family Life Development Center.

Neff, K. D. & Helwig, C. C. (2002). A constructivist approach to understanding the development of reasoning about rights and authority within cultural contexts. *Cognitive Development, 17,* 1429-1450.

Nelsen, J. (2006). *Positive time-out.* New York: Crown Publishing Co.

Nelson, D. A., Hart, C. H., Yang, C., Olsen, J. A. & Jin, S. (2006). Aversive parenting in China: Associations with child physical and relational aggression. *Child Development, 77,* 554-572.

Nelson, D. A., Robinson, C. C. & Hart, C. H. (2005). Relational and physical aggression of preschool-age children: Peer status linkages across informants. *Early Education and Development, 16,* 115-139.

Newcomb, A. F. & Bagwell, C. (1996). The developmental significance of children's friendship relations. In: W. M. Bukowski, A. F. Newcomb & W. W. Hartup (Eds.). *The company they keep: Friendships in childhood and adolescence* (p. 289-321). Cambridge, UK: Cambridge University Press.

Newcomb, A. F., Bukowski, W. M. & Pattee, L. (1993). Children's peer relations: A metaanalytical review of popular, rejected, neglected, controversial and average sociometric status. *Psychological Bulletin, 113*, 99-128.

Newman, B. M. & Newman, P. R. (2009). *Development through life: A psychosocial approach* (10th ed.). Belmont, CA: Wadsworth Cengage Learning.

Newman, L. (2002). Making the hard decisions: Student teachers moving toward ethical judgment. *Journal of Early Childhood Teacher Education, 23*(1), 19-26.

NICHD Early Child Care Research Network. (2002). Childcare structure-process-outcome: Direct and indirect effects of child-care quality on young children's development. *Psychological Science, 13*, 199-206.

NICHD Early Child Care Research Network. (2008). Social competence with peers in third grade: associations with earlier peer experiences in childcare. *Social Development, 17*(3), 419-453.

Nickell, P., Rice, A. & Tucker, S. (1976). *Management in family living*. New York: Wiley.

Nucci, L. P. & Wever, E. (1995). Social interactions in the home and the development of young children's perceptions of the personal. *Child Development, 66*, 1438-1452.

Nunnelley, J. C. & Fields, T. (1999, September). Anger, dismay, guilt, anxiety—the realities and roles in reporting child abuse. *Young Children, 54*(5), 74-79.

Odom, S. L., McConnell, S. R. & Brown, W. H. (2008). Social competence of young children: Conceptualization, assessment and influences. In: W. H. Brown, S. L. Odom & S. R. McConnell (Eds.). *Social competence of young children: Risk, disability & intervention* (p. 3-30). Baltimore, MD: Paul H. Brookes Publishing Co.

O'Hair, D. & Friedrich, G. (2001). *Strategic communication*. Boston: Houghton-Mifflin.

O'Hair, M. J. & Ropo, E. (1994, Summer). Unspoken messages: Understanding diversity in education requires emphasis on nonverbal communication. *Teacher Education Quarterly, 21*(3), 91-112.

Oliver, S. & Klugman E. (2005). Play and the outdoors: What's new under the sun? *Exchange* #164, 6-12.

Olsen, S. L & Sameroff, A. J. (2009). *Biopsychosocial regulatory processes in the development of childhood behavioral problems*. New York: Cambridge University Press.

Olweus, D. (1993). *Bullying and school: What we know and what we can do*. Oxford: Blackwell Scientific Publications.

_____. (2010). Understanding and researching bullying: Some critical issues. In: S. R. Jimerson, S. W. Swearer & D. L. Espelage (Eds.). *Handbook of bullying in schools: An international perspective* (p. 9-31). New York: Routledge.

Olweus, D. & Limber, S. P. (2010). The Olweus bullying prevention program: Implementation and evaluation over two decades. In: S. R. Jimerson, S. W. Swearer & D. L. Espelage (Eds.). *Handbook of bullying in schools: An international perspective* (p. 377-401). New York: Routledge.

O'Neil, R. E., Horner, R. H., Albin, R. W., Sprague, J. R., Storey, K. & Newton, J. S. (1997). *Functional assessment and program development for problem behavior: A practical handbook* (2nd ed.). Pacfic Grove, CA: Brooks/Cole.

Orpinas, P. & Horne, A. M. (2010). Creating a positive school climate and developing social competence. In: S. R. Jimerson, S. W. Swearer & D. L. Espelage (Eds.). *Handbook of bullying in schools: An international perspective* (p. 49-59). New York: Routledge.

Oshikanlu, S. (2006). Teaching healthy habits to young children, *Exchange, Issue #169*, 28-30.

Ostrov, J. M., Pilat, M. M. & Crick, N. R. (2006). Assertion strategies and aggression during childhood: A short- term longitudinal study. *Early Childhood Research Quarterly, 21*(4), 403-416.

Otto, B. (2006). *Language development in early childhood*. Upper Saddle River, NJ: Pearson.

Oyserman, D., Bybee, D., Mobray, C. & Hart-Johnson, T. (2005). When mothers have serious mental health problems: Parenting as a proximal mediator. *Journal of Adolescence, 28*, 443-463.

Paganini, D. A., Tremblay, R. E., Nagin, D., Zoccolillo, M., Vitaro, F. & McDuff, P. (2004). Risk factor models for adolescent verbal and physical aggression toward mothers. *International Journal of Behavioral Development, 28*, 528-537.

Paintal, S. (2007). Banning corporal punishment of children: ACEI position paper. *Childhood Education, 83*(6), 410-413.

Paley, V. G. (1992). *You can't say, … you can't play*. Cambridge, MA: Harvard University Press.

Panksepp, J. (2008). Play, ADHD, and the construction of the social brain: Should the first class each day be recess? *American Journal of Play, 1*(1) 55-79.

Papousek, H. & Papousek, M. (1997). Mothering and the cognitive head start: Psychobiological considerations. In: H. R. Schaffer (Ed.). *Studies in mother-infant interaction*. London: Academic Press.

Parfen, M. B. (1932). Social participation among preschool children. *Journal of Abnormal and Social Psychology, 27*, 243-269.

Parker, J. G., Rubin, K. H., Price, J. & DeRosier, E. (1995). Peer relations, child development, and adjustment. A developmental psycho-pathology perspective. In: D. Cicchettia & E. Cohen (Eds.). *Developmental psycho-pathology, V. 2: Risk, disorder and adaptation* (p. 96-161). New York: Wiley.

Park, K. A. & Waters, E. (1989). Security of attachment and preschool friendships. *Child Development, 60*, 1076-1081.

Patterson, G. R. (1997). Performance models for parenting: Asocial interactional perspective. In: J. E. Grusec & L. Kuczynski (Eds.). *Parenting and children's internationalization of values* (p. 193-26). New York: Wiley.

Patterson, G. R. & Capaldi, D. M. (1991). Antisocial parents: Unskilled and vulnerable. In: P. A. Cowen & E. M. Hetherington (Eds.). *Family transitions*. Hillsdale, NJ: Erlbaum.

Patterson, G. R., Reid, J. B. & Dishion, T. J. (1992). *A social learning approach, Vol 4: Antisocial boys*. Eugene, OR: Castalia Press.

Pavin, S. (2001). Loneliness in children with disabilities. *Teaching Exceptional Children, 33*(6), 52-58.

Peisner-Feinberg, E. S., Burchinal, M. R., Clifford, R. C., Culkin, M. L., Howes, C., Kagan, S. L. & Yazejian N. (2001). The relation of preschool child-care quality to children's cognitive and social developmental trajectories through second grade. *Child Development, 72*(5), 1534-1553.

Pellegrini, A. (1991). A longitudinal study of popular and rejected children's rough and tumble play. *Early Education and Development, 2*(3), 205-213.

_____. (2004). Rough-and tumble play from childhood through adolescence: Development and possible functions. In: P. K. Smith & C. Hart (Eds.). *Blackwell handbook of childhood social development* (p. 438-454). Malden, MA: Blackwell.

_____. (2007). The development and function of rough and tumble play in childhood and adolescence: A sexual selection theory perspective. In: A. Goncu and S. Gaskins (Eds.). *Play and development*. Mahwah, N. J. Erlbaum.

Pellegrini, A. D. (1995). Boys rough-and-tumble play and social competence. In: A. D. Pellegrini (Ed.). *The future of play theory* (p. 107-126). Albany: State University of New York Press.

Pepler, D., Smith, P. K. & Rigby, K. (2004). Looking back and looking forward: Implicaitons for making interventions work effectively. In: P. K. Smith, D. Pepler & K. Rigby (Eds.). *Bullying in schools: How successful can interventions be* (p. 307-324)? Cambridge, UK: Cambridge University Press.

Perry, D. G., Hodges, E. V. E. & Egan, S. K. (2001). Determinants of chronic victimization by peers: A review and new model of family influence. In: J. Juvonen & S. Graham (Eds.). *Peer harassment in school: The plight of the vulnerable and victimized* (p. 73-104). New York: The Guilford Press.

Persson, G. E. B. (2005). Young children's prosocial and aggressive behaviors and their experiences of being targeted for similar behaviors by peers. *Social Development, 14*, 206-228.

Peters, R. D., Leadbeater, B. & McMahon, R. J. (Eds.) (2005). *Resilience in children, families, and communities: Linking context to practice and policy*. New York: Kluwer Academic/Plenum Publishers.

Pettit, G. & Harrist, A. (1993). Children's aggressive and socially unskilled behavior with peers: Origins in early family relations. In: C. Hart (Ed.). *Children on playgrounds: Research perspectives and applications* (p. 14-42). Albany: State University of New York.

Phillips, L. R., Hensler, J., Diesel, M. & Cefalo, A. (2004). Seeing the challenge more clearly. In: S. H. Bell, V. Carr, D. Denno, L. J. Johnson & L. R. Phillips (Eds.). *Challenging behaviors in early childhood settings* (p. 67-96). Baltimore, MD: Paul H. Brookes Publishing Co.

Piaget, J. (1962). *The origins of intelligence in children*. New York: W. W. Norton.

Piaget, J. (1976). The rules of the game of marbles. In: J. Bruner, A. Jolly & K. Sylva (Eds.). *Play: Its role in development and evolution* (p. 411-441). New York: Academic Press.

Pinker, S. (2008, January 13). The moral instinct. *The New York Times Magazine*, 32-59.

Polakow, V. (1994). *Lives on the edge: Single mothers and their children in the other America*. Chicago: University of Chicago Press.

Pollack, W. S. (2006). Sustaining and reframing vulnerability and connection. In: S. Goldstein and R. B. Brooks, *Handbook of resilience in children* (p. 65-77). New York: Springer.

Pons, F., Lawson, J., Harris, P. I. & de Rosnay, M. (2003). Individual differences in children's emotion understanding: Effects of age and language. *Scandinavian Journal of Psychology: Applied, 7*, 27-50.

Power, T. (2000). *Play and exploration in children and animals*. Mahwah, NJ: Erlbaum.

Pratt, M. W., Arnold, M. L., Pratt, A. T. & Diessner, R. (1999). Predicting adolescent moral reasoning from family climate: A longitudinal study. *Journal of Early Adolescence, 19*, 148-175.

Pratt, M. W., Hunsberger, B., Pancer, S. M. & Alisat, S. (2003). A longitudinal analysis of personal values socialization: Correlates of a moral self-ideal in late adolescence. *Social Development, 12*, 563-585.

Pratt, M. W., Skoe, E. E. & Arnold, M. I. (2004). Care reasoning development and family socialization patterns in later adolescence. A longitudinal analysis. *International Journal of Behavioral Development, 28*, 139-147.

Prescott, E. (2008, March/April). The physical environment: A powerful regulator of experience. *Exchange, 2*, 34-37.

Prevent Child Abuse America (formerly National Committee for the Prevention of Child Abuse). (1996). *Intervening with new parents: An effective way to prevent child abuse*. Chicago: National Committee for the Prevention of Child Abuse.

Puckett, M. & Black, J. (2004). *The young child: development prebirth through age eight*. Upper Saddle River, NJ: Pearson.

Raikes, H. H. & Edwards C. P. (2009). *Extending the dance in infant and toddler caregiving*. Washington, DC: Paul H. Brookes Publishing Co.

Ramaswamy, V. & Bergin, C. (2009). Do reinforcement and induction increase prosocial behavior? Results of a teacher-based intervention in preschools. *Journal of Research in Childhood Education, 23*(4), 527-538.

Ramsey, P. (1998). Diversity and play: Influences of race, culture, class and gender. In: D. Fromberg & D. Bergen (Eds.). *Play from birth to twelve and beyond: Contexts, perspectives and meanings* (p. 23-33). New York: Garland Publishing.

Raver, C.C., Garner, P. W. & Smith-Donald, R. (2007). The roles of emotion regulation and emotion knowledge for children's academic readiness. In: R. C. Pianta, M. J. Cox & K. L. Snow (Eds.). *School readiness and the transition to kindergarten in the area of accountability* (p. 121-147). Baltimore, MD: Paul H. Brookes Publishing, Co.

Ray, G. B. & Floyd, K. (2006). Nonverbal expressions of liking and disliking in initial interactions: Encoding and decoding perspectives. *Southern Communication Journal, 71,* 45-65.

Reifel S. & Yeatman, J. (1993). From category to context: Reconsidering classroom play. *Early Childhood Research Quarterly, 8,* 347-367.

Reineke, J., Sonsteng, K. & Gartrell, D. (2008). Should rewards have a place in early childhood programs? Viewpoint. *Young Children, 63*(6), 89-97.

Remland, M. S. (2009). *Nonverbal communication in everyday life.* Boston: Pearson.

Reproduction Service n. (ED 280-574 PS016-396) Roberts, W. & Strayer, J. (1996). Empathy, emotional expressiveness, and prosocial behavior. *Child Development, 67,* 449-470.

Reynolds, E. (2008). *Guiding young children: A problemsolving approach* (4th ed.). Mountain View, CA: Mayfield.

Rhee, S. H. & Waldman, I. D. (2002). Genetic and environmental influences on antisocial behavior: A meta-analysis of twin and adoption studies. *Psychological Bulletin, 128,* 490-529.

Riak, J. (1994). *Plain talk about spanking.* Alamo, CA: Parents and Teachers against Violence in Education.

Rigby, K. & Bauman, S. (2010). How school personnel tackle cases of bullying: A critical examination. In S. R. Jimerson, S. W. Swearer & D. L. Espelage (Eds.). *Handbook of bullying in schools: An international perspective* (p. 455-467). New York: Routledge.

Riggio, R. (2006). Nonverbal skills and abilities, In V. Manusov & M. Patterson (Eds.). *The Sage handbook of nonverbal communication* (p. 79-96). Thousand Oaks, CA: Sage Publications.

Rightmyer, E. C. (2003, July). Democratic discipline: Children creating solutions. *Young Children, 58*(4), 38-45.

Riley, D., San Juan, R. R., Klinkner, J. & Ramminger, A. (2008). *Social & emotional development: Connecting science and practice in early childhood settings.* St. Paul, MN: Redleaf Press.

Riley, J. R. & Masten, A. S. (2005). Resilience in context. In: R. D. Peters, B. Leadbeater & R. J. McMahon (Eds.). *Resilience in children, families, and communities: Linking context to practice and policy* (p. 13-26). New York: Kluwer Academic/Plenum Publishers.

Ritchie, K. & Johnson, Z. (1988, November 13-16). *From Scooby-Doo to Skeletor: Evolving issues in superhero play.* Paper presented at the Annual Conference for the National Association for the Education of Young Children. ERIC Document.

Roffey, S., Tarrant, T. & Majors, K. (1994). *Young friends: Schools and friendships.* New York: Cassell Publishing.

Rogoff, B., Moore, L., Najafi, B., Dexter, A., Correa-Chavez, M. & Solis, J. (2008). Children's development of cultural repertoires through participation in everyday routines and practices. In: J. Grusec & P. Hastings (Eds.). *Handbook of socialization: Theory and research* (p. 490-515). New York: The Guilford Press.

Rose, A. J. & Smith, R. L. (2009). Sex differences in peer relationships. In: K. H. Rubin, W. M. Bukowski & B. Laursen (Eds.). *Handbook of peer interactions, relationships, and groups* (p. 379-393). New York: The Guilford Press.

Rose-Krasnor, L. & Denham, S. (2009). Social-emotional competence in early childhood. In: K. H. Rubin, W. M. Bukowski & B. Laursen (Eds.). *Handbook of peer interactions, relationships and groups* (p. 162-179). New York: The Guilford Press.

Rosenberg, H. (2001). Imagination styles of four and five year olds. In: S. Golbeck (Ed.). *Psychological perspectives on early childhood education* (p. 280-296). Mahwah, NJ: Erlbaum.

Rosenberg, M. 1979. *Conceiving the self.* New York: Basic Books.

Rosenblith, J. (1992). *In the beginning: Development from conception to age two.* Newbury Park, CA: Sage Publications.

Roskos, K. (1990). Ataxonomic view of pretend play activity among 4- and 5-year-old children. *Early Childhood Research Quarterly, 5*(4), 495-512.

Ross, H. & Howe, N. (2009). Family influences on children's peer relationships. In: K. H. Rubin, W. M. Bukowski & B. Laursen, B. (Eds.). *Handbook of peer interactions, relationships, and groups* (p. 508-527). New York: The Guilford Press.

Rothbart, M. K. & Bates, J. E. (2006). Temperament. In: Eisenberg (Ed.). *Handbook of child psychology, Volume 3* (99-166). Hoboken, NJ: John Wiley & Sons, Inc.

Rothbaum, F. & Trommsdorff, G. (2008). Do roots and wings complement or oppose one another? In: J. Grusec & P. Hastings (Eds.). *Handbook of socialization: Theory and research* (461-489). New York: The Guilford Press.

Rubin, K. H. (2003). *The friendship factor: Helping our children navigate their social world and why it matters for their success and happiness.* New York: Penguin Group.

Rubin, K. H., Bowker, J. C. & Kennedy, A. E. (2009). Avoiding and withdrawing from the peer group. In: K. H. Rubin, W. M. Bukowski & B. Laursen (Eds.). *Handbook of peer interactions, relationships, and groups* (p. 303-321). New York: The Guilford Press.

Rubin, K. H., Bukowski, W. M. & Parker, J. G. (1988). Peer interactions, relationships, and groups. In: W. Damon & N. Eisenberg (Eds.). *Handbook of child psychology, V. 3: Social, emotional and personality development* (5th ed., p. 619-700). New York: Wiley.

_____. (1998). Peer interactions, relationships, and groups. In: W. Damon & N. Eisenberg (Eds.). *Handbook of child psychology, V. 4: Socialization, personality and social development* (p. 619-700). New York: Wiley.

Rubin, K. H., Burgess, K. B., Dwyer, K. M. & Hastings, P. D. (2003). Predicting preschoolers' externalizing behaviors from toddler temperament, conflict and maternal negativity. *Developmental Psychology, 39,* 164-176.

Ruble, D. N. & Martin, C. L. (1998). Gender development. In: N. Eisenberg (Ed.) & W. Damon (Series Ed.), *Handbook* of child psychology: Vol 3. Social, emotional and personality development (5th ed., p. 933-1016). New York: Wiley.

Ruble, T. L. (1987). The acquisition of self-knowledge: A self-socialization perspective. In: N. Eisenberg (Ed.). *Contemporary topics in developmental psychology*. New York: Wiley-Interscience.

Russell, A., Hart, C. H., Robinson, C. C., Olsen, F. F. (2003). Children's sociable and aggressive behaviour with peers: A comparison of the United States and Australia, and contributions of temperament and parenting style. *International Journal of Behavioral Development, 27*, 74-86.

Russell, A., Mize, J. & Bissaker, K. (2004). Parent-child relationships. In: P. K. Smith & C. H. Hart (Eds.). *Blackwell handbook of childhood social development* (p. 204-222). Malden, MA: Blackwell.

Rys, G. S. & Bear, G. G. (1997). Relational aggression and peer relations: Gender and developmental issues. *Merrill Palmer Quarterly, 43*, 87-106.

Saarni, C. (1999). *The development of emotional competence*. New York: The Guilford Press.

Saarni, C., Campos, J. J., Camras, L. A. & Withering-ton, D. (2006). Emotional development: Action, communication and understanding. In: N. Eisenberg, W. Damon & R. M. Lerner (Eds.). *Handbook of child psychology* (p. 226-299). New York: Wiley.

Saarni, C. & Weber, H. (1999). Emotional displays and dissemblance in childhood: Implications for self- presentation. In: P. Philippot, R. Feldman & E. Coats (Eds.). *Social context of nonverbal behavior*. Cambridge, U.K: Cambridge University Press.

Sabbagh, M. A. & Seamans, E. L. (2008). *Developmental Science, 11*(3), 354-360.

Sadurni, M. & Rostan, C. (2003). Reflections on regression periods in the development of Catalan infants. In: M. Heimann (Ed.). *Regression periods in human infancy* (p. 7-22). Mahwah, NJ: Erlbaum.

Salovey, P. & Mayer, J. D. (1990). Emotional intelligence. *Imagination, Cognition, and Personality, 9*, 185-211.

Sameroff, A. J. (2005). Points of entry and the dynamics of mother-infant intervention. In: A. J. Sameroff, S. McDonough & K. L. Rosenblum, *Treating parent-infant relationship problems: Strategies for intervention*. New York: The Guilford Press.

Sandall, S. R. (2004). Play modifications for children with disabilities. In: Koralek, D., (Ed.). *Young children and play* (p. 44-45). Washington, DC: National Association for the Education of Young Children.

Sansone, A. (2004). *Mothers, babies and their body language*. London: Karnac.

Santrock, J. W. (2008). *Child development: An introduction*. New York: McGraw-Hill.

_____. (2009). Child development (12th ed.). Dubuque, IA: Brown and Benchmark.

Santrock, J. W. (2010). *Children* (11th ed.). Boston: McGraw-Hill.

Scarlett, W. G., Naudeau, S., Salonius-Pasternak, D. & Ponte, I. (2005). *Children's play*. Thousand Oaks, CA: Sage.

Scarr, S. (1984). *Mother care – other care*. New York: Basic Books.

Scheflen, A. (1972). *Body language and the social order*. Englewood Cliffs, NJ: Prentice-Hall.

Schlank, C. H. & Metzger, B. (1997). *Together and equal*. Boston: Allyn & Bacon.

Schmalz, D. L. & Kerstetter, D. L. (2006). Girlie girls and manly men: Children's stigma consciousness of gender in sports and physical activities, *Journal of Leisure Research 38*(4) 536-557.

Schneider, B. H. (1992). Didactic methods for enhancing child's peer relations: A quantitative review. *Clinical Psychology Review, 2*, 363-382.

Schultz, E. W. & Heuchert, C. M. (1983). *Child stress and the school experience*. New York: Human Sciences Press.

Schultz, K. (2003). *Listening, listening, listening*. New York: Teachers College Press.

Schultz, R. L. & Schultz, L. H. (1990). *Making a friend in youth: Developmental theory and pair therapy*. Chicago: University of Chicago Press.

Scott, W. A., Scott, R. & McCabe, M. (1991). Family relationships and children's personality: A cross- cultural comparison. *British Journal of Social Psychology, 30*, 1-20.

Sebanc, A. M. (2003). The friendship features of preschool children: Links with prosocial behaviorand aggression. *Social Development, 12*(2), 249-265.

Segal, M. (2004). The roots and fruits of pretending. In: E. F. Zigler, D. G. Singer & S. J. Bishop-Josef (Eds.). *Children's play: The roots of reading*. Washington, DC: Zero to Three Press.

Seligman, M. (2007). *The optimistic child*. New York: Houghton Mifflin.

Seligman, M. E. P. (2007). *The optimistic child*. Boston: Houghton Mifflin.

Selman, R. L., Levitt, M. Z. & Schultz, L. H. (1997). The friendship framework: Tools for the assessment of psychosocial development. In: R. Selman, C. L. Watts & L. H. Schultz (Eds.). *Fostering friendship* (p. 31-52). New York: Aldine De Gruyter.

Serbin, L. A., Moller, L., Powlishta, K. & Gulko, J. (1991, April). The emergence of gender segregation and behavioral compatibility in toddlers' peer preferences. In: C. Leuper (Ed.). *Gender differences in relationships*. Symposium at the Society for Research in Child Development, Seattle, WA.

Shaffer, D. R. (2009). (6th ed.). Social and Personality Development Belmont, CA: Wadsworth.

Shaffer, D. R. & Kipp, K. (2010). *Developmental psychology: Childhood and adolescence* (7th ed.). Pacific Grove, CA: Brooks/Cole.

Shanab, M. E. & Yahya, K. A. (1977). A behavioral study of obedience. *Journal of Personality and Social Psychology, 35*, 550-586.

Shapiro, L. (1997). *How to raise a child with a high EQ*. New York: HarperCollins. Shaw, D. S., Gilliom, M., Ingoldsby, E. M. & Nagin, D. S. (2003). Trajectories leading to school-age conduct problems. *Developmental Psychology, 39*, 189-200.

Sherrod, L. (1981). Issues in cognitive-perceptual development: The special case of social stimuli. In: M. E. Lamb & L. Sherrod (Eds.). *Infant social cognition: Empirical and theoretical considerations*. Hillsdale, NJ: Erlbaum.

Shifrin, D. (2006). Effect of media on children and adolescents. *Archives of Pediatric and Adolescent Medicine V. 160*, 448-450.

Shipler, D. K. (2005). *The working poor*. New York: Vintage Books.

Shirk, M. & Stangler, G. (2004). *On their own*. Boulder, CO: Westview.

Shonkoff, J. & Hauser-Cram, P. (1987). Early intervention for disabled infants and their families: A quantitative analysis. *Pediatrics, 80*, 650-658.

Shonkoff, J. P. & Phillips, D.A. (Eds.) (2000). *From neurons to neighborhoods: The science of early childhood development*. Washington, DC: National Academy Press.

Shotwell, J., Wolf, D. & Gardner, H. (1979). Exploring early symbolization: Styles of achievement. In: B. Sutton-Smith (Eds.). *Play and learning* (p. 127-156). New York: Gardner Press.

Siegal, M. & Cowen, J. (1984). Appraisals of intervention: The mother's versus the culprit's behavior as determinants of children's evaluations of discipline techniques. *Child Development, 55*, 1760-1766.

Siegel, D. (1999). *The Developing mind: How relationships and the brain interact to shape who we are*. New York: The Guilford Press.

Sifianou, M. (1995). Do we need to be silent to be extremely polite? Silence and FTAs. *International Journal of Applied Linguistics, 5*(1), 95-110.

Sigsgaard, E. (2005). *Scolding: Why it hurts more than it helps*. New York: Teachers College Press.

Simms, M. D., Dubowitz, H. & Szilaqyl, M. A. (2000). Health care needs of children in the foster care system. *Pediatrics, 106*, 909-918.

Simons, K. J., Paternite, C. E. & Shore, C. (2001). Quality of parent/adolescent attachment and aggression in young adolescents. *Journal of Early Adolescence, 21*, 182-203.

Simpkins, S. D. & Parke, R. D. (2002). Do friends and non-friends behave differently? A social relations analysis of children's behavior. *Merrill-Palmer Quarterly, 48*, 263-283.

Siner, J. (1993). Social competence and cooperative learning. *Educational Psychology in Practice, 9*, 170-180.

Slaby, R. G., Roedell, W., Arezzo, D. & Hendrix, K. (1995). *Early violence prevention*. Washington, DC: NAEYC.

Sluss, D. (2005). *Supporting play birth through age eight*. Clifton Park, NY: Thompson.

Smetana, J. G. (2006). Social domain theory: Consistencies and variations in children's moral and social judgments. In: M. Killen & J. G. Smetana (Eds.). *Handbook of moral development* (p. 119-153). Mahwah, NJ: Erlbaum.

Smith, A. I. (1970). *Nonverbal communication through touch*. Ph.D. dissertation, Georgia State University.

Smith, P. (2005). Play: Types and functions in human development. In: B. J. Ellis & D. F. Bjorklund (Eds.). *Origins of the social mind: Evolutionary psychology and child development* (p. 271-291). New York: The Guilford Press.

Smith, P. K. (1978). A longitudinal study of social participation in preschool children: Solitary and parallel play reexamined. *Developmental Psychology, 14*, 517-523.

Snow, K. (2007). Integrative views of the domains of child function. In: R. C. Pianta, M. J. Cox & K. L. Snow (Eds.). *School readiness and the transition to kindergarten in the era of accountability* (p. 197-216). Baltimore, MD: Paul H. Brookes Publishing, Co.

Society for Adolescent Medicine. (2003). Corporal punishment in schools: Position paper of the Society for Adolescent Medicine. *Journal of Adolescent Health, 32*, 385-393.

Soderman, A. (1985). Helping the school-age child deal with stress. *Focus, 10*(1), 17-23.

Soderman, A. K. (2003, August). *Divorce*. Paper delivered at the 13th Annual meeting of the European Early Childhood Education Research Association (EECERA). University of Glasgow, Scotland.

Soderman, A. K., Gregory, K. S. & McCarty, L. (2005). *Scaffolding emergent literacy: A child-centered approach, preschool through grade 5* (2nd ed.). Boston: Allyn & Bacon. Soderman, A. & Phillips, M. (1986). The early education of males: Where are we failing them? *Educational Leadership, 44*(3), 70-72.

Sommer, R. (1974). *Tight spaces: Hard architecture and how to humanize it*. Englewood Cliffs, NJ: Prentice Hall.

Sroufe, A. (1996). *Emotional development*. Boston: Cambridge University Press.

Sroufe, L. A. & Cooper, R. G. (1999). *Child development: Its nature and course*. New York: Alfred A. Knopf.

Steinberg, L., Blatt-Eisenberg, I. & Cauffman, E. (2006). Patterns of competence and adjustment among adolescents from authoritative, authoritarian, indulgent, and neglectful homes: A replication in a sample of serious juvenile offenders. *Journal of Research on Adolescence, 16*, 47-58.

Steiner, J. & Whelan, M. S. (1995). *For the love of children: Daily affirmations for people who care for children*. St. Paul, MN: Redleaf Press.

Stein, N. & Levine, L. J. (1999). The early emergence of emotional understanding and appraisal: Implications for theories of development. In: T. Dalgleish & M. J. Powers (Eds.). *Handbook of cognition and emotion* (p. 383-408). Chichester, UK: Wiley.

Stephens, K. (2006). Responding professionally and compassionately to challenging children. *Child Care Information Exchange, 9*, 44-48.

Stephens, T. J. (2006). *Discipline strategies for children with disabilities*. Sioux Falls, SD: Center for Disabilities, School of Medicine & Health Sciences, University of South Dakota.

Stocking, S. H., Arezzo, D. & Leavitt, S. (1980). *Helping kids make friends*. Allen, TX: Argus Communications.

Stormont, M., Lewis, T. J., Beckner, R. S. & Johnson, N. W. (Eds.). (2008). *Implementing positive behavior support systems in early childhood and elementary settings*. Thousand Oaks, CA: Corwin.

Stormshak, E. A., Bierman, K. L., McMahon, R. J., Lengua, L. J. & the Conduct Problems Prevention Research Group. (2000). Parenting practices and child disruptive behavior problems in early elementary school. *Journal of Clinical Child Psychology, 29*, 17-29.

Straus, M. A. & Mathur, A. K. (1996). Social change and change in approval of corporal punishment by parents from 1968 to 1992. In: D. Frehsee, W. Horn & K. Bussman (Eds.). *Family violence against children: A challenge for society*. New York: Walter de Gruyter.

Straus, M. A., Sugarman, D. B. & Giles-Sims, J. (1997). Spanking by parents and subsequent antisocial behavior of children. *Pediatrics and Adolescents Medicine, 151*, 761-767.

Streissguth, A. P., Aase, J. M., Clarren, S. K., Randels, S. P., LaDue, R. A. & Smith, D. F. (1997). Fetal alcohol syndrome in adolescents and adults. *Journal of American Medical Association. 19*, 51-70.

Streissguth, A. P., Barr, H. M., Bookstein, F. L., Sampson, P. D. & Carmichael Olson, H. (1999). The long-term neurocognitive consequences of prenatal alcohol: A 14-year study. *Psychological Science, 10*(3), 186-190.

Stright, A. D., Gallagher, K. C. & Kelley, K. (2008). Infant temperament moderates relations between maternal parenting in early childhood and child's adjustment in first grade. *Child Development, 79*, 186-200.

Strom, S. (1989). The ethical dimension of teaching. In: M. Reynolds (Ed.). *Knowledge base for the beginning teacher*. Oxford, UK: Pergamon Press.

Stuber, G. M. (2007). Centering your classroom: Setting the stage for engaged learners. *Young Children, 62*(4), 58-60.

Sullivan, M. W. & Lewis, M. (2003). Contextual determinants of anger and other negative expressions in young infants. *Developmental Psychology, 39*, 693-705.

Survey USA. (2005). *Disciplining a child*. Retrieved on January 30, 2010, from http://www.surveyusa.com/50 statedisciplinechild0805sortedbyteacher.htm

Sutherland, K. S. (2000, Spring). Promoting positive interactions between teachers and students with emotional/behavioral disorders. *Preventing School Failure, 44*(3), 110-116.

Sutterby, J. & Frost, J. (2006). Creating play environments for early childhood: Indoors and out. In: B. Spodek & O. N. Saracho (Eds.). *Handbook of research on the education of young children* (p. 305-322). Mahwah, NJ: Lawrence Erlbaum Associates.

Sutton-Smith, B. & Sutton-Smith, S. (1974). *How to play with your child and when not to*. New York: Hawthorn Books.

Talwar V. & Lee, K. (2002). Emergence of white-lie telling in children between 3 and 7 years of age. *Merrill Palmer Quarterly, 48*(2), 160-181.

Tangney, J. P. & Dearing, R. (2002). *Shame and guilt*. New York: The Guilford Press.

Taylor-Green, S. J. & Kartub, D. T. (2000). Durable implementation of school-wide behavior support: The high five program. *Journal of Positive Behavior Interventions, 2*(4), 233-235.

Theimer, C., Killen, M. & Strangor, C. (2001). Young children's evaluations of exclusion in gender stereotypic peer contexts. *Developmental Psychology, 37*(1), 18-27.

Thomas, A. & Chess, S. (1986). The New York longitudinal study: From infancy to early adult life. In: R. Plomin & J. Dunn (Eds.). *Changes, continuities and challenges*. Hillsdale, NJ: Erlbaum, 1986.

Thompson, J. E. & Twibell, K. K. (2009). Teaching hearts and minds in early childhood classrooms: Currriculum for social and emotional development. In: O. A. Barbarin & B. H. Wasik (Eds.). *Handbook of child development and early education: Research to practice* (p. 199-222). New York: The Guilford Press.

Thompson, R. A. (1988). Early sociopersonality development. In: N. Eisenberg (Ed.). *Handbook of child psychology* (V. 3, p. 25-104). New York: Wiley.

Thompson, R. A. (2006). The development of the person: Social understanding, relationships, conscience, self. In: N. Eisenberg (Ed.). *Handbook of child psychology: V. 3, Social, emotional, and personality development* (6th ed.), (p. 24-98). Hoboken, NJ: Wiley.

_____. (2006). The development of the person: Social understanding, relationships, conscience, self. In: N. Eisenberg, W. Damon & R.M. Lerner (Eds.). *Handbook of child psychology* (p. 24-98). Hoboken, NJ: Wiley.

Thompson, R. A. & Goodman, M. (2009). Development of self, relationships and socioemotional competence. In: O. A. Barbarin & B. H. Wasik (Eds.). *Handbook of child development and early education: Research to practice* (p. 147-171). New York: The Guilford Press.

Thompson, R. A. & Lagattuta, K.H. (2008). Feeling and understanding: early emotional development. In: K. McCartney & D. Phillips (Eds.). *Blackwell handbook of early childhood development* (p. 317-337). Malden, MA: Blackwell Publishing.

Thompson, R. A. & Virmani, E. A. (2010). Self and personality. In: M. H. Bornstein (Ed.). *Handbook of cultural developmental science* (p. 195-207). New York: Psychology Press.

Tice, D. M. & Wallace, H. M. (2003). The reflected self: Creating yourself as (you think) others see you. In: M. R. Leary & J. P. Tangney (Eds.). *Handbook of self and identity* (p. 91-105). New York: The Guilford Press.

Ting-Toomey, S. (1999). *Communicating across cultures*. New York: The Guilford Press.

Tisak, M. S. & Block, J. H. (1990). Preschool children's evolving conceptions of badness: A longitudinal study. *Early Education and Development, 4,* 300-307.

Toner, I. J., Parke, R. D. & Yussen, S. R. (1978). The effect of observation of model behavior on the establishment and stability of resistance to deviation in children. *Journal of Genetic Psychology, 132,* 283-290.

Trawick-Smith, J. (1990). The effects of realistic versus nonrealistic play materials on young children's symbolic transformation of objects. *Journal of Research in Childhood Education, 5*(1), 27-36.

_____. (2009). *Early childhood development: A multicultural perspective* (4th ed.). Columbus, OH: Merrill.

Tremblay, R. (1994, September). Predicting early onset of male antisocial behavior from preschool behavior. *Archives of General Psychiatry, 51,* 732-739.

Tremblay, R. E., Schaal, B., Boulerice, B., Arseneault, L., Soussignan, R. & Perusse, D. (1997). Male physical aggression, social dominance, and testosterone levels at puberty: A developmental perspective. In: A. Raine & P. A. Brennan (Eds.). *Biological bases of violence*. NATO ASI Series A: Life Sciences (V. 292, p. 271-291). New York: Plenum.

Trenholm, S. & Jensen, A. (2008). *Interpersonal communication*. New York: Oxford University Press.

Trevarthen, C. (2001). Intrinsic motives for companionship in understanding: Their origin, development, and significance in infant mental health. *Infant Mental Health Journal, 22*(1-2), 95-131.

Troop-Gordon, W. & Ladd, G. W. (2005). Trajectories of peer victimization and perceptions of self and school mates: Precursors to internalizing and externalizing problems. *Child Development, 76,* 1072-1091.

Tsybina, I., Girolametto, L., Weitzman, E. & Greenberg, J. (2006). Recasts used with preschoolers learning English as their second language. *Early Childhood Education Journal, 34*(2), 177-185.

Turiel, E. (1998). The development of morality. In: N. Eisenberg (Ed.). *Handbook of child psychology, V. 3: Social, emotional, and personality development* (p. 863-932). New York: Wiley.

_____. (2006). The development of morality. In: W. Damon & R. M. Lerner (Series Eds.) & N. Eisenberg (V. Ed.), *Handbook of child psychology. V.3: Social, emotional, and personality development* (6th ed.) (p. 789-857). New York: Wiley.

Turnbull, A. P., Turnbull, H. R., Erwin, E. J. & Soodak, L. C. (2006). *Families, professionals and exceptionality: A special partnership* (5th ed.). Columbus, OH: Merrill/Prentice-Hall.

Tu, T. H. & Hsiao, W. Y. (2008). Preschool teacher-child verbal interactions in science teaching. *Electronic Journal of Science Education, 12*(2), 199-223.

Ucci, M. (1998). Time-outs and how to use them. *Child Health Alert, 1,* 2-3.

U.S. Bureau of the Census. (1995). *Statistical abstract of the United States* (15th ed.). Washington, DC: U.S. Government Printing Office.

U.S. Department of Education. (2006). *2006 elementary and secondary school civil rights compliance report*. Washington, DC: Office for Civil Rights.

Vaish, A., Carpenter, M. & Tomasello, M. (2009). Sympathy through affective perspective and its relation to prosocial behaviors in toddlers. *Developmental Psychology, 45*(2), 534-543.

Van Hamond, B. & Haccou (Eds.). (2006). *Gaining and proving yourself in social competence: The Atlas Way*. Antwerpen-Apeldoorn: Fontys OSO & Garant- Uitgevers n.v.

Vargen, D. (1981). Asynchronous development of gender understanding in preschool children. *Child Development, 52,* 1020-1027.

Vasta, R., Haith, M. M. & Miller, S. A. (2004). *Child psychology*. New York: Wiley.

Veenstra, R., Lindenberg, S., Zijlstra, B. J. H., De Winter, A. F., Verhulst, F. C. & Ormel, J. (2007). The dyadic nature of bullying and victimization: Testing a dual- perspective theory. *Child Development, 78,* 1843-1854.

Vos, K. D. & Baumeister, R. F. (2004). Understanding Self-regulation: An introduction. In: R. F. Baumeister & K. D. Vohs (Eds.). *Handbook of self-regulation: Research, theory, and applications* (p. 1-12). New York: The Guilford Press.

Vygotsky, L. (1978). *Mind in society: The development of higher psychological processes*. Cambridge, MA: Harvard University Press.

Walden, T. A. & Ogan. T. A. (1988). The development of social referencing. *Child Development, 59,* 1230-1240.

Wallace, B., Maker, J., Cave, D. & Chandler, S. (2005).*Thinking skills & problem solving: An inclusive approach*. London: David Fulton Publishers.

Wang, C. T. & Daro, D. (1998). *Current trends in child abuse reporting and fatalities: The results of the 1997 Annual Fifty State Survey*. Chicago, IL: National.

Warner, L. & Lynch, S. A. (2004). *Preschool classroom management: 150 teacher-tested techniques*. Beltsville, MD: Griphon House.

Watson, M. W. & Fisher, K. W. (1980). Development of social roles in elicited and spontaneous behavior during the preschool years. *Child Development, 18,* 483-494.

Weinberger, L. & Starkey, P. (1994). Pretend play by African American children in Head Start. *Early Childhood Research Quarterly, 9,* 327-343.

Weinberg, M. K., Tronick, E. Z., Cohn, J. F. & Olson, K. L. (1999). Gender differences in emotional expressivity and self-regulation during early infancy. *Developmental Psychology, 35,* 175-188.

Weinreb, M. L. (1992, January). Be a resiliency mentor. You may be a lifesaver for a high-risk child. *Young Child, 52*(2), 14-20.

Weinstein, C. S. & Mignano, A. J. (2007). *Elementary classroom management: Lessons from research and practice*. New York: McGraw-Hill.

Wellman, H. M., Cross, D. & Watson, J. (2001). Meta analysis of theory of mind development: The truth about false belief. *Child Development, 72*, 655-684.

Wellman, H. M. & Liu, D. (2004). Scaling theory of mind tasks. *Child Development, 75*(2), 523-541.

Wells, G. (2009). The social context of language and literacy development. In: O. A. Barbarin & B. H. Wasik (Eds.). *Handbook of child development and early education: Research to practice* (p. 271-302). New York: The Guilford Press.

Wentzel, K. R. (2009). Peers and academic functioning at school. In: K. H. Rubin, W. M. Bukowski & B. Laursen (Eds.). *Handbook of peer interactions, relationships and groups* (p. 531-547). New York: The Guilford Press.

Wentzel, K. R., Barry, C. M. & Caldwell, K. A. (2004). Friendship in middle school: Influences on motivation and school adjustment. *Journal of Educational Psychology, 96*, 195-203.

Wentzel, K. R. & Looney, L. (2008). Socialization in school settings. In: J. Grusec & P. Hastings (Eds.). *Handbook of socialization: Theory and research* (p. 382-403). New York: The Guilford Press.

Werker, J. F., Maurer, D. M. & Yoshida, K. A. (2010). Perception. In: M. H. Bornstein (Ed.). *Handbook of cultural developmental science* (p. 89-125). New York: Psychology Press.

Werner, E. (2005). Resilience research: Past, present and future. In: R. D. Peters, B. Leadbeater & R. J. McMahon (Eds.). *Resilience in children, families, and communities: linking context to practice and policy* (p. 3-12). New York: Kluwer Academic/Plenum Publishers.

Werner, E. E. & Smith, R. S. (2001). *Journeys from childhood to midlife: Risk, resilience, and recovery*. Ithaca, NY: Cornell University Press.

Werner, E. & Smith, R. (1992). *Overcoming the odds: High risk children from birth to adulthood*. Ithaca, NY: Cornell University Press.

West, T. G. (1998). *In the mind's eye: Visual thinkers, gifted people with learning difficulties, computer images, and the ironies of creativity*. Buffalo, NY: Prometheus Books.

Whaley, K. & Rubenstein, T. (1994). How toddlers "do" friendship: A descriptive analysis of naturally occurring friendships in a group childcare setting. *Journal of Social and Personal Relationships, 11*, 383-400.

What Works Clearinghouse. (2007). English Language Learners. Retrieved February 7, 2010, from http:// www.whatworks.ed.gov

Wheeler, E. J. (2004). *Conflict resolution in early childhood*. Upper Saddle River, NJ: Pearson.

Whitesell, N. R. & Harter, S. (1989). Children's reports of conflict between simultaneous opposite – valence emotions. *Child Development, 60*, 673-682.

Widen, S. C. & Russell, J. A. (2003). A closer look at preschoolers' freely pronounced labels for facial expressions. *Developmental Psychology, 35*, 232-245.

Williams, C. & Bybee, J. (1994). What do children feel guilty about? Developmental and gender differences. *Developmental Psychology, 30*(5), 617-623.

Willis, S. (1999). Imagining dinosaurs. In: B. L. Clarke & M. Higonnet (Eds.). *Girls, boys, books, toys* (p. 183-195). Baltimore, MD: Johns Hopkins University Press.

Wilson, H. K., Pianta, R. C. & Stuhlman, M. (2007). Typical classroom experiences in first grade: The role of classroom climate and functional risk in the development of social competencies. *The Elementary School Journal, 108*(2), 81-96.

Wilson, R. (2004). The role of emotional competence in the development of the young child. In: K. M. Paciorek & J. H. Munro (Eds.). *Annual Editions: Early Childhood Education* (p. 63-66). Guilford, CT: McGraw-Hill.

Wing, L. (1995). Play is not the work of the child: Young children's perceptions of work and play. *Early Childhood Research Quarterly, 10*, 223-247.

Winsler, A., De Leon, J. R., Walace, B. A., Carlton, M. P. & Wilson-Quayle, A. (2003). Private speech in preschool children: developmental stability and change, across- task consistency, and relations with classroom behavior. *Journal of Child Language, 30*(3), 583-608.

Winsler, A. & Naglieri, J. (2003). Overt and covert verbal problem-solving strategies:Developmental trends in use, awareness, and relations with task performance in children aged 5 to 17. *Child Development, 74* (3), 659-678.

Winsler, A., Naglieri, J. & Manfra, I. (2006). Children's search strategies and accompanying verbal and motor strategic behavior: Developmental trends and relations with task performance among children age 5 to 17. *Cognitive Development, 21*, 232-248.

Winter, S. M. (1994/1995). Diversity: A proposal for all children. *Childhood Education, 71*(2), 91-95.

Winther-Lindqvist, D. (2009), Game playing: Negotiating rules and identities. *American Journal of Play, 2*(1), 60-84.

Wintre, M. G. & Vallance, D. D. (1994). A developmental sequence in the comprehension of emotions: Intensity, multiple emotions, and valence. *Developmental Psychology, 30*(4), 509-514.

Witherington, D. C., Campos, J. J. & Hertenstein, M. J. (2001). Principles of emotion and its development in infancy. In: G. Bremner & A. Fogel (Eds.). *Blackwell handbook of infant development* (p. 427-464). Madden, MA: Blackwell.

Witkin, G. (1999). *Kid stress*. New York: Penguin Books.

Wittmer, D. S. (2008). *Focusing on peers: The importance of relationships in the early years*. Washington, DC: Zero to Three.

Wittmer, D. S. & Honig, A. S. (1994, July). Encouraging positive social development in young children. *Young Children*, July 4-12.

Wogelius, P., Poulsen, S. & Toft-Sorensen, H. (2003). Prevalence of dental anxiety and behavior management problems among six to eight year old Danish children. *Acta Odontologica Scnadinavica, 61*(3), 178-183.

Wolff, P. H. (1969). The causes, controls, and organization of behavior in the neonate. *Psychological Issues, 5*(1), 7-11.

Wolfgang, C. H. (1996). *The three faces of discipline for the elementary school teacher*. Boston: Allyn and Bacon.

_____. (2008). *Solving discipline and classroom management problems: Methods and models for today's teachers*. New York: Wiley.

Woll, P. (2009). Children of chemical dependency: Respecting complexities and building on strengths. *Prevention Forum, 11*(1), 1.

Wolpert, E. (2005). *Start seeing diversity*. St. Paul, MN: Redleaf Press.

Woolmore, A. & Richer, J. (2003). Detecting infant regression periods: Weak signals in a noisy environment. In: M. Heimann, (Ed.). *Regression periods in human infancy* (p. 23-41). Mahwah, NJ: Lawrence Erlbaum Associates.

Wright, M. O. & Masten, A. S. (2006). Resilience processes in development. In: S. Goldstein and R. B. Brooks, *Handbook of resilience in children* (p. 17-37). New York: Springer.

Yau, J. & Smetana, J. G. (2003). Conceptualizations of moral, social-conventional, and personal events among Chinese preschoolers in Hong Kong. *Child Development, 74*, 647-658.

Yeats, K. O. & Selman, R. L. (1989). Social competence in the schools: Toward an integrative developmental model for intervention. *Developmental Review, 9*, 64-100.

York, S. (2003). *Roots and wings*. St. Paul, MN: Redleaf Press.

Youniss, J. & Metz, E. (2004). *Longitudinal gains in civic development through school-based required service*. Manuscript submitted for publications.

Zarbatany, L., McDougall, P. & Hymel, S. (2000). Gender-differentiated experiences in the peer culture: Links to intimacy in preadolescence. *Social Development, 9*, 62-79.

Zavitkovsky, D. (2010). Docia shares a story about perceptions of similarities and differences, *Exchange* archive, retrieved January 4, 2010, from https://secure. ccie.com/catalog/search.php?search=zavitkovsky&am p;category=50

Zero to Three. (2008). *Caring for infants & toddlers in groups: Developmentally appropriate practice* (2nd ed.). Washington, DC.

Zimbardo, P. G. & Radl, S. L. (1982). *The shy child*. Garden City, NJ: Doubleday.

Zins, J. E., Weissberg, R. P., Wang, M. C. & Walberg, H. J. (Eds.). (2004). *Building academic success on social and emotional learning*. New York: Teachers College Press.

Ziv, Y., Oppenheim, D. & Sagi-Schwartz, A. (2004). Children's social information processing in middle childhood related to the quality of attachment with mother at 12 months. *Attachment & Human Development, 6*(3), 327-349.

Zuckerman, M. et al. (1981). Controlling nonverbal cues: Facial expressions and tone of voice. *Journal of Experimental Social Psychology, 17*, 506-524.

Índice

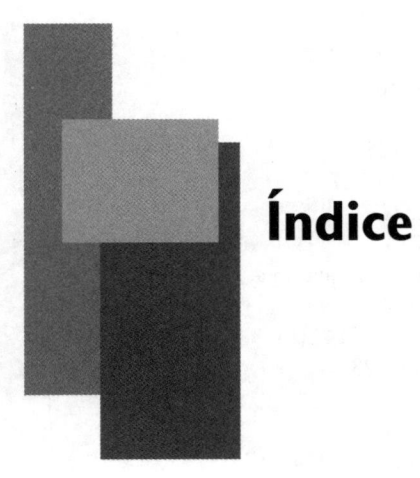

Nota: "b" = boxes, "f" = figura e "q" = quadros.

A

AAGER (afetuosidade, aceitação, genuinidade, empatia e respeito), 28-30
abandono, 432
abstinência de drogas, 159
abuso, 158, 174
    de drogas, 159
    de substâncias por parte da mãe, 159
    emocional, 432, 438b15.4
    físico, 432, 439f15.4
    sexual, 393, 432, 435, 436, 437b15.2, 438b15.3
abuso e negligência infantil, 431-436
    abrangência, 432-433
    abuso emocional, 432, 438b15.4
    agressores físicos, 433-434
    definição, 432
    denúncia de, 174, 435-436
    efeitos de, 435
    estratégias para, 443-445
    pais negligentes, 434
    prevenção em ambientes formais de grupo, 436, 439b15.5
    sinais de, 435, 437b15.2
    vítimas de, 435
aceitação, 28-29, 73
acolhimento familiar, 158-159
acusações, 145
Adoption and Safe Families Act de 1997 [Lei de Adoção e Seguridade Social de 1997], 158
afetuosidade, 28, 72-73
afirmação de objetivos, 25
agressão
    ambientes de grupo e, 359-362
    aprendizagem social e, 342
    biologia da, 339-330, 342
    causas da, 339-341
    comunicar-se com as famílias sobre, 363
    deslocamento, 343
    diferenças de gênero, 342
    estratégias de ensino e treinamento, 349
    estratégias eficazes para, 346-351, 360-363
    estratégias ineficazes para, 343-346
    evite as armadilhas, 363-365
    experiência observacional e de modelo, 340-341
    falta de conhecimento e de habilidades, 341
    física, 338
        fontes de, 341-342
    hipótese da frustração-agressão, 340
    hipótese da percepção distorcida, 340, 358
    hostil, 338-339, 362-363
    ignorada, 343
    instrumental, 338, 349-351, 362
    mudanças de desenvolvimento na, 341
    primeiras formas de, 341
    punição física de, 344-346
    reforço e experiência direta, 340
    relacional, 338
    tipos de, 338-339
    tratamento inconsistente de, 343
agressores
    físicos, 433-434
    sexuais, 434-435
Alexander and the Terrible, Horrible, No Good Very Bad Day (Judith Viorst), 141

ambiente físico, 23
    adaptações a, 255-257
    densidade de, 249
    dimensões, 250-252
    edificações e áreas, 245-246
    espaço particular, 249
    espaços para grupos grandes, 249
    espaços para grupos pequenos, 249
    estruturar espaço e materiais, 244-257
    evite as armadilhas, 269-270
    famílias e, 268
    guardar, 250
    limites e áreas de atividade, 249-250
    mobiliário e equipamentos, 248-250
    organizar, 263-264
    percursos, 250
    segurança do, 264
ambiente social, 2
    exossistemas, 15
    influência do grupo de pares, 13
    influências do professor e de quem cuida, 13-14
    influências familiares, 13
    macrossistemas, 15
    mesossistemas, 15
    microssistemas, 12-13
ambientes
    de apoio, 23
    verbais, 23, 96-98
    verbais negativos, 96-98
ambiente verbal positivo, 98-109, 110, 113
ameaça de danos, 432
American Association of Colleges of Teacher Education – AACTE [Associação Americana de Faculdades e Formação de Professores], 18
American Psychiatric Association – APA [Associação Americana de Psiquiatria], 401
American Society for Speech-Language, and Hearing – ASCHA [Sociedade Americana de Fono e Audiologia], 47-48
amizades, 212
    aparência física, 221
    apoio do adulto a, 216
    atitudes, 222-223
    bebês e crianças pequenas, 45-46, 51-52
    benefícios de, 213-214
    brincar e, 215, 222
    bullying e, 358
    cognição social e, 214
    construir, 168-169
    crianças negligenciadas pelos pares, 224
    crianças rejeitadas pelos pares, 224-225
    crianças rejeitadas-agressivas, 224
    crianças rejeitadas-retraídas, 224
    cultura e, 216
    escolha das, 221-223
    estabelecer contato, 226
    estágios da, 226-228
    etnia, 221-222
    evite as armadilhas, 239-240
    famílias e, 216-217
    gênero e 222
    idade e, 222
    ideias das crianças sobre, 217-223
    linguagem e, 215-216
    maduras, 220-221
    malsucedidas, 223-225
    manter, positivas, 226-227
    negociar conflitos, 227
    preço de não ter, 214
    preocupação dos adultos quanto a, 223-225
    pressão dos pares e, 223
    regulação emocional e, 214-215
    relação desigual em, 223
    surgimento das, 217
    terminar as, 227-228
    variáveis que influenciam, 214-217
analfabetismo emocional, 127b5.3
ansiedade, 430-431
    de separação, 39-41
aparência física, 221
apego, 30-31, 155
apoio em mão única, 218-219
aprendizagem, 9-11, 50-51
    ativa, 10
    cinestésica, 10
    espacial, 10
    interpessoal, 10
    linguística, 10
    lógico-matemática, 10
    musical, 10
    naturalista, 10
    por imitação, 43
    social, 9-11
aprendizes da língua inglesa, 108
"à prova de crianças", 255
áreas
    destinadas às brincadeiras, 246-248
    para brincar ao ar livre 246-248
asma, 158
assertividade, 75-76, 339
assistência para a educação de crianças com deficiências, 398-399
Association of Childhood Education International – Acei [Associação de Educação Infantil Internacional], 18
atenção conjunta, 43
atividade paralela, 183
atividades cooperativas, 230
atribuições
    de caráter, 377
    de disposição, 377
audição, 37
autoconceito, 39, 90-92, 395-396
    idade pré-escolar e, 90
    infância e, 90

papel do adulto em promover, 95-113
    surgimento, 88-95
autoconfiança, 128, 409
autoconsciência, 89-90, 123-124
autocontrole, 172, 331
autodeterminação, 167-169
autodisciplina
    aderência (regulação externa), 275-276
    desenvolvimento cognitivo, 278-280
    desenvolvimento da linguagem e da memória, 280-281
    desenvolvimento emocional, 277-278
    empatia, 278
    estilo disciplinar do adulto, 284-289
    fornecer modelos, 228-229
    identificação (regulação compartilhada), 276
    instrução direta, 282
    internalização (regulação interna), 276-277
    orientação amoral (sem regulação), 274-275
    processos de desenvolvimento que influenciam a, 277-284
    progresso da, 274, 277
    sentimentos de culpa, 278
    sequência de, 318-320
autoeficácia, 151, 167-169
autoestima, 8, 168
    compartimentalização da, 95
    competência, 92
    controle, 93
    evolução de, 95
    importância de, 94
    saudável *versus* baixa, 94
    trio da, 93-94
    valor, 92
autofala (conversa interior), 47, 166-167, 172, 281, 409
    positiva, 166-167, 172
autonomia, 169
autopercepção, 371
autoridade, 75-76, 81
autorregulação, 30
    bebês e crianças pequenas, 46-47
    violência e, 161
autovalorização, 168

B

baixas expectativas, 170
balbuciar, 42
banheiro, uso do, 46-47
bebês e crianças pequenas
    AAGER e, 28-30
    amizades, 46, 51-52
    apego e, 30-31
    autorregulação, 46-47
    características morais, 54
    com necessidades especiais, 47-48, 52-53
    comunicação não verbal, 54-55
    comunicação, 42-45, 49-50
    corregulação, 46-47
    crises de birra, 47
    cuidados básicos de, 48-49
    dar apoio aos familiares, 53-54
    estar à disposição para, 52
    evite as armadilhas, 54-55
    habilidades para relações positivas, 48-54
    identificação das emoções das outras pessoas, 124-126
    ignorar o desenvolvimento e as preocupações dos pais, 55
    incentivar a exploração e aprendizagem, 50-51
    individualização e socialização, 37-41
    intencionalidade de, 54
    necessidades individuais de, 49
    obedecer às solicitações dos adultos, 51
    relações com amigos, 45-46, 51-52
    relações positivas com, 28-31
    sensibilidade e receptividade em relação a, 30
    sinais perceptivos, 36-37
    sinais sob a forma de choro, 33-35
    sinais sob a forma de estados comportamentais, 33
    sinais sob a forma de movimento, 35-36
    sinais sob a forma de temperamento, 31-33
    temperamento de, 31-33
beleza, 221
bom êxito acadêmico, 6q
brincadeira
    associativa, 183
    cooperativa ou organizada suplementar, 183
    dramatizada, 187-193
        habilidades de faz de conta, 192-193
        influenciar a direção de, 190-191
        linguagem e, 215-216
        propostas formais de faz de conta, 191
        seleção do papel, 191-192
    sociodramática, 187
    solitária, 183
brincadeiras
    sexuais, 393
    turbulentas, 195-197
brincar/brincadeira
    ajudar as crianças a mudar o nível de participação no, 203
    amizades e, 214
    brincadeira dramatizada (faz de conta), 187-193
    com objetos, 185-186
    com o movimento, 193-197
        atividade repetitiva, 194
        brincadeira turbulenta, 195
        combinações violentas, 196-197
        compreender o risco, 195
        luta, 195
        manter interesse em, 194-195
        testes sociais e físicos, 195-196
    compartilhar informações com os familiares, 207
    comportamento exploratório, 184-185
    comunicação entre os pares sobre, 189-190
    conteúdo violento em, 196-197
    criança pragmática, 187
    crianças com necessidades especiais e, 206-207
    de construção, 193

de praticar, 194
desempenho de papéis, 188-189
desenvolvimento social e, 181-184
diferenças culturais e de experiência, 189
diferenças individuais em, 206
eliminação de, 180
envolvimento do adulto em, 203, 204
estilo dramaturgo de, 186
estilo relacionado às formas, 186
evite as armadilhas, 207-209
fantasista, 187
faz de conta, 187-193
fundamentos genéticos de, 181
gênero e, 181-183
incrementar a qualidade de, 203-204
influenciar a direção de, 190-191
influências culturais sobre, 187-188, 189
invenção do objeto, 188
jogos, 197-199
livremente, 169
materiais e seus potenciais, 201-202
modificar tempo e lugar, 188
movimento e, 193-197
natureza do, 180-184
papéis construídos pelas crianças, 189
papel de personagem, 188-189
participação social e, 183
preparar o ambiente para, 201
sociodramático, 187
status social e, 183-184
substituição do objeto, 188
tipos de, 184-201
transformar objetos, 186
transição, 187
treinar as crianças fora da moldura, 204-205
turbulenta, 195, 196-197
Bronfenbrenner, Urie, 9, 28
Brook, Cathleen, 134
bullying e aqueles que o praticam, 224
estratégias dos adultos para prevenção, 357-359
soluções em nível de programa ao, 358
testemunhas de, 357
tipos de, 357
vítimas de, 355-357

C

canais de comunicação, 62-72
deficiências de aprendizagem e, 76
espaço pessoal, 62
expressão facial, 67-69
gestos, 65-66
mensagens mistas, 76-77
movimentos do corpo, 64-65
orientação do corpo, 65
posição no espaço, 62-64
toque, 66-67

cansaço, 261-262
caracterização do gênero, 390-391
Carrol, Lewis, 408
castigo, 321
causas fisiológicas do comportamento extremo, 430
centração, 280
centros de aprendizagem, 248
Child Life Specialist Association – CLSA [Associação Especialista na Vida da Criança], 18
chorar, 33-35, 54
Churchill, Winston, 408
cinco técnicas úteis: envolver, colocar na posição lateral ou sobre a barriga, embalar ou balançar, emitir o som "shhh" e o de sugar, 34
Clevenger, Kay, 164
coação, 146-147
código de ética, 19-20, 25
Naeyc Code of Ethical Conduct [Código de Conduta Ética Naeyc], 25, 346, 347b12.3, 440-441
cognição social, 214
cólica, 35
companheiros de brincadeira momentâneos, 218
competência, 92
intelectual e acadêmica, 169-170
social, 6-9
aprendizagem e, 9-11
benefícios da, 4-6
comunicação não verbal e regras de exibição, 78
consequências para promover a, 308
desenvolvimento e, 6-9
influências do sistema, 16
papel do educador em, 17-20
resiliência e, 150
variações em, 3-4
complexidade, 184-185
comportamento
atípico da idade, 429
autodestrutivo, 428
contingente, 38
crueldade, 428
de espiar, 393-394
desafiador, 11
desocupado, 183
disfuncional, 430
dos meninos, 394
ético e ética, 420-422, 425-426
exploratório, 184-185
extremo, 428-431, 442-443
fontes de, extremo, 430-431
identificação de, 300
indiscriminado e pervasivo, 429
intenso, 429
mudanças repentinas em, 428-429
problemas e soluções para, 308-310
sexualmente desviante, 393-394

comportamento pró-social
    aprendizagem, 368-372
    atribuições, 377
    autopercepção e, 371
    benefícios de, 368-369
    biologia e, 372-373
    comportamento adulto e, 376-379
    compreensão sociocognitiva, 373
    cooperação, 377-378
    cultura e, 375-376
    dividir, 373-374
    ensinar e treinar para, 380-383
    estratégias de disciplina, 376
    evite as armadilhas, 385-386
    experiências sociais e, 374-375
    famílias e, 383-385
    gênero e, 373
    humor e, 371
    idade e, 373
    influências sobre as crianças, 372-379
    instrução direta, 378
    linguagem e, 373-374
    modelagem, 376-377
    motivação das crianças e, 369
    planejar atividades para, 383
    prática com, 378-379
    promover, 379-380
    recompensa a, 377
    relação em, 371
    temperamento e, 373-373
comportamentos
    autodestrutivos, 428
    extremos, 426-431, 442-443
    inadequados, 310
    inesperados, 394b14.1
    negativos, 175, 310
compreensão social, 89-90
compulsões, 431
comunicação, 284
    apoiar a competência em, 44-45
    aprendizagem por imitação, 43
    atenção conjunta, 43
    balbuciar, 42
    bebês e crianças pequenas, 42-45, 49-50
    contexto e, 70
    emoções e, 121
    gestos comunicativos, 43
    inglês como segunda língua, 44
    linguagem de sinais, 44
    linguagem expressiva, 43
    linguagem receptiva, 43
    não verbal
        aceitação, 73
        afetuosidade, 72-73
        agir antes de pensar, 83
        aquisição pelas crianças de, 77-79
        autoridade e segurança, 75-76
        bebês e crianças pequenas, 54-55
        canais de, 62-75
        cobrir rosto ou boca, 83-84
        comportamento ameaçador, 83
        desafios de, 77
        empatia, 73-74
        evite as armadilhas, 83-84
        familiares e, 84
        fortalecer relações com, 72-75
        funções da, 60-62
        genuinidade, 73
        gritar ou berrar, 83
        imitação, 77-78
        interromper, 83
        linguagem infantilizada, 83
        mensagens inconsistentes, 83
        papel dos adultos em, 79-84
        regras de exibição, 78
        respeito, 74
    olhar na direção do olhar do adulto, 43
        palavras, 43-44
        pré-verbal, 42
        referência social, 43
        sobre sexualidade e diversidade, 410-413
    verbal, 113-116, 138-139
    condições limitadoras
        categorias de, 401-404
        inclusão de alunos com, 404-405
        percepção que as crianças têm das, 405
        veja também crianças com necessidades especiais
conexões sociais, 168-169
confiança *versus* desconfiança, 39, 128
conflito familiar, 155-156
conhecidos, 220
conhecimento
    social, 2
    falta de, 341
consciência, 370-371
    racial, 397q14.3
consequência, compreensão, 165, 275-276
consequências
    competência social e, 308
    consistência e tempo, 317
    corretivas, 311, 312q11.2, 312-317
        implementação, 316-317
        lógicas, 313
        naturais, 313
    criar adequadas, 328-330
    escolher quais utilizar, 314-316
    evite as armadilhas, 332-334
    implementação, 316-317
    lógicas
        ensaio, 313
        perda temporária de privilégio, 313-314
        restituição, 313

não relacionadas, 314
naturais, 313
negativas, 283
positivas, 310-311
seguimento das, 317
uso eficaz de, 321-322
consistência, 317
constância do objeto, 39-40
contato visual, 68-69
controle, 93, 284
    do som, 246
    sobre cabeça, 35
contusões, 439f15.4
conversa, 111
    entre adulto e criança, 103
    interior, 47
cooperação, 377-378
corregulação, 46
corrigir as crianças, 114
criança
    difícil, 32
    fácil, 32
crianças
    com necessidades especiais
        adaptação de regras e consequências para, 326-328
        bebês e crianças pequenas, 47-48, 52-53
        comunicação com famílias de, 413-414
        crianças superdotadas, 407-408
        evite as armadilhas, 415-416
        inclusão de, 398-410
        relações de amizade entre, 230-233, 405-406
    veja também condições limitadoras
    de 8 a 11 anos, 91-92
    de aquecimento lento, 32
    de baixo *status*, 184
    "difíceis", 410
    em idade pré-escolar, 7, 90, 125, 341-342, 353-354
    mais velhas em ensino fundamental, 354
    negligenciadas pelos pares, 224
    no início da pré-escola, agressão, 341
        veja também início do ensino fundamental
    nos primeiros anos, 125-126
    pequenas
        agressão e, 341
        autoconceito, 90
        autofala (conversa interior), 47
        empatia em, 46
        individualização e socialização, 37-38
        resolução de conflitos e, 353-354
        veja também bebês e crianças pequenas
    precoces, 407-408
    que não têm quem cuide delas durante o dia, 157-158
    rejeitadas pelos pares, 224-225
    rejeitadas-agressivas, 224
    rejeitadas-retraídas, 224
    retraídas, 174-175
    superdotadas, 407-408

crises de birra, 47, 320-321
críticas, 8
crueldade em relação a pessoas/animais, 428
Cruise, Tom, 408
cuidados sensíveis, 33
cuidar de bebês e crianças pequenas, 48-49
culpar a vítima, 174
cultura
    amizade e, 216-217
    comportamento pró-social e, 375-376
    contato visual e, 68-69
    contexto e comunicação, 70
    expressão emocional e, 131-132
    gestos e, 65-66
    navajo (dine), 122b5.1
    regras de exibição e, 78-79
    sorriso e, 68
    tempo, 74-75
cultura navajo (ou dine), 122b5.1

D

Davis, Sherry, 167
declarações de reconhecimento, 98
dedicação, 284
deficiências de aprendizagem, 15t1.2
densidade do ambiente de aprendizagem, 249
denúncias obrigatórias, 435-436
dependência congênita de drogas, 432
depressão, 431
    infantil, 431
desafio, 10-11
desafios emocionais
    ações inadequadas, 134
    álcool, drogas e, 134-135
    comportamento adulto não apoiador, 135-136
    idades de 7 a 12, 134-135
    infância até 7 anos, 134
    má interpretação das emoções, 134-135
    minimização, 134
desamparo aprendido, 167
desastres naturais, 160-162
desconfiança, 128
desempenho de papéis, 188-189, 230, 236
desenvolvimento
    cognitivo, 278-280
        centração, 280
        certo *versus* errado, 278-279
        irreversibilidade, 280
        tomada de perspectiva, 279-280
    competência social e, 6-9
    cumulativo e com efeitos retardatários, 9
    emocional, 277-278
        bebês e crianças pequenas, 124-126
        crianças e, 121-123
        crianças em idade pré-escolar, 125-126
        início do, 120
        os primeiros anos, 125-126

    regulação das emoções, 126
    sentimento de culpa e empatia, 278
inter-relacionamento de, 6-7
períodos ideais no, 8
preocupações com bebês e crianças pequenas, 55
psicossexual
    comportamentos estereotipados, 394-395
    evite as armadilhas, 415-416
    papel de gênero, 390-391
    respostas do adulto a, 392-395
taxas de, 7-8
social
    brincar e, 181-184
    espaços internos e, 246
    experiência e, 283-284
desequilíbrio psicológico, 156
deslocamento, 343
destaque, 190
desviar o olhar, 50, 69
dilemas éticos, 425, 437, 440-441
diligência *versus* inferioridade, 129-130
dimensão(ões)
    aberto-fechado, 250
    da alta mobilidade-baixa mobilidade, 250
    intrusão-isolamento, 251-252
    macio-duro, 250
    simples-complexo, 251
discernimento, 170
disciplina
    autoritária, 285, 288
    autoritativa, 286, 288-289
    permissiva, 285-286
disfunção conjugal, 155-156
diversidade
    e sexualidade
        comunicações sobre, 410-414
        evite as armadilhas, 415-416
    linguística, 108-109, 112
dividir, 9, 373-374
divórcio, 155-156
doenças
    ambientais, 159
    crônicas, 159
domínio, 10-11
duração dos sons, 70
dúvida, 128

E

edificações e áreas
    controle do som, 246
    espaços exteriores, 246-248
    espaços internos, 246
    iluminação, 246
    paredes, 246
    saúde e segurança, 245-246
    veja também ambiente físico
Edison, Thomas, 408

educação
    antipreconceito, 395
    permanente, 19
Education for All Handicapped Children Act [Lei de Educação para todas as Crianças Deficientes], 399
efeitos cumulativos, 8-9
Einstein, Albert, 408
Eliason, Claudia, 23
elogio, 101-102, 110-111, 113, 115
    eficaz, 101-102, 110-111, 113
    específico, 101-102
    ineficaz, 102q4.4, 115
    positivo, 101-102
embalar ou balançar, 34
emblemas, 60-61
emoções, 120-121
    ajudar as crianças a lidar com, 143-144
    aprender a regular, 126-127
    armadilhas das, 145-146
    bem-estar e, 121
    cognitivas, 121
    comunicação com as famílias sobre, 144-145
    comunicação e, 121
    comunicação não verbal e, 61
    conversa com as crianças sobre, 137
    de negação, 136
    esconder, 61, 134
    estratégias para autorregulação, 143
    formas adequadas de respostas a, 136-139
    funcionamento cognitivo e, 121
    identificar as, das outras pessoas, 124-126
    importância das, 120-121
    interpretação dos eventos, 132-134
    lado expressivo das, 120
    mascarar, 61
    primárias, 122, 123q5.2
    promover a compreensão e a comunicação sobre, 141-143
    reflexões afetivas, 137-138
    rotular as, 137
    sobrevivência e, 120-121
empatia, 29, 46, 73-74, 227, 277-278, 278, 371, 386
engenhosidade, 170
ensinar e treinar, 23, 78-79, 81-82, 349
envergonhar as crianças, 136
envolver, 34
episódio de representação, 192
Erikson, Erik, 127
esconder as emoções, 61, 134
escuta ativa, 108
esforços razoáveis, 429-430
espaço
    axial, 63
    distal, 63
    e materiais, 51, 244-257, 267-268
    interno, 62

interpessoal, 62-64
para grupos grandes, 249
para grupos pequenos, 249
particular, 249
pessoal, 62
proximal, 62, 79
espaços
de atividade, 248
exteriores, 246-248
espectro do autismo, 404
esquemas de brincadeira, 192
estados comportamentais, 33
estados emocionais
duração, 130
emoções primárias *versus* emoções mistas, 130
família e variações culturais, 131-132
frequência, 130
gênero, 131
intensidade, 130
otimismo *versus* pessimismo, 130
rapidez de reação, 130
estereótipos, 174
estilo
de brincar relacionado às formas, 186
disciplinar, 284-289
autoritário, 285, 287q10.4
autoritativo, 286, 287q10.4, 288-289
implicações de, 286-287
permissivo, 285
perspectiva intercultural sobre, 288-289
sem envolvimento, 285-286
temperamentos das crianças e, 287-288
dramaturgo de brincar, 186
estratégias dos adultos
agressão, 359-363
amizades que preocupam, 223-225
aprimorar as interações sociais das crianças, 228-230
atividades cooperativas, 230
comunicação com os familiares, 238-239
dar apoio às amizades e às relações entre pares, 228-232, 232-233-239
dar apoio às amizades, 216
desempenho de papéis, 230, 236
esquetes demonstrativos das habilidades relativas às amizades, 235-236
estratégias de agressão efetivas, 346-351
estratégias ineficazes no comportamento agressivo, 343-346
evite as armadilhas, 239-240
expressar emoções para as crianças, 299-300
falar sobre emoções, 292-295
habilidades de solução de problemas, 230
incentivar e facilitar as amizades, 233-236
julgamentos éticos e, 421-422
linguagem usada pelas crianças, 96-97
modelagem, 229

para abuso infantil e negligência, 443-445
para comportamento pró-social, 376-379
prevenção de *bullying*, 357-359
promover a autoestima, 95-113
sintonia com as crianças, 79-81
transmissão de autoridade e segurança, 81
treinamento em amizade, 228, 236-238
treinamento interpares, 230
estresse
fatores de proteção, 162, 163b6.1
infantil, 151-160
liberdade de escolha e, 174
mecanismo de enfrentamento, 152-160
modalidades de enfrentamento, 172
pobreza, 153-155
problemas de saúde e, 163-165
resistência ao, 152, 162-170, 171-174
sinais precoces de, 172
estressores, 152
estruturação, 244, 245q9.1
estrutura da amizade, 217-221
habilidades relativas à amizade, 217-218
nível 0 - de 3 a 6 anos, 218
nível 1 - de 5 a 9 anos, 218-219
nível 2 - de 7 a 12 anos, 219
nível 3 - de 8 a 15 anos, 219-220
nível 4 - acima de 12 anos, 220-221
etnia, 221-222, 395-398, 412, 413, 416
etnocentrismo, 395
exagero, 199
exercício, falta de, 159
exigências da maturidade, 284
exossistemas, 15
expansão, 107
expectativa
alta, 170
evite as armadilhas, 302-303
informação, 289-290
mensagem pessoal, 289-290
experiência
direta, 284, 340
observacional, 340-341
exploração, 50-51
exposição
ao *crack* e à cocaína, 160
pós-natal a drogas, 160
pré-natal ao álcool e às drogas, 160
expressão
emocional
imitação, 131
instrução direta, 132
facial, 67-69

F

falta de moradia, 434
famílias
agressão e, 363

ajudar a autodisciplina das crianças, 332
amizades das crianças e, 216-217
compartilhar informações sobre as brincadeiras, 207
comportamento pró-social e, 383-385
comunicação com, 55, 113, 174
comunicação não verbal com, 82
de bebês e crianças pequenas, 53-54
diferenças individuais das crianças e, 413-414
discutir emoções com, 144-145
emoções de, 144-145
ética ao trabalhar com, 436-445
expectativas e, 301
expressão emocional e, 131-132
monoparentais, 156
práticas disciplinares das, 301-302
presumir que, 174
reações de raiva das, 145
recompostas, 156
resiliência e, 170-171
fantasista, 187
fatores de proteção, 171
fatores de risco
    acolhimento familiar, 158-159
    conflito familiar, 155-156
    morte, 156
    pais que trabalham, 156-158
    pobreza, 153-155
    problemas ligados à saúde, 159-160
    violência, abuso e negligência, 158
feedback, 113, 173
finge, 61
flexibilidade, 176
fobia escolar, 431
frequência, 71

G

Gandhi, Mahatma, 11
Gardner, Howard, 10, 407
gênero
    agressão e, 342
    amizades e, 222
    brincar e, 181-183
    comportamento pró-social e, 373
    expressão emocional e, 131
genuinidade, 29, 73
gestos, 60-62, 65-66
    comunicativos, 43
    ilustrativos, 61
Goldberg, Whoopi, 408
Greene, Graham, 8
guardar as coisas, 250
guerra e violência, 160-162

H

habilidade emocional, 6, 18-19
habilidades, 18-19, 341
    cognitivas, 7, 122
    de assertividade verbal, 357-358
    de memória, 281
    de solução de problemas sociais, 230
    físicas, 7
    relativas à amizade, 228
    sociais, 2, 6
Hartup, Willard, 4
hesitações, 71, 115-116
hipótese da frustração-agressão, 340
hipótese de percepção distorcida, 340, 358
humor
    exagero, 199
    incongruência no humor das crianças, 199
    tendências desenvolvimentais em, 199-200
    valorização, 200-201
humor, 371

I

Idea *veja* Individuals with Disabilities Education Act [Lei para Educação de Pessoas Portadoras de Deficiências]
identidade
    e *status*, 61
    social, 395
identificação (regulação compartilhada), 276
idiomas maternos, 108-109, 112
ignorar as emoções, 136
iluminação, 246
imitação, 77-78, 131
incitação (*prompting*), 190
incompetência social, 6
inconsistências, 343
individuação, 37-41
Individuals with Disabilities Education Act [Lei para a Educação de Pessoas Portadoras de Deficiências], 399, 401
inferioridade, 129-130
influência(s)
    do grupo de pares, 13
    do professor, 13-14
    dos cuidadores, 13-14
    familiares, 13
inglês como segunda língua, 44
iniciativa *versus* culpa, 128-129
início do ensino fundamental
    mediação de conflito e, 354-355
    sentido de si e, 90
instrução direta, 132, 282, 378
intencionalidade, 54, 434
intensidade da fala, 71
interação social, 36-37, 52, 61, 71, 202
interações, 212
internalização (regulação interna), 276-277
interrupção, 115
interruptores de conversa, 103
intervenções, 24

intervenções individualizadas intensivas, 24, 322-326
    antecedentes, 324
    avaliações funcionais para, 323-324
    comportamentos, 324
    consequências, 324
    equipes para, 322-324
    hipótese de comportamento, 324-325
    participar de, 353-354
    plano de apoio ao comportamento positivo, 325-326
intimidade, relação reciprocamente compartilhada, 219-220
irreversibilidade, 280
isolar a criança, 321

J
jargões, 113
Jenkins, Loa, 23
jogos, 197-199
    eletrônicos violentos, 196, 197
julgamentos e decisões éticas, 420-440
    abuso e negligência infantil, 431-436
    como fazer, 440-441
    comportamento extremo e, 428, 431
    contexto situacional de, 424-425
    desenvolvimento e aprendizagem da criança e, 424
    estratégias e, 421-422
    evite as armadilhas, 445-446
    objetivos e, 420-422
    padrões, 422
    princípios prioritários, 426
    quando trabalhar com as famílias, 436-440
    valores, 422-424
    variáveis que afetam, 422-425
julgamentos
    éticos corriqueiros, 441-442
    corriqueiros, 441-442

K
Katz, Lilian, 3, 168
know-how instrumental, 372

L
Lei de Reabilitação, Seção 504, 401
Lei nº 94-142 Education for All Handicapped Children Act [Educação para todas as Crianças Deficientes], 399
Lei nº 99-457, 399
Lei nº 101-476, 39
Leno, Jay, 408
limitações, 176
linguagem
    amizade e, 215-216
    comportamento pró-social e, 373-374
    corporal *veja* canais de comunicação
    expressiva, 43
    fala privada, 281
    habilidades, 8
    receptiva, 43, 100, 101
    vocabulário e, 100
lúdico, 169

M
macrossistemas, 15
Diagnostic and Statistical Manual of Mental Disorders – DSM-IV [Manual Diagnóstico e Estatístico de Transtornos Mentais], 401
mão dupla, toma lá, dá cá, 219
mascarar sentimentos, 61
Masten, Ann, 151
masturbação, 392-393
materiais, 264-266
    à prova de crianças, 255
    acrescentar e retirar, 254-257
    adequados, 252-257
    adequados ao desenvolvimento, 253
    completos e prontos para o uso, 253
    conflitos sobre, 265
    estruturalmente seguros, 253
    exposição de, 254
    guardar, 253
    quantidades adequadas de, 254
    que funcionam, 253
    tamanho adequado dos, 254
Mayle, Peter, 393
McClellan, Diane, 3
mediação de conflitos
    eficácia de, 354-355
    modelo para, 351-355
    pensamentos das crianças sobre, 353-354
medos, 132, 430-431
    aprendidos, 132-134
    imaginários, 132
    infantis, 132-134, 430-431
    reais, 132
melhor amigo, 29
mensagem pessoal, 289-290
    advertências e seguimento, 318-321
    articulação, 297
    comportamento da criança e, 293
    e reflexão, 291-292
    falar sobre as emoções dos adultos, 292-293
    fazer que as razões correspondam ao nível de compreensão das crianças, 294
    fornecer razões às crianças, 293-294
    pirâmide de apoio social e, 304
    positivas, 298-299
    regras ou redirecionamento, 295-297
mensagens
    confusas, 310
    mistas, 76-77
mente, teoria da, 89
mentir para as crianças, 136
mesossistemas, 15
metacomunicação, 61, 189-190

microssistemas, 12-13
minimização das emoções, 134
mobiliário e equipamentos, 248-250
    veja também ambientes físicos
modelagem, 229, 282-283
modelo da pirâmide de ensino, 22-23
moldura da brincadeira, 190
monitoramento da saúde, 163-165
morte, 156, 157q6.2, 174
movimentos do corpo, 64-65
mudança de comportamento, 290

N

narração de histórias, 190
narrativas compartilhadas, 102-103, 111-112
National Association for the Education of Young Children – Naeyc [Associação Nacional para a Educação de Crianças], 18
National Center for Children in Poverty – NCCP [Centro Nacional para Crianças Pobres], 153-154
National Committee to Prevent Child Abuse – NCPCA [Comitê Nacional de Prevenção do Abuso Infantil], 434
National Cooperative Inner-City Asthsma Study [Cooperativa Nacional do Centro da Cidade para Estudo de Asma], 159
necessidades individuais, 49
negativismo, 175
negligência, 158
    emocional, 432
    física, 432
    médica, 432
novidade, 184-185
nutrição, 159

O

obesidade, 159
    infantil, 159
objetivos
    julgamentos éticos e, 420-422
    realistas, 171
objetos
    brincar com, 185-186
    de transição, 41
    diferenças de estilo no uso do, 186
    invenção dos, 188
    mudanças desenvolvimentais no uso de, 186
    substituição dos, 188
    transformação, 186
observadora, 183
obsessões, 431
olhar, 68-69
    fixo, 68
    na direção do olhar do adulto, 43
    prolongado, 68
On the Edge with Coolhead Luke (White), 141
opressão internalizada, 395
orientação amoral (sem regulação), 274-275

orientação do corpo, 65
otimismo, 166-167

P

padrões, 262-263, 422
    de prática, 19
pais, 176
    negligentes, 434
    que não têm a guarda da criança, 155
    que trabalham, 156-158
palavras, 43-44, 138-139
Paley, Vivian, 358
papel
    de personagem, 188-189
    do educador, 17-20
        código de ética, 19-20
        competência demonstrada, 18-19
        conhecimento especializado, 18
        educação permanente, 19
        padrões da prática, 19
parafrasear, 112
paralinguísticos, sons, 69-72
    duração dos sons, 70
    frequência e tom, 71
    hesitações, 71
    intensidade da fala, 71
    ritmo da fala, 70
    silêncio, 71
    sons não lexicais, 69-70
parcialidades, 395
paredes, 246
participação social, 183
participantes de alto *status*, 183-184
Pearse, Patricia, 393
pensamento crítico, 170
percepção da linguagem, 37
percursos, 250
perguntas, 114, 115
    abertas, 104-105, 105q4.6, 112, 113
    eficazes, 112
    fechadas, 105-106, 105q4.6
persona dolls, 397-398
pirâmide de apoio social, 23
planejamento, 165-166, 170, 266-267
plano de apoio ao comportamento positivo, 325
pobreza, 152-155
posição lateral ou sobre a barriga, 35q2.2
pragmática, 187
práticas
    culturalmente adequadas, 21-22
    individualmente adequadas, 21
práticas adequadas
    à idade, 20-21
    ao desenvolvimento, 20-22
        individualmente adequadas, 21
        social e culturalmente adequadas, 21-22
    do ponto de vista social, 21-22

pressão dos pares, 223
privilégio internalizado, 395
privilégios ganhos, 311
problemas ligados à saúde, 159-160, 163-165, 173
profissionalismo, 21t1.4
programação diária, 258-262, 265-266
programações, 252, 258-261, 265-266
programas de educação individualizados, 399-401
programas de serviços individualizados para famílias, 399-401
propostas formais de faz de conta, 191
punição física, 344-346
    alternativas à, 346
punições, 311-312

Q
QI emocional, 127
qualidade do ajuste, 33

R
raciocinar com as crianças, 8
racismo, 396
raiva, 145
Rayston, Angela, 393
razões, 300
reações defensivas, 145
"rebote", 173-174
recompensas, 275-276, 310, 311
recontextualizar, 172
recursos da comunidade, 174
referência social, 43, 131
reflexão, 113, 114
    mensagens pessoais e, 291-293
    situações problemáticas e, 299
reflexões
    afetivas, 137-138, 140-141
    de comportamento, 110
        definição, 98
        linguagem receptiva e, 100, 101
        quando utilizar, 101
        valor do uso pelas crianças, 99-101
    de paráfrase, 106-108, 112
        benefícios de, 108-108
        expansão, 107
        reformulação, 107
reforço, 283, 311b, 340
    não verbal, 311
    verbal, 311b
reformulação, 107
regras, 295-298, 300-301
    de exibição, 78
    definíveis, 296-297
    eficazes, 308
    evite as armadilhas, 302-303
    positivas, 297
    propriedade das, 308-309
    razoáveis, 296
regulação emocional, 214-215

relações
    com os amigos, 45-46, 51-52, 213-214
    comportamento pró-social e, 371
    e compartilhamento de sentimentos, 213
    entre adulto e criança, 212
    positivas, 23, 28-31, 48-54
repetição, 113-114
resiliência
    amizades, conexões sociais e, 168-169
    características da, 150-151
    competência intelectual e acadêmica, 169-170
    definição de, 150
    desastres naturais, guerra, terrorismo e violência, 160-162
    desenvolvimento da, 150-151, 162-170
    estresse e, 151-160
    evite as armadilhas, 174-177
    famílias e, 170-171
    fatores ambientais, 150-151
    fatores de proteção, 162
    habilidades para desenvolver, 171-174
    número de fatores de risco e, 162
    otimismo e, 166-167
    temperamento e, 168
respeito, 29-30, 74, 172
respostas
    ditar, "adequadas", 175
    enviesadas e inadequadas, 174-175
resultados retardatários, 8
ritmo
    da fala, 70
    e intensidade dos programas, 261-262
rotinas, 258-259, 266
    de transição, 41
    de despedida, 40-41
rótulos verbais, 137

S
sarcasmo, 76-77
See how you grow [Veja como você cresce] (Pearse, Patricia), 393
segunda língua, 44
segurança, 75-76, 245-246, 264
Seligman, Marvin, 166
sensibilidade, 176
sentimento de culpa, 129, 277-278
separação entre adulto e criança
    ansiedade de separação, 39-41
    rotinas de transição, 40, 40t
    rotinas para a despedida, 40-41
sequência de orientações, 323f11.3
sequências desenvolvimentais, 7
sexualidade e diversidade
    comunicação sobre, 410-413
    evite as armadilhas, 415-416
shhh... (som), 34
"*short list, The*" [*A lista*], 162, 163b6.1
silêncio, 71, 111
simpatia, 369-371

sinais
 de brincadeira, 195-196
 linguagem de, 44
 perceptivos para a interação social, 36-37
 sob a forma de movimento, 35-36
 sob a forma de temperamento, 31-33
Síndrome Alcoólica Fetal (SAF), 159
síndrome
 da criança vulnerável, 159
 de Asperger, 404
 de Down, 48, 398
socialização, 37-41
solidão, 225
solução superficial, 175-176
sons não lexicais, 69-70
sorriso, 68-69
 mascarado, 68
status social, 183-184
sucesso acadêmico, 169-170
sugar, 34
sugestões disfarçadas, 190
superdotação, 407
super-heróis, 197
supervisão, 267-268
sussurrar, 71

T
tarefas emocionais da infância
 autonomia *versus* vergonha e dúvida, 128
 confiança *versus* desconfiança, 128
 diligência *versus* inferioridade, 129-130
 iniciativa *versus* culpa, 128-129
TDAH *veja* transtorno de déficit de atenção/hiperatividade (TDAH)
técnicas
 de relaxamento e imagética mental, 172
 para acalmar, 34-35
tédio, 261
temperamentos
 comportamento pró-social e, 372-373
 difíceis, modificar, 168
 estilos disciplinares dos adultos e, 287-289
 individualidade e, 409-410
tempo, 74-75, 321
 estruturação do, 257-263
 para acalmar, 321, 330
 programação diária, 258-262, 265-266
 transição, 259-261
teoria da mente, 89
terremoto do Haiti, 169
terrorismo, 160-162
teste de limites, 310
testemunhas, 357, 358
timidez, 408-409
tom, 71
tomada de decisões, 165-166, 172-173
tomada de perspectiva, 279-280, 371-372, 382
tomar decisões em grupo, 165-166
toque, 37, 66-67

transições, 259-261
transtorno de déficit de atenção e hiperatividade (TDAH), 11, 401-404
transtornos emocionais graves, 401
tratar a criança como objeto, 114
traumas
 indiretos, 160
 sociais, 160
treinamento, 229-230
 in loco, 229
 individual, 229
 interpares, 230
trio da autoestima, 93-94
troca de gênero, 391

U
uso de substâncias, 434

V
valor, 92
valores, 422-424
 básicos, 423
 conflitos de, 424
 culturais, 15q1.3
 das crianças e famílias, 424
 desenvolvimento de, 423
 fundamentais, 423
 julgamentos corriqueiros e, 441-442
 priorização, 423
 profissionais, 423
 que a profissão apoia, 423
 reconhecimento pessoal, 423
 relativos, 423
vergonha, 128
violência, 158-162, 196-197
 televisiva, 197
Viorst, Judith, 141
visão, 37
vítimas
 crônicas, 355-357
 de abuso infantil, 435
 de *bullying*, 355-357
 provocadoras, 356
vocabulário, 100
voyeurismo, 393-394
vulnerabilidade, 151

W
Werner, Emmy, 162
Where did I come from [De onde eu vim?] (Mayle, Peter), 393
Where do the babies come from? [De onde vêm os bebês?] (Rayston, Angela), 393
White, Jennifer, 141

Y
You can't say you can't play [Você não pode dizer que não pode brincar] (Paley, Vivian), 358

Z
Zinn, Howard, 166